SUDETENLAND

Böhmen – Mähren – Schlesien

RUDOLF HEMMERLE

Sudetenland

WEGWEISER DURCH EIN UNVERGESSENES LAND

Rudolf Hemmerle

Sudetenland

WEGWEISER DURCH EIN UNVERGESSENES LAND

537 Abbildungen
darunter 428 Federzeichnungen
von Johannes Hinz

Bechtermünz Verlag

Abbildungsnachweis: S. Aurich (50), J. Doležal (32), D. Horinek (18), O. Kavan (25, 63), Karel Kuklik (26), F. Lehnert (31), W. Müller (34, 41, 48), U. Pellmann (10, 20, 33, 56), M. Racek (9), V. Schmied (24), K. Streer (36), Pavel Vácha (1, 5, 14, 19, 27, 29, 40, 42, 46, 47, 52, 57, 62, 64, 65, 69, 70)

Alle anderen Schwarzweiß-Abbildungen sind von Adam Kraft fotografiert, und dem 1939 im Adam-Kraft-Verlag, Karlsbad erschienenen Bildband „Sudetenland – ein Buch von seiner Schönheit" entnommen.

Genehmigte Lizenzausgabe für
Bechtermünz Verlag im
Weltbild Verlag GmbH, Augsburg 1996

Umschlaggestaltung: Peter Engel, München
Umschlagbild: Burg Karlstein, Nordböhmen
(aus Originalband) Bild Nr. 27
Gesamtherstellung: Graphischer Großbetrieb Pößneck GmbH
Ein Mohndruck-Betrieb
Printed in Germany
ISBN 3-86047-183-X

Wiederfinden und Neuentdecken: Das Sudetenland

Dieses Buch hat zwei Aufgaben zu erfüllen. Einmal will es die ehemaligen deutschen Bewohner der historischen Länder Böhmen, Mähren und Schlesien zurück in ihr Herkunftsland begleiten, zum anderen möchte es Informationen für jene bieten, die dieses Gebiet kennenlernen wollen. Ohne in Nostalgie zu verfallen, wurde eine möglichst geschlossene Beschreibung aller relevanten Städte und größeren Märkte und Dörfer dargeboten. Es war bei dem zur Verfügung stehenden Raum nicht möglich, alle geographischen Begriffe und Siedlungsgebiete zu berücksichtigen. Wer weiteres Wissen anstrebt, der findet in der im Anhang verzeichneten Literatur wertvolle Anregungen. Auch konnten nicht alle wichtigen und überregional bedeutenden Persönlichkeiten genannt werden. Im Falle von Prag mußte wegen der Vielzahl der deutschen Persönlichkeiten, die hier geboren wurden oder wirkten, grundsätzlich auf diese biographischen Anmerkungen verzichtet werden.

Wer die böhmischen Länder nicht kennt, der findet in diesem Sudetenland-Wegweiser eine erste Hinführung, auch zu geschichtlichen Gegebenheiten. Vor allem sei darauf aufmerksam gemacht, daß im allgemeinen die Situation des Sudetenlandes im Jahre 1930 Berücksichtigung fand. Es war die Zeit, als in der damaligen Tschechoslowakei die Verhältnisse noch als relativ ausgewogen betrachtet werden konnten. Die Bevölkerungszahlen aus diesem Jahr, es sind die Angaben gemäß der zweiten amtlichen Volkszählung, geben einen ungefähren Anhaltspunkt über die nationale Zusammensetzung der Bevölkerung. Gerade diese Zahlen sprechen für sich.

Das Sudetenland war deutsch, wie aus vielen Dokumenten ersichtlich ist. Nach 1918 wurde der forcierte Zuzug von Tschechen betrieben. Vor allem besetzten sie die Beamtenstellen, während viele Deutsche dadurch verdrängt wurden.

Wer aus dem Sudetenland stammt, der wird es auch heute noch als seine Heimat betrachten, ganz gleich, ob er nun als Besucher hinüberfährt oder ob er seine Herkunft nur noch als Erinnerung pflegt. Für all diese ist vorliegendes Buch geschrieben worden.

Es war nicht leicht, das für die Bearbeitung notwendige Material zu beschaffen. Das mögen bitte diejenigen Leser berücksichtigen, die etwas, das sie für wichtig halten, vermissen sollten. Für Ergänzungen wird der Verfasser stets dankbar sein.

Mein besonderer Dank gilt Herrn Dr. Johannes Schneider, dem ehemaligen Leiter des Adam Kraft Verlages, und meiner Familie, die mir die Fertigstellung des Sudetenland-Wegweisers ermöglichte.

Rudolf Hemmerle

Herzland Europas

Die geopolitische Mittelpunktlage der böhmischen Länder wird durch die zentrale Lage der Stadt Prag besonders betont. Zeichnet man von Prag aus konzentrische Kreise auf einer Europakarte ein, so kann man feststellen, daß die Entfernung nach Berlin, Wien, München, Preßburg und Posen etwa gleich ist. Dem Abstand von Prag nach Hamburg entspricht im Osten bereits die Entfernung nach Warschau, im Westen die nach Koblenz, im Süden die nach Triest und im Südosten die nach Budapest.

Der Radius Prag – Rom reicht bis Paris, im Norden bis Göteborg, im Nordosten bis Wilna in Litauen, im Osten bis Czernowitz; im Südosten verläuft die Kreislinie zwischen Hermannstadt und Kronstadt in Siebenbürgen. Von Prag sind Istanbul, Athen und Tunis, Saragossa und Dublin, Trondheim und Leningrad gleich weit entfernt.

Man kann daher mit Fug und Recht von den böhmischen Ländern als den Herzländern Europas sprechen. In der Geschichte vollzogen sich oftmals in diesem böhmischen Kessel politische Entscheidungen von europäischer Bedeutung wie in einem Mikrokosmos. Dies ist nicht zuletzt geografisch und ethnopolitisch bedingt. Im Innern des böhmischen Kessels, in den hauptsächlich landwirtschaftlich genutzten, sehr ertragreichen Regionen leben in einem relativ geschlossenen Siedlungsgebiet die Tschechen, die zur slawischen Völkerfamilie gehören. Die „Ränder“ Böhmens bilden die zu den deutschen Mittelgebirgen zählenden Gebirgsstöcke des Fichtelgebirges, des Erzgebirges und der Sudeten, die Elbsandsteingebirge, Lausitzer Gebirge, Riesengebirge, Heuscheuer-, Adler- und Altvatergebirge umfassen. Die südwestliche Begrenzung verläuft auf den Kämmen des Böhmerwaldes und des Oberpfälzer Waldes. Böhmen und Mähren trennt die Böhmisch-Mährische Höhe. In diesen Randgebirgen siedelten vorwiegend die Deutschen, die seit dem 20. Jahrhundert mit Sammelnamen als Sudetendeutsche bezeichnet werden.

Zum Begriff „Sudetendeutsche“.

Zu Beginn des 20. Jahrhunderts entstanden, um einen Sammelnamen für Deutschböhmen, Deutschmährer und österreichische Schlesier zu erhalten und diese deutsche Volksgruppe von den übrigen Deutschen der Österreichisch-Ungarischen Monarchie abgrenzen zu können, gewann er seine volle Bedeutung erst in der ersten Tschechoslowakischen Republik, als der Begriff „sudetendeutsch“ eine **politische** Bedeutung annahm. Er wurde zur Bezeichnung für die deutsche Volksgruppe in der Tschechoslowakei oder – wie man damals sagte – für eine nationale Minderheit. So wird im großen und ganzen bis zum Ende des 19. Jahrhunderts auch nur von den „Deutschen in Böhmen, Mähren und Schlesien“ gesprochen und erst danach von den „Sudetendeutschen“.

Dr. Ortfried Kotzian

Am Rande von Böhmen, Mähren und Schlesien...

Ein Weg durch die Geschichte der Sudetenländer

Die Deutschen in den Sudetenländern können nicht als einheitlicher Stamm bezeichnet werden. Nach ihrer Herkunft, d. h. nach ihrer Siedlungsgeschichte und nach ihrem geschichtlichen Werden betrachtet, waren sie Angehörige von Stämmen des Deutschen Reiches, die in den Randgebieten Böhmens, Mährens und Schlesiens, ebenso in den Sprachinseln lebten. Im Süden und Westen (Südmähren, Südböhmen und Egerland) herrschten die Angehörigen des mittel- und nordbayrischen Stammes vor. Im Nordosten des Sudetenlandes bis zum Karpatenland reichend, waren es die Schlesier, die das Jeschken-, Iser- und das Riesengebirge, ferner das Braunauer Land, das Adlergebirge und den Bereich des Altvaters besiedelt hatten. Ostfränkisch-thüringische Siedler hatten auf den Höhen und in den Randgebieten des Erzgebirges eine Kulturlandschaft geschaffen. Teile aller dieser Altstämme aus dem Deutschen Reich hatten auch die Bevölkerung der Sprachinseln und der städtischen Minderheiten gestellt. Die bedeutendsten Sprachinseln waren die von Brünn, Olmütz, Deutsch-Brodek, Iglau und Mährisch-Trübau mit Zwittau; letztere hatte den Namen Schönhengstgau.

Vorgeschichte

Daß die Sudetenländer bereits in vorgeschichtlicher Zeit bewohnt waren, davon legen zahlreiche archäologische Funde Zeugnis ab. Die prähistorische Erforschung der Sudetenländer betrieb vor allem der Bodenbacher Helmut Preidel; in zahlreichen Werken hat er uns die vor- und frühgeschichtlichen Siedlungsräume Böhmens und Mährens beschrieben, ebenso behandelte er die Zeit der Germanen in Böhmen und die Anfänge der slawischen Besiedlung.

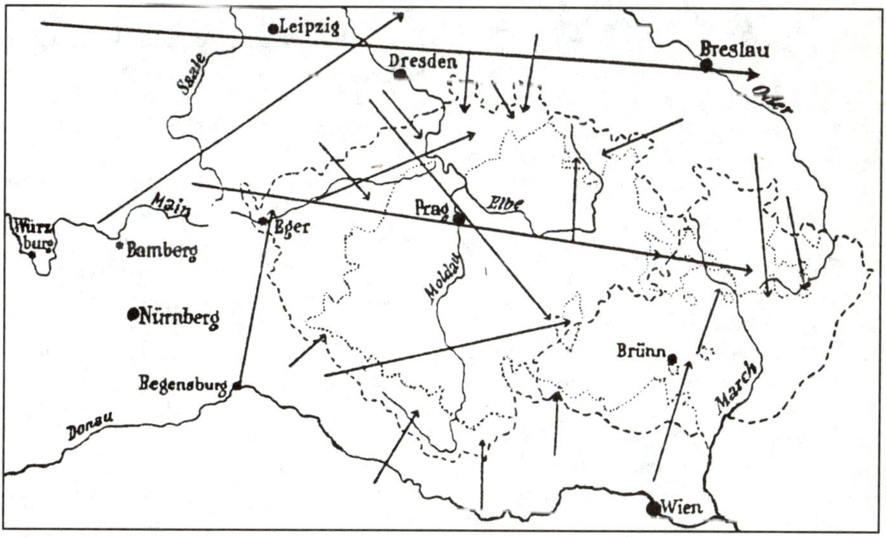

Deutsche Siedlungsbahnen in Böhmen und Mähren .... Sprachgrenze

Kelten und Markomannen

Um 400 v. Chr. siedelten die keltischen Bojer im böhmischen Raum, dem sie auch den Namen gaben. Um 60 v. Chr. erfolgte ihre Verdrängung, in Böhmen durch die Markomannen, in Mähren durch die Quaden. Es entstand das Markomannenreich unter Marbod (gest. ca. 36). 6 v. Chr. fielen starke römische Heeresverbände in Böhmen ein, es kam aber zu keiner Entscheidungsschlacht zwischen Tiberius und Marbod. Elf Jahre später erfolgte die Auseinandersetzung zwischen Marbod und Arminius, dem Stammesführer der Cherusker. Die Markomannen,

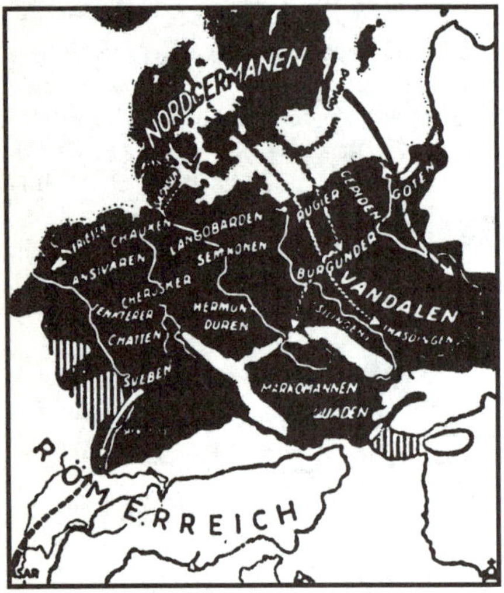

Sudetenraum unter den Germanen

die das erste germanische Reich in Mitteleuropa begründet hatten, bekämpften in der Zeit zwischen 166 und 180 auf ihrer Wanderung nach Süden und Südosten die Römer. In der ersten Hälfte des 6. Jahrhunderts wanderten im Zuge der Völkerwanderung viele der germanischen Markomannen und Quaden aus den Sudetenländern aus. Es ist wahrscheinlich, daß Bevölkerungsreste in den Randgebieten zurückblieben, vielleicht auch einige Angehörige der Langobarden, die damals Böhmen und Mähren durchwanderten.

Eindringen der Slawen

In der zweiten Hälfte des 6. Jahrhunderts drangen Slawen ein; über diesen Vorgang wird in den historischen Quellen nichts berichtet. Von den Awaren unterjocht, erstand ihnen im fränkischen Kaufmann Samo (gest. um 660) ein Anführer in ihrem Kampf gegen diese und auch gegen die Franken. Mit Samos Tod zerfiel das von ihm gegründete Reich wieder, und bald erfolgte unter Karl dem Großen der Anschluß an das Frankenreich. Den Beginn eines Anschlusses an den Westen und auch der Christianisierung durch deutsche Priester stellte die Taufe von 14 böhmischen Fürsten am 13. Januar 845 in Regensburg dar. Von ca. 850 bis 900 bestand das Großmährische Reich. Von den mährischen Herrschern ins Land gerufen, missionierten die byzantinischen Mönche Cyrill (gest. 869) und Method (gest. 885). Diese Slawenapostel gerieten in Auseinandersetzung mit dem Erzbistum Salzburg. Großmähren konnte sich gegen den ostfränkischen Herrscher Arnulf behaupten, zerfiel aber, bedingt durch die Ungarneinfälle, nach 900.

Die Přemysliden

Im Zeitraum zwischen 850 und 1306 herrschte in Böhmen die Herzogs- und Königsfamilie der Přemysliden; die Entstehung des Geschlechtes ist von Sagen umwoben. Libussa soll sich Přemysl, einen Bauern aus Staditz, als ihren Gemahl erkoren haben. Dieser gilt als der Ahnherr des bis 1306 herrschenden Geschlechtes, das die einzelnen tschechischen Teilstämme unterwarf und so einen Staat schuf. Im Jahre 895 erschien Spytignew, der Sohn Bořiwojs und Herzog eines Teilstammes der Tschechen, mit anderen Großen der böhmischen Stämme in Regensburg am Hofe vor König Arnulf; sie begaben sich unter die Hoheit seines Reiches und leisteten Tribut. Der bekannteste der Přemysliden war Herzog Wenzel, der den Anschluß Böhmens an den Westen vorantrieb und die Christianisierung intensivierte. Er wurde ein Opfer der heidnischen und nationalen Reaktion.

Dieser erste tschechische Heilige, 935 von seinem Bruder ermordet, wurde bald böhmischer Nationalheiliger. Sein Name erschien auf Prager und Olmützer Münzen, ebenso ging er in die Literatur ein, vor allem durch die Wenzelslegenden, die auch in altrussischer Sprache niedergeschrieben wurden. Das berühmte Wenzelslied entstand erst in der Zeit Karls IV.

Nach Kämpfen zwischen Kaiser Otto I. und dem Fürsten Boleslaw, der die Unabhängigkeit seines Landes erreichen wollte, kam es zur Unterwerfung der Böhmen. Ein Ergebnis mit weitreichenden Folgen war die Gründung des Bistums Prag im Jahre 973 auf dem Reichstag zu Quedlinburg. Erster Bischof wurde der Sachse Thietmar, dem noch viele andere Deutsche auf den Bischofsstühlen von Prag und auch von Olmütz folgen sollten. Der zweite Bischof war Adalbert, aus einem slawischen Fürstengeschlecht stammend und durch seine Mutter mit dem sächsischen Königshaus verwandt. Er hatte 990 in Monte Cassino das Ordenskleid empfangen und nannte sich von nun an – statt Vojtěch – Adalbert. Das Kloster Břewnow war seine Gründung. In seinen letzten Jahren versuchte er, die Pruzzen im Samland zu missionieren; diese erschlugen ihn 997. Aus dem Dom zu Gnesen, wo er zuerst begraben worden war, übertrug man 1039 seine Gebeine nach Prag. 1004 erhielt

Adalbert von Prag, Domtür zu Gnesen

Břetislaw I. (1034 – 1055) Böhmen als Reichslehen. 1029 wurde Mähren für dauernd an Böhmen angeschlossen. Auch die Fürstentümer Jägerndorf und Troppau, bisher zu Polen gehörend, kamen an das böhmische Reich.

Als Vermittler zwischen Böhmen und den deutschen Königen griff wiederholt Gunther von Schwarzburg (um 1030), der Einsiedler im Böhmerwald, ein. Er entstammte einem thüringischen Fürstengeschlecht, war Benediktiner von Niederaltaich und blieb unvergessen als Friedensstifter und Wegebauer. Er starb 1045 und fand im Kloster Břewnow in Prag seine Ruhestätte.

Libuša-Sage, Wandgemälde im „Znaimer Heidentempel“

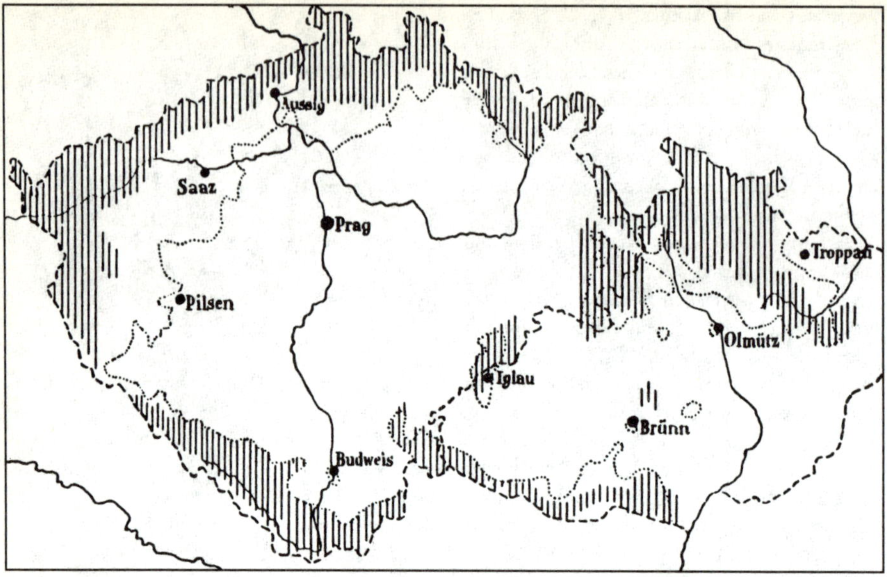

Deutsche Rodungslandschaften in Böhmen und Mähren – . . . . *Sprachgrenze*

Deutsche Siedler – von böhmischen Herrschern gerufen

Im 12. und 13. Jahrhundert kamen viele Deutsche über die Randgebirge Böhmens in das Land. Sie kamen nicht als Eroberer, vielmehr wurden sie von den böhmischen Herrschern gerufen. Es waren Bauern, Bergleute und Handwerker, die zur Entwicklung des Landes, in materieller und kultureller Hinsicht, viel beitrugen. Sie erhielten viele Privilegien (ein Beispiel ist das von Herzog Sobieslaw 1176 den Prager Deutschen verliehene), gründeten Städte nach deutschem Recht und ebenso entstanden viele Klöster, u.a. der Zisterzienser und Prämonstratenser, die zum Landesausbau Wesentliches beitrugen. Die deutschen Bergleute ermöglichten durch die von ihnen eingeführte Kunst des Tiefbaues eine bessere Ausbeutung der Bergwerke und legten so den Grund für die nun folgende Blüte des Bergbaues, die dem Land Reichtum und Ansehen brachte. Deutscher Einfluß breitete sich auch dadurch aus, daß böhmische Herrscher deutsche Frauen heirateten; unter diesen waren u. a. Judith, die Schwester des ostfränkischen Markgrafen Otto von Schweinfurt, Ida von Wettin, Luitgard von Bayern, Gerberga, die Schwester des Markgrafen Leopold von Österreich, Richsa, die Tochter des Grafen Heinrich von Berg, Gertrud von Babenberg, Judith von Thüringen, Kunigunde, die Tochter König Philipps von Hohenstaufen, Margarete von Babenberg und Guta, die Tochter Rudolfs von Habsburg. Diese Frauen brachten ihre Ratgeber und Mönche aus der Heimat mit. An ihren Höfen herrschten deutsche Sitte und höfische Dichtung.

1158 verlieh Kaiser Friedrich I. an Wladislaw II. die Königswürde: diese wurde 1198 unter Ottokar I. erblich, und zwar mit der Lehenshoheit über die Markgrafschaft Mähren. Die Bischöfe von Prag und Olmütz, das seit 1063 Sitz eines Bistums war, waren nun Reichsfürsten.

Die letzten Přemysliden

1253 wurde Ottokar II. König von Böhmen. Unter ihm erlebte Böhmen als Staat seine größte Machtentfaltung; er erwarb die Steiermark,

Kärnten und Krain, förderte die deutsche Besiedlung und gründete viele deutsche Städte. Anläßlich eines Kreuzzuges nach Preußen gründete er 1255 die Stadt Königsberg, die ihm ihren Namen verdankt. Auf ein Gelübde Ottokars, das er vor der Schlacht gegen die Ungarn bei Kressenbrunn 1260 abgelegt hatte, geht die Gründung des Klosters Goldenkron zurück. In

König Wenzel II. (Heidelberger Handschrift)

Siegel Přemysl Ottokars II.

der kriegerischen Auseinandersetzung zwischen ihm und Rudolf von Habsburg, der Ottokar zur Herausgabe der annektierten Gebiete zwingen wollte, kam es 1278 zur Schlacht bei Dürnkrut auf dem Marchfeld. Ottokar wurde auf der Flucht erschlagen. Ein Parteigänger Ottokars war Zawisch von Falkenstein aus dem Geschlecht der Rosenberger. Dieser, mit Ottokars Witwe verheiratet, trachtete nach der böhmischen Krone, was ihn das Leben kostete. 1290 wurde er in Frauenberg enthauptet. Im Hohenfurter Stiftsschatz wurde das angeblich von ihm stammende wertvolle Zawisch-Kreuz aufbewahrt.

Um 1300 wurde Prag kultureller Mittelpunkt. Herrscher war Wenzel II., der Sohn Ottokars II. und Schwiegersohn Rudolfs von Habsburg. Wenzel, der vorübergehend auch die polnische Krone innehatte, förderte wiederum die Einwanderung Deutscher. Er holte Dichter an seinen Hof, darunter den Meißner, Ulrich von Eschenbach, Heinrich von Freiberg und Heinrich den Klausner. Er selbst verfaßte deutsche Minnelieder und ist auch in der sogenannten Heidelberger Handschrift vertreten. Wenzel erließ das Kuttenberger Bergrecht, das zum Vorbild für das europäische Bergrecht wurde. Unter seiner Regentschaft begann man mit der Prägung der Prager Groschen, einer hochwertigen Münzeinheit. Wenzel II. starb 1305. Sein Sohn, Wenzel III., wurde bereits 1306 während der Vorbereitung zu einem Kampf gegen Polen in Olmütz ermordet. Mit ihm starb die männliche Linie der Přemysliden aus. König Albrecht I. zog Böhmen als Reichsgut ein. Sein Sohn Rudolf, von den böhmischen Ständen zum König gewählt, starb schon 1307 ohne Nachkommen.

Die Luxemburger

Im Zeitraum von 1310 bis 1437 regierten Herrscher aus dem Hause Luxemburg Böhmen. Unter König Johann fiel im Jahre 1322 das Egerland als Pfand an die Krone Böhmens; es wurde nicht mehr eingelöst. 1326 kamen die schlesischen Teilfürstentümer und 1335 dann ganz Schlesien unter böhmische Lehenshoheit. 1344 Gründung des Erzbistums Prag. Zwei Jahre später fiel König Johann von Luxemburg in der Schlacht bei Crécy.

König Johann von Böhmen

Sein Sohn Karl IV. (1346 – 1378) war seit 1347 römisch-deutscher Kaiser. Während seiner Regierungszeit, die man das Goldene Zeitalter Böhmens nannte, führte er viele Reformen durch, ließ zahlreiche Bauten errichten und förderte Kunst und Wissenschaft. Sein Kanzler Johann von Neumarkt (um 1310 – 1330), auch Bischof von Leitomischl und Olmütz, spielte eine bedeutende Rolle bei der Entwicklung des deutschen Frühhumanismus und hatte durch den von ihm geschaffenen Kanzleistil wesentlichen Einfluß auf die Entwicklung des Neuhochdeutschen. Karl machte Böhmen zum Kernland seiner Macht, er baute die Residenz in Prag aus (Hradschin und Veitsdom), gründete 1348 die Prager Universität (die erste auf Reichsboden) sowie die Prager Neustadt und erließ 1356 die Goldene Bulle, das wichtigste Grundgesetz des Reiches. Sie kodifizierte das Recht der Königswahl und die Kurfürstenverfassung.
1365 erfolgte die Fertigstellung der seit 1348 im Bau befindlichen Burg Karlstein bei Prag; sie diente der Aufbewahrung der Reichskleinodien (heute in der Wiener Hofburg) und des böhmischen Kronschatzes (heute im St.-Veits-Dom zu Prag). Die Kreuzkapelle der Burg ist mit wertvollen Gemälden und zahlreichen Halbedelsteinen geschmückt. Seinen Bruder Johann Heinrich belehnte Karl mit der Markgrafschaft Mähren. Dessen Regentschaft (1349 – 1375) wurde als das Goldene Zeitalter Mährens bezeichnet. 1352 erhob der Markgraf Olmütz zum Oberhof für alle mährischen Städte, in denen Magdeburger Recht galt. Seit 1353 wirkte der Baumeister Peter Parler aus Schwäbisch Gmünd in Prag. In diesem Jahr erwarb Karl die Oberpfalz, 1368 den Rest Schlesiens und die Lausitz, im Vertrag von Fürstenwalde 1373 (durch Kauf) das wittelsbachische Brandenburg.

Kaiserliches Universitätssiegel

Kaiser Karl IV.

Sein Sohn Wenzel (1378 – 1419), der als Sohn eines großen Staatsmannes und eines hervorragenden Förderers von Kunst und Wissenschaft die an ihn gestellten Erwartungen nicht erfüllte, wurde 1400 von den Kurfürsten als deutscher König wegen Unfähigkeit abgesetzt. Wenzel ließ im Jahre 1393 Johannes von Nepomuk, den Generalvikar des Prager Erzbischofs, foltern und in der Moldau ertränken.
Unter dem Einfluß der Anhänger des Jan Hus, der zum Haupt einer Reformbewegung geworden war, erließ Wenzel 1409 das sog. Kuttenberger Dekret, durch das die Tschechen „durch das weit überlegene Stimmrecht" die Oberhand an der Prager Universität erhielten. Nach der Inten-

Johannes von Nepomuk auf der Karlsbrücke

tion des Universitätsstifters setzten sich Studenten und Lehrer aus einer böhmischen und drei nicht-böhmischen (meist deutschen) Nationen zusammen. Das Dekret veranlaßte die deutschen Professoren und Studenten, aus Prag wegzuziehen; sie gründeten die Leipziger Universität und andere Hohe Schulen.

Die hussitische Revolution

Hus, der unter dem Einfluß Wiclifs stehende Reformator, gewann als volkstümlicher Prediger in Prag immer mehr Einfluß. Er ging vor gegen die verweltlichte Kirche, gegen die Ablaßlehre und die Abendmahlspraxis. Auf dem Konstanzer Konzil sollte er sich verantworten. Als Häretiker angeklagt, war Hus zum Widerruf nicht bereit; obwohl er mit einem Geleitbrief Kaiser Sigmunds nach Konstanz gekommen war, wurde er am 6. Juli 1415 als Ketzer verbrannt. Sein Tod löste in Böhmen bei seinen Anhängern Bestürzung und Wut aus. Der erste der drei Prager Fensterstürze 1419 war der Beginn der Hussitenkriege, die sich gegen Deutsche und gegen Katholiken wandten. Die Deutschen im Land erlitten schwere Verluste, viele ihrer Städte wurden zerstört, die Bewohner grausam ermordet. Wenn auch ihre Zahl sehr zurückging, so gelang doch nicht ihre vollständige Ausrottung. Der Deutschenhaß blieb bestehen. Auch Klöster wurden niedergebrannt, Mönche und Nonnen, wenn sie nicht entfliehen konnten, getötet. Mehrere Kreuzheere, die gegen die Hussiten zogen, erlitten fürchterliche Verluste; oft flohen die Soldaten schon, wenn sie die Schlachtgesänge der Hussiten vernahmen. Das Ende der schrecklichen Hussitenkriege kam erst mit der Niederlage des taboritischen Heeres bei Lipan (1434) und mit der Annahme der Iglauer Kompaktaten (1436), bei denen Vertreter des Basler Konzils, ferner Böhmens und Kaiser Sigmunds verhandelt hatten.

Nachfolger Sigmunds wurde sein Schwiegersohn Albrecht II. (1437–1439). Er besaß seit 1423 Mähren als Pfand und hatte dem Ansturm der Hussiten in diesem Land energisch widerstanden. Unter seiner Regentschaft erfolgte die erste Vereinigung der böhmischen und ungarischen Länder mit Österreich. Albrecht war

Johann Huß

schon tot, als sein Sohn Ladislaus zur Welt kam. Für diesen Ladislaus Postumus (1440–1457) regierte seit 1452 als Landesverweser Georg von

Podiebrad, der nach dem Tod des Unmündigen selbst König wurde (1457–1471). Georg versprach 1464 in Olmütz auf Ansuchen der mährischen Stände, daß das Land Mähren unter keinen Umständen jemals von Böhmen losgetrennt werden dürfe. Doch bereits 1478 trat König Wladislaw II. die Markgrafschaft Mähren auf Lebensdauer an den ungarischen König Matthias Corvinus ab; die Wiedervereinigung erfolgte 1490 bei dessen Tod.

In der Zeit von 1471 bis 1526 herrschten die Jagellonen über Böhmen und Mähren. Von diesen ist vor allem Wladislaw II. (1471–1516) zu erwähnen, der selbst keine Herrscherfähigkeiten besaß und Entscheidungen einigen adeligen Personen überlassen mußte. Nach religiösen Streitigkeiten in Böhmen kam es 1483 zum Religionsfrieden.

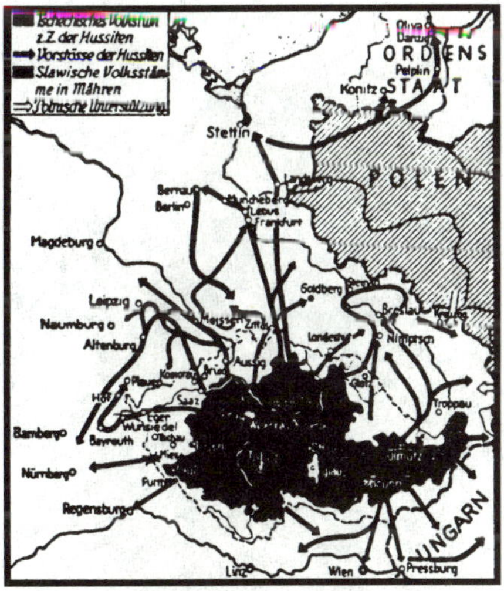

Hussitensturm über Deutschland

Auf Wladislaw gehen einige hervorragende Bauwerke in Prag zurück, vor allem der nach ihm benannte Saal, ein Werk des Deutschen Benedikt Ried von Piesting, ein Audienzzimmer und der Ludwigstrakt auf der Prager Burg, auch das Oratorium im Veitsdom.

Kaiser Ferdinand I.

Unter den Habsburgern

Von 1526 bis 1564 regierte Ferdinand von Österreich aus dem Hause Habsburg, mit dem die böhmischen Länder bis 1918 (Österreich und Ungarn) verbunden blieben. In Ferdinands Regierungszeit fielen die Kämpfe mit den auf Wien vordringenden Türken (1529), ebenso auch die ersten Regungen der Reformation. Abermals kamen wieder viele Deutsche in das Land, was wiederum einen Aufschwung der Wirtschaft bewirkte. Vor allem entwickelten sich Glasmacherei, Weberei und Tuchmacherei. Zur geistigen Entwicklung trugen wesentlich die Jesuiten bei, die Kollegien gründeten (u. a. in Brünn, Krummau und Olmütz) und 1556 das Clementinum in Prag schufen (seit 1562 gleichberechtigte Universität neben dem Carolinum). In diesem Jahr erschien die erste Lutherbiographie aus der Hand des Predigers Johannes Mathesius im erzgebirgischen St. Joachimsthal. Auf Ferdinand folgte sein Sohn Maximilian II. (1564–1576). Dessen Sohn Rudolf II. (1576–1612) suchte den Religionsfrieden zu bewahren. Sein Hauptaugenmerk aber richtete er auf Kunst und Wissenschaft. Nach Prag, der Hauptstadt seines Reiches, berief er Künstler, Literaten, Musiker, Astronomen (Tycho Brahe und Johannes Kepler verfaßten ihre wichtigsten Werke in

Kaiser Rudolf II.

Prag), aber auch Alchimisten. Er wurde immer mehr zum menschenscheuen Sonderling, der die Staatsgeschäfte seinen Beamten überließ. Schließlich kam es zum Zwist zwischen ihm und seinem Bruder Matthias (1608), der durch den Vertrag zu Lieben mit einem Vergleich endete. Grillparzer behandelte diese Auseinandersetzung in seinem Werk „Ein Bruderzwist in Habsburg“. Während der Regierungszeit Rudolfs führte der böhmische Landtag das allgemeine böhmische Stadtrecht ein (1579). Grundlage dafür war das Stadtrecht aus Böhmen und Mähren. Damit sollten das Magdeburger und das Nürnberger Recht beseitigt werden.
1609 nötigten die Böhmischen Stände Rudolf den Majestätsbrief ab; dadurch erhielten die Evangelischen Religionsfreiheit und das Recht, auf königlichem Besitz Kirchen zu errichten. Die Einhaltung dieser Zugeständnisse, von Deutschen und Tschechen gleichermaßen beansprucht, überwachten 24 Defensoren. Die konfessionelle Befriedung, die Rudolf erreichen wollte, ließ sich nicht durchsetzen. Auch seinem Bruder Matthias, der von Rudolf die Abtretung Ungarns, Österreichs und Mährens (1608) und schließlich auch Böhmens (1611) erzwang und der 1612 die Kaiserwürde erlangte, gelang der interkonfessionelle Ausgleich nicht. Matthias (1611–1619) hatte keine Bewegungsfreiheit mehr; zum einen mußte er sich den böhmischen Ständen fügen, zum anderen wuchsen die konfessionellen Gegensätze in seinem Reich immer mehr. Als Nachfolger des kinderlosen Matthias bestimmte die katholische Partei 1617 seinen Vetter Ferdinand von Steiermark. Unter ihm wuchsen die Gegensätze noch mehr an.

Der Dreißigjährige Krieg

Als Kaiser regierte Ferdinand von 1619 bis 1637. Er war das Haupt der Gegenreformation. 1618 kam es zum zweiten Prager Fenstersturz. Anlaß war die Verletzung des Majestätsbriefes wegen der protestantischen Kirchen in Klostergrab und in Braunau; erstere hatte der Prager Erzbischof zerstören lassen, letztere ließ Abt Selender sperren. Unter Führung von evangelischen Adeligen

V(ivat) F(erdinandus) II. R(omanorum) I(mperator) S(emper) A(ugustus).

Wappen Kaiser Ferdinands II.

(Graf Matthias Thurn u. a.) zogen die Protestanten am 23. Mai 1618 auf die Prager Burg und warfen die Statthalter des Kaisers, Martinic und Slawata, und ihren Schreiber „nach altem böhmischen Brauch“ aus dem Fenster in den Burggraben. Das war der Beginn des böhmischen Aufstands, aus dem sich der Dreißigjährige Krieg entwickelte. Der Kaiser fand Unterstützung beim katholischen Herzog Maximilian I. von Bayern und bei der katholischen Liga. 1619 kam es in Böhmen zur Ausrufung eines Wahlreiches.

Warhafftige Zeitung
Aus Praag
Darinnen kürtzlich vermeldet wird/ der gefährliche Zustandt/ welcher vber die Evangelische Stände hat ergehen sollen/Aber von Gott dem Allerhöchsten verhütet worden/vnd hernachmals sich das Widerspiel begeben/ das es vber die Rahtgeber (so Gott vnd dem Landesfrieden zuwieder/) selbsten außgangen / Auch wie sich einer von den rähelinsführer/aus angst seines bösen Gewissens/ zu den Capuciner München ins Kloster versteckt / entlichen aber herauß geben müssen/ vnd den Evangelischen Ständeen gefänglichen vberantwortet. Wie sie dann auch ferner jhr eigen bekändtniß gethan/ vnd vmb Gnade gebeten.

Gedruckt im Jahr 1618.

Zum König wählten die Stände Friedrich, den Kurfürsten von der Pfalz. Am 8. November 1620 kam es zur Schlacht am Weißen Berg. Gegner waren die protestantischen Stände und das katholische Lager. Die Schlacht war bald entschieden, und Friedrich, wegen seiner kurzen Regierungszeit von nur 14 Monaten „Winterkönig“ genannt, floh überstürzt aus Prag. 1621 kam es unter dem Fürsten Karl von Liechtenstein, dem neuen Statthalter von Böhmen, zu einem Blutgericht gegen die Aufständischen. 27 Anführer, Tschechen und Deutsche, wurden auf dem Altstädter Ring hingerichtet. Es wird berichtet, daß sie heldenhaft als Märtyrer für ihre Überzeugung starben. Ihre Güter wurden eingezogen, ebenso die ihrer Anhänger. Die evangelischen Pfarrer und an die 150 000 Protestanten mußten im Zuge der Gegenreformation, die rigoros durchgeführt wurde, das Land verlassen. Unter den Emigranten befanden sich zahlreiche bedeutende Persönlichkeiten, u. a. auch Comenius. In Mähren waren die Strafen weniger hart. Ferdinand hob die Todesstrafe der 23 Verurteilten auf, konfiszierte aber viele Güter. Die enteigneten Güter in Böhmen, Mähren und Schlesien kamen nun durch Schenkung oder günstigen Kauf an Adelige, auch ausländische, die auf der Seite des Kaisers standen.

1624 erfolgte die Verlegung der böhmischen Hofkanzlei nach Wien. 1627/1628 traten neue Landesordnungen zugunsten der Habsburger in Kraft, 1627 für Böhmen und in ähnlicher Form 1628 für Mähren. Die Verneuerte Landesordnung beinhaltete vier Punkte: Im Landtag saßen nun vier Stände (die Geistlichen, die Herren, die Ritter und Vertreter der königlichen Städte); das Recht der Gesetzesvorschläge stand nur dem König zu. Alle Abgaben hatten die Stände zu bewilligen. Änderungen an der Landesordnung konnte nur der König vornehmen. Erhart Proschwitzer nennt das den Beginn der unbeschränkten Fürstenmacht oder des Absolutismus, der bei uns bis 1860 währen sollte.

Im Zuge der Landesordnungen wurden auch die Vorteile für den tschechischen Sprachgebrauch beseitigt. 1615 hatten die böhmischen Stände bestimmt, daß kein Ausländer ohne Kenntnis der tschechischen Sprache (bzw. wer vor Gericht nicht in dieser Sprache verhandeln könne) Bürger einer Stadt werden dürfe. Wer die tschechische Sprache erlernt und dadurch das Bürgerrecht erworben hatte, durfte aber auch noch kein Amt bekleiden; dies war erst seinen Enkeln erlaubt. Bei öffentlichen Veranstaltungen durfte nur tschechisch gesprochen werden; wer dagegen handelte, wurde des Landes verwiesen. Mit

der Beseitigung der ständischen Macht wurde nun auch dieses Sprachengesetz aufgehoben.
Der bekannteste Feldherr des Dreißigjährigen Krieges (1618–1648) war Albrecht von Wallenstein, Herzog von Friedland (1625) und Mecklenburg (1629); 1607 trat er vom Utraquismus zum Katholizismus über. Bei der erwähnten Konfiskation erwarb er große Güter, auch das

Albrecht von Wallenstein

Herzogtum Friedland. Seine Mittel erlaubten es ihm, dem Kaiser aus eigenen Mitteln aufgestellte Truppen zur Verfügung zu stellen. 1630 als Kommandierender entlassen, wurde er 1632 als Oberbefehlshaber wiederberufen, dann aber als angeblicher Verräter vom Kaiser erneut abgesetzt und am 25. Februar 1634 mit ihm ergebenen Offizieren in Eger ermordet. Den Oberbefehl über das kaiserliche Heer übernahm nun Ferdinand III., seit 1627 König von Böhmen, seit 1637 Kaiser. Er galt als Förderer von Kunst und Wissenschaft. 1648 kamen die Schweden nochmals nach Böhmen; Verrat öffnete ihnen die Prager Kleinseite und den Hradschin. Heldenhaft verteidigten Bürger und Studenten unter dem Jesuiten P. Plachy die Altstadt.
Der Westfälische Friede von 1648 beendete den Krieg, der in den böhmischen Ländern verheerende Auswirkungen hatte. Mord und Raub waren an der Tagesordnung. Ganze Landstriche waren entvölkert. Die Pest und andere Seuchen hatten viele Menschen dahingerafft. Sinnlose Zerstörungswut hatte unersetzbare Werke der Kunst, Urkunden und Bücher vernichtet. Vieles wurde in das Ausland gebracht. Vor allem kamen damals Kunstwerke und Bücher nach Schweden. Die langen Friedensverhandlungen waren Ursache vieler territorialer Veränderungen in Europa. Böhmen mußte lediglich die beiden Lausitzen an Sachsen abtreten.

Barockzeit

Auf Ferdinand III. folgte dessen Sohn Leopold I. (1640–1705), seit 1655 König von Ungarn, 1656 von Böhmen und 1658 zum Kaiser gewählt. Unter ihm wurde das Habsburgerreich europäische Großmacht. Die Kunst des Barock erreichte ihre höchste Blüte. Adel und Kirche beriefen die besten Künstler, auch aus dem Ausland, und ließen einmalige Bauten errichten. Besonders auffallend waren die vom Jesuitenorden errichteten Kirchen, die zumeist dessen Kirche Il Gesù in Rom zum Vorbild hatten.
Auch in der Malerei und Bildhauerei entstand Großartiges. Von den wichtigen Namen des Barock seien nur einige genannt: Dientzenhofer (Vater und Sohn), Johann Bernhard Fischer, Peter Brandl, Wenzel Hollar, Daniel Gran, Raphael Donner und Johann Brokoff.

Kirchliche Gliederung der Sudetenländer

Kirchengeschichtlich war die Errichtung des Bistums Königgrätz (1660) bedeutsam; das von Leitmeritz war bereits 1655 entstanden. 1680 war das Jahr des großen Aufstandes der Bauern gegen ihre Grundherren in Ostböhmen. Das vom Kaiser erlassene Robotpatent zu Gunsten der Bauern blieb wirkungslos. Im Jahre 1689 fielen ohne politischen Grund von der Pfalz her französische Truppen in Böhmen ein. Sie verwüsten Klattau, Trautenau, Braunau und Prag.

Unter Karl VI. (1711 - 1740) wurden die Bemühungen um die Entwicklung von Gewerbe und Industrie, wie sie bereits Leopold I. begonnen hatte, intensiviert, und zwar baute man Straßen aus, Elbe und Moldau wurden für Schiffe befahrbar gemacht, die Textil- und Glasindustrie gefördert. Vieles wurde aufgebaut, auch der Handel mit dem Ausland, was dann in den kommenden Kriegen wieder zunichte gemacht wurde.

1722 erfolgte die Zustimmung des böhmischen Landtags zur Pragmatischen Sanktion, die Kaiser Karl VI. 1713 erlassen hatte. In diesem Staatsgrundgesetz wurden die weibliche Thronfolge und die Unteilbarkeit der habsburgischen Länder geregelt. 1724 entstand in Brünn eine der Universität Olmütz angegliederte Ingenieur-Akademie.

Maria Theresia

Unter Kaiserin Maria Theresia

Auf Karl folgte dessen Tochter Maria Theresia (1740 - 1780), die 1743 in Prag gekrönt wurde. Als Folge der Ansprüche König Friedrichs II. von Preußen auf schlesisches Gebiet, darunter das Fürstentum Jägerndorf, begann dieser mit dem Ersten Schlesischen Krieg (1740 - 1742). 1741 wurde von sächsischen, bayerischen und französischen Truppen Prag eingenommen, und der Wittelsbacher Karl Albrecht, der auf Österreich Erbansprüche geltend machte, ließ sich am 26. November des folgenden Jahres in Prag zum böhmischen König krönen. Kurz darauf eroberten die Österreicher die böhmische Hauptstadt zurück, und Karl Albrecht mußte Prag wieder verlassen.

Im Zweiten Schlesischen Krieg (1744 - 1745) besetzte Friedrich vorübergehend Prag, Tabor, Budweis und Frauenberg. Den dritten schlesischen (Siebenjährigen) Krieg (1756 - 1763) führte Maria Theresia gegen Friedrich, um die von ihm besetzten Gebiete zurückzugewinnen. Die Niederlage Friedrichs 1757 bei Kolin zwang diesen, die Belagerung Prags wieder abzubrechen. Die Festung Olmütz belagerte er 1758 vergeblich. Im Hubertusburger Frieden (1763) mußte die Kaiserin den größten Teil Schlesiens abtreten; ihr verblieb nur der als Österreichisch-Schlesien bezeichnete Teil („Den Garten habt ihr mir genommen, nur den Zaun habt ihr mir gelassen").

Das Jahr 1763 hatte auch für das kulturelle Leben in den böhmischen Ländern eine besondere Bedeutung. Damals wurde erstmals eine Vorlesung an der Universität in Prag in deutscher Sprache gehalten; die lateinische Sprache wurde nach und nach abgelöst von der deutschen, ab 1777 auch an den Gymnasien, die von den Jesuiten, deren Orden 1773 aufgehoben worden war, nicht mehr geleitet wurden. Maria Theresia erließ 1763 auch eine Anordnung zur Pflege der tschechischen Sprache.

Als 1777 die Hauptlinie der bayerischen Wittelsbacher ausgestorben war, plante Österreich den

Erwerb Bayerns. Friedrich II. kam allen diesbezüglichen Unternehmungen zuvor und marschierte in Böhmen ein (1778/1779). Er drang bis Nachod vor. Durch die Nachgiebigkeit der Kaiserin kam es jedoch in diesem Bayerischen Erbfolgekrieg nicht zu ernsthafteren Auseinandersetzungen. Beendet wurde diese Episode durch den Frieden von Teschen (1779), bei dem ihr das Innviertel überlassen wurde.
Die Kaiserin führte viele Reformen durch, vor allem im Rechtswesen, in der Verwaltung und im Wirtschaftswesen. Für die Bildung des Volkes aber war die Schulreform am wichtigsten. Sie berief Ignaz Felbiger, Abt des Klosters Sagan, nach Wien. Als Generaldirektor des Schulwesens erließ er 1774 die „Allgemeine Schulordnung", wodurch das Schulwesen vereinheitlicht und unter staatliche Aufsicht gestellt wurde. Daß in Böhmen Normal-, Haupt- und Trivialschulen entstanden und zum Wohle der Jugend betreut wurden, war das Verdienst Ferdinand Kindermanns, des späteren Bischofs von Leitmeritz. Diese beiden Männer schufen die Grundlagen für das moderne Schulwesen Österreichs.

Ferdinand Kindermann

Joseph II. und seine Reformen

Noch tiefer in das Staatsgefüge griffen die Reformen Josephs II. (1780 – 1790) ein, der seit dem Tode seines Vaters, Kaiser Franz I., im Jahre 1765 neben seiner Mutter Mitregent und deutscher Kaiser war. Joseph huldigte dem aufgeklärten Absolutismus. Auf vielen Gebieten führte er grundlegende Reformen durch, vor allem im Kirchenwesen. Durch den Josephinismus wurden zahlreiche Klöster und geistliche Orden aufgehoben; solche, die caritativen und sozialen Zwecken dienten, blieben erhalten. Wichtige Entscheidungen Josephs waren das Toleranzpatent für die Protestanten (1781) und die Erlasse über die Bauernbefreiung (Aufhebung der Leibeigenschaft) von 1781/1782.
Als Erweiterung der „Nemesis Theresiana" ließ er 1786 das „Allgemeine Gesetzbuch für Verbrechen und ihre Bestrafung" herausgeben; u. a. wurde dadurch die Todesstrafe eingeschränkt. Um sich eine Vorstellung vom Los der Strafgefangenen zu machen, ließ sich Joseph selbst auf dem Spielberg in Brünn einschließen; danach verbot er die über das erträgliche Maß hinausgehenden Strafbedingungen. Viel tat der Kaiser zur Integration der Juden, er beseitigte die Ghettos, zwang die Juden, ihre bisherigen Namen abzulegen, und ließ sie beliebige Berufe ergreifen und auch studieren. 1788 wurde der erste Jude an der Universität Prag promoviert. Die Judensteuer behielt er jedoch bei.
In die Regierungszeit Josephs fielen die Gründung der Königlich böhmischen Gesellschaft der Wissenschaften in Prag, die Errichtung von Wohltätigkeitsanstalten (auch einer Taubstummenanstalt in Prag), die Anhebung des Handels und der Wirtschaft. Nach Proschwitzer stieg damals in Böhmen die Zahl der Fabriken von 50 auf 172 mit 400 000 männlichen Arbeitern, von 1785 bis 1788 stieg die Zahl der Flachs- und Wollspinner von 280 000 auf 314 000. In jedem Jahr fertigten in Böhmen und Mähren 800 000 Arbeiter Gewebe an, die einem Wert von 18 Millionen Gulden entsprachen. Seit 1788 wurden feine Schleier aus mährischem Flachs hergestellt. Um 1790 gab es in Böhmen 29 000 Baumwoll-, 51 000 Schafwoll- und 234 000 Flachsgarnspinner, über 3 000 Baumwoll-, 25 000 Schafwoll- und 72 000 Leinenweber.

Die Aufwärtsentwicklung des geistigen Lebens wurde von Wien aus gefördert, aber auch vom Adel und von vermögenden Bürgern. 1783 ließ Graf Nostitz-Rieneck in Prag ein Theater errichten, und zwar als deutsches Nationaltheater. Dieses Nostitz-, später Ständetheater, dann bis 1920 Deutsches Landestheater, wurde 1783 mit Lessings „Emilia Galotti" eröffnet. Vier Jahre später erfolgte hier die Uraufführung von Mozarts „Don Giovanni". Heute heißt das Haus Tyl-Theater.

Joseph II., der 1786 noch die ältere Fassung des Bürgerlichen Gesetzbuches eingeführt hatte, das in seiner endgültigen Form 1812 in Kraft trat, starb am 20. Februar 1790. In seinen letzten Lebensjahren war er gezwungen, einzelne seiner Reformen zurückzunehmen. Nachfolger wurde sein Bruder Leopold II. (1790-1792). Dieser starb jedoch schon mit 45 Jahren. Unter ihm wurde an der deutschen Universität zu Prag ein Lehrstuhl für tschechische Sprache eingeführt.

Das Zeitalter der Aufklärung brachte auch in den böhmischen Ländern eine rasche Entwicklung der Natur- und Geisteswissenschaften. Große Forscher waren u. a. der Prämonstratenser Prokop Diwisch (der Erfinder des Blitzableiters), Maximilian Hell (Astronom) und Ignaz Born (verdient um die wissenschaftliche Entwicklung Böhmens). Von berufenen Männern wurden historische Forschungen betrieben; Franz Pubitschka, Gelasius Dobner, Martin Pelzl, Adaukt Voigt, Ignaz Cornova und Jaroslaw Schaller sind hier zu nennen. Das Kunstleben, die deutsche Dichtung und das Theaterwesen blühten. Außer in Prag, wo seit 1738 das Kotzentheater und dann das schon erwähnte Nostitztheater bestanden, wurden ebenfalls Theater eröffnet in Olmütz (1770), Brünn (1732), Troppau, Karlsbad und Teplitz. Eine besondere Blüte erreichte das Musikleben; neben Christoph Willibald Gluck, der seine Jugend in Böhmen verbrachte, sind Florian Leopold Gaßmann, Franz und Georg Benda, Johann Karl Stamitz, Johann Stich, Josef A.Sehling, Franz W. Habermann und Carl Ditters von Dittersdorf, der auf Schloß Johannesberg in Jauernig lebte und komponierte, zu nennen. Ein kultureller Mittelpunkt war das Schloß in Roßwald bei Jägerndorf, wo Graf Hoditz, als Sonderling bekannt, großartige Musik- und Theateraufführungen veranstaltete.

Ständetheater in Prag (1783)

Das 19. Jahrhundert

Die Regierung Kaiser Franz II. (1792 - 1835) war vor allem gekennzeichnet durch die Auswirkungen der Napoleonischen Kriege. Um einen gemeinsamen Namen für seinen gesamten Machtbesitz zu haben, erhob er diesen im Jahre 1804 zum Kaisertum Österreich, bestimmte dabei aber, „daß Unsere sämtlichen Königreiche, Fürstentümer und Provinzen ihre bisherigen Titel, Vorrechte und Verhältnisse fernerhin unverändert beibehalten sollen". 1805 fiel Napolen in Böhmen und Mähren ein. Am 2. Dezember kam es zur Schlacht von Austerlitz, in der er gegen Österreicher und Russen kämpfte. Er blieb Sieger in dieser „Dreikaiserschlacht".

Prag wurde damals der Zufluchtsort von Männern, die sich gegen Napoleon erhoben hatten, so Heinrich von Kleist, Freiherr vom Stein, Gentz und Gneisenau. Höhepunkte der weiteren kriegerischen Ereignisse waren die Schlachten bei Kulm und Nollendorf und schließlich bei Leipzig (16. - 19. Oktober 1813).

In der Zeit von 1815 bis 1866 waren die Sudetenländer Teil des Deutschen Bundes. Der Beginn des 19. Jahrhunderts war gekennzeichnet durch technische Neuerungen, so war seit 1804 die erste Dampfmaschine in Reichenberg in Betrieb, nachdem bereits 1796 die erste Spinnmaschine aus England in der Firma Leitenberger im nordböhmischen Wernstadt gestanden hatte. Die Weiterentwicklung der heimischen Industrie und Wirtschaft wurde vor allem gefördert durch das 1806 eröffnete Polytechnikum in Prag, die erste technische Hochschule im deutschen Sprachbereich. Den größten Anteil an der Entstehung und Entwicklung dieses Instituts hatte Franz von Gerstner aus Komotau. Von ihm stammte auch die Idee der ersten Eisenbahn von Budweis nach Linz, die dann 1825–1832 als Pferdebahn gebaut wurde. Bis zur Mitte des Jahrhunderts waren schon wichtige Dampfeisenbahnstrecken fertiggestellt. 1845 kam der erste Eisenbahnzug in Prag an. Eine wichtige Neuerung war die Schaffung von Realschulen. 1818 kam es durch Kaspar Graf Sternberg, den Freund Goethes, zur Gründung des Vaterländischen Museums in Prag. Deutsche und Tschechen waren gleichermaßen daran beteiligt. Das Vaterland stand jetzt immer mehr im Vordergrund geistiger Bestrebungen. Gerade auch deutsche Schriftsteller unterstützten die sogenannte tschechische Wiedergeburt, das „Erwachen“ der Tschechen. Der große Anreger war Johann Gottfried Herder, der mit seinem Buch „Ideen zu einer Philosophie der Geschichte der Menschheit“ die Blütezeit tschechischen Geisteslebens hervorrief. Palacký, Dobrovský, Jungmann, Čelakovský, Kollár, Mácha u. a. legten den Grund für die neue Entwicklung tschechischer Wissenschaft und Literatur. Im allgemei-

Kaiser Franz und Napoleon nach Austerlitz

Die alte Budweis-Linzer Eisenbahn

nen Überschwang einer neuen Zeit versuchte sich Václav Hanka darin, „älteste Erzeugnisse tschechischer Sprache", da nicht vorhanden, zu „entdecken". Er „fand" die Königinhofer und Grünberger Handschriften, die aber schließlich als Hankas geschickte Fälschungen erkannt wurden. Palacký benützte diese Funde noch für seine Geschichte Böhmens.

1833 kam es zur Gründung der Gesellschaft zur Förderung der Industrie in Böhmen. Die Leitung ging nach der Statutenänderung von 1842 von Adeligen auf Bürgerliche über.

Das Jahr 1848

Am 11. März 1848 fand im Wenzelsbad in Prag eine Volksversammlung statt. In dieser Zeit der politischen Krisen stellten Deutsche und Tschechen die Forderung, daß die Länder Böhmen, Mähren und Österreich-Schlesien in Selbstverwaltung eine staatliche Einheit bilden und daß auch Tschechen und Deutsche sprachlich gleichberechtigt sein sollten. Im Juni kam es dann zum Slawenkongreß in Prag. Auf ihm wurden an die Wiener Regierung Forderungen nach einer Umwandlung Österreichs in selbständige Staaten gestellt. Im Zusammenhang mit dem Kongreß entwickelte sich in Prag ein Aufstand, den Fürst Windischgrätz niederschlagen ließ. Am 10. Juli 1848 trat der konstituierende Reichstag zusammen. Im September wurde auf Antrag Hans Kudlichs die Aufhebung der bäuerlichen Robotlasten und des Untertänigkeitsverhältnisses gegenüber den Grundbesitzern im Reichstag beschlossen. Am 2. Dezember 1848 verzichtete Kaiser Ferdinand (1835 – 1848) zugunsten seines Neffen Franz Joseph in Olmütz auf den Thron. Dieser regierte bis zu seinem Tode i. J. 1916. Bis März 1849 tagte der Reichstag in Kremsier.

1849 wurde die Ingenieur-Akademie in Brünn zur Deutschen Technischen Hochschule erhoben. Die Prager Technische Hochschule wurde 1869 in eine deutsche und eine tschechische geteilt. 1882 wurde auch die Prager Universität geteilt.

1861 richtete der Böhmische Landtag eine Adresse an den Kaiser mit dem Ersuchen, sich zum König von Böhmen krönen zu lassen. Es war die letzte gemeinsame politische Aktion von Tschechen und Deutschen.

Hans Kudlich, der Bauernbefreier

Im Deutschen Krieg zwischen Preußen und Österreich um die Vorherrschaft in Deutschland im Jahre 1866 kam es am 3. Juli bei Königgrätz zur Entscheidungsschlacht, in der Österreich geschlagen wurde. Es wurden der Vorfrieden von Nikolsburg und der Frieden von Prag geschlossen, der Deutsche Bund aufgelöst.

Nationale Auseinandersetzungen

Durch den Ausgleich mit Ungarn (1867) wurde das Habsburgerreich staatsrechtlich in die Österreichisch-Ungarische Doppelmonarchie umgebildet. Die 1871 in den sogenannten Fundamentalartikeln formulierten Forderungen der Tschechen nach einem „böhmischen Ausgleich" wurden nicht erfüllt. Bei den Landtagswahlen 1883 konnten die Tschechen die Mehrheit erringen. Um der Tschechisierung vorzubeugen, versuchten deutsche Abgeordnete 1886 die Teilung der Landesverwaltung in eine tschechische und eine deutsche durchzusetzen. Nach dem Scheitern ihres Antrages traten sie aus dem Landtag aus. Es folgten nationale Auseinandersetzungen. Nachdem zur Festigung des Deutschtums bereits 1884 der Deutsche Böhmerwaldbund gegündet worden war, entstanden 1886 der Bund der Deutschen Nordmährens, 1894 der Bund der Deutschen in Böhmen, der Bund Nordmark in Schlesien und der Bund der Deutschen in Ostböhmen, 1899 der Bund der Deutschen Südmährens. 1889 legte der Prager Viktor Adler den Grund zur Österreichischen Sozialdemokratie. 1890 scheiterten die Ausgleichsverhandlungen zwischen Deutschen und Tschechen („Böhmischer Ausgleich") am Widerstand der Jungtschechen, die die Zerstörung der Monarchie anstrebten und sich mit Russen, Serben und Franzosen verbrüdern wollten. Für eine Trennung der Deutschen und Tschechen auf der Grundlage einer territorialen Autonomie trat 1896 Masaryk in seinem Aufsatz „Zur deutschböhmischen Ausgleichsfrage" ein. Von den Jungtschechen gedrängt, erließ Ministerpräsident Badeni 1897 eine Sprachenverordnung, die in den Sudentenländern die Amtsführung in zwei Sprachen (auch in einsprachigen Gebieten) vorsah. Die daraus entstehenden Nationalitätenkämpfe zwangen Badeni zum Rücktritt. 1899 legten die Sozialdemokraten mit ihrem Brünner Programm einen Vorschlag zur Lösung der nationalen Frage vor (Karl Renner und Josef Seliger). Um die politischen und kulturellen Kräfte der Deutschen zusammenzufassen, rief 1903 Dr. Josef Titta in Trebnitz bei Lobositz den Deutschen Volksrat für Böhmen ins Leben. Der seit 1898 vorbereitete Mährische Ausgleich zur Verständigung zwischen Deutschen und Tschechen wurde 1905 angenommen; für Böhmen kam leider kein Ausgleich zustande. Bei der Einführung des allgemeinen Wahlrechts für die Reichstagswahlen wurde 1906 vereinbart, daß Böhmen durch 75 tschechische und 55 deutsche Abgeordnete vertreten sein sollte. Die ersten allgemeinen Wahlen in den böhmischen Ländern fanden 1907 statt.

Im Vergleich zur Gesamtmonarchie betrug 1913 die Produktion der böhmischen Länder in der Eisen- und Stahlerzeugung 60 v. H., in der Chemie-Industrie 75 v. H., in der Textil-Industrie etwa 80 v. H. und in der Zuckerindustrie 75 v. H. Gegenüber 1880 erreichte die Förderung von Steinkohle das Dreifache (14 Mio. Tonnen), von Braunkohle das Vierfache (23 Mio. Tonnen).

Karel Kramář erklärte damals im Reichstag, daß die Tschechen den Tag herbeisehnten, an dem sie vom Böhmerwald bis Wladiwostok in einem Reich werden leben dürfen.

Der Erste Weltkrieg

Am 28. Juni 1914 wurde der österreichische Thronfolger Franz Ferdinand in Sarajevo ermordet. Nach der Kriegserklärung hielten sich auch die tschechischen Soldaten an ihren Soldateneid; erst später liefen viele zum Feind über. Masaryk ging in die Emigration, 1915 folgte ihm Beneš. In einem tschechischen Komitee in Paris planten sie die Beseitigung der Habsburger und die Gründung eines eigenen Staates (1915). Tschechische Politiker, darunter Kramář, wurden des Hochverrats angeklagt und eingekerkert, aber 1917 amnestiert. Der tschechische Nationalrat in Paris wurde 1916 von England und Frankreich völkerrechtlich als Vertretung der Tschechen anerkannt. Nach dem Tode Kaiser Franz Josephs I. am 21. November 1916 bestieg Karl I. den Kaiserthron. Dessen Versuche einer Reform der Verfassung scheiterten. Im Jahre 1917 erwähnten alliierte Politiker erstmals das Wort „Tschechoslowakei“. In der Schrift „Unser Staat und der Weltfriede“ von H. Kuffner und in den beigefügten Karten wurden für den tschechischen Staat Teile von Österreich, Bayern, Brandenburg, Sachsen und Schlesien bis zur Oder gefordert.

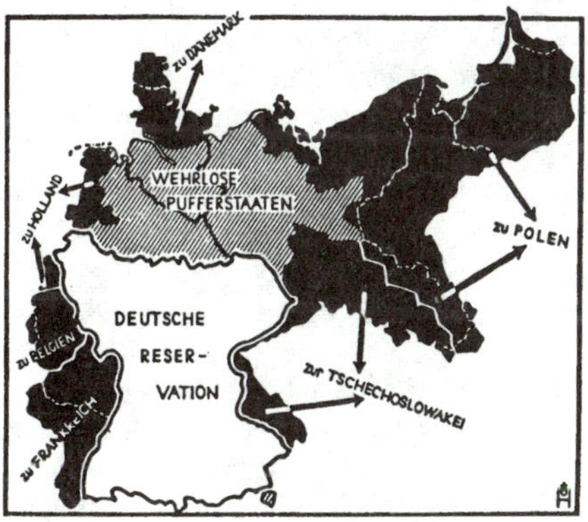

Hanuš Kuffners Deutschlandplan (1919)

Bis Ende 1917 entfielen an Blutopfern des Krieges auf 1000 Menschen: In den rein deutschen Gebieten Böhmens 34,5, Mährens 44,4, Schlesien 29 Tote; in den rein tschechischen Gebieten Böhmens 22,5, Mährens 26,7, in den polnischen Gebieten Schlesiens 16,2 Tote. Im Durchschnitt waren es bei den Deutschen 36, bei den Slawen 22 Tote. Verhandlungsversuche zur Beendigung des Krieges durch die sogenannte Meinlgruppe mit dem Sudetendeutschen Julius Meinl an der Spitze (1917/1918), mit Billigung des Kaisers bei den Alliierten unternommen, scheiterten.

Der neue Staat ČSR

Das Jahr 1918 war entscheidend für die neue Tschechoslowakei. Nach Verhandlungen zwischen Tschechen, Slowaken und Amerikanern in Pittsburgh kam es zur Anerkennung der Selbständigkeit der Tschechoslowakei durch Frankreich, Italien, England und die USA. In Paris bildete sich eine provisorische Regierung mit Masaryk als Präsidenten und Beneš als Außenminister (26. September).
Die Sudetendeutschen protestierten: „Die deutschen Gebiete in Böhmen dürfen nie und nimmer einem tschechoslowakischen Staat einverleibt werden.“ (Bund der Deutschen in Böhmen, 13. Oktober 1918). „Der Deutsche Volksrat betrachtet jedweden Versuch, der auch nur die Möglichkeit einer Einverleibung Deutschböhmens in den tschechischen Staat zur Folge haben könnte, als Preisgabe unseres Volkstums, dessen politischer und wirtschaftlicher Zukunft.“ (Deutscher Volksrat für Böhmen, 16. Oktober 1918.)
Am 28. Oktober erfolgte die Proklamation der Tschechoslowakischen Republik. Am folgenden Tag wurden in Wien die Provinzen Deutschböhmen und Sudetenland gebildet. Ihren Schutz übernahm die Deutschösterreichische Republik. An der Spitze der Landesregierungen standen Rafael Pacher, bzw. ab 6. November Rudolf Lodgman von Auen für Deutschböhmen und Robert Freißler für Mähren und Schlesien.
Am 13. November erklärten die Sudetendeutschen ihren Anschluß an das eben gegründete

Deutsch-Österreich. Am 29. November schossen bewaffnete Tschechen in Mährisch Trübau in die friedlich demonstrierende deutsche Menge und töteten drei Frauen und zwei Schüler. Die militärische Besetzung der sudetendeutschen Gebiete durch Tschechen war eine Verletzung des Selbstbestimmungsrechtes der Deutschen. Für dieses demonstrierten die Sudetendeutschen am 4. März 1919 in mehreren Städten. Von tschechischer Polizei und von Soldaten wurden dabei 54 Deutsche erschossen.

Das Hultschiner Ländchen

Der neue Staat erhielt nach dem Friedensschluß der Alliierten mit Österreich in Saint Germain von Deutschland das Hultschiner Ländchen, von Österreich Gebiete bei Gmünd und um Feldsberg, von Ungarn die Slowakei und Karpatenrußland. Das Gebiet von Teschen wurde 1920 zwischen der ČSR und Polen aufgeteilt. Bevölkerungszusammensetzung des Staates: 46% Tschechen, 28% Deutsche, 13% Slowaken, 8% Magyaren, 3% Ukrainer, ferner Polen u. a. Obwohl sich der Staat nach dem Minderheitenschutzvertrag verpflichtet hatte, nach dem Muster der Schweiz „allen Einwohnern ohne Unterschied der Geburt, Staatsangehörigkeit, Sprache, Rasse oder Religion vollen und ganzen Schutz von Leben und Freiheit zu gewähren", betrachteten sich die Tschechen als alleiniges Staatsvolk.

Nach Auflösung der Deutschböhmischen Landesregierung in Wien und einer abermaligen Forderung nach dem Selbstbestimmungsrecht verabschiedeten sich die Vertreter der Sudetendeutschen von Österreich und verließen dessen Staatsverband. Nachdem bereits am 16. April 1919 ein Gesetz zur Durchführung der Bodenreform zum Zwecke der Enteignung der Großgrundbesitzer beschlossen worden war, führte das tschechoslowakische Bodenamt schon im Oktober die Enteignung eines großen Teiles deutschen Grundbesitzes durch. 840000 ha bäuerlicher Grund und Boden (30% der Fläche des Sudetenlandes) kamen fast ganz (94%) an Tschechen.

Im Jahre 1919 kam es zur Gründung deutscher Parteien. Die Interessen der deutschen Bauern in der ČSR vertrat der Bund der Landwirte; er löste sich 1938 auf und überführte seine Mitglieder in die Sudetendeutsche Partei. Die Deutsche Christlich-Soziale Volkspartei war die Organisation der deutschen katholischen Mittelschicht, die durch konstruktive Mitarbeit im Staat Gleichberechtigung für die Deutschen erreichen wollte. Sie löste sich 1938 zugunsten der Sudetendeutschen Partei auf. Bei den Parlamentswahlen 1920 wurde die Deutsche Sozialdemokratische Arbeiterpartei mit 43% aller deutschen Stimmen die stärkste Partei. 1935 dagegen errang die Sudetendeutsche Partei zwei Drittel der sudetendeutschen Stimmen.

In der westlichen Hälfte der ČSR gab es nach dem Stand von 1920 3120 Gemeinden mit 80 – 100% deutscher Bevölkerung (darunter 987 rein deutsche Gemeinden), 277 Gemeinden mit 50 – 80% Deutschen, zusammen 3397 deutsche Gemeinden. Dazu kamen noch deutsche Minderheiten von 10 – 50% in 148 Gemeinden, ferner die deutschen Gemeinden in der Slowakei.

Die Situation der Deutschen in der ČSR

Wie wenig Rücksicht auf die Deutschen genommen wurde, zeigt die tschechoslowakische Verfassung, die von einer selbsternannten „Nationalversammlung" ohne Beteiligung der Minderheiten endgültig beschlossen wurde.

Am 19. Februar 1920 wurde das Universitätsgesetz von 1882 geändert; nach diesem waren die Deutsche und die Tschechische Universität die rechtmäßigen Nachfolgerinnen der 1348 gegründeten Universität; sie besaßen das Vermögen gemeinsam; jetzt war die Nachfolgerin dieser ersten Universität nur noch die tschechische Institution. Am gleichen Tag beschloß die Regierung das Sprachengesetz, nach dem Staatsbeamte die tschechische Sprache beherrschen müssen. Die Folge war, daß bis 1930 30 293 deutsche Beamte und Angestellte ihre Stellung verloren.

Volkszählung von 1921 in Böhmen, Mähren und Schlesien:

6 727 408	Tschechen	15 630	Slowaken
2 973 208	Deutsche	6 104	Magyaren
73 020	Polen	3 321	Russen
30 267	Nationaljuden	2 671	andere.

Bei dieser Volkszählung kam es zu Manipulationen, um die Zahl der Deutschen niedrig zu halten. Eine parlamentarische Eingabe von deutscher Seite mit der Bitte um Klärung dieser Angelegenheit wurde nicht beantwortet.

Ebenso ergebnislos blieb 1922 eine Denkschrift sudetendeutscher Abgeordneter an den Völkerbund, in der Verletzungen des Vertrages von St. Germain durch die Regierung und die Gesetzgebung der ČSR nachgewiesen wurden. 1923 folgte eine weitere Denkschrift.

Systematisch wurden deutsche Schulen aufgelöst; 1922 waren es 61 in Böhmen, 111 in Mähren, 21 in Schlesien, insgesamt 193 Schulen mit 1288 Klassen. Dafür wurden viele tschechische Minderheitenschulen errichtet, oft eine Schule nur für wenige tschechische Kinder. Häufig wurden deutsche Staatsbedienstete genötigt, ihre Kinder in diese Schulen zu schicken. Seit Staatsgründung schuf man künstliche tschechische Minderheiten im deutschen Gebiet. Diese planmäßige Ansiedlung tschechischer Personen erreichte bis 1938 die Zahl von 400 000.

Alfred Bohmann untersuchte den zahlenmäßigen Rückgang der Deutschen im Staatsdienst in der Zeit von 1921 bis 1930. Er betrug in der Postverwaltung 41,2 %, in der Eisenbahnverwaltung 48,5 %, in Diensten bei Staat und Ländern 49 % und in Militärberufen (Offizieren) 70,4 %. Bohmann berichtete, daß von den acht Staatsbahndirektoren 1933 kein einziger Deutscher war, unter den 90 Vorständen von Direktionsabteilungen im staatlichen Bahndienst waren 3 Deutsche, unter den 2900 Vorständen von Bahnbetriebs- und Stationsämtern waren es 80. Ähnlich war es im Gerichts- und Verwaltungswesen.

1926 traten die Professoren Mayr-Harting (Christlich-Soziale) und Spina (Bund der Landwirte) in die Regierung ein. Damit änderte sich

Franz Spina

kaum etwas für die Sudetendeutschen, obwohl diese ihre Bereitschaft zur Loyalität gegenüber dem Staat erklärten. Die beiden Minister teilten zwei Jahre später mit, daß die Teilnahme deutscher Parteien an der Regierung noch nicht die Lösung der Minderheitenfrage bedeute. Mit den Stimmen der deutschen Regierungsparteien wurde T. G. Masaryk, seit 1918 Staatspräsident, 1927 zum zweiten Mal in dieses Amt gewählt. Mit einem Gesetz wurden 1927 Mähren und Schlesien zu einem Land vereinigt.

In der Zeit der Weltwirtschaftskrise (1929 – 1933) waren hauptsächlich die sudetendeutschen Gebiete betroffen. Von den 800 000 Arbeitslosen im Staat waren etwa 500 000 Sudetendeutsche. Ein starker Rückgang der Industrie in den deutschen Randgebieten war zu verzeichnen.

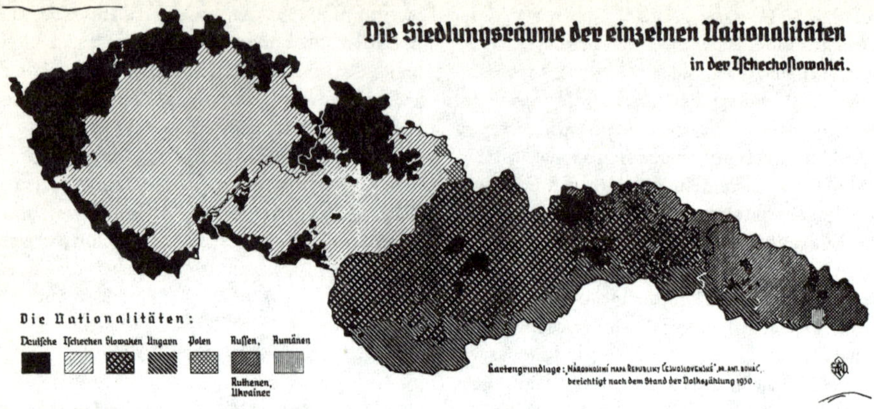

Bei den Parlamentswahlen 1929 erhielten die Tschechen und Slowaken 191 Sitze, die Deutschen 66 (22%); von diesen entfielen auf die Sozialdemokraten 21, den Bund der Landwirte 16, die Christlich-Sozialen 14, die Deutsche Nationalpartei 7 und die Deutsche Nationalsozialistische Arbeiterpartei 8. Der Deutsche Ludwig Czech (Sozialdemokrat) wurde Minister für Soziales, nachdem die Christlich-Sozialen ausgeschieden waren. Nach diesem Minister ist die Czech-Karte benannt, eine Unterstützung für die Arbeitslosen (20 Kč wöchentlich für Verheiratete, 10 Kč für Ledige); sie konnte nur die allergrößte Not lindern.

Volkszählung von 1930:
14 729 536 Einwohner,
davon waren 51% Tschechen, 23% Sudeten- und Karpatendeutsche, 16% Slowaken,
5% Magyaren, 3% Ruthenen, 1,3% Juden.

Die geschlossen sudetendeutschen Gebiete zählten 50 politische Bezirke (120 Gerichtsbezirke) mit 3338 Gemeinden, dazu kamen 59 deutsche Sprachinselgemeinden. 313 666 Sudetendeutsche lebten im tschechischen Sprachgebiet.

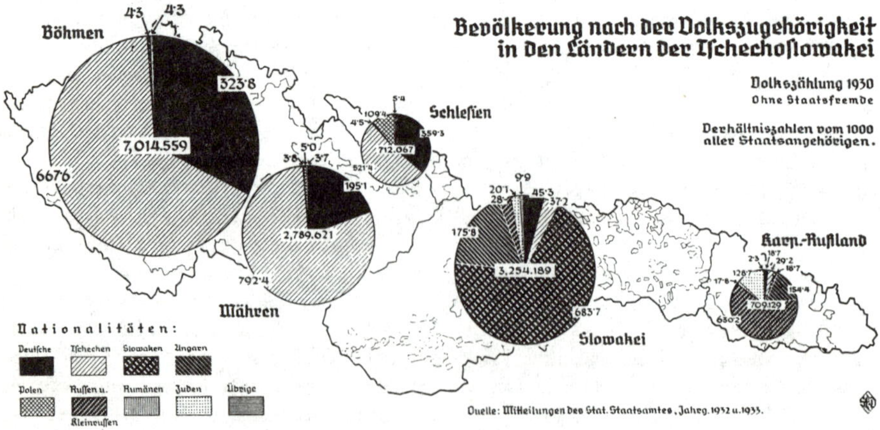

Zuspitzung der politischen Lage

Für die Jahre nach 1930 sei angemerkt: Auf ihrem Parteitag in Prag forderte die Kommunistische Partei das Selbstbestimmungsrecht der Nationen bis zur Loslösung vom Staat. In Prag kam es zu Ausschreitungen gegen Deutsche und Juden. 1933 gründete Konrad Henlein zum Zweck der Sammlung aller Sudetendeutschen die Sudetendeutsche Heimatfront. Um einem Verbot durch die Regierung zuvorzukommen, löste sich in diesem Jahr die Deutsche Nationalsozialistische Arbeiterpartei selbst auf.

Seit 1933 wurde die ČSR für viele Emigranten aus Deutschland zum Zufluchtsland. Bis 1938 arbeitete in Prag der Exilvorstand der SPD. Die österreichische Sozialdemokratie hatte 1934–1939 ihr Auslandsbüro in Brünn, wo auch die „Arbeiterzeitung" erschien. Die sudetendeutschen Sozialdemokraten brachten für die Emigranten hohe Beträge auf.

1934 wurde nach heftigen Auseinandersetzungen zwischen Deutschen und Tschechen der Rektor der Deutschen Universität in Prag gezwungen, deren Insignien an die Tschechische Universität auszuliefern.

Als 1935 der Name Sudetendeutsche Heimatfront verboten wurde, änderte man den Namen in Sudetendeutsche Partei. Diese konnte bei den Wahlen im selben Jahr zwei Drittel der deutschen Mandate gewinnen (44 von 66). Ende des Jahres wurde Beneš – nach dem Rücktritt Masaryks – Staatspräsident. Gegenüber den sudetendeutschen Forderungen blieb er unnachgiebig. Erfolglos blieben auch die Bemühungen der sog. Jungaktivisten Wenzel Jaksch (Sozialdemokrat), Hans Schütz (Christlich-Soziale Partei) und Gustav Hacker (Bund der Landwirte), die zwischen Tschechen und Sudetendeutschen zu vermitteln suchten. Ebenso wie Beneš lehnte auch Ministerpräsident Hodža die Autonomie und Gleichberechtigung der Sudetendeutschen ab. Bei den Verhandlungen über die Proportionalität bei der Aufnahme in den Staatsdienst (1937) wurde die Sudetendeutsche Partei nicht zugezogen, obwohl sie die stärkste Partei war. Diese stellte Gesetzesanträge zur Lösung der nationalen Frage. Wiederholt suchten Jaksch und Henlein bei Reisen nach England Interesse für die deutsche Situation in der ČSR zu wecken. Henlein, der am 22. März 1938 erstmals mit Hitler zusammengetroffen war, stellte am 23. April sein Karlsbader Programm vor; darin forderte er u. a. die Gleichberechtigung der Sudetendeutschen, die deutsche Selbstverwaltung und das Recht auf freies Bekenntnis zum deutschen Volkstum. Im August traf er auf Schloß Rothenhaus bei Komotau mit dem britischen Vermittler Lord Runciman zusammen. Dieser erkannte die Beschwerden der Sudetendeutschen im wesentlichen als gerechtfertigt an, sah aber bei der Regierung in Prag keinerlei Bereitschaft, die Übelstände zu beheben. Nachdem sich Chamberlain und Hitler in Berchtesgaden getroffen hatten, schlugen am 19. September die britische und französische Regierung in einer gemeinsamen Note an die ČSR die Abtretung des Sudetenlandes vor. Die tschechoslowakische Regierung nahm „durch die Umstände gezwungen und starkem Druck nachgebend" die Vorschläge aus London und Paris an. Am 29. September traten in München die Vertreter Englands, Frankreichs, Italiens und Deutschlands zu einem Abkommen zusammen, das am 30. September von der ČSR angenommen wurde. Vom 1. bis 10. Oktober besetzte die deutsche Wehrmacht das Sudetenland. Polen annektierte Teschen, das Hultschiner Ländchen kam zum Landkreis Ratibor. Neben Mitgliedern der Deutschen Sozialdemokratischen Partei, von denen nur etwa 5000 emigrieren konnten, kamen auch Personen aus bürgerlichen und vor allem kirchlichen Kreisen in Gefängnisse und Konzentrationslager.

Am 15. März 1939 kam es zur Besetzung der Rest-Tschechoslowakei und Errichtung des Protektorats Böhmen und Mähren, dann einen Monat später zur Bildung des Reichsgaues Sudetenland mit den Regierungsbezirken Eger, Aussig und Troppau. Teile des Sudetenlandes fielen an Niederbayern und die Oberpfalz, ferner an Österreich (damals Ostmark, bzw. Ober- und Niederdonau). Der Sudetengau umfaßte 3167 Gemeinden, an Bayern kamen 124, an die Ostmark 318 und an Preußen 38. Beneš bildete in

England eine Exilregierung. Seinen Plänen zur Vertreibung der Sudetendeutschen aus ihrer Heimat trat vor allem der ebenfalls emigrierte Wenzel Jaksch (DSAP) entgegen.

Die Vertreibung aus der Heimat

Im Mai 1945 besetzten die Amerikaner Westböhmen, zogen sich aber wieder über die Grenze zurück, später marschierte die Rote Armee im gesamten Land ein. Es setzte blutiger Terror gegen die Deutschen ein. Die Austreibung der Sudetendeutschen geschah auf unmenschliche Weise. Am 31. Mai (Fronleichnamstag) wurden rund 25 000 Brünner, die man ohne jedes Gepäck zu einem mehrere Kilometer langen Zug zusammengetrieben hatte, aus ihrer Heimat hinaus nach Österreich getrieben. Es kam zu unbeschreiblichen Grausamkeiten durch den tschechischen Mob. Rund 1500 Menschen blieben am Straßenrand liegen. Sie wurden in Massengräbern beerdigt. An vielen Orten wüteten Tschechen gegen alle Deutschen, viele wurden ermordet, auch in Aussig, wo es zu einem furchtbaren Massaker kam. Den Deutschen wurde die Staatsangehörigkeit aberkannt, ihr Besitz wurde beschlagnahmt. Nach den ersten Austreibungen bestimmte das Potsdamer Abkommen (2. August 1945) die Abschiebung der Deutschen in „ordnungsgemäßer und humaner Weise". Die Wirklichkeit aber war das Gegenteil von human. Zahlreiche Menschen wurden ermordet oder starben. Das Werk „Dokumentation der Vertreibung" schildert die zahllosen Unmenschlichkeiten. Ende 1950 betrug die Zahl der Deutschen aus der ČSR in der Bundesrepublik, der DDR, in Österreich und in anderen Ländern rund 3 000 400. Bis 1973 kamen weitere 84 057 Personen. Viele wurden in der ČSR zu Zwangsarbeit eingesetzt, kamen in Konzentrationslager, auch in die Urangruben von St. Joachimsthal, wo viele starben oder sich unheilbare Leiden zuzogen, da sie ohne jeden Schutz vor Strahlen arbeiten mußten. Zurückbleiben mußten Facharbeiter für die Industrie, auch jene, die von den sogenannten Volksgerichten verurteilt worden waren.

Zusammenschluß der Vertriebenen

In Deutschland schlossen sich die Vertriebenen bald zusammen. 1950 wurde die Sudetendeutsche Landsmannschaft gegründet. Ihr erster Sprecher war Dr. Rudolf Lodgman von Auen. In diesem Amt folgten ihm Hans-Christoph Seebohm, Dr. Walter Becher und Staatsminister a. D. Franz Neubauer. Es kam zur Gründung der Ackermann- und der Seliger-Gemeinde, des Witikobundes, ferner des Adalbert-Stifter-

Wie amtliche tschechoslowakische Quellen mitteilen, wurden nach 1945 3 038 000 Deutsche aus der Tschechoslowakei „entfernt".

Statistik 1957

Heute leben Sudetendeutsche in:		
Schleswig-Holstein		**12 684**
Hamburg		**5 818**
Bremen		**2 289**
Niedersachsen		**57 790**
Nordrhein-Westfalen		**74 101**
Hessen		**394 511**
Rheinland-Pfalz		**15 771**
Bayern		**1 026 355**
Baden-Württemberg		**322 681**
Bundesgebiet insgesamt (nach der Volkszählung von 1950)		**1 912 000**
Sowjetische Besatzungszone	**etwa**	**800 000**
Österreich		**140 000**
Tschechoslowakei	**etwa**	**150 000**
Schweden		**4 000**
Übriges Europa und Übersee		**10 000**
Gesamtzahl der heute lebenden Sudetendeutschen		**3 016 000**
Anzahl der Deutschen in der CSR (Volkszählung 1930)		**3 318 445**
Geburtenüberschuß von 1930—1945		**160 000**
Sudetendeutsche 1945 insgesamt:		**3 478 445**
Sudetendeutsche von 1950		**3 016 000**
Totalverlust der Sudetendeutschen		**462 445**
davon Kriegsverluste nach gesamtdeutschem Durchschnitt		**160 000**
Ungeklärte Differenz (Enthalten auch Vertreibungsopfer)		302 445

Vereins. In der Folge entstanden u. a. noch Institutionen wie die Historische Kommission der Sudetenländer, das Collegium Carolinum, ein Sudetendeutscher Arbeitsausschuß in Malmö, die Arbeitsgemeinschaft zur Wahrung sudetendeutscher Interessen, der Sudetendeutsche Rat, die Sudetendeutsche Landsmannschaft in Österreich, das Sudetendeutsche Archiv in

München, die Sudetendeutsche Stiftung, die das Sudetendeutsche Zentrum in München errichtete, und die Sudetendeutsche Akademie der Wissenschaften und Künste in München.

Am 30. November 1949 wurde die Eichstätter Erklärung veröffentlicht, in der Sudetendeutsche aus dem öffentlichen Leben u. a. auch für ein tragbares Verhältnis zwischen Deutschland und seinen westslawischen Nachbarn eintraten. In der Charta der deutschen Heimatvertriebenen vom 5. August 1950 stehen die Sätze: „Wir Heimatvertriebenen verzichten auf Rache und Vergeltung. Dieser Entschluß ist uns ernst und heilig im Gedenken an das unendliche Leid, welches insbesondere das letzte Jahrzehnt über die Menschheit gebracht hat... Wir haben dieses Schicksal erlitten und erlebt. Daher fühlen wir uns berufen zu verlangen, daß das Recht auf die Heimat als eines der von Gott geschenkten Grundrechte der Menschheit anerkannt und verwirklicht wird." Das Grundgesetz der Sudetendeutschen Landsmannschaft wurde 1950 in der Detmolder Erklärung verkündet.

Am 14. Juli 1950 nahm der Deutsche Bundestag Stellung zur Situation der Vertriebenen und erklärte die Obhutspflicht der Bundesepublik. 1951 übernahm die Stadt Regensburg die Patenschaft über die Sudetendeutschen, 1954 der Freistaat Bayern über die sudetendeutsche Volksgruppe. Damit wurden die Sudetendeutschen als der „Vierte Stamm" Bayerns anerkannt.

Die Beziehungen zwischen Sudetendeutschen und Tschechen zeigten zunächst nicht die angestrebten Ergebnisse in den Fragen des Rechts auf Heimat und auf das Eigentum. Daran änderten auch die Verträge zwischen Bonn und Prag nichts. Der Prager Vertrag, am 11. Dezember 1973 abgeschlossen, ließ die sudetendeutsche Frage offen. Am 7. Oktober 1991 zeichneten die Außenminister Deutschlands und der ČSFR den deutsch-tschechoslowakischen Vertrag ab, der am 27. Februar 1992 in Prag unterzeichnet wurde. Dieser Nachbarschaftsvertrag klammerte die Rechtsposition der Sudetendeutschen erneut aus. Außerdem versteigerte man in der ČSFR ohne Rücksicht auf Verhandlungen und die Erfüllung des Vertrages das Eigentum der Sudetendeutschen. In einem von der bayerischen Staatsregierung an Professor Dr. Felix Ermacora in Auftrag gegebenen Rechtsgutachten über „Die sudetendeutschen Fragen" setzte sich dieser für das Selbstbestimmungsrecht, den Minderheiten- und Volksgruppenschutz ein und nahm Stellung zur Vertreibung und zum Recht auf die Heimat, ferner auf die vermögensrechtlichen und politischen Aspekte der sudetendeutschen Frage.

FELIX ERMACORA

Die sudetendeutschen Fragen

RECHTSGUTACHTEN

Mit dem Text des Vertrages zwischen der Bundesrepublik Deutschland und der Tschechischen und Slowakischen Föderativen Republik über gute Nachbarschaft und freundschaftliche Zusammenarbeit

»Der Kampf für das Recht ist ein Akt der ethischen Selbsterhaltung, ist eine Pflicht gegen sich und gegen die Gemeinschaft«

RUDOLF VON IHERING

(Aus seiner Rede vor der Wiener Juristischen Gesellschaft vom 19. Juli 1872)

Die deutschen Ostgebiete nach 1945

1 Altvater
Blick vom sagenumwobenen Peterstein zum höchsten Gipfel Sudetenschlesiens (1.492 m)

2 *Blick auf Auscha*

3 *Aussig mit Burg Schreckenstein*

4 *Brünn, Blick auf den Dom St. Peter und Paul*

5 *Budweis, Ringplatz mit Laubengängen* ►

9 *Eger, das Stöckl auf dem unteren Markplatz*

Abertham *(Abertamy)*, Bez. Neudek. Die Stadt auf dem Erzgebirgskamm (880 m) liegt am Fuße des 1027 m hohen Pleßberges (Berghotel und Aussichtsturm). Das Gründungsjahr ist 1529; damals wurde das Wappen verliehen; zu den Bergbauzeichen Hammer und Schlegel kamen im 18. Jh. noch die Königskrone und 2 silberne Löwen hinzu. Gefördert wurden vornehmlich Zinn und Silber. Nach dem Dreißigjährigen Krieg verfiel der Bergbau. Neue Erwerbszweige wurden das Spitzenklöppeln, Blechwarenerzeugung und vor allem die Handschuhindustrie. 1908 gab es 40 selbständige Handschuhbetriebe. Für den Nachwuchs sorgte eine Berufsschule für die Lederhandschuhindustrie. Eine Spezialität war der Aberthamer Käse aus Ziegenmilch und Kräutern. 1967 wurden hier neue Uranerzlager entdeckt. Die Stadt war Sommerfrische und Wintersportort.
1930: 2600 Einw. (2545 Deutsche, 18 Tschechen, 36 Ausländer).

Absroth *(Opatov)*, Bez. Eger. Die „Rodung eines Abtes", ursprünglich aus zwei Dörfern bestehend, wurde 1185 dem Kloster Waldsassen übergeben. Die Gemeinde kam im 14. Jh. an die Sparneck und gehörte dann zur Herrschaft Schönbach (bis 1848).
1930: 950 Einw. (940 Deutsche, 5 Tschechen).

Abtsdorf *(Opatov)*, Bez. Leitomischl. Der 1347 als Dorf eines Abtes (villa abatis) genannte Ort wurde im 19. Jh. von Sommer als Marktflekken bezeichnet. Aus der Familie des Erbrichters ging Franz Peschka (1856 – 1906) hervor; dieser Bauernführer war Abgeordneter und Landsmannminister in Wien. Sein Schwiegersohn war Franz Spina (1868 – 1938), Slawist und Minister in Prag.
1930 (mit Sternteich, Königsberg und Neuteich): 1911 Einw. (1831 Deutsche, 73 Tschechen)

Pleßberg über Abertham

Wintersportort Abertham

Adamsfreiheit *(Hůrky)*, Bez. Neuhaus. 672 m. Bergleute aus dem Erzgebirge legten eine Siedlung an, als sie Kupfer und Silber förderten.

Abtsdorf

1634 Erhebung zum Markt. Der Bergbau ging bald ein. 1781 Errichtung einer Pfarrei und Bau der Kirche, die 1815 umgebaut wurde. Der Dreiseithof mit Tor neben der Kirche stammt aus dem 18. Jh. Es wurden Seidenfabrikate hergestellt und Spitzenhandel getrieben. Das Wappen zeigt eine blaue Rose über gekreuztem Hammer und Schlegel. Auf dem Kreuzberg eine Marienwallfahrtskapelle.
1930: 413 Einw. (393 Deutsche, 3 Tschechen, 17 Ausländer).

Adamsthal *(Adamov)*, Bez. Brünn. 260 m. Das Dorf, im Mährischen Karst gelegen, hat Eisenhütten und Maschinenfabrik. In der Kunstgeschichte ist es bekannt als Standort des

Adamsfreiheit, an der Kirche

berühmten Zwettler Altars, eines Werkes des Budweisers Andreas Morgenstern (um 1520). Den Mittelschrein dieses Schnitzwerkes aus dem Stift Zwettl erwarb 1855 Fürst Liechtenstein in Wien und stellte ihn in der Adamsthaler neugotischen Kirche auf. In der Nähe die Ruinen der 1645 von den Schweden zerstörten Burg Nowyhrad. Das von dort gerettete Marienbild kam nach Wranau, wo sich eine Wallfahrt entwickelte.

1930: 1148 Einw. (1102 Tschechen, 36 Deutsche).

Adersbacher Felsen. 17,7 qkm große Quadersandsteinplatte im nordöstlichen Böhmen mit malerischen Felsformen und bis zu 40 m hohen Türmen mit Namen wie Spanische Wand, Großvaterstuhl, Henkelkrug, Zuckerhut, Bürgermeister, Liebespaar, Rübezahlorgel, Rübezahls Zahnstocher usw. Die Felsenstadt ist seit 1700 zugänglich. 1790 bewunderte sie Goethe. In der Nähe der „Versteinerte Wald" von Radowenz (verkieselte Araukarienstämme) und die seit 1824 bekannten Wekelsdorfer Felsen mit ähnlichen bizarren Felsformen.

Die Dörfer Ober- und Nieder-Adersbach (Horní und Dolní Adršpach), Bez. Braunau, sind Ausgangspunkt für die Besichtigung der Felsen. Es stehen Hotels und Touristenheime zur Verfügung. Nieder-Adersbach besitzt ein Renaissanceschloß (1577–1580).

1930: Ober-Adersbach: 855 Einw. (32 Tschechen); Nieder-Adersbach: 635 Einw. (34 Tschechen).

Adler *(Orlice)*. Aus dem Adlergebirge kommender linker Nebenfluß der Elbe in Ostböhmen. Mündet nach 82 km Lauf bei Königgrätz. Quellflüsse sind die Stille Adler und die Wilde Adler, die zwischen dem Habelschwerdter und dem Adlergebirge die Grenzmarkierung bildet.

Adlergebirge *(Orlické hory)*. 40 km langer, von Nordwesten nach Südosten sich hinziehender Gebirgszug der mittleren Sudeten in Nordostböhmen entlang der böhmischen Grenze. Mittlere Höhe 960 bis 1050 m. Die höchste Erhebung des aus kristallinen Gesteinen bestehenden Gebirges ist die Deschneyer Großkoppe (1115 m). Der Böhmische Kamm, wie das Gebirge auch genannt wird, ist stark bewaldet, vor allem mit Fichten, dünn besiedelt und nur gering dem Verkehr erschlossen. Die Bevölkerung betrieb Leinenweberei und erzeugte Holzspanschachteln.

Ahornberg *(Javorník)* im Böhmerwald bei Schüttenhofen und nordöstlich vom Paß von Eisenstein. 1089 m. Aussichtsturm.

Aich *(Doubí)*, Bez. Karlsbad. 385 m. Das Dorf am rechten Ufer der Eger mit Porzellanerzeugung hatte ein Schloß, Neubau 1884, mit einer Schloßkapelle (1744). 3 km flußabwärts der Hans-Heiling-Felsen, eine Felsengruppe, die der Sage nach einen zu Stein gewordenen Hochzeitszug darstellt. Er bildet den Vorwurf zu Heinrich Marschners Oper „Hans Heiling". In

Adamsthal, Zwettler Altar

Aich entstand 1969 das erste Kinderdorf in der damaligen ČSSR.
1930: 2459 Einw. (2358 Deutsche, 79 Tschechen, 21 Ausländer).

Albrechtsdorf *(Albrechtice)*, Bez. Gablonz. 500 bis 750 m. Der Ort im Riesengebirge, der auch den Namen Lichtenberg trug, geht auf eine Holzhauer- und Webersiedlung zurück (1670). Seit 1820 wurde Glas erzeugt. Seit 1784 bestand eine Lokalpfarre, seit 1851 eine Pfarrei. Die Kirche Franz von Paul ist ein Spätbarockbau (1779–1784). Auf einer Freilichtbühne wurde von Pfingsten bis August gespielt. Im Ort, der seit 1844 Eisenbahnverbindung hat, wird Glasschmuckindustrie betrieben, ferner Holzwaren- und Strumpfwarenerzeugung. Die Firma Prediger baute Orgeln.
1930 (mit Marienberg): 1890 Einw. (1735 Deutsche, 148 Tschechen). 1970: 484 Einw., davon noch ein Fünftel Deutsche. 1930 waren 1178 röm.-kath., 506 altkatholisch.

Algersdorf *(Valkeřice)*, Bez. Tetschen. Das Dorf ist sehr alt; Erwähnungen geschahen bereits 1143 und 1263. 1623 wanderten viele Protestanten nach Sachsen aus. Es dauerte 100 Jahre, bis Algersdorf wieder katholisch war. Die in das 11. Jh. zurückgehende Pfarrkirche (Hl. Maria und Barbara) wurde barock umgebaut (1724–1728). Die Matriken reichten bis 1675 zurück. Ein Jagdschloß wurde 1701 errichtet. In den Steinbrüchen gewann man Trachyt, der für

Adersbacher Felsen, „Liebespaar"

Aich, Schloß

Denkmäler Verwendung fand. Streichgarn- und Baumwollspinnerei waren wesentliche Erwerbszweige. Am 28. Juni 1945 erfolgte die erste Deutschenaustreibung über die Grenze nach Sachsen; bei der zweiten am 11. September d. J. kamen viele in tschechische Arbeitslager; am 26. Juli 1946 kamen bei der letzten Vertreibung die Algersdorfer auf der Elbe bis Schönebeck in das Exil.
1930: (mit Schneppendorf): 1890 Einw. 1882 Deutsche, 7 Tschechen).

Alt-Benatek an der Iser *(Benátky nad Jizerou)*, Bez. Jungbunzlau. Renaissanceschloß mit Park. Hier arbeitete 1599 bis 1600 Tycho Brahe, der Astronom Rudolfs II., an seiner von ihm hier eingerichteten Sternwarte. 1647 kam die Herrschaft an den General Jan van Weerth, den berühmten Reiterführer des Dreißigjährigen Krieges, der hier 1652 starb. Im 19. Jh. lebte hier die Familie Thun-Hohenstein. Bedřich Smetana war in seinen jungen Jahren bei der Familie als Hauslehrer beschäftigt.
Geburtsort des berühmten Komponisten und Violinvirtuosen Franz Benda (1709–1786), Konzertmeister am Hofe Friedrichs II.

Altehrenberg *(Starý Ehrenberk bzw. Starý Křečany)*, Bez. Schluckenau. In der Industriegemeinde des Böhmischen Niederlandes im äußersten Norden Böhmens, 1471 erstmals erwähnt, wurde Weberei, Steinnußknopf-, Holzböden- und Sparteriewarenerzeugung, aber auch Landwirtschaft betrieben. Sie liegt an der Bahnstrecke Rumburg – Nixdorf. Die Pfarrmatriken wurden seit Errichtung der Pfarrei

1732 geführt. Die Barockkirche ist Johannes von Nepomuk geweiht (1736–1740).
1930 (mit Neuehrenberg und Waldecke): 4392 Einw. (4299 Deutsche, 45 Tschechen, 46 Ausländer).

Altenbuch *(Staré Buky)*, Bez. Trautenau. In der Riesengebirgsgemeinde mit einem Schloß wurden Kartonagen erzeugt. Hier stand die Wiege von Othmar Fiebiger, dem Dichter des weltbekannten Riesengebirgsliedes „Blaue Berge, grüne Täler“ (1886–1972).
1930 (mit Niederaltenbuch, Oberaltenbuch, Mittelaltenbuch, Georgengrund und Kaltenhof): 1498 Einw. (1473 Deutsche, 21 Tschechen).

Altendorf *(Stará Ves)*. Bez. Römerstadt. 638 m. Beim Dorf, 1584 erwähnt, wurden bis zum Dreißigjährigen Krieg Silber, Blei und Eisen gefördert. Noch im 18. Jh. bestanden Eisenhütte, Walzwerk und ein Hammer, bis 1857 auch eine Papiermühle. In der Pfarrkirche Hl. Kreuz malte Johann Christoph Handke ein Altarbild. Seit 1843 war Altendorf eine eigene Pfarrei. In der Nähe das Schloß Janowitz.
Eisenindustrie. Sommerfrische und Wintersport.
1930: 1635 Einw. (1620 Deutsche, 10 Tschechen).

Alt-Habendorf *(Starý Habendorf und Stráž nad Nisou)*, Bez. Reichenberg. 361 m. 1761 als Ansiedlung im Tal der Lausitzer Neiße durch den Grafen Clam-Gallas (als Neu-Habendorf) für Weber und Handwerker entstanden, konnte bereits 1800 eine erste Tuchfabrik mit der Arbeit

Altehrenberg

Schloß in Altenbuch

beginnen. Die bereits ältere Kirche (Hl. Maria und Katharina) aus der Renaissancezeit wurde durch Philipp Josef von Gallas 1727–1728 barokkisiert. Matriken bestanden seit 1771. Die Pfarrei wurde erst 1902 errichtet. Maschinenfabrik, Eisengießerei und bedeutende Textilindustrie. Im Schloß wurde 1955 ein Erholungszentrum eines Prager Metallbetriebes eingerichtet.
1930: 2440 Einw. (2323 Deutsche, 69 Tschechen, 47 Ausländer).

Altkinsberg *(Starý Hroznatov)*, Bez. Eger. 490 m. In der alten Burg, von der nur der mächtige schwarze Turm erhalten blieb, wurde 1217 Hroznata, der Stifter des Stiftes Tepl, von Egerer Rittern gefangengesetzt und dem Hungertod preisgegeben. 1822 war Goethe hier und schrieb: „... ich sage nicht zuviel, stünde dieser Turm in Trier, so würde man ihn unter die vorzüglichsten dortigen Altertümer rechnen, stünde er in der Nähe von Rom, so würde man auch zu ihm wallfahrten.“ Aus der Burg entstand ein Schloß. Neben einer dem Hl. Geist gewidmeten Kirche, die 1557 als protestantisches Bethaus entstand, hatte die Gemeinde noch die 1664 errichtete Wallfahrtskirche Maria Loreto, in der 1665 ein Gnadenbild aufgestellt und durch den Regensburger Bischof geweiht wurde. 1952 wurde diese Kirche durch Feuer zerstört. Eine Papierfabrik bestand bis 1964.
1930 (mit Neukinsberg): 1132 Einw. (1064 Deutsche, 26 Tschechen, 42 Ausländer).

Altrohlau *(Stará Role)*, Bez. Karlsbad. Der Markt an der Rohlau wurde 1926 zur Stadt erhoben. Das Wappen zeigt oben das halbe Wappen

Romanische Burg in Altkinsberg

Egers, unten links Porzellanrundöfen, rechts über dem Band der Rohlau eine Ähre und einen Porzellankrug. Diese Symbole weisen auf die berühmte, aus einer Steingutfabrik (1814) hervorgegangene Porzellanerzeugung hin; die größte Fabrik hatte vor 1945 über 2000 Beschäftigte. Kaolin kam aus Zettlitz, die Braunkohle aus der Umgebung. Auch Porzellanmalerei wurde ausgeführt. Die Kirche Christi Himmelfahrt wurde 1908/09 gebaut, die Pfarrei bestand seit 1912.
Bereits 1868 wurde eine Turner-Feuerwehr ins Leben gerufen. Im Jahre 1973 errichtete man für die neuen Bürger eine Volkskunstschule. Die vertriebenen Deutschen haben im Heimatmuseum Viernheim/Hessen, ihrer Patenstadt seit 1968, seit 1975 eine eigene Abteilung zur Verfügung gestellt bekommen.
Aus Altrohlau stammen der Arbeiterdichter Martin Grill (1908–1981), der zuletzt in Schweden lebte, und der Bildhauer und Porzellankünstler Waldemar Fritsch, 1909–1978, der in Ansbach starb, der Stadt, die ihm ihren Kulturpreis verliehen hatte.
1930: 7660 Einw. (7392 Deutsche, 108 Tschechen, 145 Ausländer).

Alt-Rothwasser *(Stará Červená Voda)*, Bez. Freiwaldau. 306 m. Bereits 1208 wird bei Weidenau ein Rothwasser als Siedlung in einem Tale genannt. Die Pfarrkirche (Fronleichnam) geht auf das 14. Jh. zurück. Während der Reformationszeit war sie zeitweise von Protestanten benützt. Im Ort befand sich die fürstbischöfliche Revierverwaltung. Das barocke Schlößchen war während der Gegenreformation Sitz der Jesuiten. Erwerbszweige: Sandstein-, Marmor- und Granitbearbeitung. Erzeugung landwirtschaflicher Geräte (seit 1876).
1930 (mit Nieder-Rothwasser, Neu-Rothwasser und Johannaburg): 2101 Einw. (2038 Deutsche, 30 Tschechen, 30 Ausländer).

Altsattl an der Eger *(Staré Sedlo)*, Bez. Elbogen. Die Dreifaltigkeitskirche geht zurück auf das 16. Jh. Bereits 1352 war Altsattl Sitz eines Pfarrers, die Pfarrei ging aber während der Reformationsbewegung ein und wurde erst 1854 wieder selbständig, nachdem die Katholiken bis dahin von Falkenau aus betreut worden waren. Erwerbszweige: Pottéefabrikation (Polierrot), Braunkohlebergbau.
1930: 1909 Einw. (1868 Deutsche, 30 Tschechen).

Altstadt *(Staré Město)*. Bez. Neuhaus. 640 m. Die Entstehung Altstadts hängt mit einer Siedlung als Vorburg der Burg Landstein zusammen. Während Landstein später verfiel, entwickelte sich Altstadt zu einem Marktflecken, der 1845 1100 deutsche Bewohner zählte; deren Zahl verringerte sich dann zusehends, 1900: 827, 1930: 572. Die gotische Kirche Mariä Himmelfahrt war eine ehemalige Kirchenfestung des 14. Jh.s mit bemerkenswertem Netz- und Sternrippengewölbe. Der mächtige freistehende Turm trägt

Altsattl, Dreifaltigkeitskirche

Altstadt (Tetschen), Polzenbrücke

einen barocken Helm. In der Kirche alte Zunftfahnen und Wappengrabsteine.
Herrschaftlicher Meierhof und Schloß Ebergersch. Die Bewohner lebten von der Landwirtschaft. Vor 1918 gingen viele als Saisonmaurer nach Wien.
1930: 572 Einw. (419 Deutsche, 130 Tschechen).
1961: 699 Einw.

Altstadt *(Staré Město)*, Bez. Tetschen. 125–140 m. Altstadt, 1389 urkundlich erwähnt, aber bestimmt älter, gehörte lange Zeit zur Herrschaft Tetschen. Die früher vornehmlich ländliche Siedlung liegt an der Mündung des Polzenflusses in die Elbe. Die alte Polzenbrücke (1564–1567) ist geschmückt mit dem Stadtwappen Tetschens und mit einer Figurengruppe der Landespatrone Wenzel, Veit und Johannes von Nepomuk (1714), ein Werk des Bildhauers Johann Brokoff. Die alte Kapelle, um 1715 neu errichtet, ist heute verfallen. Erwerbszweige: Metall- und Holzwarenindustrie, Baumwollspinnereierzeugnisse, Spezialfabrik für Bau von Gewächshäusern und Produktion landwirtschaftlicher Maschinen.
1930: 3009 Einw. (2797 Deutsche, 123 Tschechen, 88 Ausländer).

Altvatergebirge, auch Hohes Gesenke. Der Ostteil der Sudeten erreicht im Kamm eine mittlere Höhe von 1300 m. Die höchste Erhebung ist der Altvater mit 1492 m. Auf diesem stand der 32 m hohe Altvaterturm. Nach dessen Einsturz (1958) kam ein Betonturm (für Nachrichtenübermittlung und Fernsehen) an seine Stelle. In früheren Jahrhunderten wurden Gold, Silber und Eisenerz gewonnen. Graphit wird zwischen Altstein und Goldenstein gegraben. Bedeutung haben die Marmor- und Schieferbrüche. Stein-, Holz-, Glas- und Textilindustrie, ferner Landwirtschaft sind die wesentlichen Erwerbszweige; landwirtschaftlich genutzt werden die in die Hänge eingeschnittenen Täler, auf den Höhen erstrecken sich ergiebige Weiden für das Vieh. Wirtschaftlichen Ertrag warfen auch die Heilbäder und Kurorte ab, so Karlsbrunn, Gräfenberg (Prießnitz), Niederlindewiese (Schroth) und Bad Groß Ullersdorf im Teßtal. Wanderern stehen Schutz- und Berghäuser zur Verfügung. Nach dem letzten Krieg hatten die Tschechen die Region als „verlassenes Gebiet" bezeichnet; erst allmählich konnten sie es wieder dem Fremdenverkehr erschließen. Für die Erschließung hatte einst der 1881 gegründete Mährisch-schlesische Sudetengebirgsverein gesorgt. Fern von seinem ursprünglichen Wirkungsgebiet konnte er sich 1953 neu konstituieren (Sitz Kirchheim/Teck). Pioniere auf heimatkundlichem Gebiet waren vor allem Otto Wenzelides und Franz Peschel. Aus der Landschaft gingen viele Persönlichkeiten von Rang hervor, wie z.B. die Musiker Franz Schubert, Franz Lehar, Leo Fall, Eduard von Chiari, E. S. Engelsberg, die Dichter Viktor Heeger, Maria Stona, Bruno Hanns Wittek, Erwin Ott, Hedwig Teichmann, Richard Sokl.

Altwasser *(Stará Voda)*, Bez. Bärn. 521 m. Die Wallfahrtskirche zur Hl. Anna, in ihrer jetzigen

Altvater, Fuhrmannstein

Form aus dem 17. Jh. stammend, wurde von Piaristen, Redemptoristen, Benediktinern und zuletzt von Oblaten betreut. Die Klostergebäude sind heute Ruinen. Die Klosterbibliothek wurde im letzten Krieg weggebracht.
1930: 327 Einw. (323 Deutsche, 4 Ausländer).

Alt Zedlisch, Bez. Tachau. Bereits 1352 als Plebanie erwähnt, 1384 wird eine Pfarrkirche genannt. Diese (Hl. Prokop und Ulrich), 1719 erweitert und barock umgebaut, enthielt eine spätgotische Madonna (um 1500) und ein Renaissancebild (16. Jh.). Die Spitalkirche St. Oswald bei dem 1645 errichteten Hospital wurde nach dem Kriege abgerissen. Während der Reformationszeit wirkten hier auch protestantische Prediger, der letzte wurde nach 1620 ausgewiesen. Das Schloß stammt aus der Barockzeit (1706). Es steht heute nicht mehr. Herrschaftsbesitzer waren u. a. Ignaz von Born (gest. 1791), der große Aufklärer in Böhmen, und Karl Josef Heidler, nobilitiert als Edler von Heilborn, (gest. 1866), Brunnenarzt in Marienbad. Das Brauchtum der einst bestehenden sechs Zünfte wurde noch in neuerer Zeit geübt. Es wurde Landwirtschaft und Fischwirtschaft betrieben. Als Maurer und Handwerker zogen manche als Saisonarbeiter in die Fremde, auch in den nahen Badeorten verdienten sich viele ihren Lebensunterhalt.
1930: 1329 Einw. (1309 Deutsche, 11 Tschechen).

Andersdorf *(Ondrášov)*, Bez. Sternberg. Das Dorf im Feistritztal, an der Eisenbahnstrecke Olmütz – Jägerndorf gelegen, hat einen seit dem 13. Jh. bekannten Sauerbrunnen. Die Kapazität des Brunnens (Mineralwasserversand) wurde in

Altvater, Schaferei

Altvaterturm

den 60er Jahren durch Bohrungen erweitert. Wildpark. Wintersport und Sommerfrische.
1930: 427 Einw. (385 Deutsche, 38 Tschechen).

Angel *(Úhlava)*. Der fischreiche rechte Nebenfluß der Radbusa entspringt im Künischen Gebirge (Böhmerwald), fließt nördlich über Neuern, Klattau und mündet südlich Pilsen. Länge 99 km.

Antoniwald *(Antonínov)*, Bez. Gablonz. Das Dorf am linken Ufer der Kamnitz führt seinen Namen nach dem Grundherrn Albrecht M. Anton Graf Des Fours. Gründung um 1700 als Siedlung bei einer Glashütte. 1820 selbständige Gemeinde, kam sie 1850 zu Albrechtsdorf und wurde 1890 wieder selbständig. Am 1. Okt. 1942 wurden die Gemeinden Antoniwald, Josefsthal, Markt und Unter Maxdorf zur Gemeinde Iserwald zusammengeschlossen. Glasindustrie (Antrieb Wasserkraft), meist Glasschleifer und Hohlperlenbläser. Die ehem. bekannte Zenker-Hütte kam 1752 an die Familie Riedel aus Falkenau in Nordböhmen. Diese erlangte durch Herstellung von Gablonzer Glas-und Schmuckwaren in einer neuen Hütte im nahen Christiansthal (seit 1774) Weltruhm. Geburtsort des Malers Wilhelm Riedel (1832), des Großindustriellen Wilhelm Riedel (1854) und des Arbeiterführers Robert Preußler (1866). Im nahen Josefsthal (Glasschmuckhausindustrie) kamen

der Isergebirgsdichter Gustav Leutelt (1860) und der Komponist Fidelio F. Finke (1891) zur Welt. Der spätere Vorsitzende des Verbandes der Bezirksbildungsausschüsse im Jeschken-Iser-Gau Julius Streit aus Reinowitz (geb. 1884) wirkte von 1904 bis 1908 hier als Lehrer.
1930: 992 Einw. (934 Deutsche, 41 Tschechen). Dem Bekenntnis nach waren 517 röm.-kath., 231 konfessionslos. 209 altkath. und 35 evang.

Arbesau *(Varvažov)*, Bezirk Aussig. Der Ort am Fuße des Erzgebirges, 1521 urkundlich erwähnt, ging in die Geschichte ein durch die Schlacht der Verbündeten gegen Napoleon am 29./30. 8. 1813, in der der französische Befehlshaber Vandamme in Gefangenschaft geriet. Arbesau brannte damals ab. An die Schlacht erinnern das preußische Monument (Entwurf von Karl Friedrich Schinkel), das österreichische Ehrenmal mit Ossarium und das russische Denkmal bei Pristen. Arbesau war 300 Jahre lang wichtige Poststation. Die sog. Alte Post stammt aus dem Jahre 1816. Porzellanwarenfabrik. Sommerfrische. 4 km nördlich der Nollendorfer Paß (679 m), Verbindung zwischen Böhmen und Dresden.
1930: 1104 Einw. (913 Deutsche, 150 Tschechen). 1968: 800 Einw.

Arnau an der Elbe *(Hostinné)*. Bez. Hohenelbe. Die Stadt im Vorgelände des Riesengebirges hat einen regelmäßigen Stadtgrundriß: sie ist eine Gründung Ottokars II. Die Hussitenbelagerung 1424 blieb vergeblich. Nach der Schlacht am Weißen Berg 1620 kam Arnau in den Besitz Wallensteins; 1639 Plünderung durch die Schwe-

Wallfahrtskirche Altwasser

Andersdorf

den. 1759 Wappenverleihung. Bei der friedlichen Demonstration für das Selbstbestimmungsrecht am 4. März 1919 wurden zwei sudetendeutsche Frauen von tschechischen Legionären niedergeschossen. Seit 1920 bestand hier das Riesengebirgs-Symphonieorchester.
Dreifaltigkeitskirche aus dem 13. Jh., jetziger Bau aus dem 16. Jh. Franziskanerkloster (seit 1666) mit Kirche. Rathaus (Renaissance) mit Sgraffitomalereien und zwei 6 m hohen Riesen aus Stein (um 1600) mit böhmischen Löwen und österreichischem Adler (Sinnbild für das böhmische und schlesische Stadtrecht). Vor dem Rathaus barocke Mariensäule.
Stadtmuseum und Stadtarchiv (älteste Urkunde 1377). Im ehem. Franziskanerkloster heute eine Antiken-Sammlung der Prager Universität. Deutsches Staatsrealgymnasium seit 1872. Papier- und Textilindustrie. Seit 1907 erschien der christlich-soziale „Volksbote". Das nahe Forstbad (423 m) mit einem Gesundbrunnen ist Luftkurort und Sommerfrische. Arnau ist Geburtsort von Karl Klietsch (1841 - 1926), dem Erfinder der Heliogravüre und des Rakeltiefdrucks, und von Vinzenz Fridolin Maiwald (1862 - 1951), bedeutender Botaniker und Direktor des Stiftsgymnasiums Braunau.
1930: 4502 Einw. (3789 Deutsche, 602 Tschechen).

Asch *(Aš)*. Asch, im äußersten Nordwesten Böhmens, ist seit dem 19. Jh. eine bedeutende Industriestadt. 1319 entstand eine Kommende des Deutschen Ordens, nachdem dieser 1270 die Pfarrei übernommen hatte. Das Ascherländ-

Antoniwald

chen, zunächst der Reichsgrafschaft Egerland angehörend, entwickelte sich zur Herrschaft der Herren von Neuburg. Diese gelangte um 1400 an das Geschlecht der Zedtwitz. Als Lehen der Krone Böhmens umfaßte das Gericht Asch neben der späteren Stadt Asch noch 18 Dörfer. Im Westfälischen Frieden 1648 Bestätigung der durch die Zedtwitz eingeführten Reformation. 1736 bzw. 1746 Versuche der Wiener Regierung, die Reichsfreiheit von Asch abzuschaffen. Dies gelang erst 1806. 1647 wurde Asch Markt, 1872 Stadt. Seit 1801 bestand die paramilitärisch gegliederte Ascher Schützengesellschaft; in deren Tradition führte man das Ascher Vogelschießen durch, das auch heute noch bei den Heimattreffen der Ascher in ihrer Patenstadt Rehau gepflegt wird. Denkwürdig war der sog. Ascher Volkstag am 22. August 1897, an dem 20 000 Menschen gegen die Sprachverordnung des Ministerpräsidenten Badeni demonstrierten. Im 19. Jh. wurde Asch durch das rasche Wachsen der Industrie zu einem der bedeutendsten Wirtschaftsplätze Böhmens. Der Anschluß an das europäische Eisenbahnnetz geschah 1865 (Strecke Hof/Saale – Asch – Eger); die Lokalbahn Asch – Roßbach fuhr ab 1885, Fortsetzung Roßbach – Adorf/Vogtland ab 1906. Geographisch gehört das Ascher Ländchen zur Rumpfscholle des Fichtelgebirges, „nach Volksart und Wirtschaft der Stadt und Umgebung bereits dem sächsischen Vogtland angeglichen" (E. Banse, Lex. d. Geogr.). Die Entwässerung erfolgt durch die Thüringer Saale nach Norden; die Bevölkerung gehört dem fränkischen Stamm an und ist zumeist evangelisch. Das Wappen zeigt drei nach links gerichtete silberne Fische, es sind Asche oder Äsche, auf blauem Schild. Die Lage der Stadt an der böhmischen, bayerischen und sächsischen Grenze wird durch den Hainberg (757 m) bestimmt.

Wirtschaftlich herrschte die Textilindustrie vor (67 Betriebe der Wirk-und Strickwarenindustrie mit 7500 Beschäftigten und 14 Betriebe mit Woll- und Baumwollwebereien mit 2400 Beschäftigten); dazu kamen noch Teppich- und Handschuhfabriken. Das benachbarte Roßbach hatte eine ähnliche wirtschaftliche Struktur wie Asch. Bedeutend waren Metallindustrie, Porzellan- und Schuhfabriken, Zementwarenerzeugung, Nahrungsmittel- und Holzindustrie, ebenso Druckereien und die Bürgerliche Brauerei, gegründet 1346, ferner die Aktienbrauerei, gegründet 1898.

Das seit 1920/21 bestehende Staatsrealgymnasium war 1908 als Gymnasium errichtet worden. Es bestand eine städtische Musikschule, am wichtigsten war jedoch die Textilfachschule (seit 1870); an dieser wird im neuen Asch ohne Deutsche seit 1965 wieder unterrichtet. An der Ascher Turnschule wirkte seit 1925 Konrad Henlein.

Zu Asch, dem Sitz eines Superintendenten Augsburgischen Bekenntnisses, waren um die

Arnau, Rathaus

Wappen von Asch

Jahrhundertwende 14 Dörfer eingepfarrt, darunter auch sechs bayerische. Die evangelische Dreifaltigkeitskirche, erstmals 1622 gebaut und 1747-1749 als barockes Kunstwerk wieder errichtet, war wegen der Holzarchitektur berühmt. Altar und Taufstein stammen von dem Holzschnitzer und Schreiner Johann Simon Zeitler. Nach dem Brand der Kirche 1960 wurde die Ruine 1974 gesprengt. Die katholische Nikolaus-Kirche war erst ein Holzbau; der barocke neue Mauerbau brannte 1867 ab und wurde 1872 wieder errichtet. Das Rathaus, zuerst ein Barockbau (1733), 1814 ausgebrannt und 1815-1817 wieder errichtet, wurde 1885 umgebaut und dient heute als Museum, in dem viele wertvolle Kunstgegenstände verwahrt werden, auch ein spätgotischer Ecco homo und ein spätgotisches illuminiertes Kanzional aus dem Klarissinnenkloster in Eger (Ende 15. Jh.).

Denkmäler erinnern an Martin Luther (1883 von J. Rösner), Goethe (1932 von Johannes Watzal), den Turnvater Jahn (1909) und den Dichter Theodor Körner (1913). Der 34 m hohe Bismarck-Turm auf dem Gipfel des Hainbergs (757 m) wurde 1902-1904 als erstes Denkmal des deutschen Kanzlers auf österreichischem Boden errichtet. Das Kaiser-Joseph-Denkmal, 1883 eingeweiht, rissen 1920 tschechische Legionäre vom Sockel. Beim Wiederaufrichten schossen Tschechen auf die unbewaffneten Deutschen; Opfer waren drei Tote und 30 Verletzte. Ob das Denkmal des Mäzens Gustav Geipel noch steht, ist ungewiß. An der Straße von Asch nach Haslau erinnert der Goethestein, ein Quarzfelsen, an den Dichter, der sieben Mal in Asch weilte, diesen gerne aufsuchte und von hier die schöne Aussicht genoß. Ebenso besuchten Robert Schumann (1835) und Friedrich Nietzsche (1863) Asch. Bereits 1852-1854 erschien das „Wochenblatt". Ab 1864 kam das „Wochenblatt für Asch und Umgebung" heraus, das schließlich als „Ascher Zeitung" Bestand hatte.

Große Ascher: Sebastian Knüpfer (1633-1673), Komponist; Johann Christoph Grünbaum - aus Haslau (1785-1870), Sänger, Komponist, Musikverleger; Andreas Leonhard (1800-1866), Armeekapellmeister; Johann Dreyer von Iller (1803-1871), Generalstabsarzt; Ernestine von Fricken (1816-1844), Pianistin und Braut Robert Schumanns; Ernst Bareuther (1838-1905), Reichsratsabgeordneter; Gustav Geipel (1853-1914), Industieller, Wohltäter und Ehrenbürger der Stadt Asch; Josef Grimm-Hainsfeld (1853-1946), Feldmarschall-Leutnant; Karl Alberti, Pädagoge und Heimatforscher (1856-1953); Gustav Jäger - aus Schönbach (1865-1938), Physikprofessor; Friedrich Panzer (1870-1956), Germanistikprofessor, und Carl Tins (1873-1934), Schriftleiter der „Ascher Zeitung", Bürgermeister, Mitglied des Wiener Parlaments.

1850: 6031 Deutsche; 1880: 13209 Deutsche; 1930: 22930 Einw. (20885 Deutsche, 1732 Ausländer, 290 Tschechen) (12241 evang., 9790 kath.); 1968: 10000 Einw.

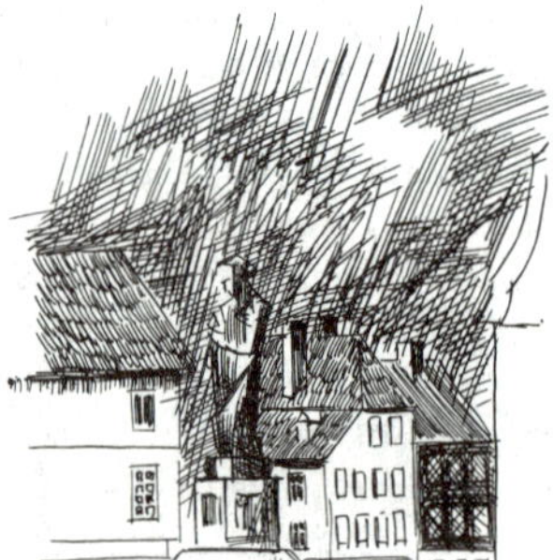

Asch, Goethebrunnen

Assigbach, auch Komotauer Bach *(Chomutovka).* Entspringt im mittleren Erzgebirge bei Sebastiansberg und bildet beim Ottersteinberg einen Wasserfall. Im Grundbachtal trieb der Bach früher 7 Mühlen. Der linke Nebenfluß der Eger mündet bei Postelberg. Länge 44 km.

Aupa *(Úpa).* Aus Großer und Kleiner Aupa gebildeter linker Nebenfluß der Elbe, der in den Aupawiesen (Hochmoor) des Riesengebirges entspringt, den Riesengrund durchfließt, bei Trautenau das Riesengebirge verläßt und nach 77 km Lauf bei Jaroměř mündet. An der oberen Aupa liegen die Dörfer Groß- und Kleinaupa, aus weit verstreuten Siedlungen und Bauden bestehend (694 bzw. 750 bis 950 m hoch). Es sind Sommerfrischen und Wintersportplätze. Großaupa besitzt radiumhaltige Quellen. In den Dörfern des Aupatales vielfältige Industrie (Spinnereien, Webereien, Bleichereien, Papierfabriken).

Auscha *(Úštěk),* Bezirk Leitmeritz. Die Gerichtsbezirksstadt (240 m) am Fuße des Geltschberges ist Mittelpunkt eines bedeutenden Hopfenanbaugebietes (Rothopfen). Die Stadt, früher Sitz eines Gerichtsbezirks, steht heute unter Denkmalschutz. Die Stadterhebung erfolgte im 14. Jh. (wohl 1382); in das Stadtwappen ist das Familienwappen der Berka von Dauba aufgenommen. Die gotische Burg erfuhr 1677 barocke Gestaltung; nur der Pikardenturm (1428) ist ein Überbleibsel. Die Kirche (Peter und Paul), zuerst gotisch, wurde von den Jesuiten 1764 - 1772 barockisiert. Altarbild von K. Skreta, Fresko von J. Kramolin. Dreifaltigkeitskirchlein, 1494 erbaut und 1635 umgebaut, ist die alte Friedhofskapelle. Auch alte Häuser, aus der Gotik, der Renaissance (mit Arkaden) und dem Barock, geben der Stadt ein besonderes Gepräge. Unter vielen Häusern sind Fluchtwege angelegt. Das alte Malzhaus stammt aus d. J. 1564, die Reste der Stadtbefestigungen sind aus der spätgotischen Zeit. Das Stadtarchiv besaß ein 1514 begonnenes Stadtbuch und Stadtprivilegien seit 1525. Das Heimatmuseum wurde 1893 eröffnet. Eine Besonderheit waren die von italienischen Eisenbahnarbeitern im 19. Jh. an die Felsen gebauten kleinen Häuser, die sog. Vogelhäuser. Wirtschaft: Große Hopfenexportfirmen (1885 Bau einer Hopfen-Signierhalle), Webereien, Landwirtschaft und Obstbau.

Bürgerhäuser in Auscha

Von der Sommerfrische Auscha aus bieten sich reizvolle Touren in die Daubaer Schweiz, zum Geltschberg (729 m) mit Klinksteinabsonderungen und seltener Flora, zur Ruine Helfenburg, zum Neuländer Kapellenberg (Kirchlein 1713), zum Eichberg (463 m) mit Basalt-Pfeilergruppe, zur Ruine Ronburg auf dem Ronberg und nach Drum mit Schloß, das Eigentum des Leitmeritzer Bischofs war.

Persönlichkeiten: Alois Klar (1763 - 1833), Univ.-Professor in Prag und Gründer der dortigen Blindenanstalt; Josef Grunert (1857 - 1928), Heimatforscher und Mundartdichter; Josef Jarschel (1865 - 1945), Bürgerschuldirektor und Heimatforscher. Cola di Rienzo, der römische „Volkstribun", dessen Gestalt Richard Wagner in einer Oper behandelte, lebte von 1350 bis 1352 auf Befehl Karls IV. unter Hausarrest auf der nahen Helfenburg.

1900: 2408 Deutsche, 20 Tschechen; 1930: 2061 Einw. (1861 Deutsche, 165 Tschechen). 1948: 1300 Einw.; 1982: 2100 Einw.

Auschowitz *(Úšovice),* Bezirk Marienbad. Der Ort (578 m) wird bereits 1273 unter den 33 Dörfern des Stiftes Tepl aufgezählt. Silber wurde bis zum Dreißigjährigen Krieg gewonnen. Die heilkräftigen Quellen waren frühzeitig bekannt, sie wurden schon 1427 von Zacharias Theobald in dessen Geschichte des Hussitenkrieges aufgeführt. Dieses Wasser ließ sich 1528 Kaiser Ferdinand I. als Tafelwasser an den Prager Hof schik-

ken. Der Antoniusbrunnen wurde 1931 gefaßt. Die Kirche (Antonius von Padua) steht seit 1790. Die Pfarrei (seit 1857) wurde vom Stift Tepl betreut. Josef Görgl (1873 - 1956), Mundartdichter und Heimatforscher.
1930 mit Hammerhäuseln und Stanowitz: 4371 Einw. (4138 Deutsche, 132 Tschechen).

Auspitz *(Hustopeče)*. Die Bezirksstadt, von der Schwarza durchflossen, liegt am Rande des Steinitzer Waldes. Wichtig für die Entwicklung der von Deutschen begründeten Siedlung war ein Handelsweg, die sog. Ungarische Straße. 1247 wird das Dorf genannt, das 1350 Markt und 1572 Stadt wird. In das Wappen sind eine rote Traube und ein Winzermesser aufgenommen. Nach 1528 errichteten die mährischen Wiedertäufer, die zumeist aus der Pfalz und aus Hessen kamen, ein Zentrum. Diese und die Niederlassung der Böhmischen Brüder verschwanden zu Beginn des 17. Jh. Im Jahre 1933 wurde der deutsche Bürgermeister durch einen Tschechen abgelöst. 1938 kam Auspitz zum Land Niederösterreich.
Die Kirche St. Wenzel geht zurück in das 13. Jh. Die wertvollen Malereien wurden in das Museum gebracht. Nach der Deutschenvertreibung verfiel das Gotteshaus. Das Pfarrhaus ist einer der Schauplätze von Franz Werfels Roman „Der veruntreute Himmel". Von 1756 bis 1820 leiteten die Piaristen die Realschule, die später auch T. G. Masaryk besuchte. Denkmäler sind der Fischbrunnen mit Wassermann (1595), die Dreifaltigkeitssäule (1688), die Johann-von-Nepomuk-Statue (1739) und die Kreuzigungssäule (1793).

Wenzelskirche in Auspitz

Auspitz ist Handelszentrum für landwirtschaftliche Erzeugnisse, Getreide- und Pferdemarkt. Wichtig sind der Weinbau, die Spiritus- und Süßholzsafterzeugung.
Persönlichkeiten: Otmar Kallina (1889 - 1945), Abgeordneter der Deutschen Nationalpartei im Prager Parlament; Dr. Hermann A. F. Zerzawy (1880 - 1976), Heimatforscher, Historiograph, Archivar, als Militärauditor Bearbeiter des Spionagefalls Redl.
1930: 3719 Einw. (1862 Deutsche, 1715 Tschechen, 70 Juden); 1968: 3000 Einw.; 1982: 3900 Einw.
Umgebung: Gurdau (Kirche Johann d. T. und Katharina, gotische Wehrkirche Anfang 15. Jh.); Großpaulowitz (Geburtsort des Kulturphilosophen Rudolf Kassner, 1873 - 1959). Verdient um die Heimatforschung von Auspitz war der Lehrer Gustav Gregor aus Brünn (1909 - 1971).

Außergefild *(Kvilda)*, Bez. Prachatitz. Da die höchstgelegene Böhmerwald-Gemeinde Buchwald verschwunden ist, nimmt heute Außergefild mit 1100 m diese Stellung ein. Das Dorf, 1356 erwähnt, entwickelte sich im Zusammenhang mit einem Säumerpfad. Zur Pfarrei (seit 1865) gehört die Kirche St. Stephan, als Holzkirche 1765 erbaut, 1890 abgebrannt und 1892 - 94 im neugotischen Stil wieder errichtet. Die Bevölkerung lebte von Holzverarbeitung (Resonanzhölzer, Schindeln, Kisten) und der Herstellung von Hinterglasbildern für den Export. Diese romantische Gegend des Böhmerwaldes am Fuße des Diebsteins (1166 m) und an der Verbindung des Schwarzbachs und Seebachs zur Moldau war beliebte Sommerfrische. Ausflugsziele zum Moldau-Ursprung, zum Lusen, Rachel, Dreisesselberg und zum Kubany mit seinem Urwald. Im nahen Innergefild wurde Dr. Wilhelm Pollauf (1876 - 1916) geboren, Gründer und Abgeordneter der Deutschen Sozialen Partei Österreichs.
1930: 1128 Einw. (1090 Deutsche, 34 Tschechen).

Das Aussiger Wappen

Aussig *(Ústí nad Labem).* Die Bezirksstadt, die zweitgrößte Stadt des Sudetenlandes, liegt am linken Ufer der Elbe, an der Einmündung der Biela, im romantischen Durchbruchstal am Rande des Böhmischen Mittelgebirges. Verkehrsmäßig ist Aussig bestimmt durch den großen Hafen, als Eisenbahnknotenpunkt an der Prag-Dresdener Strecke, als Ausgangspunkt der Aussig-Teplitzer- und der Bielatalbahn und als Station der Elbedampfschiffahrt in die Richtungen Leitmeritz und Bodenbach. Die elektrische Straßenbahn stellt die Verbindung mit Schönpriesen, Pokau, Prödlitz und Türmitz her. In den ersten Jahrzehnten des 20. Jh.s wurden hier Zeugnisse der Lausitzer Kultur entdeckt. Zu Ende des 10. Jh.s eine Zollstätte auf dem Weg nach Meißen, wurde Aussig vor der Mitte des 13. Jh.s königliche Stadt, mit Magdeburger Recht und anderen Privilegien ausgestattet und seit 1260 mit Befestigungsanlagen umgeben. Das Wappen zeigt auf schwarzem Feld einen silbernen böhmischen Löwen mit gepanzerten Vorderpfoten und einem Helm mit zwei goldenen Flügeln auf dem Haupt. Nach der Schlacht auf der Bihana, die mit der Niederlage des Meißner Hilfsheeres endete, zerstörten die Hussiten am 16. Juni 1426 die Stadt. In der ersten Hälfte des 16. Jh.s kam ganz Nordböhmen unter den Einfluß des Luthertums, nach 1620 erfolgte jedoch die Rekatholisierung. 1631 eroberten die Schweden unter Baner die Stadt, 1813 erfolgte die Besetzung durch Franzosen. Während der Erhebungen des Jahres 1848 spielte Aussig eine wichtige Rolle in der deutsch-böhmischen Nationalbewegung.
In der 2. Hälfte des 19. Jh.s folgte schnelle wirtschaftliche Entwicklung, bedingt durch die verkehrsgünstige Lage und die Nähe der Brüxer Braunkohlelager, und damit der Aufstieg zu einer der ersten Industriestätten des österreichischen Kaiserstaates. Bald nach dem Anschluß an das Eisenbahnnetz (1852) entstanden die chemischen Werke, die frühesten Anlagen dieser Art im gesamten Staat. Am 11. Dezember 1918 besetzten Tschechen die Stadt, sie schritten am 4. März 1919 gegen eine unbewaffnete Kundgebung der Sudetendeutschen für das Selbstbestimmungsrecht ein und erschossen zwei Aussiger. Am 23. Oktober 1919 zerstörten tschechische Legionäre das Denkmal Josephs II. Seit 1925 erschien der „Aussiger Tagesbote", ab 1928 als „Elbezeitung". Bei schweren Bombenangriffen am 17. und 19. April 1945 wurden über 1440 Menschen getötet, 572 Häuser mit 2754 Wohnungen zerstört. Während des Aussiger Bluttages am 31. Juli 1945, ausgelöst durch eine Explosion in einem Munitionslager, forderte das Massaker gegen die deutsche Bevölkerung über 2000 Menschenleben (Männer, Frauen und Kinder). Die Geschehnisse während der Vertrei-

Aussig, Kirche Mariä Himmelfahrt

An der Dominikanerkirche in Aussig

bung im Stadt- und Landkreis Aussig schilderte A.Bohmann in „Die Austreibung der Sudetendeutschen“ (Marburg, 1955).

Bereits Ende 13. Jh. bestanden eine Kommende und ein Spital der Kreuzherren mit dem roten Stern, des einzigen im Böhmen gegründeten Ordens. Die Erzdekanatskirche Maria Himmelfahrt, aus der 1. Hälfte 14. Jh., 1426 von Hussiten zerstört und Ende 15. Jh. spätgotisch umgebaut, besaß neben einem schönen Flügelaltar, einer Kanzel aus d. J. 1574 und einem Madonnenbild von Ismael Mengs (nach Carlo Dolci) eine wertvolle Ausstattung. Bemerkenswert ist der Schiefe Turm (186 cm Abweichung von der Mittelachse), verursacht durch den Bombenangriff 1945. Die Dominikanerkirche St. Adalbert, 1731 an Stelle eines Gotteshauses aus dem 13. Jh. errichtet, ist wahrscheinlich ein Werk des Octavio Broggio. Sie dient jetzt als Ausstellungs- und Konzertsaal. Der barocke Klosterbau, in dem zuletzt Oblaten wirkten, ist nun Bezirkszentrum für den staatlichen Denkmal- und Naturschutz. In Aussig bestand ein Kloster der Barmherzigen Schwestern vom Hl. Kreuz. Aussig war Sitz eines Superintendenten der evangelischen Kirche (mit Pfarrei und 1906 erbauter Pauluskirche).

Das Theater (jetzt Zdeněk-Nejedlý-Theater), 1910 im Sezessionsstil errichtet, war für viele Schauspieler das Sprungbrett an große Bühnen (Maria Andergast, Gretl Schörg, Walter Müller u. a.). Erste Direktorin war die berühmte Gretchen-Darstellerin Maria Pospischil (1864–1943). Ein Höhepunkt der Bühne war die Direktion Alfred Huttigs. Schulen: 2 Realgymnasien, Realschule, Handelsakademie und Gewerbeschule. Stadtarchiv (ab 1939 in Türmitz). Urkunden seit 1352, Amtsbücher seit 1438. Leiter: Alex. Marian, F. J. Umlauft, F. J. Wünsch. Stadtmuseum, entstanden aus dem Gewerbemuseum (1876 bzw. 1902), untergebracht im Neuen Schloß in Türmitz in 50 Räumen, heute Kreismuseum. Besondere Exponate: Kanzional (Ende 15. Jh.), geolog.-mineralogische Abteilung, Levetzow-Zimmer mit Erinnerungen an Goethes Freundin (1804–1899), die in Trziblitz bei Leitmeritz lebte und starb. Die großzügig ausgestattete städtische Bibliothek, die größte öffentliche Volksbücherei des Staates, erfuhr große Förderung durch den Aussiger Großkaufmann Ed. J. Weinmann.

Ewald Banse nannte Aussig ein elbisches Duisburg-Ruhrort. Die Stadt am Ostrand des böhmischen Braunkohlereviers war mit ihrem Hafen, dem frachtreichsten in Böhmen und an der Elbe dem zweitgrößten nach Hamburg, Umschlagplatz für Kohle, Obst, Zucker, Chemikalien. Die chemische Industrie, die bedeutendste der ehemaligen Monarchie und vor allem betrieben von den Chemischen Werken (seit 1856) und den Schichtwerken (seit 1882), Nahrungsmittelindustrie, Maschinenbau, Porzellan- und Glaserzeugung, Textilindustrie, Zuckerindustrie, Gerbereien, Schiff- und Motorbootswerft usw. machten die besondere Bedeutung Aussigs auf wirtschaftlichem Gebiet aus.

Dem Vogel- und Naturschutz diente ein großes Gebiet an den Abhängen des Marienberges; es war der Lumpe-Park (1908 errichtet), benannt nach seinem Begründer Heinrich Lumpe (1859–1936). Durch den Marienberg getrennt ist der eingemeindete Stadtteil Schönpriesen, ein Fabrikvorort. Das Renaissanceschloß (1603) mit spätbarocker Fassade (1750) und herrlichem Park war Besitz der Grafen Kolowrat und Ledebur. Die spätgotische Schloßkirche mit Netz-

gewölbe (1597 - 1603) und Renaissance-Einrichtung erhielt durch T. Lindner aus Freiberg einen prächtigen Altar (1605) mit kunstvoll in Alabaster ausgeführten Hochreliefs, die Passionsgeschichte darstellend.
Der Stadtteil Schreckenstein hat kulturgeschichtliche Bedeutung. Hier erhebt sich die schönste Burgruine des Elbetals auf einem steilen, 90 m hohen in den Strom vorspringenden Phonolithfelsen, die auch von vielen Persönlichkeiten besucht wurde, den Dichtern Theodor Körner und K. H. Mácha, dem Maler Ludwig Richter („Überfahrt am Schreckenstein") und Richard Wagner, der hier Eindrücke gewann, die er im „Tannhäuser" verarbeitete. Die Burg, entstanden um 1318, während der Hussitenkriege Zufluchtstätte, ist seit dem 18. Jh. verlassen. Unterhalb des Schreckensteins liegen die Staustufen mit dem Kraftwerk (1922), dem größten Wasserwerk des Staates. Als 1930 in Schreckenstein eine warme Quelle (31° C) entdeckt wurde, legte man ein Thermalbad an.
In der Umgebung Aussigs liegen viele bei Touristen beliebte Ziele, die Ferdinandshöhe mit Stadtpark und schöner Aussicht über die Stadt, der Marienberg, ein mächtiger Klingsteinfelsen mit Kapelle zur Erinnerung an die Pest 1680 und die Befreiung aus der Hand der Franzosen 1813, Waltirsche mit Renaissancekirche (1573 - 1574), der Workotschfelsen mit sechskantigen Basaltfelsen und Prismen hoch über der Elbe, die Hohe Wostrey mit schöner Aussicht.
Viele Persönlichkeiten lebten und wirkten in Aussig. Eine kleine Auswahl: Johann M. Bretschneider (1656 - 1729), Maler; Georg Bruder (1856 - 1916), Pädagoge und Gründer des geologischen Museums; Ernst G. Doerell (1832 - 1877), Maler, und sein gleichnamiger Enkel (1892 - 1963), Techniker und Professor an der Deutschen Technischen Hochschule in Prag; Gerhard Eis (1908 - 1982), Germanist (verdient um Erforschung der Fachliteratur des Mittelalters), Erzähler und Lyriker; Friedrich Gärtner (1899 - 1958), Bildhauer und Grafiker; Alfred Heiß (1877 - 1955), Pädagoge; Alfred Huttig (1882 - 1952), Schauspieler und Theaterdirektor; Friedrich W. Illing (1899 - 1974), Schriftsteller; Alfred Kunft (1892 - 1961), Grafiker; Otto F. Leitenberger (1847 - 1911), Erzähler und Redakteur; Dr. h.c. (der Universität Leipzig) Heinrich Lumpe (1859 - 1936), Großkaufmann und Schöpfer des Vogelschutzparks; Anton Raphael Mengs (1728 - 1779), Maler, Kunstschriftsteller, spanischer Hofmaler; Friedrich Schicht (1904 - 1945), Erfinder (Grubenlüfter); Johann Schicht (1855 - 1907), Gründer der Schichtwerke AG; Ferdinand Schwind (1875 - 1960), Erzdechant und Erzähler; Heinrich Simbriger (1903 - 1976), Komponist, Musikschriftsteller; Franz J. Umlauft (1883 - 1960), Familien-und Heimatforscher; Carl Hermann Wolfrum (1872 - 1956), Textilindustrieller.
1829: 1400 Einw.; 1900: 27 436 Deutsche und 299 Tschechen (mit Schönpriesen und Kleische 35 037 Deutsche und 774 Tschechen); 1930: 43 773 Einw. (32 878 Deutsche, 8735 Tschechen, 1911 Ausländer, 222 Juden, 16 Russen, 11 Ungarn); 1968: 75 000 Einw.

Austerlitz *(Slavkov u Brna)*, Bez. Wischau. Die Stadt (20 km südöstlich von Brünn) hatte von 1243 bis 1422 eine Kommende des Deutschen Ordens. Seit 1502 war sie im Besitz der Grafen Kaunitz. Ein Jh. lang hatte sie Bedeutung als Sitz der Wiedertäufer (1528 - 1620); sie hießen nach ihren Haushaben (Wohngemeinschaften) auch Habaner und legten den Grund für die Erzeugung wertvoller Keramik, die auch in den folgenden Jahrhunderten noch hergestellt wurde. Im Brünner Gewerbemuseum wird eine wertvolle Sammlung dieser Habanerkeramik

Mahnmal auf dem Schlachtfeld Austerlitz

verwahrt. Kunstgeschichtlich bedeutend ist neben Häusern aus der Spätgotik und der Renaissance das spätbarocke Schloß, ein Werk von D. Martinelli, mit einer Bildergalerie. Die Kirche (Auferstehung Christi) entstand 1786–1790; sie hat drei Kanzeln.

Weltgeschichtliche Bedeutung erlangte Austerlitz durch die sogenannte Dreikaiserschlacht am 2. Dezember 1805, in der die Franzosen unter Napoleon über die Verbündeten (Russen unter Alexander I. und Österreicher unter Franz II.) siegten. Nach der Schlacht wurde im Schloß, in dem Napoleon sein Hauptquartier hatte, der Vorfrieden geschlossen, der zum Frieden von Preßburg führte. Die Verbündeten hatten 27000, die Franzosen 7000 Mann verloren. Mehrere Gedenkstätten erinnern an diese Schlacht. Auf der am meisten umkämpften Höhe steht ein 26 m hohes Mal, 1910–1911 im Jugendstil errichtet, darunter eine Kapelle mit Ossarium. Den besonderen Anteil der Russen an der Schlacht dokumentiert eine Gedenkstätte aus d. J. 1959. Am Tage der Schlacht brach gegen 8 Uhr die Sonne durch den Nebel. Diese sprichwörtliche „Sonne von Austerlitz" wurde als Symbol für das Glück des Korsen gedeutet.

Wirtschaftliches: Ringofenziegelei, Mühlen, Mälzerei, Zuckerraffinerie, Maschinenfabrik, Eisengießerei, Wattefabrik.

Ladislaus von Benesch (Austerlitz 1845 – Wien 1922), Offizier, Landschaftsmaler, der auch Illustrationen für den Band „Mähren und Schlesien" des Österreichischen Kronprinzenwerkes schuf.

Bergstadt Bärn

1930: 4554 Einw. (4435 Tschechen, 30 Deutsche, 52 Juden, 32 Ausländer). 1982: 5100 Einw.

Bärn *(Moravský Beroun)*, früher Bern. 570 m. Die Bezirksstadt liegt an der Eisenbahnstrecke Olmütz – Troppau. 1898 Bau einer Schmalspurbahn Bärn – Andersdorf – Hof, die bis 1930 bestand. Die alte deutsche Bergstadt hatte schon im 13. Jh. Eisenhüttenbetriebe, im 14. Jh. wurde eine Burg erwähnt, die Hussiten zerstörten. Die Bewohner hingen von 1560 bis 1630 der evangelischen Lehre an; 1631 amtierte wieder ein katholischer Pfarrer. Am 30. Juni 1758 zwischen Bärn und Domstadtl Gefecht, bei dem Laudon Ziethen besiegte und damit den preußischen Nachschub vernichtete; dadurch bedingt, wurde die Belagerung von Olmütz aufgehoben. Zur Erinnerung daran setzte die Stadt Olmütz 1858 auf dem Schlachtfeld ein Denkmal. Das Wappen Bärns zeigt einen Bären, Zange, Schlägel und den sechsstrahligen Stern, der die Zugehörigkeit zur Herrschaft Sternberg andeutet.

Die Pfarrkirche Mariä Himmelfahrt (1606) war ursprünglich evangelisch, seit 1706 katholisch. Filialkirche am Hausberg, erst Holzbau (1520), 1757 Steinbau, 1570–1631 evangelisch. Ringplatz mit Marienstatue aus dem Jahre 1760. 1923 mußte das Kaiser-Josef-Denkmal beseitigt werden; an seine Stelle trat ein Kudlich-Denkmal, das später allerdings auch gestürzt wurde. Stadtmuseum seit 1925 mit Exponaten zur Heimatkunde von Bärn und Umgebung, Stadtarchiv seit 1930. Webschule, landwirtschaftliche Berufsschule.

Wirtschaftlich war früher der Bergbau bedeutend; bis Ende des 17. Jh. wurde Braun- und Roteisenstein gefördert, die Unternehmen wie Friedland, Zöptau, Janowitz, Teschen, Endersdorf und Buchbergsthal belieferten. Die Bärner Eisenhütte stellte den Betrieb um 1700 ein. Textilindustrie, Zementwarenerzeugung, Turmuhrfabrikation, Nähmaschinenexport, Holzindustrie, Zündwarenfabrik, Ziegelfabrik, Handel mit Flachs und Garn, Landwirtschaft.

Große Söhne der Stadt: Michael Kirsten (1620–1678), Lehrer der Mathematik und Physik in Hamburg, ebenso Arzt und vielseitiger Schriftsteller. Karl Berger (1867–1937), Historiker, Hei-

Stadtwappen Bärn

matforscher, Ehrenbürger der Stadt. Ernst Späth (1886–1946), Professor der Chemie an der Universität Wien.
Im Ortsteil Andersdorf eine Bade-, Heil- und Trinkkuranstalt. Der Sauerbrunn wurde auch verschickt.
1930 (mit Heimerldorf): 2973 Einw. (2825 Deutsche, 106 Tschechen, 41 Ausländer).
In der Umgebung der Kreuzberg (577 m) mit einer Kapelle; schöne Aussicht.

Bärringen *(Pernink),* Bez. Neudek. Die ehemalige Bergstadt mit dem höchstgelegenen Bahnhof Böhmens (902 m) entwickelte sich in einem nach Süden offenen Tal des Wistritzbaches. Die Bergwerksiedlung war eine Gründung des Grafen Schlick zu Anfang des 16. Jh. Von der Silber- und Zinnförderung zeugen noch Halden und verfallene Stollen. 1532 Erhebung zum Markt, 1559 zur Stadt. Wappen: Turm mit Wappen der Grafen Schlick, rechts mit Bergeisen und Schlägel, Keilhaue und Seifenrechen, links ein schwarzer Bär. 1579 kommt Bärringen als Krongut zum Königsreich Böhmen, spätere Besitzer sind Herzog Heinrich von Sachsen-Lauenburg, Herzog von Toskana und Erzherzog Ferdinand. Während der Reformation wandten sich die meisten Bärringer dem neuen Glauben zu; viele wanderten dann um des Glaubens willen nach Johanngeorgenstadt in Sachsen aus. Im Jahr 1866 fand das erste Turnfest statt, ebenso wurde die Freiwillige Turnfeuerwehr gegründet, die älteste des Erzgebirges.
Die Dreifaltigkeitskirche aus dem 17. Jh. war zuerst ein Holzbau. Die Pfarrei bestand seit 1765, vorher war Bärringen eine Filiale von Platten. Einige alte Häuser stammten aus der Gründerzeit. Vor der Schule eine Bronzebüste des Domkapitulars Alois Renner, eines Wohltäters der Stadt, auf dem Markt ein Siegfriedsbrunnen. Im 19. Jh. wurde der Bergbau eingestellt. 1810 gründete Adalbert Meinl aus Abertham ein Stikkereiunternehmen, das seit 1870 maschinell betrieben wurde. Neben der bedeutenden Textil- und Handschuhindustrie wurden auch Konfektionswaren und Pappe erzeugt, ebenso Klöppelspitzen. Die reisenden Musikanten aus Bärringen waren im In- und Ausland bekannt. Aus großen Lagern wurde Torf und Moor gewonnen. Sommerfrische und Wintersport (zwei Sprungschanzen).
Der 1869 geborene Pädagoge und Heimatforscher Johann Endt wurde zum Ehrenbürger seiner Heimatstadt ernannt.
1930 (mit Irrgang und Fischbach): 3023 Einw. (2922 Deutsche, 51 Tschechen, 50 Ausländer).
Umgebung: Bärringer Berg (984 m) mit dem imposanten Granitmassiv des Drachenfelsens, Pleßberg (1027 m), Wölfling (971 m) und Peindlberg (975 m).

Barzdorf *(Božanov),* Bez. Braunau. Die Gemeinde dehnt sich bis zur Landesgrenze aus (Zollamt). Sie entstand 1253 als deutsche Siedlung; der Name weist auf den Kolonistenführer Perthold hin. Die Kirche, zunächst Holzbau aus dem 14. Jh., war von 1604 bis 1621 evangelisch. Eine neue Kirche (Maria Magdalena) errichtete der Braunauer Abt Othmar Zinke, Baumeister war Kilian I. Dientzenhofer aus Prag. Ziel vieler Wallfahrer war die 1890 gebaute Kapelle beim Marienbrünnel. Den Dorfplatz zierte ein Hans-Kudlich-Denkmal.
August Klinke (1870–1932) gehörte zu den zahlreichen Auswanderern aus dem Braunauer Ländchen (1871–1874) nach Chile; er wurde Bischof der Diözese Ancud.
1930 (mit Kaltwasser): 1176 Einw. (1123 Deutsche, 30 Tschechen, 23 Ausländer).
Umgebung: Barzdorfer Spitzberg (783 m), Ringelkoppe (772 m).

Barzdorf *(Bernartice),* Bez. Freiwaldau. Die Gemeinde bei Jauernig entstand im 13. Jh. als

Bautsch

Gründung des Olmützer Bistums. Kurz nachher begann der Bau einer Kirche. Aus dem Ende des 16. Jh.s stammen zwei Epitaphien. Der Turm ist barock (1711).
Zündholzerzeugung, Zementwaren- und Likörerzeugung, Spiritusbrennerei, drei Mühlen. Sommerfrische.
Aus Barzdorf stammt der Erzähler und Jugendschriftsteller Isidor Täuber (1803 - 1864).
1930 (mit Buchsdorf, Gotthardsdorf, Oberhermsdorf und Paulinaburg): 2631 Einw. (2520 Deutsche, 71 Tschechen, 40 Ausländer).

Bautsch *(Budišov nad Budišovkou)*, Bez. Bärn. Die Stadt an der Mohra und im Niederen Gesenke ist Station der Bahn von Zauchtel nach Bärn. Die Siedlung legten im 12. Jh. westfälische Bergleute an. Die ältesten Privilegien (1537 und 1538) überliefern Schenkungen der städtischen Waldungen und Wappenverleihung durch Bischof Stanislaus von Olmütz. Das Wappen zeigt Keilhaue und Berghammer (Bergbau). Der Name stammt wohl von Budis, Abt im Kloster Hradisch (1269 - 1289) und Gründer der Stadt. Die Äbte dieses Klosters übten bis 1323 die Grundherrschaft aus, dann folgten die Bischöfe von Olmütz. Später (bis 1848) war Bautsch Munizipalstadt mit vier zugehörigen Dörfern. Nach dem Abzug der preußischen Truppen 1866 brach die Cholera aus, die in drei Monaten 140 Menschen dahinraffte. Die große zweitürmige Kirche Maria Himmelfahrt, errichtet durch den Olmützer Fürsterzbischof Kardinal Ferdinand Julius Graf von Troyer, erbaute 1747 - 1756 der Baumeister Nikolaus Thalherr aus Fulnek.
Landwirtschaftliche Fachschule, gewerbliche Fortbildungsschule, zwei Bürgerschulen, eine tschechische Minderheitsschule. Stadtbücherei, Volksbildungsverein Urania.
Wirtschaftliches: Tuchfabrikation (seit 1872), Schafwollwaren-, Gardinen- und Teppicherzeugung, Schuhfabrik, landwirtschaftliche Maschinenfabrik, Tabakfabrik, Landwirtschaft.
Aus Bautsch stammt Franz Ignaz Cassian Halaschka (1780 - 1847), Piarist, Mathematiker und Physiker an den Universitäten Prag und Wien.
1930: 4274 Einw. (4069 Deutsche, 139 Tschechen).
Umgebung: Hutberg (596 m), Altendorf und Bernhau an der Oder, früher Silber- und Bleibergbau, der Ende des letzten Jh. wieder aufgenommen, als unrentabel jedoch bald eingestellt wurde. Rautenberg im Mohratal (mit erloschenem Vulkan), Burgruine Nieder-Wigstein, Herzheilbad Johannisbrunn. Sommerfrische Kohlenbaude. Wallfahrsort Altwasser.

Bayreck *(Pajrek)*, an der bayerischen Grenze bei Neuern im Böhmerwald gelegene Burgruine. Anlage der Burg in der 1. Hälfte des 14 Jh. zum Schutze des Verkehrs (Goldener Steig) im oberen Angeltal. Bis Anfang des 16. Jh. besaßen die Herren von Janowitz die Burg, die dann 1554 zur Herrschaft Bistritz kam.
In der Nähe das durch Prokop von Kolowrat erbaute Schloß Deschenitz.

Bennisch *(Horní Benešov)*, Bez. Freudenthal, Stadt im Niederen Gesenke (585 m) und an der Bahnlinie Troppau - Bennisch. Die „Perle Schle-

Bennisch

siens" entstand im 13. Jh., als hier sehr ergiebige Silbervorkommen ausgebeutet wurden. 1253 Ausstellung der Gründungsurkunde durch Benesch von Branitz, von dem der Ortsname herrührt, und Verleihung des Iglauer Bergrechts. Die freie Bergstadt kam nach dem Dreißigjährigen Krieg an die Fürsten Liechtenstein. Am 24. Juni 1848 hielt auf dem Marktplatz Hans Kudlich seine berühmte Wahlrede; der Politiker aus Lobenstein wurde dann in den Reichstag entsandt. Bennisch hat ein gespaltenes Wappen, rechts die Hälfte eines Adlers, links zwei Rodehauen. Die Kirche (Hl. Katharina) war bereits 1288 als Pfarrkirche erwähnt. Webereifachschule. Stadtmuseum.

Wirtschaftliches: Nach dem Versiegen des Silberbergbaues Textilindustrie; berühmt war das Bennischer Leinen. Dachschiefergewinnung, Landwirtschaft. Sommerfrische, Fremdenverkehr.

Bennisch war Sitz eines Gerichtsbezirkes; die dazu gehörenden 16 Gemeinden waren alle deutsch.

1930: 3409 Einw. (3283 Deutsche, 79 Tschechen, 46 Ausländer).

Umgebung: Groß Herrlitz mit Schloß und Park.

Bensen *(Benešov nad Ploučnicí)*, Bez. Tetschen. Die Stadt im Polzental war Sitz eines Gerichtsbezirkes, dessen 25 zugehörige Gemeinden alle deutsch waren (98,2%). Sie geht auf eine Gründung im 14. Jh. zurück, und zwar durch einen Benesch (von Michelsberg oder

Bensen

Wartenberg). Bereits seit 1392 Stadt, wird sie 1426 durch Hussiten zerstört. Unter dem evangelischen Geschlecht der Salhausen erlebte Bensen im 16. Jh. eine Blüte, die noch lange nachwirken sollte. Das beste Papier Böhmens wurde in der 1569 errichteten Papierfabrik erzeugt; diese erfuhr nach der Versteigerung von 1873 die Umgestaltung zu einer Weberei. Die spätgotische Pfarrkirche Mariä Geburt (1483), an Stelle einer älteren Kirche des 14. Jh. entstanden, erhielt 1552 - 1554 eine Renaissancewölbung. Die Grabkapelle der Salhausen (1530) enthält Epitaphien sächsischer Bildhauer. Aus dem 16. Jh. stammen auch die beiden Schlösser; das Obere, das sog. Thunsche Schloß, war erst eine Burg; das Untere, sog. Kinsky-Schloß, brannte 1969 ab; nach der Wiederherstellung wurde dort die ständige Ausstellung „Kunst der Renaissance" untergebracht. Die barocke Mariensäule auf dem Marktplatz stammt aus dem Jahre 1742. Das Stadtwappen zeigt einen Schild, silber und schwarz gespalten, die Farben des Geschlechts der Michelsberger. Das seit 1906 bestehende Stadtarchiv enthielt Urkunden seit 1546 und Chroniken seit 1741; es war ab 1928 im Thunschen Schloß untergebracht. Das Stadtmuseum, 1906 begründet, enthielt eine heimatkundliche Sammlung für Bensen und Umgebung.

Bensen hatte bedeutende Textilindustrie, Metallwarenerzeugung und Nährmittelwerke. Die geschützte Lage und das milde Klima zogen viele Sommerfrischler an. Es war Ausgangspunkt für Wanderungen in das Böhmische Mittelgebirge und in die Böhmische Schweiz.

Persönlichkeiten der Stadt: Adolf Wittenberger (1880 - 1927), Stadtbuchwart, Erzähler. „Die Judassin und ihr Sohn" schildert den Kampf der Bensener Bürger gegen die Hussiten. Emil Neder (1867 - 1939), Oberlehrer und Heimatforscher. Josef Willomitzer (1849 - 1900), Chefredakteur der „Deutsche Zeitung Bohemia". Die Großindustriellen Theodor Grohmann, 1909 nobilitiert mit dem Prädikat von Hochwidim (1844 - 1919) und Franz Mattausch (1829 - 1893).

1930: 4150 Einw. (3897 Deutsche, 167 Tschechen, 81 Ausländer). 1947: 2823 und 1978: 3600 tschechische Einwohner.

Beraun *(Berounka)*, 225 km langer linker Nebenfluß der Moldau. Entsteht bei Pilsen durch Zusammenfluß der aus dem Böhmerwald kommenden Radbusa und Mies. Die Radbusa nimmt vorher noch den Böhmerwaldfluß Angel auf. Von Pilsen abwärts münden noch die Uslawa und Schnella in die Beraun, die sich nördlich von Prag mit der Moldau vereinigt.

Bergreichenstein *(Kašperské Hory)*, Bez. Schüttenhofen. Die Geschichte der Goldstadt, im Mittelalter auch Reichenstein genannt, ist geprägt vom Goldbergbau seit der Entstehung einer Siedlung im 13. Jh. Zahlreiche Goldmühlen verarbeiteten das wertvolle Metall. Die Stadterhebung erfolgte 1330, die Wappenverleihung 1572 durch Maximilian II. Das Wappen zeigt zwei Türme mit offenen Toren und Fenstern, dazwischen einen Arm mit Bergeisen, daneben noch Eisen und Schlägel. 1584 Erhebung zur königlichen Bergstadt durch Rudolf II. Der Reichtum der Stadt gründete neben dem Gold auch auf der Lage am Goldenen Steig, der von Passau hierher führte.
Baudenkmäler: Renaissancerathaus (1597 nach Umbau eines älteren Gebäudes) mit drei sehr schönen Giebeln. Pfarrkirche St. Margarete (früher Leonhardskirche) auf dem Stadtplatz; der ursprüngliche gotische Bau wurde barock umgestaltet. Die Friedhofskirche St. Nikolaus, um 1330, mit gotischen Malereien, wurde von Bergleuten errichtet. Wallfahrtskirche Maria Schnee, 1850 - 1867. Die steinerne Figurengruppe mit

Bergreichenstein, Wappen

Rathaus in Bergreichenstein

den Hll. Adalbert, Johannes, Paulus und Nikolaus, 1741 eingeweiht, wurde vor Jahren beseitigt. Den Marktplatz zieren Bürgerhäuser mit barokken Giebeln.
Erwerbszweige: Glashütte, Zündholzerzeugung, optische Werke, Holzverarbeitung, Spielwaren, Wintersportgeräte. Das Bürgerliche Bräuhaus im Eigentum der brau- und holzberechtigten Bürger bestand seit dem 16. Jh. Die Fachschule für Holzindustrie (1878 - 1926) war eine Gründung des Wiener Handelsministeriums. Die Deutsche Staatsrealschule bestand seit 1906.
Heute besteht ein Böhmerwaldmuseum mit Sammelgebieten wie Naturkunde, Glasindustrie, Streichholzherstellung, typische Böhmerwäldler Handwerke, Volkskunst.
1930: 2289 Einw. (2034 Deutsche, 186 Tschechen, 60 Ausländer). 1961: 1683 Einw.
Umgebung: Ruine Karlsburg (1361 erbaut, Name nach dem Erbauer Karl IV.) und Reste der Burg Ödschlössel, von Hussiten zerstört. Zosumberg 1063 m, Unterreichenstein, Glasfabrik Klostermühl, berühmt durch die kunstvollen Glaswaren der Firma Johann Lötz Witwe, die heute bei Auktionen höchste Preise erzielen.

Bergstadt *(Horní Město)*, Bez. Römerstadt. Die Gründung sächsischer Bergleute bestand ursprünglich aus den Siedlungen Hangenstein und Bergstadt. Seit Anfang des 14. Jh.s gruben Bergleute nach Silber, Eisen und Pechblende. Später zwang geringe Ergiebigkeit zur Einstellung des Bergbaues. 1542 erhielt Bergstadt eine

Bergstadt

Bergordnung, 1566 das Prädikat königliche Bergstadt. 1580 wurde Hangenstein kaiserliche Bergstadt. Besitzer waren die Herren von Janowitz, Hoffmann von Grünbühl und die Harrach. Hangensteins Wappen: Bergeisen und Schlägel übereinander gekreuzt. Bergstadts Wappen: Zwei silberne Türme mit offenen Toren, Bergmann in Tracht mit einem Schlägel, darunter Bergeisen und Schlägel gekreuzt. Die Kirche (1611/1612) brannte nach Blitzeinschlag ab und wurde 1660 barock wieder errichtet.
Bemerkenswert sind die von Johann C. Handke 1730 – 1740 geschaffenen Altarblätter und der Kreuzweg.
Nur geringe Landwirtschaft, da die Bodenverhältnisse ungünstig sind. Leinanbau, große Seidenweberei, zwei Ölmühlen.
1930: 1296 Einw. (1259 Deutsche, 17 Tschechen). Der Konfession nach sind 899 röm.-kath., 185 altkath. und 3 evang.

Bergstadt Platten *(Horní Blatná)*, Bez. Neudek. 890 m. Am Fuße des Plattenberges (1040 m) mit Aussichtsturm und Unterkunftshaus. Station der Linie Karlsbad - Johanngeorgenstadt. Schneeberger Bergleute, die Zinn förderten, legten den Grund zur Bergstadt auf dem Kamme des Erzgebirges (1532). 1534 Verleihung einer Bergordnung und 1555 der Bergfreiheit durch König Ferdinand. Das Wappen von 1555: Der rote Schild gespalten, links oben der doppelschwänzige böhmische Löwe, darunter gekreuzt Zinnrechen und Keilhaue, rechts in der Mitte ein silberner Balken. Bis 1556 gehörten Platten zur Herrschaft Schwarzenberg in Sachsen, dann zu Böhmen. Kaiser Ferdinand III. erzwang die Rückkehr der Bevölkerung, die sich zur evangelischen Lehre bekannt hatte, zum alten Glauben. 1932 beging man die 400-Jahr-Feier der Bergstadt, die ihre einstige Blüte dem Bergbau zu danken hatte. Laurentiuskirche, Ende 16. Jh. von Protestanten errichtet, erst spätgotisch, Mitte 18. Jh. barock. Auf dem Turm wohnte früher ein Wächter, der jede Stunde zu schlagen hatte. Friedhofskapelle Hl. Kreuz, Anfang 18. Jh. Barocke Häuser, Bezirksgericht.
Wirtschaft: Braunsteinbergbau, Handschuhindustrie, Löffelfabrik, Eisenwerk, Spitzenklöppelei in Heimarbeit. Bekannt war die früher betriebene Schatullentischlerei. Sommerfrische, Wintersportplatz.
Alexis Kolb (1866 – 1917), Erzähler.
1930: 2341 Einw. (2228 Deutsche, 83 Ausländer, 29 Tschechen).
Umgebung: Eis- und Wolfspinge, Überrest eines Bergwerks, wo sich auch noch im Sommer Eisreste finden lassen.
In Augsburg-Göggingen besteht seit 1954 das Heimatmuseum für den Stadt- und Landkreis Neudek.

Beskiden *(Beskydy)*, Westteil der Karpaten. Die Mährisch Schlesischen Beskiden erstrecken sich zwischen der unteren Betschwa und dem Jablunkapaß, der bekannteste der die Beskiden überquerenden Pässe. Berge: Lissa Hora 1320 m, Smrk 1276 m, Radhoscht 1126 m. Der 1893 gegründete Beskidenverein hatte große Verdienste um die Erschließung der Landschaft.

Bergstadt Platten

Betschwa *(Bečva)*, linker Nebenfluß der March, der aus dem Zusammenfluß der Unteren und der Oberen Betschwa westlich Walachisch Meseritsch entsteht, Mährisch Weißkirchen, Leipnik und Prerau berührt und nach 124 km bei Kremsier mündet.
Das Odertal setzt das Betschwatal fort; beide bilden die sog. Mährische Pforte (Moravská brána), über die die Bernsteinstraße, die seit alter Zeit das Donaugebiet mit dem nördlichen Deutschland verbindet, führte. Die Mährische Pforte wird von den Eisenbahnstrecken Ostrau - Prag und Preßburg - Brünn genützt.

Biela *(Bílina)*. Linker Nebenfluß der Elbe, der bei Görkau im Erzgebirge entspringt und nach 80 km Lauf durch das nordwestböhmische Braunkohlenbecken bei Aussig mündet. In den 60er Jahren wurde im Gebiet des Brüxer Kohlenreviers ein neues Flußbett für die Biela geschaffen.

Bilin *(Bílina)*, Bez. Dux. Die berühmte Kurstadt liegt inmitten von Basalt- und Phonolithbergen des Böhmischen Mittelgebirges. Viele Funde bezeugen die Besiedlung des Gebietes seit ältester Zeit. In der 2. Hälfte des 10. Jh.s entstand eine Anlage der Přemysliden, dann eine gotische Burg, unter deren Schutz sich die Stadt entwickeln konnte. Der Burg folgte ein Schloß, 1675 - 1682 durch Johann Jakob Tencalla und Antonio de la Porta im frühbarocken Stil errichtet. In dem großen Bau, der der Familie Lobkowitz gehörte, sind heute staatliche Sammlungen und ein Museum untergebracht. Das Neue Rathaus wurde 1908 - 1911 im Jugendstil errichtet; der Turm ist 68 m hoch. Das ursprüngliche Rathaus ist ein Renaissancebau. Die Petrus- und Paulus-Kirche am Marktplatz erfuhr einen Umbau 1575 (Renaissance) und einen nach 1780 (Barock). Taufbecken und Epitaph um 1600. Erhalten sind Reste gotischer Freskenmalerei. Matriken wurden seit 1600 geführt. Die Kirche Mariä Verkündigung im ehem. Dorf Ugest, erst gotisch (1420), dann Renaissance (Ende 16. Jh.), besitzt ein Portal mit einem Wappen der Lobkowitz (um 1600). Die Inneneinrichtung ist teilweise barock. Die Friedhofskirche St. Stephan in der Brüxer Vorstadt, die ehem. Kreuzkirche, war

Bilin

früher Gotteshaus der tschechischen Katholiken. Das älteste Gotteshaus Bilins war die ehem. Spitalkirche zur Hl. Elisabeth in der Teplitzer Vorstadt; sie war bis 1640 Ordenshospital und diente später profanen Zwecken. Bilin hatte Niederlassungen der Borromäerinnen und der Schwestern der Caritas socialis.
Die hier sprudelnden Mineralquellen machten Bilin zu einem bedeutenden Badeort. Der alkalische Säuerling hilft bei Krankheiten der Verdauungsorgane und Bronchien. Die Biliner Pastillen werden aus dem Sauerbrunnen durch Eindampfen erzeugt; dieser wird auch verschickt. Besitzer des Kurhauses war die Familie Lobkowitz. Dem Brunnenarzt und großen Förderer Bilins Dr. Reuß wurde ein Denkmal gesetzt.
Bedeutende Glasindustrie, Porzellanwarenfabrik, Teppich- und Schuhwarenerzeugung, Landwirtschaft und Obstbau. In der Umgebung Braunkohlenbergbau.
1930: 10 688 Einw. (6115 Deutsche, 4168 Tschechen, 212 Ausländer, 193 andere). 1968 gab es noch über 500 Deutsche.

Bischofskoppe *(Biskupská Kupa)*, 890 m, östlich Zuckmantel, im nördlichen Teil des Hohen Gesenkes. Diese östlichste Erhebung des gesamten Sudetenzuges bildet die Grenze zwischen der ČSR, Polen und Oberschlesien. 1898 errichtete der Mährisch-Schlesische Sudetengebirgsverein (Sektion Zuckmantel) die 18 m hohe Kaiser-Franz-Joseph-Warte.

Bilin, Bastei

Bischofteinitz *(Horšovský Týn).* Die Bezirksstadt am Rande des Böhmerwaldes entstand an einem Handelsweg zwischen Bayern und Böhmen. Eine erste Erwähnung erfolgte 1184. In der Mitte des 14. Jh.s erfolgte die Stadterhebung. 1422 werden die angreifenden Hussiten abgewehrt. 1438 kommt die Stadt an die Herren von Ronsperg. 1539 kommen Herrschaft und Stadt an die Lobkowitz, der Protestant Wilhelm von Lobkowitz gehört 1618 zu den Aufständischen, muß fliehen und verliert seine Güter. 1622 erwirbt Graf Maximilian Trauttmannsdorff die Herrschaft, die Stadt wird durch Ferdinand II. mit einem Wappen begabt: ein schwarzer gekrönter Adler mit dem goldenen Zeichen F II auf der Brust, darüber eine goldene Krone. Am 6. Dezember 1918 wird die Stadt von Tschechen besetzt. 1938 wird das Dekanat Bischofteinitz aus dem Bistum Budweis ausgegliedert und der Diözese Regensburg unterstellt. Die Austreibung zerstreut die Bevölkerung in über 80 Landkreise.

Die ehem. gotische Burg (1260/1270) mit Kapelle, ursprünglich im Besitz der Bischöfe von Prag, wurde zu einem Renaissanceschloß umgebaut (Architekt Augustin Galli) und um 1880 erneuert. Im Innern kostbare Bildhauer- und Holzschnitzwerke, heute staatliche Sammlungen (Gemälde 17. Jh., Ostasiatisches Porzellan). Im Schloßpark stand seit 1584 die erste Loreto-Kapelle in Böhmen, im 19. Jh. nicht mehr vorhanden. Kirchen: Am Hauptplatz die Peter-und-Paulus-Kirche, erster Bau 13. Jh., Innenausstattung barock. Am rechten Ufer der Radbusa St. Apolinaris aus der Parler-Bauhütte, 1768 Umbau. Sie war bereits 1260 - 1270 Dekanatskirche. Die Kapelle bei der Kirche (Mitte 14. Jh.) besitzt Wandmalereien (Anfang 16. Jh.). Die spätgotische St.-Anna-Kirche auf einer Anhöhe nahe der Stadt, vor 1740 barock gestaltet, mit Gruft der Fürstenfamilie Trauttmannsdorff. Der Laienbruder Vitus von Straßburg erbaute 1650 - 1654 die frühbarocke Kirche zu den Hll. Veit, Wenzel und Adalbert, gleichzeitig den 1650 gegründeten Kapuzinerkonvent. Neben einem Barockbrunnen auf dem Marktplatz schmücken mehrere barocke Plastiken die Stadt, in der auch noch Reste der durch den Erzbischof Ernst von Pardubitz im 14. Jh. errichteten Befestigungsanlagen sichtbar sind. Sehenswert sind neben dem gotischen Alten Rathaus mit dem Wappen der Lobkowitz (1546) Bürgerhäuser am Markt im Renaissance- und Barockstil. Bischofteinitz hatte eine Kavalleriegarnison und eine Fachschule für Frauenberufe (seit 1935), außerdem ein Katastralvermessungsamt.

Seit 1948 steht auf dem Marktplatz ein Denkmal der Neuansiedler. In der Stadt, die 1953 zur Denkmalreservation erklärt wurde, wird jetzt jährlich zu Beginn des Monats August der Theatersommer, ein Bestandteil der Chodenfeste, veranstaltet.

Der berühmteste Sohn der Stadt ist Josef Johann von Littrow (1781 - 1840), Astronom und Direktor der Wiener Sternwarte; dasselbe war sein Sohn Karl Ludwig von Littrow (1811 - 1877).

1930 (m. St. Anna, Hlas, Walddorf, Neudorf): 3117 Einw. (2521 Deutsche, 534 Tschechen).

Wappen von Bischofteinitz

Bischofteinitz

Bistritz am Hostein *(Bystřice pod Hostýnem)*, Bez. Holleschau. Die Stadt an der Bistritz, einem Nebenfluß der Betschwa, im Nordosten von Kremsier, ist Bahnstation der Strecke Kojetein-Teschen. Das Schloß, barock umgestaltet durch Franz Anton Grimm, hatte unter seinen Besitzern auch Freiherrn Ernst Gideon Laudon (1717–1790), den bekannten österreichischen Feldherrn und Staatsmann. Im Schloßpark seine Statue und die Familiengruft. Die Ägidius-Kirche ist ein Barockbau. Seit 1861 war eine Fabrik für Thonet-Bugholzmöbel in Betrieb. Schlosserwaren-, Uhrgehäuse-, Wachswaren- und Zementwarenerzeugung. Früher (seit 1859) Molkenkurort.

Eine halbe Stunde entfernt liegt der Berg Hostein (736 m) mit einer Quelle; auf dem Gipfel eine viel besuchte Wallfahrtskirche.

1930: 4257 Einw. (4086 Tschechen, 108 Deutsche, 52 Ausländer).

Bistritz an der Angel *(Bystřice nad Úhlavou)*, Bez. Klattau. Das Dorf nahe Neuern, im 14. Jh. erstmals erwähnt, kam nach verschiedenen Besitzern an die Fürsten Hohenzollern-Sigmaringen, die im Schloß ihr Archiv für die böhmischen Besitzungen untergebracht hatten. Viele Archivbestände wurden vernichtet, als 1919 tschechische Legionäre im Schloß einquartiert waren. Kloster der Schulschwestern mit Mädchenpensionat und Haushaltungsschule. Sommerfrische.

1930: 479 Einw. (400 Deutsche, 78 Tschechen).

Bistritzer Bergland. Gebiet rings um das ehem. deutsche Neubistritz im äußersten Südosten Böhmens mit einer Anzahl deutscher Bauerndörfer. Im Norden und Westen von tschechischer Bevölkerung umgeben, waren diese Dörfer nur durch eine schmale Volksbrücke mit Südmähren verbunden. Die Deutschen hatten enge familiäre und wirtschaftliche Beziehungen zu Österreich; die Grenzziehung von 1919 brachte daher einen tiefen Einschnitt im Gefüge der Bevölkerung. Für die Landwirtschaft war das Gebiet, das bis zu einer Höhe von 700 m aufsteigt, wenig ertragreich. Textilindustrie.

Bleistadt *(Olovi)*, Bez. Falkenau. Die Stadt am Fuße des Erzgebirges liegt am Zwodaubach und an der Bahnlinie Falkenau - Graslitz. Entstanden als Bergbausiedlung (Anfang 16. Jh.) erfuhr sie Förderung durch die Grafen Schlick. 1561 Erhebung zur königlichen Bergstadt, 1594 Wappenverleihung durch Rudolf II. Nach dem Versiegen des Erzreichtums wurde 1867 das Montanbleibergwerk eingestellt und zwei Jahre später das Bergamt aufgelassen. Das Wappen wies auf den Bergbau hin; unter dem böhmischen Löwen rechts unten ein Berggöpel, links unten Bergeisen und Schlägel. Die Kirche St. Michael stammt aus der Gründungszeit.

Erwerbszweige: Spitzenklöppeln, Weberei, Perlmutterknopffabrik, Spitzennäherei, Holzwarenerzeugung, Korbflechten (Produktivgenossenschaft), Musikinstrumentenerzeugung. Die Erste böhmische Glasindustrie-AG (seit 1893) war mit 2000 Beschäftigten eine der größten Tafelglasfabriken Europas. Klöppelschule.

1973 wurde eine neue Siedlung angelegt, die nach drei Jahren bezogen werden konnte. Nach

Bleistadt

der Vertreibung der Deutschen ging Bleistadt vom Falkenauer in den Graslitzer Bezirk über. 1930: 1752 Einw. (1610 Deutsche, 82 Ausländer, 60 Tschechen).

Bleiswedel *(Blíževedly)*, Bez. Leitmeritz. Im Mittelalter gehörte das Dorf zum Besitz des Prager Bistums, 1655 ging der Markt (seit 1290) an die Diözese Leitmeritz über. 1757 hatte hier General Laudon sein Hauptquartier aufgeschlagen.
Die gotische Wenzelskirche (14. Jh.) wurde barock umgestaltet. Am Marktplatz die Dreifaltigkeitssäule (1714) mit den Hl. Adalbert, Wenzel, Veit und Johannes von Nepomuk. Hopfenbau. 1930 (mit Stran) : 774 Einw. (724 Deutsche, 46 Tschechen).
Umgebung: Burgruine Altes Haus (erwähnt 1334), verlassen 1420. Im Nordwesten der Ron-Berg mit der Ron-Burg, gotisch um 1400, seit 1608 öde. Helfenburg.

Blottendorf *(Polevsko)*, Bez. Böhm. Leipa. Die barocke Kirche wurde 1716 – 1718 gebaut; die Einrichtung wurde im Empirestil gestaltet. Die Pfarrei wurde 1735 errichtet, nachdem das Dorf kirchlich zu Langenau gehört hatte.
Rege Glasindustrie (über 40 Betriebe), auch Glasmalerei, die z. T. in Heimindustrie betrieben wurde. Goldrahmen- und Samtfabrikation. Sommerfrische. Heute sind viele Wohnhäuser der vertriebenen Deutschen zu Ställen einer Kolchose umfunktioniert worden.
Aus Blottendorf stammt Franz Stephan Rautenstrauch (1734 – 1785), Benediktinerabt von Braunau-Brewnow. Vorsitzender der Wiener Hofkommission für Kulturangelegenheiten. Bedeutender Schulreformer.
1930 (mit Schönfeld und Tanneberg): 1316 Einw. (1129 Deutsche, 181 Tschechen). 1972: 382 Tschechen.
Umgebung: Tillburghöhe. Die hier bestehende Einsiedelei wurde von Joseph II. aufgehoben. Unterhalb der Höhe eine Sprungschanze.

Blottendorf

Bodenbach *(Podmokly)*, Bez. Tetschen. Die Stadt, durch den Zusammenschluß von 13 Ortschaften entstanden, liegt am linken Elbe-Ufer, gegenüber auf der rechten Flußseite liegt Tetschen. Über der Stadt die Schäferwand (270 m) mit steilem Abfall zur Elbe. Bahnknotenpunkt für die Strecken Prag – Dresden, Bodenbach – Böhm. Leipa und Bodenbach – Komotau. Anlegeplatz für Elbschiffe (Dampferverbindung mit Leitmeritz und Dresden). Der Winterhafen Rosawitz ist ein bedeutender Umschlagplatz für Braunkohle und andere Güter. Rosawitz, wo 1839/1840 ein vorgeschichtliches Gräberfeld entdeckt wurde, hat seit 1865 einen Hafen, der 1892 auf 89 000 qm Wasserfläche vergrößert wurde. Zeugnis für die frühe Besiedlung des Gebietes ist der sog. Bodenbacher Urnenfriedhof, das einzige größere Gräberfeld Böhmens, nach dem die „Bodenbacher Kultur" der La-Tène-Zeit benannt wurde. Bodenbach, bereits 1430 urkundlich erwähnt, hatte um 1830 weniger als 200 Einwohner. Bedingt durch den einsetzenden Aufschwung der Industrie stieg diese Zahl bald an (1880: 5862). 1901 ist das Jahr der Stadterhebung; das 1903 verliehene Wappen zeigt ein Zahnrad als Symbol für die rege Industrie, einen Anker für die Schiffahrt, ein Flügelrad für die Eisenbahn und ein silbernes Gewässer für die Elbe.
Am 18. Dezember 1918 besetzt tschechisches Militär die Stadt, in deren Verwaltung nun auch Tschechen einzogen. Bereits 1920 wird eine tschechische Bürgerschule eingerichtet, die 1930 erst 177 Schüler in 6 Klassen hatte. Diese und die tschechische Volksschule (6 Klassen mit 181 Schülern) erhalten 1924 ein neues Gebäude. 1939 geht das Theater, aus einem seit 1918 bestehenden ehem. Varieté entstanden, in den Besitz der Stadt über; auf der Schäferwand war 1920

auch ein Waldtheater errichtet worden. 1942 erfolgt die Vereinigung von Bodenbach und Tetschen zu einer Stadt mit 34 846 Einwohnern.
Kirchen in Bodenbach: Am Stadtplatz Hl. Franz Seraphim, 1856 - 1861 errichtet, Pfarrkirche seit 1934. Hl. Wenzel in Rosawitz (1363 gotisch), jetziger Bau spätbarock 1730; dient in neuester Zeit als Magazin. Hl. Johannes in Kröglitz (an Stelle einer älteren Kirche, 1722/1723), neugotisch errichtet 1869 - 1872, Plan von Friedrich Schmidt, Wiener Dombaumeister, Ausführung durch Josef Mocker, Prager Dombaumeister. Seit 1924 wurde die Kirche von Jesuiten betreut, die hier ein Exerzitienhaus leiteten. Eine neugotische evangelische Kirche (1881/1882). Ein jüdischer Tempel (1906/1907), der nach 1960 noch bestand. Bodenbach hatte eine technische Lehranstalt, eine Handelsschule, eine Fachschule für Frauenberufe und eine evangelische Privatschule.
Wirtschaft: Metall-, Keramik- und chemische Industrie, Nähmaschinenfabrik, Holzbearbeitung, Wirkwaren, Kunstblumen, Tinten-, Geschirr- und Fischkonservenfabrik, Lebensmittelerzeugung, bes. bekannt die Schokoladeerzeugung Otto Rüger (seit 1858).
Persönlichkeiten: Friedrich Kraus (1858 - 1936), Internist, Professor in Wien, Graz und Berlin. Karl Holey (1879 - 1954), Dombaumeister zu St. Stephan in Wien. Karl Valentin Müller (1896 - 1963), Soziologe, Univ.-Professor in Prag und Erlangen. Helmut Preidel (1900 - 1980), Archäologe und Professor.
1930 (mit Bösegründel, Herbstwiese, Krochwitz, Nieder- und Ober-Ullgersdorf, Pfaffendorf und Wenzelsdorf): 22 658 Einw. (17 404 Deutsche, 3789 Tschechen, 1353 Ausländer).
Umgebung: Böhmische Schweiz.

Bodenbacher Pfarrkirche

Bodenstadt *(Podštát)*, Bez. Mährisch Weißkirchen. Bodenstadt im ostmährischen Odergebirge entstand im 13. Jh. und erhielt 1399 Olmützer Recht. Das Geschlecht der Podstatsky hat seinen Namen von Bodenstadt. Dieses kam 1663 an Johann von Walderode. Im Stadtwappen ist ein schwarzer Schild mit zwei silbernen Balken. Eine Burg, 1377 genannt, beherrschte, über einem schmalen Tale liegend, einen wichtigen Handelsweg; sie war bereits im 15. Jh. verödet. Das Schloß mit wertvollen Sammlungen (ehem. Bibliothek und Schloßarchiv der Grafen Des Fours-Walderode) ist ein einfacher Bau. Die Pfarrkirche (Hl. Bartholomäus) geht auf einen Bau des 14. Jh. zurück. Auf dem Stadtplatz eine Mariensäule (1713).
Industrie: Zementfabrik, Seidenweberei, Landwirtschaft, Viehzucht.
1930: 1227 Einw. (1141 Deutsche, 71 Tschechen, 15 Ausländer). 1968: 1000 Einw.
Umgebung: Nahe dem Dorf Koslau die Oder-Quelle.

Böhmen *(Čechy)*. Das ehem. Königreich und Kronland des österreichischen Kaiserstaates war nach dessen Zerstörung und der Bildung der Tschechoslowakischen Republik deren Kernland. Böhmen grenzt im Südwesten an Bayern, im Nordwesten an Sachsen, im Nordosten an Schlesien (Preußen), im Südosten an Mähren und Niederösterreich und im Süden an Oberösterreich. Geographisch ist das Böhmische Massiv „mit seiner natürlichen Umrandung in das Bild Europas eingezeichnet" (J. Werdekker). Es wird umschlossen im Süden vom Böhmerwald, im Nordwesten vom Erzgebirge, im Nordosten vom Kamm des sudetischen Gebirgszuges (Elbsandstein-, Lausitzer-, Jeschken-, Iser-, Riesen-, Heuscheuer- und Adler-

Das Wappen Böhmens

gebirge); die Grenze zwischen Böhmen und Mähren bildet die Böhmisch-Mährische Höhe. Die tiefste Stelle des Landes liegt bei Herrnskretschen (115 m), wo die Elbe und mit ihr fast alle Gewässer des Landes Böhmen verlassen. Innerhalb der böhmischen Randgebirge befinden sich die Erhebungen des Kaiserwaldes oder Karlsbader Gebirges, der Brdywald im Gebiet der Beraun und die beiden jungvulkanischen Erhebungen: Duppauer Gebirge im Westen (Burgstadl, 932 m) und Böhmisches Mittelgebirge beiderseits der Elbe (Milleschauer, 835 m).

Geographische Landschaften (nach Werdecker): Böhmerwald, Erzgebirge, Egerer und Falkenauer Becken, Kaiserwald, Tepler Hochland und Duppauer Gebirge, Pilsener Becken, Saazer Bekken, Komotau-Teplitzer Becken, Böhmisches Mittelgebirge, Elbsandsteingebirge, Polzenland und Quaderplatte von Dauba, Böhmisches Niederland, Lausitzer- und Jeschkengebirge, Isergebirge mit Reichenberger Becken und Friedländer Ländchen, Riesengebirge und sein Vorland im Süden, Mittelsudetische Senke und das Braunauer Ländchen, Innerböhmische Rumpffläche und Innerböhmisches Kreideland. Die höchsten Erhebungen sind: Schneekoppe (1605 m), Plökkenstein (1378 m), Keilberg (1244 m) und Jeschken (1013 m).

Das Klima ist ähnlich dem in Mitteldeutschland. Die mittlere Temperatur beträgt 8°C. Die Gebirgsgegenden haben gegenüber den geschützten Ebenen ein rauhes Klima; im Böhmerwald und Erzgebirge gibt es Landstriche, in denen Getreide nicht mehr ausreift. In tieferen Lagen der Elbe und Moldau gedeiht Wein.

Hauptfluß ist die Elbe, der bedeutendste Zufluß ist die Moldau. Der Elbe fließen zu am rechten Ufer: Cidlina, Iser, Polzen, am linken Ufer: Aupa, Mettau, Adler, Eger, Biela u. a. Die Moldau nimmt auf rechts: Maltsch, Luschnitz und Sasau, links: Wottawa, Beraun u. a. Zum Flußgebiet der Oder gehören die Görlitzer Neiße (mit Mandau und Wittig) und die Steine (bei Braunau). Ihrem Ursprung nach gehören die mährische Sasau, die Zwittawa und Iglawa zu Böhmen; diese fließen in die March bzw. die Donau. Seen und Teiche gibt es vor allem in Südböhmen (Becken von Budweis und Wittingau). Die größten Seen sind der Rosenberger Teich, 711 ha, und der Bezdrewer Teich, 493 ha. Sie dienen der Fischzucht. Naturschönheiten sind die Seen des Böhmerwaldes, der Plöckensteiner See, der Teufelssee, der Lakasee, der Deschenitzer oder Schwarze See (alle 900 – 1200 m hoch gelegen). Seit 1959 ist der Lippener Stausee (Lipenská přehradní nádrž), eine 40 km lange und 10 km breite Moldautalsperre, als Erholungsgebiet fertiggestellt; er dient auch der Wasserversorgung und der Energieerzeugung.

Grundlage für die Wirtschaft sind die Bodenschätze, vor allem Braunkohle, dann Steinkohle, Graphit, Blei, Zink, Antimon, Kupfer, Uran, Tone, Porzellanerde usw. Die Industrie ist vielfältig und zumeist in einigen Gebieten konzentriert. Es ist vornehmlich die Eisen- und Textilindustrie, die Porzellanindustrie (vor allem in Westböhmen), die Glasindustrie (Haida, Gablonz, Steinschönau, Böhmerwald), die Papiererzeugung (ehem. 52 Unternehmungen, deren größte im Riesengebirge), Spielzeug- und Musikinstrumentenherstellung, chemische Produktion, Zündhölzer, Nahrungsmittelindustrie usw. Gewerbevereine und Handels- und Gewerbekammern förderten die Industrie.

51% des Bodens entfielen auf Ackerland, 29% auf Wald, 11% auf Wiesen und Gärten und 5% auf Weiden. Fruchtbare Böden, zumeist im Landesinnern, lieferten hohe landwirtschaftliche Erträge. Berühmt ist der Hopfenanbau bei Saaz,

Der Schwarze See im Böhmerwald

Auscha und Dauba, ebenso der Obstbau, vornehmlich im Elbtal. Wein wächst bei Melnik, Leitmeritz und Aussig. In gebirgigen Gegenden werden Hafer und Kartoffeln geerntet. Bedeutend ist die Viehzucht. Die Waldungen, zumeist aus Fichten, selten Buchen und Eichen bestehend, bedecken eine Fläche von 15 060 qkm. Die größte zusammenhängende Fläche Wald steht im Böhmerwald. Holz dient der Ausfuhr und der Verarbeitung im Lande.

Ein immenser wirtschaftlicher Faktor sind die weltbekannten Heilbäder, voran die Egerländer Weltbäder Karlsbad, Marienbad und Franzensbad, gefolgt von Teplitz-Schönau, Bilin, Bad Liebwerda, Gießhübel, Johannisbad, Püllna, Saidschitz usw. Neben den ausgesprochenen Bädern existiert eine große Zahl von Kurorten und Sommerfrischen. Ein großer Faktor des Handels ist die Ausfuhr von Metall-, Glas-, Ton- und Webwaren, Holz, Getreide, Kohle, Obst, Zucker und Mineralwasser. Eingeführt werden Salz, Nahrungsmittel, Farbstoffe, Baum- und Schafwolle, Tabak.

Nach dem Stand von 1930 hatte Böhmen (mit 52 064 qkm) 104 politische Bezirke und 228 Gerichtsbezirke, 8471 Ortsgemeinden, 9470 Katastralgebiete, 12 621 Konskriptionsortschaften, 389 Städte, 307 Märkte, 16 Kreisgerichte (darunter Budweis, Eger, Kuttenberg, Königgrätz, Klattau, Reichenberg, Böhm. Leipa, Leitmeritz, Pilsen, Brüx, Prag) und 6 Handels- und Gewerbekammern (Budweis, Königgrätz, Eger, Pilsen, Prag, Reichenberg). Die Einwohnerzahl betrug 7 109 376 (4 713 366 Tschechen, 2 270 943 Deutsche, 94 817 Ausländer, 12 735 Juden).

Dem Religionsbekenntnis nach waren 5 316 448 röm.-katholisch, 727 916 konfessionslos, 618 305 Anhänger der tschechoslowakischen Kirche, 325 735 evangelisch, 76 301 israelitisch, 17 779 altkatholisch, 14 721 orthodox und 7 973 griechisch-katholisch.

Einwohnerzahl (in 1000) der 8 Kreise Böhmens (1948):		Differenz zu 1930:
Aussig	622,7	- 30,1
Budweis	493,7	- 24,3
Karlsbad	299,6	- 52,2
Königgrätz	552,8	- 20,5
Pardubitz	423,0	- 16,5
Pilsen	549,9	- 24,6
Prag	2014,9	- 1,0
Reichenberg	479,9	- 35,7

Bis 1966 waren in Böhmen, vor allem in Südböhmen, 445 Ortschaften verschwunden. Diese Zahl hat sich bis heute noch erhöht.

Böhmerwald *(Šumava).* Das Gebirge, im Mittelalter Silva bohemica genannt, bildet die Grenze zwischen Böhmen, Deutschland und Österreich. In 220 km Länge erstreckt es sich vom Sattel von Waldsassen (500 m) zum Kerschbaumer Sattel (685 m); geteilt wird es durch die Senke von Taus – Furth i. W. in den Oberpfälzer Wald (höchste Erhebung Schwarzkoppe = Čerchov mit 1039 m) und den Hohen Böhmerwald (Plöckenstein = Plechý 1378 m, Kubany = Boubín 1362 m und Seewand = Jezerní stěna 1343 m). Der Hohe Böhmerwald wird durch die Paßübergänge von Eisenstein (992 m) und Kuschwarda (967 m) in drei Teile gegliedert.

Klimatisch bedingt, sind die Sommer sehr kurz. Schneefall setzt manchmal schon Mitte Oktober ein. In den langen Wintern erweisen sich die Verkehrsverbindungen zu den Siedlungen oft als sehr schwierig.

Ausgiebige Niederschläge begünstigen den Bestand der zahlreichen Hochmoore, hier auch Filze genannt. Diese Wasserspeicher dehnen sich vor allem in der Mitte des Hohen Böhmerwaldes aus. Hier wachsen Sumpfkiefern, Moorbirken, Heidekraut und verschiedene Beeren. Die Karseen sind eine Besonderheit dieser Landschaft. Sie weisen den Betrachter auf die ehem. Gletscher der Eiszeit hin. Solche Naturschönheiten sind der Plöckensteiner See, der Teufelssee, der Rachelsee und der Schwarze See, oft begrenzt von senkrechten Felswänden. Der Wald, zumeist aus Fichten, Tannen, Buchen und Bergahorn bestehend, nimmt über die Hälfte der Fläche des Gebirges ein. Er zeigt sich noch in einer selten anzutreffenden Ursprünglichkeit. Die Baumgrenze liegt bei 1360 m. Eine Besonderheit ist der Urwald des Kubani (1362 m), ein naturgeschütztes Gebiet. Der Holzreichtum ist wesentliche wirtschaftliche Grundlage für die Bewohner. Holz brauchte man früher vor allem für die Glaserzeugung, die besonders auch dem Auslandexport diente. Flöße für den Holztransport benutzten die Wasserwege der Moldau, der Wottawa und den Schwarzenbergkanal (52 km lang), der 1787–1812 nach den Plänen von Josef Rosenauer gebaut wurde.

Nur wenige Verkehrswege überquerten den Böhmerwald. Historische Bedeutung hatte der Goldene Steig von Passau über Wallern nach Prachatitz, auf dem vor allem Salz in das salzarme Böhmen gebracht wurde. Viele Siedlungen verdankten den Stapelplätzen und Stationen zur Rast ihren Ursprung. Der Steig, erstmals 1010 erwähnt, diente auch kulturellen Verbindungen. Im Laufe der Zeit bildeten sich einige Abzweigungen. Andere Handelswege im bayerisch-böhmischen Grenzgebiet waren der Krummauer Steig (von Schärding – Obernzell), der Gefilder Steig, der Gunthersteig (Regen – Zwiesel – Bergreichenstein), die Cham-Further Handelsstraße, die Bayerstraße und die Gulden- oder Butterstraße.

Die Besiedlung des Böhmerwaldes ging hauptsächlich vom 12. bis 14. Jh. vor sich, und zwar begünstigt durch böhmische Könige, den Adel und Klöster (Hohenfurt, Goldenkron und Waldsassen). Bei der Besiedlung spielten die künischen Freibauern eine große Rolle. Diese Königlichen saßen auf Freisassenhöfen im Grenzwald zwischen Bayern und Böhmen. Für den Grenzschutz stattete sie der böhmische König mit vielen Privilegien aus. Östlich der Senke von Furth saßen um Taus herum, wo die einzige Stelle ist, an der Tschechen im Böhmerwald bis an der Grenze siedelten, die tschechischen Choden, im Mittelalter als Grenzwächter angeworben. Mittelpunkt dieses Chodenlandes, wo sich noch viel altes Brauchtum erhalten hat, ist das sog. Chodenschloß.

Von wirtschaftlicher Bedeutung sind die Holzgewinnung und -verarbeitung, die Glaserzeugung, Bettfedernhandel, Spitzenklöppelei, Schnitzerei, Fremdenverkehr usw. Genannt sei auch der einstige Großverlag mit Druckerei in Winterberg (Steinbrener). Der Goldbergbau bei Bergreichenstein ist längst erloschen. Nennenswert sind die Graphitvorkommen von Schwarzenbach-Stuben, Grundstoff auch für die Bleistiftindustrie von Budweis (Hardtmuth). Angemerkt sei, daß im Böhmerwald auch viel Hausindustrie betrieben wurde. Fachschulen für Holzindustrie gab es in Bergreichenstein und in Wallern, für Landwirtschaft in Neuern.

Der Böhmerwald ist altes Kulturgebiet. Immer wieder kamen bedeutende Menschen aus dieser Landschaft. Nur einer sei hier genannt: Adalbert Stifter aus Oberplan. Viele Zeugnisse der Kunst entstanden hier, sind heute noch zu bewundern oder sind in den Annalen der Kunstgeschichte verzeichnet, wenn sie verschwunden sind. Zentren der Kunst und Kultur waren Hohenfurt, Goldenkron, Prachatitz und Krummau. In Heimatmuseen wurde das Erbe der Vorväter bewahrt und das Leben des Volkes dokumentiert; Stifters Andenken war das Böhmerwaldmuseum in Oberplan gewidmet. In Neuern bestand eine Freilichtbühne, in Höritz fanden die Passionsspiele statt, deren Ruf weit über die Landesgrenzen hinausgedrungen war. Altes Brauchtum wurde bis in unsere Zeit bewahrt; es zeigte sich vor allem in den Trachten, in den Bauernhäusern, im Brauch, der im Laufe des Jahres und im Laufe des Lebens geübt wurde.

Böhmisch Aicha *(Český Dub)*, Bez. Turnau. Die Stadt am Südfuße des Jeschkengebirges wurde im 13. Jh. gegründet, erhielt 1512 Stadtrecht und hat im Wappen eine Eiche. Reste der alten Befestigungsanlagen sind noch sichtbar. Die Kirche stammt aus der gotischen Zeit, wurde später aber umgebaut, die Friedhofskirche, ebenso die Mariensäule sind in der Barockzeit entstanden. Das Renaissancerathaus (um 1565) wurde 1907 erweitert. Das Schloß, zuerst Eigentum der Johanniter-Kommende, erfuhr mehrere Umbauten und dient heute als Wirtschafts- und Wohngebäude. Das Stadtarchiv verwahrt Stadt- und Zunftprivilegien, das Stadtmuseum Objekte zur heimischen Geschichte und Wirtschaft, auch Erinnerungen an die Schriftstellerin Karolina Světla; dieses Pseudonym hatte Johanna Rott, aus einer Prager Familie stammend, aber hier unterhalb des Jeschken lebend, nach ihrer Ehe angenommen. B. Smetana kam 1859 und 1860 hierher, wo damals seine Mutter lebte, und gab ein Konzert.
Graf Josef Maximilian Kinsky erwarb sich große Verdienste durch Errichtung von Manufakturen, schon 1750 gründete er eine Leinwandfabrik, später folgten andere Unternehmen der Textilindustrie.
Bedeutende Industrielle der Stadt waren Hermann Blaschka, Franz von Schmitt und Richard Klinger, der als Erfinder einen Namen hatte. 1910: 2561 Einw. (1199 Deutsche), 1930: 3175 Einw. (2361 Tschechen, 778 Deutsche, 32 Ausländer). 1947: 1835 Einw.

Böhmisch Aicha

Böhmischdorf *(Česká Ves)*, Bez. Freiwaldau. Der Ort wurde 1416 erwähnt. Vor dem Dreißigjährigen Krieg wurde nach Gold gegraben.
Eine Kapelle stammt aus dem Jahre 1775. Die Kirche zum Hl. Josef wurde 1928 errichtet. Ein Eisenwerk, 1895 begründet, beschäftigte 350 Arbeiter. Sommerfrische.
Hier wurde der berühmte Naturarzt Johann Schroth geboren (1800 – 1856), der den Kurort Nieder-Lindewiese begründete. Heute wird seine Kurmethode fortgesetzt in Deutschland und Österreich.
1930 : 2693 Einw. (2610 Deutsche, 45 Ausländer, 33 Tschechen).
Umgebung: Kurort Gräfenberg, Goldkoppe mit Aussichtsturm, Reihwiesen mit dem großen Moosebruch und dem sagenumrankten Sühnteich, Saubsdorfer Tropfsteinhöhle.

Böhmische Pforte, Porta Bohemica *(Brána Čech)*. Ein 2 km langes kanonartig verengtes Tal der Elbe 4 km nördlich von Lobositz. Hier beim Eintritt der Elbe in das Böhmische Mittelgebirge durchbrach der Fluß eine Aufwölbung des Grundgebirges. Zu beiden Seiten steile Bergabstürze, meist aus rotem Gneis bestehend. Rechts der Lobosch (572 m), links Groß Tschernosek (148 m). In der Umgebung große Weinberge.

Böhmischer Kamm. 1. Von der Mummel bis zur Aupa ostwärts reichender südlicher Teil des Riesengebirges. 22 km lang. Der bei Spindelmühle östlich der Elbe sich hinziehende Teil des Böhmischen Kammes wird Ziegenrücken genannt. Berge: Kesselkoppe (1434 m), Brunnberg (1560 m).
2. Böhmischer Kamm heißt auch das Adler-(Erlitz-)Gebirge mit Deschneyer Koppe (1114 m). Das waldreiche Gebirge im Nordostteil des Böhmischen Beckens ist Landschaftsschutzgebiet (200 qkm), das auch das Vorgebirge mit einschließt.

Böhmischer Pfahl. Ein durch das Becken von Tachau ziehender Quarzgang, der von Furth i. W. bis Tachau reicht und 65 km lang ist.

Böhmisches Mittelgebirge. Eine im Zusammenhang mit dem tertiären Einbruch des Egergrabens entstandene jungvulkanische Landschaft aus Kreidesandstein, überlagert von Basalten, Phonolithen und Trachyten; Machatschek charakterisiert sie als „Plateaus und Tafelberge mit vielfacher Stufung oder steile Kegel, mauerartige Erhebungen, kleinere Köpfe oder große, glockenförmige Berge". Es reicht von der unteren Eger im Süden zum Eulauer Bach und dem Polzen im Norden, bis Böhm. Leipa im Nordosten. Im Osten sind keine deutlichen Grenzen sichtbar. Eine Steigerung des landschaftlichen Reizes bietet die durchziehende Elbe. Die bedeutendsten Erhebungen sind der Milleschauer oder Donnersberg (835 m), Geltschberg (725 m), Lobosch (572 m) und Borschen (538 m).

Das günstige Klima ist die Ursache für die hohe landwirtschaftliche Kultivierung (Weizen, Zuckerrübe, Hopfen, Wein und Obst). Die günstigen Verkehrsverbindungen (Elbe und Eisenbahn) ermöglichten die Entstehung bedeutender Industrieanlagen, deren Zentren in Leitmeritz, Lobositz, Aussig und Tetschen-Bodenbach liegen.

Die romantische Landschaft zog immer wieder Künstler an, z. B. Ludwig Richter, Caspar David Friedrich und Carl Gustav Carus.

Das Böhmische Mittelgebirge wurde zum Landschaftsschutzgebiet (1070 qkm) mit 21 Reservaten erklärt.

Böhmisches Niederland. Der aus dem nördlichsten Böhmen nach Sachsen vorspringende Landesteil, der ein Stück der südlichen Lausitz zwischen Elbe und Spree bildet, ist ein Bergland aus Granitgestein ohne Bodenschätze. Die Landwirtschaft ist wenig ertragreich. Es entstanden sogenannte Industriedörfer mit kleinen Betrieben (Textil- und Bekleidungsindustrie, holzverarbeitende und Bauindustrie, Kunstblumen u. a.). Die wichtigsten Industriezentren sind die Städte Warnsdorf, Rumburg, Georgswalde, Schönlinde, Schluckenau, Nixdorf und Hainspach. Das Niederland mit seinen kilometerlangen Waldhufendörfern hatte eine sehr große Bevölkerungsdichte. Es brachte viele

Im Böhmischen Mittelgebirge

bedeutende Männer der Kirche, Künstler und Industrielle hervor. Das Niederland bildete eine Brücke zwischen Prag und Bautzen (Wenden). Der Name beruhte nach E. Proschwitzer auf einem Mißverständnis: Nizki kraj (niederes Land) wurde für das gleichlautende Nisski kraj (Neiße-Land) gesetzt.

Die Patenschaft über das Niederland übernahm 1964 die Kreisstadt Böblingen, in der sich auch die Heimatstube des nordböhmischen Niederlandes befindet.

Böhmisches Paradies *(Český ráj).* Das 120 qkm große ostböhmische Gebiet zwischen Turnau, Münchengrätz und Jitschin, das seinen Namen den Naturschönheiten verdankt, besteht zumeist aus Quadersandstein, aus dem Basaltkuppen emporragen. Das malerische, wellenförmige Hügelland erreicht Höhen von 700 m. Es wird von der Iser durchflossen. Anziehungspunkte für Touristen sind die Felsenstädte von Prachow und Groß Skal, aber auch die zahlreichen Burgruinen wie Kost, Trosky und Waldstein, ebenso Schlösser wie Sichrow und Groß Rohosetz. Seit 1953 ist das Böhmische Paradies Naturschutzgebiet.

Böhmisch Kamnitz *(Česká Kamenice)*, Bez. Tetschen. Die königliche Stadt besaß das älteste Stadtbuch Böhmens, 1380 angelegt. Unter den Salhausen hielt hier die Gegenreformation Einzug. Andere Besitzer waren die Wartenberg und Kinsky. Von den Markwartingern stammte das Wappen: ein längsgespaltener schwarzer goldener Schild. Die Dekanatskirche Hl. Jakob d. Ä., 14. Jh., spätgotisch Mitte 16. Jh., enthält Wappen früherer Besitzer, ein wertvolles Marmorepitaph aus dem 16. Jh. und ein Bild von Kremser-Schmidt. Die Wallfahrtskirche Mariä Geburt erbaute 1736 - 1739 J. Schwarz. Die evangelische Christuskirche entstand 1929. Mariensäule auf dem Marktplatz und Statue des Johannes von Nepomuk sind barocke Plastiken. Von der gotischen Burg sind nur noch Reste vorhanden (seit 1614 verödet).

Papier- und Textilindustrie, Maschinenbau, Glasindustrie (mit Steinschönau Mittelpunkt der Glasschleiferei und Glasmalerei), Holz- und Horndrechslereien, Lederfabrik.

Persönlichkeiten: P. Johann Klein SJ (1684 - 1762), Mathematiker und Astronom; die Schriftsteller Raimund Klaus (1812 - 1838) und Josef Schwaab (1856 - 1932) und die Maler und Graphiker Emanuel Hegenbarth (1868 - 1923), Josef Hegenbarth (1884 - 1962) und Karl Ramisch (1900 - 1977). Von 1722 bis 1724 lebte hier der Komponist Christoph Willibald Gluck, als sein Vater Forstmeister beim Grafen Kinsky war. 1892 kam R. M. Rilke zu Besuch hierher und schrieb in das Gästebuch der Burgruine ein Gedicht ein.

Umgebung: Schloßberg, ein Basaltfelsen mit Ruine und Aussichtsturm. Kamnitzklamm. Töpferstein, ein seltsam geformter Sandsteinfelsen. Herrenhausfelsen mit der sog. „Basaltorgel".

1930 mit Höllegrund: 4790 Einw. (4419 Deutsche, 262 Tschechen. 100 Ausl., 9 and.).

Böhmisch Leipa *(Česká Lípa)*. Die Bezirksstadt ist natürlicher Mittelpunkt des oberen Polzenlandes; sie liegt an den Bahnen Prag - Georgswalde, Teplitz-Schönau - Reichenberg und ist Ausgangspunkt für die Strecke nach Bodenbach und Steinschönau. Gegründet in der Mitte des 13. Jh.s, erfolgte während der Herrschaft der Berka von Dauba (14. Jh.) die Stadterhebung. 1381 erfolgt die Verleihung des Zittauer Stadtrechts. Siegel und Wappen tragen das Zeichen der Berka. 1426 wird auch Böhm. Leipa von den Hussiten eingenommen. Das in deutscher Sprache geschriebene Grundbuch der Stadt wird 1582 angelegt. 1621 geht die Herrschaft an Wallenstein über. Zu Ende des 18. Jh.s

Böhmisch Kamnitz, Pfarrkirche Hl. Jakob

gehört Böhm. Leipa in die Reihe der 8 Städte Böhmens mit der größten Einwohnerzahl. Eine Feuersbrunst vernichtet 1820 519 Wohngebäude, die Synagoge, das Rathaus und das Alte Schloß. Rotes Haus hieß das mit Sgraffitomalereien geschmückte Jagdschloß (Renaissance), das 1883 stilgerecht restauriert wurde. Seit 1933 war hier das Bezirksmuseum untergebracht, bis es nach Auflösung des Augustinerklosters dorthin kam.

Kirche Maria Magdalena aus dem 13. Jh., Umbauten im 16., 17. und 18. Jh. Kirche Kreuzerhöhung (1490) erhielt 1897 durch Josef Mocker neugotische Gestalt. Die Marienkirche war erst ein Holzbau (um 1380), später ein Steinbau und wurde 1710 - 1714 barockisiert. Die Kirche Allerheiligen gehört zum Kloster der Augustinereremiten, das 1627 von Wallenstein gestiftet worden war. Das Kloster hatte eine wertvolle Bibliothek, ein Archiv und eine Schule, die von den Augustinern seit der Klostergründung bis 1881 betreut wurde. Das alte Rathaus wurde 1823 umgebaut. Sehenswert sind Häuser mit Renaissance- und Empireportalen, die Dreifaltigkeitssäule auf dem Marktplatz, die Johannes-von-Nepomuk-Statue, der große Stadtpark. 1948 wurde ein Denkmal der sowjetischen Helden der Roten Armee errichtet. Die Denkmäler von Eduard Steffen, A. Paudler und F. Schmeykal wurden weggerissen. Der alte jüdische Friedhof weist

Böhmisch Leipa

Grabsteine aus dem 17. Jh. auf. Das Stadtarchiv besitzt Privilegien seit 1381 und Gedenkbücher seit 1461.
Böhmisch Leipa, das Sitz des Nordböhmischen Vereins für Heimatforschung und Wanderpflege (des früheren Exkursionsklubs) ist, hat Gymnasium, Realschule und Landwirtschaftliche Landesmittelschule.
In der Stadt erschienen die „Deutsche Leipaer Zeitung", die „Deutsche Landpost", „Das deutsche Gewerbe", „Der Buchhändler" und die „Mitteilungen des Nordböhmischen Vereins für Heimatpflege". Bücher verlegte der J. Künstner-Verlag.
Industrie: Textil- und Maschinenfabriken, Waggonbau, Erzeugung von Musikinstrumenten und Solinger Stahlwaren, Elektronische Industrie, Nahrungsmittelwerke, Klavier- und Möbelfabrik, Handschuhfertigung. Die Feuerwehrhelmfabrik (seit 1867) erzeugte seit 1923 auch Feuerlöschapparate und Uniformen.
Persönlichkeiten: Georg Handsch von Limus (1529 - nach 1578), Humanist, der sich als erster einen „Deutschböhmen" nannte. Josef Mikan (1743 - 1814), Professor in Prag, wo er den Botanischen Garten gründete. Franz Schmeykal (1826 - 1894), Politiker. Dr. Franz Hantschel (1844 - 1940), Arzt und Heimatforscher. P. Amand Paudler (1844 - 1905), Augustiner, Gymnasiallehrer und bedeutender Heimatforscher. Hugo Salus (1866 - 1929), Arzt und Dichter in Prag.
1930: 13 714 Einw. (10 277 Deutsche, 3081 Tschechen, 311 Ausländer).
Die Patenschaft über den Heimatkreis Böhm. Leipa übernahm 1972 der Landkreis Fürth.
Umgebung: Kahlenberg, Schloß Neugarten (Renaissance) und der 4 km lange Höllengrund.

Böhmisch-Mährische Höhe *(Českomoravská vrchovina)*. Bergland im Südosten Böhmens von 150 km Länge und ca. 60 km Breite. Durchschnittshöhe 500-700 m. Der Höhenzug bildet die Grenze zwischen Böhmen und Mähren. Wasserscheide zwischen Elbe und Donau. In den Iglauer Bergen wird eine Höhe von 837 m erreicht, in den Saarer Bergen von 836 m. Schon im Mittelalter überquerte ein Salzweg die Höhe. Über den Sattel von Iglau führt die Hauptstraße Prag - Brünn. Außerdem verläuft hier die Eisenbahnstrecke Wien - Znaim - Iglau - Prag. Hauptorte: Iglau, Trebitsch, Saar, Pilgram. Von den 80 deutschen Ortschaften der Höhe liegen 30 auf mährischem Boden. Früher wurde Bergbau betrieben (Silber, Blei u. a.), in neuerer Zeit herrschte die Textilindustrie vor. Der Boden ist nicht sehr ertragreich. Viehzucht.

Böhmisch Röhren *(České Žleby)*, Bez. Prachatitz. 930 m. Der Ort am 1079 m hohen Sulzberg ist eine Holzfällergründung (1709). Nach der Überlieferung war in der Zeit des Goldenen Steiges hier ein Röhrenbrunnen zum Tränken der Saumtiere. Die Kirche Hl. Anna, 1788 errichtet, war seit 1854 Pfarrkirche. Neben der deutschen Schule gab es eine tschechische Minderheitenschule.
Wirtschaft: Landwirtschaft, Handel, Holzverarbeitung. Sommerfrische.

Böhmisch Leipa, Stadtwappen

Böhmisch Röhren

1895 kam hier Dr. Rudolf Kubitschek, Germanist und Volkskundler, zur Welt. Gest. 1945 in Prachatitz.
1930 (mit Guthausen und Schönberg): 1836 Einw. (1761 Deutsche, 39 Tschechen, 34 Ausländer).
1973 gab es von den 158 Häusern des nahe der Grenze liegenden Ortes nur noch 22; auch Kirche und Pfarrhof waren niedergerissen.
Umgebung: Tussetberg, wo sich im 19. Jh. noch eine Ruine befand.

Böhmisch Trübau *(Česka Třebová)*, Bez. Landskron. Die Stadt im Triebetal (Grenze zwischen Böhmen und Mähren) ist ein wichtiger Eisenbahnknotenpunkt. Hier vereinigen sich die Strecken Wien – Brünn – Prag und Olmütz – Prag. Im 13. Jh. entstanden, kam sie an das Kloster Königsaal, 1357 an das Bistum Leitomischl und nach dessen Auflösung zu Landskron. Die Hussitenkriege vernichteten das Deutschtum. Die Jakobskirche entstand an Stelle eines abgebrannten Gotteshauses (1636) nach den Plänen von Josef Hardtmuth 1794 – 1801. Eine kunstgeschichtliche Seltenheit ist die romanische Rotunde der Katharinenkapelle im Friedhof. Die Kapelle Maria Hilfe auf den Bergen ist ein Wallfahrtsort (Empirestil 1811 – 1838). Das Rathaus aus dem 16. Jh. wurde wiederholt umgebaut. Vier Statuen (Maria, Johannes von Nepomuk, Katharina, Barbara) stammen aus der Baročkzeit. In den städtischen Anlagen erinnert ein Relief an Jan Hus. Aus der Stadt kam der Humanist, Dichter und Universitätsprofessor zu Prag Johannes Chorinus (um 1560). Textilindustrie, Leinwand- und Garnhandel. Holzwarenerzeugung, Metallgießerei. Mühlen. Heute hat die Stadt eine Schule für Eisenbahnwesen, dem auch ein beträchtlicher Teil des Heimatmuseums gewidmet ist. Auf dem Marktplatz steht jetzt das Denkmal der Verbrüderung. 1930: 9629 Einw. (9160 Tschechen, 427 Deutsche, 31 Ausländer). 1986: 17 400 Einw.

Böhmisch Wiesenthal *(Český Viesenthal, jetzt Loučná)*, Bez. St. Joachimsthal. 920 m. Die Bergmannssiedlung, 1526 gegründet, wurde schon 1536 mit den Rechten einer Bergstadt versehen und 1601 zur königlichen Bergstadt erhoben. Das Wappen: Bergeisen und Schlägel mit goldenen Stielen vor rotem Hintergrund. Die Kirche Pauli Bekehrung (1731 – 1737) ist ein Barockbau. Bemerkenswert sind das Taufbekken und die Statuen von Prokop, Johannes von Nepomuk, Bonifaz und Florian (um 1750). Die Plastik Christus und die schmerzhafte Mutter schuf Emanuel Max aus Bürgstein. Das Rathaus ist ein Barockbau mit Mansardendach.
In die Stadt am Fuße des Keilbergs kamen immer viele Wintersportler (Sprungschanze, Rodelbahn, Lang- und Sprunglaufwettbewerbe) und Sommerfrischler.
Handschuhfabrikation, Tüllweberei, Stickereien (vieles in Heimarbeit).
1930: 1355 Einw. (1326 Deutsche, 19 Tschechen, 10 Ausländer).
Jenseits der Grenze liegt Ober Wiesenthal, die höchstgelegene Stadt Sachsens und des ehem. Deutschen Reiches (918 m).

Böhmisch Wiesenthal

Bölten *(Bělotín)*, Bez. Mährisch Weißkirchen. Die langgestreckte Gemeinde des Kuhländchens liegt südwestlich der Mährischen Pforte. Hier hatte die alte Bernsteinstraße ihren Verlauf. Eine Pfarrei bestand schon im 14. Jh. In der Reformationszeit wurden die Böltener evangelisch, erst 1690 zieht wieder ein katholischer Seelsorger ein. Die alte Kirche St. Georg (15. Jh.) wurde durch Feuer vernichtet und 1754 neu errichtet. Bölten erhielt 1921 für 8 Kinder eine tschechische Minderheitsschule; sie hatte von 1921 bis 1923 sechs, 1925/1926 sechzehn und in den 30er Jahren zwanzig Schüler. Sommerfrische.
1930: 1562 Einw. (1390 Deutsche, 168 Tschechen).
Umgebung: Heinzendorf, der Geburtsort des berühmten Vererbungsforschers Johann Gr. Mendel (1822–1884).

Borschen *(Bořeň)*. Der 539 m hohe Berg, das größte Klingsteinmassiv Europas, ist das Wahrzeichen der Stadt Bilin. Vom Norden gesehen hat er die Form eines liegenden Löwen. Vom Gipfel, den ein Schutzhaus krönt, genießt man eine gute Fernsicht. Der „böhmische Säntis" mit subalpiner Flora (Borschenaster, graublaue Nelken u. a.) und mit Höhlen steht unter Naturschutz. Alexander von Humboldt und Goethe waren begeistert von seiner Lage und Gestalt. Letzterer, der aber den Berg nicht bestieg, hielt ihn auf mehreren Zeichnungen fest. Vorgeschichtliche Funde aus der Stein-, Bronze- und Eisenzeit.

Der Borschen

Bösig, Burg bei Hirschberg

Bösig *(Bezděz)*, Klingsteinberg mit zwei nebeneinanderliegenden Kegeln (577 und 605 m). Auf dem höheren in der 2. Hälfte des 13. Jh.s Bau einer frühgotischen Königsburg mit Katharinenkapelle. Wallenstein, der durch Pieroni eine barocke Festungsanlage bauen ließ, brachte 1624 Augustiner auf den Berg. Sie wurden abgelöst von Benediktinern (1666–1785), die dann die Wallfahrt betreuten. Josef II. hob das Kloster auf. Ruinen der Burg und des Klosters waren ein Anziehungspunkt für Wanderer.
Die Gemeinde Bösig (Bezděz), Bez. Dauba, hat eine alte Kirche Hl. Ägidius, die schon im 13. Jh. Pfarrkirche war.
1930: 547 Einw. (395 Deutsche, 152 Tschechen).

Botenwald *(Butovice)*, Bez. Neutitschein. Die Gemeinde im Kuhländchen hatte zuerst eine Holzkirche, die jetzige Pfarrkirche Allerheiligen stammt aus d. J. 1780. Zu einem im 16. Jh. errichteten Annakirchlein zogen früher viele Wallfahrer.
Seit 1900 bestanden hier die Mährisch-Schlesischen Fahrzeugwerke AG (früher Staudinger Waggonfabrik); sie beschäftigten ca. 1800 Arbeiter und erzeugten Last- und Personenwagen, Straßenbahn- und Triebwagen, elektrische Lokomotiven. Likörfabrik.
1930: 3508 Einw. (2765 Deutsche, 665 Tschechen).

Brandau *(Brandov)*, Bez. Brüx. Dorf im Erzgebirge unmittelbar an der Grenze zu Sachsen, wo Schweinitz, Natschung und Flöha zusammenfließen. Zum sächsischen Olbernhau

bestanden früher rege Beziehungen; diese sind heute gänzlich unterbrochen. Kirchenbau um 1700, Pfarrei seit 1794. Arbeitsschule der Barmherzigen Schwestern.
Metall- und Holzindustrie (Spielwaren), Lötapparatefabrik, Walzwerk mit Drahtzieherei. Die Förderung der Anthrazitkohle in der Gabrielazeche (seit 1893 betrieben) wurde wegen Unergiebigkeit aufgegeben. Wintersport und Sommerfrische.
1930 (mit Grünthal): 2473 Einw. (2231 Deutsche, 200 Ausländer, 42 Tschechen).
Umgebung: Gabrielahütten, 1778 als Eisenwerk vom Grafen Heinrich Rottenhan angelegt und nach seiner Tochter verehel. Gräfin Buquoi benannt. Die kleine Siedlung ist der Geburtsort von Karl Joseph Napoleon Balling (1805 - 1868), Professor an der Technischen Hochschule in Prag, der die Grundlagen für die Gärungschemie lieferte und das Saccharometer erfand.

Botenwald

Bratelsbrunn *(Pratelsbrun)*, Bez. Nikolsburg. 196 m. Der Markt geht auf eine Gründung im 12. Jh. zurück. Nach langanhaltendem Niedergang im 16. Jh. Wiederbesiedlung durch Protestanten. Zu den Besitzern gehörten die Liechtenstein, Boskowitz, Thurn Valsasina und Trauttmannsdorff. Das Wappen (seit 1585) zeigt einen silbernen Ziehbrunnen mit silbernem Eimer. Die große Pfarrkirche (16. Jh., zuletzt Neubau 1854 - 1857) besitzt ein Hochaltarbild des Nazareners Joseph von Führich.

Brandau

Obst- und Weinbau, Konservenerzeugung, Perlmutterindustrie.
1930 : 1757 Einw. (1563 Deutsche, 150 Tschechen, 43 Ausländer).

Braunau in Böhmen *(Broumov)*. Mittelpunkt des Braunauer Ländchens, umschlossen im Osten und Norden vom Heidelgebirge, im Westen vom Sandsteingebirge (Falkengebirge), die beide Ausläufer des Glatzer Berglandes sind. Die Besiedlung und Geschichte dieser Landschaft ist untrennbar mit dem Benediktinerstift verbunden. Sie war im frühen 13. Jh. von König Ottokar I. dem Abt von Brevnov, das 993 vom Hl. Adalbert gegründet worden war, übergeben worden. In Braunau entstehen eine Pfarrei und ein Benediktinerpriorat. Als 1420 die Hussiten Brevnov zerstören, geht der Abt mit dem Konvent nach Braunau. Auch nach der Wiederbesiedlung von Brevnov (1708 - 1715) zeigt sich die Zusammengehörigkeit der beiden Klöster im Status einer Doppelabtei, die bis 1939 bestehen bleibt; nun werden beide selbständig.
Bereits 1320 wurde in Braunau eine dreiklassige Klosterschule errichtet, die 1624 neu organisiert und 1780 öffentliches Gymnasium wurde. Aus diesem Stiftsgymnasium sind viele bedeutende Persönlichkeiten hervorgegangen. Nach Bränden wurden die Kirche durch Martino Allio (Ende 17. Jh.) und die Klostergebäude durch Kilian Ignaz Dientzenhofer (1726 - 1748) neu gebaut. Es entstand ein Gesamtkunstwerk, an dem auch die Maler Wenzel Lorenz Reiner, Johann Jakob Steinfels und Felix Anton Scheffler, die Bildhauer Hiernle, Jäckel, Johann und

Braunauer Wappen

Ferdinand Maximilian Brokoff u.v.a. beteiligt waren. Auch in der Geschichte spielte Braunau damals eine wesentliche Rolle, als der Abt die dortige Wenzelskirche der Protestanten sperren ließ. Dies und die Zerstörung der evangelischen Kirche in Klostergrab waren einer der Anlässe zum böhmischen Aufstand von 1618 und damit zum Dreißigjährigen Krieg. Braunauer Mönche waren die Wiederbesiedler des Klosters Wahlstatt in Schlesien. Franz Stephan Rautenstrauch, Abt von Brevnov-Braunau, war ein großer Schulreformator unter Joseph II; er konnte die Aufhebung des Klosters unter diesem Herrscher verhindern. Nach 1945 wurden Abt und Mönche als Deutsche des Landes verwiesen, seit 1946 haben sie unter ihrem Abt Dominik Prokop und seinem Nachfolger Abt Virgil Kinzel eine neue Wirkungsstätte in Rohr/Niederbayern aufgebaut; das neue Gymnasium in Rohr wurde zu einer beispielhaften Anstalt für die Jugenderziehung. Braunau selbst wurde ein Internierungslager für Ordensleute. Das Kloster mit den zahlreichen Kunstwerken und der wertvollen Bibliothek ging in den Besitz des Staates über.
Braunau, durch Karl IV. zur Stadt erhoben und 1449 mit höherer und niederer Gerichtsbarkeit privilegiert, besitzt eine ehemals gotische Pfarrkirche, Neubau 1682, eine gotische Marien-(Friedhofs-)Kirche, die älteste Holzkirche Böhmens, die schon genannte Wenzelskirche, 1729 von K. I. Dientzenhofer umgebaut, ein Renaissance-Rathaus (1542), davor eine Mariensäule von J. Brokoff (1706), ein seit 1804 bestehendes Stadttheater und alte Renaissance-Häuser. Auch Reste der mittelalterliche Befestigungen sind noch sichtbar. Das Wappen der Stadt, die Sitz des politischen und Gerichts-Bezirks war, zeigt einen Schwan, der wahrscheinlich auf einen Braunauer Abt aus dem Hause Schwanberg zurückgeht, und einen goldenen Stern, der auf einen anderen Abt hinweist.
Eine der wertvollsten Privatbibliotheken Altösterreichs war die von Dr. Eduard Langer (1852 geb. in Rokitnitz, gest. 1914 in Braunau) in Braunau; in ihr befanden sich 500 Inkunabeln, 27 000 Bücher, 800 Einblattdrucke, 800 Handschriften und Archivalien, auch zur Geschichte Ostböhmens. Langer, Abgeordneter im böhmischen Landtag und Gründer des Bundes der Deutschen in Ostböhmen (1894), ferner Mitinhaber der Braunauer Textilfirma Schroll, gab die wertvolle „Deutsche Volkskunde aus dem östlichen Böhmen“ (1901 - 1913) heraus. Andere Braunauer Persönlichkeiten waren die Großindustriellen Franz von Liebieg (1799 - 1878), Franz von Schmitt (1816 - 1883) und Josef von Teuber (1800 - 1881), die Politiker Heinrich Eppinger (1842 - 1915), Karl Eppinger (1853 - 1911) und Julius Lippert (1839 - 1909), der auch kulturgeschichtliche Werke verfaßte, der Richard-Wagner-Sänger Joseph Aloys Tichatschek (geb. 1807 in Oberwekelsdorf bei Braunau, gest. 1886), der Diplomat August von Kral (1869 - 1953), die

Braunau

Heimatkundler Franz Weiß (1904 - 1944) und Hugo Herrmann (1898 - 1984), ferner der Botaniker und Historiker P. Vinzenz Fridolin Maiwald OSB (1862 - 1951), Direktor des Stiftsgymnasiums.
Wirtschaftlich war Braunau bestimmt durch Textilfirmen (die 1813 begründete Firma Benedikt Schrolls Söhne beschäftigte 1930 2700 Arbeiter), durch die Erzeugung von Uhren, Bilderrahmen, Bildern und Ansichtskarten, Rollvorhängen, landwirtschaftlichen Maschinen, durch die seit 1820 bestehende Glockengießerei Oktav Winter, durch Färbereien, Druckereien und eine Eisengießerei. Ein bekannter Exportartikel waren die sog. roten Tuche, die bis in die Türkei geliefert wurden.
1930: 7356 Einw. (6016 Deutsche, 1115 Tschechen, 216 Ausl., 9 andere).

Braunseifen *(Ryžoviště)*, Bez. Römerstadt. Die Stadt verdankt ihr Entstehen Bruno von Olmütz (um 1250). Der Ort erlebte nach hoher Blüte durch Gold- und Eisenerzförderung und Weberei im 15. Jh. einen Niedergang, der sich nur langsam überwinden ließ. Das Wappen zeigt einen Fisch in der Diagonale eines gegitterten Schildes.
Die alte Kirche Hl. Johannes der Täufer wurde 1758 umgebaut. Dem Deutschen Orden diente die alte Vogtei als Amtshaus. Hier wurde am 8. November 1794 der aus Olmütz entwichene französische General Lafayette gefangengenommen. Die Mariensäule (1733) stammt aus der Werkstatt des Wenzel Render in Olmütz. Spital des Deutschen Ordens.
Wirtschaft: Seidenwarenfabriken. Sommerfrische. Fremdenverkehrsort, besonders auch wegen der nahen Wälder, die Eigentum des Fürsten Liechtenstein und des Deutschen Ordens waren.
Persönlichkeiten: Josef Schmid-Braunfels (1871 - 1911), Erzähler, Dramatiker, Mundartdichter. Robert Schälzky (1882 - 1948), 61. Hochmeister des Deutschen Ordens.
1930: 1604 Einw. (1584 Deutsche, 4 Tschechen, 16 Ausländer).

Breitenbach *(Breitenbach)*, Bez. Neudek. Seit 1570 bestand ein zu Platten gehörendes Hammerwerk am Breitenbach. Bergbau (Nikkel, Wismut und Uran) und das Hammerwerk, bzw. später ein Hochofen bildeten Grundlage für die Industrie. Ein Eisenwerk erzeugte Öfen und Ofenbestandteile. Aluminiumhalbfabrikat. Niederlassung eines Metallstanzwerkes aus Schwarzenberg/Sachsen. Handschuhfabrik. Wintersport (Rodelbahn).
Seit 1835 bestand hier das bekannte Gasthaus „Dreckschänke" (Da Draakschänk), das vor allem durch das Lied „A dr Grenz vo Sachsen ..." von Anton Günther volkstümlich wurde.
1930 (mit Irrgang, Jungenhengst, Pechöfen, Brettmühl, Schwimmiger, Streitseifen, Ziegenschacht und Zwittermühl): 1692 Einw. (1532 Deutsche, 99 Tschechen, 60 Ausländer).

Bruch *(Lom)*, Bez. Brüx. Bruch war der größte Marktflecken von Böhmen. 1207 erstmals erwähnt, gehörte es den Herren von Riesenburg, vom 14. Jh. bis 1850 zum Stift Ossegg. 1904 erfolgte die Erhebung zum Markt und die Verleihung des Wappens; dieses enthält Eichenblätter und Eicheln, Bergeisen und Schlägel, einen Pflug und ein Zahnrad mit Merkurstab. Diese Zeichen versinnbildlichen Wald- und Landwirtschaft, Bergbau, Handel und Industrie. Am 14. Mai 1938 erhielt Bruch Stadtrechte.
Das wirtschaftliche Leben war bestimmt vom Kohlebergbau, der seit der Mitte des 19. Jh.s betrieben wurde. Die Brucher Kohlenwerke beschäftigten 1400 Arbeiter, die Duxer Kohlengesellschaft (Maria-Schacht) 226. Durch die Zuwanderung von tschechischen Bergarbeitern

Landeshauptstadt Brünn

veränderte sich das Nationalitätenverhältnis. In Bruch wurde der Historiker Bernhard Scheinpflug geboren (1811 - 1882).
1910: 8841 Einw. (5222 Tschechen, 3550 Deutsche). 1930: 9190 Einw. (6129 Tschechen, 2984 Deutsche, 66 Ausländer) (4171 röm.-kath., 4623 konfessionslose, 201 evang., 155 tschechoslowakische Kirche, 27 Israeliten, 13 andere).

Brünn *(Brno)*. Brünn (220 m), am Zusammenfluß von Schwarza und Zwitta, liegt an den Bahnlinien Wien - Prag, Brünn - Preßburg, Brünn - Prerau, Brünn - Vlarapaß, Brünn - Segengottes, Brünn - Tischnowitz. An Stelle von Olmütz war Brünn 1641 - 1928 die Hauptstadt Mährens, dann 1928 - 1948 Hauptstadt des Landes Mähren-Schlesien, 1949 - 1960 Hauptstadt des Brünner Kreises; seit 1960 ist es Verwaltungssitz des Südmährischen Kreises. Es ist nach Prag und Preßburg die drittgrößte Stadt des Staates.
Brünn, der Name ist nach vielen Forschern keltisch (Brynn), liegt in sehr altem Siedlungsgebiet. Die Burg auf dem Spielberg, dem markantesten Punkt der Stadt, wird im 11. Jh. erwähnt. Sie wurde Sitz der mährischen Fürsten. Unterhalb der Burg entstand durch Ansiedlung von Deutschen und Wallonen ein Handelszentrum. Die bereits befestigte Stadt erhielt 1243 Stadtrechte. Von 1349 bis 1411 war der Spielberg Sitz der

Brünn, der Dom

Markgrafen von Mähren. Der Vertrag von Brünn 1364 bestätigte die Abtretung Tirols an Österreich. Die Stadt blieb in den Hussitenkriegen König Sigismund treu; die Belagerung durch die Taboriten (1428) blieb erfolglos. Bereits 1467 erfolgte eine neue Belagerung durch Georg von Podiebrad, da Brünn auf Seiten des Königs Matthias Corvinus stand.
1641 wurde die politische Landesverwaltung von Olmütz nach Brünn verlegt. Für den Widerstand gegen die Schweden verlieh 1645 Kaiser Ferdinand III. ein neues Wappen mit dem kaiserlichen Doppeladler. Es erfolgte eine rasche Aufwärtsentwicklung. Nach Leisching gab es Mitte 17. Jh. 443 Häuser, von denen allein 90 Adeligen und Prälaten gehörten. Das 18. Jh. brachte im Österreichischen Erbfolgekrieg die Belagerung durch die Preußen (1742), aber auch die Erhebung zum Bistum. In den Befreiungskriegen hielten sich zweimal Franzosen in Brünn auf; diese sprengten 1809 die Festungsanlagen des Spielbergs. Die Stadtbefestigungen verschwanden 1860; an ihre Stelle traten die breite Ringstraße und Parkanlagen. Zu Anfang des 19. Jh. verstärkte sich die tschechische Nationalbewegung, nicht zuletzt auch durch den Zustrom tschechischer Arbeiter; Brünn, das seit 1839 durch die Eisenbahn mit Wien verbunden war, nahm einen starken industriellen Aufschwung, vor allem im textilen Bereich. Im September 1899 stellten die österreichischen Sozialdemokraten im sog. Brünner Programm Forderungen zur Lösung der Nationalitätenfrage der österr.-ungar. Monarchie auf. 1918 übernahmen Tschechen die Gemeindeverwaltung; durch gezielte Eingemeindepolitik (1919: 22 Gemeinden) erreichten sie den Rückgang des Deutschtums; dieses blieb jedoch im Süden Brünns in einer Sprachinsel noch vorherrschend. Ein besonders schreckliches Kapitel der Brünner Geschichte ist der Brünner Todesmarsch; am 29. Mai 1945 wurde die deutsche Bevölkerung der Stadt zur österreichischen Grenze getrieben; bei dieser grausamen Austreibung kamen Tausende ums Leben.
Seit 1953 ist Schwäbisch Gmünd die Patenstadt für die Deutschen Brünns.

Ein lohnender Ausgangspunkt für das Betrachten von Sehenswürdigkeiten ist der berühmte Krautmarkt, der die Großstadt mit Gemüse versorgte, wo früher die „Baseln“ aus Kumrowitz und Großhändler ihre Waren feilboten. Hier stehen das ehem. Palais Dietrichstein (Empirestil) und das von den Olmützer Erzbischöfen errichtete Mittrowsky-Palais mit Arkadenhof und Merkurbrunnen, früher Franzensmuseum. Beide Gebäude beherbergen das berühmte Mährische Landesmuseum. Neben dem ehem. Kapuzinerkloster (1656) erhebt sich die Kapuzinerkirche, in deren Gruft 50 mumifizierte Tote liegen, darunter Mönche, Bürgermeister, der Architekt Moritz Grimm und der Pandurenoberst Franz von der Trenck. Das Altarbild Kreuzauffindung stammt von Joachim Sandrat. Das Redoutengebäude, früher Stadttaverne, war seit 1734 Theater. Es traten Mozart, Therese Krones, Johann Nestroy, Charlotte Wolter und Leo Slezak auf; Johann Em. Schikaneder war Theaterdirektor. Heute werden vor allem Operetten gespielt. An der Westseite des Platzes steht die Dreifaltigkeitssäule (1729 - 1733) von Anton Schweigel; den barocken Parnaßbrunnen schuf J. B. Fischer von Erlach (1694).

Im Südwesten der Stadt erhebt sich der Petersberg, wo an Stelle einer Burg zuerst eine romanische Kirche, dann der gotische Dom erbaut wurde. Nach dessen Zerstörung durch die Schweden (1645) erfolgte die Wiedererrichtung im Barockstil ohne Turm, 1904 - 1911 im neugotischen Stil mit zwei Türmen. Auf der Kanzel an der nördlichen Vorhalle predigte 1451 Johann Capistranus zum Kreuzzug gegen die Hussiten. Das bischöfliche Palais und Domherrenresidenzen umschließen den Domplatz. In den nahen Anlagen, nach dem französischen Historiker Denis benannt, steht der 1818 errichtete Obelisk zur Erinnerung an die Schlacht bei Leipzig. Die deutschen Inschriften wurden nach 1918 beseitigt.

Der Spielberg mit seinen ausgedehnten Grünanlagen und der aus einer königlichen Burg entstandenen Festung erlangte vor allem als ehem. Staatsgefängnis Berühmtheit. Es waren u.a. der Pandurenführer Trenck, die Italiener Silvio Pellico und Federigo Confalonieri und der berüchtigte Räuberhauptmann Wenzel Babinski eingekerkert. Der Kerkerkomplex mit einem 114 m tiefen Brunnen wurde schließlich zur Kaserne. Heute ist auf dem Spielberg, der nationales Kulturdenkmal ist, das Stadtmuseum untergebracht.

Brünn, Altes Rathaus

Das Augustinerkloster in Alt-Brünn am Fuße des Spielbergs wurde 1322 von Königinwitwe Elisabeth Richsa für Zisterzienserinnen gestiftet. Nach der Aufhebung dieses Klosters Aula regia (Mariasaal) 1782 übernahmen schon das Jahr darauf Augustiner-Eremiten von St. Thomas das Königinnenkloster. Hier war Gregor Mendel Abt (1868 - 1884) und führte im Garten jene Pflanzenversuche durch, die zu den bekannten Vererbungsgesetzen führten. Das Kloster ist jetzt Mendel-Museum. Vor der Kirche steht das Marmordenkmal des Abtes, ein Werk Theodor Charlemonts (1912).

Nördlich vom Krautmarkt erblickt man das Alte Rathaus, aus drei Stilepochen stammend (Gotik, Renaissance, Barock). Das spätgotische Portal von Anton Pilgram (um 1500) und die Renaissance-Loggia ließen den Bau in die Kunstgeschichte eingehen. Im Durchgang zum Hof der sog. Brünner Lindwurm, ein ausgestopftes Krokodil, Geschenk einer orientalischen

Der Große Platz in Brünn

Gesandtschaft, und das Rad, das ein Wagner 1634 an einem Tag anfertigte und von Eisgrub nach Brünn rollte. Im Alten Rathaus wirkte Johann von Gelnhausen (nach 1380) und arbeitete am Brünner Schöffenbuch.

Nördlich am Freiheitsplatz, dem ältesten Platz von Brünn, mit barocker Mariensäule (1680) und dem Palais der Berka von Dub und Lipa mit Renaissance-Arkadenhof stoßen wir auf das Volkskunde-Museum, früher das Damenstift. Im Westen die Johannes-Kirche des Minoritenklosters, zuerst gotisch, dann 1728 barockisiert durch Moritz Grimm, besitzt eine Loretokapelle, 1716 - 1719 durch denselben Baumeister gebaut. Zwischen Freiheitsplatz und der alten St.Thomas-Kirche aus dem 14. Jh., barockisiert von Moritz Grimm, bis 1783 Kirche der Augustiner, steht die 66 m lange und 26 m breite Kirche St. Jakob, eine gotische Hallenkirche (14. - 16. Jh.), an der auch Anton Pilgram vor seinem Weggang nach Wien baute. Auffallend ist der 92 m hohe Turm mit einer doppelten Wendeltreppe und einer 12 m hohen Turmspitze (1592). Im Innern wertvolle Altarblätter von Josef Stern, Franz Palko u.a., eine Sandsteinkanzel (16. Jh.) und hinter dem Altar ein Denkmal von Sigmund Kerker (1722) über der Gruft, in der Ludwig Raduit de Souches († 1682) ruht, der Brünn erfolgreich gegen die Schweden verteidigt hatte (1645). Gegenüber der Kirche war bis 1945 der Sitz der Firma Rudolf M. Rohrer, Verlag und Druckerei.

Weiter nach Norden folgt die ehem. Jesuitenkirche Mariä Himmelfahrt, der prächtigste Barockbau der Stadt, der an Stelle einer gotischen Kirche entstand, und Besucher vor allem durch die herrlichen Deckengemälde anzieht. Nach Aufhebung des Jesuitenkollegs, in dem viele berühmte Wissenschaftler gewirkt hatten, wurde dieses Kaserne später jedoch zerstört. Insgesamt zählt Brünn 17 Kirchen und 6 Kapellen.

Nordöstlich der Jesuiten-(Garnison-)Kirche das Janáček-Theater, das einstige Deutsche Theater, erbaut von Hellmer und Fellner (1882), als erstes europäisches Theatergebäude mit elektrischer Beleuchtung ausgestattet. Verbunden mit dem Haus waren Clemens Krauss als Opernchef und viele Künstler, die hier ihre Karriere begannen (Imhoff, Forst, Slezak, Attila Hörbiger, Jeritza, Gessner u. a.). Das Haus mit 1240 Plätzen durfte nach 1918 nur noch zweimal in der Woche von den Deutschen gegen Miete benützt werden, die übrigen 5 Tage wurde tschechisch gespielt.

Seit 1724 bestand in Brünn eine Ständische Akademie als Ingenieurschule; aus dieser entstand eine Technische Lehranstalt und schließlich die Deutsche Technische Hochschule, die von 1849 (Reorganisierung 1873) bis 1945 bestand und bedeutende Wissenschaftler zu ihren Professoren zählen konnte. Den besonderen wirtschaftlichen Bedingungen Mährens entsprechend,

Alt-Brünn

Brünn, Spielberg

genossen Fächer wie Textiltechnologie und chemische Technologie der landwirtschaftlichen Gewerbe einen hohen Rang. Seit 1899 gab es auch eine tschechische TH. Die tschechische Masaryk-Universität wurde 1919 gegründet. Heute besitzt Brünn die zweitgrößte Bibliothek des Staates. Sie geht zurück auf die 1818 beim Franzensmuseum eingerichtete Mährische Landesbibliothek, die 1923 verstaatlicht wurde. Ihre Bestände betragen an die 2 Millionen Bände; enthalten sind eine Comenius-Sammlung, die ehem. Schloßbibliothek Nikolsburg und viele einstige deutsche Büchersammlungen aus Schlössern und Klöstern. Das kulturelle Leben wird heute repräsentiert in 6 Theatern, in 5 großen Museen (Mährisches Museum, Museum der Stadt Brünn, Pavillon Anthropos mit den vorgeschichtlichen Zeugnissen der Brünner Region, Technisches Museum und Museum der Arbeiterbewegung.

International sind die Konsumgütermesse im April und die Maschinenmesse im September jeden Jahres, ebenso auch die Auto- und Motorradrennen.

Das gesellschaftliche Leben der Deutschen spiegelte sich auch in zahlreichen Vereinigungen wider, genannt seien z. B. Bund der Deutschen Mährens, Deutsch-mährischer Volksbildungsverein, Deutsch-mährischer Lehrerbund, Brünner Vororteverein, Turnverein, Historisch-statistische Sektion der mährisch-schlesischen Gesellschaft zur Förderung der Landwirtschaft (1851 - 1897), fortgesetzt im Deutschen Verein für die Geschichte Mährens und Schlesiens (1898 - 1945) und Deutsche Gesellschaft für Wissenschaft und Kunst in Brünn (1919 - 1940). Ein gesellschaftliches Zentrum war das Deutsche Haus (1891 eröffnet). Die Tschechen beseitigten es 1945; zur Einebnung wurden rechtlose Deutsche gezwungen. Außerdem bestand ein vielgegliedertes deutsches Schulwesen. Das Deutsche Staatobergymnasium (Masaryk-Gymnasium) wurde bereits 1578 von Jesuiten ins Leben gerufen. Es erschienen zahlreiche Periodika, das „Brünner Montagsblatt", der „Tagesbote aus Mähren und Schlesien" (1851 - 1911), „Freiheit", „Tagespost für Mähren und Schlesien", „Brünner Zeitung" (1751 - 1918), „Deutsch-mährisches Genossenschaftsblatt", „Deutsch-mährisch-schlesische Heimat", „Deutsch-mährisches Schulblatt", „Zeitschrift des Vereins für Geschichte Mährens und Schlesiens" und „Die Rampe" (für Theater und Musik). Die größten Druckereien von insgesamt 39 waren R. M. Rohrer (seit 1786), F. Irrgang (seit 1857), L. Karafiat (seit 1884) und Typographia (Inhaber Senator Nießner und Abg. S. Taub).

Brünn, eine der bedeutendsten Industrie- und Handelsstädte der Monarchie, hatte den Beinamen „das mährische Manchester". Berühmt war die Textilindustrie. Es gab Spiritus-, Glas-, Porzellan-, Verbandsstoff-, Maschinen- und Zuckerfabriken, Stahl-, Emaillier- und Stanz-Werke, Fahrzeugbau, Baustoffindustrie, Möbelerzeugung und eine vielseitige Lebensmittelindustrie. Schon im alten Österreich war Brünn Sitz großer Industriemessen und ein Handelsplatz für landwirtschaftliche Erzeugnisse.

Viele berühmte Persönlichkeiten kamen aus oder wirkten in Brünn. Hier nur einige wenige

Brunnberg

Namen: die bildenden Künstler Anton Pilgram, Anton Hanak, Adolf Loos und Alfred Roller, die Techniker Gustav Lindenthal, Viktor Kaplan und Fritz Stastny (Erfinder des Styropors), die Botaniker Hans Molisch und Gregor Mendel, die Schriftsteller und Dichter Richard von Schaukal, Joseph V. Widmann, Hans Giebisch und Oskar Jellinek, die Wissenschaftler Ernst Mach, Karl Kobald und Eugen Böhm-Bawerk, die Historiker Bertold Bretholz, Gustav Trautenberger und Christian d'Elvert, die Politiker Franz von Pillersdorf, Friedrich Stampfer und Ludwig Czech, die Komponisten Erich Wolfgang Korngold und Wenzel Müller.

Die Landeshauptstadt Brünn hatte 1930 264 925 Einw. (200 213 Tschechen, 52 165 Deutsche, 3295 Juden und 149 Polen.

Brünner deutsche Sprachinsel, besteht neben Brünn aus neun Ortschaften: Kumrowitz, Czernowitz, Ober- und Unter Gerspitz, Nennowitz, Priesenitz, Morbes, Mödritz, Schöllschitz und Maxdorf; die ersten sechs genannten Orte kamen zu Groß-Brünn. Die Insel war früher weit größer und es bestand ein direkter Zusammenhang mit dem Deutschtum Südmährens; der Rückgang des Deutschtums erfolgte im 15. Jh. So war einst Turas, eine Gründung deutscher Zisterzienser von Welehrad, deutsch, ebenso der Markt Mönitz, der Magdeburger Recht besaß, außerdem viele andere Orte: Orts-, Flur- und Personennamen verraten die Zugehörigkeit zum Deutschtum. Die Bewohner gehören zum bayrisch-österreichischen Stamm wie die Südmährer. In manchen Ausdrücken ist der Einfluß der slawischen Umgebung sichtbar. Die Tracht hat sich nur bei Frauen erhalten.

Brunnberg *(Studničká hora)*, 1560 m. Der als Naturschutzgebiet ausgewiesene Bergzug (3,2 km lang) nahe der Schneekoppe ist die zweithöchste Erhebung des Riesengebirges. Die beiden Scheitelhöhen sind der Steinboden und der Hochwiesenberg (1555 m). Seltene Flora.

Brunnersdorf *(Prunéřov)*, Bez. Kaaden. Bereits Karl IV. gab Brunnersdorf den Herren von Schumburg als Lehen, später kam es zu Hagensdorf. Die Kirche Peter und Paul stammt aus dem 13. Jh., sie wurde im 17. und 18. Jh. umgebaut. Die Kircheneinrichtung kam vor einigen Jahren nach Kaaden. Zwei Grabdenkmäler werden im Schloß Klösterle verwahrt. Zu den Besitzern des Schlosses, im 17. Jh. erbaut, im 19. Jh. umgebaut und 1928 restauriert, gehörten u. a. auch die Vitzthum und die Martinitz.

Brunnersdorf

In der Umgebung wurden Braunkohlen gefördert. Es wurden feuerfeste Produkte erzeugt, außerdem gab es Kork-, Zucker- und Konservenfabriken. Brunnersdorf war als Sommerfrische beliebt; es war Ausgangspunkt für Wanderungen in das Erzgebirge und vor allem zur Burgruine Hassenstein.

1930: 2324 Einw. (2106 Deutsche, 188 Tschechen).

Die Gemeinde wurde in jüngster Zeit ein Opfer der für die Braunkohleförderung erstellte Planung und hörte Ende 1965 auf zu bestehen. Heute befinden sich hier zwei Kraftwerke, von denen eines zu den größten des Landes zählt.

Brunnersdorfer Bach. Linker Nebenfluß der Eger, entspringt westlich Sonnenberg, mündet nach vielfach gewundenem Lauf bei Kaaden.

Brüsau *(Březová)*, Bez. Mährisch Trübau. Die Stadt an der Zwitta im Schönhengstgau ist Station der Bahnstrecke Brünn–Prag. Der Olmützer Bischof Dietrich von Neuhaus legte den Grund zur Besiedlung im 13. Jh. Wahrscheinlich war Brüsau bereits 1323 Markt; wann die Stadterhebung erfolgte, ist unsicher. Wegen der durch Zwang erfolgten Beteiligung am Böhmischen Aufstand verloren die Bürger von Brüsau 1624 ihre Privilegien. Seit 1939 verlief hier die Grenze zum Protektorat.

Die Kirche St. Bartholomäus, 1256 errichtet, wurde, nachdem sich die Bewohner dem neuen Glauben zugewandt hatten, evangelisch und erst 1651 wieder den Katholiken überlassen. Die Kirche wurde 1794 umgebaut.

Erwerbszweige: Leder- und Holzverarbeitung, Seidenwarenerzeugung, Schuhfabrik, Gummibandweberei, Zementwarenerzeugung. Sommerfrische.

Aus Brüsau stammte der Historienmaler Eduard Schwoiser (1826 - 1902).

1930: 1506 Einw. (1041 Deutsche, 444 Tschechen, 19 Ausländer).

Brüx *(Most)*. Die Bezirksstadt wurde um 1260 als königliche Stadt gegründet, ihre Ursprünge gehen aber weiter zurück. Im 13. Jh. entstanden die Befestigungen; vor allem schützt die Burg Landeswarte (Schloßberg, 411 m) die Stadt, die zunächst Magdeburger Recht erhalten hatte, 1416 aber durch Wenzel IV. das der Prager Altstadt. In den Jahren 1421, 1424 und 1426 belagerten die Hussiten vergeblich die Brüxer. An die geglückte Abwehr erinnert das in jedem Jahr begangene Maria-Schnee-Fest, das die Brüxer auch noch in der Vertreibung feiern. 1515 vernichtete ein Brand fast die gesamte Stadt, 1580 und 1680 wütete die Pest und 1646 zogen die Schweden ein. In den Jahren 1651 - 1653 schleiften die Bürger freiwillig Burg und Befestigungen auf dem Schloßberg; man wollte so einen Anziehungspunkt für feindliche Kriegsscharen beseitigen.

Seit 1811 grub man in der Umgebung nach Braunkohle. Nach 1870 kam es durch Bergbau und die damit zusammenhängende Industrieentfaltung zu einem großen Aufschwung. Durch einen Schwemmsandeinbruch im Anna-Schacht am 19. Juni 1895 erfolgte die teilweise Zerstörung der Bahnhofsvorstadt. Nach der Vernichtung des österreichischen Kaiserstaates besetzte am 27. und 28. November 1918 tschechisches Militär die überwiegend deutsche Stadt, die wie das gesamte Sudetenland wider ihren Willen in die neu geschaffene tschechoslowakische Republik eingegliedert wurde. Im Zuge der Kriegsrüstung des Deutschen Reiches entstand in Brüx-Maltheuern 1939 ein großes Hydrierwerk, um dort synthetischen Treibstoff herzustellen.

Brüx, Dekanalkirche

Der dreischiffige gotische Hallenbau der Dekanalkirche Mariä Himmelfahrt ist ein Werk des Baumeisters Jakob Haylmann von Schweinfurt. Da man seit 1967 damit begonnen hatte, die alte Stadt, die sich auf mächtigen Braunkohlenflözen befindet, abzureißen, transportierte man 1975 mit Mitteln der UNESCO das kunstgeschichtlich wertvolle Gotteshaus an eine 860 m weit entfernte Stelle. Experten vertreten die Meinung, daß die Kirche heute in ihrer Substanz äußerst gefährdet sei und möglicherweise nicht mehr restauriert werden könne.

Die St. Wenzels-Kirche, zunächst ein gotischer Bau, wurde, nachdem der Brand von 1583 und die Zerstörung durch die Schweden im Dreißigjährigen Krieg arge Schäden angerichtet hatten, wieder neu errichtet und 1791 zur Pfarrkirche erhoben. Die Kirche wurde von der Kommende der Kreuzherren mit dem roten Stern seit der Mitte des 13. Jh.s betreut; diese unterhielten seit dieser Zeit auch ein Hospital.

Zum Minoritenkloster, 1240 entstanden, gehörte die Kirche zum Hl. Franz Seraph. 1578 brannten Kloster und Kirche ab; dieses Unglück wiederholte sich noch dreimal. 1616 ist das Gründungsjahr des Kapuzinerkonvents; die Klosterkirche Mariä Himmelfahrt konnte erst 1627 vollendet werden; große Verdienste hatte sich Wilhelm Popel von Lobkowitz erworben. Mit der Kirche zu den sieben Freuden Mariä hängen zunächst die Geschicke der Magdalenitenordensfrauen zusammen, die 1283 durch Wenzel II. in Saras eine Niederlassung erhielten, nach der Zerstörung ihres Hauses 1421 durch die Hussiten nach Brüx übersiedelten, 1782 durch die Klosteraufhebung zu bestehen aufhörten. Nun übernahmen die Piaristen Kloster und Kirche, die hier bis 1876 ein Gymnasium und zeitweise auch eine philosophische Lehranstalt unterhielten.

Die St.-Anna-Kirche, deren Neubau nach der Zerstörung im 16. Jh. vor allem durch Barthold von Breitenberg gefördert wurde, verfiel im Zuge der Säkularisation 1785 der Kirchenschließung, wurde dann als Magazin und Schüttboden verwendet und schließlich 1877 der evangelischen Gemeinde als Kirche überlassen. Zum Bürgerspital, in dem arme Bürger untergebracht wurden, gehörte die Hl.-Geist-Kirche, ein gotischer Bau aus dem 14. Jh., der noch 1925 erneuert wurde. Die Laurentiuskirche bei dem Friedhof in der Prager Vorstadt wurde nach Auflassung des Friedhofs 1881 niedergerissen.

In Brüx standen einige bemerkenswerte Bildhauerarbeiten, in Kirchen und auf Plätzen, u. a. die Pestsäule auf dem I. Platz von Peter de Toscana (1681), die Mariensäule auf dem III. Platz von Johann Brokoff (1710) und die Johannes-von-Nepomuk-Statue auf dem II. Platz von Adam Tietz (1719 - 1722).

Nachdem zuerst im Hotel „Zum blauen Stern" Theater gespielt worden war, öffnete am 30. September 1911 das Stadttheater, ein Bau des Wiener Architekten Alexander Graf, mit einer Vorstellung von Laubes „Die Karlsschüler" seine Pforten. Das Stadtmuseum war mit seinen wertvollen Sammlungen zur gotischen und barocken Kunst Nordwestböhmens und der sächsischen Umgebung eine der reichhaltigsten Einrichtungen dieser Art im Sudetenland. Verdienstvoll wirkten der 1894 gegründete Verein der Museumsfreunde, aber auch Männer wie Dr. K. Oberdorffer und Prof. H. Preidel. Den Sammlungen standen 36 Räume zur Verfügung. Dr. Oberdorffer war auch der Betreuer des Stadtarchivs, das Urkunden seit 1318, Amtsbücher seit 1517 und zahlreiche Chroniken besaß. An Lehranstalten bestanden ein Deutsches Staatsoberrealgymnasium, Handelsschule, Gewerbliche Fortbildungsschule mit 37 Abteilungen, eine Bergmännische Lehranstalt und ein tschechisches Staatsrealgymnasium, ebenso eine deutsche Fachschule für Frauenberufe. Presseorgane waren die „Brüxer Zeitung", die „Brüxer Volkszeitung", die „Deutsche Forstzeitung", die „Deutsche Bürgerschulzeitung" und die „Mitteilungen des Zentralvereins deutscher Lehrerinnen". Brüx hatte auch eine Garnison und ein Bezirkskrankenhaus.

Wirtschaftliche Bedeutung hatten die Brauindustrie, die Zucker-, Glas-, Verbandstoff- und die Spiritus- und Pottasche-Fabriken, ebenso Eisen- und Stahlwerk, Glas- und Steinschleiferei.

Persönlichkeiten: Josef K. Beer (1862 - 1933), Maler. Carl I. Cori (1865 - 1954), Zoologe, dessen Sohn Karl F. und seine Frau Theresia Gerty erhielten 1947 gemeinsam den Nobelpreis für Medizin. Hans Dernschwam (1494 - 1568), Humanist, Forschungsreisender, Bergsachverständiger. Florian L. Gassmann (1729 - 1774), Komponist. Die Brüder Gorenz, deren Name mit dem Hussitenansturm 1421 Ruhm erlangte; Ramphold, als Verteidiger Bilins gefangen, starb den Opfertod, um Brüx, wo sein Bruder Titus Hauptmann der Festung Landeswarte war, vor den Feinden zu bewahren. Wenzel Hablik (1881 - 1934), Maler. Andreas Hammerschmidt (1612 - 1675), Komponist. Josef Herold

Schloß Brüx

Das Brüxer Wappen

(1861 - 1932), Bürgermeister, Abgeordneter. Karl Huß (1761 - 1830), letzter Scharfrichter von Eger, Bekannter Goethes. Gustav Laube (1839 - 1923), Geograph. Johannes Leonis, gest. um 1499, Chronist der Stadt Brüx. Kurt Oberdorffer (1900 - 1980), Archivar und Museumsdirektor in Brüx, Historiker. Alois Ott (1894 - 1968), Bürgermeister, Heimatforscher. Die Humanisten Georg Barthold Pontanus von Breitenfeld (1560 - 1616) und Jakob Pontanus (1542 - 1626). Lois Scharf (1880 - 1967), Bergsteiger, Erschließer der Bergwelt des Borschen. Ludwig Schlesinger (1838 - 1899), Historiker. Joseph Stanislaus Zauper (1784 - 1850), Prämonstratenser und Gymnasiallehrer in Pilsen, Schriftsteller, Freund Goethes.

1930: 28 212 Einw. (17 549 Deutsche, 9740 Tschechen, 725 Ausländer).

Umgebung: Talsperre im Hammergrund bei Johnsdorf, 1911 - 1914 erbaut, mit einer 53 m hohen Sperrmauer. 1 600 000 cbm. Der ehem. Kommerner See, 1831 trockengelegt. Die bekannten Bitterwasserquellen der Dörfer Püllna, Saidschitz und Sedlitz.

Wappen der Stadt Brüx (nach einer Chronik, 1500): „Schildkrötartige Brück', zwei mächtige Türme als Bollwerk / Prangen nebst Leuen und Stern in dem Wappen der Stadt: / Das ist der Brüxer Geschütz. Die Brück' ein Pfad durch Gewässer, / Die zu mächtigerm Schutz beiderseits Türme bedräu'n. / Siegreich bekämpft der Leu den Feind; doch dein glänzend Gestirne / Ist dein wackerer Sinn, stets von der Ehre gekrönt."

Buchau *(Bochov)*, Bez. Luditz. 671 m. Die Stadt, Sitz eines Bezirksgerichts, bestand seit Mitte des 14. Jh.s Darauf weist auch der mittelalterliche Stadtgrundriß hin. Die Pfarrei bestand schon seit 1352. Die Kirche (Erzengel Michael), zuerst spätgotisch aus dem 15. Jh., wurde nach dem großen Brand von 1666 im Barockstil neu errichtet. Ein Epitaph des Adam von Steinsdorf und seiner Frau Katharina stammt aus dem Jahr 1579. Das Pfarrhaus, 1613 von den Tepler Prämonstratensern errichtet, fiel ebenso dem großen Brand zum Opfer und wurde dann vergrößert wieder aufgebaut. Im Süden von Buchau gab es noch die gotische Jakobskirche, außer dem sind eine Dreifaltigkeitskapelle (1693) und eine Marienkapelle (Ende 17. Jh.) zu erwähnen. Das Rathaus ist spätbarock, der Turm stammt aus dem Ende des 18. Jh. Ein bemerkenswertes Renaissanceportal wies das Haus Nr. 34 auf. Das seit 1923 bestehende Stadtmuseum hatte als Sammlungsgut Zeugnisse des heimischen Gewerbes, der Ortsgeschichte und Volkskunde, ferner Mineralien.

Die Wirtschaft war bestimmt von der Pozellanfabrik, der Schuhfabrikation und der Holzverarbeitung, aber auch von Viehmärkten. Eisenhaltige Mineralquelle. Sommerfrische.

Der berühmteste Sohn der Stadt war Clemens Stephani (1530 - 1592), Verfasser von Lustspielen und geistlichen Dramen („Geistliche Action").

1930: 1782 Einw. (1693 Deutsche, 84 Tschechen, 5 Ausländer).

Rathaus von Buchau

Der Gerichtsbezirk hatte 1930 12 402 deutsche Einwohner (98,3 %) und 227 Tschechen (1,7%). 1961 hatte er nur noch 4640 Einw. (35 %). 16 Ortschaften existieren nicht mehr. Hier und im angrenzenden ehem. Gerichtsbezirk Duppau wurden militärische Anlagen errichtet.
Umgebung: Burgruinen Hungerberg und Hartenstein.

Buchberg, auch Käuliger Buchberg genannt *(Buková hora)*, 999 m, im südlichen Teil des mittleren Isergebirgskammes und im Südosten von Klein Iser. In der Nähe mündet der kleine Iserbach in die Große Iser. Der Buchberg ist einer der höchsten Basaltkegel Mitteleuropas. Aus den Vertiefungen in Kesselform auf dem Gipfel schließen die Geologen, daß es sich bei dem Berg um einen erloschenen Vulkan handelt. Sehenswert sind die Basaltsäulen, die als sechsseitige Prismen fast bis zum Gipfel emporsteigen. Seltene Flora, 120 Arten, darunter alpine und arktische. Um 1600 bestand ein Bergwerk. Heute Landschaftsschutzgebiet.

Buchbergsthal *(Buchberkstál)*, Bez. Freudenthal, an der Mitteloppa gelegen. Hier befand sich ein Filialwerk der Eisenindustrie AG Ferrum in Friedland a. d. Ostrawitza. Bei der Vogelmühle ein eisenhaltiger Sauerbrunn. Geburtsort von Hedwig Teichmann (1875 – 1949), die in ihren Romanen und Erzählungen auch ihre Altvaterheimat behandelte.
1930: 826 Einw. (816 Deutsche, 7 Ausländer, 3 Tschechen).

Buchelsdorf *(Bukovice)*, Bez. Freiwaldau. 454 m. Das Dorf mit einer Filialkirche St. Georg (1901) bildete mit Dittershof, Fietzenhau, Frankenhau, Hammerhau und Streitenhau eine Gemeinde. Sommerfrische. Holzindustrie. Dittershof ist benannt nach Karl Ditters von Dittersdorf (1739 – 1799), dem Komponisten und Schöpfer der ersten „durchkomponierten deutschen Oper"; 1785 hatte der Breslauer Bischof seinem Kapellmeister hier einen Meierhof geschenkt und dieser hatte das Dorf angelegt.
1930: 2333 Einw. (2285 Deutsche, 24 Tschechen, 24 Ausländer).
Umgebung: Hammergrund, in dem im 17. Jh. ein Eisenhüttenwerk bestand.

Buchberg an der Neiße

Buchers *(Pohoří na Šumavě)*, Bez. Kaplitz. Der Markt an der Grenze zu Ober- und Niederösterreich wurde 1788 gegründet. Schon vorher bestand eine Glashütte. Von hier ging zu Beginn des 19. Jh. die Erzeugung des Hyalitglases (farbig und durchsichtig) aus. An Stelle einer Holzkirche errichtete man 1783 – 1791 einen Barockbau. Die Kirche Maria vom guten Rat war das Ziel vieler Wallfahrer, seit 1802 Pfarrei; die Matriken wurden seit 1779 geführt. Buchers war ein Zentrum der Hinterglasmalerei, seit der 2. Hälfte des 18. und während des gesamten 19. Jh. besonders intensiv betrieben. Berühmt war das Unternehmen des Johann Verderber. Die Gegend von Buchers war besonders schneereich. Es ist überliefert, daß die im Winter Verstorbenen oft erst nach der Schneeschmelze im Friedhof begraben werden konnten, vorher wurden die Toten im Schnee aufbewahrt.
1930 (mit Georgendorf, Paulina, Johannesthal, Bonaventura und Silberberg): 937 Einw. (802 Deutsche, 110 Ausländer, 25 Tschechen).
Umgebung: Schloß Rosenhof, ehem. Besitzer Graf Kinsky. Steinberg, 1069 m.

Buchlowitz *(Buchlovice)*, Markt im Bez. Ungarisch Hradisch. 265 m. Die Kirche St. Martin (1650 barock) war bereits 1389 Pfarrkirche. Am Schloßbau (1700 – 1701), Entwurf von

Domenico Martinelli, soll auch Johann B. Fischer von Erlach beteiligt gewesen sein. Stuck von Bald. Fontana. Sehenswerter Schloßpark mit exotischem Baumbestand. Im Schloß trafen sich 1908 der österr.-ungar. Außenminister Aloys Lexa von Aehrenthal und der russische Außenminister Alex. Petr. Izwolskij als Gäste des Schloßbesitzers Graf Leop. Berchtold, damals Botschafter in St. Petersburg.
Umgebung: Die vollständig erhaltene Burg Buchlau (Buchlov) (520 m) im Marsgebirge aus dem 13. Jh. mit späteren Um- und Zubauten war bis 1511 im Besitz der Landesfürsten. 1763 vom Grafen Berchtold erworben, war sie im 18. und 19. Jh. ein kulturelles Zentrum. Die Besitzer von Buchlau übten bis 1748 die Gerichtsbarkeit aus. Wertvolle Sammlungen (Glas, Porzellan, Waffen und Bibliothek; von dieser kamen in der Zeit der Gegenreformation die meisten Bände in die Universitätsbibliothek in Olmütz). Für arme Kranke bestand hier früher auch ein Hospital.

Buchwald *(Bučina)*, Bez. Prachatitz. Mit 1187 m das höchstgelegene Dorf des Böhmerwaldes, bzw. Böhmens, am Südhang des Postberges (1307 m) inmitten herrlicher Waldungen gelegen. Höhenluftkurort, Wintersportgebiet. Von hier stammt Johann Peter (1858–1935), Lehrer, Erzähler und Herausgeber der Zeitschrift „Der Böhmerwald".
1930: 347 Einw. (316 Deutsche, 29 Tschechen, 2 Ausländer).
Umgebung: Moldauursprung und der Berg Lusen.

Budweis *(České Budějovice)*. Die bedeutendste Stadt Südböhmens liegt an der Einmündung der Maltsch in die Moldau. Zwischen dem Böhmerwald und den Hochflächen des Böhmischen Massivs dehnt sich das Budweiser Becken aus, eine fruchtbare Landschaft. In zahlreichen Teichen wird Fischzucht betrieben. Die Stadt bildete mit einigen Siedlungen der Umgebung eine deutsche Sprachinsel. 1880 bestand noch eine deutsche Mehrheit. Das nationale Gefüge änderte sich mit der starken Industrialisierung und dem dadurch bedingten Zustrom tschechischer Arbeiter.
Die Gründung erfolgte 1265 durch Ottokar II.

Budweis, Rathaus

Die Stadt mit deutschem Recht wurde gegen Übergriffe des mächtigen südböhmischen Adels stark befestigt; Reste der Anlagen sind heute noch sichtbar. 1358 Stapelgerechtigkeit, 1547 Bergamt und Münzstatte. 1631 werden die Krönungsinsignien Böhmens und das Kronarchiv in die Nikolaus-Kirche in Sicherheit gebracht. Budweis war mehrmals Versammlungsort des Landtags. 1744 ordnet Maria Theresia Schleifung der Befestigung an.
1751 Sitz des neu gebildeten Kreises Budweis. 1785 Errichtung des Bistums Budweis; erster Bischof wird Johann Prokop Graf von Schaaffgotsche. 1884 Josef Taschek gründet den Deutschen Böhmerwaldbund (Gegenverein der Tschechen: Pošumavská jednota), der, nach der Vertreibung wieder errichtet, heute noch besteht. Das Deutsche Vereinshaus, 1871/72 gebaut, wurde Sitz deutscher Vereine und Sammlungsort der deutschen Bevölkerung. 1876 gründet Dr. Johann Kneißl das Stadtmuseum. Das Wappen der Stadt, 1648 vermehrt, zeigt die Stadtmauer mit drei Türmen; vor der Mauer einen Engel mit Schwert, der einen gotischen Schild mit dem böhmischen Löwen hält; neben dem Engel Hammer und Schlägel, ferner ein silberner Mond, Zeichen der Silbermünzprägung. Der Dom St. Nikolaus, erst frühgotisch und 1641–1649 barockisiert, hat wertvolle Innenausstattung und einen mächtigen 72 m hohen Glokkenturm (Schwarzer Turm) mit Galerie. Das bischöfliche Palais auf dem Ringplatz war ursprünglich das Piaristenkolleg. Die gotische Marienkirche (13. Jh.) betreuten die Dominika-

ner, später die Piaristen und Redemptoristen. Die St.-Anna-Kirche (1615 - 1621) gehörte zum ehem. Kapuzinerkloster, das jetzt Pädagogisches Institut ist. Alte Häuser stammen aus den Perioden der Spätgotik, der Renaissance und des Barock. Das Salzhaus (auch Zeughaus der Stadt) war das 1531 errichtete ehemalige Salzamt der Stadt. Das Theater, 1819 im Empirestil errichtet, wurde zweimal vergrößert (1881 und 1891) und umgebaut (1919 und 1955). Das barocke Rathaus (1727 - 1731) ist ein Werk A. E. Martinellis. Der quadratische Ringplatz (133 m Seitenlänge) ist einer der größten des Kontinents; der Samsonbrunnen entstand 1720 - 1727 nach einem Entwurf des Jesuiten F. Bauguth, ausgeführt von Johann und Josef Dietrich. Der Rabensteiner Turm ist ein Rest der Befestigungen aus der Gründungszeit. Den Heiligen Johann der Täufer und Prokop ist die Friedhofskirche geweiht; diese war im 13. Jh. Pfarrkirche und wurde um 1460 umgebaut.

Eine Großtat im verkehrstechnischen Bereich war der Bau der ersten Pferdeeisenbahn, von F. A. Gerstner 1827 - 1829 gebaut, die von Budweis über den Kerschbaumer Sattel nach Linz führte und dabei 400 m Höhenunterschied überwand. Die Überbleibsel dieser Bahn werden als nationales Kulturdenkmal angesehen.

Budweis ist nicht nur ein Verkehrsmittelpunkt, sondern auch ein wirtschaftliches Zentrum Südböhmens. Es werden Maschinen, Holz- und Papierwaren, Metall- und Emailwaren, Tonwaren erzeugt. Bedeutend ist die Nahrungs- und Genußmittelindustrie. In der großen staatlichen Tabakfabrik waren 1500 Arbeiter beschäftigt. Weltruf hatten die Firma Hardtmuth, 1790 gegründet, mit (1930) 1400 Arbeitern, die mit südböhmischem Graphit als Rohstoff die KOH-I-NOOR-Bleistifte herstellte, und die beiden Brauereien Bürgerliches Bräuhaus (heute Samson - nach dem Brunnen auf dem Marktplatz) und Böhmische Aktienbrauerei (heute Budvar). Ein 325 m tiefer Brunnen liefert (oder lieferte) das Wasser für die Biererzeugung. Budweis war auch der größte Getreidemarkt Südböhmens. Ausschlaggebend für die Industrie waren u. a. die nahen Kohle-, Anthrazit-, Graphit- und Tongruben, ferner die Entwicklung der (Pferde-) Eisenbahn und die durch Adalbert Lanna geförderte Moldauschiffahrt.

Bekannte Verlage waren Moldavia und K. Kratochwil. Presseorgane waren „Budweiser Zeitung", „Der Dorfbote", „Südböhmische Zeitung", „Das Handwerk", „Die Waldheimat", „Evangelisches Gemeindeblatt", „Der Gartenfreund" und „Die Glocke". An deutschen Schulen gab es das Staatsoberrealgymnasium, ein Mädchenlyzeum, eine Lehrerbildungsanstalt, eine Handelsschule, eine Landwirtschaftliche Lehranstalt und eine Staatsfachschule für Installateure.

Budweis, heute Verwaltungssitz des Südböhmischen Gebietes, besitzt eine Technische Hochschule, ein pädagogisches Institut und ist Sitz des Südböhmischen Theaters. Im Südböhmischen Museum, das naturkundliche und volkskundliche Schätze, ferner Waffen, Plastiken und Gemälde birgt, wird auch das illuminierte Kaplitzer Missale (1390 - 1400) aufbewahrt. In der Stadt befindet sich auch das Museum der revolutionären Bewegung in Südböhmen. Jährliche Veranstaltungen sind der Musikfrühling und die große Landwirtschaftsausstellung (seit 1972).

Budweis war ein kultureller Mittelpunkt der Deutschen. Der Stadt entstammten große Persönlichkeiten, u. a. Adalbert Gyrowetz (1763 - 1850), Komponist, Georg Plachy (Ferus) (1606 - 1664), Jesuit, als Universitätsprofessor Anführer der Studenten bei der Verteidigung Prags gegen

Budweis, Stadtwappen

Samsonbrunnen in Budweis

die Schweden 1648, Maximilian Millauer (1784–1840), Zisterzienser in Hohenfurt, Professor in Prag und Historiker Böhmens, Franz Mardetschläger (1810–1884), Botaniker, Franz Schuselka (1811–1886), Publizist und Politiker, Josef Taschek (1859–1939), letzter deutscher Bürgermeister von Budweis (1903–1918) und Gründer des Deutschen Böhmerwaldbundes, und Friedrich Jaksch (Bodenreuth) (1894–1945), Schriftsteller.

Budweis hatte 1880 noch eine deutsche Mehrheit. 1910: 44 538 Einw. (16 903 Deutsche); 1930: 43 788 Einw. (36 252 Tschechen, 6681 Deutsche, 542 Ausländer, 168 Juden); 1963: 67 900 Einw.; 1982: 90 000 Einw.

Umgebung: Schloß Frauenberg (Hluboká), vom Fürsten Schwarzenberg im englischen Tudorstil erbaut, mit zahlreichen Kunstschätzen, das Jagdschloß Ohrada mit Jagd- und Fischereimuseum und das Renaissanceschloß Kurzweil, heute Waffenmuseum, Gemäldegalerie und Konzertsaal. Badeort Gutwasser mit eisenhaltigen Mineralquellen und Rudolfstadt mit altem Silberbergwerk. Östlich von Budweis das Wittingauer Becken. Hier dehnt sich auf einer Fläche von 8 qkm der Rosenberger Teich aus, die größte Wasserfläche Böhmens.

Bukwa *(Bukovany)*, Bez. Falkenau. Im Adolf- und Sophienschacht (Braunkohle) waren über 700 Bergleute beschäftigt; das Unternehmen gehörte der Dux-Bodenbacher Eisenbahn.

1930 (mit Kitlitzdorf und Meierhöfen): 1612 Einw. (1429 Deutsche, 177 Tschechen).

Bünauburg *(Bynov)*, Bez. Tetschen. Der Name geht zurück auf Günther von Bünau (1572). Das Gut gehörte seit 1628 zur Herrschaft Tetschen. Das Schlößchen der Bünau (2. Hälfte 16. Jh.) wurde später Wohnhaus. Die Marienkirche stammt aus d. J. 1933. Sie war eine Filialkirche von Biela.

Bereits 1543 bestand ein Eisenhammer. Industrieort: Stahlindustrie (Nadelerzeugung), Baumwoll- und Roßhaarspinnereien (über 1000 Arbeiter), Korken-, Metallknopf- und Reißverschlußfabrik. Heute zu Tetschen gehörig (Stadtbezirk IX).

1930 (mit Neudorf): 1747 Einw. (1643 Deutsche, 19 Tschechen). 1961: 234 Einw.

Burberg. 591 m hoher Ausläufer des Duppauer Gebirges (im Nordosten liegend) wurde wegen der seltenen Pflanzen und Gesteine zum Reservationsgebiet erklärt. Viele vorgeschichtliche Funde. Prähistoriker siedelten hier die sagenhafte Wogastisburg an, die Stelle, an der Dagobert I. 631/32 mit seinem fränkischen Heer durch Samo, den Anführer der Slawen, geschlagen wurde. Am Berg Fundort der sog. Kaadner Grünerde (giftfreie Farbe).

Nahe die Ortschaft **Burberg** *(Úhošť')*, die zu **Atschau** *(Úhošť'any)* gehörte (Bezirk Kaaden). Atschau mit Burberg 1930: 400 Einw. (399 Deutsche, 1 Ausländer). Die Ortschaft existiert nicht mehr.

Bürgstein *(Sloup)*, Bez. Böhm. Leipa. Das Dorf (1324 entstanden) besaß schon 1327 eine Pfarrkirche. Der heutige Bau stammt aus d. J. 1707–1719 und ist ein Werk von Peter Paul Columbani. Emanuel Max schuf eine Madonna für die Kirche. Vor dieser eine frühbarocke Mariensäule.

Auf dem Einsiedlerstein eine Felsenburg, von der nur wenige Reste erhalten sind. Einige Gemächer waren in den Sandsteinfelsen gehauen. Ende 17. Jh. ließen sich hier Einsiedler nieder, bis 1785 die Einsiedelei durch kaiserliches Edikt verboten wurde. Das Schloß der Familie

Kinsky, die seit 1710 Eigentümerin von Bürgstein war, ist ein Barockbau (1730 - 1733) mit schönem Park, dort eine Fontäne mit Neptunfigur von A. Max (1755). Die Johann-von-Nepomuk-Kapelle, die als Familiengruft der Herrschaftsbesitzer diente, ist mit dem Schloß durch eine Lindenallee verbunden. Das Barockschlößchen Schwoika stellte Graf Kinsky dem Jugendbund Staffelstein zur Verfügung als Landheim und als Tagungsort.

Die Bürgsteiner Schweiz ist mit ihren Sandsteinschluchten, Höhlen und Grotten eine reizvolle Landschaft. Bürgstein war Sommerfrische (seit 1875) und hatte ein Waldtheater, das im Sommer viele Zuschauer anlockte. Im Gasthaus „Zum goldenen Lamm" debütierte 1901 Emil Jannings mit einem Wandertheater bei einer Aufführung von Schillers „Räuber".

Aus Bürgstein kam die Familie Max, zu der mehrere Künstler gehörten: Josef Franz Max (1765 - 1838), Rahmenschnitzer; seine Söhne Josef Max (1804 - 1855, gest. in Prag), Bildhauer, und Emanuel Max (geb. 1810 in Johannesdorf, gest. 1901 in Prag), Bildhauer, 1876 nobilitiert. Ein Sohn von Josef Max war Gabriel Cornelius Max (geb. 1840 in Prag, gest. 1915 in München), ein bekannter Maler und Professor der Kunstakademie in München.

Wirtschaftliche Verhältnisse: Rahmen- und Spiegelfabrik der Grafen Kinsky, Kattunwebereien, Rotgarnfärbereien, Goldschlägerei, Holzbildhauerei, Glas- und Porzellanerzeugung. Die Kattundruckerei war die erste in Böhmen. Seit 1756

Bürgstein mit Felsenburg

Busau, Deutschordensburg

hatte Graf Kinsky industrielle Wirtschaftsunternehmen eingerichtet.

1930 (mit Johannesdorf - 1750 entstanden): 1949 Einw. (1773 Deutsche, 140 Tschechen, 35 Ausländer).

Busau *(Bouzov)*, Bez. Littau. Die seit ca. 1300 bestehende Burg Busau besaßen im 14. Jh. die Herren von Kunstadt, dann andere Adelige. Seit 1699 gehörte sie dem Deutschen Orden. Dessen Hochmeister Erzherzog Eugen ließ die Burg durch den Baumeister Georg Joseph Hauberisser, den Schöpfer des Rathauses in München, 1896 - 1906 im neugotischen Stil umbauen. Die Burgkapelle war die Grabstätte der Ordenshochmeister.

In der Burg sind in 150 Räumen reiche Sammlungen untergebracht, die einen Anziehungspunkt für Touristen bilden. In der Nähe wurden Gräberfunde aus der Vorzeit gemacht; dabei wurden auch Bernsteinperlen gefunden.

1930 (mit Doly): 647 Einw. (634 Tschechen, 11 Deutsche).

Buschullersdorf *(Oldřichov v Hájich)*, Bez. Reichenberg. Gründung als Köhlerdorf zu Beginn des 16. Jh. Ursprünglicher Name Ulrichsdorf. Sommerfrische im romantischen Görsbachtal. Wintersport. Der sog. „Wallfahrerweg" führt durch herrliche Buchenbestände nach Haindorf und Bad Liebwerda. Beliebtes Ausflugsziel der Spitzberg (721 m) mit guter

Aussicht auf Teile der Bezirke Reichenberg und Friedland. Spinnereien und Holzwarenerzeugung.
1930 (mit Philippsgrund): 1514 Einw. (1479 Deutsche, 20 Ausländer, 15 Tschechen).

Buschtiehrad *(Buštěhrad).* Die Stadt im Nordwesten von Prag (Bezirk Kladno) hieß bis 1880 Butzkow, dann erhielt sie den Namen Buschtiehrad nach dem dortigen kaiserlichen Schloß. Die Buschtiehrader Bahn aus dem Jahre 1856 diente an Stelle der ehemaligen Pferdeeisenbahn vor allem dem Transport der Kohle aus dem Buschtiehrad-Kladnoer Revier. Angeschlossen wurden im Laufe der Zeit u. a. auch die Strecken Karlsbad - Eger (53 km), Lana - Priesen - Komotau (84 km), Priesen - Karlsbad (57 km). Durch die Bahn war Prag mit den bedeutendsten Kohlelagern (Falkenau, Komotau, Radonitz, Kladno) verbunden. Durch Gesetz vom 8. Juni 1923 wurde die Bahn verstaatlicht.

Butschowitz *(Bučovice),* Bez. Wischau. Die Stadt besitzt ein Schloß im Renaissancestil, 1567-1581 durch die Herren von Boskowitz errichtet. Der Architekt war Ferrabosco di Lagno. Der Arkadenhof wurde einmal die „Perle aller Galeriehöfe Mährens" genannt. Der Brunnen im Hof mit einer über 8 m hohen Bronzefontäne stammt aus d. J. 1635. Im Schloß, das Eigentum der Fürsten Liechtenstein war, ist jetzt ein Museum mit Sammlungen zur Stadtgeschichte und Volkskunde. Die Kirche Mariä Himmelfahrt aus d. J. 1637-1641 wurde 1825 im Empirestil umgestaltet. Schafwollweberei und Holzwarenfabrik.
Aus Butschowitz stammte Josef Fischhof (1804-1857 in Baden bei Wien), gefeierter Pianist und Professor am Konservatorium in Wien.
1930: 3077 Einw. (3009 Tschechen, 31 Deutsche).

Chiesch *(Chýše),* Bez. Luditz. Der schon 1169 erwähnte Ort wurde kurz nach 1470 auf Fürsprache Burians II. von Guttenstein Stadt, mit Magdeburger Stadtrecht, mit einem Wappen begabt (silberne Stadtmauer mit Tor, darüber drei Türme, über dem mittleren das Guttenstein-Wappen mit drei Hirschgeweihen) und Festungsanlagen ausgestattet. An Stelle der Burg entstand ein Renaissanceschloß, das schließlich durch Adalbert Ignaz Ullmann in englischer Gotik neu erstand. Außer den Guttenstein waren noch die Lobkowitz, Kolowrat und Lažansky Schloßherren. Das Schloß über der Schnella hat als besonderes Schmuckstück ein Deckengemälde von Peter Brandl („Der Tod Johannes d. T.). Bekannt waren die Theateraufführungen im Schloß, die Bruno Brehm zum Schauplatz für sein Buch „Ein Graf spielt Theater" machte. Bei den Söhnen des Grafen Lažansky war der tschechische Schriftsteller Karel Čapek Erzieher; ihm widmete man im Jahre 1967 eine Gedenktafel. Das Schloß nutzte man schließlich als Schule (Sprachschullager); auch Kinder aus dem Raume Brüx brachte man dort zeitweilig unter.
1485 kamen die Karmeliten nach Chiesch, die dann 1540 vertrieben wurden und 1627 im Zuge der Gegenreformation wieder zurückkehren konnten. 1785 erfolgte die Auflösung des Klosters, dessen barocke Kirche aus d. J. 1679 Pfarrkirche wurde (Maria Namen). Ein Teil des Klosters wurde Pfarrei, ein anderer Gutsverwaltung. Die weithin sichtbare doppeltürmige Spitzbergkirche besuchten früher viele Wallfahrer. Die Judengemeinde hatte Synagoge, Schule und einen Friedhof aus dem 17. Jh.
Auf der Stadtgrabenbrücke stehen 4 Heiligenstatuen (Johannes von Nepomuk, Josef, Adalbert und Sebastian) von Matthias Braun; diese gehörten früher zu einer barocken Pestsäule. Chiesch war bekannt durch seine Viehmärkte.
Aus Chiesch stammt die Familie des Dichters Bruno Brehm (1892-1974), der als Offizierssohn („Tornisterkind") in Laibach zur Welt kam; er schrieb vor allem historische Romane aus der Welt des alten Österreich. Theodor Stieglitz (1840-?) war Gymnasialdirektor in Arnau und pädagogischer und philosophischer Schriftsteller.
1930: 1211 Einw. (1099 Deutsche, 101 Tschechen, 11 Ausländer).

Chodau *(Chodov),* Bez. Elbogen. Die Stadt inmitten eines Braunkohlenreviers verdankt ihre Entstehung der Kolonisation durch das Zisterzienserkloster Waldsassen (nach 1165); Ende 12. Jh. wird Chodau genannt. Im 14. Jh.

Chodau

besteht eine Pfarrkirche, an deren Stelle 1725–1733 eine Barockkirche (St. Laurentius) entsteht, vom Tiroler Baumeister W. Braunbock gebaut. Peter Brandl schuf das Altarbild, E. Dollhopf ein Fresko.
1869 Marktflecken, 1894 Stadterhebung, 1895 Verleihung des Wappens mit Symbolen für Landwirtschaft, Kohlebergbau, Porzellan- und Maschinenindustrie und Handel. Die Porzellanindustrie betrieb man seit 1811; sie entwickelte sich zu einem blühenden Wirtschaftszweig, besonders nach 1872, als der Anschluß an das Eisenbahnnetz hergestellt wurde. Auch das Schloß in Unter-Chodau (aus dem 18. Jh.) wurde zu einer Porzellanfabrik umgewandelt. Kaolin- und Braunkohleförderung, Maschinenbau, Glaserzeugung, Eisenwerke, Zement- und Tonwarenherstellung, Handschuherzeugung.
1956 übernahm die Stadt Waldsassen, wo sich die Chodauer Heimatstube befindet, die Patenschaft über die vertriebenen Chodauer.
1930: 5961 Einw. (5667 Deutsche, 184 Tschechen). 1983: 15 800 Einw.

Chotieschau *(Chotěšov)*, Bez. Mies. Das Prämonstratenserinnenstift, um 1200 von Wojslawa, der Schwester Hroznatas von Tepl, errichtet, verfiel 1782 der Säkularisierung, kam an den Religionsfond und 1822 in den Besitz der Familie Thurn und Taxis, die die Klostergebäude 1877 den Salesianerinnen überließen. 1945 Beschlagnahme und vorübergehend Kaserne. Klosterkirche Mariä Geburt zu Beginn des 18. Jh. barockisiert, Umbau 1901. Prälatur 1614–1618. Konventbau 1734–1756 Entwurf von J. Auguston. Barocker Schüttboden (1699). So wie Stift Tepl, Wiesengrund, Staab und Stankau hatte auch Chotieschau das Wappenschild Hroznatas, des Stifters von Tepl (drei Hirschgeweihe mit je zehn Enden, dazu Mitra und Krummstab).
Persönlichkeiten: Franz Kraus, geb. 1879, gest. 1962 Scheinfeld/Mfr., Gründer des Sudetendeutschen Verlags in Reichenberg; verlegte die „Bibliothek deutscher Schriftsteller aus Böhmen, Mähren und Schlesien“, darin auch die Gesamtausgabe Adalbert Stifters. Hans Turnwald (geb. 1920, gest. 1982 in Nürnberg), Inhaber eines großen Autohauses in Nürnberg. Mitglied des Präsidiums des Volkswagenwerkes. Vorsitzender des Ortsausschusses Chotieschau/Mantau.
1930: 2855 Einw. (2065 Deutsche, 715 Tschechen, 65 Ausländer).

Chotusitz *(Chotusice)*, 5 km nördlich von der Bezirksstadt Tschaslau (Čáslav) gelegen. Am 17. Mai 1742 schlug hier Friedrich II. die Österreicher unter Karl von Lothringen. Dieser Sieg führte zum Frieden von Breslau, der den Ersten Schlesischen Krieg zugunsten Preußens beendete.
Nordöstlich Žehušice mit zwei Schlössern und einem Tierpark, in dem weiße Hirsche gehalten werden.

Christiansthal *(Kristiánov)*, Ortsteil von **Friedrichswald** *(Bedřichov)*, Bez. Reichenberg. In der Gründung Leopold Riedels arbeitete seit dem Dreikönigstag 1776 eine Glashütte. 1887 niedergebrannt, wurde sie nicht wieder aufgebaut. Das sogenannte Herrenhaus wurde

Christiansthal

Ferienheim, dann im Zuge der Bodenreform enteignet und dem tschechischen Touristenverein übergeben. Als die tschechischen Soldaten 1938 aus dem Sudetenland abziehen mußten, steckten sie das Herrenhaus in Brand. Das alte Fuchshaus, in dem die ersten Glasmacher wohnten, wurde später Gasthaus, nach 1960 ein Glasmuseum.
Im Waldfriedhof Gräber der Glasmacherfamilie Riedel (seit 1822). Der letzte Glasmeister von Christiansthal war Leopold Riedel (gest. als Achtzigjähriger 1926); dieser war auch der Begründer der Reinowitzer Glashüttenwerke.
In der Nähe der Teufelstein (auch Teufelsitz), an den eine Sage geknüpft ist.

Christophsgrund *(Kryštofovo Údolí)*, Bez. Reichenberg. Der Ort, im 15. Jh. als Bergbausiedlung entstanden, liegt in der sog. Clamschen Schweiz. Die Holzkirche, als Blockwandbau errichtet und mit historischen Malereien, wurde später mit Schiefer verkleidet. Die Pfarrei besteht seit 1768. Sommerfrische.
1930: 844 Einw. (796 Deutsche, 39 Tschechen).

Chrudim in Ostböhmen und am Nordostabhang des Eisengebirges (Železné Hory) liegt an der Chrudímka, die auf der Böhmisch-Mährischen Höhe entspringt und nach 97,3 km langem Lauf bei Pardubitz in die Elbe mündet. Um 1055 erwähnt und seit 1260 königliche Stadt, hatte deutsche Bevölkerung, die aber schon längst verschwunden war. Die Kirche Mariä Himmelfahrt ist ein gotischer Bau des 14. Jh.s. Im sog. Seifensiederhaus (Renaissance) ist ein Puppenspielmuseum eingerichtet. Jährlich finden in der Stadt Puppenfestspiele statt. Früher waren die in jedem Jahr abgehaltenen Pferdemärkte berühmt.
Nahrungsmittelindustrie, Maschinenerzeugung, Textilwerke.
Geboren wurden in Chrudim Josef Ressel, dessen Vater aus dem deutschen Nordböhmen kam (1793 - 1857), Erfinder der Schiffsschraube, und Josef Schramek (1856 - 1940), Heimatforscher und Volkskundler („Das Böhmerwald-Bauernhaus“, 1908).

Dallwitz *(Dalovice)*, Bez. Karlsbad. Das Dorf liegt an der Eger und an der Bahnlinie Prag - Eger. Im Park des Schlosses wurde 1914 eine Bronzestatue Theodor Körners von dem Bildhauer Ludwig Tischler aufgestellt. Der Dichter hatte die Eichen im Park in einem Gedicht besungen, während er 1813 nach einer Verwundung in Karlsbad Erholung suchte. Im Schloß lebten damals die Riedel von Riedelstein. Heute ist im Schloß ein Internat für Lehrlinge untergebracht. Dallwitz ist nach Karlsbad eingemeindet. Braunkohlen- und Kaolingruben, Porzellanfabrik.
1930: 2287 Einw. (2175 Deutsche, 56 Tschechen, 55 Ausländer).

Datschitz *(Dačice)*. Die südmährische Bezirksstadt am Abhang der Böhmisch-Mährischen Höhe wird 1183 als fürstliches Gut erwähnt und 1378 zur Stadt erhoben. Bereits 1226 wird die Pfarrkirche St. Laurentius erwähnt (Barockbau 1778 - 1785). Von einem älteren Bau ist der Renaissanceturm (1586 - 1590) erhalten. Das ehem. Franziskanerkloster (1660 - 1664) mit Kirche (1672 - 1677) ist heute Museum (Stadtgeschichte, Bildergalerie mit Werken Max Švabinskýs u. a.). Zu den Besitzern des Schlosses (Renaissance, Umbau in der Empirezeit) gehörte auch Karl Anton von Dalberg, Erzkanzler und Fürstbischof von Regensburg. Renaissancerathaus.
1841/1842 entstand in Datschitz in einem Haus am Ring, das jetzt als Kulturhaus dient, der erste Würfelzucker der Welt. Die Zuckererzeugung wurde wegen ungünstiger Verkehrsverbindungen wieder eingestellt. Es gab Mühlen, Brauerei, Sägewerk und Herstellung landwirtschaftlicher Maschinen. 1777 kam hier der Maler Franz Altmann zur Welt (gest. 1818).
1930: 2547 Einw. (2454 Tschechen, 58 Deutsche).
Nordöstlich von Datschitz liegt **Neureisch** *(Nová Říše)*, seit dem 13. Jh. Prämonstratenserinnenkloster (1596 aufgelassen), seit 1641 von Prämonstratensern besetzt. In der Abteikirche Fresken von Johann Lukas Kracker (1766).

Dauba *(Dubá)*. Die Bezirksstadt ist Mittelpunkt der Daubaer Schweiz zwischen Iser und Elbe, bzw. zwischen Böhmischem Mittelgebirge und Jeschken. Im Westen wird Rothopfen, im

Osten Grünhopfen angebaut. Daubaer Hopfen und Daubaer Mohn (sog. Bäckermohn) waren wichtige Exportartikel. Die Daubaer Schweiz, ein Anziehungspunkt für Touristen, zeigt, wie die ursprüngliche Plattenlandschaft aus Sandstein im Laufe der Zeit durch fließendes Wasser tiefe Einschnitte erhielt. Dieser Vorgang ließ malerische Felsgebilde und Kluften, die teils mit Wald bedeckt sind, entstehen.

Dauba, erwähnt im 13. Jh., Stadt seit Anfang des 14. Jh.s, lange im Besitz der Berka von Duba und Leipa. Die Kirche, die dritte seit Bestehen der Stadt, (Auffindung des Hl. Kreuzes, 1744 - 1760) zeigt Einflüsse der Baumeister Kilian Ignaz Dientzenhofer und Anselmo Lurago. Sie hat eine wertvolle Barockeinrichtung. 1945 wurde die Kirche durch Beschuß beschädigt. Die Dreifaltigkeitssäule auf dem Marktplatz stammt aus d. J. 1726, die Johannes-von-Nepomuk-Statue aus d. J. 1740. Aus Dauba kommt Siegmund Hahn (1844 - 1929 in Wien), Redakteur beim „Neuen Wiener Tagblatt", Herausgeber des „Reichsratsalmanach" (5. Aufl. 1891).

1930 (mit Neu Perstein und Ober Eichberg): 1565 Einw. (1333 Deutsche, 204 Tschechen).

In der Umgebung: Waldsteinschloß Neu Perstein mit Park (16. Jh.), heute ein Internat. Hühnerwasser, bekannt durch ein Gefecht 1866.

Deschneyer Großkoppe *(Velká Deštná).* 1115 m. An der Grenze gelegener höchster Punkt des Adlergebirges. In der Umgebung des Berges, der auch Großkoppe genannt wird, Urlaubs- und Wintersportgebiet.

Das Daubaer Stadtwappen

Daubaer Schweiz

Am Fuße der Deschneyer Großkoppe liegt die Dorfgemeinde **Deschney** *(Deštné),* Bez. Neustadt an der Mettau. Weberei, Lederwarenerzeugung.

1930: 900 Einw. (826 Deutsche, 72 Tschechen).

Desse *(Desná),* entsteht aus den Wildbächen Schwarze und Weiße Desse und mündet bei Tannwald in die Kamnitz. Im Tal Textil- und Glasindustriebetriebe. 1912 - 1915 Errichtung eines 14 m hohen Wehrs mit 4 m Kronenbreite an der Weißen Desse. Am 18. September 1916 Zerstörung des Dammes; dabei fanden 65 Menschen den Tod. Zwei Dörfer wurden vernichtet, in vier Gemeinden entstand großer Schaden. Das Unglück behandelte Gustav Leutelt in seinem Roman „Der Glaswald". Der Schleusenturm blieb stehen und erinnert an dieses Unglück.

Durch Stauung der Schwarzen Desse entstand die Darre-Talsperre (Sieben Millionen cbm Stauinhalt, zwei qkm Staufläche). Trinkwasserreservoir für Gablonz. Bis 1970 viel besuchter Campingplatz.

Dessendorf *(Desná),* Bez. Gablonz. Das langgezogene Taldorf besteht seit dem Ende des 17. Jh. (1691), gehörte zur Gemeinde Albrechtsdorf, bis es 1878 selbständige Gemeinde wurde. 1913 Markt. Die beiden Kirchen sind neugotisch (altkatholische 1889 - 1890, katholische 1903). In Dessendorf war das Riedelsche Glasarchiv untergebracht (Geschäftsbücher 1776 - 1945, Geschäfts- und Privatkorrespondenz). Die Glasmacherfamilie Riedel ist eng mit dem Isergebirge verbunden, wo sie seit 1753 Glas erzeugte

(Antoniwald, Christiansthal, Neuwiese, Unter Polaun). 1970 Auszeichnung der Marktgemeinde mit dem Titel Musterort II. Stufe.
Glashütte, Glasschmuckindustrie, Holzschleiferei, Holzkistenfabrik, mechanische Weberei. Wintersport.
Ein Gedenkstein erinnert an die Opfer beim Dammbruch der Dessetalsperre (siehe Desse) im Jahre 1916.
1930: 1740 Einw. (1516 Deutsche, 198 Tschechen, 25 Ausländer) (921 röm.-kath., 675 altkath., 111 konfessionslos).
1970: ca. 3500 Einw. (450 Deutsche).

Deutsch Beneschau *(Německý Benešov)*, heute *Benešov nad Černou)*, Bezirk Kaplitz, liegt am Fuße des Hochwald (1050 m) und an einer Flußschlinge der Schwarzau. Die Entstehung der südböhmischen Siedlung hing mit Benesch von Michelsberg zusammen, der um 1300 den vom „Silbernen Steig" abzweigenden Saumweg durch eine Befestigung sichern ließ. 1383 wurden die Stadtrechte verliehen. 1938 wurde die Stadt zum Reichsgau Oberdonau geschlagen. Die Kirche St. Jakob d. Ä. entstand im 14. Jh. Das Kreuzbild darin soll von Peter Brandl stammen. Das Rathaus ist ein Renaissancebau. Diesem gegenüber auf dem Ringplatz die barocke Johannes-von-Nepomuk-Säule. Das Stadtarchiv besaß wertvolle Urkunden, die älteste von

Die Dessefälle

1423 (Ulrich von Rosenberg); die Archivbestände wurden nach dem II. Weltkrieg vernichtet. In der Nähe das Jagdschloß Sophienschloß (1853).
Kunstmühlen, Metallwarenerzeugung, keramische Industrie, Zwirnknopffabrik, als Hausindustrie Knöpfelnähen.
Der Schriftsteller Joseph Gangl (1868 - 1916) hatte früher an seinem Geburtshaus eine Gedenktafel.
1930 (mit Kleppen und Schwarzthal): 1678 Einw. (1477 Deutsche, 157 Tschechen, 44 Ausländer).

Deutsch Brod *(Německý Brod,* nach dem II. Weltkrieg: *Havlíčkův Brod)*. Die ostböhmische Stadt an der Sasau entstand als deutsche Bergmannssiedlung (Silberbergbau) an einer Handelsstraße nach Mähren. Bis sie 1422 durch Hussiten niedergebrannt wurde, überwog die deutsche Bevölkerung. Tschechen führten die Neubesiedlung des verwüsteten Ortes durch, 1278 Stadtrecht, 1321 zur Bergstadt erhoben.
Die Dekanalkirche (Mariä Himmelfahrt) mit der ältesten Glocke Böhmens (1300) war im 13. Jh. durch den Deutschen Orden errichtet worden, später barocker Umbau. Die Augustinerkirche (Hl. Familie) ist ein Barockbau (1679 - 1705). Das Gymnasium leiteten von 1807 bis 1855 die Prämonstratenser von Selau. Wappen: Zwei Löwen halten den österreichischen Bindenschild, darin die Initialen F. III., darüber die Habsburger Krone.
Lebensmittelindustrie, Holz- und Glasindustrie, Weberei.
Die Stadt besitzt heute eine Galerie mit Illustrationen und satirischen Zeichnungen moderner tschechischer Künstler, ebenso eine Erinnerungsstätte Karel Havlíček – Borovskýs (1821 - 1856); dieser Journalist verbrachte seine Jugend in Deutsch Brod.
Aus Deutsch Brod stammten: Johann K. Stamitz (1717 - 1757 Mannheim), Musiker und Komponist, kurfürstlicher Kammermusikdirektor und Schöpfer des sog. Mannheimer Stils; Hans Grohmann (1883 - ?), Sekretär des Deutschen Hauptverbandes der Industrie in Teplitz, dessen Mitteilungen er redigierte, Fachschriftsteller.

Deutsch Brod

1930: 10 760 Einw. (10 506 Tschechen, 142 Deutsche).

In der Nähe das Schloß Lipnitz (Lipnice nad Sázavou) des Heinrich Matthias Grafen von Thurn (1567–1640), der zunächst Führer der protestantischen Stände Böhmens und dann schwedischer Heerführer war.

Deutsch Brodek *(Brodek)*, Markt im Bezirk Littau. 1250 Entstehung eines Dorfes, das 1424 durch die Hussiten zerstört wurde. Wiederbesiedlung 1560 durch das Prämonstratenserstift Hradisch. Markterhebung 2. Hälfte des 19. Jh.s Mit vier anderen Ortschaften bildet Deutsch Brodek eine Sprachinsel auf der Drahaner Hochfläche. Nachdem viele deutsche Dörfer im tschechischen Volkstum aufgegangen waren, hatte die Sprachinsel zuletzt noch eine Größe von 28,84 qkm. Die Tschechen unterhielten für ihre Kinder eine Minderheitenschule.

Für die Kirche (Peter und Paul), 1801–1802 entstanden, schuf der Wiener Maler Josef Redl das Altarbild „Abschied der Apostel Petrus und Paulus"; eine Kopie dieses Bildes kam in die Dresdner Gemäldegalerie.

Das Bild der Gegend wurde durch mehrere Windmühlen bestimmt. Die Bevölkerung betrieb Hausweberei, Toledostickerei (weißes Leinen wird durchbrochen und mit Glanzstickgarn verziert), Flechten von Strohschnüren, Erzeugung von Strohhüten. In Hausindustrie wurden Kleider für den Großhandel erzeugt.

In Deutsch Brodek wurden geboren Joachim Blösl (1884–1949 Vöcklabruck), Pädagoge, Heimatforscher und Volkskundler; Konrad Bittner (1890–1967 Bochum), Slawist, Erforscher der böhmischen Geistesgeschichte, Präsident der Deutschen Pestalozzi-Gesellschaft.

Die Sprachinsel von Deutsch Brodek – Wachtl bestand aus (1930):

Deutsch Brodek	Einw.	Deutsche	Tschechen
(Brodek) 1	1234	1042	189
Deschna (Dešná)	494	449	44
Öhlhütten (Lhota)	333	322	10
Runarz (Runářov)	627	547	79
Wachtl (Skřípov)	1566	1508	42

Deutsch Gabel *(Německé Jablonné)*. Die Bezirksstadt liegt am Fuße des Lausitzer Gebirges und wird von der Eisenbahnstrecke Reichenberg – Teplitz-Schönau berührt. Seit ca. 1240 Stadt, waren von 1383 bis 1706 die Berka Besitzer der Herrschaft. Der Beginn des Stadtbuchs liegt i. J. 1368. Einen vollständigen Niedergang bedeutete die Zerstörung durch die Hussiten (1429). Durch kriegerische Ereignisse wurde Deutsch Gabel infolge seiner verkehrsgünstigen Lage immer wieder in Mitleidenschaft gezogen. 1813 weilte Napoleon in der Stadt; es war die einzige Stadt in Böhmen, die er betreten hatte. Er nahm im alten Posthaus Quartier; im selben Haus hatte bereits 1779 Kaiser Joseph II. gewohnt. 1901 erhielt Gabel den Namen

Wappen von Deutsch Gabel

Deutsch Gabel. Im Ersten Weltkrieg war hier ein Gefangenenlager. Seit 1919 internierte man hier einen Teil der ukrainisch-galizischen Armee, die die tschechoslowakische Grenze überschritten hatte. Die Stadt war bis 1788 Sitz eines Dominikanerklosters, das die heiligmäßige Zdislava († 1252) gestiftet hatte. Die dazugehörige Kirche verbrannte. Die jetzige Kirche, 1699 – 1729 errichtet, entstand nach Plänen von Johann Lucas von Hildebrandt. Architekten der großen Kuppelkirche mit wertvoller Ausstattung waren zwei italienische Baumeister. In der Gruft ruhen die Reliquien der seligen Zdislawa und verschiedene mumifizierte Leichname. Unter Zdislawa wurde zwischen 1240 und 1250 auch das Hospital mit der Wolfgangskirche (Spittelkirchel) erbaut. Zu erwähnen sind noch die evangelische Kirche, 1902 geweiht, die Pestsäule auf dem Marktplatz (1686) und das Posthaus im Rokokostil. Das Wappen der Stadt an der ehem. alten Handelsstraße von Prag nach Zittau enthielt eine zweizinkige Gabel.

Erwerbszweige: Webereien, Gerberei, Brauerei, Getreidehandel. Aus einer Seifensiederei im nahen Ringelhain entstanden die großen Schichtwerke in Aussig-Schreckenstein. Deutsch Gabel war auch Kurort (Moorbäder) und Sommerfrische.

1921: 3827 Einw. (2301 Deutsche, 67 Tschechen, 1458 Ausländer, davon 1202 im Lager interniert).

1930 (mit Walden): 2406 Einw. (2159 Deutsche, 180 Tschechen, 65 Ausländer.

Umgebung: Die ehem. Grenzburg Lämberg mit Kapelle (1241), nach der Schlacht am Weißen Berg an Wallenstein verkauft, später an die Grafen Gallas, bzw. Clam-Gallas (bis 1945). Schloß Neufalkenburg, Hochwald, Berg Oybin, Berg Dewin mit Ruine.

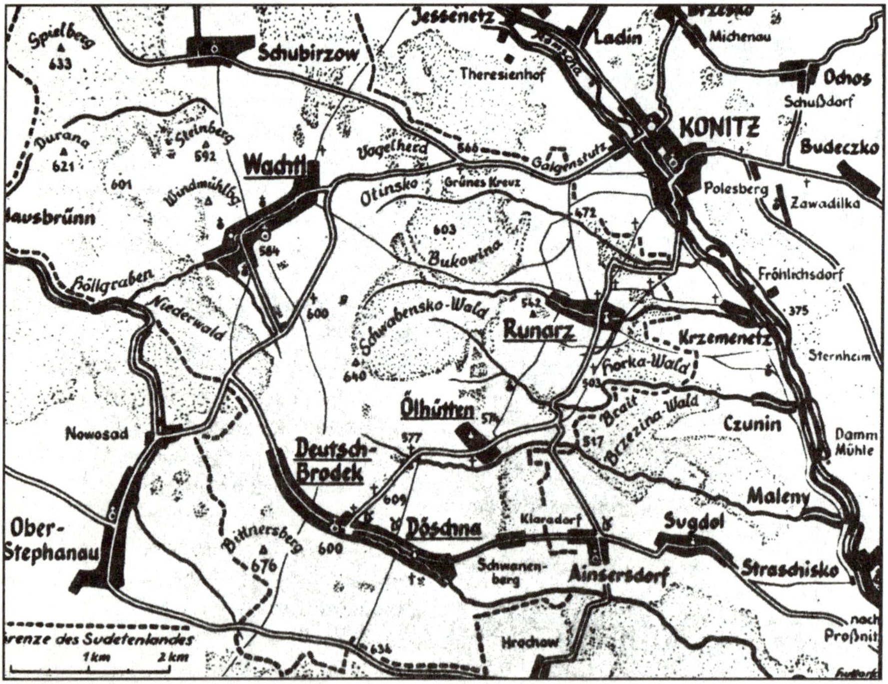

Die Sprachinsel von Deutsch Brodek

Laurentiuskirche von Deutsch Gabel

Deutsch Hause *(Německá Hůzová)*, Bez. Sternberg. 539 m. Im 12. Jh. gehörte der Ort der Olmützer Bischofskirche. Am Beginn des 14. Jh.s als civitas erwähnt. Das Wappen von 1452 deutet auf die Grafen Eulenberg hin: Eine Burgmauer und darauf eine Eule. Im 17. Jh. erscheint Deutsch Hause wieder als Markt.
Die Pfarrkirche Hl. Ägidius, auf das 12. Jh. zurückgehend, ist mehrmals abgebrannt und wurde 1800 neu errichtet. Das Valentin-Kirchlein, zu dessen Gnadenbild früher fromme Pilger kamen, wurde beim großen Brand 1787 zerstört und nicht wiederhergestellt. An seiner Stelle wurde ein Rathaus errichtet. Die Pestsäule entstand 1710.
1930: 1366 Einw. (1338 Deutsche, 22 Tschechen). 1947: 474 Einw.
Umgebung: Rücksteinberg (638), Eulenburg, Eichhorn, Reschener Wasserfälle.

Deutsch Jaßnik *(Německý Jeseník)*, Bez. Neutitschein. 270 m. Der Ort im Kuhländchen ist Haltestelle der Bahnlinie Wien – Krakau (Nordbahn). Die Sommerfrische in waldreicher Umgebung hat zwei Mineralquellen, stark säurehaltig, die in Flaschen versendet wurden. Die Kirche Mariä Himmelfahrt, aus der Zeit vor 1383, war 1560 – 1624 evangelisch, erhielt 1752 barocke Gestalt und wurde im 19. Jh. umgebaut. Das barocke Schloß aus der 2. Hälfte des 18. Jh. mit Schloßarchiv besitzt einen großen Park.
Wirtschaftliches: Malzfabrik, Landwirtschaftsgeräte-Erzeugung, Eisenwarenfabrik, Essig- und Likörfabrik.
In Deutsch Jaßnik starb der Komponist E. S. Engelsberg (d. i. Dr. Eduard Schön), 1825 – 1879, bekannt als Schöpfer von Liedern, Chören und Kirchenmusik.
1930: 1118 Einw. (1000 Deutsche, 104 Tschechen 12 Ausländer).

Deutsch Kralup *(Německé Kralupy)*, Bez. Komotau. Auf das 13. Jh. zurückgehend, wird es 1490 als Markt bezeichnet. Besitzer waren der Templerorden, dann die Lobkowitz auf Hassenstein und die Martinitz. Stadtprivilegien erteilte 1584 Ferdinand I. Stadtwappen: Stadtmauer mit zwei Türmen, zwischen diesen der böhmische Löwe. 1866 wurden 4000 preußische Soldaten einquartiert. Eine Burg, 1580 genannt, fiel dem 30jährigen Krieg zum Opfer. Die Kirche St. Jakob aus dem 14. Jh. wurde Ende 18. Jh. neu gebaut. An Stelle des früheren Prangers erhob sich seit 1726 die sieben m hohe Dreifaltigkeitssäule mit Figuren von Johannes von Nepomuk, Donatus und Florian.
Landwirtschaft und Viehzucht. Bergbau (Braunkohle). 1970 wurde gemeldet, daß der Ort innerhalb von fünf Jahren liquitiert werden solle; der noch bestehende Ludmillaschacht wurde von anderen Schächten aus ausgebeutet.
Persönlichkeiten: Leopold Manschberger SJ, Professor am Klementinum in Prag, Verfasser theologischer Werke, die 1751 – 1759 erschienen. Carl Josef Schwalb, 1842 – ?, Verfasser wissenschaftlicher Arbeiten und von Novellen, auch unter dem Pseudonym C. Bornsdrupp.
1930: 1281 Einw. (1202 Deutsche, 63 Tschechen, 16 Ausländer). 1947: 828 Einw.

Deutsch Liebau *(Německá Libina)*, Bez. Mährisch Schönberg. 287 m. Markt an der Bahnstrecke Sternberg – Hannsdorf – Ziegenhals. 1330 als Lubina moravicalis erwähnt, entwickelt es sich zu einem langen Reihendorf (6 km), wird im 17. Jh. Markt, in dem vom 18. bis zur Mitte 19. Jh. die Weberei in Blüte steht. Die Kirche St. Georg ist spätgotischen Ursprungs; sie wird längere Zeit von Protestanten benützt und erhält 1721 barocke Gestalt.

Deutsch Liebau

Industrie: Leinenweberei, Kurztextilien (Firma Norbert Langer & Söhne), Drahtgewebeerzeugung, Fabrik für landwirtschaftliche Maschinen. 1930: 4224 Einw. (4054 Deutsche, 134 Tschechen, 34 Ausländer). 1947: 2561 Einw. Umgebung: Bradelstein (601 m), Reschener Wasserfall.

Deutsch Wernersdorf *(Verněřovice)*, Bez. Braunau. 462 m. In der 2. Hälfte des 13. Jh. gegründet, war das Dorf erst bei der Herrschaft Wiesen, seit 1434 Braunauer Klosterbesitz. Pfarrkirche Dreifaltigkeit und St. Michael, 1719 nach Plänen von Kilian I. Dientzenhofer durch Abt Othmar Zinke errichtet. Dreifaltigkeitssäule (1803).
Papierwarenerzeugung. Kupfergruben.
Aus Deutsch Wernersdorf stammte der Volkspriester P. Dr. Augustin Reimann (1899 – 1970), 1936 – 1946 Redemptoristenprovinzial.
1930: 1081 Einw. (1045 Deutsche, 32 Tschechen). Umgebung: Buchberg, an dessen Fuß das Wallfahrtskirchlein Marienbrünnl.

Domstadtl *(Domašov nad Bystřicí)*, Bez. Sternberg. 517 m. Die Stadt an der Feistritz ist durch die Eisenbahn mit Olmütz und Jägerndorf verbunden. Im Mittelalter entstanden auf der Basis der Erzvorkommen Eisenhütten und -hämmer. 1274 erwähnt, wurde Domstadtl 1323 als Stadt, nach 1408 als Markt erwähnt. 1626 Erhebung zur Freien Bergstadt. Eine Deutung des Wappens, das eine linke Handfläche zeigt, besagt, daß es die Hand des Apostels Thomas sei, die dieser in die Wunde Jesu gelegt habe; dies stellt den Zusammenhang mit Thomastat her, wie Domstadtl früher hieß (1323).
Am 30. 6. 1758 vernichtete der österreichische General Laudon bei Domstadtl eine Versorgungskolonne der Preußen. Daraufhin mußte Friedrich II. die Belagerung von Olmütz abbrechen. 100 Jahre danach errichtete die Stadt Olmütz ein Denkmal mit einem Kreuz, das den damals gefallenen Soldaten gewidmet ist.
Die Kirche St. Anna (1791) ist ein Barockneubau. Ein Kinderferienheim der Stadt Olmütz entstand 1906, ein zweites folgte 1925.
Sommerfrische. Sauerbrunn. Seit 1898 Kohlensäuregewinnung. Soda-, Seifen- und Spirituserzeugung.
1930: 1149 Einw. (1044 Deutsche, 88 Tschechen, 15 Ausländer). 1947: 944 Einw.
Umgebung: Feistritztal mit eigenartigen Felsgebilden (bes. dem Rabenstein).

Donawitz *(Stanovice)*, Bez. Karlsbad. 554 m. Die Kirchenbücher wurden 1597 angelegt. Ca. 60 Jahre lang war die Kirchengemeinde evangelisch (1570-ca.1627). Das Gemälde des Egerländer Malers Elias Dollhopf in der Kirche Erscheinung des Herrn, die schon im 14. Jh. als Pfarrkirche bestand, wurde 1904 ein Opfer der Flammen; die Kirche wurde wieder aufgebaut.
Landwirtschaft, Bergbau, Porzellanerzeugung. Aus den Kaolinlagerstätten kam der Rohstoff, aus dem das erste böhmische Porzellan in Rabensgrün bei Schlaggenwald erzeugt wurde. In den 70er Jahren des 20. Jh. Bau einer Trinkwassertalsperre; dabei wurde das als Wanderparadies geschätzte Gebiet des „Wütenden Steines“ überflutet.
Aus Donawitz stammten die Eltern des Schauspielers und Filmregisseurs Willi Forst, eigentlich Wilhelm Frohs (1903 – 1980).
1930 (mit Neu Donawitz): 1076 Einw. (1070 Deutsche , 4 Ausländer, 2 Tschechen).

Donnersberg, auch Milleschauer *(Milešovka)*. Der bewaldete 835 m hohe Phonolithkegel ist der höchste Punkt des Böhmischen Mittelgebirges. Bekannt durch Caspar D. Friedrichs

Bild „Böhmische Landschaft". 1906 wurde eine meteorologische Höhen- und Wetterstation erbaut. Naturschutzgebiet.

Dörfel *(Vesec)*, Bez. Reichenberg. ein wichtiges Jahr für Dörfel war 1908, als es zur Marktgemeinde erhoben wurde und ein Wappen erhielt; dieses besteht aus dem Schild mit einem einschwänzigen und einköpfigen Löwen, darüber eine fünfzackige Krone, von einem Eichenkranz umrahmt. Nach dem Auftreten Luthers war auch hier die neue Lehre eingezogen, die sich bis 1654 halten konnte; 196 Menschen gingen wegen ihres Glaubens ins Exil, 585 wurden wieder katholisch. Eingepfarrt war Dörfel nach Röchlitz (Kirche Johannes der Täufer).
Industrie: Baumwoll-, Tuch- und Schafwollfabriken, Wollabfallreinigung, Wachswarenerzeugung, chemische Produkte.
Aus Dörfel kam der Vater des Schriftstellers Franz Karl Ginzkey (1871 - 1963). Dieser wurde in Pola geboren, wo sein Vater Lehrer an der Marineschule war.
1930: 3555 Einw. (2945 Deutsche, 554 Tschechen, 56 Ausländer).
1976 gab es in Dörfel eine Ortsgruppe des Deutschen Kulturverbandes mit 88 Mitgliedern, deren Durchschnittsalter bei 70 Jahren lag.
Umgebung: Spitzberg, basaltisch, 452 m.

Drahowitz *(Drahovice)*, Bez. Karlsbad. Als der Kurort Karlsbad durch das Eingreifen Karls IV. entstand (1349), wurde das Gebiet von Drahowitz der Neugründung zugeschlagen. 1848 wieder selbständige Gemeinde; 1939 abermals in Karlsbad eingemeindet. Die Brücke über die Eger war zunächst aus Holz; sie wurde 1784 vom Eisgang weggerissen. 1896 entstand eine Stahlbrücke, die 1956/1957 durch eine Betonkonstruktion ersetzt wurde.
Im Jahre 1927 begründete der gebürtige Wildsteiner Adam Kraft (1898 - 1976) in Drahowitz einen Verlag, der seinen Namen trug und zu großem Ansehen gelangte, nicht zuletzt durch zahlreiche Farbbildbände, die heute in Würzburg, wo der Verlag unter einem neuen Besitzer weiterarbeitet, erscheinen.
Filz- und Strohhutfabrik, Holzindustrie, Zementfabrik. Sommerfrische im Egertal.
1930: 6198 Einw. (5796 Deutsche, 213 Tschechen, 156 Ausländer).

Dreihacken *(Tři Sekery u Kynžvartu)*, Bez. Marienbad. Dorf aus dem frühen 16. Jh. (Herrschaft Tachau, dann Duppau und Königswart). Kirche Vierzehn Nothelfer, gebaut 1787 - 1790. Wappen: Grüne Tanne auf einem Hügel, in den Baumwurzeln drei Hacken (Hinweis auf Bergbau).
Seit Beginn des 17. Jh. Bergbau auf Kupfer, Alaun und Schwefel.
1930 Königswarter Dreihacken (mit Neu Metternich): 682 Einw. (659 Deutsche, 13 Tschechen); Tachauer Dreihacken: 600 Einw. (580 Deutsche, 11 Tschechen).

Drum *(Stvolínky, Drmy)*, Bez. Böhm. Leipa. 270 m. Erstmals erscheint Drum im Testament des sel. Hroznata, des Stifters von Tepl. Eine Burg (Ende 12. Jh.) wurde 1474 zerstört. 1647 wurde die Herrschaft Drum vom Prager Erzbischof Harrach erworben und an das 1655 errichtete Bistum Leitmeritz als Dotation gegeben. Unter Maximilian von Schleinitz, dem ersten Bischof, entstand das barocke Schloß als Sommerresidenz. Mitte des 19. Jh.s wurde ein Erziehungsinstitut der Jesuiten untergebracht; später dienten die Räume wirtschaftlichen Zwecken. Drum hatte ein Wappen: Über einer Mauer mit geöffnetem Tor zwei Türme, dazwischen das Schleinitzwappen mit drei Rosen und einem Bischofshut darüber.
Die Pfarrkirche Allerheiligen (14. Jh.) wurde 1811 neu gebaut. An den Außenmauern mehrere Epitaphe aus der Renaissancezeit.
Sommerfrische im Tal des Biberbaches.
1930: 552 Einw. (497 Deutsche, 53 Tschechen).
Umgebung: Der Prager Rudolf Korb 1845 - 1925), Statthalterei-Vizepräsident, setzte sich für den Naturschutz ein und schuf im sog. „Gottesgarten" bei Drum den ersten europäischen Naturschutzpark. Im Südwesten der 551 m hohe Ronberg.

Dubitz *(Dubice)*, Bez. Aussig. 323 m. Der Ausflugsort, vor allem während der Baumblüte von großem landschaftlichem Reiz, liegt auf der Dubitzer Hochfläche. Das Dubitzer Kirchlein, ca. 200 m über der Elbe, wurde nach 1579 erbaut

und diente zuerst als protestantisches Gotteshaus. Mitte 17. Jh. umgebaut und der Hl. Barbara geweiht. Auf dem Hauptaltar eine Statue dieser volkstümlichen Heiligen. Eine barocke Christophorus-Statue im Presbyterium aus der Mitte des 18. Jh. Gegenüber über der Elbe liegen die Reste der Raubritterburg Kamaik.
Das Dorf Dubitz 1930: 358 Einw. (204 Deutsche, 152 Tschechen).

Duppau *(Doupov)*, Bez. Kaaden. Die Stadt am Aubach, mit Kaaden und Saaz durch die Eisenbahn verbunden, war gegen Ende des 13. Jh. Sitz der Herren „de Tuppowe"; diese hatten eine Feste errichtet. Spätere Herren waren die Schlick, Lützau, Colloredo, Czernin und Zedtwitz. 1566 bestätigte Christoph Schlick die Stadtrechte. Wappen: Silberne Mauer mit Zinnen, geöffnetem Tor und gehobenem Fallgitter. Auf der Mauer zwei Türme, dazwischen ein goldener Krug mit drei silbernen fünfblättrigen Rosen. An Stelle der gotischen Burg errichteten die Besitzer zu Anfang des 18. Jh.s einen Schloßbau. Die Pfarrkirche Mariä Himmelfahrt wurde nach der Mitte des 18. Jh. neu gebaut.
Die Kirche zur Hl. Elisabeth, 1770 erbaut, mit Fresken von Kramolin und einem Stiftsgymnasium. Aus diesem gingen viele bedeutende Persönlichkeiten hervor. Dank einer Stiftung des Anton Joseph Klement (1701 - 1783), Hofsekre-

Dubitzer Kirchlein

Duppau

tär am Wiener Hof und 1768 in den Adelsstand erhoben, konnte in Duppau das Gymnasium mit Internat entstehen. Von 1767 bis 1773 unterrichteten Jesuiten, ihnen folgten bis 1876 die Piaristen. Die Wiederbegründung erfolgte 1896 durch Initiative von Weihbischof Dr. Wenzel Frind. Kunstgeschichtlich bemerkenswert war die Friedhofskirche St. Wolfgang (1382) mit gotischen Bauresten. Hier fanden katholische Gottesdienste statt, als Duppau protestantisch war. Das Stadtmuseum bestand seit 1900; das Archiv besaß Akten seit 1566. Bekannt war die Duppauer Posamentenindustrie.
Ein Duppauer war Dr. Viktor Karell (1898 - 1979), Gymnasial- und Handelsakademielehrer, Heimatforscher, Stadtarchivar und Museumsdirektor in Karlsbad.
1930: 1524 Einw. (1482 Deutsche, 22 Ausländer, 18 Tschechen,). Der Gerichtsbezirk Duppau umfaßte 17 deutsche Gemeinden (98,8 % Deutsche, 1,2 % Tschechen). 1947: 525 Einw. Duppau und viele Ortschaften der Umgebung existieren nicht mehr; hier wurde ein Sperrgebiet für militärisches Übungsgelände geschaffen.

Duppauer Gebirge *(Doupovské hory)*. Es ist entstanden infolge des Einbruchs des Egergrabens im Süden des Erzgebirges. Nach Sperling ist dieses Tertiärgebirge der Rest eines riesigen Vulkankegels, „dessen fast kreisrunde Basis einen Durchmesser von 40 km hat". Typisch für

Dux, Wappen

diesen Gebirgsstock sind die strahlenförmig nach allen Richtungen ausgehenden Erosionstäler. Das Basaltgebirge erreicht im Burgstadtl 932 m und im Ödschloßberg 925 m. Dieser vulkanischen Tätigkeit im Tertiär verdanken der Gießhübler und der Krondorfer Sauerbunn ihr Entstehen. Damals dürften auch die Löcher im Basaltgestein entstanden sein, durch die Gas entströmt; an diese sogenannten Zwerglöcher sind verschiedene Sagen geknüpft. Eine geologische Besonderheit ist ein in einer Höhe von 700 m liegendes Kohlenflöz am Hirschbühl bei Mühldorf. Aus der „grünen Erde", die ihren Ursprung im Basalt hat, wurde das sog. Kaadner Grün, eine Malerfarbe, hergestellt.

Dürnholz *(Drnholec)*, Bez. Nikolsburg. 174 m. Dürnholz entwickelte sich im Schutze einer Burg, die zu Ende des 12. Jh. errichtet wurde. Es wurde 1351 Stadt genannt, „obwohl es nur ein Markt war, wie seit 1355 bezeugt wird" (Zelenka). Wappen: Im Oberteil des Schildes ein mährischer Adler ohne Krone, im unteren Teil ist der Schild silber und schwarz gespalten. Eine Pfarrei bestand bereits 1276, sie gehörte zum Kloster Kanitz; im 16. Jh. protestantisch, kam sie 1640 wieder an die Katholiken zurück. Die Pfarrkirche Hl. Dreifaltigkeit entstand 1750, 1757 erneuert im Rokokostil. Altarblätter von Joseph Winterhalter, Bildhauerarbeiten von Andreas Schweigel d. Ä.

Das Schloß, entstanden aus der Burg der Kanitz (Mitte 12. Jh.) und der Liechtenstein (1380), erhielt durch die Freiherren von Tiefenbach 1583–1585 Renaissanceform. Es wurde 1645 von den Schweden belagert, aber nicht eingenommen. 1750–1753 durch Graf Trauttmannsdorff Umbau zu einem Barockschloß.

Zementwarenerzeugung, Landmaschinenfabrik. Landwirtschaft, Obst-, Gemüse- und Weinanbau.

1930: 2896 Einw. (2573 Deutsche, 232 Tschechen, 90 Ausländer). 1947: 1631 Einw.

Dux *(Duchcov)*, 217 m. Die Bezirksstadt am Fuße des Erzgebirges geht zurück auf eine alte Siedlung aus dem Jahre 1240, damals als Tockzcaw erwähnt. Es fanden sich jedoch vorgeschichtliche Funde in der Dux-Looscher Riesenquelle, einer Thermalquelle (20-34 °C), die 1877 versiegte. Besitzer waren zunächst die Herren von Riesenburg. Im 14. Jh. wurde das Stadtrecht verliehen. In der Zeit, da die Markgrafen von Meißen Besitzer waren, erfolgte 1426 die Zerstörung der Stadt und die Ermordung der deutschen Einwohner durch die Hussiten. Nach dem Ende der Pfandherrschaft Meißens 1459 fiel Dux an Böhmen zurück. Georg von Podiebrad verlieh Wappen und Siegel. Das Wappen zeigt in rot-schwarzem Schild einen zweischwänzigen Löwen in Silber mit Szepter und Reichsapfel. 1521 wurde ein Zollprivileg erteilt. Die Herrschaft kam schließlich an die Lobkowitz (1527–1641) und ab 1642 an die Waldstein. 1662 löste Johann Fried-

Duppauer Berge

Schloß Dux

rich von Waldstein, der spätere Erzbischof von Prag, das Untertanenverhältnis. 1835 fand im Duxer Schloß das Zusammentreffen des österreichischen Kaisers, des preußischen Königs und des russischen Zaren statt. Das 19. Jh. bedeutete einen durch den Braunkohlenbergbau bedingten großen Aufschwung: Bahnknotenpunkt an den Bahnen Aussig - Komotau, Ladowitz - Ossegg und Dux - Eisenstein. Auch Bergwerkskatastrophen blieben nicht aus. 1897 starben im Döllingen-Schacht 24 Bergleute durch Wassereinbruch: zeitweises Versiegen der Teplitzer Quellen. 1900 forderte eine Schlagwetterkatastrophe das Leben von 64 Bergarbeitern. 1911 fand eine große Industrie- und Gewerbeausstellung statt.

1358 wurde eine Burg erwähnt. Daraus entstand das Renaissanceschloß durch Aostalli (Ende 16. Jh.) und schließlich der Barockbau durch J. B. Mathey. Eine Erweiterung erfolgte im Empirestil (1812 - 1818). Statuen aus der Werkstatt des Matthias B. Braun schmücken die Gartenfront und den Ehrenhof, Ferdinand M. Brokoffs Plastiken stehen im französischen Park, den Johann F. Schor entworfen hatte. Die Fresken im großen Saal stammen von Wenzel L. Reiner. In einen neugebauten Pavillon im Schloßpark wurde vor einigen Jahren ein Fresko Reiners aus der Kapelle des Spitals übertragen. Die Schloßkirche Mariä Verkündigung (nach 1700) war ein Werk Canevales. Sie brannte 1945 aus. Die Bibliothek des Schlosses, an der seit 1785 Casanova wirkte und wo er seine Memoiren schrieb, wurde nach dem letzten Krieg nach Münchengrätz gebracht. Im Schloß zeugen 400 Gemälde vom Reichtum der Waldsteinschen Galerie. Der Besucher findet auch historische Möbel und einen Casanova-Gedenkraum. Die Hauptallee des Schloßgartens (ca. ein km lang) besteht seit 1958 nicht mehr.

Goethe, Schiller und Beethoven, dessen erster Mäzen ein Waldstein war, weilten in Dux. Diesem wurde 1966 ein Denkmal gesetzt. Obwohl es nahe Dux einen Vogelweidehof gab, ließ sich die von Patrioten aufgestellte Behauptung, Walther von der Vogelweide sei hier geboren, nicht halten. In der Parkanlagen am Barbarateich wurde ihm 1911 ein Denkmal enthüllt.

Neben katholischer Stadtkirche, 1716 - 1722 neu erbaut, die evangelische Kirche (1903) und gräfliches Hospital im Stadtpark, 1716 erbaut. Das Stadtmuseum, begründet 1901, enthält wertvolle geschichtliche Quellen, vor allem das Stadtbuch von 1389. Bemerkenswerte Bildhauerarbeiten: auf dem Marktplatz Springbrunnen mit Statue des Hl. Florian (1728) und Dreifaltigkeits-(Pest-) Säule (1749 - 1760) von Matthias Kühnel.

Seit 1872 erschien das „Duxer Wochenblatt", zunächst als „Nordwestböhmischer Kurier", später als „Duxer" bzw. als „Dux-Biliner Zeitung". Andere Blätter waren die „Deutsche Volksstimme", „Der Land- und Forstarbeiter" und „Schlägel und Eisen. Zeitschrift der Bergingenieure". Das deutsche Staats-Realgymnasium wurde 1910 errichtet. Zeitweise bestand in Dux auch eine Bergfachschule.

Dux: Schloß, Kirche, Dreifaltigkeitssäule

◀ 14 *Friedberg am Lippener Stausee* 15 *Gablonz an der Neiße*

16 *Groß-Tschernosek an der Elbe*

17 Graslitz im Erzgebirge

18 Gottesgab. Wo der Liederdichter Anton Günther begraben liegt.

19 Panorama von Jägerndorf

Wirtschaftlich hatte der Kohlenbergbau die größte Bedeutung, dieser wurde seit 1763 betrieben und veränderte Stadt und Landschaft beträchtlich. Betrieben wurden Maschinenbau, Porzellan-, Glas- und Keramikindustrie. Das Warenzeichen „1835 Porcelain Royal Dux" erinnert an das Gründungsjahr der Porzellanmanufaktur. Erwähnt seien auch Betriebe für Eisenguß, Blech- und Holzwarenerzeugung.

Persönlichkeiten: Matthias Kühnel, Barockbildhauer (gest. 1762); Joseph Stanislaus Zauper (1784 - 1850), Prämonstratenser des Stiftes Tepl, Lehrer am Ordensgymnasium in Pilsen, Schriftsteller und Übersetzer, befreundet mit Goethe, mit dem er in Briefwechsel stand; Maria Baumann, Schriftstellerin (1853 - ?); Bernhard Marr, Fabrikant in Dux, Altphilologe, Bearbeiter von Casanovas Nachlaß; Emil Liebitzky, General des österreichischen Bundesheeres (1892–1961); Hanns Kühnel, Maler und Graphiker, Begründer des Bildarchivs im Sudetendeutschen Archiv in München (1899 - 1983); Egon Jordan, Schauspieler in Wien und Berlin, 1930 - 1932 in Hollywood in Filmen beschäftigt.

1830: 1030 deutsche Einw. 1930: 13 040 Einw. (6504 Deutsche, 6285 Tschechen, 204 Ausländer). 1947: 8229 Einw.; 1983: 10 800 Einw.

1960 übernahm Miltenberg am Main die Patenschaft über die Duxer, deren Archiv und Heimatmuseum dort eingerichtet wurde.

Umgebung: Ehem. Zisterzienserstift Ossegg mit prachtvoller Barockkirche, Loosch (Kohle, große Kalkbrennereien), Ladowitz (Kohle, Ziegel- und Porzellanindustrie), Preschen (feuerfeste Tonwaren), Maria Ratschitz (Kohle, Marienwallfahrtsort).

Wappen von Eger

Eger, Ehrenhalle

Eger *(Cheb).* Die ehem. Reichsstadt Eger kann auf eine geschichtsträchtige Vergangenheit zurückblicken. Als zum Nordgau gehörig, errichtet dessen Markgraf Diepold bereits vor 1125 eine Burg, unter deren Schutz sich gleichzeitig an diesem verkehrsgünstigen Ort Siedler und Händler niederließen. Nach dem Tode Diepolds (1146) kam Eger mitsamt seinem Umland an den Staufen Friedrich Barbarossa, dieser gestaltete die Burg zu einer Kaiserpfalz aus und hob damit auch die Bedeutung der gesamten Region beträchtlich. Eger, 1242 mit Nürnberger Stadtrecht begabt und 1277 als Reichsstadt genannt, kam unter Przemysl Ottokar II. vorübergehend zu Böhmen. Im Jahre 1322 erfolgte durch Ludwig den Bayern die Verpfändung an Böhmen. Für die deutsche Geschichte wichtig war der am 5. Mai des Jahres 1389 im Reichslandfrieden zu Eger durch König Wenzel erreichte Landfrieden, durch den regionale Friedensgerichte eingerichtet wurden. Eger, das durch die Hussitenkriege viel zu erdulden hatte, war dann auch der Ort, an dem sich Abgesandte der Hussiten und des Konzils von Basel trafen, um über einen Ausgleich zu verhandeln. Während des Dreißigjährigen Krieges und auch noch später verstärkte man die Bemühungen um den Festungsausbau. Ein historisches Ereignis war die Ermordung Wallensteins am 5. Februar 1634 im Stadthaus; im Saal der Burg wurden gleichzeitig ergebene Offiziere des Feldherrn Opfer der Mörder. Im 18. Jh. versuchte Österreich mit Erfolg, Eger in die Habsburger Lande einzubeziehen; es konnte bis 1803 an der Reichspfandschaft festhalten. Als Teil Österreich-Ungarns kam das Egerland 1918 an die Tschechoslowakei.

Der mittelalterliche Stadtkern hat sich teilweise noch erhalten. Von der einstigen großen Burg, als Kaiserpfalz Veranstaltungsort mehrerer Reichstage, gibt der sogen. Schwarze Turm (21 m hoch), aus Lavaquadern errichtet, einen Begriff. Kunstgeschichtliche Kostbarkeit ist die erhaltene Doppelkapelle der Burg (1179 – 1188). Reizvoll ist der Marktplatz, zurückgehend auf eine Anlage des 13. Jh. mit dem Stöckel, einer Häusergruppe aus dem Mittelalter. Dort erhebt sich auch über dem Marktbrunnen der Wastel, eine Rolandsfigur, Symbol für die Marktgerichtsbarkeit. Von einstiger Größe geben die Patrizierhäuser Zeugnis. Im Stadthaus, früher im Besitz des Bürgermeisters Pachelbel, war das Stadtmuseum untergebracht. Eine Inschrift erinnert an den Egerer Volkstag 1897, bei dem gegen die Badenischen Verordnungen zur Doppelsprachigkeit in Böhmen und Mähren protestiert wurde; den Text der Inschrift schrieb der Dichter und Historiker Felix Dahn. Das Schirndingerhaus besitzt einen gotischen Giebel und Arkadenhof. Das Gablerhaus ist ein Rokokobau; hier hielt sich Goethe auf, der mit Joseph Sebastian Grüner, Magistrats- und Kriminalrat in Eger, freundschaftlich verbunden war; gute Beziehungen hatte der Dichterfürst auch zu Karl Huss, dem letzten Scharfrichter von Eger, der sich auch als Heilkundiger, Volkskundler und Chronist einen Namen gemacht hat. Im sogenannten Schillerhaus wohnte 1791 der Dichter und arbeitete an seinem „Wallenstein". Das Alte Rathaus (1722 - 1728) ist ein Barockbau G. B. Alliprandis. Der Theaterbau stammt aus dem Jahre 1874. Die Pläne schuf Vinzenz Prökl, die Ausführung hatte der Baumeister Karl Haberzettl. Heute heißt das Theater Západočeské divadlo. Eger hatte eine alte Theatertradition. Schon im 15. Jh. wurde das Fronleichnamsspiel in drei Tagen Spielzeit aufgeführt, später leiteten die Jesuiten Schuldramenaufführungen in deutscher und lateinischer Sprache. Bis 1850 wurde Theater im Rathaus gespielt, dann in einem eigenen Gebäude, bis das jetzige Theater entstand. In diesen Zusammenhang gehört auch das Alt-Egerer Krippentheater (1809 bis 1891), begründet von Andreas Schubert, dem der Rat der Stadt für mutigen Einsatz bei einer Brandkatastrophe 1809 gebührenfrei das Ehrenbürgerrecht verlieh, ebenso ein Geldgeschenk, dazu ein Privileg, seine Krippenspiele öffentlich aufführen zu dürfen. Neben diesem

Bartholomäuskirche von Eger

Eger, Stadtmuseum

Das Stöckl in Eger

volksbarocken Spiel sind noch die Egerer Reformationsdramen (Clemens Stephani, Daniel Betulius u. a.) und Spielelemente, wie in der Vinzenzi-Prozession sichtbar, zu erwähnen. Über Eger hinaus bekannt waren die Spiele auf der Bühne des Egerer Gymnasiums, die von Professor Anton Krauß gefördert wurden.

Die bedeutendste Kirche Egers ist die Dekanatskirche St. Nikolaus mit romanischen Bauteilen und frühgotischem Chor, im übrigen eine gotische Hallenkirche aus dem 15. Jh. Das Gotteshaus der Dominikaner, die 1294 nach Eger kamen, wurde nach dem Verfall von Kloster und Kirche während des Dreißigjährigen Krieges 1674 - 1688 wiederhergestellt; der Baumeister war wahrscheinlich Abraham Leutner.

Die Bartholomäuskirche bei der Kommende der Kreuzherren mit dem roten Stern, die seit 1271 in Eger wirkten, stammt von einem Meister Gumerauer und wurde 1414 festiggestellt. Sie ist heute Bestandteil der Städtischen Kunstgalerie und Ausstellungsraum gotischer Plastiken. Die ehemalige Franziskanerkirche, 1285 vollendet, ist eine spätgotische Hallenkirche. Das Kloster, mit einem Kreuzgang umgeben, dient heute Archivzwecken, die Kirche ist Magazin des Städtischen Museums. Gegenüber dem Franziskanerkloster erhebt sich die von Christoph Dientzenhofer stammende Kirche St. Klara (1708–1711). Sie gehörte zum Kloster der Klarissen, die im 13. Jh. nach Eger gekommen waren. Ihr Haus wurde 1782 im Zuge der Säkularisation aufgelöst. Nonnen des Klaraklosters hatten das prächtige Antependium mit Heiligengestalten geschaffen (um 1300), das als kunstgewerbliche Kostbarkeit im Egerer Stadtmuseum verwahrt wird. Die Klarakirche wurde später Gedenkhalle für die Toten des Ersten Weltkrieges; das 1937 vom Graslitzer Maler Franz Gruss geschaffene Fresko wurde nach 1945 übertüncht. Heute ist diese Barockkirche Konzert- und Ausstellungsraum.

Seit dem 18. Jh. wurden in Eger Archivalien systematisch gesammelt und aufbewahrt. Im Stadtarchiv, zu dessen Leitern Vinzenz Prökl, Heinrich Gradl, Karl Siegl und Heribert Sturm gehörten, sind erhalten Urkunden seit 1266, Akten seit 1330, Amtsbücher seit 1352 und Chroniken seit 1560. Das Museum der Stadt Eger, 1873 gegründet, ist im Stadthaus untergebracht, das Lapidarium befindet sich im Innenhof. Vorhanden sind im Museum vor allem Wallenstein-Erinnerungen und Objekte zur Geschichte, Kunst und Volkskunde des Egerlandes, darunter auch das schon genannte Antependium und Zeugnisse von Reliefintarsien, geschaffen von Kunsttischlern der Barockzeit, deren Werke heute kostbarer Besitz von Museen sind. Unter diesen berühmten Egerer Kunsttischlern findet man Namen wie Georg Fischer, Bernhard Drachler, ganze Familien wie die der Eck und Haberstumpf.

Als kulturelles Zentrum hatte Eger weit über die gesamte Region hinaus Bedeutung. Groß war das Einzugsgebiet für die Jugend, die Egerer Schulen besuchte. Es gab u. a. das Deutsche Staatsgymnasium, das auf die ehem. Lateinschule um 1300 zurückging, dann Jesuitengymnasium und 1773 verstaatlicht wurde. Das Deutsche Mädchen-Reformrealgymnasium (seit 1905) war zuerst ein Mädchen-Lyzeum. Die Deutsche Staatsrealschule, 1899 gegründet, wurde 1906 verstaatlicht. Die Deutsche Staatslehrerbildungsanstalt ging auf das Jahr 1791 zurück. Die Schwestern vom Heiligen Kreuz riefen 1881 eine Privat-Lehrerinnenbildungsanstalt mit Öffentlichkeitsrecht ins Leben.

Eger hatte ein vielseitiges Pressewesen. Die erste Zeitung der Stadt war die „Egrische Ordinari Postzeitung“, die seit 1703 zweimal wöchentlich erschien und vom Egerer Postmeister Johann Michael Widtmann herausgegeben wurde; die Zeitung, die bis 1750 erschien, gab ab 1719 dessen Sohn Adam Joseph heraus. Zeitungen neueren Datums waren u. a. „Egerer Kreisblatt", „Deutscher Landruf", „Egerländer Rundschau", „Egerländer Sonntagsblatt", „Deutsches Tagblatt für Westböhmen", „Egerländer Tagblatt" mit acht Nebenausgaben, „Sozialdemokrat", „Egerer Jahrbuch", und „Egeria". Deutsche Eichenblätter für Poesie und Literatur". Nur ein kurzes Leben hatte die Zeitschrift „Witiko" im Verlag von Johannes Stauda, der auch die bekannten „Flugschriften" und das „Böhmerlandjahrbuch" betreute.

Im Verkehrswesen nahm Eger einen gewichtigen Platz als Knotenpunkt ein; es waren die Strecken Eger – Wien, Eger – Karlsbad – Prag, Eger – Nürnberg, Eger – Franzensbad – Hof, Eger – Plauen. Die Stadt war das wichtigste Gewerbe- und Handelszentrum Westböhmens. Wirtschaftliche Faktoren waren u. a. die Textilindustrie, Fahrrad-, Motorrad- und Maschinenbau, chemische Industrie, Möbel- und Musikinstrumentenherstellung, Schuh- und Papiererzeugung, Kaolinunternehmen, Porzellan- und Tonwaren, sechs Druckereien, drei Brauereien, Lebensmittelerzeugung.

In Eger wurden viele große Persönlichkeiten geboren; es können nur einige Namen für viele andere genannt werden: der Mathematiker und Erfinder Johannes Widmann (um 1460 – nach 1500); die Humanisten Paulus Niavis gen. Schneevogel (1460 – 1514) und Johannes Silvius (Egranus) Wildenauer († 1515); der Buchdrucker Johannes Sensenschmidt († 1491); Johannes Habermann, Theologe und Hebraist (1516 – 1590); Balthasar Neumann, der bedeutendste deutsche Barockbaumeister (1687–1753); Franz Johann Habermann, Kirchenkomponist (1706 – 1783); Joseph Sebastian Grüner, Magistrats- und Kriminalrat in Eger, volkskundlicher und mineralogischer Schriftsteller, Freund Goethes (1780 – 1864); Johann Jakob Lorenz, Mundartdichter (1807 – 1860); Ernst von Plener, österreichischer Finanzminister (1841 – 1923); Johann Karl Stilp, Bildhauer (1668 – ?); Hugo Zuckermann, Dichter (1881 – 1914); Johannes Watzal, Bildhauer (1887– 1945); Josef Weidl, Bildhauer (1915 – 1972).

1910: 26 631 Einw. (22 979 Deutsche, 129 Tschechen; darin enthalten Militärpersonen 1064 Deutsche, 104 Tschechen). 1930: 31 546 Einw. (25 120 Deutsche, 3496 Tschechen). 1947: 14 533 Einw.

Umgebung: Rings um Eger erhoben sich zahlreiche Burgen, die zum Schutze der Kaiserburg entstanden waren. In vielen Fällen blieben nur Ruinen übrig. Die Burg in Wildstein geht auf die Nothaft von Wildenstein im 12. Jh. zurück. Ehrwürdiges Alter haben auch die Festen Seeberg, Liebenstein, Alt- und Neukinsberg. Beliebte Ausflugsorte waren das Sooser Moorlager, aus dem Mineralsalze gewonnen wurden, das Metternich-Schloß Königswart mit wertvollen Sammlungen, die Weltkurorte Franzensbad und Marienbad, der erloschene Vulkan Kammerbühl, bei dem Goethe geologische Studien getrieben hatte, und die Wallfahrtsorte Maria Kulm und St. Anna; letzterer existiert heute nicht mehr.

Eger *(Ohře)*. Der Fluß entspringt im bayerischen Fichtelgebirge am Schneeberg, überquert bei Markhausen die bayerisch-böhmische Grenze, durchfließt das Egerbecken und den Grabenbruch des Erzgebirges, berührt die Städte Eger, Falkenau, Königsberg, Elbogen, Fischern, Kaaden, Saaz, Postelberg, Laun, Theresienstadt und mündet nach einem 256 km langen Lauf bei Leitmeritz in die Elbe.

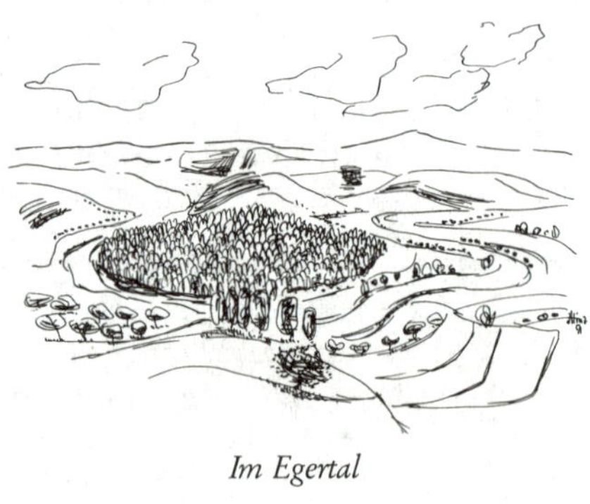

Im Egertal

Egerland. Das Egerland, ein geschlossenes historisches Gebiet in Westböhmen, hat als Mittelpunkt die alte Reichsstadt Eger. Das engere Egerland besteht aus den Gerichtsbezirken Eger und Wildstein, das weitere, das stammliche Egerland, umfaßt das Gebiet, in dem die dem Egerländer eigene Mundart gesprochen wird, das ist das gesamte deutsche Westböhmen mit Ausstrahlungen nach Bayern hinein. Vor dem Zweiten Weltkrieg lebten hier an die 800 000 Menschen, zumeist Deutsche. Es waren die politischen Bezirke Asch, Bischofteinitz, Eger, Elbogen, Falkenau, Graslitz, Karlsbad, Luditz, Marienbad, Mies, Neudek, Plan, Tachau und Tepl mit zusammen 857 politischen Gemeinden. Als historisches Egerland schließlich bezeichnet man die Region, die 1322 gemeinsam mit der Reichsstadt Eger an Böhmen verpfändet wurde. Die an der oberen Eger gelegene Landschaft ist umgeben von Erzgebirge und Kaiserwald, Böhmerwald und Fichtelgebirge. Geschützt durch das Erzgebirge ergibt sich eine klimatisch günstige Lage. Hinzu kommt fruchtbarer Boden. So konnte sich die Landwirtschaft gut entwickeln und damit auch eine Wohlhabenheit der Bevölkerung. Dazu trugen auch die Weltbäder Karlsbad, Marienbad und Franzensbad bei; für die Dienstleistungen in diesen Städten standen zahlreiche Spezialisten und Hilfskräfte aus dem gesamten Egerland, vor allem während der Saison zur Verfügung. Auch Bergbau und Industrie hatten ihre Stätten. Das Gebiet um Falkenau wurde geprägt durch den Kohlenbergbau, durch

Eichwald

die Gewinnung von Porzellanerde, durch Porzellanindustrie, Schamottewarenerzeugung und Textilindustrie. Besonders intensive Industrie wurde in Eger betrieben. Von hier aus führten viele Verkehrswege in alle Richtungen, was sich positiv für die wirtschaftlichen Belange auswirkte. Ein Hauptverkehrsweg ist die Bahnlinie, die dem natürlichen Weg, dem Flußlauf der Eger folgte.

Ein zweites Zentrum des Egerlandes ist das Ascher Ländchen. In dieser weniger fruchtbaren Gegend haben sich vor allem Textilindustrie und Maschinenbau ausgedehnt. Eine Besonderheit ist für das Ascher Ländchen anzumerken: Bedingt durch die Grundherren konnte hier die Bevölkerung während der Gegenreformation an ihrem evangelischen Glauben festhalten und diesen bis in unsere Zeit bewahren.

Obwohl das Egerland seit alter Zeit immer ein Durchzugsland war, das Verbindung zwischen Ost und West herstellte, blieb es doch ein geschlossenes Siedlungsgebiet, in dem vor allem durch das stark ausgeprägte Bauerntum die Tradition bewahrt wurde. Diese äußerte sich in der Tracht, im Brauchtum und im Häuserbau (Fachwerkbauten). Die Menschen zeichneten sich durch Natürlichkeit und Selbstbewußtsein aus. Von diesem Volksstamm sagte Goethe; „Es ist ein wackeres, abgeschlossenes Völkchen. Ich

Egerländer Bauernhof

habe die Egerländer wegen ihrer beibehaltenen Kleidertracht, die ich in früheren Jahren wahrnahm, liebgewonnen." Goethe schätzte diese Menschen und ihr Land aber noch aus einigen anderen Gründen; das bezeugen viele schriftliche Quellen und Aussprüche. Auch für seine naturwissenschaftlichen Forschungen bot ihm das Egerland viele Objekte, z. B. den Kammerbühl bei Eger, einen erloschenen Vulkan aus der Diluvialzeit, zu ausgiebigen Studien an.

Eichwald *(Dubí)*, Bez. Teplitz-Schönau. In geschützter Lage am Fuße des Erzgebirges und von Wäldern umgeben entstand hier ein Kurbad. (Erkrankungen des Nervensystems). 1870 gründete Dr. Brecher eine Kaltwasserheilanstalt; das Theresienbad entstand 1877; fünf Jahre vorher war Eichwald zum Kurort erhoben worden.
Auffallend ist die Marienkirche, eine Nachbildung der Kirche Maria dell Orto in Venedig, von Fürst Carlos Clary erbaut und 1906 eingeweiht.
In Unter Eichwald: Siderolith- und Porzellanfabrik, Eisenwerk, Gießerei, Maschinenfabrik, Holzverarbeitung.
Wintersportplatz (3 km lange Rodelbahn, auf der Strecke Zinnwald - Eichwald 7 km), Sprungschanze.
1930: 4411 Einw. (3594 Deutsche, 586 Tschechen, 227 Ausländer) (3463 röm.-kath., 551 konfessionslos, 336 evang., 45 israelit).
Umgebung: Schweißjäger, Forsthaus des Fürsten Clary. Jagdschlößchen Tuppelburg im Tiergarten.

Eidlitz *(Údlice)*. Bez. Komotau. Die romanische Kirche wird bereits 1295 als Pfarrkirche erwähnt. Dieses Gotteshaus Kreuzerhöhung erhielt 1672 barocke Formen. Eidlitz war im Besitz der Lobkowitz auf Hassenstein, der Herrschaft Komotau und Rothenhaus. Im Mittelalter bestand eine starke Judengemeinde. Hier erlernte der Komotauer Matthäus Aurogallus (Goldhahn) die hebräische Sprache, die er dann als Professor in Wittenberg lehrte. Seit 1539 war Eidlitz eine Stadt. Das Schloß, von einfallenden Truppen gebrandschatzt (1620), wurde 1695 wiederhergestellt. Auch das Rathaus wurde nach einem Brand 1740 neu gebaut. Das Wappen der Stadt weist auf den Titel der Pfarrkirche hin, ein goldenes Kreuz mit Dornenkrone in blauem Feld.
In der Nähe befinden sich Kohlengruben, außerdem wurde Landwirtschaft betrieben. Viele Arbeiter fanden im nahen Komotau Verdienstmöglichkeiten.
1930: 2452 Einw. (2227 Deutsche, 182 Tschechen, 40 Ausländer).

Einsiedl *(Mnichov)*, Bez. Marienbad. Die Stadt auf dem Tepler Hochland soll aus einer vom Stift Tepl ausgegangenen Einsiedelei entstanden sein. Im 15. Jh. kam es, bedingt durch reiche Zinnvorkommen, zu einer raschen Aufwärtsentwicklung. Die Erhebung zum Markt erfolgte 1437, zur Stadt 1526. Die Kirche Peter und Paul, in ihrer jetzigen Gestalt 1719 - 1725 errichtet, bezeichnete ein Topograph des 19. Jh.s als eines der schönsten Gotteshäuser Böhmens. Sie wies eine kunstvolle Innenausstattung auf, u. a. eine geschnitzte Kanzel, die aus dem ehem. Kloster Chotieschau stammte. Das Rathaus und einige Häuser sind Barockbauten. Das Archiv besaß alte Privilegien (1493 - 1793) und alte Ratsbücher. Zwischen Einsiedl und Sangerberg lag ein Segelflugplatz. Die Armen Schulschwestern leiteten ein Pensionat und eine Schule.
1930: 888 Einw. (838 Deutsche, 39 Tschechen).

Einsiedlerstein bei Bürgstein. 33 m hoher freistehender Sandsteinfels mit Ruine der ehem. Burg Bürgstein, die 1250 erbaut und 1445 vom Sechsstädtebund zerstört wurde. 1596 entstand ein Schlößchen der Berka von Dauba zu Füßen des Felsens. Im 17. Jh. war auf dem Einsiedlerstein eine Einsiedelei, die aber 1785 aufgehoben wurde.

Eisenberg *(Jezeří)*, zur Gemeinde Ulbersdorf gehörig, Bez. Komotau. Die über dem Kommerner See (trockengelegt) erbaute gotische Burg wurde zu einem Renaissance- und später zu einem Barockschloß umgestaltet. Die ersten Besitzer waren die Herren von See, es folgten u. a. die Kolowrat, Smolik, Kauffungen, Hochhausen und 1623 die Lobkowitz. Kunz von Kauffungen (um 1450) lag mit dem Kurfürsten Friedrich von Sachsen in Fehde, entführte dessen Söhne und hielt sie auf Eisenberg gefangen. Unter Joseph Ferdinand von Lobkowitz, dem

Eisenberg

ersten Herzog von Raudnitz, erlebte Eisenberg seine Blütezeit. C. Anton Cartelieri, ein Freund Franz Schuberts, war Leiter der fürstlichen Kapelle. Christoph Willibald von Gluck lebte einige Jahre in Eisenberg, wo sein Vater Forstmeister des Fürsten war. Als Goethe im Jahre 1810 Schloß Eisenberg besuchte, notierte er begeistert Worte des Lobes über das Schloßtheater. A. Schmidl schreibt 1843, daß das Schloß „der am meisten pittoreske Punkt des Erzgebirges, wo dieses schroff und unmittelbar aus der Ebene aufsteigt", sei. Eine Schilderung verdanken wir Karl Postl, damals noch Kreuzherr in Prag, später als Charles Sealsfield berühmt geworden, die in seinem Buch „Austria as it is", nachzulesen ist. In der Schloßkapelle, 1805 neu errichtet, wurden als Reliquien ein Dorn aus der Krone Christi und ein Kreuzpartikel aufbewahrt. Einmal jährlich fand in Eisenberg und im nahen Seestadtl das Dornfest statt, wenn diese Reliquien ausgestellt wurden. Das Dorf Eisenberg und der große Naturpark wurden bereits dem Kohleabbau geopfert.
1930: 195 Einw. (176 Deutsche, 16 Tschechen).

Eisendorf, Bez. Bischofteinitz. 524 m. Die Siedlung, direkt an Bayern angrenzend, war zuerst ein Eisenhammer der Schwamberger auf der Burg Pfraumberg. Der Name des Ortes, der 1905 zum Markt erhoben wurde, rührt von der Eisengewinnung her. Die Kirche zur Hl. Barbara, 1744 neu gebaut, diente zeitweise den Protestanten als Gotteshaus. Seit Beginn des 17. Jh. war die Pfarrei wieder katholisch. Seit 1925 bestand eine Niederlassung der Vinzentinerinnen. Erwerbszweige: Landwirtschaft, Forstwirtschaft, Heimarbeit.
In Eisendorf geboren wurde Karl Forster, Jesuit und Historiker seines Ordens, Rektor am Kolleg Wien-Kalksburg, Schriftleiter der „Kalksburger Korrespondenz" (1906–1975).
1930 (mit Eisendorfhütte, Franzelhütte, Ruhstein und Walddorf mit Jagdschloß): 1687 Einw. (1638 Deutsche, 35 Tschechen, 14 Ausländer).
Umgebung: In 4 km Entfernung stand die höchste Tanne des Böhmerwaldes. Die Tillyschanzen an der Grenze erinnern an die Kämpfe im Dreißigjährigen Krieg; Tillys Soldaten hatten 1625 den Ort zerstört.

Eisenstein, Markt *(Železná Ruda)*, **Eisenstein, Dorf** *(Železná Ves)*, Bez. Klattau. 775 m. Lage an dem durch den Benediktinermönch Gunther von Niederaltaich geschaffenen Steig, der 1256 als Via Boemorum bezeichnet wurde. Seit Ende des 15 Jh.s haben wir Kunde vom Eisenbergbau. Durch die Grenzlage bedingt, kam Eisenstein 1579 an Bayern und wurde erst 1764 wieder in Böhmen eingegliedert. 1630 erscheint der Name als Bayrisch und als Böhmisch Eisenstein. Letzteres wurde 1676 ein Dorf. Bedeutend war die Glaserzeugung.
Die Kirche Maria Hilf, 1731 nach dem Grundriß eines sechseckigen Sterns und mit einem Zwiebelturm erbaut, steht unter Denkmalschutz. An Stelle der Kirche stand früher eine von Graf Not-

Eisendorf

haft von Wernberg errichtete Glashütte. Das ehem. Jagdschloß des Fürsten Hohenzollern-Sigmaringen wurde 1956 zerstört. Sommerfrische und Wintersportort. Forstamt und Zollamt. Wirtschaftliches: Bürstenholzindustrie. Das Museum enthält Erinnerungsstücke an den tschechischen Schriftsteller Karel Klostermann (1848 - 1923), der in seinen Romanen auch diese Gegend beschrieb, ferner Glaserzeugnisse und Totenbretter.
1930: Eisenstein Markt (mit Deffernik, Eisenstein I und Eisenstein II): 3365 Einw. (2986 Deutsche, 296 Tschechen, 79 Ausländer); Eisenstein Dorf (mit Panzer): 787 Einw. (712 Deutsche, 73 Tschechen).
In der Umgebung Naturschutzgebiet, Teufelssee, Schwarzer See, Elisental (Glasfabrik), Deffernik (Glashütte, Schloß), Panzer (1152 m), botanisch und mineralogisch von Interesse (Alpenschlangenmoos, blauer Cyanit, Rauchtopas und Amethyst).
Eisenstein ist Grenzübergang Bayern–ČR.

Eisenstraß *(Hojsova Stráž)*, Bez. Klattau. 895 m. Die Gemeinde war eine der neun Gerichtsorte des Königlichen Waldes (Hvozd). Marienkirche (1824 - 1826 errichtet) und Pfarrei. Sommerfrische in waldreicher Umgebung. Wintersportort. Holzwarenerzeugung und Brauerei.
1930: 928 Einw. (851 Deutsche, 56 Tschechen). Umgebung: Schwarzer See, überragt von der 335 m hohen Seewand, Aussichtspunkt Liebberg, Osser (1284 m), Panzer (1152 m).

Eisgrub *(Lednice)*, Bez. Nikolsburg. Der Markt an der Thaya, an dessen Südwestgrenze sich fünf Teiche mit seltener Flora und Fauna ausdehnen (Naturschutzgebiet), liegt inmitten des südmährischen Paradieses. Schon 1249 setzten sich hier die Fürsten Liechtenstein in einer Burg fest. Mittelpunkt ist das Schloß, das durch die Architekten Georg Wingelmüller und Johann Heidrich in englischer Gotik umgebaut wurde (1846 - 1858). Es war bis zur Enteignung 1945 Sommerresidenz der Fürsten.
Sehenswürdigkeiten sind der große Englische Park, das Jagdmuseum und die Reithalle mit Stallungen, entworfen von Johann Bernhard Fischer von Erlach (1688 - 1699). Das große

Schloß Eisgrub

Gewächshaus entstand 1843 - 1845. Eisgrub besaß das größte Treibhaus Europas. Neben dem Schloß erhebt sich ein Obelisk, der an den Frieden von Campo Formio gemahnt (1797). Im Park erinnert das 59 m hohe Minarett an die Türkenkriege, errichtet 1797 - 1801 durch Joseph Hardtmuth. Andere Bauten, künstliche Ruinen, das Aquädukt und mehrere Tempel geben dem Park einen romantischen Charakter. Von 1883 bis 1939 war Wilhelm Lauche Hofgartendirektor. Er leitete die von Johann II. von Liechtenstein geschaffene Deutsche Höhere Obst- und Gartenbauschule, ebenso das Mendeleum (1913), ein berühmtes Pflanzenzüchtungsinstitut, das heute noch besteht. Lauche war nicht nur ein großer Pomologe, er war auch Bürgermeister von Eisgrub, das ihn zum Ehrenbürger ernannte. Die Pfarr- und gleichzeitig Schloßkirche Jakobus d. Ä., 1731 erbaut, enthielt Renaissancegrabplatten und steinerne Kreuzwegstationen, jenen von Adam Krafft in Nürnberg nachempfunden. Wagnermeister Georg Birk aus Eisgrub ging eine Wette ein, daß er an einem Tag, es war der 14. Mai 1636, ein Rad anfertigen und es bis nach Brünn rollen wird; hier hängt es noch heute unter dem Torbogen des Rathauses.
Lebensmittelindustrie (Konserven), Malzfabrik, Landwirtschaft, Obst- und Weinbau.
1930: 2441 Einw. (1704 Deutsche, 628 Tschechen).

Elbe *(Labe)*. Die Quelle des böhmischen Hauptstroms, der fast das gesamte Land zur Nordsee entwässert, liegt am Südhang des Rie-

sengebirges in 1400 m Seehöhe. Der Elbseifen nahe den Siebengründen bildet einen 55 m hohen Wasserfall zum Elbgrund hinab. Durch Vereinigung mit dem Weißwasser und anderen Quellbächen wird die eigentliche Elbe gebildet, die dann auf ihrem 1154 km langen Lauf (357,3 km in Böhmen) die sog. Goldene Rute zwischen Königgrätz und Melnik mit dem fruchtbarsten Boden Böhmens, das Böhmische Mittelgebirge und das Elbsandsteingebirge durchfließt.
Ihre wichtigsten Nebenflüsse sind links Aupa, Mettau, Adler, Chrudimka, Moldau, Eger, Biela und rechts Zidlina, Iser, Polzen und Kamnitz. Bei Niedrigwasser erscheinen die sog. Hungersteine, deren Auftauchen nach dem Volksglauben Mißernten und Not bedeuten. Der Hungerstein bei Bodenbach mit den Jahreszahlen zwischen 1616 und 1911 trägt die Inschrift „Wenn du mich siehst, dann weine!".
Von der Moldaumündung an ist die Elbe schiffbar, ab Melnik auch für größere Schiffe (1000 t). 1871 wurde die Kettenschleppschiffahrt aufgenommen. Dem Frachtverkehr (vor allem Kohle und Obst) folgte bald die Personenbeförderung. Schiffe der Sächsisch-böhmischen Dampfschiffahrtsgesellschaft verkehrten zwischen Leitmeritz und Dresden (116 km). Auch in der Gegenwart ist die Tschechoslowakische Elbe-Oder-Schiffahrt mit Sitz in Tetschen ein wesentlicher Faktor für die Ein- und Ausfuhr.

Hans-Heiling-Felsen, Elbogen

Stadtwappen Elbogen

Der Versailler Vertrag enthielt auch die Bestimmung der Internationalisierung der Elbe von der Mündung der Moldau an; als Überwachung wurde die Elbe-Kommission eingesetzt, die von 1922 bis 1936 bestand.

Elbogen *(Loket).* Die Bezirksstadt in schöner Lage auf einem Granitsockel, der von drei Seiten von der Eger umflossen wird, wurde das sudetendeutsche Rothenburg genannt. „Elbogen liegt über alle Beschreibung schön und läßt sich als ein landschaftliches Kunstwerk von allen Seiten betrachten" (Goethe). Der Dichter war mehrmals hier und feierte 1823 mit Ulrike von Levetzow im Schwarzenberg-Lusthaus seinen 74. Geburtstag. Als 1811 der Freiheitsdichter Theodor Körner in Elbogen weilte, erhielt er Inspirationen zu seiner Dichtung „Hans Heilings Felsen", ein in der Nähe befindliches Steingebilde; die mit diesem verbundene Sage hat auch Heinrich Marschner zu seiner Oper „Hans Heiling" angeregt.
Eine Burg bestand bereits 1234; sie wurde um 1400 und im 16. Jh. umgebaut. Zeitweise residierten auf ihr die böhmischen Könige, was für die Bedeutung Elbogens, aber auch für die Festungsanlagen spricht, die immer wieder verstärkt wurden. In Elbogen, das seit der Mitte des 13. Jh. königliche Stadt war, bestand im Mittelalter eine Meisterschule nach Nürnberger Vorbild. In den Hussitenkriegen wehrten sich die Elbogner mit Erfolg. Bereits 1521 faßte Luthers Lehre hier Fuß, die vom Grafen Schlick stark gefördert wurde.

Elbogen

Elbogen war Mittelpunkt eines Kreises, der 1850 aufgehoben wurde.
Kreuzherrenpfarrei und Kirche St. Wenzel bestanden schon im Mittelalter. In der Burg, die nie zerstört wurde und bis zum Beginn des 17. Jh.s dem böhmischen König gehörte, verlebte Karl IV. seine Jugend. Sehenswürdigkeiten sind auch das barocke Rathaus (1685), die prächtige barocke Dreifaltigkeitssäule, schöne alte Bügerhäuser und die Kettenbrücke über die Eger, 1834 – 1836 erbaut; sie ist, 22 m über dem Fluß, die älteste Kettenbrücke Böhmens.
Das Stadtmuseum besitzt Urkunden seit dem 14. Jh., Chroniken seit 1417 und Amtsbücher seit dem 16. Jh. Die vorgeschichtliche Sammlung begründete der bekannte Archäologe Prof. Dr. Anton Gnirs (1925), der auch das Stadtarchiv leitete. Gnirs, der nach umfangreichen Ausgrabungsarbeiten in Pola und Istrien in Elbogen an der Staatsrealschule lehrte, schrieb auch den Band „Elbogen" der „Topographie der historischen und Kunstdenkmale in Böhmen".
Das Wappen Elbogens: Mauer mit Zinnen und Tor, darüber ein Arm mit gezogenem Schwert. Die zwei Rosen in den Zinnen sollen dem Siegel Luthers entnommen sein; damit wollte man das Bekenntnis zur Reformation ausdrücken. Im Zeichen der Gegenreformation wurde über die Rosen je ein Balken gezogen.
Wirtschaft: Porzellanherstellung; berühmte Pumpernickelerzeugung (seit 1823); zu den Kunden zählte auch das österreichische Kaiserhaus.
Seit 1975 arbeitet man an der Restaurierung der Burg; die Planung sieht 20 Jahre vor. Untergebracht sind eine Porzellanausstellung und Erinnerungen an Goethe. Burg und Stadt dienen auch als Filmkulisse. 1980 wurden auf dem Marktplatz Aufnahmen zu dem Film „Im Westen nichts Neues" nach dem Roman E. M. Remarques gedreht.
1930: 3998 Einw. (3670 Deutsche, 238 Tschechen). Alle Gemeinden des politischen Bezirks Elbogen waren deutsch. 1947: 2038 Einw.

Elbsandsteingebirge. Das vor allem aus Kreidesandstein aufgebaute Bergland dehnt sich zwischen Erzgebirge und Lausitzer Gebirge zu beiden Seiten des Elbedurchbruchs aus. Es ist „der versteinerte Einbruch des Kreidemeeres in das Innere Böhmens" (Proschwitzer) und erreicht seine höchste Erhebung mit dem Hohen Schneeberg (Sandstein) 721 m und Kaltenberg (Basalt) 731 m; andere basaltische Erhebungen sind der Rosenberg (616 m) und der Winterberg (556 m).
Die bis 100 m hohen steilen Felswände, Ergebnisse der Erosion, oft groteske Formen über dem tief eingeschnittenen Tal bildend, darunter das Prebischtor, der Kuhstall, die Tyssaer Wände, die Dittersbacher Felsen usw. sind Touristenattraktionen. Von Herrnskretschen aus, der am niedrigsten gelegenen Gemeinde Böhmens

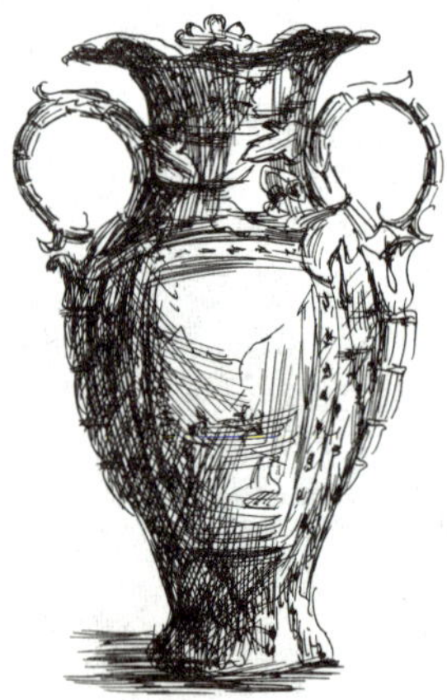

Porzellan aus Elbogen

Elbsandsteingebirge, Wilde Klamm

(115 m beim Austritt der Elbe aus dem Land), erreicht man die Edmundsklamm und die gleich dahinter liegende Wilde Klamm. Diese selten schöne Region mit Kurorten und Sommerfrischen wird mit Recht auch die Böhmische Schweiz genannt.

Elbtal. Die geologisch noch sehr junge Landschaft gehört zu den reizvollsten Gebieten Böhmens. Das vom Fluß eingeschnittene Tal hat das mildeste Klima Böhmens. Obst, Gemüse und Wein gedeihen auf den fruchtbaren Basaltböden. Zur Zeit der Baumblüte kamen viele Besucher in dieses böhmische Paradies. Zahlreiche berühmte Persönlichkeiten gaben ihrer Begeisterung Ausdruck, in Wort, Bild und Musik, so Arnim, Brentano, Seume, Theodor Körner, Goethe, Grillparzer, C. D. Friedrich, Ludwig Richter, Richard Wagner und Beethoven. Am berühmtesten ist wohl Ludwig Richters Bild „Überfahrt am Schreckenstein". Die 1852 eröffnete Elbetalbahn führt vorbei an Bergen mit malerisch gelegenen Burgruinen, Weinbergen und zahlreichen Ausflugszielen wie dem Dubitzer Kirchlein. Auf dem Strom ziehen die großen Elbezillen vorüber; manche von ihnen faßt das Transportgut eines ganzen Eisenbahnzuges.

Eleonorenhain *(Lenora)*, Bez. Prachatitz. Das zur Gemeinde Ober-Moldau gehörende Dorf beim Zusammenfluß der Warmen und Grasigen Moldau liegt am Abhang des Vogelberges. Die Ursprünge gehen auf die Errichtung einer Glashütte in sumpfigem Gelände zurück (1832), die nach Fürstin Eleonore Schwarzenberg (1812 - 1873) benannt wurde. Bedeutend war die Glasfabrik von Wilhelm Kralik (nobilitiert als von Meyrswald) (1806 - 1877), gebürtig aus Kaltenbach bei Prachatitz. Dessen Sohn Richard (1852 - 1934) trat als Kulturphilosoph, Dichter und Historiker hervor, der Enkel Dietrich (1884 - 1959) als Germanist. Neben der Deutschen Volksschule bestand eine tschechische Minderheitsschule. Sommerfrische und Wintersport.
1930: 820 Einw. (751 Deutsche, 61 Tschechen, 8 Ausländer).

Engelhaus *(Andělská Hora)*, Bez. Karlsbad. Seit 1470 Stadt, war Engelhaus im Besitz des Königs, der Herren von Plauen und nach der Konfiszierung infolge des böhmischen Aufstandes und der Schlacht am Weißen Berg der Familie Czernin (1622 - 1734). Ein Kunstwerk ist das barocke Dreifaltigkeitskirchlein, 1692 - 1712 von Giovanni B. Alliprandi gebaut. Grundriß und Ausgestaltung liegt die symbolische Zahl 3 zugrunde. Goethe war wiederholt in Engelhaus, auch an seinem Geburtstag (28. August) 1786. Rokyta ist der Ansicht, daß das Gedicht in dem Roman „Die Wahlverwandtschaft" topographische Bezüge zu dieser Gegend widerspiegelt. Das Stadtwappen: Der goldene Löwe der Her-

Das Elbtal

ren von Plauen, der Erzengel Michael mit flammendem Schwert und ein mit einer Burg gekrönter Felsen. Im Stadtarchiv wurde das Stadtbuch von 1562 bis 1731 verwahrt, ebenso das Gerichts- und Lehenbuch 1608 – 1709.
Die ehem. Burg wurde von den Schweden zerstört, dann neu aufgebaut, beim Stadtbrand von 1718 wurde sie wieder vernichtet und blieb dann Ruine. Diese fand Eingang in die Literatur durch das Drama „Das Diadem oder die Ruinen von Engelhaus" des Karlsbader Buchhändlers Heinrich Cuno. Einen „Totentanz um Mitternacht im Schlosse Engelhaus" behandelte nach alten Sagen Joseph Alois Gleich 1843.
1930: 792 Einw. (783 Deutsche, 5 Tschechen).

Engelsberg *(Andělská Hora)*, Bez. Freudenthal. Der Goldbergbau machte die freie Bergstadt (seit 1556), die durch die Herren von Würben Privilegien und andere Förderung erhielten, wohlhabend. Der ursprüngliche Name war Engelstadt. Nach Zerstörung (1641) und Wiederaufbau hieß die Stadt Engelsberg. Neben der Pfarrkirche wurde 1694 auf dem Annaberg (838 m) die Wallfahrtskirche St. Anna errichtet. Aus alten Überlieferungen schöpften die Engelsberger Krippenspiele. Schule und Internat des Deutschen Ordens. P. Buhl berichtet, daß das K.k. priv. Bürgergardenkorps, das von 1600 bis 1945 bestand, bis 1811 die Schloßwache für das Deutschordensschloß in Freudenthal stellte.
Erwerbszweige: Textilindustrie, Holzwarenerzeugung. Handweberei als Hausindustrie. Sommerfrische.
1930: 1417 Einw. (1374 Deutsche, 10 Tschechen).

Erdberg *(Hrádek)*, Bez. Znaim. Zuerst als Erpurch erwähnt, gehen die Ursprünge in das 12. Jh. zurück. Erdberg, das eine alte Grenzburg aus dem 12. Jh. besaß, die bis in das 16. Jh. bestand, hatte im Wappen eine Gans, deren Bedeutung und Herkunft aber nicht gedeutet werden kann. Seit 1204 bestand eine Johanniter-Filialkomturei. Der Markt Erdberg kam Mitte des 16. Jh.s an die Herrschaft Joslowitz. Für Kunsthistoriker war die Pfarrkirche Petrus und Paulus des Malteserordens ein Anziehungspunkt. In dem Rokokobau (1764 – 1767) befanden sich Bilder von Anton Maulpertsch, dem

E.S.-Engelsberg-Denkmal am Altvater (Pseudonym für Eduard Schön aus Engelsberg)

bedeutendsten Maler des zu Ende gehenden österreichischen Barock. Der Karner ist ein Rundbau aus der 2. Hälfte des 13. Jh.s. Im Pfarrhof, 1740 errichtet, hingen im Speisesaal Bilder von Pfarrern und Bischöfen. Aus der Barockzeit stammten die Pestsäule, ein Johannes von Nepomuk und die Plastik Abschied Christi von Maria (Urlaubsmolta). Für Historiker von Interesse waren schon immer die sog. Erdställe (unterirdische Gänge), deren eindeutige Erklärung noch nicht gelungen ist.
1930: 2238 Einw. (2212 Deutsche, 12 Tschechen).
1974: 1041 Einw.

Erzgebirge *(Krušné hory)*. Sudeta oros (Wildschweingebirge, nach den dort lebenden Tieren) war der erste bekannte Name; im Mittelalter erscheinen die Namen Mirik-widi (Dunkelwald) oder Fergunna (verwandt mit Herkynia), dann Behmerwald, 1588 *die* Erzgebirge (nach dem Erzreichtum) und 1714 *das* Erzgebirge.
Das Gebirge, auf dem die Nordwestgrenze Böhmens verläuft, dehnt sich zwischen Elster- und Elbesandsteingebirge aus, hat tief eingeschnittene Täler und fällt nach Süden zum Egergraben und zum Teplitzer Becken steil ab. Es hat eine Länge von 150 km und eine Breite bis zu 40 km. Der höchste Berg ist der Keilberg (1244 m), der höchstgelegene Ort (auch Mitteleuropas) ist Gottesgab (1020 m), heute ein Ortsteil von St.

Joachimsthal. Die Besiedlung erfolgte in mehreren Schüben seit dem 12. Jh. Es waren Deutsche aus dem Harz, die den Bergbau einführten. Die höchste Blüte erreichte der Bergbau im 15. und 16. Jh. Es entstanden im damals volkreichsten Gebirge der Welt viele Bergstädte wie St. Joachimsthal, Kupferberg, Gottesgab, Sebastiansberg, Schmiedeberg, Klostergrab, Sonnenberg, Preßnitz, Katharinaberg. Nach dem Erlöschen des Bergsegens entstanden viele Heimindustriezweige: Klöppeln, von Barbara Uttmann eingeführt, Erzeugung von Stickereien, Holzspielwaren, Musikinstrumenten u. a. Der Kamm des Gebirges, der eine mittlere Höhe von 844 m erreicht, wird durch befahrbare Straßen überquert, ebenso durch vier Eisenbahnstrecken.

Das Erzgebirge ist bzw. war mit ausgedehnten Wäldern bedeckt. Schwefeloxyd und Flugasche der Industriewerke zu beiden Seiten des Gebirges haben Wäldern seit Jahren schwere Schäden zugeführt. Der Straßenbaum war der Vogelbeerbaum, die Eberesche, die auch im Lied besungen wurde. Bedeutung hatten die Hochmoore, als Rohstofflieferant für wirtschaftliche Zwecke, aber auch als Standort seltener Pflanzen (Zwergbirken, arktische Pflanzen).

Den Erzgebirglern, Nachkommen der Siedler aus der Oberpfalz, aus Franken, Sachsen, Thüringen und Hessen, was noch die Mundart beweist, wird Geschick, Fleiß, Genügsamkeit, Heiterkeit des Gemüts und Liebe zur Musik und zur Heimat nachgesagt. Die Bewohner waren durchwegs Deutsche. Die Gemeinderatswahlen von 1919 ergaben für die einzelnen Gemeindebezirke einen Anteil an Tschechen: Weipert 0,3 %, Katharinaberg 0.2 %, Preßnitz und St. Joachimsthal je 0,1 % Graslitz, Neudek, Bergstadt Platten und Sebastiansberg je 0,0 %.

Nach dem Zweiten Weltkrieg intensivierte man in St. Joachimsthal den Uranabbau; eingesetzt wurden vor allem „verurteilte Deutsche“, die ohne Schutzvorrichtungen arbeiten mußten und schwerste Schäden davontrugen.

Erzgebirgsbecken. Landschaft am Südfuß des Erzgebirges, im Tertiär durch einen Einbruch entstanden. Dieses dicht besiedelte Gebiet ist gekennzeichnet durch reiche Braunkohlevorkommen und die darauf beruhende Industrie. Neben Schachtanlagen bestehen viele Tagebaubetriebe. Wichtige Eisenbahnlinien verlaufen parallel zum Gebirge. Industriezentren sind Komotau, Brüx, Dux und Teplitz-Schönau. Trotz der Eingriffe des Menschen in die Natur erhielten sich manche Kostbarkeiten, die Kurstädte Bilin und Teplitz-Schönau, das Wallensteinschloß in Dux, die spätgotische Hallenkirche in Brüx. die vor einigen Jahren auf einen neuen Standort verschoben werden mußte, und das Kloster in Ossegg. Das Klima im Erzgebirgsbecken ist mild und sehr trocken. Bei Tschachwitz und einigen anderen Orten ist pontische Flora feststellbar.

Eulau *(Jílové)*, Bez. Tetschen. 250 m. Zu beiden Seiten des Eulaubaches, der früher zum Holzflößen benutzt wurde. Bahnstation an der Linie Bodenbach-Teplitz. Ausgangspunkt zu Wanderungen auf den Hohen Schneeberg (721 m). Sommerfrische. 1348 wird die Raubritterburg von der Stadt Aussig zerstört. Aus der 1370 wiedererrichteten Burg entstand im 17. Jh. ein Schloß. Durch Rudolf von Bünau kam Eulau an die Herrschaft Tetschen. Ab 1630 gehörte es der Familie Thun. Nachdem das Schloß der Fürsten Thun-Hohenstein in Tetschen an den tschechischen Staat übergegangen war, wurde das Renaissanceschloß in Eulau deren Familiensitz; 1945 erfolgte die Enteignung.

Die Kirche Hl. Dreifaltigkeit, auf eine ältere vor 1357 zurückgehend, wurde 1679–1682 durch Ernst Graf Thun neu errichtet. Nach dem Brand von 1857 Wiedererrichtung. Auf den Namen weist das Wappen hin: eine Eule auf dem Ast eines Eichbaumes. Eulautal-Museum. Märchenspiele.

Erzeugung von Metallwaren, Steingut, Kartonagen, Lacken und Farben, Roßhaarspinnerei, Steinnußknopffabrik, Gerbereien, Holzindustrie.

1930 (mit Gesteinigt und Merzdorf): 3757 Einw. (3532 Deutsche, 132 Ausländer, 91 Tschechen).

Umgebung: Hoher Schneeberg (721 m), Tyssaer Wände (610 m).

Eulenberg *(Sovinec)*, Bez. Römerstadt. 486 m. Nach Ernst Schwarz 1333 Aulnburk

Die Eulenburg

genannt, war es ein Städtchen, das vielleicht in vorhussitische Zeit zurückging. Der Markt hat eine Filialkirche (Mitte 19. Jh.).

Über dem Markt erhebt sich die Eulenburg aus dem 13. Jh. 1300–1545 in Besitz der Familie Sowinetz. Das Wappen aus dem 15. Jh. zeigt im Schild eine Eule auf einem grünen Hügel. Im 16. Jh. Umwandlung in ein Schloß und Übergang an das Geschlecht der Boskowitz. 1623 an den Deutschen Orden. Es hatte sieben Höfe und starke Befestigungen. Die Einnahme durch die Schweden (1643) verursachte schwere Zerstörungen. An Stelle der beschädigten Kapelle entstand 1842 eine Kirche durch Erzherzog Maximilian. Auf der Burg war zeitweise eine Höhere Forstlehranstalt. Bedeutung gewann sie bis zum II. Weltkrieg als Sommersitz des Hochmeisters. Dann wurden gefangene französische Offiziere untergebracht. Schwere Beschädigungen erfolgten zu Ende des Krieges. In den Parkanlagen an der Straße nach Römerstadt wurde 1909 ein Gedenkstein für Augustin Buchmayer, Direktor der Höheren Forstlehranstalt, aufgestellt. Ein hervorragender Lehrer an der Forstschule war auch Hermann Josef Ludwig (1846–1913) aus Stettin bei Troppau.

1930: 276 Einw. (262 Deutsche, 8 Tschechen, 6 Ausländer).

Falkenau a.d. Eger *(Falknov,* seit 1948 *Sokolov).* Die Bezirksstadt am rechten Ufer der Eger ist Station der Bahnlinie Prag – Eger. Unter dem Schutz einer Burg der bayerischen Nothaft im 13. Jh. entwickelte sich die Stadt damals bereits mit einem auffallend regelmäßigen Grundriß. Im Jahre 1397 erfolgte die Verleihung des Schlakkenwerther Stadtrechts. Falkenau war ein Zentrum der Herrschaft der Grafen Schlick (1434–1622). Bis 1945 saßen dann die Nostitz-Rhieneck hier. Diese bauten an Stelle der Burg ein Schloß, zu dem ein Park und Tiergarten gehören. Im Schloß ist seit 1960 ein Museum des Kohlenbergbaus untergebracht. Das Stadtwappen zeigt einen Falken, auf einem Dreiberg stehend, mit Schellen an den Beinen; laut Zelenka in dieser Form seit Mitte des 16. Jh. überliefert. Symbol für den Namen der Stadt ist auch der Falkonierbrunnen, auch Wastlbrunnen, auf dem Marktplatz (1717), einen Falkner darstellend; die am Brunnen angebrachten Hopfenranken erinnern an den bis ins 19. Jh. betriebenen Hopfenbau, der vom Kohlenbergbau verdrängt wurde. Falkenau, das Sitz eines Revierbergamtes war, liegt auf Kohlenlagern; daher ist der Stadt dasselbe Schicksal bestimmt wie Brüx. Das Kohlenrevier erstreckt sich beinahe bis Eger, so daß 1986 berichtet wurde, Franzensbad sei in absehbarer Zeit in Gefahr. Vor dem Zweiten Weltkrieg gab es 35 Tiefbauschächte, in denen jährlich 4 Millionen Tonnen Braunkohle gefördert wurden; um 1975 betrug die jährliche Förderung 20 Millionen Tonnen, und zwar mit Ausnahme eines Tiefbauschachtes nur im Tagebau gewonnen.

Falkenau war schon 1352 eine Pfarrei; diese wurde 1671 zur Erzdechantei erhoben. Die Kir-

Das Falkenauer Wappen

che (Jakob der Ältere) stammt aus den Jahren 1632–1634. Der Hauptaltar, ein Werk des berühmten Prager Bildhauers Franz Ignaz Platzer, stammt aus der Servitenkirche St. Michael in Prag. Auch zwei andere Altäre stammen von diesem Künstler (nach 1760). Die zum Kapuzinerkloster, das jetzt ein Verwaltungsgebäude ist, gehörende Kirche (St. Anton) entstand 1663–1667 (Frühbarock); die Einrichtung entspricht dem Stil des 19. Jh.s. Die Dreifaltigkeitskapelle vor dem Kloster (1719, 1772 restauriert) war früher Friedhofskapelle. Bemerkenswerte Plastiken: Die Hll. Franz, Anton und Felix vor der Klosterkirche (18. Jh.), Johannes von Nepomuk (18. Jh.), Mariensäule mit vier Heiligenfiguren auf dem Marktplatz (barock). Beim Schloß steht seit 1951 das Denkmal eines Rotarmisten.

Falkenau, Stadtkirche Hl. Antonius

Ein repräsentativer Bau ist das aus Mitteln des Kohlenfonds geschaffene frühere Bergarbeiterheim, für das der Karlsbader Bildhauer Wilhelm Srb-Schloßbauer 1925 einen monumentalen Fries schuf, der Szenen aus dem Bergarbeiterleben darstellt. Das Falkenauer Stadtarchiv besaß Urkunden seit 1397, Akten seit dem 16. Jh., Amtsbücher seit der Mitte des 16. Jh.s und Chroniken seit 1483. Fachvereinigungen waren der Deutsche Bezirkslehrerverein Falkenau, seit 1869, und der Stenographenverein Falkenau, seit 1882.

Braunkohlebergbau, chemische Industrie, Kalkstickstoffwerke, Baumwollspinnereien, Musikinstrumente, Spielwaren, Lederverarbeitung, Strick- und Wirkwaren.

Goethe hielt sich wiederholt in Falkenau auf, ebenso in der Umgebung, besonders auf Schloß Hartenberg. Von Goethe geschätzt wurde der Falkenauer „Naturdichter" Anton Fürnstein (1783–1841). Falkenauer waren auch Heinrich Rietsch (1860–1927), Professor der Musikwissenschaft der deutschen Universität Prag und Komponist; Hermann Ritter (1877–1966), Erzähler; Toni Schönecker (1893–1979), Maler und Graphiker; Franz Heidler (1898–1980), Brauchtumspfleger und Mundartdichter. In Falkenau wirkten der Lyriker und Erzähler Otto F. H. Herrmann von 1927 bis 1935 als evangelischer Pfarrer und der Erzähler und Lyriker Robert Lindenbaum von 1935 bis 1945 als Leiter einer Kohlenbergbau-Gesellschaft.

1930: 11 381 Einw. (9825 Deutsche, 1228 Tschechen, 248 Ausländer). Konfessionelle Statistik 10 024 röm.-kath., 570 konfessionslos, 409 evang., 170 israelit., 147 tschechosl. Kirche. 1980 lebten in der Stadt noch 1411 Deutsche (5 % der Gesamtbevölkerung).

Umgebung: Schloß Hartenberg (früher Besitz der Grafen Auersperg) auf einem Felsenkegel gelegen. Wallfahrtsort Maria Kulm. Lobs. In diesem Dorf lebte Karl Kraus als Lehrer und Sammler weltlicher Lieder, von denen 47 als „Lobser Handschrift 1816" auf uns gekommen sind. 1975 veröffentlichte sie der Volkskundler Johannes Künzig, Professor in Freiburg/Br. 1959 übernahm die Stadt Schwandorf die Patenschaft über Falkenau a.d. Eger. Im Schwandorfer Stadtmuseum ist die Falkenauer Heimatstube, 1959 entstanden, untergebracht.

Falkenau-Kittlitz *(Falknov-Kytlice),* Bez. Böhmisch Leipa. Die Gemeinde im Tal des Kamnitzbaches besteht seit dem 15. Jh. Sie entwickelte sich vor allem durch bayerische und schlesische Glasmacher. 1530 begann Paul Schürer, Vater einer Glasmacherdynastie, mit der Glas-

erzeugung. Es war die erste Glashütte im nördlichen Böhmen. 1683 erhalten die Glasmacher und -maler von Falkenau eigene Zunftregeln. Nach Johann Josef Kittel, der die Glasunternehmungen seit 1740 besaß, ist der nach 1758 neu entstandene Ort Kittlitz benannt. Die Kirche (Hl. Antonius von Padua), erbaut 1777–1782, hat eine wertvolle Inneneinrichtung. Sommerfrische. Glashütten, Glasschleiferei, Glasveredelung und -malerei (auch in Heimarbeit). Goldleisten- und Rahmenerzeugung.
Aus Falkenau stammte Franz Xaver Maximilian Zippe, Geologe, Universitätsprofessor in Prag und Wien (1791–1863).
1930 (mit Kittlitz und Hillemühl): 1595 Einw. (1320 Deutsche, 261 Tschechen).
Umgebung: Kreibitzer und Böhmisches Mittelgebirge, Buchberg (715 m), Kleiß (755 m) und Kleißquelle, Blottendorfer Höhenzug, Kinskysches Forsthaus Tanneberg, Arnsdorf, Barhübel (669 m), Silberhübel (609 m) und Steinernes Meer.

Feldsberg *(Valtice)*, Bez. Nikolsburg. Die Stadt mit regelmäßigen Straßenzügen im Rechteck kann auf eine alte Geschichte zurückblicken. Eine Grenzburg bestand schon 1192. „Veldersperch" war zuerst im Besitz der Seefelder und Kuenringer, bis es im 14. Jh. an die Liechtensteiner fiel, die hier zum Wohle der Stadt bis 1945 saßen. Bereits 1286 war Feldsberg eine Stadt, in deren Wappen die der Herren von Seefeld und von Ort aufgenommen worden waren. Aus der alten Burg entstand durch Umbau erst ein gotisches Gebäude, dann ein Renaissance- und schließlich ein Barockschloß. An diesem letzteren Bau wirkten auch J. B. Fischer von Erlach und D. Martinelli mit. Im Schloß befanden sich nicht nur große Weinkeller, sondern auch das Gutsarchiv des Fürsten, eine Bibliothek und Sammlungen. Umgeben war es von einem ausgedehnten Park und von einigen prachtvollen Nebengebäuden: Der Spanische Stall mit Brunnen und Plastiken von Giovanni Giuliani, eine Reitschule (74 m lang, 17 Achsen) mit Emporen, eine Wagenremise mit Prunkfahrzeugen aus der Rokokozeit und ein Rokokotheater mit drei Galerien. Josef Kornhäusel erbaute den Dianatempel und die Kolonnade mit 24 Säulen in doppelter Reihe und vier Statuen, Angehörige der Familie Liechtenstein darstellend. Ein klassizistischer Bau ist die ehem. Fasanerie Belvedere mit bemalten chinesischen Seidentapeten im Saal. Neugotisch ist die Hubertus-Kapelle (1855) von Georg Wingelmüller.

Schloß Falkenau

Die frühbarocke Stadtpfarrkirche Maria Himmelfahrt entstand 1631–1671; es wirkten auch die Architekten J.J. Tencala und A. Erna mit. Sie besitzt ein Rubens-Bild. Das Kloster der Barmherzigen Brüder, 1605 als erste Niederlassung im deutschsprachigen Gebiet durch Carl von Liechtenstein gegründet, außerhalb der Stadtmauern liegend, unterhielt von 1782 bis 1854 eine chirurgische Lehranstalt. Das Franziskanerkloster, von Johannes Capistranus errichtet, bestand von 1487 bis 1803; es wurde ein Opfer der Säkularisation. Feldsberg besitzt alte Häuser aus dem 17. und 18. Jh. Sichtbar sind noch Reste der ehem. Stadtbefestigung.
1978 brachte das Fürstentum Liechtenstein eine Briefmarke heraus, auf der das Schloß in Feldsberg abgebildet war.
Das südmährische Gebiet war fruchtbar; es wurden Obst, Wein, Getreide und Gemüse angebaut.
Feldsberg kam 1919 von Österreich an die ČSR, 1938 zu Niederösterreich, 1945 wieder zur ČSR.
1930: 3393 Einw. (1924 Deutsche, 1102 Tschechen).
Umgebung: Bei Feldsberg gibt es drei Ortschaften kroatischen Ursprungs: Unter- und Oberthemenau und Bischofswarth. Die Bewohner

Feldsberg
Stadtpfarrkirche Mariä Himmelfahrt

hatten eigene Tracht und wohnten in bunt bemalten Häusern. Die Frauen waren geschätzt als gute Stickerinnen.

Fischern *(Rybáře)*, Bez. Karlsbad. Die am linken Egerufer liegende Stadt ist mit Karlsbad, wohin sie seit 1939 eingemeindet ist, durch eine Brücke verbunden. Fischern erscheint urkundlich erstmals 1511. Die an einem alten Verkehrsweg liegende Siedlung erhielt 1585 eine Kirche, die zeitweise auch von Protestanten benützt wurde. Im Dreißigjährigen Krieg niedergebrannt, blieb Fischern ein unbedeutendes Dorf und wurde 1866 selbständige Gemeinde (600 Einw.). Im 19. Jh. wuchs sie schnell und wurde schließlich zu einer Industrie-Vorstadt von Karlsbad. 1897 erfolgte die Stadterhebung. Das Wappen zeigt im gespaltenen Schild einen Adler mit einem Fisch in den Fängen.
Die katholische Kirche Kreuzerhöhung, 1905 errichtet, wurde von Priestern vom Orden der Kreuzherrn mit dem roten Stern betreut.
Wirtschaft: Porzellanindustrie, Lagerstätten von Kaolin, Chemikalienerzeugung, Nahrungsmittelherstellung, Schuhfabrik.
1930: 11 769 Einw. (10 348 Deutsche, 999 Tschechen, 378 Ausländer) (10 376 röm.-kath., 604 konf.-los, 343 evang., 292 israelit., 117 tschechosl. Kirche).

Fleißen *(Plesná)*, Bez. Eger. Fleißen wurde 1185 im Zusammenhang mit dem Kloster Waldsassen, das wesentlich zur Besiedlung Westböhmens beitrug, als Vlizen genannt. Besitzer waren die Nothaft, die Schlick und die Wirsperg. Die Geschicke waren eng mit denen Wildsteins verbunden. 1429 brannten die Hussiten Dorf und Georgskirche nieder. Erfolgreich setzte sich in Fleißen die Reformation durch; auch während der Gegenreformation konnten sich die Anhänger des neuen Bekenntnisses behaupten. 1782 wurde den Bewohnern ein eigener Pfarrer genehmigt. Eine provisorische evangelische Holzkirche entstand 1834, ein Neubau wurde 1849 eingeweiht. Erst 1898 folgte eine römisch-katholische Kirche. Seit Mitte des 19. Jh.s ging eine starke industrielle Entwicklung vor sich. 1900 wurde das Marktrecht verliehen. Das Wappen aus dem Jahre 1902 enthält einen schrägliegenden schwarzen Anker, ein silbernes Zahnrad in der Mitte und auf dessen Nabe eine Biene. Auf einem Feld des Wappens befindet sich ein „F", auf einem anderen die Jahreszahl 1900. Die evangelische Schule bestand seit 1550, die katholische seit 1787.
Bedeutende Industrie: Jutespinnereien, Seidenspinnerei, Strick- und Wirkwaren, Musikinstrumentenerzeugung, Lederfabrik.
1930: 2878 Einw. (2690 Deutsche, 133 Ausländer, 54 Tschechen), nach dem Religionsbekenntnis: 1516 katholisch, 1265 evangelisch.

Fleyh *(Fláje)*, Bez. Dux. 750 – 780 m. Die alte Bergbausiedlung in einer Mulde des Erzgebirgskammes hatte schon vor 1346 eine Pfarrei, die damals zur Diözese Meißen in Sachsen gehörte. In den Hussitenkriegen wurden Kirche und viele Häuser vernichtet. Fleyh, das 1538 zum Stift Ossegg kam, wurde Mitte 16. Jh. evangelisch und erhielt erst 1670 wieder eine Pfarre. Die Matriken wurden seit 1667 geführt. Die Kirche (Johannes der Täufer) war ein Holzbau (1563) und stand unter Denkmalschutz. Im Innern standen einige gotische Plastiken.
In der Holzgewinnung und -industrie wurden viele Leute beschäftigt. Bereits 1620 hatte man einen Flößgraben zum Holztransport nach Freiberg/Sachsen angelegt. Im Moor wurde Torf

Burg und Schloß Frain

gewonnen. Luftkurort und Wintersportort. Als man eine Talsperre anlegte (150 ha, 57 m hohe Staumauer), 1962 fertiggestellt, war das Ende von Fleyh und seiner Kirche gekommen.
Persönlichkeiten: Franz Schindler (1847–1922), in Motzdorf geboren, Theologieprofessor an der Universität Wien; Wenzel Pohl (1870–1949), Philosoph und Pädagoge, Professor an der Universität Wien.
1930 (mit Langewiese, Motzdorf und Willersdorf): 1127 Einw. (1113 Deutsche, 10 Tschechen).
Umgebung: Wasserfall in Georgendorf, Jagdschloß Lichtenwald der Grafen Waldstein, 1760 erbaut, Tiergarten mit Hochwild, Ursprung der Flöha und Wieselstein (956 m).

Flöhau *(Blšany)*, Bez. Podersam. Flöhau am gleichnamigen Bach, 1238 als Villa Bilsene und 1352 als Vlohen genannt, war schon 1357 ein Pfarrdorf. Besitzer waren die Herren von Seeberg, Lobkowitz auf Hassenstein, Kolowrat und Czernin; letztere gliederten Flöhau an ihre Herrschaft Schönhof an. Zelenka nimmt an, daß Flöhau, bereits vor 1525 ein Markt, damals auch ein Wappen erhielt, darin eine silberne Mauer mit Zinnen und einem offenen Tor, darüber zwei silberne Türme mit Fenstern und spitzen roten Dächern, zwischen den Türmen ein goldener Schild, darin auf einem schrägen Balken drei rote Seerosenblätter, das Wappen der Herren von Seeberg.
Die Pfarrkirche Erzengel Michael bestand schon im 14. Jh. Die jetzige Gestalt stammt aus dem Jahre 1825, nachdem sie 1716–1717 barocke Form erhalten hatte. Das barocke Pfarrhaus entstand 1734. Bei der Kirche steht die Statue des Hl. Johannes von Nepomuk mit zwei Engeln (1735). Der Judenfriedhof wurde 1683 angelegt. In der fruchtbaren Landschaft wird Obst- und Hopfenbau betrieben.
1930: 980 Einw. (829 Deutsche, 144 Tschechen).
1947: 477 Einw.

Frain *(Vranov)*, Bez. Znaim. Der Markt an der Thaya geht auf eine Grenzburg zurück, die seit dem 12. Jh. bestand. Besitzer waren u. a. der Johanniterorden und die Grafen Althan (1617–1793). Der Markt Frain (seit 1561) hat im Wappen eine silberne Mauer mit Tor und Gitter, zwei kleinere Tore und darüber zwei Türme, dazwischen auf einer kleinen Mauer ein Rabe. Nach der Zerstörung der Burg durch die Schweden (1645) erbaute Graf Althann ein Barockschloß zu Ende des 17. Jh. Es hat eine einmalige Lage, hoch oben auf steilem Felsen, auf drei Seiten zur Thaya abfallend. Die frühere gotische Burgkapelle gestaltete J.B. Fischer von Erlach zum Ahnensaal um (1690–1694), ausgestattet mit Kuppelfresken von J. M. Rottmayer und Plastiken von T. Kracker. Fischer von Erlach schuf auch die Schloßkapelle. Die Pfarrkirche Mariä Himmelfahrt (Neubau 1685, Umbau 1716 durch A. E. Martinelli, der auch beim Schloßbau mitgewirkt hatte) besitzt ein Johannes-von-Nepomuk-Bild von Maulpertsch. Ein Karner (romanischer Rundbau) geht zurück in die 2. Hälfte des 13. Jh.
In Frain, wo im 17. und 18. Jh. Eisenerz bearbeitet wurde, bestand früher auch eine Buntkeramikfabrik.
1930: 1676 Einw. (1023 Deutsche, 561 Tschechen).
Umgebung: Thaya Stausee, gebaut 1930–1936, 122 Mill. cbm, mit Wasserkraftwerk. Im Nordwesten dieser Talsperre liegt Vöttau (Bítov) mit gleichnamiger Burg, Ursprünge im 11. Jh. Hier reiche Sammlungen (Kunsthandwerk, Waffen, naturkundliche Objekte). In der Nähe Ruine Burg Zornstein aus dem 14. Jh.

Frankstadt *(Frenštát)*, Bez. Mährisch Schönberg. Die bereits 1412 erwähnte Kirche war von 1550 bis 1622 Gotteshaus der Anhänger Luthers. Seit 1843 war das Mariä Geburt geweihte Gottes-

haus Pfarrkirche. Das Entstehen Frankstadts hängt, wie Karl Berger nachweist, mit der Besiedlung durch Franken zusammen. Im 14. Jh. Markt, entstand eine Vogtei (1351). Die Spuren der damals angelegten Befestigungen waren in unserer Zeit noch sichtbar. Nach der Mitte des 16. Jh. kam Frankstadt, das vorher der Familie Zierotin gehört hatte, zu Mährisch Schönberg. Im Dreißigjährigen Krieg arbeitete hier eine Pulvermühle. 1643 drangen Schweden ein und plünderten. Wegen seiner anmutigen Lage am Gesenke war Frankstadt auch Sommerfrische. Industrie: Erste Frankstädter Tonwarenfabrik mit Ziegelwerk und Hafnerei, begr. 1886 resp. 1902. Spirituosenerzeugung.
1930: 2326 Einw. (2075 Deutsche, 236 Tschechen, 14 Ausländer) (2182 röm.-kath., 81 altkath., 29 evang., 24 konfessionslos, 10 tschechosl. Kirche).

Franzensbad *(Františkovy Lázně)*, Bez. Eger. 450 m. Als Säuerling erwähnt 1502, dann 1542 durch Kaspar Bruschius und 1545 durch Georg Agricola. Seit 1707 als Bad benutzt, wird doch erst 1793 der eigentliche Kurort begründet, dessen Name auf Kaiser Franz II. zurückgeht. Bis dahin waren die Bezeichnungen Eger-Sauerbrunn, Schlaidner oder auch Schlada-Säuerling gebräuchlich. Bald entstanden die Kolonnaden (1817) und ein neues Brunnenhaus (1832). Erst 1848 zur selbständigen Gemeinde geworden,

Kapelle in Frankstadt

Kurhaus in Franzensbad

erfolgte 1865 die Stadterhebung. Das Wappen: Ein silberner Fluß mit 5 kleinen Nebenflüssen teilt den Schild schräg, dazu ein schwarzer Adler (Hinweis auf den ärztlichen Gründer Dr. Adler) mit einer Schlange in den Klauen und ein roter Hahn (Hinweis auf Oberstburggraf von Rothenhann). War zuerst die Stadt Eger Eigentümerin der Quellen und der Kureinrichtungen, so wurde dies 1904 die Stadt Franzensbad. Bald genoß der Kurort fünf km nördlich von Eger und zwischen den Ausläufern des Böhmerwaldes, des Fichtel- und des Erzgebirges, in anmutiger Parklandschaft gelegen, Weltruf.
Von den Mineralquellen (Eisensäuerlinge, schwefelhaltige und Stahlquellen, alkalische Glaubersalzsäuerlinge) mit Temperaturen von 10,1 bis 12,5 °C finden 24 für die Heilung Kranker Verwendung. Im zweiten Jahrzehnt unseres Jh. wurden die Quellen „Glauber I bis IV“ entdeckt, deren Ursprünge in Tiefen von 26 bis 92 m liegen. „Glauber IV“ ist die stärkste Glaubersalzquelle der Welt. Außerdem werden kohlensaure Bäder, radioaktive Gasbäder und Eisenmineralmoorbäder angewendet, vor allem bei Frauen- und Herzleiden, Rheuma und Blutarmut. Beträchtlich war immer der Versand des Heilwassers; 1976 wurden 45 900 hl Mineralwasser abgefüllt und versandt.
Das Stadtbild zeigt ein einheitliches Gepräge; herausragende Gebäude sind die Kolonnaden,

die Kurhäuser und Badeanstalten und das Theater, dessen Neubau 1928 entstand und heute den Namen Božena Němcovas trägt. Es gab eine katholische Kirche (1820), eine evangelische (1881) und eine russisch-orthodoxe Kirche, ferner eine Synagoge. Dem seit 1912 bestehenden Stadtmuseum mit dem großen Pontini-Nachlaß war das Stadtarchiv angegliedert; verdienstvolle Leiter beider Institutionen waren Alois John und Max Reinl. Denkmäler waren gewidmet u. a. Kaiser Franz, Dr. Bernhard Vinzenz Adler, Goethe, Bürgermeister Limbeck, dem Dichter Wilhelm Müller und Kaiserin Elisabeth; letzteres, eine Arbeit Karl Wilferts d. J. (1905), steht heute im bayerischen Feldafing.

Von den zahlreichen Kurgästen, die in Franzensbad Heilung suchten, seien nur wenige genannt: Beethoven, Goethe, Schiller, Schopenhauer, Fichte, Nietzsche, Jean Paul, Wilhelm Müller, Anastasius Grün (Graf Auersperg), Ebner-Eschenbach, Luigi Cherubini, Spontini, von Flotow, Johann Strauß, Kienzl und Slezak.

Persönlichkeiten: Dr. Bernhard Vinzenz Adler, Arzt und Gründer des Kurortes (1753 - 1810); Dr. Johann Poeschmann, Balneologe, Brunnenarzt in Franzensbad und Karlsbad, Stadtphysikus in Eger (1775 - 1844); Paul Cartellieri, Brunnenarzt, Entdecker der Stahlquelle (1807 - 1881); Fritz Pontini, Maler (1874 - 1912); August Brömse, Maler, Graphiker und Professor an der Kunstakademie in Prag, seine Schwester Adelheid Alexandrina Brömse, Provinzialoberin der Egerer Kreuzschwestern (1882 -1961).

Franzensbad, Goethedenkmal

1955 übernahm Bayreuth die Patenschaft über die vertriebenen Franzensbader.

1930: 2473 Einw. (2211 Deutsche, 176 Ausländer, 74 Tschechen, 12 andere).

Umgebung: Kammerbühl, 500 m, ein Lavakegel, für den Goethe großes geologisches Interesse zeigte; der ca. eine Million Jahre alte Berg ist der zuletzt erloschene Vulkan Mitteleuropas. Soos, ein großes Moorgebiet mit vielen Gasquellen, das unter Naturschutz steht, ist von Mineralsalzen bedeckt. Durch trichterförmige Vertiefungen entströmt Kohlendioxid, dabei entstehen eigenartige Geräusche.

Die sog. Kaisertherme (Mineralquelle) hat 20 °C.

Frauenberg *(Hluboká),* Stadt und Schloß 10 km nördlich von Budweis. Das Schloß, 83 m hoch über der Moldau, geht auf eine Burg des 13. Jh.s zurück. Besitzer waren die Rosenberg, Landstein, Pernstein und Neuhaus. 1283 wurde auf der sog. Winkelwiese Zawisch von Falkenstein, der nach dem böhmischen Königsthron strebte, hingerichtet. Die Neuhaus ließen die Burg zu einem Renaissanceschloß umgestalten (1571). Unter den Schwarzenberg, die es von 1661 bis 1945 besaßen, erfolgte der Barockumbau (1707 - 1721) und der neogotische Umbau (1840 - 1871) nach dem Vorbild des englischen Königsschlosses Windsor. Das Jagdschlößchen im englischen Park enthält Bilder des englischen Malers J. J. Hamilton. Ein kunsthistorischer Schatz in der Schloßkapelle sind vier spätgotische Tafelbilder. Im Wintergarten die Plastik „Donaunymphe", eine Marmorarbeit Ludwig Schwanthalers. In der ehemaligen Reithalle wurde in den fünfziger Jahren die Südböhmische Galerie „Mikoláš Aleš" eingerichtet, eine der bedeutendsten Gemäldegalerien des Staates. Im Schloß mit 140 Räumen befinden sich noch andere wertvolle Sammlungen. Das nahe Jagdschloß Ohrada (Zwinger), 1707 - 1718 entstanden, dient als Museum mit Exponaten aus dem Forst-, Jagd- und Fischereiwesen. Frauenberg war Sitz eines Bezirksgerichts.

1930: 2735 Einw. (2648 Tschechen, 66 Deutsche).

Freiberg *(Příbor),* Bez. Neutitschein. 297 m. Der Gerichtsbezirk Freiberg hatte 24 Gemeinden, davon fünf deutsche. Die Stadt mit regelmäßigem Grundriß entstand im 14. Jh. an Stelle einer älteren Siedlung und war als Besitz des Olmützer Bischofs auch mit Hochwald verbunden. 1634 Zerstörungen durch Schweden. 1882 kam Freiberg in tschechische Verwaltung. Die Dekanatskirche Mariä Geburt aus dem 14. Jh. wurde später erweitert. Berühmt war das ehem. Piaristenkolleg mit Gymnasium (1694 - 1777 und 1857 - 1874), dem ein deutsches Staatsgymnasium folgte. Die barocke Piaristenkirche (Hl. Valentin) entstand 1740 - 1750. Am Marktplatz Laubenhäuser. Rathaus (16. Jh.) mit Sgraffitischmuck.

Geboren wurden in Freiberg Thomas Gregor Wolny (1793 - 1871), Benediktiner des Klosters Raigern, Historiker und mährischer Topograph; Bertold Bretholz (1862 - 1936), Historiker, mährischer Landeshistoriograph, Brünner Stadtarchivar und Begründer der Kontinuitätstheorie, nach der die Sudetendeutschen direkte Nachkommen der vor der Slaweneinwanderung in Böhmen und Mähren lebenden Germanen waren; Sigmund Freud (1856 - 1939), Psychiater und Neurologe, Begründer der Psychoanalyse. Ihm zu Ehren wurde 1969 in Freiberg ein Denkmal enthüllt.

Industrie: Tuch-, Hut- und Wirkwarenherstellung, Automobilbau.

1930: 4882 Einw. (4562 Tschechen, 212 Deutsche).

Umgebung: Fünf km südlich Nesselsdorf (Kopřivnice) mit den Tatra-Automobilwerken, wo Ferdinand Porsche und Hans Ledwinka als Konstrukteure arbeiteten. Der Markt Hochwald mit Ruine, Wallfahrtskapelle und Tiergarten.

Freiheit *(Svoboda nad Úpou)*, Bez. Trautenau. 511 m. Deutsche Bergleute gründeten in der Mitte des 16. Jh.s eine Siedlung. Sie schürften Gold und Silber. Der ursprüngliche Name war Bergfreiheit. Ferdinand I. verlieh 1646 ein Stadtwappen: Im rechten Teil des Schildes ein schwarzer Adler mit goldenem Schnabel und goldenen Krallen. 1580 wird das „Bergstädtl unter dem güldenen Rehorn" erwähnt. Die Pfarrkirche (Hl. Johannes von Nepomuk) an Stelle einer Holzkirche ließ 1777 Fürst Schwarzenberg bauen. 1683 baute Johann Fürst Schwarzenberg ein Spital für 12 Personen. Alte Häuser mit holzverkleideten Giebeln und Lauben. Sommerfrische. Wintersport (Sprungschanze, drei km lange Rodelbahn vom Kuhberg).

Erzeugung von Papier, Textilien, Wachs- und Metallwaren.

1930: 1411 Einw. (1319 Deutsche, 49 Tschechen, 30 Ausländer).

Umgebung: Johannisbad, Kurort („das böhmische Gastein").

Freistadt an der Olsa *(Fryštát)*. Die ostschlesische Bezirksstadt mit den Gerichtsbezirken Freistadt und Oderberg, an der Bahnstrecke Petrowitz - Karwin gelegen, war schon 1344 Stadt. Das seit dem 16. Jh. bekannte Wappen hatte im rechten Teil des Schildes die Hälfte eines Adlers, links zwei Lindenblätter. Pfarrkirche Kreuzerhöhung, Friedhofskirche St. Markus, Rathaus mit altem Turm und Schloß (früher Grafen Larisch-Mönnich) mit großem Park.

Kohlebergbau, Industriewerke Freistädter Eisen- und Stahlgesellschaft (1930: über 1000 Arbeiter), Grubennägelfabrik, Wagenachsenfabrik, Schlosserwarenerzeugung, Waggonfabrik, Buchdruckerei.

1848 wurde in Freistadt Dr. Paul Tschackert, evang. Theologe und Schriftsteller, geboren.

1890: 669 Polen, 416 Deutsche, 24 Tschechen. 1910: 4835 Einw. (2878 Polen, 1704 Deutsche, 253 Tschechen). 1930: 7124 Einw. (2686 Tschechen, 2385 Polen, 1362 Deutsche, 475 Ausländer, 216 andere, davon 208 Juden).

1948 wurde Freistadt in Karwin eingemeindet.

Umgebung: Bad Darkau, Jodsolbad.

Freiwaldau *(Jeseník,* früher *Frývaldov)*, 440 m. Die Bezirksstadt an der Mündung der Staritz in die Biele ist rings von bewaldeten Bergen umgeben. Vriwald (1267) wurde 1295 Schutzstadt der Breslauer Bischöfe. Der Goldbergbau blühte. Von den Hussiten niedergebrannt, erfolgte 1606 die Stadterhebung. Das Wappen enthält einen Bären und über diesem den schwarzen schlesischen Adler mit silberner Kleeblattspange und Kreuz auf der Brust. In der Renaissancezeit besaßen hier die Fugger und die Thurzo Bergwerke (Gold, Silber, Eisen). In der

Freiwaldau, Wappen

Reformationszeit bekannten sich viele zur neuen Lehre. Der Hexenwahn greift um 1640 um sich und forderte viele Opfer. Am 19. Januar 1919 besetzte tschechisches Militär die Stadt.
Kirche Mariä Himmelfahrt aus dem 15. Jh., Ende 19. Jh. renoviert, mit Tiroler Glasmalereien. Konvent der Ursulinen. Evangelische Kirche 1881 - 1883 durch Prinzessin Marianne von Nassau-Oranien erbaut. Altes Rathaus (1610, Renaissance), Turm barock 1730. Pestsäule zur Erinnerung an das große Sterben von 1633 mit der hl. Dreifaltigkeit. Die alte Burg (vor 1374) wurde zu einem Wasserschloß umgebaut (Sommerresidenz der Erzbischöfe von Breslau). Ein Gedenkstein erinnert an den Komponisten Karl Ditters von Dittersdorf, der als Amtshauptmann bis 1794 im Schloß wohnte. Im Stadtmuseum, 1901 gegründet, Prießnitz-Erinnerungen, vorgeschichtliche Sammlung, Heimatkunde. Im Stadtarchiv Stadtgrundbücher seit 1570, Prießnitz-Archiv, Kurlisten. Im Stadtpark Prießnitz-Denkmal vom Bildhauer Obeth. Der Name des Hochmeisters Erzherzog Eugen blieb in der Eugen-Allee erhalten. Realgymnasium, 1913 als Unterrealschule gegründet und 1917 zum Staats-Reform-Realgymnasium erweitert; hier unterrichteten u. a. als Direktor Dr. Franz Eigl, Heimatforscher Dr. Franz Peschel. Sitz des Deutschen Landesverbandes für Fremdenverkehr für Mähren und Schlesien. Presse: „Mährisch-schlesische Presse". „Der Volksbote". „Altvater" (Vereinsblatt des Mährisch-schlesischen Sudetengebirgsvereins, der heute noch in Kirchheim/Teck besteht und die Zeitschrift weiterführt).
Wirtschaft: Textil- (Leinen-, Damasterzeugung), und Holzindustrie, Handschuhfabrikation, zwei Buchdruckereien. Luftkurort, Wintersport.
Persönlichkeiten: Martin Johann Weidlich (1600 - 1678), Stadtschreiber und Chronist von Mährisch Trübau; Johann Nepomuk Raimann (1780 - 1847), Univ.-Professor, Leibarzt Kaiser Ferdinands I.; Oskar Paul (1836 - 1898), Professor für Musikgeschichte an der Univ. Leipzig; Edmund Weiß (1837 - 1917), Univ.-Professor, Astronom und Direktor der Wiener Sternwarte; Gustav Weiß (1837 - 1894), Botaniker und Univ.-Professor in Prag; Adolf Kettner (1849 - 1932), geb. in Schwarzwasser bei Freiwaldau, Heimatforscher, Redakteur des „Altvater"; Oskar Hein (1863 - 1940), Hof- und Gerichtsadvokat in Wien, politischer Schriftsteller, Stadtrat der Gemeinde Wien; Emil Hauck (1866 - 1936), Kurarzt und Bürgermeister, erster Präsident des Fremdenverkehrsverbandes für Mähren und Schlesien; Franz Karl Mohr (1887 - 1965), Germanist und Dichter, Univ.-Professor in Virginia/USA; Engelbert Kaps (1888 - 1975), Bildhauer; Adalbert Willmann (1889 - 1928), Maler; Josef Werdecker (1907 - 1979), geb. in Sandhübel bei Freiwaldau, Geograph, Univ.-Professor TH Darmstadt.
1930: 8251 Einw. (6674 Deutsche, 1257 Tschechen, 279 Ausländer).
Umgebung: Goldkoppe, 908 m; Hochschar, 1351 m; Fürst Liechtensteinscher Urwald.
Ein Ortsteil von Freiwaldau ist Gräfenberg (Gräfenberk) an der Südlehne des Hirschbadkammes. 632 m. 1826 begründete der Naturheil-

Freiwaldau-Gräfenberg

Freiwaldauer Warte auf der Goldkoppe

kundige Vinzenz Prießnitz (1799 - 1851) in seinem Geburtsort eine Wasserheilanstalt. Durch den Vater der modernen physikalisch-diätetischen Therapie erlangte der Kurort Weltgeltung. Zahlreiche Kranke fanden in den Wasserheilanstalten Genesung. In diesem Jahrhundert wurden mehrere neue Kuranstalten errichtet. Viele berühmte Persönlichkeiten nutzten die Kuren von Gräfenberg; manche ließen aus Dankbarkeit Denkmäler für Prießnitz errichten. Seine sterblichen Überreste befinden sich in einer Gruft der neugotischen Marienkapelle. Noch heute ist Gräfenberg vielbesuchter Kurort.

Freudenthal *(Bruntál)* im Altvatergebirge. 547 m. Die Bezirksstadt liegt im Gesenke am Schwarzbachtal und an der Bahnlinie Olmütz - Troppau. Die Stadt (1213) mit der „ältesten Beurkundung eines Stadtrechts in Mähren und Schlesien" (Rokyta) zeigt einen Grundriß, der typisch ist für eine deutsche Gründung. Sie war im Besitz der Přemysliden, der Herren von Würben, des Deutschen Ordens (seit 1624). Bedeutender Bergbau bedingte frühen Wohlstand. Auf jenen weist auch das Wappen hin: ein Bergmann mit einem Schlägel über der rechten Schulter.
In der Kreuzkapelle der Kirche Mariä Himmelfahrt (1382, im 15. Jh. spätgotisch und schließlich barock) die Begräbnisstätte des Statthalters und späteren Hochmeisters und Landeshauptmanns Kaspar von Ampringen, Piaristenkirche, evangelische Kirche, Reste der gotischen Stadtmauer (14. Jh.), Schloß und Spital des Deutschen Ordens. Das Schloß entstand in der Spätgotik (15. Jh.), wurde um 1580 umgebaut (Renaissance) und erhielt 1766 - 1769 barocke Formen; im Besitz des Deutschen Ordens (1621 - 1939) Residenz des Hochmeisters (1923 - 1939).
Der Orden war für Tausende Arbeitgeber und betreute neben Bad Karlsbrunn viele Krankenhäuser, Erziehungsanstalten und Wohlfahrtseinrichtungen. Herausragende Hochmeister in Freudenthal waren Georg Wilh. Elckershausen, gen. Klüppel (vor 1590 - 1654), Eugen Erzherzog von Österreich (1862 - 1954), Norbert Klein (1866 - 1933), Paul Heider (1868 - 1936) und Robert Schälzky (1882 - 1948). Seit der Wende zum 18. Jh. bis 1815 bestand im Schloß ein Theater; bei den Theateraufführungen und Konzerten wirkten Offiziere, Beamte und Bürger mit, als Spielleiter auch der Kürschner Franz Josef Krones (1766 - 1839), dessen Tochter Therese Krones (1801 - 1830), nachmals als Schauspielerin hochberühmt, hier in ihrer Vaterstadt ihre ersten Erfolge verzeichnen konnte.
Im Schloß, das noch Wandmalereien der Barockzeit aufweist, wurde ein Museum untergebracht mit der Galerie der Kunst des 17. und 18. Jh.s. Der Barockbau des Rathauses erfuhr Veränderungen im Empirestil. Aus dem 1731 ins Leben gerufenen Piaristengymnasium wurde eine Hauptschule (1777), eine Unter-Realschule (1850), die 1871 in ein Unter-Realgymnasium umgewandelt

Wappen von Freudenthal

und 1888 gesperrt wurde. 1908 Wiedereröffnung als Gymnasium, 1909 Umwandlung in ein Realgymnasium. Fachschule für Weberei. An Stelle der Anstalt in Kremsier wurde für den deutschen Anteil an der Diözese Olmütz 1926 ein deutsches erzbischöfliches Knabensemiar gegründet. Zeitungen: „Freudenthaler Zeitung"; „Freudenthaler Wochenblatt"; „Landbote". Archiv der Hochmeisterischen Güteradministration des Deutschen Ordens in Freudenthal im Schloß, letzter Archivleiter Dr. Rudolf Fitz. Die Schloßbibliothek besaß reiche Schätze. Das Stadtmuseum, 1907 gegründet und von Erwin Weiser geleitet, hatte heimatkundliche Sammlungen, Zeugnisse heimischen Gewerbes.
Wirtschaft: Seit 1520 war das Leinengewerbe in einer Zunft zusammengeschlossen. 1755 wurde die Leinwand- und Garnordnung für Österreichisch-Schlesien erlassen und damit der Anfang einer neuen Blüte gesetzt. Textil-, Holz- und Baustoffindustrie, Fahrradfabrik, Erzeugung von Altvater-Likör. Die meisten alten Industrieunternehmen wurden nach 1945 stillgelegt. 1913 große Gewerbe- und Industrieausstellung.
Persönlichkeiten: Therese Krones (s. o.); Ernst Ludwig (1842–1915), Mediziner, Univ.-Professor in Wien, Mitgl. des Herrenhauses; Ferdinand Gruner (1872–1920), Schriftsteller, Dramatiker, Heimatkundler, Redakteur („Trautenauer Wochenblatt"); Ernst Berl (1877–1946), Chemiker, Professor (Darmstadt, Pittsburgh); Erwin Weiser (1879–1968), Heimatforscher, Museumsleiter, Stadtarchivar, Schriftleiter der „Freudenthaler Zeitung"; Eugen Weese (1894–

Freudenthal, Ringplatz und Pfarrkirche

Deutschordensschloß in Freudenthal

1961), Hauptschriftleiter („Neue Zeit", „Deutsche Post", „Troppauer Heimat-Chronik"); Bruno Hanns Wittek (1895–1935), Dichter, Schriftsteller.
1930: 9547 Einw. (8904 Deutsche, 396 Tschechen, 221 Ausl.).
Umgebung: Auf dem basaltischen Köhlerberg (674 m) die Wallfahrtskirche Maria Hilf, 1653–1655 durch Oswald von Liechtenstein erbaut, 1762 renoviert. Das Gnadenbild ist eine Kopie des Cranach-Bildes Maria Hilf in einem Passauer Kloster; Venusvulkan (655 m).
Die Stadt Memmingen übernahm 1956 die Patenschaft über die Deutschen aus Freudenthal; dort errichteten diese auch ihr Heimatmuseum, in dem sich neben anderen Kostbarkeiten auch das 1969/1970 von Robert Kube geschaffene Relief des Kreises Freudenthal befindet.
1974 entstand in Freudenthal Europas größte Kolchose mit 18 Teilbetrieben; sie war der bedeutendste Flachserzeuger des Staates. Der Bezirk zählt 16 Nationalitäten, darunter Mazedonier und Griechen.

Friedberg *(Frymburk)*, Bez. Kaplitz. 730 m. Der Markt am linken Moldau-Ufer, 1270 urkundlich als Friberch (mit einer Kirche) erwähnt, war Besitz der Witigonen bzw. der Rosenberge, die ihn 1305 dem Stift Schlägl schenkten. 1379 Erhebung zum Markt mit einem Schulzengericht. Damals wahrscheinlich auch Wappenverleihung: eine rote Rose auf silbernem Grund deutet auf die Rosenberger hin. Die Kirche zum Hl. Bartholomäus aus dem 13. Jh. wurde 1530 (spätgotisch) umgestaltet, im 17. Jh. wiederum. Seit dem 13. Jh. versorgten Prämonstratenser aus dem oberösterreichischen Schlägl die Seelsorge. Rathaus mit dem 1928 eröffneten Museum, auf dem Marktplatz ferner der Pranger aus d.J. 1651, eine Mariensäule (1635) und der Röhrenbrunnen (1677). Ein Denkmal erinnert an Adalbert Stifter, der oft den Markt malte und zum Schauplatz von Erzählungen machte. Die Jugendfreundin Stifters, Fanny Greipl, war eine Friedbergerin.

Persönlichkeiten aus Friedberg: Georg Bachmann (um 1600 - 1652), Porträt- und Historienmaler; Simon Sechter (1788 - 1867), Komponist, Professor am Wiener Konservatorium, Lehrer Anton Bruckners; Emanuel Bayer (1790 -1874), Wirtschaftsdirektor in Winterberg und Frauenberg, Verfasser landwirtschaftlicher und meteorologischer Abhandlungen; Andreas von Baumgartner (1793 - 1865), Naturwissenschaftler, Univ.-Professor in Wien, Mitglied des Herrenhauses, Minister; Jordan Kajetan Markus (1831 - 1893), Pädagoge, Schriftsteller, Initiator des Stifter-Denkmals am Plöckenstein (1877); Hans Hölzl (1907 - 1977), Heimatforscher.

Wallfahrtskirche Köhlerberg (Freudenthal)

1930 (mit Friedau): 1432 Einw. (1363 Deutsche, 51 Ausländer, 18 Tschechen). 1947: 600 Tschechen.

Umgebung: Moldaulauf seit den 60er Jahren zum Stausee von Lippen (Lipno) gestaut, dabei wurde ein Teil Friedbergs geopfert. Kirchlein St. Thoma, 1347 gotisch, innen Barockmadonna. Ruine Wittinghausen (1032 m), von Stifter in „Hochwald" behandelt.

Friedeberg *(Žulová,* früher *Frýdberk),* Bez. Freiwaldau. 365 m. An Stelle der Altvaterstadt am Zusammenfluß der Schlippe und Weide stand eine starke Grenzfeste. Um 1305 ein Dorf, wurde es von den Breslauer Bischöfen zur Stadt erhoben. Das Wappen zeigt eine Burgruine: auf einem grünen Hügel ein Turm mit einem Baum auf dem Dach, neben dem Turm links eine beschädigte Mauer, rechts ein Haus mit rotem Dach. Die Breslauer Bischöfe überließen 1805 die Burg der Stadt zum Bau einer Kirche, die 1810 fertiggestellt wurde. Der Bergfried wurde zum Glockenturm. Auf dem Marktplatz eine Mariensäule. Das heimatkundliche Stadtmuseum entstand 1925. Die Fachschule für Granitindustrie (seit 1886) wurde 1909 zur Landesfachschule. Die hier bestehende Schlesische Schauspieltruppe spielte in Schlesien und Nordmähren Volks- und Mundartstücke von Viktor Heeger.

Wirtschaft: Steinbrüche, Granit- und Marmorbearbeitung. Sommerfrische.

Nach 1948 wurden in der Gegend Griechen angesiedelt, die nach dem Scheitern des kommunistischen Putsches in ihrer Heimat geflüchtet waren.

1930 (mit Sorge): 1478 Einw. (1279 Deutsche, 126 Tschechen, 44 Ausländer).

Umgebung: Gotteshausberg (515 m) mit Wallfahrtskirche, Granat- und Epidot-Fundort. Burgruine Kaltenstein, Fichtlich (1109 m), Nesselkoppe, Saalwiesen (Urwald).

Friedek *(Frýdek),* Stadt mit eigenem Statut. 316 m. Die ostschlesische Bezirksstadt an der Ostrawitza ist Station der Bahn Kojetein - Teschen und Ostrau - Friedek. Die Siedlung an der alten Grenzburg wurde in der 1. Hälfte des 15. Jh.s Stadt. Wappen: im geteilten Schild rechts ein halber Adler, links ein F. Viele deutsche Dorfgründungen, die ihren Ausgang in Friedek hatten, wurden im Hussitenkrieg zerstört. Im 16. Jh. schufen sich die Augsburger Fugger eine Niederlassung. Besitzer des Schlosses, einer ehem. Piastenburg, waren u. a. die Würben, Praschma, Herzog Albrecht von Teschen-Sachsen, die Erzherzöge Karl, Albrecht, Friedrich; 1918 verstaatlicht. Sehenswerte Schloßkapelle und Wappensaal alter schlesischer Geschlechter. Volkskundemuseum.

Kirche Hl. Johannes d. T. (14. und 18. Jh.) mit 75 m hohem Turm. Die Wallfahrtskirche Mariä Heimsuchung ließ 1740 - 1759 Graf Praschma errichten. Jodokus-Kirchlein (16. Jh.) mit Holzturm. Evangelische Kirche. Presse: „Deutsche Beskiden-Zeitung"; „Deutsche Volkswehr". Deutsches Gymnasium wurde 1918 aufgelöst.

Wirtschaft: Baumwoll- und Eisenindustrie, Tonofenfabrik, Holzverarbeitung, Flachsspinnerei. Die Wirtschaft, von Deutschen begründet, blieb auch in deren Händen, als die Tschechen die Mehrheit in der Stadt erlangt hatten. Ein Friedeker war Alfred Kleinberg (1881 - 1939), Gymnasiallehrer in Karlsbad und Literarhistoriker.

1890: 7374 Einw. (4341 Tschechen, 2639 Deutsche, 292 Polen); 1930: 11 889 Einw. (8975 Tschechen, 2284 Deutsche, 348 Ausländer, 153 Polen). Friedek und Mistek waren bis 1943 selbständig, dann wurden sie zu einer Doppelstadt vereinigt.

Friedland an der Mohra *(Frýdlant nad Moravicí,* heute *Břidličná),* Bez. Römerstadt. 1492 wurde Friedland, das zur Eulenburg gehörte, Markt. Das Wappen mit Hammer und Schlägel und darüber ein Engelskopf deutet auf den früher betriebenen Bergbau hin.

Im 13./14. Jh. bestanden in „Vriedelanth" Goldwäschereien. Im 17. Jh. Eisenwerke, die auch Waffen erzeugten (wöchentlich bis zu 500 Musketen). Im 17. Jh. breitet sich auch hier Hexenaberglaube aus.

Die ursprüngliche Holzkirche (14. Jh.) diente seit 1575 dem neuen lutherischen Bekenntnis und wurde 1625 wieder römisch-katholisch. Flachs. Basalt. Schiefer- und Steinbrüche.

1930: 1654 Einw. (1595 Deutsche, 36 Ausländer, 22 Tschechen).

Friedland *(Frýdlant),* Bezirksstadt am Fuße der Ausläufer des Isergebirges und an der Mündung der Raßnitz in die Wittig. 290 m.

Erste Nachrichten aus der Zeit, da Friedland zur Lausitz und zum Bistum Meißen gehörte. 1278 kam es an die Familie Biberstein, deren Mitglied Johann errichtete eine Tuchmacherzunft. 1381 Bezeichnung als Stadt. Wappen (1537): Mauer mit Zinnen und offenem Tor, darüber zwei Türme, zwischen diesen ein rotes Hirschgeweih auf Goldgrund, das Wappen der Bibersteine. Dieses Geschlecht erlosch 1551, Friedland wird von der böhmischen Krone eingezogen, kommt 1558 an die Redern und wird 1622 an Albrecht von Waldstein veräußert. Es entwickelt sich zum Zentrum von Wallensteins Herzogtum Friedland. Nach seiner Ermordung kam es an die Grafen Gallas (seit 1759 Clam-Gallas). 1680 auf der Herrschaft Bauernaufstand.

Die Kirche Kreuzauffindung, entstanden aus romanischer Kapelle (heute Sakristei), spätgotische, barocke Umbauten, 1889 neugotisch. Bilder von Hans von Aachen und Karel Skreta. Grablege der Familie Redern. Marmormausoleum des Feldmarschalls Melchior von Redern († 1600) mit lebensgroßer Figur, geschaffen von Christoph Gerhard Heinrich von Amsterdam (1605 - 1610). Barockstatuen der zwölf Apostel aus der Werkstatt des Matthias Braun. Evangelische Christuskirche. Am Markt Giebelhäuser aus dem 16. und 17. Jh. Rathaus mit Turm, darin Stadtmuseum, davor Wallenstein-Denkmal. Reste alter Stadtmauern.

Friedland, Wappen

Wallensteinschloß Friedland

Das Schloß auf 62 m hohem Basalthügel entwikkelte sich aus einer gotischen Burg (13. Jh.) zu einem Renaissanceschloß, errichtet durch Katharina von Redern von Marco Spazzo de Lancio. Im unteren Schloß Kapelle mit wertvoller Kanzel. In den im Schloß untergebrachten Sammlungen sind Erinnerungen an Andreas Stelzig, den Anführer des Bauernaufstandes, der hier eingekerkert war, vorhanden, ebenso Erinnerungsstücke an Wallenstein, dessen Herzogtum Friedland neun Städte (Friedland, Reichenberg, Arnau, Weißwasser, Münchengrätz, Böhm. Leipa, Turnau, Jitschin und Aicha), 57 Schlösser und Dörfer umfaßt hatte. Das Schloßarchiv der Grafen Clam-Gallas, auch Wallenstein-Urkunden enthaltend, verwaltete der Historiker Josef Bergel. 1911 weilte in dienstlichem Auftrag Franz Kafka in Friedland und erhielt hier wahrscheinlich Anregungen zu seinem Roman „Das Schloß". In Friedland hielt sich 1629 auch Johannes Kepler auf. Im 16. Jh. bestand eine von Christoph Simon (um 1550 - 1610) errichtete Meistersingschule. Die „Friedländer Zeitung" erschien einmal wöchentlich.
Wirtschaft: Textil- und Tonwarenindustrie, Papiererzeugung (bereits unter den Biberstein gab es eine Papiermühle), landwirtschaftliche Maschinen. Sommerfrische.
Persönlichkeiten: Carl J. Czörnigk von Czernhausen (1804 - 1859), geb. in Tschernhausen bei F.), Direktor des Statistischen Büros in Wien, Mitglied der Frankfurter Nationalversammlung; Joseph Wenzel Köhler, (1809 - 1878), geb. in Neustadt bei F., Komponist; Wenzel Mayer (1851 - 1902), geb. in Kladrau, Landgerichtsrat in Friedland, Historiker; Franz Mohaupt (1854 - 1916), Schuldirektor in Böhm. Leipa, pädagogischer Schriftsteller; Wenzel Franz Jäger (1861 - 1928), geb. in Ringenhain bei F., Isergebirgsmaler; Franz Thiele (1868 - 1945), Maler, Akademie-Professor in Prag; Anton Ressel (1873 - 1933), geb. in Rückersdorf bei F., Heimatforscher; Julius Kraus (1870 - 1917), Heimatforscher; Hugo V. Eisenschiml (1878 - 1951), Redakteur in Wien, Begründer der Zeitschrift „Moderne Revue"; Otto Josef Feix (1890 - 1980), Komponist.
1930: 6314 Einw. (5514 Deutsche, 563 Tschechen, 231 Ausländer).
1962 übernahm der Landkreis Fulda die Patenschaft über den Heimatkreis Friedland. Eine Friedlandstube befindet sich in der Stadt Hünfeld.

Friedrichswald *(Bedřichov)*, Gemeinde im Bez. Reichenberg. 729 m. Hier stand die erste Glashütte des Isergebirges (1598 - 1807). Die Glasindustrie überdauerte alle Zeiten. Neben 12 Schleifmühlen (Wasserantrieb) gab es auch Druckhütten. Erzeugung von Gablonzer Glasschmuck. Anlage des Dorfes zu Anfang des 17. Jh. durch die Familie von Redern. Das Bergkirchlein zum Hl. Antonius wurde 1930 errichtet.
Durch Stauung der Schwarzen Neiße entstand die Friedrichswalder Talsperre (775 m), 1902 - 1905 erbaut, von Fichtenwäldern umgeben, Staumauer 348 m lang und 26 m hoch, zwei Millionen cbm Fassungsraum. Heute rings um die Talsperre militärisches Sperrgebiet. Wintersportort mit Sprungschanze, Sportheim und vielen Wochenendhäusern. Im Bereich von Friedrichswald die Sommerfrische Christiansthal (798 m) inmitten großer Wälder.
1930: 1248 Einw. (1210 Deutsche, 34 Tschechen, 4 Ausländer).
Umgebung: Königshöhe (858 m) mit Aussichtsturm; Schwarzer Berg (1034 m); ehem. Graf-Clam-Gallasscher Tiergarten (5560 ha); Neuwiese (778 m) mit Forsthaus und Jagdschlößchen.

Königshöhe bei Friedrichswald

Frischau *(Frišava)*, Bez. Znaim. 206 m. Die alte Siedlung (vor 1338) verschwand und es entstand im 16. Jh. wieder eine Gemeinde. In diesem Jh. ließen sich auch Wiedertäufer nieder. Die Pfarrkirche im Rokokostil wurde 1765 - 1771 errichtet. Denkmäler: Dreifaltigkeitssäule, Hl. Johannes von Nepomuk, Hl. Florian. Das Schloß, 1713 durch Johann A. von Liechtenstein umgebaut, liegt in einem großen Park; und wurde 1927 Provinzhaus der Breslauer Hedwigsschwestern. Als zu Anfang des 18. Jh.s die Cholera wütete, mußte für die Opfer ein eigener Friedhof angelegt werden.
1930: 1216 Einw. (955 Deutsche, 210 Tschechen, 48 Ausländer).

Fröllersdorf *(Frélichov* bzw. *Jevišovka)*, Bez. Nikolsburg. 179 m. An der Bahnlinie Znaim - Lundenburg. Der Ort war seit der Mitte des 14. Jh.s bekannt, dann sind keine weiteren Nachrichten überliefert, erst wieder als gegen Ende des 16. Jh. Kroaten hierher gebracht wurden, die Christoph von Teuffenbach ansiedelte. An dieses Ereignis gemahnt ein 1884 errichteter Obelisk. Parrkirche St. Kunigunde (16. Jh.), zeitweise lutherisch. 1837 Neubau. Eine Pfarrei bestand von 1510 bis 1624.
1930: 1268 Einw. (932 Kroaten, 213 Deutsche, 108 Tschechen).

Frühbuß *(Přebuz)*, Bez. Neudek. 887 m. Die Bergstadt an der Landesgenze, auf einer Hochfläche des Erzgebirges gelegen, entstand Anfang des 16. Jh. durch den Zinnbergbau, der bis zum Dreißigjährigen Krieg betrieben wurde. Frühbuß, das zur Herrschaft Heinrichsgrün gehörte, erhielt 1553 Privilegien, die ein Graf Nostitz 1670 bestätigte. Im Wappen von 1672 ist das Nostitzwappen enthalten, ferner Anker, Hammer und Schlägel.
Die erste Kirche (1555) war ein evangelisches Gotteshaus, der erste Prediger schon 1552 gekommen. Die katholische Kirche St. Bartholomäus (1783/1784) ist ein Barockbau. Eine Pfarrei besteht seit 1704. 1679 bis 1684 war P. Daniel Joseph Meyer, der spätere Erzbischof von Prag, Pfarrverweser in Frühbuß. Er führte den Kartoffelanbau im Erzgebirge (oft Hungersnöte) ein; bekehrte viele Lutheraner zum katholischen Bekenntnis. Deutsche staatliche Spitzenschule.
Wirtschaft: Hausindustrie, Stickerei, Perlmutterknopferzeugung. Sommerfrische, Wintersportort.
1930: 1396 Einw. (1352 Deutsche, 16 Tschechen, 28 Ausländer).

Fugau *(Fukov)*, Dorf im Bez. Schluckenau, an drei Seiten von Sachsen umgeben, nur der südliche Teil stellt eine Verbindung mit Böhmen her. Das Waldhufendorf aus dem 15. Jh. wurde gesprengt und besteht seit 1960 nicht mehr. Die Kirche (1788) war dem Landespatron Wenzel geweiht. Von den Einwohnern trugen über 300 den Namen Kindermann.
Persönlichkeiten: Theodor Tupetz (1852 - 1938), Landesschulinspektor und pädagogischer Schriftsteller; August Bartholomäus Weirich (1858 - 1921), Komponist und Domkapellmeister zu St. Stephan in Wien; Anton Friese (1874 - 1926), Dechant in Georgswalde, 1908 Gründer

Fulnek

der Zeitung „Das Niederland"; Anton Pius Ulbrich (1874 - 1952), Lehrer und Förderer der Krippenbaukunst, gründete 1913 den Verein für Krippenpflege und Heimatkunst.
1930: 791 Einw. (685 Deutsche, 54 Tschechen, 52 Ausländer).

Fulnek, Bez. Neutitschein. 284 m. Stadt am Ostrand des Gesenkes im Kuhländchen gelegen, an der Bahn Zauchtel - Fulnek. Die Stadt, gegründet im 13. Jh., mit einer Burg zum Schutze des Handelsweges Mährisch Weißkirchen nach Troppau gehörte zum Herzogtum Troppau, dann den Krawarn, den Würben und schließlich Czeike von Badenfeld (bis 1842). Das Wappen enthält die Grafenkrone der Krawarn. Die Zerstörungen am Ende des Zweiten Weltkrieges wurden seit 1950 teilweise wieder beseitigt. Das Wohnhaus des Comenius wurde nationales Kulturdenkmal. Er hatte in Fulnek, seit Beginn des 17. Jh.s Hauptort der Böhmischen Brüder, von 1618 bis 1621 gewirkt, bevor er ins Exil ging. 1892 wurde ihm zu Ehren ein Denkmal aufgestellt.
Seit 1389 bestand ein Augustinerkloster, das 1784 säkularisiert wurde und von dem der gotische Kreuzgang (15. Jh.) erhalten blieb. Die Kirche wurde 1748 - 1760 durch Nikolaus Thalherr barock umgestaltet (Dekanatskirche Hl. Dreifaltigkeit); die Bildhauerarbeiten schuf Franz Hiernle, Hauptaltarbild Felix Johann Leicher. Bis 1945 bestand ein Kapuzinerkloster (1674 gegründet) mit der St.-Josefs-Kirche. Auf dem Marktplatz erhebt sich die Dreifaltigkeitssäule (1718), wahrscheinlich ein Werk des Olmützers Johann Karl Turner. Die Stadt besitzt einige bemerkenswerte Barockpalais. Das Schloß, 1801 teilweise ausgebrannt, wurde schließlich Kaserne und Militärlazarett. Das Stadtarchiv besaß alte Stadtbücher und Privilegien seit 1385. Fulnek war eine Stadt der Krippenbauer, die zahlreiche Meisterwerke schufen.
Wirtschaft: Tuchfabrik, Möbelstoffweberei, Seidenbanderzeugung, Baumwollspinnerei, Stärkefabrik, landwirtschaftliche Industrie. Landwirtschaft in fruchtbarer Landschaft.
Persönlichkeiten: Petrus Herbert (1535 - 1571), Konsenior der Brüdergemeine, Liederdichter; Johann Leopold Hay (1735 - 1794), Bischof von Königgrätz; Felix Georg Jaschke (1756 - 1831), Fulneker Chronist; Leopold von Dittel (1815 - 1898), Med., Erfinder urologischer Instrumente; Johannes Loserth (1846 - 1936), Historiker, Professor in Graz; Franz Ballner (1870 - 1963), Bakteriologe; Gustav Beck (1874 - 1937), Heimatforscher; Franz Eichler (1871 - 1956), Schriftsteller; Franz Konwitschny (1901 - 1962), Generalmusikdirektor des Gewandhausorchesters Leipzig.
1890: 3453 Deutsche, 9 Tschechen. 1930: 3532 Einw. (2729 Deutsche, 649 Tschechen, 133 Ausländer).
Umgebung: Ruine Alttitschein und Hochwald; Gnadenstätte Kelbelsberg.

Das Gablonzer Wappen

Gablonz an der Neiße *(Jablonec nad Nisou)*, 495 m. Bezirksstadt am Südhang des Isergebirges. Hauptsitz der Schmuckindustrie.
Zuerst bestand eine Köhlersiedlung im Grenzwald. 1356 eine Kirche. Im 15. Jh. Zerstörung des Dorfes und Niedergang, der erst im 16. Jh. überwunden wurde . In der Jh.-Mitte entstanden Glashütten. Kaiser Franz Joseph erhob am 28. März 1866 Gablonz zur Stadt. Wappen: Auf dem Hügel ein Apfelbaum, aus seinen Wurzeln entspringt ein Fluß (Neiße).
Der steile wirtschaftliche Anstieg bis zur Weltgeltung war bedingt durch die Glasindustrie und die davon abhängige Bijouterie- und Gürtlerwarenfabrikation. Die Stadt zählte über 300 Exporthäuser. 1900 gab es 583 Industrieunternehmen, 1938 hatten Gablonz und die engere

Umgebung 4136 Betriebe und 520 Exporteure. Die jährliche Ausfuhr hatte einen Wert von über 100 Millionen Kronen. Neben zahlreichen Geldinstituten bestanden ein Hauptzollamt, Bezirksverwaltungsbehörden, Bezirksgericht, Eichamt, Hauptsteueramt und Anlagen für die elektrische Straßenbahn. Gablonz hatte das fünftgrößte Staats-Postamt Böhmens. Neben vier Knaben- und Mädchenbürgerschulen und sieben Volksschulen gab es in Gablonz Staats-Real- und Obergymnasium, eine kunstgewerbliche Fachschule und eine Handelsakademie.

Die Kirche Hl. Anna, 1685 - 1687 gebaut, erhielt 1706 einen Turm. Die Herz-Jesu-Kirche nach Plänen von Josef Zasche (1930) besaß eine Rieger-Orgel. Vor der Kirche stand seit 1924 das Bronzedenkmal Rüdigers von Bechelarn von Franz Metzner, das die Gablonzer 1968 dem tschechischen Staat abkauften und in Neugablonz aufstellten. Die evangelische Kirche (1833) wurde 1892 neugotisch umgebaut; bei ihr hatte der evangelische Kirchenpräsident Erich Wehrenfennig seinen Sitz. Das neue Rathaus entstand 1929 - 1933 nach dem Entwurf von Karl Winter, das Stadttheater 1906 - 1907 nach Plänen der Architekten Hellmer und Fellner im Sezessionsstil. Die zahlreichen Altkatholiken hatten ein eigenes Gotteshaus (1900 - 1902). Redemptoristenkloster. Stadtarchiv, Archiv der Deutschen evangelischen Kirche für Böhmen, Mähren und Schlesien, Archiv des Deutschen Turnverbandes und Stadtmuseum mit einer reichen Sammlung zur Geschichte der Glasindustrie.

Presse im 19. Jh.: „Industrielles Wochenblatt für Gablonz und Umgebung“; „Gablonzer Zeitung“; „Gablonzer Anzeiger“; im 20. Jh.: „Volkswehr“; „Demokratisches Morgenblatt“; „Gablonzer Tagblatt“; „Volkswehr“. Fachblätter: „Glas und Schmuck“; „Die Handarbeitslehrerin“.

Persönlichkeiten: Adolf Lilie (Pseudonym Wolfgang Schild) (1851 - 1912), Bürgerschullehrer und Schriftsteller; Ferdinand Schmidt (1851 - 1913), Mundartdichter; Karl Rudolf Fischer (1871 - 1934), Dr. h. c., Bürgermeister, Heimatforscher; Fritz Klarmüller (1875 - 1967), Sänger; Karl Pohl (1877 - 1930), Buchdrucker

Gablonz, Stadtkirche Herz Jesu

und Verleger in Prachatitz, Herausgeber von Zeitschriften; Maximilian Heinrich Fischer (1892 - 1971), Physiologe, Professor in Prag und Berlin; Artur Ressel (1896 - 1966), Maler; Fred Hartig (1901 - 1973), Maler; Karl May, (1901 - 1976), geb. in Reinowitz bei Gablonz, Maler; Julius Streit (1884 - 1947), geb. in Reinowitz bei Gablonz, Organisator des Volksbildungswesens in Gablonz; Gustav Leutelt (1860 - 1947), geb. Josefstal bei Gablonz, Dichter des Isergebirges.

1930: 33 958 Einw. (27 017 Deutsche, 5602 Tschechen, 1207 Ausländer, 132 andere). Der Konfession nach: 24 873 röm.-kath., 3331 evang., 2628 konfessionslos, 1578 altkath., 799 israelit., 597 tschechoslow. Kirche. 1971 lebten in Gablonz noch 1562 Deutsche. (4,57%).

Umgebung: Talsperre, 1909 fertiggestellt, 2,7 Millionen cbm Fassungsvermögen; Ausflugsorte Königshöhe und Johannesberg, Schwarzbrunnwarte, Teufelsstein, Bad Schlag mit Heilanstalt (Dr. Glettler).

Wo sich nach der Vertreibung Gablonzer wieder zusammenfanden, wurde die Tradition der Heimat fortgesetzt, vor allem in Bayern und Österreich. Die bedeutendste Siedlung entstand 1946 in Kaufbeuren-Hart, wo sich Erich Huschka große Verdienste um die Neuansiedlung und den Neuaufbau der Industrie erworben hat. 1980 hatte Neugablonz als Stadtteil von Kaufbeuren wieder 14 000 Einwohner. Gemessen am Steueraufkommen gehört es zu den wichtigsten Unternehmen im Lande Bayern.

Neues Rathaus in Gablonz

Kaufbeuren übernahm 1954 die Patenschaft über die Stadt Gablonz und 1981 über den Heimatkreis Gablonz. Es entstanden das Gablonzer Archiv und Museum, die Gablonzer Galerie (1700 Werke, vorwiegend von Künstlern des Isergebirges) und das Gablonzer Industriemuseum (Neugablonzer Museum), alle untergebracht im Gablonzer Haus, ferner die Glas- und Schmuckwarenausstellung im Haus der Industrie und die Staatliche Fachschule für die Gablonzer Glas- und Schmuckwarenindustrie.

Gartitz *(Skorotice),* Bez. Aussig. Gartitz, ursprünglich ein Rundling, dann durch Erweiterung ein Haufendorf, war vor 1300 bereits Pfarrei. Mitte des 18. Jh. entstand die Kirche St. Wenzel auf einem Hügel mit zeitgenössischer Kanzel (mit Relief) und Taufbecken. An der Friedhofsmauer Empire-Grabmal des Ritters Furtenberg. Letzter Pfarrer war Erich Goldammer (1909–1974), der 1946 mit seinen Pfarrkindern vertrieben wurde. In Bayern leistete er in den Vertriebenenlagern Allach und Karlsfeld bei München Außergewöhnliches.
1930: 1202 Einw. (1112 Deutsche, 62 Tschechen, 28 Ausländer).

Gastorf *(Hošt'ka),* Bez. Dauba. Die ländliche Kleinstadt nahe der Sprachgrenze (nordöstlich von Raudnitz) liegt im fruchtbaren Gebiet zwischen Melnik und Leitmeritz östlich der Elbe. 1266 urkundlich erwähnt und seit 1406 Markt, unterstand Gastorf der Herrschaft Raudnitz und dem Prager Erzbischof. 1428 Besetzung durch die Hussiten. 1494 Anlage eines Stadtbuches. Die Stadterhebung 1853 soll nach einigen Gewährsleuten zum zweiten Mal erfolgt sein. Wappen: Vor einer Kirche ein Bischof, wohl der Hl. Othmar. Diesem ist auch die Kirche geweiht; sie stammt aus dem 12. Jh., wurde aber gotisch und barock (1703–1712) umgebaut. Eine Holzfigur der Madonna aus der Zeit um 1500 befindet sich in der Kapelle Mariä Himmelfahrt (spätbarock, 1756–1762). Die Dreifaltigkeitssäule auf dem Marktplatz (1735–1737) entstand nach dem Entwurf des Leitmeritzers Matthias Dollinger. Neben dem schönen alten Rathaus (Ende 18. Jh.) fallen Häuser aus der Barock- und Empirezeit auf. Bürgerspital.
Wirtschaftliches: Obst-, Hopfen- und Weinanbau, Zuckerrüben, Tonschieferbrüche (Versteinerungen). Sommerfrische.
1930: 1141 Einw. (917 Deutsche, 204 Tschechen, 18 Ausländer).

Gebirgsneudorf *(Nová Ves v Horách),* Bez. Brüx. 714–750 m. Die Entwicklung des Waldhufendorfes am Kamm des Erzgebirges und an der Landesgrenze hing mit dem Silberbergbau zusammen. Die erste Kirche entstand im 16. Jh., die spätbarocke Pfarrkirche St. Michael stammt aus dem Jahre 1773. Im Innern hängt ein barokker Holzkandelaber. Statuen: Johannes von Nepomuk (1777) und Laurentius (1778).
Wirtschaft: Holzwaren, besonders Spielwarenerzeugung.
1930 (mit Ladung, Nickelsdorf und Marienthal): 1768 Einw. (1714 Deutsche, 22 Tschechen, 32 Ausländer). 1973 waren von den ca. 600 Einw. noch 10 % Deutsche.

Georgswalde *(Jiříkov),* Bez. Schluckenau. 368 m. Die Grenzstadt, in deren Nähe die Quelle der Spree entspringt, liegt an der Wasserscheide zwischen Elbe und Oder. Als der Ort 1346 erstmals erwähnt wird, gehörte er zu Schluckenau und später zu den Berka von Duba. Um 1500 bestand eine Schule. Im 17. Jh. bereits Blüte der Tuch- und Leinenerzeugung. 1753 Markt, dann wurde Georgswalde 1784 und

nochmals 1914 zur Stadt erhoben. Das Wappen stellt den Hl. Georg beim Kampf mit dem Drachen dar.
Provinzhaus der Barmherzigen Schwestern vom Hl. Karl Borromäus, die ein Spital, das Marienasyl und ein Waisenhaus betreuten. Zur alten Pfarrei, 1664 neu errichtet und mit Matriken seit 1669, gehört die Kirche St. Georg, erst ein Holz-, dann ein Barockbau (1724–1731), für den Lukas von Hildebrandt die Pläne lieferte. Von 1524 bis 1664 war Georgswalde evangelisch.
Wirtschaft: Erzeugung von Leinen, das europäischen Ruf genoß, und von Baumwollwaren, Eisengießerei, Messer- und Webstuhlfabriken, Koffererzeugung, drei Maschinenfabriken, Schuhwaren, Klavierbau (Förster und Scholze). Aus Georgswalde, wo reges musikalisches Leben herrschte und im 19. Jh. ein berühmter Choradjuvantenverein bestand, kamen viele Musiker und Komponisten, u. a. der Komponist und Kirchenmusiker Joseph A. Ruprecht (1895–1971), der eine Musikgeschichte des nördlichen Böhmen (Niederland) schrieb. Georgswalde war eine Stadt der Krippenbauer.
1930 (mit Neu und Alt Georgswalde und Wiesenthal) 7970 Einw. (7468 Deutsche, 257 Tschechen, 239 Ausländer).
Umgebung: Philippsdorf, Wallfahrtsort, der zuerst zu Georgswalde gehörte, aber 1897 selbständig wurde.

Geppersdorf *(Kopřivna)*, Bez. Mährisch Schönberg. 576 m. Die Gemeinde besitzt in ihrer der Hl. Dreifaltigkeit geweihten Kirche, die zeitweise (1615–1625) lutherisch war, eine Holzplastik der Immaculata des berühmten bayerischen Rokokobildhauers Ignaz Günther. Die Freskenmalereien der Kirche stammen vom Mährisch Neustädter Maler Oderlitzky.
1930 (mit Pföhlwies): 1007 Einw. (989 Deutsche, 14 Tschechen).

Giebau *(Jívová)*, Bez. Sternberg 571 m. Grundobrigkeiten waren erst der Landesfürst und seit 1405 das Kartäuserkloster in Dollein bei Olmütz. In den Hussitenkriegen wurden dem Dorf schwere Schäden zugefügt, so daß es sich nicht erholen konnte, bis dann zu Ende des 16. Jh. neue Siedler kamen. 1581 Erhebung zum Markt. Rudolf II. verlieh ein Wappen: In der rechten Seite eines geteilten Schildes auf einem Hügel eine Eiche, in der linken ein sechszackiger gelber Stern in der Rundung eines Mondes. Die Matriken wurden 1634 angelegt. Seelsorgerliche Betreuung erfolgte durch die Sternberger Chorherren bis 1660, dann kam ein Pfarrer nach Giebau. Die neue Pfarr- und Wallfahrtskirche St. Bartholomäus mit dem Gnadenbild auf dem Hochaltar wurde 1717 erbaut. Von Johann Christoph Handke stammen Fresken, Altarbilder und der Kreuzweg. In einem Mirakelbuch waren die Gebetserhörungen verzeichnet. Giebau war eine Sommerfrische am Rande des Mährischen Gesenkes.
1930: 1553 Einw. (1529 Deutsche, 17 Tschechen, 7 Ausländer).
Umgebung: Phillippstein mit Ruinen einer im 14. Jh. zerstörten Burg, Feistritztal.
1970 übernahm Lorsch/Hessen die Patenschaft über die Giebauer. In Lorsch besteht ein Giebauer Haus.

Gießhübel *(Olešnice)*, Bez. Neustadt an der Mettau. 600 m. Die Marktgemeinde an der Landesgrenze und in waldreicher Umgebung erhielt von Rudolf II. 1607 ein Wappen, auf dessen linker Seite sich auf grünem Boden eine Kirche mit Turm erhebt, rechts die Farben rot – silber – rot. Die Kirche der Pfarrei (seit 1350) ist Maria Magdalena geweiht; an Stelle des Baues von 1354 entstand 1763 ein barocker Neubau, errichtet durch Kaspar Klingert. Die Bedeutung des Marktes war im 15. und 16. Jh., als Gold- und Eisenbergwerke bestanden, wesentlich größer als in neuerer Zeit.

Gießhübl-Sauerbrunn

Den Ort schmücken einige Barockstatuen (Pietà, Salvator, Kreuzigungsgruppe).
Wirtschaft: Webereien, Heimarbeit.
Wintersportort, Sommerfrische. Ausgangspunkt für Touren in das Adlergebirge.
1930 (Unter und Ober Gießhübel): 1425 Einw. (1153 Deutsche, 247 Tschechen, 25 Ausländer).
Umgebung: Schierlichkoppe, 1021 m, Hohe Mense, 1086 m, mit Aussichtsturm, Seefelder (Naturschutzgebiet mit Moor), Ruinen Frimburg und Hummelburg.

Gießhübl-Sauerbrunn *(Kysibl Kyselká),* Bez. Karlsbad. 360 m. Bei den Mineralquellen, deren Heilkraft schon 1522 bekannt war, entstand 1791 – 1793 ein Badeort, der seit 1829 durch den Besitzer Wilhelm von Neuburg, mehr noch durch Heinrich Mattoni, Eigentümer seit 1873, Bedeutung erlangte. Gießhübl an der Eger und am Fuße des Duppauer Gebirges wurde von Kurgästen frequentiert, war auch Ausflugsziel der in Karlsbad Heilung Suchenden. Im 19. Jh. entstanden die Kolonnade, das Kurhaus und die Annakapelle. Nach König Otto von Griechenland wurde 1853 eine Quelle benannt. Der Heinrich-Mattoni-AG oblag die Kurverwaltung, ebenso die Versendung von Mattonis Gießhübler (alkalischer Sauerbrunn), jährlich 14 Millionen Flaschen.

Gojau, Wallfahrtskirche

Goldenstein

In Dankbarkeit setzte man Mattoni, der auch Ehrenbürger von Karlsbad wurde, ein Denkmal, das der Bildhauer Eduard Hellmer schuf. Eine Marmorbüste ehrt den in Kaaden geborenen Balneologen Dr. Josef W. von Löschner (1809 – 1888), den großen Förderer des Kurortes. In Gießhübl geboren wurde Eduard Bruna (1822 – 1899), der Gründer des „Prager Tagblattes".
Gießhübl Sauerbrunn war ein Ortsteil von Unterlomnitz und hatte 1930 51 Gebäude mit 82 deutschen Einwohnern.

Gojau *(Kájov),* Gemeinde Kladen, Bez. Krummau. Das Tochterkloster von Goldenkron fand während der Hussitenkriege sein Ende. Die Wallfahrtskirche Mariä Himmelfahrt ist spatgotisch, besitzt einen Marmoraltar, in der sog. Entschlafungskapelle Holzplastik der vierzehn Nothelfer, vom Bildschnitzer aus einem Stück Holz geschnitzt. Heilungen bereits 1469 bezeugt. Noch heute kommen Pilger nach Gojau.
1930: 131 Einw. (77 Deutsche, 43 Tschechen, 11 Ausländer).

Goldenstein *(Kolštejn),* Bez. Mährisch Schönberg. Deutsche Bergleute gruben im 13. Jh. Gold, Silber und Eisen. Das Wappen der Bergstadt zeigt einen doppelschwänzigen Löwen einen Schild mit vier Sternen tragend, darunter drei goldene Lilien, dem Wappen der Herren von Würben entnommen. Diese Familie saß auf der ehemaligen Burg, die im 13. Jh. den Namen Goldeck hatte und im 15. Jh. zerstört wurde. Das Renaissance-Schloß der Fürsten Liechtenstein entstand 1597 – 1613. In die Kirche St.

Görkau

Michael, zeitweise lutherisch, kam nach 1945 das Gnadenbild von Grulich. Altes Renaissance-Rathaus um 1600; Pestsäule 1664.
Wirtschaft: Um 1430 bestand ein Glashüttenbetrieb. Graphitbergbau, Kalkwerke, Hausindustrie (Zwirnknopferzeugung), Flachshandel. Sommerfrische und Wintersport.
1930 (mit Aloisdorf, Grund und Messinghammer): 1331 Einw. (1239 Deutsche, 72 Tschechen, 19 Ausländer).
Umgebung: Fuhrmannstein, 1372 m. Hochschar, 1251 m, Kepernik, 1424 m.

Goldoppa *(Zlatá Opavice)*. 35 km langer linker Nebenfluß der Oppa, der am 972 m hohen Querberg bei Zuckmantel entspringt, Stadt Olbersdorf berührt und bei Jägerndorf mündet.

Görkau *(Jirkov)*, Bez. Komotau. 310 m. Stadt am Fuße des Erzgebirges und an der Biela. Station der Eisenbahnstrecken Komotau – Bodenbach und Komotau – Aussig. Zwischen 1269 und 1848 bestand ein Untertänigkeits- bzw. Schutzverhältnis zu Rothenhaus. Görkau, seit dem 14. Jh. Markt, besaß im 15. Jh. ein ausgeprägtes Zunftwesen und um 1500 eine Schule. Der Stadterhebung durch König Wladislaw II. 1507 folgte der Bau von Stadtmauern, die im 19. Jh. wieder beseitigt wurden. Ausgedehnter Handel mit Alaun, der aus dem 1554 eröffneten Bergwerk gewonnen wurde. Kaiser Rudolf II. verlieh 1588 ein Wappen: Eine zinnengekrönte Mauer mit offenem Tor, darüber ein Schild, in diesem drei rote Seerosenblätter in einem schrägen silberen Balken; letztere sind das Wappen der Herren von Seeberg, die Besitzer von Görkau waren. Im Pestjahr 1588 starben in zwei Monaten 466 Menschen. Zur Erinnerung daran fand jährlich ein Maskenzug unter Beteiligung der Tiere des Zirkus Kludsky statt.
Die Stadtkirche St. Ägidius geht auf die Zeit um 1300 zurück; beim Neubau von 1538 wurden ältere Teile des Gebäudes mit einbezogen; kunstvolles Epitaph des Christoph von Karlowitz (gest. 1578), des Besitzers von Rothenhaus; Gruft des ehem. Ministers Graf Rottenhan, des Mitbegründers der Prager Technik, eines Herrschaftsbesitzers von Rothenhaus. Die St.-Anna-Kapelle auf dem Friedhof bestand schon vor 1695. Die protestantische Kirche wurde 1861 – 1868 errichtet, die Synagoge 1846 – 1847. Der um die Mitte des 16. Jh. errichtete Wehrturm, Erbauer war Sebastian von Weitmühl, blieb als Stadtturm neben der Kirche erhalten. Neben alten Häusern (16. bis 18. Jh.) sind einige Barockstatuen sehenswert, die kostbarste ist die Mariensäule bei der Pfarrkirche, ein Werk von Johannes Brokoff (1695).
Unter der Stadt dehnen sich große Keller aus, die früher den brauberechtigten Bürgern als Gärkeller dienten (105 Abteilungen). Das Görkauer Bier war früher weit bekannt, es soll sogar bis Konstantinopel verschickt worden sein. Das in dem seit 1443 bestehenden Bräuhaus hergestellte Bier war das Lieblingsgetränk Kaiser Rudolfs II.
Das Stadtmuseum (seit 1922) beherbergte heimatkundliche Sammlungen für Görkau und Umgebung, auch Zeugnisse über die bereits im 16. Jh. bestehenden zwei Papiermühlen.
Wirtschaft: Bedeutende Textilindustrie (Baumwollspinnereien), Spitzen-, Stickerei- und Plüscherzeugung, Maschinenwerkstätten, Drechslereien, Mühlen, Zementwaren, Buchdruckerei, Getreide- und Holzhandel. Zahlreiche Obstgärten in geschützter Lage lieferten erstklassiges Obst. Sommerfrische.
Aus Görkau stammten der Generalauditor Joseph Mathes (geb. 1806 und geadelt 1873), der Opernsänger Franz Hienl (geb. 1838) und der Botaniker P. Dominik Thiel O. Cist. (1833 bis 1898), Angehöriger des Stiftes Ossegg, der in Komotau als Gymnasialprofessor wirkte.

1930 (mit Hannersdorf, Kaitz, Neuhaus, Ojes und Weingarten): 7286 Einw. (6711 Deutsche, 427 Tschechen, 140 Ausländer).
Umgebung: Im Schloß Rothenfels der Familie Hohenlohe-Langenburg trafen sich vor dem Münchener Abkommen 1938 Henlein und Lord Runciman. Schloß Eisenberg mit großem Park. Wallfahrtsort Quinau.

Gossengrün *(Krajková)*, Bez. Falkenau. 603 m. Der in neuester Zeit gebrauchte tschechische Ortsname weist auf die Spitzenerzeugung hin (krajky = Spitzen). Seit dem Aufhören des Bergbaues Herstellung von Klöppelspitzen in Heimarbeit. Fachschule für Spitzenerzeugung. Es wurden auch Gardinen und Musikinstrumente erzeugt. Der Bleibergbau hatte seinen Ursprung am Ascherberg. Die Blüte erreichte er im 15. Jh. Um 1750 noch 25 Stollen in Betrieb. 1481 war Gossengrün durch den Grafen Wenzel Schlick zur Stadt mit Elbogener Recht erhoben worden. Wappen: Ein bewaffneter Arm mit Hammer und Schlägel in der Hand. Gossengrün verlor später seine Privilegien und kam in Untertänigkeit der Herren von Hartenberg.
Die Pfarrkirche Petrus und Paulus, deren Urspünge in das 14. Jh. reichen, enthält einen kunstgeschichtlich wertvollen geschnitzten Akanthusaltar, eine gotische Marienstatue und ein Kruzifix (ca. 1600). Die Matriken gehen bis 1616 zurück. Die Marienstatue vor dem Brunnen bei der Kirche ist ein Werk von J. Wildt (1801). Ein Goethe-Denkmal bezeugt den Aufenthalt des Dichters in Gossengrün. Im Waldbrunnenverlag erschienen in den zwanziger Jahren unter dem Herausgeber Josef Bazant die Zeitschriften „Waldbrunnen" und „Winkelried".
Ein Gossengrüner war der Lehrer und Statistiker Alfred Bohmann (1906 – 1983), der Verfasser des Buches „Das Sudetendeutschtum in Zahlen".
1930: 1626 Einw. (1603 Deutsche, 12 Ausländer, 11 Tschechen). 1980: 165 Deutsche (14,2 %).

Gottesgab *(Boží Dar)*, Bez. St. Joachimsthal. 1028 m. Höchstgelegene Stadt Mitteleuropas an der sächsischen Grenze unterhalb des Keilberges. 1533 gilt als Gründungsjahr, als Anselm von Tettau bei Wintersgrün durch sächsische Berg-

Gottesgab, Pfarrkirche Hl. Anna

leute Silber und andere Erze fördern ließ. Die Bergmannssiedlung „Gottesgabe" gehörte zunächst zu Sachsen, wurde 1546 Bergstadt und kam 1579 zu Böhmen. Als der neue Glaube aus Wittenberg über die Grenze kam, erfaßte er das gesamte Erzgebirge; ein Teil der Gottesgaber wurde später wieder katholisch, viele aber verließen um ihres Glaubens willen das Land und fanden in Sachsen eine neue Heimat. Der Dreißigjährige Krieg brachte das Ende des Silber- und Zinnbergbaues. Daß Barbara Uttmann aus Annaberg im Erzgebirge das Klöppeln einführte, wurde für die Erzgebirgler ein Segen. Heute zeugen nur noch verfallene Stollen und Berghalden vom einstigen Reichtum der Berge (1546 waren 26 Silber- und 29 Zinnzechen in Betrieb). Auch das Wappen birgt eine Erinnerung an den Bergbau; es zeigt einen Schild mit Bergeisen und Schlägel, darüber Gottvater mit segnender Hand und mit einer Weltkugel.
Die Kirche St. Anna entstand 1593 an Stelle einer Holzkirche und wurde 1771 neu gebaut. Das Taufbecken stammt aus dem Jahre 1612. Bei der Kirche eine Statue des Hl. Johannes von Nepomuk (1707). Das alte Rathaus brannte 1808 ab und wurde 1844 – 1845 wieder errichtet. Bemerkenswert ist das sog. Grüne Haus, in dem 1542 Martin Luther auf seiner Reise nach St. Joachimsthal einkehrte.
Wirtschaft: Spitzenklöppeln (Klöppelschule), Strickerei, Spitzenhandel, Handschuh- und Strumpferzeugung. Der Export nach Übersee fand nach dem I. Weltkrieg ein Ende. In der 1918 errichteten Republik verfielen die Gewerbe und

es herrschte große Arbeitslosigkeit. Es blieben nur geringe Einnahmen durch den Fremdenverkehr.
Der berühmteste Gottesgaber und Erzgebirgler war Anton Günther (1876 - 1937), „der Sänger des Erzgebirges", dem zu Ehren ein Denkmal aufgestellt wurde. 1867 kam in Gottesgab Dr. med. Julius Reinwarth, Schriftsteller, Redakteur der „Erzgebirgszeitung" und Bibliothekar des Vereins für Geschichte der Deutschen in Böhmen, zur Welt. Ein Schauspiel über die Gründungszeit von Gottesgab schrieb Rudolf Kreuziger (1908). Carl Thiemann schuf einen Farbholzschnitt „Blick auf Gottesgab".
1930 (mit Försterhäuser und Spitzberg): 916 Einw. (887 Deutsche, 19 Tschechen, 10 Ausländer). 1947: 189 Einw.; 1976: 118 Einw.
Umgebung: Keilberg (1244 m), St. Joachimsthal. Westlich von Gottesgab dehnt sich ein großes Moor aus (seltene Flora), das als Naturschutzgebiet ausgewiesen ist.

Gradlitz *(Choustníkovo Hradiště)*, Bez. Königinhof. Der Ursprung von Gradlitz ist in einer Burg des 14. Jh.s zu suchen. Besitzer waren die Slawata, Petzinger und bis 1634 Albrecht von Waldstein. Von der königlichen Kammer kam der Besitz an Johann von Sporck. Dessen Sohn Franz Anton gründete 1711 das Kloster der Barmherzigen Brüder in Kukus und vermachte diesen auf ewige Zeiten die Herrschaft Gradlitz.

Gottesgab, Anton-Günther-Grab

Graslitzer Wappen

Seit dem 16. Jh.s war Gradlitz Markt. Wappen: Goldenes Rad mit 6 Speichen, darüber ein Zirkel.
Kirche (Heilig Kreuz). Matriken seit 1637. Die 1646 zerstörte Burg wurde von Sporck wieder aufgebaut, dann aber abgetragen.
1930 (mit Ferdinandsdorf): 932 Einw. (681 Deutsche, 240 Tschechen, 10 Ausländer).

Grafendorf *(Hrabětice)*, Bez. Znaim. 191 m. Der Ortsname rührt vom Gründer Graf Michael von Hardegg her. Die erste Siedlung ging in der Hussitenzeit unter; sie entstand später durch den genannten Grafen neu und kam in Untertänigkeit von Grusbach (1480).
Die Pfarrkirche Hl. Antonius von Padua war Wallfahrtskirche (1698) und wurde um 1760 umgebaut. Um 1700 entstanden die Figuren von Heiligen des Franziskanerordens im Schloßpark von Grusbach, die nach Grafendorf kamen und die Hauptfront der Kirche schmückten.
Die Grafendorfer betrieben intensive Landwirtschaft.
1930: 1605 Einw. (1430 Deutsche, 138 Tschechen, 32 Ausländer).

Graslitz *(Kraslice)*. 512 m. Die größte Stadt des böhmischen Erzgebirges liegt an der Mündung des Silberbachs in die Zwodau. Station der Bahn Falkenau - Klingenthal. Ursprünge der späteren Bezirksstadt waren ein Gutshof und die Burg Neuhaus, schon 1412 zerstört. Die hier entstehende Siedlung, durch Mönche von Waldsassen gefördert, kam 1272 an Heinrich von Plauen, später an die Pflug von Rabenstein, die

Graslitz

Grafen Schlick und bis 1666 an die Schönburg. 1370 Stadterhebung durch Karl IV. (Elbogener Stadtrecht). Auf Grund intensiven Bergbaus (Silber, Kupfer, Blei, Zinn) erhielt Graslitz eine Bergordnung verliehen und wurde 1541 Freie Bergstadt. Wappen: Ein silbernes G in blauem Schild. Während der Reformation wandten sich die meisten Einwohner dem neuen Glauben zu; während der Rekatholisierung wanderten viele Evangelische aus. Als der Bergbau eingestellt werden mußte, ernährten sich sehr viele durch das als Heimarbeit betriebene Klöppeln, eine Kunst, die Barbara Uttmann aus Annaberg aus den Niederlanden im Erzgebirge eingeführt hatte. Bei einer friedlichen Demonstration am 27. Oktober 1921 waren 15 Tote zu beklagen, die durch Schüsse tschechischer Soldaten fielen. Das diesen Opfern gewidmete Denkmal, genannt „Sturmläuten", wurde 1945 beseitigt.
Graslitz wird 1352 als Plebanie erwähnt. Eine ältere Kirche (Fronleichnam) wurde 1896 durch einen neuromanischen Neubau ersetzt. Der Prager Maler Sigmund Rudl schuf dafür i. J. 1912 Wandgemälde in der Größe von 81 qm. Die evangelische Kirche entstand 1912. Die Statue des Hl. Johannes von Nepomuk wurde Mitte 18. Jh. aufgestellt. Denkmäler für den Komponisten Rudolf Dellinger, den Industriellen und Wohltäter Richard von Dotzauer und Franz X. Gabelsberger wurden 1945 beseitigt.
Graslitz hatte ein Bezirkskrankenhaus (seit 1906), ein Deutsches Staats-Realgymnasium (seit 1913), eine Fachschule für Musik und Musikinstrumentenbau und eine Fachschule für Hand- und Maschinenstickerei. Das Städtische Museum, gegründet 1897, war als Heimat- und Gewerbemuseum ausgewiesen. Ein Schwerpunkt lag natürlich auf der Musikinstrumentenerzeugung, auf Streich-, mehr noch auf Blech- und Holzblasinstrumenten. Hier ist auch anzumerken, daß im Jahre 1667 zwölf Meister aus Glaubensgründen nach Markneukirch in Sachsen auswanderten und dort die Grundlage für eine blühende Industrie schufen. Graslitz exportierte seine Erzeugnisse in viele Länder. Nauheim bei Groß Gerau setzt heute die Tradition der Graslitzer Betriebe fort. Selbstverständlich wurde in Graslitz viel gesungen und musiziert, in Chorvereinigungen und Musikkapellen; berühmt war die Graslitzer Kinderkapelle.
Wirtschaft: Neben der Musikinstrumentenerzeugung von Weltruf waren angesiedelt: Textilindustrie (Stickereien, Gardinen-, Spitzen-, Samtbandfabriken, Färbereien, Schafwollweberei), Spielwaren und Buchdruckereien. Bedeutend war die Spitzenklöppelei in Heimarbeit.
Persönlichkeiten: Matthäus Wieser (1617 - 1678), Dichter geistlicher Lieder und Verfasser von Erbauungsbüchern; Johann David von Starck (1770 - 1841), Großindustrieller und Mitbegründer des westböhmischen Kohlebergbaus; Anton Andreas Dietz (1778 - 1857), Kunstmaler u. Tischler; Richard von Dotzauer (1816 - 1887), Präsident der Prager Handels- und Gewerbekammer, Abgeordneter, großer Förderer der Industrie im Erzgebirge, Wohltäter; Franz Keil (1822 - 1876), Alpenkartograph; Rudolf Dellinger (1857 - 1910), Dirigent und Operettenkomponist; Franz Ludwig (1889 - 1955), Komponist, Musikhochschulprofessor in Münster, wo ein Franz-Ludwig-Kreis besteht; Franz Gruss (1891 - 1979), Maler und Graphiker; Ernst Leibl (1895 - 1982), Lyriker und Erzähler; Franz Höller (1909 - 1972), Journalist und Schriftsteller; Josef Moder (1909 - 1986), Erzähler und Mundartdichter.
1930: 13 524 Einw. (12 992 Deutsche, 235 Tschechen, 273 Ausländer).
Umgebung: Nancy, Spitzberg, 996 m, Bleiberg, 801 m, Basaltsäulen bei Rothau, Wallfahrtsort

Schloß Grätz

Schönau, Kranichsee, 925 m, (Hochmoor). Die Dörfer der Umgebung sind heute verödet oder ausgelöscht.

Die Patenschaft über die vertriebenen Graslitzer übernahm 1958 die Stadt Aschaffenburg, seit 1970 eine Gedenktafel am Rathaus. In der Stadt besteht der Graslitzer Gedenk- und Informationsraum (Heimatsammlung), ebenso Sitz des Heimatverbandes der Graslitzer.

Grätz an der Mohra *(Hradec)*, Bez. Troppau. Angeblich bestand bereits vor der Jahrtausendwende eine Befestigungsanlage (Zollstätte) an der sog. Bernsteinstraße. 1061 urkundliche Erwähnung, 1078 Markt. In Grätz, das zunächst im Besitz der schlesischen Przemysliden war, hatte Kunigunde, die Gattin Ottokars II., ihren Witwensitz. Andere Besitzer waren die Herzöge von Troppau und die Lichnowsky (1777–1945). Das Wappen der Stadt (seit 1481): Silberne Mauer mit geöffnetem Tor, über der Mauer zwei Türme, der rechte Turm rot, der linke silber. Ende des 16. Jh. Niedergang der Stadt. 1945 durch Beschuß sowjetischer Truppen Zerstörungen. 1971 wieder Stadterhebung.

Das Renaissanceschloß, 1795 durch Brand beschädigt, erhielt dann Empireformen, nach 1860 wurde ein Teil neogotisch gestaltet. Der englische Park hat 132 ha. Die Fürsten Lichnowsky hatten viele Kunstschätze gesammelt. Zur Familie gehörte die Essayistin und Dichterin Mechthilde Lichnowsky (1879–1958). Neben Paganini, Liszt und Johann Strauß kam auch Beethoven zu Besuch auf das Schloß (1806 und 1811); an diesen erinnert eine Plastik von Georg Kolbe (1911) im Schloßhof. In jüngerer Zeit wurden Beethoven- und Liszt-Gedenkstätten geschaffen.

1930 (mit dem Dorf Ziegenburg): 446 Einw. (365 Tschechen, 73 Deutsche, 8 Ausländer).

Gratzen *(Nové Hrady)*, Bez. Kaplitz. 540 m. An der Bahnlinie Wien – Eger. Als Grenzfestung entstanden, wurde Gratzen schon 1281 Stadt. Besitzer waren die Herren von Landstein, Rosenberg und Schwamberg; letzteren wurden die Besitzungen konfisziert. 1620 kam es an die Grafen Buquoy. Diese nahmen die alte Tradition der Glaserzeugung wieder auf, vor allem wurde Hyalitglas hergestellt.

Die Pfarrkirche Peter und Paul, frühgotisch, später neu gebaut, hat barocke Innenausstattung. Sie steht auf dem quadratischen Markplatz.

Das neue Schloß errichtete man 1801–1810 nach Plänen von F. von Werschafeld. Im alten Schloß wurden Archiv und Bibliothek der Grafen Buquoy aufbewahrt. Einer Stiftung dieser Grafen verdankte der Servitenorden das Kloster (1677), das die Pfarrseelsorge ausübte und das 1778 errichtete Armeninstitut. Ein Bürgerspital bestand seit dem 16. Jh. Das Wappen der Stadt mit einer goldenen Rose weist auf das Geschlecht der Rosenberger hin.

Industrie: Glasindustrie, Knopferzeugung, Torfstreuerzeugung. Sommerfrische.

Persönlichkeiten: Johann Oppolzer (1808–1871), berühmter Mediziner und Wiener Univ.-

Gratzen

Prof.; Anton Teichl (1837-1912), Domänendirektor und Geschichtsforscher; Wenzel Jaksch (1896-1966), Politiker (geboren im nahen Lang Strobnitz).
1930: 1264 Einw. (845 Deutsche, 351 Tschechen).
1947: 775 Einw.
In der Umgebung viele Teiche und Moore, ein Wildgarten mit Jagdschlößchen Sophienschloß (1853-1855), Wallfahrtsort Brünnl (Kirche seit 1715, früher jährlich 40 000 Pilger), Burg Zuckenstein, Mandelstein (850 m).

Bergstadt Graupen

Graupen *(Krupka)*, Bez. Teplitz Schönau. 320 m. Die Stadt liegt in einem engen, nach Süden offenen Tal des Erzgebirges. Der Name rührt von den Zinngraupen her, die in Gneis und Porphyr gefunden wurden. Der Zinnbergbau in Graupen war der älteste und einst ertragreichste in Europa. Als billigeres Zinn eingeführt wurde, ging der Bergbau zurück, von dem Hunderte von Halden und Stollen zeugen.
In der 2. Hälfte des 13. Jh.s gegründet, erfolgte 1330 die Erhebung zum Markt und 1478 zur Bergstadt, nachdem Graupen 1429 durch die Hussiten schwerste Schäden erlitten hatte. Das von König Wladislaw II. bestätigte Wappen: Ein Bergmann zwischen zwei Felsen mit Bergeisen und Schlägel, rechts darüber ein Löwe, links ein wachender Löwe, unter diesem drei schräge Balken (Kolditz-Wappen). 1497 war das Jahr der Errichtung der Schützengesellschaft, der ältesten in Böhmen, und des Beginns des Stadtbuchs, das erhalten blieb. Um 1530 breitete sich die evangelische Lehre aus. 1575 kam Graupen in den Besitz des Kaspar von Schönberg, eines Lutheraners; damals verließen der letzte Pfarrer und der letzte Mönch des Allerheiligenklosters die Stadt. 1584 konnte sich die Stadt freikaufen. Nach der Schlacht am Weißen Berg erfolgte die Bestrafung der Bürger, weil sie sich am Aufstand beteiligt hatten. Als 1623 die Gegenreformation einsetzte, wanderten viele Graupener in das nahegelegene Sachsen aus. 1624 konnte der neue katholische Pfarrer das Kirchenbuch wieder anlegen. Die Religionsstreitigkeiten zogen sich jedoch bis 1728 hin.

Graupen, Friedhofstor

Graupen besitzt bemerkenswerte Kirchen, die gotische Pfarrkirche Mariä Himmelfahrt mit alten Fahnen der Bergleute und Zünfte und einer Heiligen Stiege (1738), die Heilig-Geist-Kirche (früher Spitalkirche), 1642, die St.-Anna-Kirche, 1516, im 1886 aufgelassenen Friedhof; diese hat einen kunstvollen Renaissancealtar und ein großes Luther-Fresko, das 1930 freigelegt wurde. Kenner bewundern das kunstvolle schmiedeeiserne Friedhofstor, 1615. Die Prokopikirche, 1453 von Bergleuten angelegt, hieß nach einer Sage auch Bettelmannskirche; Ludwig Richter hat sie gezeichnet und gemalt. Nur noch Ruinen zeugen vom ehemaligen Franziskanerkloster zu Allerheiligen, 1474-1494, 1527 aufgehoben. Von Statuen seien erwähnt: ein Kreuz, 16. Jh., Franz Xaverius, 1717, aus Dank für Errettung vor der Pest, und Johannes Nepomuk, um 1800. Der große Komplex der Rosenburg, um 1330 mit Kapelle entstanden, ist seit 1680 öde. Im Heimatmuseum, 1917 angelegt, wurden Objekte des Bergbaues, Zunftwesens, kirchlicher Kunst und Heimatkunst gesammelt. Das Stadtarchiv verwahrte das Graupener Bergbuch von 1530, das 1932 Wilhelm Weizsäcker herausgab.

Wirtschafliche Situation 1930: Verarbeitung von Leder, Holz und Papier, Spielwaren- und Wirkwarenerzeugung, Blankeisenzieherei, Berg- und Hüttenwerke; das Zinnwerk Graupen beschäftigte noch 85 Arbeiter.

Persönlichkeiten: Franz Ferdinand Effenberger (1795 - 1888), Heimatforscher und Landesschulinspektor; Ferdinand Arlt (1812 - 1887), Univ.-Prof. in Wien, Begründer der moderen Ophthalmologie; Karl Kern (1902 - 1982), Schriftsteller und Dichter in Schweden. Aus Graupen stammten mehrere Jesuiten, die vor allem in den Missionen Beachtliches leisteten.

1930: 4092 Einw. (3624 Deutsche, 364 Tschechen, 99 Ausländer). 1968 (nach der Zusammenlegung mit Mariaschein und umliegenden Dörfern 1959/1960): ca. 6000 Einw.

Umgebung: Mückenberg auf der Höhe des Erzgebirges mit Glockentürmchen, 1568 von den Obergraupener Bergknappen errichtet, und Wolfgangskapelle, 1692 - 1700. Die romantischen Ruinen der Geiersburg. Aussichtspunkte über der Stadt: Rosenburg mit Ruine und Wilhelmshöhe. Ehemals berühmter Wallfahrtsort Mariaschein mit Jesuitenkonvikt, -gymnasium und Internat.

Groß Olkowitz *(Oleksovice),* Bez. Znaim. 209 m. Das langgezogene Straßendorf erhielt im 14. Jh. die Rechte eines Marktes und ein Wappen; dieses enthält oben einen Adler mit goldener Krone und dem Buchstaben R auf der Brust, unten den Buchstaben W (Wenzel) in Gold. Der Ort war bereits 1192 eine Pfarre von Klosterbruck. Die spätgotische Kirche (Mariä Himmelfahrt) geht auf das 13. Jh. zurück. Im 17. Jh. entstand der Turm mit ziegelgemauertem Pyramidenhelm. Josef Winterhalter schuf das Hochaltarbild. Ein Vesperbild stammt aus der Zeit um 1400. Der Pfarrhof zeigt das Wappen von Klosterbruck. Statuen: Florian, 17. Jh., Johannes von Nepomuk, Anfang 18. Jh., Dreifaltigkeit, 1760. Rathaus. Pranger.

1930 (mit Mausdorf): 1277 Einw. (1131 Deutsche, 126 Tschechen, 20 Ausländer).

In jüngster Zeit wurde die Hälfte der Häuser abgerissen. Es bestehen 2 Kolchosen. Zur Erholung dient ein neu angelegter See.

Großpriesen *(Velké Březno),* Bez. Aussig. 148 m. Der Markt an der Mündung des Hummelbaches in die Elbe ist Station der Eisenbahnstrecke Tetschen - Leitmeritz - Prag und Dampfschiffahrthaltestelle. 1186 im Besitz des Johanniterordens, dann der Wartenberger (1352 - 1522), der Salhausen, die als Evangelische emigrieren mußten, der Miltitz, Dietrichstein, Harrach und Chotek. Letztere besaßen hier zwei Schlösser. Der Markt, der zur Pfarrei Schwaden gehörte, hatte eine Antonius-von-Padua-Kapelle und ein Kloster der Schwestern der Hl. Eucharistie.

Wirtschaft: Baumwollspinnerei und Weberei, chemische Fabrik, Zementwarenerzeugung, Holzverarbeitung, große Brauerei, Obstbau. Die beliebte Sommerfrische besuchten auch ausländische Gäste.

Persönlichkeiten: Seit 1841 besaß das Schloß Graf Karl Chotek, letzter Burggraf von Böhmen. Dessen Enkelin, die Gräfin Sophie (Herzogin von Hohenberg), wurde 1914 mit ihrem Gatten, dem österreichischen Thronfolger Franz Ferdinand, in Sarajewo erschossen.

1930 (mit Neuwald und Welchen): 2023 Einw. (1690 Deutsche, 290 Tschechen, 39 Ausländer).

Umgebung: Kleinpriesen, Zinkenstein, 684 m, Hohe Wostry, 585 m, Ruine Blankenstein, 545 m, Sperlingstein, 403 m, Ziegenberg, 390 m, Spitzberg, 383 m.

Groß Schönau *(Velký Šenov),* Bez. Schluckenau. 363 m. Die langgestreckte Stadt (4 km) an der sächsischen Grenze, 1346 erwähnt, gehörte ursprünglich zu Sachsen, kam im 15. Jh. an die Berka von Dauba und Mitte des 16. Jh. an die Herrschaft Hainspach. Seit dem 18. Jh. wurde in vielen Unternehmen Bandweberei betrieben, daher die Bezeichnung „das nordböhmische Barmen". 1883 wurde die Nickelblecherzeugung (in der ersten Fabrik in Böhmen) aufgenommen. Der industriereiche Ort wurde 1884 an das Eisenbahnnetz angeschlossen, 1907 zur Stadt erhoben und 1914 in Groß Schönau umbenannt.

Das Wappen von 1908: In der oberen Hälfte des Schildes ein halbes Zahnrad (Hinweis auf Metallindustrie), in der unteren fünf grüne Kleeblätter auf blauem Hintergrund (blauer, d. h. schöner Himmel, weist auf den Namen hin). In der Mitte ein Balken mit einem Mäander (Bordürenindustrie).
Pfarrkirche Hl. Bartholomäus, 14. Jh., bzw. 16. Jh. Matriken seit 1653.
Wirtschaft: Textilindustrie, Knöpfe, Bänder, Blech- u. Stahlwaren, Kunstblumen, Druckerei.
August Bartholomäus Hille (1786 - 1865), Bischof von Leitmeritz.
1930 (mit Alt Grafenwalde, Johannesberg, Leopoldsruh und Klein Schönau): 4483 Einw. (4285 Deutsche, 95 Tschechen, 103 Ausländer).
Umgebung: Pirsken, 605 m, Basaltdurchbruch im Granit.

Groß Seelowitz *(Židlochovice)*, Bez. Auspitz. 190 m. Stadt an der Schwarza in Mittelmähren. Im 14. Jh. eine Feste. Anfang 15. Jh. Markt. Im 16. Jh. ließen sich zahlreiche Böhmische Brüder nieder; auch Pfarrer Jiří Strejc, der zu den Übersetzern der Kralitzer Bibel gehörte, wirkte hier. Um 1560 fanden Wiedertäufer vorübergehend eine Heimat in Seelowitz. Die Stadt, die im Mittelalter eigenes Weinrecht hatte, litt schwer an den Folgen des Dreißigjährigen Krieges. Durch diesen Niedergang wurden viele Rechte eingebüßt. 1873 Wiedererhebung zur Stadt. Pfarrkirche Kreuzerhöhung, 1724 - 1730 von Johann Sebastian Kaltner. Die Pläne stammten von Johann Lucas von Hildebrandt. Vor der Kirche barocke Heiligenfiguren, 1764.
An Stelle einer alten Wasserburg, die im Besitz der mährischen Landgrafen war, erbauten die Zierotin ein Renaissanceschloß. Besitzer waren u. a. auch die Waldstein, Sinzendorf, die das Schloß barock gestalten ließen (einfacher zweigeschossiger hufeisenförmiger Bau durch Baumeister Kaltner), Dietrichstein und Haus Habsburg. 1918 Staatseigentum. Sommersitz des Präsidenten. Englischer Park. Fasanenjagdrevier.
Wirtschaft: Zucker- und Malzfabrik, Obstbau, Lebensmittelbetriebe. 2 Ziegeleien.
Erzherzog Eugen, 1863 - 1950, Hochmeister des Deutschen Ordens, wurde hier geboren.
1930: 2764 Einw. (2545 Tschechen, 175 Deutsche, 31 Ausländer).

Groß Tajax *(Velká Dyjakovice)*, Bez. Znaim. 202 m. Der Ort, nahe der Thaya, die ihn früher durchfloß, war seit dem 14. Jh. Teil der Herrschaft Mährisch Kromau. Im 16. Jh. wirkten lutherische Prediger. 1640 waren die Bewohner wieder katholisch. 1834 Verleihung des Marktrechts. Das Wappen: Zwei gekreuzte Äste, an deren Seite je ein Fisch. Verleihungsjahr ist unbekannt.
Pfarrkirche St. Michael 1751 - 1761 (Rokoko). Gregor Wolny nennt die Pfarrei 1837 eine der besten im Lande. Schloß der Fürsten Liechtenstein (Ende 17. Jh.). Statuen: Sebastian, 1715, Immaculata, 1736, Donatus, 1836.
Wirtschaft: Feld- und Weinbau.
Persönlichkeiten: Felix Franz Hofstaetter (1740 - 1814), amtierte 1806 - 1814 als Pfarrer; fruchtbarer Schriftsteller und Herausgeber von zwei Zeitschriften. Vorgänger Joachim Richter von Richtenburg war bis zum Tode 1806 hier Pfarrer, Verfasser theol. Schriften und Übersetzer.
1930: 3257 Einw. (3173 Deutsche, 54 Tschechen, 30 Ausländer).

Groß Tschernosek *(Velké Žernoseky)*, Bez. Leitmeritz. 150 m. Die Gemeinde im Elbtal ist von Weinbergen umgeben. Nach diesem berühmtesten Weindorf Böhmens wird der gesamte im Elbtal erzeugte Wein Tschernoseker genannt. Seit einigen Jahrzehnten besteht eine Weinveredelungsstation.

Groß Tschernosek, gotische Friedhofskirche

Der Ort, vorgeschichtlich besiedelt und 1057 erwähnt, kam im 12. Jh. an die Zisterzienser. Das Kloster Mariazell in Meißen betrieb Weinbau und baute große Kellereien. Bis 1437 verblieb der Ort im Besitz der Mönche. 1667 kam die Herrschaft Tschernosek mit Libochowan an die Familie Nostitz-Rhinek. Gotisch sind Kirche und Friedhofskirche; auf deren Westportal steht die Jahreszahl 1516. Das spätbarocke Schloß (Ende 18. Jh.) mit großen Kelleranlagen (1553 qm, Stollenlänge 275 m) kam 1916 an die Prager Firma Oppelt; seit 1931 wurde Sekt erzeugt. Zur Zeit der Baumblüte wurde in jedem Jahr das Blütenfest begangen.

1930: 705 Einw. (550 Deutsche, 142 Tschechen, 13 Ausländer).

Umgebung: Hradeker Waldkapelle, bei der früher das Winzerfest abgehalten wurde; Ruine Kamaik; Radebeule, 398 m hoher Basaltkegel.

Groß Ullersdorf *(Velké Losiny,* heute *Velký Losin),* Bez. Mährisch Schönberg. 411 m. Der Kurort liegt in anmutiger Umgebung im Teßtal und am Fuße des Altvatergebirges. Besondere geschichtliche Ereignisse waren der Bauernaufstand gegen die Obrigkeit im 16. und 17. Jh. und die Hexenprozesse, die von 1678 bis 1711 der Richter Boblig durchführte. Die Heilquellen wurden seit alter Zeit gebraucht; darauf weist ein Dorfwappen mit Äskulapstab (1620) hin. Das Schwefelwarmbad, eines der ältesten im Lande (24 - 29 °C), hat alle Einrichtungen eines modernen Kurortes. Hierher zur „Königin der mährischen Heilwässer" (1581 Thomas Jordan von Klausenberg) kamen von Rheuma, Gicht

Papiermühle in Groß Ullersdorf

Grulich, Muttergottesberg

und Nervenleiden geplagte Menschen. Seit 1836 Molkenkuranstalt. In den Jahrzehnten vor der Vertreibung erwarb sich Dr. Franz Riedl große Verdienste um den Ausbau des Heilbades.

Pfarrkirche Johannes d. T., ein Renaissancebau, 1600 - 1603, mit Gruft der Familie Zierotin. Die Bauernhochschule war die bedeutendste der Sudetenländer. Das Schloß der Familie Zierotin entstand im 13. Jh.; es erhielt Ende 16. Jh. sein heutiges Aussehen und zählt zu den schönsten Renaissancebauten des Landes; auffallend ist der kunstvolle Arkadenhof. In der Schloßkapelle Bilder von Johann Christoph Handke. Grillparzer, der in der reichhaltigen Schloßbibliothek arbeitete, fand Anregung zu seiner „Ahnfrau". Seit 1802 gehörten Schloß und Park den Fürsten Liechtenstein. Fürst Franz Joseph II. verlebte hier seine Jugendzeit.

In der Gegenwart war Groß Ullersdorf wiederholt Filmkulisse, auch für den Film „Der Hexenhammer" (1969). 1966 wurde ein Papiermuseum eingerichtet; dieses gehört zur Papierfabrik, die 1516 durch einen Zierotin begründet worden war; sie ist die älteste der noch arbeitenden Papierfabriken Europas. 1959 kam die alte Zierotinsche Bibliothek aus Schloß Blauda nach Groß Ullersdorf. Im Jahre 1980 entdeckte man eine heiße Quelle von 32,6 °C.

Wirtschaft: Flachsbau, Leinen- und Baumwollweberei. Papier-(Bütten-)erzeugung.

Das Grulicher Wappen

1930: 2569 Einw. (2449 Deutsche, 69 Ausländer, 51 Tschechen). Neben 2395 Katholiken gab es 82 Altkatholiken, 49 Evangelische und 33 Konfessionslose.

Grottau *(Hrádek nad Nisou)*, Bez. Reichenberg. 288 m. Der Stadt am rechten Ufer der Neiße liegen jenseits der Grenze in Sachsen die Stadt Zittau und der Berg Oybin gegenüber. 1255 von Ottokar II. Stadterhebung. Das Stadtwappen enthält eine Mauer mit Zinnen, im offenen Türflügel ein Jagdhorn und oben Fruchtgarben und Lilien.

Die Bartholomäuskirche, zuerst 2. Hälfte 13. Jh., ist ein Werk der Baumeisters Johann Josef Kuntze (1763). Den Grundriß bestimmt die Kreuzform. Die Fresken stammen von Johann Wenzel Spitzer und stellen die Legende des Kirchenpatrons sowie Szenen des Alten und Neuen Testaments dar. Im Friedhof befinden sich Renaissancegrabdenkmäler.

Die Stadt besitzt noch alte Holzhäuser aus dem 17. und gemauerte Häuser aus dem 18. Jh. Das ehemalige Schlößchen der Grafen Gallas entstand 1721 an Stelle einer älteren Anlage und wurde in eine Fabrik und später in ein Kinderasyl umgewandelt. Heute dient es als Wohngebäude. Das Heimatmuseum nahm seit 1929 vorgeschichtliche und heimatkundliche Sammlungen auf. Statuen: Anna selbdritt, 1714, Josef, 1761, Laurentius, 1781, u. a. In Grottau bestand seit 1821 ein Theater-Dilettantenverein.

Wirtschaft: Textil- und Metallindustrie, Zellulose-Erzeugung, Konservenfabrik. Seit 1840 förderte man Lignit-Kohle, von 1959 bis 1972 im Tagebau, dann hatten sich die Vorräte erschöpft. Die Graphische Anstalt war der Verlag der „Grenzland-Zeitung".

Ein Gottauer war der Historiker und Kirchengeschichtler Eduard Winter (1896 - 1982).

1930: 4201 Einw. (3313 Deutsche, 556 Tschechen). (2942 kath., 748 evang.). 1947: 2642 Einw.

Umgebung: Schloß Grafenstein, 305 m, auf einem Granithügel, mit Barbarakapelle und Turm, alten Wandmalereien. 1866 Hauptquartier des Prinzen Friedrich Karl von Preußen.

Grulich *(Králíky)*, Bez. Senftenberg. 570 m. Die östlichste Stadt in Böhmen zwischen Adler- und Altvatergebirge geht auf eine Bergbausiedlung zurück. Eigentümer waren die Pottenstein, Waldstein, Hohenlohe, Pappenheim und Althan. Wappen: Schwert mit Eisen und Schlägel. Die Pfarrkirche St. Michael, ursprünglich ein evangelisches Bethaus, wurde nach Bränden zweimal wiederaufgebaut. Am Marktplatz alte Laubenhäuser. Rathaus (1795 - 1796) mit Türmchen. Pestsäule, Spinnerin-Brunnen. Das sog. Waldsteinsche Schloß (1577 - 1585). Fachschule für Holzbearbeitung seit 1873. Aus ihr gingen viele Bildhauer und Krippenschnitzer hervor.

Auf dem Muttergottesberg (769 m) die Wallfahrtskirche mit sieben Altären und großer Treppe mit sieben mal sieben Stufen. Der Königgrätzer Bischof Tobias Becker förderte die Stiftung eines Servitenklosters (1710), das 1883 den Redemptoristen übergeben wurden, wo diese bis 1950 wirkten. Dann wurden sie mit vielen anderen Priestern und Ordensangehörigen in

Grulich, Laubengänge am Marktplatz

Schloß in Haid

Grulich bei Zwangsarbeit kaserniert. Eine Wallfahrt nach Grulich ist seit 1968 wieder möglich.
Wirtschaft: Leinen-, Seiden- und Baumwollwebereien, Flachsbau und -handel, Hausindustrie, Holzschnitzerei; es entstanden viele Krippenfiguren und viele geschnitzte Altäre in Nordmähren und Ostböhmen.
Persönlichkeiten: Tobias Joh. Becker (1649–1710), Bischof von Königgrätz; Joseph Leonhard Knoll (1775–1841, geb. im nahen Nieder Heidisch), Historiker; Wilhelm Öhl (1860–1936), Schriftsteller, Mundartdichter des Adlergebirges; Guido Franz Rotter (1860–1940), Erschließer des Riesengebirges, gründete 1884 die „Deutschen Studenten- und Schülerherbergen", die ersten der Welt.
1930: 3675 Einw. (3085 Deutsche, 515 Tschechen).

Grünwald *(Mšeno nad Nisou)*, Bez. Gablonz. Die Marktgemeinde ist durch die elektrische Straßenbahn mit Gablonz und Johannesberg verbunden. Das Dorf Grünwald entwickelte sich seit der Zeit um 1550 bei einer Glashütte. Die Dreifaltigkeitskirche, 1836 durch Ernst Siebeneicher gebaut, gehört zum Dekanalamt Gablonz. Die Annakapelle geht auf das Jahr 1760 zurück. Eine Pietà stammt aus d. J. 1786. Die Grünwalder Talsperre, Baubeginn 1906, hat einen Stauinhalt von 2,8 Millionen cbm.
Wirtschaft: Glasfabrik, Glasschmuckindustrie (über 70 Betriebe); Baumwollweberei, Webstuhlzubehörfabrik.
1930: 3954 Einw. (3057 Deutsche, 806 Tschechen, 85 Ausländer). (3047 kath., 505 konf.-los, 185 evang., 129 altkath., 72 tschechosl.).

Grusbach *(Hrušovany nad Jevišovkou)*, Bez. Znaim. 192 m. Der Markt an der Eisenbahnstrecke Wien – Brünn erscheint schon 1131. Die Malteser führten den Weinbau ein. Die Kirche St. Stephanus geht auf das 12. bzw. 14. Jh. zurück. Die heutige Gestalt entstand im 18. Jh. (Rokoko). Das Hochaltarbild malte Ignaz Weidlich. Bei der Kirche, 1565–1643 lutherisch, befindet sich das Grab des Kunsthistorikers Max Dvořak (1874–1921). Das Schloß, 17. Jh., 1849 erneuert. Die Ausstattung ist klassizistisch (1804).
Zuckerfabrik.
1930: 2945 Einw. (2164 Deutsche, 652 Tschechen, 119 Ausländer).
Umgebung: Emmahof, ein von Friedrich Ohmann errichtetes Schlößchen.

Haberspirk, Bez. Falkenau. Bedeutender Braunkohlebergbau im Falkenauer Revier. Das Unternehmen der Zieditz-Haberspirker Braun- und Glanzkohlen-Gewerkschaft beschäftigte um 1930 über 600 Arbeiter.
Eine Kapelle bestand 1766. 1786 wurde Haberspirk eine Lokalie, 1855 Pfarrei. Die Grundsteinlegung zur jetzigen St.-Anna-Kirche erfolgte 1905. Die Matriken wurden seit 1786, vorher in Maria Kulm geführt.
Persönlichkeiten: Josef Eberle (1845–1921), Lithograph und Erfinder des Brennätzverfahrens. Von 1900 bis 1921 war Josef Bergmann Propst in Maria Kulm; in dieser Zeit war er der große Förderer der neuen Kirche in Haberspirk.
1930: 3595 Einw. (3326 Deutsche, 220 Tschechen, 49 Ausländer). 1980 lebten noch 223 (10,4 %) Deutsche in Haberspirk.

Haid *(Bor)*, Bez. Tachau. 469 m. Gründung um 1250 durch die Schwanberg, die bis 1650 Besitzer waren. Haid, 1318 Markt, widerstand 1430 der Belagerung. 1602 erfolgte die Wappenverleihung. Es zeigt eine Mauer und zwei Türme, zwischen diesen das Schwanberger Wappen: Schwan und Turnierhelm. Von 1650 bis 1720 saßen hier die Grafen Götz; diesen folgten die reichsdeutschen Fürsten Löwenstein-Wertheim-Rosenberg. Deren Schloß war Ausgangspunkt für die große katholische Reformbewegung der 80er Jahre des 19. Jh. („Haider Thesen") und das sozialpolitische Arbeiterprogramm.

Während des Kulturkampfes lebte Peter Blum, Bischof von Limburg, im Schloß (1876 - 1883). Die Kirche St. Nikolaus, erst gotisch, dann 1737 - 1749 barock, besitzt ein Hauptaltarbild von J. Kramolin. Die Klosterkirche war zuerst ein spätgotisches Hospital. Die Loreto-Kapelle mit der Schmerzhaften Muttergottes war das Ziel vieler Pilger. Erwähnt seien das barocke Rathaus, eine Marienstatue vor der Kirche und eine von Johannes Brokoff geschaffene Statue des Hl. Johannes von Nepomuk auf der Brücke zum Schloß. Dieses entstand 1816 durch Umbau der gotischen Burg (51 m hoher Turm und Englischer Park). Die Synagoge wurde 1938 niedergebrannt. Die älteste Urkunde des Stadtarchivs stammt aus d. J. 1408.

Persönlichkeiten: Gelasius Dobner (1719 - 1790), Piarist und Historiker; Josef Hauer (1862 - 1946) Professor an der Deutschen Universität Prag (Kirchengeschichte); ihre Jugend verlebten in Haid die Brüder Karl Hilgenreiner (1867 - 1948), Theologieprofessor der Deutschen Universität in Prag, Politiker, Mitbegründer der Deutschen christlichsozialen Volkspartei, und Heinrich Hilgenreiner (1870 - 1953), berühmter Chirurg, Professor an derselben Universität.

1930 (mit Wandermühle): 1943 Einw. (1826 Deutsche, 76 Tschechen, 41 Ausländer).

Umgebung: Pfraumberg, 847 m, mit Burgruine; Engelsberg mit Gruft der Familie Löwenstein.

Haida *(Nový Bor)*, Bez. Böhm. Leipa. 372 m. Die Stadt liegt an der Bahnlinie Böhm. Leipa - Rumburg. Sie war zuerst ein zu Bürgstein gehörendes Gut und dann ein unbedeutendes Dorf, das aber durch die Glashütten und den Handel mit Glas zu einer ansehnlichen Gemeinde

Haida, Lausitzer Umgebindehäuser

anwuchs. Besondere Förderung durch die Grafen Kinsky. 1757 wurde das rasch aufblühende Haida Stadt. Wappen: Zwei Türme, dazwischen eine Mauer, darüber Justitia mit Waage und Schwert, über dieser Maria mit Jesuskind.

Mehr als 80 Betriebe der Glasveredelungs- und Verlagsindustrie verschafften vielen in der Heimindustrie tätigen Menschen Arbeit und Brot. Nachwuchs wurde durch die Staatliche Glasfachschule mit großer Lehrmittelsammlung herangebildet. Kostbare Glas- und keramische Erzeugnisse waren im Museum im Rathaus verwahrt. In Haida erfand Franz Egermann, einer der großen Glaskünstler, das Rubinglas. 1891 entstand der Fachverband der Glas- und Keramikarbeiter Haida-Steinschönau, zwei Jahre später das Museum des Zentralverbandes aller Glasarbeiter und verwandter Berufe.

Den Hauptaltar der Kirche Mariä Himmelfahrt (spätbarock, 1786 - 1788, 1893 renoviert) zieren Plastiken von Ignaz Platzer (1792). Die barocke Orgel stammt aus der Prager Karl-Borromäus-Kirche. Ein Piaristenkolleg mit Schule bestand von 1763 bis 1870; in der Folge wurde dort die Bürgerschule untergebracht. Es sind mehrere alte Häuser aus der Zeit um 1800 erhalten. Die evangelische Heilandskirche (neugotisch, 1901–1902) ist 1982 niedergebrannt. Seit 1928 hatte Haida ein von den dortigen Baumeistern Rösler und Glaser gebautes Theatergebäude. Seit diesem Jahr bestanden auch das Heimatmuseum und das Stadtarchiv mit Urkunden seit 1408 und Amtsbüchern seit 1700.

Wirtschaft: Weltberühmte Glasindustrie. Die Kristallbeleuchtungskörperfabrik Reinhold Palme Söhne mit Export-Musterlager in Hamburg bestand seit 1724. Textilindustrie. Heute hat der Wirtschaftskomplex Cristalex, in dem alle Glasbetriebe des Staates zusammengeschlossen sind, seinen Sitz in Haida. Dessen Export geht zu 75 % in westliche Länder. In Haida finden die Internationalen Symposien für Glasproduzenten statt.

Persönlichkeiten: In Haida wirkte als Lehrer der Böhmerwäldler Johann Peter aus Buchwald (1858 - 1935), Erzähler, pädagogischer und heimatkundlicher Schriftsteller, Herausgeber der

Zeitschrift „Der Böhmerwald"; Rudolf Cizek (1867–1936), Medailleur, Kunstgewerbler, Prof. an der Fachschule in Haida; Ernst Schwarz (1895–1983), Germanist, Universitätsprofessor in Prag und Erlangen.
1930: 4158 Einw. (3179 Deutsche, 163 Ausländer, 811 Tschechen).
Umgebung: Bürgstein und Schloß Schwoika, das in der sudetendeutschen Jugendbewegung eine Rolle spielte; der Klinksteinfelsen Kleis, 755 m, der die Grenze zwischen Elbsandsteingebirge und dem basaltischen Kegelland bildet; Steinernes Meer, eine riesige Basalttrümmerstätte; Kottowitzer Berg, 493 m.

Hainberg bei Asch *(Háj)*. 758 m. Der Berg aus Glimmerschiefer ist das westliche Ende des Kammweges. Seit 1861 wurde der bis dahin kahle Berg aufgeforstet. 1884 errichtete die Sektion Asch des Deutsch-Österreichischen Alpenvereins ein Unterkunftshaus. Der Bismarckturm, ein 35 m hoher Aussichtsturm, entstand 1903. Jahn-Denkmal, Robert-Schumann-Gedenktafel.

Haindorf *(Hejnice)*, Bez. Friedland. 370 m. Haindorf, im Tal der Wittig, 15 km nordöstlich von Reichenberg, wurde als einer der schönsten Orte des Isergebirges bezeichnet. Zunächst war es ein Köhlerdorf, das 1917 zur Stadt erhoben wurde. Seit 1870 bestand eine Holzfachschule. Berühmt wurde Haindorf, das seit 1786 Pfarrei war, als Marienwallfahrtsort. Das Bild der Wallfahrtskirche ist neben drei Getreideähren, einer Fichte und einem Zahnrad auch im Stadtwappen enthalten.
Die Kirche mit dem Gnadenbild aus dem 13. Jh. erbaute T. Haffenecker nach Plänen von J. B. Fischer von Erlach 1722–1729. Nach dem Brand von 1761 wurde sie erneuert. Die Fresken stammen von Groll und Kramolin, der Kreuzgang von A. Leuthner (1690). In der Kapelle des linken Querschiffes ein Flügelaltar aus dem 15. Jh. und die Grabstätte der Grafen Clam-Gallas. Ein Graf Gallas war der Begründer des Franziskanerklosters (1692), eines Werkes von M. A. Caneval. 1931 fanden vor der Wallfahrtskirche die „Jedermann"-Festspiele unter dem Spielleiter Theo Modes und unter Mitwirkung großer Künstler (Hedwig Bleibtreu u. a.) statt. Carl Maria von Weber soll während seines Aufenthaltes im nahem Bad Liebwerda in den Wäldern um Haindorf Anregungen für seine Oper „Der Freischütz" empfangen haben. Nach 1950 war das Kloster Konzentrationslager für Priester, die zur Zwangsarbeit eingesetzt wurden.
Wirtschaft: Textilindustrie, Porzellanfabrik, Papiererzeugung, Spielzeugherstellung in Heimarbeit.
Joseph Bennesch, 1873–1939, Mundartdichter des Isergebirges, wurde in Haindorf geboren.
1930: 2504 Einw. (2280 Deutsche, 150 Tschechen, 71 Ausländer).
Umgebung: Wasserfälle des Schwarzbachs und der Stolpich, die Stolpichschlucht, die 1814 C. M. von Weber angeblich als Vorbild für die Wolfsschlucht im „Freischütz" diente; Taubenhaus, 1069 m, Vogelkoppe, 1017 m, Tafelfichte, 1122 m, Sieghübel, 1120 m, Mittagsteine, 1006 m, der Käulige Berg 943 m, Schöne Marie, 904 m, Nußstein, 799 m.

Hainspach *(Hanšpach*, nach 1946 *Lipová)*, Bez. Schluckenau. Der Gerichtsbezirk Hainspach umfaßte 11 Gemeinden mit 94.9% Deutschen. Die langgestreckte Ortsgemeinde taucht als Siedlung 1310 auf. Bis 1566 bestand eine Herrschaft Hainspach. Besitzer waren nach den Üchtritz die Schleinitz und Kinsky, nach der Konfiskation ab 1634 Graf Mansfeld u. a. Der Bauernaufstand von 1680 wurde grausam niedergeschlagen. Das Wappen enthält eine Justitia mit Schwert und Waage. 1750 wurde Hainspach Markt.
Pfarrkirche Simon und Juda an Stelle einer vorhussitischen Kapelle 1691–1693 errichtet. Das alte Schloß (1500) wurde später Malzhaus. Das neue Schloß, das J. Ruprecht das schönste Schloß des Niederlandes nennt, entstand 1737–1739 durch den Grafen Thun-Hohenstein. Den Slawata-Teich neben dem Schloß ließ der Besitzer 1680 von seinen aufständischen Bauern ausgraben. Mehrhundertjährige Lindenallee.
Wirtschaft: Erzeugung von Aluminiumfolien, gewebten Bändern, Kartonagen, Kunstblumen, Knöpfen. Essigfabrik. Granitbrüche. Sommerfrische.

Persönlichkeiten: Heinrich Marschner aus Zittau (1795 - 1861), Opernkomponist, dessen Vorfahren aus Hainspach stammten; Anton Ludwig Frind (1823 - 1881), Kirchenhistoriker, 13. Bischof des Bistums Leitmeritz; Franz von Rziha (1831 - 1897), Professor, Eisenbahn- und Tunnelbauer; Arnaldo Cantani (1837 - 1893), Professor der Medizin in Italien; Wenzel Anton Frind, (1843 - 1932), Professor der Moraltheologie, Weihbischof von Prag.
1930: 2664 Einw. (2330 Deutsche, 234 Tschechen, 99 Ausländer). 1961: 1030 Einw.

Halbstadt *(Meziměstí)*, Bez. Braunau. Grenzbahnhof der Strecken Halbstadt - Chotzen und Halbstadt - Mittelsteine. Der Ort gehörte zur Herrschaft Nieder Wiesen, ab 1434 zum Benediktinerstift Braunau. Der Ortsteil Neusorge wurde 1560 gegründet.
Schloß (1750) mit Schloßkapelle. Oratorium Christus König (1931).
Wirtschaft: Textilindustrie, Schamottefabrik, Papierwarenerzeugung.
Aus Halbstadt kam Albin Oberschall (1888 - 1946), Statistiker und Fachschriftsteller.
1930 (mit Neusorge): 1617 Einw. (1185 Deutsche, 374 Tschechen, 56 Ausländer).

Hammern *(Hamry)*, Bez. Klattau. 580 m. Das Dorf nahe Neuern bestand schon im 15. Jh. Damals verarbeiteten Eisenhämmer das aus Eisenstein angelieferte Eisenerz. Hammern war ein künisches Freibauerngericht.
Eine Kapelle wurde 1773/1774 zur Kirche ausgebaut und 1787 Pfarrkirche (Mater dolorosa). Matriken wurden seit 1786 geführt.
Der Donnerwinkel in Hammern ist eine Landschaft, die nach dem Volksglauben von Hexen und Geistern bevölkert ist und in der viele Sagen entstanden. Diese beeinflußten auch das schriftstellerische Werk Hans Watzliks.
1930: 1450 Einw. (1396 Deutsche, 44 Tschechen, 10 Ausländer).
Umgebung: Osser, 1283 m, Schwarzer See, Spitzberg, 831 m, (Wasserscheide zwischen Elbe und Donau); das Dorf Eisenstraß, 895 m.

Hannsdorf *(Hanušovice)*, Bez. Mährisch Schönberg. 387 m. Station der Eisenbahnstrecke Olmütz - Ziegenhals. Die Marktgemeinde am

Harrachsdorf, mit Wenzelskirche

Zusammenfluß der Graupa und des Mittelbordbachs mit der March war die Gründung eines Johannes (Joannis villa) und war schon 1350 eine Pfarrei. Von 1570 bis 1624 überwogen die Lutheraner. In der 2. Hälfte des 19. Jh.s erfolgte die Erhebung zum Markt.
Die Kirche St. Nikolaus, erst ein Renaissancebau (1656) und barock erweitert (1738) enthält Altarblätter von A. Handke, eine Madonna auf der Erdkugel (1700) und einen Rokokotaufstein (1760). Die barocke Kapelle (1752) ist ein Zentralbau.
Wirtschaft: Malzfabrik, große Brennerei, Erzeugung von Fruchtsäften. Sommerfrische.
1930: 3351 Einw. (2743 Deutsche, 566 Tschechen, 40 Ausländer.
Umgebung: Spieglitzer Schneeberg, Wanderziele im Altvatergebirge, Gemeinde Halbseit mit großer Flachsspinnerei.

Harrachsdorf *(Harrachov)* mit den Ortsteilen Neuwelt und Seifenbach, Bez. Starkenbach. 665 - 720 m. Im Tal der Mummel am Südfuß des Riesengebirges liegt Harrachsdorf an der Grenze zwischen Iser- und Riesengebirge. Seit 1712 arbeitete in Neuwelt eine Glashütte des Grafen Harrach, damals die bedeutendste Böhmens. Neben der Glashütte ab 1714 ein Dorf Harrach.
1786 erste Kirche und Errichtung einer Lokalie, 1858 Pfarrei. In der jetzigen Kirche (1820) sind Tabernakel und Hochaltarsäulen sowie der Kronleuchter aus Glas. Im Wappen Harrachsdorfs ist ein Glaspokal. Mit der Glashütte sind

die Namen Dominik Biemann, Karl Pohl u. a. verbunden. Das Museum zeigt Erzeugnisse der Glasfabrik, seit 1969 eine Musterschau für ausländische Kunden. 1886 Einrichtung einer Studenten- und Schülerherberge.
Luftkurort (Moorbäder, radiumhaltige Quellen). Wintersportort mit Sprungschanze, Austragungsort internationaler Meisterschaften.
1974 gab die ČSSR-Post eine Briefmarke heraus: Abbild einer 1840 in der Harrachsdorfer Glashütte hergestellten gläsernen Monstranz.
Persönlichkeiten: Dominik Biemann (1800-1857), einer der besten Glasschneider seiner Zeit; Karl Pohl (1864-1939), Glasmaler, Lehrer an der Fachschule in Haida.
1930 (mit Seifenbach und Neuwelt): 1731 Einw. (1133 Deutsche, 554 Tschechen, 31 Ausländer). Die Harrachsdorfer wurden durch die Austreibung in über 400 Orte zerstreut.
Umgebung: Muldenberg, 1219 m, Jakscheberg, 1144 m, Totenwürgberg, 1123 m, Neuwelter Paß, 841 m, verbindet Böhmen mit Schlesien (Schreiberhau). Zahlreiche Bauden.

Hartenberg *(Hřebeny)*, Bez. Falkenau, Dorf, das mit Josefsdorf zur Gemeinde Werth gehört. Besitzer waren die Herren von Hartenberg (13.-16. Jh.), die Schlick, die königliche Kammer, Pißnitz und Auersperg. Die Burg aus dem Mittelalter wurde 1668-1688 zu einem Schloß umgestaltet. Dort weilte bei Joseph Graf Auersperg Goethe an seinem Geburtstag am 28. August 1821. Das Treffen hält ein Gedenkstein mit Bronzerelief im Park fest. 1985 brannte das Schloß ab.
Persönlichkeiten: Vinzenz Prökl (1803-1887), Stadtarchivar und Museumsleiter in Eger, Verfasser des Werkes „Eger und das Egerland"; Franziska Kopal (1883-1963), Präsidentin des Katholischen Frauenbundes in Westböhmen.
1930 (Werth mit Hartenberg und Josefsdorf): 685 Einw. (659 Deutsche, 22 Tschechen, 4 Ausländer); Hartenberg 251 Einw. (243 Deutsche, 4 Tschechen, 4 Ausländer).

Hartmanitz *(Hartmanice)*, Bez. Schüttenhofen. 712 m. Der Markt am Künischen Gebirge gehörte einst zum Besitz des Benediktinerklosters Břewnow. Die Ansiedlung erhielt Bedeutung als Siedlung am sog. Gunthersteig, auf dem Salz transportiert wurde, ebenso durch den Goldbergbau. Bereits vor 1579 Markt, erfolgte 1607 durch Rudolf II. die Wappenverleihung. Dieses zeigt einen Turm, in dessen geöffnetem Tor ein Salzfaß steht. 1938 kam der Markt zum Landkreis Bergreichenstein und mit diesem zum Regierungsbezirk Regensburg.
Kirche Hl. Katharina (17. Jh.). Pfarrei seit 1856. Auf dem Marktplatz eine Statue des Johannes von Nepomuk (1731).
Wirtschaft: Spiegelglasfabrik, Holzwaren, Flaschenkapselnerzeugung.
Schöne Lage am Fuße des Hamischbergs (852 m) und rauhes, aber gesundes Klima waren Voraussetzung für beliebte Sommerfrische.
In Gutwasser starb 1045 der sel. Gunther; der Benediktiner und Einsiedler tat viel für die Besiedlung des Böhmerwaldes und vermittelte zwischen den Böhmen und Bayern. Begraben ist er in Břewnow. Wallfahrer kamen auf dem Gunthersteig nach Gutwasser (887 m) und zum Guntherfelsen (1006 m) mit einer Kapelle.
Karl Haas (1895-1971) aus Hartmanitz vertrat im Zentralverband der deutschen landwirtschaftlichen Genossenschaften Böhmens in Prag die Belange der sudetendeutschen Bauern. Nach der Vertreibung aus seiner Heimat war er Leiter der Auskunftsstelle für Böhmen und Mähren beim Landesausgleichsamt in München.
1930 (mit Gutwasser): 811 Einw. (745 Deutsche, 42 Tschechen, 14 Ausländer).

Haslau *(Hazlov)*, Bez. Asch. Markt an der Eisenbahnstrecke Asch-Eger. 1223 als Sitz eines Friedrich von Haslau erwähnt, besteht dort bereits 1307 eine Pfarrkirche. In Haslau und Umgebung waren 1566 bis 1628 Anhänger des evangelischen Bekenntnisses. Erst 1902 wurde wieder evangelischer Gottesdienst abgehalten und 1903 eine selbständige Predigerstation errichtet. Die evangelische Christuskirche entstand 1907. Die katholische Kirche Kreuzerhöhung (1687/1688) war eingerichtet nach dem Stil des 18. Jh.s mit Gemälden des Haslauer Malers Johann Grünbaum. Haslau hatte die älteste Glocke des Egerlandes (1409). Georgskapelle beim Friedhof (1666), Kapelle am Geißberg

Kirchlein am Heidebrünnel

(1750); Statuen Johannes von Nepomuk, Florian und Ecce-Homo.
Bedeutende Textilindustrie.
1974 feierten die heutigen Bewohner das 750jährige Bestehen „ihrer" Stadt.
Persönlichkeiten: Johann Christoph Grünbaum (1785 - 1870), Hofopernsänger in Wien; Wenzel Holter (1827 - 1873), Kirchenmaler; Victor Hecht (1847 - 1904), Rechtsanwalt in Prag, bekannter Alpinist; Adam Künzl (1859 - 1946), Redakteur und Jagdschriftsteller.
1930: 2867 Einw. (2734 Deutsche, 70 Ausländer, 38 Tschechen). (2616 röm.-kath., 193 evang., 43 konf.-los).
Umgebung: Fundort des Egerans, einer Turmalinart, Rommersreuther Schweiz, ein Quarzgang, an dem auch Goethe Interesse hatte. Eine Marmortafel erinnert an den Dichter.

Hassenstein *(Hasištejn)*, Ruine einer Burg bei der Stadt Platz, Bez. Komotau. 550 m. Die Burg aus der Mitte des 14. Jh., im spätgotischen und Renaissance-Stil umgebaut, gehörte erst den Herren von Schönburg, seit 1418 den Lobkowitz, die sich auch Hassensteiner nannten, seit 1606 der Familie Stampach, die als Lutheraner ihre Güter verloren.
Hier lebte und starb (1510) der berühmte Humanist Bohuslaw von Lobkowitz auf Hassenstein. Während seines Aufenthaltes (1498 - 1510) war Hassenstein ein Musenhof, an dem er eine Gelehrtenakademie gegründet hatte. Aus seiner großen Bibliothek stellte er Luther und Melanchthon Bücher zur Verfügung. Lobkowitz besaß eine Sammlung astronomischer Instrumente. Er ist bekannt als Dichter, der u. a. auch eine Ode auf die Karlsbader Quellen schrieb. 1810 besuchte Goethe Hassenstein. Für seine „Novelle" soll er hier Eindrücke empfangen haben. Goethe-Gedenktafel.
Unterhalb des Bergfrieds wurden 1931 bis 1933 die Hassenstein-Festspiele durchgeführt.

Heidebrünnel *(Vřesová Studánka)*, auch Bründlheide, am Rotenberg (1333 m) im Altvatergebirge. Wallfahrtskapelle, errichtet von Fürst Liechtenstein, und eine Quelle, durch deren Wasser ein Förster vom Aussatz befreit wurde. Das Heidebrünnel war das Ziel vieler Wallfahrer, gleichzeitig war es der Inbegriff des Heimatgefühls der Nordmährer und Sudetenschlesier. Das Kirchlein wurde 1945 von einem Blitz getroffen und brannte ab. Das Schutzhaus blieb erhalten.

Heinersdorf an der Tafelfichte *(Jindřichovice pod Smrkem)*, Bez. Friedland. 378 m. Die Marktgemeinde war Grenzstation der Linie Friedland - Greifenberg/Schlesien.
Eine alte Kirche, 1431 von Hussiten zerstört, blieb Ruine. Die Pfarrkirche (Dreifaltigkeit) entstand aus einer Kapelle und wurde 1670 vergrößert. Die Wiedererrichtung der Pfarrei erfolgte 1775. Matriken seit 1771.
Wirtschaft: Druck- und Wollwarenfabrik Heintschel & Co. (1852 gegründet, 1930: 1500 Arbeiter), Erzeugung von Sandsteinzement.
Aus Heinersdorf kamen die väterlichen Vorfahren von Josef Ressel (1793 - 1857), dem in Chrudim geborenen Erfinder der Schiffschraube.
1930: 1723 Einw. (1550 Deutsche, 105 Tschechen, 67 Ausländer).

Heinrichsgrün *(Jindřichovice)*, Bez. Graslitz. 649 m. Die Stadt, am Abhang des Erzgebirges und früher von Wäldern umgeben, geht auf das 14. Jh. zurück. Im 16. Jh. unter den Grafen Schlick ausgedehnter Bergbau, vor allem Silber und Blei, und 1537 Erhebung zur Bergstadt. Das Wappen von 1545: Ein Hirsch, darüber Seifengabel und Keilhaue.
Die Kirche St. Martin, nach Abtragung einer älteren 1658 erbaut; 1802 durch Blitzeinschlag abgebrannt und ein Jahr darauf durch Graf Nostitz neugotisch wieder errichtet. Ein Renais-

sancealtar (um 1600) wurde aus dem Schloß hierhergebracht. Das Schloß der Grafen Nostitz (früher eine Burg) war seit 1627 Sitz von deren Herrschaft Heinrichsgrün. In neuerer Zeit wurde hier das Bezirksarchiv untergebracht. Die Schloßkapelle ist zerstört. Im Revier Tiergarten das Jagdschloß Favorit (1769), jetzt ein Gewerkschaftserholungsheim. Ein Mausoleum erinnert an die während des Ersten Weltkrieges im Lager gestorbenen Kriegsgefangenen und Internierten.
Deutsche Staatliche Spitzenschule.
Wirtschaft: Spitzenerzeugung und -handel, Perlmuttindustrie. Sommerfrische, Wintersport.
1930: 1804 Einw. (1754 Deutsche, 29 Ausländer, 21 Tschechen.

Hennersdorf *(Jindřichov)*, Bez. Jägerndorf. 360 m. Der Gerichtsbezirk Hennersdorf mit acht Gemeinden (zehn Ortschaften), darunter die Stadt Johannesthal, hatte einen deutschen Bevölkerungsanteil von 97,5% und einen tschechischen von 2,4%. Die Gründung des heute teilweise zerstörten Ortes war Mitte des 13. Jh.s durch Bischof Bruno von Olmütz erfolgt. Die Pfarrkirche St. Nikolaus entstand an Stelle eines älteren Gotteshauses (13. Jh.) 1677–1691 und wurde 1844 umgebaut. Das Renaissanceschloß aus dem 16. Jh., später umgebaut, hatte eine Kapelle aus d. J. 1590. Das Schloß des Barons Klein von Wisenberg ist heute Pflegeheim für Jugendliche. Der Gutshof wurde eine Kolchose. Vor dem Schloß die barocke Marien-(Pest-)Säule mit den Pestpatronen Sebastian, Rochus, Karl Borromäus und Johannes von Nepomuk.
Wirtschaft: Holzwolleerzeugung, Gerberei, Brauerei, Holzindustrie, Teppichfabrik.
Persönlichkeiten: Dr. Franz Groß (1815–1890), Landtags- und Reichsratsabgeordneter, Vizepräsident des Abgeordnetenhauses, Bürgermeister von Wels; Paul Königer (1882–1943), Komponist; Dr. Rudolf Königer (1883–1957), Professor der Deutschen Technischen Hochschule in Prag und der Universität Gießen, Konstrukteur landwirtschaftlicher Maschinen; Adolf Groß (1890–1975), Präsident der Deutschen Land- und Forstwirtschaftsgesellschaft Troppau, Landtagsabgeordneter des Bundes der Landwirte.

1930: 2424 Einw. (2241 Deutsche, 93 Tschechen, 86 Ausländer).

Hermanitz, auch Herschmanitz *(Heřmanice nad Labem)*, Bez. Königinhof. Das Dorf gehörte der Familie Waldstein. Die alte Burg, die auch Wallenstein, 1583–1634, besaß, besteht nicht mehr. Als sie abgetragen wurde, fanden ihre Steine Verwendung beim Bau der Festung Josefstadt, die 1780–1787 durch Kaiser Joseph erbaut wurde und eine Garnisonskirche (Christi Himmelfahrt, 1805–1810 im Empirestil) besaß. Die barocke Kirche Maria Magdalena, 1720 durch den Grafen Franz Anton Sporck an Stelle eines gotischen Baues aus dem 14. Jh. errichtet. 1766 kam eine Kopie des Mariazeller Gnadenbildes hierher, damit wurde Hermanitz Wallfahrtsort. In der Dorfkirche Grabstein der Eltern von Albrecht Wenzel Eusebius Waldstein, genannt Wallenstein. An diesen erinnerte auch eine Gedenktafel am Schulgebäude.
1930 (mit Belaun): 407 Einw. (350 Deutsche, 49 Tschechen, 8 Ausländer).

Hermannseifen *(Hermanovy Sejfy)*, Bez. Hohenelbe. 600 m. Das langgestreckte Waldhufendorf im Riesengebirgsvorland gehörte im 16. und 17. Jh. dem Geschlecht der Waldstein, zu Anfang des 19. Jh.s den Herren von Silberstein. Eine erste Kirche stand schon im 15. Jh. Die Pfarrkirche Heiliges Kreuz erbauten die von Waldstein. Deren Wappen nebst Jahreszahl 1598 am Turm. Grabstein von Hannibal von Waldstein (gest. 1622), dem Erneuerer der Kirche. Ein Ölgemälde zeigt die Stammtafel der Familie

Wallensteinmünze aus dem Jahr 1627

Waldstein. 1969 brannte die Kirche ab. Neben dem alten Schloß, von den Waldstein erbaut und 1815 zur Bierbrauerei umgewandelt, gab es eine evangelische Privatschule und Kirche.
Wirtschaft: Leinenfabrik, Maschinenfabrik, Eisengießerei, Holzindustrie. Sommerfrische.
1930 (mit Johannesgunst, Leopold und Theresienthal): 2622 Einw. (2475 Deutsche, 93 Tschechen, 50 Ausländer). (2068 kath., 487 evang.).

Hermannstadt *(Heřmanovice)*, Bez. Freiwaldau. 626 m. Zum Schutz der durch das Goldoppatal führenden Straße bestand eine Burg, bei der sich eine Bergbausiedlung entwickelte. Eisenerz wurde bis Ende des 17. Jh.s gefördert. Den Breslauer Bischöfen unterstehend, wurde Hermannstadt Anfang des 14. Jh. Markt. 1428 Zerstörung durch die Hussiten, die auch das Kloster und die Kirche vernichteten. Nach dem Dreißigjährigen Krieg Hexenverfolgungen und -verbrennungen. Eine Pfarrei bestand seit 1672. Kirche St. Andreas 1339 erwähnt, wurde 1739 im Barockstil neu errichtet. Kirchlich gehörte Hermannstadt zur Erzdiözese Breslau, zum Kommissariat Freiwaldau und Archipresbyteriat Zuckmantel. Ein Empireschlößchen stammt aus d. J. 1835.
Wirtschaft: Chemische Fabrik, Lohstampfen. Sommerfrische.
1930: 2187 Einw. (2162 Deutsche, 17 Tschechen, 8 Ausländer).
Umgebung: Am Südabhang des Annaberges (669 m) eine Tropfsteinhöhle, ca. 10 m hoch.

Hermsdorf (Heřmankovice), Bez. Braunau. Die Pfarrkirche Allerheiligen, 1353 erwähnt, wurde unter dem Braunauer Abt Othmar Zinke 1724 nach Plänen von Kilian Ignaz Dientzenhofer neu gebaut; das Monogramm des Abtes ist im Presbyterium sichtbar. Eine Glocke auf dem Turm stammt aus d. J. 1487. Vor der Kirche eine Kreuzigungsgruppe (um 1800). Zwei Johannes-von-Nepomuk-Statuen, 1800 und 1805. Nahe der Gemeinde eine barocke Marienkapelle mit einem Relief der Krönung Mariä.
Cölestin Franz Opitz (1810–1866), Provinzial der Barmherzigen Brüder, großer Operateur, der 1847 die erste Narkose in Österreich durchführte, wurde in Hermsdorf geboren.

Herrnskretschen

1930 (mit Straßenau): 1797 Einw. (1717 Deutsche, 42 Tschechen, 23 Ausländer, 15 Russen).

Herrnhausfelsen, früher Gehörnhausfelsen, *(Panská skála)*, 590 m, bei Steinschönau, Bezirk Tetschen. Das auf dem europäischen Festland einmalige Naturdenkmal ist ein eindrucksvolles Zeugnis vulkanischer Tätigkeit. Gleich Orgelpfeifen treten aus der steilen Felswand 10 bis 15 m hohe fünf- bis sechskantige, bis zu 20 m breite Basaltsäulen hervor. Über diesen großartigen Felsen, seit 1915 unter Naturschutz, gab 1987 Alfred Herr eine Dokumentation heraus.

Herrnskretschen *(Hřensko)*, Bez. Tetschen. 113 m. Hier am tiefsten Punkt Böhmens verläßt die Elbe das Land und tritt in Sachsen ein. 1445 erwähnt, lag der Ort am „Böhemer Weg", einer wichtigen Handelsstraße von Böhmen in die Lausitz. Pfarreikirche Hl. Johannes von Nepomuk (1786). Die Sommerfrische am rechten Elbeufer mit zahlreichen Hotels und Gasthöfen war ein von Touristen bevorzugtes Ziel, das eng an Felsen hingeschmiegt liegt. Hier an der Pforte zur böhmischen und sächsischen Schweiz war die letzte Dampferstation der Elbe in der ČSR.
1930: 575 Einw. (534 Deutsche, 28 Ausländer, 13 Tschechen). 1959 starben die beiden letzten Deutschen Herrnskretschens.
Umgebung: Zu den größten Naturschönheiten Nordböhmens zählen das Prebischtor, 438 m, eine 15 m lange und 3 m starke Sandsteinbrücke;

der Hohe Schneeberg, 721 m, höchste Erhebung des Elbsandsteingebirges; Gabrielensteig; Großer Winterberg; Edmundsklamm (Bootsfahrten zwischen steilragenden Sandsteinfelsen), Wilde und Ferdinandsklamm; Dürrkamnitzgrund mit den Riesentöpfen (durch Wasserfälle entstandene Auswaschungen).

Hilgersdorf *(Severní)*, Bez. Schluckenau. 428 m. Das nördlichste Dorf der ČSR, bzw. der ehem. Monarchie. Umgebindehäuser. Kirchlich gehörte das Dorf zu Lobendau. Jährlich wurden Passionsspiele aufgeführt, die auf die Zeit seit dem Ende des 18. Jh.s zurückgingen. Von 1760 bis 1945 bestand der Ostersängerverein; dessen Mitglieder besorgten bis 1881 die Aufführung der Spiele.
Wirtschaft: Gürtlereibetriebe, Banderzeugung, Kunstblumenerzeugung in Heimindustrie, Herstellung von Tabakpfeifen.
1930: 1448 Einw. (1331 Deutsche, 75 Ausländer, 41 Tschechen).
Umgebung: Buchberg, 504 m, Lerchenberg, 479 m, Güttelberg, 432 m.

Hillersdorf *(Holčovice)*, Bez. Jägerndorf. 488 m. Im Goldoppatal war Hillersdorf nach Olbersdorf der bedeutendste Ort. 1848 rebellierten die Bauern gegen die Fronarbeit. Die alte Kirche (Unbefleckte Empfängnis) wurde an Stelle der 1428 zerstörten Kirche 1773 – 1774 neu erbaut. Neben einer evangelischen Schule bestanden zeitweise auch ein Bethaus und eine Kirche der Protestanten. Von 1883 bis 1923 befand sich hier eine Korbflechtschule.
Wirtschaft: Zeichenrequisitenerzeugung.
Persönlichkeiten: Karl Türk (gest. 1908), Arzt, Reichsrats- und Landtagsabgeordneter, Schriftsteller; Wilhelm Türk, sein Sohn (1871 – 1917), Mediziner, Univ.-Professor in Wien.
1930 (mit Nieder und Ober Hillersdorf): 1238 Einw. (1200 Deutsche, 25 Ausländer, 12 Tschechen); (773 evang., 463 kath.).

Hirschberg am See, Schloßturm

Hirschberg *(Doksy)*, Bez. Dauba. 276 m. Die Landschaft ist geprägt vom Kummergebirge und einer großen Seeniederung, an deren Rand Hirschberg liegt, 1264 unterhalb der königlichen Burg Bösig von Ottokar II. gegründet und 1293 als Hirzperk bezeichnet, erhielt die Stadt von Karl IV. Privilegien und den Hirschberger See, den er 1366 hatte anlegen lassen. Das Wappen: Auf zwei Felsen je ein Turm mit je zwei Fenstern. Aus einem Fenster des linken Turmes springt ein Hirsch heraus.
Die Bartholomäus-Pfarrkirche aus der Mitte des 17. Jh.s birgt das Gnadenbild der Schwarzen Madonna von Montserrat (1635), das sich vor 1786 im Kloster Bösig befand. Matriken sind seit 1639 erhalten. Spital mit einer Kapelle (Johannes von Nepomuk) aus d. J. 1680. Marktplatz mit einer Mariensäule (1685). Das Schloß mit Turm (Mitte 16. Jh.) war seit 1623 im Besitz der Waldstein, mit Ausnahme der Jahre 1634 – 1680; damals besaßen es die Butler und Heißenstein. Wertvolle Bestände sind im Herrschaftsarchiv der Waldstein.
Das kunstvolle Friedhofstor stammt vom Kloster Bösig. 1960 stellte man ein Denkmal des tschechischen Lyrikers Karel Hynek Mácha auf, dessen Name jetzt der große Hirschberger See (350 ha) trägt (Máchovo jezero), 270 m, Erholungszentrum und Mittelpunkt der nordböhmischen Fischerei. Im See die Enteninsel und das Mäuseschloß, an das sich Sagen knüpfen. An diesem größten See Nordböhmens hatte die Deutsche Universität in Prag eine Forschungsanstalt für Fischzucht und Hydrobiologie bzw. Teichwirtschaft eingerichtet, die Flora und Fauna erforschte, ab 1911 regelmäßig Kurse abhielt und bis 1945 bestand. Ab 1924 arbeitete hier die Biologische Kommission der Deutschen Gesellschaft der Wissenschaft und Künste für die tschechoslowakische Republik.

Wirtschaft: Textilindustrie (in Hirschberg bestand die erste Kammgarnspinnerei der Monarchie), Holzindustrie, Hopfenbau.
Persönlichkeiten: Anton Mattauch (1861 - 1956), Mundartdichter, Schöpfer des „Schaufelnaz"; Josef Bergel (1874 - 1952), Leiter des Schloßarchivs zu Friedland, Staatsarchivar, Wallensteinforscher; Viktor Langhans (1879 - 1932), geb. in Wien), Zoologe, Professor in Prag, Gründer der hydrobiologischen Süßwasserstation am Großteich von Hirschberg (1905), Redakteur von „Der deutsche Fischer" und des „Nachrichtenblatt für Fischzucht und Teichwirtschaft".; Josef Quaiser (1889 - 1962), Pädagoge, Heimatforscher, Bürgermeister von Hirschberg, Förderer der Sommerfrische.
1930 (mit Heidemühl, Heuthor und Thammühl): 3114 Einw. (2643 Deutsche, 412 Tschechen, 58 Ausländer).
Umgebung: Hirnsner Teich, 126 ha, Heideteich, 93 ha; die beiden Bösig-Berge, 577 und 605 m, mit Ruinen, Ruine Alt-Perstein, 482 m, Maschwitzer Berg, 513 m, Eichberg, 460 m, Schraubenberg, 372 m.

Hochwald, 480 m, zwischen Freiberg und Friedek-Mistek, war die größte Burg Mährens und lag an der wichtigen Straße Wien - Krakau. Die Burg aus dem 13. Jh. war Eigentum der Olmützer Bischöfe, stark befestigt und widerstand 1420 - 1430 dem Ansturm der Taboriten. Sie verfiel infolge eines Brandes nach 1762. Erhalten blieb die 1604 durch Fürstbischof Dietrichstein erbaute Kapelle. Unterhalb der Burg liegt das gleichnamige Dorf, wo Georg Janaczek Lehrer an der deutschen Schule war. Sein Sohn, Leoš Janáček, kam hier 1854 zur Welt. Als Komponist wurde er weltberühmt.

Hodolein-Rolsberg *(Hodolany-Rolsberk)*, Bez. Olmütz. Zu Groß-Olmütz gehörender Ort. Pfarrei schon im 14. Jh. Bekannt wurde er nach 1945 durch das berüchtigte Konzentrationslager, in dem viele unschuldige Deutsche ermordet wurden oder verhungerten.
Wirtschaft: Eisenwerke, Maschinen- und Zementfabrik, Nahrungsmittelindustrie.
1930: 8237 Einw. (7171 Tschechen, 721 Deutsche, 264 andere, 81 Ausländer).

Hof *(Dvorce)*, Bez. Bärn. 558 m. Daß die Stadt am Ursprung des zur Mohra fließenden Lobnigbaches 901 von zwei polnischen Kaufleuten gegründet worden sein soll und schon eine Feste entstand, gehört in das Reich der Sage. Die Feste wurde erst später zum Schutze des Handelsweges Olmütz - Troppau errichtet. Im 13. Jh. kamen deutsche Bergleute hier auf die Hochfläche des Gesenkes und förderten Erze, vor allem Eisen. Der Bergbau blühte bis um 1600. 1339 wurde der Ort als Curiae und 1416 erstmals als Hof genannt. 1410 wurde Hof, das dem Gericht von Sternberg unterstand, Magdeburger Stadtrecht verliehen.
In der Zeit zwischen 1521 und 1625 war der evangelische Glaube vorherrschend. Die Protestanten bauten eine Kirche, die spätere Friedhofskirche. Die Pfarrkirche St. Ägidius aus der Mitte des 18. Jh. besitzt ein Altarbild von dem gebürtigen Hofer Ferdinand Krumbholz, 1810 - 1878, dem späteren Pariser Hofmaler. Hof, das ein Bezirksgericht, ein Rathaus aus d. J. 1782 und einen Neptunbrunnen auf dem Stadtplatz hatte, besaß folgendes Wappen: Im Schild zwei gekreuzte Äste, über diesen ein achtzackiger Stern. Hof gehörte zu einer Städtedreiheit; das drückte der Volksmund so aus:
„Hof, Bautsch un Bärn
sein die größten Städt' ei Mähr'n."
Wirtschaft: Seidenbandweberei, Strickerei, Leinenhausweberei, Betonwarenerzeugung. Sommerfrische.
Außer Krumbholz kamen noch aus Hof: Wilhelm Jahn (1835 - 1900), Opernsänger, als Nach-

Hof, Rathaus und Ägidiuskirche

Hohenelbe, Wappen

folger Gustav Mahlers Hofoperndirektor in Wien; Wilhelm von Hartel (1839 – 1907), Professor der Altphilologie, österreichischer Unterrichtsminister.
1930: 2457 Einw. (2364 Deutsche, 50 Ausländer, 34 Tschechen). Der Gerichtsbezirk Hof hatte 11 465 Einw. (11 112 Deutsche = 98,3 %, 185 Tschechen = 1,6 %).
Umgebung: Niederes Gesenke, Burg Wildstein und Kreuzberger Talsperre.

Höflein *(Hevlín)*, Bez. Znaim. 182 m. Das Dorf liegt an der Thaya, die 1832 in ein acht km langes eingedämmtes Flußbett eingeleitet wurde, um Überschwemmungen zu verhindern. Dem Dorf gegenüber liegt jenseits der Grenze zu Niederösterreich Laa. Ende des 13. Jh.s wird ein „kleiner Hof" (huelin) bei Grusbach erwähnt. Eine Pfarre bestand vor 1566. Bald erschienen evangelische Prediger, erst 1674 kam wieder ein katholischer Pfarrer nach Höflein.
Die Kirche Mariä Himmelfahrt im Rokokostil (1743) hat die Figuren von Franz Xaver und Johannes von Nepomuk (Mitte 18. Jh.) an der Fassade. Eine Mariensäule (um 1700), eine Rochussäule (1723) und eine Johannes-von-Nepomuk-Statue mit dem Wappen der Grafen Althan sind bemerkenswert.
1930: 2423 Einw. (1967 Deutsche, 389 Tschechen, 67 Ausländer).

Hohenelbe *(Vrchlabí)*. 484 m. Die Anfänge der Bezirksstadt an der oberen Elbe und am Südfuß des Riesengebirges liegen im 13. Jh. Bergleute gruben Silber und Eisen, letzteres bis ins 19. Jh. Eine Pfarrkirche wurde 1359 erwähnt. Von den Verwüstungen durch die Hussiten 1424 konnte sich Hohenelbe bald wieder erholen. 1533 erfolgte die Stadterhebung. Wappen: Über einer Mauer mit Zinnen und einem Schild mit Hammer und Bergeisen zwei grüne Bäume. Im Schloß mit einem quadratförmigen Grundriß und mit vier achteckigen Ecktürmen (Renaissance 16. Jh., 1894 umgebaut) saßen u. a. die Gendorf, Waldstein und Morzin (seit 1881 Czernin-Morzin); das Mausoleum der letzteren steht im großen Englischen Park. 1939 verkaufte Jaromir Czernin das Schloß an das Deutsche Reich. Heute dient es als Sitz der Verwaltung des Nationalparks Riesengebirge.
Die neugotische Dekanalkirche St. Laurentius, an Stelle eines alten Baues aus dem 14. Jh. 1886 errichtet, wurde zeitweise von Lutheranern genutzt. Die Augustinerklosterkirche St. Augustinus ließ 1705 bis 1714 gleichzeitig mit dem Kloster Graf Morzin errichten. Deckengemälde stellen Szenen aus dem Leben des Kirchenpatrons dar. Das Kloster diente schließlich als Landratsamt. Heute ist das Riesengebirgsmuseum darin untergebracht. Das Rathaus von 1591 wich 1732 einem Neubau.
Bemerkenswert sind die alten Holzlaubenhäuser und die Mariensäule (1696). Es bestanden eine Staatliche Fachschule für Weberei, seit 1909 ein Deutsches Reform-Realgymnasium und ein Krankenhaus. Hohenelbe war Sitz des Riesen-

Schloß in Hohenelbe

gebirgsvereins und des 1883 gegründeten Riesengebirgsmuseums mit heimat- und volkskundlichen Sammlungen. Das „Jahrbuch des Deutschen Riesengebirgsvereines“ war eine wertvolle heinmatkundliche Quelle. Guido Rotter, der Initiator des Studenten- und Herbergswesens, schuf 1884 in Hohenelbe die erste Jugendherberge der Welt.

Wirtschaft: Textilindustrie, Chemikalien-, Kartonagen-, Zementwaren- und Kabelerzeugung. Im Verband der Gesamtindustrie in Hohenelbe und Umgebung waren 55 Firmen zusammengeschlossen. Fremdenverkehr, Luftkurort.

Persönlichkeiten: Josefa Kablik (1787-1863), Ehefrau des Apothekers in Hohenelbe, berühmte Botanikerin; Uffo Daniel Horn (1817-1860), Erzähler und Dramatiker, der seiner nationalen Gesinnung nach zwischen Tschechen und Deutschen stand; Karl Kostial (1878-1945), Maler und großartiger Zeichner; Franz Proschwitzer (1842-1924), Priester, Verfasser religiöser Schriften und einer „Chronik von Hohenelbe“; Josef Jatsch aus Forst bei Hohenelbe (1870-1932), Professor der Theologie an der Deutschen Universität Prag; Karl Schneider (1879-1951), Riesengebirgsforscher, Schriftsteller, Archivar des Riesengebirgsmuseums; Karl Wilhelm Fischer aus Bilin (1888-1970), Gymnasiallehrer in Hohenelbe, Schriftsteller und Volkskundler; Paul Nettl (1889-1972), Musikwissenschaftler, Mitarbeiter des Prager deutschen Rundfunks, Professor in Bloomington; Oskar Zaborsky von Wahlstätten (1898-1959), Maler, Kunsthistoriker, Volkskundler; Bruno Schier

Hohenelbe, Laubenhäuser

Kloster Hohenfurth

(1902-1984), Volkskundler, Professor der Universität Münster/W.

1930: 6984 Einw. (5647 Deutsche, 1203 Tschechen, 111 Ausländer).

Die Stadt Marktoberdorf/Allgäu übernahm 1957 die Patenschaft über Hohenelbe, sie stellte auch die Räume für ein neues Riesengebirgsmuseum zur Verfügung (1960).

Umgebung: Heidelberg (1036 m) mit Aussichtsturm und Schutzhaus. Zahlreiche Bauden.

Hohenfurt *(Vyšší Brod)*, Bez. Kaplitz. 560 m. Hohenfurt, auf einem Felsvorsprung am rechten Ufer der Moldau, die ab hier nicht mehr der wilde Fluß ist und daher von Flößen befahrbar, verdankt seine Entstehung im Jahre 1259 einem Gelübde des Wok von Rosenberg, das er aus Dankbarkeit für die Errettung aus dem Hochwasser der Moldau getan hatte. Das Zisterzienserkloster an der „hohen Furth“ am alten Handelssteig Teindles - Haselgraben - Linz besiedelten Mönche aus Stift Wilhering an der Donau. Der Ort, der bald Markt wurde, stand unter der Obhut der Rosenberg. Im 16. Jh. besaß das Stift zwei Märkte, 105 Dörfer und neun Meierhöfe. 1528 verlieh Ferdinand I. dem Markt ein Wappen: Zwei Türme mit offenen Toren und Fenstern, dazwischen eine Mauer mit Zinnen, darüber die rote Rose der Rosenberger.

Die Klosterkirche ist in reiner Gotik erhalten, ebenso Kreuzgang und Kapitelsaal, den eine prächtige Fensterrosette ziert. Um 1350 wirkte der Meister von Hohenfurt, der richtungweisend für die böhmische Tafelmalerei wurde. Um 1420 entstand die Madonna von Hohenfurt. Die Tafeln des Hohenfurter Altars befinden sich in der Nationalgalerie in Prag. Neben großer Bibliothek und Archiv gehörten dem Kloster eine Gemäldegalerie und andere Kunstschätze (Schatzkammer). Der Abt hatte bis 1848 Sitz und Stimme im Böhmischen Landtag. Einen tiefen äußeren Einschnitt bedeuteten die großen Verluste durch die tschechoslowakische Bodenreform, trotzdem konnte sich das Stift gut weiterentwickeln, so daß es 1939 71 Mönche zählte. 1941 wurde es aufgehoben; nach dem Krieg wurden die deutschen Mönche vertrieben. Die Fusion mit dem Stift Rein in der Steiermark fand 1959 statt. Das Stift, in dem 43 Äbte gewirkt hatten, wurde schließlich profaniert; es birgt heute eine Gemäldegalerie holländischer und deutscher Künstler sowie ein Postmuseum.
Viele Persönlichkeiten wirkten im Stift, unter ihnen auch Matthäus Quatember (1894 – 1953), Generalabt des Zisterzienserordens, sowie Tecelin Jaksch (1885 – 1954), letzter Abt von Hohenfurt und Abt-Administrator des Stiftes Rein.
In Hohenfurt kam Franz Isidor Proschko (1816 – 1891), zur Welt, Verfasser von Romanen, Jugendschriften und einer Geschichte des Stiftes Hohenfurt.
1930 (mit Poschlag): 2027 Einw. (1731 Deutsche, 216 Tschechen, 78 Ausländer).
Umgebung: Die sagenumwobene Teufelsmauer in der Moldau; Maria Rast am Stein mit Wallfahrtskapelle (1888); Talsperre von Lippen, 40 km lang und 10 km breit, Kienberg mit der 1894 gegründeten Papierfabrik; Elmberg, 811 m.

Hohenstadt *(Zábřeh)*. 293 m. Die Bezirksstadt an der Sprachgrenze entwickelte sich am Ausgang des Zohseetales seit dem 13. Jh. Damals entstanden Burg und Stadt. Besitzer waren u. a. die Krawarn, Boskowitz, Zierotin und Liechtenstein (seit 1622). Hohenstadt war 1468 Austragungsort der Schlacht zwischen Anhängern Georgs von Podiebrad und des siegreichen Matthias Corvinus. 1493 erhoben sich die Untertanen gegen ihre Herren. Seit Beginn des 18. Jh. entwickelte sich die Leinen- und Seidenerzeugung. 1850 wurde Hohenstadt Sitz einer Bezirkshauptmannschaft. 20 Jahre später eröffnete man die Eisenbahnstrecke Hohenstadt – Mährisch Schönberg – Zöptau. Wappen: Im Schild eine Mauer, darüber ein Rundturm, zu dessen Seiten je zwei kleinere Türme.

Wappen von Hohenstadt

Die Bartholomäus-Kirche aus vorhussitischer Zeit wurde 1670 abgetragen und 1757 wieder errichtet. Sie war zeitweise ebenso in Händen von Nichtkatholiken wie die spätgotische Friedhofskirche St. Barbara. Den Stadtplatz schmückt eine barocke Pestsäule (1713) des Olmützers Wenzel Render. Ein altes Laubenhaus, in dem Comenius wohnte, stammt aus d. J. 1581. Das fürstlich Liechtensteinsche Schloß, erst eine gotische Burg, gehörte seit 1622 dieser Familie. Die Deutsche Höhere Staatsgewerbeschule, 1897 ins Leben gerufen, mußte ab 1920 jahrgangsweise nach Mährisch Schönberg verlagert werden. Das tschechische Gymnasium entstand 1896. Der national eingestellte Verlag Fritz Burschofsky gab in seinem Berglandverlag die Zeitschrift „Altvaterbote", „Deutsche Wacht", „Deutsches Bergland" und „Der junge Deutsche" heraus.
Hohenstadt erlitt seit dem vorigen Jahrhundert das Schicksal einer Sprachgrenzstadt. Zunächst überwogen noch die Deutschen (1880: 1678 Deutsche und 927 Tschechen; 1900: 2206 Deutsche und 761 Tschechen), 1930 hatten sich die Verhältnisse bereits stark verändert, von 4827

Hohenstadt

Einwohnern waren 2920 Tschechen und 1803 Deutsche. Eine führende Gestalt der Deutschen war Hermann Brass, Chef der von seinem Vater 1878 gegründeten großen Textilfirma, der 1886 den Bund der Deutschen Nordmährens ins Leben rief, Mitglied des Deutschen Volksrates in Mähren sowie Abgeordneter im Reichsrat und im Mährischen Landtag war. Neben den Textilwerken Brass gab es Maschinenindustrie, Dachpappeerzeugung, eine Malzfabrik, Tonwarenherstellung und Spirituosenerzeugung.

Neben dem schon genannten Hermann Brass (1855 - 1938), stammten u. a. noch aus dieser Familie Richard Brass (1877 - 1966), wie schon sein Großvater, Wilhelm Engelbert (1819 - 1897), Bürgermeister von Hohenstadt, außerdem Oberkirchenrat der Deutschen Evangelischen Kirche im Sudetenland, und Kurt Brass (1880 - 1964), Chemiker und Professor an der TH München; Hohenstädter waren auch Rudolf Bacher (1877 - 1925), Röntgenologe, und Hans Fröhlich (1902 - 1977), Journalist in den Vereinigten Staaten, wo er die Interessen der Sudetendeutschen vertrat.

Umgebung: Schweine mit Graphitwerk (bis 1920). Krumpach (1930: 1312 Tschechen, 102 Deutsche), eine tschechische Gemeinde, 1920 nach Hohenstadt eingemeindet, womit sich das nationale Bild der Stadt stark veränderte.

Hoher Schneeberg *(Děčinský Sněžník).* 721 m. Der waldreiche Bergrücken, 2 km lang, 700 m breit, aus Isersandstein bestehend, ist die höchste Erhebung des Elbsandsteingebirges. Der 1864 von Franz Graf Thun errichtete Aussichtsturm, 33 m hoch mit 172 Stufen, bietet die beste Aussicht dieses Gebirges; er diente als Höhepunkt der Landesvermessung. Unterhalb des Berges liegen die Dörfer Schneeberg, 595 m, und Eulau, 276 m.

Hombok *(Hlubočky),* Bez. Olmütz. Das Reihendorf an der Feistritz war früher im Besitz der Olmützer Domkirche. Nach Wolny entstand die Burg Hohenbok 1351 als Sperrfeste zum Schutze des Feistritztales. Damals unterstanden der Burg die Dörfer Epperswagen, Haslicht und Hombok. Großen Aufschwung erlebte der Ort durch die von Ignaz Karl Machanek (1799 - 1875) aus Olmütz 1854 gegründete Homboker und Marienthaler Eisenwerke-Industrie- und Handels-AG „Moravia" mit einem eigenen Elektrizitätswerk (Nägelfabrik in Hombok, Eisenwarenfabrik im nahen Marienthal).

Hombok hatte eine Herz-Jesu Kirche und war seit 1912 Pfarrei.

Persönlichkeiten: Ignaz Machanek (geb. 1825 in Olmütz, gest. 1903), Fabrikinhaber in Hombok, Komponist und Schriftsteller; Karl Machanek (1865 - 1933), Vizepräsident der „Moravia"-Werke; Max Machanek (1865 - 1958), Generaldirektor in Marienthal, führend im Verband der tschechoslowakischen Industriellen.

1930: 1511 Einw. (1241 Deutsche, 247 Tschechen, 22 Ausländer)

Holleschau *(Holešov),* Bezirksstadt in Nordmähren an der Eisenbahnstrecke Kojetein - Teschen. 1275 als Stadt genannt, war Eigentum des Olmützer Bistums, kam 1530 an die Herren von Sternberg und 1604 an Ladislaus Popel von Lobkowitz. Holleschau hatte eine große Gemeinde der Böhmischen Brüder, die hier wiederholt ihre Synoden abhielten.

Das frühbarocke Schloß (1650) mit wertvollen Sammlungen und Sgrafittomalereien, einst ein bedeutendes deutsches Kulturzentrum, ist heute Museum. Die Pfarrkirche wurde 1708 durch Graf Rottal neu errichtet. Das Kloster der

Höritz, Katharinenkirche

Trinitarier bestand nur von 1746 bis 1783. Eine Synagoge entstand 1560. Die Judengemeinde bildete 1880 noch einen eigenen Stadtteil; von den Juden bekannten sich 589 zu den Deutschen und 306 zu den Tschechen. In diesem Jahr hatte Holleschau 5191 Einwohner (4135 Tschechen, 1014 Deutsche).
Wirtschaft: Bugholzmöbel, Lebensmittelindustrie, Strick- und Wirkwaren.
In Holleschau liegt der Flugplatz für Zlin.
Persönlichkeiten: Franz Xaver Richter (1709 - 1789), Komponist, Kapellmeister in Straßburg; Johann von Hankenstein (1751 - 1806), Schriftsteller, Bibliothekar an der Universität Olmütz; Raphael Georg Kiesewetter (1773 - 1850), Musikschriftsteller.
1930: 6738 Einw. (6426 Tschechen, 62 Deutsche, 191 Juden, 48 Ausländer).
Umgebung: Hosteiner Berge, waldreiche Höhen, mit dem ehem. Kloster Hostein (735 m).

Höritz *(Hořice nad Šumavě)*, Bez. Krummau. 679 m. Höritz war 1272 im Besitz der Witigonen und kam 1290 an das Zisterzienserstift Hohenfurt. Bereits 1307 bestand eine gotische Kirche (Hl. Katharina), die im 15. Jh. Pfarrkirche wurde. „Es ist eine der bedeutendsten Kirchen dieser (spätgotischen) Epoche in Südböhmen" (H. Rokyta). Matriken waren seit 1741 geführt worden. In der Gemeinde mit Marktrecht seit 1375 stand ein mittelalterlicher Pranger mit zwei steinernen Hohlmaßen. Das Wappen der Gemeinde im mühlenreichen Tal des Gojauer Baches enthielt die fünfblättrige Rose der Witigonen.
Die Höritzer Passionsspiele, auf eine alte Überlieferung zurückgehend, erlebten erst gegen Ende des vorigen Jahrhunderts eine Aufwertung. 1816 hatte der Weber Paul Gröllhesl den Text für ein Spiel aufgeschrieben, das die Bauern spielten. Seit 1893 wurde es mit Hilfe des Deutschen Böhmerwaldbundes im von diesem erbauten Passionsspielhaus (für 2000 Personen) nach dem Text von J.J. Ammann (umgearbeitet von Prälat Landsteiner) aufgeführt. Die Entstehung des Spiels behandelte Hans Watzlik in seiner Novelle „Das Ölbergspiel".
Persönlichkeit: Thomas Pöschl (1769 - 1837), Theologe, Mystiker, Sektengründer.
1930: 1156 Einw. (1081 Deutsche, 56 Tschechen, 17 Ausländer).
Umgebung: Randlesberg (777 m) mit Wallfahrtskapelle (seit 1782), die nicht mehr existiert; Langenbrucker Teich; Stuben-Schwarzbach (729 m) mit Graphitbergbau; Pötschmühle, die größte Papierfabrik der ČSR.

Hostau *(Hostoun)*, Bez. Bischofteinitz. 481 m. Die Stadt zwischen Böhmerwald und Egerland liegt an der oberen Radbusa und an der Bahn Taus - Tachau. Sie war Sitz eines Bezirksgerichts. 1238 genannt, wird Hostau 1522 als Markt erwähnt. 1578 Wappenverleihung: Eine bezinnte Mauer mit offenem Tor, über der Mauer zwei Türme, zwischen diesen ein dreigeteilter Schild mit schwarzem Geweih, einem gekrönten Löwen und darunter ein rotes Feld. Während der Reformationszeit war Hostau vorübergehend protestantisch. Nach der Schlacht am Weißen Berg wurde die Herrschaft enteignet und an Zdenko von Mitrowitz verkauft (1622), dann an die Czernin und schon 1656 an die Trauttmannsdorff, die die Herrschaften Hostau und Bischofteinitz zusammenlegten.
Seit 1805 war Hostau Sitz eines Dekanats. Die Kirche Jakobus der Ältere, 1282 als Pfarrkirche erwähnt, wurde 1731 barock umgebaut, 1877 wiederum. Eine holzgeschnitzte Madonna stammt aus der 1. Hälfte des 15. Jh.s. Eine Kapelle

aus dem 18. Jh. enthält Fresken und einen frühbarocken Altar (Mitte 17. Jh.).
1915 wurde das Militärgestüt aus Galizien und der Bukowina hierher verlegt. Im Trauttmannsdorff-Schloß war im II. Weltkrieg auch die Gestütsverwaltung des Lippizanergestüts, das nach Kriegsende auf abenteuerliche Weise gerettet werden konnte.
Wirtschaft: Banderzeugung, Spitzenerzeugung in Heimarbeit, Steingutfabrik.
In Hostau geboren wurde Heinrich Weinhuber (1864 - 1937), Mitglied des Obersten Gerichts in Prag und Brünn und der Staatsprüfungskommission der Deutschen Universität Prag, Politiker und Präsident der Urania in Prag.
!930: 1060 Einw. (880 Deutsche, 160 Tschechen, 8 Ausländer). 1947: 630 Einw.

Hotzenplotz *(Osoblaha)*, Bezirk Jägerndorf. 238 m. Die Stadt am gleichnamigen Fluß war Sitz eines Bezirksgerichts und Kultur- und landwirtschaftliches Zentrum der Umgebung, die die Schlesische Hanna genannt wurde. Der Grundriß war typisch für eine Kolonisationsstadt; sie war befestigt und hatte drei Tore. Die frühe Gründung, 1233 erstmals in einer Urkunde aufscheinend, wird 1251 als Stadt bezeichnet. Sie gehörte zum Olmützer Bistum und war einst die größte mährische Enklave. Die Verleihung deutschen Rechts und eines Wappens erfolgte 1415. Das Wappen: Ein geteilter Schild, im oberen Teil fünf, im unteren Teil drei Spitzen (dem Olmützer Wappen entnommen). 1545 durch Brand vernichtet, erlebte die Stadt 1870 - 1880 einen großen Aufschwung; sie hatte damals 4000 Einwohner. Beim Einmarsch sowjetischer Truppen im März 1945 schwere Schäden. Nach Deutschenvertreibung Wiederbesiedlung durch Tschechen aus Wolhynien.
Die Pfarrkirche St. Maria Magdalena, Mitte des 13. Jh.s erstmals errichtet, war 1560 - 1618 im Besitz der Protestanten, wurde 1945 stark beschädigt und 1962 schließlich gesprengt. Hotzenplotz hatte eine große Judengemeinde mit 135 Familien. Die Siedlung war mit Erlaubnis des Bistums entstanden. Sie besaßen einen Tempel und ihr Friedhof war nach dem Prager der älteste der Monarchie. Nach 1918 ging die Zahl der jüdischen Mitbürger stark zurück. Eine alte Burg war Eigentum der Bischöfe von Olmütz. Hotzenplotz hatte ein Stadtarchiv und eine Deutsche staatliche Spitzenschule.
Wirtschaft: Zuckerfabrik, Jutewaren, Spitzenerzeugung, Zündholzfabrik, Textilindustrie, Likörerzeugung, Sommerfrische.
Oswald Hillebrand (1879 - 1926), Abgeordneter im österreichischen und Prager Parlament, Mitarbeiter Josef Seligers, wurde hier geboren.
1930: 2237 Einw. (2113 Deutsche, 58 Ausl., 55 Tschechen, 11 andere).

Hühnerwasser *(Kuřívody)*, Bez. Böhm. Leipa. 334 m. Libera civitas, d. i. Freistadt, war der erste Name dieser Ansiedlung bei Niemes, die 1279 schon Markt war und eine Kirche zum Hl. Georg besaß. Die Filialkirche gehörte bis 1293 zu Bösig. Unter König Wenzel II. kam der Ort an die Berka von Duba und wurde, nachdem diese im 16. Jh. ihren Herrschaftssitz nach Weißwasser verlegt hatten, auch diesem zugeteilt. Im 17. Jh. erstmals als Hühnerwasser bezeichnet, kam dieses 1620 an Albrecht von Waldstein (Wallenstein), nach 1643 an den Grafen Caretto-Millesimo und 1678 wieder an einen Waldstein. Am 26. Juni 1866 fand eine Schlacht zwischen Preußen und Österreichern statt, von der noch viele Soldatengräber Zeugnis ablegen. Die alte Pfarrkirche St. Gallus, aus vorhussitischer Zeit, wurde 1727 neu errichtet. Am Pfarrhaus das Waldsteinsche Wappen in Sandstein aus der Zeit nach 1678. Das Jagdschlößchen dieser Familie (16. Jh.) soll nach neuen Meldungen verfallen sein. Wappen: Ein unter einer Linde stehender Bär.

Hostau

Wirtschaft: Landwirtschaft, Heimweberei, Holzhandel. Erholungsort und Sommerfrische. 1930 (mit Straßdorf): 827 Einw. (779 Deutsche, 43 Tschechen).
Umgebung: Waldsteinscher Tiergarten.

Hultschin *(Hlučín)*, Bezirksstadt und Hauptort des Hultschiner Ländchens, das nach dem Ersten Weltkrieg an die Tschechoslowakei abgetreten werden mußte. Gegründet durch Ottokar II. (13. Jh.) und mit Leobschützer Stadtrecht begabt (1314), erhielt die Stadt i. J. 1355 Befestigungen. Das Herzogtum Troppau verpfändete sie Mitte des 15. Jh. an das Geschlecht Öls, im 16. Jh. kam sie zum Herzogtum Ratibor und 1526 zu Habsburg, durch den Berliner Frieden 1742 an die preußische Provinz Schlesien. Das Wappen zeigt einen Schild mit einem Monogramm von unbestimmter Bedeutung, umgeben von fünf goldenen Sternen und einer goldenen Lilie.
Pfarrkirche Johannes Baptist, 14. Jh., erneuert 17. Jh. Das Schloß, ursprünglich eine gotische Burg (2. Hälfte 14. Jh.), entstand als Renaissancebau nach 1617 und wurde 1717 barockisiert.
Wirtschaft: Steinkohlenbergbau, Strumpfwirkerei, Getreidehandel.
1930: 5068 Einw. (4400 Tschechen, 517 Deutsche, 134 Ausländer).

Hultschiner Ländchen (ca.316 qkm) mit Hultschin und 37 Dörfern, von deren Bewohnern sich 30 000 zum Deutschtum bekannten, hatte bis 1742 zum Herzogtum Troppau-Jägerndorf, dann zu Preußen gehört. Gemäß dem Versailler Vertrag (28. Juni 1919, Artikel 83) kam es ohne Volksabstimmung an die neue Tschechoslowakei und wurde am 4. Februar 1920 von tschechischen Truppen besetzt. Dr. Reinhold Weigel war der führende Mann derer, die sich für den Verbleib bei Deutschland einsetzten. Gegen die ablehnende Haltung der Bevölkerung und gegen deren Proteste verhängten die Tschechen am 4. Mai 1920 den militärischen Ausnahmezustand. Sie führten eine rigorose Entdeutschung durch, hoben von 40 deutschen Schulen 38 auf, verboten deutschen Privatunterricht, lösten die Gemeindevertretungen auf und ersetzten diese durch Regierungskommissionen. Der deutsche

Iglau, Rathaus

Besitzstand, es traf vor allem Großgrundbesitzer und Bergbauunternehmer, wurde durch die Bodenreform beträchtlich verkleinert. Deutsche Vereinigungen wurden aufgelöst, ihr Vermögen verfiel der Beschlagnahme. Wer für Deutschland optieren wollte, mußte bis zum 9. Januar 1922 das Land verlassen. Im März 1923 kamen noch zwei weitere Gemeinden zur ČSR. Bei den Bezirkswahlen 1928 wurden 13 998 deutsche und 8218 tschechische Stimmen abgegeben. Die Parlamentswahlen 1935 ergaben 21 054 deutsche (73,6 %) und 7217 tschechische Stimmen. Im Zweiten Weltkrieg gehörte das Hultschiner Ländchen zur neugebildeten Provinz Oberschlesien (Regierungsbezirk Oppeln), 1945 kam es wieder zur ČSR.
Aus Bolatitz bei Hultschin stammte August Scholtis (1901–1969), Verfasser humorvoller und satirischer Romane und Erzählungen, in denen er mit Vorliebe Schicksale von Menschen seiner Heimat schildert.

Igel, auch Iglawa *(Jihlava)*, linker Nebenfluß der Thaya. Entspringt in ca. 600 m auf der Böhmisch-Mährischen Höhe und vereinigt sich mit der Schwarza (Schwarzawa). Der Fluß fließt durch Iglau, über Trebitsch, Eibenschütz, Pohrlitz und Muschau, wo er nach 174 km Lauf in die Thaya mündet.

Iglau *(Jihlava)*. 525 m. Bezirksstadt in Mähren an der Grenze zu Böhmen. Die Stadt auf der Böhmisch-mährischen Höhe, eine der bedeutendsten Städte Mährens, war Hauptort einer Sprachinsel mit 26 000 Deutschen. Station der

Iglau, Ignatiuskirche

Eisenbahnlinie Kolin -Znaim. Iglau mit den drei Vorstädten Frauen-, Pirnitzer- und Spital-Vorstadt besaß früher ein eigenes Gemeindestatut. Es liegt an der Igel, die hier von einer einbogigen 16 m hohen und 30 m langen steinernen Brücke überquert wird.

Iglau war berühmt wegen seines Silberbergbaus, des reichsten in Europa, der seit dem 13. Jh. florierte. Das Iglauer Bergrecht fand weite Verbreitung und war maßgebend für die böhmischen Länder, Sachsen und Oberungarn. Silber wurde bis 1783 gefördert. Im 13. Jh. bestand bereits eine Schule, 1233 eine Pfarrkirche, 1240 wurden Iglau und einige Dörfer von der Untertänigkeit des Klosters Tischnowitz befreit. Die Verleihung des Bergrechts erfolgte 1249 durch König Wenzel I. Das Minoritenkloster ging auf d. J. 1257 zurück. Das Stadtsiegel (1268 oder früher) zeigte ein Geviert von Rot mit silbernem doppelschwänzigem Löwen und Silber mit rotem Igel. Durch die Iglauer Kompaktaten am 5. Juli 1436, die vor dem Rathaus verkündet wurden, waren die Hussitenkriege zu Ende. Den Hussiten wurde das Abendmal unter beiden Gestalten zugestanden, diese anerkannten dafür Kaiser Sigmund als König von Böhmen.

Eine besondere kulturelle Blütezeit begann 1571, als der Stadtrat dem Gesuch nach einer Meistersingschule nachkam, die dann während 50 Jahren bestand. Es beteiligte sich vor allem die Zunft der Tuchmacher. In diesen Jahren wandten sich die Iglauer auch der neuen Lehre zu; sie waren auch Parteigänger des Kurfürsten Friedrich von der Pfalz. Im Zuge der Gegenreformation, die 1620 einsetzte, wanderten viele Bürger aus. Harte Jahre folgten während des Dreißigjährigen Krieges, in dessen Verlauf Iglau 1645 – 1647 von den Schweden besetzt war. Der Umsturz von 1918 war der Beginn für eine Veränderung des nationalen Gefüges der Stadt. 1926 ging die Verwaltung in tschechische Hände über. Eine der ältesten Hallenkirchen Mährens ist die gotische Pfarrkirche St. Jakob (13./14. Jh.) mit Portal aus d. J. 1260. Ins 13. Jh. gehören auch die Dominikanerkirche Hl. Kreuz und die Minoritenkirche Maria Hilf mit Kloster und Kreuzgang. Das ursprüngliche Kapuzinerkloster (1631 – 1632), 1788 profaniert, wurde zum Theater umgestaltet (1850). In Iglau bestand eine alte Tradition des Theaterspielens; im 16./17. Jh. führte man geistliche Spiele auf, seit der 2. Hälfte des 18. Jh.s weltliche. Die ehem. Jesuitenkirche (1680 – 1689), 1760 barock umgebaut, war dem Ordensgründer Ignatius geweiht. Eine Kostbarkeit in diesem Gotteshaus war eine Pietà aus d. J. 1410. Vor der Ignatiuskirche erhebt sich die Mariensäule (1690). Eine evangelische Kirche wurde 1875 errichtet.

Auf dem ausnehmend großen Marktplatz, dem größten Österreichs (350 x 110 m), erhebt sich das zunächst gotische Rathaus aus dem 15. Jh., das nach Umbauten in der Renaissancezeit 1786

Das Iglauer Wappen

Frauentorturm in Iglau

eine Barockfassade erhielt. Dort wurde das kostbare Rechtsbuch des Johannes von Gelnhausen mit Miniaturen (1389) aufbewahrt. In der alten Münze schlug man im 13. und 14. Jh. Münzen, was auf die damalige Bedeutung der Stadt hinweist; Iglau wurde dann von Kuttenberg abgelöst. Teile der Befestigungsanlagen blieben erhalten; darunter das Frauentor (1509); zum Verteidigungssystem gehörten auch die unterirdischen Gänge unter dem Marktplatz. Reiche Bestände, darunter zwölf Stadtbücher, das Iglauer Bergbuch und zwei Codices des Johannes von Gelnhausen, hatte das Stadtarchiv, das Bertold Bretholz nach wissenschaftlichen Gesichtspunkten geordnet hatte. An deutschen höheren Schulen bestanden das Staats-Reformrealgymnasium, das durch Vereinigung des 1561 begründeten Gymnasiums und der Staats-Realschule, gegründet 1850, im Jahre 1920 errichtet wurde, ferner ein Vereins-Mädchen-Reformrealgymnasium, gegründet 1908 als Vereinslyzeum, und eine kommunale Handelsschule.
Wirtschaft: Im 15. Jh. erlebte die Tuchmacherei eine Blüte, die noch durch die 1556 erfolgte Zunftgründung gefördert wurde. Das Tuchmachergewerbe erfuhr durch Maria Theresia große Begünstigung. Strumpf- und Wirkwarenfabriken, Vigognespinnerei, Tuchfabriken, Weberei, Metallindustrie, Schuherzeugung, chemische Fabrik, staatliche Tabakfabrik (seit 1851) mit über 1100 Arbeitern, die 1964 stillgelegt wurde. In Iglau und in der gesamten Sprachinsel wurde altes Brauchtum gepflegt und die überkommene Tracht getragen. Ein besonderes volkskundliches Ereignis, das nach der Vertreibung in Wien wieder zu neuem Leben erweckt wurde, war der Iglauer Berghäuerzug, der seit 1890 abgehalten wurde; er erinnerte an den einst florierenden Silberbergbau. In historischen Trachten der Bergleute bewegte sich der Zug jährlich am 23. und 24. Juni durch die Straßen zum alten Johannishügelkirchlein, das einst Pfarrkirche war und, nachdem es von den Schweden 1647 zerstört worden war, 1649 wieder hergestellt wurde. Das Kirchlein mit einer Außenkanzel trägt eine Tafel im Gedenken an Johannes Haupt (1849 - 1929), den Schöpfer des Berghäuerzuges.
Persönlichkeiten: Johannes Mylius (1557 - 1629), Pädagoge, Humanist, lateinischer Dichter, Gymnasialdirektor in Elbing; Abraham Letscher (1574 - 1621), Dichter der Iglauer Singschule, Chronist seiner Vaterstadt; Maria Barbara Krafft, geb. Steiner (1764 - 1821), berühmte Porträtistin; Leopold Kunschak (1871 - 1953), Abgeordneter im Reichs- und Nationalrat; Ottokar Lorenz (1832 - 1904), Historiker; Gustav Mahler (1860 - 1911, geb. in Kalischt), Dirigent und Komponist; Julius Tandler (1869 - 1936), Anatomieprofessor in Wien, Unterstaatssekretär für Volksgesundheit und Stadtrat im Wohlfahrtsamt; Josef Hoffmann (1870 - 1956, geb. in Pirnitz), Architekt und Kunstgewerbler, Gründer der Wiener Sezession und der Wiener Werkstätten; Karl Friedrich Kübeck von Kübau (1780 - 1855), österr. Politiker und Präsident des Reichrats; Karl Hans Strobl (1877 - 1946), Romanschriftsteller; Bruno Prochaska (Pseudonym Bruno Wolfgang, 1879 - 1968), Schriftsteller und Übersetzer; Ferdinand Staeger (1880 - 1976, geb. in Trebitsch, aus einer Iglauer Familie stammend), Maler und Graphiker. Einer der großen Buchillustratoren. Vertreter des Symbolismus und Jugendstils; Anton Altrichter (1882 - 1954, geb. in Smilau), Historiker, Heimatforscher. Verfasser einer Autobiographie und wertvoller Werke zur Geschichte der Iglauer Sprachinsel; Joseph Alois Schumpeter (1883 - 1950, geb. in

Triesch), Nationalökonom von Weltruf, österreichischer Finanzminister; Ignaz Göth (1889–1945), Heimatforscher und Volkskundler. Verdient um die Weiterführung des Iglauer Berghäuerzuges nach dem Tode von Johannes Haupt, dem Begründer.
1930: 31 028 Einw. (17 968 Tschechen, 12 095 Deutsche, 526 Ausländer).
1957 übernahm die Stadt Heidenheim die Patenschaft über die Iglauer Sprachinsel. Das Heimatmuseum der Iglauer besteht seit 1977 im dortigen Schloß Hellestein; den Grund dazu legte Sepp Nerad.

Iglauer Sprachinsel. Ein 50 km langer und 8–10 km breiter Streifen mit 387 qkm. Siedler waren Franken, Sachsen und Bayern, in der Hauptsache sächsische Bergleute und Oberpfälzer Bauern. Außer den Dörfern gibt es die Stadt Iglau und die Marktflecken Stannern und Stekken. Der deutsche Bevölkerungsanteil betrug 1880 83,8 %, 1910 79,2 % und 1921 50,2 %. Die deutsche Mehrheit verschwand 1930, als es nur noch 40,23 % Deutsche gab. Das Überhandnehmen der tschechischen Nation wurde durch Eingemeindungen, ebenso durch den Zuzug tschechischer Beamter gezielt begünstigt.

Iser *(Jizera)*. Der Name des rechten Nebenflusses der Elbe ist keltischen Ursprungs. Er entsteht aus dem Zusammenfluß der Großen und Kleinen Iser. Die Große Iser kommt von der Tafelfichte (Wohlischer Kamm), bildet in einer Länge von 15 km den Grenzfluß und vereinigt sich mit der Kleinen Iser bei Starkenbach. Nach Ptohl durchfließt die Große Iser das höchste und kälteste Hochtal der deutschen Mittelgebirge. Die Kleine Iser hat ihr Quellgebiet am Korkonosch im Westteil des Riesengebirges. Die Iser mündet nach einem ca. 164 km langen Lauf bei Altbunzlau in die Elbe. Nach neuesten Angaben ist die Wassergüte im Oberlauf I. Klasse, bis zur Mündung fällt diese bis auf Klasse IV.

Isergebirge *(Jizerské hory)*. Die Gebirgsplatte, die nach Norden steil und nach Süden allmählich abfällt, ist ca. 25 km breit und 30 km lang und besteht zumeist aus Granit, aber auch teilweise aus Basalt, z. B. der Buchberg, der mit 999 m die höchste Basaltkuppe Mitteleuropas

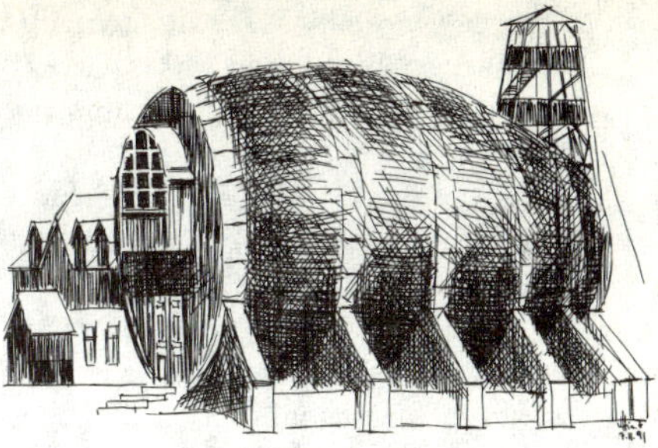

Das Jaberlicher Riesenfaß

ist. Typisch für das Gebirge sind die bewaldeten Rücken, die Kämme, und die tief eingeschnittenen Quertäler. Durchschnittliche Höhe 950 m. Die höchsten Erhebungen sind die Tafelfichte (1124 m) und der Sieghübel (1120 m). Einzigartige Naturschönheiten sind die ausgedehnten Hochmoore (Wiesen) und die dichten Wälder der Hochfläche. Aus dem Isergebirge kommen die Flüsse Iser, Wittig und der Stolpichbach. Das vom Riesengebirge durch den Neuwelter Sattel (888 m) getrennte Isergebirge ist seit 1967 als Landschaftsschutzgebiet ausgewiesen (mit dem Vorland 350 qkm), das in 22 Reservate eingeteilt ist.
Früher betrachtete man das Isergebirge wegen seiner dichten Wälder, vielen Moore und seines unwegsamen Geländes als Wildnis. Trotzdem kamen Edelsteinsucher der wertvollen Mineralien wegen. Wir wissen davon aus den sog. Walenberichten. Es entstanden viele Glashütten, deren Rohstoffe, Mineralien und Holz, im Gebirge reichlich vorhanden waren. Es entwikkelte sich auch eine ausgeprägte Holzwirtschaft und -verarbeitung. Gustav Leutelt war der großartige Schilderer seiner Isergebirgsheimat.

Jaberlich *(Javorník)*, 685 m hoher Berg neun km südsüdöstlich von Reichenberg. Standort des Riesenfasses, das 1898 in Wien gebaut und auf der Wiener Weltausstellung gezeigt wurde. Die Bewohner von Langenbruck kauften es und ließen es auf den Jaberlich bringen, wo es als Gaststätte eingerichtet 1899 feierlich eröffnet wurde. Das 400 Gästen Platz bietende Faß war 14 m lang, 12 m breit und 12 m hoch und hatte ein

Fassungsvermögen von 10 283 Hektolitern. 1974 fiel das Faß einem Brand zum Opfer. Geographisch betrachtet ist der Jaberlicher Kamm eine Fortsetzung des Jeschkenkammes.

Jablunkagebirge oder **Mährisch-Schlesische Beskiden.** Der Teil der Westkarparten südlich von Teschen steigt bis 1083 m an.

Jablunkapaß, 551 m, ermöglicht den Straßen- und Bahnverkehr von Teschen nach Sillein. Die hier errichteten Befestigungswerke, die schon 1541 gegen die Türken gebaut wurden, ermöglichten im Dreißigjährigen Krieg die Abwehr der Schweden.

Jablunkau *(Jablunkov)*, Bez. Teschen. 386 m. Die Stadt an der Olsa und an der Bahnstrecke Oderberg – Kaschau wuchs aus einer Siedlung an einer Burg, 1447 erwähnt, am Handelsweg von Ungarn nach Breslau.

Wappen: Ein geteilter Schild, rechts ein halber Adler, links unten ein Baum, oben Osterlamm. Die Renaissancekirche (1620) wurde in der Mitte des 19. Jh.s neugotisch restauriert. Eine Barockkapelle entstand in der 2. Hälfte des 18. Jh.

Im Kreismuseum Teschen ist ein Losungsverzeichnis des Marktfleckens Jablunkau aus d. J. 1592 erhalten.

Wirtschaft: Flachsspinnerei, Möbelerzeugung aus Bugholz, Metallknopffabrik.

1930: 3816 Einw. (3221 Polen, 538 Deutsche, 57 Tschechen).

Jägerndorf *(Krnov)*, Bezirksstadt an der Grenze zu Preußisch-Schlesien. 316 m. Die Stadt an der Oppa gehört zu den ältesten Städtegründungen in Schlesien. 1262 erteilte König

Jägerndorf, Stadtwappen

Jägerndorf, Schloß

Ottokar II. wertvolle Privilegien. Nach der Teilung des Troppauer Herzogtums (1365) entstand 1377 das Fürstentum Jägerndorf, das 1523 an das Haus Ansbach-Brandenburg gelangte. Unter diesen Besitzern wurde die lutherische Lehre eingeführt. Nach der Schlacht am Weißen Berg herrschte wieder das katholische Bekenntnis. Die Fürsten von Liechtenstein erwarben 1623 das Fürstentum und besaßen es bis 1945. Unter diesen erfolgte die Vereinigung der Herzogtümer Jägerndorf und Troppau. Durch den Frieden von Breslau kommt 1742 der nördliche Teil des Fürstentums Jägerndorf an Preußen; Jägerndorf ist jetzt Grenzstadt. Bomben und Artilleriebeschuß verursachen am Ende des Zweiten Weltkrieges schwere Schäden. Im Staatlichen Gebietsarchiv Troppau werden die Bände mit den 18 Landestafeln des Jägerndorfer Fürstentums für die Jahre 1404 bis 1850 verwahrt. Das Wappen der Stadt zeigt eine Kugel im Mittelpunkt, um diese gruppiert drei Jagdhörner und drei sechsstrahlige Sterne.

Die zweitürmige dreischiffige Dekanatskirche St. Martin (13./14. Jh., 1559 spätgotisch) wurde mehrmals umgebaut (1779 im Barockstil). Die Kirche, die 1524 – 1623 lutherisch war, enthält Bildhauerarbeiten und eine Marienstatue von Johann Schubert. Das Minoritenkloster entstand 1273. Im Refektorium Wandbilder von Sebastini. Die zum Kloster gehörige Kirche Mariä Geburt (um 1400 gotisch) wurde 1720 – 1730 barockisiert. Kloster und Kirche dienen heute profanen Zwecken als Städtisches Museum mit vielen Zeugnissen der Tuchma-

*20 Ruine Kamaik mit Blick auf den Milleschauer,
der mit 835 m höchsten Erhebung des Böhmischen Mittelgebirges.
In dieser Landschaft hielten sich zahlreiche Maler auf,
u. a. Ludwig Richter und Caspar David Friedrich.*

21 *Herrnskretschen an der Elbe, mit 113 m ü. M. der tiefste Punkt Böhmens*

22 *Stift Hohenfurth mit der eindrucksvollen gotischen Hallenkirche und dem Kloster, das einst kultureller Mittelpunkt des Böhmerwaldes war*

23 Iglau, der größte Ort der böhmisch-mährischen Rumpffläche und einst Mittelpunkt einer deutschen Sprachinsel

24 Jauernig in Schlesien

25 Karlsbad, der einst wohl berühmteste Kurort der Welt, inmitten hoher Berge im Tepltal gelegen

26 Kladrau mit der in barocker Gotik umgebauten romanischen Klosterkirche
27 Karlstein, 1348–1356 unweit von Prag errichtet, gilt als schönste Burg Böhmens. ▶

32 Krummau an der Moldau im Böhmerwald

33 Umgebindehaus in Kukus mit Nepomuk-Figur

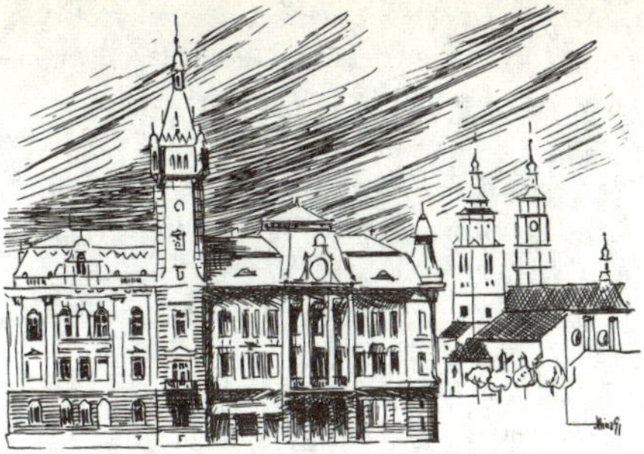

Das Rathaus von Jägerndorf

cherindustrie und als Hotel. In der Vorstadt Weißkirch erhielten sich Fragmente einer der ältesten Kirchen der Region, nämlich der Benediktuskirche aus der Romanik (2. Viertel 13. Jh.), die 1769 - 1787 barocke Formen erhielt.

Das Schloßgebäude (1552) mit Laubengang und Sgraffitomalereien war Sitz der Hohenzollern und der Liechtenstein und wurde barock erneuert. Bemerkenswerte Gebäude sind die Spital- oder Heiliggeistkirche, die evangelische Kirche, die Friedhofskapelle, das Rathaus (nach 1900 erbaut), ferner Renaissance- und Barockhäuser. Denkmäler erinnerten an Hans Kudlich und Franz Schubert, der an die Stelle des Kaiser-Josef-Denkmals gesetzt wurde.

Jägerndorf hatte deutsche Schulen, ein Realgymnasium und eine Fachschule für Weberei (1875 gegründet), Stadtarchiv und Stadtbücherei und ein Stadttheater, 1928 neu erbaut nach Plänen des Wiener Architekten Leo Kammel (aus Steinschönau) von der Firma Koch, Kindermann & Co. in Jägerndorf. In der Stadt erschienen die „Jägerndorfer Nachrichten", „Das Volk" und „Jägerndorfer Zeitung", ebenso die „Schlesischen Schulblätter".

Wirtschaft: Große Textilindustrie, intensiv betrieben seit dem 18. Jh., Jägerndorf war die drittgrößte Tuchfabrikstadt in Monarchie und ČSR. Orgelfabrik Rieger von Weltruf (seit 1873), Webstuhlfabrik, Papierindustrie, Schuhfabrik. Maschinen- und Metallindustrie.

Persönlichkeiten: Joseph Sedlnitzky Graf von Choltitz (1778 - 1855, geb. in Tropplowitz), österreichischer Polizeiminister unter Metternich; Johann Rudolf Kutschker (1810 - 1881, geb. in Wiese), Kardinal, Erzbischof von Wien; Karl Mihatsch (1826 - 1910), Erbauer der ersten Wiener Hochquellenwasserleitung und des Hochstrahlbrunnens; Heinrich Tentschert (1846 - 1925), Historienmaler; Karl Kinzer (1857 - 1916), Erbauer der zweiten Hochquellenwasserleitung in Wien; Julius Wagner von Jauregg, dessen Vater einer Jägerndorfer Webereifamilie entstammte, (1857 - 1940, geb. in Wels), Psychiater, der die Malariabehandlung bei progressiver Paralyse einführte, Nobelpreisträger von 1927; Leopold Bauer (1872 - 1938), international bekannter Architekt, auch Erbauer des Schützenhauses in Jägerndorf; Erich Wehrenfennig, (1872 - 1968, geb. in Klein Bressel), seit 1919 Kirchenpräsident der Evangelischen Kirche in Böhmen, Mähren und Schlesien; Robert Hohlbaum (1886 - 1955), Erzähler, Romanschriftsteller, Dramatiker, Lyriker, Essayist; Hubert Partisch (1886 - 1969), Pädagoge, Biograph sudentendeutscher Persönlichkeiten in Österreich („Österreicher aus sudetendeutschem Stamme", 8 Bände); Erwin Ott (1892 - 1947), Erzähler, Lyriker.

1930 (mit Güntersdorf, Komeise, Marienfeld und Mösnig): 23 464 Einw. (20 400 Deutsche, 1843 Tschechen, 1092 Ausländer). (20 785 röm.-kath., 1415 evang., 683 konfessionslos, 319 israelit., 127 tschechosl. Kirche, 96 altkatholisch,

Jägerndorf, Wallfahrtskirche

13 griech.-kath.) 1947: 16 335 Einw; 1983 mit Eingemeindungen ca. 26 000 Einw.
Nach dem Zweiten Weltkrieg lebten viele griechische Exulanten in der Stadt und der Umgebung.
Das bayerische Ansbach übernahm 1954 die Patenschaft über die Jägendorfer; deren Heimatstube befindet sich im Stadtarchiv der Patenstadt.
Umgebung: Auf dem Burgberg (437 m) über der Stadt erhebt sich die Wallfahrtskirche Zur schmerzhaften Muttergottes, erbaut 1722 - 1727, mit Fresken von Franz Eckstein. Hans Kudlichs Geburtort Lobenstein; an diesen Politiker (1823 - 1917) erinnerten in unserer Heimat viele Denkmäler und Straßenbezeichnungen. Ruine Schellenberg, seit dem Dreißigjährigen Krieg verödet. Luftkurort Mösnig.

Janegg *(Jeníkov)*, Bez. Dux. 1423 unterstand der Ort dem Stift Ossegg, bestand aber bereits früher, da vor 1253 eine Pfarrei errichtet wurde. Die Pfarrkirche Petrus und Paulus wurde wiederholt neu aufgebaut, zuletzt nach dem Brand von 1756. Damals schuf Johann Jahn aus Prag auch die Malereien. Die Matriken bestanden seit 1600. Die Pfarrei war in das Stift Ossegg inkorporiert. Eine Friedhofskapelle (St. Anna) aus d. J. 1551 wurde 1909 renoviert. Statuen: St. Salvator, 1727, Johann von Nepomuk mit zwei Engeln, 1733, Laurentius, 1768, steinernes Kreuz, Anfang 19. Jh.
In der Kunstgeschichte wurde die Gemeinde bekannt durch den Altar von Janegg (um 1460), ein Triptychon mit dem Einhornmotiv, das hier zum ersten Mal in der Kunst Böhmens vorkommt, und das im Heimatmuseum in Dux verwahrt wurde. In der Pfarrei war eine wertvolle spatgotische Holzplastik der Schmerzhaften Mutter Maria vorhanden.
Wirtschaft: Vigognespinnerei.
1930 (mit Hegeholz, Katzendorf, Krinsdorf, Strahl, Ullersdorf und Wernsdorf): 5123 Einw. (3757 Deutsche, 1254 Tschechen, 96 Ausländer). (4014 kath., 790 konfessionslos, 264 evang., 38 tschechoslowak. Kirche).

Janessen *(Jenišov)*, Bez. Karlsbad. Am Chodaubach. Die zur Pfarre Zettlitz eingepfarrte Gemeinde Janessen besitzt eine Annakapelle aus dem 19. Jh. mit einigen volkstümlichen alten Statuen: eine spätgotische Madonna und barocke Heilige.
Wirtschaft: Braunkohlenbergbau, Tongruben, Porzellanfabrik, Porzellanmassemühle, Ziegelei und Tonwerke.
1930 mit Taschwitz: 2507 Einw. (2414 Deutsche, 54 Tschechen, 37 Ausländer).

Jaroměř, früher Germer, Bez. Königinhof. 266 m. 1126 ist an der Mündung der Aupa in die Elbe von einer Burg, an der Straße Königgrätz - Glatz die Rede, begründet von einem Fürsten Jaromir, einem Sohn Boleslaws II. Der Ort wird 1307 königliche Leibgedingestadt der Königinwitwe Elisabeth. Nach Ernst Schwarz war Germer vor den Hussitenkriegen „eine deutsch verwaltete Stadt mit deutscher Mehrheit und tschechischer Minderheit". 1421 hatten die Hussiten den Bewohnern, falls sie sich übergeben würden, das Leben versprochen; sie hielten sich aber nicht daran. 1634 und 1645 besetzten die Schweden die Stadt.
Die Kirche St. Nikolaus ist ein gotischer Bau aus dem 14. Jh., der später barocke und Rokoko-Ausstattung erhielt. Die Kanzel schuf ein Schüler Matthias Brauns. Unter der Sakristei liegt die Gruft mit mumifizierten Leichen. Das Jakobskirchlein mit zwei gotischen Portalen liegt im ehem. Friedhof. Das Rathaus ist ein Renaissancebau. Die Marienstatue auf dem Marktplatz ist ein Werk Matthias Brauns, er arbeitete im nahen Kukus für den Grafen Sporck.
Wirtschaft: Leder- und Riemenfabrik (seit 1839), eine der größten ihrer Art in Europa, Baumwollspinnerei und Weberei, Jutespinnerei und -zwirnerei, Pianinofabrik, Bügerliche Brauerei (seit 1482). Die Stadt ist ein landwirtschaftliches Zentrum des nördlichen Elbegebietes.
1930: 8883 Einw. (8360 Tschechen, 323 Deutsche, 94 Ungarn, 82 Ausländer).

Jauernig *(Javornik)*, Bez. Freiwaldau. 298 m. Die Stadt entstand im nordwestlichen Zipfel Österreichisch-Schlesiens; sie liegt an einem rechten Seitenbach der Glatzer Neiße.
Die Besiedlung erfolgte an einer wichtigen Handelsstraße, und zwar durch die Breslauer

Bischöfe mindestens im 13. Jh. Die Friedhofskirche im Dorf Jauernig gehört stilgeschichtlich in die Zeit zwischen 1150 und 1250. Eine Burg bestand bereits seit der Gründung. Die Hussiten verwüsteten 1428 Stadt und Burg, die seit 1348 Besitz der Breslauer Oberhirten waren. Im Jahre 1549 erfolgte die Verleihung des Stadtrechts von Neiße. Das Stadtwappen stellt nach Untersuchungen von Dr. R. Fitz eine silberne Pfeilspitze, darüber einen sechsstrahligen Stern dar.

Über der Stadt erhebt sich Schloß Johannesberg (339 m) an Stelle der Burg aus dem 13. Jh., die bis ins 15. Jh. bestand und von Bischof Johannes Thurzo 1505-1509 wieder aufgebaut wurde. Von diesem erhielt das Schloß, seitdem Sommerresidenz der Breslauer Bischöfe, seinen Namen. In der 2. Hälfte des 18. Jh.s wirkte hier der Komponist Karl Ditters von Dittersdorf als Kapellmeister und Leiter des Hoftheaters; das Schloß wurde durch ihn zur „Wiege der deutschen Oper". Im Schloß wurde ein Naturwissenschaftliches Museum untergebracht, nach 1967 auch niederländische Landschaftsgemälde, die in den Räumen ausgestellt werden. Wiederholt kam Joseph von Eichendorff auf das Schloß, auch der schlesische Dichter Karl von Holtei. In seinen Mauern starben mehrere Bischöfe, am 6. Juli 1945 Adolf Kardinal Bertram. 46 Jahre nach seinem Tod ist dieser letzte deutsche Erzbischof Schlesiens am 9. November 1991 nach Überführung im Breslauer Dom beigesetzt worden.

Dreifaltigkeitskirche (1718-1723), durch Fürstbischof Heinrich Förster, der während des Kulturkampfes seit 1875 sein Bistum von Johannesberg aus leitete, renoviert; in der Gruft ist seit November 1991 nur noch Fürstbischof Hohenlohe bestattet. Die Friedhofskirche Hl. Kreuz gehört dem romanisch-gotischen Übergangsstil an. Das Rathaus, Renaissancebau des 16. Jh.s, erhielt 1832 Empireformen. Das Stadtmuseum enthielt auch eine vorgeschichtliche Sammlung. Am Dittersdorf-Haus erinnert eine Gedenktafel an den Komponisten.

Wirtschaft: Textilindustrie, landwirtschaftliche Maschinen, Holz-, Papier- und Maschinenindustrie. Mineralbad. Sommerfrische, Wintersportort.

Schloß Johannesberg in Jauernig

Persönlichkeiten: Joseph Christian von Zedlitz (1790-1863), Dichter und Diplomat; Johann Nep. Rust (1775-1840), Medizinprofessor, Herausgeber eines 17bändigen Handbuchs der Chirurgie, Begründer des Medizinalwesens in Preußen; Anton Peter (1831-1898), Historiker, Konservator für Erforschung und Erhaltung der Kunst- und historischen Denkmale, Schulrat; Wilhelm Tinter (1839-1912), Professor der Geodäsie an der TH Wien, Mitglied der ständigen Kommission der internationalen Erdmessung und der europäischen Gradmessung; Hans Leder (1843-1921), Naturwissenschaftler, Forschungsreisender; Emil Rochowanski (1845-1908), Abgeordneter, Bürgermeister der Stadt Troppau; Emil Sax (1854-1927), Universitätsprofessor der Nationalökonomie; Rudof Rittner (1869-1943, geb. in Weißbach), Schauspieler. Bahnbrecher für die Dramen Gerhart Hauptmanns. Dramatiker; Hedwig Teichmann (1875-1949, geb. in Buchbergstal), Dichterin; Anton Kiesewetter (1888-1961), Oberdirektor der Kreditanstalt der Deutschen in Prag-Reichenberg, der Entscheidendes beim Aufbau der sudetendeutschen Wirtschaft leistete; Josef Schneider (1911-1969), Gymnasiallehrer, Dichter und Herausgeber; Jauerniger waren auch die drei Brüder Robert, Adolf und Albert Theer, die in Wien als Maler zu hohem Ansehen gelangten.

1930 (mit Dorf Jauernig): 3067 Einw. (2834 Deutsche, 113 Ausländer, 111 Tschechen). Stadt Jauernig: 1928 Einw. (1763 Deutsche, 82 Ausländer, 74 Tschechen). Dorf Jauernig: 1139 Einw.

(1071 Deutsche, 37 Tschechen, 31 Ausländer). 1961: 2600 Einw.
Im Jahre 1955 übernahm die Stadt Vaihingen über Stadt und Gerichtsbezirk Jauernig die Patenschaft. In Vaihingen wurde eine Heimatstube eingerichtet.
Heute zieht die Schloßgalerie viele kunstinteressierte Besucher an. Exponate sind spätgotische Gemälde, italienische und niederländische Meister, 16. und 17. Jh., ferner Biedermeiermöbel.
Umgebung: Ruine Reichenstein, 464 m, Höllenberg, 673 m, Hoher Heidelberg, 902 m, mit Aussichtsturm und Schutzhaus, Hoher Stein, 698 m, (Gneisfelsen) und Jauersberg, 870 m.

Jechnitz *(Jesenice);* Bez. Podersam. 420 m. Frühgeschichtliche Funde weisen auf frühe Besiedlung hin. 1321 erstmals genannt, kam Jechnitz 1409 in den Besitz eines Herrn von Janowitz auf Petersburg, damals war es Marktflecken. 1555 kam es an die Kolowrat-Liebsteinsky. Unter Rudolf II. erfolgte die Stadterhebung und Verleihung eines Wappens, und zwar das der Besitzer: Ein Adler, silber-rot gespalten, auf der Brust eine goldene Kleeblattspange. Seit 1599 waren Wilhelm von Landstein und seit 1662 die Grafen Czernin Besitzer. Große Brände wüteten 1684 und 1715. Sie vernichteten viele Urkunden und Privilegien.
Die Kirche Peter und Paul war bereits 1384 Pfarrkirche; sie wurde im 17. Jh. Dekanatskirche und wurde barockisiert. In Jechnitz bestanden ein städtisches Helenenhospital und ein evangelisches Hospiz.
Wirtschaft: Hopfenbau, Erzeugung von Zementwaren und Stiefelleisten. Steindruck. Sommerfrische, Fremdenverkehr.

Jechnitz

Persönlichkeiten: Werner Hymber (1734 – um 1800). Als Mitglied des Ordens der Barmherzigen Brüder Prior in Proßnitz. Violinvirtuose und Komponist; Eduard Fischer (1846 – 1933), Jesuit und Erzieher, u. a. in Mariaschein. Schriftsteller.
1930: 1542 Einw. (1375 Deutsche, 133 Tschechen, 29 Ausländer). (1377 röm.-kath., 98 evang.).
Umgebung: Teichlandschaft (Fischzucht). Auf dem Pfaffenberg ein Felsenlabyrinth.

Jeschken *(Ještěd)*, 1010 m. Der „Reichenberger Hausberg" ist die höchste Erhebung des Jeschkengebirges. Die erste Schutzhütte stand seit 1847, seit 1906 eine Baude. Der Bau des Aussichtsturmes erfolgte 1876. An Stelle des neuen Jeschkenhauses entstand ein Berghotel, das Ende Januar 1963 abbrannte. 1965 sprengte man den Aussichtsturm. 1972 entstand ein neues Hotel mit zehn Stockwerken sowie ein 88 m hoher Fernsehsender; es werden Fernsehprogramme und Kurzwelle ausgestrahlt.
Berühmt waren die europäischen Rodelmeisterschaften, auf der, wie Kenner behaupten, besten Kunstbahn Europas (Länge 3,3 km). 1914 wurde die erste Europa-Rodelmeisterschaft ausgetragen.
Von Reichenberg-Oberhanichen aus führte seit 1933 eine Drahtseilbahn mit einer Länge von 1183 m und einem Höhenunterschied von 401 m auf den Berg. 1972 wurde eine neue Seilbahn in Betrieb genommen. Wanderer, die im Jahre wenigstens hundertmal den Berg bestiegen, nannte man Jeschkentitsche.

Jeschkengebirge *(Ještědské pohoří)*. 32 km langer Gebirgszug südöstlich vom Lausitzer Gebirge aus kristallinischem Schiefer (Phyllite und Grauwacken) mit dem Jeschken (1010 m) als höchster Erhebung. Es bildet mit dem Isergebirge die nördliche Begrenzung des industriereichen Reichenberger Kessels. Das Gebirge mit einer durchschnittlichen Höhe von 700 m ist mit Nadel- und Laubwald, besonders Buchen, bedeckt. Es bietet günstige Bedingungen für den Wintersport.
In der Region, die im 12. Jh. von deutschen Kolonisten, die vor allem durch deutsche Zisterzienser in Münchengrätz gefördert wurden, besiedelt wurde, ist die Grenze des schlesischen

Stammes der Sudetendeutschen, der sich nach Osten ausbreitet.
Seit 1905 bestand der Verein für Heimatkunde des Jeschken-Isergaues, der die „Mitteilungen des Vereins für Heimatkunde" herausgab (1. Jg. 1907 ff.). Erster Schriftleiter war Anton Ressel (1907-1918), ihm folgte 1919 Erich Gierach. Im Selbstverlag des Vereins erschienen viele wertvolle heimatkundliche Schriften.

Jitschin *(Jičín)*, 276 m. Die Stadt im Tal der Cidlina ist das Tor zum sog. Böhmischen Paradies. Seit 1293 Witwensitz der böhmischen Königinnen, um 1302 Stadt und 1438 königliche Stadt geworden, war sie im Besitz der Wartenberger und Wallensteins, der sie nach der Schlacht am Weißen Berg zum Hauptsitz seines Herzogtums Friedland machte. Er baute das prächtige Schloß, in dem dann 1813 die Heilige Allianz Österreichs, Rußlands und Preußens gegen Napoleon geschlossen wurde. Am 29. Juni 1866 siegten bei Jitschin die Preußen in einem Gefecht über die Österreicher. Das Wappen der Stadt: Ein geöffnetes Stadttor, zwei Türme, dazwischen ein golden vor schwarz gespaltener Schild.
Die barocke Jakobskirche, 1627, mit einem Hauptaltarbild K. Skretas; die gotische Ignatiuskirche erhielten die Jesuiten, die in der Stadt ein Kollegium besaßen und ein Gymnasium unterhielten. Erhalten sind Reste der Stadtbefestigung aus dem 14. Jh. und schöne Barockhäuser.
Wirtschaft: Maschinenfabrik, Nahrungsmittelindustrie, Klavierfabrik, Baumschulen.
Persönlichkeiten: Aus dem ehem. Gymnasium gingen viele tschechische Politiker und Wissenschaftler hervor, u. a. Frant. Lad. Rieger, Jan Gebauer, Josef Jakubec. Karl Kraus (1874-1936), Schriftsteller, Herausgeber der Zeitschrift „Die Fackel"; Zdenko von Kraft (1886-1979), Romanschriftsteller.
Nach Ernst Schwarz war Jitschin seit dem 14. Jh. eine Stadt mit tschechischer Minderheit.
1930: 11 034 Einw. (10 636 Tschechen, 172 Deutsche, 135 Ungarn, 51 Ausländer). Im Gerichtsbezirk Jitschin kleinere deutsche Siedlungen.
Umgebung: Walditz (Valdice) mit ehem. Kartause (1627-1782), gegründet von Wallenstein, der hier vorübergehend beigesetzt war, bevor seine Gebeine in das Erbbegräbnis nach Münchengrätz kamen. Generalfeldmarschall Baner hatte Kopf und rechte Hand nach Schweden geschickt. Das Kloster wurde 1857 k. k. Strafanstalt. Burgruinen Trosky und Kost. Die Stadt Turnau, bekannt durch Edelsteinbearbeitung. Marmorbad Eisenstadt mit Holzhäusern. Prachower Felsen, 430-450 m, Naturschutzgebiet, Übungsgelände für Bergsteiger.

Johannesberg *(Honsberk)*, Bez. Gablonz. Die Stadt im Tal der Weißen Neiße ist mit der Bezirksstadt durch eine Straßenbahn verbunden. Ihr Ursprung war eine Waldbauernsiedlung aus der ersten Hälfte des 17. Jh.s, an dessen Ende entstand auch das angeschlossene Grafendorf. Die Bedeutung wuchs, nachdem 1758 die erste Glashütte in Betrieb genommen worden war. 1909 Erhebung zum Markt, 1920 zur Stadt.
Die Wappenverleihung erfolgte anläßlich der Markterhebung. Es zeigt ein schwarzes Mühlrad und eine silberne Glaserzange, unter diesen einen silbernen Turm zwischen zwei schwarzen Fichten. An Stelle eines älteren Gotteshauses entstand 1810-1811 eine Kirche (Johannes d. T.) im Empirestil.
Wirtschaft: Bedeutende Glasindustrie, Baumwollspinnerei, Pappeerzeugung. Sommerfrische und Wintersport (Skigelände).
Geburtsort von Ernst Wünsch (1889-1946), Turnpädagoge, Turninspektor der deutschen Mittelschulen und Lehrerbildungsanstalten der ČSR, Mitbegründer und Geschäftsführer des Deutschen Hauptausschusses für Leibesübungen. Fachschriftsteller.
1930 (mit Grafendorf): 2447 Einw. (2356 Deutsche, 76 Tschechen, 15 Ausländer).
Johannesberg, das nach 1945 mit Grafendorf, Gränzendorf und Lautschnei zu einer Gemeinde zusammengeschlossen wurde, ist heute teilweise zerstört.
Umgebung: Königshöhe, 858 m, mit Baude und Aussichtsturm, auf den der Turm im Wappen hinweist. Mehrere Baudenwirtschaften. Waldsiedlung Christianstal. Im Zusammenhang mit der Königshöhe steht der Roman „Die Königshäuser" von Gustav Leutelt.

Johannesthal *(Janov)*, Bez. Jägerndorf. Das Städtchen südöstlich von Zuckmantel war eine mährische Enklave in Schlesien. Bischof Bruno von Olmütz ließ die Siedlung um 1245 durch einen Johann anlegen. 1267 wird diese auch im Testament dieses Bischofs erwähnt. Nach Karl Berger sollen bei der Gründung von Janestorph, wie der Ort damals genannt wurde, Bergleute aus Sachsen beteiligt gewesen sein. Wirtschaftliche Bedeutung hatte der Silberbergbau vom 15. bis 17. Jh. 1535 erfolgte durch Bischof Stanislaus Thurzo die Erhebung zur freien Bergstadt und die Verleihung eines Wappens, in das die Werkzeuge der Bergleute aufgenommen sind. Der Olmützer Bischof Stanislaus Pawlowsky erlaubte 1581 die Bildung eigener Zünfte verschiedener Handwerke. 1741 entstanden bei einem Brand große Zerstörungen. Ein Denkmal Josephs II. erinnerte früher an diesen Volkskaiser, dem Johannesthal viel verdankte. Durch eine Stiftung Julius Schmidts konnte ein Armen-, Kranken- und Waisenhaus errichtet werden. Der barocke Kirchenbau entstand 1780 – 1783.
Textilindustrie: Weberei und Strickereiwaren. Handschuhnäherei.
1930: 1146 Einw. (1102 Deutsche, 33 Ausländer, 11 Tschechen).
Umgebung: Bischofskoppe, 890 m.

Johannisbad *(Janské Lázně)*, Bez. Trautenau. 615 m. Das Heilbad im Aupatal wurde das Gastein des Riesengebirges genannt. Seit 1536 stand hier eine Johannes-Kapelle. In der Mitte des 16. Jh.s wurden die warmen Quellen entdeckt. Johann A. Fürst Schwarzenberg begründet 1677 das Heilbad; seine Familie besaß Johannisbad von 1675 – 1787. 1883 zum Marktflecken erhoben, begann die große Zeit mit der Errichtung der Kurgebäude 1920. Auf den 1299 m hohen Schwarzenberg fuhr ab 1926 eine Kabinenschwebebahn (3174 m Länge, 645 m Höhenunterschied); 1980 wurde eine neue Schwebebahn eröffnet (56 Kabinen, 2235 m Länge, 558 m Höhenunterschied).
Seit 1935 bestand eine Anstalt für an Kinderlähmung Erkrankte, die erste in Europa. Johannisbad mit Mineral- und radioaktiven Quellen (29,6 ° C) wird von Ärzten empfohlen bei Rheu-

Johannesthal

ma, Neuralgien, Blutkrankheiten, Kinderlähmung und Stoffwechselkrankheiten. Das Bad, in das schon im 15. Jh. Heilungsuchende kamen, veröffentlichte 1851 die erste gedruckte Kurliste mit 490 Personen; 1899 kamen 3000 und 1930 7860 Kurgäste.
Als Wintersportort mit Sprungschanze und Rodelbahn hatte der Markt internationales Gepräge.
Die beiden Kirchen sind neugotisch, die katholische wurde 1802 – 1805 und die evangelische 1878 – 1879 errichtet.
1930: 396 Einw. (341 Deutsche, 32 Tschechen, 20 Ausländer).
Umgebung: Forstberg, 1244 m, Kühberg, 861 m, Ladighöhe, 753 m, Klausengrund.

Johannisbrunn *(Janské Koupele)*, Ortsteil von Altzechsdorf, Bez. Troppau. 400 m. Das Stahlbad im Mohratal besitzt heilkräftige kohlensäurehaltige Quellen, die vor allem bei Herzerkrankungen, in der Wasserheilanstalt und in Trinkkuren angewandt werden. Ein Sauerbrunnen war schon 1640 bekannt. Er gehörte zur Herrschaft Meltsch des Grafen Hoditz und hieß daher Meltscher Bad. 1755 richteten die Jesuiten, damals Eigentümer des Schlosses Meltsch, Badestuben für die Kranken ein. Seinen Namen erhielt Johannisbrunn 1808 von Johann Graf von Tenczin, damals Herr auf Wigstein und Meltsch. Er schuf die Vorraussetzung für den eigentlichen Kurbetrieb. 1851 entstand, nachdem der Holzbau abgebrannt war, der steinerne Bau des Kurhauses. Die Blütezeit des Badeortes setzte durch den Grafen Camillo Razumowsky ein, der seit 1895 Besitzer von Johannisbad war.

Umgebung: Burgruine Ober-Wigstein. Das Dorf Kreuzberg mit Kirche aus d. J. 1377. In neuerer Zeit entstand hier die große Mohra-Talsperre (8,5 km lang).

Johnsdorf *(Janov)*, Bez. Brüx. 310 m. Die Gemeinde am Eingang in das Hammergrundtal am Südabhang des Erzgebirges ist durch die Eisenbahn mit Komotau und Bodenbach verbunden. Der Ort hieß zunächst Jahnsdorf, und zwar nach der Familie Jahn auf Oberleutensdorf, den früheren Besitzern eines selbstständigen Gutes, das am 26. Oktober 1726 durch die Gräfin Barbara Kolowrat für 70 000 Gulden an die Gemeinde Brüx veräußert und mit der Herrschaft Kopitz vereint wurde. Johnsdorf war nach Obergeorgenthal eingepfarrt. Die Dreifaltigkeitsstatue wurde im Andenken an den Besuch Kaiser Josephs II. errichtet. Geschützte Lage mit Wäldern in der Nähe und mildes Klima waren Voraussetzungen für die Sommerfrische, das nahe Erzgebirge für den Wintersport.
In der Region wurde Kohlebergbau betrieben. Bekannt waren die erzeugten Holz- und Spielwaren.
1930 (mit Kreuzweg und Launitz): 1572 Einw. (1498 Deutsche, 62 Tschechen, 12 Ausländer).
Umgebung: Stift Ossegg Tuppelburg. Erzgebirgskamm. Trinkwassertalsperre für die Stadt Brüx im Hammergrundtal.

Johnsdorf *(Janušov)*, Bez. Römerstadt. Die Dorfgemeinde geht auf die Anlage eines gewissen Johannes zurück. Die Chronik meldet, daß im 14. Jh. der Bergbau in Blüte stand. 1398 wurde Jansdorff als zu den Festen Rabenstein und Römerstadt gehörig bezeichnet. Mitte 16. Jh. verlieh Kaiser Ferdinand I. das Lehen Johnsdorf an einen Bergbauunternehmer Marx von Weisingau, dann an andere Unternehmer. Kaiser Rudolf II. vermachte es 1586 seinem Hofkammerpräsidenten Ferdinand Hofmann von Grünbühel und Strechau, allerdings behielt der Kaiser die reichen Silberbergwerke der Herrschaft. Hofmann und seine Nachkommen beuteten die Bergwerke von Hangenstein aus. Anfang des 17. Jh.s ging der Bergbau in der Region allmählich zu Ende. Seit 1744 war die Herrschaft in den Händen der Familie von Harrach; unter diesen erlebte Johnsdorf große Förderung, vor allem in der Textil- und Eisenindustrie.
Wirtschaft: Appreturanstalt, Eisengießerei, Ölmühle, Holzspulenerzeugung.
Johnsdorf ist Geburtsort von Johann Christoph Handke, 1694 – 1774, dem bekanntesten mährischen Kirchenmaler der Barockzeit; u. a. schuf er die Fresken im Lindenkirchel bei Römerstadt und schmückte die Aula des Jesuitenkollegs in Olmütz und die Aula Leopoldina in Breslau aus.
1930: (mit Rosendorf): 1365 Einw. (1342 Deutsche, 20 Ausländer, 3 Tschechen).

Josefstadt *(Josefov)*, Bez. Königinhof. 272 m. Am linken Ufer der Elbe und an der Mündung der Mettau lag das Dorf Pleß. An seiner Stelle ließ Kaiser Joseph II. 1780 – 1787 durch L. Querlonde du Hamel und Lauer eine Festung errichten; diese und die sich entwickelnde Stadt erhielt ihren Namen nach dem Begründer. 1836 verlieh Kaiser Franz I. das Wappen: Im silbernen Schild eine Festungsmauer mit Tor, dahinter ein Kirchturm; über dem Wappen das kleine österreichische Reichswappen, der gekrönte schwarze Doppeladler mit Schwert, Reichsapfel und Brustschild. 1888 wurde die Festung aufgelassen, nachdem sie 1866, als Benedek hier sein Hauptquartier aufgeschlagen hatte, von den Preußen umgangen worden war. Die wichtigste Festung Österreichs, die nie belagert wurde, war im I. Weltkrieg Kriegsgefangenenlager. Nach 1918 diente sie wieder als Garnison.
Wirtschaft: Baumwollspinnereien und Webereien, Marmeladenwerk.
1930: 7015 Einw. (5630 Tschechen, 943 Ungarn, 287 Deutsche, 102 Ausländer).

Josefstadt, Garnisonkirche

Josefsthal *(Josefodol)*, Bez. Gablonz. 520 – 820 m. Markt an der Kamnitz und an der Eisenbahnstrecke Morchenstern – Albrechtsdorf. Bis 1848 war die Ende des 17. Jh.s entstandene Glasmachersiedlung Eigentum der Grafen Des Fours. 1904 erfolgte der Anschluß an das Eisenbahnnetz. Durch Zusammenschluß von Josefsthal, Unter-Maxdorf und Antoniwald entstand 1942 die Gemeinde Iserwald. Die Kirche ist neugotisch und besitzt drei Altarbilder von W. Kandler. Das Schlößchen entstand Mitte des 19. Jh.

Wirtschaft: Große Glasfabrik, viele Glasschmuck-Hausindustrie. Sommerfrische, Wintersport.

Geburtsort von Gustav Leutelt (1860 – 1957), Dichter des Isergebirges, der seine Heimat in Romanen und Erzählungen festgehalten hat.

1930: 1693 Einw. (1590 Deutsche, 71 Tschechen, 32 Ausländer). (1167 röm.-kath., 274 alt-kath., 220 konfessionslos, 24 evang., 8 tschechosl. Kirche).

Umgebung: Tannwasserfall, Huttenberg, Heinrichshöhe, Karlsberg, Buchberg, Wittighaus.

Josefsthal

Joslowitz *(Jaroslavice)*, Bez. Znaim. 189 m. Markt im Joslowitzer Hügelland, am Mühlbach, einem Seitenarm der Thaya, nahe der niederösterreichischen Grenze. Vorgeschichtlicher Fundort (Mammutjägerstation im Löß). Im 13. Jh. wird eine Burg genannt. An ihrer Stelle entsteht ein Renaissanceschloß (nach 1567), Ende des 17. Jh.s ein Barockbau; Josef Emanuel Fischer von Erlach lieferte die Pläne für einen weiteren Um- und Ausbau (1730 – 1736); so entstand eines der bedeutendsten Schlösser Mährens. Die Schloßkapelle besitzt ein Deckenfresko von Anton F. Maulbertsch. Im Schloßpark steht eine Statue des Johannes von Nepomuk (um 1769). Joslowitz, seit 1517 Markt, wurde 1609 vom Grafen Althann erworben. 1938 kam es an den Gau Niederdonau (bis 1945). In der Pfarrkirche (Hl. Ägidius), einem Bau von 1788 – 1792, befinden sich drei Altarbilder von Joh. Höfel und Bildhauerarbeiten von Andreas Schweigel. Bemerkenswert ist ein spätgotischer Bildstock (1532). Am Marktplatz Immaculata (um 1750) und Pranger.

Joslowitz ist ein berühmter Anbauort von Wein (Weißwein); die Ursprünge gehen bis ins 12. Jh. zurück.

1930: 2598 Einw. (2321 Deutsche, 165 Tschechen, 111 Ausländer).

1978 Patenschaftsübernahme durch Zwingendorf, gegenüber der Grenze in Niederösterreich, wo die Vertriebenen der Gemeinde Joslowitz 1975 ein Mahnmal errichteten.

Jungbuch *(Mladé Buky)*, Bez. Trautenau. 454 m. Die Marktgemeinde im Aupatal liegt an der Bahnstrecke Trautenau – Freiheit – Johannisbad. Sie ist in der Mitte des 13. Jh.s entstanden. Es war eine Festungsanlage, die eine Handelsstraße und die nahe Grenze sicherte. Seit 1358 bis 1424 bestand eine Pfarrei, dann ist erst wieder 1455 von kirchlichem Leben die Rede. In der Reformationszeit war die Gegend lutherisch. 1682 kommt wieder ein katholischer Pfarrer nach Jungbuch. Von 1721 bis 1770 war Johann Peter Streer Pfarrer in der Gemeinde; er zeichnete in seiner Chronik die Geschicke der Gemeinde auf, besonders berücksichtigte er die Zeit der Schlesischen Kriege 1740 – 1763. Im Jahre 1835 entstand in Jungbuch die erste Flachsspinnerei Österreichs.

Die Kirche wurde im 14. Jh. erbaut. Der Glokkenturm mit einer Barockzwiebel steht im Abstand von 10 m frei neben der Kirche.

Matriken wurden seit 1696 geführt.

Wirtschaft: Flachsspinnerei, Juteerzeugung und Weberei, Papierfabrik, Holzverarbeitung.

1930 (mit Klinge, Thalseifen und Trübenwasser): 4225 Einw. (3893 Deutsche, 298 Tschechen, 31 Ausländer). (3515 röm.-kath., 538 konfessionslos, 140 evang., 22 tschechosl. Kirche). Umgebung: Burgruine Silberstein, Wintersportort Petzer.

Jungbunzlau *(Mladá Boleslav)*, 235 m. Bezirksstadt an der Grenze des mittleren Isergebirges, zu Ende des 10. Jh.s von Herzog Boleslav II. gegründet. Hoch über dem Tal der Iser entstand die gotische Burg, die zu einem Schloß und schließlich (1752 - 1783) zu einer Kaserne umgebaut wurde. Um 1230 erfahren wir von einem Markt mit deutschen Siedlern und Stadtrechten. 1334 Stadterhebung. Im 16. Jh. wurde Jungbunzlau ein Zentrum der Böhmischen Brüder, die hier ihr „Collegium" hatten. In ihrer Schule wurde deutsch gelehrt. Ende des 18. Jh.s Einwanderung deutscher Handwerker; nach Ernst Schwarz fanden in der Johanneskirche deutsche Predigten statt. Nach dem 30jährigen Krieg, in dem die seit 1600 königliche Stadt von den Schweden besetzt wurde, findet man auch deutsche Eintragungen im Stadtbuch. Um 1800 gab es noch eine deutsche Mehrheit. Durch die zunehmende Industrialisierung erfolgte starker Zuzug tschechischer Arbeiter.

Reste gotischer Befestigungen. Gotische Kirche Mariä Himmelfahrt, barock umgebaut. Johannes-Nepomuk-Kirche, barock 1727, ehem. Klosterkirche Hl. Bonaventura und Minoritenkloster, seit 1786 Piaristenkolleg. An der Kirche der Böhmischen Brüder war der Bischofssitz. Barocke Mariensäule. Marktplatz mit Laubenhäusern. Das Rathaus, 1554 - 1559, ein Werk M. Borgorellis, erfuhr einen barocken Umbau.

Schloß Jungbunzlau

Jungferndorf

Das neue Rathaus entstand 1865 - 1868. Alter jüdischer Friedhof aus dem 17. Jh. Das Theater errichteten 1906 - 1909 F. Fellner und E. Helmer. Wirtschaft: Nahrungsmittelindustrie, Metallindustrie, 1895 begannen Wenzel Laurin und der Buchhändler Wenzel Klement mit der Fahrradherstellung, 1897 verlegten sie sich auf Motorradbau und 1905 von Automobilen; das Werk wurde das größte Unternehmen für Autobau in Österreich, das modernste in der ČSR.

Persönlichkeiten: Johann Lichtenstadt (1840 - 1921), Redakteur der „Presse" und anderer Blätter in Wien, kommunaler Fachschriftsteller; Alfred Fischel (1853 - 1926), Advokat in Brünn, Erzähler und Verfasser vieler Schriften zum Sprachenrecht, zum deutschen Recht in Böhmen, zu Minderheitenschulen usw.; Hroznata Dietl (1857 - 1923), Prämonstratenser des Stiftes Tepl und Gymnasiallehrer in Pilsen, Dichter, Schriften zur Landeskunde und zur Ordensgeschichte.

1930: 19 630 Einw. (18 975 Tschechen, 251 Deutsche, 166 Ungarn, 161 Ausländer.

Jungferndorf *(Kobylá nad Vidnavkou)*, Bez. Freiwaldau. 1267/68 wird das Gut Kobula (oder Cobila) durch den Herzog von Schlesien und den Bischof von Breslau dem Weidenauer Vogt zugesprochen; dieses heißt seit dem 14. Jh. Jungferndorf und kommt im nächsten Jh. an die bischöfliche Burg Kaltenstein. Das Schloß wird 1571 errichtet; in diesem befindet sich seit 1886 eine Hauskapelle der Kongregation der Schwestern vom Heiligen Karl Borromäus. Die letzten

Kaaden, Stadtwappen

Besitzer der Herrschaft waren die Freiherren von Skal (bis 1945). 1803 wurde die Kolonie Annaberg errichtet, seit 1885 war in Jungferndorf ein Pfarrer. Wirtschaftlichen Aufschwung bedeutete der Anschluß an die Eisenbahnstrecke Niederlindewiese – Jauernig 1895.
Die Pfarrkirche (Hl. Joachim) entstand 1787/1788. Kirchlich gehörte Jungferndorf zur Erzdiözese Breslau (Kommissariat Freiwaldau).
Von Bedeutung war die Marmorbearbeitung.
1930 (mit Annaberg): 984 Einw. (971 Deutsche, 9 Ausländer, 4 Tschechen).

Kaaden *(Kadaň)*. 297 m. Bezirksstadt am linken Ufer der Eger, zwischen Erzgebirge und Duppauer Gebirge. Bahnlinien Prag – Komotau – Eger und Kaaden – Willomitz. Sitz der Bezirksverwaltung. Das Gebiet von Kaaden war schon in der Vorzeit besiedelt. 1183 Erwähnung anläßlich der Übereignung an die Johanniter, die bis 1542 die Seelsorge versahen. Im 12. Jh. eine Marktsiedlung, im 13. Jh. Sitz eines Burggrafen, wurde Kaaden um 1260 durch Ottokar II. zur königlichen Stadt mit deutschem Recht und deutscher Sprache erhoben. 1319 erfolgte die Bestätigung der Privilegien durch König Johann. Von den im 14. Jh. entstandenen starken Befestigungen erhielten sich das Heiligentor und die Barbakane des Saazer Tores (1458). 1421 eroberten die Hussiten die Stadt, ermordeten die Bevölkerung und verbrannten das Minoritenkloster am Stadtgraben. 1511 konnte sich die Stadt, die König Sigismund 1422 versetzt hatte, freikaufen, sie wurde jedoch später noch zweimal versetzt. Der Kaadener Friede von 1534 brachte die Einigung zwischen König Ferdinand I. und Herzog Ulrich von Württemberg. Die Bürger hingen in der Zeit zwischen 1524 und 1620 der Reformation an. Viele wanderten nach der Schlacht am Weißen Berg aus, vor allem nach Sachsen. 1742 fand zwischen einer französischen Vorhut und kaiserlicher Reiterei ein Gefecht bei Kaaden statt. 1758 fiel die Stadt in die Hände der Preußen. Am 23. Dezember 1918 besetzten tschechische Soldaten die deutsche Stadt, die dem tschechischen Staat einverleibt wurde. Als am 4. März 1919 die Kaadner mit einer Demonstration für das von Wilson garantierte Selbstbestimmungsrecht eintraten, schoß tschechisches Militär in die friedliche Menge. Es waren 25 Tote zu beklagen, dazu kamen noch zahlreiche Verwundete.
Das seit dem 13. Jh. bekannte Wappen zeigt eine bezinnte Mauer mit einem Turm und offenem Tor in der Mitte, darüber ein Helm mit Adlerflug; auf beiden Seiten je ein Turm, an einem ein Schild mit einem Löwen, am anderen ein Schild mit einem Adler.
Eine gotische Burg bestand schon 1289; hier saßen die Seeberg, Schönburg, Wolfstein, Egerberg und Kolowrat; 1504 – 1507 Umbau. Aus dem späteren Schloß machte Maria Theresia 1750 eine Kaserne, in der heute ein Museum und eine Kunstgalerie eingerichtet sind. Auf dem großen Ringplatz erhebt sich das Rathaus (gotisch 2. Hälfte des 14. Jh.s, 1811 abgebrannt, dann Neubau) mit großem auffallendem Wartturm (um 1400) mit einem Helm in Form eines spitzen Kegels und mit Zinnen und Erkern. Der schönste Wartturm Böhmens, wird als einzigartiges Bauwerk bezeichnet. Auf gotischen Spitzbogen erheben sich drei Stockwerke, die Treppe ist in einer auf der Nordseite vorspringenden Nase eingebaut. In der Stadtmitte Bürgerhäuser (Renaissance und Barock), teilweise mit Laubengängen.
Dekanatskirche zur Kreuzerhöhung (1289), im 15. Jh. mit zwei Türmen versehen, von 1746 – 1755 von J. Chr. Kosch umgebaut, enthält Bilder von Kandler. Kosch erbaute auch die Elisabethkirche (1753 – 1755); das dazugehörende Kloster

Rathaus von Kaaden

der Elisabethinen stiftete 1746 Karoline Justine Gräfin Schönkirch; die Schwestern betreuten ein Spital, das in neuester Zeit zu einem Caritasheim für Ordensschwestern wurde. Das Franziskanerkloster entstand 1473 als Stiftung der Familie Lobkowitz; die Ordenskirche (Vierzehn Nothelfer) entstand 1480, wohl ein Werk von Johannes Bapt. Bauer aus Eger; ein Teil der Kirche wurde 1749 barockisiert. Bemerkenswert ist eine Statue des Ulrich Creutz, der auch die Tumba des Johannes von Lobkowitz (nach 1517) schuf. Im Kloster sind heute das Staatsarchiv und Teile des Museums untergebracht. Die Spitalkirche (Enthauptung Johannes d. Täufers) erst frühgotisch, mehrmals abgebrannt, erhielt 1812 - 1813 die heutige Gestalt. Die Friedhofskirche (Hl. Anna) entstand 1592 - 1600, Neubau 1804. Sie enthielt ein Holzkreuz von Ulrich Creutz (vor 1520). 1903 wurde die evangelische Kirche erbaut. Die prächtige Dreifaltigkeitssäule stammt aus der Mitte des 18. Jh.

Bildungseinrichtungen: Höhere landwirtschaftliche Landesschule. Deutsches Staats-Realgymnasium, 1871 als kommunale Anstalt errichtet, seit 1874 Obergymnasium, 1892 verstaatlicht.

Industriestruktur: Gerberei, Lederhandschuherzeugung (bereits seit dem 18. Jh.), Textilwaren, Keramische Industrie, Kaolin- und Grünerdegewinnung, Holzbearbeitung, Mühlenbau, Gummifabrik, Landwirtschaft (fruchtbare Landschaft!). Kaaden war Ausgangspunkt des Getreidehandels über den Kaadner Steig nach Sachsen.

Persönlichkeiten: Peter Schwarz (Nigri) (1435 - 1485), Dominikaner, Theologieprofessor in Ingolstadt und Budapest, hier auch Rektor, theologischer Schriftsteller; Anselm Wirkner (1747 - nach 1808), Piarist, Professor der Religionswissenschaften in Brünn, Rektor in Schlackenwerth; Johann Wilhelm von Löschner (1808 - 1888), Professor für Kinderheilkunde an der Universität Prag, Balneologe, großer Förderer von Gießhübl-Sauerbrunn, Leibarzt Kaiser Ferdinands I.; Virgil (Franz) Grimmich (1861 - 1903), Philosophieprofessor in Wien, Professor der Moraltheologie in Prag; Franz Tobisch aus Redenitz (1865 - 1934), volkstümlicher Pfarrer, Bienenforscher, Dichter, bekannt unter dem Pseudonym Jung Klaus; Alois Bernt aus Willomitz, (1871 - 1945), Gymnasialdirektor in Kaaden, Germanist, der sich vor allem dem deutschen Schrifttum Böhmens widmete, Herausgeber des Ackermann aus Böhmen; Franz Windirsch (1877- unbekannt), Abgeordneter des Bundes der Landwirte, Direktor der Landwirtschaftlichen Schule in Reichenberg, Vorsitzender der Deutschen Sektion des Landeskulturrates für Böhmen.

1910: 8615 Einw. (8462 Deutsche, 56 Tschechen), darin enthalten 265 Soldaten (231 Deutsche, 28 Tschechen). 1930: 8641 Einw. (7692 Deutsche, 672 Tschechen, 134 Ausländer, 96 Ungarn), (7844 röm.-kath., 315 konfessionslos, 306 evangel., 116 israelit.). 1980: 20 000 Einw. bedingt durch starken Zustrom von Arbeitern, die vor allem in der neu erschlossenen Braunkohleförderung (Tagebau) beschäftigt werden; viele neue Wohnbauten.

Umgebung: Braunkohlebergwerke, Elektrizitätswerke Tuschmitz und Brunnersdorf. Stausee von Negranitz mit drei km langer Mauerkrone, Wassersportbetrieb. Heiligenberg (Naturpark, bronzezeitliche Ausgrabungen), Egerberg und Schönburg auf zwei Bergkegeln, Burgberg (591 m), Burgruine Hassenstein (550 m).

1955 übernahm die Stadt Weißenburg/Bayern

die Patenschaft über Kaaden – Duppau – Klösterle. In der Patenstadt befinden sich seit 1961 die Heimatstuben und Archiv Kaaden – Duppau – Klösterle mit Erzgebirgsstube Weipert.

Kaiserswalde *(Císařsky)*, Bez. Schluckenau. Zum nordböhmischen Niederland gehörendes langgestrecktes Dorf, von Süd nach Nord ca. 5 km, von Ost nach West ca. 3,7 km. Im Gemeindegebiet befindet sich die Wasserscheide zwischen Elbe und Spree. Das alte Waldhufendorf gehörte den Grafen Berka und Schleinitz. Im Zuge der Ereignisse von 1848 wurde eine freiwillige Schützengarde gebildet, aus der 1901 das Bürgerliche Schützenkorps hervorging, das 1920 in „Verein der Schützenfreunde" umbenannt wurde. Kapelle Jakobus d. Ä. (1884). Pfarrort war die Stadt Schluckenau.
In Kaiserswalde bestand die größte Rauhwarenweberei der Monarchie, bzw. der ČSR. Baumwollweberei, Wirkwarenfabrik, Metallwarenerzeugung, Kunstblumenerzeugung. Landwirtschaft.
1930: 2130 Einw. (2064 Deutsche, 44 Ausländer, 22 Tschechen).
Umgebung: Botzen (541 m), steil aufragender im Granit liegender Basaltberg. Aus polarmagnetischen Säulen werden Blockhalden gebildet (sog. „Michaelskirche"). Seltene Flora. Mit dem Berg stehen Sagen im Zusammenhang.

Kaiserwald *(Císařský les)*. Gebirgsstock aus Granit, Gneis, kristallinen Schiefern und Basalt im Südwesten von Karlsbad, bis ca. 1000 m hoch. Der Judenhau ist mit 987 m die höchste

Fachwerkhaus im Kaiserwald

Kallich, Wenzelskirche

Erhebung. Von Wäldern bedeckt und von größeren Tälern durchschnitten (Liebau-, Rodabach- und Zechtal, Lobsbach). In Sangerberg, Rauschenbach und anderen Ortschaften Fachwerkbauten. Im Norden grenzt in einem steilen Abfall das Tal der Eger zwischen Karlsbad und Elbogen an, im Süden schließt sich das Pilsener Becken an.

Kallich *(Kalek)*, Bez. Komotau. 732 m. Den ersten Namen verdankte die Ansiedlung der Lage beim langen Hart (= Bergwald): Langenhardt (1579); 1582 erscheint der Name Kalch. Erst im 17. Jh. setzte sich Kallich durch, vom Kalkbrennen herrührend. 1685 wurde ein Hochofen in Betrieb genommen, Ende 18. Jh. folgten ein Eisenwerk, Eisengießerei, Eisensteinpochwerk, drei Frisch- und ein Zugfeuer. 1778 wurde im nahen Gabrielahütten ein zweites Eisenwerk errichtet; damit gründete auch Heinrich von Rottenhan, Besitzer von Rothenhaus, das nach seiner Tochter Gabriela benannte Dorf an der sächsisch-böhmischen Grenze.
Kallich, eine Gemeinde mit unregelmäßigem Grundriß, breitet sich am Kamme des Erzgebirges aus und ist rings von Wäldern umgeben. 1702 bestand eine Expositur für Göttersdorf, Natschung, Heinrichsdorf, Kienhaid, 1823 wurde eine Pfarrei errichtet. Die Kirche St. Wen-

zel ist ein Barockbau (1702, 1821 - 1822 erweitert), der heute verfallen ist.
Während zuerst ein Hammerwerk, eine Eisenhütte und Spielwarenfabrik in Betrieb waren, wurden später Emailgeschirr und Holzwaren hergestellt. Sommerfrische und Wintersport.
Persönlichkeiten: Karl Joseph Napoleon Balling (Gabrielahütten 1805 - 1868), Chemiker, Professor am Polytechnikum in Prag, der maßgeblich an der Entwicklung der böhmischen Zuckerindustrie beteiligt war. Dessen Sohn Karl Albert Balling (Prag 1835 - 1896), Chemiker, Bergbaufachmann, Professor an der Bergakademie in Przibram.
1930 (mit Gabrielahütten): 923 Einw. (875 Deutschen, 26 Tschechen, 22 Ausländer).
Umgebung: Beerhübel, 900 m, Schloß Neustein.

Kalsching *(Chvalšiny)*, Bez. Krummau. 671 m. 1263 hatte das Kloster Goldenkron von Ottokar II. das Gebiet um den Planskerwald als Dotation erhalten. Die Böhmerwaldsiedlung war eng mit diesem Kloster verbunden. 1281 taucht der Name Qualischingen, 1293 ein Markt Qualsing auf. Damals bestand schon eine Pfarre, von einer Kirche hören wir 1310. Im 15. Jh. kommt Kalsching unter Ulrich von Rosenberg zur Herrschaft Krummau. 1850 wurde der Markt Sitz eines Bezirksgerichts.
Das Wappen weist auf die Zugehörigkeit zum Kloster Goldenkron hin: Ein viergeteilter Schild, im ersten und vierten Feld eine goldene Krone, im zweiten und dritten ein silbernes Kreuz.
Die spätgotische Kirche Maria Magdalena, ein Werk der Meister der Bauhütte von Krummau, erfährt schon 1504 eine Erweiterung. Die Herrschaftsverhältnisse werden im Wappen der Rosenberge im kunstvollen Rippengewölbe deutlich. Neben dem barocken Rathaus (1677) erhielten sich Häuser aus der Gotik, der Renaissance und dem Barock.
Tschechische Minderheitsvolksschule.
Wirschaftliches: Deutsche landwirtschaftliche Lagerhaus- und Betriebsgenossenschaft (seit 1919), Zuckerwarenfabrikation (seit 1864), Dampfwachszieherei und Kalkbrennerei. Sommerfrische.
Persönlichkeiten: Josef Rosenauer (1735 - 1804), Erbauer des Schwarzenbergischen Schwemmkanals. Anton Klement (Mistelholz 1880 - 1964), als Bevollmächtigter für den Böhmerwaldgau Mitglied der Deutsch-Österreichischen Friedensdelegation in Saint Germain.
1930 (mit Rothenhof und Hödlwald): 1602 Einw. (1466 Deutsche, 125 Tschechen, 11 Ausländer). 1947: 644 Einw.
Umgebung: Schloß Rothenhof; Schöninger, 1083 m, mit Funden von vorgeschichtlichen Siedlungen.

Kaltenbach *(Nové hutě)*, Bez. Prachatitz. Heinrich Bock hatte hier bereits vor 1686 eine Glashütte errichtet. Nach deren Gründer erhielt der Ortsteil Bockhütte seinen Namen. Im Gebiet von Kaltenbach entstanden noch mehr Glashütten, eine 1720, eine andere 1849; diese, Franzenstal genannt, wurde schließlich zu einer Papierfabrik. Der Ort war eingepfarrt nach Neugebäu. Die Herz-Jesu-Kapelle der Expositur Kaltenbach ist ein Bau aus d. J. 1904.
Wirtschaftliches: Papier- und Ultramarinfabrik.
Persönlichkeit: Wilhelm Kralik, 1877 nobilitiert zum Ritter von Meyrswalden (1806 - 1877), Glasindustrieller, Vater des Schriftstellers, Dichters und Polyhistors Richard und der Komponistin Mathilde Kralik, Großvater des Wiener Universitätsprofessors und Germanisten Dietrich Kralik.

Kalsching, Maria-Magdalenen-Kirche

1910 (mit Bockhütte): 953 deutsche Einw. 1930 (mit Bockhütte): 1406 Einw. (1331 Deutsche, 54 Ausländer, 20 Tschechen).
1974 übernahm die Gemeinde Röhrnbach bei Freyung die Patenschaft über die vertriebenen Kaltenbacher, die in der dortigen Gemeinde eine Gedenkstätte für die verstorbenen Mitglieder ihrer Gemeinschaft errichteten.
Umgebung: Moorgelände Seefilz, eine für den Böhmerwald typische Moorlandschaft. Bei der Glashütte Franzenstal der sog. Biertopf, ein eigenartig geformter Felsen. Das Moldautal bei Kaltenbach bildet eine romantische Szenerie, durch eine enge Schlucht strömt das wilde Wasser des jungen Flusses.

Kamaik *(Kamýk)*, Bez. Leitmeritz. 301 m. Das Dorf nahe der Böhmischen Pforte (Porta bohemica) zeichnet sich durch ein großartiges Panorama aus: Ausblick über das Elbetal und das Böhmische Mittelgebirge. Die gotische Burg auf dem gleichnamigen Hügel (382 m), 1319 erwähnt, gegründet durch die Herren von Kamaik, war im Besitz der Hasenburger, Konitz und Czernin. 1632 verwüsteten sie die Schweden. Im Dorf ein Schlößchen im Neorenaissancestil (1865), ferner einige bemerkenswerte alte Häuser.
1930: 407 Einw. (362 Deutsche, 42 Tschechen, 3 Ausländer).
Umgebung. Eisberg (Plešivec), 511 m, Basaltfelsen mit Eislöchern, in denen auch noch im Sommer Eis vorgefunden wird. Bei strenger Kälte im Winter dampfen die Löcher. Auf dem Eisberg eine Kapelle (Johannes d. T.) frühbarock, 1660. Ein früherer Bau wurde im 30jährigen Krieg zerstört. Alte Eichen.

Kammerbühl *(Komorní hůrka)*, 503 m. Zwei km südwestlich von Franzensbad. 30 m hoher Lavakegel eines erloschenen Vulkans, des jüngsten Europas, aus der Quartärzeit. Der Basalt diente als Baumaterial für den Schwarzen Turm der Burg Eger. Neben Alexander von Humboldt besuchte auch Goethe den Berg (1808, 1820 und 1822); er wies darauf hin, daß er vulkanischen Ursprungs sei. Kaspar Graf Sternberg, der, einem Rat Goethes folgend, einige Stollen in den Berg hineingraben ließ, um geologische Forschungen vornehmen zu können, ließ am Ausgang eines solchen Stollens 1837 eine Gedenktafel, Goethe gewidmet, anbringen. Der Kammerbühl, beliebtes Ausflugsziel für Kurgäste, steht unter Naturschutz.

Kaplitz *(Kaplice)*. 537 m. Stadt am linken Ufer der Maltsch, eines Seitenflusses der Moldau. Südlichste Kreisstadt des Böhmerwaldes an einem wichtigen Verkehrsweg von Linz nach Böhmen. Erste Erwähnung 1257, 1358 als Markt bezeichnet, erhielt es 1387 Budweiser Stadtrecht. Seit 1434 im Besitz der Rosenberger, erhielt es von diesen das Wappen verliehen: Ein blauer Schild mit Zinnenmauer; diese begrenzen zwei silberne Türme, zwischen diesen die fünfblättrige goldene Rose. 1620 kam Kaplitz an die Grafen Buquoy. Am 3. Dezember 1918 wird es nach heftiger deutscher Gegenwehr nach Artilleriebeschuß von Tschechen besetzt. 1936 Verleihung des Stadtrechts. 1938 kommt Kaplitz im Zuge der politischen Ereignisse zum Gau Oberdonau. Dekanatskirche Peter und Paul aus dem 14. Jh. wird nach Brand 1507 neu errichtet, Hauptaltar und Kanzel von A. Rint aus Linz (1866–1868), Orgel von K. Schiffner aus Prag (1887). Gotische Holzplastik (Krönung Mariä) aus dem 1. Viertel des 16. Jh. Matriken seit 1642. Florianskirche (Wende 15./16. Jh.), nach Brand 1718 wieder errichtet; sie hieß Böhmische Kirche, weil hier tschechisch gepredigt wurde. Friedhofskirche Hl. Joseph und Barbara, 16. Jh.; bis zum 30jährigen Krieg Gotteshaus der Protestanten, Umbau 1. Hälfte 18. Jh. Statuen: Johannes von Nepomuk, Peter und Paul. Spätgotische Marter

Kammerbühl, ein erloschener Vulkan

(16. Jh.). Auf dem Marktplatz Brunnen mit Pranger (1646). Das Rathaus, erst Renaissance, dann barock umgestaltet. Häuser aus der Renaissance- und Barockzeit. Nach dem Zweiten Weltkrieg wurde ein Denkmal der Roten Armee aufgestellt.
Industrie: Strumpferzeugung, Leder-, Töpferei- und Holzwarenindustrie. In der Nähe arbeiteten mehrere Sensenhämmer. Sommerfrische.
Persönlichkeiten: Ferdinand Kindermann (später Ritter von Schulstein) kam 1771 nach Kaplitz. Hier schuf er eine Industrialschule; die Methode dieser Musteranstalt wurde von vielen Pädagogen studiert und von Maria Theresia 1774 im gesamten Staat eingeführt. Dem Pfarrer und Jugendbildner Kindermann, der bis 1775 in Kaplitz wirkte, wurde 1884 bei der alten Schule ein Denkmal gesetzt. P. Placidus Hall (1774–1853), Benediktiner und Lehrer in Kremsmünster, wo auch Adalbert Stifter sein Schüler war. Ignaz Oberparleiter (1846–1922), Schriftsteller, und seine Tochter Maria Oberparleiter (1876–1954), Romanschriftstellerin. Wenzel Jaksch (Langstrobnitz 1896–1966), sozialdemokratischer Abgeordneter im Prager Parlament, Parteivorsitzender, seit 1953 Mitglied des Deutschen Bundestages.
1910: 2377 Einw. (2214 Deutsche, 145 Tschechen). 1930: 2267 Einw. (1643 Deutsche, 562 Tschechen, 51 Ausländer). Bedingt durch die Vertreibung der Deutschen zählt die Gegend von Kaplitz zu den Landschaften mit der geringsten Bevölkerungsdichte im Staat.

Wappen von Kaplitz

Kaplitz

Umgebung: Ruinen der einst mächtigen Burg Poreschin, deren Besitzer bis ins 15. Jh. Herren von Kaplitz waren. Reste eines Silberbergwerks. Umlowitz (728 m), Kurort (Bäder und Trinkkuren), ehem. Schlößchen des Stiftes Hohenfurt. 1974 wird in München durch den Heimatkreis Kaplitz eine Heimatkundliche Arbeitsgemeinschaft für Südböhmen ins Leben gerufen. 1980 Übernahme der Patenschaft über Kaplitz durch die Stadt Ellwangen.

Karbitz *(Chabařovice)*, Bez. Aussig. 190 m. Die Stadt am Sernitzbach ist eingebettet zwischen Erzgebirge und Böhmischem Mittelgebirge. Sie ist angeschlossen an die Bahnstrecke Aussig – Komotau.
Die Stadt, heute gefährdet wegen der hier lagernden reichen Braunkohlevorkommen, war eine Gründung des 11. Jh.s. Vorgeschichtliche Funde weisen jedoch auf eine viel ältere Besiedlung am sog. Sorbenweg hin. 1362 werden Dorf und Pfarrkirche genannt, etwas später wird Boresch von Ossegg Eigentümer. 1385 kommt es an die Burg Graupen, dann an die Stadt Leitmeritz und schließlich an Peter Kelbl von Geising (1601) und damit an die Herrschaft Kulm. Karbitz war bereits 1520 zur Stadt erhoben worden und hatte 1549 ein Wappen erhalten. Privilegien und Wappen erhielten die Bürger durch Johann J. von Kolowrat, ebenso Robotbefreiung und andere Vorrechte, als sie diesem 1673 ihr Recht, Bier zu brauen, abtraten. Wappen: Auf rotem Schild über grünem Gras zwei silberne Türme mit geöffneten Toren, zwischen ihnen auf einem Felsen ein böhmischer Löwe ohne Krone. Während

der Schlacht bei Kulm am 29. August 1813 schossen französische Batterien Karbitz in Brand; es wurden 120 Häuser und 63 Scheunen vernichtet. An diese Kriegszeit erinnert das Russische Denkmal beim nahen Dorf Priesten.
Die Pfarrkirche Mariä Geburt, zuerst gotisch, erhielt 1699 - 1701 barocke Formen und birgt Gemälde von Peter Brandl und eine gotische Madonna (ca. 1525). Die Friedhofskapelle St. Michael stammt aus der Renaissancezeit (1611), die evangelische Kirche aus der Jahrhundertwende (1899/1901). Zwei km östlich der Stadt steht die alte Laurentius-Kirche. Das barocke Rathaus (1606) wurde im 18. Jh. umgebaut. Die Mariensäule auf dem Marktplatz stammt aus dem Jahre 1694. Das Museum mit vorgeschichtlicher Sammlung wurde 1927 angelegt.
Industrie: Wesentliche Grundlage für die Industrie der Stadt, die Endstation der elektrischen Eisenbahn Aussig - Karbitz war (1929 erbaut), sind die Braunkohlebergwerke (Schächte Austria, Saxonia u. a.). Metallindustrie, landwirtschaftliche Maschinen, Farben- und Knopffabrik, Papier- und Lederwarenerzeugung, Obst- und Feldbau, früher beträchtliche Textilindustrie, ebenso Leinwandhandel.
1890: 4577 deutsche und 206 tschechische Einwohner. 1930: 6165 Einw. (4561 Deutsche, 1478 Tschechen, 116 Ausländer) (4913 röm.-kath., 407 evang.).
Umgebung: Im Tal der Biela das Dorf Staditz (157 m), aus dem nach der Sage Przemysl, der Ahnherr der nach ihm benannten Dynastie gekommen sein soll; dessen Denkmal auf dem sog. Königsfeld von J. Max (1841). Zwischen Prödlitz und Herbitz auf einer Anhöhe die sog. Biehana, auf der am 16. Juni 1426 die Hussiten das Kreuzheer der Meißner vernichtend schlugen und damit den Weg zur Eroberung Aussigs frei hatten. Seit 1926 ein Denkmal, das nach der Zerstörung 1956 neu errichtet wurde.

Karbitz

Karlsbad *(Karlovy Vary)*. 374 m. Die Bezirksstadt hat alle Vorzüge und Voraussetzungen eines Weltbades. Karlsbad, das am Ufer der Tepl, unweit von deren Mündung in die Eger liegt, breitet sich in drei Tälern aus und ist rings von Hügeln umgeben. Die Haupverbindungswege sind, bzw. waren die Bahnstrecken Prag - Eger, Marienbad - Karlsbad und Karlsbad - Johanngeorgenstadt.
Kaiser Karl IV. ist der Begründer des Kurortes. Daß er die heiße Quelle bei einer Hirschjagd entdeckte, ist eine Sage. Die älteste Urkunde stammt aus dem Jahre 1325; sie ist von König Johann ausgestellt. 1358 ließ sich Karl IV. ein Jagdschlößchen bauen; 1370 verlieh er das Stadtrecht. Wappen: Im roten Schild drei silberne quer verlaufende Wellenbalken, darüber ein silberner Löwe, in späterer Zeit mit einer Krone. Von 1436 bis 1547 war Karlsbad gemeinsam mit Elbogen an die Schlick verpfändet. 1520 begann man mit den Trinkkuren nach Anweisungen Dr. Payers; dieser veröffentlichte 1522 die erste gedruckte Kuranweisung. Das erste Armenhospital entstand 1531 durch den Grafen Albrecht Schlick. Zur Königlichen freien Stadt wurde Karlsbad 1707 durch Kaiser Joseph I. erhoben. Zehn Jahre später entstand das erste öffentliche Badehaus auf der Alten Wiese. Maria Theresia ließ 1762 ein Bade- und Trinkhaus am Mühlbrunn, Graf Kinsky 1812 ein Badehaus und Hospital für arme Kurgäste, Erzbischof Pyrker ein Spital für arme Offiziere errichten. Es folgten noch viele derartige Einrichtungen. Der Schotte Lord Jakob Olgivi Graf von Findlater, der über zwanzigmal in Karlsbad weilte, stiftete jedesmal ein neues Haus oder eine andere Einrichtung.
In die deutsche Geschichte eingegangen ist die Stadt vor allem durch den Karlsbader Kongreß 1819, eine von Metternich einberufene Ministerkonferenz. Die sog. Karlsbader Beschlüsse soll-

Karlsbad, das Café Pupp

ten „demagogische Umtriebe“ unterdrücken (Verbot der Burschenschaften, Verschärfung der Zensur, Überwachung der Universitäten). Die Einstellung der Tschechen gegenüber Karlsbad charakterisiert ein Satz aus einem großen tschechischen Lexikon: „Wegen der äußerst deutschen Gesinnung und wegen des starrsinnigen Standpunktes gegenüber dem tschechischen Volke, erfreut es sich nicht der Sympathie im tschechischen Teile Böhmens.“ Als die Sudetendeutschen am 4. März 1919 auf einer von Sozialdemokraten einberufenen Demonstration friedlich ihr Selbstbestimmungsrecht forderten, waren auch in Karlsbad Opfer zu beklagen. Durch die Eingemeindungen des Jahres 1939 wurde Karlsbad mit 53 339 Einwohnern die bevölkerungsstärkste Stadt des Egerlandes. 1953 übernahm die Landeshauptstadt Wiesbaden die Patenschaft über die vertriebenen Karlsbader; dort wurden durch August Tischer die Anfänge für das Karlsbader Museum und das Archiv gelegt.

Ein kunsthistorisches Kleinod ist die Maria-Magdalena-Kirche (1732–1736), ein Werk Kilian Ignaz Dientzenhofers. Das Hauptaltarbild schuf 1759 Elias Dollhopf. Die Andreas-Kirche (spätgotisch um 1500) diente seit 1784 als Friedhofkirche; neben dieser liegen der berühmte Karlsbader Arzt Dr. David Becher und der Sohn Mozarts begraben. Nach der Renovierung von 1967 wird die Kirche jetzt als Ausstellungshalle für Plastiken genutzt. Die Maria-Hilf-Kirche der Redemptoristen in der Hans-Heiling-Straße baute 1931/32 K. Riedel. Außerdem bestanden oder bestehen: evangelische Kirche (1854/56), anglikanische (jetzt Methodisten) seit 1877, die russische (orthodoxe) (1893/98) von G. Wiedemann und die Synagoge (1875/77) von A. Wolf, 1939 zerstört. Ein jüdischer Friedhof befindet sich hier seit 1868.

Baugeschichtlich interessant sind die Kolonnaden, die Zentren des Kurbetriebs, die Mühlbrunnkolonnade, von Josef Zitek, dem Schöpfer des Prager Nationaltheaters errichtet, und die Sprudelkolonnade, die vor einigen Jahren durch eine neue Konstruktion ersetzt wurde. Bei dieser steht die Büste des Arztes David Becher, der 1789 die erste Analyse des Heilwassers vorlegte. Das erste Theater, 1789 mit Mozarts „Figaros Hochzeit“ eröffnet, wurde 1884 abgebrochen. Das neue, 1886 mit derselben Oper eröffnet, schufen die Wiener Architekten Fellner und Helmer; es bietet 700 Personen Platz. Der Theatervorhang ist eine Arbeit von Gustav Klimt und Franz Matsch.

Der Stadtturm am Markt, 1608 an der Stelle von Karls IV. Jagdschloß, brannte 1757 ab und erhielt dann die jetzige Gestalt. Von ihm aus erfolgte früher die Begrüßung der ankommenden Gäste durch Trompetenfanfaren. Das Deutsche Staats-Realgymnasium, 1892 gegründet, wurde 1907 verstaatlicht. Das Städtische Mädchen-Reform Realgymnasium entstand 1904 als Höhere Mädchenschule. Neben der Handelsakademie (seit 1913) bestand auch eine Staatliche Fachschule für Porzellanindustrie (seit 1922), eine Weiterfüh-

Stadtwappen von Karlsbad

Magdalenenkirche in Karlsbad

rung der 1872 errichteten Znaimer Anstalt. Die Kunst- und Gewerbehalle (1912) enthielt Musterräume der Handels- und Gewerbekammer Eger und bot dem Metzner-Bund eine Heimstatt. Das Städtische Museum, geleitet von Karl Ludwig und Viktor Karell, bot Raum für eine große graphische Sammlung (Veduten), eine reiche mineralogische Sammlung, Porzellan, Glas, Zinn, Plastiken und Materialien zur Geschichte und Kulturgeschichte der Badestadt. Hier war auch die Stadtbibliothek mit der vollständigen Literatur über Karlsbad untergebracht.
Die Stephanie-Warte auf dem „Ewigen Leben", mit 637 m dem höchsten Punkt Karlsbads, 1883 in Form eines Minaretts errichtet, hieß nach 1918 Stifter-Warte, nach dem Zweiten Weltkrieg Stalin-Warte; 1957 wurde sie in Goethe-Warte umbenannt. An Stalin erinnerten seinerzeit auch ein Platz, eine Straße und ein Denkmal. Neben der Dreifaltigkeitsstatue am Marktplatz (1713), der Marienstatue (1704) und dem Johannes-von-Nepomuk-Denkmal (1746) erinnern Denkmäler und Büsten an viele große Personen (Kaiser Karl IV., Goethe, Schiller, Beethoven, Theodor Körner, Peter den Großen usw.). Die schönsten und berühmtesten Straßen mit vornehmen Geschäften waren die Alte Wiese am linken Tepl-Ufer und die Neue Wiese am rechten Tepl-Ufer. Die Karlsbader Thermen, die dem granitenen Urgestein entströmen, waren schon den Römern bekannt. Seit dem 14. Jh. wurden sie gebraucht, erst zur Badekur, seit Anfang 16. Jh. auch zur Trinkkur. Die 19 Quellen, zumeist mit alkalischem Glaubersalz, haben eine Temperatur zwischen 42 und 73 °C. Die berühmteste ist der Sprudel, der in einer Minute 2000 Liter Heilwasser ausstößt. Als Folge des Erdbebens von Lissabon 1755 versiegte der Sprudel drei Tage lang. Der Mühlbrunn ist seit dem 16 Jh. bekannt. Indikationen: Erkrankungen von Darm und Magen, der Leber und der Gallenwege, der Harnorgane, Rheuma, Stoffwechsel-, Haut- und Frauenkrankheiten. Im Volksmund wurde die Heilwirkung durch den Spruch ausgedrückt:
„Das Karlsbad heilt dir, wenn es wo gebricht:
Darm, Magen, Leber Galle, Stein,
Niere, Zucker, Gicht."
Zuerst ein Luxusbad, wurde Karlsbad im Laufe der Zeit eine Stätte der Heilung für alle Schichten. Während 1756 nur 247 Personen als Kurgäste gezählt wurden, stieg deren Zahl im Jahre 1911 auf 70 935. 1928 kamen 68 000 Kurgäste und 200 000 Durchreisende. Es ist nicht möglich, alle großen Persönlichkeiten aufzuzählen, die in Karlsbad Heilung suchten. Für dieses gilt der Satz „Die große Welt in Karlsbad". Neben zahlreichen Hotels (Pupp, Imperial, Sanssouci, Posthof, Schönbrunn, Richmond, Bristol, Continental, Savoy usw.) und Villen, in denen Gäste Unterkunft fanden, gab es viele Kurhäuser und andere Badeeinrichtungen, außerdem viele

Karlsbad, Schloßturm

Sportanlagen, 120 km Waldwege für Spaziergänge, eine Rennbahn und einen Flugplatz in Meierhöfen. Auch geistige Ansprüche der Gäste wurden erfüllt, vor allem durch das hochstehende Theater und das ausgezeichnete Kurorchester, das auf die Badekapelle von 1806 und das Brunnenorchester von 1835 zurückging; dieses leitete bis 1868 der berühmte Komponist („Böhmens Walzerkönig") Joseph Labitzky; 1910 übernahm Robert Manzer die Leitung. Gespielt wurde morgens beim Sprudel und Mühlbrunn, nachmittags im Jägerhaus und im Stadtpark, dreimal wöchentlich im Garten des Posthofes, vor allem Symphoniekonzerte. Es bestanden auch noch andere Musikkapellen.

Karlsbad zählte 145 Ärzte, darunter 30 Fachärzte und 7 Zahnärzte, 77 Advokaten, 28 Baumeister, 15 Banken und Sparkassen, 14 Buchhandlungen, 13 ausländische Konsulate und 6 Apotheken.

Wirtschaft: Karlsbader Salz (Abführmittel), jährliche Erzeugung 90 000 kg. Karlsbader Mineralwasser; versendet wurden jährlich vier Millionen Flaschen vom Sprudel und drei Millionen vom Mühlbrunn. Sprudelseife, gewonnen aus den Sprudelsalzlaugen. Karlsbader Oblaten. Karlsbader Becherbitter. Sprudelsteinbearbeitung. Porzellanfabrikation, für die die in der Nähe gewonnene Kaolinerde reichlichen Rohstoff liefert. Lederwaren- und Wäscheerzeugung, Goldschmiede- und Juwelierarbeiten.

Persönlichkeiten: Wenzel Payer (auch Bayer) (1488 - 1537), Arzt, Erforscher der Karlsbader Heilquellen; David Becher (1725 - 1792), Arzt, Begründer der Karlsbader Badekur; Johann Wenzel Peter (1745 - 1829), Bildhauer und Maler in Rom; Jean Caro, (Genf 1770 - 1857), Badearzt, Verfasser von Werken über Karlsbad; August Pfitzmaier (1808 - 1887), Sprachenforscher; Heinrich Mattoni (1830 - 1910), Gründer einer weltweit bekannten Firma zum Versand von Karlsbader Mineralwasser und von Quellennebenprodukten; Ferdinand Fleckles (1836 - 1894), Brunnenarzt und Schriftsteller, Josef Hofmann (1858 - 1943), Pädagoge, Schriftsteller, Volkskundler, Heimatforscher und Abgeordneter; Alfred Grünberger (1875 - 1935), Jurist,

Ruine Engelhaus bei Karlsbad

österreichischer Minister und Diplomat; Richard Teschner (1879 - 1948), Maler, Graphiker, Bildhauer, Kunstgewerbler; Carl Theodor Thiemann (1881 - 1966), Maler, Graphiker, Pionier des modernen deutschen Farbholzschnitts; Hugo Uher (1882 - 1945), Bildhauer; Eugen de Witte (1882 - 1952), Politiker; Walther Klemm (1883 - 1957), Graphiker von Weltruf, Buchillustrator, Professor in Weimar; Walter Serner (1889-1942). Jurist, Schriftsteller, Mitglied der Dada-Bewegung; Wilhelm Srb-Schloßbauer (1890 - 1972), Bildhauer; Heinrich Fischer (1896 - 1974), Dramaturg, Schriftsteller, Herausgeber der Werke von Karl Kraus; Karl Hermann Frank (1898-1946), Buchhändler, Politiker, Staatssekretär im Protektorat Böhmen und Mähren; Viktor Karell (Duppau 1898 - 1979), Pädagoge, Schriftsteller, Stadtarchivar und Museumsdirektor in Karlsbad, Verfasser von „Karlsbad von A bis Z"; Bruno Adler (Pseudonym Urban Roedl) (1899 - 1968), Schriftsteller, Übersetzer, Stifter-Herausgeber; Ernst Frank (1900 - 1982), Verleger, Chefredakteur, Schriftsteller; Wolfgang Rothberger, (1901 - 1963), Leiter der Kurverwaltung in Karlsbad, nach der Vertreibung Kurdirektor in Bad Wörishofen, Vorsitzender des Heimatkreisverbandes der Karlsbader.

1910: 17 446 Einw. (16 783 Deutsche, 95 Tschechen). 1930: 23 901 Einw. (20 856 Deutsche, 1446 Tschechen, 1309 Ausländer, 243 Juden, 19 Ungarn, 12 Polen). Der Konfession nach waren 19 718 kath., 2120 israel., 1099 evang, 748 konf.-los, 141 tschechosl., 75 andere.

Umgebung: Aich im Egertal mit den Hans-Heiling-Felsen. Pirkenhammer mit bedeutender Porzellanfabrikation. Dallwitz mit alten Eichen, die der Dichter Theodor Körner besang, Porzellanfabrik. Der Kurort Gießhübl-Sauerbrunn. Drahowitz mit dem Roten Säuerling, ehem. Sitz des Verlages Adam Kraft, heute in Würzburg. Fischern mit Porzellanerzeugung, Glasindustrie, Handschuherzeugung. Elbogen mit alter Burg, Porzellanindustrie und Lebkuchenherstellung, beliebtes Ausflugsziel der Kurgäste. Ruine Engelhaus. Keilberg. St. Joachimsthal. Pleßberg. Ein Zentrum der vertriebenen Karlsbader wurde Wiesbaden, wo sie auch ein Karlsbader Museum einrichteten.

Bad Karlsbrunn *(Karlova Studánka)*, Bez. Freudenthal. 785 m. Der Kurort, der höchstgelegene der Sudeten, liegt an der Weißen Oppa und am Fuße des Altvater. Die „Perle der schlesischen Badeorte“ (auch „schlesisches Gastein“) besitzt Eisenquellen, Moor-, Sol- und Schwefelbäder. Kaltwasserkur. Den Kurort baute der Deutsche Orden aus, der ihn seit 1621 besitzt. Erzherzog Maximilian errichtet 1780 die Kuranstalt; dieser Hochmeister des Deutschen Ordens gilt als eigentlicher Begründer des Heilbades. Karlsbrunn, das zuerst Hinnewieder hieß, erhielt seinen Namen von Erzherzog Karl, dem Sieger von Aspern (1809), der hier weilte und die Quellen herrichten ließ. Große Förderung durch den Hochmeister Dr. Norbert Kleinder 1931 das neue Kurhotel bauen ließ.
Pfarrkirche im Empirestil. Im nahen Hubertuskirch Hubertuskapelle, barocker Holzbau aus d. J. 1757, ferner ein Schlößchen.

Bad Karlsbrunn, Kurhaus

„Hinnewiederstein“ bei Karlsbrunn

1930 (mit Dürrseifen): 539 Einw. (518 Deutsche, 16 Ausl., 5 Tschechen).
Umgebung: Unterhalb des Petersteins Schäferei (Ovčárna), 1260 m, mit Berggasthaus. Altvater, 1492 m. Tal der Weißen Oppa mit Wasserfall. Gabel (Vidly), 800 m, kleine Stabholzkirche. Hinundwiederstein (auch Uhustein), 914 m. Schweizerei, 1304 m. Wintersport.

Karlstein *(Karlštejn,* auch *Karlův Týn)*, 319 m, auf hohem Kalkfelsen über der Beraun, 28 km südwestlich von Prag.
Von Karl IV. 1348 – 1357 gebaut und zur Aufbewahrung der Reichskleinodien bestimmt, nach Plänen von Matthias von Arras. Die Weihe nahm Reichskanzler Ernst von Pardubitz, der erste Prager Erzbischof, vor. Ein Höhepunkt gotischer Kunst. Die Heiligkreuzkapelle, bis 1425 Aufbewahrungsort der Reichskleinodien, ist mit vergoldeten Sternglasscheiben geschmückt, ferner mit 128 Tafelbildern mit Heiligengestalten und Wandmalereien von Meister Theoderich; über dem Altar eine Kreuzigung mit der Gestalt des Hl. Wenzel von Tomaso da Modena. Das Presbyterium durfte nur vom Kaiser und von den Priestern betreten werden. Wertvolle Einrichtung und Ausschmückung haben auch die Marien- und die Katharinenkapelle; letztere Privatkapelle des Kaisers.

Burg Karlstein

Die Burg belagerten 1422 die Hussiten sieben Monate lang. Bei der Belagerung durch die Schweden 1648 enstanden erhebliche Beschädigungen. Josef Mocker führte 1887–1899 eine regotisierende Restauration durch, die Pläne lieferte Friedrich von Schmidt. Karlstein gilt als schönste Burg Böhmens.
Das Burggrafenamt war bis Anfang des 17. Jh. eines der wichtigsten Landesämter.

Karlsthal im Altvatergebirge *(Karlovice)*, Bez. Freudenthal. 505 m. An der Oppa gelegen, ist der Ort Eisenbahnstation der Linie Erbersdorf - Milkendorf - Würbenthal. Funde aus vorgeschichtlicher Zeit lassen auf frühe Besiedlung der Gegend schließen. Seit Anfang 13. Jh. eine Siedlung neben einer Burg. Bergbau führte im 16. Jh. zu regem wirtschaftlichem Leben. In der Umgebung bestanden Eisenbergwerke. Auf der Oppa wurde nach Jägerndorf Holz geflößt; dieses brauchte man für die Schmelzöfen, bis dann im 19. Jh. Kohle als neues Brennmaterial eingesetzt wurde.
Bekannt war Karlsthal als Wasserheilanstalt (diätetische und physikalische Heilbehandlung, 1910 durch Dr. Lehrer eingeführt), als Sommerfrische und klimatischer Kurort.
Wirschaft: Möbelerzeugung, Papier- und Pappeerzeugung. Wintersportplatz.
An Stelle einer Kapelle (1724/1725), die zu klein für die Gläubigen war, entstand 1777–1779 die barocke Kirche zu St. Johannes von Nepomuk. Eine Mühle stammt aus d. J. 1759.
Karlsthal galt als beliebteste Sommerfrische in Schlesien.
1930 (mit Neu Bürgersdorf): 1694 Einw. (1662 Deutsche, 18 Ausl., 12 Tschechen). Neu Bürgersdorf geht auf d. J. 1398 zurück.
Umgebung: Riesenberg, 750 m, Goldoppatal, Würbenthal, Engelsberg, Mariahilf.

Karthaus-Walditz *(Kartouzy-Valdice)*, Bez. Jitschin. 308 m. Albrecht von Waldstein, der auch bei Jitschin große Besitzungen hatte, stiftete 1627 in seinem Tiergarten das Kartäuserkloster. Am Klosterbau (1627–1665) wirkten mit Andrea Spezza, N. Sebregondi und Giov. Pierroni. 1782 erfolgte die Aufhebung der Kartause. Nachdem sie zuerst k.k. Verpflegungsmagazin geworden war, diente sie ab 1857 als k. k. Strafanstalt (vorher Spielberg in Brünn). Die Klosterkirche Mariä Himmelfahrt wurde profaniert. 1945 und in den folgenden Jahren waren viele Sudetendeutsche hier eingekerkert.
1930: 1018 Einw. (868 Tschechen, 131 Deutsche, 13 Ausl.)

Karwin *(Karviná, poln. Karwina)*, Markt im Bezirk Freistadt/Schlesien. 252 m. An den Bahnlinien Mährisch Ostrau - Karwin, Oderberg - Kaschau, Freistadt - Karwin. Die Anfänge des Ortes, der früher Arnoldsdorf hieß, reichen in die erste Hälfte des 14. Jh.s zurück. Seit dem 18. Jh. Leinwanderzeugung. Nach Entdeckung der Kohlelager (1776) Abbau seit 1785. Entwicklung zu einem großen Steinkohlerevier. Karwin blieb nicht von Grubenkatastrophen verschont. Durch Beschluß der Botschafterkonferenz von Paris vom 28. Juli 1920 verblieb Karwin bei der ČSR. Die Gemeinde wurde bis 1929 von einer

Karlsthal

Katharinaberg, Haus der erzgebirgischen Holz- und Spielwarenindustrie

staatlichen Kommission geleitet, 1929 Wahl einer Gemeindevertretung, die aus 16 Polen, 14 Tschechen, 7 Kommunisten und 5 Deutschen bestand. Der Bürgermeister wurde von der polnischen Partei gestellt.
Gotische Kirche Petrus und Paulus, begründet 14. Jh., Umbau 1447 und 1756. Kapellenbau der Protestanten 1569, Renovierung 1823. Mährische Kapelle, Renaissance aus 1611. Altes Rathaus, Ende 16. Jh., dann Empire 1836 – 1837. Schloß der Grafen Larisch, Barock und Neorenaissance aus dem 19. Jh.
Wirtschaft: Bedeutender Steinkohlebergbau, Koksanstalt, Walzwerk. Das Unternehmen der Larisch-Mönnichschen Kohle- und Kokswerke hatte über 5000 Arbeiter, die Berg- und Hüttenwerks-Gesellschaft über 3000 Arbeiter.
Karwin wird ein Opfer des Bergbaus: über den Grubenstollen unter Karwin senkt sich der Erdboden.
Um 1800: 106 Häuser und 603 Einw. 1900: 14 326 Einw. (12 052 Polen, 1113 Deutsche, 509 Tschechen). 1930 (mit Solza): 22 317 Einw. (9806 Polen, 9461 Tschechen, 1484 Ausl., 1417 Deutsche). 1983: 81 000 Einw.; auffallend ist die Zuwanderung von Slowaken, deren Zahl annähernd 25 000 beträgt. Nach 1945 Zusammenschluß mit Altstadt, Darkau, Freistadt und Roj.
Umgebung: Das Bad Darkau mit jod- und bromhaltigen Quellen, 232 m, heute Teil von Karwin. Siedlung schon 1447, Mineralquellenheilbad seit 1869. Bau des Sanatoriums 1931 – 1932. Park mit Plastiken.

Katharein *(Kateřinky)*, Bez. Troppau. Das Dorf gehörte zu den Landesherrlichen Gütern, kam 1417 zu Troppau und unterstand 1509 – 1614 unmittelbar dem böhmischen König, seit 1614 dem Fürsten von Troppau (Liechtenstein). Katharein, 1649 selbständige Gemeinde und 1863 Stadt, wurde 1939 Stadtteil von Troppau.
Kapelle Hl. Kreuz, Ende 14. Jh. mit achteckigem Grundriß und Fresken aus d. 15. Jh. Unter Joseph II. profaniert und als Getreidemagazin genutzt. Nach Renovierung 1907 der Kirche zurückgegeben. Auch Schwedenkapelle genannt, weil angeblich im Dreißigjährigen Krieg Schweden darin hausten. Kirche zur Hl. Katharina, gotisch Anfang 15. Jh., 1806 vergrößert. Seit 1790 Pfarrkirche.
Wirtschaft: Zuckerfabrik, Eisenwerk, Drahtwaren, chemische Fabrik, Wäscheerzeugung, Zementwarenfabrik, Sauerkrautfabrik.
1930: 6909 Einw. (5310 Tschechen, 1332 Deutsche, 249 Ausl.)

Katharinaberg *(Hora svaté Kateřiny)*, Bez. Brüx. 696 m. An der sächsischen Grenze und von waldreichen Bergen umgeben.
Urkundlich 1528 genannt, doch wurde Bergbau schon früher betrieben. Gefördert wurden Silber, Kupfer, Blei, Eisen und Arsen. Im 16. Jh. Besitz des Sebastian von Weitmühl auf Rothenhaus. Ende des 18. Jh.s waren die Erzvorräte erschöpft; der Bergbau wurde später noch einmal aufgenommen, jedoch ohne Erfolg. Bis 1790 war die freie Bergstadt (seit 1528) Sitz des Bergamtes. Das Wappen enthält oben das Bild der Hl. Katharina, die Palmzweig und Schwert hält, rechts die Bergmannszeichen Eisen und Schlägel gekreuzt, links zwei Mühlensteine. Unter der Heiligen ein Folterrad. 1594 kam die Stadt an die böhmische Krone.
Kirche zur Hl. Katharina (16. Jh.) wurde 1611 neu gebaut und wurde um 1628 vorübergehend lutherisch. 1786 Umbau im Spätbarockstil. Mariensäule auf dem großen Marktplatz. Von 1874 bis 1880 bestand eine Fachschule für Modellieren und Papiermaché-Erzeugung. Die Fachschule für Spielwarenindustrie wurde nach Oberleutensdorf verlegt. Heimatmuseum (seit 1909) mit den Gebieten Ortsgeschichte, Bergbau

und Volkskunde. Stadtarchiv mit Urkunden seit dem 16. Jh. und Amtsbüchern seit 1492. Die Inschrift am Anton-Günther-Denkmal wurde nach der Vertreibung der Deutschen entfernt.
Wirtschaft: Nach dem Ende des Bergbaus Strumpfwirkerei und Handweberei. Spielwarenindustrie in Heimarbeit. Seit 1907 war hier der Sitz einer Fachgenossenschaft der erzgebirgischen Holz- und Spielwarenindustrie. 1930 wurde ein Haus der erzgebirgischen Holz- und Spielwarenindustrie eröffnet. Eisendreherei.
Persönlichkeiten: Eduard Wagner (1861–1946), Lehrer und Heimatforscher. Verfasser einer Aussiger Stadtgeschichte und eines „Lesebuchs für österreichische Volksschulen". Die Mutter des berühmten Orgelbaumeisters Gottfried Silbermann wurde 1652 im nahen Böhmisch Einsiedel geboren und in das Taufregister in Katharinaberg eingetragen.
1930: 1544 Einw. (1454 Deutsche, 57 Ausl., 30 Tschechen) (1483 röm.-kath., 50 evang.). 1947: 373 Einw.
Umgebung: Auf dem Rosenberg ein 16 m hoher Aussichtsturm, 1902 errichtet; heute entfernt. Die Neudorfer Moore, die Grenzgemeinde Brandau. Bei Katharinaberg führt die Gasleitung aus Rußland über die Grenze nach Sachsen.

Katharinberg *(Kateřinky)*, Bez. Reichenberg. 400 m. Am Abhang des Isergebirges und an der Schwarzen Neiße gelegen, war die Gemeinde ein Anziehungspunkt für Touristen. „Das ehedem wilde Tal bildet mit seinen stattlichen Fabriken und dem schäumenden Wildbach im Tal, mit den schroff ansteigenden Felswänden und

Katharein, Heiligkreuzkapelle

den dunklen Wäldern zu beiden Seiten eines der herrlichsten und wildromantischsten Täler des Isergebirges." (Pfohl, s. Literaturverzeichnis). 1609 ließ sich hier ein Leinwandhändler nieder, dies war der Ursprung des Ortes. Erst wurde an Handwebstühlen gearbeitet, im 19. Jh. setzte die Industrialisierung ein. Die mechanischen Tuchwebereien wurden von der Wasserkraft der Schwarzen Neiße angetrieben; die durch die Maschinen arbeitslos gewordenen Arbeiter zerstörten diese i. J. 1848.
Wirtschaft: Tuch- und Modewarenfabrik, Vigognespinnerei und Schafwollspinnerei.
1930: 828 Einw. (800 Deutsche, 14 Tschechen, 14 Ausl.).
Umgebung: Felsgruppe auf dem Drachenberg, 674 m, Reitstein, Rudolfsthal, 586 m, Sommerfrische und Wintersport, Neuwiese und Christiansthal, Talsperre der Schwarzen (Wilden) Neiße.

Kaunowa *(Kounov)*, Bez. Saaz. 1352 war Kaunowa schon eine Plebanie, nach deren Auflösung während der Reformationszeit wurde es zur Filiale, 1744 zur Administratur und 1853 wiederum Pfarrei. 1692 kam es in den Besitz der Fürsten Schwarzenberg, die es zu ihrer Herrschaft Kornhaus schlugen. Die alte Kirche zu St. Veit wurde im 19. Jh. erneuert. Kapelle Hl. Adalbert. Reste einer alten Feste.
Wirtschaft: Zwei Braunkohlebergwerke.
1930: 1084 Einw. (674 Tschechen, 401 Deutsche, 6 Ausl.).

Keilberg *(Klínovec)* zwischen Oberwiesenthal in Sachsen und St. Joachimsthal, mit 1244 m der höchste Berg des Erzgebirges. Aufstieg vorbei an den Sonnenwirbelhäusern (1155 m), der höchstgelegenen Ansiedlung des böhmischen Erzgebirges. Der Keilberg wurde bereits von Johanes Mathesius in seiner „Sarepta", seinen Predigten für die Bergleute in St. Joachimsthal, genannt. Wiederholt stürzten Lawinen zu Tal, die Wälder und Häuser vernichteten, aber auch Menschen töteten.
Einer 1817 aufgestellten Aussichtspyramide folgte ein Holzturm, der 1868 abbrannte. Der Aussichtsturm, 24 m hoch, entstand 1883. Aussicht bis zum Böhmerwald, Iserkamm und nach

Prag. Das Unterkunftshaus aus dem Jahre 1900 wurde neuerdings durch ein Hotel ersetzt. Fernsehsender und Sesselbahn wurden installiert.
1907 fand eine Gewerbeausstellung des Erzgebirges statt. Erzgebirgserzeugnisse wurden später in einer Dauerausstellung präsentiert.
Umgebung: Gegenüber dem Keilberg auf sächsischer Seite der Fichtelberg, 1212 m, mit Unterkunftshaus (seit 1889) und Wetterwarte, Schwebebahn.
Am Fuß des Keilberges Gottesgab, 1028 m, die höchstgelegene Stadt der Sudetenländer, und Böhmisch Wiesenthal, 920 m.

Kesselkoppe, 1434 hoher Berg des westlichen Riesengebirges *(Kotel* oder *Kokrháč),* im Nordosten von Rochlitz, danach in alten Schriften auch Rochlitzer Schneeberg genannt. Gute Fernsicht nach Böhmen hinein.
Im Süden die Große und Kleine Kesselgrube, bis 400 m tiefe Schluchten, die durch einen Grat voneinander abgegrenzt sind; am Grat ein alter Stollen. Auf der Sohle der Schluchten seltene Pflanzen. In der Eiszeit lagerten in diesen Kesselgruben Gletscher.
In der Höhe von 1038 m bildet sich der Kesselgraben, aus dem die Kleine Iser entströmt. Früher stand hier die Kesselhofbaude (1100 m) unterhalb des Koschelkammes, eine der ältesten Bauden des Riesengebirges.
Im Westen der Kesselkoppe der ganz mit Knieholz bewachsene Kahle Berg (1343 m), von dieser durch das sog. Tor getrennt.

Ketten *(Chotyně),* Bez. Reichenberg. 302 m. Das Dorf im Tal der Lausitzer Neiße geht wahrscheinlich auf den Burggrafen von Dohna (14. Jh.) zurück. Im Mittelalter Eisenerz-, Anfang des 19. Jh. Kohleförderung.
Wirtschaft: Baumwollspinnerei, Maschinenfabrik, Holzbiegerei, Glasschleiferei, Kartonagenfabrik.
1930: 1261 Einw. (1055 Deutsche, 149 Tschechen, 57 Ausl.) (869 röm.-kath., 122 evang.)
Umgebung: Wasserheilanstalt Bad Wartburg. Schloß Grafenstein (305 m) auf einem Granithügel, mit alten Wandmalereien, Schloßkapelle und Park; Besitzer waren die Grafen Dohna, Trautmannsdorff und Clam-Gallas. Friedrich

Der Keilberg

Karl von Preußen schlug 1866 hier sein Hauptquartier auf. Das alte Pfarrdorf Weißkirchen (288 m) mit Spinnereien und Papierfabrik.

Ketzelsdorf *(Kocléřov),* Bez. Königinhof. 482 m. Die spätere Industriegemeinde im Königreichwald geht zurück auf die Mitte des 14 Jh. 1360 als Koczlerstorf, 1409 als Kecendorf, 1790 als Ketzelsdorf angeführt. Nach A. Tippelt geht der Name auf das mittelhochdeutsche Wort Kotze (= Wolldecke) zurück.
1359 bestand eine Pfarrkirche zu St. Wenzel, die in der Hussitenzeit zerstört, dann wiederaufgebaut, protestantisch wurde (16.–17. Jh.). Im Dreißigjährigen Krieg brannte sie ab und erst 1720 bauten die Jesuiten ein neues Gotteshaus. Nach abermaligen Bränden konnte die Kirche 1808 in ihrer jetzigen Gestalt errichtet werden. Im Besitz der Kirche war eine wertvolle silberne Monstranz (um 1730).
Im Ortsteil Neuhausen das Ketzelsdorfer Brünnl, wohin seit 1845 Wallfahrer kamen; einer ersten Kapelle zu Mariä Heimsuchung folgte die Wallfahrtskirche im neoromanischen Stil (1893).
Wirtschaft: Baumwollweberei.
1930: 1319 Einw. (1289 Deutsche, 25 Tschechen, 5 Ausl.).

Ketzelsdorf *(Koclírov),* Bez. Leitomischl. 1654 hatte die Dorfgemeinschaft einen Freisassen, 28 Bauern und 28 Gärtler. Im 19. Jh. übten die Fürsten Thurn und Taxis das Patronat über die zur Diözese Königgrätz gehörende Pfarrei aus. Die Pfarrkirche, 1770 umgebaut, ist dem Hl. Jakobus geweiht. Kloster der Schwestern vom Dritten Orden des Hl. Franziskus.

In Ketzelsdorf wurde 1759 Andreas Schwarz geboren; er war der erste Lehrer am Prager Taubstummeninstitut.
1930 (mit Böhmisch Hermsdorf und Schönhengst): 1707 Einw. (1674 Deutsche, 28 Tschechen, 5 Ausl.)

Kienberg *(Loučovice)*, Bez. Kaplitz. 663 m. Die Brüder Rosenberg waren die Stifter von zwei gotischen Kirchen, am rechten Moldau-Ufer die Prokopikirche, 1310 errichtet von den Benediktinern in Otta, im 16. Jh. umgebaut, und am linken Ufer die Ulrichskirche, erst dem Hl. Theobald geweiht und 1361 geweiht.
Kienberg, weit auseinandergezogen, war eine stille Siedlung, die einen bedeutenden Aufschwung erlebte, als Ernst Porak 1885 die Fabrik Moldaumühl zur Papier- und Pappeerzeugung anlegte. Seit 1911 ein eigenes Elektrizitätswerk Lippnerschwebe. Die mit der Fabrik verbundene Verbesserung der Lebensverhältnisse machte sich in vielen Bereichen bemerkbar. 1930 waren 1000 Arbeiter beschäftigt. Nach 1958 kam das Unternehmen an die Südböhmischen Papierfabriken in Krummau (früher Spiro).
Kienberg war auf drei Gemeinden aufgeteilt. 1. Gemeinde Wullachen (Bolechy) 1401 Einw. (1247 Deutsche, 83 Tschechen, 69 Ausl.) 2. 37 Deutsche bei der Gemeinde Mnichschlag (Mnichovice) 3. 91 Einw. (89 Deutsche, 2 Ausl.) bei der Gemeinde Schönfelden.
Umgebung: Teufelswand, 30 m hoher Felsriegel, wo sich in der Moldau Stromschnellen befinden, ebenso gewaltige Felsblöcke mit den vom Wasser ausgewaschenen „Riesentöpfen". Nach der Teufelswand, tschechisch Čertova stěna, benannte B. Smetana eine Oper. Hirsch- oder Kienberg, 930 m. Gute Fernsicht nach Süden und Osten. Zisterzienserstift Hohenfurth.

Kirchschlag *(Světlík)*, Bez. Krummau. 790 m. Früher Lichtenwerth genannt. Lage: im Nordosten des Kirchschläger Berges an der Straße Krummau – Friedberg. Nach R. Essl bedeutet der Name eine Siedlung im Wald, einen Schlag, mit einer Kirche. 1423 Überfall und Zerstörung durch die Hussiten.
Schon 1258 eine Kirche zum Hl. Jakobus d. Ä., damals kam das Patronat durch Witigo von Krummau an die Prämonstratenser des Stiftes Schlägl/Ö. Neubau der Kirche 1874. Matriken seit 1674.
Persönlichkeiten: Melchior Bernkopf († 1639), zeitweise Pfarrer in Kirchschlag, Prior und Herausgeber der Annalen des Stiftes Schlägl. Otto Pfeiffer (* 1850), Fachschriftsteller (Garten- und Obstbau), Herausgeber der Zeitschrift „Flora" in Wien; Pseudonym Austriacus.
1930 (mit Friedrichsau, Groß Uretschlag, Hohenschlag, Klein Uretschlag, Pfaffenschlag und Reith): 1206 Einw. (1183 Deutsche, 13 Ausl., 9 Tschechen).
Umgebung: Trojas, Wallfahrtsort und Reste einer Burg. Tweras mit Pfarrkirche Petrus und Paulus, 1380 erbaut durch die Herren von Rosenberg. Schwarzbach mit Graphitbau. Höritz, berühmt durch seine Passionsspiele. Das Holz des Festspielhauses wurde unter dem kommunistischen Regime als Brennholz verwendet.

Kiritein *(Křtiny)*, Bez. Brünn. 417 m. Uraltes Siedlungsgebiet. Zahlreiche Höhlen mit Resten großer Raubtiere und Steinwerkzeugen aus dem Diluvium. Der Kiriteiner Bach, ein Zufluß der Zwitta, fließt teilweise unterirdisch.
Als Wallfahrtsort war Kiritein schon im Mittelalter bekannt. 1299 Erwähnung einer Marienkirche. Ein Nonnenkloster zerstörten zuerst Hus-

Wallfahrtskirche Kiritein

Zisterzienserkirche in Kladrau

siten, 1620 wiederum Akatholiken; in der Zeit der Gegenreformation Wiederaufbau. 1671 enstand das Kloster der Prämonstratenser, die bis zur Aufhebung unter Joseph II. wirkten. Am Bau der Kirche, die in der ersten Hälfte des 18. Jh.s entstand, wirkten große Künstler mit. Pläne wahrscheinlich von Giovanni Santini, Bauausführung durch den Brünner Franz Josef Ritz, Skulpturen aus der Werkstatt des Brünners Andreas Weigel, Statuen der Turmfront vom Nikolsburger Ignaz Lengelacher, Kuppelfresko von Johannes Etgens, Altarblätter von Josef Winterhalter und Anton Lublinsky, Bilder im Kreuzgang vom Jesuiten Ignaz Raab. Den Wallfahrtsort besuchten auch die Deutschen Mährens. Barockschloß 1660, später Umbau.
1930: 513 Einw. (494 Tschechen, 14 Deutsche, 3 Ausl.).

Kladno, Bezirksstadt in Mittelböhmen, 25 km westlich von Prag. 384 m. Kladno, 1318 genannt, war erst ein unbedeutendes Dorf, das durch den Steinkohlebergbau große Bedeutung erlangen sollte. Die Stadt wurde seit der 2. Hälfte des 19 Jh.s ein Industriezentrum.
Neuromanische Kirche Mariä Himmelfahrt, 1898 - 1900 errichtet. Barockschloß aus dem 17. Jh., 1740 durch Kilian Ignaz Dientzenhofer umgebaut; von diesem stammt auch der Zentralbau der Florianskapelle (1750) und die Mariensäule, die Karl Josef Hiernle ausführte. Heute ist das Schloß Museum zur Geschichte des Berg- und Hüttenwesens und der Arbeiterbewegung.
Wirtschaft: Mittelpunkt des Kladno-Rakonitzer Steinkohlereviers. Steinkohlewerke AG, früher Eigentum der Staatseisenbahngesellschaft in Prag, Gründung 1855; Poldihütte (Werke in Kladno und Komotau), die Werkzeugstahl für alle Verwendungszwecke erzeugte; diese wurde durch Karl Wittgenstein, den Vater des Philosophen Ludwig Wittgenstein, 1890 errichtet; der Name der Hütte stammt von des Gründers Frau Leopoldine. Prager Eisenindustriegesellschaft; erzeugte Hochöfen, Stahl- und Walzwerke. Jedes dieser Werke beschäftigte tausende Arbeiter.
1870: 5 292 Einw. 1910: 19 369 Einw. (18 732 Tschechen, 559 Deutsche) 1930: 20 751 Einw. (19 705 Tschechen, 789 Deutsche, 192 Ausl.). 1983: 66 000 Einw.
Umgebung: Schloß Lana aus dem 18. Jh., mit großem Park. Sommersitz des Präsidenten Masaryk. Burg Pürglitz aus dem 12. Jh., Jagdsitz der böhmischen Könige; Karl IV. weilte mit seiner Gemahlin Blanka von Valois wiederholt auf der Burg. Rakonitz, im 13 Jh. Zentrum eines Gaues. 1588 königl. Stadt. Alte Bauten, Befestigungsanlagen, von denen Reste erhalten sind. Hopfenbau. In der spätgotischen Kirche eine aus Sandstein geformte kelchförmige Kanzel (1504).

Kladrau *(Kladruby)*, Bez. Mies. Herzog Swatopluk gründete 1115 ein Benediktinerkloster; das Mutterkloster war Zwiefalten. Der Gründer und sein Nachfolger, Wladislaw I., der das Kloster reich ausstattete, wurden in der Stiftskirche begraben. Das Stift begründete die Propsteipfarren in Tuschkau und Przestitz, ferner eine Propstei in Pfraumberg. Abt Lambert baute die romanische Basilika (1140 - 1146), die aber 1421 durch Hussiten zerstört wurde. Im 18. Jh. bestanden eine theologische Lehranstalt, eine Latein- und eine Volksschule. Im Jahre 1785 erfolgte die Aufhebung der Abtei. Das Kloster muß im Mittelalter große Bedeutung gehabt haben; Wenzel IV. wollte Kladrau sogar zum Mittelpunkt eines Bistums machen; dies unterblieb jedoch, da der Prager Erzbischof Johannes von Jenstein Widerstand leistete. Die sich daraus ergebenden Zwistigkeiten stehen im Zusammenhang mit dem Märtyrertod des Johannes von Nepomuk.

Neben dem Kloster entstand im 13. Jh. der Markt Kladrau. Im 15. Jh. wurde ein Rathaus erwähnt, 1558 wurde Kladrau als Stadt bezeichnet. 1616 erfolgte eine Verbesserung des Wappens: Auf blauem Grund eine silberne Mauer mit Tor; in diesem ein Betender und ein Herzogshut; über dem Tor zwei Engel, die einen Schild mit dem Buchstaben M (Matthias) in Händen halten; über den Engeln auf der Mauer eine Kreuzigungsgruppe.

Die romanische Kirche Mariä Himmelfahrt erfuhr 1712–1728 eine Umgestaltung durch den Entwurf von Giovanni Santini, und zwar in der sog. barocken Gotik. Die wertvolle Ausschmükkung erfolgte durch Fresken der Brüder Cosmas Damian und Egid Quirin Asam, ferner des Judas Thaddäus Supper. Die Kirche zählt zu den schönsten des Landes. 1733 entstand der sog. Neue Konvent, für den Kilian Ignaz Dientzenhofer die Pläne geliefert hatte.

1825 kamen die Klostergebäude und die Kirche in den Besitz des Fürsten Windischgrätz, die seit 1784 in Tachau saßen. Das Kloster wurde zum Schloß ausgebaut, Kladrau wurde 1874 Pfarrei.

Persönlichkeit: Wenzel Mayer (1851–1901). Der Landgerichtsrat in Friedland verfaßte neben juristischen auch heimatkundliche Schriften, vor allem über das Benediktinerkloster seines Geburtsortes Kladrau, ebenso eine Abhandlung über Wallensteins letztes Quartier.

Klattau, Kirche Mariä Geburt und Teil der Befestigungsanlagen

Klattau – eine ostdeutsche Stadtanlage

1930: 1238 Einw. (1143 Deutsche, 78 Tschechen, 10 Ausl.) 1960: 900 Tschechen.

Klattau *(Klatovy)*, Bezirksstadt in Westböhmen. 405 m. An der Angel und an der Bahnlinie Pilsen – Eisenstein. Gründung als königliche Stadt durch Przemysl Ottokar II. Die Bürger, Anhänger der Hussiten, zerstörten 1419 das Dominikanerkloster. Nach der Schlacht am Weißen Berg ging die Stadt ihrer Güter verlustig. Die Gegenreformation wurde vor allem durch Jesuiten durchgeführt.

Wappen: Im geteilten Schild rechts eine gezinnte Stadtmauer, dahinter ein viereckiger Turm mit zwei Wetterfahnen, links über einem in drei Reihen von Silber und Rot geschachten Querbalken zwei mit den Spitzen nach oben gestellte Schwerter, dazu die Buchstaben W, K und C (Woldřich kníže český).

Pfarrkirche Mariä Geburt, frühgotisch nach 1260, später Umbau, Chor um 1410, Wölbung des Schiffes 1550–1560 durch einen Meister Anton. Auf dem Marktplatz der Weiße Turm (Renaissance 1557), daneben das Rathaus (1557–1559).

Die ehemalige Jesuitenkirche stammt aus den Jahren 1655–1675 und ist ein Werk von Domenico Orsi, die Pläne schuf Carlo Lurago, nach einem Brand Neubau 1689–1717; im Innern wertvolle Einrichtung. Unter der Kirche Katakomben mit mumifizierten Leichen von Ordensangehörigen. Das Jesuitenkolleg mit einer ehemals berühmten Schule diente nach Aufhebung des Ordens als Kaserne. Auf diesen Orden geht auch die barocke Apotheke „Zum weißen Einhorn“ zurück (Anfang des 17. Jh.); diese ist seit 1966 als Museum eingerichtet und wurde in das Verzeichnis der UNESCO (geschützte Bauwerke) aufgenommen. Die Einrichtung der Apotheke schuf der Tischlermeister Josef Gschwendt von 1720 bis 1730; von ihm stammen auch zwei Altäre der Jesuitenkirche. Das Städtische Gewerbe- und Heimatmuseum (gegründet 1889) besitzt u. a. eine vorgeschichtliche Sammlung.

Klattau war früher Wallfahrtsort; verehrt wurde die sog. Klattauer Madonna (Maria mit einer Stirnwunde, aus der Blut tropft); die Wallfahrt geht bis auf das Jahr 1685 zurück.

Wirtschaft: Neben der Landwirtschaft entwikkelte sich im 19. Jh. eine beachtliche Industrie; Maschinen- und Goldleistenfabriken; Textilindustrie (Tuchfabrikation, Strumpfwirkereien, Wäscheerzeugung), Mühlenindustrie, Verarbeitung tierischer Rohstoffe (Leim, Leder), Blumenzucht, Möbel.

Persönlichkeiten: 1409 schrieb Laurin von Klattau in Prag das sog. Hasenburgsche Missale mit Miniaturen; es war „das letzte Hauptwerk der südostdeutschen Buchmalerei in Prag“; Karl Weiß (Pseudonym K. Schrattenthal (1846–1938), erst Offizier, dann Mittelschulprofessor in Siebenbürgen und Preßburg, Verfasser belletristischer und literarhistorischer Werke, Herausgeber von Anthologien, Entdecker zahlreicher Dichter; Gustav M. Schreiner, (Nemelkau 1847–1922), Reichsrat und Landsmann-Minister; Rudolf Maresch (1868–1936), Professor der Anatomie in Wien; Hans Rubritius (1876–1943), Urologe und Professor an der Universität Wien. Herausgeber zweier Fachzeitschriften.

1930: 14 089 Einw. (13 442 Tschechen, 447 Deutsche, 88 Ausl.)

Umgebung: Ellischau mit Barockschloß; hier starb 1895 Edmund Graf Taaffe, ehem. österreichischer Ministerpräsident; die Herrschaft war seit 1769 im Besitz der irischen Grafen Taaffe.

Klein Augezd *(Malý Újezd)*, Bez. Teplitz Schönau. Ein altes Dorf, das nach Teplitz eingepfarrt war. Es zählte 1857 nur 43 Häuser und 317 deutsche Einwohner.

Wirtschaft: Braunkohlebergbau, Baggerwerk, Maschinenfabrik, Vigogne-Spinnerei, Glasfabrik, Dachpappe- und Holzwollefabrik. Fruchtsafterzeugung.

1930: 2188 Einw. (1535 Deutsche, 500 Tschechen, 151 Ausl.) (1637 röm.-kath., 413 konfessionslos, 121 evang.).

Kleinbressel *(Vraclavek)*, Bez. Jägerndorf. 450 m. Das alte Dorf nahe Olbersdorf besaß eine evangelische Kirche und eine Pfarre Augsburgischen Bekenntnisses. Die Katholiken waren nach Neudörfel (Dekanat Jägerndorf) eingepfarrt.

Wirtschaft: Weberei, Mühle.

Persönlichkeit: D. Erich Wehrenfennig (1872–1968), Bischof und Kirchenpräsident der Evangelischen Kirche in Böhmen, Mähren und Schlesien, seit 1952 in Bayern, gründete er hier die Gemeinschaft evangelischer Sudetendeutscher.

1930: 480 Einw. (477 Deutsche, 2 Ausl.) (326 evang., 154 kath.)

Klein Mohrau *(Malá Moravka)*, Bez. Freudenthal. 659 m. Station der Eisenbahnstrecke Freudenthal – Karlsdorf. Eine frühe Bergbausiedlung. Seit 1470 im Besitz der Familie Würben, Förderer des Bergbaues. Während der Reformation nahmen die Bürger die neue Lehre an, 1614 bauten sie sich eine Kirche, die bis 1624 bestand. Im Dreißigjährigen Krieg wurden sie wieder zum Katholizismus zurückgeführt.

Pfarrkirche (Dreifaltigkeit) in jetziger Gestalt 1790–1798 errichtet. Am Kapellenberg eine Dreifaltigkeitskapelle.

Wirtschaft: Bereits 1840 wurde eine Kettenfabrik errichtet. Die Kettenfabrik der Mährisch-Schlesischen Berg- und Hüttenwerksgesellschaft (130 Arbeiter) bestand seit 1928. Papier- und Pappenfabrik (seit 1833). Leitern- und Holzwarenfabrik (seit 1909). Die Spitzenklöppelei, auch in der Umgebung, wurde seit 1880 betrieben. Sommerfrische, Wintersport (Sprungschanze).

1930: 1255 Einw. (1187 Deutsche, 40 Tschechen, 27 Ausl.).

Umgebung (heute Naturschutzgebiet): Kapellenberg, 732 m, Trampusfels.

Klein Skal *(Malá Skála)*, Bez. Semil. 350 m. Der Ursprung des Dorfes geht in das 15. Jh. zurück. Ruinen der gotischen Burg Wranow (zerstört um 1500). Hier schuf der Nixdorfer Textilfabrikant Zacharias von Römisch, der Herrschaftsbesitzer, das sog. Felsen-Pantheon, eine Ruhmeshalle mit Säulen und Büsten berühmter Persönlichkeiten (1826 angelegt). Die Ruinen der Burg sind in das Pantheon einbezogen. Barockschloß mit großem Park. Kapelle des Hl.Laurentius (1760). Die Herrschaft besaß seit 1902 der Politiker Dr. Wilhelm Medinger (1878 - 1934), ein Vorkämpfer der Rechte und Eigenständigkeit der Minderheitenvolksgruppen in Europa.
Wirschaft: Erzeugung von Glaskorallen.
Der Ort im romantischen Böhmischen Paradies gelegen, war ein beliebtes Ausflugsziel.

Klein Tajax *(Dyjakovičky,* früher *Malé Diakovice)*, Bez. Znaim. 216 m. Das Dorf an der alten Poststraße Znaim–Wien bestand schon vor 1200, als die Kirche zu Klosterbruck kam; Besitzer waren u. a. Wilhelm von Pernstein und die Herrschaft Joslowitz (Anfang 16. Jh.).
Pfarrkirche Hl. Vitus, ein gotischer Bau mit romanischem Turm. Altarbilder von Josef Winterhalter. Orgel 1800, Kreuzweg 1836. Auf einer Brücke Mariensäule (1716).
Weinbau.
Ferdinand Kauer (1751 - 1831), Kapellmeister am Josefstädter und Leopoldstädter Theater in Wien; schrieb über 100 Singspiele, kleine Opern, Symphonien, Kammermusik usw.
1930: 997 Einw. (943 Deutsche, 41 Tschechen, 13 Ausl.).

Kleiß, 755 m, ein östlicher Ausläufer des Böhmischen Mittelgebirges im Nordosten der Glasmacherstadt Haida. Der Phonolithkegel am Südrand des Lausitzer Gebirges mit seinem Steilabfall im Westen bietet weite Fernsicht. Naturschutzgebiet, in dem Gemsen ausgesetzt wurden, mit seltener Flora und mit Mischwald bedeckt. Die Kleißquelle in 616 m Höhe versorgt die Stadt Haida mit Wasser.

Klentnitz *(Klentnice)*, Bezirk Nikolsburg. 334 m. Gräberfunde (Schmuck) aus der La-Tène-Zeit weisen sehr frühe Besiedlung aus. Die Filialkirche St. Georg, eingepfarrt nach Nikolsburg, ist ein Rokokobau (1783 - 1785), Stuck von Andreas Schweigel, Hochaltarbild von Josef Winterhalter. Johannes-von-Nepomuk-Statue aus der ersten Hälfte des 18. Jh. Das Heimatkundemuseum richtete 1923 Josef Freising ein (vorgeschichtliche Funde, heimatkundliche Sammlung, Münzen).
Wirtschaft: Weinbau, Obstbau, Viehzucht.
Sommerfrische am Fuße der Pollauer Berge.
1930: 556 Einw. (552 Deutsche, 4 Ausl.)
Umgebung: Ruine Rosenberg (Burg Waisenstein), hier errichtete der Turngau Südmähren ein Heldendenkmal (1925). Tafelberg, 459 m. Rosenberg, 437 m, auf der Südseite des Kesselberges Reste einer Kapelle (1652).

Klosterbruck *(Louka)*, zu Znaim gehörend. Am Ort einer Kapelle (1058) stiftete Fürst Konrad II. 1190 ein Prämonstratenserkloster. 1200 Weihe der Stiftskirche, die, zuerst romanisch, wovon die Krypta Zeugnis ablegt, später im gotischen, Renaissance- und barocken Stil umgebaut wurde. Im Hussitenkrieg erlebte das Kloster Brandschatzung und Verwüstung. Die Klostergebäude, 1748 - 1784 nach Plänen Johann Lukas von Hildebrandts erbaut und mit Fresken von Anton Maulbertsch und Johann W. Bergl geschmückt, blieben unvollendet, denn 1784 erfolgte die Aufhebung des Klosters. Die Kirche Mariä Himmelfahrt und St. Wenzel wurde Pfarrkirche. Die kunstvollen Bibliotheksschränke kamen in das Prager Kloster Strahow; die Stiftsgebäude dienten als Tabakfabrik, Spital, Kaserne und Genie-Akademie.

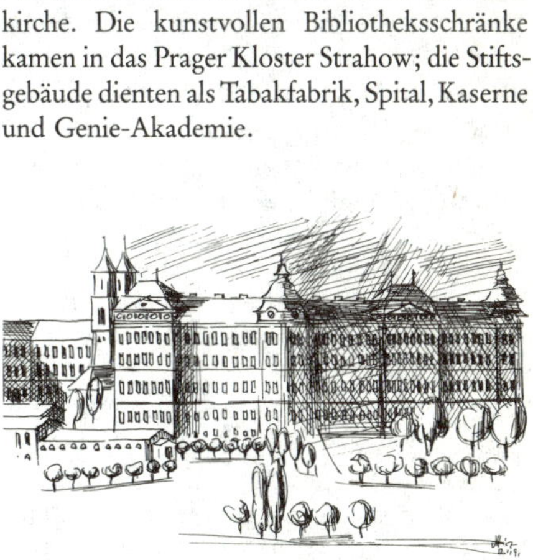

Klosterbruck, ehemalige Klostergebäude

In Klosterbruck hatte Abt Sebastian II. 1595 eine Druckerei errichtet, die bis 1608 bestand; bisher konnten 21 Druckwerke festgestellt werden. Angehöriger des Stiftes und zeitweise dessen Prior war P. Prokop Diwisch (1696 – 1765), der während seiner Zeit als Pfarrer von Brenditz 1754 den Blitzableiter erfand.

Klostergrab *(Hrob)*, Bez. Dux. 356 m. Das langgezogene Städtchen am Abhang des Erzgebirges liegt an der Bahnlinie Oberleutensdorf – Freiberg/Sachsen.

In der Gegend wurde bereits im 12. Jh. Silberbergbau betrieben. Der Stadt verlieh König Wladislaw 1477 das Stadtwappen (rechts der böhmische Löwe, links ein Bischofsstab, darüber die gekreuzten Berghämmer). Im 16. Jh. erreichte der Silberbergbau seine höchste Blüte. Seit 1580 gehörte Klostergrab dem Kloster Ossegg, bzw. dem Prager Erzbischof Johannes Lohelius, der die Herrschaft über Ossegg ausübte. 1594 Erhebung zur Bergstadt und Gründung des priv. Scharfschützenkorps. Als die königlichen Kommissare verfügten, daß die evangelische Kirche in Braunau gesperrt und die in Klostergrab versiegelt und niedergerissen wurde, war dies mit der Anlaß zum Ausbruch des Dreißigjährigen Krieges i. J. 1618. Von Goethe, der auch Klostergrab besuchte, kennen wir den Ausspruch: „Klostergrab liegt in einem sehr anmutigen Bergtale; unterhalb die schönsten Wiesen, oberhalb zum Fruchtbau so leichter Boden, als man im Gebirge nicht erwarten sollte."

Barbarakirche, gotisch 1282, um 1600 Renaissance, Umbau im 19. Jh. Bild Christus vor Pilatus (1628). In der Sakristei spätgotisches Taufbecken. 1913 wurden die Fundamente der evangelischen Kirche entdeckt, die 1580 gebaut und 1618 vernichtet wurde. Barockbrunnen 1740, Josefsstatue auf dem Marktplatz um 1750.

Wirtschaft: Glasfabrik, Wäscheerzeugung, Bergbau, Bleiindustrie.

1930: 3602 Einw. (2791 Deutsche, 738 Tschechen, 38 Ausl.).

Umgebung: Strobnitzberg, 853 m, Stürmer, 869 m; Königshügel, 449 m, benannt nach König Friedrich Wilhelm III. von Preußen, der ihn 1835 erstmals besuchte. Gute Aussicht.

Klösterle *(Klášterec nad Ohří)*, Bez. Kaaden. 330 m. Die Stadt an der Eger dehnt sich zwischen Erzgebirge und Duppauer Bergland aus. Eisenbahnstation an der Strecke Komotau – Eger.

1121 Gründung als Benediktinerpropstei Claustrellum (d. i. Klösterle) des Klosters Postelberg. 1277 Besitz des Königs Ottokar II., 1356 der Familie Schönburg, später der Ilburg und Vitzthum; diese hatten sich am Aufstand wider den Kaiser beteiligt, daher wurde ihr Eigentum konfisziert. 1623 kauften die Freiherren (später Grafen) Thun die Herrschaft Klösterle. Stadtwappen: Vor einer bezinnten Mauer ein Turm mit offenem Tor, auf der Mauer beiderseits des Turmes je drei Ähren.

Schloß aus d. J. 1540, 1590 vergrößert, 1660 barock und 1856 neugotisch verändert. Im Schloßpark Plastiken von Johann Brokoff, der von 1685 – 1687 im Dienste der Grafen Thun in Klösterle arbeitete. Im Schloß heute Museum mit böhmischem, europäischem und asiatischem Porzellan.

Dreifaltigkeitskirche, nach Plänen von Carlo Lurago 1665 – 1670 im frühbarocken Stil errichtet, wurde 1670 eingeweiht. Die alte Orgel von 1660 war ein Werk J. Schedlichs aus St. Joachimsthal, die neue stammt von Ferdinand Müller-Pomeißl (1795). Die Friedhofskirche, 1743 – 1760, ist ein spätbarocker oktogonaler Bau mit Kuppel und Laterne. Brauereigebäude, barock 1724, mit Plastiken von J. Brokoff. Dieser schuf auch den Marktbrunnen (1683). Pestsäule 1698.

Klösterle, Schloß

Wirtschaft: Die Porzellanfabrik, 1794 errichtet, war die zweitälteste in Böhmen. Sie kam 1800 in den Besitz der Grafen Thun; Markenzeichen: goldene Krone, darunter TK und Thun. 1872 arbeiteten sechs, 1890 bereits acht Brennöfen. Korkfabrik Klösterle und Brunnersdorf Carl Simon. Maschinenfabrik, Brauerei, Gerbereien. Der Export des Heil- und Tafelwassers aus dem bekannten Sauerbrunn an der Eger (stärkste Lithiumquelle Böhmens) ist heute eingestellt.
In Klösterle kam 1686 Michael Johann Josef Brokoff, der berühmte Barockbildhauer in Prag, zur Welt (gest. 1721).
1930 (mit Schönburg und Zuflucht): 2590 Einw. (2523 Deutsche, 41 Tschechen, 24 Ausl.).
Umgebung: Ruinen Egerburg, Schönburg, Felixburg und Hassenstein. Kupferhübel.

Kojetein *(Kojetín)*, Bez. Prerau. 200 m. Die Stadt an der March liegt an den Eisenbahnlinien Brünn – Prerau, Kojetein – Tobitschau. 1280 Markt. Vom 13. Jh. bis 1725 im Besitz des Prager Bistums.
Kirche Mariä Himmelfahrt, gotisch, dann frühbarock, 1692 Umbau durch Tencalla. Barocke Pfarrei aus dem 18. Jh. Pestsäule auf dem Marktplatz (1705) und andere barocke Säulen. Jüdischer Friedhof (seit 1574) mit alten Grabsteinen.
Wirtschaft: Zuckerfabrik, Spirituserzeugung, Malzfabrik, Nahrungsmittelindustrie, Zement- und Holzwarenerzeugung.
Persönlichkeiten: Amalia Maria Mohaupt (1811 – 1883), seit 1837 Ehefrau Adalbert Stifters; P. Beda Dudik (1815 – 1890), Benediktiner des Stiftes Raigern, mährischer Landeshistoriograph; Adolf Brüll (1846 – 1908), Schriftsteller.

Kokaschitz *(Kokašice)*, Bez. Plan. Das Dorf bei Weseritz war 1227 im Besitz eines Benesch, später der Herren von Schwanberg. Durch diese kam es 1494 zur Herrschaft Weseritz. Zuständige Pfarre war Tscheliv.
Durch die Erzählung „Kokaschitzer Weihnacht“ von Hellmut Walters (1930 – 1985) aus Obersekerschan bei Pilsen ist das Dorf zu einem literarischen Motiv geworden.
In Kokaschitz wurde der Häuslersohn und spätere Rittmeister Johann Georg Schill geboren; er war der Vater von Ferdinand von Schill (1776 – 1809), dem bekannten preußischen Husarenmajor, der vergeblich zum Kampf gegen Napoleon aufrief und in Stralsund fiel.
1930 (mit Schwanberg): 447 Einw. (433 Deutsche, 11 Tschechen).

Türmereiches Kolin

Kolin *(Kolín nad Labem)*. 225 m. Die Bezirksstadt an der Elbe liegt östlich von Prag und ist Eisenbahnknotenpunkt. Die Gründung erfolgte durch Ottokar II., der im 13. Jh. Deutsche in das Land berief. 1257 Verleihung des Stadtrechts nach Magdeburger Vorbild. Obwohl damals deutsche Bürger in Kolin lebten, ist es doch (nach E. Schwarz) unwahrscheinlich, daß die Namensgebung nach Köln am Rhein erfolgte. Nach Schwarz tritt der erste tschechische Name im Rat der Stadt erst 1366 auf. Nach einer tschechischen Quelle (Vávra) gab es 1421 ca. 75% Deutsche und 25% Tschechen. Das Siegel aus dem 14. Jh. zeigt eine Stadtmauer mit offenem Tor, darüber zwei Türme, zwischen diesen ein Schild mit böhmischem Löwen; Umschrift: Sigillum burgensium de Colonia nova supra Albe. Das Bild des Siegels wurde später in das Stadtwappen übernommen.
Als die Hussiten Kolin einnahmen, mußten die Deutschen, die sich nicht fügen wollten, auswandern. 1427 fielen die Koliner von den Pragern ab, ergaben sich aber wieder. Obwohl im 16. Jh. wiederum mehr Deutsche nach Kolin kamen, wurden sie doch bald wieder assimiliert. Am 18. Juni 1757 Sieg der Österreicher unter Daun über Friedrich II.; dadurch Befreiung Prags von der preußischen Belagerung und Räumung Böh-

mens von den Feinden. Maria Theresia stiftete in Erinnerung an diesen Sieg den Maria-Theresia-Orden.
Die Bartholomäuskirche, erst romanisch, wurde 1360 – 1378 vollendet; den Chor schuf Peter Parler. Schönes Netzgewölbe. Der freistehende Glockenturm neben der Kirche stammt von Meister Bartosch (1504), restauriert hat ihn 1872 Josef Mocker. Glasfenster aus d. J. 1380. Hochaltarbild von Peter Brandl. Alte Grabdenkmäler (Ruthard und Wartenberg). Kirche Johannes d. Täufer mit Fresken (Ende 13. oder Anfang 14. Jh.). St. Veitskirche (14. Jh.) im katholischen Friedhof. Evangelische Kirche. Synagoge (1696). Rathaus am Ringplatz mit Sgraffitoschmuck. Mariensäule (17. Jh.) von F. B. Sperling. Judenfriedhof aus dem 15. Jh.
Wirtschaft: Waggonfabrik. Maschinenbau, chemische Werke, graphische Betriebe. Landwirtschaftliche Industrie (fruchtbare Region!).
Persönlichkeiten: Joseph Popper-Lynkeus (1838 – 1921), Techniker, Erfinder, Philosoph, Sozialreformer, vielseitiger Schriftsteller; Alfons von Czibulka (1888 im nahen Schloß Radborsch – 1969), freier Schriftsteller, Zeitschriftenherausgeber.
1930: 18 488 Einw. (18 200 Tschechen, 136 Ausländer, 108 Deutsche, 25 Russen).
Umgebung: Lipan, wo 1434 die Hussiten geschlagen wurden. Friedrichsberg, 278 m, wo sich Friedrich II. während der Schlacht aufhielt, die er verlor; eine Pyramide erinnert an den Sieg der Österreicher. Kauřim mit frühgotischer Kirche und Krypta (13. Jh.), archäologische Funde aus altslawischer Besiedlung.

Kolleschowitz *(Kolešovice)*, Bez. Podersam. 377 m. Marktgemeinde an der Sprachgrenze. Funde bezeugen die vorgeschichtliche Besiedlung. Urkundliche Nennung 1318. 1336 war hier Albert d. Ä. Liebsteinsky von Kolowrat Herr. Seit 1623 Johann Münich von Artzberg Besitzer, seit 1678 Hermann Joachim Graf Nostitz.
Pfarrkirche Peter und Paul, an Stelle der Kirche aus dem 14. Jh. zu Anfang des 18. Jh.s errichtet. Die schon 1352 bestehende Pfarrei wurde wegen Religionsstreitigkeiten aufgegeben. Matriken in 1725 neu gegründeter Pfarrei seit 1706.
1724 erwarb Georg Oliver Graf Wallis das Gut Kolleschowitz. Dieser läßt 1725 in Erfüllung eines Gelübdes ein Marienbild in die Kirche übertragen, zu dem seither Wallfahrten unternommen wurden. 1868 Erhebung zur Marktgemeinde.
1930 (mit Hermannsdorf): 1501 Einw. (976 Deutsche, 511 Tschechen, 7 Ausl.).

Kolmen *(Chlum)*, Bez. Tetschen. 400 m. Dorf am rechten Elbeufer, zu Altstadt gehörig. Umgebinde-Riegelfachwerkbauten aus dem 18. Jh. Pseudoromanische Kapelle (1884). Den Touristen fielen die sog. Dörrhäusel auf, die zum Trocknen des Obstes dienten. Das Osterreiten in Kolmen ist sei 1702 belegt. Viktor-Wetzel-und Robert-Manzer-Säulen. Manzer (1877 – 1942), gebürtiger Tetschener, war Generalmusikdirektor in Karlsbad und Gründer des Manzer-Quartetts.
Sommerfrische, Wintersport (Sprungschanze).
1930 (mit Dorf Stabigt und dem Weiler Steinbach): 392 Einw. (387 Deutsche, 3 Ausl., 1 Tscheche).
In der Umgebung Spuren des wegen Unrentabilität eingestellten Bergbaus (Kohle und Kupfer). Die Kolmener Scheibe mit ihren sog. Zwergenlöchern besteht aus Basalt und ist der nördlichste Teil des Böhmischen Mittelgebirges. Kolmener Kippe (520 m) mit Aussichtsturm.

Kommern *(Komořany)*, Bez. Brüx. 1250 schenkte König Wenzel den Ort im Bielatal unterhalb des Brüxer Schloßberges und einen Teil des Kommerner Sees dem Kloster Ossegg. Die frühen Siedler waren Fischer und hatten gegen Dienstleistung für die Herrschaft das Recht der freien Fischerei. Im 15. Jh. gehörte das Dorf teilweise zur Herrschaft Görkau. Anfang des 19. Jh. war der See trockengelegt. Besitzer der Herrschaft Eisenberg-Neundorf, zu der Kommern gehörte, waren die Fürsten Lobkowitz. Das Dorf, nach Tschausch eingepfarrt, hatte eine Annakapelle, 1845 erbaut.
Wirtschaft: Landwirtschaft auf dem fruchtbaren Boden des ehem. Sees.
Braunkohlebergbau (Fortunaschacht, Nordböhm. Kohlenwerks-Gesellschaft). Möbelerzeugung.

Komotauer Wappen

Einw.: 1857: 398 Deutsche. 1890: 1028 Deutsche, 477 Tschechen. 1930: 2920 Einw. (1464 Deutsche, 1437 Tschechen, 19 Ausl.).

Komotau *(Chomutov)*. 340 m. Nordwestböhmische Bezirksstadt am Abhang des Erzgebirges und am Komotauer (Assig-)Bach gelegen. Eisenbahnknotenpunkt (5 Linien).

1252 schenkte Friedrich von Komotau den Ort dem Deutschen Orden, der viel zur Kultivierung der gesamten Region beitrug. Komotau wurde 1335 Stadt und 1398 königliche Stadt. Nach der Eroberung 1421 durch Žižka wurde Komotau niedergebrannt und seine deutsche Bevölkerung ermordet. 1488 kam die Stadt an die Familie Weitmühl, 1560 an Erzherzog Ferdinand, 1571 zur Herrschaft Hassenstein von Lobkowitz und 1594 an die königliche Kammer. Die Bewohner wandten sich der Reformation zu. Dem Bemühen der Herrschaft, zum alten Glauben zurückzukehren, widersetzten sie sich und rotteten sich 1591 in einem Aufstand gegen diese zusammen. 1605 kaufte sich Komotau von der Untertänigkeit los. Im 30jährigen Krieg kamen viele Drangsale durch Schweden über die Stadt. Am Ende des Zweiten Weltkriegs fielen mehrmals Bomben. Nach der Austreibung der deutschen Bevölkerung Wiederbesiedlung mit Tschechen aus Innerböhmen und anderen Teilen des Staates. Durch viele Neubauten wurde das Gesicht der Stadt verändert.

Das Wappen Komotaus geht auf das 1396 erteilte Siegel zurück; dieses wird von Zelenka beschrieben: Zwischen zwei Türmen ein gekrönter Schild mit einem Löwen sowie einem bezinnten Tor, flankiert von je einem Ordenswappen unterhalb der Türme.

Die Kommende des Deutschen Ordens wurde, nachdem sie abgebrannt war, zum Rathaus umgebaut (1520). Zur Kommende gehörte die Katharinenkirche, das älteste Bauwerk der Stadt (2. Hälfte 13. Jh.), mehrmals umgebaut und 1782 aufgehoben und profaniert. Die Dekanal- und Pfarrkirche Mariä Himmelfahrt (1516 - 1542), eine spätgotische Hallenkirche, ist das Werk von Josef Schreml; die Wölbung stammt von Jakob Hans. Ein frühbarockes Bauwerk ist die St. Ignatius-Kirche, die frühere Jesuitenkirche, die Carlo Lurago 1663 - 1671 errichtet hatte; daneben das Jesuitenkollegium und das Gymnasium; dieses wurde 1591 als Jesuitenakademie eröffnet und 1777 geschlossen, 1779 den Dominikanern und 1807 den Zisterziensern von Ossegg übergeben; 1909 erfolgte die Verstaatlichung des Gymnasiums. Das Jesuitenkolleg wurde nach Aufhebung des Ordens zur Kaserne. Die Spitalkirche Hl. Geist, 1596 an Stelle einer älteren Kirche, brannte mehrmals ab. Die neugotische evangelische Kirche konnte 1896 - 1899 mit Hilfe des Gustav-Adolf-Vereins errichtet werden. Die Synagoge (1876) stand bis zu ihrer Zerstörung in der Weingasse.

Die Barbarakirche in Oberdorf (Komotau II), ein gotischer Bau aus dem frühen 16. Jh., blieb unvollendet; das Presbyterium wurde als Kirche genutzt.

Am Marktplatz gotische, Renaissance- und barocke Häuser, teilweise mit Lauben (16. und 17. Jh.). Theater, Waldtheater, städtische Parksäle, Schützenhaus und Jahnturnhalle, letztere im Stadtpark, wo auch das große Denkmal eines Ordensritters stand. Neben der Kaadner Kapelle (Anfang 18. Jh.) gab es noch mehrere Kapellen. Die Dreifaltigkeitssäule auf dem Marktplatz mit Sandsteinstatuen von Heiligen wurde nach der Pestzeit 1697 von Bäckermeister Wolf gestiftet. Statuen sind gewidmet den Heiligen Florian, Maria und Anna, Barbara (zweimal), Josef, dem Erlöser, Johannes und Paulus, Johannes von Nepomuk (dreimal) u. a.

Marktplatz mit Pfarrkirche in Komotau

Das Stadtmuseum im ehem. Deutschordensritterschloß, um 1900 enstanden, aber erst 1923 eröffnet, birgt wertvolle spätgotische Holzplastiken des Ulrich Creutz und zeitgenössischer Künstler, Barockplastiken von Johann Brokoff, J. Vetter, Johann Wenzel Grauer, Adam Tietz u. a., Epitaphien, Steinmetzarbeiten aus Tschernowitz, naturwissenschaftliche und kunstgewerbliche Sammlungen (böhmisches Glas, Porzellan, Zinn, Woll- und Seidentücher, Gold- und Silberhauben usw.). Das Museum hatte bemerkenswerte Ausstellungen veranstaltet: „Ulrich Creutz", 1925, „Nordwestböhmische Barockplastik", 1927, und „Gotische Malerei und Plastik", 1928.

Das Stadtarchiv hatte in Rudolf Wenisch einen kundigen Leiter. Es besaß Urkunden seit 1376, Akten seit 16. Jh., Amtsbücher seit 1468 und Chroniken seit 1770. Kaum ausgewertet waren die Archive des Jesuitenkollegs, des Alaunbergwerks, der Zünfte, des Ratsarchivs. Eine Zweigstelle des Archivs war die Anstalt für Heimatforschung. Neben dem Gymnasium mit alter Tradition gab es verschiedene Fachschulen.

Wirtschaft: Im 16. Jh. begann die wirtschaftliche Aufwärtsentwicklung (Alaun- und Eisengewinnung), die sich dann vor allem durch den 1870 erfolgten Anschluß an das Eisenbahnnetz steigerte. Komotau, das Zentrum eines Reviers der Kohlegewinnung und der Stahlindustrie, hatte Hüttenwerke (Röhrenwerke Mannesmann, 3500 Beschäftigte, Poldihütte, die seit dem I. Weltkrieg in Komotau ansässig war), Chemie- und Glasindustrie, Fabriken zur Erzeugung von Uhren, Papier, Hüten, Lack, Nägeln, Zementwaren, Schamotte, drei Schuhfabriken und fünf Druckereien.

Persönlichkeiten: Matthäus Aurogallus (eigentl. Goldhahn) (um 1490 - 1543), Hebraist, Rektor der Universität Wittenberg, Helfer Luthers bei der Bibelübersetzung; Andreas Günther († 1541), Architekt, der Kirchen und Schlösser in Mitteldeutschland baute; Ulrich Creutz, der einzige Bildhauer der Spätgotik in der Gegend von Komotau und Kaaden, war zwischen 1516 und 1530 tätig; Daniel Meißner (1585 - 1625), schrieb deutsche und lateinische Dichtungen, Hauptwerk: „Thesaurus philopoliticus" (mit zahlreichen Städte- und Landschaftsansichten aus d. J. 1625 - 1631), als Poeta laureatus gekrönt; Franz Pubitschka (1722 - 1807), Jesuit und Historiker, Historiograph seines Ordens und nach dessen Auflösung des Königreichs Böhmen. Seine mehrbändige lateinisch geschriebene Geschichte Böhmens wurde auch ins Deutsche übersetzt; Franz Joseph von Gerstner (1756 - 1832), Universitätsprofessor in Prag, Begründer des Polytechnischen Instituts, der späteren Technischen Hochschule in Prag, plante den Bau der Pferdeeisenbahn zwischen Budweis und Linz, die sein Sohn Franz Anton von Gerstner, 1796-1840, ausführte. Er baute auch die erste russische Eisenbahn zwischen St. Petersburg und Pawlowsk. Professor am Polytechnikum in Wien; Franz Makowitschka (Hagensdorf 1811 - 1890), Jurist und Politiker, Universitätsprofessor der Volkswirtschaft in Erlangen; Ignaz Krahl (1828 - 1886), Zisterzienser, der am Komotauer Gymna-

Komotau. Lapidarium und Dreifaltigkeitssäule

sium lehrte. Verfasser einer (der einzigen) Stadtgeschichte Komotaus; Karl Wenzel Zenger (1830 - 1908), Physiker, Meteorologe, Professor an der Tschechischen Technischen Hochschule in Prag; Gustav R. von Brosch (1844 - 1924), Admiral und Arktisforscher; Franz Höfer von Feldsturm (1861 - 1918), General, Sektionschef im k. u. k. Kriegsministerium; Franz Dörfel (1879 - 1959), Professor der Betriebswirtschaftslehre in Wien; Rudolf Wenisch (Prag 1892 - 1967), Archivar der Stadt Komotau, Geschichtsforscher; Kurt Heller (1898 - 1947), Dozent der Chemie an den Universitäten Prag und Aberystwyth/Wales; Robert Lindenbaum (1898 - 1979), mit mehreren Preisen ausgezeichneter Schriftsteller; Josef Seifert (1900 - 1971), Hauptschriftleiter des Deutschen Volksblattes in Komotau, seit 1950 trug er viel zum Wiederaufbau des Heilbades Bad Berneck im Fichtelgebirge bei, als Leiter des Kurbüros und Redakteur der Kurzeitung, Schriftleiter der Bad Bernecker Zeitung; Walfried Schmiedl (1902 - 1985). Rentenfachmann. Leiter der Rechtsabteilung der Allgemeinen Pensionsanstalt in Prag, stellvertretender Direktor von deren Amtsstelle in Brünn und Direktor der Landesversicherungsabteilung in Bayreuth; Josef Seifert d. J. (1918 - 1981), Schriftsteller und Schriftleiter. Herausgeber der Heimatchronik/Komotauer Zeitung. Verleger von Heimatbüchern, u. a. von „Komotauer im Strom der Zeit", in dem er die Persönlichkeiten aus Stadt und Bezirk Komotau in Vergangenheit und Gegenwart vorstellte.
1857: 5933 deutsche Einw. 1930 (mit Alaunhütte und Michanitz): 33 279 Einw. (27 609 Deutsche, 4449 Tschechen, 868 Ausl., 353 andere). Die Bevölkerung des politischen Bezirks war zu 86,5 %, des Gerichtsbezirks zu 87,4 % deutsch.
Umgebung: Alaunsee (16,5 ha), entstanden durch Austritt des Grundwassers aus dem Alaunbergwerk (seit 1831), Erholungsgebiet. Grundtal (heute Bezručovi údolí) mit den Grundmühlen in romantischer Umgebung, bei der Dritten Grundmühle Talsperre der Stadt Komotau, 1899 - 1904 erbaut. Hutberg, 510 m, mit Warte und Bergwirtschaft. Tuschmitz, heute mit zwei großen Wärmekraftwerken, die mit

Dom und Weißer Turm in Königgrätz

den in Brunnersdorf entstehenden eine technische Einheit bilden werden. Görkau und das Schloß Rothenhaus. Sebastiansberg mit dem ausgedehnten Hochmoor.
Seit 1951 haben die vertriebenen Deutschen aus Komotau die Stadt Erlangen als Patenstadt. Im dortigen Stutterheim-Palais befinden sich die Komotauer Heimatstuben mit wertvollen heimatkundlichen Beständen. Die Komotauer treffen sich in jedem Jahr in der Patenstadt.

Königgrätz *(Hradec Králové)*, 235 m. Bei der Kreisstadt mündet die Adler in die Elbe. Eisenbahnknotenpunkt. Königgrätz, eine Gründung des 13. Jh., war Witwensitz der böhmischen Königinnen.
Die Stadt schlug sich auf die Seite der aufständischen Hussiten. In der Hl.-Geist-Kirche wurde der Hussitenfeldherr Jan Žižka beigesetzt. Zu Beginn des 17. Jh.s war die Stadt vollständig utraquistisch. An Stelle des in den Hussitenkriegen untergegangenen Bistums Leitomischl errichtete Papst Alexander VII. 1664 die Diözese Königgrätz; bis 1956 residierten 22 Bischöfe. Zum Bistumsgebiet gehörten das Riesengebirge und das Braunauer Ländchen. Die politischen Veränderungen von 1938 bedingten die Schaffung des Generalvikariats Trautenau, das von dem Trautenauer Erzdechanten und Apostolischen Protonotar Richard Popp geleitet wurde. Joseph II. ließ die Stadt zu einer Festung ausbauen. Da sich diese anläßlich der Schlacht bei Königgrätz (3. Juli 1866) als nutzlos erwiesen hatte, wurde sie wieder geschleift. Dadurch war

die Ausweitung und bauliche Entwicklung der Stadt, die bis Mitte des 19. Jh. Verwaltungszentrum für Ostböhmen war, ermöglicht.
Schon 1362 enthielt das Siegel der Stadt, damals noch Grätz genannt, den böhmischen Löwen; daraus entwickelte sich das Wappenbild: Der nach links gewendete Löwe mit goldener Krone und einem G in den Pranken.
Baudenkmäler: Barocke Klemenskirche, daneben freistehend der Weiße Turm, 68 m, mit freier Galerie (1574 - 1585). Heilig-Geist-Kirche, gotischer Backsteinbau, 1. Hälfte 14. Jh., mit gotischem Flügelaltar, bischöfliche Kathedrale. Die Mariä-Himmelfahrts-Kirche (1654 - 1666) von Carlo Lurago; daneben das Jesuitenkollegium. Das ehemalige bischöfliche Seminar am Burgplatz mit der Johannes-von-Nepomuk-Kapelle (1714). Bischöfliche Residenz, heute Gemäldegalerie, 1709 - 1716. Kanonikerhäuser. Rathaus, gotisch, Umbauten im 16. Jh. und 1850/1851. Gewerbemuseum, Historisches Museum mit kriegsgeschichtlichen Sammlungen (1866). Theater. Mariensäule (1737).
Wirtschaft: Königgrätz ist das Industriezentrum Ostböhmens. Metallwaren, Möbel, Textilindustrie, Musikinstrumente, geschliffene Gläser, Klavierfabrik, Motoren, Nahrungsmittelindustrie, Buchdruckereien.
Persönlichkeiten: Bohuslaw Balbin (1621–1688), Jesuit, bedeutendster heimischer Historiker des katholischen Barock; Johann Leopold Hay (Fulnek 1735 - 1794), Bischof von Königgrätz, Urheber des von Joseph II. verkündeten Toleranzpatents; Karl von Rokitansky (1804 - 1879), Medizinprofessor in Wien, schuf die Voraussetzungen für die pathologische Anatomie, Mitglied des Herrenhauses, Präsident der Österreichischen Akademie der Wissenschaften; Friedrich Bach (1817 - 1865), Arzt und Lyriker; Wenzel W. Tomek (1818 - 1905), Professor der Prager Universität, deren Geschichte er schrieb; Rudolf Lodgman von Auen (1877 - 1962), Politiker, erster Sprecher der SL (1948 - 1959), Mitbegründer des Tschechisch-Sudetendeutschen Föderativausschusses.
1930 (mit Sprawtschitz und Wekosch): 17 819 Einw. (16 854 Tschechen, 359 Deutsche, 336 Ungarn, 178 Ausl.) (10 991 röm.-kath., 1219 evang.).
Umgebung: Sadowa und Chlum, wo entscheidende Kämpfe während der Schlacht bei Königgrätz 1866 stattfanden. In Chlum viele Gräber, ein Mausoleum und ein Museum.

Königinhof *(Dvůr Králové)*. 346 m. Die Bezirksstadt in Ostböhmen, am linken Elbeufer, einst Eigentum der böhmischen Fürsten und königliche Leibgedingestadt, erhielt 1308 Stadtrecht. Die deutsche Stadt, 1421 von hussitischen Truppen zerstört und von da an tschechisch geworden, gehörte nun zum Verband der utraquistischen Städte. Nach der Gegenreformation wieder größtenteils katholisch und deutsch. 1639 Verheerung durch die Schweden, 1646 Gefecht zwischen Kaiserlichen und Schweden, die den Sieg errangen, 29. Juni 1866 von Preußen besetzt. Seit Mitte des 19. Jh.s nahm die tschechische Bevölkerung durch den Zuzug von Industriearbeitern zu.
Baudenkmäler: Dekanalkirche (Johannes der Täufer) aus dem 14. Jh., unter ihrem Turm wurde die sog. „Königinhofer Handschrift“ gefunden. Kreuzkirche, 1752 barock. Renaissance-Rathaus mit Sgraffitos aus dem 16. Jh., später Museum. Alte Häuser mit Lauben. Ehemaliges Deutsches Haus, 1892 errichtet. Reste der Befestigungsanlagen. Marienstatuengruppe (1754) auf dem alten Stadtplatz.
Unrühmlich bekannt wurde die Stadt durch die „Königinhofer Handschrift“, 1817 „entdeckt“, eine Fälschung Václav Hankas, durch die er nachzuweisen suchte, daß auch die Tschechen eine alte Literatur aus dem 13. Jh. aufzuweisen hätten. Dadurch erfolgte eine wesentliche Stärkung des tschechischen Nationalbewußtseins. Ebenso wurde auch die sog. „Grünberger Handschrift“ mit literarischen Zeugnissen aus dem 9./10 Jh., ebenfalls von Hanka „gefunden“, als Schwindel entlarvt.
Wirtschaft: 1853 wurde die erste Fabrik (Flachs- und Jutespinnerei) in Betrieb genommen. Webereien, Spinnereien, Bleichereien, Färbereien, Druckereien, Maschinenfabrik.
1930 (mit Silwarleut): 16 585 Einw. (14 703 Tschechen, 1601 Deutsche, 219 Ausl.) (5955

Königsberg an der Eger

röm.-kath., 5385 tschechosl. Kirche, 1322 evang., 366 konfessionslos, 182 israel.) Im politischen Bezirk waren von 69 791 Personen noch 18 017 deutsch. Von den 38 Gemeinden des Gerichtsbezirks waren 30 deutsch.
Umgebung: Königreichwald, eine Hügelkette zwischen Jitschin und Böhmisch Skalitz an der Aupa, 300 - 500 m hoch, mit ausgedehnten Waldungen, die Eigentum des Königs waren. Hier lagen u. a. die deutschen Gemeinden Neu-Rettendorf, Neu-Koken, Neu Söberle, Hegerbusch, Nemaus und Mastig. Die Königreichswalder Talsperre der Elbe mit 9 Millionen cbm Fassungsvermögen war früher die größte Sperre des Staates. Gradlitz und Kukus (mit Schloß), durch den Grafen Sporck und seine Kunstschöpfungen bekannte Orte.

Königsberg an der Eger *(Kynšperk nad Ohři)*, Bez. Falkenau. 430 m. Die Stadt an der Eisenbahnstrecke Prag - Komotau - Eger entwickelte sich aus einer Siedlung an einer nach König Wladislaw I. benannten Burg Königsberg (12. Jh.) und wurde 1232 durch das Prämonstratenserinnenkloster Doxan angelegt. Im 13. Jh. war die Pfarrei dem Kloster Waldsassen unterstellt und kam dann an die Kreuzherren mit dem roten Stern. 1364 verlieh Kaiser Karl IV. Stadtrechte; damals entstanden die Stadtbefestigungen. Im 14. Jh. waren die Grafen von Leuchtenberg Besitzer, ihnen folgten später die Nostitz und Metternich.
Die Kirche Königsbergs, das in der Reformationszeit lutherisch war (bis 1621) ist Mariä Himmelfahrt geweiht und wurde 1721 - 1727 durch W. Braunbock im Auftrag des Kreuzherrenordens errichtet. Die evangelische Kirche ist ein Bau aus dem Jahre 1904. Dreifaltigkeitssäule (1700), alter Judenfriedhof (Anfang 17. Jh.), Reste der Befestigungen und der 1634 von Schweden zerstörten Burg. Matriken seit 1647. Im Wappen aus dem 13. Jh. ein silberner böhmischer Löwe. Fachschule für Holzbearbeitung.
Wirtschaft: Braunkohlebergbau, Spinnereien, Holzverarbeitung (weit bekannte Möbelerzeugung und Krippenschnitzerei), Schuherzeugung, Zementwaren.
Persönlichkeiten: Kaspar Buberl (1832 - 1899), Bildhauer in den Vereinigten Staaten, Schöpfer monumentaler Werke; Karl Krattner (Prag 1862 - 1926), Maler und Akademieprofessor, beide Elternteile aus Königsberg; Moritz Adler (1864 - 1928), Journalist in Karlsbad, Redakteur der Zeitschrift „Der Strom"; Caspar Herrmann (1871 - 1934), Buchdrucker und Erfinder auf dem Gebiete des Druckwesens; Bruno Adler (1889 - 1968), Sohn des Moritz Adler, Kunst- und Literarhistoriker; Rudolf Jakubek (1902 - 1968), Graphiker, Buchillustrator; Rudolf Fischer (1910 - 1971), Slawist, Professor der Universität Leipzig.
1930: 5117 Einw. (4956 Deutsche, 79 Tschechen, 77 Ausl.) (4812 röm.-kath., 120 evang.). 1980: 268 Deutsche (= 5,3 %).
Umgebung: Kaiserwaldgebirge; Wallfahrtsort Maria Kulm.
1968 Übernahme der Patenschaft durch die Stadt Moosburg an der Isar, wo seit 1969 der Heimatbund Königsberg besteht und wo eine Heimatsammlung aufgebaut wird.

Königsberg *(Klimkovice)*, Bez. Wagstadt. 252 m. Königsberg im Südwesten von Mährisch Ostrau war Sitz eines Gerichtsbezirkes. Die Gründung ist für den Beginn des 14. Jh. anzusetzen. Unter Benedikt von Krawarn erfolgte 1383 die Erhebung zur Stadt. Im Renaissanceschloß (1578) saßen seit dem 16. Jh. die Grafen Wilczek; es brannte 1945 ab, wurde wiederhergestellt und dient heute als Verwaltungs- und Schulgebäude. Der Schloßpark trägt den Namen des tschechischen Dichters Petr Bezruč.

Königsberg im Kuhländchen
Gruftkapelle der Grafen Wilczek

Die Katharina-Kirche (1580) zeigt trotz Umbauten noch gotische Teile (Presbyterium um 1400). Bei der Kirche die Gruft der Familie Wilczek. Altarbild von Egon Josef Kossuth aus Troppau. Friedhofskirche (1590). In der 2. Hälfte des 19. Jh. nahm die tschechische Bevölkerung stark zu. 1930 waren von den 19 Gemeinden des Gerichtsbezirks Königsberg nur zwei mit deutscher Mehrheit.
In der Stadt wohnte nach dem 1. Weltkrieg die tschechische Schriftstellerin Jarmila Glazarová.
Wirtschaft: Möbelerzeugung.
1930 (mit Josefsdorf): 3240 Einw. (2934 Tschechen, 229 Deutsche, 51 Ausl.).

Königsfeld (meist nur Kartause genannt) *(Kralovo pole)*, Bez. Brünn. An der Eisenbahnstrecke Brünn – Tischnowitz.
1375 stifteten Markgraf Johann und seine drei Söhne ein Kartäuserkloster, dessen Prioren zu den mährischen Ständen gehörten. Schwere Drangsale erlitt Königsfeld durch die Hussiten, durch die Schweden 1645, die Franzosen 1805 und Preußen 1866. Die Kartause wurde am 19. Januar 1782 aufgelöst. Sie wurde als Kaserne genutzt, später als k. u. k. Kadettenschule. Die Klostergüter kamen zum Schloß der Schönburg-Hartenstein. Die Kirche (Dreifaltigkeit) wurde 1784 eine Lokalie, 1853 Pfarrkirche.
Wirtschaft: Brünn-Königsfelder Maschinenfabrik und Waggonbau-Anstalt (über 1000 Arbeiter), Asphaltfabrik, Erzeugung von Drahtgeflechten, Glühkörpern, Perlmuttknöpfen, Malzfabrik, zwei Zuckerwarenfabriken, Buchdruckerei. Ziegeleien.
1930: 20 667 Einw. (19 245 Tschechen, 804 Deutsche, 463 Ausl., 155 andere).

Königsaal *(Zbraslav)*, Bez. Smichow-Prag Land. 210 m. Der Sitz eines Bezirksgerichts an der Moldau und Mündung der Beraun liegt 8 km südlich Prag. Aula regia war eine Zisterzienserabtei, von Wenzel II. 1292 gestiftet und von bayerischen Mönchen besiedelt. 1420 von Hussiten zerstört. 1785 Aufhebung. Im Kloster lebte Peter von Zittau († um 1339), der Verfasser der Königsaaler Chronik, in der er über die Zeit der letzten Przemysliden und Johanns von Luxemburg berichtet (1295 – 1338).
In der St. Jakobskirche des Klosters sind die Gebeine Wenzels II. und Wenzels III. bestattet. 1716 entstand Santin Aichels barocker Neubau; der dreiflügelige Konventbau ist des Architekten bedeutendstes Werk, das erst von Franz M. Kaňka vollendet werden konnte. In Kirche und Kloster befinden sich wertvolle Marienbilder auf Goldgrund, Bilder von Skreta, Reiner und Palko. Das ehemalige Kloster beherbergt heute eine Galerie mit Plastiken einheimischer Bildhauer des 19. und 20. Jh.
Über der Stadt auf dem Galliberg die ursprünglich romanische St. Galluskirche (um 1100), die 1660 umgebaut wurde. Eine Brauerei aus d. J. 1764 besitzt barocke Formen.
1930: 4150 Einw. (4053 Tschechen, 51 Ausl., 40 Deutsche) (1946 röm.-kath., 1674 tschechosl. Kirche, 341 konfessionslos, 119 evang., 42 israel.).
Seit 1974 gehört Königsaal zu Prag.

Königswald *(Libouchec)*, Bez. Tetschen. 336 m. An der Eisenbahnlinie Bodenbach-Komotau. Das langgestreckte Dorf im obersten Teil des Eulaubachtales geht auf das 12. Jh. zurück. Seit 1357 war es Pfarrdorf. Eine Schule war bereits in der Mitte des 16. Jh. nachgewiesen. Im Dreißigjährigen Krieg wurde das Dorf eingeäschert. An der Kirche (Hl. Dreikönige) sind

noch gotische Teile sichtbar, die Barockisierung erfolgte am Anfang des 18. Jh.s Die Einrichtung wurde neugotisch gestaltet. Matriken wurden 1652 angelegt. Renaissanceschlößchen aus der 2. Hälfte des 16. Jh.
Wirtschaft: Schuh- und Maschinenfabriken, große Samtfabrik, Schachtelerzeugung, Mühlenbau, Lackfabrik, Metallknopf- und Metallwarenerzeugung, Kunstblumen. Landwirtschaft. Sommerfrische. Die Anfänge der Metallknopfindustrie sind am Ende des 18. Jh.s nachgewiesen.
1930 (mit Oberwald): 2156 Einw. (2040 Deutsche, 78 Tschechen, 38 Ausl.)
Umgebung: Tyssaer und Königswalder Wände, Schneeberg, Ruine Blankenstein.

Königswalde *(Knížečí)*, Bez. Schluckenau. Das langgestreckte Dorf (4 km lang) in einem Tal geht auf das Jahr 1346 zurück. 1555 wütete die Pest und raffte fast alle Einwohner dahin. Harte Strafen trafen jene, die 1680 am Bauernaufstand teilgenommen hatten.
Die Pfarrkirche (Hl. Laurentius) ist ein Empirebau aus d. J. 1848. Im Deckengemälde sind Szenen aus dem Leben des Kirchenpatrons dargestellt. Matriken wurden seit 1848 geführt. Die Schule bestand seit 1859.
Wirtschaft: Landwirtschaft, Weberei, Holzwarenerzeugung.
Die bedeutendste Persönlichkeit, die aus dem Dorf hervorging, war Ferdinand Kindermann Ritter von Schulstein (1740 – 1801), Schulreformator („Vater der österreichischen Volksschule") und siebter Bischof von Leitmeritz. Eine Gedenktafel am Schulgebäude ehrt den großen Heimatsohn.
1930: 2626 Einw. (2537 Deutsche, 54 Tschechen, 35 Ausl.).
Umgebung: Jüttelsberg, 507 m, mit Aussichtsturm (1888), Wirtschaft und Baude; Buchenberg, Kumpfenberg; Boxteich, 7 ha. Erholungsgebiet.

Bad Königswart *(Lázně Kynžvart)*, Bez. Marienbad. 723 m. Der Ort am Abhang des Kaiserwaldes in schöner Umgebung liegt an der Bahnlinie Eger – Marienbad. Er entwickelte sich unterhalb der Grenzburg Kunigeswart. Die gotische Burg wurde vor 1400 neu gebaut. 1448

Bad Königswart, Schloß

Marktrecht. 1454 werden schon die Mineralquellen erwähnt. Das Wappen aus dem 15. Jh. ist nach Zelenka rot-silber gespalten, belegt von der oberen Hälfte eines Löwen, der aus dem Plauener Wappen stammt. Die Badehäuser errichtete man Mitte des 19. Jh.s. Anwendung finden kohlensäure- und eisenhaltige Trinkquellen, Kohlensäure-, Moor- und Stahlbäder. Die Viktorsquelle gilt als eine der stärksten Eisenquellen in Mitteleuropa. Indikationen: Rheuma, Frauen- und Nervenkrankheiten, Bluterkrankungen.
Die Pfarrkirche (Hl. Margareta), 1372 genannt, wurde 1509 und in der 2. Hälfte des 19. Jh. umgebaut. Matriken wurden seit 1631 geführt. Vor der Kirche Statue Johannes von Nepomuk. Am Markt eine Mariensäule.
Das Schloß, ein Empirebau, 1820 – 1833 durch Pietro Nobile errichtet, war Eigentum des Fürsten Clemens Metternich, des österreichischen Staatskanzlers. Hier wurde europäische Politik gemacht. Im großen Park ein Obelisk von Kaiser Franz I. (1835). Im berühmten Museum, in dem auch Carl Huß († 1838), der letzte Scharfrichter von Eger, als Kustos wirkte, sind neben den Sammlungen von Huß auch viele Schätze an Kupferstichen, Radierungen, Medaillen, Münzen, Waffen, Möbeln usw., ferner eine kostbare Bibliothek. In der Schloßkapelle ein Marmoraltar, den Papst Gregor XVI. Fürst Metternich schenkte. Im Schloß, wo der Nachlaß des französischen Dichters Alexandre Dumas verwahrt wird, weilten auch Goethe und Stifter als Gäste; letzterer erhielt hier entscheidende Eindrücke für seinen Roman „Der Nachsommer".

Wirtschaft: Im 15. Jh. Zinnbergbau. Tafelglasfabrik.
Persönlichkeiten: Franz Johann W. Habermann (1706 – 1783), Komponist, Kapellmeister in Paris und Florenz, zuletzt Chordirektor an der Kirche in Eger; auch zwei seiner Brüder waren angesehene Musiker und Komponisten von Kirchenmusiken; Alfred Stingl (1895 – 1980), Heimatforscher, der an der Österreichischen Nationalbibliothek in Wien wertvolle Materialien erarbeitete; Rudolf Schmidt (1925 – 1976), Komponist, Orchesterleiter, Herausgeber eines Heimatbuches über den Kaiserwald.
1930 (mit Königswart Stadt und Königswart Schloß): 1858 Einw. (1742 Deutsche, 87 Tschechen, 29 Ausl.).
Umgebung: Kaiserwald mit Judenhau, 987 m; Jagdschloß Glatzen, 814 m, Umgebung (Moore und Wälder) unter Naturschutz; Schloßberg, 821 m, mit Ruine einer 1648 von Schweden zerstörten Burg; Tillenberg, 940 m.

Königswerh, *(Královské Poříčí),* Bez. Falkenau. Das Dorf am linken Ufer der Eger gehörte zu Dominium und Pfarre Falkenau. Die Kirche (Hl. Kunigunde) wird in den Errichtungsbüchern 1384 erwähnt. Im 19. Jh. wuchs die Bevölkerung infolge des Bergbaus stark.
Wirtschaft: Braunkohlebergbau (Marienschacht der Britannia Kohlenwerke).
In Königswerth verlebte Hans Christoph Seebohm (1903 Emanuelssegen bei Kattowitz – 1967) seine Jugend, Mitglied des Deutschen Bundestages, Bundesverkehrsminister, Sprecher der SL.
1930: 1446 Einw. (1302 Deutsche, 104 Tschechen, 40 Ausl.).
1980 lebten noch 153 Deutsche (15,6 % der Gesamteinwohnerzahl) in Königswerth.

Konopischt *(Konopiště),* Bezirk Beneschau in Mittelböhmen. 375 m. Die Burg (Anfang 14. Jh.) wurde nach einigen Umbauten im 18. Jh. zu einem Schloß umgestaltet, an dessen Außengestaltung F. M. Kaňka und Matthias B. Braun beteiligt waren. Josef Mocker erneuerte 1889 – 1894 das Schloß, das 1887 der Thronfolger Erzherzog Franz Ferdinand (ermordet 1914 in Sarajewo) erworben hatte. Großer Englischer Park. Im Juni 1914 war Konopischt Treffpunkt von Kaiser Wilhelm II. und Franz Ferdinand. Große Waffensammlung, Bildergalerie, Plastiken und Jagdtrophäen sind im Schloß mit 82 Sälen untergebracht. Seit 1964 werden Teile als Hotel genutzt.
Umgebung: Oberjanowitz mit Schloß der Familie Nadherny von Borotin. Gäste der Baronin Sidonie Nadherny waren Rilke und Karl Kraus, der diese heiraten wollte; der Briefwechsel zwischen beiden ist veröffentlicht. Im Schloß wurde eine Rilke-Gedenkstätte eingerichtet.

Konrads *(Konrac,* nach 1946 *Klášter I),* Bez. Neu Bistritz. 650 m. Zur Dorfgemeinde gehören Braunschlag (Pranšláky), das seit dem 15. Jh. bestand und nach der Vertreibung der Deutschen verödete, und Kloster (Klášter), wo 1501 ein Paulanerkloster gestiftet wurde; es wurde 1533 von mährischen Wiedertäufern überfallen, dabei kamen die Mönche und viele Gläubige ums Leben; 1626 wieder errichtet, erfolgte 1785 die Aufhebung des Klosters. Die Klosterkirche (Dreifaltigkeit), 1668 – 1682 erbaut, wurde Lokalie. Kloster war ein beliebter Wallfahrtsort. Bald nach Kriegsende waren die Klostergebäude so verfallen, daß sie gänzlich beseitigt wurden.
1930: 366 Einw. (332 Deutsche, 25 Tschechen, 9 Ausl.).

Konstantinsbad *(Konstantinovy Lázně),* zu Kokaschitz gehörig. Bez. Plan. 528 m. Badeort an den Ausläufern des Kaiserwaldes. Seinen Ruf verdankt Konstantinsbad an der Eisenbahnstrecke Neuhof – Weseritz mehreren Mineralquellen für Trink- und Badekuren, ebenso Moorbädern. Indikationen: Herz- und Frauenkrankheiten, rheumatische und Nerven-Erkrankungen, Blutarmut und Arterienverkalkung. Die Quellen kannte man schon im 16. Jh. Erste Badeeinrichtung 1806. Die Anerkennung als Kurort erfolgte (als Bad Neudorf) 1875. Seinen Namen erhielt der Badeort erst 1900 nach Konstantin von Löwenstein, dem Besitzer.
1930: 502 Einw. (469 Deutsche, 22 Tschechen, 11 Ausl.).
Umgebung; Ruinen Schwanberg und Gottenstein. Schippin (Tierpark mit Damwild), Wallfahrtsort Radischberg 632 m, vorgeschichtliche

Konstantinsbad

Burgstätte. Schafberg mit Bauerndenkmal, Gedenkkapelle für die Opfer des Bauernaufstandes 1680.
1964 wurde in der Nähe von Konstantinsbad eine vorgeschichtliche Siedlung aus der Hallstattzeit entdeckt.

Kopitz *(Kopisty)*, Bez. Brüx. 1057 erwähnt als Platz an einem alten Verkehrsweg, der am späteren Brüx vorbei über das Erzgebirge führte. 1227 Standort zweier Güter, aus denen sich das Dorf Kopitz entwickelte. Die Kirche war seit 1384 Mittelpunkt einer Pfarrei, die nach dem Dreißigjährigen Krieg aufgelöst wurde. Kopitz kam zur Pfarrei Tschausch (St. Martin). Die Matriken reichen bis Mitte 17. Jh. zurück. Seit 1911 war Kopitz Stadt. Das Wappen (seit 1912): Auf blauem Schild ein Pflug, darüber rechts ein Merkurstab mit Zahnrad, links Schlägel und Hammer. Mit dem Einsetzen des Bergbaus im Brüxer Kohlerevier setzte starker tschechischer Zuzug ein. 1939 kam Kopitz zu Brüx. Filialkirche Fronleichnam. Am Gemeindehaus war seit 1894 eine Gedenktafel für Hans Kudlich angebracht.
Wirtschaft: Zwei große Braunkohlebergwerke. Landwirtschaft.
1930 (mit Kummerspursch, Paredl, Plan und Rosental): 8357 Einw. (5932 Tschechen, 2376 Deutsche, 43 Ausl.).

Kornitz *(Chornice)*, Bez. Mährisch Trübau. 322 m. 1258 erwähnt, war das Gericht von Kornitz dem Stadtgericht Gewitsch unterstellt. Um 1550 wurde der Ort lutherisch. Der letzte evangelische Pfarrer war David Froben; dieser mußte 1622 das Land verlassen. Der lutherische Glaube hielt sich aber noch mehrere Jahre. Das um 1558 bestehende Erbgericht kam 1625 käuflich an die Herrschaft Trübau und wurde mit anderen Gütern einem Meierhof zugeschlagen. Seit 1640 waren die Fürsten Liechtenstein Besitzer. Kornitz hatte mehrere große Brände und Verwüstungen in Kriegen zu erdulden.
Die Pfarrkirche St. Laurentius aus spätgotischer Zeit wurde im 18. Jh. renoviert. Die Altarblätter schuf der Trübauer Maler Supper (1712 – 1771), geboren in Müglitz. Der Turm aus d. J. 1692 hat acht kleinere Nebentürme. Das Patronat über die Kirche übten die Fürsten Liechtenstein aus. Die barocke Pestsäule entstand 1735.
Wirtschaft: Baumwollweberei, Stärkefabrik.
1930: 1070 Einw. (848 Deutsche, 215 Tschechen, 5 Ausl.).

Kostenblatt *(Kostomlaty)*, Bez. Dux. 429 m. Das Dorf nahe Bilin kam anfangs des 15. Jh. als Lehen an Benedikt von Dauba und dann an seinen Bruder Albrecht. Es wurde zu Beginn des 17. Jh.s Markt. Seit dem 18. Jh. waren die Clary-Aldringen, seit dem 19. Jh. die Ledebour-Wicheln Besitzer. Diese besaßen das Barockschloß (1670), das auf einer älteren Anlage entstanden war. In der ersten Republik war das Schloß eine staatliche Besserungsanstalt.
Die alte Laurentiuskirche (14. Jh.) erhielt barocke Formen durch O. Broggio. Teile der ursprünglichen Wölbung, das romanische Portal und alte Fenster sind noch sichtbar. Kostenblatt war Sommerfrische.
1857: 977 deutsche Einw. 1930 (mit Tschernschitz und Linschen): 1809 Einw. (1406 Deutsche, 395 Tschechen, 8 Ausl.).
Umgebung: eine Wallfahrtskapelle (1826) mit heilkräftigem Wasser gegen Augenkrankheiten. Ruine Kostenblatt, 566 m. Reste einer königl. Burg, die Wenzel IV. 1379 an Habart von Zierotin veräußerte. Als Eigentum des Deutschen Ordens (1422 – 1430) war sie Sitz Albrechts von Dauba, des letzten Großkomturs des Ordens in Böhmen. 1434 von Hussiten niedergebrannt. Kostenblatt gilt als „schönste und malerischste Burgruine des Böhmischen Mittelgebirges". Im Park von Kostenblatt wurde ein Denkmal für zwei sowjetische Journalisten errichtet, die am

24. August 1968 „bei der Erfüllung brüderlicher Hilfe“ in einem Hubschrauber ums Leben kamen.

Kottwitz *(Chotěvice)*, Bez. Hohenelbe. Der Name des Dorfes, im 13. Jh. angelegt, erscheint 1360 als Cotwicz. Die Pfarrkirche Peter und Paul aus dem 14. Jh. brennen Hussiten 1424 nieder. An ihr wirkten von 1541 bis 1624 lutherische Pastoren. Neubauten werden in den Jahren 1561, 1832/1835 und 1861/1863 durchgeführt. Das Hauptaltarbild stammt von Joseph von Führich, der das Bild bereits 1850 malte. Eine Marienstatue stammt aus d. J. 1737. Die Katharinenkapelle auf dem Katharinaberg war ein gotischer Bau (14. Jh.), brannte 1832 ab und erstand 1836 neu. 1966 wurde sie gesprengt. Auf dem Friedhof Renaissance- und Barockgrabmäler (17. Jh.). Wirtschaft: Wergspinnerei, Zementwarenerzeugung.
1930 (mit Karlseck und Katharinadörfel): 1785 Einw. (1710 Deutsche, 72 Tschechen, 3 Ausl.).

Kranichsee, Moorfläche bei Sauersack im Bez. Neudek. Der frühere See ist vornehmlich mit Knieholz bewachsen und weist eine Flora von arktischem Charakter auf, z. B. Rentierflechte, isländisches Moos, Sumpfkiefer, Sonnentau, Moosbeere, Haarmoosarten. Durch das Erzgebirgsmoor geht die sächsisch-böhmische Grenze, der böhmische Teil liegt zwischen Neudek und Graslitz. Im Dreißigjährigen Krieg soll hier, wie im Volk erzählt wird, eine Reitertruppe versunken sein.

Kratzau *(Chrastava)*, Bez. Reichenberg. 306 m. Die Gerichtsbezirksstadt im Tal des in die Neiße fließenden Görsbaches (hier Zusammenfluß) dehnt sich im Nordosten des Jeschkengebirges aus. Station der Eisenbahnlinie Reichenberg – Zittau.
Obwohl urkundlich erst 1352 erwähnt, gehört Kratzau zu den ältesten Ansiedlungen der Region um Reichenberg. Zuerst eine Bergbausiedlung (Silber, Blei, Kupfer), verfiel der Bergbau im 18. Jh. Förderer und Besitzer des Bergbaus waren die Burggrafen Dohna von Grafenstein. In der Hussitenzeit wurde Kratzau zerstört (1432) und wieder aufgebaut. Anfang des 16. Jh.s erhielt Kratzau Bergrecht, dann 1574 ein Stadtwappen. Es zeigt eine Mauer mit offenem Tor und Schießscharten, ferner einen silbernen Schwan mit goldenem Pfeil im Schnabel, darüber ein blaues und ein rotes Jagdhorn (nach einer anderen Version silberne Geweihe aus dem Wappen der Familie Dohna). 1581 Verbesserung des Wappens durch Rudolf II. In der 1. Hälfte 16. Jh. Gründung eines Schützenvereins. 1829 entstand die Neustadt, 1858 erfolgte der Anschluß an die Eisenbahn und damit ein neuer wirtschaftlicher Aufschwung. Wegen seiner Grenzlage hatte Kratzau immer wieder unter kriegerischen Aktionen zu leiden.
Die Laurentius-Kirche, schon in gotischer Zeit Pfarrkirche (1356), erhielt 1866 – 1868 neugotische Gestalt. Sie besitzt Bilder der Heimatsöhne Kandler, Kratzmann und Führich („Madonna im Grünen“). Auf dem weiträumigen Marktplatz das Rathaus und Häuser im Empirestil. Den Brunnen schuf J. Chr. Riemer aus Grottau anfangs des 18. Jh.s. Auf dem Weg nach Reichenberg trifft der Wanderer auf die barocke Wenzelskapelle (1715). Das Städtische Museum, 1906 gegründet, besitzt heimatkundliche Sammlungen, auch Archivalien, von Kratzau und Umgebung, ferner eine Führich-Sammlung.
Wirschaft: Nach dem Aufhören des Bergbaus wurde die Weberei ein neuer Erwerbszweig. In unserem Jh.: bedeutende Textilindustrie, Herstellung von Textilmaschinen, Turngerätefabrik. Die Firma Gebrüder Riemer (Musikwerke und elektrische Klaviere) geht auf das Jahr 1845 zurück.
Persönlichkeiten: Joseph Ritter von Führich (1800 – 1876). Dem bedeutenden Maler und Vertreter der Nazarener-Bewegung wurde ein Denkmal gesetzt; Gustav Kratzmann (1812 – 1902), Maler; Wilhelm Kandler (1816 – 1896), Maler; Adolf Leutelt (1833 – 1897), wanderte 1854 in die USA aus; in Grand Rapids/Michigan begründete er eine Dampfkesselfabrik, wurde Mitglied des Stadtrats und der Staatskommission für die Wiener Weltausstellung (1873). Seit 1878 Präsident des deutsch-amerikanischen Sängerbundes; Karl Johne (1887 – 1949), Holzschneider. Aus Kratzau kamen die Vorfahren von Theodor Körner

(1873 – 1957), dem Armee-Generalstabschef im I. Weltkrieg und österreichischen Bundespräsidenten.
1930: 4740 Einw. (4061 Deutsche, 554 Tschechen, 122 Ausl.).
Umgebung: Jeschken, Grottau, Burg Hammerstein.
1953 Patenschaftsübernahme über die Kratzauer Vertriebenen durch die Stadt Eichstätt; dort entstand seit 1966 das Kratzauer Archiv und Museum.

Krawarn *(Kravaře)*, Bez. Hultschin. 240 m. An der Bahnstrecke Troppau – Ratibor, in Krawarn Abzweigung nach Petrzkowitz. Krawarn, auch Deutsch Krawarn, 1224 ein Dorf, erscheint in Urkunden 1296 als Crawarn und 1349 als Crawer. 1692 wurde zur Unterscheidung zu dem polnischen Krawarn der Name Deutsch Krawarn eingeführt. Nach dem Versailler Vertrag kam Krawarn 1920 mit dem Hultschiner Ländchen, das bis 1742 dem Herzogtum Troppau-Jägerndorf, hierauf bis 1920 Preußen angehörte, an die Tschechoslowakei.
Das Schloß wurde Anfang des 18. Jh.s von der Familie Eichendorff, deren berühmtester Sohn der Dichter Joseph von Eichendorff war, errichtet. Es hatte eine Schloßkapelle und einen großen Park. Nach Brand und Wiederaufbau beherbergt es heute ein „Museum der Operation Ostrava" mit militärischen Schaustücken.
Die Kirche zum Apostel Bartholomäus, 1402 erwähnt, erhielt im 19. Jh. pseudogotische Gestalt. Sie war zeitweise lutherisch, seit 1639 wieder katholisch. Turmbau aus d. J. 1599. Das Frauenkloster der Dienerinnen des Hl. Herzens Jesu unterhielt eine Haushaltungsschule.
Wirtschaft: Ofenerzeugung.
1930: 4108 Einw. (3543 Tschechen, 357 Deutsche, 191 Ausl., 15 Polen.).

Kreibitz *(Chřibská)*, 346 m. Die Stadt am Elbesandsteingebirge liegt 4 km westlich der Bezirksstadt Warnsdorf. Station der Bahnstrecke Bakow – Georgswalde.
Ausschlaggebend für die Entstehung der Siedlung am Kreibitzbach war ein Handelsweg in die Lausitz. Sie wird 1428 als oppidum genannt. Das Wappen von 1570: eine goldene Krone, darüber

Kreibitz

ein Fischerboot mit einer rudernden Jungfrau in schwarzer Bekleidung, mit weißer Schürze und Haube. In der Reformationszeit hatte sich ein Literatenchor gebildet, im 17. Jh. ein Choradjuvantenverein. Auch in späterer Zeit herrschte reges musikalisches Leben.
Die Kirche St. Georg wurde seit der Gotik bis zur Neugotik (1901) mehrfach umgebaut. Kanzel um 1670. Zwei Grabsteine (16. und 17. Jh.) im Presbyterium. Im neugotischen Rathaus (1866) wird das 1583 angelegte „Schwarze Buch der Missetat" aufbewahrt. Im Friedhof mit alten Grabsteinen an der Mauer liegt auch Anton Kittel († 1820), der Besitzer der Kreibitzer Glashütte, begraben. Auf dem Marktplatz steht ein achteckiger Brunnen (1. Hälfte 19. Jh.). Die Brücke über den Kreibitzbach schmücken eine Marien- und eine Johannes-von-Nepomuk-Statue. Zwei Kapellen stammen aus den Jahren 1722 und 1832.
Wirtschaft: Glaserzeugung – die Glashütte ist eine der ältesten des Landes (1427) und arbeitet noch in der Gegenwart. Textil- und holzverarbeitende Industrie. Zwirnerei. Schuhwarenfabrik. Alte Brauerei (1500). Sommerfrische am Eingang in die Böhmische Schweiz.
Persönlichkeiten: Thaddäus Haenke (1761 bis 1817), Forschungsreisender in Südamerika, Botaniker, Entdecker der Victoria regia. Am Geburtshaus am Marktplatz erinnert eine Gedenktafel an den großen Naturforscher; Ferdinand Franz Pohl (1748 – 1809), Erbauer der Glasharmonika (1798), dessen Sohn Karl Ferdinand Pohl (1781 – 1869), Darmstädter Hofmusi-

ker, Glasharmonikavirtuose und Bibliothekar, und dessen Sohn Karl Ferdinand Pohl (1819 – 1887), Musikwissenschaftler und Komponist.

1930: 1600 Einw. (1525 Deutsche, 70 Tschechen, 4 Ausl.). Nieder Kreibitz: 1476 Einw. (1446 Deutsche, 22 Tschechen, 8 Ausl.). Neu Kreibitz: 528 Einw. (504 Deutsche, 17 Tschechen, 7 Ausl.). Ober Kreibitz: 1027 Einw. (945 Deutsche, 70 Tschechen, 12 Ausl.).

Umgebung: Dittersbach mit Sandsteinfelsen. Talsperrre bei Ober Kreibitz. Bei der Kreuzbuche am Karlsweg die blühende Mondviole (Lunari), Blütezeit der selten vorkommenden Blume um Pfingsten.

Kremsier *(Kroměříž)*. 201 m. Die Bezirksstadt in der fruchtbaren mährischen Hanna dehnt sich am Fuße des Marsgebirges aus. Hier, bei der Mündung der Betschwa in die March, war seit alter Zeit ein Kreuzungspunkt von Handelswegen, an dem sich Kremsier unter der Schirmherrschaft des Olmützer Bischofs Bruno von Schaumburg, des großen Förderers der deutschen Besiedlung in Mähren, zu einem starken Gemeinwesen entwickeln konnte, das schon vor 1266 Stadt mit Brünner Stadtrecht wurde. Bruno hatte eine Burg errichtet. Im Hussitenkrieg zweimal eingenommen (1423 und 1432), regierte seit 1456 wieder der Bischof von Olmütz. Im erzbischöflichen Schloß tagte 1848/1849 der österreichische Reichstag. Am 25. August 1885 trafen sich die Kaiser von Österreich und von Rußland in Kremsier. Bis Ende des 19. Jh.s hatte die Stadt, die von 1871 bis 1928 ein eigenes Statut besaß, eine deutsche Verwaltung. Der letzte deutsche Bürgermeister wurde 1887 gewählt. Bis 1918 bestanden deutsche Lehranstalten, ein Gymnasium, eine Oberrealschule und andere.

In dem von Bischof Lichtenstein-Castelkorn 1664 – 1695 statt einer Burg erbauten Barockschloß hatten die Olmützer Erzbischöfe ihren Sitz. Es enthält eine wertvolle Bibliothek, ein Musikarchiv, eine Münzsammlung und neben einer Graphiksammlung eine der bedeutendsten Gemäldegalerien des Staates. Franz A. Maulbertsch und Josef Stern schufen großartige Dekkenfresken für das Schloß, an das sich ein englischer Park mit Statuen aus dem antiken Pompeji anschließt. Die gotische St. Mauritz-Kirche (um 1260), wiederholt vergrößert und umgebaut, wurde erst im 16. Jh. fertiggestellt. In einer Kapelle wurden Olmützer Oberhirten beigesetzt. Die Kirche der Piaristen, die ein Gymnasium unterhielten, ist Johannes dem Täufer geweiht. Sie entstand 1737 bis 1768 und besitzt vorzügliche Fresken von Etgens und Stern. Das Piaristenkolleg, eine Schöpfung Tencallas, stammt aus der 2. Hälfte des 17. Jh.s.

Auf dem Ringplatz, von Laubenhäusern umgeben, steht das Rathaus (16./17. Jh.), eine barocke Mariensäule und ein alter Brunnen. Ein großer französischer Garten aus dem 17. Jh. mit Orangerie, Labyrinthen und künstlichen Grotten ist auf der westlichen Seite von einer Kolonnade von ca. 230 m begrenzt.

Wirtschaft: Maschinen- und Schuherzeugung, Malzfabrikation, Kanditen, Zuckerfabrik, Buchdruckereien, Nahrungsmittelindustrie (Sauerkraut, Käse u. a.).

Persönlichkeiten: Johann Milič von Kremsier (um 1325 – 1374), als Reformprediger der wichtigste Vorgänger von Johannes Hus; Marie von Ebner-Eschenbach (1830 im nahen Schloß Zdislawitz – 1916), eine der bedeutendsten deutschsprachigen Erzählerinnen, die im J. 1900 von der Universität in Wien das Ehrendoktorat der Philosophie erhielt; Orestes von Bischoff (1868 – 1947), Oberkommissär der k. k. Staatsbahnen in Friedberg/Steiermark, Schriftsteller.

1930: 18 546 Einw. (17 384 Tschechen, 506 Deutsche, 221 Juden, 209 Ungarn, 148 Ausl., 34 Russen, 34 Polen). 1900: 10 757 Tschechen, 1595 Deutsche.

Kriegern *(Kryry)*, Bez. Podersam. 300 m. Das freundliche Landstädtchen im Saazer Bekken liegt am Goldbach und ist Station der Bahnstrecke Ladowitz – Pilsen – Eisenstein. Auf dem Kirchberg stand eine Burg, die bereits 1483 als verlassen bezeichnet wird. Besitzer von Kriegern, das 1653 Markt wurde, waren die Guttenstein, Kolowrat, Questenberg u. a. Kriegern hatte ein Wappen mit einem auf einem Ast sitzenden schwarzen Raben. Die Pfarrkirche zu

Am Ringplatz in Kremsier

Mariä Geburt (1384) wurde 1722 neu im Barockstil errichtet.
Wirtschaft: Die seit 1872 bestehende Zuckerfabrik wurde in eine Glasfabrik umgewandelt. Ziegeleien, Nimrodwerke (Jagdbedarf), Landwirtschaft, begünstigt durch den fruchtbaren Boden.
1930: 2550 Einw. (2219 Deutsche, 309 Tschechen, 15 Ausl.) (2439 röm.-kath., 37 evang.).
Umgebung: Schloß Petersburg. Schillerwarte, ein 1906 eröffneter Aussichtsturm.

Kriesdorf *(Křižany,* auch *Suchá),* Bez. Deutsch Gabel. 499 m. Kriesdorf, 17 km südwestlich von Reichenberg, entstand im 14. Jh. und war im Besitz der Herren von Grafenstein, Lämberg und Aicha. 1680 erhoben sich die hiesigen Bauern gegen ihre Lämberger Grundherrschaft.
Die Kirche (Hl. Maximilian) war erst gotisch (vor 1384), bevor sie barocke Gestalt bekam; Turmbau 1684. Die Matriken wurden seit 1799 geführt. Eine Pfarre bestand seit 1352. Nachdem in der Reformationszeit Kriesdorf 90 Jahre lang dem lutherischen Bekenntnis angehört hatte, wurde es 1628 eine Filiale von Grottau, bevor 1727 eine neue Errichtung der Pfarre erfolgte.
Wirtschaft: Ziegelei, Baumwollreißerei. Sommerfrische, Wintersport (am Fuße des Jeschken).
1930: 1405 Einw. (1318 Deutsche, 75 Tschechen, 12 Ausl.).
Umgebung: Christophskapelle (590 m), Jeschken, Auerhahnsattel (772 m), der höchste Punkt des Passes zwischen Jeschken und Schwarzenberg (Wasserscheide), Scheuflerkoppe (769 m), Moiselkoppe (750 m), Rabensteine, aus Sandstein bestehend.

Krombach *(Krompach),* Bez. Deutsch Gabel, 475 m. Das Dorf im Lausitzer Gebirge und an der Sprachgrenze wurde 1391 erwähnt. 1420 wurde es von Hussiten niedergebrannt. Der Ortsteil Schanzendorf entstand 1730. Die Pfarre bestand seit 1852. Matriken wurden seit 1784 geführt.
Die Kirche (Vierzehnheiligen) ist ein Barockbau (1773) mit Rokokoeinrichtung. Das Renaissanceschloß (16. Jh.) wurde zu einer Schule umgestaltet. Botanische Berühmtheit sind die alten Eiben von Krombach, angeblich älteste Bäume Mitteleuropas. Die Schätzungen bewegen sich zwischen 500 und 2000 Jahren. Bedeutung hatte Krombach auch für die böhmische Glasindustrie, vor allem durch die Schürer von Waldheim. Etliche alte Holzhäuser haben sich erhalten. Im Zweiten Weltkrieg befanden sich in Krombach Teile eines Rüstungswerkes (Raketenbau). Sommerfrische und Fremdenverkehr.
1930 (mit Juliusthal und Schanzendorf): 1265 Einw. (1216 Deutsche, 26 Tschechen, 23 Ausl.) (1102 röm.-kath., 117 konf.-los, 41 evang.).

Krondorf Sauerbrunn, Bez. Kaaden. 364 m. Der alkalische Sauerbrunn, 1876 von Carl Gölsdorf aus Freiberg in Sachsen entdeckt, wird hauptsächlich exportiert: jährlich 5 Millionen Flaschen.
1930: Krondorf Sauerbrunn (11 Häuser und 51 Einw.) gehört zu Krondorf (mit Stengles): 283 Einw. (284 Deutsche, 3 Tschechen).
Beliebte Sommerfrische im lieblichen Egertal.

Krummau *(Český Krumlov).* Die Bezirksstadt, 540 m, an beiden Ufern der Moldau liegend, steht unter Denkmalschutz. Die frühe Geschichte Krummaus ist mit Zawisch aus dem Geschlechte der Witigonen verbunden. Unter der Burg aus dem 13. Jh. entwickelte sich eine Ansiedlung, die 1274 erstmals Stadt genannt wird. Das Wappen: Eine Mauer mit Zinnen und offenem Tor. Hinter der Mauer zwei Türme mit roten Dächern; zwischen diesen ein Schild mit einer roten Rose in der Mitte; drei schwarze Raben fliegen zu dieser Rose.

Wappen von Krummau

Krummau, das sich durch eine Geldsumme vom Hussitensturm loskaufen konnte, erlebte seinen Höhepunkt unter den Rosenbergern, die sogar eine eigene Münzstätte betrieben. 1473 setzte der Bergbau ein. Seit 1519 galt die meißnische Bergordnung vom sächsischen Annaberg. Die Eintragungen in den Bergbüchern sind in deutscher Sprache geschrieben. Kunsthistorisch wichtig war die 1497 geschaffene Bauhütte der Rosenberger. Die Satzungen der Steinmetzen wurden 1564 und 1614 neu bestätigt.

Die Geschichte Krummaus war eng mit der Burg bzw. dem Schloß, nach dem Hradschin in Prag die größte Anlage Böhmens, verbunden. Seit 1302 saßen hier die Herren von Rosenberg. Einen Höhepunkt erlebte die Stadt unter Wilhelm von Rosenberg (1535 - 1592), und zwar als Zentrum der Kunst und Wissenschaft. Die Wirtschaft blühte und viele bedeutende Männer gaben sich hier ein Stelldichein. Peter Wok, der letzte seines Geschlechtes, trat Krummau an Kaiser Rudolf II. ab. Bald nach der Schlacht am Weißen Berg schenkte Ferdinand II. die Herrschaft dem Johann Ulrich von Eggenberg (1622), der 1628 zum Herzog von Krummau ernannt wurde. 1719 starb das Geschlecht der Eggenberg aus; durch Erbschaft kam der Besitz an die Herren von Schwarzenberg, die nach dem letzten Krieg enteignet wurden. Verbunden mit dem Schloß ist die Gestalt der Weißen Frau; deren geschichtliche Figur war Berta von Rosenberg (um 1430 - 1476).

Das Schloß mit seinem mächtigen Rundturm liegt dominierend über der Stadt. Es wurde im 16. Jh. im Renaissancestil umgebaut und erhielt im 18. Jh. barocke Zubauten. In dem Gebäudekomplex mit 5 Höfen und 300 Gemächern ist vor allem das Schloßtheater, 1766 - 1767 errichtet, bemerkenswert; allerdings wurde bereits seit 1675 Theater gespielt. Großartige plastische Malereien schuf Josef Lederer 1748 für den Maskensaal mit Galerien. Erwähnt werden müssen auch die Gemäldegalerie, die Bibliothek und das Herrschaftsarchiv. Im großen Schloßgarten befinden sich das Lustschloß Bellaria (1706 - 1708) und die Reitschule (1744 - 1745) von Andreas Altomonte.

Krummau, die bedeutendste Stadt des Böhmerwaldes, wurde oft Klein Nürnberg genannt. Auffallend ist die hochgebaute Pfarrkirche St. Veit, die 1407 - 1439 einen Umbau erfuhr. Das ehem. Kloster der Minoriten mit spätgotischem Kreuzgang (1491) war eine Stiftung von Peter, Jodok, Ulrich und Johann von Rosenberg. 1584 begründeten die Jesuiten ein Gymnasium. 1777 aufgehoben, wurde es erst 1871 wieder ins Leben gerufen. Das Jesuitenkolleg entstand 1586 - 1588; dieses, das Zeughaus und die Brauerei sind Renaissancebauten. Das gotische Rathaus, ebenfalls in der Renaissancezeit umgebaut, dient

Krummau, Schloßturm

heute als Unterkunft des Stadtnationalausschusses. Dem Besucher fallen außerdem die Reste der Befestigungsanlagen auf, das Budweiser Tor (1598), alte Bürgerhäuser, manche mit Lauben, und der Ringplatz mit einer barocken Mariensäule (1716) von Matthäus Wenzel Jaeckel. Ein Begriff in der Kunstgeschichte ist die Krummauer Madonna, die um 1400 entstand und 1914 in die Wiener Staatsgalerie kam; sie ist ein Urbild der sog. Schönen Madonnen, die weite Verbreitung erlangten.

Wirtschaft: Die Pötschmühle, 1843 gegründet, einst bedeutendste und größte Papiermühle Europas, beschäftigte 1700 Arbeiter. Zwei Goldleistenfabriken, Möbelfabrik, Tuchwaren. In der Nähe Graphit- und Kalkbergbau.

Persönlichkeiten: Hans Krummenauer (ca. 1370 - 1437), Steinmetz und Baumeister; dessen Sohn Stephan Krummenauer (um 1400 - 1461), bedeutender Baumeister der Spätgotik, der u. a. in Salzburg, Wasserburg, Braunau am Inn und Passau (Dom) baute; Felix Fürst zu Schwarzenberg (1800 - 1852), österreichischer Ministerpräsident; Ignaz Wildner von Maithstein (1802 - 1854), Professor des österreichischen Rechts, Mitglied des Reichsrats; Johann Weyde, Direktor der Aussiger Staatsrealschule, Mitbegründer des Bundes der Deutschen in Böhmen und des Deutschen Sprachvereins; Anton Schacherl (1872 Plattetschlag - 1940), Schriftleiter, Verfasser heimat- und volkskundlicher Bücher; Karl Tannich (1883 - 1975), Oberarchivar des Schwarzenbergischen Zentralarchivs; Walther Bernt (1900 - 1980), Kunsthistoriker, internationaler Ruf vor allem wegen seinen Kenntnissen über die niederländische Malerei; Ernst Waldbrunn (1907 - 1976), Schauspieler und Kabarettist in Wien, wirkte in vielen Filmen mit.

1857: 6093 deutsche Einw. 1910: 8716 Einw. (7367 Deutsche, 1295 Tschechen). 1930: 8692 Einw. (6396 Deutsche, 2012 Tschechen, 249 Ausl., 35 anderere).

Umgebung: Schöninger Berg (Klet'), 1083 m, die höchste Erhebung des Krummauer Gebirges. Auf dem Granitgipfel steht seit 1825 ein Aussichtsturm, später kamen eine Sternwarte und ein Fernsehsender dazu. Goldenkron (Zlatá

An der Stadtmauer von Krummau

Koruna), ein 1263 durch Ottokar II. gestiftetes Zisterzienserkloster, 1785 aufgehoben und in Schwarzenberg-Besitz gekommen.

1979 übernahm die Stadt Esslingen die Patenschaft über die Krummauer. Im Wolfstorturm entstand eine Heimatsammlung.

Krummauer Gebirge oder Plansker Wald im südlichen Böhmerwald, Höhenzug aus Granulit, begrenzt vom Kalschinger und vom Kremser Bach. Höchste Erhebung der Schöninger (1084 m). Am Plansker Wald liegen Adolfstal, ehem. Schwarzenbergisches Eisenwerk, und die alte Stadt Krummau.

Kschemusch *(Křemyž)*, Bez. Dux. Erste Erwähnung 1252. Die Kirche Petrus und Paulus ist ein Barockbau (um 1700). Vorher zu Schwaz bzw. Teplitz eingepfarrt, wurde Kschemusch 1706 selbstständige Pfarrei. Matriken seit 1681. Das spätbarocke Schloß mit klassizistischer Front (1805) gehörte zuletzt den Grafen Ledebur-Wicheln. Nach 1945 wurde es Eigentum der Norwestböhmischen Braunkohlenbergwerke. In der Umgebung Sommerschloß aus d. J. 1821.

Wirtschaft: Braunkohlebergbau.

Persönlichkeiten: Johann Graf von Ledebur-Wicheln (1842 - 1903), Politiker, Mitglied des böhmischen Landtags und des Herrenhauses. Ackerbauminister im Kabinett Badeni 1895 - 1897; Eugen Graf von Ledebur-Wicheln, Sohn

von Johann (1873 geb. in Petersburg bei Podersam – 1945), Senator der Christlichsozialen Partei im Prager Parlament, der sich vor allem auch für die Minderheitenrechte einsetzte. 1945 von den Tschechen im Konzentrationslager Theresienstadt eingekerkert, wo er an den ihm widerfahrenen Torturen starb.
1930 (mit Dolanken, Nemetschken, Wohontsch und Kniebitschken): 2174 Einw. (1381 Deutsche, 771 Tschechen, 22 Ausländer) (1580 röm.-kath., 541 konfessionslos, 26 tschechoslowakische Kirche, 20 evang.).

Kubani *(Boubín)*, 1362 m, und Schreiner, 1263 m, sind die höchsten Erhebungen des Kubanigebirgsstockes; der Langenruckwald bildet die Verbindung zwischen beiden Bergen. Auf dem Südhang des Kubani dehnt sich der berühmte Urwald aus, den Johann Adolf von Schwarzenberg 1858 zum Urwald bestimmte; der Waldbestand, zumeist Fichten, Tannen, Buchen und Bergahorn, sollte nach der Intention des Begründers ohne jeden Eingriff durch die Forstverwaltung sich entwickeln können. Dieses Naturdenkmal, erst 130 ha, später 46 ha groß, zog große Touristenströme an; um größere Schäden zu vermeiden, wurde das Naturschutzgebiet 1982 für Besucher gesperrt.

Kubohütten *(Kubova Hut')*, zu Obermoldau gehörende Ortschaft, Bez. Prachatitz. 1003 m. An der Bahnlinie Winterberg – Wallern, die über den Sattel von Kubohütten führt und 1899 gebaut wurde. Der Bahnhof von Kubohütten war mit 993 m der höchstgelegene Böhmens. Wintersportplatz.
Wenzel Jungbauer (1865 – 1915), Fabrikant, Bürgermeister von Prachatitz.
1930: 151 Einw. (146 Deutsche, 5 Tschechen).

Kuhländchen. Fruchtbare Landschaft an der jungen Oder im Nordosten Mährens, die sich von den westlichen Ausläufern der Westbeskiden bis zur Mährischen Pforte erstreckt. Besiedlung im 13. Jh. durch Deutsche. 566 qkm, über 76 000 Einwohner, 92,5 % Deutsche schlesischen Stammes. Der Name wird von der vorbildlichen Rinderzucht abgeleitet. Das Kuhländer Rind war eine Kreuzung von Berner und Simmentaler Rindern. Die Bauernhäuser waren teils nordmährische Vierkanthöfe und teils fränkische Anlagen. Reich an landwirtschaftlichen Erzeugnissen. Mit dem Hornberg erreicht das Ländchen 919 m.
Zentrum war Neutitschein (Hutfabriken, große Viehmärkte); andere Hauptorte: Fulnek (Wirkungsort des Comenius), Odrau (Barockschloß), Wagstadt (Metallwarenerzeugung), Nesselsdorf (Autoindustrie Tatra), Freiberg (Geburtsort Sigmund Freuds), Heinzendorf bei Odrau (Geburtsort Johann Gregor Mendels), Schloß Partschendorf (von hier aus sammelte Joseph Georg Meinert aus Leitmeritz die Volkslieder des Kuhländchens, die er 1817 als „Fylgie" veröffentlichte), Schloß Sedlnitz (Besitz der Freiherrn von Eichendorff).
Aus dem Kuhländchen kamen viele bedeutende Künstler, u. a. die Bildhauer Franz Barwig und Ludwig Jünger, ferner die Maler Julius Berger, Eduard Veith, Hugo Baar, Anton Kolig und Rudolf Sokol. Aus dem Kuhländchen stammten die Begründer der Herrnhuter Bewegung.
1962 übernahm Ludwigsburg die Patenschaft über das Kuhländchen. Hier wurde das Kuhländler Archiv mit Heimatstube aufgebaut.

Kukan *(Kokonín)*, Bez. Gablonz. 600 m. Markt am Mohelka-Fluß. Erwähnung im 2. Drittel 16. Jh. Bis 1848 Bestandteil der Herrschaft Kleinskal, dann selbständige Gemeinde. Seit 1900 mit Gablonz durch elektrische Straßenbahn verbunden. 18. Jh. eine Kapelle. Seit 1862/1863 Antoniuskirche. Hölzerne Pietà aus dem 18. Jh. Pfarrei Gablonz. Im Ortsmuseum Zeugnisse des täglichen Lebens und der Erwerbszweige. Denkmal für die 1866 gefallenen Preußen („die Pyramide"). Seit 1902 gab es eine Gesellschaft der Musikfreunde (Orchester).
Wirtschaft: Hohlglasveredelung, Glassteinschleiferei, Glasschmuckhausindustrie, Landwirtschaft.
Persönlichkeiten: Johann Kittel (1843 – 1937), Glaserzeuger und Bürgermeister von Kukan, der während seiner Amtszeit viele soziale Einrichtungen schuf, Heimatforscher, Mitbegründer des Vereins für Heimatkunde im Jeschken- und Isergebirge; Oskar Just (1895 – 1964), Maler.
1930: 3060 Einw. (2775 Deutsche, 254 Tsche-

chen, 31 Ausländer). (2634 röm.-kath., 176 konfessionslos, 151 evang., 80 altkath., 15 tschechosl. Kirche).

Kukus *(Kuks)*, Dorf im Königreichwald. Bez. Königinhof. 282 m. Hier an der Elbe schuf Franz Anton Graf Sporck (1662 - 1738) im Zentrum seiner Herrschaft einen prunkvollen barocken Adelssitz und ein Weltbad. Für die Profan- und kirchlichen Bauten gewann er große Künstler. 1697 entstand über einer Heilquelle der Zentralbau der Kapelle Mariä Himmelfahrt, daneben 1699 das Unterkunftshaus Zur goldenen Sonne und der Holzbau des Theaters (1702). In den Anfangsjahren des 18. Jh.s entstanden neue Badehäuser, die Spitalkirche zur Hl. Dreifaltigkeit von Giovanni B. Alliprandi und das Spital, ein Prachtbau, vor dem die berühmten Statuen der Tugenden und Laster stehen. Im Spital, das Barmherzige Brüder leiteten, waren jeweils 100 Pfründner aus den Sporckschen Gütern untergebracht. Andere Bauten waren das Schloß, das Haus des Philosophen, das Amtshaus und neue Unterkunftshäuser. Die barocke Apotheke (seit 1740) war bis 1946 in Betrieb. Die meisten Plastiken stammten von dem Tiroler Matthias B. Braun bzw. aus dessen Werkstatt. Für Sporck arbeitete auch der Nürnberger Kupferstecher Michael Heinrich Rentz (1701 - 1758). Im nahen Neuwald zwischen Kukus und Schurz ließ Sporck von Braun die Naturgalerie des sog. Bethlehem schaffen, vor allem Heilige und Büßer im Wald, die aus dem gewachsenen Stein herausgearbeitet wurden; am berühmtesten war die Gestalt des Eremiten Garinus.
Sporck hatte in Kukus den St. Hubertus-Orden gegründet, den er hohen Persönlichkeiten verlieh. Aus Frankreich hatte er das Waldhorn eingeführt, das erstmals auf seinem Schloß erklang. Das Heimatmuseum in Kukus besaß Sporck-Erinnerungen und Heimatkundliches.
Wirtschaft: Textil, Korbmöbel, Landwirtschaft.
Persönlichkeiten: In Kukus ist der kaiserliche General Johann Graf Sporck (1601 - 1679), der Vater des o. g. Grafen, in der Gruft unter der Spitalkirche begraben, wo noch in weiteren 19 Särgen andere Mitglieder der Familie beigesetzt sind. Johann Heinrich Balzer (1734 im nahen Gradlitz - 1799), Kupferstecher in Kukus und Prag. Kasimir Rentz (1749 - 1799), Sohn des in Kukus und Lissa beschäftigten Michael Heinrich Rentz, Maler und Kupferstecher. Johann Rint (1815 - 1876), Bildschnitzer, der u. a. den Flügelaltar zu Kefermarkt restaurierte und die besondere Förderung Adalbert Stifters erfuhr.
1930: 429 Einw. (314 Deutsche, 104 Tschechen, 10 Ausl.). Gradlitz (Choustníkovo Hradiště) mit Ferdinandsdorf: 932 Einw. (681 Deutsche, 240 Tschechen). Schurz Markt (Městys Žíreč): 509 Einw. (276 Deutsche, 226 Tschechen, 7 Ausl.). Schurz Dorf (Ves Žíreč): 255 Einw. (196 Deutsche, 53 Tschechen, 6 Ausl.).

Kulm *(Chlumec)*, Bez. Aussig. 235 m. An der Eisenbahnstrecke Bodenbach - Komotau. Alte Besiedlung ist belegt durch Funde aus der Römerzeit. Im 11. Jh. entstand eine Burg als Grenzschutz am Kulmer Weg oder Sorbensteig, der über den Nollendorfer Sattel Böhmen und Sachsen verband. 1126 angeblich Gefecht zwischen dem böhmischen Fürsten Sobieslav und Truppen Kaiser Lothars, in dem die Böhmen siegten.
29./30. August 1813: Sieg der Verbündeten über den französischen General Vandamme, der gefangengenommen wird. Preußen, Russen und Österreicher errichten Erinnerungsdenkmäler.
Kirche Hl. Gallus, neugotisch 1847, Epitaphe aus dem 16. Jh. Auf dem Kapellenberg (Horka), 288 m, Basalt, eine dreiseitige Dreifaltigkeitskapelle, 1691 erbaut, mit der herrschaftlichen Gruft. Schloß und Park der Grafen Westphalen, die hier seit 1829 saßen. Im Schloß die Annakapelle. Erziehungsanstalt der Schwestern vom Hl. Kreuz.
Wirtschaft: Maschinenfabrik, Eisengießerei, Terrakottawaren, Brauerei.
1930: 1122 Einw. (869 Deutsche, 225 Tschechen, 28 Ausl.).
Umgebung: Kulmer Berg (651 m) mit der Kulmer Waldkapelle. Ebersdorf am Kamm des Erzgebirges, früher Eberhardsdorf, Pfarrkirche (1783). Arbesau. Schöbritz, ehem. Ledebursche Allodialherrschaft mit Meierhof und Bräuhaus, die Kirche entstand 1698 neu; sie besitzt alte Epitaphien.

Kulsam, Bez. Eger. Das Dorf an der von einer Brücke überquerten Wondreb war nach J. Köhler zur Zeit der Verpfändung des Egerlandes (1322) ein böhmisches, d. h. zu Böhmen gehörendes Grenzdorf, um 1362 ein Leuchtenberger Lehendorf und 1785 dem Gut Mostau untertan. Eingepfarrt war Kulsam nach Königsberg.
Geburtsort des Historikers Adolf Bachmann (1849 - 1914), k. k. Hofrat, Univ.-Professor, Reichsrats- und Landtagsabgeordneter, Verfasser einer „Geschichte Böhmens".
1930: 150 Einw. (145 Deutsche, 5 Tschechen).

Kummergebirge, Teil der Daubaer Platte, südwestlich von Niemes. Prachtvolle Buchenwälder. Sandsteinrücken mit Basalt- und Klingsteineinschüben. Hoher Berg, 385 m. Eigenartige Felsgebilde, so der Quargelstein und Hundskirche, beliebter Klettergarten. Eine beliebte Sommerfrische war Kummer am See mit Strandbad. Der Deutsche Gebirgsverein für das Jeschken- und Isergebirge erschloß das Gebirge für die Touristen.

Kumrowitz *(Komárov),* Bez. Brünn Umgebung. Markt in der ehem. deutschen Sprachinsel von Brünn. Die Ägydikirche wurde 1133 geweiht. Die als vom Benediktinerkloster Trebitsch abhängige Propstei Kumrowitz, 1195 erwähnt, wurde 1527 aufgelöst. Das alte Siegel zeigt einen Schlüssel, Pflugschar, Rebmesser und Weintraube.
Der Friedensschluß zwischen König Wenzel I. und dem österreichischen Herzog Friedrich dem Streitbaren erfolgte 1237 in der Kirche. Im 18. Jh. entstand eine Marienwallfahrt. 1919 wurde die Gemeinde Kumrowitz, zu der Kleinmariazell und Petersburggasse gehört hatten, in Groß-Brünn eingemeindet. 1944 entstanden Schäden durch Bombenangriffe.
Wirtschaft: Glühlampen-, Asphalt-, Essig-, Leder-, Möbel-, Strickwaren- und Steppdeckenfabriken, Telephonanlagenbau, Metallwerk.
1930: 3851 Einw. (2205 Tschechen, 1540 Deutsche, 95 Ausl.). 1880: 1893 Einw. (1386 Deutsche, 467 Tschechen).

Kunewald *(Kunvald),* Bez. Neutitschein. Kunewald (auch Kunwald), eine Gründung des 13. Jh.s, gehörte zur Neutitscheiner und ab 1515 zur Fulneker Herrschaft; 1584 eigene Herrschaft, die in der Folge verschiedene Adelsgeschlechter besaßen. Im 15. Jh. Zentrum der Mährischen Brüder, die in den deutschen Kulturkreis hineinwuchsen. Nach dem Dreißigjährigen Krieg emigrierten viele, die nicht zum katholischen Glauben zurückkehren wollten. 1722 entstand so Herrnhut in der Lausitz durch mährische Exulanten, die das Land ihres Glaubens wegen verlassen hatten.
Von 1783 - 1814 bestand in Kunewald eine deutsche Schule, die auch der spätere tschechische Historiker und Landeshistoriograph František Palacký zeitweise besuchte. Diese Erziehungsanstalt ging auf Maria Walburga Gräfin Truchsess-Zeil-Waldburg zurück, die viel für Volksbildung und Landwirtschaft tat. Lehrer war hier auch der spätere Publizist Karl Joseph Jurende aus Spachendorf (1780 - 1842), der zum Reformator des Kalenderwesens wurde. Für das Schloß im Barockstil (1726 - 1734) fertigte Johann Lukas Hildebrandt die Pläne an.
Johann Nitschmann (1712 - 1783), Geheimschreiber des Grafen Zinzendorf in Herrnhut; später Missionar in Lappland und Rußland. Bischof der Brüdergemeine.
1930: 2016 Einw. (1763 Deutsche, 228 Tschechen, 23 Ausl.) (1870 röm.-kath., 129 evang.).

Künisches Gebirge. Ein Gebirgszug mit teilweise schroffen Abfällen nach beiden Seiten, der sich nördlich des Passes von Eisenstein zwischen den Flüssen Angel und Weißer Regen hinzieht. Die durchschnittliche Kammhöhe dieses Glimmerschiefergebirges beträgt 1100 m. In romantischer Umgebung erheben sich die Seewand (1343 m) und der Große Osser (1293 m). Im Künischen Gebirge, das seinen Namen von den künischen Freibauern bekam und Landesgrenze und Wasserscheide zwischen Donau und Elbe bildet, liegen die schönsten Seen des Böhmerwaldes: Schwarzer See und Teufelssee.

Kunnersdorf *(Kunratice),* Bez. Deutsch Gabel. 318 m. Gründung als Cunratesdorff im 13. Jh. Die aus dieser Zeit stammende Kirche zerstörten nach 1429 Hussiten ebenso wie die Burg auf dem Schloßberg, von der nur Ruinen übrigblieben. Zum Anfang des 17. Jh.s herrschte zeitweise die protestantische Lehre. Schwere Schäden richteten die Schweden im Dreißigjährigen Krieg an. 1778 fand am Teichberg ein Gefecht zwischen Österreichern und Preußen statt. Nachdem bereits 1787 eine Pfarre errichtet worden war, entstand die Kirche im Empirestil erst 1831 - 1833. Die Pestsäule erinnert an den schwarzen Tod im Jahre 1680. Auf der Brücke steht die Statue des Johannes von Nepomuk (Ende 18. Jh.).

Wirtschaft: Textilindustrie, Holzindustrie, Rahmenfabrik, Knochenstampfe, Landwirtschaft. Sommerfrische.

In Kunnersdorf kam Franz Runge zur Welt (1886 - 1956). Er war Geschäftsführer der Anstalt für sudetendeutsche Heimatforschung in Reichenberg.

1930: 1572 Einw. (1529 Deutsche, 31 Tschechen, 11 Ausl.).

Kunnersdorf *(Kundratice)*, Bez. Komotau. Das Dorf an der Dux - Bodenbacher Bahn dehnt sich am Abhang des Erzgebirges aus. „Khunnerstorf" war seit Beginn des 16. Jh.s Bestandteil der Herrschaft Rothenhaus, seit 1623 Teil der Herrschaft Neundorf. 1879 wurde der Ort selbständige Gemeinde. Er war eingepfarrt nach Neundorf. Die Kapelle Maria Namen ist ein Neubau aus d. J. 1832. Aus der Zeit nach 1700 stammt ein Kreuz mit der Statue des Johannes von Nepomuk und einem Engel. Die Schulgemeinde bestand aus Kunnersdorf, Schimberg und Hohenofen. 1969 erfolgte der Beschluß zur Liquidierung des Dorfes, das dem Kohleabbau weichen mußte.

Wirtschaft: Holzwaren, Landwirtschaft, 2 Holzessigfabriken. Eine dieser Fabriken gehörte seit 1862 Johann Hofer, einem Verwandten des Tiroler Freiheitskämpfers Andreas Hofer.

1843: 547 deutsche Einw. 1930: 1760 Einw. (1519 Deutsche, 213 Tschechen, 28 Ausl.).

Kupferberg *(Měděnec)*, Bezirk Preßnitz. 840 m. Die Erzgebirgsbergstadt am Fuße des Kupferhübels (908 m) ist Station der Strecke Komotau - Weipert. Der Name rührt her vom Kupferbergbau, der seit dem Anfang des 15. Jh.s betrieben wurde (auf dem „Kupferberg"). Um

Kupferhübel bei Kupferberg

1520 Erhebung zum Markt durch einen Vitzthum. Unter den Grafen Schlick großer Aufschwung. 1588 erhielt Kupferberg den Rang einer Bergstadt. Diese kam 1644 an die Herrschaft Schlackenwerth, 1811 an die kaiserliche Kammer, von der es 1836 Gabriel Graf Buquoy erwarb. Hatte der Bergbau bereits im Dreißigjährigen Krieg gelitten, so hörte er nach 1807 gänzlich auf.

Das Stadwappen, von Wladislaw II. oder Rudolf II. verliehen, zeigt in blauem Schild Maria mit dem Jesuskind auf der Mondsichel stehend. Daneben rechts das Wappen der Vitzthum, links Bergeisen und Schlägel gekreuzt.

Bestand zunächst seit 1581 ein hölzernes Gotteshaus, so entstand 1803 - 1814 die Kirche (Mariä Geburt). Matriken seit 1642. Die Stadt zeigt einen regelmäßigen rechteckigen Grundriß. Die im 16. Jh. genannte Feste ist verschwunden.

Wirtschaft: Posamentenindustrie, Spitzenklöppelei. Musikanten aus Kupferberg bereisten viele ferne Länder. Sommerfrische, Wintersport.

1930: 1113 Einw. (1085 Deutsche, 20 Tschechen, 6 Ausl.).

Umgebung: Auf dem Kupferhübl mit Malachithöhlen steht die ehem. Wallfahrtskapelle (Maria Unbefleckte Empfängnis) aus dem J. 1660. Diese ist weit hinein in das böhmische Land sichtbar. Südöstlich der Stadt der merkwürdige Sphinxfelsen.

1972 war Kupferberg die Gemeinde mit dem höchsten Anteil deutscher Bewohner (46,1 %).

Kuschwarda *(Kunžvart*, nach 1945 *Strážný)*, Bez. Prachatitz. 838 m. Der Name rührt von der Kunzwarte (Königswarte) her, die als Aufgabe die Sicherung der Landesgrenze und des Handelssteigs zwischen Passau und Winterberg hatte. Von der Burg steht seit 1547 nur noch eine Ruine, Reste eines mächtigen Turmes.

Als Beginn des Dorfes ist 1710 anzunehmen; vorher waren hier die Bärenlochhäuser, deren Weiterentwicklung begünstigt wurde durch den Goldenen Steig und die nahen Glashütten. In der 1. Hälfte des 19. Jh. Erhebung zum Markt. Der Bau der Kirche (Dreifaltigkeit) war 1781 vollendet. 1780 entstanden auch Pfarre und Schule. Matriken seit 1780.

Wirtschaft: Holzwarenhandel. Sommerfrische und Wintersport.

Geburtsort von Isidor Stögbauer (1883 – 1966), Komponist, Musikpädagoge und Stiftsorganist in Seitenstetten.

1930 (mit Unter Zassau und Scheurek): 907 Einw. (831 Deutsche, 18 Tschechen, 28 Ausl.).

Umgebung: Steinberg mit Mariahilf-Kapelle (1834) mit Wallfahrt. Schlößlberg mit den Überresten der Kunzwarte. Röhrenberg (1130 m) mit der Adlerhütte.

Durch Sprengungen (1962) wurde der Ort größtenteils vernichtet.

Kuttenberg *(Kutná Hora)*, Bezirksstadt im östlichen Böhmen. 273 m. Kuttenberg ist nach Ernst Schwarz „diejenige Stadt in Innerböhmen, in der die tschechischen Namen in vorhussitischer Zeit fast vollständig zurücktraten, noch mehr als in der Prager Altstadt. Die deutsche Umgangssprache wird durch zahlreiche Zeugnisse gesichert“. Die Geschichte der Stadt ist eng mit dem Silberbergbau verknüpft; um 1280 durch Bergleute aus Sachsen begonnen. Die Hussitenkriege bedingten einen teilweisen Niedergang. Kuttenberg, im Mittelalter die größte Stadt Böhmens, war auch wiederholt Residenz der böhmischen Könige und Sitz des Landtags. Hier unterzeichnete König Wenzel das Kuttenberger Dekret (1409), dem der Auszug der deutschen Professoren und Studenten aus Prag und die Gründung der Universität Leipzig folgte. Auf dem Landtag 1485 erfolgte der Vergleich zwischen den Religionsparteien Böhmens. 1488 Errichtung einer Druckerei („Kuttenberger Bibel“). 1588 Kuttenberger Bergrecht.

Kuttenberg

Ein Kunstwerk von Rang ist die spätgotische Barbarakirche, 1388 von Peter Parler begonnen, von Benedikt Ried und Mathias Rejsek weitergebaut. Altarbilder von Karel Skreta und Peter Brandl.

Im Welschen Hof (um 1300), zeitweise Residenz der böhmischen Könige, befand sich 250 Jahre lang die Münzstätte, in der 1300 die ersten böhmischen Groschen geschlagen wurden. In der gotischen Jakobskirche (1330 – 1420) mit dem 82 m hohen Turm stammt das Hochaltarbild von Peter Brandl. Das Jesuitenkolleg (1626 – 1667) schuf Domenico Orsi. Für das Ursulinenkloster (1733 – 1734) entwarf Kilian Ignaz Dientzenhofer die Pläne. Die Kirche Johannes von Nepomuk (1734 – 1754) ist ein Werk von F. M. Kaňka. Die Mariensäule (1713 – 1715) von F. Baugut erinnert an die Pest (1713).

Wappen aus dem 15. Jh.: Dreiberg mit Adler und Löwen, die eine Krone halten. Als Zeichen der Utraquisten fügte Georg von Podiebrad einen Kelch unter der Krone hinzu, den dann Ferdinand III. 1641 durch den österreichischen Bindenschild ersetzte.

Wirtschaft: Orgelbau, Schuhwarenfabrik, landwirtschaftliche Industrie, Tabakfabrik. Eisengießerei, Textilindustrie.

In der gotischen Marienkirche mit gotischem Gewölbe und einer Kanzel aus d. J. 1520 wurde der Barockmaler Peter Brandl (1668 – 1735) beigesetzt.

1930: 13 892 Einw. (13 726 Tschechen, 80 Ausl., 63 Deutsche).

Umgebung: Im Norden die ehem. deutsche Bergstadt Gang (Kank). Sedletz, heute zu Kuttenberg gehörig, mit der 1142 gegründeten Zisterzienserabtei mit der gotischen Marienkirche (1290 - 1304), die Giovanni Santini in barokker Gotik umbaute (1699 - 1707).

Kuttenplan *(Chodová Planá)*, Bez. Plan. 527 m. An der Eisenbahnstrecke Eger - Pilsen. Der Name steht in Zusammenhang mit den Choden, den Grenzwächtern. In der Umgebung betrieb man vom 13. bis 17. Jh. Silber- und Bleibergbau. Eine Kirche bestand schon 1350. Obwohl 1514 bereits Markt, wurde Kuttenplan 1587 wieder als Dorf bezeichnet. 1535 war es an die Pflug von Rabenstein gekommen. 1818 kam es durch Erbschaft an das bayerische Geschlecht der Grafen Berchem-Haimhausen. Wann das Wappen verliehen wurde, ist nicht feststellbar, vielleicht i. J. 1558, als (nach Zelenka) Kuttenplan von Ferdinand I. aus dem Lehensverhältnis entlassen und erblich verkauft wurde. Das Wappen: Doppelschwänziger böhmischer Löwe mit goldener Krone, der eine Lanze mit Fahne hält; auf dieser ein Schild mit den Habsburger Zeichen (rot mit silbernem Balken).
Pfarrkirche (Johannes der Täufer), erwähnt Mitte des 14. Jh., ein Barockbau (1748 - 1754) mit Rokokoeinrichtung (1770). Barocke Synagoge (1759), Umbau im 19. Jh.; jüdischer Friedhof seit dem 15. Jh. Altes Schloß nach Brand 1734 barock umgebaut, 1840 renoviert. Neues Schloß 1906 neobarock erbaut durch den Wiener Architekten R. Feldschark, mit großem englischen Park.
Wirtschaft: Vier Ziegeleien, Holzwarenerzeugung, Bierbrauerei.
Persönlichkeiten: Martin Adolf Kopetz (1764 - 1832), Professor der Politik, ferner des allgemeinen Staats-, Völker- und Kriminalrechts an der Universität Prag; Wenzel Gustav Kopetz (1782 - 1857), Nationalökonom. Professor der politischen Wissenschaft an der Universität Prag. Ehrenbürger der Stadt Prag. 1837 in den Adelsstand erhoben; Adolf Koppmann (1786 - 1835), Theologieprofessor an der Universität Wien, Abt des Prämonstratenserstiftes Tepl. Er machte sich verdient um den Ausbau Marienbads; Jakob Beer (1796 - 1866), Theologieprofessor an der Universität Prag, Großprior des Kreuzherrenordens; Franz Gerstner (1816 - 1855), Jurist, Besitzer einer Glasfabrik. Kam 1848 für den Wahlkreis Plan als Abgeordneter in das Frankfurter Parlament; Franz Krünes (1853 - 1912), Landesschulinspektor in Prag.
1930: 1735 Einw. (1633 Deutsche, 68 Tschechen, 34 Ausl.).
Umgebung: Wallfahrtskirche St. Anna mit einer Niederlassung der Redemptoristen. Regensteich, 1478 vom Stift Tepl und den Herrschaftsbesitzern von Kuttenplan angelegt. Kellerberg mit schöner Aussicht. Lasurberg, 645 m, mit Resten alter Stollen. Das Weltbad Marienbad. Königswart mit Säuerling und Metternichschem Schloß.

Labau *(Hut')*, Bez. Gablonz. Der Ort liegt am Abhang des Schwarzbrunngebirges nahe der Sprachgrenze. 1558 hatte Johann Schürer von Waldheim die erste Glashütte des Dorfes errichtet. Diese arbeitete bis zum Beginn des 18. Jh. 1717 kam Labau an die Herrschaft Klein Skal und wurde 1823 selbständige Gemeinde. Einer hölzernen Kapelle (1694) folgte ein Steinbau, dem Hl. Adalbert geweiht und 1749 eingeweiht. Labau gehörte zur seit 1782 bestehenden Pfarrei Schumburg.
Wirtschaft: Glasschleiferei, Druckhütten, Glasschmuckhausindustrie.
1930 (mit Pintschei und Unter Schwarzbrunn I): 1109 Einw. (902 Deutsche, 202 Tschechen, 5 Ausl.) (959 röm.-kath., 96 konf.-los, 31 tschechosl. Kirche, 13 evang.).
Umgebung: Schwarzbrunnberg, 873 m.

Labau, Adalbertkapelle

Ladowitz *(Ledvice)*, Bez. Dux. Nach einer Urkunde aus d. J. 1226 war der Ort im Besitz des Klosters Doxan. 1398 ging Ladowitz mit anderen nordböhmischen Besitzungen von den Herren von Riesenburg an die Herrschaft Meißen über. Kirche Hl. Dreifaltigkeit. Pfarrei seit 1898, Matriken seit 1897, vorher Dux.
Wirtschaft: Braunkohlebergbau, Große Porzellanfabrik, Schlosserwarenfabrik. Durch das durch den Bergbau bedingte Zuströmen tschechischer Arbeiter verschoben sich die Nationalitätenverhältnisse in kurzer Zeit bedeutend. 1870 hatte Ladowitz 55 Häuser und 340 deutsche Bewohner.
1930 (mit Liptitz): 5150 Einw. (2822 Tschechen, 2215 Deutsche, 105 Ausl.) (2634 röm.-kath., 2261 konf.-los, 150 evang., 68 tschechosl. Kirche, 12 griech.-kath.).
Vor einigen Jahren wurde der Ort dem Bergbau geopfert und zerstört.

Lainsitz, auch Luschnitz *(Lužnice)*, 180 km langer Fluß, dessen Quellgebiet bei Weitra in Niederösterreich liegt, der östlich an den Wittingauer Teichen vorbeifließt, diese entwässert und bei Moldauthein in die Moldau mündet.

Lakaberg *(Plesná)*, 1339 m. Auf dem Gipfel des zum Stubenbacher Gebirge gehörenden Berges verläuft die Landesgrenze.

Lakasee *(Jezero Laka)* im Stubenbacher Gebirge. In 1096 m Höhe der höchstgelegene See des Böhmerwaldes; er ist 12 ha groß und 20 m tief.
Umgebung: Stubenbacher See (Prášilské jezero), 1079 m, 15,6 ha groß, 23 m tief. Mittagsberg (Poledník), 1314 m; nahe der Grenze gelegen.

Lämberg *(Lemberk,* heute *Lvova)*, Bez. Deutsch Gabel. 375 m. Die Ursprünge Lämbergs gehen in das 13. Jh. zurück. Auf der frühgotischen Burg saßen die Markwartinger, später die Waldstein, die Gallas und schließlich die Clam-Gallas. Mit Gallas aus dem Geschlecht der Markwartinger war die selige Zdislawa (um 1215 - 1252), die auch in Lämberg lebte, verheiratet. Unter Heinrich Kunzbach von Trachenberg erfolgte der Umbau der Burg in ein Renaissanceschloß (1561 - 1581), das heute als Museum dient mit Exponaten der Wohnkultur, vor allem der Möbelentwicklung vom 14. bis 19. Jh. Das Schloß weist eine kunstvolle Besonderheit auf, die prächtige Kassettendecke im sog. Fabelsaal; auf diese sind 77 Bilder aus den Fabeln Äsops gemalt. 40 m hoch über dem Jungfernbach aufragend, bietet die Burg (415 m) mit dem mächtigen runden Bergfried und dem Torbau, einem Turm ähnlich, einen imposanten Anblick.
1930 (mit Jüdendorf, Klein Herrndorf, Kunewald und Vogelgesang): 563 Einw. (494 Deutsche, 62 Tschechen).

Lampersdorf *(Lampertice)*, Dorf im Bez. Trautenau. Seit 1965 gehört es zu Bernsdorf. Bis ca. 1820 bestand eine Glashütte, seit 1830 wird Steinkohle gefördert (Julien- und Marienschacht). Das Steinkohlebergwerk des Westböhmischen Bergbau-Aktien-Vereins beschäftigte über 1000 Arbeiter. Wirtschaftlich gehörte Lampersdorf zum Schatzlarer Steinkohlerevier.
1930: 1553 Einw. (1422 Deutsche, 112 Tschechen, 19 Ausl.).

Landschau *(Lančov)*, Bez. Znaim. 437 m. Das Dorf bei Frain geht zurück auf eine alte Siedlung (13. Jh.), die von Hussiten zerstört wurde und an anderer Stelle wieder entstand. Kirche (Hl. Magdalena), erst romanisch aus dem Anfang des 13. Jh., nach Brand am Ende des 17. Jh. erneuert, Turm (1750). Kunsthistorisch wird sie als Saalkirche bezeichnet. Nach Wolny (s. Literaturverzeichnis) gab es im 16. und Anfang 17. Jh. eine Pfarrei, die um 1625 einging.
Persönlichkeit: P. Adalbert Fuchs OSB (1868 - 1930), Historiker, Abt des Stiftes Göttweig.

Lämberg

1930: 441 Einw. (413 Deutsche, 28 Tschechen). Heute ist ein großer Teil der Ortschaft verfallen.

Landskron *(Lanškroun)*, Bezirksstadt in Ostböhmen. 382 m. Der Hauptort des böhmischen Teils des Schönhengstgaus liegt an der Staatsbahn Landskron – Mähr. Trübau. Erste Erwähnung 1228, 1241 als Stadt angelegt. Die Herrschaft Landsberg-Landskron kommt 1285 als Geschenk König Wenzels an Zawisch von Falkenstein, nach dessen Hinrichtung (1290) an das Kloster Königsaal (1304). Im Tauschweg gelangt dann Landskron 1358 an das 1344 gegründete Bistum Leitomischl, gegen Verpfändung 1436 an Kostka von Postupitz und 1507 durch Heirat an die Pernstein. Unter Thomas dem Deutschen, einem Gehilfen des Brüderbischofs Lukas von Prag, wird Landskron Zentrum der deutschen Brüdergemeine. Die Herrschaft der Herren von Harras (seit 1588) währt nicht lange, denn schon 1620 erwirbt Fürst Karl von und zu Liechtenstein die Herrschaft, die nun wieder zur katholischen Kirche zurückgeführt wird. Viele wandern um ihres Glaubens willen aus. Schwere Schäden richten Brände und Verheerungen während des Dreißigjährigen Krieges an. Die während der Hussitenkriege angelegten Stadtmauern werden 1791/1792 abgerissen. 1885 erfolgt der Anschluß an die Eisenbahnstrecke Landskron – Rudelsdorf.

Das Augustiner-Chorherrenkloster, 1371 von Peter Wurst (Jelito) gegründet, wird 1393 zur Pfarrkirche übertragen. Auf dem zuerst gewählten Standort entsteht eine gotische Burg, die aber im Laufe der Zeit verfällt. Es stehen noch ein Turm und einzelne Reste von Quadermauern. Die Augustiner, deren Kloster von Hussiten zerstört wird, gehen 1425 nach Olmütz. 1697–1759 wirken sie wieder in Landskron.

Die Dekanatskirche St. Wenzel (vorher Hl. Maria) ist ein gotischer Bau, der später einige Umbauten erfährt. Turm 1765–1768. Kirche Maria Magdalena 1827, ein Empirebau. Kirche Hl. Anna auf dem Friedhof, 1700–1705 nach Plänen von Tencalla erbaut. Kapelle Franz Xaverius 1807, nach Brand 1813 und 1822 erneuert.

Auf dem Marktplatz das Renaissance-Rathaus (1581–1582) mit Turm (1792), Umbau 1830. Portal 1582. Renaissance-, Barock- und Laubenhäuser. Die Mariensäule ist ein Werk A. Bayernhofs (1684). Mehrere Plastiken, u. a. Ecce homo (1705 und 1749), Kreuz vor der Annakirche (1714), Johann von Nepomuk auf der Brücke (1714), Antonius von Padua (1717), Johannes Sarkander (1722), Donatus (1733), Dreifaltigkeitssäule (1720).

Siegel (1399) und Wappen zeigen in rotem Schild eine goldene Krone. Deutsches Gymnasium seit 1872, 1920/1921 in ein Realgymnasium umgewandelt. Heimatmuseum, 1936 eröffnet. Webschule 1872, seit 1882 Staatsfachschule für Weberei. Landwirtschaftsschule 1938 bis 1945.

Presse: „Deutsche Grenzwacht", 1904 bis 1945.

Wirtschaft: Tabak-, Papierhülsen-, Goldwaren-, Möbelstoff- und Seidenstoffabrik. Ziegelwerke, Maschinenfabrik, Zementwaren, Sägewerke, Buchdruckerei und Verlag Josef Czerny, Deutsche Bank für Industrie, Handel, Gewerbe und Landwirtschaft. Beliebte Sommerfrische am Adlergebirge.

Persönlichkeiten: Peter Wurst (Jelito) (um 1320 in Nieder Johnsdorf bei Landskron – 1387), Bischof von Olmütz und Leitomischl, Erzbischof von Magdeburg, Kanzler Kaiser Karls IV., Begründer des Augustinerklosters in Landskron, wo ein Denkmal und eine Gedenktafel an ihn erinnern; Johannes von Troppau, Pfarrer in Landskron, Kanonikus in Brünn, schrieb 1368 für Herzog Albrecht III. von Österreich ein illuminiertes Evangeliar, das sich in der Österreichischen Nationalbibliothek in Wien befindet;

Wappen von Landskron

Michael Weiße (1488 in Neisse - 1534), 1517 aus einem Breslauer Kloster entflohen, kam er zu den Böhmischen Brüdern in Leitomischl und wirkte in Landskron als Prediger. Bekannt wurde er durch sein Liederbuch „Neu Gesangsbüchlein", 1531 in Jungbunzlau erschienen, mit 157 Liedern. Dieses erste deutsche Kirchengesangbuch hatte großen Einfluß auf Luther, der auch einige Lieder daraus entnahm; Marcus Marci von Kronland (1595 - 1667), Arzt, Philosoph, Naturwissenschaftler, Professor an der Prager Universität, 1648 nobilitiert; Johann Wenzel von Bärnkopp (1723 - 1794), Generalfeldzeugmeister; Christian Polykarp Erxleben (1765 in Parensen/Hannover - 1831), Chemiker, Apotheker und Unternehmer in Landskron. Im nahen Zohsee errichtete er eine Leinwandweberei und Färberei, Fachschriftsteller. Sein Sohn Eduard (1796 -1860) setzte das Werk des Vaters fort. Auch bekannt als Botaniker. Der Sohn Theodor (1814 - 1868) wirkte als Professor der Chemie an der Handelsakademie in Wien. Der Enkel Emil (1831 - 1886), Apotheker, Mineraloge, Geologe und Astronom; Peter von Bibus (1825 - 1891), Jurist, Landtags- und Reichsratsabgeordneter, verdient um Gründung des Landskroner Gymnasiums; Emil Müller (1861 - 1927), Professor an der Technischen Hochschule in Wien, Mitglied der Akademie der Wissenschaften in Wien. Autor von Werken über Mathematik, Geometrie und Statistik; Friedrich Gustav Piffl (1864 -1932), Augustiner-Chorherr, Erzbischof von Wien und Kardinal. Mitglied des

Siegel der Stadt Landskron

Kratschengasthaus in Landskron

österreichischen Herrenhauses. Gedenktafel an seinem Geburtshaus (1937); Otto Piffl (1866 - 1926), Professor der Oto-Rhinologie (erster Ordinarius dieses Fachs) an der Deutschen Universität in Prag; Josef Benoni (1870 - 1957), Heimatschriftsteller, Erzähler, Mundartdichter; Emil Lehmann (1880 Turn bei Teplitz - 1964), Volksbildner und Heimatforscher, der 1924 den Verband für Heimatforschung und Heimatbildung in Landskron gründet. Herausgeber der „Landskroner Heimatbücherei"; Arthur Brusenbauch (1881 Preßburg - 1957). Der aus einer Landskroner Handwerkerfamilie stammende Maler war Mitglied der Wiener Secession und erhielt den Goldenen Lorbeer; Hermann Richard Peichl OSB (1887 Nieder Johnsdorf bei Landskron - 1966), Abt des Schottenstiftes in Wien. Theologischer Schriftsteller; Karl Hübl (1892 Dreihöf bei Landskron - 1968), Landwirt, Erzähler, Dichter; Josef Czerny (1897 - 1967), Verleger und Buchdrucker, Herausgeber der Landskroner Zeitung „Deutsche Grenzwacht" (1923 ff.).

1890: 5636 Deutsche und 184 Tschechen. 1930: 6497 Einw. (5297 Deutsche, 1093 Tschechen, 85 Ausl.).

Umgebung: Wachberg, 713 m.

Langenau *(Skalice)*, Bez. Böhm. Leipa. 328 m. Die Gemeinde, an der Bahnstrecke Georgswalde - Prag, dehnt sich am Sporkabach in einer Länge von 4 km aus. Der Ursprung soll auf einen Kohlenbrenner zurückgehen. Ernst Schwarz stellte fest, daß Langenau, ein Waldhufendorf, mit einer älteren tschechischen Siedlung Skalice zusammenwuchs. In einer Quelle fand

er, daß 1352 Skalicz oder Langenau gebraucht wurde. Bis 1362 waren die Herren von Klimstein die Besitzer. Zu Ende des 17. Jh.s begründete ein Kittel eine Glashütte. Im 18. Jh. kam Langenau an die Herrschaft Bürgstein der Grafen Kinsky. Die im 14. Jh. erwähnte Kirche, 1640 durch Schweden zerstört, entstand 1712 neu (St. Anna) und erhielt auch eine Sonnenuhr. Vor dem Pfarrhaus eine Johannes-von-Nepomuk-Statue.
Wirtschaft: Glasraffinerien, Glasschleifereien, Kirchenfenstermalerei, Erzeugung von Lüstern, Brillengläsern und Weihnachtsschmuck. Landwirtschaft. Einige Mühlen. Sommerfrische.
1930 (mit Josefsdorf): 3324 Einw. (2668 Deutsche, 610 Tschechen, 43 Ausl.).
Umgebung: Langenauer Berg, 483 m, Basaltfelsen auf Sandstein, mehrere Stollen, Leipaer Spitzberg, Bad Kottowitz, seit 1838 Badeanstalt (Eisenmineralbad), Kottowitzer Berg, 493 m.

Langenbruck *(Dlouhý Most)*, Bez. Reichenberg. 495 m. Zuerst war hier eine Köhlersiedlung (1547), in der Lutheraner lebten. Eine Neubesiedlung erfolgte in der 2. Hälfte des 17. Jh.s an der Handelsstraße Reichenberg – Liebenau. Die alte Holzkirche wurde im Dreißigjährigen Krieg zerstört. Die neue Laurentiuskirche entstand 1696 – 1699 im Barockstil, der Turm kam 1711 dazu. Das Hauptaltarbild schuf der heimische J. Ginzel (1818). Gotischer Taufstein (um 1500). Eine Johannes-von-Nepomuk-Statue aus der Mitte des 19. Jh.s.
1930: 1190 Einw. (995 Deutsche, 180 Tschechen, 15 Ausl.).
Umgebung: Schimsdorf mit Dreifaltigkeitskapelle (1734), Raschen mit Antoniuskapelle, Münkendorf mit Johannes-von-Nepomuk-Kapelle (1745). Jaberlich, 683 m, am Jeschkenkamm mit Kapelle (1811) und dem berühmten Riesenfaß, das 1898 von der Wiener Weltausstellung erworben wurde.

Langendorf *(Dlouhá Ves)*, Bez. Schüttenhofen. 500 m. Die Gemeinde liegt am rechten Ufer der Wottawa. Die Pfarrkirche (Philippus und Jakobus Apostel), schon im 14. Jh. genannt, wurde in der ersten Hälfte 18. Jh. im Barockstil errichtet. Das steinerne Taufbecken stammt aus der mittelalterlichen gotischen Kirche. Die Pfarrei wurde 1854 wieder errichtet. Matriken seit 1774. Kapelle (Ende 18. oder Anfang 19. Jh.). Statue Johannes von Nepomuk (1. Hälfte 19. Jh.). Eine alte Burg wurde zum Schloß umgestaltet (heute Wirtschaftshof). Schloßkapelle (1732). Besitzer waren die Fürsten Schwarzenberg. Barocker herrschaftlicher Schüttboden (1718).
Wirtschaft: Flaschenkapselerzeugung.
Persönlichkeit: Wenzel Frühauf (1854 – 1924), Schuhmacher und Volksschriftsteller, genannt der Hans Sachs des Böhmerwaldes.
1930 (mit Alt und Neu Langendorf, Budaschitz, Diwischow, Janowitz und Plattorn): 1939 Einw. (1814 Deutsche, 102 Tschechen, 18 Ausl.).

Laubendorf *(Limberk*, nach 1945 *Pomezí)*, Bez. Politschka. 600 m. Reihendorf, 5 km lang, im Schönhengstgau, an der böhmisch-mährischen Grenze und an der Eisenbahnlinie Zwittau – Skutsch. Die 1265 durch Przemysl Ottokar II. ausgestellte Gründungsurkunde für Politschka war auch der Beginn Laubendorfs. Lokator war ein Konrad von Lewendorf. Später saßen hier die Löwenberg (Limberk). 1938 kam es zur neuen Grenzziehung zwischen Laubendorf und Politschka.
Die erste Kirche (St. Georg), 1350 als Pfarrkirche genannt, war gotisch. Umbau Ende des 17. Jh., 1727 und 1748. Steinerner Turm 1780. Die Inneneinrichtung 2. Hälfte 18. Jh. (Rokoko). Taufbecken 1728. Dreifaltigkeitskapelle 1766. In der Friedhofsmauer ist ein Karner aus dem 19. Jh. eingefügt. Die ehem. Veste der Herren von Laubendorf aus dem 16. Jh. fand als Schüttboden Verwendung („Schlössel"); ein Tor ist mit 1692 datiert.
Wirtschaft: Flachsanbau und Flachshandel. Seit 1901 bestand die Flachsbau-Genossenschaft für Laubendorf und Umgebung, die Roh- und Reinflachs erzeugte.
1930: 1788 Einw. (1640 Deutsche, 113 Tschechen, 12 Ausl.).
1965 begingen die aus ihrer Heimat vertriebenen Laubendorfer in Schwarzenbruck bei Nürnberg den 700. Jahrestag der Gründung ihrer Heimatgemeinde.

Lausitzer Gebirge, zwischen der östlichen Grenze des Elbsandsteingebirges und der Iser,

Lauterbach Stadt

wird aus Sandsteintafelbergen und Basaltkegeln gebildet. Höchste Erhebungen sind Lausche (793 m), Tannenberg (770 m), Kleiß (755 m) und Hochwald (748 m). Teil des Lausitzer Gebirges sind auch die Sandsteinfelsen von Klein Skal. Das Gebirge ist dicht bevölkert und bildet die Grenze zwischen Böhmen und Sachsen. Zumeist bewaldet (Laubmischwald).

Lauterbach Stadt *(Město Litrbachy,* seit 1945 *Čistá),* Bez. Elbogen. 800 m. Lauterbach im Kaiserwald entstand im Zuge der Bergbauerschließung des 15. Jh.s. Es wurde Zinn gefördert. 1551 Stadterhebung. 1555 Wappenverleihung. Ein roter Schild mit silbernem Wellenbalken, darüber böhmischer Löwe mit Krone, darunter Rechen und Keilhaue gekreuzt. Kirche (Erzengel Michael) aus d. J. 1551, 1774/1775 barock umgebaut; im Innern alte Zinngießerarbeiten. Matriken ab 1626.
Wirtschaft: Perlennäherei, Faßbinderei, Holzverarbeitung, Landwirtschaft.
Persönlichkeiten: Josef A. Seyler (1778 - 1854), Chordirektor in Gran/Ungarn, Komponist von Kirchenmusik und Märschen; Josef Köferl (1845 - 1919), Heimatforscher. Hauptwerk: Heimatkunde für den politischen Bezirk Tachau, 1890, dazu Supplement, 1895; Albert Marterer (1881 - 1933), Komponist; Josef Gerschon (1887 - 1960), Konzert- und Kirchenmusikdirektor in Karlsbad.
1930: 1192 Einw. (1170 Deutsche, 9 Tschechen, 8 Ausl.). Durch Vertreibung der Deutschen bedingte Entvölkerung; 1955 kam Lauterbach zu Schönfeld, nach dem Stand von 1961 war es aufgelassen.

Lautsch *(Mladeč).* Bez. Littau. 242 m. Nicht nur für Geologen ist der Ort in der Niederung der mittleren March von Interesse. Für viele Touristen sind die sog. Lautscher Höhlen, westlich von Lautsch, Teil eines kilometerlangen eiszeitlichen Höhlensystems im Nordmährischen Karst, ein Erlebnis. Das mehrere Stockwerke übereinanderliegende System wurde 1826 entdeckt. Funde bestätigen frühe Besiedlung im Jungpaläolithikum.
1938 wurde das nahe Neuschloß selbständige Gemeinde und kam zum sog. Gau Sudetenland, Lautsch wurde zum Protektorat geschlagen.
Neuschloß, zuerst ein Renaissance-Jagdschloß (1561 - 1569), ließ 1690 Fürst Liechtenstein vergrößern. 1805 abgebrannt, errichtete es der Wiener Architekt Joseph Hardtmut 1813 - 1820 wieder.
Persönlichkeit: Josef Walzel (1882 - ?), Professor am Deutschen Vereins-Mädchen-Reform-Realgymnasium in Troppau, Verfasser von Lehrbüchern.
1930 (mit Neuschloß): 545 Einw. (513 Tschechen, 27 Deutsche, 4 Ausl.).

Lechwitz *(Lechovice),* Bez. Znaim. Im Zeitraum von 1660 bis 1784 gehörte Lechwitz zum Besitz der Prämonstratenser von Klosterbruck. Diese ließen an einer Quelle auf einer Anhöhe an der Stelle eines hölzernen Kapellenbaus (1695) die Wallfahrtskirche Mariä Heimsuchung errichten (1718 - 1722). Im Innern der Kirche mit dem Grundriß eines griechischen Kreuzes eine gotische Madonna aus dem 16. Jh. auf dem Hochal-

Pfarr- und Wallfahrtskirche Lechwitz

Neuschloß bei Lautsch

tar, Seitenaltäre in gemalter Architektur von den Niederländern Fisée und Schoonjans, ferner Fresken von Franz A. Maulpertsch und J. Winterhalter d. J. Von J. A. Richter, einem Brünner Bildhauer, stammen die Putten an der Orgel (1725). Das ehem. Residenzgebäude Klosterbrucks (1740) wurde im 19. Jh. zu einem Schloß umgestaltet und war im Besitz des aus Iglau stammenden Politikers Karl Friedrich von Kübeck.
1930: 575 Einw. (529 Deutsche, 31 Tschechen, 15 Ausl.).
In der Umgebung Erdställe, d. s. Erdgänge aus vorgeschichtlicher Zeit.

Leipertitz *(Litobratřice)*, Bez. Nikolsburg. 226 m. 1278 als Lupratitz, 1279 als Lipratitz genannt, kam das Dorf 1395 zur Benediktinerabtei Willimow bei Königgrätz, dann an Mährisch Kromau und unterstand den Herren von Pernstein und Liechtenstein. Eine ältere Pfarre ist 1626 eingegangen. Die neue Pfarrkirche (St. Georg) entstand 1790; der Turm ist aus älterer Zeit. Immakulatasäule, um 1700; Statue Johannes von Nepomuk, 1743.
Wirtschaft: Obstbau, Landwirtschaft.
1930: 1318 Einw. (1256 Deutsche, 40 Tschechen, 19 Ausl.).
Großer Teil des Dorfes heute verschwunden.

Leipnik *(Lipník nad Bečvou)*, Bez. Mähr. Weißkirchen, 233 m. Die Stadt an der Betschwa liegt in der Nähe der Mährischen Pforte, Station an der eh. Ferdinand-Nordbahn (Prerau – Oderberg). Nach Karl Berger zuerst eine slawische Siedlung, die in der 2. Hälfte des 13. Jh.s zu einer deutschen Stadt wurde, und die es bis zum Hussitenkrieg blieb. 1249 ein Pfarrer Waltherus. Im 14. Jh. an die Herren von Krawarn, die sich später auf die Seite der Utraquisten schlugen. Die Böhmischen Brüder hatten in Leipnik im 15./16. Jh. einen Mittelpunkt. Nach dem Aufstand von 1618 verlor Georg von Würben, Herr von Leipnik, seine Besitzungen. Die Stadt, in der immer eine deutsche Minderheit lebte, kam an das Olmützer Bistum (1622) und verlor ihre Privilegien, die nach 1626 zurückgegeben wurden. Damals erhielt sie ihr Wappen mit dem böhmischen Löwen mit königlicher Krone und den zwei Dietrichsteinschen Messern. Kardinal Dietrichstein ließ die Gegenreformation durchführen. Gegen Ende des Dreißigjährigen Krieges wiederholt schwedische Besetzungen. Zu Beginn unseres Jh.s wurde die Verwaltung noch deutsch geführt. Nach 1919 wurde die deutsche Oberrealschule geschlossen.
Die gotische Pfarrkirche (Apostel Jakobus) war 1510 – 1621 im Besitz der Utraquisten. 1765 – 1568 Umbau im Barockstil. Renaissance-Glokkenturm (1609). 1693 und 1694 Anbau von zwei Kapellen. Dietrichstein hatte 1633 die als ausgezeichnete Pädagogen bekannten Piaristen nach Leipnik berufen; sie führten hier das Gymnasium bis 1777. Piaristenkolleg (1634) und Piaristenkirche (Franz von Assisi) (1660 – 1687). Friedhof mit Kapelle (Apostel Petrus); nach Wolny im Friedhof mehrfaches Echo. Von den gotischen Befestigungsanlagen erhielten sich Teile der Stadtmauern und Bastionen. Barock- und Renaissancehäuser. Dietrichsteinsches Schloß (Renaissance, später Barockbau). Rathaus (16. Jh.). Großer Ring mit Lauben. Leipnik hatte eine bedeutende jüdische Gemeinde; die spätgotische Synagoge (Ende 15. Jh.) kam nach 1948 an die Tschechoslowakische Kirche.
Wirtschaft: Schafwollwaren, Filz- und Tuchschuhe, landwirtschaftliche Maschinen, Zündholzerzeugung, Nahrungsmittelindustrie, Druckereien.
Persönlichkeiten: Anton Hajduk (1850-?), Lehrer und Schriftsteller, schrieb eine „Geschichte von Leipnik“; Bernhard Münz (1857 – 1921), Schriftsteller, Vizepräsident des Schriftstellerver-

eins Concordia in Wien; Sigmund Münz (1859–1934), Publizist und Übersetzer. Verfasser von Biographien; Viktor Hammerschlag (1870–nach 1937), Medizinprofessor in Wien, Erfinder medizinischer Instrumente.
1930: 7530 Einw. (6537 Tschechen, 740 Deutsche, 124 Ausl., 98 Juden, 25 Russen).
Umgebung: Ruine Helfenstein, 406 m. Sommerfrische Thein und Oderquellen. Im heutigen Museum Záhoří (Ortsmuseum) liegen Exponate zur Stadtgeschichte, Zunftandenken und Gildenzeichen.

Leitmeritz *(Litoměřice)*. 171 m. Die Bezirksstadt am rechten Ufer der Elbe, die eine 612 m lange Brücke überquert (seit 1910), wird von zwei wichtigen Eisenbahnstrecken berührt (Lissa – Tetschen, Reichenberg – B. Leipa – Leitmeritz – Teplitz-Schönau) und ist Dampfschiffstation. Gegenüber mündet die Eger in die Elbe. Wahrscheinlich gab es bereits im 9. Jh. einen Siedlungskern. Im 10. Jh. war hier der Sitz der Lutomerici. Mitte des 11. Jh.s ist ein Kollegiatkapitel nachweisbar und eine erste steinerne Kirche zu St. Stephan. Um Kirche und Burg entsteht ein deutsches Gemeinwesen. Die Stadt (um 1227) wird mächtiger Vorort des Magdeburger Stadtrechts, das für fast alle Städte Böhmens gültig ist. Die königliche Stadt erhält Befestigungsanlagen, die teilweise erhalten blieben. Bedeutend war damals der Weinanbau; den Wein rühmt 1287 der mittelhochdeutsche Dichter Ulrich von Eschenbach in seinem Epos „Alexander". Leitmeritz, bis 1300 Sitz einer

Leitmeritz, Stadtwappen

Rathaus in Leitmeritz

königlichen Münze, besaß Siegel und Wappen; sie zeigen eine bezinnte Mauer mit offenen Torflügeln, aus dieser wächst der böhmische Löwe. Tiefe Einschnitte in der geschichtlichen Entwicklung waren die Hussitenkriege und der Dreißigjährige Krieg, an dessen Beginn sich die Bürger mit ihrem Bürgermeister Paul Stransky dem Aufstand von 1618 angeschlossen hatten. Nach dem Krieg wurde die Rekatholisierung durchgeführt; viele zogen die Auswanderung der Bekehrung vor. Ein wichtiges Ereignis war die Gründung des Bistums Leitmeritz i. J. 1655. Die Stadt, deren Ratsprotokolle seit 1657 wieder deutsch geführt wurden, entwickelte sich zum wirtschaftlichen und kulturellen Zentrum. Mit berechtigtem Stolz begingen die Bürger 1927 die Siebenhundertjahrfeier ihrer Stadt.
Die Domkirche St. Stephan, erst romanisch, 1663–1680 frühbarock gebaut, wurde mit Errichtung des Bistums Kathedralkirche; sie ist das Werk von B. Spineta, G. Broggio und D. Orsi; Bilder von K. Skreta und aus der Schule des Lucas Cranach; Madonna aus d. J. 1595. Die bischöfliche Residenz schuf O. Broggio 1689–1701; in ihr ist das Diözesanmuseum untergebracht. Die Dekanatskirche Allerheiligen (erst romanisch) schuf O. Broggio, von dem auch die Jesuiten- und die Wenzelskirche stammen. Außerdem hatte die Stadt Kirchen und Klöster der Kapuziner und Dominikaner, ferner eine evangelische Kirche.
Am Stadtplatz das Rathaus, von 1537–1539 von Meister Paul umgebaut, mit Laubengang und

einer Rolandsäule (1539) als Zeichen des Stapelrechts. Im Rathaus das Stadtmuseum. Von den alten Häusern ist das sog. Kelchhaus mit dem Symbol der Utraquisten ein Wahrzeichen der Stadt. Marien-(Pest-)Säule aus d. J. 1681. Das Gymnasium, 1549 gegründet, wurde durch den Jesuitenorden zu einer der besten Anstalten des Landes; an ihr wirkte 17 Jahre lang als Lehrer der Sprachschöpfer und Führer der tschechischen Wiedergeburt Josef Jungmann († 1847). Am Gymnasium führten die Jesuiten das Theaterspiel ein; die Aufführungen waren auch für die Öffentlichkeit bestimmt. Als älteste Provinzbühne Böhmens entstand 1822 der Theaterbau auf dem Marktplatz (Erbauer Josef Gaube); das Theater erhielt nach 1945 den Namen des tschechischen romantischen Dichters Karel Hynek Mácha († 1836 in Leitmeritz).

Weitere Schulen: Realschule, seit 1863, 1893 verstaatlicht; Staatslehrerbildungsanstalt, seit 1789 (als Hauptschule gegründet); Städtische Lehrerinnenbildungsanstalt, seit 1902; Ackerbau-, Obst- und Weinbauschule, seit 1885; Taubstummenanstalt. Der Priesternachwuchs studierte an der Theologischen Hochschule der Diözese.

Presse: „Leitmeritzer Zeitung"; „Leitmeritzer Tageszeitung"; „Deutsche Landheimat"; „Deutsche Tagespost"; „Deutsche Zeitung für den Leitmeritzer Kreis". Das Stadtmuseum, seit 1877, hatte die Sammelgebiete Heimatkunde, Ortsgeschichte, heimische kirchliche Kunst, Vorgeschichte, heimisches Handwerk. Als Direktor machte sich Heinrich Ankert verdient. In jüngster Zeit wurde ein Museum für Keramik aus der Stadt Lewin eingerichtet. Schätze des Stadtarchivs waren u. a. das Leitmeritzer Kanzional (1520 - 1530), ein utraquistisches Meisterwerk der Buchmalerei, und die alte Karte Böhmens von Klaudianus (1518). In der Kunstgalerie werden Bilder und Plastiken (seit dem 13. Jh.) gezeigt, vor allem Werke des Meisters von Leitmeritz.

Wirtschaft: Obst- und Gemüseverwertung, Lederfabrik, Erzeugung chemischer und pharmazeutischer Präparate, Zementwarenfabrik, Essigerzeugung, Ziegel- und Kalkwerke, Obst-, Hopfen- und Weinhandel. Buchdruckereien.

Leitmeritz, Stephansdom

Persönlichkeiten: Maximilian von Schleinitz (1606 Warnsdorf - 1675), erster Bischof des Bistums; Ottavio Broggio (1668 - 1742), Baumeister und Architekt in Leitmeritz, sein Werk setzte der Sohn Giulio († 1718) fort; Ferdinand Kindermann Ritter von Schulstein (1740 Königswalde - 1801), Pädagoge, Schöpfer der Normalschule, ebenso der Gewerbe- und Industrieschulen, Bischof von Leitmeritz; Edmund Vinzenz Milde (1777 Brünn - 1853), Bischof von Leitmeritz, Erzbischof von Wien; Jakob Fiedler (1798 - 1867), herzoglicher Baumeister in Parma; im dortigen Dom begraben; Josef Emanuel Hilscher, (1806 - 1837), Dichter, Redakteur, Schau spieler, Übersetzer; Wenzel Heinrich Veit (1806 - 1864), Kreisgerichtspräsident in Leitmeritz, Komponist; Alois Funke (1834 - 1911), Bürgermeister von Leitmeritz, Mitglied des böhmischen Landtags und des österreichischen Reichsrats; Julius Lippert (1839 Braunau - 1909), Historiker und Schriftsteller in Leitmeritz, Verfasser der „Geschichte der Stadt Leitmeritz", 1871; Otto Willmann (1839 Lissa - 1920), Philosoph und Pädagoge, Prager Universitätsprofessor, der seinen Ruhestand in Leitmeritz verbrachte, wo er begraben wurde; Josef Emanuel Hibsch (1852 Hummel - 1940), Geologe, Erforscher des Böhmischen Mittelgebirges; Ferdinand Blumentritt (1853 Prag - 1913), Gymnasiallehrer in Leitmeritz, Philippinenforscher; Franz Křepek (1855 Nieder-Nösel - 1936), Senator im Prager Parlament, Mitbegründer des Bundes der

Landwirte, Bürgermeister von Leitmeritz; Gustav Klimt (1862 Oberbaumgarten bei Wien – 1918), der Sohn eines aus Drabschitz bei Leitmeritz stammenden Graveurs war einer der bedeutendsten Maler des Jugendstils in Wien; Josef W. Titta (1863 Prosmik – 1923), Gründer des Deutschen Volksrates für Böhmen; Josef Gross (1866 Pfraumberg – 1931), Bischof von Leitmeritz, Förderer der katholischen Presse. Präsident des Deutschen Katholikenrates für Böhmen; Rudolf Funke (1867–1935), Internist in Prag, Mitbegründer und Obmann des Deutschen Kulturverbandes; Heinrich Ankert (1870–1954), Heimatforscher, Leiter des Stadtarchivs und Stadmuseums; Alfred Kubin (1877–1959), Graphiker und Schriftsteller. Erster Träger des Sudetendeutschen Kulturpreises (1955); Anton Alois Weber (1877 Wolfersberg bei Rumburg – 1947), letzter deutscher Bischof der Diözese Leitmeritz; er wurde zur Resignation gezwungen; Harald Pickert (1901–1983), Graphiker und Maler.
1930: 18 498 Einw. (10 878 Deutsche, 6485 Tschechen, 725 andere, 410 Ausl.).
Patenschaften: Stadt Fulda über Leitmeritz-Stadt (1961), Landkreis Fulda über Leitmeritz-Kreis (1965). Seit 1975 besteht in Fulda ein Archiv mit einem Museum für den Heimatkreis Leitmeritz. Heute gibt es in Leitmeritz, bis zur Vertreibung deutsche philosophisch-theologische Hochschule für den Priesternachwuchs, das einzige Priesterseminar für ganz Böhmen und Mähren.

Leitomischl *(Litomyšl)*, Bezirksstadt in Ostböhmen. 374 m. An der Eisenbahnstrecke Chotzen – Leitomischl. 1090 Stiftung einer Benediktinerabtei durch Herzog Ladislaus von Böhmen; diese übergibt der Olmützer Bischof Heinrich Zdik 1145 den Prämonstratensern von Strahow. Als 1344 das Bistum Leitomischl ins Leben gerufen wird, übernimmt das Kloster die Aufgabe des Domstifts. Unter den Hussiten hatte das Bistum schwer zu leiden; nach dessen Auflösung übernimmt schließlich Königgrätz die Nachfolge. Zu den bedeutenden Bischöfen gehören Johannes von Neumarkt, der Kanzler Kaiser Karls IV., und Peter Wurst aus Nieder Johnsdorf. Schon im 10. Jh. eine Burg am Verbindungsweg von Böhmen nach Mähren. Die Ortsanlage erfolgt durch die Benediktiner. Stadterhebung 1259. Wappen: In rotem Schild eine weiße Lilie mit drei Blättern. 1425 Eroberung durch die Taboriten; die Stadt und auch die Marienkathedrale werden zerstört. Seit 1503 arbeitet eine Druckerei der Brüdergemeine, die hier ein Zentrum hatte. Aus Gründen der Irrlehre wird 1548 die Herrschaft konfisziert und den katholischen Pernstein übergeben. Spätere Herrschaftsbesitzer die Trauttmannsdorff, Waldstein und Thurn und Taxis.
Ringplatz mit Laubenhäusern, altes Rathaus 1418 mit Turm und neues Rathaus in spätbarokkem Stil. Kreuzkirche 1356 Propsteikirche, vorher gehörte sie zum Augustinerkloster. Piaristenkolleg, das älteste in Böhmen, 1640 gegründet. Die dazugehörende Kirche baute 1709–1721 Alliprandi aus. Im Piaristengymnasium, seit 1644 bestehend, war zeitweise auch ein philosophisches Lyzeum integriert. Die Schule besuchte auch der Schriftsteller Ludwig August Frankl. Durch Umbau der Burg schuf Wratislaw von Pernstein ein Renaissanceschloß (1568–1573). Der kunstgeschichtlich wertvolle Bau zeichnet sich durch Kratzputz und einen Arkadenhof aus. Das alte Schloßtheater, das zweitälteste Böhmens, besitzt Bühnendekorationen Josef Platzers. 1393 soll in Leitomischl die erste Apotheke Böhmens gegründet worden sein.
Wirtschaft: Webereien, Schuhfabrik, Getreidemarkt, Bierbrauerei.
Persönlichkeit: Bedřich Smetana, 1824–1884, neben A. Dvořák der größte tschechische Komponist, der aber noch im deutschen Kulturkreis aufwuchs.
1930: 7205 Einw. (7084 Tschechen, 82 Deutsche, 30 Ausl.) (4594 röm.-kath., 862 tschechosl. Kirche, 498 evang., 1091 konf.-los, 143 Juden). Gerichtsbezirk Leitomischl 1930: 33 326 Tschechen (72%), 12 822 Deutsche (28%), darunter 10 geschlossen deutsche Ortschaften mit 11 461 Deutschen und 303 Tschechen.

Leskau *(Lestkov)*, Bez. Plan. 566 m. 1227 erwähnt, war Leskau im Besitz der Herren von Schwanberg, die dem Ort einige Rechte verlie-

hen. 1352 bereits eine Pfarre. Die Markterhebung erfolgte 1537 durch Ferdinand I. Wappen: Ein roter Schild mit rechtsgewendetem silbernem Schwan auf grünem Dreiberg. 1544 an die Herren von Kraigk, 1547 Stadterhebung, 1548 an die Grafen Schlick und 1569 wieder an die Schwanberg. Im Dreißigjährigen Krieg Zerstörung durch Schweden. Kirche (Hl. Prokop), Pfarrkirche im 14. Jh., 1740 erneuert. Friedhofskapelle Johannes der Täufer.
Wirtschaft: Landwirtschaft. Sommerfrische, Fremdenverkehr.
Persönlichkeit: Tobias Eniccelius (ca. 1630 - ?), Komponist und Kantor in Holstein.
1930: 873 Einw. (858 Deutsche, 11 Tschechen, 3 Ausl.).
Umgebung: Ruine Schwanberg, Schafberg mit Kapelle, die an den Bauernaufstand von 1680 erinnert; Gutstein mit Ruine, Herzheilbad Konstantinsbad.

Lewin *(Levín)*, Bez. Leitmeritz. 438 m. Stadt im Böhmischen Mittelgebirge, 7 km nordwestlich von Auscha. Eisenbahnstation Lewin-Geltschberg der Strecke Großpriesen - Auscha. 1169 erwähnt. 1352 Pfarrort. Zerstörung durch Hussiten. Žižka soll die ehem. Malteserburg auf dem Turmberg vernichtet haben. Die Wappenverleihung erfolgte wohl 1623 durch Ferdinand II. Es zeigt hinter dem Schild mit dem böhmischen Löwen zwei mit Spitzdächern und Knäufen versehene Türme und zwischen diesen ein Kelch, was auf König Georg von Podiebrad hinweisen könnte.

Leskau

Die 1788 - 1791 gebaute Kirche brannte beim großen Stadtbrand ab und wurde 1799 wieder hergerichtet. In dieser Kirche (Kreuzerhöhung) eine wertvolle gotische Pietà (15. Jh.), die aus der Prager Hibernerkirche hierher gekommen war. Das Bild Maria Magdalena auf einem Seitenaltar stammt von Karel Skreta. Der sog. „Lewiner Kater" auf einem eingemauerten Altarstein aus dem 13. Jh. war für viele Forscher ein Rätsel, das nicht gelöst werden konnte. Über der Stadt der Turmberg mit dem Glockenturm (1699), alter Wartturm, auf den Ruinen der Feste. Rathaus 1793. Altes Haus (Nr. 2) mit Pilasterfassade aus d. 18. Jh.
Wirtschaft: Lewin war einst Mittelpunkt eines blühenden Töpferhandwerks (Lewiner Keramik), das schon im Mittelalter ausgeübt wurde. Eine Töpferzunft bestand wohl schon 1402.
Persönlichkeiten: Johann Josef Leitenberger (1730 - 1802), Begründer einer Textilfabrikantendynastie; Franz Heller (1835 - ?), Erfinder (Nähmaschinenschiffchen); Adolf Pientka (Ratibor 1872 - 1940), der „Lewiner Pfarrer" betätigte sich als Heilpraktiker, der mit dem siderischen Pendel arbeitete; Gustav Jungbauer nahm ihn in seine „Deutsche Volksmedizin" auf.
1930 (mit Ober Wessig): 523 Einw. (461 Deutsche, 51 Tschechen, 11 Ausl.).
Umgebung: Kuranstalt Geltschbad, seit Beginn des 19. Jh.s Wasserheilanstalt und Luftkurort, heute aufgelassen und zu einem Erholungsheim umgestaltet. Geltsch, 725 m, aus Phonolithgestein. Ratzken, Funde aus der Hallstattzeit, Josephskapelle und Mausoleum der Familie Schroll aus d. J. 1881.

Libinsdorf *(Karlov)*, Bez. Chotěboř. Libinsdorf, zwischen Iglau und dem Schönhengstgau, war die kleinste der deutschen Sprachinseln der Sudetenländer. Karl von Libin, Kreishauptmann von Tschaslau, hatte im Zuge des josephinischen inneren Landesausbaues 1789 auf den aufgelassenen Meierhof Karlshof Siedler aus seiner nordböhmischen Heimat, vor allem aus der Gegend von Rosendorf bei Tetschen, geholt. Ableitung des deutschen Namens Libinsdorf vom Gründer, des tschechischen vom Meierhof Karlshof. Die Nordböhmen bewahrten ihr Deutschtum in

Liboch

der Fremde bis 1945. 1873 wurde Libinsdorf selbständige Gemeinde. Seit 1929 gab es in der Verwaltung eine tschechische Mehrheit. Seit 1812 wurde in einer deutschen Schule unterrichtet; sie erhielt 1848 Öffentlichkeitscharakter; nach der Auflösung 1924 sorgte der Deutsche Kulturverband für privaten Unterricht
1930: 215 Einw. (148 Tschechen, 67 Deutsche).

Liboch *(Liběchov)*, Bez. Dauba. 163 m. Am rechten Elbufer und an der Mündung des Libocher Baches gelegen, ist Liboch von Weinbergen umgeben. Nahe der Sprachgrenze. Station der Eisenbahnstrecke Prag – Tetschen. 1316 erwähnt, 1354 eine Kirche errichtet, doch erst 1732 Pfarrort, wurde Liboch 1934 zur Stadt erhoben.
Kirche (Hl. Gallus), gotisch, erweitert 1741, renoviert 1829. Innen Fresken von J. P. Molitor (1741). Hl.-Geist-Kirche (1654) mit Gruft der Barone Veith. Hl.-Kreuz-Kapelle am Weinberg. Das Barockschloß, an Stelle eines Renaissancebaues, hatte wahrscheinlich F. M. Kaňka zum Baumeister; viele Skulpturen, auch aus der Werkstatt Matth. B. Brauns und von J. Max. Anton Veith, der Besitzer, ermöglichte hier einen Sammelpunkt von Persönlichkeiten, die vom böhmischen Landespatriotismus erfüllt waren, darunter auch Karl E. Ebert und Bernard Bolzano. Für sein nahegelegenes „Pantheon“ ließ Veith aus Sandsteinfelsen Figuren aus der böhmischen Sage herausschlagen; auch Schwanthaler war beteiligt. Veits „Slavín“ blieb unvollendet.
Kurt Camillo Loos († 1933) errichtete 1912 in Liboch eine ornithologische Station, die von der Deutschen Gesellschaft der Wissenschaften und Künste für die Tschechoslowakische Republik unterstützt wurde; nach dem Tode von Loos kam die Vogelwarte nach Böhm. Leipa.
Wirtschaft: Wein- und Obstbau, durch das milde Klima sehr begünstigt. Große Weinkeller.
1930 mit Geweihtenbrunn: 1581 Einw. (945 Tschechen, 616 Deutsche, 13 Ausl.).
Die Sommerfrische Geweihtenbrunn mit Mineralquellen war früher ein Kurort. Umgebung: Daubaer Schweiz; Burgruine Kokorschin; Sommerfrische Schelesen.

Lichten *(Lichnov)*, Bez. Freudenthal. 380 m. (Name von der Familie Lichnowsky). Reihendorf aus dem 14 Jh. 1340 erwähnt im Zusammenhang mit Bergbau auf Silber und Blei. In der Reformationszeit waren die Bewohner Anhänger des evangelischen Glaubens. Eine alte Burg wurde im Dreißigjährigen Krieg zerstört und später eingeebnet. Kirche St. Nikolaus, barock 1730. Die zur Erzdiözese Olmütz gehörende Pfarre bestand vor 1600, wurde dann aufgelöst, dann 1785 Lokalie und 1843 wieder errichtet. Kapelle Johannes von Nepomuk. Ein Wahrzeichen war die gemauerte Windmühle (1736).
Wirtschaft: Mährisch-schlesische Strick- und Wirkwarenfabrik Johann Hein (1878) mit 200 Arbeitern; Strumpfwarenerzeuger Richard Schenk (1860) mit 50 Arbeitern.

Lichtenstadt

Persönlichkeit: Anna Köhler, geb. Orleth (1890 - 1957), Lehrerin, Erzählerin, Mundartdichterin, Dramatikerin.
In der Umgebung existieren Mineralquellen.

Lichtenstadt *(Hroznětín)*, Bez. Karlsbad. 450 m. Stadt am Abhang des Erzgebirges. An der Bahnstrecke Karlsbad - Merkelsgrün. Der tschechische Name stammt von Hroznata, dem Gründer des Stiftes Tepl, auf den die Entstehung des Dorfes zurückgehen soll. 1217 Weihe der ersten Kirche. 1252 Pfarrei. Bedeutung durch Bergbau auf Eisen, Silber und Zinn. 1386 Verleihung des Tepler Stadtrechts. Wappen: Silberner viereckiger Turm mit Tor, Zinnen und offenem Fallgitter; darunter auf goldenem Schild drei Hirschgeweihe (Familienwappen des seligen Hroznata), aus den Schildenden ragen oben zwei schwarze Hirschstangen. Seit 1561 war Lichtenstadt rund 100 Jahre evangelisch. Eigentümer waren nach der Gründung das Stift Tepl, dann 1437 bis 1572 die Grafen Schlick, später die Markgrafen von Baden (1691 - 1787).
Eine Burg aus dem 14. Jh. verschwand 200 Jahre später. Die zuerst gotische Pfarrkirche Peter und Paul wurde 1678 barock umgebaut und 1732 - 1734 renoviert. Im Kirchenschatz ist eine wertvolle Monstranz enthalten gewesen. Jüdischer Friedhof, 15. - 16. Jh., der zweitälteste Böhmens. Alte Synagoge (1606). Steinfiguren Johannes von Nepomuk, Wenzel und Sebastian (1722).
Wirtschaft: Maschinenfabrik und Eisengießerei (1699), Zinnbergbau, Porzellanfabrik, Schuhoberteilerzeugung. Spitzenklöppeln in Heimarbeit. Sommerfrische.
Persönlichkeiten: Matthias Trötscher (1624 - 1686), einer der bedeutendsten Orgelbauer seiner Zeit; Erhard Glaser (1870 - 1947), Professor für Hygiene und Pharmakognosie an der Universität Wien, Generalstabsarzt.
1930: 1971 Einw. (1908 Deutsche, 47 Ausl., 14 Tschechen, 2 Juden). Nach 1945 856 und nach 1961 1212 Einw.

Lichtewerden *(Lichtvard,* nach 1961 *Světlá* bzw. *Světlá Hora)*, Bez. Freudenthal. 606 m. Die Anfänge des langgestreckten Ortes südlich von Engelsberg gehen auf das Jahr 1258 zurück. Es wurde Bergbau betrieben. 1476 kam Lichtewerden an die Familie Würben, wurde protestantisch und hatte einen eigenen evangelischen Pfarrer. Als Anhänger des „Winterkönigs" Friedrich von der Pfalz gingen die Würben ihrer Besitzungen verlustig. 1621 kam Lichtewerden an den Deutschen Orden. Der Dreißigjährige Krieg brachte das Ende des einst blühenden Bergbaus. 1901 erfolgte der Anschluß an die Eisenbahn (Freudenthal - Lichtewerden - Klein Mohrau). Filialkirche Hl. Barbara und Katharina auf dem Friedhof (1665, 1798 erweitert) gehört zur Pfarre Engelsberg.

Lichtewerden

Wirtschaft: Flachsspinnerei, Kräuterlikörerzeugung (Altvater-Urquell).
Paul Brückner (1900 - 1972), Heimatforscher und Schriftsteller.
1930: 1026 Einw. (983 Deutsche, 29 Ausl., 14 Tschechen). Die Häusergruppe Kleinasien hat 6 Häuser und 46 Einw.
Umgebung: Bad Karlsbrunn, Köhlerberg, Karlsthal, Dürrseifen, Annaberg.

Liebenau *(Hodkovice)*, Bez. Reichenberg. 367 m. Die Stadt am Jeschkengebirge liegt in einem von der Mohelka durchflossenen Talkessel an der Straße Prag - Görlitz und an der Eisenbahnstrecke Reichenberg - Turnau. Die Ursprünge reichen in das 13. Jh. zurück. 1352 wird eine Kirche erwähnt. Im 14. Jh. gehörten die Liebenauer zum Herrschaftsbereich der Friedsteiner Burg. Nach der Zerstörung durch Hussiten 1422 errangen die Tschechen vorübergehend die Überhand. 1540 wurde Liebenau zur Herrschaft Böhmisch Aicha der Wartenberge geschlagen. In dieser Zeit zog die evangelische Lehre ein; diese behauptete sich bis in die

Anfangsjahre des Dreißigjährigen Krieges. Zu den Besitzern zählten auch Albrecht von Waldstein und nach dessen Tod 1634 Graf Isolani; von diesem erbte 1640 seine Tochter, damals Äbtissin der Augustinerinnen in Wien, dessen Eigentum. Nach der Säkularisierung des Klosters bei St. Jakob kam Liebenau an den Religionsfonds, später dann an die Familie Rohan. Im 19. Jh. ist eine starke industrielle Aufwärtsentwicklung festellbar. Im August 1813 schlug der österreichische General Neipperg hier sein Hauptquartier auf. Im Krieg von 1866 kam es hier zum ersten Gefecht zwischen Österreichern und Preußen.

Die Kirche St. Prokop, zuerst ein Holzbau des 14. Jh., verbrannte 1692; die jetzige ist ein Barockbau (1717 – 1720) und bestitzt zwei Bilder von Joseph von Führich (1826). Pfarrhaus 1837. Marktplatz mit Marien(Pest-)säule 1707. Alte Häuser im Barock- und Empirestil. Erhalten sind einige alte Holzbauten. Im Friedhof zwei Denkmäler des Bildhauers Josef Max. Auf dem Kirchberg an Stelle eines 1818 gebauten und 1864 abgebrannten Holzkirchleins eine neue Kapelle mit neugotischem Kreuzweg. Das alte Rathaus brannte 1692 ab. Das neue Rathaus wurde ein Opfer des Brandes von 1806, der 152 Häuser zerstörte, 1812 wieder hergestellt und 1898 umgebaut. Eine Pfarrschule (seit 1682) ging wieder ein, eine Trivialschule bestand seit 1774, eine Bürgerschule seit 1873. Liebenau wurde 1710 mit einer Wasserleitung ausgestattet und hatte vor 1795 eine Kanalisation. Wappen: Ein nach rechts gewendeter Braunbär, auf dem Schild eine goldene Krone mit fünf Zacken.

Wirtschaft: Textilindustrie, Glasschleifereien, Glasexport, Maschinenfabrik, Stein- und Buchdruckerei, Schachtelerzeugung, Möbel- und Kunsttischlerei, Bijouteriewarenerzeugung.

Persönlichkeiten: Joseph Müller (1727 – 1817), Glas- und Steinschneider, der in Karlsbad Sprudelsteine bearbeitete, als Mineraloge von Goethe bei Exkursionen geschätzt, Ehrenmitglied der Mineralogischen Gesellschaft in Jena; Johann Karl Burde (1744 – 1820), Steinschneider und Medailleur in Prag, wo auch sein Sohn Joseph Karl (1779 – 1848) als Kupferstecher,

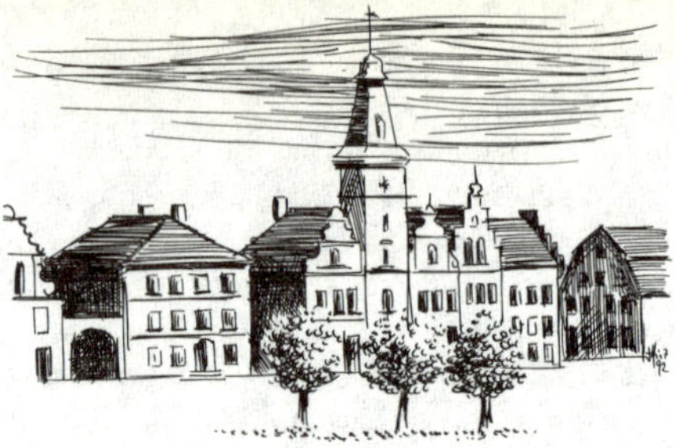

Liebenau

Maler und Kustos der Gemäldegalerie der Gesellschaft patriotischer Kunstfreunde wirkte; Konrad Spiller (1840 – 1908), k. k. Linienschiffskapitän, Erfinder eines Tiefenlots ohne Leine; Rudolf Zitte (1865 – 1958), Medailleur und Bildhauer.

1930: 2444 Einw. (1443 Deutsche, 975 Tschechen, 19 Ausl.) (1876 röm.-kath., 273 tschechosl. Kirche, 218 konf.-los., 65 evang.).

Umgebung: Fundorte von Halbedelsteinen; daher wurde in Liebenau die Steinschneidekunst ausgeübt. Sichrow mit Schloß (frühbarock, dann neugotisch umgebaut) der Fürsten Rohan; Galerie französischer Porträts. Jährlich finden Musikfestspiele im Geiste Dvořáks statt. Jaberlich, 683 m, mit Restauration in einem Riesenfaß.

Seit 1977 besteht eine Patenschaft durch die bayerische Stadt Königsbrunn; dort wurde ein Heimatmuseum für Liebenau eingerichtet.

Liebenstein *(Libštejn,* jetzt *Libá)* Bezirk Eger. 508 m. 10 km nordwestlich von Eger, am Fuße des Plattenberges (637 m). 1264 wird Liebenstein als Burg genannt, die kurz vorher errichtet wurde, aber schon 1320 von königlichen Soldnern zerstört wird. Von einem Bürger aus Eger wieder instandgesetzt, fiel sie bald an die böhmische Krone, da der Nachfolger des Egerer Bürgers als Raubritter sein Unwesen getrieben hatte. Spätere Besitzer waren die Leuchtenberg (1381), dann ein Erhart Rudusch, die Sparneck und schießlich 1426 die Zedtwitz, die 1879 das Prädikat Zedtwitz-Liebenstein erhielten; sie veräußerten 1915 Liebenstein. Während der Reforma-

Liebenstein

tionszeit bekannten sich die Liebensteiner zur neuen Lehre. In einer Schule wurde bereits 1591 unterrichtet.
Die Geschichte Liebensteins, das seit 1850 eine selbständige Gemeinde war, hing stets eng mit der Burg zusammen, deren alte Bausubstanz im Zuge der Modernisierung des Schlosses immer mehr verloren ging. Lediglich das Wahrzeichen, der mächtige mittlere Turm, blieb erhalten und bestimmt die Silhouette von Liebenstein. Die Kirche (Hl. Katharina) wurde 1406 erbaut, damals hatte der Egerer Patrizier Erhart Rudusch auch die Errichtung einer Pfarrei ermöglicht. 1755 – 1763 wurde die Kirche barockisiert.
Wirtschaft: Spinnerei, Färberei, Bleicherei, Stoffhandschuhfabrik, Kunstseidenwäscheerzeugung, Sommerfrische. Heute besteht hier das Textilunternehmen Tosta.
Klemens Graf von Zedtwitz-Liebenstein, 1814 – 1896, Schriftsteller, der auch die Egerländer Mundart pflegte.
1930: 2202 Einw. (2118 Deutsche, 55 Ausl., 29 Tschechen).

Liebeschitz *(Libešice)*, Bez. Leitmeritz. 247 m. Markt 4 km südwestlich von Auscha. Im 11. Jh. als Dorf und im 14. Jh. als Pfarrort genannt. Seit Beginn des 15. Jh.s saßen hier die Wartenberger, dann die Dubansky u. a. Schließlich wurde Liebeschitz Zentrum einer großen Herrschaft, zu der Auscha, Lewin, Wernstadt und 52 Dörfer gehörten. Zeitweise waren die Bewohner evangelisch, erst 1650 waren alle zum alten Glauben zurückgekehrt. Damals verwalteten die Jesuiten die Liebeschitzer Güter; nach Aufhebung des Ordens 1773 kamen diese an den Studienfonds. Seit 1871 waren der Braunauer Textilindustrielle Josef Schroll und seine Erben Besitzer. 1909 Markterhebung.
Das Schloß, zuerst die Jesuitenresidenz, war zunächst ein frühbarocker Bau (1654). Bemerkenswert sind Plastiken von T. Süssmayer aus der Barockzeit. Die Kirche Mariä Himmelfahrt (1589) erhielt 1813 – 1816 Formen des Empirestils. Bilder von J. J. Heintsch. Der Turm (1589) stammt noch von einem früheren Bau. Friedhofskapelle nach 1680; Schöpfer des Zentralbaues mit Stuck ist vielleicht G. Broggio. Hier ebenfalls ein Bild von Heintsch.
Wirtschaft: Hopfenanbau (seit dem Mittelalter), Holz- und Eisenhandel. Obstbau. Sommerfrische am Fuße des Geltschberges (725 m).
1930: 770 Einw. (738 Deutsche, 27 Tschechen).
Umgebung: Geltschbad-Lewin, Horschigelberg, 370 m, Ruinen Helfenburg und Litteinsch.

Liebotschan *(Libočany)*, Bez. Saaz. Funde weisen auf eine Begräbnisstätte hin. 1226 erste Erwähnung Liebotschans. Kirche Allerheiligen, 1749 – 1769, Rokoko, Fresken und Illusionsarchitektur von J. W. Tschöpper, der auch im Schloß arbeitete. Statue der Hl. Anna am Seitenaltar (um 1770) von J. Eberle, ferner ein Prager Jesulein und Plastiken von den Hl. Wenzel und Johannes von Nepomuk. Schloß um 1770, spätbarock errichtet durch Freiherrn von Schrollenberg. Pfarrei um 1770. Barocke Mariensäule, renoviert im 19. Jh. und 1946. Bei der Eisenbahnhaltestelle Statue des Johannes von Nepomuk (1769).
Wirtschaft: Kunstmühle. Große Brauerei und Mälzerei (1872) mit 100 Arbeitern. Zementwarenerzeugung.
1930 (mit Horkau): 825 Einw. (527 Deutsche, 290 Tschechen, 8 Ausl.).

Liebwerd *(Libverda)*, Weiler zu Birkigt gehörend, Bez. Tetschen. Zuerst ein Gutshof (1575). 1850 entstand auf Betreiben von Anton von Komers und mit Unterstützung des Grafen Anton von Thun-Hohenstein eine landwirtschaftliche Lehranstalt. Aus dieser entwickelte sich 1866 eine Höhere Landeslehranstalt und 1897 die Königl. Böhmische landwirtschaftliche

Liebwerd, Landwirtschaftliche Hochschule

Landesakademie, die 1908 in Ausbildung und Abschluß der Hochschule für Bodenkultur in Wien angeglichen wurde. Ab Studienjahr 1920/1921 war Liebwerd die Landwirtschaftliche Abteilung der Prager Deutschen Technischen Hochschule. Während der Zugehörigkeit des Sudetenlandes zum Deutschen Reich war sie die selbständige Landwirtschaftliche Hochschule Tetschen-Liebwerd. Studienzeit 8 Semester. Abschluß mit dem Prädikat Diplom-Ingenieur. Nach der Vertreibung der Deutschen war Liebwerd Außenstelle der Tschechischen Hochschule für landwirtschaftliches Ingenieurwesen in Prag. Über die ehem. deutsche Anstalt übernahm die Landwirtschaftliche Hochschule Hohenheim die Patenschaft.

Bad Liebwerda *(Lázně Libverda)*, Bez. Friedland. 400 m. Lage im Tal der Wittig am Westfuß der Tafelfichte, 12 km südöstl. von Friedland. Heute Ortsteil von Haindorf. 1381 eine Siedlung erwähnt. Beginn des Badewesens im 16. Jh. Erdig-alkalische Säuerlinge und Stahlquellen für Trink- und Badekuren. Sauerbrunnversand. Auch Kaltwasserheilanstalt. Indikationen: Herz- und Gefäßleiden, Behandlung von neuralgischen Schmerzen und Nervenleiden, Ischias, Blutarmut, Frauenleiden. Blüte des Bades 1786–1818. 1782/1783 ließ der damalige Besitzer, Graf Clam-Gallas, die Heilquellen neu fassen und ein neues Badehaus errichten.
Schon Albrecht von Waldstein (Wallenstein) führte stets in einem Faß Liebwerdaer Sauerbrunn gegen seine Gicht mit sich. Unter den Gästen des Bades finden wir Namen wie Karl Holtei, Johann Gottfried Seume, Joseph von Führich, Kurfürst August I. von Sachsen. Während Carl Maria von Weber zur Kur weilte, wurde er bei Wanderungen in den umliegenden Wäldern und in der nahen Stolpichschlucht zu seiner Oper „Der Freischütz" angeregt. Alexander von Humboldt rühmte die schöne Lage des Kurortes.
Früher hatte Bad Liebwerda den Charakter eines gepflegten Badeortes. Neben den Badegebäuden im klassizistischen Stil fiel das Biedermeier-Schlößchen auf, 1816 vom Grafen Christian Christoph Clam-Gallas errichter; es hatte ein Sommertheater, wo Hedwig Bleibtreu vom Wiener Burgtheater, die bei den Haindorfer Jedermann-Festspielen mitgewirkt hatte, wiederholt zu Gast war. Großer Schloßpark. Bad Liebwerda war Sitz der Prinz-Auerspergschen Domänenverwaltung. Eine Besonderheit war ein 1931 erbautes Riesenfaß mit 12 m Höhe und 16 m Länge; es verfiel nach 1945, wurde aber wieder hergerichtet. Anreiz für Wintersportler war die bei der Hubertusbaude am Trauerstege beginnende 2000 m lange Rodelbahn.
Wirtschaft: Porzellanwarenhandel.
1930: 719 Einw. (686 Deutsche, 18 Ausl., 15 Tschechen).
Umgebung: Hegebachtal, Stolpichschlucht, Wittighaus, 841 m, mit Berggasthaus, Haindorf, früher vielbesuchter Wallfahrtsort, Tafelfichte, 1122 m, das frühere Jagdhaus der Grafen Clam-Gallas.

Lindenau *(Lindava)*, Bez. Böhm. Leipa. 305 m. Das langgestreckte Dorf, vom Zwittebach durchflossen, hatte seine Ursprünge im 14. Jh. Im 15. Jh. kam es zur Herrschaft Bürgstein. 1603 konnten ein Richter und 12 Geschworene festgestellt werden. Die Führung eines Schöppenbuches ist für 1581–1626 nachgewiesen. Wegen der Lage nahe der Landesgrenze war Lindenau wiederholt von kriegerischen Ereignissen betroffen. 1904 Anschluß an die Eisenbahn (Zwickau – Deutsch Gabel). Lindenau brachte viele bedeutende Musiker hervor; dieser Umstand wird u. a. auf die hier bestehende Choradjuvantenvereinigung, die bis 1848 viel zur Musikpflege beisteuerte, zurückgeführt.

Kirche Petrus und Paulus, 1699–1702, erst eine Holzkirche, Turm 1859. Inneneinrichtung teils pseudobarock. Vorher zu Zwickau gehörend, wurde 1722 eine Pfarre errichtet. Matriken seit 1722. Barocke Statue des Johannes von Nepomuk um 1740. Nach 1600 hatte der evangelische Glaube Eingang gefunden. Seit 1904 eine evangelische Predigtstation. In Lindenau beschäftigten sich viele Bewohner mit Krippenbau.
Wirtschaft: Bleichereien, Färbereien, Zementwaren. Spiegelfabriken.
Anton Günther (1783–1863), Philosoph und Theologe. Der Begründer des Güntherianismus, der Differenzen mit der katholischen Kirche hatte, wurde zum Philosophen der österreichischen Romantik.
1930: 1319 Einw. (1266 Deutsche, 44 Tschechen, 9 Ausl.).
Umgebung: Anschließend an Lindenau erstreckt sich Zwitte mit Sohr, hier seit 1725 eine Kapelle Mariä Heimsuchung und seit 1740 eine Schule. Schmiedsberg, 458 m, Hochwald, 750 m, Ortels- oder Urteilsberg, 550 m, Roll, 694 m, Brins Berg, 489 m, Kränzelberg, Laufberg.

Lippen *(Lipno)*, Ortschaft zur Gemeinde Luppetsching gehörend, Bez. Kaplitz, 776 m. 17 km südwestl. Krummau.
1930: 515 Einw. (513 Deutsche, 2 Ausl.).

Lippener Stausee *(Lipenská přehradní nádrž)*, 600 m. Der Moldaustausee, ca. 40 km lang, bis 10 km breit, 22 m tief, reicht von Salnau bei Oberplan bis zur Teufelsmauer bei Hohenfurt.

Lindenau

Der größte künstliche See der ČSFR wurde 1959 fertiggestellt. Erzeugung von Elektrizität (unterirdisches Kraftwerk). Bedeutendes Erholungsgebiet. Schiffsverkehr. Am See liegen die durch Adalbert Stifter bekannt gewordenen Orte Oberplan und Friedberg.

Litschkau *(Líčkov)*, Bez. Saaz. 311 m. Das Dorf, 7 km südöstlich von Saaz, liegt in der Hopfengegend. Erste Erwähnung als Rittersitz Mitte 14. Jh. Von der gotischen Burg ist ein Rundturm erhalten. Besitzer waren u. a. die Lobkowitz und Mitrowitz. Im 17. Jh. entstand durch Umbau das Schloß, 1765 barock. Schloßgarten mit Rokokoarchitektur (Loggien, Terrassen, Plastiken), Tor nach 1765. Zu den Besitzern gehörte auch Baron Zessner von Spitzenberg.
Wirtschaft: Landwirtschaft, Hopfenanbau.
1930: 610 Einw. (514 Deutsche, 93 Tschechen, 3 Ausl.).

Littau *(Litovel)*, 231 m. Die nordmährische Bezirksstadt an der March, deren Flußarme sie durchfließen, wird das mährische oder auch hanakische Venedig genannt. Der Grundriß wird gemäß deutschen Städteanlagen nach planmäßigem Muster gebildet. Als Jahr der Stadtgründung gilt 1270. Im 15. Jh. bekennen sich die Bürger zum Utraquismus. Unter den Boskowitz verbreitet sich im 16. Jh. der Protestantismus. Nach dem Tod des letzten Boskowitz kam Littau an die Fürsten Liechtenstein. Seit 1557 wird in der Stadt Papier erzeugt. Ein großer Teil Littaus wird 1613 Opfer einer Brandkatastrophe. Die Chronik verzeichnet im J. 1643 die Belagerung und Eroberung durch die Schweden. Im 19. Jh. erfolgt ein großer wirtschaftlicher Aufschwung, nicht zuletzt durch den Anschluß an das Eisenbahnnetz. Wappen: Zwei gekrümmte Fische, die im Bogen die Stadt umkreisen, weisen auf den Fischreichtum der March hin.
Markus-Kirche zuerst gotisch, vor 1538 Renaissance, Umbau 2. Hälfte 17. Jh. Georgskapelle, sog. Mährische Kapelle, gotisch 1444, zuerst im Besitz der Utraquisten, 1608 Umbau. Friedhofskirche Hl. Philipp und Jakobus, 1692 frühbarock durch Adam Glöckel aus Olmütz. Rathaus mit Turm, gotisch, 1572 Umbau. 72 m hoher Renaissanceturm. Stadtmuseum im ehem. Städtischen

Schützenhaus (aus 1747, Umbau 1822 - 1824) mit heimischen Volkstrachten, volkskundlichen Zeugnissen, heimischer Töpferei und archäologischen Funden aus den Lautscher Tropfsteinhöhlen. Der Schützenverein ging bis in d. J. 1500 zurück. Auf dem Marktplatz Pestsäule von Wenzel Render aus Olmütz (1724). Renaissance- und Barockhäuser. Auf der steineren Brücke Denkmal Johannes von Nepomuk. Schloß der Fürsten Liechtenstein. Von der Stadtbefestigung (15. Jh.) noch Fragmente vorhanden.
Wirtschaft: Zuckerfabrik, Brauerei, Herstellung von Asbestschiefer, Malzfabrikation, Tonwarenindustrie, Konserven. Holzbearbeitung (Tesla), Papierherstellung.
Persönlichkeiten: Gustav von Tschermak-Seysenegg (1836 - 1927), Univ.-Prof. in Wien, Begründer der modernen Mineralogie; Erich von Tschermak-Seysenegg (Sohn von Gustav) (Wien 1871 - 1962), Botaniker, der die Mendelschen Gesetze aufs neue erprobte. Begründete an der Hochschule für Bodenkultur Wien den Lehrstuhl für Pflanzenzüchtung. In Littau wirkte auch der bekannte Arzt und Archivar Johannes Kux (1861 - 1940), der neben anderen mährischen Stadtgeschichten auch die von Littau schrieb.
1890: 4354 Einw. (1755 Tschechen). 1930: 4318 Einw. (3939 Tschechen, 348 Deutsche, 28 Ausl.) (2640 röm.-kath., 1418 tschechosl. Kirche, 121 konf.-los, 53 orthodox, 45 evang., 34 israel.)
Umgebung: Weißölhütten, wo 1825 der Komponist Konradin Kreutzer (1780 - 1849) heiratete; während seines Aufenthaltes schuf er einige Tonwerke, auch Teile von „Das Nachtlager von Granada." Jagdschloß Neuschloß, früher Fürst Liechtenstein, mit Tiergarten und Naturpark. Lautscher Tropfsteinhohlen. Deutschordensschloß Busau aus d. 13. Jh.

Lobendau *(Lobendava,* früher *Lobdov),* Bez. Schluckenau. Das Waldhufendorf am Lobendauer Bach war Grenzdorf zu Sachsen im westlichsten Teil des Schluckenauer Zipfels. Im 13. Jh. gegründet, war es zunächst im Besitz der Bischöfe von Meißen. Im 14. und 15. Jh. wurde Goldwäscherei betrieben. Seit 1635, als die Oberlausitz an Sachsen kam, verlief hier die Landesgrenze. Eine Inschrift im Gasthaus besagt, daß 1779 Joseph II. hier weilte. Die Kirche Mariä Heimsuchung (1719) geht zurück auf ein Kirchlein, das schon 1350 bestand. Die Matriken wurden seit 1760 geführt. Spätbarocke Kapelle (1775) mit klassizistischer Einrichtung. Auffallend sind die formschönen hölzernen Lausitzer Umgebindehäuser.
Wirtschaft: Kunstblumenerzeugung, Blumendrahterzeugung, Bandfabrik, Mühlenbau, Stahlschleifereien, Filzschuhfabrik.
Persönlichkeiten: Laurentia (Maria Franziska) Knoth O.Cist. (1765 - 1827), Äbtissin des Klosters Marienthal im Kreis Zittau; Anton von Drasche (1826 - 1904), Univ.-Prof. für Epidemiologie in Wien, Mitglied des Obersten Sanitätsrates; Josef Müller (1833 - 1899), 1857 nach den USA ausgewandert, gründet er eine Musikschule und eine Musikinstrumentenhandlung, Komponist und Musiklehrer; Bernharda (Karolina) Kasper O.Cist. (1835 - 1909), Äbtissin von Marienstern bei Kamenz.
1930: 1597 Einw. (1515 Deutsche, 45 Ausl., 37 Tschechen).
Umgebung: Annaberg (Joachimsberg) mit Wallfahrtskirche (1776) und Kreuzwegstationen. Lerchenberg, 479 m. Hilgersdorf mit Schutzengelkapelle, Obereinsiedel mit Kirche Maria von der Erlösung. Neudörfel mit Dreifaltigkeitskapelle.

Lobenstein *(Uvalno),* Bez. Jägerndorf. 325 m. An der Eisenbahnstrecke Olmütz - Jägerndorf - Troppau. 1247 genannt. Im Mittelalter schützte eine Burg die Landesgrenze gegen Polen. Nach Ernst Schwarz war Lobenstein im 16. Jh. ein gemischtsprachiges Dorf, wurde aber schließlich fast rein deutsch. „Am Ende des 17. Jh. gab es nur noch Deutsche im Dorf, außer einigen fremden Dienstboten."
Nikolauskirche (13. Jh.), das Patronat hatte das Kloster Hradisch, 1672 barockisiert. In der Reformationszeit war Lobenstein, das damals im Besitz des Markgrafen Georg von Ansbach war, evangelisch. Die Kirche, seit 1633 wieder katholisch, wurde aber keine selbständige Pfarrei, 1780 zur Lokal-Kuratie erhoben, 1859 wieder Pfarrei.

Persönlichkeiten: Josef Hermann Kudlich (1809 - 1886), Mitglied der Frankfurter Nationalversammlung und des Stuttgarter Rumpfparlaments, 1870 - 1876 Mitglied des schlesischen Landtags. Onkel von Hans Kudlich. Hans Kudlich (1823 - 1917), Abgeordneter zum Kremsierer Reichstag, bei dem er am 7. Sept. 1848 den Antrag auf Aufhebung der Erbuntertänigkeit stellte. Dem Bauernbefreier wurden viele Denkmäler gesetzt. Die Asche Kudlichs wurde erst in der Hans-Kudlich-Warte beigesetzt, nach 1945 dann in der Familiengruft im Friedhof. Walter Kudlich (1857 Wilhelmsburg/NÖ - 1930), der Sohn Hans K., war Mitglied des schlesischen Landtags und Bürgermeister von Troppau.
1930: 1720 Einw. (1457 Deutsche, 190 Tschechen, 70 Ausl.).
Umgebung: Burgberg mit Ruine einer frühgotischen Burg, erwähnt 1253. Eigentümer waren die Troppauer und Jägerndorfer Fürsten. Anfang des 16. Jh. instandgesetzt, aber im Dreißigjährigen Krieg zerstört.

Lobnig *(Lomnice)*, Bez. Römerstadt. Das Dorf, bei dem der Lobnigbach entspringt, liegt an der Eisenbahnstrecke Olmütz - Jägerndorf - Troppau. Anschluß an das Eisenbahnnetz 1872. Vom Schulunterricht wird bereits 1508 berichtet; seit 1626 bestand eine ständige Schule. Das Gemeindesiegel zeigte den Hl. Georg zu Pferd. Pfarrkirche St. Georg (um 1300) gehörte 1350 zur Diözese Leitomischl, war 1545 - 1575 verödet und dann bis 1620 im Besitz der Protestanten; diese errichteten 1608 einen Kirchenbau. 1622 zog wieder ein katholischer Pfarrer ein. Die Pfarre unterstand der Erzdiözese Olmütz und dem Archipresbyterat Sternberg.
Wirtschaft: Holz, Molkereigenossenschaft.
Johann Gans (1886 - 1956), Direktor der Universitätsbibliothek in Wien, Honorarprofessor, Schriftsteller.
1930: 1064 Einw. (1004 Deutsch, 46 Tschechen, 14 Ausl.).

Lobosch *(Lovoš)*, Berg im Böhmischen Mittelgebirge bei Lobositz. 572 m. Die Schwarzenberg-(Schutz-)hütte (1924), nach 1945 verwüstet, ist wieder aufgebaut. Schöne Aussicht über die Kegel des Mittelgebirges, über Burgen und Ruinen. Im Wopparner Tal am Abhang des Berges, aus olivinreichem Nephelinbasalt, wachsen Edelkastanien. Auf der Kuppe des Kleinen Lobosch Basaltsäulen. Seltene Pflanzen.

Lobositz *(Lovosice)*, Bez. Leitmeritz. 153 m. Stadt mit Bezirksgericht an der Elbe kurz vor deren Durchbruch durch das Böhmische Mittelgebirge. Sie dehnt sich zu Füßen des Lobosch aus. Die Elbe nimmt hier den Modelbach auf. Funde aus der Bronze- und Keltenzeit. Das Fischerdorf, 1143 erwähnt, gehörte dem Kloster Strahow an; die Prämonstratenser legten Weingärten an. Seit 1600 im Besitze eines Wappens: In blauem Schild eine goldene Mauer, in deren Mitte ein Tor mit Gatter und einem Löwen, hinter der Mauer zwei Türme. Seit 1630 wurden Matriken geführt. Mitte des 17. Jh. ließ Markgräfin Sylvia Katharina von Baden das Schloß erbauen. Dieses ging 1783 an die Fürsten Schwarzenberg. 1680 Teilnahme am Bauernaufstand. Am 1. Oktober 1756 Sieg Friedrich II. über die Österreicher westlich der Stadt. 1841 Beginn der Dampfschiffahrt. 1847 Bau der Eisenbahn Prag - Dresden. Eisenbahn und Schiffahrt bewirkten eine günstige Entwicklung der Stadt an einer verkehrsgünstigen Lage. 1866 Gefecht bei Lobositz. 1939 wurde hier die Grenze zum Protektorat Böhmen und Mähren gezogen. Presse: „Lobositzer Zeitung".
Im Schloß (Renaissance, im frühen 19. Jh. barokkisiert) befand sich die Wirtschaftsdirektion der Domäne Lobositz. Wenzelskirche, 1733 - 1748. Inneneinrichtung vorwiegend Rokoko. Hauptaltar von J. V. Hennevogel, Altarbild von J. Hermann. Deckengemälde von J. Czech, 1740. Die spätbarocke Maria-Einsiedel-Kapelle entstand zur Erinnerung an die Schlacht von 1756. Herz-Jesu-Kapelle, barock, Anfang 18. Jh. Evangelische Kirche im Sezessionsstil, Anfang 20. Jh. Ehemaliges Spital, barock, 1656 gestiftet. Empirehäuser. Denkmal der Roten Armee.
Wirtschaft: Lebensmittelindustrie, Obstverwertung, Schokolade-, Öl-, Zucker-, Leder-, chemische Fabriken, Bierbrauerei. Glanzstoffabrik, Zichorienerzeugung. Obst- und Weinbau. Lobositz war eine der industriereichsten Städte des Landes.

Persönlichkeiten: Karl von Czyhlarz (1833 – 1914), Professor des Römischen Rechts an den Universitäten Prag und Wien, Mitglied des böhmischen Landtags und des österreichischen Herrenhauses; Josef W. Titta (1863 – 1923), Arzt, Begründer des Deutschen Rates für Böhmen (1903), sollte alle kulturellen und politischen Kräfte der Deutschen zusammenfassen; Alfons Dopsch (1868 – 1953), Historiker, Univ.-Professor in Wien; Max Bittner (1869 –1918), Orientalist, Univ.-Professor in Wien; Arthur Glaessner (1878 – 1928), Chemiker, Gründer der Chemosan-Union und weiterer Unternehmen in Aussig; Emanuel Glaessner (1845 – 1925), Großindustrieller, Präsident der Genossenschaft der Rohzuckerfabriken in Lobositz.
1930: 5929 Einw. (3711 Deutsche, 1999 Tschechen, 165 Ausl., 43 Juden, 11 Ungarn).
Umgebung: Lobosch, 572 m, mit Aussichtsturm, Porta Bohemica, Burgruinen Kostial, einst Burg der böhmischen Könige, Skalken und Wopparn, Hasenburg, Boretzer Berg, 466 m, mit Erdspalten, aus denen Warmluft ausströmt, Wopparner Tal, Groß Tschernosek, Welhotta (ehem. Kaiser-Joseph-Denkmal).

Lobs *(Lobzy)*. Bez. Falkenau. Lobs war der Geburtsort zweier Lehrerpersönlichkeiten: Karl Kraus (1764 – 1826), Sammler von bäuerlichen Liedern (1816), die in unseren Tagen als „Lobser Handschrift“ von Johannes Künzig neu herausgegeben wurden. Hermann Brandl (1874 – 1938), verdient um die Heimatforschung von Graslitz und Umgebung.
1930 (mit Grün und Schwand): 362 deutsche Einw.

Loosch *(Lahošt)*, Bez. Dux. Als man i. J. 1882 eine Therme neu zu fassen versuchte, stieß man beim Abteufen in 8 m Tiefe auf einen Bronzekessel mit zahlreichen Ringen, Gewandspangen und anderen Schmuckstücken. Diese ordnete man der Kultur der keltischen Bojer zu (Früh- und Mittel-La-Tène-Zeit, 400 – 100 v. Chr.). Später fand man in 9 m Tiefe Bronzewaffen aus der La-Tène-Zeit. Die Bedeutung der Duxer Riesenquellen-Therme für die vorgeschichtliche Forschung beschrieb 1937 Josef Glott. Im Mittelalter gehörte Loosch zu den Gütern des Kanonikats von St. Wenzel auf der Prager Burg. Marienkapelle, 1859.
Wirschaft: Bergbau (Wenzelszeche), Ziegelwerk, Kalkwerk, Farbwerk.
1930: 936 Einw. (896 Deutsche, 39 Tschechen).

Loosdorf *(Ludvíkovice)*, Bez. Tetschen. 281 m. Gemeinde im Grenzbereich des Böhmischen Mittelgebirges. Früher eine beliebte Sommerfrische der deutschen Prager. Kapelle aus dem 18. Jh. Steinkreuz (1701). Hans-Kudlich-Denkmal (1892) mit der Inschrift: „Zur Erinnerung an die Aufhebung der Robot am 7. September 1848 und an den Vorkämpfer für dieselbe Dr. Hans Kudlich“. Denkmal für die polnischen Soldaten, die im Mai 1945 in diese Gegend kamen.
Wirtschaft: Akkumulatorenfabrik. Obstbau. Landwirtschaft. Wintersport.
Umgebung: Das Labyrinth, eine 130 m lange unterirdische Sandhöhle. Poppenberg, 528 m, Falkenberg, 501 m, Hainhübel, 432 m.

Lubenz *(Lubenec)*, Bez. Luditz. 373 m. 1115 vermachte Herzog Ladislaus Lubenz den Benediktinern in Kladrau; 1365 kam es an Peter von Janowitz in Petersburg bei Saaz. 1474 Stadterhebung. Wappen: Im silbernen Schild zwei rote Türme, dazwischen ein schwarzer Adler. 1483 an die Lobkowitz und 1747 an die Grafen Lazansky in Chiesch. Nachdem Lubenz im 18. Jh. wieder Dorf geworden war, erfolgte 1842 die Erhebung zum Markt. 1895 Anschluß an das Eisenbahnnetz. 1926 Errichtung einer tschechischen Minderheitenschule. 1945 wurden 19 deutsche Männer und Frauen von Tschechen erschossen.
Kirche St. Laurentius stand schon 1384. Beim Stadtbrand 1678 zerstört. 1842 – 1844 neugotischer Umbau. Zwei Altarbilder, die Heiligen Prokop und Alois darstellend, stammen von Hellich (1845). Synagoge.
Wirtschaft: Porzellanerzeugung.
1930 (mit Hirschen): 1164 Einw. (1001 Deutsche, 148 Tschechen, 12 Ausl.).
Umgebung: Liebkowitz, ehem. Burg, dann Schlößchen, Besitzer waren u. a. die Waldstein, Klebelsberg und Aldringen. Petersburg mit Czerninschem Schloß und Park.

Luditz *(Žlutice)*, Bezirksstadt. 497 m. Im Tal der Schnella und an der Eisenbahnlinie Rakonitz

Dreifaltigkeitssäule in Luditz

– Petschau. Um 1300 entstanden. Auf der alten Burg saßen im 14. Jh. die Herren von Riesenburg (Ossegg). Nach Zelenka erhielten die Luditzer 1375 das Egerer Recht. Am 27. April 1422 von den Hussiten erstürmt, konnten sich diese längere Zeit festsetzen. Im 16. Jh. waren u. a. Heinrich von Plauen und Bohuslaus Lobkowitz von Hassenstein Herrschaftsbesitzer. 1923 mußte das Standbild Kaiser Josephs II. vor der Bürgerschule entfernt werden; an seine Stelle kam, dem Bauernbefreier Hans Kudlich zu Ehren, ein Pflug auf einem Sockel. Wappen: In der Mitte des schwarz-golden gespaltenen Schildes ein silberner Turm, rechts davon ein doppelschwänziger Löwe, links ein Rechen.

An Stelle der Burg erhebt sich ein Schloß, 1680 barockisiert, 1761 nach Brand wieder hergestellt. Am Marktplatz die 1701 – 1704 geschaffene barocke Pestsäule, ein Werk Oswald Wendas, eines Luditzer Künstlers. Rathaus aus d. J. 1537. Im Stadtmuseum das berühmte Luditzer Cantionale (1558), ein kunstvolles 39 kg schweres Gesangbuch, ein Werk des Aussiger Malers Fabian Polierer, ferner vorgeschichtliche Funde, Zeugnisse der Ortsgeschichte, Handwerkskunst und Hausrat. Pfarrkirche Peter und Paul, 14. Jh., 1481 – 1495 Umbau, 1661 – 1667 barockisiert. Epitaphien 1500 und später. Glockenturm 1782. Barockes Pfarrgebäude 2. Hälfte 17. Jh.

Wirtschaft: Landwirtschaftlicher Marktort. Maschinenfabrik, Brauerei. Fremdenverkehr.

Persönlichkeiten: Thaddäus Klinger (1788 – 1857), Wundarzt in Marienbad, zu seinen Patienten gehörte auch der Badegast Goethe; Maximilian Liebsch (1816 – 1880), Abt des Stiftes Tepl; Johann Lachmann (Modschiedl 1887 – 1940), Hebraist, Professor der Deutschen Universität in Prag; Wilhelm Pleyer (Eisenhammer 1901 – 1974), Dichter, Erzähler, Zeitschriftenherausgeber.

1930: 2019 Einw. (1853 Deutsche, 139 Tschechen, 15 Juden, 12 Ausl.).

Umgebung: Wladarsch, 692 m, mit Funden aus der Hallstatt- und La-Tène-Zeit. Maria Stock mit Wallfahrtskirche, 1736 – 1738, 1903 hergerichtet. Klumberg, Naturschutzgebiet.

Die Patenschaft über Luditz übernahm 1961 Bad Sooden-Allendorf, wo im Haus des Gastes auch die Luditzer Heimatstube eingerichtet ist. Seit 1950 erscheint ein Heimatbrief für den Kreis Luditz.

Ludwigsthal *(Ludvíkov),* Bez. Freudenthal. 605 m. Im Tal der Weißen Oppa. Der Ort mit einer Marienkapelle (1793) gehört zur Pfarre Würbenthal. Zwei Sauerbrunnen. Sommerfrische.

Wirtschaft: Holzindustrie, früher Eisenhütten, Metallwarenfabrik, Kupferschmiede.

1930: 955 Einw. (910 Deutsche, 26 Tschechen, 19 Ausl.).

Umgebung: Annaberg, Gabel, Bad Karlsbrunn, Durrseifen, 646 m, Wintersportort, Sauerbrunn, Sommerfrische.

Luditz, Stadtwappen

Schloß Lundenburg, Arkadenhof

Luggau *(Lukov)*, Bez. Znaim. 416 m. Die Anfänge hängen mit dem Prämonstratenserstift Klosterbruck zusammen, das schon 1190 das Patronat über die hiesige Kirche ausübte. Seit 1244 bestand eine Pfarre, die dann wieder einging, bis sie schließlich 1859 erneuert wurde. Im 16. Jh. war der Ort zeitweise lutherisch. Geschichtliche Bezüge bestehen auch zur 1358 durch den Markgrafen Johann gegründeten Burg Neuhäusel; diese zerstörten die Schweden; Pfarrkirche St. Ägidius, ein alter Kirchenbau, der 1481 als verödet bezeichnet, aber im 16. Jh. erneuert wurde. 1749 Umbau. Taufbecken 1780. Florianstatue. Klassizistisches Hochaltarbild von Josef Winterhalter. Pranger aus d. J. 1609.
Wirtschaft: Brau- und Malzhaus (um 1600), Mühle. Sommerfrische nahe der Thaya.
Persönlichkeit: Adalbert Dungel (1842 – 1923), Benediktiner, Abt des Stiftes Göttweig.
1930 (mit Neudorf): 445 Einw. (402 Deutsche, 32 Tschechen, 9 Ausl.).
Umgebung: Einsiedelei, Ruine Neuhäusel, Frain.

Lundenburg *(Břeclav)*, Bez. Göding. 159 m. Industriestadt an der Thaya und Eisenbahnknotenpunkt an der mährisch-österreichischen Grenze. Die frühe Besiedlung rührt von der Lage an einem alten Handelsweg her (11. Jh.). Bis Ende 12. Jh. ein Teilfürstentum der Przemysliden. 1423 von Hussiten eingenommen, die 1426 die Österreicher unter Herzog Albrecht schlugen. 1534 kommt die Herrschaft an die Zierotin, 1638 an die Liechtenstein. Schwere Schäden hinterließ der Dreißigjährige Krieg (1619 und noch später). Mit dem Bau der Eisenbahn Wien – Lundenburg – Prerau – Oderberg (auch Abzweigung nach Brünn) erfolgte eine starke Aufwärtsentwicklung. 1872 Stadterhebung. Wappen: Rechts ein nach links gewendeter Löwe, links ein Turm mit Fenstern und Zinnen. 1888 entsteht das Bahnhofsgebäude. Davor ließ Fürst Liechtenstein durch seinen Gartenbaudirektor Lauche einen Park anlegen. Im Jahre 1918 werden Lundenburg und Alt Lundenburg zu einer politischen Gemeinde vereinigt. Während früher ein Staatsrealgymnasium und eine Landwirtschaftsschule, beide mit deutscher Unterrichtssprache, bestanden, hatte Lundenburg nach dem Umsturz 1918 nur noch eine deutsche Volksschule mit zwei Klassen. Von 1938 bis 1945 gehörte die Stadt zum Gau Niederdonau.
Von der ursprünglichen Wasserburg (1056) hat sich nichts erhalten. Aus der Burg entwickelte sich ein Renaissanceschloß mit Park. In der 1. Hälfte des 19. Jh.s Modernisierungen. Kirche St. Wenzel, 1131 erwähnt, 1426 zerstört und 1490 neu erbaut, war 1560 – 1622 in utraquistischer Hand. Mitte des 18. Jh.s klassizistisch umgebaut. Neben der Eingangshalle Figuren von Florian und Johannes von Nepomuk.
Wirtschaft: Malzfabrik, Zuckerfabriken, Kartoffelstärkeerzeugung, Teigwarenfabrik, Bierbrauereien, Strickwaren- und Maschinenerzeugung, chemische Fabrik.
Persönlichkeiten: Julius Lieban (1857 – 1940), Opernsänger, Wagnerinterpret; Hugo Ditz (1876 – 1942), Chemiker, Professor an der Deutschen Technischen Hochschule in Prag; Robert Obsieger (1884 – 1956), Bildhauer; Rudolf Carl (1899 - 1987), Charakterkomiker in vielen Filmen.
1930: 13 689 Einw. (11 220 Tschechen, 1582 Deutsche, 432 Juden, 238 Ausl., 196 Russen, 11 Polen). 1980 ca. 12 000 Einw.
Die Stadt hatte 1930 eine eigene Israelitische Gemeinde mit 272 meist deutschen Juden.

Umgebung: Eisgrub mit Schloß und kunstvollen Gartenanlagen, nahe der Landesgrenze das ehem. Jagdschloß Pohansko. Bei der Stadt Funde aus der Epoche des Großmährischen Reiches.

Lusdorf an der Tafelfichte, früher Lodwigsdorf *(Lusdorf pod Smrkem,* nach 1945 *Ludvíkov),* nach 1961 zu Neustadt a. d. Tafelfichte geschlagen. Bez. Friedland. Die ersten Bewohner waren Einwanderer aus Meißen. Die Kirche Peter und Paul war schon 1346 Pfarrkirche und gehörte zur Diözese Meißen, später kam sie zu Leitmeritz. Bis zur Reformationszeit war Lusdorf Wallfahrtsort. Gnadenbild: Maria mit dem Kind auf dem Hochaltar. Lusdorf wurde schließlich eine Filiale der Pfarrei Neustadt a. d. T.
Wirtschaft: Gürtlerei. Der von Wäldern umgebene Ort war beliebte Sommerfrische.
Josef Bergmann (1847–1932), Propst in Maria Kulm, Kommandeur des Kreuzherrenordens in Eger, Schriftsteller.
1930: 932 Einw. (910 Deutsche, 14 Tschechen, 8 Ausl.)
Umgebung: Tafelfichte, 1124 m, Bad Liebwerda mit Mineralquellen.

Lusen *(Lužný),* 1372 m hoher Böhmerwaldberg nahe der Senke von Kuschwarda. Der Gipfel des zum Stubenbacher Gebirge gehörenden Berges, das Steinerne Meer genannt, liegt in Bayern. Unterhalb des Gipfels Quelle des Lusenbaches, des späteren Widrabaches. Dort vorbei verläuft ein alter Saumweg, in dessen Nähe noch Mauerreste des sogenannten Hochgerichts stehen. Vom Lusen weiter Ausblick nach Böhmen und Bayern. Fundort des schwarzen Turmalins.

Lundenburger Wappen

Machendorf *(Machnín),* Bez. Reichenberg. 337 m. Ruinen erinnern an die Burg Hammerstein, die sich 65 m über der Lausitzer Neiße auf einem Felsen erhob. 1350 saßen hier die Biberstein. Der wiederholte Ansturm der Hussiten konnte gebrochen werden. 1428 siegte ein Heer der Lausitzer Sechsstädte bei Machendorf über die Hussiten. Um 1558 war die Burg nur noch eine Ruine. Kirchlich gehörte die Gemeinde zur Pfarre Christophsgrund. Der Grottauer Baumeister Johann Joseph Kuntze, durch viele Kirchenbauten in Nordböhmen bekannt, erbaute 1790 einen barocken Hof.
Wirtschaft: Baumwollspinnerei und -weberei, Streichgarnspinnerei, Lederfabrik, Elektrizitätswerk der Stadt Reichenberg.
1930 (mit Friedrichshain und Karlswald): 1873 Einw. (1558 Deutsche, 272 Tschechen, 43 Ausl.) (1177 röm.-kath., 595 konf.-los, 72 evang.).
Umgebung: Jeschken, das schöne Gebirgsdorf Christophsgrund (466 m). Heute ist Machendorf nach Reichenberg eingemeindet.

Maderer Hochfläche im Südwesten Bergreichensteins, über 1000 m hoch und von Wäldern und Mooren bedeckt. Hier im südlichen Teil des Stubenbacher Gebirges liegen die Quellen der Moldau und der Wottawa. Aus alten Bäumen wurden die besten Stimmböden für Streichinstrumente gewonnen. Franz Bienert aus Oberkreibitz bei Warnsdorf hatte 1826 in Mader, einer Häusergruppe der Gemeinde Philippshütten, eine Resonanzbodenfabrik errichtet. Ein weiteres Werk entstand 1852 in Tusset bei Oberplan. Von Mader aus erreicht man den großen Rachel, 1450 m, mit Rachelhaus, 1173 m.

Maffersdorf *(Vratislavice nad Nisou),* Bez. Reichenberg. 376 m. Der Markt, eine langgestreckte Gemeinde, dehnt sich am Südrand des Isergebirges aus. Eisenbahnstation der Strecke Gablonz – Reichenberg (seit 1888). 1360 erwähnt, Anfang des 15. Jh.s als Sifridsdorf oder Wratislawicz genannt. Die zwei Ortsteile, durch die Neiße getrennt, gehörten verschiedenen Herrschaftsbereichen an (Friedland und Reichenberg, Burg Friedstein und Swian). 1903 wurde aus den Ortsteilen am linken und rechten Ufer des Flusses eine politische Gemeinde gebildet, die zum Markt erhoben wurde. 1907 Wappenverleihung: Zwei Frauen, einander zugewandt, reichen sich die Hände, die rechte mit einer Sichel und Getreidegarben neben ihr, die linke mit einem Zahnrad; es sind die Symbole für Landwirtschaft und Industrie. 1970 wurde das alte Wappen außer Kraft gesetzt; es zeigt jetzt ein Webschiffchen und eine Wasserfontäne (Kuranstalt).

Die barocke Dreifaltigkeitskirche, 1700-1701, baute Marc Antonio Canevale aus Prag. 1900-1901 Umbau durch Friedrich Ohmann. Zinntaufstein mit Wappen (1563). Gegenüber der Kirche die barocke Pfarrei, 1764 durch Johann Jos. Kuntze erbaut. Statuen St. Wenzel, spätbarock 1795, Johann von Nepomuk 1735, Schmerzhafte Mutter 1779.

Wirtschaft: Textilindustrie, Chemikalienerzeugung, Tonwaren, Likörfabrik, Brauerei, Färbereien, Webereien. Am bekanntesten waren J. Ginzkeys Teppich-, Decken- und Stoff-Fabriken, Papierspinnerei und Weberei, 1843 gegründet, mit 2000 Arbeitern. 1917 brachte die Firma Ginzkey eigenes Glasgeld in Umlauf. Die Weberquelle, ein Eisensäuerling am linken Ufer der Neiße, 1862 entdeckt und 1894 als Heilquelle anerkannt. Kuranstalt. Kohlensäure- und Moorbäder.

Persönlichkeiten: Ignaz Ginzkey (1819-1876), Gründer der größten Teppichfabrik der Monarchie; Ignaz Ginzkey (1850-1895), Leiter der Teppichfabrik in Maffersdorf, Präsident der Handels- und Gewerbekammer in Reichenberg; Wilhelm Ginzkey (1856-1934), Leiter der Teppichfabrik, Gründer des Nordböhmischen Gewerbemuseums in Reichenberg; Franz Karl Ginzkey (Pola 1871-1963), Schriftsteller, dessen Eltern aus Dörfel bei Maffersdorf stammten; Ferdinand Porsche (1875-1951), Autokonstrukteur, Schöpfer des Volkswagens (1934); Konrad Henlein (1898-1945), Turnlehrer, Gründer der Sudetendeutschen Heimatfront, der späteren Sudetendeutschen Partei, 1939 Gauleiter, „Reichsstatthalter" im Reichsgau Sudetenland.

1930: 6605 Einw. (5977 Deutsche, 517 Tschechen, 107 Ausl.) (5715 röm.-kath., 573 konf.-los, 211 evang., 61 altkath.)

Umgebung: Die Industrieorte Alt- und Neuharzdorf, Proschwitzer Kamm, 592 m, mit Aussichtsturm, Kaiserstein, 634 m, mit guter Aussicht.

Mähren *(Morava)*. Mähren in der Form eines auf der Spitze stehenden Vierecks ist landschaftlich geprägt von Mittelgebirgen, Becken- und Niederungslandschaften. Gliederung nach J. Werdecker: Altvatergebirge, Niederes Gesenke, Beskidenvorland, Boskowitzer Furche, Olmützer Becken, Brünner Syenitmasse, südmährisches Tertiärhügelland, Böhmisch-Mährische Höhe. Treffend ist die Charakteristik von A. Oberleitner: Die vielfältige äußere Gestaltung vereinigt Gegensätze von großem Reiz; hoch anstrebende, waldumhüllte Mittelgebirge, wellige Hochflächen, Karstlandschaften und ausgedehnte fruchtbare Ebenen schaffen eine Fülle von Landschaften, die den Eindruck großer Mannigfaltigkeit hinterlassen. Mähren grenzt an Böhmen, Preußisch Schlesien, Österreichisch Schlesien, Slowakei, Österreich. Die Entwässerung erfolgt durch die Oder zur Ostsee und durch die March und damit durch die Donau zum Schwarzen Meer.

1930: 2 680 755 ha Bodenfläche, 561 338 Häuser, 3 565 010 Einw. (2 595 534 Tschechen, 799 995 Deutsche, 79 450 Polen, 17 267 Juden, 9442 andere) (3 061 631 röm.-kath., 174 450 evang., 161 367 tschechosl. Kirche, 104 879 konf.-los, 41 250 israelit., 21 433 andere).

Die Deutschen, auf deren Vorfahren Gründung und Anlage der Städte zurückgehen, bewohnten hauptsächlich das Altvatergebiet, Gesenke und Kuhländchen (das schlesische Stammesgebiet), das große Gebiet entlang der österreichischen Grenze (bayerisches Stammesgebiet), ferner die großen Sprachinseln Schönhengstgau, Iglauer, Olmützer, Brünner, Wischauer u. a. Sprachinseln. Im Ostrauer Revier lebte eine Mischbevölkerung von Deutschen, Tschechen und Polen. Im Bezirk Nikolsburg sind die kroatischen Dörfer Neu Prerau und Fröllersdorf zu erwähnen, deren Vorfahren kroatische Soldaten waren, die

Das Wappen Mährens

nach dem Dreißigjährigen Krieg hier zurückblieben. Die Kroaten tendierten zur deutschen Bevölkerung. Die Slawen in Mähren: Horaken im Westteil, die Walachen in den Karpaten (in der Mährischen Walachei), die Hannaken im fruchtbaren Olmützer Becken und die Slowaken im Südosten des Landes.

Mähren ist landwirtschaftlich geprägt: 51,9 % Ackerland, 8,9 % Gärten und Wiesen, 0,3 % Weinanbaugebiet, 5,7% Weiden, 28,9 % Wälder, 4,3 % Gewässer, Sümpfe und Ödland. Angebaut werden vornehmlich Weizen, Gerste, Hafer, Mais, Roggen, Kartoffeln und Zuckerrüben. Die Viehzucht ist von großer Bedeutung.

Wirtschaft: Abbau von Steinkohle in den Revieren von Ostrau-Karwin und Rossitz, von Braunkohle bei Göding. Graphitgewinnung in Nordmähren. 52 Zuckerrübenfabriken, viele große Brauereien, Mälzereien, Mühlen, Spirituserzeugung. Lebensmittelerzeugung und Obstverwertung. Textilindustrie, Seidenweberei, Flachsspinnerei, vor allem in Nordmähren, Brünn und Iglau. Schwerindustrie im Ostrauer Gebiet, vor allem Witkowitz, ferner Blansko, Zöptau, Brünn, Proßnitz, Prerau, Stefanau. Bugholzmöbelerzeugung, Glasindustrie, Hutfabriken. Der Handel hat im Durchzugsland Mähren alte Tradition.

Geschichte: Bis in die Mitte des ersten Jh. vor Chr. lebten hier die Kelten. Ihnen folgten die Quaden, während der Völkerwanderungszeit andere germanische Völker. Die Slawen, ca. seit dem 6. Jh. im Land, bilden im 9. Jh. das Großmährische Reich, das aber nur von kurzer Dauer ist. 1029 kommt Mähren an Böhmen, mit dem es von nun an eng verbunden bleibt. 1182 wird es durch Kaiser Friedrich I. reichsunmittelbar und Markgrafschaft. 1349 - 1411 unter den Luxemburgern als Sekundogenitur. Nach der Schlacht bei Mohács kommt Mähren an Österreich und bleibt bis 1918 österreichisches Kronland. Nach langen nationalen Kämpfen kommt es 1905 zum Mährischen Ausgleich, zu einer Übereinkunft nach dem Prinzip nationaler Personalautonomie mit Bildung entsprechender Selbstverwaltungskörperschaften. Am 28. Oktober 1918 wird Mähren Teil der neuen Tschechoslowakei.

Bohmann (s. Literaturverzeichnis) nennt Mähren das eigentliche Land der Sprachinseln, für das die seinerzeitige deutsch-österreichische Regierung nach der Zerschlagung Österreich-Ungarns durch das Gesetz vom 22. November 1918 - neben der Bildung der deutschösterreichischen Provinzen Deutschböhmen und Sudetenland - drei Einschlußgebiete vorsah, die auf Grund der Volkszählungsergebnisse vom Jahre 1910 (deutsche Bevölkerungsmehrheit) bis zur Erledigung aller staatsrechtlichen Fragen zur Republik Deutschösterreich gehören sollten. Es handelte sich dabei um die deutschen Sprachinseln von Brünn, Iglau und Olmütz. Durch den Friedensschluß von 1919 kommen Feldsberg und die Umgebung zur Tschechoslowakei (5 Ortschaften, 82 qkm, 10 643 Einw., davon 5366 Deutsche). Durch die Verwaltungsreform vom 14. Juli 1927 werden Mähren und Schlesien (Sudeten-Schlesien) zusammengelegt.

Wappen: Ein gekrönter, gold und rot geschachteter, nach rechts schauender einköpfiger Adler mit ausgebreiteten Flügeln, auf blauem Feld. Über dem Wappenschild ein Fürstenhut. Landesfarben: gold-rot.

Mährisch Altstadt *(Staré Město)*, Bez. Mährisch Schönberg. 536 m. Industrieort am Fuße des Spieglitzer Schneeberges, 1422 m, im Graupatal. Station der Stichbahn Hannsdorf - Mährisch Altstadt. Die Stadt trug früher den Namen Goldeck (1325), und zwar wegen des Gold- und

Mährisch Altstadt

Silberbergbaues. Das Silber wurde an die kaiserliche Münze in Prag geliefert. Seit 1336 Bergstadt, werden ihr wichtige Privilegien verliehen. Die Hussiten zerstörten Stadt und Bergwerke. Die Bedeutung ging zurück; Schächte und Halden sind Zeugen einst blühenden Reichtums. 1560 erfolgte wiederum die Stadterhebung. Im 16. Jh. waren es die Würben, die der Stadt Förderung angedeihen ließen. Um 1560 zog die neue Lehre ein und verbreitete sich rasch. Stadtwappen: Ein Bergmann mit einem Bären.
Die Pfarrkirche St. Anna hatte ihre Ursprünge im 14. Jh. Der Turm entstand in der Barockzeit. Eine Kapelle ist der Hl. Barbara, der Patronin der Bergleute, geweiht. Am Stadtplatz steht das Rathaus (1617) mit achteckigem Turm und überdachter Freitreppe. Die Volksschule erhielt von Kronprinz Rudolf eine ansehnliche Bibliothek geschenkt. Vor dem Deutschen Vereinshaus das Denkmal Franz Schuberts mit der Inschrift: „Unser Liederfürst Franz Schubert. Sein Vater Franz Theodor Schubert wurde in Neudorf bei Mährisch Altstadt am 11. Juli 1763 geboren."
Wirtschaft: Graphit-, Antimonit- und Eisenerzbau, Färberei, Gerberei, Ölmühle, Leinen- und Papierindustrie, Holzverarbeitung. Sommerfrische, Wintersport.
Persönlichkeiten: Anton Kunz von Koppenstein (1786 - 1864), Weihbischof in Czernowitz/Bukowina. 1860 in den Adelsstand erhoben; Gustav von Buhl (1814 - 1897), Hof- und Ministerialrat im Außenministerium in Wien, Schriftführer bei der Auflösung des Kremsierer Reichstages, Sekretär bei den Kaiserbegegnungen in Warschau und den Konferenzen von Paris, Mailand und Solferino, Ehrenbürger seiner Geburtsstadt.
1930 (mit Heimerlsthal, Stiepanau und Klein Würben); 2274 Einw. (2131 Deutsche, 101 Tschechen, 41 Ausl.).
Umgebung: Spieglitzer Schneeberg, 1422 m. Einsiedlerberg mit Marmorbrüchen. Peterswald mit Schwefelkiesabbau.

Mährisch Aussee *(Úsov)*, Bez. Hohenstadt. 280 m. Die Stadt nahe Müglitz war einst Zentrum eines Gaues. Die frühgotische Burg war erst in königlichem Besitz, dann saßen hier Adelige, vor allem die Fürsten Liechtenstein. Das Schloß wurde wahrscheinlich 1691 durch Domenico Martinelli umgebaut. Dieses Adelsgeschlecht blieb nach der Auflösung der Herrschaft i. J. 1848 bis 1945 im Besitze des Schlosses. In diesem war 1852 - 1867 die Mährisch-schlesische Forstanstalt (später in Eulenberg bzw. Mähr. Weißkirchen) und 1911 - 1915 eine Müllereifachschule untergebracht. Der letzte Eigentümer hatte Ende des 19. Jh.s ein Jagd- und Forstmuseum mit seltenen Ausstellungsstücken eingerichtet. Wappen: Ein nach rechts gewendeter Löwe in rotem Schild.
Pfarrkirche St. Ägidius, erst gotisch, dann barock (1736–1741) mit Hauptaltarbild des mährischen Künstlers Johann Christoph Handke. Aus dem 17. Jh. stammen die Synagoge der früher großen Judengemeinde mit Selbstverwaltung und der Friedhof.
Wirtschaft: Landwirtschaft und Handel, Käseerzeugung, Likörfabrik. In der Umgebung vor einigen Jahrhunderten blühender Bergbau.
1930 (mit Judenviertel und Weizenfeld): 1493 Einw. (866 Deutsche, 595 Tschechen, 15 Juden, 15 Ausl.).
Umgebung: Mürau, Burg Busau, Neuschloß, Eulenburg. Rochuskapelle, 1624 durch Fürstin Anna zu Liechtenstein zur Abwendung der Pest gestiftet.
Seit Mitte des 19. Jh. Wallfahrtsort.
Nach der Vertreibung feiern die ehem. Bürger von Mähr. Aussee jährlich in Limburg a.d. Lahn das Rochusfest.

Mährisch Budwitz *(Moravské Budějovice)*, Bezirksstadt in Südmähren. 465 m. Eine Siedlung wird 1231 erwähnt. Im 14. Jh. Stadt. Von der ehem. königlichen Burg blieben keine Spuren. Die Stadt wurde durch Schweden vernichtet. Die Ägidienkirche war erst gotisch (13. Jh.) und wurde wiederholt erweitert und umgebaut. Ein Karner stammt aus dem 13. Jh. In der Friedhofskapelle, erst romanisch, wird in einem Fresko das Letzte Gericht dargestellt. Das Barockschloß (1666 - 1677) entstand durch Umbau eines älteren Gebäudes. Darin ein Museum mit Handwerkszeugnissen u. a. Reste der alten Stadtbefestigung sind erhalten. Rathaus 16. Jh., Renaissance- und Barockhäuser.
Wirtschaft: Ackergeräte, Schuherzeugung, Lederverarbeitung, Spiritusbrennerei, Maschinenbau, Holz- und Lebensmittelindustrie.
Persönlichkeiten: Ralph Benatzky (1889 - 1957), Komponist von Operetten, Bühnen- und Filmmusiken; Johann Georg Grasel (Serowitz 1790 - 1818), in Wien hingerichtet, die Gestalt des „edlen Räubers“, der Reiche beraubte und Arme beschenkte, lebte in Volksliedern und Dichtungen weiter.
1930: 4129 Einw. (3998 Tschechen, 66 Ausl., 52 Deutsche).
Umgebung: Jarmeritz (430 m) mit einem großen Barockschloß, früher Eigentum der Grafen Károlyi. Jamnitz, 466 m. Früher bedeutende Bergbaustadt. Barockschloß.

Mährisch Kromau *(Moravský Krumlov)*, Bezirksstadt in Südmähren. 255 m. Die Stadt an

Mährisch Aussee

Schloß in Mährisch Kromau

der deutsch-tschechischen Sprachgrenze ist 1277 urkundlich belegt. Von der alten Stadt mit regelmäßigem Grundriß sind noch Reste der Befestigungen erhalten. In das Mittelalter reichen auch die Anfänge der Burg zurück, die 1563 zu einem Renaissanceschloß mit dreigeschossigem Arkadenhof umgebaut wurde. Der Englische Park des Schlosses stammt aus dem 18. Jh. Im Schloß hielt sich 1557 Paracelsus auf und arbeitete an seinem Buche „Die große Wundarznei“. Am 7. Mai 1945 forderte ein Bombenangriff auf die Stadt zahlreiche Opfer.
Neben der großen Schloßkapelle hat die Stadt noch die Pfarrkirche Allerheiligen, spätgotisch, 1785 erneuert, Hochaltarbild von Josef Winterhalter, Liechtensteinsches Mausoleum (1789), die Filialkirche St. Bartholomäus, nach 1235 erbaut, bis 1500 Klosterkirche der Augustinereremiten, später zum Piaristenkollegium gehörend, die Spitalskirche Hl. Dreifaltigkeit, einst Kirche des Deutschen Ordens, heutiger Bau nach 1669 errichtet, und die Florianskapelle auf dem Spielberg (1695 - 1697). Stadtmuseum mit vorgeschichtlicher Sammlung, gegründet 1912.
Wappen: Turm mit Tor und Fenster, daneben zwei kleine Schilder mit zwei Pfeilen, dem Wappen der Krawarn. Im 17. Jh. wurde dem Wappen ein Fürstenhut (Liechtenstein) hinzugefügt.
Wirtschaft: Lederindustrie, Stofferzeugung, Weißgerberei, Zuckerfabrik, Ziegeleien, Sommerfrische.

Persönlichkeiten: Camillo Worliczek (1892-1951), Volkswirtschaftler, Honorarprofesor der Deutschen Universität Prag, verdient um Wiederansiedlung vertriebener Bauern; Adalbert Worliczek (1895-1958), Journalist („Berliner Tagblatt“, „Reichenberger Zeitung“, „Brünner Tagesbote“), Mitchefredakteur der Hamburger „Welt“; Erich Sloschek (1897-1970), Heimatforscher, veröffentliche 1937 „Geschichte der Stadt Mährisch Kromau“.
1930: 2304 Einw. (1905 Tschechen, 328 Deutsche, 61 Ausl., 10 andere).
Umgebung: In der Nähe Gruppen von steilen Felsen, die Kromauer Schweiz genannt. Rakschitz mit gotischer Laurentiuskirche aus dem 13. Jh. Oslawan, ehem. Zisterzienserinnenkloster (1225-1525).
Heute beherbergt das Schloß eine Bildergalerie, auch Werke des Malers Alfons Mucha.

Mährisch Lotschnau *(Moravský Lačnov)*, Bez. Mährisch Trübau. Eine erste urkundliche Erwähnung geschieht 1316. Der Ort wurde früher auch Lotschenau genannt. Das zuständige Pfarramt war Zwittau. Seit 1804 stand im Ort eine Kapelle.
Wirtschaft: Baumwollwebereien.
1930: 1703 Einw. (1653 Deutsche, 38 Tschechen, 11 Ausl.).

Mährisch Neustadt, *(Uničov)*, 242 m. Die Stadt, früher Sitz eines Bezirksgerichts, liegt an der Oska und an der Eisenbahnstrecke Sternberg - Mähr. Schönberg, sie ist Zentrum des Neustädter Ländchens. Mähr. Neustadt, Nova civitas, mit der ältesten Stadtrechtsurkunde Mährens und von Deutschen besiedelt, war Sitz eines königlichen Burggrafen. Die Gründung nach Magdeburger Recht ging im frühen 13. Jh. vor sich. Die Stadt war bis in die Mitte des 14. Jh.s Oberhof in Rechtssachen. Sichtbar sind noch die Stadtbefestigungen (14.-16. Jh.), darunter das Meedler Tor und die Wasserpforte. Nach den Hussitenstürmen bemächtigten sich 1460 die Anhänger Georgs von Podiebrad der Stadt. Der Rat war nun bis zum Dreißigjährigen Krieg tschechisch. Damals kam auch das Ende des einst blühenden Bergbaues. An seine Stelle trat nun Textilindustrie. 1469 erfolgte in der Stadt der Abschluß eines Vertrages zwischen Georg von Podiebrad und Matthias Corvinus. Waren von 1642-1650 die Schweden als Besatzung in der Stadt, so waren es im Siebenjährigen Krieg die Preußen. 1770 trafen sich hier Joseph II. und Friedrich II. in einem Haus am Marktplatz; das Ergebnis war die Teilung Polens. 1872 erfolgte der Anschluß an das Eisenbahnnetz. Wappen: Ein schwarzer links gewendeter Adler in einem goldenen umgekippten Schild.
Gotische Pfarrkirche Mariä Himmelfahrt (1325), in der Barockzeit umgebaut. Daneben steht das ehem. Klarissinnenkloster. Minoritenkloster, im 14. Jh. begründet und 1813 aufgehoben. Die Minoritenkirche Kreuzerhöhung, erst gotisch, dann als barocke Saalkirche im 18. Jh. umgebaut. In Mähr. Neustadt wirkten Schwestern des Hl. Karl Barromäus. Die 22 m hohe Mariensäule auf dem großen Ringplatz, der Zeugnis von der Bedeutung der Stadt gibt (Markt, Handel, Stapelrecht), ist nach Olmütz die bedeutendste Säule in Mähren; sie ist ein Werk von Johann Georg A. Heinz und Severin Tischler (1729-1743). Auf dem Platz das ursprünglich gotische Renaissancerathaus und ein barocker Brunnen. Deutsches Realgymnasium. Stadtarchiv. Heimatkundemuseum seit 1906. Presse. „Nordmährische Rundschau“.
Wirtschaft: Seidenstoffe, Kattundruck, Maschinen, Holzwaren, Orgel- und Harmoniumerzeugung, Turmuhren, Preßhefefabrik, Brauerei, Mälzerei (seit 1670), großes Ziegelwerk. Zuckerfabrik.
Persönlichkeiten: Sigmund Albich (1347-1427), Arzt, Prager Erzbischof; Bernhard Dobler von Friedberg (1817-1905), Feldmarschalleutnant, Kommandant der 69. Infanteriebrigade; Konrad Bernhauer (1900-1975), Biochemiker, Professor der Technischen Hochschule in Stuttgart.
1930: 4738 Einw. (4013 Deutsche, 628 Tschechen, 91 Ausl.)
Umgebung: Das alte Deutschordensschloß Eulenburg.
Zur Erinnerung an die Bewahrung der Stadt vor den Angriffen der Hussiten (1424) feierten die Bürger der Stadt in jedem Jahr das Mährisch

Neustädter Wachsstockfest, auch in der Vertreibung wird in Limburg/L. das Fest begangen.

Mährisch Ostrau, heute nur noch **Ostrau** *(Moravská Ostrava)*, 220 m. Kohlehalden, Fördertürme und Hüttenwerke bestimmen das Bild der Stadt am Zusammenfluß von Ostrawitza und oberer Oder und am Nordausgang der Mährischen Pforte. 1267 kam die durch Bischof Bruno von Schaumburg gegründete Siedlung zur Herrschaft Hochwald der Olmützer Bischöfe. Am Ende des 14. Jh.s waren schon starke Befestigungen angelegt. Wie die Hussiten, so überfielen auch die Schweden im Dreißigjährigen Krieg den Ort. Ein entscheidendes Jahr war 1767, als im nahen Schlesisch Ostrau Steinkohlevorkommen entdeckt wurden. Die Förderung setzte 1780 ein. Wesentlich für die weitere Entwicklung war die Errichtung der Witkowitzer Eisenwerke 1829 durch den Olmützer Erzbischof Erzherzog Rudolf. Während 1869 erst 4000 Einwohner gezählt wurden, wuchs die Zahl, bedingt durch die Industrialisierung, rasch an. Zu den Großunternehmern im 19. Jh. gehörten die Grafen Wilczek, der Erzherzog von Teschen und die Rothschild. Am 14. März 1939 wurde die Stadt von deutschen Truppen besetzt. Wappen: Nach rechts gewendetes Pferd, links über diesem eine fünfblättrige silberne Rose. Das älteste Bauwerk der Stadt ist die Pfarrkirche Hl. Wenzel, ein dreischiffiger gotischer Bau (1297 und 1. Drittel 15. Jh.). Die zweitürmige Heilandskirche, 1889 vollendet, ist eine der größten Kirchen des Landes. Altes Rathaus, 1556 abgebrannt, Neubau, 1859 Umbau. In ihm ist das Ostrauer Museum untergebracht. Das Neue Rathaus, 1924 – 1930, mit 85 m hohem Turm. In Hrabowa die Katharinenkirche, ein Holzbau aus d. J. 1564. Theater im Sezessionsstil. Wie Rokyta bemerkt, stehen heute die Industriebauten des vorigen Jhs. unter Denkmalschutz.

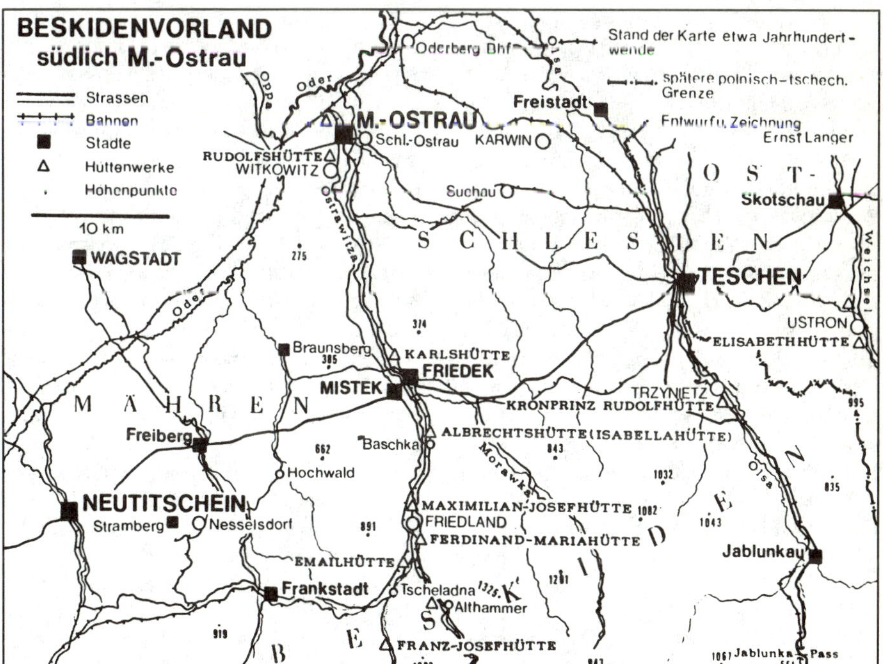

Industrieland zwischen Ostschlesien und Mähren

Stadtarchiv: Die älteste Urkunde von Karl IV. (1362). Die Deutschen hatten zwei Gymnasien und eine Staatsrealschule.
Wirtschaft: Das Gebiet Ostrau – Karwin ist Zentrum des größten Steinkohlereviers, das Grundlage für die gewaltige industrielle Entwicklung war. Ebenso wichtig war die Anbindung an das Eisenbahnnetz, so durch den Bau der Ferdinands-Nordbahn 1847 und die Montanbahn 1867. Gegen Ende des 19. Jhs. war hier der verkehrsreichste Eisenbahnknotenpunkt. Die Bahnhöfe wurden 1885 von 60 000 Personenwaggons und von über 100 000 Güterwaggons frequentiert. Witkowitzer Eisenwerke, Kokereien, Eisenhütten, Stahl- und Walzwerke, Metallindustrie, Brikettfabriken, chemische Werke, Nahrungsmittelindustrie, Holzbearbeitung.
Persönlichkeiten: Franz Krones Ritter von Marchland (1835 – 1922), Historiker, Universitätsprofessor in Graz, Verfasser zahlreicher Werke zur österreichischen und böhmisch-mährischen Geschichte; Arthur Könnemann (Baden-Baden 1861 – 1931), Kapellmeister und Musiklehrer in Mähr. Ostrau, wo er die Musikbildungsanstalt und den Orchesterverein ins Leben rief. Komponist; Franz Christel (1865 – 1931), Archivar der Stadt Wien. Lyriker und Herausgeber; Moritz Hugo Hofmann (1865 –1922), Bibliothekar im Handelministerium in Wien. Redakteur der „Zeitschrift für Post und Telegraphie“ und des „Österreichischen Wirtschaftlichen Archivs“. Verfasser philosophischer Werke; Paul Schwarz (1882 – ?), Legationsrat. Herausgeber und Redakteur der Zeitschrift „Petroleum“ in Berlin; Alexander Sacher-Masoch (Witkowitz 1901 – 1972), Chemiker, Schriftsteller, Übersetzer, Generalsekretär des österreichischen PEN-Clubs; Leopold Ludwig (Witkowitz 1908 – 1979), Generalmusikdirektor in Oldenburg und Hamburg. Der Dirigent hatte an allen großen Häusern Europas und Amerikas große Erfolge.
1930: 45 885 Einw. (31 309 Tschechen, 8674 Deutsche, 4058 Ausländer, 1844 andere); mit Hrabuwka, Marienberg, Oderfurt, Neudorf, Witkowitz und Zabřeh: 125 304 Einw. (92 292

Mährisch Ostrau

Tschechen, 21 753 Deutsche, 8426 Ausländer, 2267 Juden, 461 Polen, 48 Russen, 32 Ungarn). Heute ist Mährisch Ostrau die Hauptstadt des Nordmährischen Kreises. Seit 1951 besteht ein großes Hüttenkombinat. Die Bevölkerungszahl wuchs bis 1980 auf 322 000 an, bedingt vor allem durch die Eingemeindung großer Arbeitervorstädte. Insgesamt wurden von 1924 bis 1976 33 Gemeinden eingegliedert. Die Stadt ist Sitz einer Bergbauhochschule, einer pädagogischen Fakultät und mehrerer Forschungsinstitute, eines Museums des revolutionären Kampfes und der Arbeiterbewegung, ferner einer Gemäldegalerie. Zoologischer Garten. Stadttheater. Die Philharmonie ist nach dem Komponisten Leoš Janáček benannt. Jedes Jahr findet ein Filmfestival statt.

Mährisch Rothmühl *(Moravská Radiměř)*, Bez. Mährisch Trübau. 462 m. Langgestrecktes Dorf nahe der böhmischen Grenze. Schon 1613 existierte eine von Prämonstratensern betreute Pfarrei. Wolny nennt für das Jahr 1635 eine Feste und einen Hof. Noch im 18. Jh. gehörte ein Teil des Dorfes zu Kunstadt, der andere zu Politschka. Nach Karl Berger geht die tschechische Ortsnamenbezeichnung auf Radmels zurück, also auf das Dorf eines Radomil, das im 13. Jh. germanisiert wurde.
Pfarrkirche Hl. Anna mit Kapelle Johannes von Nepomuk, Totenkapelle Hl. Josef und Veitskapelle. Kirche 1474 erwähnt. Im 16. Jh. bis 1629 von Lutheranern besetzt. 1771 barocker Neubau. 1629 kam das Dorf zur Pfarrei Stangendorf, 1637

Mährisch Rothwasser, Kreuzberg-Kapelle

zu Greifenberg und wurde 1728 wieder eine eigene Pfarrei, die 1864 von der Brünner zur Olmützer Diözese kam. Seit 1898 bestand ein Schwesternkloster.
Wirtschaft: Maschinenbau, Weberei, Brauerei.
Persönlichkeiten: Richard Beer-Hofmann (Wien 1866 - 1945), Lyriker und Dramatiker, dessen Vater aus Mährisch Rothmühl stammte und in Wien Hof- und Gerichtsadvokat war.
1930: 1394 Einw. (1324 Deutsche, 39 Tschechen, 31 Ausl.).
Hallgarten im Rheingau übernahm 1972 die Patenschaft über die Vertriebenen aus Mährisch Rothmühl.

Mährisch Rothwasser *(Červená Voda)*, Bez. Hohenstadt. 533 m. Eisenbahnstation der Strecke Schildberg - Grulich. Das langgestreckte Reihendorf wurde im 14. Jh. angelegt. Im landwirtschaftlich geprägten Dorf entwickelte sich im 18. und 19. Jh. eine bedeutende Leinen- und Baumwollwarenerzeugung. Anfang des 20. Jh. wurde in mechanischen Baumwollwebereien gearbeitet. Im Jahre 1846 erhielt Mährisch Rothwasser das Marktrecht. Mährisch Rothwasser, das von 1938 bis 1945 zum Bezirk Hohenstadt gehörte, wurde 1960 dem Bezirk Adlerkosteletz zugeschlagen.
Kirche Hl. Matthäus Apostel bestand schon vor 1574. Während der Reformationszeit wurde sie bis 1624 lutherisch. Dann war bis 1640 die Pfarrei Schildberg zuständig. 1670 erfolgte die Neuerrichtung der eigenen Pfarrei. 1686 Neubau der Kirche, die ein Altarbild des mährischen Malers Handke besitzt.
Wirtschaft: Baumwollweberei, Zwirnerzeugung, Bürstenholzerzeugung. Fremdenverkehr. Sommerfrische.
Karl Adolf Mayer (1889 - 1957), Gymnasialprofessor, Erzähler, Lyriker. Träger des Rosegger-Preises. Ehrenbürger von Graz.
1930: 2526 Einw. (2166 Deutsche, 327 Tschechen, 31 Ausl.).
Umgebung: Kreuzberg mit Kapelle Christi Verklärung (1733).

Mährisch Schönberg *(Šumperk)*, 331. m. Die Bezirksstadt am Fuße des Gesenkes liegt in einem von Nordosten nach Südwesten verlaufenden Talkessel an der Teß. Schön Berg oder Pulcher mons, gegen Ende 13. Jh. gegründet, wird 1281 als Stadt erwähnt. 1340 Verleihung des Bergrechts. Die Siedlung an einer Handelsstraße von Mähren nach Schlesien nahm unter den Markgrafen von Mähren eine günstige Entwicklung. Zu Ende des 14. Jh.s verpfändete sie Markgraf Jobst an die Herren von Kunstadt; 1423 kam sie an die Waldstein. 1424 kamen die Hussiten nach Mährisch Schönberg. Von der wirtschaftlichen Blüte der Stadt im 15. und 16. Jh. zeugen die Zünfte, seit 1442 bestand die Zunft der Leinenweber, seit 1481 die der Tuchmacher. Die landesfürstliche Stadt (bis 1405) kam schließlich an die Zierotin (1520 - 1562), kaufte sich aber 1562 vom Untertanenverhältnis los. Die königliche Stadt erhält nun ein Wappen: Zwei Türme, deren jeder mit dem Buchstaben F

Wappen Mährisch Schönberg

Mährisch Schönberg, Pfarrkirche

versehen ist; zwischen den Türmen ein Tor mit Gatter, darüber ein geteilter Schild: im rechten Feld ein halber Adler, später das mährische Landeswappen, im linken ein Hirschgeweih.
Nach dem Dreißigjährigen Krieg wird Mährisch Schönberg Schutzstadt der Fürsten Liechtenstein. 1669 Vernichtung der Stadt durch eine Feuersbrunst. Am Ende des 17. Jh.s fanden die berüchtigten Hexenprozesse statt. Traurige Berühmtheit erlangte der Hexenrichter Boblig; diesem stellte sich der Dechant Christoph Alois Lautner entgegen; es war vergebens, im September 1685 wurde auch er in Müglitz verbrannt. Zur Aufwärtsentwicklung der Stadt, die durch die Leinenweberei große Bedeutung erlangte (Industriellenfamilie Oberleitner, 1873 geadelt), trug wesentlich der Bau der Eisenbahnstrecke Olmütz – Prag im Jahre 1845 bei.
1868 nahm die Ackerbauschule ihre Lehrtätigkeit auf. Bildungseinrichtungen waren ferner das Staats-Realgymnasium, 1870 errichtet und 1907 verstaatlicht, die Staats-Gewerbeschule, 1897 gegründet durch den Verein Deutsche Gewerbeschule in Hohenstadt, 1902 verstaatlicht und 1920 – 1923 nach Mährisch Schönberg verlegt, die Öffentliche Handelsschule, 1900 als private Einrichtung errichtet und 1906 in die Verwaltung der Stadt übernommen, schließlich die Einjährige Familienschule des Frauen-Vereins (seit 1911). Taubstummenanstalt seit 1912.
Die alte Burg, in der Epoche der Gotik entstanden, wurde in der Renaissancezeit zu einem Schloß umgestaltet und später teilweise barockisiert. Gegenwärtig ist dort eine Lehranstalt für Eisenbahner untergebracht. Erhalten sind Reste der Befestigungen aus dem 15. Jh. Die Pfarrkirche Johannes der Täufer bestand schon im 12. Jh., wurde 1286 wieder aufgebaut und 1431 zerstört. Sie diente von 1550 bis 1622 den Anhängern der protestantischen Lehre als Kirche, 1669 barockisiert und in der zweiten Hälfte des 18. Jh.s wieder umgebaut. Das Dominikanerkloster aus dem 13. Jh. diente nach der Säkularisierung 1786 als Kaserne. Die Klosterkirche Mariä Verkündigung wurde Filialkirche. Die Dominikaner versahen von 1625 bis 1785 die Seelsorge in der Stadt, im 17. Jh. auch in Frankstadt. Die Barbara-Friedhofskirche (1753/1755) ist mit Fresken geschmückt. Zum Fronleichnamskirchel aus dem 16. Jh., unter der Heukoppe und schon auf dem Pfarrgebiet von Blauda stehend, kamen früher Wallfahrer, ebenfalls zur Dreifaltigkeitskapelle. Marien-(Pest-)säule aus d. J. 1718. Evangelische Kirche (1874) und altkatholisches Gotteshaus (1914). Jüdischer Friedhof (1912). Altes Rathaus, 1909 abgetragen und 1911 neu errichtet. Deutsches Vereinshaus, 1902 errichtet, Entwurf von Georg Berger in Wien. Einige Barock- und Empire-Häuser. Stadtmuseum (seit 1904) und Stadtarchiv. Infanteriekaserne (seit 1886), Landwehrkaserne (seit 1892) und neue Artilleriekaserne (seit 1922).
Wirtschaft: alte Tradition hatten Papier- und Glaserzeugung. Seidenwarenfabrik, Webereien, Zwirnereien, Konfektion, Lackfabrik, Metallerzeugung, Asbestschieferfabrik, Nordmährische Elektrizitäts-Gesellschaft, zwei Buchdruckereien. Aus Kozianau, Gemeinde Wiesenberg, bei Mährisch Schönberg stammte die Großgrundbesitzerfamilie Klein von Wisenberg, 1872 in den Freiherrenstand erhoben, die vor allem als Straßenbau- und Eisenbahnbau-Unternehmer in der Monarchie Bedeutung hatte.
Persönlichkeiten: Heinrich Klein (Rudelsdorf bei M. Sch. 1756 – 1832), Pianist, Komponist,

Leiter der Musikkapelle des Grafen A. von Hoditz, Musikpädagoge in Preßburg; Eduard Oberleithner (1813 - 1892), Industrieller, Abgeordneter des mährischen Landtags und des Wiener Reichsrats; Karl Oberleithner (1828 - 1898), Industrieller, mährischer Landtagsabgeordneter, Komponist, der u. a. Anton Bruckner förderte; Josef A. Schlesinger (1831 - 1901), Mathematiker, Professor und Rektor der Hochschule für Bodenkultur in Wien; Emil M. Vacano (1840 - 1892), Schriftsteller, vorher als Kunstreiter Mitglied eines Zirkus; Karl Brandhuber (1846 - 1934), Industrieller, Mitglied des mährischen Landtags, Bürgermeister von Olmütz; Karl Chiari (1849 - 1912), Industrieller, Reichsratsabgeordneter, Herrenhausmitglied, 1908 nobilitiert; Heinrich Oberleithner (1851 - 1920), Industrieller, mährischer Landtagsabgeordneter, Reichsratsabgeordneter; Max Oberleithner (1868 - 1935), Industrieller, Komponist (Schüler Anton Bruckners), Kapellmeister in Teplitz und Düsseldorf; Franz Harrer (1869 - 1951), Heimatforscher, Stadtarchiv- und Museumsleiter, Ehrenbürger; Gustav Oberleithner (1872-1945), Unternehmer, 1918 Mitglied der Landesregierung der deutschösterreichischen Provinz Sudetenland und Landeshauptmannstellvertreter, Senator der Deutschen Nationalpartei in der Prager Nationalversammlung, Bürgermeister von Mähr. Schönberg; Leo Slezak (1873 - 1946), Wiener Hofopernsänger, Filmschauspieler, Schriftsteller; Franz X. Schaffer (1876 - 1953), Geologe, Professor der Universität Wien; Otto Rommel (1880 - 1965), Literarhistoriker, Pädagoge, Herausgeber der Werke Raimunds, Nestroys und anderer österreichischer Dichter; Eduard von Chiari (Wien 1883 - 1954), Sohn des Schönberger Industriellen und Politikers Karl Chiari, Komponist; Richard Strohal (1888 - 1976), Professor der Psychologie und Pädagogik der Univ. Innsbruck; Kurt Hallegger (1901 - 1963), Maler und Graphiker, der mit Maxim Kopf die Fresken im Deutschen Haus in Prag schuf, Bühnenbildner der Bayerischen Staatstheater in München. Lydia Dertil (1906 - 1983), Kammersängerin; Roman Karl Scholz (1912 - 1944), Augustinerchorherr, Schriftsteller, als Widerstandskämpfer hingerichtet.

Mährisch Schönberg, Rathaus, Mariensäule

Presse: „Nordmährischer Grenzbote". „Deutsches Volksblatt". „Volkswacht".

1930: 15 718 Einw. (11 585 Deutsche, 3434 Tschechen, 474 Ausl., 104 Juden, 92 Ungarn, 17 Polen). (13 275 röm.-kath., 845 altkathol., 653 evang., 247 tschechosl. Kirche, 199 israelit., 17 konf.-los).

Umgebung: Haidstein 926 m, Rauhbeerstein 790 m, Fichtberg 743 m, Bürgerstein 694 m, Heukoppe 632 m, Bradelstein 601 m. Reitendorf, Groß Ullersdorf mit Schloß, Reigersdorf, Hannsdorf, Petersdorf, Frankstadt, Schloß Tschimischl.

1954 übernahm Bad Hersfeld die Patenschaft über die Mähr. Schönberger. Die Heimatstube im Haus Mährisch Schönberg wurde 1979 eingeweiht.

Mährisch Trübau *(Moravská Třebova)*, Bezirksstadt, 346 m. Das Zentrum des Schönhengstgaus liegt in einem geschützten Talkessel am Trübauer Bach. Der Beginn ist vor 1260 anzusetzen. Mit dem Stadtrecht waren viele Privilegien verbunden. 1509 nach dem großen Brand wieder aufgebaut. Unter dem Humanisten Ladislaus von Boskowitz, der von 1486 bis 1520 die Herrschaft besaß, das Schloß umbaute, wertvolle Sammlungen und eine Bibliothek anlegte, Wissenschaftler und Künstler hierher holte, wurde die Stadt zu einem Kulturzentrum („Das mährische Athen"). Im Jahre 1622 kam die Stadt an die Fürsten Liechtenstein. Das Stadtwappen stammt aus dem 14. Jh., goldgekrönter und bewehrter Adler (mährisches Landeswappen).

1906 trat die Holzmaistersche Museumsstiftung ins Leben; Stifter war der Heimatsohn Ludwig Vinzenz Holzmaister (1849 – 1923), Industrieller in USA und Kunstsammler. Das großzügig ausgestattete Gebäude mit Bibliotheks- und Schauräumen beherbergte Sammlungen zur Heimatkunde des Schönhengstgaues, auch einen flandrischen Wandteppich aus dem 16. Jh.; neben Jahresberichten wurden die Mitteilungen zur Volkskunde des Schönhengster Landes (seit 1905) veröffentlicht. Die Stadt besaß auch einen Fortbildungs- und Museumsverein, der Geschichte und Volkstum der Deutschen im Schönhengster Land erforschte, ferner Volksbildung und Gewerbestand förderte. Am 29. November 1918 erschossen tschechische Truppen auf dem Stadtplatz fünf unschuldige Deutsche. Die Pfarrkirche (Mariä Himmelfahrt) bestand schon 1270, Umbau nach Brand von 1726. Fresken schufen 1765 – 1771 Thaddäus und Sylvester Supper. Friedhofskirche Kreuzauffindung nach 1500 mit Renaissance-Epitaphien. Von der Stadt aus führt zur Kirche ein gedeckter Gang (1575). Franziskanerkloster mit Kirche St. Josef. Kloster der Franziskanerinnen mit Loretokapelle. Mutterhaus der Schwestern von der Unbefleckten Empfängnis Mariä, die 1848 in Mährisch Trübau entstanden und zehn Jahre darauf von Rom bestätigt wurden. Kirche und Kreuzigungsgruppe von J. Patzak auf dem Kreuzberg (um 1730). Großer viereckiger Stadtplatz. Renaissance-Rathaus 1509, Turm 1521 – 1523, Umbau 1560 – 1565. Von der gotischen Burg (1488 – 1492

Mährisch Trübau, Stadtwappen

Mährisch Trübau, Rathaus und Pestsäule

und 1604 – 1618) ist ein Renaissance-Tor erhalten geblieben. Das kunstvolle Schloß mit Arkadenhof wurde 1611 – 1618 durch Giovanni Motalla errichtet. Alte Bürgerhäuser mit schönen Portalen und gotischen Torbogen. Pest-(Marien-)säule 1720.

Der o. g. Kreuzberg ist der Schauplatz des Geschehens im Theaterstück „Annenruhe". Dieses Thema einer unglücklichen Liebe behandelte auch Rudolf von Eichthal in seinem Buch „Kreuzberg", 1928, (vorher unter dem Titel „Sibylle"). Presse: „Schönhengster Volkszeitung" und „Schönhengster Zeitung".

Wirtschaft: Gold- und Silberwarenerzeugung. Früher bedeutendes Zinngießerhandwerk, Textilindustrie, Bierbrauereien, Klavierfabrik, Zementwaren, Metallgießereien. Sommerfrische. Neben einem deutschen Staatsrealgymnasium bestand auch eine Fachschule für Weberei.

Persönlichkeiten: Elias Spaldholz, Dichter und evangelischer Pfarrer, der Ende des 16. Jh.s in Mähr. Trübau wirkte; Wenzel Müller (Türnau 1759 – 1835), fruchtbarer Komponist von Singspielen und Bühnenmusiken; Josef Ferdinand Nesmüler (1818 – 1895), Schauspieler und Bühnendichter; Karl Giskra (1820 – 1879), Bürgermeister von Wien, österreichischer Innenminister; Karl Karafiat (1866 – 1929), Pfarrer, Dichter, Konservator der Zentralkommission für Kunst- und historische Denkmalspflege; Rudolf von Eichthal (eigentlich Rudolf Pfersmann von Eichthal) (1877 – 1974), Generalstabschef der Tiroler Landesverteidigung, Divisions- und Korpsgene-

ralstabschef im I. Weltkrieg, nach 1918 Gründer und Dirigent des Trompetenchors der Wiener Staatsoper, Verfasser von Romanen und Erzählungen; Walther Hensel (eigentlich Julius Janiczek) (1887–1956), Musikpädagoge, Komponist, Begründer der Finkensteiner Singbewegung (1923).
1930: 8167 Einw. (6634 Deutsche, 801 Tschechen, 637 Ausl., 66 Russen, 18 Ungarn).
Umgebung: Lichtenbrunn mit Mineralquellen, 1786 entdeckt, 1787 Errichtung eines Badhauses. Finkenstein, Ausgangspunkt von Walther Hensels Singbewegung.

Mährisch Weißkirchen *(Hranice)*, Bezirksstadt an der Betschwa. 255 m. Station der Bahnlinie Prerau – Oderberg. Der Ort nahe der Mährischen Pforte war im 12. Jh. Besitz des Klosters Raigern, kam dann zum Kloster Hradisch, erhielt 1251 Stadtrecht und wurde 1431 von Hussiten eingenommen. Diese konnten sich hier behaupten. Auch die Mährischen Brüder konnten sich hier ausbreiten. Nach der Schlacht am Weißen Berg führte Franz von Dietrichstein die Bewohner wieder zum alten Glauben zurück. Er gab 1626 der Stadt ihre verlorenen Rechte zurück. 1852 kam die Olmützer Artillerie-Akademie hierher. Die Militärtechnische Schule wurde zu einer Militär-Oberrealschule ausgebaut, die auch R. M. Rilke besuchte. 1896 erfolgte die Verlegung der Deutschen Forstschule von Eulenberg nach Mährisch Weißkirchen. Die deutsche Mehrheit, die noch um die Jahrhundertwende bestand, wurde immer mehr zurückgedrängt. 1903 Wahl eines tschechischen Bürgermeisters.
Pfarrkirche Johannes d. T., 1201 erwähnt, 1754–1763 durch Franz Anton Grimm aus Brünn erbaut. Aus der Burg entwickelte sich ein Renaissance-Schloß: U-förmiger Bau mit Eckturm und Arkadenhof; hier saßen die Zierotin, Kunowitz und Dietrichstein. Altes Renaissance-Rathaus 1544. In der ehemaligen Synagoge wurde ein Museum mit Keramikerzeugnissen untergebracht. Städtisches Museum. Stadtwappen: Der Hl. Stephan, in Händen einen Palmenzweig und Steine haltend, umgeben von drei Schilden, links mit silbernem Löwen, rechts mit schwarzem Adler; unter dem Heiligen ist der Schild schwarz-weiß geschachtet. Zu Häupten des Heiligen eine Fürstenkrone, zu beiden Seiten je ein Winzermesser.
Wirtschaft: Metallfabriken, Bugholzmöbelfabrik, Textilindustrie, Holz- und Zementwaren, Spiritusbrennerei, Likör- und Fruchsäfteerzeugung.
Persönlichkeiten: Josef Hermann Galas (1756–1840), mährischer Historiker und Volksliedsammler; Jakob Julius David (1859–1906), Schriftsteller; Friedrich Wallisch (1890–1969), Arzt, Schriftsteller, Generalkonsul, Professor h. c.; Karl Schindler (1905–1986), Studiendirektor, Heimatforscher, der sich vor allem mit schlesischer Literatur und mit der Grafschaft Glatz befaßte.
1930: 10 826 Einw. (9007 Tschechen, 1127 Deutsche, 225 Ausl., 203 Russen, 141 Juden, 108 Polen, 11 Ungarn) (8694 röm.-kath., 603 evang., 195 griech.-kath., 192 israel.).
Umgebung: Teplitz an der Betschwa, Bad mit kohlensäurereicher Therme, eine Aragonithöhle.

Mährische Pforte *(Moravská Brána)*. Grenze zwischen Ostsudeten und Westbeskiden (Auslaufern der Karpaten), die eine Senke bilden. Über diese verlief schon zur Zeit der Römer ein

Mährisch Weißkirchen, Renaissanceportal

wichtiger Handelsweg, die Bernsteinstraße. Die Mährische Pforte ist Wasserscheide (310 m) zwischen Ostsee (durch die Oder) und Schwarzem Meer (Donau).

Mährischer Karst *(Moravský Kras)*, auch Mährische Schweiz genannt. Devonkalkplateau, 400 - 600 m, im Nordosten von Brünn mit bekannten Tropfsteinhöhlen (Punkwa und Sloup), Dolinen und dem 138 m tiefen berühmten Absturz der Mazocha, auf deren Grund zwei Seen liegen. Die Höhlensysteme Mazocha und Punkwa stehen in Verbindung. Das Plateau wird von Zuflüssen der Zwitta durchschnitten.

Maidenberg, 550 m, höchste Erhebung der Pollauer Berge in Südmähren. Auf dem Berg im Norden von Nikolsburg erhebt sich die Ruine der Maidenburg aus dem 13. Jh., die am Anfang des 19. Jh.s als verlassen bezeichnet wird. Auf der Grenzburg saß ein landesfürstlicher Burggraf. Die Schweden zerstörten 1645 die Burg. In der Nähe die Maidensteine, drei schmale hohe Felsen, an die sich eine Sage knüpft.

Malsching *(Malšín)*, Bez. Kaplitz. Im Winter 1338/1339 wird das Dorf von den Truppen des Erzherzogs Albrecht II. von Österreich überfallen und ausgeraubt. 1677 kommt Malsching zum Stift Hohenfurt, dessen Patres die Seelsorge übernehmen.
Pfarrkirche St. Margarete, im 14. Jh. Pfarrkirche. Teile der Kirche stammen noch aus dem Ende des 13. Jh.s (Sakristei). Ausstattung barock und neugotisch. Matriken seit 1664. Wallfahrtskapelle Maria zum guten Rat auf dem Turmberg im Süden von Malsching, 1856 erbaut. Von der Kapelle Ausblick auf die österreichischen Alpen und Sternstein (1125 m), Rosenberg, Lippen an der Moldau.
Eingepfarrt waren u. a. Gojau, Gutwasser und Kienberg. Malsching war ein Ortsteil der Gemeinde Wörles (Ostrov).
1930 Wörles (mit Malsching und Nesselbach): 554 Einw. (547 Deutsche, 4 Tschechen, 2 Ausl.).

Maltheuern *(Záluží)*, Bez. Brüx. Gemeinde am Abhang des Erzgebirges. Anfang des 15. Jh.s bei der Herrschaft Dux (Waldstein). Verpfändung an den Markgrafen von Meißen, dann zu Brüx und schließlich zu Dux. Eingepfarrt nach Niedergeorgenthal. Zu Beginn des 19. Jh.s Entdeckung großer Kohlevorkommen. In der Folge strömten viele tschechische Bergarbeiter in das Gebiet. 1943 Eingemeindung in Oberleutensdorf.
Seit 1939 entstand das Hydrierwerk, ein Synthesewerk zur Erzeugung von Benzin aus Braunkohle. 1944/1945 wiederholt bombardiert. Von den Sowjets wurde das Werk als Reparation beansprucht, aber gegen den Uranabbau in St. Joachimsthal eingetauscht. Als Stalinwerk wurde es eines der größten Chemiewerke des Staates. Wegen dessen Erweiterung opferte man das Dorf Maltheuern.
Wirtschaft: Herkules-, Kolumbus- und Viktoriaschacht, früher große Glashütte. Waschbretterzeugung.
1930: 3867 Einw. (2984 Tschechen, 840 Deutsche, 34 Ausl.) (1182 röm.-kath., 2583 konf.-los, 48 tschechosl. Kirche, 39 evang.).

Maltsch *(Malše)*, 91,8 km langer rechter Zufluß der Moldau. Quelle bei der österreichischen Gemeinde Sandl (Mühlviertel), 900 m; auf 20 km Länge bildet der Fluß die Staatsgrenze und mündet bei Budweis.

Manetin *(Manětín)*, Bez. Kralowitz. 413 m. An der Bahnlinie Pilsen – Blatna. 1169 erwähnt, war Manetin zuerst ein Schloß und Dorf im Besitze der Johanniter. Goldgewinnung in der Umgebung war der Bedeutung der im 14. Jh. zur Stadt erhobenen Gemeinde förderlich. 1712 großer Stadtbrand.
Denkanalkirche St. Johannes d. Täufer, 1712 – 1717. Altarbilder von Peter Brandl. Friedhofskirche zur Hl. Barbara, 1697. Schloß, nach Brand von 1712 Neubau durch den Baumeister Johann Georg Hess nach Entwürfen von Giovanni Santini. Beteiligt waren auch die Bildhauer Josef Herscher, Johann Brokoff und deren Söhne. Bilder von Peter Brandl. Auf dem Marktplatz und im Schloß viele Barockstatuen und -vasen, ebenso auf der Straße von der Stadt zum Friedhof, dem Hohen Weg. Dreifaltigkeitsgruppe auf dem Marktplatz. Rathaus (Ende 18. Jh.). Barockhäuser.
Wirtschaft: Steinkohlebergbau, zwei Brauereien.

Persönlichkeit: Mauritius Vogt (Königshofen in Bayern 1669 - 1730); der Zisterzienser schrieb in Manetin kirchenmusikalische Werke und gründete 1717 den Sängerchor. Kartograph und Historiker.
1930: 1771 Einw. (956 Tschechen, 206 Deutsche, 9 Ausl.).
Umgebung: Ratka (Hrádek), Gräberfunde aus der Keltenzeit; Preitenstein; Rabenstein an der Schnella am rechten Ufer der Luditz mit Schloß (1705).

March *(Morava)*, 353 km langer Hauptfluß Mährens. Die Quelle dieses linken Nebenflusses der Donau liegt am Spieglitzer Schneeberg. Er hat im Oberlauf zunächst starkes Gefälle, dann durchfließt er das Olmützer und das Südmährische Becken. Im Unterlauf dehnt sich zwischen Donau und der mährischen Grenze das Marchfeld aus, auf dem wiederholt kriegerische Auseinandersetzungen stattfanden.
Zuflüsse aus dem Altvatergebirge Teß und Oskawa, aus dem Gesenke Bistritz, aus den Beskiden Betschwa, Drewnitza und Olschawa, vom Schönhengst Zohsee und Triebe; bei Kremsier mündet die Hanna. Von der Mündung der Thaya an bildet die March die Grenze zwischen ČSFR und Österreich. Ab Göding ist der Fluß schiffbar. Oberhalb von Preßburg mündet er in die Donau. Flußgebiet in Mähren 21300 qkm.
Nach Westermanns Lexikon der Geographie spiegelt das vereinigte Flußnetz der March und Thaya die Durchgängigkeit Mährens wider, d. h. den Zusammenhang seiner Becken und Senken in der Verkehrsbedeutung dieses Landes.

Maria Kulm *(Chlum Svaté Maři)*, Markt im Bez. Falkenau. 539 m. An der Bahnlinie Komotau - Eger. Erste Erwähnung 1300. Um 1400 eine Kirche mit Pfarrei. Große Schäden durch die Hussiten. 1429 Verbrennung der Holzkirche. Eine neue Kirche ließ Heinrich von Reißengrün errichten. Im 15. Jh. wurde der Ort Eigentum der Kreuzherren mit dem roten Stern, die eine Propstei errichteten.
Maria Kulm ist der bedeutendste Wallfahrtsort des Egerlandes. Die mächtige Kirche auf einem 570 m hohen Berg ist Mariä Himmelfahrt

Wallfahrtskirche Maria Kulm

geweiht. Sie erhielt 1690 - 1702 barocke Gestalt. Am Bau beteiligt waren J. B. Mathey, M. A. Canevale und möglicherweise auch G. Santini. Die Kuppelfresken schuf Elias Dollhopf. Eine Madonnenfigur um 1400. Die Kirche ist heute verwahrlost. Eine Gedenktafel erinnert an Goethe, auf den die Wallfahrer großen Eindruck machten. In seinem Tagebuch machte er einige Eintragungen über Maria Kulm.
Mit der Entstehung der Wallfahrt ist eine Legende verbunden, die der Karlsbader Buchhändler Heinrich Cuno in einem Theaterstück „Die Räuber von Maria Kulm" (1815) nach einer Sage behandelte, ebenso wie schon vor ihm Paul Niavis in seiner lateinischen Novelle „Historia occisorum in Culm . . ."(1499).
Im Stadtarchiv lagern Urkunden seit 1651, Akten seit 1645 und Amtsbücher seit 1650. Wappen (wohl seit 1651): Über einem grünen Dreiberg ein rotes Malteserkreuz. Unter diesem ein sechsstrahliger roter Stern.
Eduard Eichler (1842 - 1894), Jusitzdirektor für Bosnien und Herzegowina, juristischer Schriftsteller.
1930 (mit Reißengrün): 1543 Einw. (1504 Deutsche, 35 Tschechen, 4 Ausl.).

Maria Ratschitz *(Mariánské Radčice)*, Bez. Dux. 258 m. Einer vorhussitischen Kirche, 1280 erwähnt, folgte eine barocke Kirche mit Ambiten. Bauherr war das Stift Ossegg, der Entwurf stammte von J. B. Mathey, Baumeister waren G. und O. Broggio. Bauzeit 1697 - 1703. Bildhauerarbeiten von Franz Anton Kuen (1713 - 1716), Kreuzgangmalereien von Josef Kramolin. Octa-

Wallfahrtsort Maria Ratschitz

vio Broggio baute auch das neue Pfarrhaus (1718 – 1721). Vor der Kirche die Dreifaltigkeitssäule von J. J. Gerschler (1721). Zur Wallfahrtskirche zur Schmerzhaften Gottesmutter kamen zahlreiche Pilger.
Wirtschaft: Früher eine Drahtseilfabrik. Kohlebergbau.
1930: 1035 Einw. (844 Deutsche, 169 Tschechen, 22 Ausl.)

Mariaschein *(Bohosudov),* Bez. Aussig. 252 m. Der Markt am Fuße des Erzgebirges liegt an der Eisenbahnstrecke Aussig - Teplitz. Anfang des 14. Jh.s lag hier ein Vorwerk der Burg Graupen, die Scheune genannt. Nach der Schlacht auf der Bihana (16. Juni 1426) wurden 300 deutsche Krieger umzingelt und niedergemetzelt. 1579 Besiedlung des Ortes, der nach der Besitznahme durch die Jesuiten 1665 den Namen Mariaschein führte.
Zunächst eine hölzerne Kapelle. 1515 entstand eine Wallfahrtskirche mit dem Gnadenbild aus Ton, genannt Schmerzhafte Muttergottes. Die große Wallfahrtskirche ist ein Werk von Giulio und Octavio Broggio. Um die Kirche sind im Kreuzgang acht Kapellen gruppiert, wo 1925/1926 Fresken mit den Wundern aus dem Marienleben geschaffen wurden. Der Hochaltar ist eine Nachbildung des Altars des Petersdomes in Rom; er ist ein Werk des Bildhauers Andreas Röbsel (1714). Über Mariaschein, das zum bedeutendsten Wallfahrtsort Böhmens wurde, äußerte sich J.W. von Goethe: „Mariaschein würde ganz vermodern, wenn nicht frommer Sinn einiger Gläubigen die Türen manchmal wieder lüftete. Näher betrachtet ist dieser Wallfahrtsort mit großer Weisheit angelegt."
Weit bekannt war das Jesuitenkolleg mit humanistischem Gymnasium und Internat (seit 1725). Es wurde nach Aufhebung des Ordens 1773 und Schließung eine Lehrerbildungsanstalt. 1777–1779 hatte Ferdinand Kindermann, der spätere Bischof Ritter von Schulstein, die Leitung. Als 1782 alle Wallfahrtsprozessionen verboten wurden, sollte die Kirche eingerissen werden; Kindermann ist die Erhaltung dieses Kunstwerkes zu danken. 1798 folgte die Erhebung zu einer Propstei und 1852 die Umwandlung in eine Pfarrei. 1853 konnten die Jesuiten wieder einziehen und ihr verdienstvolles Werk fortsetzen. Die Schwestern vom Hl. Kreuz unterhielten eine private Mädchenschule. Die eisenhaltige Quelle nahe der Kirche wurde Stahl- oder Freßbrunnen genannt.
Wirtschaft: Kohlebergbau, Kalk- und Zementwaren, Porzellanfabrik, Wirkwaren-, Papier-, Dachpappe- und Teererzeugung, Lederverarbeitung.
Persönlichkeiten: Ferdinand Laufberger (1829 – 1881), Maler; Ferdinand Habel (1874 – 1953), Akademieprofessor in Wien, Domkapellmeister von St. Stephan, Komponist, Herausgeber der „Meisterwerke klassischer Kirchenmusik"; Ferdinand Josef Schneider (1879 – 1954), Germanist, Universitätsprofessor in Halle, Verfasser von Standardwerken; Hertha Wolf-Beranek (1912 – 1977), Slawistin, Volkskundlerin, Leiterin des Sudetendeutschen Wörterbuchs in Gießen.
Unter den in Mariaschein wirkenden Jesuiten befanden sich große Wissenschaftler. In den letzten Jahren vor der Auflösung von Kolleg und Gymnasium im Jahre 1938 zeichneten sich vor allem aus: Adolf Buder (1889 – 1971), Rektor und Direktor, Germanist, Slawist, Schriftsteller; Anton Stahl (1891 – 1956), Altphilologe, Rektor und Direktor in Mariaschein, Duppau, Linz und Kalksburg, Leiter des Seelsorgeamtes des deutschen Anteils der Erzdiözese Prag; Franz Gun (1903 – 1974), Naturwissenschaftler, Leiter des Landeswetterdienstes in Santiago de Chile, Erdbebenforscher; Karl Forster (1906 – 1975),

Mariaschein, Wallfahrtskapellen

Ordenshistoriker und Pädagoge. Aus der großen Zahl jener, die aus dem Gymnasium hervorgingen, sei nur genannt Alfred Focke (1916 - 1982), Jesuit, Theologe, Literaturwissenschaftler und Philosoph.
1930: 4449 Einw. (3589 Deutsche, 750 Tschechen, 105 Ausl.).
Umgebung: Graupen, Obergraupen, Mückentürmchen (jetzt mit einer 2 km langen Sesselbahn), Geiersberg (456 m) mit Burgruine, Kalvarienberg, Kulm-Priesten, Schlachtfeld von 1813, mit Erinnerungsmonumenten.
Heute gehört Mariaschein zu Graupen.

Maria Sorg, Dorf zu St. Joachimsthal gehörend an der Südseite des Erzgebirges. Vor 1500 eine Siedlung am Wolfsberg oder „In der Sorg". Seit Anfang des 16. Jh. Silberbergbau. Zu einer dort stehenden Kapelle pilgerten Wallfahrer. 1699 wurde die steinerne Kirche errichtet. 1754 übernahmen Kapuziner die Seelsorge. Nach 1945 verfielen Kloster und Kirche und wurden schließlich niedergerissen. Das Gnadenbild kam in die Stadtpfarrkirche St. Joachimsthal. In Greifenstein bei Klosterneuburg entstand 1953 - 1966 eine neue Kirche Maria Sorg, die jährlich von 15 000 bis 20 000 Pilgern besucht wird.
1930: 132 Einw. (128 Deutsche, 4 Ausl.).

Maria Stock *(Skoky)*, Bez. Luditz. Seit 1717 Wallfahrtsort. Damals stellte man die Kopie eines Cranach-Bildes (Maria mit Kind) aus der Kirche Maria Hilf in Passau in Stock in einer Kapelle auf. An Stelle der Kapelle, die von Tepler Prämonstratensern betreut wurde, erstand 1736 - 1738 eine Kirche Mariä Heimsuchung mit zwei Türmen. Es kamen jährlich ca. 40 000 Pilger nach Maria Stock. Matriken wurden seit 1789 geführt.
1930: 158 Einw. (157 Deutsche, 1 Ausl.).
Seit 1970 kommen Pilger nach Königstein im Taunus (Haus der Begegnung). Eine Kopie des Gnadenbildes ist Mittelpunkt der neuen Wallfahrt.

Marienbad *(Mariánské Lázně)*. Bezirks- und Badeort. Durchschnittl. 628 m. Das international bekannte Bad am Fuße des Kaiserwaldes in landschaftlich schöner Lage besitzt 40 Heilquellen. Die Quellen gebrauchte man schon in früheren Jahrhunderten, man nannte sie damals Auschowitzer Salzquellen. Der Tepler Abt Karl Reitenberger (1779 - 1860) legt mit Hilfe des Arztes Johann Joseph Nehr (1757 - 1820) den Grund für das Weltbad. Den Namen Marienbad erhält der Ort 1808; seit 1818 kann die Bezeichnung Kurort geführt werden, nachdem er bereits 1813 zur eigenen Gemeinde erhoben worden war. 1865 war das Jahr der Stadterhebung. Das Wappen von 1866: Unten ein silbernes Becken mit einer wassertrinkenden Schlange (Kurort), oben rechts Maria mit dem Kind (Name des Kurortes), oben links ein tempelartiger Kuppelbau (Brunnengebäude).
Die Zahl der Kurgäste stieg von Jahr zu Jahr, vor allem aber durch die Anbindung an das Eisenbahnnetz 1872 (Verbindung mit Wien und Prag).

Maria Stock, Wallfahrtsort

Es wurden prächtige Kurbauten und Unterkünfte, medizinische und kulturelle Einrichtungen geschaffen. Marienbad wurde der schönste Kurort der ehem. Monarchie genannt. 1913 wurden die elektrische Straßenbahn und 1926 der Flugplatz eröffnet. Der tschechoslowakische Staat versuchte seit 1925, Marienbads Einrichtungen zu enteignen. Abt Gilbert Helmer erwarb sich damals die größten Verdienste um Marienbad. 1932 fand der Erste Internationale Kongreß zur Förderung medizinischer Synthese und ärztlicher Weltanschauung statt. Seit 1939 war Marienbad Lazarettstadt. Am 6. Mai 1945 besetzten es amerikanische Truppen; bald darauf begann die Vertreibung der deutschen Bevölkerung aus ihrer Heimat.

Die heilenden Quellen finden Anwendung bei Erkrankungen von Magen, Darm, Harnwegen, Nieren, Herz und Blutkreislauf. Hier wurden die ersten Moorbadekuren durchgeführt. Jährlich kamen bis 40 000 Kurgäste. Im Jahre 1937 gab es 68 Ärzte, 183 Kurhäuser mit 7460 Betten, 54 Hotels mit 4238 Betten. Marienbad hatte den ersten Golfplatz in Böhmen, es wurden Pferderennen und internationale Tennisturniere durchgeführt, ebenso Symphoniekonzerte und Theateraufführungen. Es stehen 70 km Wege für Spaziergänge zur Verfügung.

Von den zahlreichen prächtigen Bauten seien erwähnt die klassizistische Kolonnade über der Kreuzquelle (1818 – 1826), Quellenpavillons aus der ersten Hälfte des 19. Jh.s, das Neue Badehaus (1827) mit Kursaal und Lesekabinett (1837)

Wappen von Marienbad

Marienbad, Hauptkolonnade

und das Neubad (1896). Neben der Pfarrkirche Mariä Himmelfahrt, einem Rundbau (1844 – 1848) von J. G. Gutenson, mit Skulpturenschmuck vom Bildhauer Josef Max, hat die Stadt eine russische Kirche (1901), eine evangelische (1857) und anglikanische Kirche (1877/1879). Die Synagoge wurde 1861 errichtet, das Theater 1867 – 1869 durch F. Zickler; es heißt heute Gogol-Theater. Im Haus zur Goldenen Traube (1818) wohnte 1821 – 1823 J.W. von Goethe; heute ist dort das Stadtmuseum untergebracht. Denkmäler zeugen vom Wirken der Ärzte Siegfried Basch, Karl Josef Heidler, August Herzig, der auch Bürgermeister war, und Johann Joseph Nehr, ebenso des Abtes Karl Reitenberger, des Gründers Marienbads, und Goethes. Monumente sind aufgestellt von Goethe, Graf Ernst Waldstein-Wartenberg, Eduard VII., Friedrich von Sachsen, Walther von der Vogelweide, u. a. Viele Häuser sind mit Gedenktafeln versehen. Es fällt schwer, auch nur eine Auswahl der berühmtesten Kurgäste aufzuzählen; es kamen Persönlichkeiten aus der Welt der Politik, Wirtschaft, Musik, Literatur, Medizin usw.

Wirtschaft: Chemisch-pharmazeutische Fabrik, Eisenkonstruktionen, Möbel. Zahllose Menschen aus Marienbad und der Umgebung waren im Dienste der Kurgäste beschäftigt, in den Badehäusern, als Hotelpersonal, in der Beschaffung und Zubereitung des Moors für Bäder usw.

Persönlichkeiten: Thaddäus Klinger (1788 – 1857), der gebürtige Luditzer war Goethes Arzt

Marienbad

in Marienbad; Karl Josef Heidler (Falkenau 1792-1866), Brunnenarzt, der auch Goethe behandelte; August Herzig (1839-1901), Kurarzt und Bürgermeister; Albert Bäuml (Theusing 1855-1929), Leiter der Nymphenburger Porzellanmanufaktur in München; Norbert Hochsieder (1879-1958), Maler und Graphiker; Johannes Thummerer (1888-1921), Bibliothekar in Leipzig, Lyriker, Erzähler; Franz Staurauschek (Roggendorf 1890-1957), Schriftsteller, Mundartdichter; Richard Reitzner (Einsiedl 1893-1952), stellvertretender Staatssekretär für das Flüchtlingswesen in Bayern, Mitglied des Bundestages (SPD); Leonhard Kraus (Sangerberg 1895-1979), Facharzt für Hals-Nasen-Ohrenkrankheiten, Universitätsprofessor in Prag; Rolf Wanka (1901-1982), die Familie des Schauspielers stammt aus der Marienbader Gegend; Rolf Nitsch (1920-1984), Lyriker, Erzähler, Heimatforscher.
1930: 7202 Einw. (6310 Deutsche, 518 Tschechen, 278 Ausl., 84 Juden).
Umgebung: Bad Königswart mit Schloß des Fürsten Metternich, Friedrich-Wilhelms-Höhe, 735 m, Podhorn, 846 m hoher Basaltkegel, Stift Tepl, Jadgschloß Gratzen, 814 m. Das große Moorlager, 590 m, liegt westlich von Marienbad: Moor ist wesentlicher Bestandteil der Therapie. 1953 übernahm Bad Homburg die Patenschaft über die vertriebenen Deutschen Marienbads. Gegenwärtig besteht in Marienbad ein Forschungsinstitut für Balneologie.

Markersdorf *(Markvartice)*, Bez. Deutsch Gabel. 314 m. 1823 stellte Josef Kittel für seine Baumwollspinnerei die erste wirklich brauchbare Dampfmaschine in Böhmen auf. Wirtschaft: Baumwollweberei, Färberei, Landwirtschaft. Sommerfrische.
1930 (mit Laden): 870 Einw. (821 Deutsche, 36 Tschechen, 12 Ausl.).

Markersdorf *(Markvartice)*, Bez. Tetschen. Langgestrecktes Dorf zwischen Bensen und Böhm. Kamnitz. 1352 in einer Urkunde erwähnt, hatte es das Recht, Märkte abzuhalten und Gerichtsbarkeit auszuüben.
Meierhof mit Schloß Roter Hof. Friedhofskapelle Hl. Kreuz, Barockbau aus dem Anfang des 18. Jh.s, zeigt ebenso Verfallspuren wie die Barockkirche aus derselben Zeit; in dieser ein Renaissance-Taufbecken (1579) und eine hölzerne Madonnenstatue (16. Jh.). Pfarrei.
Wirtschaft: Hausindustrie, bes. Erzeugung von gestrickten Strümpfen. Dachziegelerzeugung. Landwirtschaft, zwei Mühlen.
1930 mit Freudenheim: 1322 Einw. (1249 Deutsche, 65 Tschechen, 8 Ausl.).

Markhausen, Dorfgemeinde im Bez. Graslitz. Die Dorfgemeinde an der Zwodau gehörte zuerst zu Waldsassen, dann zur Stadt Eger. Die Burg wurde 1462 zerstört, nur ein Wehrturm blieb stehen. Als Besitzer der Burg gibt Tillmann an: Sparneck, Langenfeld, Paulsdorff, Teufel und Anfang des 17. Jh.s Brunner von Wildenau. Bei späteren Grenzziehungen spielte Markhausen eine Rolle. Nach vorübergehender Entvölkerung stieg im 17. Jh. die Zahl der Einwohner, bis um 1700 wieder eine selbständige Gemeinde entstand. Einfluß auf Markhausen nahmen Graslitz und das nahe Klingenthal in Sachsen; von der dortigen Pfarrei erfolgte auch die kirchliche Betreuung.
Wirtschaft: Spitzen- und Stickereiwaren, Stanzenerzeugung.
1930: 1253 Einw. (1162 Deutsche, 53 Ausl., 37 Tschechen) (1058 röm.-kath., 118 evang.). 1955 wurden die Häuser der Gemeinde eingeebnet.

Marschendorf *(Maršov)*, Bez. Trautenau. 525-563 m. Der langgestreckte Marktort im Aupatal am Fuße des Rehorngebirges bestand aus vier seit 1868 selbständigen Gemeinden und war Sitz eines Bezirksgerichts. Im Mittelalter ließen sich deutsche Bergleute nieder. Nach dem Rückgang des Bergsegens erfolgten wirtschaftlicher Niedergang und Entvölkerung, doch später wieder Aufbau. Die Herrschaft war u. a. im Besitz der Schaffgotsch, Aichelsburg und Czernin-Morzin.

In Marschendorf III Pfarrkirche Mariä Himmelfahrt (1608). Nach O. Günther wurde die Friedhofskirche wahrscheinlich als lutherisches Bethaus errichtet (1568) und kam 1622 wieder in katholische Hände. Pfarrei 16. Jh., Mitte 18. Jh. barock umgebaut. In Marschendorf I Filialkirche St. Joseph (nach 1898). Schloß Czernin-Morzin (1792). Vor dem Friedhof Statue Johannes von Nepomuk (1717), Denkmal Theodor Körners. Zur Erinnerung an das Hochwasser vom 29./30. Juli 1897 ließ Prosper Piette von Rivage einen Gedenkstein aufstellen.

Wirtschaft: Früher Eisenbergbau und Eisenhammer, zwei große Papierfabriken, Brauhaus, im nahen Dunkelthal Glashütte.

Persönlichkeiten: Prosper Piette von Rivage (1846–1928), Großindustrieller, Papierfabrikant, der sich durch soziale Einstellung auszeichnete; Erich Wagner (1904 - 1986), Professor, Textilfachmann.

1930 Marschendorf I - IV: 2546 Einw. (2432 Deutsche, 96 Tschechen, 17 Ausl.).

Umgebung: Lichte Höhe, 1244 m, Maxhütte, 1001 m, im Rehorngebirge, Höfelbusch, 1033 m, Naturschutzgebiet mit botanischen Besonderheiten, Aichelburg, 814 m, Spitzberg, 877 m, Krausebauden, 947 m, Johannisbad, 625 m.

Märzdorf *(Martinkovice)*, Bez. Braunau. Im 13. Jh. ein Meierhof. Jan Orth berichtet, daß 1255 durch den Braunauer Abt Martin durch Erweiterung des alten Dorfes Breznice das neue deutsche Dorf Märzdorf entstand und nach seinem Gründer Martin benannt wurde. Im 14. Jh. Pfarrkirche genannt. Die Kirche St. Georg und Martin wurde 1692 erweitert durch M. Allio und erhielt Deckenfresken von F. A. Scheffler. Auch die Pfarrei ist ein Werk Allios. Aufbewahrt wurde eine alte Holzfigur des Hl. Georg, für die einst ein Pilger eine Kapelle erbaut hatte. Kapelle der Hl. Anna (1798) mit einem Deckengemälde (Mariä Krönung). Statuen: Kreuzigung (1775 und um 1800), Immaculata (um 1800), Johannes von Nepomuk (1803) und Maria (um 1700).

Wirtschaft: Weberei, Teigwarenerzeugung, drei Mühlen.

1930: 1628 Einw. (1517 Deutsche, 93 Tschechen, 18 Ausl.)

Maschau *(Mašt'ov)*, Bez. Podersam. 375 m. 1193 stiftet Graf Johann Milgost auf seinem Gut Maschau ein Zisterzienserstift, das vom bayerischen Waldsassen aus besetzt wird. Schon sechs Jahre danach wird das Stift nach Ossegg verlegt. Im 14. Jh. erhält Maschau das Stadtrecht verliehen. Obwohl die Burg eine mächtige Festung war, öffnete sie dem Hussitenführer Žižka freiwillig die Tore (1421); sie wurde dann durch ein Kreuzheer erobert und zerstört. Unter Joachim von Schlick findet die neue Lehre Luthers Eingang und Förderung.

Waldemar von Lobkowitz ließ 1571 ein neues Schloß im Renaissancestil errichten. Seit 1623 saß hier der spanische Graf Verdugo. 1735 erhob Kaiser Karl VI. Maschau erneut zur Stadt. Im Wappen eine von der Mitte beiderseits ansteigend verlaufende Mauer mit offenem Tor, darüber Turm, daneben rechts Schild mit Schächerkreuz, links ein Schild mit einem Pfeil.

Kirche Mariä Himmelfahrt aus dem 14. Jh., 1580 Umbau, 1765 barock. Hauptaltar ein Werk J. Eberles, 1765, bei der Kirche eine Empiregrabkapelle. Pfarrei Barock des 18. Jh.s. Friedhofskapelle Hl. Barbara, zuerst gotisch 14. Jh., dann 1863 neoromanisch. Statuen: Mariensäule auf dem Marktplatz, nach 1700, Johannes von Nepomuk von J. Eberle, 1765, Florian, Laurentius und Adalbert. Jüdischer Friedhof aus dem 15. Jh., im Zweiten Weltkrieg vernichtet. Im Schloß ist jetzt ein Kinderheim untergebracht.

1930: 1018 Einw. (840 Deutsche, 178 Tschechen).

Meedl *(Medlov)*, Bez. Sternberg. Karl Berger führt an, daß neben Storzendorf Meedl zu den ersten Orten des Neustädter Ländchens gehörte, deren Bestand im 12. Jh. durch eine Urkunde verbürgt ist. Die deutschen Siedler waren Franken und Thüringer, die hauptsächlich auf Veranlassung des Bischofs Bruno von Olmütz in das

Land kamen. 1802 vernichtete eine Feuersbrunst 60 Häuser mit den Wirtschaftsgebäuden. 1872 Erhebung zum Markt.
Die Kirche Peter und Paul geht auf das 13. Jh. zurück; das Presbyterium weist noch romanische Bauteile auf. Der Turm stammt aus dem Jahre 1526. Matrikenführung seit 1649. Wolny bemerkt 1839: Da die Reihenfolge der hiesigen Pfarrer seit 1618 sich erhalten habe, sei es wahrscheinlich, daß diese Pfründe im Besitze der Katholiken fortwährend verblieben sei. Er notiert auch, daß die Einwohner fleißige Landwirte seien, denen der hiesige Erbrichter mit gutem Beispiele vorangehe. Eine Schule bestand schon 1625; Neubau der Schule 1815.
Im 16. Jh. Eisenerzgruben.
Persönlichkeiten: Anton Hilarius Schindler (1795 - 1864), Dirigent und Musikschriftsteller, Sekretär Beethovens und dessen erster Biograph; Dr. Hans Kux (1861 - 1940), Arzt, Historiker, der Chroniken von Meedl, Littau, Mährisch Neustadt und Olmütz schrieb.
1930: 1408 Einw. (1256 Deutsche, 133 Tschechen, 19 Ausl.).

Meierhöfen *(Dvory)*, Bez. Karlsbad. Nach neueren Forschungen entstand der Ort aus dem Oberen und dem Unteren Meierhof, die einen Bestandteil des Gutes Donitz bildeten. Diese Höfe waren 1460 Eigentum der Familie Albrecht Meinl und wurden Anfang 17. Jh. Karlsbader Stadtgut. Nach dem Dreißigjährigen Krieg, in dem der Ort niedergebrannt wurde, folgten die Verheerungen in den Kriegen des 18. Jh.s. Durch die Industrialisierung (zwei Porzellanfabriken und die Glasfabrik Ludwig Moser, Kaolingewinnung) kam es zu einer erheblichen Bevölkerungszunahme. Seit 1896 liegt hier die Rennbahn der Kurstadt Karlsbad. Seit 1903 war Meierhöfen eine selbstständige Gemeinde.
Wirtschaft: Porzellan- und Kaolinwerke, Glasfabrik, Maschinenfabrik, Ringofenziegelei.
Persönlichkeit: Josef Loschmidt (Putschirn 1821 - 1895), Physikprofessor der Universität Wien, der die nach ihm benannte Loschmidtsche Zahl berechnete.
1930: 3688 Einw. (3393 Deutsche, 168 Tschechen, 120 Ausl., 7 andere).
Umgebung: Aich mit Schlößchen, Hornerberg 579 m, Felsengruppe Hans Heiling, schöne Promenaden und Villenviertel.

Meinetschlag *(Malonty)*, Bez. Kaplitz. Die ersten Bewohner im 14. Jh. sollen aus Michelsbergen in Oberösterreich gekommen sein. Das Dorf gehörte Wok von Rosenberg, der es 1483 verpfändete. Es kam dann 1611 an die Schwanberg und 1620 an die Buquoy.
Zuerst eine Kapelle aus dem Anfang 14. Jh., der Hl. Barbara geweiht, an der Wende vom 14. zum 15. Jh. als Pfarrkirche ausgebaut (gotisch). Schon im 16. Jh. wurde in einer Schule unterrichtet. Ihr widmete der große Schulreformator Ferdinand Kindermann, der spätere Bischof, sein besonderes Interesse; er stellte seinen besten Lehrer für Meinetschlag zur Verfügung. Es war Anton Hall aus Prachatitz.
1930: 589 Einw. (571 Deutsche, 12 Tschechen, 6 Ausl.).

Meistersdorf *(Mistrovice)*, Bez. Tetschen. 1412 urkundliche Erwähnung als Meystersdorff. Besitzer waren u. a. die Schönfeld, die Kölbl von Geysing, die Salhausen, Weißenbach, Wallbrunn und Kinsky. Zu Meistersdorf gehörte in der 2. Hälfte des 19. Jh.s auch die 1758 gegründete Ortschaft Ullrichsthal, ebenso später in den Jahren des letzten Krieges bis 1945. Wappen: Ein grüner Laubbaum auf grünem Hügel. Meistersdorf, das zur Pfarrei Wolfersdorf eingepfarrt war, hat eine Kapelle Hl. Kreuz. Die altkatholische Kirche (1895) wurde 1977 niedergerissen.
Wirtschaft: Glasraffinerien, Glasgravur, Glasmalerei, Glaskugler, Glasexport.
1930: 1131 Einw. (1027 Deutsche, 81 Tschechen).

Melnik *(Mělník)*, Bezirksstadt nördlich von Prag. 215 m. Hier mündet die Moldau in die Elbe, die ab hier schiffbar ist. Nach Ernst Schwarz war Melnik eine deutschrechtlich orientierte Stadt (Magdeburger Stadtrecht 1274), in der Rat und Bürger zumeist deutsch waren. Das änderte sich nach der Besetzung durch die Hussiten 1421.
An Stelle einer alten Burg hoch über der Elbe ein Schloß aus dem 16. Jh. (Renaissance). Eigentum der Lobkowitz. In der Gemäldesammlung sind Bilder von Skreta, Brandl und Reiner. Stadtbefe-

Schloß Melnik

stigungen sind teilweise erhalten, auch das Prager Tor (um 1500). Das Rathaus der ehem. Leibgedingestadt wurde barock umgestaltet. Kirche Petrus und Paulus, zuerst romanisch (Krypta erhalten), Umbau im 15. Jh. zu einem dreischiffigen Gebäude mit Turm. 1555 – 1556 erneuert. Bilder von Karel Skreta. Ehem. Kapuzinerkloster mit Kirche der Vierzehn Nothelfer (1752). Ludmillakirche 1585, 1683 Umbau durch Fr. Ceresola. Unterirdische weiträumige Weinkellereien. Erste Weinbauschule in Böhmen (1885). Elbebrücke 1888, 1938 Neubau. 1845 fuhr der erste Elbedampfer. 1874 wurde Melnik Eisenbahnstation.
Wirtschaft: Weinbau, zu dem Kaiser Karl IV. durch Einführung burgundischer Reben den Grund gelegt hatte; der Melniker ist einer der besten böhmischen Rotweine. Zuckerfabrik, Obsthandel, Korbwarenerzeugung, Desserterzeugung, Brauereien. Werft.
Karl Tschuppik (1877 – 1937), Publizist, Autor von Romanen und Biographien.
1930: 5813 Einw. (5614 Tschechen, 122 Ausl., 65 Deutsche).

Merkelsdorf *(Zdoňov)*, Bez. Braunau. Das Dorf an der Mettau wurde im 13. Jh. gegründet. Pfarrei seit 1728. Pfarrkirche Hl. Dreifaltigkeit, erst gotisch, erstand neu im Renaissancestil und ist wohl ein Werk des Carlo Valmadi. Glocke aus dem Jahre 1595. Pranger mit der Jahreszahl 1765. Statuen: Johannes von Nepomuk bei der Kirche (1723), und um 1800. Immaculata 1743 aus Anlaß der Krönung der Kaiserin Maria Theresia aufgestellt.
Wirtschaft: Flachsbrechereien, Flachshandel.
1930: 1080 Einw. (1050 Deutsche, 19 Tschechen, 11 Ausl.).
Auf dem Heiligen Berg Ruinen einer Wallfahrtskirche, die von 1667 bis 1787 bestand.

Mertendorf *(Merboltice)*, Bez. Tetschen. 300 – 400 m. Langestrecktes Waldhufendorf. 1352 urkundlich erwähnt. Pfarrkirche Hl. Katharina, schon 1384 genannt, jetziger Bau von 1709. 1896 renoviert. In der Dorfgemeinde einige bemerkenswerte Holzhäuser mit Arkaden.
Wirtschaft: Glasschleiferei, Landwirtschaft und Obstbau. Sommerfrische.
Franz Storch (1886 – 1976), Komponist und Musikdirektor.
1930: 864 Einw. (861 Deutsche).
In der Nähe die „Eislöcher", Basalthöhlen mit Eisbildung. Mertendorfer Hutberg, 598 m, mit Schutzhaus und Aussichtsturm.

Mettau *(Metuje)*, linker Nebenfluß der Elbe im östlichen Böhmen, der in den Glatzer Bergen entspringt und den Adersbach aufnimmt. Im Quellgebiet liegen die Adersbacher und Wekelsdorfer Felsenlabyrinthe. Nach 77 km Lauf mündet der Fluß bei Jaromier. Im Jahre 1866 war das Mettau-Tal bei Nachod Kampfgebiet.

Michelsberg *(Michalovy Hory)*, Bez. Plan. 523 m. Von deutschen Bergleuten gegründet, wird Michelsberg 1506 erstmals erwähnt und 1513 zur königlichen Stadt erhoben. Gefördert wurden Silber, Nickel, Kobalt und Kupfer. Unter den Herrschaftsbesitzern Schlick ist von einer neuerlichen Erhebung zur Bergstadt berichtet (17. Jh.), die Stadt wird Sitz eines Bergamtes und sie ist der Prägeort der berühmten Schlickschen Silbertaler. Die lutherische Lehre wurde bereitwillig aufgenommen, seit 1623 erfolgt die Rekatholisierung. Damals wanderten viele Bergleute ihres Glaubens wegen aus. 1641 bestanden noch 26 Zechen. Nach dem Dreißigjährigen Krieg verfielen die Schächte.
Wappen von 1660: Erzengel Michael, der einen Drachen (Teufel) mit der Lanze durchbohrt. Unter dem Erzengel Schlägel und Bergeisen gekreuzt sowie eine Seifengabel. Die erste Pfarrei 1590; sie wurde 1623 aufgelöst. An Stelle einer älteren Kapelle die Kirche St. Michael, nach

der Mitte des 17. Jh. 1785 Einrichtung einer Lokalie, 1855 einer Pfarrei.
1930: 724 Einw. (714 Deutsche, 6 Ausl., 4 Tschechen).
Umgebung: Im Amseltal Mineralquellen. Lasurberg, 645 m, auf dem einst eine Burg gestanden haben soll.

Michelsdorf *(Ostrov)*, Bez. Landskron. 397 m. Die Gemeinde liegt am Schönhengstzug 5 km nordwestlich Landskron an der Straße Landskron - Wildenschwert. 1292 als villa Michaelis erwähnt, 1304 als Mychelsdorf, damals gehörte es zu den Gütern des Klosters Königsaal, und 1393 mit der Bezeichnung „in Ostrwa".
Die erste Kirche 1685, die 1772 ausbrannte und 1773 im spätbarocken Stil wieder instandgesetzt wurde. Turm 1798. Rokokokanzel und Kreuzweg 1771. Die Kirche ist dem Hl. Nikolaus geweiht. Neubau des Pfarrhauses 1758. Bauerngehöfte in alter Blockbauweise, auch Vierkanthöfe. Das alte Erbgericht wurde nach Brand 1777 wieder errichtet, 1822 umgebaut (Empirestil) und 1877 erweitert. Die alte Mühle in Holzbauweise (1762) ist heute verfallen.
Wirtschaft: Landwirtschaft, Flachsverarbeitung.
1930: 1087 Einw. (1056 Deutsche, 31 Tschechen).

Mies *(Stříbro)*. 395 m. Die Bezirksstadt am gleichnamigen Fluß mit einem teilweise noch erhaltenen mittelalterlichen Stadtbild liegt nahe der tschechischen Volksgrenze. Station der Eisenbahnstrecke Pilsen - Eger. Vorgeschichtliche Funde deuten auf frühe Besiedlung hin. 1183 wird eine Pfarrkirche genannt, als der Ort dem Johanniterorden als Geschenk vermacht wird. 1252 wird Misa erwähnt, der tschechische Name Stříbro wird erst im 14. Jh. gebraucht. Die Stadterhebung erfolgt vor 1266. Die Befestigungen aus dem Mittelalter sind teilweise erhalten geblieben. Die Landesfürsten erteilen wichtige Privilegien. Karl IV. erteilt 1372 das Recht der Prager Altstadt, 1381 gewährt Wenzel IV. die Halsgerichtsbarkeit. Die Hussiten erobern 1426 Mies und setzen sich fest. Vor den Toren der Stadt wird das deutsche Kreuzheer geschlagen. Der Krieg bedeutet wirtschaftlichen Niedergang, doch bald folgt erneut der Aufschwung.

Mies, Dekanalkirche und Brückentor

Der Dreißigjährige Krieg bringt wieder Niedergang, vor allem durch große Kontributionszahlungen. Er bedeutete das Ende des Silberbergbaus, der Mies zu den bedeutendsten Städten Böhmens gemacht hatte. Zu Anfang des 19. Jh.s wird der Bleibergbau wieder aufgenommen und 1801 das Bergamt errichtet. Wappen: Eine Mauer mit Zinnen, in dem geöffneten Tor eine goldene Lilie. Hinter der Mauer zwei Türme, zwischen diesen ein gekrönter doppelschwänziger Löwe. Das Wappen ist auch am Brückenturm (1555) angebracht.
Die Kirche Allerheiligen, 14 Jh., erhält 1757 barocke Gestalt. Die Fresken stammen von Julius Lux aus Pilsen und Elias Dollhopf aus Schlaggenwald; dieser ist auch der Maler des Hochaltarbildes. Das Muttergottesbild war seit der ersten Hälfte des 18. Jh.s das Ziel vieler Wallfahrer. Das Minoritenkloster aus dem 13. Jh. wurde ein Opfer der Säkularisation. In der Gruft dieser Klosterkirche war Wallenstein, der 1634 auf seinem Marsch nach Eger in Mies Nachtquartier genommen hatte, von 1636 bis 1638 beigesetzt, bevor er nach Jitschin übergeführt wurde. An Stelle des Klosters entstand eine Schule. Gotische Peterskirche um 1300 und Friedhofskirche Hl. Maria 1573 – 1574 (Renaissance). Ein architektonisches Kleinod ist das schöne alte Rathaus, das nach einem Brand 1543 wieder neu aufgebaut wurde, mit dreigiebeliger Fassade, Sgraffitomalerei und einem Barockturm. Dort sind das Museum, das Archiv und die Bibliothek untergebracht. Staatsgymnasium,

1870 als Realobergymnasium errichtet. Eine Reihe alter Bürgerhäuser aus dem 16. und 17. Jh. Am Ringplatz eine Marien-(Pest-)säule, 14 m hoch, aus d. J. 1725. Die 17 Heiligenfiguren schuf 1740 Lazar Widmann aus Pilsen. Vor dem Portal des ehem. Kreuzherrenhauses eine steinerne Pietà a. d. 17. Jh. Lehrerbildungsanstalt (1899). Erzbischöfliches Studienkonvikt.

Wirtschaft: Goldleistenfabrik, Bleischmelzhütte, Schroterzeugung, Glaserzeugung, Möbel- und Mattenherstellung, Spiegelschleiferei. Kunststein- und Flechtwerkerzeugnisse, Buchdruckerei, Holzindustrie. Sommerfrische.

Persönlichkeiten: Magister Jacobellus von Mies († 1429), hussitischer Theologe; Karl Watzka (1798 - 1886), Lehrer, Chronist der Stadt Mies; Josef Gruber (1827 - 1900), Otologe, Mitbegründer der Otologischen Gesellschaft, Univ.-Prof. in Wien; Albert Werunsky (1844 - 1915), Professor der Deutschen Technischen Hochschule Prag, Landtagsabgeordneter, Oberstlandmarschallstellvertreter; Emil Werunsky (1850 - 1942), Historiker, Universitätsprofessor in Prag; Vinzenz Hauschka (1766 - 1840), Cellist, Mitbegründer des Wiener Konservatoriums, Freund Haydns und Beethovens; Josef Roscher (1862 - 1929), Schriftsteller; Leopold Schmutzler (1864 - 1940), Maler, Professor an der Münchener Kunstakademie; Josef Ruß (1870 - 1946), Lehrer und Heimatforscher; Ernst Streer von Streeruwitz (1874 - 1952), österreichischer Bundeskanzler; Rudolf Haas (1877 - 1943), Schriftsteller, besonders bekannt durch seine Triebl-Romane; Johann Nepomuk Remiger (Weshorsch 1879 - 1959), Weihbischof in Prag und München; Karl Storch (Unola 1886 - 1973), Lehrer, Heimatforscher, Schriftsteller; Karl Ernstberger (1887 - 1972), Architekt in Wien, Karlsbad und Nürnberg; Anton Ernstberger (1894 - 1966), Historiker, Universitätsprofessor in Prag und Erlangen; Anton Pfrogner (1886 - 1961), Präsident der Geschäftsstelle der deutschen Landwirtschaft in der ČSR, Senator des Prager Parlaments, im Krieg Generalarbeitsführer des Reichsarbeitsdienstes; Hans Deissinger (1890 - 1986), Schriftsteller; Wilhelm Weschta (1898 - 1981), Heimatforscher; Josef Hanika (1900 - 1963), Volkskundler, Univ.-Prof. in Prag und in München. In Mies begraben: Georg Juritsch (1851 - 1925), Historiker; Anton Gebert (1885 - 1942), Domherr zu St. Veit in Prag, gestorben im KZ Dachau.

Wappen von Mies

1930: 5349 Einw. (4655 Deutsche, 581 Tschechen, 87 Ausl., 24 Juden) (5016 röm.-kath., 127 israel., 102 konf.-los, 81 evang., 18 tschechosl. Kirche).

Umgebung: Kladrau, ehem. Benediktinerkloster mit alter Wallfahrtskirche, Rakolus, Schweißing.

1954 übernahm die Stadt Dinkelsbühl die Patenschaft über den Heimatkreis Mies/Pilsen. Archiv und Heimatstube des Heimatkreises Mies und der Stadt Pilsen im Rathaus Dinkelsbühl.

Mies *(Mže)*, der nördliche der drei Quellflüsse der Beraun, entspringt in zwei Quellbächen (Reichenbach und Paulsbrunner Bach) auf bayerischem Gebiet und vereinigt sich bei Pilsen mit der Beraun. Länge 90 km. 1962 begann man 20 km flußabwärts der Stadt Mies mit der Anlage einer Talsperre.

Miezmanns *(Micmanice)*, Bez. Znaim. Nach „Südmährischer Reiseführer“ ein rechteckiges Angerdorf, das ursprünglich ein Fischerdorf war; darauf weisen die drei gekreuzten Fische im Wappen hin. Besitz des Klosters Oslawan und später Klosterbrucks, schließlich bei der Herrschaft Joslowitz. Dreifaltigkeitssäule.

1930: 1097 Einw. (1080 Deutsche, 10 Ausl., 7 Tschechen). 1974: 455 Einw.

Milleschau, Schloß

Mildenau *(Mildenava)*, Bez. Friedland. Station der Eisenbahnstrecke Raspenau-Weißbach. Die Region gehörte zunächst zu Zittau; Anfang des 14. Jh. kam sie an Böhmen. Mildenau wird im 14. Jh. in Lausitzer Quellen angeführt, 1381 als Myldenouw. Die Dorfgemeinde am rechten Ufer der Wittig gehört kirchlich zu Raspenau.
Wirtschaft: Kammgarnspinnerei mit 3600 Spindeln, Mitte des 19. Jh. einmalig in Böhmen, dann die größte der ČSR.
1930: 1687 Einw. (1591 Deutsche, 59 Tschechen, 37 Ausl.).

Milleschau *(Milešov)*, Bez. Leitmeritz. 370 m. Malerisch erstreckt sich der Marktflecken in einem Talkessel zwischen Milleschauer, Klotzberg und Ruine Wostrey im Nordwesten von Lobositz. Er entstand aus zwei in kirchlichem Besitz befindlichen Gütern.
Kirche 1680 von Antonio della Porta errichtet, Plastiken von A. Kitzinger, Statuen der Landespatrone. Am Ortsplatz Statue Johannes von Nepomuk. Schloß der Grafen Ledebur-Wicheln (Besitzer ab 1869), erbaut im 16. Jh. und 17. Jh. mit Park. Dazu gehört ein neues Schloß, 1662–1668 von della Porta; Einrichtung Rokoko. Im Park Pavillon mit Kuppel (1707) und Fresken. Schloß wurde nach 1945 Altersheim.
1930 (mit Leinitz und Palitsch): 675 Einw. (589 Deutsche, 84 Tschechen, 2 Ausl.).
Umgebung: Milleschauer, 835 m, Klotzberg, 664 m, Lobosch, 570 m, Wostrey (Basaltkegel mit Ruine), 552 m.

Milleschauer *(Milešovka)* oder Donnersberg. Phonolithkegel. 835 m. Höchste Erhebung des Böhmischen Mittelgebirges. Großartige Rundsicht auf Erzgebirge, Elbesandsteingebirge, bis Riesengebirge, Böhmerwald und bis zum Weißen Berg bei Prag. Funde aus vorchristlicher Besiedlung. Botanisch bemerkenswert: seltene Orchideenarten und andere Pflanzen. Naturreservat. Seit 1905 Wetterwarte. Alexander von Humboldt bezeichnete den Milleschauer als drittschönsten Aussichtspunkt der Welt. Nach einer Meldung des Jahres 1983 war der Gipfel damals nicht mehr zugänglich.

Mißlitz *(Miroslav)*, Bez. Mährisch Kromau. 271 m. 1222 erwähnt, war der Ort Besitz der Mißlitz, Hardegg, Waleczky und Hodicz. 1533 Markterhebung und Wappenverleihung: Im zweigeteilten Schild rechts die Hälfte eines Adlers, links Weitrauben. Im 18. Jh. kam Mißlitz in die Untertänigkeit von Klosterbruck.
Kirche Hl. Petrus und Paulus, 13. Jh., Umbau 1722–1729. Pfarrhof 1732. Kirche der helvetischen Protestanten (Nachkommen der Mährischen Brüder). Ehem. Synagoge. Schloß, 1. Hälfte 16. Jh. auf einem Felsen, geht auf eine mittelalterliche Burg zurück. Ein dreigeschossiger Bau ist der ehem. Schüttkasten des Stiftes Klosterbruck. Tor mit der Jahreszahl 1737. Barocke Weinkeller. Florianstatue 1676.
Wirtschaft: Fabrik für ätherische Öle, Obstkonservenerzeugung, Maschinenfabrik, Nahrungsmittelindustrie. Weingärten.

Der Milleschauer (Donnersberg)

Mistek, am Markt

1930 (mit Deutsch Knönitz, Böhmdorf und Wenzelsdorf): 4417 Einw. (2273 Tschechen, 1960 Deutsche, 98 Ausl., 85 Juden) (3631 röm.-kath., 429 evang., 291 israel., 26 tschechosl. Kirche). In die Einwohnerzahlen eingeschlossen war das Judenviertel.
Das tschechische Dorf Deutsch Knönitz war 1923 in Mißlitz eingemeindet, 1946 aber wieder aus dem Gemeindeverband ausgeschlossen worden.

Mistek *(Místek)*, Bezirksstadt. Am linken Ufer der Ostrawitza gegenüber der Stadt Friedek, mit der es vereinigt wurde. Ursprünglicher Name Friedeberg. 1267 als bischöfliche Stadt genannt. Nach E. Schwarz gab es seit dem 16. Jh. eine tschechische Mehrheit. Bedingt durch das Anwachsen der Industrie wieder Zunahme des deutschen Elements, so daß 1910 den 5409 Tschechen 3124 Deutsche gegenüberstanden.
Die Geschichte Misteks war bestimmt durch das Lehensverhältnis zu den Olmützer Bischöfen (bis Ende 14. Jh.) und durch die Vereinigung mit dem Fürtentum Teschen (1402), mit der Herrschaft Friedek und schließlich mit Hochwald. Mistek hatte die niedere Gerichtsbarkeit. Es war ein Sitz der Böhmischen Brüder, die eine Schule unterhielten. Eine andere Schule in der Nähe der Jakobs-Kirche erscheint in den Quellen 1657. 1781 trafen sich hier Joseph II. und Friedrich II., was eine 1881 enthüllte und noch bestehende Gedenktafel dokumentiert. 1840 Gründung des Deutschen Schützenvereins. 1869 Verleihung eines eigenen Gemeindestatuts.
Pfarrkirche Johannes und Paulus, Rokoko 1763 - 1767. Altarbild von Felix Leicher aus Wagstadt. Plastiken von Franz Hiernle aus Prag.
Marienwallfahrtskirche, 1759 geweiht; der Barockbau stammt von Bartholomäus Wittner, Kreuzweg und Plastiken aus dem 18. und 19. Jh. Jakobskirche, frühgotisch 2. Hälfte des 13. Jh.s, später barockisiert. Allerheiligen-Kirche, 1716 aus Dank für die Errettung von der Pest erbaut. Am Marktplatz Renaissancehäuser. Deutsches Haus mit Liebhaberbühne (bis 1918); an dieser debütierte Hans Moser.
Wirtschaft: Mechanische Webereien. Feilenfabrik. Zementwarenerzeugung. Holzindustrie, Spagatfabrik. Eisenhandel.
Persönlichkeiten: Franz Chvostek (1835 - 1884), Professor für interne Medizin am Wiener Josephinum. Sein Name lebt weiter im Chvostek-Zeichen (Bezeichnung der Erregbarkeit des Nervensystems); Fritz Rudel (1878 - 1938), der im Ersten Weltkrieg hoch dekorierte Offizier war ein Freund Karl H. Strobls. Er war eine Stütze des Deutschtums in Mistek nach der Gründung der Tschechoslowakei.
1930: 6710 Einw. (5531 Tschechen, 790 Deutsche, 183 Ausl., 206 andere).
Umgebung: Paskau, 256 m, ehem. Zentrum der Böhmischen Brüder, Barockschloß (heute Krankenhaus). Hochwald (Hukvaldy), Ruine der einst größten Burg der Region, Anfang 13. Jh. von einem deutschen Grafen von Hückeswagen erbaut, später stark vergrößert und im Besitz der Olmützer Bischöfe, mit Kapelle, 1762 niedergebrannt. Aus Hochwald stammt der tschechische Komponist Leoš Janáček (1854 -1928).

Mittelgrund an der Elbe *(Prostřední Grunt)*, Bez. Tetschen. 120 - 200 m. 1515 urkundlich erwähnt. Wanderte man von Tetschen nach Herrnskretschen, so berührte man Mittelgrund, das mit Obergrund, Kalmwiese und Peiperz eine Gemeinde bildete. Gegenüber von Mittelgrund liegt malerisch das seit 1511 zu Tetschen gehörende Laube, großer Elbe-Umschlagplatz, Station der Eisenbahn, die hier über eine schräg zum Stromlauf liegende Brücke den Fluß überquert und durch den Quaderberg-Tunnel nach Tetschen weiterfährt. Umgebindehäuser, Ober-

grund mit eisenhaltiger Quelle, früher Kurort mit Bad.
Wirtschaft: Schiffahrt. Peiperz: Knopfindustrie.
1930: 2410 Einw. (2218 Deutsche, 134 Ausl., 55 Tschechen) (1807 röm.-kath., 196 evang.)

Mittel Langenau *(Prostřední Lánov)*. Bez. Hohenelbe, 488 m. Am Fiebigbach. 1359 erste Erwähnung. Klein, Mittel, Nieder und Ober Langenau bilden eine Siedlung. Sie breitet sich in einem Tale von Süden nach Norden am Fuße des Riesengebirges aus; das Tal geht auf der Südseite in die Ebene über (Gehzeit ungefähr drei Stunden). Pfarrkirche St. Jakob, die schon in vorhussitischer Zeit bestand, ist in Nieder Langenau. In Mittel Langenau eine Tschechoslowakische Kirche im Sezessionsstil (1901 - 1902).
Wirtschaft: Bleicherei und Färberei, Weberei, Appretur, Papiermühle.
1930 Mittel Langenau: 1249 Einw. (1212 Deutsche, 27 Tschechen, 10 Ausl.) (960 röm.-kath., 264 evang.); Nieder Langenau (mit Klein Langenau und Schmidtdorf): 1582 Einw. (1573 Deutsche, 5 Tschechen, 4 Ausl.) (1483 röm.-kath., 72 evang.); Ober Langenau: 993 Einw. (982 Deutsche, 8 Tschechen, 3 Ausl.) (907 röm.-kath., 82 evang.).
Umgebung: Bienertbauden, 669 m, die drei kleinen Kapellen, 702 m.

Modlan *(Modlany)*, Bez. Aussig. 184 m. Am Serbitzer Bach. Eisenbahnstation Mariaschein oder Karbitz. Im 12. Jh. zum Teplitzer Kloster gehörend, war es seit dem 14. Jh. der Herrschaft Sobochleben (Geiersberg) untertänig. Im 17. Jh. kam Modlan an die Jesuitenresidenz in Mariaschein. In der ersten Tschechoslowakei erfolgte die verwaltungsmäßige Teilung in Modlan und Neu Modlan (Nové Modlany), das nach 1945 zu Mariaschein und 1961 zu Graupen kam.
Kirche zum Hl. Apollinaris, Neubau 1687 - 1691, mit spätgotischer Marienstatue. Ehemaliges Schlößchen. Statuen Johannes von Nepomuk (1721), Hl. Antonius (1725). Bei der Kirche barocke Pestsäule um 1760. Das Denkmal für die im Ersten Weltkrieg Gefallenen (nach 1920) ist eine Rodin-Kopie.
Wirtschaft: Braunkohlebergbau (Schächte Bohemia und Doblhoff), Keramikfabrik, Metallwarenfabrik, Portlandzementfabrik. Marmeladeerzeugung.
1930 Modlan: 997 Einw. (765 Deutsche, 216 Tschechen, 16 Ausl.) Neu Modlan: 614 Einw. (421 Tschechen, 185 Deutsche, 8 Ausl.).

Mödlau *(Medlov)*, Bez. Nikolsburg. Eigentümer Mödlaus, das spätestens Ende 13. Jh. entstand und wo sich 1358 eine Burg befand, waren u. a. die Kunstadt, Rosicz und seit 1447 das Kloster Kanitz. 1731 Verleihung des Marktrechts. Im Siegel rechts ein Winzerpflugmesser mit zwei Weintrauben und links ein Winzermesser.
1784 großer Brand.
Kirche St. Bartholomäus mit Gnadenstuhl auf einer Säule (2. Hälfte 17. Jh.). Vom 15. Jh. bis 1613 herrschte der evangelische Glaube vor.
Wirtschaft: Landwirtschaft, Obstbau.
1930: 744 Einw. (709 Deutsche, 10 Ausl., 2 Tschechen).

Mödritz *(Modřice)*, Bez. Brünn. 206 m. Marktgemeinde an der Schwarza und an der Bahnstrecke Wien - Brünn. Hauptort der ehem. Brünner deutschen Sprachinsel. Im Mittelalter bischöfliche Burg des Bistums Olmütz. 1222 Erwähnung der ersten Pfarre. Marktrecht um 1300. 1514 Mödritzer Weinbergrecht. Karl VI. und Maria Theresia verliehen Privilegien. 1777 kam auch Mödritz an die neu errichtete Brünner Diözese. In der Zeitspanne von 1910 bis 1921 sank der Anteil der deutschen Bevölkerung von 97 auf 71%.
Kirche St. Gotthard, 13. Jh., ein romanisches Tor blieb erhalten. Nach Brand Rokoko-Neubau

Mödritz, Kirche St. Gotthard

1723 – 1726, Turm 1784. An der Stelle des früheren Burgturms entstand die Johannes-von-Nepomuk-Kapelle. Zur Pfarrkirche pilgerten jedes Jahr am Donnerstag nach Mariä Himmelfahrt die Gärtner aus Brünn. Landwirtschaftliche Winterschule. In der Sprachinsel hatte sich vielfältiges altes Brauchtum erhalten.
Wirtschaft: Zuckerfabrik (seit 1841). Gemüsekonserven- und Sauerkrautgenossenschaft (seit 1902), das Mödritzer Sauerkraut war berühmt. Heute: Konserven- und Likörkombinat Fruta; in Zusammenarbeit mit der amerikanischen Muttergesellschaft Herstellung von Coca Cola.
Persönlichkeiten: Christian Mayer SJ (1719 – 1783), Astronom, Entdecker der Doppelsterne; Leander Czerny OSB (1859 – 1944), Abt des Stiftes Kremsmünster, Entomologe; Johann Gunert (1903 – 1982), Schriftsteller, Förderpreis des Österreichischen Staatspreises 1959; Erich Tomschik (1920 – 1986), Heimatforscher, Herausgeber des Mödritzer Heimatbuches.
1930: 2509 Einw. (1780 Deutsche, 701 Tschechen, 24 Ausl.) (2325 röm.-kath., 101 tschechosl. Kirche, 46 evang., 15 israel., 14 konf.-los).
Übernahme der Patenschaft 1968 durch Ebrach/Württemberg (hier Museum der Brünner Sprachinsel) und 1981 durch Wolkersdorf/NÖ.

Mohra *(Moravice)*, 105 km langer Nebenfluß der Oppa, dessen Quelle an der Südseite der Hohen Heide (1170 m) liegt und der im Süden von Troppau mündet (240 m). Der Fluß lieferte für viele Mühlen die nötige Wasserenergie.

Die Moldau

Mohra-Talsperre bei Kreuzberg, Planung seit 1912, Baubeginn erst 1951, 1958 fertiggestellt. Mauerkrone 280 m, Dammhöhe 38,4 m, Wasserfläche 286,7 ha, höchste Tiefe 31,5 m, Länge 7,5 km.

Moldau *(Vltava)*. Der größte Fluß Böhmens entspringt hart an der bayerischen Grenze im Böhmerwald in einer Höhe von 1172 m. Hauptfluß ist die Warme Moldau, mit der sich die Kalte, die Grasige und Kleine Moldau vereinigen. Der Fluß berührt Hohenfurt (hier die mit Sagen verbundene Teufelsmauer), Rosenberg, Krummau, Budweis, Moldautein und Prag, bevor er bei Melnik (155 m) in die Elbe mündet. Die Nebenflüsse sind rechts: Maltsch, Luschnitz (Lainsitz) und Sazawa; links: Wottawa und Beraun. Bei Lippen entstand der große Moldau-Stausee. 1967 war die Stahlbogenbrücke, 540 m lang, bei der Burg Orlik südlich Prag fertiggestellt. Ab Steckowitz oberhalb Prag ist die Moldau mit Dampfern befahrbar. Ein beachtliches Ingenieurwerk war der von Josef Rosenauer entworfene Schwarzenbergische Schwemmkanal, 1788 begonnen und 1822 fertiggestellt, der die Moldau mit der Mühl in Oberösterreich und damit mit der Donau verbindet (Kanallänge 51 km). Länge der Moldau 435 km, Einzugsbereich ca. 28 100 qkm.

Morchenstern *(Mržovka)*, Bez. Gablonz. 600 m. Ehemalige Sommerfrische an der Südabdachung des Isergebirges in der Nähe Reichenbergs. Die weit ausgedehnte Gemeinde an der Eisenbahn Reichenberg – Gablonz – Tannwald hat drei Bahnhöfe: Morchenstern am Fuße des Hofeberges, Morchenstern-Kleinpolen und Unter Morchenstern. Die Bahn durchfährt den 413 m langen Kreuzschenketunnel.
Bevölkert wurde die Region um 1550, nachdem hier Glashütten in Betrieb genommen worden waren. Besitzer der Herrschaft waren die Grafen Desfours. 1894 erfolgte der Anschluß an das Eisenbahnnetz, was den zahlreichen Industrie-Unternehmungen sehr förderlich war, der Glasindustrie, für die 12 Exportfirmen arbeiteten, und vor allem die 1834 gegründete Baumwollspinnerei der Firma Johann Priebsch's Erben, mit 124 540 Spindeln in vier Fabrikgebäuden die

Michaelskirche in Morchenstern

größte Spinnerei Österreichs. 1868 Erhebung zum Markt, 1905 Stadterhebung. Das Wappen (seit 1907) zeigt eine braune Morchel mit weißem Stiel auf grünem Boden, darüber zwei goldene sechsspitzige Sterne, neben der Morchel Wurmfarne.

Kirche zum Erzengel Michael, erst ein Holzbau, Neubau aus Stein 1766 - 1781, mit Fresken, die Glocken kamen aus der aufgehobenen Michaelskirche in Prag. 1967 schwere Beschädigungen durch Brand. Matriken seit 1689. Eingepfarrt waren Georgenthal, Obermaxdorf mit Filialkirche Herz Jesu, Neudorf mit Filialkirche Maria von der immerwährenden Hilfe und Schwarzbrunn. Morchenstern hatte schon im 16. Jh. Anhänger der Reformation. Evangelische Kirche mit Pfarrhaus. Schlößchen, ehemals Sitz der Herrschaftsverwaltung. Stadtmuseum, 1905 gegründet, 1922 erweitert, mit Sammlungen zu Ortsgeschichte, Handwerk, vor allem Industrieerzeugnisse (Glaswaren u. a.).

Wirtschaft: Bedeutende Glas- und Textilindustrie, neben Gablonz die wichtigste Glasmacherstadt, Metallwarenindustrie. Sommerfrische in landschaftlich schöner Lage.

Persönlichkeiten: Maria Kwaysser (1849 - 1913), lebte als Industrielehrerin in Morchenstern, Schriftstellerin, Übersetzerin aus dem Tschechischen, Verfasserin von Fachschriften; Adolf Wildner (1882 - 1966), Isergebirgsdichter, Lehrer, Erzähler, Dramatiker.

1930: 7846 Einw. (5775 Deutsche, 1984 Tschechen, 85 Ausl.) (5261 röm.-kath., 1288 konf.-los, 814 altkath., 89 tschechosl. Kirche, 9 israel.).

Umgebung: Schwarzbrunnwarte, 873 m, Granitfelsgruppe mit „Teufelsbrunnen" am Finkstein über der Stadt (688 m), Buchberg, 850 m.

Mückentürmchen auf dem Mückenberg (806 m) mit einer Häusergruppe, die teils zu Obergraupen und teils zu Voitsdorf im Bez. Teplitz-Schönau gehört. Im Bergwerk auf dem Erzgebirgskamm wurde Zinn gegraben. 1568 wurde ein steinerner Rundturm mit einer sog. Anläuteglocke, gegossen 1554, errichtet, die den Bergleuten zum Ein- und Ausfahren läutete. 1858 Neubau des Turmes. Die Wolfgangskapelle stand schon 1360, Neubau 1692 - 1700. Bei den jährlich gefeierten „Quartalmessen" sang man alte Bergmannslieder. Am Tag des Hl. Wolfgang wurde stets ein Volksfest begangen. Im Sommer feierte man das Heidelbeerfest. Vom 17 m hohen Aussichtsturm auf dem am meisten besuchten Berg des östlichen Erzgebirges hat man eine gute Aussicht. Heute bringt eine Drahtseilbahn die Touristen auf den aus Felsitporphyr bestehenden Mückenberg.

Müglitz *(Mohelnice),* Bez. Hohenstadt. 277 m. Die Stadt im Schönhengstgau, am Kreuzungspunkt alter Handelswege gelegen, kann geschichtliche Zeugnisse aus der jüngeren Steinzeit aufweisen. Im 12. Jh. gegründet, war sie lange im Besitz der Olmützer Bischöfe. Besondere Förderung ließ ihr Bruno von Schaumburg (1247 - 1281) angedeihen, vor allem auch durch die Erhebung zur Stadt. Der Oberhof Müglitz wurde mit Magdeburger Recht ausgestattet. Die Stadt erhielt Befestigungsanlagen. Im Herbst

Mückentürmchen auf dem Mückenberg

Müglitz im Schönhengstgau

1424 von den Hussiten niedergebrannt, wobei 700 Menschen ermordet wurden, zum Teil in der Pfarrkirche. Die Gebeine der Toten sind in einer Gruft beigesetzt. 1662 brannte ein beträchtlicher Teil der Stadt nieder. An das traurige Kapitel der Hexenverfolgung erinnert ein Gedenkstein aus dem Jahre 1930 mit der Inschrift: „Hier wurde am 18. September 1685 der Dechant von Mährisch Schönberg Christoph Alois Lautner wegen Hexerei verbrannt." An die Pest gemahnt die prächtige Marien-(Pest-)Säule (1717) auf dem Ringplatz. 1588 verlieh Rudolf II. das Stadtwappen, das wahrscheinlich bereits aus dem 16. Jh. stammt. Es ist das Olmützer Bistumswappen.
Die Pfarrkirche St. Thomas mit hohem Turm, erst gotisch, dann mehrere Male erweitert. Altarblatt von Johann Pilz (1776). Zwei Kapellen (Hl. Maria und Anna); in letzterer ruhen die Gebeine der Hussitenopfer. Ehem. Friedhofskirche St. Stanislaus, Renaissance, Umbau 1773. Das Rathaus, ehemals ein befestigtes Haus, in dem die Bischöfe während ihres Aufenthaltes in Müglitz wohnten; das ansehnliche Gebäude ging 1631 in den Besitz der Stadt über, diente als Rathaus, bis es 1750 zur Kaserne wurde (bis 1841). Bezirksmuseum mit vorgeschichtlicher und heimatkundlicher Sammlung. Von 1904 bis 1918 erschien das „Müglitzer Wochenblatt" für die Städte Müglitz, Mährisch Aussee, Littau und Loschitz. Das Museum ist gegenwärtig in der Pfarrei untergebracht.
Wirtschaft: Bis ins 19. Jh. bedeutende Hausweberei. Wattefabrik, Gerberei, Maschinen- und Tonwarenindustrie, Dachpappefabrik, ehem. Siemens-Werke-Niederlassung. In der Nähe Graphitgruben. Müglitz ist heute ein Zentrum der Elektro-Industrie.
Persönlichkeiten: Anton Brus (1518 - 1580), Erzbischof von Wien und Prag, Leiter des Konzils von Trient; Martin Medek (1538 - 1590), Großmeister des Kreuzherrenordens, Erzbischof von Prag, führte in seiner Diözese den Gregorianischen Kalender ein; er galt als protestantenfreundlich. In seiner Geburtsstadt stiftete er ein Armenspital; Judas Thaddäus Supper (1712 - 1771), Borockmaler, der in Mähren viele Werke schuf, aber auch in den berühmten Klosterkirchen Kladrau und Sedlitz; Karl Penka (1847 - 1912), Historiker; Theodor Hackenberg (1873 - 1946), DSAP-Abgeordneter und Senator; Richard Schmitz (1885 - 1954), österreichischer Vizekanzler und Sozialminister, Bürgermeister von Wien, verdient um das katholische Presse- und Verlagswesen in Wien; Oskar Lukas (1906 - 1943), Lyriker und Schriftleiter.
1930: 4574 Einw. (3704 Deutsche, 666 Tschechen, 181 Ausl., 12 Juden) (4291 röm.-kath., 101 evang., 59 israel.).
Umgebung: Burg Busau, Schloß Mährisch Aussee mit Jagdmuseum.

Der Mummelfall

Mühlfraun *(Milfron)*, Bez. Znaim. 217 m. Die Gemeinde im Thayatal erhielt nach 1945 den Namen Dyje. 1280 Pfarrei.
Pfarrkirche Johannes von Nepomuk, ein frühklassizistischer Bau (1769–1778), erbaut vom Stift Klosterbruck durch den Baumeister Franz Kerndl. Die Fresken dieser Wallfahrtskirche stammen von Anton Maulpertsch; dieser, ferner Felix Leicher und Josef Winterhalter d. J. schufen die Altarbilder. Bildhauerarbeiten von Josef Högel. Spätgotisches Relief (Beweinung Christi) Ende 15. Jh. Durch Jahrhunderte bis zur Säkularisation (1784) hatte das Stift Klosterbruck die Seelsorge in Mühlfraun ausgeübt.
Wirtschaft: Weinbau, Landwirtschaft.
1930: 519 Einw. (435 Deutsche, 72 Tschechen, 12 Ausl.).

Mummel *(Mumlava)*. Nebenfluß der Iser, in die sie zwischen Harrachsdorf und Wurzelsdorf einmündet. Quelle am Nordabhang der Kesselkoppe im Riesengebirge. Nach Harrachsdorf bildet der Fluß die 10 m hohen Mummelfälle (728 m). Nach der „Heimatkunde von Rochlitz" (1921) berührten sich beim Mündungspunkt der Mummel das Iser- und das Riesengebirge, die Tschechoslowakei und Deutschland, die Länder Böhmen und Preußisch Schlesien, die Herrschaften Harrach, Schaffgotsch und Rohan, die Bezirke Starkenbach, Gablonz und der Kreis Hirschberg, die Gerichtsbezirke Rochlitz, Tannwald und Hermsdorf unter Kynast, die Finanzbezirksdirektionen Jitschin und Reichenberg, die Bistümer Königgrätz, Leitmeritz und Breslau, die Militär-Ergänzungsbezirke Jitschin und Turnau und die Gemeinden Harrachsdorf, Pasek, Polaun (Wurzelsdorf) und Schreiberhau (Strickerhäuser).

Mürau *(Mírov)*, Bez. Hohenstadt. 440 m. Die Burg auf einem steilen Felsen, 1258 genannt, war durch Jahrhunderte im Besitz der Olmützer Bischöfe. Im 16. und 17. Jh. saßen hier die bischöflichen Hauptleute. Mürau, seit 1483 Markt, wurde 1643 durch Schweden besetzt. Am 7. Juli 1758 Gefecht zwischen dem österreichischen und dem preußischen Heer; dessen Ausgang zwang Friedrich II., die Belagerung von Olmütz aufzugeben. 1741 wurde die Burg

Burg Mürau

Strafanstalt für Geistliche. Kardinal Friedrich von Fürstenberg verkaufte sie an den Staat, der eine Strafanstalt für Männer errichtete. 1861 werden die Gefangenen vom Brünner Spielberg in Mürau untergebracht. Seit 1930 Strafanstalt für kranke Häftlinge. Nach 1945 wurden viele Sudetendeutsche hierher deportiert und mußten Zwangsarbeit leisten. Viele fanden den Tod. Nach der kommunistischen Machtübernahme 1948 wurden antikommunistische Tschechen, dann später auch Kriminelle eingekerkert. „Mürauer Erinnerungen", ein 1957 erschienenes Buch, von Erwin Weiser und Ferdinand Appel herausgegeben, schildert das Schicksal der nach 1945 eingekerkerten Sudetendeutschen.
Kirche Hl. Maria Magdalena, auch Wallfahrtskirche, wurde nach der Zerstörung im Dreißigjährigen Krieg wieder aufgebaut.
Wirtschaft: Holzindustrie. Sommerfrische.
1930 (mit Müraugrund, Möhrdörfel und Neustift): 1016 Einw. (651 Deutsche, 399 Tschechen, 11 Russen, 8 Ausl.).

Muschau *(Mušov)*, Bez. Nikolsburg. 170 m. Am Zusammenfluß der Schwarza und Igel mit der Thaya. Nach Josef Zajicek wird der Ortsname des alten Fischerdorfes von musia = Sumpfwasser abgeleitet. Im 2. bis 4. Jh. römische Militärstation (Münzfunde) auf dem Burgstall am Zeiselberg; hier soll das am nördlichsten gelegene römische Lager gewesen sein. Urkundliche Erwähnung des Dorfes 1332. Das Siegel der Gemeinde weist auf das Fischereirecht hin: Ein Schiff und Eichen.

Kirche Hl. Leonhard, Ende 13. Jh., Umbau im 16. Jh. In der 2. Hälfte des 16. Jh.s von Nichtkatholiken besetzt.
Wirtschaft: Weinbau. Fischerei.
1930: 730 Einw. (667 Deutsche, 38 Tschechen, 25 Ausl.).
Im Zuge der Errichtung einer Talsperrre 1979 wurde der Ort dieser geopfert und überschwemmt. Die Kirche blieb auf einer Anhöhe über der Wasserfläche stehen; sie soll als ornithologische Station Verwendung finden.

Muttersdorf *(Mutěníny)*, Bez. Bischofteinitz, 481 m. Marktgemeinde am Fuß des 591 m hohen Galgenberges und an der Bahnlinie Taus - Tachau. Gründung durch den Prager Burggrafen Mutina von Mogolzen im 12. Jh. Vor 1360 bereits Pfarrei. 1577 Markt. Das ehem. Schloß 1575 durch Brand vernichtet. Besitzer waren u. a. die Widersberger; einer aus diesem Geschlecht hatte 1524 Bergbauprivilegien vermacht. Marktrecht und Wappen erteilte Rudolf II. Das Wappen stellt einen Bergmann mit Eisen und Schlägel dar, darunter ein nach rechts laufender Fuchs (oder Wolf).
Zur Pfarrei gehörten 12 Ortschaften. Kirche Hl. Apostel Bartholomäus, gotisch 2. Hälfte 14. Jh., barocker Umbau im 18. Jh., oberer Turmteil achteckig. Im Presbyterium wurden um 1970 gotische Fresken freigelegt. Matriken seit 1654. Synagoge 1663, 1860 Umbau. Jüdischer Friedhof begründet 1642.
Wirtschaft: Spitzenklöppelei.
In Muttersdorf lebte der Lehrer und Heimatforscher Johann Micko aus Glöckelberg bei Oberplan, geb. 1861, gest. am Anfang des Zweiten Weltkrieges, Verfasser der „Heimatkunde des Marktes Muttersdorf“.
1930: 1060 Einw. (1035 Deutsche, 13 Tschechen, 12 Ausl.).

Nachod *(Náchod)*, Bezirksstadt. 346 m. Die Stadt an der Mettau liegt nahe der ehem. preußischen Grenze und an der Eisenbahnstrecke Chotzen - Halbstadt. Auf einer 405 m hohen Erhebung die Burg aus dem 13. Jh., 1544 - 1620 Grenzfeste. Von der Stadt führt eine Treppe mit 333 Stufen hinauf. Besitzer waren u. a. die Berka von Duba, Smirschitzky, Piccolomini, Desfours

Nachod

und Fürsten Schaumburg-Lippe. Im Schloß Archiv, Bibliothek, Gobelin- und Gemäldesammlung. Am 27. Juni 1866 Sieg der Preußen unter Steinmetz über die Österreicher unter Ramming; damit war der Weg für die Zweite Preußische Armee nach Bayern frei.
Dekanatskirche St. Laurentius, 1310, im 16. Jh. Umbau. Barocke Dechantei. Michaelskirche 1709 - 1716. Rathaus 15. Jh., Umbau Mitte 17. Jh. Neues Rathaus 1902-1904 mit Sgraffiti von M. Aleš.
Wirtschaft: Textilindustrie, Maschinenbau, chemische Werke, Motorenbau.
Josef Franz Hurdalek (1747-1833), von 1815 - 1822 Bischof von Leitmeritz.
1930 (mit Altstadt an der Mettau): 13 538 Einw. (13 098 Tschechen, 250 Deutsche, 88 Ausl., 71 Juden, 13 Russen) (6007 röm.- kath., 4871 tschechosl. Kirche, 1964 konf.-los, 359 evang., 293 israel.). Der Bezirk Nachod mit den Gerichtsbezirken Braunau und Wekelsdorf hatte 1961 noch 2480 Deutsche (2,1 %).
Umgebung: Gefechtsort von 1866 Branka, Wysokov und Wenzelsberg. Paß von Nachod - Reinerz, ein alter Handelsweg zwischen Heuscheuer- und Adlergebirge, aber auch ein Einfallstor für feindliche Truppen.

Nassengrub *(Nassengrub*, nach 1945 *Mokřiny)*, Bez. Asch. 661 m. Die Deutung des Ortsnamens beruht auf nassen Gruben, d. s. Lehmgruben. Das Gebiet von Nassengrub war ursprünglich Bestandteil der Gemeinde Wernersreuth. Der Ort erscheint 1413 in einem Steu-

Nebotein, Kirche Hl. Leonhard

erbuch und in einer Urkunde über einen Verkauf an Graf Zedtwitz. Wirtschaftlich und gesellschaftlich war der Ort nach der Bezirksstadt ausgerichtet. Filialkirche Hl. Karl Borromäus, zur Pfarrei Asch (Erzdiözese Prag) gehörend.
Wirtschaft: Druckerei, Textilindustrie, Bauunternehmen, in dem auch Porzellan-, Ziegel- und Kalköfen hergestellt wurden. Westböhmische Elektrizitätswerke AG (seit 1923) mit Verwaltung in Asch. Sandgruben. Steinbruch.
1930: 1726 Einw. (1579 Deutsche, 134 Ausl., 12 Tschechen) (846 röm.-kath., 799 evang., 77 konf.-los).
Umgebung: Hainberg (758 m) mit Bismarckturm. Lerchenpöhl (680 m) mit Aussichtsturm.

Nebotein *(Hněvotín)*, Bez. Olmütz. 244 m. Nebotein, 6 km südwestlich von Olmütz, erscheint 1078 in der Geschichte, als Fürst Otto ein Gut in Nebotein dem Kloster Hradisch zum Geschenk macht. Mitte des 13. Jh.s von Deutschen besiedelt. 1391 eine Kirche erwähnt. Kirche Hl. Leonhard, 1774 - 1777 neu erbaut. Fünf Altarblätter von Josef Korompai. Aus der Inschrift einer Glocke geht hervor, daß zur Zeit des Glockengusses, 1592, der evangelische Glaube herrschte.
Wirtschaft: Käserei (Quargel), 11 Firmen.
1930: 1502 Einw. (892 Deutsche, 602 Tschechen, 2 Ausl.).

Neiße *(Nísa)*, Glatzer Neiße, linker Nebenfluß der Oder, der in den Sudeten westlich vom Glatzer Schneeberg entspringt und zwischen Oppeln und Brieg in die Oder mündet. Länge 195 km.
Lausitzer oder Görlitzer Neiße, entspringt am südwestlichen Hang des Isergebirges (nordöstlich von Reichenberg) und mündet nördlich von Guben in die Oder. Gesamtlänge 256 km. Seit 1945 Grenzfluß zwischen der ehemaligen DDR, seit 1990 Deutschland, und den polnisch verwalteten deutschen Ostgebieten. Länge auf dem Gebiet der ČSFR 45 km; in diesem Gebiet bedeutende Glas- und Textilindustrie.

Nennowitz *(Brněnské Ivanovice)*, Bez. Brünn Umgebung. Station an der Bahnlinie Brünn - Prerau - Olmütz. Sprachinselgemeinde im Süden von Brünn. 1228 historisch belegt durch die Schenkung von Gut und Dorf Nennowitz durch Ottokar I. an das Kloster Welehrad. In dessen Besitz blieb das Dorf bis zur Aufhebung dieses Klosters i. J. 1784. Bis 1918 bestand eine deutsche Gemeindevertretung, 1923 Eingliederung nach Groß-Brünn, dadurch starke Schädigung des Deutschtums.
Wirtschaft: Anbau von Gemüse, mit dem hauptsächlich Brünn versorgt wurde; Malzfabrik, Sauerkrauterzeugung.
Joseph Viktor Widmann (1842 - 1911), der in der Schweiz ein angesehener Dichter und Schriftsteller wurde.
1890: 1207 Einw. (1050 Deutsche), 1910: 1606 Einw. (1112 Deutsche), 1930 : 2129 Einw. (1339 Tschechen, 758 Deutsche, 28 Ausl.).

Neschwitz *(Nebočady)*, Bez. Tetschen. Neschwitz, von dem 1352 eine Urkunde berichtet, war Wirkungsort des Kaplans Anton Nittel (1826 - 1907), des Verfassers der „Geschichten vom Hockewanzel", der, nachdem er aus der

Nennowitz

Industrieort Nesselsdorf

katholischen Kirche ausgetreten war, erster altkatholischer Bistumsverweser der altkatholischen Kirche wurde. Pfarrkirche Hl. Laurentius, nach Brand 1713 – 1714 neu aufgebaut. Ehemals eine Vogelschutzwarte.
Wirtschaft: Emaillierwerke, Erzeugung von Metallwaren und chemischen Präparaten, Spinnerei (1927: 700 Beschäftigte), Obstbau.
1930 (mit Jakuben): 743 Einw. (683 Deutsche, 44 Tschechen, 16 Ausl.) (551 röm.-kath., 173 konf.-los, 13 evang.).
Umgebung: Jungfernsprung, ein Basaltfelsen, Ruine Sperlingstein, 403 m. Lippen, 295 m. Die sieben Berge, Spitzberg, 446 m.

Nesselsdorf *(Kopřivnice)*, Bez. Neutitschein. 332 m. Das Dorf, 1437 erwähnt, aber viel älter (vorgeschichtliche Siedlung!) gehörte zur Herrschaft Hochwald. 1917 Markterhebung. Bemerkenswert ist die Zunahme der deutschen Bevölkerung durch die Industrialisierung im letzten Jahrhundert. (1880: 1445 Tsch., 60 Deutsche). Kirche St. Bartholomäus, eingepfarrt nach Stramberg. Vogtei (18. Jh.).
Wirtschaft: Tatra Werke, Automobil- und Waggonbau-A.G., Gründung 1850, zuerst Erzeugung von Kutschen, dann von Eisenbahnwaggons, Tramwaywagen, Personen- und Lastautos Marke „Tatra“, Motordraisinen, Militärfahrzeuge usw. 1930: 5000 Arbeiter. Begründer war der Sudetendeutsche Ignaz Schustala (1822 – 1891). Letzter deutscher Leiter war der österreichische Konstrukteur Hans Ledwinka (1878 – 1967), der Erfinder des rahmenlosen Fahrgestells mit Schwenkachsen. 1897 Erzeugung des ersten Autos der Monarchie, genannt „Präsident“, auch erstes Auto Mitteleuropas. Ferdinand Porsche entwickelte hier den Tatraplan, den ersten luftgekühlten Motor. In der Villa Ignaz Schustalas wurde 1947 das Automuseum der Tatra-Werke errichtet. Keramische Werke (seit 1813).
1930: 4759 Einw. (3968 Tschechen, 633 Deutsche, 160 Ausl.).
Umgebung: Burg Schauenstein, benannt nach dem Olmützer Bischof Bruno von Schaumburg, seit dem 15. Jh. Ruine.

Nestomitz *(Neštěmice)*, Bezirk Aussig. Eisenbahnhaltepunkt der Staatseisenbahn-Gesellschaft. Am linken Elbeufer, wo der Osterbach, der das Reindlitztal durchfließt, in den Strom mündet. Endstation der Aussiger Straßenbahn. Auf der rechten Seite der Elbe liegen Schwaden und Waltirsche.
Bei einem Hochwasser 1845 fand man eine Begräbnisstätte aus der La-Tène-Zeit; weitere Funde in den 50er Jahren des 20. Jh.s und 1971. Das Dorf geht auf die Wende vom 11. zum 12. Jh. zurück. Es kam 1179 als Geschenk an den Malteserorden. Während Nestomitz 1857 47 Häuser und 289 Einwohner zählte, nahm es infolge der Industrieanlagen in unserem Jh. beträchtlich zu. Nestomitz mit einer barocken Kapelle (1772), einem sechseckigen Bau, ist nach Mosern eingepfarrt. Das Kruzifix im Schulgarten (1800) ist ein Werk des Bauern Seiche.
Wirtschaft: Chemische Fabrik Solvay-Werke Ammoniak-Sodafabrik, Zuckerraffinerie (ehemals die bedeutendste Europas, die den höchsten Kamin der ČSR hatte). Maschinenfabrik, Erzeugung von Photoplatten und elektrotechnischen Geräten.
1930: 3701 Einw. (1967 Deutsche, 1616 Tschechen, 111 Ausl.) (2326 röm.-kath., 1040 konf.-los, 265 evang., 39 tschechosl. Kirche, 20 israel.).
Umgebung: Ziegenberg, Wesseln (mit Kapelle Hl. Dreikönige), Mühlberg 254 m.

Netolitz *(Netolice)*, Bez. Prachatitz. An der Eisenbahn Wien – Eger. Früh besiedelt, bezeugt durch vorgeschichtliche Funde. Unter Ottokar II. als deutsche Stadt angelegt. Nach 1263 kam Netolitz an das Kloster Goldenkron. Bis

1413 sind die Deutschen in der Überzahl, später nur noch eine Minderheit. Im 15. Jh. kam die Stadt zur Herrschaft der Rosenberge. 1601 an Kaiser Rudolf II., 1622 an Johann Ulrich von Eggenberg, 1719 an die Familie Schwarzenberg. Pfarrkirche Mariä Himmelfahrt, frühgotisch, 1284 geweiht, nach 1619, als kaiserliche Truppen die Stadt zerstörten, wieder errichtet. Wenzelskirche , die frühere Pfarrkirche, 12. Jh., 1475 niedergebrannt, Wiederaufbau, 1597 an die Böhmischen Brüder. Ein Deckengemälde stellt die Wenzelslegende dar. Matriken seit 1656. Ehemalige Johanneskirche erst romanisch, Neubau aus dem 14. Jh. Durch Joseph II. aufgehoben. Ehemalige Gertrudkapelle, barock 1754, durch Joseph II. aufgehoben. Heute Wohnhaus. Rathaus, Wasserkasten (1677) auf dem Ringplatz. Statuen Johannes von Nepomuk 1746 und 1738. In Netolitz fanden große Pferdemärkte statt.
1930: 2272 Einw. (2249 Tschechen, 16 Deutsche, 7 Ausl.). Zur Netolitzer oder Stritschitzer Sprachinsel gehörten die Orte: Dobtschitz 158 Einw. (137 Deutsche, 21 Tschechen), Holschowitz 203 Einw. (118 Deutsche, 85 Tschechen), Kolowitz 243 Einw. (136 Deutsche, 107 Tschechen), Linden 183 Einw. (114 Deutsche, 69 Tschechen), Obergroschum mit Untergroschum 328 Einw. (213 Tschechen, 115 Deutsche), Saboř 248 Einw. (195 Deutsche, 53 Tschechen), Radoschowitz 207 Einw. (111 Tschechen, 96 Deutsche).
Umgebung: Kurzweil (Kratochvíle), ein Jagdschloß, 1583 - 1589 durch Wilhelm von Rosenberg errichtet. Reiche Ausschmückung durch

Nestomitz

Neuberg mit Bergfried

Meister Widmann. Auch dieses Schloß steht mit der Gestalt der „Weißen Frau" in Zusammenhang. Früher Wasserkünste im Park. Heute im Schloß ein Waffenmuseum.

Netschetin *(Nečtiny)* Bez. Kralowitz. 482 m. Bahnstation Stiedra. Gerichtsbezirk Manetin. Im Jh. der Entstehung (12. Jh.) wird eine Burg erwähnt. Im 13. Jh. Verkauf an König Wenzel II. Nach der Verpfändung durch König Johann Rückkauf durch dessen Sohn Karl (1333); gleichzeitig Erhebung zum Markt. 1511 Wappenverleihung: Zwei Türme in Silber, zwischen diesen ein Torbogen, in dem ein Gewaffneter mit Hellebarde steht. Über dem Rathauseingang ist das Wappen in Stein gehauen. 1549 kam Netschetin an das Geschlecht der Griespeck, später an die Kokorschowa, Lazansky u. a.
Kirche Apostel Jakobus d. Ä., Ende 13. Jh., 1748 - 1752 barock. Sie steht auf einer Anhöhe. Marktplatz mit Rathaus, das barock umgebaut wurde, und Statuen der Hll. Wendelin und Florian (1815), Erzengel-Michael-Säule (1607). Schloß, 17. Jh., 1855 - 1858 neogotisch mit Kapelle Maria Himmelfahrt. Das Schloß wird heute zur landwirtschaftlichen Fachausbildung genutzt. Nahe die Ruine der gotischen Burg Preitenstein (Anfang 14. Jh.). Jüdischer Tempel (bis 1938) und Friedhof; bis 19. Jh. Judenschule.
Wirtschaft: Landwirtschaft. Sommerfrische.
1930 (mit Leopoldsdorf): 892 Einw. (844 Deutsche, 41 Tschechen, 7 Ausl.)

Neuberg *(Podhradí)*, Bez. Asch. 472 m. Die Geschichte Neubergs hängt mit der Burg aus dem 13. Jh. zusammen. Sie geht vor das Jahr 1288 zurück; damals gab es einen Ritter Albrecht von Niberch. Durch Heirat war Neuberg seit 1395 in

den Besitz der Zedtwitz gekommen, die sich einen großen Herrschaftsbereich schufen. Im genannten Jahr waren die Egerer eingefallen und hatten die Burg zerstört, die aber bald wieder erstand. Von dieser, die seit dem 17. Jh. verlassen war, steht noch der 22 m hohe Bergfried aus der Gründungszeit.
Die evangelische Kirche Zum Guten Hirten, 1678–1711 als Barockbauwerk neu entstanden, galt als älteste protestantische Kirche der Monarchie. Hölzernes und bemaltes Tonnengewölbe. Wertvolle Inneneinrichtung. Altar von M. Zeitler d. Ä. (1710). Frühbarockes Epitaph der Anna Dorothea von Zedtwitz. Kirche steht unter Denkmalschutz. Beim Hause Nr. 297 ein altes Steinkreuz.
Wirtschaft: Textilindustrie.
1930: 2002 Einw. (1894 Deutsche, 99 Ausl., 9 Tschechen) (1560 evang., 398 röm.-kath., 43 konf.-los.).
Umgebung: Das Dorf Thonbrunn, 606 m, Ende des 14. Jh. genannt, mit Baumwollspinnerei. Auch hier überwiegen die Evangelischen. 1930: 873 Einw. (820 Deutsche, 43 Ausl., 10 Tschechen) (644 evang., 143 röm.-kath.).

Neubistritz, Wappen

Neubistritz *(Nová Bystřice)*, Bez. Neuhaus. 589 m. Der Hauptort einer deutschen Sprachinsel erstreckt sich auf der südböhmischen Seenplatte und an den Ausläufern des Böhmisch-mährischen Höhenzuges. Er liegt verkehrsgünstig an der Reichsstraße zwischen Wien und Prag.
1278 begannen die Witigonen eine Burg zu bauen. Im 14. Jh. wird eine civitas Wistritz erwähnt. Herren waren damals die Landstein. 1420 von Hussiten belagert, eingenommen und niedergebrannt. 1482 Verleihung des Prager Stadtrechts (mit niederer Gerichtsbarkeit und Selbstverwaltung). 1628 werden die Slawata Besitzer der Herrschaft; Adam Paul aus dieser Familie holt Tuchmacher aus Iglau, ebenso gründet er das Bergwerk Adamsfreiheit; zu diesem kommen Bergleute aus dem Erzgebirge. Seit 1760 ist die Schreibweise Neubistritz gebräuchlich, vorher Neufistritz. 1938 zum Gau Niederdonau geschlagen. Wappen: Zwei Türme mit je vier Fenstern, zwischen den Türmen eine Mauer mit Zinnen und einem offenen Tor, in diesem der Schild der Herren von Kraigk; über der Mauer ein silberner Schild mit einem goldgekrönten schwarzen Adler.
Dekanalkirche Peter und Paul, erst romanisch, 1340 gotisch, 1421 zerstört, dann Renaissance und 1697 barock. Alte Fresken 1936 freigelegt. Eine Gruft war Begräbnisstätte der Herrschaftsbesitzer. Katharinenkirche, um 1580 Renaissance, 1686 barock. Die Friedhofskirche mit einem Epitaph von Graf Karl J. Clary-Aldringen (gest. 1791). Der Friedhof bei der Kirche besteht seit 1900 nicht mehr. Das Schloß entstand aus einem romanischen Bau (Torbogen um 1285 noch sichtbar), der in der Spätgotik und in der Renaissance umgebaut wurde, ebenso in der Barockzeit. Bis 1335 war es ein Wasserschloß. Besitzer waren u. a. die Landstein, Kraigk, Lobkowitz, Kinsky, Slawata, Clary-Aldringen, Trautmannsdorff. Heute sind Ämter und Wohnungen untergebracht. Rathaus im Renaissancestil, der sich auch in Häusern auf dem Ringplatz zeigt. Dreifaltigkeitssäule, 1724, gemahnt an die Pest. Lukasstatue beim Brunnen auf dem Ringplatz. Von 1914 bis 1926 bestand ein Kloster der Karmelitinnen. Eine Webereischule. Die Stadt ist durch eine Schmalspurbahn mit Neuhaus verbunden.
Wirtschaft: Textilindustrie, Färbereien, Mühlen. Die Papiermühle von Spiro (gegr. nach Mitte des 19. Jh.s) wurde wieder aufgelassen und nach Krummau verlegt. Forst-, Teich- und Landwirtschaft. Die Bodenreform verkleinerte die in deutschem Besitz befindliche Herrschaft 1929

Neudek, Burgturm

bedeutend; 750 ha gelangten an die Staatsverwaltung, 50 ha wurden an tschechische Siedler verteilt.
Gerhard Swoboda (1923 - 1974), Maler und Graphiker.
1930 (mit Thiergarten, Schäferei und Fichtau): 2665 Einw. (2229 Deutsche, 305 Tschechen, 94 Ausl.).
Umgebung; Steinberg, Schäferei (1629 von Graf Slawata zur Schafzucht gegründet), Münchsschlag (1175 von Mönchen gegründet, besteht heute nicht mehr).

Neudek *(Nejdek)*, Bezirksstadt im westlichen Erzgebirge. 559 m. Die Stadt am Rohlaubach ist Eisenbahnstation der Strecken Karlsbad - Johanngeorgenstadt und Chodau - Neudek. Seit alter Zeit war die Straße von Böhmen nach dem nahen Sachsen über den Gebirgspaß eine wichtige Verbindung.
Die Entstehung hängt mit dem frühen Bergbau zusammen (Zinn, Eisen und Blei). Älteste Urkunde von 1340, 1352 eine Pfarre. 1340 Erwerbung von Heinrichsgrün mit den Zinngruben vom Stift Tepl. Größte Blüte im 15. und 16. Jh. unter den Grafen Schlick. Bedingt durch den Dreißigjährigen Krieg ging der Bergbau zurück. Seit 1680 wurden Bleche hergestellt. Eine Besonderheit hatte Neudek in seinem Berggericht, dem sog. Waldzinnenrecht (um 1494). 1410 war Neudek Markt und 1602 Stadt geworden. Wappen: Ein roter Schild mit drei Ringen, darüber an den Ecken des Schildes je ein schwarzes Hirschgeweih, das auf das Stift Tepl hinweist, dazwischen Schlägel und Bergeisen überkreuzt. Über der Stadt auf dem Turmfelsen stand eine Burg (um 1300 errichtet); sie hatte die Aufgabe, den Bergbau zu schützen und den Gebirgspaß zu sperren. Von der Burg blieb nur der Turm erhalten, seit dem 18. Jh. als Glockenturm verwendet; mit ihm hängt ein Sage von der Entstehung von Neudek zusammen. Den mächtigen Turm hielt Goethe in einer Zeichnung fest. Neben dem Turm noch das neue Schloß, 1653 fertiggestellt. Pfarrkirche St. Martin, an Stelle einer alten Kirche (1384) 1755 - 1757 gebaut. Evangelische Erlöserkirche neugotisch 1904. Dreifaltigkeits(Pest-) Säule 1715 bei der Kirche. Goethegedenkstein, nach 1945 zerstört. Schillergedenktafel. Die Turnhalle wurde nach Vertreibung der Deutschen tschechisches Kulturhaus. Stadtarchiv. (Urkunden seit 1602).
Wirschaft: Rothau-Neudeker Eisenwerke (um 1920 über 1000 Arbeiter), Kammgarnspinnerei (über 2000 Beschäftigte), Handschuherzeugung, Holzindustrie, Papierfabrikation, Spitzenklöppeln, Treibriemenfabrik. Sommerfrische. Wintersportplatz.
Persönlichkeiten: Karl Preis (1882 - 1959), Komponist und Dichter; Rudolf Schreiber (1907 - 1954), Historiker, Archivdirektor.
1930: 9042 Einw. (8575 Deutsche, 296 Tschechen, 192 Ausl., 6 andere) (7853 röm.-kath.,

Stadtwappen Neudek

Neudorf bei Sebastiansberg

763 konf.-los, 345 evang., 56 israelit., 15 tschechosl. Kirche). Die Bevölkerung stieg im 19. Jh. sprunghaft an. Durch die Industrialisierung (Eisenwalzwerk und Schafwollspinnerei) stieg die Bevölkerungszahl von 200 im J. 1836 auf 2508 deutsche Einwohner im J. 1857 an.
1964 übernahm Göggingen die Patenschaft über Neudek. In Göggingen konnte auch die Heimatstube errichtet werden.
Umgebung: Peindlberg, 974 m, mit 26 m hohem Aussichtsturm (seit 1897) und Schutzhütte (1908), die nach 1945 zerstört wurde. Kreuzberg, mit Gloriette, 1894 vom Erzgebirgsverein erbaut, gute Aussicht. Auf dem Kreuzberg Vogelschutzpark und Dr.-Lumpe-Gedenkstein. Hirschenstand, Neuhammer, Hochofen.

Neudorf *(Nová Ves)*, Bez. Gablonz. 600 m. Die Entstehung der Gemeinde soll mit eingewanderten evangelischen Sachsen zusammenhängen, die hier ein Bethaus errichteten; dieses wurde im Dreißigjährigen Krieg zerstört. Die erste Erwähnung des Dorfes geschieht 1634; es muß aber schon lange vorher bestanden haben. 1850 eine selbständige Gemeinde mit ca. 1000 Einwohnern. Kirchlich war Neudorf eine Filiale von Morchenstern, die evangelische Gemeinde gehörte zu Gablonz. Kath. Filialkirche Maria von der immerwährenden Hilfe.
Wirtschaft: Glaswarenindustrie, Glasschmuck-Heimindustrie (über 100 Betriebe). Rodelbahn seit 1908. Auf dem Gemeindegebiet liegt eine Quelle der Neiße.
1930 (mit Ober-Schwarzbrunn): 2339 Einw. (2187 Deutsche, 126 Tschechen, 26 Ausl.) (1909 röm.-kath., 259 evang., 91 altkath., 65 konf.-los, 14 israel.).
Umgebung: Schwarzbrunnberg mit Warte, Wünschbaude.

Neudorf *(Nová Ves)*, Bez. Komotau. 770 m. Das Dorf im Gerichtsbezirk Sebastiansberg erstreckt sich in einem Tal der Erzgebirgshochebene entlang der alten Reichsstraße Prag - Leipzig. Station Krima-Neudorf der Strecke Komotau - Weipert (Buschtehrader Eisenbahn); hier auch Abzweigung nach Reitzenhain an der Grenze zu Sachsen. 1345 als Grossen Neundorff erwähnt, gehörte es dann dem Deutschen Orden, mindestens 1382 - 1411. 1500 Newdorff auff dem gepyrg genannt. Im Kreisarchiv Komotau liegt das deutsch geschriebene Fragment eines Gerichtsbuches von Neudorf für die Zeit 1523 -1570.
Schon 1361 hier eine Filialkirche von Krima, Filialkirche Mariä Himmelfahrt (Pfarrei Sebastiansberg), erbaut von V. Böhm aus Malkau, 1834 geweiht. Johannes von Nepomuk und Anna Selbdritt (Mitte 18. Jh.), Taufbecken um 1800. Martersäule aus Stein spätgotischen Typs. Steinkreuz um 1700 mit Reliefs von Maria, Antonius von Padua und Johannes von Nepomuk auf dem prismatischen Sockel. Deutsche staatliche Spitzenklöppelschule; dient heute als Gemeindehaus.
Neudorf hatte eine vierklassige Volksschule, eine deutsche Kinderheimstätte des Deutschen Kulturverbandes und zwei tschechische Kindergärten. Heute stehen nur noch wenige Häuser. Die Kirche ist Ruine.
Wirtschaft: Hopfenstangenhandel, Darmhandel, Schindelerzeugung, Heimarbeit (Gorlnähen, Spitzenklöppeln).
1930: 1422 Einw. (1390 Deutsche, 26 Tschechen, 6 Ausl.).

Neudorf an der Biela *(Nové Sedlo nad Bílinou)*; Bez. Komotau. Früher Neundorf genannt, gehört die Gemeinde am rechten Ufer der Biela zum Gerichtsbezirk Görkau. Die ersten deutschen Siedler kamen im 13. Jh. Erwähnung 1352 als Nova Villa, 1367 Newendorff und 1402 Neuwindorff.
Kirche Peter und Paul, romanisch 1230 - 1240, frühgotisch, 1675 Erweiterung. Vermauertes romanisches Portal um 1230. Sakramentshäus-

chen. Grabplatte 1571. Epitaph für einen evangelischen Pfarrer, Akanthusaltar, Madonnenstatue aus Holz 1500–1510, Kruzifix von Ulrich Creutz (?) um 1520. Schloß vor 1600, nach Brand Umbau 1840/1841. Marienkapelle 18. Jh. Bei der Kirche Mariensäule aus Sandstein 1709. Zwei barocke Johann-von-Nepomuk-Säulen.
1930: 1674 Einw. (1154 Deutsche, 507 Tschechen, 13 Ausl.) (1092 röm.-kath., 545 konf.-los., 29 evang.).
Schon vor 1970 wurde Neudorf ein Opfer der Kohleförderung. Nur der Wasserturm und die Kirche blieben stehen.

Neudorf *(Nová Ves,* heute *Vysoká),* Bez. Mähr. Schönberg. 550–800 m. Neudorf, seit 1325 geschichtlich bekannt, gehörte bis 1848 zur Grundherrschaft Goldenstein. Dreifaltigkeitskapelle (1782). Pfarrei: Hohenseibersdorf. Am Bauernhaus Nr. 41 eine Marmortafel mit der Inschrift: „In diesem Haus wurde am 11. Juli 1763 Franz Theodor Florian Schubert, der Vater des Liederfürsten Franz Schubert, geboren. Errichtet 1928." Der Vater des Komponisten war Schulgehilfe im nahen Hohenseibersdorf und wanderte 1784 nach Wien aus. Carl Schubert, der Großvater des Komponisten, errichtete 1789 zwischen Neudorf und Hohenseibersdorf ein Christusdenkmal aus Sandstein, „Der Ölvater" genannt.
1930 : 227 Einw. (226 Deutsche, 1 Tscheche).
Umgebung: Goldenstein, Groß Ullersdorf, Wiesenberg, Hannsdorf am Zusammenfluß von March und Graupa.

Neudorf *(Nová Ves),* Bez. Tachau. 623 m. Neudorf im Gerichtsbezirk Pfraumberg, 1165 erwähnt, hatte schon früh eine Kirche, die aber erst 1518 genannt wird. Während des Dreißigjährigen Krieges war in der Nähe ein Lager der schwedischen Armee.
Pfarrkirche St. Leonhard, erst romanisch um 1200, Barockbau 1729, dann vergrößert. Der Turm trägt die Jahreszahl 1667. Freskenmalerei von Christoph Säckl aus Neudorf. Spätgotische Holzfiguren. 1946 ausgebrannt. Die Einrichtung kam nach Neustadtl bei Tachau, sie gilt heute aber als verschollen.
Wirtschaft: Vier Mühlen.
1930 (mit Dianaberg und Nowohradsky): 1270 Einw. (1242 Deutsche, 26 Tschechen).
Umgebung: St. Apolonia mit Barockkirche, die um 1700 Graf Kolowrat erbauen ließ; sie ist heute Ruine. Bei der Kirche über einer Quelle Kapelle Maria Hilf. Jagdschlößchen Dianaberg.

Neudorf *(Nová Ves),* Bez. Tepl. Um 1300 entstanden, erfolgte die Entwicklung in engem Zusammenhang mit der Herrschaft Petschau. Besitzer u. a.: Borso von Riesenburg, Ulrich von Hassenstein, Heinrich von Plauen, Familie Pflug, 1547 königliche Kammer, 1556 an die Schlick, an die Stadt Schlaggenwald (1597–1624), die Questenberg, Kaunitz und Beaufort von Spontin (bis 1945). 1352 war hier eine Plebanie, nach der Reformationszeit nur noch eine Filiale von Petschau. 1777 eine Lokalie, seit 1856 eine Pfarrei. Kirche Hl. Dreifaltigkeit.
Wirtschaft: Landwirtschaft, Hopfenhandel. In den nahen Badeorten waren viele als Hotelpersonal beschäftigt. Mineralwasserversand aus dem nahen Sauerbrunnen (Glaubersalz), der 1893 gefaßt und mit einem Pavillon versehen wurde.
1930: 1028 Einw. (1023 Deutsche, 4 Ausl., 1 Tscheche).

Neuehrenberg *(Nový Ehrenberk),* Bez. Schluckenau. Das seit 1686 bestehende Dorf verlor im Jahre 1851 seine Selbständigkeit, als es mit Altehrenberg vereinigt wurde, mit dem es sein Schicksal teilte. Kirchlich gehörte es ebenso zur Pfarre Altehrenberg. Matriken seit 1732.
Persönlichkeiten: Johann Paul Cermak (1883–1958), Professor für Experimentalphysik. Anton Josef Müller (1888–1969), Erfinder der Strumpfhose.

Neuern *(Nýrsko),* Bez. Klattau. 460 m. Die Stadt in schöner Lage erstreckt sich nahe der Further Senke am Fluß Angel, die aus einem Tal ins Gebirgsvorland ihren Weg nimmt. Hier führte ein alter Steig vorbei, auf dem schon im Mittelalter Salz und andere Handelsgüter eingeführt wurden. Eisenbahnstation an der Strecke Ladowitz – Pilsen – Eisenstein. Mittelpunkt eines Gerichtsbezirks. Zollstation.
1327 genannt, als Neuern an Peter von Rosenberg kam. 1384 in den Errichtungsbüchern eine

Pfarrkirche erwähnt. Der Ort bestand aus zwei Teilen; Oberneuern gehörte zum Herrschaftsbereich der Burg Bayreck, Unterneuern zu Bistritz an der Angel. 1558 erfolgte die Vereinigung beider Teile, die nun Bistritz unterstanden. In der Hussitenzeit wurde am 22. September 1467 zwischen Neuern und Bistritz ein deutsches Kreuzheer geschlagen. Neuern wurde damals zerstört. Im November 1805 plünderten französische Truppen die Städte Klattau und Neuern. Es ist unbekannt, wann Neuern Stadt wurde. Das Wappen: Im roten Schild eine weiße Burgmauer mit Zinnen und offenen Torflügeln. Aus dem von der Mauer umgebenen Raum erhebt sich ein Turm mit Fenstern und Spitzdach mit goldenem Knauf.

Pfarrkirche Apostel Thomas, Mitte des 14. Jhs.s. Gotisches Kreuzgewölbe im Presbyterium erhalten. Im 18. Jh., aus dem die drei Barockaltäre stammen, Anbau der Marienkapelle. Hölzerne Madonnenstatue aus dem 16. Jh. Die Kirche wurde 1865 erneuert. 1912 schmückte sie Ferdinand Staeger mit Fresken aus. Filialkirche Vierzehn Nothelfer, ein Barockbau aus dem Beginn des 18. Jh.s, Einweihung 1712. Am Hauptaltar Marienstatue und Figuren der Vierzehn Nothelfer. Ein Bild zeigt die Anbetung der Hirten, vielleicht niederländischen Ursprungs. Nach einer Pressemeldung wurde die Kirche 1973 gesprengt. In Neuern bestand eine israelitische Kultusgemeinde mit Rabbinat, Matrikenführung, Friedhof und Synagoge aus d. J. 1734. Johannes-von-Nepomuk-Statue, 1736. Rathaus, 1684 erbaut, Neubau 1907. Pfarrgebäude, frühbarock aus dem 17. Jh. 1934 wurde eine Freilichtbühne errichtet. Als schönstes Haus Neuerns wurde das 1683/1684 erbaute herrschaftliche

Ruine der Grenzburg Bayreck

Neuern

Haus mit reichem Fassadenschmuck bezeichnet. Landwirtschaftliche Fachschule.

Wirtschaft: Holzindustrie, Erzeugung optischer Gläser, Zündhölzer, Wäsche und Klöppelspitzen. Sommerfrische. Ausgangspunkt für Touren im nördlichen Böhmerwald.

Persönlichkeiten: Anton Schott (Hinterhäuser 1866 – 1945), Schriftsteller; Josef Blau (1872 – 1960), Lehrer, Heimatforscher, Volkskundler, Mitglied des Collegium Carolinum, Ehrenvorsitzender des Landesverbandes für Heimatpflege und Volkskunde in Bayern; Leopold Klima (Rothenbaum 1882 – 1955), Erzdechant von Bischofteinitz, Schriftsteller; Hans Multerer (Plöß 1892 – 1945), Schriftsteller; Oswald Fritz (Bistritz 1900 – 1963), Lehrer und Schriftsteller. Viele Jahre lebte Hans Watzlik (1879 – 1948) in Neuern; einige seiner Romane und Erzählungen sind in Neuern und Umgebung angesiedelt.

1890: 219 Häuser, 1517 Deutsche, 27 Tschechen. 1930: 3230 Einw. (2837 Deutsche, 288 Tschechen, 94 Ausl., 11 andere) (2992 röm.-kath., 139 israelit., 48 evang., 43 konf.-los).

Umgebung: Bayreck, Ruine einer Grenzburg aus dem 14. Jh. Ausgangspunkt für Wanderungen zum Osser und zum Schwarzen See.

Im Jahre 1968 übernahm die Stadt Kitzingen die Patenschaft über die Deutschen aus Neuern, die hier Archiv und Heimatstube einrichteten.

Neugarten *(Zahrádky)*, Bez. Böhmisch Leipa. 273 m. Bahnhof an der Teplitz – Reichenberger Eisenbahnstrecke. Erste Nachricht 1376. Alexander Gluck, der Vater des Komponisten Christoph Willibald Gluck, war hier von 1717 bis

1722 Forstmeister des Grafen Kaunitz; der Sohn verlebte hier fünf Jahre seiner Jugendzeit.
Barbarakapelle, Renaissance vor 1550, dann barockisiert. Begräbnisstätte der Familie Kaunitz. Schloß aus der 2. Hälfte des 16. Jh.s, in der 2. Hälfte des 18. Jh.s durch Graf Kaunitz barockisiert. Es hatte 1623 Albrecht von Waldstein zum Besitzer; nach dessen Ermordung 1634 verblieb es seiner Witwe; 1662 an Kaunitz. Im Schloß viele Erinnerungen an Wallenstein. Die Barockausstattung des Schlosses kam an die Universität in Prag. Die Schloßkapelle soll 1960 zerstört worden sein. Statue der Hl. Kümmernis mit Bart, 1705.
Sommerfrische am Westufer des Hirnsner Teiches. Der Teich von Neugarten ist Vogelreservat. Der Münchener Schlucken ist ein in den Fels gegrabener Abfluß des ehem. Münchener Teiches aus der Zeit Karls IV.
1930 (mit Regersdorf): 1029 Einw. (702 Deutsche, 306 Tschechen, 20 Ausl.).
Umgebung: Hohlen mit Großteich. Burgruine Habstein.

Neugebäu *(Nový Svět)*, Bez. Prachatitz. In romantischer Lage erstreckt sich das Böhmerwalddorf an der Straße von Passeken nach Ferchenhaid. Die Waldgegend und das Schwarzbach-(Moldau-)tal wurden von Ausflüglern besucht, ebenso die Felsen bei Franzenstal, wo seit 1849 eine Glasfabrik bestand, die in unserem Jh. zu einer Zellstoff- und Papierfabrik wurde. Bei dieser Fabrik ein sonderbar gestalteter Felsen, der sog. Biertopf.
Kapelle zum Hl. Geist. Statt des Holzbaues (1787) wurde 1796–1797 die jetzige Kirche St.

Schloß Neugarten

Neugebäu, Wallfahrtskapelle

Martin errichtet. Nach 1945 profaniert. Matriken seit 1788. Pfarre seit 1855. In Ferchenhaid Wallfahrtskapelle Kreuzerhöhung.
1930 (mit Ferchenhaid, Gansauerhaid, Grünberg, Mehregarten, Passeken, Rabitzerhaid, Schindlau, Schwarzhaid, Schweigelhaid und Seehaid): 1591 Einw. (1571 Deutsche, 12 Tschechen, 8 Ausl.).

Neugedein *(Kdyně)*, Bez. Taus. 490 m. Stadt mit Bezirksgericht an der Eisenbahn Taus – Klattau. 1369 erwähnt, schloß sich das Dorf im 15. Jh. den Hussiten an, wurde 1508 Markt und erhielt 1570 von Maximilian II. ein Wappen: Ein von zwei Löwen gehaltener Turm mit offenem Tor und spitzem Dach. Neugedein, das lange Widerstand gegen die Rekatholisierung leistete, gehörte bis 1623 zur Herrschaft der Burg Riesenberg. 1787 Stadterhebung. 1743 Gründung einer Schafwollwarenfabrik. Nach E. Schwarz waren seit 1654 die tschechischen Familien in der Überzahl.
Pfarrkirche St. Nikolaus, erst gotisch und 1763–1768 Barockbau. Kapelle mit spätgotischer Pietà. Synagoge 1863. Jüdischer Friedhof. Zwei Empirebrunnen. Rathaus Renaissancebau Anfang des 17. Jh.s, Umbau um 1800.
Wirtschaft: Schafwollwarenfabrik, Maschinenstickerei, Zündholzfabrik, Viehmarkt.
1930: 2756 Einw. (2648 Tschechen, 65 Deutsche, 39 Ausl.).
Umgebung: Burg Riesenberg, 660 m, 2. Hälfte des 13. Jh., seit 1676 als öd bezeichnet. Der Turm

wurde zum Aussichtsturm umgestaltet. George Sand siedelte bei der Burg einen Abschnitt ihres Romans „Consuel“ an.

Neuhammer *(Nové Hamry)*, Bez. Neudek. 713 m. Malerisch verstreut liegt die Dorfgemeinde am Zusammenfluß von Rohlau und Weißbach an den Straßen Karlsbad - Neudek und Neudek - Platten.

Bahnstation der Strecke Karlsbad - Johanngeorgenstadt. Bestand seit dem 13. Jh. Sächsische Bergleute gruben Silber, Zinn und Eisen. Der Ortsname rührt von dem neuen Hammerwerk her, dem „Neuen Hammer“. Große Förderung des Bergbaues durch die Grafen Schlick. Es bestand auch eine Glashütte im 16. Jh. Neuhammer gehörte zur Herrschaft Neudek, ebenso hatte es andere Grundherren. Im Dreißigjährigen Krieg ging der Bergbau zugrunde. Ein Segen war es für das Erzgebirge, daß Barbara Uttmann (1514 - 1575) die Spitzenklöppelei im Erzgebirge eingeführt hatte; so hatten die Familien eine neue Verdienstmöglichkeit. Kirche Hl. Johannes von Nepomuk, 1789, auf einer Anhöhe. 1787 wurde Neuhammer Lokalie, 1855 Pfarre. Deutsche staatliche Spitzenschule.

Wirtschaft: Spitzenklöppelei, Löffelfabrikation (seit 1797), Handschuhnähen, Spitzenherstellung. Wintersport. Fremdenverkehr.

1930: 1950 Einw. (1914 Deutsche, 20 Tschechen, 16 Ausl.).

Umgebung: Peindlberg, Plattnerberg, der Vogelherd, der Kaiserbuchwald.

Neuhaus *(Jindřichův Hradec)*, 478 m. Bezirksstadt am Schnittpunkt von Straßen aus Böhmen, Mähren und Österreich. Sie liegt im Schnittpunkt des 15. Meridians. Als Gründung der Witigonen (13. Jh.) erfuhr sie von diesen große Förderung. Nach deren Aussterben 1604 kam sie an die Slawata, dann an die Czernin von Chudenic. Im Dreißigjährigen Krieg erlitt Neuhaus große Schäden. 1710 gründete ein Graf Rechtskron mit französischen Arbeitern nach dem Muster von St. Gobin eine Fabrik für gegossene Spiegel; diese wurde 1728 verstaatlicht. Bereits am Anfang des 18. Jh.s gab es viele Tuchmacher. Mitte des 19. Jh.s war Neuhaus noch überwiegend deutsch. Wappen: Zwei zueinander gekehrte doppelschwänzige Löwen, die eine goldene Rose (Witigonen!) halten. Über dieser ein goldenes W mit einer Krone.

Propsteikirche Mariä Himmelfahrt, gotisch, 2. Hälfte 14. Jh. Kirche Johannes der Täufer, frühgotisch, 2. Hälfte 13. Jh., von Hussiten in Brand gesteckt, wieder errichtet. Wertvolle Inneneinrichtung. An der Nordseite das ehem. Minoritenkloster (14. Jh.) mit Spital. Katharinenkirche, spätgotisch mit Franziskanerkloster, 1478 gegründet, im 17. Jh. zerstört, wieder aufgebaut. Friedhofskirche (Dreifaltigkeit), 1590 - 1594. Friedhofskirche St. Wenzel, 1399 erwähnt. Kirche Maria Magdalena, 13. Jh., vom Deutschen Orden gebaut. Seit 1594 das Jesuitenkolleg dabei, mit berühmtem Gymnasium. Heute ist das Kolleg ein Museum mit kunstgeschichtlichen Sammlungen. Jakobskirche, 1518 erwähnt. Die Burg aus dem Anfang des 13. Jh.s wurde im 15. Jh. umgebaut, ebenso 1580 zu einem Renaissanceschloß, und zwar durch die Rosenberger. Mit ihm ist die Sage der Weißen Frau (Bertha von Liechtenstein-Rosenberg) verbunden. Wertvolles Archiv zur Geschichte Böhmens, Bildnisse der Rosenberger. Sehenswert ist die vor 1600 entstandene Garten-Rotunde. Heute im Schloß eine Bildergalerie, Sammlungen von Autographen und Volkstrachten.

Erhalten sind Teile der Stadtbefestigungen aus dem 13. Jh. Alte Häuser (Gotik, Renaissance und Barock). Neben der Dreifaltigkeitssäule (1764 - 1768) noch mehrere Statuen und Martersäulen. Jüdischer Friedhof Anfang des 15. Jh. In Neuhaus arbeitete die bekannte Druckerei Landfras, die deutsche und tschechische Bücher, Heiligenbildchen u. a. herstellte. Neuhaus, in mittelalterlichen Schriften Nova Domus genannt, war Mittelpunkt einer deutschen Sprachinsel.

Wirtschaft: Strumpffabrik, Schuhfabrik, Konfektion, Perlmutterknopferzeugung.

Persönlichkeiten: Ottilie Mayer-Bibus (1859 - 1942), Lyrikerin, Erzählerin, Epikerin, Zeitschriftenherausgeberin; Gustav Nowy Edler von Wallersberg (Pseud. Gustav von Wallberg) (1876 - 1952), Oberst a. D., Schriftsteller.

1930: 10 467 Einw. (9792 Tschechen, 551 Deut-

Schloß in Neuhaus

sche, 88 Ausl., 21 Russen) (8327 röm.-kath., 778 konf.-los, 614 tschechosl. Kirche, 559 evang., 234 israel.).

Neumarkt *(Úterý)*, Bez. Plan. 513 m. Die Stadt am Südabfall des Tepler Hochlandes erscheint 1233 in einer Urkunde. Sie war Eigentum der königlichen Kammer. Es wurden Gold und Silber gefördert. In der Stadt arbeitete eine Münze. 1233 wurde das Stift Tepl Eigentümer. Im 15. Jh. stand Neumarkt längere Zeit auf der Seite der Hussiten; auf die Kirchturmspitze setzte man statt des Kreuzes einen Kelch (bis 1486). Später hingen die Bürger zeitweise auch der Reformation an. 1662 erhielten die Leinenweber von Tepl eine eigene Zunftordnung. Das Wappen von Neumarkt, möglicherweise 1684 verliehen, zeigt einen schwarzen Raben, der im Schnabel einen Ring hält, darüber ein auf das Tepler Wappen (Hroznata) hinweisendes Hirschgeweih.
Eine Kirche aus dem 13. Jh. fiel einem Brand zum Opfer. Für einen Neubau, einen Kuppelbau, mit dem 45 m hohen Turm lieferte Christoph Dientzenhofer die Pläne, Baumeister war Wolfgang L. Braunbock aus Miesbach. Bauzeit: 1696 - 1698. Im Innern ein barocker Schnitzaltar. Die Kirche ist Johannes dem Täufer geweiht. Über der Stadt auf dem Kapellenberg die St.-Wenzel-Kapelle, 1747 errichtet, 1893 renoviert. Auf dem Marktplatz eine Mariensäule (1728 - 1731) neben dem Marktbrunnen. Schönes Rathaus aus d. J. 1551, im 18. Jh. renoviert. Stadtmuseum. Renaissance- und Barockhäuser.
Wirtschaft: Landwirtschaft, Holzhandel, Ziegelei, Schindelerzeugung, Mühlen. Sauerbrunn, Sommerfrische.
Abt Karl Reitenberger (1779 -1860), Gründer des Kurortes Marienbad.
1930: 830 Einwohner (808 Deutsche, 20 Tschechen, 2 Ausl.).
Umgebung: Konstantinsbad.

Neundorf *(Nová Ves)*, Bez. Reichenberg. 365 m. Am Görsbach. 1409 erwähnt, gehörte Neundorf im 15 Jh. den Bibersteinern, später den Heißler, den Grafen Pachta und dann der Stadt Reichenberg.
Die Kirche Mariä Himmelfahrt ließ Katharina von Redern, die Witwe des protestantischen Melchior von Redern († 1600) erbauen. Renaissancestil 1616. Alte Glasmalereien und Taufstein der Gründungszeit. Zuerst Filialkirche von Reichenberg, erhielt die Kirche 1673 einen Administrator und 1832 einen Pfarrer. Matriken seit 1728. Schlößchen, frühbarocke Ausstattung aus der Mitte des 17. Jh.s.
Wirtschaft: Baumwollspinnereien, Webereien.
1930 (mit Hoheneck, Mühlscheibe und Neudörfl): 1515 Einw. (1432 Deutsche, 94 Tschechen, 19 Ausl.).

Neuofen *(Nová Pec)*, Bez. Krummau, 900 m. Die einzelnen Gemeindeteile entstanden zu verschiedenen Zeiten, Neuofen vor dem 17. Jh., Gehäng Ende 18. Jh., als durch Josef Rosenauer der Schwarzenbergische Schwemmkanal erbaut wurde; die Bewohner fanden beim Holztransport Beschäftigung. Langhaid besteht auch seit dem Ende des 18. Jh.s. Hirschbergen (865 m) liegt in geschützter Lage; Sommerfrische. Eingepfarrt nach Salnau.
1930 (mit Gehäng, Haberdorf, Hirschbergen, Langhaid und Neuhäuser): 1576 Einw. (1498 Deutsche, 63 Tschechen, 15 Ausl.).
Umgebung: Anfang des Schwarzenbergischen Kanals, 51,3 km lang, am Nordabhang des Dreisesselberges. Bei Hirschberg der 418 m lange Tunnel, dann über Neuofen, Hüttenhof und Glöckelberg in österreichisches Gebiet. Plöckenstein, 1378 m; Plöckensteinsee, 1090 m, mit Stifter-Denkmal, Dreisesselberg, 1313 m. Heute beliebte Sommerfrische an der Moldau und am Ufer des Lippener Stausees.

Neupaka *(Nová Paka)*, Bezirksstadt. 427 m. Unterhalb des Riesengebirges, am Bach Roketnitz. Die Gründungssage berichtet von deutschen Bergleuten, die Silber schürften und Anfang des 13. Jhs. den Grund zur Siedlung legten. Entwicklung im 14. Jh., Erhebung zum Markt in der 1. Hälfte 15. Jh., zur Stadt Ende des 18. Jh.s, wahrscheinlich 1791. Wappen: Ein durch einen schräg nach oben gebogenen grünen Rautenkranz geteilter Schild, dessen obere Hälfte von Silber, die untere rot ist.

Von der ehemaligen deutschen Sprachinsel blieben nur vier Dörfer übrig: Groß Borowitz, 1181 Einw. (1106 Deutsche, 70 Tschechen, 5 Ausl.), Nedař 163 Einw. (147 Deutsche, 16 Tschechen), Stupna 478 Einw. (384 Deutsche, 88 Tschechen, 6 Ausl.), Widach 554 Einw. (481 Deutsche, 72 Tschechen, 1 Ausl.).

Die zum ehem. Paulanerkloster (1658 - 1789) gehörende Kirche wurde 1709 - 1724 errichtet. Auf dem Marktplatz Mariensäule, 1716. Museum mit zahlreichen Proben heimischer Halbedelsteine. Orthodoxe Kirche aus dem 18. Jh.

Wirtschaft: Textilfabriken.

Lambert Nagel (Stickau 1889–1962), Direktor d. Raiffeisenzentralkasse ländl. Genossenschaften, Regierungsbezirke Karlsbad und Aussig.

1930 (mit Hermanitz, Podlevin und Vlkou): 6897 Einw. (6802 Tschechen, 65 Deutsche, 23 Ausl.).

Neupaulsdorf *(Nové Pavlovice)*, Bez. Reichenberg. Im Neißetal. Eisenbahnstationen sind Habendorf und Reichenberg. Das Dorf wurde 1691 angelegt. Es wurde wiederholt in Kriegszeiten von Truppen heimgesucht. Am 16. November 1918 besetzten tschechische Soldaten das Dorf; die nun folgende Tschechisierung konnte nur wenige Erfolge erzielen. Kirchlich war die Gemeinde in Reichenberg eingepfarrt. Am 1. Mai 1939 kam Neupaulsdorf mit neun anderen Vororten zu Reichenberg.

Wirtschaft: Weberei, Spinnerei, Nähfadenfabrik.

Persönlichkeiten: Theodor Thum (1829 - 1907), Präsident der Handels- und Gewerbekammer und Direktor der Reichenberger Sparkasse; Karl Seibt (Schwarau 1861 - 1925), Lehrer und Schriftleiter der „Freien Schulzeitung" (1919 - 1925).

1930: 2337 Einw. (2057 Deutsche, 217 Tschechen, 63 Ausl.) (1994 röm.-kath., 168 konf.-los, 136 evang.).

Neurohlau *(Nová Role)*, Bez. Elbogen. 416 m. 6 km nordwestlich von Karlsbad, am Abhang des Erzgebirges. 1286 als Nova raluna, 1395 als Rolaw genannt. Im Mittelalter und auch noch später bei der Herrschaft Falkenau. Vom Sommer 1945 bis Oktober 1946 tschechisches Konzentrationslager, in dem viele deutsche Opfer zu beklagen waren. Anfang der siebziger Jahre wurde Neurohlau Stadt.

Pfarrkirche Erzengel Michael, romanisch nach 1240, dann gotisch. Zeitweise betreut von den Kreuzherren mit dem roten Stern (seit 1293). Umbau in 16. Jh., 1781 barock. Kanzel vom Bildhauer J. Preuss aus Neudek (1777). Gegenüber der Kirche ein eisernes Kreuz, 1877.

Wirtschaft: Porzellanfabrik Bohemia (1921), gegenwärtig die größte und modernste Porzellanfabrik des Staates. Viele neue Siedlungen. Litzen- und Spitzenfabrik.

1930: 1125 Einw. (1035 Deutsche, 50 Ausl. 40 Tschechen), (983 röm.-kath., 68 evang., 67 konf.-los, 7 tschechosl. Kirche).

Neu Sattl *(Nové Sedlo)*, Bez. Elbogen. An der Bahnstrecke Komotau - Eger. Zuerst ein Vorwerk der Burg Elbogen. 1434 an die Grafen Schlick (bis 1547), dann an die Herren Thüssel. 1621 hielt sich hier Tilly auf. 1899 Markterhebung. Wappen: Im Schild ein Andreaskreuz, in dessen Mitte ein kleiner Schild (grün-silber

Neurohlau

geteilt). Im oberen Feld Eisenbahngeleise mit Flügelrad, unten Ackerboden mit Garben, rechts eine grüne Flasche, links Schlägel und Bergeisen. Filialkirche Christi Himmelfahrt. Eingepfarrt nach Elbogen. Schule 1891.
Wirtschaft: Glasindustrie A.G. (seit 1879) vorm. Friedr. Siemens, ca. 1600 Arbeiter. Mehrere Braunkohlebergbaubetriebe. Kaolingewinnung. Zementwarenerzeugung.
1930: 4565 Einw. (3843 Deutsche, 459 Tschechen, 262 Ausl.) (3971 röm.-kath., 382 konf.-los, 194 evang., 15 isreal.).

Neusiedl *(Novosedlo)*, Bez. Nikolsburg. 175 m. Zwei km südlich von Dürnholz. An der Bahnstrecke Znaim – Lundenburg. Vorgeschichtliche Besiedlung. Erwähnung 1181. Zunächst im Besitze des Stiftes Altbunzlau, dann des Frauenklosters Kanitz; ebenso gehörte Neusiedl auch zu den Herrschaften Dürnholz und Liechtenstein. Große Schäden in den Hussitenkriegen. 1576 Markterhebung. Seit dem 17. Jh. war ein Siegel in Gebrauch; es zeigt im Schild ein Kirchengebäude.
Kirche des Hl. Udalrich, 12. Jh., zuerst romanisch und dann frühgotisch. Sie war während der Reformationszeit bis 1624 lutherisch. Turm 1828. Innen gotisches Tafelbild. Rathaus 1913. Pestsäule. Zollamt.
Wirtschaft: Wein. Käse. Viehzucht.
1930: 1472 Einw. (1278 Deutsche, 158 Tschechen, 27 Ausl.).
Umgebung: Steinhaide, 273 m.

Neustadt an der Tafelfichte *(Nové Město pod Smrkem)*, Bez. Friedland. 480 m. Am Lomnitzbach, 11 km östlich der Bezirksstadt. An der Eisenbahnstrecke Friedland – Friedeberg.
Es waren sächsische Bergleute, die hier im Isergebirge in der 1584 von Melchior von Redern gegründeten Siedlung Zinn, Eisen und Kupfer gruben. 1592 Verleihung des Stadtrechts. Bereits 1607 herrschte der evangelische Glaube vor. Errichtung einer Kirche. Es war ein Grund für den Niedergang des Bergbaus, als im 17. Jh. die meisten Bergleute wegen ihres Bekenntnisses auswanderten. Neustadt wurde eine Weberei- und Ackerbaustadt. Als in der Mitte des 17. Jh. die Gegenreformation durchgeführt wurde, gingen viele Weber in das Exil. 1902 erfolgte der Anschluß an die Eisenbahn. Im Dezember 1918 besetzten tschechische Legionäre die Stadt. Stadtwappen: Zwei Bergleute halten einen Schild, darin Rad mit acht Speichen, Bergeisen und Schlägel.
Um den rechteckigen Marktplatz sind die Straßen in Gitterform angelegt. Einige Laubenhäuser und Oberlausitzer Weberhäuser. Kirche Hl. Katharina aus der Renaissancezeit, Neubau 1821–1829, Turm 1693 durch M. A. Canevale. Altarbild Hl. Katharina von Siena von Führich. Evangelische Kirche, 1911 vom Berliner Architekten Otto Bartning. Bei der kath. Kirche Johannes-von-Nepomuk-Statue 1779 und Kruzifix 1816. Stadtmuseum, gegründet 1910, mit Neustädter Zinn- und Porzellanmalerei. Stadtarchiv mit Urkunden seit 1592. In der Literaturgeschichte ist die Stadt bekannt als Erholungsort Franz Kafkas i. J. 1911.
Wirtschaft: Textilindustrie, Metallwaren, Gürtlerei, Porzellanwarenfabrik, Holzhandel, Erzeu-

Neu Sattl

Neustadt an der Tafelfichte, Marktplatz

gung von Sägen. Sommerfrische. In der Nähe einige Stahlquellen.
1930: 4279 Einw. (3986 Deutsche, 172 Tschechen, 121 Ausl.).
Umgebung: Eisensäuerling im Tal des Verlorenen Baches, um 1780 entdeckt. Tafelfichte, 1122 m, höchster Berg des Isergebirges auf böhmischer Seite. Wallfahrtsort Haindorf. Bad Liebwerda.
1955 übernahm die Stadt Hünfeld (Fulda) die Patenschaft über Neustadt a. d. T.

Neustadtl *(Jezvé)*, Bez. Böhm. Leipa. 236 m. Am linken Polzenufer. Eisenbahnstation Straußnitz – Neustadtl. Die Gegend war Ende des 12. Jh.s im Besitz des Stiftes Tepl, dann der Zisterzienser in Münchengrätz. Diese gründeten den Ort, der zuerst Neustadt hieß. Im 14. Jh. als Nova civitas bezeichnet. Heimsuchung während der Hussitenkriege. Mitte des 15. Jh.s kommt der Name Neustadtl auf. Besitzer Berka von Dauba, Herren von Wartenberg, zu deren Herrschaft Neuschloß-Leipa gehörte. 1577 Markt. Wappen: Ein Turm oder Gebäude mit zwei Fenstern und geschlossenem Tor, um den Schild windet sich ein Drachen, über dem Schild das Wappen der Wartenberg.
Die Laurentiuskirche, die 1552 – 1621 lutherisch war, baute Anselm Lurago 1746 – 1751 nach einem Brand neu. 1800 Neubau. In der Kirche Salhausen-Epitaph. Marktplatz mit Pestsäule (nach 1832).
In der Hockemühle, 1798 abgebrannt, wurde Wenzel Hocke (Hockewanzel) geboren (1732 – 1808), Erzdechant und volkstümlicher Priester in Oberpolitz; er wurde in der Literatur wiederholt behandelt.
1930 (mit Neuland): 726 Einw. (690 Deutsche, 26 Tschechen, 10 Ausl.).

Neustadtl *(Stráž)*, Bez. Tachau. 448 m. Der Markt in Westböhmen liegt sechs km östlich von Pfraumberg. Eisenbahnstation. Der tschechische Name bedeutet Wache. Ausgrabungen (2000 v. Chr.) belegen frühe Besiedlung der Gegend. Das ehemalige Chodendorf wurde 1331 mit Stadtrecht begabt und in diesem Jh. befestigt. Während der Hussitenkriege Rückgang der Einwohnerzahl. 1596 nur 99 Einwohner. Damals Auflösung der Pfraumberger Chodenherrschaft, Neustadtl kam an die Herrschaft Haid (bis 1850). 1599 Markterhebung durch Rudolf II. Wappen: Im Schild ein nach rechts schreitender doppelschwänziger Löwe. An den Dreißigjährigen Krieg erinnern noch Schanzen. Um 1800 blühendes Zunftwesen (Bäcker, Schuster, Weber), zu dem auch die Handwerker der Umgebung gehörten. 1876 ein Großteil des Marktes durch Feuer zerstört.
Pfarrkirche St. Wenzel 1400, 1609 Umbau, 1635 – 1643 lutherisch, letzter Umbau 1877. Kapelle Hl. Geist, barocker Zentralbau auf den Fundamenten eines Kirchenbaues vor 1689, nach Brand 1876 renoviert. Friedhofskirche Johannes der Täufer, barock 1734 – 1752. Johannes-von-Nepomuk-Statue 1722. Synagoge 1867. Jüdischer Friedhof.
Wirtschaft: Hammerwerk, Sägewerk, Strumpferzeugung. Früher Viehandel. Fremdenverkehr.
1930: 987 Einw. (957 Deutsche, 19 Tschechen).

Neutitschein *(Nový Jičín)*, Bezirksstadt. 285 m. Am Titschbach, der in die Oder mündet. An der Bahnlinie Zauchtel – Neutitschein. Die alte Siedlung entstand früh an einem Handelsweg. Anfang des 14. Jh.s waren schon die Herren von Krawarn Besitzer. Die Verleihung des Wappens, es zeigt einen aus Wolken hervorkommenden Arm, der einen Pfeil hält, erfolgte in der ersten Hälfte des 15. Jh.s.
1500 kam Neutitschein von der Kunowitzer Herrschaft an die Zierotin. Im 16. Jh. eine blühende Gemeinde der Böhmischen Brüder. 1543 wurde ein Brüderchor erwähnt. 1558 Freikauf der Stadt. 1624 kam sie an das Kolleg der Olmützer Jesuiten, die die Rekatholisierung durchführten. Als der Orden 1773 aufgehoben wurde, kamen dessen Güter an das k.k. Theresianische Akademiefondsgut, dann in staatlichen Besitz. Seit dem Ende des 15. Jh.s blühende Tuchmacherei. Im Dreißigjährigen Krieg wurde die Stadt u. a. 1621 von spanischen Truppen besetzt und 1623 von den Kaiserlichen geplündert.
Zur wirtschaftlichen Aufwärtsentwicklung gehörte neben der Tuchmacherei auch die seit dem Ende des 18. Jh.s betriebene Huterzeugung. Die bekannteste Firma war das 1799 gegründete

Neutitschein, am Marktplatz

Unternehmen Hückel. 1850 errichtete Johann Nepomuk Enders (1815 - 1877) die erste Buchdruckerei. In deren Verlag erschienen „Stadt- und Landzeitung", „Die Biene", „Die deutsche Volkszeitung", „Mein Sonntagsblatt" (landwirtschaftliches Fachblatt) und „Das Kuhländchen". Auf dem großen rechteckigen Marktplatz aus dem 14. Jh. fallen die Laubengänge aus dem 16. Jh. auf. Renaissance- und Barockhäuser. Alte Post (1563), Pest-(Marien-)säule (1710). Reste der Stadtbefestigungen aus dem 15. und 16. Jh. Die gotische Burg (2. Hälfte des 14. Jh.s) wurde Mitte des 16. Jh.s zu einem Renaissanceschloß umgebaut; heute Museum. Pfarrkirche Mariä Himmelfahrt, gotisch (15. Jh.), 1729 - 1736 barock. Gotische Friedhofskirche, Anfang 15. Jh., Mitte 17. Jh. Umbau. Der Hl. Dreifaltigkeit geweiht. Spanische Kapelle, zuerst ein Holzbau, barock 1724; über den Gräbern von i. J. 1621 gefallenen spanischen Soldaten. Synagoge (1908) wurde 1945 tschechoslowakische Brüderkirche, dann 1969 Bezirksarchiv.

Wirtschaft: Textilwerke, Hutfabriken, Tabakfabrik, Textilmaschinen, Möbelfabriken. Die Hutfabrik Hückel mit 2000 Arbeitern war die größte Europas.

Persönlichkeiten: Karl Dorasil (1829 - 1897), schlesischer Landtagsabgeordneter, Präsident der Handels- und Gewerbekammer für Österr. Schlesien; Eduard Ritter von Orel (1841 - 1892), Nordpolforscher; Julius Viktor Berger (1850 - 1902), Bildhauer; Wilhelm von Kesslitz (1862 - 1944), Konteradmiral; Josef Ullrich (1866 - 1939), Heimatforscher; Franz Barwig (1868 - 1931), Schönau, Bildhauer; Gustav Stumpf (1880 - 1962), Heimatforscher des Kuhländchens; Anton Kolig (1886 - 1950), Maler; Alfred Neubauer (1891 - 1980), Rennleiter bei Daimler-Benz AG, Autotechniker; Emil Winkler (1891 - 1942), Professor für romanische Philologie; Julius von Newald (1824 - 1898), Wiener Gemeindepolitiker.

1930: 13 997 Einw. (9220 Deutsche, 4236 Tschechen, 390 Ausl., 112 Juden).

Umgebung: Alttitschein mit Ruine auf dem Burgberg, Stramberg. Söhle, Dorf mit Landwirtschaftsschule.

Neuwelt *(Nový Svět)*, Dorf zu Harrachsdorf gehörig, Bez. Starkenbach. 645 m. Eisenbahnstation Rochlitz. An der Milmitz, die zwischen Iser- und Riesengebirge fließt, und dem Steinigten Bach. Glashütte seit 1712. Graf Harrach war seit 1764 Besitzer. In der berühmtesten Glashütte Böhmens erhielt Dominikus Biemann (1800 - 1857), der auch hier geboren wurde, seine erste Ausbildung. Er wurde zum größten Glaskünstler seiner Zeit. Um 1910 waren 60 Glasmaler und 7 Graveure beschäftigt.

Alte Kapelle (bis 1788). Neue Kapelle Hl. Elisabeth, neugotisch 1899 - 1901 durch Johann Graf von Harrach errichtet, der über dem Portal sein Wappen anbringen ließ. Holzaltar mit Spiegelglasverkleidung und Glaskreuz, ebenso Leuchter und andere Geräte aus Glas, Glaslüster. Forellenzucht. Sommerfrische.

Neuwelt bei Harrachsdorf

Nieder Georgenthal, Pfarrkirche St. Nikolaus

1930: 849 Einw. (506 Deutsche, 327 Tschechen, 13 Ausl.), (643 röm.-kath., 144 konf.-los, 23 evang., 19 tschechosl. Kirche).

Neuwelter Paß oder **Sattel,** 841 m. Über den Paß zwischen Iser und Riesengebirge führt die Straße von Neuwelt – Harrachsdorf über die Landesgrenze nach dem schlesischen Schreiberhau. Auch Bahnübergang von Grünthal – Gablonz nach Hirschberg – Schreiberhau.

Niederehrenberg *(Dolní Ehrenberk,* jetzt *Dolní Křečany),* Bez. Rumburg. Der Ort an der Eisenbahnlinie Rumburg – Nieder Nixdorf zieht sich an der Mandau entlang und ist mit Altehrenberg und Rumburg verbunden. Seit 1471 bestehend, war der Ort ursprünglich mit Altehrenberg verbunden, aber seit 1567 selbständig. Besitzer der Herrschaft waren die Häuser von Schleinitz, von Strehlitz und Liechtenstein. Im 19. Jh. entstand die bedeutende Textilindustrie, vor allem Möbelstoffwebereien, Baumwollspinnerei und Teppicherzeugung.
Kapelle (Hl. Elisabeth). Zuständige Pfarrei war Rumburg.
1930 (mit Antonithal, Vorwerk und Wüstegut): 2469 Einw. (2396 Deutsche, 57 Tschechen, 15 Ausl.).
1960 Eingemeindung nach Rumburg.

Nieder Einsiedel *(Dolní Poustevna),* Bez. Schluckenau. 296 m. Grenzstation der Bahn Nixdorf – Sachsen. Nahe der sächsischen Stadt Sebnitz, wo viele Nieder Einsiedler in den Fabriken arbeiteten. Der Name soll von einem Einsiedler herrühren, den die Ansiedler (13. Jh.) hier vorfanden. Ober und Nieder Einsiedel gehörten bis 1543 zur Herrschaft Hohnstein in Sachsen, dann kamen sie an Schluckenau. 1570 eine Papiermühle. 1918 Stadterhebung. Wappen: Im gespaltenen Schild rechts die Hälfte eines schwarzen Adlers, links geteilt, untere Hälfte Hammer und Zange (Metallwarenerzeugung), oben drei rote Rosen (aus dem Wappen der Schluckenauer Herrschaftsbesitzer von Schleinitz).
Kirche Erzengel Michael, neugotisch 1852 –1855, renoviert 1905. Altarbild des Kirchenpatrons vom einheimischen Maler Karl Schicktanz. Matriken seit 1760. Pfarrei seit 1852, früher zu Lobendau. In der Stadt herrschte reges musikalisches Leben.
Wirtschaft: Kunstblumenerzeugung in Hausindustrie. Export in die ganze Welt. Erzeugung von Kartonagen, Blumendraht, Bändern, Metallwaren.
1930: 3162 Einw. (2562 Deutsche, 417 Tschechen, 180 Ausl.).

Nieder Georgenthal *(Dolní Jiřetín),* Bez. Brüx. Bahnhof: Ober Georgenthal. 1263 als Jorrenthal erwähnt. 13. – 17. Jh. eine Feste. Im 15. Jh. waren die Kolditz Grundherren. Seit 1538 zu Dux gehörend. 1571 Markt (Erhebung zum „Stadtl") durch Kaiser Maximilian II. 1680 Pest. 1862 Stadterhebung. Um die Jh.-Wende starker tschechischer Zuzug (Bergleute aus dem Landesinnern). Seit dem Umsturz 1918 tschechische Verwaltung. Wappen (1571): In Rot der Hl. Georg im Harnisch auf einem weißen Roß, der seinen Speer in den Rachen eines grünen Drachen stößt.
Die Pfarrkirche St. Nikolaus schon 1408 genannt, später baufällig und abgerissen (1735), Neubau 1898/1899. Für den sowjetischen Film „Hinter uns Moskau" in den achtziger Jahren wurde die Kirche als Kulisse benützt und zerschossen. Bei der Kirche der alte Meierhof, 1680 niedergebrannt, das Jahr darauf vom Grundherrn Johann Friedrich Graf von Waldstein-War-

tenberg außerhalb des Ortes wieder aufgebaut. Pfarrei seit 1855, vorher Expositur von Ober Georgenthal. Matriken seit 1685.
Wirtschaft: Im 18. Jh. Weberei und Strumpfwirkerei. In der Umgebung Braunkohleschächte. Meldung vor einigen Jahren: „Der Moloch Kohle frißt die Stadt auf." Früher Spielwarenherstellung.
Josef Heinrich, 1837–1908, Pädagoge.
1930 (mit Vierzehnhöfen): 3849 Einw. (2406 Tschechen, 1396 Deutsche, 36 Ausl.) (1987 konf.-los, 1750 röm.-kath., 49 evang., 44 tschechosl. Kirche).
Umgebung: Kommerner See, seit 1832 trockengelegt.

Nieder Grund *(Dolní Grunt,* jetzt *Dolní Podluží)*, Bez. Warnsdorf. 367 m. Das sich im Lasurtal von Westen nach Osten hinziehende Dorf lag an der Handelsstraße Rumburg – Prag. Die Pfarrei, die schon vor 1611 bestand, wurde, nachdem die Gegend vom 16. Jh. bis um 1610 protestantisch gewesen war, erst im letzten Drittel des 18. Jh. wieder hergestellt. Bis dahin war Georgenthal für die Seelsorge zuständig. Nieder Grund, das ein ausgeprägtes Musikleben hatte, brachte viele gute Musiker und Sänger hervor.
Kirche Hl. Katharina, um 1547 entstanden, Umbau 1. Hälfte 18. Jh. Portal mit der Jahreszahl 1801. Turm 1882. Einrichtung spätbarock um 1800.

Nieder Grund, „Wächter"

Wirtschaft: Seit 1840 eine Färberei, zu der 1857 eine mechanische Weberei (Samt- und Manchesterherstellung) kam, die in alle Welt exportierte; dazu noch andere Webereien, Maschinenfabrik, Pappeerzeugung, Stärkefabrik. Der Lasurbach trieb eine Mühle an, ebenso lieferte er Energie für andere kleine Unternehmen.
1930 (mit Katharinenthal und Lichtenhain): 3504 Einw. (3291 Deutsche, 117 Tschechen, 94 Ausl.) (2752 röm.-kath., 390 altkath., 197 tschechosl. Kirche, 150 evang.).

Nieder Hanichen *(Dolní Hanychov)*, Bezirk Reichenberg. Unterhalb des Jeschkengebirges im Südwesten der Bezirksstadt. Das Dorf entwickelte sich im 16 Jh. aus einem Vorwerk der Freiherren von Redern. 1850 bildeten Nieder und Ober Hanichen eine Gemeinde. Eingepfarrt nach Röchlitz. Filialkirche St. Bonifatius, 1915–1919. Matriken seit 1653. Die von Reichenberg zum Fuße des Jeschken führende elektrische Straßenbahn führt über Nieder Hanichen.
Wirtschaft: Weberei, Vigogne- und Streichgarnspinnereien, Zwirnerei. Früher gab es hier eine Glashütte.
Heinrich Hönich (1873 – 1957). Graphiker und Maler. Professor an der Kunstakademie in Prag. Ehrenburger seines Geburtsortes.
1930: 1422 Einw. (1273 Deutsche, 113 Tschechen, 36 Ausl.) (1196 röm.-kath., 120 konf.-los, 76 evang., 22 tschechosl. Kirche).

Nieder Hillersdorf *(Dolní Holčovice)*, Bez. Stadt Olbersdorf. 437 m. Im Goldoppatal, 7 km westlich von Olbersdorf. Das zu Hillersdorf gehörende Dorf wurde 1377 erwähnt. Es wurde nach der Zerstörung durch ungarische Truppen um 1560 wieder aufgebaut. Die alte Kirche wurde 1428 zerstört. Kirche Mariä Unbefleckte Empfängnis, erst Holzkapelle der Protestanten (1604 – 1606), dann Steinbau (1773 - 1774). Altarbild von Schindler. Pfarrei seit 1784; zu ihr gehören Nieder und Ober Hillersdorf, Hirschberg, Kuttelberg, Alt und Neu Kammer.
Wirtschaft: Erzeugung landwirtschaftlicher Maschinen. Herstellung von Zeichenbedarf. Sommerfrische.
1930: 1053 Einw. (1015 Deutsche, 25 Ausl., 12 Tschechen) (445 röm.-kath., 606 evang.).

Umgebung: Bischofskoppe, 600 m. Das vom 809 m hohen Fichtlichberg geschützte Dorf Kuttelberg, 500 m. Hillersdorf mit Wasserheilanstalt.

Niederland s. Böhmisches Niederland.

Nieder Langenau *(Dolní Lánov)*, Bez. Hohenelbe. Erste Erwähnung des Dorfes 1357. Nach J. G. Sommer bestand früher ein Zisterzienserkloster, das die Hussiten zerstörten. Kirche Hl. Jakobus d. Ä., Presbyterium aus vorhussitischer Zeit, der spätgotische Bau (1511 - 1518) wurde Anfang 17. Jh. erweitert. Nach vorübergehender Besitznahme durch evangelische Christen wurde die Kirche 1637 wieder katholisch.
Wirtschaft: Flachsgarnspinnerei, Weberei, Färberei.
1930 (mit Klein Langenau und Schmidtdorf): 1582 Einw. (1573 Deutsche, 5 Tschechen, 4 Ausl.) (1483 röm.-kath., 72 evang., 27 konf.-los).
Umgebung: Ober Langenau mit Priselbaude und der Einöde Hölle. Mittel Langenau, ehem. Papierfabrik.

Niederleutensdorf *(Dolní Litvínov)*, Bez. Brüx. 280 m. Bahnstationen Lindau, Wiese-Oberleutensdorf und Oberleutensdorf. Im 14. Jh. ein Meierhof. Ein großer Teil der Landschaft war noch vom Kommerner See bedeckt, der erst nach 1835 trockengelegt wurde. Gegen Ende des 19. Jh.s Zuzug vieler tschechischer Arbeiter aus dem Landesinneren. Seit 1939 Anlage des Hydrierwerkes zwischen Niederleutensdorf und Maltheuern, seit 1944 Bombenangriffe. 1942 kam die bis dahin selbständige Gemeinde zu Oberleutensdorf. Der Ort gehörte zur Pfarrei Oberleutensdorf.
In jüngster Zeit mußte der Ort der Braunkohleförderung (Tagebau) weichen. Heute sind mehrere Dörfer (Wiese, Bergesgrün, Oberdorf, Sandl und Rauschengrund) zu Litvinov vereinigt, zu dem auch Maltheuern mit chemischen Werken gehört.
Wirtschaft: Braunkohlebergbau. Strumpfwirkerei (seit Ende des 18. Jh.s).
1930 (mit Lindau): 2632 Einw. (1355 Tschechen, 1256 Deutsche, 20 Ausl.).

Niederlindewiese, Schrothsche Kuranstalt

Niederlindewiese *(Dolní Lipová)*, Bez. Freiwaldau. 520 m. Der Kurort im Altvatergebirge liegt am Fuße der Hochschar. Station der Bahnstrecke Prag - Oderberg und Lindewiese - Jauernig. 1310 eine Erwähnung als Linde. Im 18. Jh. sind Kalköfen in Betrieb. Der Fuhrmann Johann Schroth (1798 - 1856), ein Naturheilarzt, legte den Grund zu einer Kuranstalt, wo er mit Kaltwasserheilverfahren und mit Trockendiät heilte. Die 1829 gegründete Anstalt erhielt 1841 die amtliche Bewilligung des Heilverfahrens. Zahlreiche Kurgäste konnten geheilt werden. Heilanzeigen u. a.: Rheuma, Stoffwechselstörungen und Fettleibigkeit. Im Jahre 1912 entstand die Schrothsche Kuranstalt AG. Die Zahl der Kurgäste stieg von Jahr zu Jahr. Der Kurort hatte bald Weltgeltung. Ein Denkmal versinnbildlicht den Dank an den Begründer.
1645 stand im Ort eine Kapelle. Als 1769 Kaiser Joseph II. Niederlindewiese besuchte, stiftete er eine Kirche, die 1787/88 errichtet wurde. Sie wurde dem Hl. Wenzel geweiht. Kirchliche Betreuung hatte zunächst Freiwaldau, 1787 wurde eine eigene Pfarrei begründet.
Wirtschaft: Glasfabrik, Holzindustrie, Stein- und Marmorindustrie.
Rosa (Schwester Klara) Fietz (1905 - 1937), Klosterschwester und Pädagogin in Graz, wo sie im Rufe der Heiligkeit starb.
1930 (mit Biberteich): 3470 Einw. (3080 Deutsche, 293 Tschechen, 15 Ausl.) (3284 röm.-kath., 74 konf.-los, 61 evang., 29 tschechosl. Kirche, 9 israel.). Das benachbarte Oberlindewiese (mit Ramsau): 1544 Einw. (1500 Deutsche, 30 Tschechen, 14 Ausl.).

Umgebung: Hochschar, 1391 m, Tropfsteinhöhlen zwischen Niederlindewiese und Setzdorf.
In Oberstaufen im Allgäu, das 1986 die Patenschaft über die Vertriebenen aus Niederlindewiese übernommen hat, wird die Tradition der Schroth-Kur mit großem Erfolg weitergeführt.

Niemes *(Mimoň)*, Bez. Böhmisch Leipa. 290 m. Der Mittelpunkt eines Gerichtsbezirkes liegt im Polzental und ist überragt von der mit einer Ruine gekrönten Basaltkuppe des Rollberges, 694 m. Station der Bahnstrecke Teplitz Schönau – Reichenberg. In Niemes bestand eine Zollstation des alten Weges von Prag nach Zittau. Dieser war nicht nur Handelsweg, auf ihm kamen auch feindliche Truppen ins Land.
Vorgeschichtliche Funde deuten auf alte Besiedlung. 1262 erste Erwähnung als Nemans. Seit 1371 im Besitze der Wartenberg. 1371 Markt, 1407 Stadtrecht. Das alte Siegel zeigte das Wartenberger Wappen. Ende des 18. Jh. wurde ein anderes Wappen verliehen: In rotem Schild eine Mauer mit offenem Tor und Zinnen, darüber zwei Türme mit Fenstern und Spitzdächern. Anfang des 16. Jh. kam Niemes an die Bieberstein. Wie in der Hussitenzeit erlitt die Stadt auch im Dreißigjährigen Krieg schwere Schäden. Sie war von 1573 – 1620 lutherisch. Die Bürger, die nicht wieder zum alten Glauben zurückkehren wollten, gingen ins Exil, es waren vor allem Tuchmacher und andere Handwerker. Seit 1628 bestanden Zünfte der Weber, Tuchmacher u. a. 1806 zerstörte ein Brand 283 Häuser mit Kirche und Schloß. 1866 Einquartierung preußischer Truppen.
Die Kirche Petrus und Paulus, 1384, ließ der Herrschaftsbesitzer durch Giulio Broggio im Frühbarockstil wieder errichten, sie wurde 1663 geweiht. Im Innern Freskenmalerei von J. Schmidt (1828), der auch Altarbilder geschaffen hatte. Pfarrei von G. Broggio, 1674 – 1677. Zur Heilig-Grab-Kapelle, der Grabeskirche in Jerusalem nachgebildet (barock, 1667), kamen zur Osterzeit Wallfahrer. Mariensäule 1677, Dreifaltigkeitssäule auf dem Kirchberge, 1681. Barocke Peter-und-Paul-Säule, Ende 17. Jh. Evangelische Kirche auf dem Kreuzberg, 1931 geweiht.
Das Renaissanceschloß (um 1570) wurde nach 1620 umgebaut und 1664 durch G. Broggio erweitert. 1807 nach Brand wieder errichtet. Heute existiert das Schloß nicht mehr. Rathaus, 1655, Umbau 1866, 1986 gesprengt. Statuen: Dreifaltigkeit 1684, Maria mit Engeln, 2. Viertel 18. Jh., Johannes von Nepomuk auf der Brücke, 1782, Hl. Donatus, 18. Jh., Ölberg 1720. 1921 wurde das am Fuße des Rollberges angelegte Waldtheater mit Anzengrubers „Der Pfarrer von Kirchfeld“ eröffnet. Beim großen Heimatfest 1925 wurden „Die Nibelungen“ von Friedrich Hebbel aufgeführt.
Wirtschaft: Textilindustrie, Bugholzmöbel- und Wäscheerzeugung, Eisengießerei, Herstellung technischer Stoffe und Gewebe, Buchdruckerei, Gerbereien. Sommerfrische.
Persönlichkeiten: Aus der Niemeser Familie Lorinser gingen einige bedeutende Ärzte hervor: Ignaz (1771 – 1841), Chirurg und Wohltäter in Wien; Karl Ignaz (1796 – 1853), Arzt in Oppeln. Förderer des Schulturnens und der Schulhygiene in Preußen; Gustav (1811 – 1863), Arzt und Botaniker; Friedrich Wilhelm (1817 – 1895), Direktor des Wiener Krankenhauses und Gemeinderat in Wien, Mitglied des Landessanitätsrates. Seine Tochter Gisela war Komponistin und Schriftstellerin. Raimund Maras (Neuland 1845 – 1912), Lehrer, Verfasser von Erzählungen und Theaterstücken; Josef Ludwig Haase (1848 – 1933), Direktor der Lehrerbildungsanstalt in Komotau, Lyriker, Erzähler, Dramatiker; Karl Kostka (1870 – 1957) Parlamentsabgeordneter, Bürgermeister von Reichenberg; Rudolf Watzke (1892 – 1972), Opernsänger in Berlin, Bayreuth und anderen großen Städten.
1930: 6113 Einw. (5331 Deutsche, 626 Tschechen, 149 Ausl.) (5495 röm.-kath., 183 evang.).
Umgebung: Hammer am See, Kummer am See und andere beliebte Sommerfrischen.
1953 übernahm die Stadt Ingolstadt die Patenschaft über die Niemeser Deutschen. Das Heimatmuseum wurde 1988 in der Patenstadt neu eröffnet.

Niklasberg *(Mikolov)*, Bez. Teplitz Schönau. 550 m. Das Erzgebirgsstädtchen, nahe der sächsischen Grenze und in einem Quertal des Gebirges gelegen, hieß ursprünglich Neu Schellenberg. Kaiser Rudolf II. genehmigte die Änderung des Namens. Die Gründer waren sächsische Bergleute, die Silber und Blei förderten. Der Freiheitsbrief von 1597 wurde im Stadtarchiv aufbewahrt, es handelte sich um Marktrecht und Wappenverleihung. Wappen: Im blauen Schild eine silberne Stadtmauer mit Zinnen, dazu der Hl. Nikolaus und das Familienwappen der Lobkowitz; auf Bitten Christophs von Lobkowitz war Niklasberg Stadt geworden. Im 17. Jh. versiegten die Bergschätze.

Die Kirche St. Nikolaus wurde 1770 geweiht, seit 1858 war sie Pfarrkirche. Nahe der Stadt steht der sogenannte Taufstein, ein Stein in Form eines länglichen Tisches; dort sollen in der evangelischen Zeit (ca. 1560 - 1629) die Pfarrer von Klostergrab die Kinder von Niklasberg getauft haben.

Wirtschaft: Holzindustrie, Strohwarenerzeugung. Sommerfrische.

1930: 739 Einw. (699 Deutsche, 30 Tschechen, 10 Ausl.).

Umgebung: Stürmer, 869 m, mit einer Baude. Der Eisenbahnviadukt bei Niklasberg aus d. J. 1872 ist ein Denkmal der Technik.

Niklasdorf *(Mikulovice)*, Bez. Freiwaldau. 331 m. Der Markt liegt an den Straßenkreuzungen Freiwaldau - Ziegenhals und Weidenau - Zuckmantel. Station der Bahnstrecke Sternberg - Hannsdorf - Ziegenhals. 1363 in einer Urkunde Villa Nikolai erwähnt, das wahrscheinlich durch Franken und Thüringer besiedelt worden war. 1390 eine Kirche und eine Pfarrei erwähnt. 1896 Eröffnung der Zweigbahn Niklasdorf - Zuckmantel. 1903 schwere Schäden durch Hochwasser. 1908 Erhebung zum Markt. Kirchlich gehörte Niklasdorf zur Erzdiözese Breslau, Kommissariat Freiwaldau. Pfarrkirche Hl. Nikolaus, 1903 geweiht.

Wirtschaft: Fezfabrik, Holzwarenerzeugung, Metallwaren, Granit- und Marmorbrüche. Sommerfrische.

Franz Peschel (1889 - 1968), Heimatforscher und Schriftsteller.

1930 (mit Buchberg): 3338 Einw. (3145 Deutsche, 102 Tschechen, 91 Ausl.).

Nikolsburg, Sebastianskapelle

Umgebung: Holzberg, Schubert-Wald, Rehberg, Bischofskoppe, Saubsdorf mit Tropfsteinhöhle, Reihwiesen mit dem Sühnteich (Sage vom Seehirten).

Nikolsburg *(Mikulov)*, südmährische Bezirksstadt. 248 m. Die Stadt am linken Ufer der Thaya liegt am Fuße der Pollauer Berge. Sie hatte früher ein eigenes Statut. Station der Bahnstrecke Lundenburg-Znaim. Früh besiedelt. 1249 Dorf, 1279 Markt. Vor 1322 Burg, unter deren Schutz sich Nikolsburg günstig entwikkeln konnte. Im 13. Jh. landesfürstlicher Besitz. 1249 den Liechtenstein geschenkt. 1359 Stadterhebung. 1526 kommt Balthasar Hubmaier nach Nikolsburg und es entsteht ein Zentrum der Wiedertäufer, die sich bis 1622 halten können. Sie besitzen eine eigene Druckerei, von Simprecht Sorg 1526 eingerichtet, die 18 Schriften Hubmaiers herausgibt. 1575 kommt Nikolsburg an die Dietrichstein. 1621 Friedensschluß in Nikolsburg zwischen Ferdinand II. und dem Fürsten Gabriel Bethlen von Siebenbürgen. 1645 Eroberung durch die Schweden, die u. a. 50 große Fässer mit Büchern wegführten.

1753 huldigen in Nikolsburg die mährischen Stände der Kaiserin Maria Theresia. Nach der Schlacht bei Austerlitz 1805 wird Nikolsburg von den Franzosen besetzt. Es werden hier Friedensverhandlungen zwischen Napoleon und Österreich geführt. Im Jahre 1866 in der Stadt preußisches Hauptquartier, dann nach der Schlacht bei Königgrätz Vorfriede von Nikolsburg. Bismarck schrieb in seinen Erinnerungen über seinen Aufenthalt im Schloß. Das Wappen,

verliehen 1625 durch Ferdinand II.: In blauem Feld eine Burg, darunter das Wappen der Dietrichstein mit den zwei aufgestellten Winzermessern.
Die dreischiffige Kollegiatskirche St. Wenzel, spätgotisch, in der Mitte des 18. Jh. barockisiert. Taufbecken vom Znaimer Josef Winterhalter. Wertvolle Barockorgel (1773). An Stelle der Loretokapelle, der ersten in Mähren, entstand 1701 - 1706 die St. Anna-Kirche, die nach einem Brand 1844 - 1856 im klassizistischen Stil wieder aufgebaut wurde. Sie diente als Grabeskirche der Fürsten Dietrichstein. Zum Piaristenkolleg gehörte die Kirche St. Johannes der Täufer mit Malereien von Anton Maulpertsch. Das Kolleg unterhielt ein berühmtes Gymnasium (seit 1631), das 1873 verstaatlicht wurde. Große Männer erhielten ihre Ausbildung in dieser ersten Piaristenschule nördlich der Alpen. Über der Stadt erhebt sich der Heilige Berg, 365 m, mit der Sebastianskapelle aus d. J. 1623, ein Zentralbau im frühbarocken Stil mit Glockenturm, 1636. Der Heilige Berg war das Ziel vieler Pilger. Die ehemalige königliche Burg, Anfang 13. Jh., war eine romanische, bzw. gotische Anlage. Fürst Dietrichstein ließ an der Stelle der Burg ein Schloß errichten, 1611 - 1618, das nach 1719 nach dem Entwurf von Gustav Oedtel barockisiert wurde. Es war prächtig ausgestattet und hatte eine große Bibliothek, Gobelinsaal, eine Gemäldesammlung und ein Theater. Im Keller steht das Riesen-Weinfaß (1630). Am Ende des letzten Krieges wurde das Schloß niedergebrannt. Wiederaufbau 1948 - 1961. Dreifaltigkeitssäule nach dem Entwurf Anton Josef Preuners, 1723, auf dem Marktplatz. Vor der Piaristenkirche Statue Johannes von Nepomuk von Ignaz Lengelacher, 1740. Nikolsburg war Sitz des Landesrabbiners, hatte zwei Synagogen und einen alten Judenfriedhof. Jüdisches Museum. Wein- und Obstbauschule, Stadtmuseum mit vorgeschichtlicher Sammlung. Verlag A. Bartosch. Alte Renaissance- und Barockhäuser.
Wirtschaft: Wein- und Gemüsebau, Nahrungsmittelindustrie, Schaumweinerzeugung, Likörfabrik, Koffer-, Maschinen- und Tonwarenfabriken. Gold- und Silberwarenhandel.

Wenzelskirche in Nikolsburg

Persönlichkeiten: Adam Freiherr von Dietrichstein (Graz 1527 - 1590), Diplomat, lebte auf seiner mährischen Herrschaft in Nikolsburg; sein Sohn: Franz Fürst von Dietrichstein (Madrid 1570 - 1636), Kardinal und Bischof von Olmütz, Statthalter Mährens. Durch ihn kamen die Piaristen 1631 nach Nikolsburg. Führte die Gegenreformation in Mähren durch; Joseph von Sonnenfels (1732 - 1817), Hauptvertreter der josephinischen Aufklärung in Wien, Präsident der bildenden Künste, verdient um die Abschaffung der Folter. Reformator des Theaters; Heinrich Landesmann (Pseud. Hieronymus Lorm), (1821 - 1902), fruchtbarer Schriftsteller, obwohl er blind und taub war; Karl Landsteiner (1835 - 1909), Landesprälat, vielseitiger Schriftsteller; Leopold Götz (1839 - 1908), Abgeordneter des mährischen Landtags und des Reichsrats; Leopold Oser (1839 - 1910), Professor für innere Medizin an der Universität Wien; Albert Bing (1844 - 1922), Professor der Ohrenheilkunde an der Universität Wien; Heinrich Paschkis (1849 - 1923), Professor der Pharmakologie an der Universität Wien; Jenny Dirnböck-Schulz (1850 - 1918), Lehrerin und Schriftstellerin in Wien; David Feuchtwang (1864 - 1936), Rabbiner in Nikolsburg und Wien, theol. Schriftsteller; Gert Walter Hartenau-Thiel (1865 - 1936), Theaterdirektor, Dramatiker, Erzähler; Karl Prinz (1872 - 1945), Professor der Altphilologie a.d. Universität Wien; Karl Jüttner (1883 - 1959), Heimatforscher, Schriftsteller; Johannes Bammer (1888 - 1988), Komponist; Adolf Schärf (1890 - 1965), Jurist, österr. Bundespräsident.

1890: 6101 Einw. (5975 Deutsche, 79 Tschechen). 1930: 7790 Einw. (6409 Deutsche, 893 Tschechen, 331 Ausl., 133 Juden).
Umgebung: Turold mit vielen Höhlen, 385 m, Rosenburg mit Ruine, Bottichstein, 363 m, Voitelsbrunn mit Schwefelbad, Unterwisternitz (Siedlung eiszeitlicher Jäger).
1987 Partnerschaftsvertrag zwischen Kreis Nikolsburg und der Stadt Poysdorf.

Nixdorf *(Mikulášovice)*, Bez. Schluckenau. 426 m. Die Stadt im Böhmischen Niederland liegt im Rauschbachtal nahe der Grenze zu Sachsen im Bereich des Lausitzer Berglandes. Bahnlinie Rumburg - Nixdorf. Das sechs km lang ausgedehnte Dorf war einst das größte Österreich-Ungarns (1868).
Die Gegend machten fränkische und hessische Bauern in der Zeit Wratislaws II. urbar. Eine Kirche stand bereits 1346. Damals waren die Berka von Duba auf Burg Hohnstein in Sachsen die Besitzer. Im 15. Jh. kam Nikkelsdorff zu Schlukkenau, der Name Nixdorf erscheint erst 1787. Im Dreißigjährigen Krieg kam der Ort wie schon im 14. Jh. im Hussitenkrieg in arge Bedrängnis. Auf das Jahr 1794 ging die erste Messerfabrik des Ignaz Rösler zurück. Seit dem 18. Jh. war auch die Tuchmacherei heimisch. 1866 Durchzug preußischer Truppen. Erst 1916 Stadterhebung.

Josephskirche in Nollendorf

Wappen von 1917: Geteilter Schild (blau-gold), rechts Fabrikschornstein, an jeder Seite eine stehende Getreideähre, links ein Schwert mit Lorbeerkranz, darunter Jahreszahl 1916.
Kirche St. Nikolaus, der Namenspatron der Stadt, 1551 - 1555, 1694 - 95 erweitert, nach Brand 1750-53 Wiederaufbau. Altarbild Hl. Nikolaus von Lukas Kracker, zwei Bilder von Joseph von Führich (Hl. Joseph und Johannes von Nepomuk, 1827), vier Bilder von Ignaz Raab, 1760. Alte Marienstatue aus Ton, 15. Jh. Dreifaltigkeitskapelle, 1736.
Barocke Pfarrei, 18. Jh. Vor der Kirche Statuen Johannes von Nepomuk und Immakulata. Mitte 18 Jh. Kreuzigungsgruppe, 1793; Kruzifix, 1756; Maria Magdalena, 2. Hälfte 16. Jh. Umgebindehäuser. Ehem. Deutsche staatliche Fachschule für Metallindustrie. In Nixdorf herrschte immer reges Musikleben.
Wirtschaft: Stahlwarenindustrie (Messer, Feilen), daher wurde Nixdorf „das böhmische Solingen" genannt. Vigognespinnerei, Erzeugung von Knöpfen, Gummibändern und Kunstblumen. Sommerfrische.
Persönlichkeiten: Franz Julius Heine (1823 - 1902), Fabrikant; Franz Dittrich (1815 - 1859), Professor der Medizin (Pathologe) an der Universität Erlangen; Wenzel Bräuer (1863 - 1941), Lehrer, pädagogischer Schriftsteller; Johann Pilz (1885 - 1958), Pädagoge, Lyriker, Erzähler, Herausgeber von Anthologien; Rudolf Schranil (1885 - 1956), Professor für Verwaltungsrecht an der Deutschen Universität in Prag.
1930 (mit Klein Nixdorf, Salmdorf und Thomasdorf): 6755 Einw. (6350 Deutsche, 244 Tschechen, 160 Ausl.) (6298 röm.-kath., 210 evang., 176 konf.-los).
Umgebung: Tanzplan, 596 m, mit 26 m hohem Aussichtsturm.

Nollendorf *(Nákleřov)*, Bez. Aussig. Nahe der Erzgebirgskammhöhe, 679 m. An einem wichtigen Verbindungsweg nach Sachsen liegend (Nollendorfer Paß), der geographisch das Erzgebirge vom Elbesandsteingebirge trennt. 1382 war Nollendorf selbständiger Pfarrort. In die Geschichte eingegangen ist es im Jahre 1813, als hier am 29. und 30. August die Verbündeten

Oberaltstadt, Wenzelskirche

das französische Heer besiegten. Der preußische General Kleist wurde, da er die Schlacht entschieden hatte, mit dem Prädikat von Nollendorf in den Adelsstand erhoben. Pfarrkirche St. Joseph. Der Barockbau (1679 – 1683), an Stelle einer älteren Kirche errichtet, wurde 1975 gesprengt. Sommerfrische.
1930: 357 Einw. (348 Deutsche, 7 Ausl., 2 Tschechen).
Umgebung: Schlachtenorte von 1813 und Gedenksäulen. Tyssa und Tyssaer Wände. Nollendorfer Höhe, 705 m, mit Carl-Weis-Warte, 21 m hoch, 1913 vom Aussiger Gebirgsverein erbaut, 1944 vom Wintersturm zerstört.

Nürschan *(Nýřany)*, Bez. Mies. 336 m. Der Mittelpunkt eines Steinkohlereviers liegt an der böhmischen Westbahn Zditz – Pilsen – Furth. Die Kohle wurde früher hauptsächlich nach Bayern ausgeführt. 1272 wird das Dorf unter den Gütern des Klosters Chotieschau aufgeführt, und zwar mit 49 Häusern und 370 Personen. Der wirtschaftliche Aufschwung kam im 19. Jh. durch den Steinkohleabbau. 1892 Stadterhebung und Verleihung des Wappens: Silberne Stadtmauer mit offenem Tor, zwei Türmen; über dem Tor in goldenem Schild Schlägel und Bergeisen gekreuzt, darüber drei goldene Ähren.
Wirtschaft: Kohlebergbau. Maschinenfabrik. Glasfabrik (Tafel- und Spiegelglas), früher eine Munitionsfabrik.
1930: 6043 Einw. (4657 Tschechen, 1351 Deutsche, 26 Ausl.).
Umgebung: Das Dorf Zwug mit dem tiefsten Schacht des Kohlereviers.

Oberaltstadt *(Hořejší Staré Město)*, Bez. Trautenau. 441 m. Vier km lang zieht sich der Markt im Aupatal hin. Er liegt an der Zweigbahn Trautenau – Freiheit – Johannisbad. 1313 vermacht Johann von Wartenberg den Kreuzherren am Zderaz in Prag das Patronatsrecht über die Kirche in Oberaltstadt. In der Reformationszeit hatten bis 1612 die Protestanten die Mehrheit. 1892 wurde die Pfarrei neu errichtet, die schon im 14. Jh. bestanden hatte. Kirche St. Wenzel bestand schon 1313 und galt als eine der ältesten Kirchen des Riesengebirges. Umbau im 16. Jh. Taufbecken (1600). Geschnitztes Epitaph des Hauptmanns und Forstmeisters Kaspar Nuß von Raigersdorf († 1606) und seiner Ehefrau Katharina von Plauen. Häuser im Stil der Riesengebirgsbauten.
Wirtschaft: Mechanische Flachsgarnspinnereien Etrich und Kluge, letztere war die größte Europas. Bleicherei, Maschinenbau, Papier- und Zellulose-Erzeugung.
Persönlichkeiten: Igo Etrich (1879 – 1967), Flugzeugpionier, Konstrukteur der Etrichtaube; Fritz Rieger (1910 – 1978), Dirigent, Generalmusikdirektor in München.
1930: 3347 Einw. (3008 Deutsche, 303 Tschechen, 35 Ausl.).
Umgebung: Johannisbad.

Obereinsiedel *(Horní Poustevna)*, Bez. Schluckenau. In das Dorf, 1228 erwähnt, werden 1848 das seit 1750 bestehende und nach der Gräfin Karolina Salm-Reifferscheidt benannte Karolinsthal und Margarethendorf eingemeindet. Letzteres, 1697 entstanden, ist nach der Gräfin Margarethe Slawata benannt. Kirche Maria von der Erlösung, 1855 eingeweiht. Zuständige Pfarrei war Lobendau.
Wirtschaft: Stahlschleiferei, Kunstblumenerzeugung, Blumendraht- und Wattefabriken.
1930: 1377 Einw. (1261 Deutsche, 75 Ausl., 41 Tschechen).
Umgebung: Gerstenberg, Heinzenberg, Spitzenberg (Basaltkegel).

Obergeorgenthal *(Horní Jiřetín)*, Bez. Brüx. 269 m. Am Fuße des Erzgebirges gelegen

Oberhaid

erstreckt sich die Stadt am Grundbach oder Ruttenbach fünf km südwestlich von Oberleutensdorf. Station der Bahnstrecke Bodenbach – Komotau. Obergeorgenthal wurde zuerst als Bergstadt an einem über das Gebirge führenden Weg bekannt. 1263 stand schon eine hölzerne Kirche. Von 1562 bis 1620 herrschte das lutherische Bekenntnis vor. Nach dem Ausbruch der Pest 1680 nahmen die Wallfahrten zur Kirche Mariä Himmelfahrt zu; darum wurde eine neue größere Kirche durch Jean Baptiste Mathey gebaut (1694 – 1700). 1828 Gründung der Siedlung Marienthal, benannt nach der Fürstin Maria von Lobkowitz auf Eisenberg. Die Stadt erlitt Schäden, als gegen Ende des letzten Krieges das Hydrierwerk in Maltheuern angegriffen wurde.
Wirtschaft: Braunkohlebergbau, auch Tagebau. Holzbearbeitung, Spielwarenerzeugung. Lederfabrik. Obstbau. Sommerfrische.
Franz Gläser (1798 – 1861), Violinvirtuose, Komponist, Konservatoriumsdirektor in Kopenhagen.
1930 (mit Vierzehnhöfen und Niedergeorgenthal): 3481 Einw. (3077 Deutsche, 339 Tschechen, 64 Ausl.).

Oberhaid *(Dvořiště Horní)*, Bez. Kaplitz. 651 m. Sieben km östlich von Hohenfurth gelegen, war Oberhaid an einem alten Handelsweg Grenzstation an der österreichischen Grenze. Es war früh besiedelt worden und gehörte zum Kloster Goldenkron, später zum Rosenberger Herrschaftsbereich. 1379 erfolgte die Markterhebung. Peter von Rosenberg verlieh 1504 ein Wappen: in rotem Schild ein Turm mit fünf Zinnen, offenem Tor und zwei Fenstern, dazwischen die fünfblättrige Rose der Rosenberger.
Kirche Erzengel Michael, ein frühgotischer Bau, 1511 – 1517 jetzige Gestalt, Wiederinstandsetzung nach einem Brand am Anfang des 18. Jh. Ein Pfarrer wurde schon 1339 genannt. Rathaus mit Walmdach. Statue Johannes von Nepomuk auf dem Ringplatz, 1724. Gedenkstein mit Kreuz an der Straße nach Oppolz, 1630.
1930 (mit Böhmisch Hörschlag): 1400 Einw. (944 Deutsche, 402 Tschechen, 52 Ausl.).
Umgebung: Oppolz, ehem. Burg der Herren von Michelsberg und dann der Rosenberger (1387); erhalten ist der mächtige Turm.

Oberhennersdorf *(Horní Jindřichov)*, heute Rumburg II. Bez. Rumburg. 365 m. Der Ort an der Mandau hieß früher Heinrichsdorf. Jenseits der nahen böhmisch-sächsischen Grenze liegt Seifhennersdorf, mit dem der Ort früher eine Gemeinde bildete (bis in das 15. Jh.). Besitzer waren die Herren von Schleinitz, die Stadt Zittau und Mehl von Strehlitz. Die Gründung wird in der Zeit vor 1475 angesetzt. Seit 1784 gab es eine Schule, ein neues Gebäude enstand 1877. Eingepfarrt ist der Ort nach Rumburg.
Wirtschaft: Baumwollspinnerei und -weberei, Färberei, Riemenfabrik, Holzwarenerzeugung.
1930: 2803 Einw. (2652 Deutsche, 78 Ausl., 73 Tschechen).

Ober Hohenelbe *(Hořejší Vrchlabí)*, Bez. Hohenelbe. 430 – 800 m. Zu Ober Hohenelbe, das nach Hohenelbe eingepfarrt war, gehörten (1930) nachfolgende Häusergruppen: Steinweg, Seidelhäuser, Jankaberg, Wachur, Heidelberghäuser und Schleußenberg.
Wirtschaft: Leinenspinnerei, Stoffdruckerei, Färberei, Bleicherei, Gießerei, Maschinenfabrik, Heimweberei.
Josef Renner (1892 – 1981). Gründer und Leiter des Heimatblattes „Riesengebirgsheimat“, Verleger in Kempten.
1930 (mit Schreibendorf): 2454 Einw. (2328 Deutsche, 108 Tschechen, 18 Ausl.).
Umgebung: Heidelberg mit Aussichtsturm, 1036 m.

Oberkreibitz *(Horní Chřibská)*, Bez. Warnsdorf. 489 m. Die Dorfgemeinde ist von bewaldeten Bergen umschlossen. 1427 genannt. Hier stand die älteste Glashütte Nordböhmens (um 1600), die angeblich auf eine frühere zurückgehen soll. Die Hütte erzeugte wertvolle Gläser und „Glasedelsteine". Die Talsperre, 1912 - 1924 errichtet, wurde auch für industrielle Zwecke genutzt. Das Dorf war nach Kreibitz eingepfarrt.
Wirtschaft: Glasveredelung, auch in Hausindustrie, Metallwarenfabrik, Zwirnereien.
Franz Bienert (1788 - 1866), Begründer einer Fabrik für Resonanzhölzer im Böhmerwald.
1930: 1027 Einw. (945 Deutsche, 70 Tschechen, 12 Ausl.).

Oberleutensdorf, früher Leitensdorf, *(Horní Litvínov)*, Bez. Brüx. 320 m. Unterhalb des Erzgebirges gelegen. Kreuzungspunkt der Bahnlinien Dux - Bodenbach und Brüx - Moldau. Durch die elektrische Straßenbahn mit Brüx und Johnsdorf verbunden. 1532 in einem päpstlichen Zinsregister erwähnt als Lutvinivilla. 1715 Marktrecht durch Kaiser Karl VI. 1852 Stadtrecht. Das Wappen: Stadtmauer mit Tor, in diesem ein stehender Löwe. Über der Mauer Erzengel Michael mit Schwert und Waage.
Bereits 1715 hatte Johann Joseph von Waldstein die erste Tuchfabrik Österreichs, die mit Erfolg zu arbeiten imstande war, errichtet. Er holte Fachleute aus England und Holland. Ein 1815 auf dem Marktplatz aufgestellter Obelisk ist ein Denkmal für diese Tuchmanufakturgründung. Im Jahre 1860 eröffnete der Schweizer Kapuziner P. Theodosius Florentini eine Tuchfabrik, die

Ober Hohenelbe

Oberleutensdorf

er den Kreuzschwestern anvertraute. Das Unternehmen konnte sich aus Konkurrenzgründen nicht lange halten. Eine erste Kirche wurde im 14. Jh. gebaut, jedoch im Dreißigjährigen Krieg zerstört. Die Dekanalkirche Erzengel Michael wurde an einem anderen Ort nach Plänen J. B. Matheys 1685 - 1694 errichtet. Altarblätter von Peter Brandl und Karel Skreta. Hauptaltar von Johann Weindl, um 1890. Deckenmalerei in der Taufkapelle um 1750. Barockes Pfarrhaus. Matriken seit 1684.
Schloß der Grafen Waldstein, 1732 aus dem schon früher bestehenden zweiflügeligen Herrschaftshaus umgebaut. Schließlich nur noch von Beamten und Angestellten bewohnt (Sitz der gräflichen Güterverwaltung; 1919 enteignet). Stadtarchiv mit Akten seit 1682, Urkunden seit 1721. Stadtmuseum mit Sammlungen zur Stadtgeschichte und Erzeugnissen der Manufaktur; heute im Schloß. Rathaus 1789. Erholungsheim für Bergarbeiterkinder und pensionierte Bergarbeiter (seit 1925). Ehem. deutsche Fachschule für Frauenberufe (1924), Fachschule für Spielwarenerzeugung, später Modellierschule für Keramik und verwandte Berufe, erst in Katharinaberg (1874), 1879 nach Oberleutensdorf verlegt; 1882 verstaatlicht.
Wirtschaft: Braunkohleförderung, chemische Industrie, Spielwaren- und Holzmöbelerzeugung, Baumwollspinnereien, Hutfabrik, Strick- und Wirkwarenerzeugung; Tuch- und Hutfabriken. Zwei Buchdruckereien.
Persönlichkeiten: Adauctus Voigt (1733 - 1787), Piarist, Historiker, Begründer der böhmischen

Münzkunde; Ludwig Schlesinger (1838 – 1899), Historiker, Landtags- und Reichsratsabgeordneter, Mitbegründer des Vereins für Geschichte der Deutschen in Böhmen, dessen Mitteilungen er redigierte.
1930: 9810 Einw. (7279 Deutsche, 2302 Tschechen, 198 Ausl., 27 Juden) (7742 röm.-kath., 1586 konf.-los, 303 evang., 105 israel., 48 tschechosl. Kirche).
Heute sind die ehem. Ortschaften Rauschengrund, Sandl, Rosenthal, Wiese, Bergesgrün und Oberdorf zu einer Siedlung zusammengeschlossen (ca. 24 000 Einw.). Niederleutensdorf wurde dem Bergbau geopfert.

Oberlohma *(Horní Lomany)*, Bez. Eger. Bahnstation Franzensbad. Um 1300 ein Dorf. Kirchliche Filiale von Eger. 1627 Expositur, 1711 Pfarrei. 1881 Auffindung frühgeschichtlicher Grabstätten. 1903 gab Alois John das für Heimatkundler und Volkskundler vorbildhafte Buch „Oberlohma. Geschichte und Volkskunde eines Egerländer Dorfes“ heraus; Nachdruck in Franz Röll: „Geschichte meines Geburtsortes Oberlohma“ (1970).
Pfarrkirche Jakobus d. Ä., nach 1300 wiederholt umgebaut. Auf dem Bogen vor dem Hochaltar Wappen mit Schwan und Jahreszahl 1793 (Baujahr).
Persönlichkeiten: Johannes Habermann (1849 – 1935), Professor der Ohrenheilkunde in Graz; Alois John (1860 – 1935), Volkskundler, Heimatforscher, Gründer der Zeitschrift „Unser Egerland“ (1897); Josef Zaus (1863 – 1944), Theologieprofessor an der Deutschen Universität in Prag; Franz Röll (1906 – 1984), Fachlehrer, Heimatforscher. Verfasser der „Geschichte meines Geburtsortes Oberlohma“, 1970.
1930: 1443 Einw. (1402 Deutsche, 35 Ausl., 4 Tschechen).

Ober Maxdorf *(Horní Maxov)*, Bez. Gablonz. 741 – 819 m. Eisenbahnstation Wiesenthal an der Neiße. 1680 Gründung durch den Grafen Maximilian Desfours, der dem Dorf auch den Namen gibt. 1899 Zusammenlegung von Unter und Ober Maxdorf. Kirche Herz Jesu, 1910, ein neugotischer Bau. Im zum Dorf gehörenden Karlsberg eine Kapelle (Ende 18 Jh.), zu der früher Wallfahrten unternommen wurden; hier eine radioaktive Heilquelle. In Unter Maxdorf ehem. ein kleines Waldtheater.
Wirtschaft: Glasschmuckindustrie. Sommerfrische.
1930 (mit Karlsberg): 1053 Einw. (1006 Deutsche, 40 Tschechen) (819 röm.-kath., 98 altkathol., 87 konf.-los., 48 evang.).
Umgebung: Seibthübel mit Aussichtsturm und Baude, 819 m, (erster eiserner Aussichtsturm Böhmens, 1887 errichtet). Brambergturm mit Baude, 791 m. Posseltberg oder Maxdorfer Berg, 788 m, Buchberg, 850 m, Scholzeberg, 771 m, Königshöhe mit Turm und Baude, Tannwasserfälle Josefstal.

Obermoldau *(Horní Vltavice)*, Bez. Prachatitz. 830 m. Eisenbahnstation (948 m) an der Strecke Strakonitz – Wallern. Der Ort im Tal der Warmen Moldau ist rings von Wäldern umgeben. 1359 Alt-Wultawa.
Kirche Hl. Maria 1359. Später erneuert und vergrößert. 1724 erteilt Adam Franz zu Schwarzenberg als Patronatsherr die Erlaubnis zum Bau einer Kirche und zur Errichtung einer Pfarrei. Altarbild Hl. Familie mit Johannes von Nepomuk, ein Werk des Pietro van Roy. Matriken seit 1724. Beim Friedhofstor Statue Johannes von Nepomuk, 1. Hälfte 18 Jh. Sommerfrische. Erzeugung von Sieben und Holzwaren in Heimarbeit.
1930 (mit Kubohütten, Röhrenbergerhütte auch Adlerhütte, Kapellen, Birkenhaid, Eleonorenhain, Mitterberg, Elendbachel, Rabenhütte, Röhrenberg, Filz und Schattawa): 2730 Einw. (2610 Deutsche, 92 Tschechen, 28 Ausl.).
Umgebung: Adlerhütte mit Ruine Kunzwarte. Eleonorenhain, ehem. große Kristall- und Luxusglasfabrik, Buchwald, 1187 m, am Moldauursprung, höchstgelegenes Dorf des Böhmerwaldes, Kubohütten mit höchstgelegenem Bahnhof Mitteleuropas, 1003 m, der böhmische Semmering genannt, Kubani, 1362 m, mit Urwald, Schreiner, 1263 m, Basum, 1190 m, Ruine Gans.

Oberplan *(Horní Planá)*, Bez. Krummau. 725 m. Markt am linken Moldauufer. Station der Budweis – Salnauer Bahn, 1892 eröffnet. Besied-

Oberplan

lung vom Bistum Passau aus. 1263 als Dorf genannt. 1349 Markterhebung durch Karl IV. Die Besitzer waren das Kloster Goldenkron, seit 1263, dann die Herren von Rosenberg, die Eggenberg (seit 1622) und die Schwarzenberg (seit 1719). 1568 Verleihung eines Wappens: in silbernem Schild ein rechtsgewendeter Bär, in seinen Vorderpranken hält er die fünfblättrige rote Rose der Rosenberger. In der 2. Hälfte des 16. Jh.s erhielten die Schuhmacher, Leineweber, Fleischer und Bäcker, ferner die Schmiede und Wagner ihre Zunftordnungen.
Dekanatskirche Hl. Margareta aus dem 14. Jh., in der Barockzeit vergrößert. Pfarrei seit 1374. Wallfahrtskapelle zur Schmerzhaften Muttergottes auf dem Gutwasserberg. Die mit ihr zusammenhängende Legende beschreibt A. Stifter in „Der beschriebene Tännling". Statue Johannes von Nepomuk auf dem Marktplatz. Rathaus, erst im Renaissance-, dann im Empirestil. Böhmerwaldmuseum. Stifter-Park und -Denkmal.
Wirtschaft: Flachsverwertung, Holzhandel. Sommerfrische.
Persönlichkeiten: Adolf Martin Pleischl (1786–1867), Chemiker, Universitätsprofessor, Erfinder des metallfreien Emails; Adalbert Stifter (1805–1868), unser größter Schriftsteller. In seinen Werken behandelt er vor allem auch den Böhmerwald. In seinem Geburtshaus eine Gedenkstätte; Leopold Wackarz (1810–1901), Abt des Zisterzienserstiftes Hohenfurth, Abgeordneter im böhmischen Landtag; Johannes Habert (1833–1896), Komponist, Musiktheoretiker und -schriftsteller; Matthias Pangerl (Honetschlag 1834–1879), Historiker; Anton Wallner (1867–1953), Germanist, Heimatforscher, Schöpfer des Heimatliedes der Böhmerwäldler („Wuldalied"); Gustav Jungbauer (1886–1942), Professor der Volkskunde an der Prager Deutschen Universität, Mitbegründer des Böhmerwaldmuseums in Oberplan (1923).
1930: 1598 Einw. (1510 Deutsche, 45 Ausl., 34 Tschechen).
Umgebung: Ruine Wittinghausen. Gutwasserberg mit Stifter-Park und -Denkmal. Plöckenstein mit dem schönsten Böhmerwaldsee und dem Stifter-Obelisk. Kreuzberg, 864 m, Roßberg, 868 m.
Jetzt liegt Oberplan am Nordufer der 45 km langen Moldautalsperre von Lippen.

Ober Politz *(Horní Police)*, Bez. Böhmisch Leipa. 250 m. 1226 erwähnt, schon 1291 eine Kirche. Im 13. und 14. Jh. waren die Prämonstratenserinnen in Doxan die Besitzer, nach den Hussitenkriegen die Berka von Duba und dann die Stadt Reichstadt. In der Zeit der Reformation wirkte ein evangelischer Prediger, bis 1623 der alte Glaube wieder vorherrschte. Im 17. Jh. kam Ober Politz an den Herzog von Sachsen-Lauenburg, dessen Tochter mit dem Großherzog von Toscana verheiratet war. Das Gut Oberpolitz wurde 1918 Staatseigentum.
Die Wallfahrtskirche Maria Heimsuchung aus dem Jahre 1684 wurde durch Giulio und Ottavio Broggio fertiggestellt. Der Umgang hat sieben Kapellen und einen Kreuzweg von J. Birnbaum. Freistehender Glockenturm, 1722. Mariensäule mit vier Heiligen auf dem Sockel, 1722. Beim Schloß Johannes von Nepomuk. Das Schloß aus der 1. Hälfte des 18. Jh.s diente zeitweise als Ferienkolonie für Prager deutsche Kinder. Statt eines hölzernen Steges wurde 1843–1845 die steinerne Polzenbrücke errichtet.
In der Erzdechantei, 1725 erneuert, wohnten die Erzdechanten von Ober Politz, die seit 1736 zum Gebrauch der Pontifikalien berechtigt waren. Der bekannteste war Wenzel Hocke (1732–1808) aus Neustadtl bei Böhmisch Leipa, von 1779 bis zu seinem Tode in Ober Politz. Der volkstümliche Priester wurde Hockewanzel genannt. Verewigt wurde dieser nordböhmische Eulenspiegel durch „Die Geschichten vom Hok-

Neu-Oderberg

kewanzel" des altkatholischen Pfarrers Anton Nittel.
Wirtschaft: Fahrräder (Achilleswerke).
Julius Vinzenz von Krombholz (1782 – 1843), Professor der speziellen Pathologie und Therapie, ferner der Physiologie in Prag. Leiter der Versammlung deutscher Naturforscher und Ärzte in Prag. Ehrenbürger von Prag.
1930 (mit Biela, Hofberg, Staupen und Waldeck): 1260 Einw. (1179 Deutsche, 76 Tschechen, 5 Ausl.).
Umgebung: Der basaltische Hofberg, 523 m.

Oberpreschkau *(Horní Prysk)*, Bez. Tetschen. Gründung im 12. Jh. 1400 eine Plebanie. 1565 – 1630 lutherisch. 1694 Genehmigung der Glasarbeiterzunft durch den Grafen Norbert Okt. Kinsky. Der Glashandel wurde seit dem 17. Jh. betrieben. Barocke Pfarrkirche Petrus und Paulus, 1718 – 1721, auf einer Anhöhe. Der Glockenturm steht getrennt von der Kirche. Seit 1852 ist der Ort Pfarre.
Wirtschaft: Glasbearbeitung (Kugler, Schleifer, Maler) und Glasexport. Sommerfrische.
1930: 1032 Einw. (972 Deutsche, 48 Tschechen, 12 Ausl.).
Umgebung: Romantische Felsenschluchten, „Teufelslöcher", Steinschönauer Berg mit Schutzhütte, 640 m, Schäferberg, 620 m, Mittenberg, 591 m.

Ober Rosenthal *(Horní Růžodol)*, Bez. Reichenberg. 402 m. An der Eisenbahnlinie Reichenberg – Gablonz und Reichenberg – Böhmisch Leipa. Industriereicher Ort im Süden Reichenbergs. 1925 zur Stadt erhoben. Ebenfalls rege Industrie wird im benachbarten Rosenthal I betrieben; hier wurde 1937 durch die Stadt Reichenberg ein Flugplatz angelegt. Die Stadt, eingepfarrt nach Reichenberg, wurde am 1. Mai 1939 ein Stadtteil von Reichenberg.
Wirtschaft: Weberei, Spinnerei, Spiegelfabrik, Eisengießerei, Maschinenfabrik, Likörerzeugung, Buchdruckerei.
1930: 6557 Einw. (2985 Deutsche, 3439 Tschechen, 130 Ausl.).

Obersedlitz *(Novosedlice)*, Bez. Aussig. 1922 Vereinigung mit der Gemeinde Schreckenstein und mit dieser im Stadtkreis Aussig. Unternehmungen der Firma Schicht (Ölraffinerie, Fette, Seife, Glyzerin, Kerzen), gegründet 1882 durch Johann Schicht (1855 – 1907), Sohn des Seifensieders Georg Schicht aus Ringelshain.

Oder *(Odra)*, der viertgrößte der deutschen Ströme mit einer Länge von 866 km. Die Quellen liegen im Odergebirge in einer Höhe von 634 m. In der Nähe erhebt sich der Fiedelhübel, mit 681 m die höchste Erhebung des Gebirges. Die Oder durchfließt das Kuhländchen, bis Oderberg und zur Staatsgrenze, dann in nordwestlicher und schließlich in nördlicher Richtung. Auf das Gebiet von Mähren und Schlesien entfallen 93 km. Zuflüsse die Oppa und Biele aus dem Altvatergebirge, die Ostrawitza und Olsa aus den Beskiden. Die Steine kommt aus dem Braunauer Ländchen.

Oderfurt *(Přívoz)*, Bez. Mährisch Ostrau. Ort an der Furt über die Oder. Eisenbahnknotenpunkt. 1389 ein bischöfliches Lehen. 1835 lebten hier 337 Einwohner, 1880 waren es, bedingt durch den industriellen Aufschwung und durch den Bau der Kaiser-Ferdinand-Nordbahn, 1847 eröffnet, 3698. Ende des Jh. Stadterhebung.
Wappen: Im oberen Teil des Schildes ein geflügeltes Eisenbahnrad, darüber gekreuzt Hammer und Schlägel; im unteren Teil ein Wasserlauf mit Kahn und Ruder. 1924 kam Oderfurt zu Mährisch Ostrau. Neugotische Kirche aus der 2. Hälfte des 19. Jh., erbaut durch Camillo Sitte.
Wirtschaft: Zinkblech, Chemikalien, Mineralölraffinerien, Fetterzeugung, Papierwaren, Koks.

1900: 10 873 Einw. (5304 Deutsche, 3441 Tschechen, 1912 Polen). 1930: 18 544 Einw. (13 959 Tschechen, 3335 Deutsche, 919 Ausl., 331 andere).

Odergebirge. Südöstlicher Teil des Gesenkes in den Ostsudeten, durch die Mährische Pforte von den Westbeskiden getrennt. Die Hochfläche hat eine mittlere Höhe von 500 - 650 m. Quellgebiet der Oder.

Odrau *(Odry)*, Bez. Troppau. 301 m. Sitz eines Gerichtsbezirkes. Station der Eisenbahn Zauchtel - Bautsch. In schöner Lage an den Südostausläufern des Gesenkes im Odertal. 1242 eine Burg zur Abwehr der Tataren errichtet, dazu noch andere Befestigungsanlagen. 1346 Dorf, 1357 Stadt. Wappen: Im blauen Schild ein Holzturm von goldener Farbe mit Zinnen, goldenes Dach und zwei goldene Turmknöpfe. Besitzer waren u. a. die Herren von Sternberg, Krawarsch und Zwola. In der 1. Hälfte des 19. Jh. kam Odrau in den Besitz der Landgräfin Charlotte von Fürstenberg, die sich als Gönnerin der Stadt erwies.

Begräbniskirche Hl. Familie, 1719, renoviert 1804 und 1921. Stadtpfarrkirche Apostel Bartholomäus, bestand schon im 13. Jh. 1457 im Besitz der Böhmischen Brüdergemeine, 1550 - 1629 lutherisch, 1640 verwaist, dann wieder instandgesetzt; mit Kapellen Johannes von Nepomuk, 1730, und Valentin, 1777. Pfarrhaus 1700. Pfarrei

Oderfurt, Ortsteil von Mähr. Ostrau

Die Oderquelle im Odergebirge

1373, 1624 wieder katholisch besetzt. Schloß: An der Stelle der gotischen Burg entstand 1730 das Barockschloß, Bauherr Freiherr von Lichnowsky; 1734 Schloßkapelle Maria Magdalena. Der große Park wurde 1833 angelegt. Schloß nach 1948 instandgesetzt, 1964 große Teile durch Brand zerstört, 1966 gesprengt. Heute erhebt sich dort ein Betonbau. Statuen: Johannes von Nepomuk, 1714, vom Olmützer Bildhauer David Zirn. Florian auf dem Stadtplatz 1751. Marienstatue 1783. Springbrunnen auf dem Stadtplatz von Emil Zimmermann.

Wirtschaft: Noch im 18. Jh. Bergbau auf Silber und Blei. Seiden- und Wollwaren, Tonöfen, Gummi- und Zementwaren. Landwirtschaft. Sommerfrische.

Persönlichkeiten: Walter Kudlich (1857 - 1930), Bürgermeister von Troppau und Mitglied des schlesischen Landtags. Ehrenbürger von Odrau; Anton Rolleder (1855 - 1912), Bezirksschulinspektor in Steyr, Verfasser der „Geschichte der Stadt und des Gerichtsbezirkes Odrau", 1903.

1930 (mit Sternfeld): 4000 Einw. (3461 Deutsche, 342 Tschechen, 190 Ausl.) (3682 röm.-kath., 203 konf.-los, 85 evang., 16 israel.).

Umgebung: Oderquelle. Heinzendorf, der Geburtsort Gregor Mendels, des Augustinerabts in

Brünn und Entdeckers der Vererbungsgesetze. Herzheilbad Johannisbrunn. Sommerfrischen: Maria Stein, Kreuzberg, Niederwigstein.

Olbersdorf Stadt *(Město Albrechtice)*, Bez. Jägerndorf. 389 m. 11 km nordwestlich von Jägerndorf, im Goldoppatal. Sitz eines Bezirksgerichts. Bahnstation. Erst Albrechtsdorf genannt. 1377 erste Erwähnung. Die Burg, Sitz eines Raubritters, wurde 1474 zerstört. 1492 Stadterhebung durch König Wladislaw II. Wappen: Ein bärtiger Mann mit einem grünen Laubkranz umgürtet und mit einem anderen um den Kopf. Seine rechte Hand hält einen belaubten Ast über der Schulter. 1621 kommt die Herrschaft Olbersdorf an die Jesuitenresidenz in Neisse. 1632 Heimsuchung durch die Pest. 1817 Errichtung einer Blechfabrik.

Ende des 16. Jh.s wurde Olbersdorf durch einen Waldstein evangelisch, im Zuge der Gegenreformation wieder rekatholisiert. Die Güter der Herren Waldstein wurden 1620 eingezogen; sie kamen an Erzherzog Karl, Bischof von Breslau und Brixen, den Bruder Kaiser Ferdinands; der Bischof vermachte die Herrschaft den Jesuiten. Pfarrkirche Mariä Heimsuchung. An Stelle eines alten Baues Erweiterung 1707 und 1745-56. Die Pfarre aus der Mitte des 14. Jh.s wurde 1665 neu errichtet. Die alte gotische Feste, im 15. Jh. zerstört und im 16. Jh. umgebaut, hieß das Alte Schloß. Das neue Schloß ist ein Empirebau (Anfang 19. Jh.). Stadtmuseum.

Wirtschaft: Drahtfabrik, Webereien, Buchdrukkerei, landwirtschaftliche Maschinen, Knopferzeugung. Landwirtschaft. Sommerfrische, Wintersport (Sprungschanze).

1930 (mit Bischofswalde und Oberschaar): 2643 Einw. (2292 Deutsche, 198 Tschechen, 132 Ausl., 14 Polen) (2371 röm.-kath., 226 evang., 20 konf.-los, 12 israel.).

Umgebung: Fichtlichberg, 809 m.

Olmütz *(Olomouc)*. 221 m. Die ehemalige Hauptstadt Mährens zu beiden Seiten der March, in die hier die Feistritz mündet, liegt in der fruchtbaren Hanna-Ebene und ist an viele Bahnverbindungen angeschlossen. Bereits 1055 erwähnt, war Olmütz vorher von Kelten und Quaden besiedelt. 1063 wird das mährische Bistum hierher verlegt. Die deutsche Besiedlung wird durch Bruno von Schaumburg (1245–1281), den Kanzler Ottokars II. intensiv betrieben. Schon 1253 wird Olmütz königliche Stadt mit Magdeburger Recht und damit Hauptstadt Mährens. 1261 wird das „Chaufhus“ begründet, dem bald das Rathaus folgt (1378). In Olmütz ging das Geschlecht der Przemysliden zu Ende, als 1306 König Wenzel III. ermordet wurde. Unter dem Bischof Johannes von Neumarkt (1364–1380) blühte der Frühhumanismus; auch in den folgenden Jh. blieb Olmütz Mittelpunkt kulturellen und künstlerischen Lebens. Vorübergehend fand die Lehre Luthers starken Zulauf, sie wurde hauptsächlich durch die Jesuiten wieder beseitigt. Dieser Orden war es auch, der, nachdem der Humanismus im 16. Jh. eine große Blüte erlangt hatte, eine neue Höhe geistigen Lebens begründete, vor allem durch die Gründung einer Universität (1573), die später für vier Jahre nach Brünn verlegt wurde, dann 1827 zur k. k. Franzensuniversität gemacht und 1858 aufgehoben wurde. 1588 erfolgte die Erhebung zum Fürstbistum und 1777 zum Erzbistum.

Wappen der Stadt Olmütz

Von 1642 bis 1650 lag in Olmütz eine schwedische Besatzung. 1741 besetzten die Preußen die Festung Olmütz. 1758 konnte der Feind abgewehrt werden. Man hatte von 1742 bis 1754 die Festungsanlagen erheblich ausgebaut. Im 18. Jh. entstand in Olmütz die erste gelehrte Gesellschaft in den österreichischen Ländern. Ebenso fand zu Beginn des 19. Jh. durch Universitätsspiele hinter der Kirche auf dem Heiligen Berg,

Olmütz, Kloster Hradisch

veranstaltet durch Professor J. L. Knoll, eine Wiederbelebung des Olympischen Gedankens statt. 1848 kam es in Olmütz, wohin die kaiserliche Familie aus Wien geflohen war, zur Verzichtserklärung Kaiser Ferdinands auf den Thron zugunsten seines Neffen Franz Joseph; zwei Jahre später erfolgte die sog. Olmützer Punktation, ein Vertrag zwischen Preußen und Österreich. Ersteres leistete auf seine Unionspläne Verzicht. Im Krieg 1866 war die Stadt Hauptquartier des österreichischen Oberstkommandierenden Benedek. Da sich die Festungsanlagen im modernen Kriegsgeschehen als unwirksam erwiesen hatten, wurden sie 1886 geschleift; dafür legte man Parkanlagen an; außerdem konnte sich die Stadt jetzt ausdehnen. Bis zum Ersten Weltkrieg hatte Olmütz eine deutsche Verwaltung; 1919 wurde durch Eingemeindungen der Vororte Groß-Olmütz geschaffen, wodurch das Deutschtum starke Verluste erlitt.

Das alte Olmützer Wappen wurde im Jahre 1758 durch Maria Theresia aus Dankbarkeit der Stadt gegenüber verbessert. Es zeigt den geschachteten und gekrönten mährischen Adler, auf der Adlerbrust einen von einer goldenen Kette umschlungenen Schild, dessen Balken die Buchstaben F. M. T. (Franciscus Maria Theresia) zieren.

Als deutsche Schulstadt hatte Olmütz früher einen guten Namen. Neben der Universität waren das Gymnasium, auf das Jahr 1566 zurückgehend und 1925 mit der Staatsoberrealschule aus dem Jahre 1854 vereinigt, und die Lehrerbildungsanstalt, 1775 als Hauptschule gegründet und in der ersten Tschechoslowakei aufgehoben, alte Gründungen. Die Deutsche Handelsakademie entstand 1894 und war seit 1900/1901 eine vierklassige Anstalt. Olmütz war auch Sitz einer Katholischen Theologischen Fakultät. Die Familienschule des Vereins Deutsche Frauenvereinigung, gegründet 1911, hatte keinen langen Bestand.

Die Stadt besitzt viele Kunstdenkmäler, vor allem kirchliche Bauten. Die Metropolitan-Kirche St. Wenzel geht auf einen romanischen Bau zurück (1109 - 1131); neugotischer Umbau 1883 - 1890. Der Kreuzgang an der Nordseite entstand aus der ehemaligen Przemyslidenburg, von der noch Mauerreste vorhanden sind. Hier war der Schauplatz der Ermordung Wenzels III., des letzten Przemysliden (1306). - Die Propsteikirche St. Mauritz, um 1250 entstanden durch Bruno von Schaumburg, wurde zu Anfang des 15. Jh. zu einer gotischen Hallenkirche umgestaltet. Nach dem Brand von 1709 erhielt der mächtige und festungsartige Bau eine barocke Ausstattung. Südturm 46 m, Nordturm 38 m. Von der wertvollen Einrichtung sind vor allem erwähnenswert Fresken und Altarbilder von Johann Christoph Handke, Bildhauerarbeiten von Wenzel Render und die berühmte Orgel von Michael Engler aus Breslau (1745), ferner die Gruftkapellen der Familien Petrasch und Edel-

Olmütz, Krippe in der Kapuzinerkirche

Dom St. Wenzel zu Olmütz

mann. – Auf dem höchsten Platz der Stadt steht die Kirche St. Michael, zuerst gotisch, dann barock umgestaltet. – Barock ist auch die Kirche Maria Schnee, 1712 – 1719 durch die Jesuiten erbaut; beteiligt waren Künstler wie Wenzel Render, A. Glöckl, Johann Chr. Handke und K. J. Haninger. In der Gruft ließen sich die Angehörigen der mährischen Familie Sternberg bis zu ihrem Aussterben begraben. Bei der Kirche hatten von 1621 bis 1773 die Jesuiten ihr Kolleg und ihre Universität; das Kolleg wurde später Kaserne, die Kirche erhielt die Garnison. Neben diesen Kirchen bestanden noch mehrere Ordenskirchen und Kapellen, die in Kirchen integriert waren oder gesondert errichtet worden waren. Ein besonderes Kunstwerk ist das Kloster Hradisch, eine Benediktinergründung aus dem 11. Jh., seit 1151 mit Prämonstratensern besetzt. Nach der Zerstörung durch Hussiten wurde es wieder aufgebaut. Die barocke Gestaltung erfolgte im 17. und 18. Jh. Bildhauerarbeiten schufen Georg Heinz, Josef Winterhalter und Balthasar Fontana. Handke malte das Kuppelfresko des Prälatensaales. Fontana und Winterhalter waren auch an der Ausgestaltung der Marienwallfahrtskirche auf dem Heiligen Berg (382 m) (1669 – 1679) beteiligt.

Von profanen Bauten sei vor allem das Rathaus genannt, Ende des 14. Jh. erbaut. Der Turm stammt aus d. J. 1607, die Loggia 1560 – 1590, die Außentreppe um 1530. Der angebliche Schöpfer der astronomischen Kunstuhr (Ende 15. Jh.) mit Glockenspiel und zahlreichen Figuren soll der sächsische Uhrmacher Anton Pohl sein. Vor dem Rathaus prächtige 35 m hohe Dreifaltigkeitssäule, gestaltet von Wenzel Render, Andreas Zahner u. a. und 1754 in Anwesenheit der Kaiserin Maria Theresia und ihres Gatten Franz eingeweiht. – Die erzbischöfliche Residenz an der Stelle des alten Bischofssitzes entstand 1664 – 1669. Das Palais ist denkwürdig: Hier bestieg 1848 nach der Thronentsagung Kaiser Ferdinands I. dessen Neffe Franz Joseph den Thron und hier wurde 1850 die Olmützer Punktation geschlossen. Vom Kunstsinn der Bürger zeugen neben Palais und Häusern aus verschiedenen Stilepochen die Brunnen der Stadt, der Tritonenbrunnen, der Caesarbrunnen von J. G. Schauberger, 1724, an Stelle einer Rolandsfigur aufgestellt, der Herkulesbrunnen, 1686 von Michael Mandik, der Merkurbrunnen, 1730 von Phil. Sadler und der Jupiterbrunnen, 1707.

Das Olmützer Theater, 1830 vom Wiener Architekten Josef Kornhäusel errichtet,war Ausgangspunkt für große Künstler, u. a. für die Dirigenten Franz Schalk, Gustav Mahler, die Schauspieler Tilla Durieux und Max Pallenberg und die Sängerin Maria Jeritza. Von den ehemaligen Befestigungen der Stadt, die vor allem nach dem Dreißigjährigen Krieg verstärkt wurden, zeugen nur noch Reste, so das Theresientor und der Michaeler Ausfall. Die bedeutendste Zeitung war das „Mährische Tagblatt“; es erschienen auch die „Mitteilungen des Bundes der Deutschen Nordmährens“ (monatlich).

Wirtschaft: Zuckerfabriken, Mälzereien, Brauereien, berühmte Käseerzeugung (Olmützer Quargel), Süßwaren- und Schokoladenfabrik, Likörerzeugung, Eisenwaren, Gerbereien, Papiererzeugung.

Persönlichkeiten: Augustinus Olomucensis (Käsenbrot), (1470 – 1513), Humanist, der lateinische Dichtungen und andere Schriften verfaßte; Johannes Leisentritt (1527 – 1586), Herausgeber des ersten deutschen katholischen Kirchenliederbuches; Georg Flegel (1566 – 1638), Maler, Schöpfer der ersten deutschen Stilleben; Johannes Sarkander (1576 - 1620), im Dienste der Gegenreformation tätiger Priester, der, von den akatholischen Ständen angeklagt, in Olmütz den Märtyrertod starb. 1860 seliggesprochen; Gottfried Finger (um 1660 - nach 1723), Komponist und Konzertmeister; Josef Chmel (1798 - 1858), Bibliothekar, Historiker; Anton Schrötter von Kristelli (1802 - 1875), Chemiker und Erfinder; Josef Eduard von Schenk (1813 - 1891), Mitglied des Staatsgerichtshofs und des Herrenhauses, 1879 nobilitiert; Johannes Aprent (1813 - 1893), Pädagoge, Betreuer von Stifters Nachlaß, er gab gemeinsam mit Stifter das „Lesebuch zur Förderung humaner Bildung" heraus; Ludwig Schmarda (1819 - 1908), Zoologieprofessor in Graz, Prag und Wien; Mitbegründer der Tiergeographie; Rudolf von Eitelberger (1817 - 1885), Begründer des Kunsthistorischen Museums in Wien; Hans Balatka (1827 - 1899), Dirigent in USA, Pionier des deutschen Gesangs im Westen der Vereinigten Staaten; Karl Brandhuber (1846 - 1934), verdienter Bürgermeister von Olmütz; Johannes Kux (1861 - 1940), Arzt, Archivar, Historiker, der Stadtgeschichten von Olmütz und anderen mährischen Städten schrieb; Adolf Hölzel (1853 - 1934), Maler, Gründer der Malerkolonie Neu-Dachau, mit seinen Kunstprinzipien hatte er nachhaltigen Einfluß auf spätere Künstlergenerationen; Julie Bayer-Kronthal (1862 - 1908), Operettensängerin; Eduard Zirm (1863 - 1944), Chirurg, der die erste Hornhautübertragung durchführte; Ottokar Stauf von der March (eigentl. O. F. Chalupka) (1868 - 1941), Schriftsteller; Oskar Herget (1890 - 1946), Professor der Fundamentaltheologie in Wien; Hermann Broch (Wien 1886 - 1951), Schriftsteller und Philosoph, dessen väterliche Vorfahren aus Olmütz stammten; Franz Spunda (1890 - 1963), Schriftsteller; Fritz Zweig (1893 - 1984), Dirigent, Operndirektor; Richard Zimprich (1907 - 1987), Pädagoge, Heimatforscher, Herausgeber der Zeitschriften „Mährisch-schlesische Heimat" und „Olmützer Blätter".

Von den Oberhirten des Bistums (seit 1063), bzw. Erzbistums (seit 1777) Olmütz, es waren insgesamt 64 Bischöfe, seien nur einige herausragende Namen genannt: Bruno von Schaumburg (um 1247 - 1281), Johannes von Neumarkt (1364 - 1380), Johann IX. der Eiserne (1417 - 1430), Stanislaus Thurzo (1497 - 1540), Johann XIII. Dubravius (1542 - 1553), Franz Kardinal Dietrichstein (1599 - 1636), Erzherzog Leopold Wilhelm (1637 - 1662), Erzherzog Karl I. Joseph (1663 - 1664), Karl III. Herzog von Lothringen (1695 - 1710), Wolfgang Hannibal Graf von Schrattenbach (1711 - 1738), Maximilian Graf von Hamilton (1761 - 1776), Erzherzog Johann J. R. Rudolph (1819 - 1831) und Friedrich von Fürstenberg (1853 - 1879).

Das Olmützer Rathaus

Eingemeindungen nach dem Ersten Weltkrieg zu Olmütz: Bleich *(Bělidla)*, Chwalkowitz *(Chvalkovice)* mit Pfarrkirche, Hatschein *(Hejčín)*, Hodolein *(Hodolany)* mit Pfarrkirche, Kloster Hradisch *(Klášter Hradisko)*, Laska *(Lazce)*, Neretein *(Neředín)*, Neugasse *(Nová Ulice)* mit Pfarrkirche, Neustift *(Nové Sady)* mit Pfarrkirche, Paulowitz *(Pavlovičky)*, Powel *(Povel)*, Řeptschein *(Řepčín)*, Salzergut *(Nový Svět)* und Tschernowier *(Černovír)*.

1930 (mit den 14 Stadtteilen): 66 440 Einw. (47 861 Tschechen, 15 017 Deutsche, 1215 Ungarn, 949 Ausl., 917 Juden, 304 Russen, 146 Polen, 20 Serbokroaten) (47 771 röm.-kath., 9192 tschechosl. Kirche, 2918 konf.-los, 2603 evang., 2198 israel., 1180 orthodox, 473 griech.-kath., 65 altkath.).

Die „Olmützer Blätter“ erscheinen seit 1953. 1957 wurde der Heimatverband Olmütz und Mittelmähren e. V. ins Leben gerufen. 1976 übernahm die Stadt Nördlingen die Patenschaft über Olmütz und Mittelmähren. In der Patenstadt errichteten die Olmützer einen Olmützer Brunnen und gründeten eine Olmützer Heimatstube.

Olmützer Sprachinsel. Das Gebiet geht zurück auf deutsche Bauerndörfer aus dem 12. und 13. Jh. Sie besteht hauptsächlich aus den in Groß-Olmütz einverleibten Gemeinden, ferner aus Schnobolin, Gießhübl, Nimlau, Nedweis, Nebotein, ferner den Gemeinden Hombok und Marienthal (Eisengießerei, Nägelfabrik) im Feistritztal. Der Dialekt ist dem schlesischen Sprachstamm zugeordnet, einige Besonderheiten sind bayerisch-österreichisch. Die Tracht war wie die Wischauer farbenfreudig. Es lebten noch alte Sagen, Bräuche und Lieder. Die Sprachinselgemeinden waren vor allem landwirtschaftlich ausgerichtet. Bekannt waren das erzeugte Gemüse und die „Olmützer Quargel“.

Oppa *(Opava)*. Bedeutendster Fluß Sudetenschlesiens. 105 km lang. Die Quellbäche des linken Nebenflusses der Oder sind die Schwarze, Mittlere und Weiße Oppa, außerdem fließen ihr zu die Goldoppa und die Mohra. Auf eine lange Strecke bildet der Fluß die Landesgrenze. Mündung im Westen von Mährisch Ostrau.

Orlau *(Orlová)*, Bez. Freistadt. 272 m. Die Marktgemeinde in Ostschlesien geht zurück auf das 13. Jh. 1229 entstand eine aus Tyniec bei Krakau besiedelte Benediktinerabtei. Das Kloster wurde in der Reformationszeit zerstört. Beim ehem. Kloster liegt die katholische Kirche. Die evangelische Kirche auf einer Anhöhe wurde 1862 eingeweiht. Das Schloß besaßen die Freiherren von Mattencloit.
Wirtschaft: Steinkohlebergbau (über 1200 Arbeiter), Tonöfenerzeugung, Papierverarbeitung, Buchdruckerei. Kohlensaure Quellen.
1930: 10 040 Einw. (7898 Tschechen, 1357 Polen, 298 Ausl., 253 andere, 234 Deutsche).

Oschitz *(Osečna)*, Bez. Böhm. Leipa. 380 m. Eisenbahnstation Kriedorf. 1352 Ossyeczna genannt. 1363 eine Pfarrkirche. Von den Wartenbergern ging die Herrschaft (Burg Dewin), zu der Oschitz gehörte, 1516 an die Bieberstein über. Damals wurde Oschitz Markt. 1569 an die Herren von Oppersdorff, die den Markt ihrer Herrschaft Böhm. Aicha hinzufügten. 1576 Stadterhebung. Wappen der Oppersdorf: In rotem Schild ein Greifkopf.
Kirche St. Vitus, vor 1350, Neubau 1569 durch Karl von Bieberstein, der in der Kirche begraben wurde. Pfarre vor 1350, zeitweise lutherisch, neu errichtet 1686. Mariensäule auf dem Marktplatz, 1720. Statue „Dreiheiligen“, 1714, aus Dankbarkeit für die überstandene Türkennot.
1930: 616 Einw. (561 Deutsche, 48 Tschechen).
Umgebung: Jeschken, Polzenquellen. Bad Kunnersdorf, Moorbad und Sommerfrische.

Oska(wa), Nebenfluß der March. Ursprung nordwestlich von Römerstadt am Mosanzenstein (822 m). Der Fluß teilt sich in zwei Arme und diese münden bei Hinkau bzw. Chomotau nördlich Olmütz. Im Tal der Oska arbeiteten im 13. und 14. Jh. Hammerwerke. Ebenso wurde Gold gewaschen. Im Tal liegt die Gemeinde Oskau (380 m).

Ossegg *(Osek)*, Bez. Dux. 309 m. Ossegg am Fuße des Erzgebirges, Bahnknotenpunkt der Linien nach Dux, Klostergrab und Oberleutensdorf, besteht aus dem Pfarrdorf Alt Ossegg und der Stadt Neu Ossegg, die nach 1640 entstand. Geologisch betrachtet, liegt bei Ossegg die niedrigste geothermische Tiefenstufe, d. h. die Erdwärme steigt um 1° bei 5,2 m (normal bei 35 m). Die Ortsgeschichte wird vor allem durch das Zisterzienserstift bestimmt. Dieses wurde 1199 von Maschau bei Kaaden hierher verlegt. Es wurde 1421 und 1429 von Hussiten vernichtet. Nach Wiederherstellung kam es an das Prager Bistum (1580). Von den Schweden wieder durch Feuer zerstört, dann barocker Wiederaufbau. Der Ort war 1523 Markt. Zeitweise waren die Lobkowitz Besitzer. 1913 Stadterhebung und gleichzeitig Vereinigung von Alt und Neu Ossegg. Wappen: Der Schild ist silber-grün gespalten; in vier goldenen Schildchen ein Abtstab, eine Eiche, Schlägel und Bergeisen gekreuzt und ein Rechen in Silber.
Das Stift, dessen Mutterkloster Waldsassen war, mit romanischem Kapitelsaal (um 1240), erhielt

Stift Ossegg

seinen barocken Charakter 1705 - 1725 durch Octavio Broggio. Der Garten mit Wasserkünsten wurde im 18. Jh. angelegt. Die Kirche Mariä Himmelfahrt, erst romanisch (1207), wurde vom selben Künstler barockisiert. Sie enthält Fresken von Lorenz W. Reiner und Johann Steinfels, ferner kostbares geschnitztes Chorgestühl. Der Entwurf der Pfarrkirche Peter und Paul, 1754 eingeweiht, stammt ebenfalls von Broggio. Das Kloster, ein geistiges Zentrum Nordböhmens, hatte Bildergalerie, Bibliothek, Altertümer-, mineralogische und botanische Sammlungen. Die Patres leiteten das Gymnasium in Komotau, für das sie auch das Lehrpersonal stellten. Wiederholt besuchte Goethe das Stift. P. Anton Franz Dittrich (1786 - 1849) unterstützte ihn bei seinen mineralogischen Arbeiten. Der Abt Laurentius Scipio (1611 - 1691), Wiederbegründer des Klosters nach dem Dreißigjährigen Krieg, war ein hervorragender Sozialpolitiker. Abt Benedikt Simon Littwerich (1654 - 1726), sein Nachfolger, begründete die Strumpfwirkerei und Zeugfabrikation in Ossegg. Unter anderen bemerkenswerten Angehörigen des Stiftes ragt Abt Slavko hervor, der 1240 als Bischof in Preußen missionierte.

Wirtschaft: Rentamt des Stiftes. Forstamt. Kohlebergbau. Tiefbohrunternehmen. Steinnußknopffabrik, Wollzeugfabrik, Hutfabrik. Ein denkwürdiger Tag in der Bergbaugeschichte Böhmens war der 3. Januar 1934, als ein Unglück auf dem Nelson-Schacht 144 Opfer forderte. Ihnen wurde ein Denkmal errichtet.

Persönlichkeiten: Aus Ossegg stammt die Malerfamilie Jahn, deren Mitglieder Andreas (1653 - ?), Heinrich (1672 - 1713), Jakob Lorenz (1706 - 1767) und Johann Jakob Quirin (1739 - 1802) zu den großen Barockkünstlern Böhmens gehörten, sie wirkten in Ossegg und vornehmlich in Prag; Franz Weyde (1839 - 1924), Professor der Lehrerbildungsanstalt in Budweis, Verfasser pädagogischer, naturwissenschaftlicher und heimatkundlicher Schriften; Ernest Klee (1888 - 1973), Dichter und politischer Schriftsteller, Redakteur. Literaturpreis der Kankastiftung 1919.

1930: 5531 Einw. (3031 Deutsche, 2439 Tschechen, 56 Ausl.).

Umgebung: Ruine Riesenburg, 561 m, einstige gotische Burg um 1250 erbaut. Besitzer die Markgrafen von Meißen, die Rabstein, Sulewitz und Lobkowitz. Mitte des 16. Jh.s verlassen. Die Burg schützte den Weg über das Erzgebirge nach Meißen, ebenso die nahen Silber- und Zinnbergwerke. Strobnitz, 853 m. Stürmer, 869 m. Klostergrab.

Nach 1945 wurde das Stift Ossegg Altersheim für Klosterfrauen. Sammelstelle von Bildhauerarbeiten aus böhmischen Schlössern.

1960 übernahm Miltenberg die Patenschaft über den Bezirk Dux. In der seit 1955 bestehenden Heimatstube der Duxer befinden sich Objekte über Ossegg.

Osser *(Jezerní Hora)*, nahe Neuern, 1293 m. Die zwei spitzen Gipfel, den Großen und den Kleinen Osser, nennen die Tschechen die „Brüste der Muttergottes". Die Doppelkoppe an der Staatsgrenze ist die höchste Erhebung des aus Glimmerschiefer bestehenden Künischen Gebirges, das sich nördlich des Passes von Eisenstein zwischen Angel und Weißem Regen ca. 13 km in nordwestlicher Richtung hinzieht. Auf dem Osser, dem schönsten Berg des Böhmerwaldes, soll einst eine Burg gestanden haben; sie ist in alten Karten eingezeichnet. Hans Watzlik behandelte den Berg in „Im Ring des Ossers".

Großer Osser im Böhmerwald

Ostrau-Karwiner Kohlegebiet. Das von Kohle und Industrie bestimmte Revier liegt teils in Mähren, teils in Ostschlesien. In Mähren gehört dazu ein Teil des Bezirkes Mährisch Ostrau mit den Gemeinden Mährisch Ostrau, Witkowitz, Oderfurt, Marienberg und Zabřeh. Die ostschlesischen Gemeinden sind Schlesisch Ostrau, Muglinau, Hruschau, Hermanitz, Michalkowitz, Radwanitz, Perterswald, Orlau und Karwin. Sie gehören zum Bezirk Freistadt.

Es bestanden folgende deutsche Schulen: In Mährisch Ostrau Gymnasium, Realschule, Mädchenlyzeum, Knaben- und Mädchen-Handelsschule und Familienschule, zwei Bürgerschulen und neun Volksschulen. In Oderberg ein Realgymnasium und drei Volksschulen. In Witkowitz zwei Bürgerschulen und drei Volksschulen. In Oderfurt eine Bürgerschule und drei Volksschulen. In Hruschau eine Bürgerschule. In Schlesisch Ostrau eine private Bürgerschule und zwei Volksschulen. Je eine Volksschule in Marienberg, Zabřeh und Orlau, letztere vom Deutschen Kulturverband unterhalten.

An Wohlfahrtseinrichtungen bestanden in Mährisch Ostrau die Deutsche Bezirkskommission für Kinderschutz und Jugendfürsorge mit Mütterberatungsstelle, ein Landeskrankenhaus, ein Sanatorium, das Rothschildsche Waisenhaus und die Deutsche Freiwillige Feuerwehr; in Witkowitz ein Rekonvaleszentenheim.

Ottendorf *(Otovice)*, Bez. Braunau. 354 m, Grenzgemeinde an der Steine, die hier das Land Böhmen verläßt. An der Eisenbahnstrecke Mittelsteine - Halbstadt. Das Dorf wurde im 13. Jh. gegründet. Zollamt. Filialkirche Hl. Barbara mit Ovalgrundriß, 1709 - 1726, Entwurf von Kilian Ignaz Dientzenhofer.

Wirtschaft: Kalkbrüche und Kalköfen.

Persönlichkeiten: Dominik Prokop (1890 - 1970), Abt des Benediktinerklosters Braunau und des Klosters Rohr in Niederbayern, das er nach der Vertreibung mit den Braunauer Patres neu besiedelte; Hugo Scholz (1896 - 1987), Bauer und Schriftsteller, dessen volkstümlich gehaltene Werke hohe Auflagen erreichten.

1930: 956 Einw. (903 Deutsche, 29 Tschechen, 24 Ausl.).

Parschnitz *(Poříči)*, Bez. Trautenau. 402 m. Gemeinde an der Aupa. Station der Linien Chlumec - Parschnitz und Josefstadt - Jaroměř - Liebau. Die Chronik des Trautenauers Simon Hüttel aus dem 16. Jh. verlegt nach einer Sage die Gründung in das 11. Jh. Diese dürfte aber erst viel später erfolgt sein. Am 27. und 28. Juni 1866 fand hier ein Gefecht zwischen Österreichern und Preußen statt; Gräber und ein Denkmal erinnern an die Gefallenen.

Die Kirche Hl. Petrus und Paulus, 1901 geweiht, ist ein neugotischer Bau. Früher nach Trautenau eingepfarrt, wurde Parschnitz 1933 eigene Pfarrei. Kapelle Maria Hilf, 1770, 1821 umgebaut. Kapelle Johannes der Täufer.

Wirtschaft: Große Flachsspinnereien, Leinenwebereien, Bleichen, Metallindustrie.

1930: 3498 Einw. (2973 Deutsche, 488 Tschechen, 33 Ausl.).

Umgebung: Ziegenrücken, 697 m. Niederwald, 658 m. Schwedenberg, 659 m.

Partschendorf *(Bartošovice)*, Bez. Neutitschein. 247 m. Langgestrecktes Waldhufendorf im Kuhländchen. Am rechten Ufer der Oder. Erste Erwähnung 1383 als Parsdorf. 1522 kommen Dorf und Burg an Siegmund Sedlnitzky von Choltitz, 1616 an Johann Felix Podstatzky von Prussinowetz. Josefine Gräfin von Pachta, Wohltäterin, förderte die Viehzucht, Walburga Gräfin Truchseß-Zeil-Waldburg († 1828) machte sich verdient um die Hebung des Obstbaues.

Kirche Hl. Andreas, erst spätgotisch, dann Renaissance, renov. 1905 - 1906. Im Innern Epitaphe der Sedlnitzky im Stil der sächsischen

Renaissance. Schloß Barock 18. Jh., 1877 Umbau. In diesem lebte 1811 - 1844 der Volkskundler Joseph Georg Meinert (1773 - 1844); er sammelte die Volkslieder des Kuhländchens und gab sie 1817 unter dem Titel „Fylgie" heraus.
1930: 1890 Einw. (1522 Deutsche, 311 Tschechen, 50 Ausl.).

Passek *(Paseka)*, Bez. Sternberg. 245 m. Das wohl aus dem 13. Jh. stammende Reihendorf wird 1326 erwähnt. 1351 bestand eine Pfarrei, die zur damaligen Diözese Leitomischl gehörte (bis 1418). Im 15. Jh. Goldwäschereien. In der Zeit 1658 - 1677 wird eine deutsche Schule erwähnt. Die Pfarrei war im 16. Jh. von einem lutherischen Prediger besetzt. Passek hatte ein Erbgericht. Lungenheilstätte.
Kirche zur Hl. Kunigunde, Begräbnisstätte der Herrschaftsbesitzer von Eulenberg. Nach 1582 bis 1620 protestantisch. 1784 Kirchenneubau. Altarbild des Wiener Malers Ablasser.
1930: 1414 Einw. (1068 Deutsche, 326 Tschechen, 12 Ausl.).

Paulusbrunn *(Pavlův Studenec)*, Bez. Tachau, 710 m. Zuerst ein Jägerhaus (17. Jh.), um das herum die Siedlung entstand. Glashütte soll damals schon bestanden haben. Seit 18. Jh. Grenzzollamt an der bayerischen Grenze. Kirche Kreuzerhöhung, 1835 - 1837, im Empirestil, 1902 renoviert. Seit 1857 Pfarrei.

Peter-und-Pauls-Kirche in Parschnitz

Wirtschaft: Perlmutterknopferzeugung, Holzdrechslerei.
1930 (mit Baderwinkel, Hermannsreith, Inselthal, Goldbach, Neu Windischgrätz und Witttichsthal): 1451 Einw. (1399 Deutsche, 31 Tschechen, 21 Ausl.).

Pausram *(Pouzdřany)*, Bez. Nikolsburg. 172 m. Markt an der Eisenbahnlinie Lundenburg - Brünn. 1244 genannt, kommt Pausram 1291 an das Prämonstratenserstift Kanitz. Besitzer waren die Liechtenstein, Ottersdorf, Zierotin und Dietrichstein. Wappen (wahrscheinlich 1587): Im Schild zwei Eichenäste mit Blättern und Eicheln.
Pfarrkirche St. Nikolaus, 13. Jh., Neubau 1498. Die spätgotische Hallenkirche besitzt Altäre von Ignaz Lengelacher. Spätgotisches Sakramentshäuschen (um 1500). In der Reformationszeit lebten in Pausram Evangelische und Wiedertäufer; diese mußten 1622 den Ort verlassen.
Pfarrhof mit großem Bibliothekssaal (18. Jh.). Renaissancehäuser (Ende 16. Jh.). Zwei Statuen des Hl. Johannes von Nepomuk.
Wirtschaft: Weinbau, Landwirtschaft.
1930: 1184 Einw. (863 Deutsche, 303 Tschechen, 17 Ausl.).

Petersburg *(Petrohrad*, früher *Petrspurk)*, Bez. Podersam. 355 m. Das Dorf im Goldbachtal wurde 1360 erwähnt. Pfarrkirche Hl. Laurentius. Seit 1786 Lokalie, seit 1809 Pfarrei. Die Matriken wurden seit 1785 geführt. Schloß der Grafen Czernin, 2. Hälfte 16. Jh., erweitert um 1700. Plan von Giovanni Bapt. Alliprandi. Große Bibliothek, Kupferstich- und Münzsammlung. Der große Park wurde in der Mitte des 19. Jh.s von Rudolf Födisch angelegt. Nach dem letzten Krieg im Schloß Heil- und Pflegeanstalt sowie Wohnungen.
Wirtschaft: Hopfenanbau. Sommerfrische.
1930: 914 Einw. (683 Deutsche, 220 Tschechen, 11 Ausl.).
Umgebung: Tschentschitz mit Kapelle Hl. Kreuz. Willenz mit Filialkirche Hl. Maria Magdalena.

Petersdorf *(Petrovice nad Desnou)*, Bez. Mähr. Schönberg. 361 m. An der Tess. Station der Eisenbahnlinie Hohenstadt - Zöptau und

Petersdorf - Winkelsdorf. Hier mündet der Mertabach in die Tess. Ursprünglich eine alte Bergarbeitersiedlung, im 18. und 19. Jh. arbeiteten hier zwei Eisenhämmer. 1904 Eröffnung der Zweigbahn nach Winkelsdorf. Die Kirche stand an der Tess (1519), auf der anderen Seite des Flusses die von Reitendorf. 1904 Brand der Petersdorfer Kirche durch Blitzschlag. 1911 Beseitigung der Ruine. Dann Kirche in Reitendorf.
Wirtschaft: Landwirtschaftliche Maschinenfabrik, Schindelerzeugung, Ölmühle, Bleiche, Obstverwertungsgesellschaft. Sommerfrische.
1930 (mit Theresienthal): 1777 Einw. (1652 Deutsche, 98 Tschechen, 27 Ausl.) (1607 röm.-kath., 83 evang., 52 altkath.).
Umgebung: Fundort von Granaten und Glimmerschiefer. Reitendorf an der Tess, 373 m.

Peterswald *(Petrovice)*, Bez. Aussig. 540 m. Der fünf km lange Ort am östlichen Ende des Erzgebirges, nahe der Landesgrenze, ist ein altes Pfarrdorf mit einer schon 1352 genannten Kirche. Er hatte als Grenzstation Bedeutung; daran erinnert die hohe pyramidenförmige Grenzsäule. 1639 wurde die Kirche von den Schweden in Brand gesteckt. Am 25./26. Mai 1809 hatte hier und bei Nollendorf die Schwarze Legion mehrere Gefechte zu bestehen. Am 16. Sept. 1813 übernachtete Napoleon in Peterswald. Pfarrkirche St. Nikolaus, ein Barockbau. Nach 1578 war die Pfarre zeitweise lutherisch.
Wirtschaft: Metall- und Knopffabriken, Reißverschlußindustrie.
1930 (mit Antonsthal und Neuhof): 2728 Einw. (2631 Deutsche, 57 Ausl., 40 Tschechen).
Zu Peterswald gehörte auch die Einschicht Hungertuch mit 4 Häusern und 14 Einw.

Petschau *(Bečov)*, Bez. Tepl. 508 m. Der Sitz eines Gerichtsbezirkes an der Tepl liegt zwischen Marienbad und Karlsbad. Im 13. Jh. erwähnt, erfolgt im 14. Jh. durch den Silber- und Zinnbergbau eine frühe Blüte. Um 1387 Markterhebung. 1399 Stadtrecht. Wappen: Zwei silberne Türme mit roten Dächern und je einer Öffnung. Zwischen den Türmen in einem roten Schild ein doppelschwänziger Löwe mit einem Schlägel in der rechten Pranke; über dem roten Schild eine Heilige. Seit 1648 bestand in Petschau, das zum „musikalischen Mittelpunkt des Kaiserwaldes" (Quoika) werden sollte, ein Musikerkollegium. Aus dieser Liebe zur Musik entwickelte sich das Bedürfnis zur Gründung der Städtischen Musikschule durch Karl Veit i. J. 1886, eine Anstalt von hohem Niveau, wo vornehmlich Orchestermusiker ausgebildet wurden. Pfarrkirche St. Georg aus dem 15. Jh., nach einem Brand 1763 - 1767 Wiederaufbau durch Franz Pöpperle. Schnitzarbeiten des Teplers Thomas Pistl. Matriken seit 1760, heute im Staatlichen Gebietsarchiv in Pilsen. Rathaus nach 1760, erneuert 1989. Mariensäule 1680.
Aus einer Befestigungsanlage des 13. Jh. entstand die auf einem hohen Felsen liegende gotische Burg im 14. Jh. Die Kapelle ist mit alten Fresken (um 1400) geschmückt. In der Renaissancezeit Umbau der Burg. Besitzer waren u. a. die Herren von Riesenburg, Plauen, Pflug, Schlick, Questenberg-Kaunitz und seit 1813 die Herzöge von Beaufort-Spontin. Das Untere Schloß ist ein Barockbau (1750 - 1753). Zum Schloß gehörte die Domäne mit großem Forst. Es ist heute eine Abteilung der Gedenkstätte des nationalen Schrifttums und Sitz einer Bildergalerie.
Wirtschaft: Holz-, Leder- und Textilindustrie, Schnurfabrik, Kammerzeugung.
Persönlichkeiten: Wilhelm Labitzky (1829 - 1871), Geiger im Karlsbader Kurorchester, dann Domkapellmeister in Toronto/Kanada; Methud Schaffer (1820 - 1897), Prämonstratenser und Direktor des Gymnasiums in Pilsen. Verfasser lateinischer Gedichte; Anton Stöhr (1830 - 1903), Mitglied des böhmischen Landtags und Österreichischen Reichsrates, Ehrenbürger von Tachau; August Labitzky (1832 - 1903), Leiter des Karlsbader Kurorchesters, Komponist; Josef Kachler (1847 - 1890), Chemiker, der an den Universitäten Wien und Prag lehrte; Theodor Zuleger (Grün 1858 - 1929), Reichsratsabgeordneter, Abgeordneter (Bund der Landwirte) im Prager Parlament, Senator, Präsident der Deutschen Sektion des Landeskulturrates in Prag; Josef Rieber (1862 - 1934), Theologieprofessor an der Universität Prag; Herzog Heinrich von Beaufort-Spontin (1880 - 1966), Mitglied des Österreichischen Herrenhauses. 1920 in Karlsbad Mit-

begründer der Völkerbundliga; Herzogin Maria Adelheid von Beaufort-Spontin (1886 - 1945), Präsidentin des Katholischen Deutschen Frauenbundes in der Tschechoslowakei; Ernst Steidl (1891 - 1966), Maler und Mitglied des Metznerbundes.

1930: 2384 Einw. (2171 Deutsche, 168 Tschechen, 44 Ausl.).

Petzer *(Pec)*, Teil von Großaupa, Bez. Trautenau. 756 - 1400 m. In der Siedlung im engen waldumgebenen Talgrund der Großen Aupa wurde früher Kupferbergbau betrieben. Hier am Fuße der Schneekoppe erlegte man 1811 den letzten Bären des Riesengebirges. Kapelle 19. Jh. Wintersport, Sprungschanze, mehrere Rodelbahnen. Sommerfrische.

Gustl Berauer, 1912 - 1986, Skiweltmeister.

Umgebung: Steinboden (Brunnberg), 1560 m, Weiße Wiese, 1400 m, Rosenberg, 1388 m, Schneekoppe 1603 m, Schwarzer Berg, 1299 m, Bergschmiede, 1070 m, Riesengrundbaude, 823 m.

Pfraumberg *(Přimda)*, Bez. Tachau. 700 m. Pfraumberg an der Straße Prag - Nürnberg liegt am Fuße des Pfraumberges. Geographisch bemerkenswert ist, daß hier die Hauptwasserscheide Europas verläuft. Aus einer Siedlung an einem Handelsweg (10. Jh.) entstanden Burg und Stadt Anfang 14. Jh. Die Stadtprivilegien von 1331 wurden später wiederholt bestätigt und erweitert. Im Mittelalter war Pfraumberg Mittelpunkt eines deutschen Chodenbezirks. Das Jahr 1596 brachte das Ende des Untertänigkeitsverhältnisses durch Freikauf. Seit 1675 saßen hier die Grafen Kolowrat-Nowohradsky. Im Jahre 1945 richteten Bombenabwürfe schwere Schäden an. Wappenverleihung 1596 durch Rudolf II.: An einem auf grünem Boden stehenden Baum klettern zwei Bären empor.

Pfarrkirche St. Georg, 3. Viertel 14. Jh., mit Rippenwölbung (Ende 16. Jh.) und gotischem polygonalem Presbyterium. 1824 - 1826 renoviert. Burg über der Stadt (835 m), romanischer Bau, 12. Jh., 1126 an Böhmen, im 14. Jh. umgebaut, 1427 von den Hussiten erobert. Wiederholt diente sie als Staatsgefängnis der Przemysliden, so waren hier Sobieslaw (15 Jahre) und Ottokar I. (einige Monate) festgesetzt. Seit 1592 wurde die Burg als öde bezeichnet. Unterhalb der Ruine eine Marienkapelle (1852).

Philippsdorf

Wirtschaft: Viele Bewohner arbeiteten in den westböhmischen Badeorten, den nahen Industriestädten oder gingen nach Bayern und Sachsen. Erzeugung von Holzstiften. Holzhandel. Zementwarenerzeugung. Sommerfrische.

Persönlichkeiten: Joseph Gross (1866 - 1931), Erzdechant von Falkenau, dann Bischof von Leitmeritz. Präsident des Deutschen Katholikenrates für Böhmen; Franz Haibach (1899 - 1958), Priester, Zentralpräses des Deutschen katholischen Gesellenvereins in der Tschechoslowakei, nach der Vertreibung stellvertretender Direktor des Katholischen Jugendfürsorgevereins der Erzdiözese München und Freising, Mitbegründer der Ackermann-Gemeinde und des Adalbert-Stifter-Vereins.

1930 (mit Mühlloh): 1234 Einw. (1193 Deutsche, 26 Tschechen, 14 Ausl.).

Umgebung: Pfraumberg, 837 m, Jagdschlößchen Dianaberg mit Tiergarten, Großmaierhöfen mit Schloß (ehem. Graf Kolowrat), Frauenthal, Glashüttenwerk (ehem. Graf Kolowrat). Die Vertriebenen aus Pfraumberg und Umgebung errichteten in Waidhaus auf dem Kreßberg eine Marienkapelle.

Philippsdorf *(Filipov)*, Bez. Schluckenau. 368 m. Der Ort an der sächsischen Grenze gehörte zur Gemeinde Georgswalde. Gründung 1681 als Weberdorf. Seinen Namen verdankt es einem Gründer Philipp von Dietrichstein, der aus seiner Herrschaft Nikolsburg die ersten Siedler hierher brachte. Der Ursprung der Wallfahrt geht auf d. J. 1866 zurück, als die schwerkranke Magdalena Kade nach einer Marienerscheinung plötzlich geheilt wurde. Philippsdorf, „das böhmische Lourdes", wurde zum größten Wallfahrtsort Böhmens. Jährlich kamen über 100 000 Pilger, auch viele Wenden aus der Oberlausitz. 1866 Bau einer Kapelle. 1870-1885 entstand die zweitürmige Kirche Maria Hilf, die 1926 zur Basilika minor erhoben wurde. Seit 1885 ein Redemptoristenkolleg mit Noviziatshaus.

Wirtschaft: Kunstblumenerzeugung.

Persönlichkeiten: Franz Storch (1826-1901), Pfarrer in Georgswalde, Erbauer der Wallfahrtskirche, Wohltäter; Josef Donat (1868-1946), Jesuit, Professor für christliche Philosophie an der Universität Innsbruck.

1930: 2108 Einw. (1929 Deutsche, 98 Tschechen, 77 Ausl.).

Die Vertriebenen begehen noch jedes Jahr das Philippsdorfer Erscheinungsfest.

Pilnikau *(Pilníkov)*, Bez. Trautenau. 387 m. Als Plengiuilla 1357 erstmals erwähnt. Von den Hussiten zerstört. 1513 Markt. 1623 Albrecht von Waldstein erhält Pilnikau vom Kaiser geschenkt. 1675 an den Fürsten von Schwarzenberg. Pfarrkirche Hl. Dreifaltigkeit, 1604 erbaut an Stelle einer alten Holzkirche, die 1357 erwähnt wurde. Einige Häuser mit Lauben.

Wappen: Ein Schild in Silber, die linke Hälfte zeigt einen schwarzen Adler.

Wirtschaft: Seidenbandweberei, Metallwarenfabrik.

1930: 1812 Einw. (1664 Deutsche, 131 Tschechen, 34 Ausl.).

Pilsen *(Plzeň)*, Bezirksstadt in Westböhmen. 322 m. Die zweitgrößte Stadt Böhmens liegt im Pilsener Becken am Zusammenfluß von Miesa, Radbusa, Angel und Amsel (Uslawa) zur Beraun. In Pilsen, das schon immer ein bedeutender Handelsplatz war, kreuzen sich wichtige Verkehrslinien.

Pilsener Stadtwappen

Die befestigte Stadt entsteht unter König Wenzel II. Ihr Grundriß ist schachbrettartig. Wesentlichen Einfluß auf die Entwicklung hatte die Deutschordenskommende. Der Orden erhielt 1310 das Patronatsrecht über die Bartholomäuskirche. Karl IV. verlieh reiche Stadtprivilegien. Zwar wird die hussitische Lehre angenommen, doch bald zeigt die Stadt ihre Treue zu Kaiser Sigmund, der als Lohn für die Abwehr der Angriffe Prokops die Zollbefreiung für das gesamte Reich ausspricht. 1468 wurde die älteste Druckerei Böhmens eingerichtet. Während der Pestjahre 1483, 1582 und 1600 war die Stadt Sitz des königlichen Hofes. Im Schmalkaldischen Krieg (1547) blieb sie Ferdinand I. treu und erhielt dafür nach Prag die erste Stelle im Landtag. 1633/1634 hatte Wallenstein sein Hauptquartier in Pilsen und ließ sich im sog. Pilsener Revers von seinen Offizieren die Treue versichern. Ausbau der Eisenbahn und wachsende Industrie brachten Pilsen große Bedeutung ein. Durch den Zuzug von tschechischen Arbeitern erlangte die tschechische Nation bald die Vorherrschaft. 1897 wurden die Deutschen aus der Stadtverwaltung ausgeschaltet, bald auch aus der Bezirksvertretung. 1924 entstand durch Eingemeindungen Groß-Pilsen.

1935 bestand die Stadtvertretung aus 60 Mitgliedern, davon waren zwei Deutsche. Ende 1944 und 1945 erlitt Pilsen schwere Bombenschäden.

Das Wappen: In der Mitte des viergeteilten Schildes ein Torbau mit zwei Türmen. Im Tor ein Geharnischter mit blankem Schwert in der Rechten und ein Schild mit dem böhm. Löwen in der

Pilsen, Bürgerliches Brauhaus

Linken. Über dem Tor eine Frauengestalt mit zwei Bannern. Im linken oberen Viertel des Schildes ein Geharnischter und die Hälfte eines Adlers, im rechten zwei goldene Schlüssel; im linken unteren Viertel ein Windhund, im rechten ein Kamel.
Pilsen hat viele historische Gebäude, u. a. die Bartholomäuskirche (1444) mit berühmter Madonna, 14. Jh., und der Sternbergkapelle (Anf. 16. Jh.); der Turm ist mit 103 m der höchste des Staates. Gotische Franziskanerkirche, vor 1300; Dominikaner-Klosterkirche St. Anna, gebaut von G. Auguston, mit Fresken von Franz Jul. Lux, 1735 geweiht. Friedhofskirche Hl. Nikolaus (1406); auf dem Friedhof sind u.a. Emil von Skoda, J.K. Tyl und der Begründer des Karlsbader Becherbitters beigesetzt. Das Rathaus (1554 - 1558) mit Sgraffitomalereien ist ein WerkGiovanni de Statios. Synagoge mit zwei Türmen. Pestsäule (1681) von K. Widmann. Alte Bürgerhäuser.
Pilsen hatte drei Museen, ein historisches, kunstgewerbliches und ein volkskundliches. 1869 errichteten die Deutschen ein eigenes Theatergebäude, nachdem schon seit Ende des 18. Jh. deutsche Schauspiele aufgeführt worden waren. Der Bau wurde vom Deutschen Theaterverein ermöglicht. Heute ist der Bau das Kleine Theater. Die öffentliche Bildergalerie im Rathaus umfaßte 100 Kunstwerke. Der Deutsche Lese- und Unterhaltungsverein, 1856 gegründet, war ein wesentlicher Faktor in der Volksbildung. Das deutsche Staatsgymnasium, 1778 von der Gemeinde errichtet, wurde 1786 Staatsanstalt und 1804 dem Stift Tepl übertragen. Viele berühmte Persönlichkeiten hatten hier ihre Ausbildung erfahren, u. a. auch der Komponist B. Smetana. Seit 1921/1922 wurde die deutsche Anstalt klassenweise aufgelöst. Weiter bestanden das Staats-Reformrealgymnasium, seit 1872, das Mädchen-Vereins-Reformgymnasium, seit 1902, die Handelsakademie, 1894 vom Verein deutscher Kaufleute und Industrieller in Pilsen gegründet, und die Staatsgewerbeschule, seit 1877. Presse: „Pilsner Tagblatt", siebenmal, und „Zukunft", dreimal wöchentlich erscheinend.
Wirtschaft: Grundlage für die hochentwickelte Industrie sind die reichen Eisen- und Steinkohlenlager der Umgebung. Standort des größten Maschinenbauunternehmens des Staates, entstanden aus der Maschinenfabrik des Grafen Waldstein, die Emil von Skoda 1869 erwarb. Die Skodawerke waren die größten Rüstungswerke der Monarchie. 1946 verstaatlicht. 1971 hatte das Werk 70 000 Beschäftigte. Weltberühmt ist das Pilsener Bier, das seine Güte dem bayerischen Braumeister Josef Groll zu danken hatte. Keramische und Papierindustrie. Kaolin- und Tonvorkommen: Grundlage für Porzellan- und Tonindustrie. Leder- und Glasindustrie.
Persönlichkeiten: Ignaz Platzer d. Ä. (1717 bis 1787), zwischen 1740 und 1780 der führende Barockbildhauer in Prag; Joseph von Skoda (1805 - 1881), Universitätsprofessor in Wien, führte die Auskultation und Perkussion als Mittel der Diagnostik ein; Karl Viktor von Hansgirg (1823 - 1877), vielseitiger Schriftsteller; Emil von Skoda (1839 - 1900), Schöpfer der Skodawerke; Josef Finger (1841 - 1925), Physiker, Professor der Technischen Hochschule in Wien; Georg Juritsch (1851 - 1925), Historiker; Oskar Baum (1883 - 1941), blinder Schriftsteller, Angehöriger des „Prager Kreises", Lehrer für Orgel und Klavier in Prag; Herma Lauer (1879 - 1966), Schriftstellerin; Hans Owesny (1884 - 1945), Wirtschaftsfachmann, Dozent für Eisenbahnrecht an der Deutschen Universität in Prag; Otto Klein (1891 - 1968), Internist der Deutschen Universität in Prag. Führte als erster einen Katheter ins menschliche Herz ein; Eugen Lemberg (1903 - 1976), Professor der Soziologie, Präsident des Herder-Forschungsrates, Fachschriftsteller.

Pilsener Madonna, Bartholomäuskirche

1930: 89 374 Einw. (80 906 Tschechen, 6415 Deutsche, 1095 Ausl., 958 andere).
1954 übernahm die Stadt Dinkelsbühl die Patenschaft über den Heimatkreis Mies-Pilsen und stellte 1955 im Rathaus Räume für Archiv und Heimatstube des Heimatkreises zur Verfügung.
Umgebung: Ruine der Burg Radina, als Karlskrone von Kaiser Karl IV. errichtet. Bolewetzer Teichlandschaft, Chlum-Berg am rechten Beraun-Ufer, 416 m, Burgruine Wildstein (16. Jh.) bei Domislitz, Park Lochotin mit bereits im 13. Jh. bekannten Steinbrüchen.
Heute ist Pilsen Hauptstadt des Westböhmischen Gebietes. Hochschule für Maschinenbau, Medizinische und Pädagogische Fakultät. Sitz der Westböhmischen Galerie (gotische Plastik). Zwei Theater. Planetarium. Handelsschulen. Westböhmisches Museum. Bierbrauereimuseum im ehem. Malzhaus. Das ehem. Deutsche Haus ist heute Haus der Kultur. In jedem Jahr Ausstellung gastronomischer und Nahrungsmittel-Erzeugnisse.

Pirkenhammer *(Březová)*, Bez. Karlsbad. Sommerfrische und beliebter Ausflugsort im Tepltal und von Wäldern umgeben. Seit 1939 in Karlsbad eingemeindet. Marienkirche, 1892, neugotisch, mit barockem Kreuzweg. Theodor-Körner-Denkmal (1888). Historische Schmiede, in der 1712 Peter der Große ein Hufeisen schmiedete (Gedenktafel). Neben der Schießstätte des Vereins der Karlsbader Schützenfreunde ein 1898/1899 erbautes Schützenhaus im Egerländer Stil, heute Erholungsheim für Gewerkschaftsmitglieder.
Wirtschaft: Erste Porzellan-Industrie-AG (EPIAG), arbeitet seit 1803 und fertigte neben Gebrauchsporzellan kunstvolle Erzeugnisse, die in alle Welt gingen. Heute ständige Ausstellung der Erzeugnisse, auch der Duplikate. Die Fabrik hatte schon Goethe während seines Kuraufenthaltes besucht.
1930: 1726 Einw. (1691 Deutsche, 14 Tschechen, 10 Ausl.)
Umgebung: Der in den 30er Jahren angelegte Stausee, Schloßberg, Ruine Engelhaus, Hans-Heiling-Felsen, Wütender Stein.

Plan *(Planá)*, Bezirksstadt. 506 m. An der Eisenbahnstrecke Pilsen – Eger. Die Entstehung der Stadt an der Mies steht im Zusammenhang mit Silber- und Bleibergbau. Plan, 1219 erwähnt, geht 1251 als Vermächtnis Wenzels I. an das Kloster Waldsassen, das das Patronat ausübt. Unter Karl IV. wird Plan 1373 Markt, bald darauf Stadt. Die Verleihung des Wappens erfolgt auf Bitte von Graf Franz E. Schlick (1661); dieses zeigt im roten Schild eine silberne Stadtmauer mit Zinnen und offenem Tor, hinter der Mauer zwei silberne Türme mit Zinnen und je drei Fenstern; zwischen den Türmen eine aufragende Spitze,

Pirkenhammer

beiderseits zwei silberne Ringe und ein roter Ring in der Spitze (Schlick-Wappen). Die Schlick besaßen die Herrschaft von 1517 bis 1665. Unter ihnen blühte der Bergbau, es wurden sogar Münzen geprägt; das Münzhaus wurde später zum Brauhaus. 1621 verwüsteten Mansfeldische Truppen die Stadt. Zerstörungen richtete ein großer Brand 1787 an. In der ersten Hälfte des 19. Jh. saßen die Nostitz-Rieneck in Plan; sie erbauten das alte Schloß.
Pfarrkirche Mariä Himmelfahrt, 1240, um 1500 spätgotischer Umbau, 1745 - 1747 barocke Formen; Erhaltung des Rippengewölbes. Unter den alten Grabmälern auch das des 1621 hingerichteten Joachim Andreas Schlick, der sich am böhmischen Aufstand beteiligt hatte. Barocke Pfarrei (1706 - 1707). Städtisches Spital mit der Kirche Peter und Paul, spätromanisch, 2. Hälfte 13. Jh. 1784 aufgelöst und profaniert. Alte Münze. Deutsches Realgymnasium, 1898 gegründet.
Die gotische Burg wurde 17. - 19. Jh. zu einem Schloß umgebaut. Englischer Park. Marktplatz mit mittelalterlichen und barocken Häusern, Rathaus 1680 - 1685, 1883 renoviert. Städtisches Museum seit 1896 (Ortsgeschichte, Münzen, Hausrat, Bücher). Studentenheim. Barocke Johann-von-Nepomuk-Statue. Auf einer Anhöhe die Wallfahrtskirche St. Anna, 527 m, mit Fresken des Malers Schmidt. Die Wallfahrer wurden von Redemptoristen betreut. Um die Säkularisierung der Kirche zu verhindern, machten sie die Schloßbesitzer zu ihrer Schloßkapelle. In Plan bestand bis ins 15. Jh. ein Minoritenkloster; es wurde von Hussiten zerstört.
Wirtschaft: Maschinenfabrik, Wäscheerzeugung, Strickwaren, Sommerfrische.
Persönlichkeiten: Johann Franz Löw von Erlsfeld (1648 - 1725), Leibarzt von Kaiser Karl VI., Medizinprofessor an der Universität Prag; Joseph Anton Sehling (1710 - 1756), Domchorkapellmeister in Prag, Komponist (Kirchenmusik, eine Oper). Außer ihm brachte die Stadt noch viele andere bedeutende Musiker hervor. Joseph Helfert d. Ä. (1791 - 1847), Kirchenrechtler und Prager Universitätsprofessor. Vater des Staatsmannes, Historikers und Juristen Joseph

Wallfahrtskirche St. Anna in Plan

Alexander von Helfert (1820 - 1910), Mitarbeiter an der österreichischen Unterrichtsreform und Gründer des Instituts für österreichische Geschichtsforschung; Ferdinand Kowarz (1838 - 1914), Oberpostverwalter in Franzensbad; nach diesem Entomologen sind mehrere von ihm entdeckte Fliegenarten benannt; Franz Martin Mayer (1844 - 1914), Professor für österreichische Geschichte an der Universität Graz; Hans Tropsch (1889 - 1935), Chemiker, Professor der Technischen Hochschule Prag, entwikkelte mit F. Fischer ein Verfahren zur Erzeugung von Benzin aus Kohle.
1930: 4395 Einw. (4057 Deutsche, 249 Tschechen, 65 Ausl., 24 Juden).
Umgebg.: Galgenberg, 571 m. Eine Burg soll hier gestanden haben. Eisenwerk Josephihütte. Bemerkenswert ist die lateinische Inschrift im Rathaus: „Dieses Haus haßt die Nichtswürdigen, liebt den Frieden, bestraft die Verbrecher, wahrt des Recht, ehrt die Rechtschaffenen."
1976 Eröffnung einer Plan-Weseritzer Heimatstube mit Archiv in der Stadt Tirschenreuth, die 1954 die Patenschaft über die Vertriebenen des Kreises übernahm.

Plansker Wald oder **Krummauer Gebirge** *(Blanský les)*. Ein Höhenzug im südlichen Böhmerwald, der aus Granit besteht. Höchste Erhebung Schöninger *(Klet')*, 1085 m, mit Aussichtsturm, 1824 durch den Fürsten Schwarzenberg gebaut. Heute Standort eines Sendemastes. Der 17 km lange Höhenzug hat noch Erhebungen wie Chlum, 1188 m, Libin bei Prachatitz, 1091 m, mit Aussichtsturm, Pleschen, 1069 m, und Hohe Liesel, 795 m.

Platten, Bez. Neudek. s. Bergstadt Platten

Platten *(Blatno)*, Bez. Komotau. 680 m. Der Ort an der Straße von Komotau nach Sachsen gehörte zuerst dem Deutschen Orden, der ihn 1339 an die königliche Kammer verpfändete. 1589 wurde Popel von Lobkowitz als Besitzer des Schlosses Platten genannt, das nach dessen Tod eingezogen wurde und 1605 an Adam Hrzan von Harras kam; andere Besitzer Auersperg, Rottenhan und Hohenlohe-Langenburg, die auch Besitzer von Schloß Rothenhaus waren. Pfarrkirche Erzengel Michael bestand schon 1384, Neubau 1782 - 1784. In dem Schloß, aus der 1399 erwähnten Burg entstanden, wurde 1773 durch Johann Ignaz Ehrenwert, Forstmeister in Rothenhaus, die erste Forstschule Österreichs errichtet. Dieses Ereignis hielt eine Gedenktafel aus d. J. 1904 fest.
Wirtschaft: Kistenfabrik, Käseerzeugung.
1930: 483 Einw. (469 Deutsche, 14 Tschechen).
Umgebung: Kirchberg. Quinau mit Wallfahrtskirche Mariä Heimsuchung mit gotischem Presbyterium (1342). Erste Grundmühle (Ausflugsziel).
1958 Zusammenlegung mit der Gemeinde Sperbersdorf.

Platz *(Místo)*, Bez. Komotau. 580 m. 8 km nördlich von Kaaden. Der Name ist 1518 als Flurname nachgewiesen. Es wurden damals Bergwerke angelegt, in denen Silber und Eisenerz gefördert wurden. Die Gründung der Bergstadt geht auf die Lobkowitz auf Hassenstein zurück. 1606 Bergstädtchen. 1848 bei der Herrschaft Hagensdorf und Brunnersdorf.
Erste Kirche 1572 verbrannt. Dreifaltigkeitskirche, 1691 - 1692, frühbarocker Bau. Hauptaltar von Bildhauer Jakob Eberle aus Maschau. Dreifaltigkeitssäule, 1724, Florianstatue, 1. Hälfte 18. Jh., Kruzifix, 1747, Marter, Anfang 16. Jh., Barockhaus Mitte 18. Jh. Wappen: Auf einem

Burgruine Hassenstein bei Platz

grünen Dreiberg Hammer und Bergeisen gekreuzt. Sommerfrische.
1930 (mit Neudörfel): 462 Einw. (460 Deutsche, 2 Ausl.).
Umgebung: Burgruine Hassenstein, Sitz des Humanisten und neulateinischen Dichters Bohuslaus Lobkowitz auf Hassenstein, 1461 - 1510. Bei der Burg fanden Festspiele statt. Die spätgotischen Statuen der Burgkapelle, Werke des Ulrich Creutz, stehen im Komotauer Stadtmuseum. Kindererholungsheim Margarethenheim (seit 1915). Bergstädte Sebastians- und Sonnenberg.

Plöckenstein *(Plechy,* früher *Plöckenštejn)*, 1378 m. Höchste Erhebung des Böhmerwaldes auf der böhmischen Seite; am Dreiländereck (Bayern, Österreich, Böhmen). Auch Bezeichnung für einen Bergrücken (aus Granit bestehend) im Böhmerwald, der sich von Kuschwarda nach Süden hinzieht. Plöckensteinsee, 1090 m.
Stifter hat ihm in der Erzählung „Der Hochwald" ein literarisches Denkmal gesetzt. Das Adalbert-Stifter-Denkmal, ein Obelisk 15 m hoch, 1877 aufgestellt, initiiert durch Jordan Kajetan Markus, entworfen von Heinrich von Ferstel.

Ploschkowitz *(Ploškovice)*, Bez. Leitmeritz. Das bekannte Barockschloß, 1720 gebaut durch Ottavio Broggio für Herzogin Anna Maria von Toskana, wurde 1816 erweitert. In der Schloßka-

Schloß Ploschkowitz

pelle schuf Kandler das Altarbild, Johannes von Nepomuk darstellend. Das Schloß, 1850 – 1853 umgebaut, diente auch Kaiser Ferdinand als Sommerresidenz.

Das Dorf im Nordosten von Leitmeritz war im 12. Jh. Besitz des Johanniterordens. 1496 erhoben sich die Untertanen der Herrschaft Ploschkowitz unter Führung des sagenhaften Dalibor von Kozojed. Dieser wurde gefangen, auf die Prager Burg gebracht, in dem später nach ihm benannten Turm gefangengehalten und 1498 hingerichtet. Wenzig schrieb das Libretto für Smetanas Oper „Dalibor".

1930: 513 Einw. (394 Tschechen, 118 Deutsche, 1 Ausl.).

Joseph Hoser (1770 – 1848), Geograph, Leibarzt von Erzherzog Karl, dem Sieger von Aspern. Verfaßte geographische und naturwissenschaftliche Arbeiten über Riesengebirge und andere böhmische Landschaften.

Podersam *(Podbořany)*, Bezirksstadt. 330 m. Am Fichtelbach.

14 km südwestlich von Saaz. An der Eisenbahnstrecke Ladowitz – Pilsen – Eisenstein. 1576 Erhebung zum „Städtlein" auf Fürsprache des Grafen Christoph Schlick. Er bewilligte noch in diesem Jahr den Bürgern ein Brauhaus, das bis 1876 bestand. 1586 ging Podersam durch Kauf an die Vitzthum von Egerberg über. Da diese 1618 auf der Seite der Aufständischen standen, wurden ihre Güter nach der Schlacht am Weißen Berg 1620 konfisziert. Die Stadt kam an die kaiserliche Kammer, dann durch Kauf an den kaiserlichen General Herzog Julius Heinrich von Sachsen-Lauenburg. Spätere Herrschaftsbesitzer waren Ludwig Wilhelm von Baden, Schreiter-Schwarzenfeld und Salm-Reifferscheid.

Wappen: In Blau eine Mauer mit Zinnen und geöffnetem Tor, über der Mauer zwei Türme mit je zwei Fenstern und rotem Dach; zwischen den Türmen ein goldener Schild mit drei Geweihen.

Zuerst im Besitz des Klosters Postelberg. 1369 Erwähnung des Dorfes. Gotische Pfarrkirche Peter und Paul, jetzige Form aus d. J. 1592 bzw. Ende 18. Jh. Pfarrei spätbarock 1788. Dreifaltigkeitssäule bei der Kirche um 1700. Evangelische Kirche 1901. Synagoge 1874. Rathaus aus dem 14. Jh. Heimatmuseum mit 1927 gegründeter vorgeschichtlicher Sammlung. Bezirkskrankenhaus. Turnhalle des deutschen Turnvereins. Kudlich-Denkmal, 1930. Stadtpark.

Wirtschaft: Fruchtbare Gegend, Getreide und Hopfenbau. Die Kaolinlager sind die Grundlage für Porzellan- und Tonwarenerzeugung. Im Nordwesten Braunkohlerevier.

Persönlichkeiten: Joachim Cron (1751 – 1829), Zisterzienser des Stiftes Osseg, Professor der Dogmatik an der Universität Prag, Komponist; Gallus Ritter von Hochberger (Wohlau 1803 – 1901), Brunnenarzt in Karlsbad, Förderer der Kurstadt, balneologischer Schriftsteller, Ehrenbürger von Karlsbad, Franzensbad, Waltsch und Podersam; Emil Merker (Mohr 1888 – 1972), Erzähler und Lyriker; Roland Tenschert (1894 – 1970), Musikwissenschaftler und -Schriftsteller, Dozent am Mozarteum in Salzburg und an der

Wappen der Stadt Podersam

Podersam, Kirche Peter und Paul

Musikakademie in Wien; Gustav Hacker (Lubau 1900–1979), Minister für Landwirtschaft und Forsten in Hessen.
1930: 3730 Einw. (2974 Deutsche, 690 Tschechen).
Umgebung: Im Podersamer Elementenwald wurden 1945 67 deutsche Bürger ermordet. Rubinberg mit einstiger Wallburg. Hier wurden vor- und frühgeschichtliche Funde durch Franz Steiner aus Schaab bei Podersam gemacht und der Forschung zur Verfügung gestellt.

Pohrlitz *(Pohořelice)*, Bez. Nikolsburg. 184 m. An der Igel, 17 km nordwestlich Auspitz. Funde deuten auf vor- und frühgeschichtliche Besiedlung hin. Erste Erwähnung 1222. Bereits im 13. Jh. Stadt, die dann im Laufe der Zeit ihre Rechte verlor und wieder als Markt bezeichnet wurde. Im 16. Jh. setzen sich Lutheraner, Böhmische Brüder und Wiedertäufer fest. 1663 Einfall der Türken. Während der Schlacht bei Austerlitz (1805) Hauptquartier der Franzosen. 1885 Stadterhebung. Wappen: Im gotischen Schild eine Stadtmauer mit Zinnen und geschlossenem Tor. Auf der Mauer drei fensterlose Türme, über diesen je eine Rose. 1888 Einrichtung einer landwirtschaftlichen Winterschule (Fachschule). Am 4. März 1919 waren zwei Todesopfer zu beklagen, als die Sudetendeutschen friedlich für ihr Selbstbestimmungsrecht demonstrierten. 1938 kam Pohrlitz an den Reichsgau Niederösterreich (das Land Niederösterreich).
Die alte Pfarrkirche St. Jakob, 13. Jh., eine frühgotische Hallenkirche mit alten Fresken. Alte Grabsteine. In der 2. Hälfte des 17. Jh.s barockisiert. Zum Schloß (das Paarische Schlössel) gehörte früher ein großes Gut. Pohrlitz hatte wie viele andere mährische Orte bis zur Gründung der Tschechoslowakei 1918 eine eigene jüdische Gemeinde und Synagoge.
Wirtschaft: Zuckerfabrik, Süßwarenfabrik. Bedeutende Landwirtschaft. Nahrungsmittelindustrie. Besuchte Jahrmärkte.
Karl Beurle (1860–1919), Mitglied des Reichsrats und des Herrenhauses, Obmann der Deutschen Volkspartei in Oberösterreich, Förderer der Stadt Linz.
1890: 2441 Deutsche und 304 Tschechen. 1930: 4290 Einw. (2816 Tschechen, 1210 Deutsche, 191 Juden, 73 Ausl.).
Umgebung: Teiche mit Fischzucht.

Polaun *(Polubny)*, Bez. Gablonz. 498 bis 1004 m. Größte Gemeinde des Bezirks, besteht aus mehreren verstreut gelegenen Siedlungen zwischen Desse- und Isertal. Eisenbahnstation der Linie Polaun – Schreiberhau – Hirschberg. Polaun, früher zur Herrschaft Semil gehörend, wurde 1899 zur Marktgemeinde erhoben. Wappen: Eine auf eine Keule gestütze Männergestalt. Kirche Johannes der Täufer. 1789–1793 durch F. Theumert gebaut. 1895 renoviert und Erhöhung des Turmes. Kanzel um 1800 mit Relief des Sämannmotivs. Bei der Kirche Statue Johannes von Nepomuk, 1824.
Wirtschaft: Große Glasfabrik Josef Riedel, 1742 gegründet, 2500 Arbeiter, Textilfabrik mit 700 Arbeitern. Holzindustrie, Skiherstellung, Papierwaren, Wäsche, Weberei. Ausflugsort.
Persönlichkeiten: Rudolf Fischer (1880–1969), Weber und Glasschleifer, Abgeordneter im Prager Parlament (DSAP); Heinrich Fischer (1906–1976), Mitglied des Bayerischen Senats, Vorsitzender des Wirtschaftsausschusses.
1930 (mit den 12 Ortsteilen Unterpolaun, Oberpolaun, Wurzelsdorf, Grünthal, Schwarzfluß, Darre, Neustück, Markelsdorf, Rosental, Nitschehäuser, Watzelsbrunn und Kobel): 4823 Einw. (3991 Deutsche, 715 Tschechen, 111 Ausl.), (3513 röm.-kath., 640 altkath., 483 konf.-los, 137 evang., 39 tschechosl. Kirche).
Umgebung: Welscher Kamm des Isergebirges, Polauner Tunnel, 932 m lang, von der Eisenbahn

durchfahren. Schlössersteine, 1004 m. Darretalsperre. Bad Wurzelsdorf mit Schwefel- und eisenhaltigen Quellen (18,8 °) gegen rheumatische Beschwerden. Moorbäder.

Politschka *(Polička)*, Bezirksstadt in Ostböhmen. 555 m. 1265 Gründung durch Ottokar II. Königliche Leibgedingestadt. 1421 erst von Kaiser Sigismund, dann von den Hussiten erstürmt. 1642 - 1645 von Schweden unter Torstenson besetzt. Von der starken Befestigung der Stadt sind noch Reste zu sehen. 1845 bis auf fünf Gebäude abgebrannt. Dekanalkirche St. Jakob, im 16. Jh. Umbau, nach Brand von Fr. Schmoranz 1853 - 1865 Wiederaufbau. Im Kirchturm wurde geboren Bohuslav Martinů (1890 - 1959), dessen Vater Turmwächter und Schuhmacher war. Seit 1984 eine Gedenkstätte für den Komponisten im Stadtmuseum. Kirche St. Michael auf dem Friedhof. Städtisches Siechenhaus (1758). Rathaus, barock, 1740 - 1744, mit gotischem Turm aus dem 15. Jh. Mariensäule, 1727 - 1731.
Wirtschaft: Musikinstrumente, Textil- und Schuhindustrie, Eisenhandel, Zementwarenerzeugung.
Dominik Auliczek (1734 - 1804), Hofbildhauer in München. Modellmeister bei der Nymphenburger Porzellanmanufaktur.
1930: 6096 Einw. (5891 Tschechen, 149 Deutsche, 22 Russen, 16 Ungarn).
Umgebung: Bad Goldbrunn mit kohlensäurehaltiger Quelle (7,5 °).

Politz an der Elbe *(Boletice nad Labem)*, Bez. Tetschen, 135-200 m. Bei dem Dorf am rechten Ufer der Elbe wurden Funde aus der La-Tène-Zeit (Bodenbacher Gruppe) gemacht. Es kam im 14. Jh. zur Herrschaft Tetschen. 1430 als Besitz Sigmunds von Wartenberg genannt. Das stets mit der Geschichte der Stadt Tetschen eng verbundene Dorf war nach Neschwitz eingepfarrt. Matriken seit 1703.
Wirtschaft: Kammgarnspinnerei, Emaillierwerk, chemische Fabrik, Korbmacherei. Große Obstkulturen. Sommerfrische.
1930: 3042 Einw. (2607 Deutsche, 250 Ausl., 183 Tschechen) (2045 röm.-kath., 832 konf.-los, 135 evang., 17 altkath.).
Umgebung: Hutberg, 255 m. Bergschloßfels.

Politz, Benediktiner-Klosterkirche

Pollau *(Pavlov)*, Bez. Nikolsburg. 246 m. In vorgeschichtlicher Zeit besiedelt. 1334 genannt. 1526 - 1623 setzten sich die Wiedertäufer fest, die in großen Gemeinschaften in Bruderhöfen lebten. Im 16. Jh. kam das Dorf mit der Herrschaft Nikolsburg an die Dietrichstein. Pfarrkirche Hl. Barbara, 1658, klassizistischer Umbau 1828. Mit Wehrturm. Ausstattung vom Bildhauer Ignaz Lengelacher. Statue des Hl. Florian.
Wirtschaft: Landwirtschaft. Weinbau (Rotwein).
1930: 1098 Einw. (1075 Deutsche, 11 Tschechen, 3 Ausl.) Umgebung: Pollauer Berge.

Pollauer Berge *(Pavlovské vrchy)* nördlich Nikolsburg in Südmähren. Kalkfelsengruppe bis 500 m hoch, mit mehreren Ruinen und Burgen. Höchste Erhebung Maidenberg. 550 m, mit Ruine der Maidenburg. Tafelberg mit Ruine der Rosenburg, 437 m. Turoldsberg, 384 m, mit Höhlen und Erdfällen. In Unter Wisternitz (Mammutjägerstätte) wurde die nach diesem Ort benannte Venus, eine Figur aus der Steinzeit, gefunden. Von den Pollauer Bergen genießt man einen weiten Ausblick in das mährische Land.

Polzen *(Ploučnice)*, rechter 74 km langer Nebenfluß der Elbe in Böhmen, entspringt am Westabhang des Jeschken in ca. 400 m Höhe und mündet unterhalb des Tetschener Schloßfelsens (132 m). Am Fluß liegen Niemes, Böhm. Leipa und Bensen.
Das Polzenland südöstlich des Elbsandsteingebirges entlang des Flusses ist ein Sandsteingebiet, von mehreren Vulkankegeln unterbrochen. Rollberg, 694 m, Bösig, 605 m. Mehrere Teiche, darunter der große von Hirschberg. Ideales Erholungsgebiet. Glas- und andere Industrie.

Pomeisl *(Nepomyšl)*, Bez. Podersam. 419 m. Vor 1346 bestand eine Pfarre, die einging und erst 1662 wieder errichtet wurde. 1361 war das Dorf bei der Herrschaft der Herren von Janowitz, dann der Kolditz, Questenberg und Dietrichstein. 1717 Markt. Das Wappen vom Anfang des 18. Jh.s: Eine Mauer mit geöffnetem Tor, über diesem fließen aus drei Öffnungen drei Wasserströme. Hinter der Mauer zwei Türme mit roten spitzen Dächern und je zwei Fenstern; zwischen den Türmen der Hl. Nikolaus als Bischof. Gotische Nikolauskirche, 1. Hälfte 18. Jh. barock. Zur Pfarre gehören Gödesin, Teutschenrust mit Filialkirche St. Notburga und Wärzen. Burg spätgotisch Mitte 16. Jh., Ende 17. Jh. Umbau zum frühbarocken Schloß.
Wirtschaft: Kaolinwerke.
1930: 1134 Einw. (1017 Deutsche, 101 Tschechen, 16 Ausl.).

Pollauer Berge

Pömmerle *(Povrly)*, Bez. Aussig. 146 m. Dorf am linken Elbeufer und an der Straße Aussig – Bodenbach. Mündung des Königsbaches in die Elbe. Dampfschiffahrtshaltestelle. Im 12. Jh. als Reihendorf angelegt, das 1186 dem Johanniterorden gehörte. Zollstation. Großer wirtschaftlicher Aufschwung durch die Gründung des Kupferwalzwerks 1899. Auch Eisenhandel wurde betrieben. Obstanlagen. Sommerfrische.
1930: 1319 Einw. (1103 Deutsche, 136 Ausl., 80 Tschechen) (950 röm.-kath., 272 konf.-los, 87 evang.).

Poppitz *(Popice)*, Bez. Znaim. 284 m. Das Straßendorf, 1190 urkundlich erwähnt, wurde 1434 von Hussiten überfallen und vernichtet. 1577 eine Pfarrei genannt. Pfarrkirche Hl. Sigismund, 14. Jh., Langhaus 15. Jh. spätgotisch, Umbau im 17. Jh. Hochaltar 1725. Turmhelm 1752. Pfarre mit altem Tor aus der Renaissancezeit, 2. Hälfte 16. Jh. Bildstock mit Reliefs von Heiligen, 16. Jh. Florianstatue 2. Hälfte 17. Jh. Marienkapelle.
Karl Postl (1793 – 1864), Kreuzherr in Prag, der nach seiner Flucht nach Nordamerika als Charles Sealsfield dort zum bedeutendsten deutschamerikanischen Dichter wurde. An ihn erinnert ein Gedenkstein.
1930: 364 Einw. (319 Deutsche, 20 Tschechen, 7 Ausl.).
Umgebung: Karolinenberg mit Wallfahrtskapelle, 1680.

Poschetzau *(Božičany)*, Bez. Elbogen. Gründung vom Kloster Waldassen aus. 1599 kam das Dorf als Lehen an die Stadt Elbogen.
Wirtschaft: Porzellanfabrik, 1890, ehemals Maier & Co., 650 Arbeiter, Erzeugung von Gebrauchsgeschirr. Zwei Kaolinschlämmereien, Zementwaren, Braunkohlenbergwerk.
1930: 1219 Einw. (1201 Deutsche, 12 Ausl., 6 Tschechen).

Postelberg *(Postoloprty)*, Bez. Saaz. 193 m. An der Eger, in die der Assig- oder Komotauer Bach einmündet; dessen Quellen liegen bei Sebastiansberg. An der sog. Kaiserstraße von Prag über Komotau – Sebastiansberg nach Leipzig. Vorgeschichtliche Funde. 1121 entstand ein Benediktinerkloster mit Namen Porta apostolorum, woraus der Ortsname entstand. Durch das Kloster kamen deutsche Siedler in diese Region. Das Kloster wurde 1420 von Hussiten vernichtet. Anfang 16. Jh. Markt und 1511 Stadt. Wappenverleihung durch König Wladislaw II.: Zwei weiße Türme mit blauen Giebeln, in deren Mitte ein Karpfen im roten Feld. Wladislaw vermachte 1514 das Gebiet an die Herren von Weitmühl. 1620 Plünderung des Schlosses durch rebellie-

rende Bauern. Nach 1918 wird durch Bodenreform Teil der Herrschaft an Tschechen verteilt. 1945 Errichtung eines tschechischen Konzentrationslagers für Deutsche.
Dekanalkirche Mariä Himmelfahrt, 1384, 1746-53 nach Plänen A. Altomontes umgebaut. Epitaphe und wertvolle Altarbilder. Moderne Orgel. Die ehem. Franziskuskirche geht auf einen mittelalterlichen Bau zurück. Altes Rathaus, 1726, wurde Bezirksgericht. Neues Rathaus 1903. Jüdischer Friedhof, Synagoge 1720. Aus der Burg des Mittelalters entstand das Schloß, das die Fürsten Schwarzenberg Ende des 18. Jh. neu erbauen ließen; beteiligt war auch A. E. Martinelli. Im August 1813 hatte hier Kaiser Franz I. sein Hoflager. Statue Johannes von Nepomuk, 1713; Schmerzhafte Muttergottes, 1701.
Wirtschaft: In fruchtbarer Landschaft gedeihen Hopfen, Zuckerrüben, Obst und Getreide. Landmaschinenfabrik, Bierbrauerei aus dem 16. Jh., große Zuckerfabrik, Möbelfabrik, Herrenbekleidung. Im Nordw. Braunkohlenbergbau.
Persönlichkeiten: Anton Langweil (1791 - 1837), Schöpfer eines Modells der Stadt Prag (1826 - 1834), Julius Glaser (1831 - 1885), Professor für österreichisches Strafrecht an der Universität Wien, Justizminister; Eduard Bacher (1846 - 1908), Herausgeber der Neuen Freien Presse in Wien, Berater des Erzherzogs Rudolf; Ernst Viktor Zenker (1865 - 1946), Abgeordneter im österreichischen Reichsrat, Herausgeber und politischer Schriftsteller; Ludwig Freund (1878 - 1953), Zoologe, Professor der Deutschen Universität Prag.
1930: 3311 Einw. (1739 Deutsche, 1489 Tschechen, 59 Juden).
Umgebung: Weberschan mit einer Mineralquelle. Rannayer Segelflugberg. Das Neuschloß, entstand durch Umbau einer Feste 1581.
1987 Patenschaft über die vertriebenen Postelberger durch Staffelstein.

Prachatitz *(Prachatice)*, Bezirksstadt. 561 m. Die Stadt an einem Nebenfluß der Blanitz liegt in einem von bewaldeten Bergen umgebenen Talkessel am nördlichen Fuße des Libin (1091 m). Eine erste Erwähnung geschieht 1088. Hier war eine wichtige Zollstätte, ebenso der Hauptort des von Bayern nach Böhmen führenden Goldenen Steiges. Das auf diesem transportierte Salz und Getreide brachte Wohlstand. 1323 Stadterhebung durch König Johann. 1420 Eroberung durch Hussiten, viele Menschen wurden ermordet. 85 wurden in die Sakristei eingeschlossen und verbrannt. Ihnen wurde später eine Gedenktafel gewidmet. Seit 1445 bestand die Literaten-(Latein-)Schule, die auch von Hus besucht wurde. Seit dem 16. Jh. im Besitz der Herren von Rosenberg, war Prachatitz als bedeutender Handelsplatz zeitweise die reichste Stadt des Böhmerwaldes. Nach dem böhmischen Aufstand von 1618 wird die Stadt wegen Teilnahme durch den General Buquoy bestraft. Im 17. Jh. Übergang in das Eigentum der Eggenberg, dann der Schwarzenberg. 1706 Verlegung der Salzniederlage von Prachatitz nach Krummau, dadurch Rückgang an Bedeutung. 1936 drängt eine tschechische Mehrheit in der Stadtverwaltung das deutsche Element zurück. – Das Wappen von 1493: Über einem nach rechts gewendeten Löwen zwei gekreuzte Schlüssel; diese stammen aus dem Wappen des Kapitels von Wischehrad, das in früheren Zeiten Eigentumsrechte an Prachatitz hatte. Nach der deutschen Besetzung kam 1939 der Landkreis mit 43 Gemeinden an den Regierungsbezirk Niederbayern.
Die Stadt mit dem altertümlichen Gepräge hat viele bemerkenswerte Gebäude aufzuweisen. Die Jakobskirche, dreischiffige Hallenkirche, 1350, Umbau Mitte 15. Jh., hat im Kreuzgewölbe

Prachatitz, Wappen

Jakobskirche in Prachatitz

die Wappen des Wischehrader Domkapitels, den böhmischen Löwen, das Stadtwappen von 1493, den Reichsadler und das Wappen der Rosenberge. Gotisches Sanktuarium (1508), Hauptaltar mit Teilen des gotischen Flügelaltars. Kirchenbänke (1546) mit Ornamenten und Wappen. Altes Rathaus (1571) mit Sgraffitomalereien von Martin Wolfart. Alte Salzniederlage (1573). Davor Reiterdenkmal Wilhelms von Rosenberg. Brauhaus mit Sgraffiti (1560 - 1581), seit 1663 Brauhaus der Bürger. Auf dem Markplatz Brunnen aus dem 16. Jh. Der alte Pranger (1537) wurde 1788 beseitigt. Häuser aus der gotischen Zeit und der Renaissance. Neues Rathaus (1903). Kirche Peter und Paul auf dem Friedhof, gotischer Bau mit dem Fresko „Das letzte Gericht" im Presbyterium (16. Jh.). Teil der alten Befestigungswerke das Piseker Tor aus dem 15. Jh. Mit Fresko, Peter von Rosenberg darstellend. Stadtmuseum (seit 1903) mit ortsgeschichtlichen und archivalischen Sammlungen; die vorgeschichtliche Sammlung geht auf d. J. 1905 zurück. Das Neumanneum, Geburtshaus des Johann N. Neumann, wurde ein Kloster und Waisenhaus. Das Kommunale Realgymnasium, seit 1865/66, wurde verstaatlicht, aber 1922 aufgelöst und zu einer tschechischen Anstalt. 1938 wieder ein deutsches Gymnasium. – Deutsche private Fachschule für Frauenberufe.
Wirtschaft: Holzwaren, Textilindustrie. In der Umgebung Flachsbau. Sommerfrische.
Persönlichkeiten: Hans von Prachatitz († 1439), Baumeister am Stephansdom in Wien; Gottfried Bylansky von Bylan (1724 - 1788), Zisterzienser, Abt des Stiftes Goldenkron, dessen Geschichte er verfaßte; Johann Nepomuk Neumann (1811 - 1860), Bischof von Philadelphia; Joseph Messner (1822 - 1862), Schriftsteller; Wenzel Draxler (1861 - 1942), Heimatforscher, verdient um die Einführung der Lokalbahn im Böhmerwald; Paul Meßner (1867 - 1928), Schriftsteller; Heinrich Jakob Micko (1871 - 1922), Lehrer und Schriftsteller; Hilda Bergmann (1878 - 1947), Lyrikerin, Erzählerin; Karl Gaier (1890 - 1963), Pädagoge und Heimatforscher; Oskar Günther (1894 - 1931), Gymnasialprofessor in Salzburg, Verfasser von Bühnenwerken; Willy Schweyda (1894 - 1969), Violinvirtuose und Musikpädagoge, dessen Eltern aus Prachatitz stammten, hier verlebte er auch seine Jugend.
1930: 4745 Einw. (2368 Deutsche, 2283 Tschechen, 80 Ausl.).
Umgebung: Libin Berg, 1091 m, mit Wallfahrtskapelle und Aussichtsturm, 1885 vom Böhmerwald-Touristenklub erbaut. Kurort St. Margarethenbad (619 m), Besitzer war der Bund der Deutschen in Böhmen. Gotische Burg Gans (1341), seit Zerstörung 1441 Ruine.
Die Patenschaft über den Heimatkreis Prachatitz übernahm 1967 Ingolstadt; hier Prachatitzer Heimatstube.

Prachower Felsen *(Prachovské skály)*, 430 bis 450 m. Felsenstadt aus Sandstein mit bizarren Felsgebilden. Labyrinth sieben km nordwestlich von Jitschin mit einer Ausdehnung von 187 ha. In den nach dem Dorfe Prachow benannten wildromantischen Felsgebilden wurden Funde aus der Diluvialzeit gemacht.

Prag *(Praha)*, die an der Moldau gelegene Metropole Böhmens, Hauptstadt der Tschechischen Republik (bis 1.1.1993 der ČSFR) und Sitz des Verwaltungsbereichs Mittelböhmisches Gebiet. Im Zentrum Böhmens entwickelte sie sich aus einem Burgflecken zu beiden Seiten der Moldau. Hier hatten die Przemysliden nach der Unterwerfung der verschiedenen Tschechen-Stämme ihre Residenz. Seit Herzog Wenzel orientierten sich die Herrscher Böhmens immer mehr nach dem Westen. Deutsche Geistliche, Mönche, Kaufleute und Handwerker, aber auch deutsche Fürstentöchter, die den Herrschern des Landes vermählt wurden, kamen ins Land. Die Prager Altstadt erhielt Nürnberger, die Kleinseite Magdeburger Recht. Kaiser Karl IV. machte Prag zur Hauptstadt seines großen Reiches, es wurde 1344 Sitz eines Erzbischofs und erhielt 1348 die erste Universität des Reiches. Karls Baumeister, Peter Parler, prägte das Gesicht der Hauptstadt, deren Geschichte viele Blütezeiten und Tiefpunkte aufzuweisen hatte. Der Blütezeit des Karolinischen Zeitalters folgte bald die Epoche der Hussitenkriege, die Rückschritt, geistigen und materiellen Niedergang bedeutete.

Als 1527 die Habsburger die Herrschaft über die böhmischen Länder übernahmen, ging die Bedeutung Prags zurück. Kaiser Rudolf II. machte die Stadt zur Hauptstadt seines Reiches; es erfolgte eine neue Blütezeit, vor allem in bezug auf Kunst und Literatur. Der Dreißigjährige Krieg, zum Teil hier entfacht, verursachte große Schäden. Die Schweden schleppten unersetzliches Beutegut davon, auch die einmalige Sammlung Rudolfs II. Die weitere Entwicklung Prags wurde gehemmt, vor allem dadurch, daß Wien als Mittelpunkt des Reiches den ersten Platz einnahm und viele geistige Kräfte anzog und der Heimat entzog. Im 18. Jh. hatte Prag nur wenig über 77 000 Einwohner. In seinen Grenzen beschnitten wurde es zudem durch die Erklärung der Stadt zur Festung. Kaum vergleichbar mit anderen Städten ist, was in der Zeit des Barock in Prag geschah; es waren die besten Künstler der Zeit, die unvergängliche Werke schufen, die heute noch das Besondere Prags ausmachen. Nur einige wenige Namen sollen für viele stehen: Christoph und Kilian Ignaz Dientzenhofer, Johann Bernhard Fischer von Erlach, Matthias Braun, Ferdinand und Johann Brokoff, Peter Brandl, Wenzel Lorenz Reiner, Ignaz Platzer und Anton Maulpertsch. Prag war eine vornehmlich deutsche Stadt. Höhepunkte in seiner Geschichte waren die Krönung

Friedrich Bernhard Werner: Prag, um 1750

Karls VI. (1723) und die Heiligsprechung des Johannes von Nepomuk (1729), des am meisten verehrten Heiligen des Landes.
Es folgten wieder Jahre des Krieges unter Maria Theresia. Im Österreichischen Erbfolgekrieg besetzten Bayern und Franzosen Böhmen und Prag, aus dem sie 1742 wieder fliehen mußten. 1744 besetzten Preußen vorübergehend Prag; 1757 kam Friedrich II. bis vor die Stadt, mußte aber nach der Schlacht von Kolin die Belagerung abbrechen. Ein denkwürdiges Jahr war 1787, als Mozarts „Don Giovanni" im berühmten Deutschen Ständetheater (1782) seine Uraufführung erlebte. In der Zeit der Freiheitskriege entzogen sich viele Freiheitskämpfer und Schriftsteller dem Zugriff Napoleons, indem sie nach Prag auswichen und von dort aus ihr Werk weiterführten.
Auch in die Geschehnisse des Krieges zwischen Preußen und Österreich im Jahre 1866 wurde Prag mit einbezogen. Nach dem Vorfrieden von Nikolsburg wurde am 28. August 1866 der endgültige Friede zu Prag geschlossen.
Eine wichtige Rolle spielte Prag für das deutsche Geistesleben, ebenso aber auch für die sogenannte tschechische Wiedergeburt, an der viele Deutsche aus Böhmen maßgeblich beteiligt waren. Durch das neue Selbstbewußtsein des tschechischen Volkes bedingt, verlor das deutsche Element an Bedeutung. 1861 erlangten die Tschechen die Mehrheit in der Stadtvertretung und bald darauf im Böhmischen Landtag. Technische Hochschule und Universität wurden 1869 bzw. 1882 geteilt; es gab hinfort je zwei Institutionen, eine deutsche und eine tschechische. Die Wogen des Nationalismus schlugen immer höher und so verschlechterte sich die Lage der Deutschen als Minderheit immer mehr. Nach dem Umsturz im Jahre 1918 waren die Tschechen die unumschränkten Herren im Lande; sie mißachteten das zugesicherte Selbstbestimmungsrecht der Minderheiten im Staate, der Deutschen, Polen, Ungarn und Slowaken. Nach der letzten Volkszählung im Jahre 1930 hatte Prag 845 000 Einwohner, darunter nur noch 41 500 Deutsche. Nach Kriegsende 1945 wurden diese interniert, zu Zwangsarbeit

Das Prager Wappen

gepreßt und aus ihrer Heimat vertrieben. Es waren unmenschliche Geschehnisse, bei denen viele ermordet wurden oder infolge der grausamen Behandlung ihr Leben verloren. Man hat die Deutschen aus dem Lande gejagt, aber das deutsche Gepräge der Stadt ist geblieben.
Auf die einzelnen Baudenkmale und kulturellen Stätten Prags einzugehen, ist in diesem Rahmen nicht möglich. Daher soll nur auf einige wenige hingewiesen werden.
Der beherrschende Stadtteil Prags ist der Hradschin, die Burgstadt. Neben der Burg mit Wladislawsaal von Benedikt Ried, Landtagssaal von B. Wolmut, Statthalterstube, denkwürdig durch den Fenstersturz 1618, der Allerheiligenkirche von Peter Parler, der Rudolfinischen Galerie und dem Spanischen Saal, ist es vor allem der Veitsdom, der alle Blicke auf sich zieht. Aus einer Rotunde des 10. Jh.s entstand eine romanische Kirche; seit 1344 baute Matthias von Arras; ihm folgte Peter Parler. Das gotische Bauwerk wurde erst 1929 vollendet. Im Dom die Wenzelskapelle mit Fresken und Edelsteinschmuck an den Wänden, das Hochgrab von Colin von Mecheln, das Wladislaworatorium von Benedikt Ried und das Triforium mit Büsten Peter Parlers und seiner Werkstatt. Das älteste Mosaik an einer Gebäudeaußenseite nördlich der Alpen befindet sich über dem Südportal des Domes.
Die Georgsbasilika geht auf das 10. und 12. Jh. zurück. 1670 erhielt sie eine Barockfassade. Im Kloster neben der Kirche, das in der romanischen, gotischen und barocken Zeit seine Gestalt erhielt, ist heute ein Teil der Nationalga-

Kleinseitner Brückentürme in Prag

lerie untergebracht. Das Belvedere, das Lustschloß der Königin Anna, wurde in der Mitte des 16. Jh.s errichtet. Im Park davor der berühmte Singende Brunnen des Thomas Jarosch aus derselben Zeit. Die Loretokirche (Kirche Christi Geburt) ist ein Werk von Christoph und Kilian I. Dientzenhofer; Plastiken von Quittainer und Kohl; Deckengemälde von W. L. Reiner; Altarblätter von Heintsch und A. Kern; Schatzkammer mit wertvollen liturgischen Geräten und Casa Santa, 1626 - 1631 von G. Orsi. Das Kloster Strahow mit einem Theologischen und einem Philosophischen Bibliothekssaal dient heute als Museum des nationalen Schrifttums. Die Kirche Mariä Himmelfahrt, romanisch, Renaissance und Barock, 1743 - 1751, besitzt wertvolle Inneneinrichtung. Neben dem Erzbischöflichen Palais auf dem Hradschin sind zu nennen die Palais der Rosenberg, Lobkowitz (Pernstein), Sternberg, Martinitz, Salm, Czernin (Außenministerium), Toskana und Schwarzenberg.

Unterhalb des Hradschin breitet sich die Kleinseite aus. Auch hier stehen viele Palais, und zwar Fürstenberg, Liechtenstein, Kaunitz, Waldstein, Thun, Thun-Hohenstein, Kolowrat, Ledebur, Michna, Lobkowitz (Deutsche Botschaft), Schönborn, Czernin-Morzin, Nostitz, Buquoy-Longueval und Wolkenstein, wo sich Beethoven aufhielt. In diesem wie in den anderen alten Stadtteilen stehen viele alte Häuser mit Hauszeichen und Hausnamen. Die Kleinseitner Niklaskirche von Ch. und K. I. Dientzenhofer und mit Deckenmalerei von F. X. Palko ist eine Hochleistung des Barock. K. I. Dientzenhofer schuf auch die Thomaskirche (zuerst frühgotisch). Sie enthält ebenfalls viele Kunstwerke. Ziel vieler Gläubiger ist das weltberühmte Prager Jesulein; dieses Gnadenbild steht in der Kirche Maria de Victoria, 1611 - 1613, Umbau in der Barockzeit (1636 - 1640).

Die Verbindung zwischen Kleinseite und Altstadt ist die Karlsbrücke, die an Stelle der Judithbrücke (12. Jh.) von Peter Parler in der 2. Hälfte des 14. Jh.s entstand. Zwischen den Kleinseitner und Altstädter Brückentürmen stehen viele Plastiken von Heiligen auf der Brücke, geschaffen u. a. von M. Braun, B. und F. M. Brokoff, W. M. Jäckel. Am bekanntesten ist die Statue des Hl. Johannes von Nepomuk. Rolandstatue. Im Bereich der Brücke die Insel Kampa, die Kleinseitner Mühlen und das Prager Venedig.

In der Prager Altstadt fällt dem Besucher der mächtige Gebäudekomplex des Klementinums, des ehem. Jesuitenkollegs, auf, das aus der Barockzeit stammt. Hier ist die Universitäts- und Nationalbibliothek untergebracht, ebenso die Sternwarte, an der bekannte Astronomen wirkten. Im Klementinum stehen mehrere Kirchen, darunter die Klemenskirche aus dem 13. Jh., am Beginn des 18. Jh.s barockisiert. Matthias Braun schuf für sie vollendete Statuen. Wie das Klementinum diente auch das Carolinum der Universität. Das älteste Universitätsgebäude (1348) erhielt um 1718 barocke Formen. An die Anfangszeit erinnert u. a. der gotische Erker (um 1370) aus der Parlerhütte.

Die Prager Karlsbrücke

Teynkirche, Prager Altstadt

Das Altstädter Rathaus geht auf das 14. Jh. zurück; bemerkenswert sind die Erkerkapelle (1381), das spätgotische Portal und vor allem die Astronomische Uhr (1490). Deutsche Kaufleute erbauten die Teynkirche (1360 - 1410, vollendet 1458 - 1463); Grabmal Tycho Brahes. Im ehem. Ständetheater (Deutsches Landestheater), einem klassizistischen Bau von Anton Haffenecker (1781 - 1783) fand 1787 die Uraufführung von Mozarts „Don Giovanni" statt. Heute ist das Theater nach J. K. Tyl benannt. Der Pulverturm, Baubeginn 1475, ist ein Werk Mathias Rejseks. Aus frühgotischer Zeit stammt das Agneskloster, 1234 Frauenkloster, dazu später ein Franziskanerkloster in der Nähe, beide 1782 aufgehoben. Seit 1980 dient das Agneskloster als Museum mit Malerei aus Böhmen im 19. Jh. Barocke Bauten sind die Kreuzherrenkirche, die Jakobskirche mit dem Grabmal des Wratislaw von Mitrowitz (J. B. Fischer von Erlach und F. N. Brokoff), die wegen ihrer großartigen Akustik heute als Konzertsaal benützt wird, und die Niklaskirche, ein Meisterwerk des K. I. Dientzenhofer. Von diesem stammt auch der Plan für das Kinsky-Palais, den Anselm Lurago ausführte (1755 - 1765). In ihm befand sich das Altstädter Deutsche Staatsgymnasium, das Franz Kafka bis zur Matura besuchte.

Zentrum der Prager Neustadt ist der ca. 700 m lange und 60 m breite Wenzelsplatz. Das Wenzelsdenkmal ist eine Schöpfung Josef Myslbeks (1912/1913). Das Nationalmuseum (1885 - 1890) von Josef Schulz schließt den Platz ab. Am Graben das Palais Prichowsky (um 1700), von 1875 bis 1945 als Deutsches Haus Mittelpunkt des gesellschaftlichen Lebens der Deutschen. Von K. I. Dientzenhofer und A. Lurago stammt das Palais Silva-Tarouca. Andere erwähnenswerte Bauten der Neustadt sind: das Hauptzollamt, früher Hibernerkloster, die Heinrichskirche (1348 - 1351), die Ursulinerinnenkirche (1702 - 1704), die Longinuskapelle (12. Jh.), die Borromäuskirche (K. I. Dientzenhofer), Kirche Johannes von Nepomuk am Felsen (K. I. Dientzenhofer), die Karlshofkirche, von Karl IV. gestiftet, Vorbild die Pfalzkapelle in Aachen, die Kirche St. Peter am Porschitz, einst Kirche der Deutschordenskommende. Das Neustädter Rathaus am Karlsplatz ist durch den ersten Prager Fenstersturz (1419) denkwürdig. Benediktinerabtei Emaus, 1348 gegründet, ist heute als Konzertsaal bekannt. Im Kreuzgang wurden gotische Fresken freigelegt. In der Villa Amerika, 1717 - 1720 als Sommerschloß des Grafen Michna von K. I. Dientzenhofer erbaut, ist das A.-Dvořák-Museum untergebracht. 1887 bauten Fellner und Helmer das Neue Deutsche Theater, jetzt Smetana-Theater. Nahe der Mol-

Prag, Loretokirche

dau erhebt sich der mächtige Bau des Nationaltheaters, 1868 - 1881 von Josef Zitek und nach dem Brand von 1881 bis 1883 wieder aufgebaut. In der Literatur oft behandelt ist die ehemalige Judenstadt, die Josefstadt. Zum Ghetto gehören u. a. der Jüdische Friedhof mit dem Grab des berühmten Rabbi Löw, die spätgotische Pinkassynagoge, die in der Renaissancezeit umgebaut wurde, die Altneusynagoge (Ende 13. Jh.), die Hohe Synagoge (Renaissance), die Maiselsynagoge (Ende 16. Jh., neugotisch) und das Jüdische Rathaus (um 1580). Mit dem Ghetto verbunden ist die Sage vom Golem, die Gustav Meyrink in seinem Roman behandelte und die Hugo Steiner-Prag trefflich illustrierte.

Im Stadtteil Smichow findet man das Ethnographische Museum, ehem. das Lustschloß Kinsky, 1827 - 1829, und die Bertramka, einst Besitztum des Ehepaares Duschek, bei dem Mozart wohnte. Heute Mozart-Gedenkstätte und Ort von Konzertveranstaltungen. Im Vorort Troja das gleichnamige Barockschloß, (1679 - 1685) von J. B. Mathey, mit den Plastiken von J. G. und P. Heermann und F. M. Brokoff auf der Treppe. Das Schloß dient heute Ausstellungen. Schloß Stern im ehem. Sterntiergarten ließ Erzherzog Ferdinand von Tirol 1555 - 1558 errichten; der Grundriß ist ein sechsstrahliger Stern; es diente zeitweise als Pulvermagazin, heute ist es ein Museum zum Andenken an Alois Jirasek.

Kleinseite in Prag: Niklaskirche

Das Prager Ständetheater

Im Westen vom Stadtzentrum liegt das ehem. Kloster Břevnov (Breunau), eine Benediktinerabtei mit einer Kirche aus der romanischen Zeit, die von Chr. und K. I. Dientzenhofer barocke Gestalt erhielt. Krypta um 1000. Deckenfresken von J. J. Steinfels. Das Deckenfresko im Prälatensaal malte Cosmas Damian Asam. Altarbilder der Kirche von Peter Brandl. An die denkwürdige Schlacht am Weißen Berg (8. November 1620), in der die katholischen Truppen das protestantische Heer besiegten, erinnert die Marienwallfahrtskirche mit Werken von C. D. Asam, W. L. Reiner und J. A. Schöpf. Nach der Schlacht mußte Friedrich von der Pfalz aus Prag fliehen; die Flucht wurde von Georg Bendl auf einem Holzrelief dargestellt (im Veitsdom).

Prag hatte immer große Bedeutung als Schulstadt und Bildungsstätte für beide Nationen, als Sitz von Behörden und Institutionen. 1930 bildeten über 3000 Betriebe die Prager Großindustrie. Rundfunksender, Museen, Bibliotheken, vier tschechische und zwei deutsche Theater und viele deutsche und tschechische Zeitungen hatten ihren Sitz in Prag. Von deutscher Presse seien genannt: „Bohemia", „Prager Tagblatt", „Sozialdemokrat", „Deutsche Presse", „Deutsche Landpost", „Prager Presse" (deutschprachiges Regierungsorgan).

Für die Deutschen war Prag ein geistiges Zentrum, vor allem als Sitz der Deutschen Universität und der Deutschen Technischen Hochschule.

Der „Prager Kreis“ sei genannt, loser Zusammenschluß teils weltberühmter Schriftsteller wie Rilke, Kafka, Werfel oder Urzidil. Auch durch die Kunstakademie, die Hochschule für Kunstgewerbe und die Akademie für Musik und darstellende Kunst hatte Prag große Bedeutung für die Deutschen im Staate. Eine Patenstadt für die Deutschen Prags im Exil zu finden, war nicht möglich. Verbindung zwischen ihnen und ehem. Studenten der deutschen Hochschulen halten die in Vaterstetten bei München erscheinenden „Prager Nachrichten“, die eine Beilage „Alma mater Pragensis“ enthalten.
Hauptstadt Prag 1930: 32 477 Häuser und 848 823 Einw. (777 615 Tschechen, 41 701 Deutsche, 18 233 Ausl., 11 274 andere) (496 491 röm.-kath., 133 922 tschechosl. Kirche, 126 301 konf.-los, 47 342 evang., 35 425 israel., 9342 andere).

Prebischtor

Prebischtor *(Pravčická brána)*, 438 m, im Elbsandsteingebirge. Der Sandsteinfelsbogen ist eine geographische Besonderheit, die stets in den Schilderungen Nordböhmens Erwähnung findet. Er besteht aus einer 15 m langen, auf zwei Felsen ruhenden Steinplatte. Die so gebildete Brücke erhebt sich in eine Höhe von 20 m. Der Felsbogen aus Sandstein ist drei Meter dick. Von unten gesehen sieht es wie ein riesiges Tor aus, von oben wie eine Brücke. Dieses „imposanteste natürliche Felsgebilde Europas“ wurde 1583 erwähnt und 1826 für Wanderer erschlossen. Wer das Elbetal nahe dem Übertritt des Flusses nach Sachsen besucht, wird auch diese Naturmerkwürdigkeit bestaunen.

Prerau *(Přerov)*, Bezirksstadt am rechten Ufer der Betschwa. 212 m. Seit dem 11. Jh. hatte sich hier an der Mährischen Pforte ein Handelsweg entwickelt. In unserem Jh. ein wichtiger Eisenbahnknotenpunkt. Seit Mitte des 13. Jh.s königliche Stadt. 1423 von Hussiten erobert. Im 16. Jh. eine blühende Gemeinde der böhmischen Brüder mit einer Lateinschule, die auch Comenius besuchte (1608 – 1611). 1841 Anschluß an die Eisenbahn-Verbindung mit Wien, 1845 mit Olmütz. Der um den Eisenbahnbau verdiente Alois von Negrelli erhielt am Bahnhof eine Gedenktafel. Prerau hatte eine große Judengemeinde, mit Synagoge, Spital und Friedhof.
Gotische Burg, die im 16. Jh. zu einem Schloß umgebaut wurde. Es wurde 1918 an die Stadt verkauft und als Museum eingerichtet. Pfarrkirche Hl. Laurentius aus dem 14. Jh., barock 1725 – 1732. Im 19. Jh. renoviert. Filialkirche St. Michael. Georgskirche. Gotisches Rathaus. Renaissancehäuser. Im Museum vorgeschichtliche Sammlung, vor allem Funde aus der Diluvialzeit, Insektensammlung. Erinnerungen an Comenius.
Wirtschaft: Schwerindustrie, Textilindustrie, Zuckerfabrik, Getreidehandel, Kunstdüngerfabrik, Holzverarbeitung, Seilerwaren. Heute vor allem chemische, feinmechanische und optische Industrie. Flugplatz.
Persönlichkeiten: Dionysius von Grün (1819 – 1896), einer der Lehrer des Kronprinzen Rudolf, später Geographieprofessor an der Prager Universität; Stefan Jellinek (1871 – 1968), Professor für Elektropathologie an den Universitäten Wien und Oxford; Ida Ehre (1900 – 1989), Schauspielerin, Theaterdirektorin in Hamburg.
1930: 22 280 Einw. (21 059 Tschechen, 714 Deutsche, 195 Ausl., 161 Juden, 118 Russen).

Preßnitz *(Přísečnice)*, Bezirksstadt im mittleren Erzgebirge. 823 m. Am Preßnitzbach. Station der Bahnstrecke Komotau – Weipert – Annaberg. Die Stadt an einem Erzgebirgsübergang einer Straße von Laun nach Sachsen war durch den einst blühenden Silberbergbau wohlhabend. Erste Erwähnung 1335, 1342 bereits eine Münzstätte. Zerstörung im Hussitenkrieg,

1459 Wiederherstellung angeblich an einem anderen Ort. Ca. 1520 Bau einer Burg, die 1533 an die Schlick kam. 1546 königliche Stadt und Wappenverleihung. Preßnitz soll aber bereits zwischen 1400 und 1420 Bergstadt geworden sein. Das Wappen: Auf grünem Grund ein grüner Baum mit sichtbaren Wurzeln, am Baumstamm ein roter Schild mit einem silbernen Balken in der Mitte, im Schild gekreuzt Schlägel und Eisen. 1555 kam Preßnitz an Bohuslaus Felix von Lobkowitz; später kaufte sich die Stadt frei und wurde selbständig (1617).
Pfarrkirche Mariä Himmelfahrt (vor 1384, 1462, 1583, 1766, 1813). In der Kirchengruft ruhen die sterblichen Überreste des Gelehrten und Dichters Bohuslaus Lobkowitz auf Hassenstein. Friedhofskirche Hl. Nikolaus, erste Erwähnung 1352. Dreifaltigkeitsstatue. Stadtmuseum, seit 1913, mit Sammlung indischer und exotischer Gegenstände, die von den Preßnitzer Musikanten, die in alle Welt reisten, mit nach Hause gebracht wurden. Mehrere gotische und Renaissancehäuser.
Wirtschaft: Spitzenklöppelei in Heimarbeit, Gerberei, Strickerei, Schuhfabrik. Sitz einer Zweigstelle der Kreditanstalt der Deutschen. Als der Bergsegen zu Ende ging, verdienten sich viele Preßnitzer ihren Lebensunterhalt als Musikanten, besonders als Harfenisten, die in den Kurorten, aber auch in fernen Ländern musizierten. Ihre Ausbildung erhielten sie in der Städtischen Musikschule. Sommerfrische, Wintersportort.
Bei der Anlage eines Stausees, der die Bezirke Brüx, Laun und Komotau mit Wasser versorgt, wurde Preßnitz vernichtet. Zuvor hatte man die Gebäude, auch das Schloß des Grafen Buquoy (barock) in die Luft gesprengt. Die Sprengung am 6. Juni 1973 geschah für die Filmaufnahmen des Regisseurs J. Schaaf zu seinem Film „Traumstadt" nach dem Roman „Die andere Seite" von Alfred Kubin.
Persönlichkeiten: Ferdinand Stamm (Orpus 1813–1880), Abgeordneter des Kremsierer Reichstags (1848), des böhmischen Landtags und des Reichsrats. Erzähler, Dramatiker; Jovita Richter (Seifen bei St. Joachimsthal 1871–1958), Direktor der Städtischen Musikschule in Preßnitz, Komponist; Eugen Sänger (1905–1964), Raketen- und Raumfahrtforscher.
1930: 2606 Einw. (2450 Deutsche, 100 Tschechen, 54 Ausl.), 1970: 395 Einw.
Umgebung: Reischdorf, früher bekannt durch seine Fuhrleute (Getreidefahrer) und Obsthändler. 1930: 2045 Einw. (1997 Deutsche, 24 Tschechen, 24 Ausl.). Haßberg, 994 m, eine Basaltkuppe, in der Nähe ausgedehnte Moore.
Seit 1956 ist Lohr am Main die Patenstadt von Preßnitz.

Přibram, früher auch Pribrans *(Příbram)*, Bezirksstadt in Mittelböhmen, 502 m. Am Brdy-Wald. An der Bahnlinie Pisek – Přibram – Beraun. Erwähnung im 13. Jh. Der erste böhmische Erzbischof, Ernst von Pardubitz, baute in der Mitte des 14. Jh. eine Burg. 1330 Markt. 1422 von Hussiten geplündert. 1579 königliche Bergstadt. Der Silberbergbau, durch den die Stadt wohlhabend wurde, wurde von deutschen Bergleuten betrieben. Nach E. Schwarz gab es 1280–1350 und auch später relativ viele Deutsche.
Jakobskirche aus dem 13. Jh., 1869 umgebaut. Erzbischöfliches Schloß mit Park, unregelmäßiger viereckiger Ringplatz. 1849 Gründung der k.u.k. Montanlehranstalt, die Hochschulcharakter erhielt. Mineralogische und geologische Sammlungen. Nach 1945 Verlegung der Hochschule nach Ostrau. Über der Stadt der Heilige Berg, 580 m, mit Basilika. Die Kirche des berühmtesten und größten Wallfahrtsortes in Böhmen stammte aus dem 14. Jh., sie wurde

Preßnitz, Wappen

1658–1662 von Jesuiten im Barockstil umgebaut. Das Mariengnadenbild ist eine gotische Statue. Die Stadt Příbram ist durch eine gedeckte Treppe mit der Kirche verbunden. 1665 veröffentlichte Bohuslav A. Balbinus eine Entstehungsgeschichte der Wallfahrt. Jährlich kamen ca. 100 000 Wallfahrer, auch viele Deutsche, vor allem in den Monaten Mai bis Juli.
Wirtschaft: Bei Příbram und bei der benachbarten Bergstadt Birkenberg (Vorstadt) wurde intensive Silber-, Blei- und Zinkerzförderung betrieben. Seit ca. 1955 Uranabbau in den früheren Silbergruben. Bei Příbram die tiefsten Schächte Europas. Maschinenfabriken, Tafelglaserzeugung, Glasmalerei. Devotionalienerzeugung.
Persönlichkeiten: Moritz Hartmann (Duschnik 1821–1872), Abgeordneter im Frankfurter Parlament, Literaturhistoriker, Redakteur, Erzähler, Reiseschriftsteller und Lyriker; Rudolf Schöffel (1839–1916), Professor der Chemie an der Montanistischen Hochschule in Leoben; Ignaz Beth (1877–1918), Kunsthistoriker, dem eine Bibliographie der Kunstgeschichte und andere Schriften zu danken sind.
1930: 10 469 Einw. (10 146 Tschechen, 168 Ausl., 117 Deutsche).

Priesen *(Březno)*, Bez. Komotau. 280 m. Die Stadt liegt sieben km südlich von Komotau und an den Bahnlinien Prag – Komotau – Eger, Priesen – Kaaden und Postelberg – Laun. Erste Erwähnung 1281. Im 14. Jh. ein Pfarrort. 1440 Begabung mit Komotauer Recht. 1469 Markt und Verleihung von Privilegien durch König Georg von Podiebrad, 1556 Stadterhebung durch Ferdinand I. Von 1570 bis 1623 bekannte sich die Bevölkerung zum lutherischen Bekenntnis. Im Jahre 1813 schlugen die verbündeten Heerführer (Fürst Schwarzenberg und Zar Alexander I.) vor der Schlacht von Nollendorf und Kulm im Pfarrgebäude ihr Quartier auf. Seit 1443 hatte Priesen zur Herrschaft der Lobkowitz auf Hassenstein gehört, in der Folge kam es an die Martinitz, die es mit ihrer Herrschaft Hagensdorf vereinigten, und an die Grafen Stampach (1607). Das Wappen von 1556 oder früher: Eine silberne Mauer mit Zinnen in blauem Schild,

Priesen, Kirche Peter und Paul

über der Mauer Gewappneter mit Hellebarde. Die Kirche Peter und Paul aus dem 14. Jh. wurde 1739–1763 umgebaut. Die Pläne lieferte K. I. Dientzenhofer, die Ausführung lag in den Händen von J. K. Kosch und P. Eisenberger, einem einheimischen Baumeister. Die Türme wurden 1764/1765 errichtet. Die Kanzel wurde als eine der besten böhmischen Schnitzwerke bezeichnet. Fresken von F. Müller. Orgel (1758) vom Elbogener Meister J. Schmidt im Rokokostil. Auf dem Hauptaltar ein Gnadenbild, eine Madonnenfigur (spätgotisch, Ende 15. Jh.). Am Fest Mariä Himmelfahrt wurden Wallfahrten abgehalten. Matrikenführung seit 1581. Rathaus im Empirestil (1840–1850). Mariensäule (1698), an den Seiten Statuen der Hll. Josef und Johannes von Nepomuk (1739). Häuser aus der Zeit um 1800.
Wirtschaft: Ziegeleien, Braunkohlenbergbau (Siriusschacht seit 1876 in Betrieb).
1930: 1524 Einw. (1305 Deutsche, 210 Tschechen, 8 Ausl.).

Prödlitz *(Předlice)*, Bez. Aussig. In dem Ort, der auch Predlitz genannt wurde, saßen im 16. Jh. die Kölbl von Geising. Er kam ca. 1631 an Salomon von Hobelsberg. 1791 durch die Grafen Nostitz Vereinigung mit Türmitz. Seit 1920 gehört Prödlitz zu Aussig.
Pfarrkirche Hl. Joseph. 1905/1906. Altar von einem Bildschnitzer aus St. Ullrich im Grödnertal. Bis 1549 Pfarre, war Prödlitz erst wieder seit 1910 Pfarrort. Vorher war es eingepfarrt nach Kulm (bis 1789) und Karbitz (1789–1910). Matrikenführung seit 1818. Kilianskapelle, 1817.

Schlößchen, barock um 1760, mit Meierhof.
Wirtschaft: Wein- und Obstbau. Konservenindustrie. Braunkohlenbergbau. Ziegelei.
1890: 905 Deutsche u. 18 Tschechen.
1930: 5404 Einw. (3406 Deutsche, 1886 Tschechen, 110 Ausl.) (3745 röm.-kath., 1178 konf.-los, 397 evang., 54 tschechosl. Kirche).
Umgebung: Im Westen die sog. Bihana, das Schlachtfeld, auf dem am 16. Juli 1426 die Hussiten über das deutsche Kreuzheer siegten. 1926 ein Denkmal zu diesem Ereignis aufgestellt.

Proschwitz *(Proseč nad Nisou)*, Bez. Gablonz. Gemeinde an der Neiße. Station der Bahnstrecke Reichenberg - Gablonz - Tannwald - Grünthal. Entstehung als Neusiedlung in der Mitte des 16. Jh.s Im J. 1886 kam Neuwald zur Gemeinde Proschwitz. 1888 Anschluß an das Eisenbahnnetz. Waldtheater am Proschwitzer Kamm; erste Aufführung 1914; nach dem Ersten Weltkrieg wurden die Spiele wiederaufgenommen. Die Stücke, mitunter auch klassische, wurden vom Gablonzer Deutschen Theater-Dilettantenklub bestritten, der wiederholt von Schauspielern großer Theater unterstützt wurde.
Wirtschaft: Textilindustrie (auch Teppiche), Glasschmuckindustrie (Gablonzer Waren), Spielkarten, Erzeugung von Gasometern und Tonwaren.
Anton Jäger (1817 - 1872), Heimatforscher, Verfasser einer Autobiographie.
1930: (mit Neuwald): 2050 Einw. (1759 Deutsche, 243 Tschechen, 48 Ausl.).
Umgebung: Proschwitzer Kamm, 592 m, mit Wiesnerbaude und Aussichtsturm, 1892, 1908 Neubau aus Holz, 1932 aus Stein. Pilzberg, 481 m; Wachtberg, 445 m.
Im Gablonzer Haus in Neugablonz steht ein bewegliches Krippentheater aus Proschwitz.

Proßnitz *(Prostějov)*, Bezirksstadt. 220 m. In der fruchtbaren Hanna. Station der mährisch-schlesischen Nordbahn. Vier Vorstädte. 1213 als Dorf erwähnt. Im 13. Jh. entstand die Burg, in ihrem Schutze auch die Stadt, die Olmützer Recht erhielt. Im 14. Jh. bedeutend erweitert und befestigt (Mauerreste erhalten). Während der Hussitenkriege wurde nach Ernst Schwarz der deutsche Einfluß stark zurückgedrängt, nachdem die Deutschen aus der Stadt vertrieben worden waren. Später konnte sich das Deutschtum abermals festigen. Erst Ende des 19. Jh.s wurden die Deutschen wieder Minderheit. Seit Ende des 15. Jh. setzten sich Böhmische Brüder fest, sie unterhielten eine Schule und eine Druckerei, in der sie wertvolle Bücher herstellten. Später ließen sich auch Wiedertäufer nieder.
Kirche Kreuzerhöhung, Ende 14. Jh., wiederholt umgebaut. Seit 1391 eine Augustiner-Kanonie; von Hussiten zerstört. Kirche Johannes von Nepomuk, 1751 - 1755. Fresken von F. A. Sebastini. Kloster der Barmherzigen Brüder (seit 1732), die ein Spital unterhielten. Schloß mit Renaissanceportal (1568). Früher viertürmiger Arkadenhof. 1646 von Schweden gesprengt. Von der alten Bausubstanz nur wenig erhalten. Heute städtische Galerie. Rathaus mit Renaissanceportal (1538) und Loggien. Darin Museum (Volkskunde, Uhrensammlung) und Archiv. Neues Rathaus, 1911, mit 66 m hohem Turm. Häuser im Stil der Renaissance und des Barock. Mariensäule, 1714.
Wirtschaft: Textilfabriken (Bekleidungsindustrie), Landmaschinenfabrik. Nahrungsmittelindustrie. Früher bedeutender Getreidemarkt.
Persönlichkeiten: Wenzel Cäsar Messenhauser (1812 - 1848), Schriftsteller. 1848 Kommandant der Nationalgarde in Wien, standrechtlich erschossen; Johann Nepomuk Berger (1816 - 1870), Politiker, Schöpfer des österreichischen Preßgesetzes, Schriftsteller (Novellen und Satiren); Franz Kuhn von Kuhnenfeld (1817 - 1896), österreichischer Kriegsminister; Adolf Beer (1831 - 1902), Reichsratsabgeordneter, er schuf den Entwurf zum Reichsvolksschul-

Schloß Proßnitz

gesetz; Ignaz Brüll (1846 - 1907), Komponist; Alois Czerny (1847 - 1917), Heimatforscher im Schönhengstgau; Konrad Löw (1856 - 1912), Schauspieler und Dramatiker; Ferdinand Löwl von Lenkenthal (1856 - 1908), Geograph, Univ.-Prof. in Czernowitz; Heinrich Husserl (1857 - 1928), Lyriker; Edmund Husserl (1859 - 1938), Philosoph, Begründer der Phänomenologie; Emanuel Adler (1873 - 1930), Professor des Bürgerlichen Rechts in Wien; Pankraz Schuk (1877 - 1951), Erzähler, Dramatiker.
1930: 33 481 Einw. (31 150 Tschechen, 909 Deutsche, 740 Juden, 531 Ausl., 79 Russen, 41 Polen), Judenviertel (1930): 1265 Einw.

Püllna *(Bylany)*, Bez. Brüx. 230 m. Dorf mit Bitterwasserquellen von ähnlicher Zusammensetzung wie die der nahen Orte Saidschitz und Sedlitz. Am Beginn des 19. Jh. gab J. E. Wetzler, k. bayerischer Medizinal- und Regierungsrat zu Augsburg, in einem Buch ein Gutachten ab („Über den Nutzen und Gebrauch des Püllnaer Bitterwassers", 4. Aufl. Augsburg 1830). Fassung der Brunnen in Püllna und Verbesserung der Versendungsmöglichkeiten durch Adalbert Ulbrich aus Mariaschein (1770 - 1848), der auch in seinem Testament Püllna reich bedachte. Filialkirche Hl. Leopold, 1863. Eingepfarrt nach Deutsch-Zlatnik. Matriken seit 1609.
1930: 209 Einw. (206 Deutsche, 3 Tschechen).

Pürglitz *(Křivoklát)*, Bez. Rakonitz. 27 km westlich von Beraun, unweit der Mündung des Rakonitzbaches in die Beraun. Die Königsburg, eine der ältesten Anlagen Böhmens, ist verteidigungstechnisch günstig angelegt. Frühgotische Teile im 12. Jh., Umbau 15./16. Jh. Stattlicher Rundturm. Jagdsitz der böhmischen Könige. Hier lebte Philippine Welser, Ehefrau Ferdinands von Tirol, auch der Alchimist Eduard Kelley, er allerdings als Gefangener Rudolfs II. In der Hussitenzeit Bewahrort von Kronjuwelen und Landtafel. 1630 wurde ein Großteil der Burg Opfer eines Brandes. Schließlich diente sie als Staatsgefängnis. Restaurierungen 1882 - 1886 durch Josef Mocker und 1906 - 1914 durch H. Walcher. Heute Gemäldegalerie. Im Sommer Theateraufführungen im Freien. Gotische Burgkapelle mit Flügelaltar, 1496.

Pürstein *(Perštejn)*, Bez. Kaaden. 365 m. Am Fuße des Erzgebirges im Egertal gelegen. Der Ort entstand unterhalb der Burg Birsenstein (um 1300); von Hussiten zerstört, um 1500 entvölkert. Im 17. und 18. Jh. Eisenwerke. Pfarrkirche St. Wendelin, 1797, mit Fresken. 1787 als Lokalie errichtet, 1797 zur Pfarrkirche erhoben; früher gehörte Pürstein zu Klösterle. Zur Pfarre gehören die Orte Aubach, Endersgrün, Kleinthal, Reihen, Tschirnitz mit Marienkapelle, Weigensdorf und Rödling. Matriken seit 1784.
Wirtschaft: Posamenten- und Spitzenfabrikation, Kunstseidezwirnerei, Säge- und Werkzeugfabriken, Schachtelfabrik, Sommerfrische.
1930: (mit Aubach, Tschirnitz, Kleinthal, Endersgrün und Reihen): 2443 Einw. (2361 Deutsche, 50 Ausl., 31 Tschechen).
Umgebung: Funde aus der Hallstattzeit. Kupferberg und Kupferhübl, Klösterle, Ruine Schönburg auf einem Basaltkegel, 547 m, Leskau und die Ruine Egerberg.

Puschwitz *(Buškovice)*, Bez. Podersam. In der Feste auf dem Schloßberg (seit dem 12. Jh.) saßen die Ritter von Buschkowitz. Das Dorf entwickelte sich im Schutze dieser Burg. 1372 genannt, wurde Puschwitz 1501 mit Schönhof vereinigt. Seit dem 16. Jh. besaß es Marktrecht. Wappen des Marktes: Auf grünem Grund drei grüne Pappeln mit braunen Stämmen, zwischen diesen zwei silberne Türme mit Fenstern und spitzen Dächern. In den Toren der Türme stehen die Heiligen Joseph und Maria. Die Pfarrkirche Mariä Geburt geht auf ein Gotteshaus um 1200 zurück. Kapelle Mariahilf. Zur Pfarre gehörten Pröllas mit Ortskapelle, Schönhof mit öffentlicher Marienkapelle und Schloßkapelle. Die Matriken in Puschwitz wurden seit 1636 geführt.
Wirtschaft: Kaolingewinnung, Ziegeleien.
1930: 1459 Einw. (1273 Deutsche, 175 Tschechen, 11 Ausl.).

Qualisch *(Chvaleč)*, Bez. Trautenau, 500 m. Die Gründung Ottokars II. wird 1329 als Qualisdorph genannt. Holzkirche 1354. Kirche St. Jakobus, barock 1706. Einrichtung 1730 - 1740, Schnitzarbeiten, steinernes Taufbecken mit Akanthusschmuck. Zur Pfarre gehörten Petersdorf mit Filialkirche Hl. Familie, die Wallfahrts-

kapelle am Johannesberge, Slatin mit Filialkirche Hl. Joseph und Bösig mit Kapelle. Statue Johannes von Nepomuk 1730.
Wirtschaft: Früher Kohlenbergbau. Textilwerke (Jul. Bendix Sohn, seit 1870, 800 Arbeiter).
1930: 1145 Einw. (1092 Deutsche, 43 Tschechen, 9 Ausl.).

Quinau *(Kvinov),* Bez. Komotau. Quynaw war 1382–1411 im Besitz des Deutschen Ordens, der in Komotau eine Kommende hatte. 1561 wird Quina gen der Platen erwähnt, 1651 dann Quinau. Um 1342 eine Kapelle. Diese wurde vergrößert und im 17. und 18. Jh. stark umgebaut. Auffallend ist der Schlußstein mit blütenartiger Verzierung. Die Wallfahrtskirche Mariä Heimsuchung hatte ein spätgotisches Vesperbild auf dem Altar (1609) im gotischen Presbyterium. Besonders im Monat Juli kamen viele Wallfahrer nach Quinau. Nach dem Jahre 1784 waren Wallfahrten vom Staat für längere Zeit verboten. Im Durchschnitt wurden in unserem Jh. gegen 20 000 Pilger jährlich gezählt. Die Kirche war eine Filialkirche der Pfarrei Platten.
Nach der Vertreibung wurde eine Nachbildung des Gnadenbildes für die Kirche Maria Hilf in Trutzhain/Hessen gestiftet. Hierher wallfahren die Vertriebenen aus Quinau und aus den ehem. Nachbargemeinden immer am Fest Mariä Heimsuchung am ersten Sonntag im Juli.

Raase *(Razova),* Bez. Freudenthal. Ein langgestrecktes Reihendorf. 1284 Erwähnung als Razow; diese kleine slawische Siedlung wurde durch Zuzug Deutscher zu einem Dorf. 1474 Verwüstung durch die Truppen des ungarischen Königs Matthias Corvinus. Um 1550 Neuaufbau. Die älteste Pfarrmatrikel trägt das Jahr 1571. Pfarrkirche St. Michael, vor 1500. 1560–1624 herrschte das lutherische Bekenntnis. 1784 wurde Raase Kuratie, 1845 wieder Pfarrei, vorher war es nach Bennisch eingepfarrt.
Wirtschaft: Flachsbreche, Malzextrakterzeugung, Ölpresse. Zu Raase gehörten der Weiler Freihof, die Greipel-, Herold- und Buschmühle.
1930: 1670 Einw. (1639 Deutsche, 21 Ausl., 10 Tschechen).

Rabenstein an der Schnella

Rabenstein an der Schnella *(Rabštejn),* Bez. Kralowitz. 476 m. Die kleinste Stadt Böhmens liegt im Schnellatal und geht zurück auf die Mitte des 13. Jh.s, damals saßen die Herren von Rabenstein hier. 1337 mit Saazer Stadtrecht begabt. Das Wappen: In rotem Schild die obere Hälfte eines silbernen Löwen mit Krone (Symbol für Böhmen) mit der unteren Hälfte eines schwarzen Adlers (Symbol für das Reich). 1338 Pfarre. Die Bedeutung Rabensteins ging später zurück und es wurde nur noch als Markt bezeichnet. Zu den Herrschaftsbesitzern zählten die Horschowitz, Steinberg, Guttenstein, Schlick, Schwanberg, Kolowrat und Lažansky. Kirche 1660. Klosterkirche 1766–1767, wohl von Anselmo Lurago. 1787 wurde die alte Pfarrkirche abgerissen, die Klosterkirche wurde Pfarrkirche. 1878 renoviert. Kloster der Serviten, Ende des 17. Jh., dient jetzt profanen Zwecken, u. a. ist hier ein Gasthaus „U mnicha" (Zum Mönch). Loretokapelle 1671. Alte Burg Anfang 14. Jh., vor 1700 öde, dann 1705 barocker Schloßbau durch den Grafen Pötting. Auf dem Marktplatz Ecce-homo-Säule, 1891. Ehem. Spital um 1730. Alte Häuser aus der Barockzeit, 18. Jh.
Wilhelm Pleyer (Eisenhammer 1901–1974), Schriftsteller und Redakteur.
1930: 344 Einw. (267 Deutsche, 77 Tschechen.
1970: 98 Einw.

Radbusa. Der Fluß entspringt im nördlichen Böhmerwald westlich Ronsperg an der bayerischen Grenze in 590 m Höhe, fließt in östlicher, dann in nordöstlicher Richtung über Bischofteinitz und Staab; er mündet südlich von Pilsen in die Angel, einen Querfluß der Beraun. Länge 85 km.

Radebeule *(Radobyl),* 398 m. Basaltkegel, drei km westlich von Leitmeritz, mit Kreuz und Schutzhütte des Mittelgebirgsvereins; schöne Rundsicht, die bereits Alexander von Humboldt gerühmt hatte.

Radhoscht *(Radhošt').* 1129 m. Berg in den Beskiden, südlich Frankstadt unter dem Radhoscht. Kapelle Cyrill und Method, ein Holzbau, 1898. Um den Berg, der wiederholt als Motiv in der tschechischen Literatur erscheint, ranken sich Mythen des tschechischen Volkes.

Radonitz *(Radonice),* Bez. Kaaden. Den Ort am Nordabhang des Radonitzer Berges (447 m), der 1189 erwähnt wurde, besaßen bis in das 15. Jh. die Herren von „Radoniz". Auf Fürsprache der Herren von Vitzthum, seit 1508 Besitzer, erfolgte die Erhebung zum Markt. Von 1544 bis 1612 gehörte Radonitz zur Herrschaft der Schlick. Diese erteilten 1545 das Braurecht, das später für die Lockerung der Robot geändert wurde. Wappen: Eine Mauer mit einem Turm in der Mitte. An diesem zwischen den Fenstern das Wappen der Vitzthum, ein Stamm mit Wurzeln und mit drei Früchten (Äpfeln); später kam noch das Wappen der Schlick dazu: auf rotem Grund eine Spitze mit geschweiften Schenkeln und drei Ringen (rot und weiß). Pfarrkirche Mariä Geburt, schon 1360, wurde 1702 barock umgestaltet. Matriken seit 1618. Das Rathaus, ehem. Schloß, barock 1725, später umgebaut.
Wirtschaft: Braunkohlenbergbau.
1930: 921 Einw. (862 Deutsche, 48 Tschechen, 11 Ausl.).

Brücke über die Radbusa (Weißensulz)

Radhoscht
Kapelle Cyrill und Method

Radowenz *(Radvanice),* Bez. Trautenau. 540 m. Station der Linie Trautenau – Wekelsdorf. Der versteinerte Wald von Radowenz ist eine Gruppe durch Kieselsäure versteinerter Baumstrünke, ein „Bild aus der Geschichte unserer Erde, das einzig in der Welt dasteht" (Josef Blau). Er entstand im Überschwemmungsgebiet der Karbonzeit. Kirche Johannes der Täufer, pseudoromanisch, 1899. Am Friedhof eine Mariensäule, 1865.
Wirtschaft: Steinkohlenbergbau, Bleicherei, Färberei.
1930 (mit Brenden und Schönborn): 778 Einw. (766 Deutsche, 12 Tschechen).
Umgebung: Felsenstädte von Adersbach und Wekelsdorf.

Radowesitz *(Radovesice),* Bez. Dux. Auf eine größere keltische Siedlung beim Dorf weisen Grabungsfunde aus den 70er Jahren hin. Eine Pfarrei hatte der Ort schon vor 1384. Nach den Verwüstungen im Hussitenkrieg blieb die Pfarre verwaist und das Dorf war eine Filiale von Bilin. 1787 Errichtung einer Lokalie, 1853 wieder Pfarre. Pfarrkirche Allerheiligen, 1912, neoromanisch. Zur Seelsorge gehören Hettau, Lukow mit einer Antoniuskapelle, Forsthaus, Stepanow und Trzinka mit Kapelle Hl. Johannes d. T. Matriken seit 1600. Statue Johannes von Nepomuk, Anfang 18. Jh.
1930 (mit Trzinka, Hettau und Kutschlin): 1505 Einw. (1265 Deutsche, 239 Tschechen, 1 Ausl.).

Abteikirche Peter und Paul, Raigern

Raigern *(Rajhrad)*, Bez. Auspitz. 190 m. 1048 Gründung des Benediktinerklosters in der „provincia Brinnensis" durch Herzog Břetislav I., einen Przemysliden; dieses Geschlecht, das zu den Gefolgsleuten des deutschen Kaisers gehörte, hatte kurz davor mit deren Unterstützung Mähren von Polen und Ungarn befreit. Raigern, das älteste Kloster Mährens, war eine Propstei des Klosters Břevnov und diesem bis 1813 unterstellt. In diesem Jahr wurde Raigern Abtei. Hier wurden Kunst und Wissenschaft gepflegt. Zeugnis davon gaben der Raigerner Altar, Anfang 15. Jh., heute im Landesmuseum Brünn, und die berühmte Pergamenthandschrift eines lateinischen Cantionale, um 1420 - 1430 entstanden, dessen Initialen dem Meister von Raigern sehr nahestehen. Die Abteikirche Peter und Paul, ein Barockneubau 1723 - 1739, entstand nach den Plänen von Giovanni Santini, ausgeschmückt durch die Maler J. Etgens und Josef Winterhalter, ferner durch die Bildhauer A. Schweigel und Ignaz Lengelacher. In der Kirche ist Georg von Ogilva, der Verteidiger des Brünner Spielbergs gegen die Schweden 1645, begraben. Der barocke Klosterbau stammt aus dem 18. Jh., mit Fresken von Etgens geschmückt. Bedeutende Bibliothek. Im Klosterbereich entwickelte sich das Dorf, das im 13. Jh. Stadt wurde. Pfarrkirche 2. Viertel 18. Jh.

Wirtschaft: Hutfabrik, Malzfabrik, Früchteverwertung.

1930: 2205 Einw. (2146 Tschechen, 45 Deutsche, 14 Ausl.).

Persönlichkeiten: Anton Rzehak (1855 - 1923), mährischer Vorgeschichtsforscher. Von den berühmten Historikern in der Abtei nennen wir Bonaventura Josef Pitter (1708 - 1764); Thomas Gregor Wolny (1793 - 1871); Beda Dudik (1815 - 1890).

Umgebung: Archäologische Funde.

Raitz *(Rájec)*, Bez. Boskowitz. 295 m. Im Tal der Zwitta, nahe Blansko. Schriftliches Zeugnis 1131 in einer Urkunde des Olmützer Bischofs Heinrich Zdik. 1913 Markt. Pfarrkirche Allerheiligen, um 1700. Schloß 1570, Mitte des 18. Jh. ausgebrannt. Bald darauf Neubau. Ausschmückung durch den Maler Franz A. Sebastini und den Freskanten Anton Schemberger. Besitz des Fürsten Salm-Reifferscheidt. Bedeutende wissenschaftliche Bibliothek. Gemäldegalerie, Möbelsammlung. In der 1792 eingeweihten Kapelle ist Niklas Graf Salm, der Wien vor den Türken verteidigte, begraben.

Die Fürsten Salm-Reifferscheidt erwarben sich Verdienste um die Eisenindustrie, besonders in Blansko, wo die ersten Dampfmaschinen Mährens eingesetzt waren, und um die Zuckerindustrie. Der Dichter Ferdinand von Saar lebte längere Zeit auf dem Schloß; er behandelte dieses und andere Gegenden Mährens in seinen Werken.

1930: 1873 Einw. (1834 Tschechen, 36 Deutsche).

Mährisches Karstmuseum.

Ramsau *(Ramzová)*, Bez. Freiwaldau. 760 m. Der zu Ober Lindewiese gehörende Ort liegt an der Bahnstrecke Nieder Lindewiese - Hannsdorf. Ramsau ist die höchstgelegene Schnellzugstation der Linie Olmütz - Freiwaldau, die hier den Ramsauer Sattel überquert. Eine Straße über den Paß, der auch Schlesischer Semmering genannt wurde, ist für das Jahr 1345 belegt, bestand wohl aber schon früher. Der Ort entwickelte sich ab 1791. Sommerfrische und Wintersportplatz zwischen dem Altvater- und dem Bielengebirge.

1930: 170 Einw. (166 Deutsche, 4 Tschechen).

Schloß Raitz

Umgebung: Hochschar, 1350 m, Glaserberg oder Kepernik, 1424 m, Fuhrmannstein, 1377 m, mit dem Fürst-Liechtenstein-Urwald.

Rannay *(Raná)*, Bez. Laun. 297 m. Rannay im Böhmischen Mittelgebirge war bekannt als Segelfliegerübungsplatz, der am südwestlichen Abhang des Rannayberges (457 m) lag. Die alte Pfarre war von 1415 bis 1623 utraquistisch bzw. lutherisch. 1849 wurde eine Lokalie und 1857 wieder eine Pfarre neu eingerichtet. Kirche Allerheiligen, 12. Jh. romanisch. Presbyterium barock, Taufbecken gotisch 15. Jh. Floriansrelief 1740.
1930: 483 Einw. (361 Tschechen, 121 Deutsche).

Raspenau *(Raspenava)*, Bez. Friedland. 350 m. Weit verstreute Isergebirgsgemeinde im Tale der Wittig. Im 14. Jh. genannt, gab es nach 1520 Eisenhütten in Raspenau, die zu Ende des Jahrhunderts wieder eingingen, zu Anfang des 17. Jh. wieder erneuert wurden. Hier ließ der Feldherr Wallenstein Waffen herstellen, auch Munition und anderes Kriegsgerät. Das Eisen lieferte das Bergwerk in Raspenau. Der letzte Bericht von der Eisenhütte stammt aus d. J. 1696. 1709 – 1720 arbeitete der Eisenhammer noch einmal. 1962 wurde Raspenau Stadt.
Kirche Mariä Himmelfahrt, 1346 als zur Diözese Meißen gehörend erwähnt. Erst spätgotisch. 1534 – 1624 lutherisch. 1622 Turmbau. Das Altarbild Franz Xaverius stammt von Joseph von Führich (1822). Malereien schuf Karl Krattner. Neugotische Kapelle, 19. Jh. Steinstatue Johannes von Nepomuk, 1866. Tor zum Pfarrhof, 1727 barock, mit Statue des Johannes von Nepomuk.
Wirtschaft: Textilindustrie, Holzwaren, Zementwaren, Marmor- und Kalkbrüche.
Josef Blumrich (1865 – 1949), Geologe.
1930 (mit Ferdinandsthal): 2117 Einw. (1948 Deutsche, 111 Tschechen, 57 Ausl.).
Umgebung: Kalkberg, 418 m.

Raudnitz *(Roudnice nad Labem)* 175 m. Bezirksstadt an der Elbe. Station der Strecke Prag – Dresden. Die Siedlung unterhalb der Burg war Eigentum der Prager Bischöfe (1194). Seit 1237 Stadt. 1421 Einnahme durch die Hussiten. 1333 Bau der gotischen Brücke, der ersten in Nordböhmen; Neubau 1910, Länge 1134 m.
Kloster 1333 als Augustinerkanonie, 1421 von Hussiten zerstört. Das Kloster spielte in der Kirchengeschichte eine Rolle durch die von hier im 14. Jh. ausgehende Reform, die auf die „devotio moderna", die geistige Erneuerung, Einfluß hatte. Die gotische Propsteikirche Mariä Geburt, an Stelle einer alten romanischen Kirche (1296) 1333 – 1343 neu gebaut, besitzt einen berühmten gotischen Flügelaltar. 1725 Barockumbau der Kirche durch Octavio Broggio. Kloster der Kapuziner mit der St.-Wenzels-Kirche, barock 1615 – 1628. Hier Gruft der Familie Lobkowitz. Barocke Kapelle, 1726, von O. Broggio, innen Fresken von W. L. Reiner. Reste der Stadtbefestigungen aus dem 14. Jh. erhalten. Barocke Mühle, 1738 – 1744.
Romanische Burg, um 1230. Reste erhalten. Umbau zum Schloß, 1652 – 1684. Große Bibliothek, in der auch viele Werke aus der Bibliothek des Bohuslaus von Lobkowitz von der Burg Hassenstein aufbewahrt wurden. Die Büchersammlung kam nach 1945 von Raudnitz nach Prag. Lobkowitz-Archiv. Gemäldegalerie. Mit dem Schloß waren viele historische Begebenheiten verbunden. 1350 hielt man Cola di Rienzo hier gefangen. 1805 erste Aufführung von Haydns „Schöpfung". Seit Anfang des 17. Jh.s im Besitz der Familie Lobkowitz, die den Titel der Herzöge von Raudnitz erhielten.
Wirtschaft: Maschinenindustrie. Chemie. Pharmazie.

Persönlichkeiten: Seligmann Heller (1831 bis 1890), Dichter, Übersetzer, Deutschlehrer in Prag; Max Dvořák (1843 - 1903), deutscher Archivar und Bibliothekar auf Schloß Raudnitz, Schriftsteller; Max Dvořák, (1874 - 1921) deutscher Kunsthistoriker, Universitätsprofessor in Wien; Georg Wilhelm Pabst (1885 - 1967), Filmregisseur internationalen Rangs.
1930: 9261 Einw. (9042 Tschechen, 121 Deutsche, 76 Ausl., 10 Russen, 9 Juden). 1968: 10 000 Einw.
Umgebung: Georgsberg (Říp), 459 m, mit Kirchlein aus dem 12. Jh.

Rausenbruck *(Strachotice)*, Bez. Znaim. 202 m. Nahe der Thaya. Eine Urkunde nennt den Ort 1190. 1342 Markt. 1344 Gerichtsbarkeit verliehen. Nach A. Zelenka wird 1444 - 1474 wiederholt eine Feste in Rausenbruck erwähnt. 1591 Verleihung eines Wappens: Geteilt in Silber und Rot. Oben die Hälfte eines schwarzen Adlers mit Krone, unten der Buchstabe „W" (Wenzel) in Gold. 1704 Entzug der Privilegien durch Kaiser Leopold I. Kirche St. Georg. 1447 Pfarrkirche betreut von den Mönchen des Stiftes Klosterbruck. Spätbarocker Bau 1744 - 1767. Zwei Seitenaltarbilder von Josef Winterhalter. Der frühere Pranger auf dem Dorfplatz wurde für die Aufstellung der Florianssäule benützt.
Wirtschaft: Auf fruchtbarem Boden wird Landwirtschaft, auch Weinbau betrieben.
1930: 1023 Einw. (1001 Deutsche, 15 Tschechen).

Reichenau *(Rychnov)*, Bez. Gablonz. 450 m. Vier km südlich von Gablonz; an der Bahnlinie Turnau - Reichenberg. An der Mohelka. 1361 erwähnt; im Besitze des Zisterzienserklosters Hradisch an der Iser, das von den Hussiten vernichtet wurde. Spätere Besitzer die Wartenberg, Waldstein und Rohan. 1895 Markt. 1911 Stadt. Das Wappen von 1896: Landschaft mit Bäumen, auf der linken Seite die Kirche St. Wenzel, vor dieser ein Bach, aus dem eine Hirschkuh trinkt. A. Zelenka nennt diese Wappenausführung die „unheraldischste Schöpfung des Wiener Heroldsamtes".
Fachschule für Malerei und Steinschneidekunst. Kirche St. Wenzel, erst gotischer Holzbau, 1706 - 1711 barocke Gestaltung. Innen Wenzelsbild von J. Hellich. Alte Pfarre bis 1623, wiederum 1686. Als Industriedenkmal eingestufte Eisenbahnbrücke Mitte 19. Jh. Reichenau ist durch eine Straßenbahn mit Gablonz verbunden.
Wirtschaft: Produkte der Reichenauer Dosen- und Ölbildmalerei wurden in alle Welt exportiert. Erzeugung von Gablonzer Schmuck.
1930: 3272 Einw. (2915 Deutsche, 319 Tschechen, 32 Ausl.).

Reichenau an der Knieschna *(Rychnov nad Kněžnou)*, Bezirksstadt. 321 m. In den Vorbergen des Adlergebirges an einem alten Handelsweg. Erwähnung 1258: Anlage einer Burg durch Hermann von Dürnholz. Im 14. Jh. Einführung der Tuchmacherei durch Deutsche. Der systematisch angelegte Marktplatz verrät die planmäßige Gründung. 1497 Markt, um 1654 Stadt.
Neues Schloß 1676 - 1690 mit Bibliothek und Gemäldesammlung. Altes Schloß 1578. Kirche St. Gallus, 13. Jh., 1521 spätgotischer Umbau. Innen Sanktuarium (1521) und Madonna (Ende 15. Jh.). Dreifaltigkeitskirche, 1594 - 1602, spätgotisch, 1838 - 1843. Ehem. Piaristenkolleg 1712. Synagoge 1787. Jüdischer Friedhof 1616. Mariensäule 18. Jh. Webereifachschule, 1924 aufgelöst.
Wirtschaft: Textilindustrie.
Persönlichkeiten: Franz Martin Pelzel (1734 - 1801), Historiker und Philologe; Johann Bernhard Pelzel von Pelzeln (1745 - 1809), Beamter in Wien, Verfasser von Dramen und Lustspielen.
1930: 4706 Einw. (4583 Tschechen, 77 Deutsche, 43 Ausl.).

Reichenau an der Maltsch *(Rychnov nad Malší)*, Bez. Kaplitz. 620 m. Der Ort zu beiden Seiten der Straße nach Unterhaid ist 1363 als Pfarrort und 1379 als Markt erwähnt. Wappen: In silbernem Feld eine grüner Baum mit Wurzeln, unter diesen ein Igel. Am Stamm die Hälfte eines Sternes und die Hälfte einer roten Rose, des Rosenberger Wappens. Bis 1885 wurde der Ort Böhmisch Reichenau genannt. Pfarrkirche Hl. Andreas, 1363 erwähnt. Umbau Anfang 16. Jh. spätgotisch, 1709 Renovierung und Erhöhung des Turmes, 1786 vergrößert. Inneneinrichtung barock.
Zwei km südlich von Reichenau die Wallfahrtskirche Maria Schnee, gegründet von der Äbtis-

sin des Krummauer Klarissenklosters, 1653. Fertiggestellt 1701. 1785 – 1795 Kirche gesperrt. Vor der Kirche der „Wunderbrunnen“, darüber eine sechseckige Kapelle mit Marienstatue. Sommerfrische.
1930 (mit Cerekau): 683 Einw. (577 Deutsche, 79 Tschechen).

Reichenberg *(Liberec)*, 340-413 m. Die bedeutendste deutsche Stadt in der ehem. Tschechoslowakei und das größte Industriezentrum des Sudetenlandes liegt am Fuße des Jeschken (1010 m). Die Stadt an der Görlitzer Neiße findet als Reychinberg erste Erwähnung. Besitzer waren die Freiherrn von Biberstein, ihnen folgte 1552 das Geschlecht der Hohenzollern, 1558 die Freiherrn von Redern. Unter diesen erreichte Reichenberg, das seit Ende des 16. Jh. Stadt war, eine hohe Blüte. Nach der Schlacht am Weißen Berg 1620 erfolgte die Ächtung der Redern; 1622 kam die Stadt durch Kauf an Wallenstein. Dieser förderte die Tuchindustrie und ließ Uniformen für sein Heer anfertigen. Der große Feldherr und Wirtschaftsmann verlor sein Herzogtum Friedland, zu dem Reichenberg gehört hatte, 1634, als er in Eger ermordet wurde. Reichenberg, im Dreißigjährigen Krieg evangelisch, wurde bis 1658 wieder zum alten Glauben zurückgeführt. Viele Tuchmacher aber zogen der Bekehrung die Auswanderung vor. 1634 ging die Herrschaft an die Grafen Gallas über, 1757 an Clam-Gallas. Gleichzeitig wurde das Untertänigkeitsverhältnis aufgehoben.
Im 18. Jh. beginnt ein neuer Aufschwung, der Reichenberg schließlich zur nordböhmischen

Reichenau an der Maltsch, Wunderbrunnen

Wappen von Reichenberg

Metropole machte. Als 1849 das provisorische Gemeindegesetz erlassen wurde, erhielt die Stadt eine eigene Gemeindeordnung. 1882 gab es 1175 Tuchmachermeister, davon 614 selbständige in der Stadt (die ersten waren 1578 nach Reichenberg gekommen). Mit Gesetz vom 28. Juni 1889 wurde Reichenberg Stadt mit eigenem Statut. 1897 fuhr die erste Straßenbahn: Reichenberg – Volksgarten; später Ausdehnung der Strecke bis Oberhanichen unter dem Jeschken. 1900 waren 32 Textilfabriken in Betrieb. 1907 Entstehung der Arbeitersiedlung von Theodor Liebieg. Am 16. Dezember 1918 besetzten Tschechen Reichenberg, das damals Sitz der Deutschböhmischen Landesregierung war. 1938 – 1945 war Reichenberg Hauptstadt des Reichsgaues Sudetenland.
Erzdekanalkirche St. Antonius d. Einsiedler, 1352/1360, 1449, 16. Jh. erweitert, 1733 – 1735 barock. Die Pfarrei bestand vor 1358, 1730 Dekanat, 1879 Erzdekanat. Die Kirche war 1535 – 1640 lutherisch. Die Kreuzkirche („Die neue Kirche“), erst eine Kapelle auf dem Pestfriedhof (1680) mit einer Statue der Schmerzhaften Muttergottes. Deren Verehrung zog viele Wallfahrer an, daher Bau einer Kirche von M. A. Canevale, 1695 – 1698. Umbau und Vergrößerung 1753bis 1761 durch J.J. Kuntze. Hauptaltarbild von F. X. Palko. Deckenfresken, die Legende vom Hl. Kreuz darstellend, stammen von Johann Spitzer, 1761. Hinter der Kirche eine Immaculatastatue mit den Heiligen Sebastian, Rochus, Florian und Johannes von Nepomuk, 1719/1720. Kirche Vinzenz von Paul, 1884 – 1888, von Maria Pauline

Reichenberger Schloß mit Kapelle

von Liebieg für die Arbeitersiedlung der Textilfirma Liebieg errichtet. Herz-Jesu-Kirche, Klosterkirche der Ursulinen, 1897 eingeweiht. Heute Poliklinik im Kloster. Kapuziner-(Jubiläums-)Kirche Maria Magdalena, 1908 – 1911. Evangelische Kirche, 1864 – 1868. Hier wirkten als Pfarrer Hugo Piesch und Hans Rotter. Synagoge, 1887 – 1889, mit Orgel der Jägerndorfer Firma Rieger.

Schloß, 1582 – 1587 durch Melchior von Redern. 1616 abgebrannt. Barockbau durch J. J. Kuntze, 1773 – 1776. Klassizistische Umbauten 1852 – 1856. Schloßkapelle, Hochrenaissance 1604 – 1606, durch Katharina von Redern. Das Oratorium trägt das Wappen der Redern. Die Kapelle diente erst den Evangelischen, dann den Katholiken. 1919 wurden Schloß und Kapelle Staatseigentum. Untergebracht war die Forstdirektion für Nordböhmen. Rathaus auf dem Altstädter Platz, 1888 – 1893 von Franz von Neumann in Renaissanceformen errichtet. 56 m hoher Turm, gekrönt von einer Rittergestalt; sie wurde 1954 abgenommen. Vor dem Rathaus der 1926 aufgestellte Brunnen von Franz Metzner. Stadttheater, 1883, erbaut von Fellner und Helmer. Fassungsraum 1000 Personen. Deckenmalerei von Berthold Löffler. Vorhang 1883 gemalt von Gustav Klimt mit Hilfe von Franz Matsche. Heute trägt das Theater, an dem viele später berühmt gewordene Künstler ihre Laufbahn begannen, den Namen des tschechischen Dichters und Dramatikers František X. Šalda.

Das Nordböhmische Gewerbemuseum, gegründet am 2. Dezember 1873, im eigenen Gebäude seit 1897/1898, ist ein Neorenaissancebau, gebaut von Friedrich Ohmann. Es hatte 20 Säle, zwei Bibliothekssäle, einen Vortragssaal, einen Ausstellungssaal, vier Zeichensäle, ferner Arbeits- und Depoträume. Gesammelt wurden Zeugnisse des Gewerbes aller Zeiten und Länder, ferner Ortsgeschichte. Um 1930 wurden 45 700 Bestandsnummern gezählt, nicht mitgerechnet die Gemäldesammlung. Hervorragende Exponate waren Möbel, Teppiche, Glas und Keramik. In zahlreichen Vorträgen und Ausstellungen wurde breite Volksbildungsarbeit betrieben.

Stadtarchiv: Urkunden seit 1560, Akten seit 1537, Amtsbücher seit 1542. Bücherei der Deutschen. Gründung am 26. Mai 1923. Im Oktober dieses Jahres Übersiedlung in die von der Stadtgemeinde zur Verfügung gestellten Räume. Am 30. Juni 1924 feierliche Eröffnung. Damaliger Bestand 20 000 Bände. 1925 Angliederung der Anstalt für Sudetendeutsche Heimatforschung. Der erste Leiter war der Schriftsteller Friedrich Jaksch (Pseudonym Friedrich Bodenreuth). Diese Nationalbibliothek der Sudetendeutschen hatte 1938 über 130 000 Bände. Die Bücherei gehörte zu den Reichenberger Kulturstellen, denen auch die „Deutsche wissenschaftliche Gesellschaft“, die „Anstalt für sudetendeutsche Heimatforschung“, der „Verein für Heimatkunde des Jeschken-Isergaues“, der „Deutsche Stadtbildungsausschuß“ und das „Sudetendeutsche Volkshochschulheim“ angeschlossen waren. Andere Institutionen, die in Reichenberg ihren Sitz hatten: „Anstalt für sudetendeutsche Erziehungswissenschaft“, „Zentralstelle des Volksbundes deutscher Katholiken“, „Deutscher Lehrerverband im tschechoslowakischen Staate“, „Reichsverband deutscher Mittelschullehrer“, „Verband deutscher Kunstschaffender“, bekannter als „Metznerbund“, 1920 gegründet und mit repräsentativen Ausstellungen an die Öffentlichkeit getreten. Ferner die seit 1851 bestehende „Handels- und Gewerbekammer“, die „Deutsche Landeskommission für Kinderschutz und Jugendfürsorge“, die „Arbeitgeberstelle des Hauptverbandes der Industrie“. An Verlagen bestanden Paul Sollors Nachfolger,

Kreuzkirche in Reichenberg

Nordböhmischer Verlag (Lehrbücher und Pädagogik), Polytechnischer Verlag, Gebrüder Stiepel und Sudetendeutscher Verlag Franz Kraus. Viele Schulen sorgten für die Ausbildung der Jugend, wie Gymnasien, Realschulen, Handelsakademie, Lehrerbildungsanstalt, Handelsschule, Fachschule für Textilindustrie, Staatsgewerbeschule u. a.

Im Jahre 1848 begann die erste Buchdruckerei, es erschien die erste Zeitung, das „Reichenberger Wochenblatt“. Aus ihm entwickelte sich die „Reichenberger Zeitung“ mit dem Motto „Allezeit einzutreten für Deutschtum, Freiheit und Fortschritt“; die erste Nummer datiert am 16. September 1860. Diese Zeitung nimmt nach A. Przedak „neben den Prager Tagblättern eine durchaus gleichberechtigte Stellung ein“. Im Laufe der Jahre kamen Blätter auf den Markt wie „Reichenberger Tagesbote“, „Vorwärts“, „Deutsche Rundschau“, „Deutsche Volkswacht“, „Allgemeine deutsche Gewerbezeitung“ und Zeitschriften „Karpathenland“, „Der deutsche Eisenbahner“, „Österreichs deutsche Jugend“ (später „Deutsche Jugend“), „Sudeta“, „Freie Schulzeitung“, „Heimatbildung“, „Die sudetendeutsche Frau“ und „Mitteilungen des Vereins für Heimatkunde des Jeschken-Isergaues“. Weiterhin Hefte für verschiedene Standesvertretungen: Die belletristische Monatsschrift „Ressels Familienfreund“ und „Die Neuzeit“, vom Dichter Theodor Hutter herausgegeben, aber leider nur von kurzer Lebensdauer.

Das Wappen, 1577 von Kaiser Rudolf II. verliehen: Zwei Türme und dazwischen auf der Verbindungsmauer ein Löwe mit Krone. Über dem Tor in der Mauer das Wappen der Redern: ein blauer Schild mit einem silbernen Rad.

Wirtschaft: Als wichtigster Industrieort des Sudetenlandes hatte Reichenberg seit 1920 jedes Jahr in der 3. Augustwoche die große Veranstaltung der Reichenberger Mustermesse. Sehr bedeutend war die Textilindustrie; hier waren viele Menschen beschäftigt, so hatten die Schafwollwarenfabriken Johann Liebieg 5000, Franz Liebieg 2000 und C. Neumann 1000 Beschäftigte. Die Johann Liebieg & Co. AG bildete einen eigenen Stadtteil. Ebenfalls bedeutend waren die Metall-, Möbel- und Lederindustrie, die Druckindustrie, die Holzbearbeitung, die Nahrungsmittelindustrie (ca. 60 Unternehmen), Zementwarenerzeugung und Glaswaren. Dazu kamen große Banken und andere Kreditinstitute. Städtische Betriebe waren: Gas- und Elektrizitätswerk, Wasserwerk, Straßenbahn, Sparkasse und Theater, außerdem Behörden und wichtige Anstalten für Handel und Gewerbe. Reichenberg war Sitz der Direktion der Staatswälder und -güter, eines dänischen und eines deutschen Konsulats, ferner eines englischen Vizekonsulats.

Persönlichkeiten: Christoph Demantius (1567–1643), Komponist; Johann Joseph Kuntze (1724 – 1800), Baumeister; Johann Karl Kuntze (1769 – 1806), Baumeister; Jakob Ginzel (1792 – 1862), Maler der Biedermeierzeit; Joseph Proksch (1794 – 1864), blinder Klavierpädagoge in Prag, Komponist; Heinrich Karl J. von Liebieg (1839 – 1904), Textilgroßindustrieller, Kunstsammler, Mäzen; Josef Schiller (1846 – 1897), Journalist und Arbeiterdichter; Johannes Haupt (1849 – 1928), Gründer des Stadtmuseums in Iglau und Schöpfer des Iglauer Berghäuerzuges; Camillo Horn (1860 – 1941), Komponist; Karl Baier (1861 – 1938), Mundartdichter, Heimatforscher; Franz Karl Ginzkey (1871 – 1963), vielseitiger Schriftsteller, dessen Vorfahren aus Dörfel bei Reichenberg stammten; Josef Seliger (Schönborn 1870 - 1920), sozialdemokratischer Politiker, Kämpfer für das Selbstbestimmungsrecht der Sudetendeutschen; Heinrich Hönich (Nieder Hanichen 1873 - 1957), Maler, Zeichner, Akademieprofessor in Prag; Berthold Löffler (1874 - 1960), Maler und Graphiker, Mitglied des Wiener Künstlerhauses; Josef Keil (1878 - 1963), Altphilologe und Archäologe, Universitätsprofessor in Wien; Gustav Aubin (1881 - 1938), Professor der Wirtschaftsgeschichte, Staatswissenschaften und Volkswirtschaftslehre; Hermann Aubin (1885 - 1969), Historiker; Hugo Schicht (1885 - 1965), Journalist, Geschäftsführer der Sudetendeutschen Volkshilfe des Bundes der Deutschen; Richard Bienert (1887 - 1959), Kartograph, Schöpfer eines Reliefs des Jeschken- und Riesengebirges; Emanuel Reichenberger (Vilseck bei Amberg 1888 - 1966), Gründer des Volksbundes deutscher Katholiken in Reichenberg. In der Emigration und nach 1945 setzte er sich vor der Weltöffentlichkeit für die Vertriebenen ein; Edmund Nick (1891 - 1974), Komponist; Josef Preußler (ursprünglich Syrowatka) (1891 - 1967), Fachlehrer und Heimatschriftsteller, Schriftleiter der „Deutschen Jugend", Gründer des Reichenberger Archivs in Haidholzen bei Rosenheim; Friedrich Jaksch (Budweis 1894 - 1946), Leiter der Bücherei der Deutschen, Schriftsteller (Pseudonym Friedrich Bodenreuth); Hans Maria Dombrowsky (1897 - 1977), Komponist; Harald Kreutzberg (1902 - 1968), international bekannter Tänzer.

1930: 3072 Häuser und 38 568 Einw. (30 023 Deutsche, 6314 Tschechen, 1924 Ausl., 307 andere, davon: 200 Juden, 51 Russen, 11 Polen, 26 Ungarn) (30 285 röm.-kath., 3294 evang., 2338 konf.-los, 1392 israel., 889 tschechosl. Kirche, 370 andere, davon 194 alt-kath., 64 griech.-kath., 33 orthod.).

Umgebung: Volksgarten, Hohenhabsburg (mit Burgbau), Baiersbachschlucht mit Freilichttheater, Ruppersdorfer Kamm mit der Humboldthöhe, Aussichtsturm mit Aussicht auf Reichenberg und das Jeschkengebirge. Harzdorfer Tal mit Talsperre (630 000 cbm Fassungsvermögen), in der Nähe das Ausstellungsgelände von 1906.

Das Reichenberger Rathaus

Reitstein und „Bild" mit Kapelle und Stationsweg. Katharinberger Tal („Reichenberger Schweiz"). Drachenberg, 674 m, Aussicht über das Reichenberger Becken, das Jeschken-, Iser- und Lausitzer Gebirge. Maffersdorf, 381 m, mit Kurhaus „Sauerbrunn" (Bäder), große Brauerei. Kaiserstein, 634 m, mit guter Aussicht.

Jeschken, 1010 m, höchster Berg des Jeschkenkammes (37 km lang), der aus Gneis, Quarzit und Urtonschiefer besteht. Jeschkenhaus und Aussichtsturm, 28 m hoch. Früher Rohangedenkstein. Die Aussicht vom Jeschken wurde als beste aller deutschen Mittelgebirge bezeichnet, auf das Riesengebirge, das Böhmische Mittelgebirge, das Zittauer und Kreibitzer Gebirge, das Erzgebirge, das Iser- und Lausitzer Gebirge.

Weit bekannt war die 3300 m lange vom Jeschken herabführende Rodelbahn mit 6 m Breite und einem Gefälle von 15 : 100. Langenbruck und Jaberlich, 683 m, mit berühmtem Riesenfaß.

Die Patenschaft über Reichenberg übernahm im Jahre 1955 die Stadt Augsburg, die die Räumlichkeiten für die Reichenberger Heimatstube zur Verfügung stellte. In diese wurde die von Josef Preußler geschaffene Sammlung eingebracht.

Heute ist Reichenberg, mit Eingemeindungen 90 000 Einwohner, wieder ein wirtschaftliches Zentrum. Es wird als Kreisstadt bezeichnet. Im Juli jeden Jahres findet als Fortsetzung der Reichenberger Mustermesse (1920 bis 1938) die gesamtstaatliche Ausstellung statt. Das Theater F. X. Šalda wird als Naives Theater mit einer professionellen Marionettenbühne bezeichnet. Die Gebietsgalerie zeigt französische Landschaften, niederländische und flämische Malereien; Werke tschechischer Künstler des 20. Jh.s, darunter auch Expressionisten und Kubisten.

Reichstadt *(Zákupy)*, Bez. Böhm. Leipa. 265 m. Lage: Im Zwittebachtal; an der Bahnstrecke Reichenberg - Teplitz-Schönau. 1352 erwähnt, war der Ort im Besitz der Panzer von Smoyn, dazwischen um 1363 auch der Herren von Wartenberg. 1378 als Richinstat bereits Markt. 1422 von den Hussiten eingenommen. Als Besitzer folgten die Herren von Berka, die Herzöge von Sachsen-Lauenburg, die Toskana, die Wittelsbacher und schließlich das Kaiserhaus. 1586 Erteilung der Stadtrechte durch Kaiser Rudolf II. Das Wappen wurde bereits 1541 verliehen: Im blauen Schild zwei Türme mit geöffneten Toren, zwischen den Türmen zwei gekreuzte Äste aus dem Wappen der Berka.

1818 kam die Herrschaft Reichstadt an den Sohn Napoleons, der den Titel Herzog von Reichstadt führte, aber nie in die Stadt kam. Nach seinem Thronverzicht 1848 verbrachte Kaiser Ferdinand der Gütige von 1851 bis 1875 jedes Jahr einige Monate in seiner Sommerresidenz Reichstadt. Am 8. Juli 1876 kam es zum Treffen von Franz Joseph I. und Zar Alexander II. von Rußland im Schloß, in der Folge dieser Reichstädter Konvention erfolgte die Kodifizierung in Budapest (1877). – In der Schloßkapelle fand am 1. Juli 1900 die heimliche Trauung des Thronfolgers Franz Ferdinand mit der Gräfin Sophie Chotek, spätere Herzogin von Hohenberg, statt; beide wurden 1914 Opfer des Attentats in Sarajewo. Kirche Fabian und Sebastian, 1359, gotischer Neubau 1553 – 1560. Barockbau Anfang 18. Jh., Umbau 1863 neugotisch. Unter dem Presbyterium die Gruft der Familie Berka. Das Kapuzinerkloster stiftete 1679 der Herzog Franz von Sachsen, Engern und Westfalen, als er aus dem Türkenkrieg zurückkehrte. Einweihung der frühbarocken Kirche 1685. Vor dem Kloster auf einer Brücke mehrere Heiligenfiguren. Kloster der Barmherzigen Schwestern 1865. Kapelle Hl. Anna, 1680, davor eine barocke Sebastiansstatue. Auf dem Marktplatz das Rathaus, 1867, und die (Pest-)Dreifaltigkeitssäule, 1708, eine der größten in Böhmen; errichten ließ sie Anna Franziska von Toskana.

Reichstadt, das Schloß

Mitte des 16. Jh.s entstand das große Renaissanceschloß, das nach 1680 barocke Formen erhielt. 1850 – 1853 wurde es für Kaiser Ferdinand hergerichtet und durch Josef Navrátil ausgemalt. Zum Schloß gehört der große Barockpark und ein großer Meierhof (frühbarock). Über dem Schloßportal das Wappen der Berka. Im Speisesaal alte Wandgemälde, Holzschnitzereien und Kachelöfen. Schloßkapelle Franz von Assisi, frühbarock, mit Wandgemälden des Kratzauer Malers Wilhelm Kandler, 1850 – 1851, der auch das Hauptaltarbild schuf. Die Höhere Forstschule, erst in Weißwaser, kam 1904 nach Reichstadt. Kaiser Franz Joseph I. stellte das Schloß zur Verfügung. Sie wurde 1925 verstaatlicht. 1941 als Lazarett eingerichtet. An der Anstalt wirkte auch der Dichter Emil Merker aus Mohr bei Podersam als Lehrer (1915 – 1935).

Wirtschaft: Papierwaren, Christbaumschmuck, Kammindustrie, Gerbereien, Baumwollwarenweberei mit mechan. Stickerei, Waffenhandel.

1930 (mit Neu Reichstadt): 2145 Einw. (1730 Deutsche, 369 Tschechen, 45 Ausl.).

Umgebung: Kamnitzberg, 465 m. Kamnitzgrund mit eisenhaltigen Quellen.

Reihwiesen *(Rejvíz)*, Bez. Freiwaldau. 758 m. Das höchstgelegene Dorf Sudetenschlesiens, als

34 Kuttenberg mit der gotischen Barbarakirche,
im Mittelalter die reichste Stadt Böhmens

35 Leitmeritz, Marktplatz mit Rathaus

36 Die Maidenburg auf der gleichnamigen Erhebung, dem höchsten Punkt der Pollauerberge in Südmähren

37 In der Nähe von Marienbad bei Rauschenbach, Egerländer Hof

38 Im Böhmischen Mittelgebirge

39 *Mährisch Trübau*

40 *Markt Eisenstein, die mit Holzschindeln bedeckte Barockkuppel der Kirche Maria Hilf*

41 *Neutitschein, Hauptort des Kuhländchens. Neben der Mariensaule der Bauernbrunnen*

42 *Nikolsburg – mit dem großen Barockschloß*

46 Das Geburtshaus Adalbert Stifters in Oberplan

47 Der Plöckensteinsee, durch A. Stifters Erzählung »Hochwald« bekannt geworden

Reischdorf

Waldarbeitersiedlung vom Breslauer Bischof Graf Schaffgotsch im 18. Jh. angelegt, war eine beliebte Sommerfrische mitten im Wald und ein Wintersportort. Der Große Moosebruch mit Großem und Kleinem Sühnteich ist mit vielen Sagen verbunden. Spezifische Moorflora.
Gustav Parg (Adelsdorf 1877–1954), Lehrer in Reihwiesen, Begründer des schlesischen Bauerntheaters „Die Reihwiesner", für das er mehrere Stücke schrieb.
1930: 351 Einw. (344 Deutsche, 6 Tschechen, 1 Ausl.).
Umgebung: Urlichkamm, Gräfenberg, Ruine Koberstein (Reste einer mittelalterlichen Burg der Breslauer Bischöfe).

Reinowitz *(Rýnovice)*, Bez. Gablonz. Industriedorf vier km nordnordwestlich von der Bezirksstadt. 1558 gegründet. Kirche Hl. Geist, frühbarock 1698–1699 von M. A. Canevale, 1882 renoviert, Turm erhöht. Hauptaltar um 1700, 1807 umgebaut durch A. Suske. Barockkreuz und Schmerzhafte Muttergottes aus d. 18. Jh. Pfarrei spätbarock 1787. Statue Johannes von Nepomuk 1857.
Wirtschaft: Glasschmuckerzeugung (Hausindustrie), Glasfabrik, Maschinenfabrik, Metallprägerei, Steinbildhauerei.
Julius Streit (1884–1966), Lehrer. Leiter des Verbandes der Deutschösterreichischen Jugendschriftenausschüsse und seit 1923 auch des öffentlichen Büchereiwesens der Stadt Gablonz.
1930: 1711 Einw. (1487 Deutsche, 181 Tschechen, 43 Ausl.) (1413 röm.-kath., 132 konf.-los, 77 evang., 62 altkath.).

Reischdorf *(Rusová)*, Bez. Preßnitz. 824 m. An der Eisenbahnstrecke Komotau-Weipert. Der Ort am Sandberg, 843 m, und Reischberg, 874 m, entwickelte sich an einem alten Weg, der von Prag – Saaz nach Leipzig über das mittlere Erzgebirge führte. Als Reuzentorff kommt er 1367 in einer Urkunde vor. 1449 als Rawsendorf und 1555 als Reuschdorf bekannt. Kirchlich gehörte Reischdorf, das unter dem Patronat der Grafen Buquoy stand, zu Preßnitz, 1782 wurde es Lokalie und 1892 Pfarrei. Pfarrkirche Hl. Martin 1689. Ein Kreuz wurde zur Erinnerung an ein Gefecht zwischen kaiserlichen und schwedischen Truppen im Dreißigjährigen Krieg errichtet. Fachwerkbauten.
Wirtschaft: Klöppelspitzenerzeugung. Weit bekannt waren die Reischdörfer Fuhrleute, die zugleich Getreidehändler waren; sie lieferten ihre Güter nach vielen Ländern, auch nach Südosteuropa. Bei ihnen hatte sich teilweise noch die alte erzgebirgische Volkstracht erhalten. Verbreitet waren die Reischdorfer Volkslieder, so „Reischdorfer Pfaarhimmel", das „Vogelstellerlied" und „Mei Höll".
1930: 2045 Einw. (1997 Deutsche, 24 Tschechen, 24 Ausl.).
Umgebung: Moore. Haßberg, 990 m.
Reischdorf ist heute verschwunden. S.a. Preßnitz.

Reitendorf an der Teß *(Rapotín)*, Bez. Mähr. Schönberg. 352 m. Sechs km lange Gemeinde am rechten Ufer der Teß, gegenüber am linken

Reinowitz

Ufer Weikersdorf und Petersdorf. Haltestelle der Linie Petersdorf – Winkelsdorf. Das im 13. Jh. entstandene Dorf hatte sich im vorigen Jh. zu einem aufstrebenden Industrieort entwickelt. In einer Urkunde von 1391 steht der Name Reypotendorf. Anfang des 15. Jh.s waren die Grundherren die Zinnburg, es folgten die Tunkel, Zierotin und Liechtenstein (bis 1848). Seit der Mitte des 19. Jh. arbeiteten die Glashüttenwerke (vorm. Josef Schreiber und Neffen) mit 1200 Arbeitern. Zum Werk gehörten Fabriken in Mähren und in der Slowakei.

Kirche Mariä Himmelfahrt (früher Hl. Jakobus). Die Kirchen in Reitendorf und Petersdorf ließ ein Mitglied der Familie Zierotin 1514 – 1516 erbauen. In der Reformationszeit waren die Bewohner lutherisch (1550 – 1625). Die von Graf Zierotin in Annaberg errichtete Glashütte kam Anfang des 19. Jh. nach Reitendorf. Diese war seit 1857 im Besitze von Josef Schreiber. Durch den Zuzug tschechischer Fabrikarbeiter entstand eine kleine tschechische Minderheit.

1939 durch Eingemeindung von Petersdorf mit dem Ortsteil Theresienthal und von Weikersdorf Bildung der Großgemeinde Reitendorf. Kirche Mariä Himmelfahrt, 1524, 1804 erweitert, 1869 abgebrochen und neu gebaut. Filialkirche Petersdorf 1904 durch Blitzschlag in Brand gesetzt; 1911 Abtragung der Ruine.

Wirtschaft: Glashüttenwerke, Fahrradfabrik, Likörfabrik, Holzwarenerzeugung, Elektrogeräte.

Josef Kugler (1865 – 1937), Chorherr in Klosterneuburg, Generalabt der österr. Kongregation der Augustinerchorherren.

1930 (mit Ludwigsthal): 2965 Einw. (2656 Deutsche, 258 Tschechen, 49 Ausl.) (2477 röm.-kath., 306 altkathol., 136 konf.-los, 35 evangel.).

Umgebung: Karlsberg, 640 m, Bad Groß Ullersdorf mit Schloß, Rabenseifen, Zöptau mit Schloß und Eisenwerken.

Reschen *(Rešov)*, Bez. Römerstadt, 550 m. Reschen, im mährischen Gesenke und auf einer Anhöhe zwischen Wäldern gelegen, wurde 1351 als Reschendorf und Pfarrei genannt; es gehörte zur Herrschaft Rabenstein. In der Reformationszeit herrschte der neue Glaube, und bis 1625 amtierte ein evangelischer Pfarrer. Bei einer Epidemie 1806 starben 100 Menschen. Die Katharinenkirche, 1758 neu gebaut, brannte 1766 ab. Ein Blitzschlag zerstörte 1810 den Turm der neuen Kirche. 1784 wurde Reschen wieder Pfarre.

1930: 434 Einw. (431 Deutsche, 2 Tschechen).

Der von einem Felsen herabstürzende Hangenbach bildet den 20 m hohen Reschener Wasserfall, den schönsten Mährens. Interessante Flora und geologische Besonderheiten. Das Gebiet gehört zur devonischen Reihe der Würbenthaler Schichten.

Umgebung: Verwunschenes Schloß, Wälschgrund.

Riesengebirge *(Krkonoše)*. Der höchste Teil der Sudeten erreicht mit der Schneekoppe 1603 Meter Höhe; begrenzt im Westen durch den Paß von Neuwelt, im Osten durch den Paß von Liebau. Es verläuft in Nordwest-Südost-Richtung, hat eine Länge von ca. 40 km und eine Breite von ca. 25 km. Hohe Erhebungen neben der Schneekoppe sind Brunnberg, 1550 m, Hohes Rad, 1508 m, Kesselkoppe, 1434 m, Große Sturmhaube, 1424 m, Kleine Sturmhaube, 1412 m, und Reifträger, 1362 m. Moränen bei Petzer und im Aupatal lassen den Schluß zu, daß sich im Diluvium von vereisten Höhen Gletscher herabbewegten. Im Bereich des Brunnberges, des Ziegenrückens, der Kleinen Sturmhaube, des Hinterwiesenberges, des Heuschober, der Kesselkoppe, des Hohen Rades und der Goldhöhe befinden sich Lawinenfelder.

Geologisch besteht das Gebirge, nach Norden steil zum Hirschberger Tal, nach Süden sanft abfallend, hauptsächlich aus Granit und bildet dadurch mit dem Isergebirge im Westen eine geologische Einheit. Weiter kommen vor Gneis, Glimmerschiefer und Basalte, an einzelnen Stellen auch Sandstein. Flora und Fauna entsprechen anderen Hochgebirgsregionen. In niederen Tälern herrschen Laubwälder und Kiefern vor, weiter oben Nadelwald. Bis in eine Höhe von 1250 m wachsen Fichten und Tannen, am Kamm nur Krumm- und Knieholz. Dazwischen dehnen sich Matten und Moore aus. Botaniker finden seltene Pflanzenarten, ebenso kann der Zoologe interessante Vogelarten beobachten.

Die im Gebirge entspringenden Flüsse haben tiefe Täler eingeschnitten. Die Elbe hat ihren Ursprung auf der Elbwiese, die Aupa am Südhang der Schneekoppe, das Weißwasser am Koppenplan. Das Riesengebirge bildet die Wasserscheide zwischen Elbe und Oder. Während in südlicher Richtung Elbe, Weißwasser, Große und Kleine Aupa fließen, strömen der Große Zacken, Lomnitz und Bober nach Norden der Ostsee entgegen. Naturschauspiele sind die Wasserfälle, vor allem der Pantschefall, 251 m, der Aupafall, 215 m, der Elbfall, 50 m, der Pudelfall, 38 m, der Zackelfall, 27 m, der Kochelfall, 14 m, der Mummelfall, 10 m, u. a. Neben anderen Sehenswürdigkeiten sind die Teiche zu erwähnen, der Große Teich, 1225 m, ca. 550 m lang und 170 m breit, der Kleine Teich, 1183 m, ca. 220 m lang und 150 m breit.

Die Besiedlung erfolgte von Schlesien aus. Schon in früher Zeit entwickelten sich im südlichen Vorland Waldhufendörfer. Später entstanden in höheren Lagen Streusiedlungen und Baudendörfer. Ostfränkische Bauern vollbrachten im Riesengebirge ein gewaltiges Rodungswerk. Alois Tippelt charakterisiert die Menschen des Gebirges so: „Der Riesengebirgler als solcher ist ein mittelgroßer, kräftiger und genügsamer Menschenschlag mit trefflichen Charaktereigenschaften, fleißig, bescheiden und gutmütig. Sein Gemüt wurde stark durch die Natur beeinflußt. Die Unbilden des Wetters, die monatelang dauernde Abgeschlossenheit über den Winter, die wuchtigen Berge ließen ihn zu einem ernsten, mehr verschlossenen Menschen reifen, der trotzdem Freundschaft und Gesellschaft zu lieben versteht. Der stete Kampf mit der Natur, der harte Daseinskampf machten ihn selbstsicher und geben ihm ein sicheres Aufreten, sein Urteil ist nüchtern. Die Bergeinsamkeit führte ihn zu inniger Frömmigkeit und Gottvertrauen. In seiner Ausdrucksweise ist der Gebirgler oft schwerfällig. Mit zunehmender Entfernung vom Gebirge verblassen jedoch die typischen Merkmale des echten Riesengebirglers."

Als Besonderheit des Riesengebirges verdienen die Bauden Erwähnung; sie waren zunächst Unterkünfte für den Weidebetrieb, also Sommerbauden. Als die Viehhaltung zurückging, verloren sie ihre ursprüngliche Bestimmung mehr und mehr und wurden nun für den Fremdenverkehr genutzt. Sommerfrischler, Wanderer und Wintersportler wurden zu einem Wirtschaftsfaktor. Die Erträge der Landwirtschaft waren gering, wenn auch die würzigen Gebirgskräuter, Milch, Käse und Butter beste Qualität garantierten. Eine Spezialität war der Koppenkäse, der mit der Kraxe zu Tal getragen wurde. Viele Männer fanden im Wald Beschäftigung, ebenso in der Heimindustrie; sie fertigten Haushaltsgegenstände, Schnitzereien, Rübezahlgestalten. Andere gingen in die Städte hinab und arbeiteten in den Textil- und Papierfabriken; für diese lieferte der Wald den Rohstoff.

Caspar David Friedrich: Riesengebirgslandschaft

Nennt man das Riesengebirge, so denkt man auch heute noch an Rübezahl, die bekannteste Gestalt des an Sagen reichen Gebirges. Seit der Mitte des 16. Jh. werden die Sagen über ihn überliefert; er ist ein humorvoller und gutmütiger, oft auch ein schalkhafter Geist; Lehrmann nennt ihn ein „Abbild der urwüchsigen Riesengebirgsbauern in ihrem einsamen Leben". Die erste Sammlung mit Rübezahlgeschichten gab Johannes Praetorius 1662 heraus. Musäus und andere Schriftsteller haben seine Gestalt literarisch verarbeitet, an die 300 Bücher sind über ihn erschienen. Eine wissenschaftliche Deutung seiner Gestalt gab 1923 Gustav Jungbauer.

Im Jahre 1912 schrieb Othmar Fiebiger auf der Peterbaude das Gedicht „Blaue Berge, grüne

Täler...". Nach der Vertonung durch Vinzenz Hampel wurde das Riesengebirgslied, das ursprünglich in Mundart verfaßt war, 1914 erstmals in Hohenelbe aufgeführt. Das Lied wurde Allgemeingut der Sudetendeutschen.

Rochlitz an der Iser *(Rokytnice nad Jizerou)*, Bez. Starkenbach. 500-800 m. Markt im Westteil des Riesengebirges. Endstation der Bahnstrecke aus Starkenbach. Im Anfang des 15. Jh.s Kupferförderung. Die Siedlung zerstörten die Hussiten (1424). 1637 in den Besitz des Harant von Polschitz, später an die Harrach. Im 16. Jh. entstand eine Glashütte. 1873 Gründung einer Webereifachschule. Nach dem Umsturz kamen die Wälder an den Staat.
Kirche St. Michael, jetziger Bau 1754. Das Altarbild, seit 1759 in der Kirche, ist das Werk eines Raffael-Schülers; Graf Ernst Harrach hatte es aus Rom geschenkt erhalten. Evangelische Kirche. Rathaus mit Turm (1905) im Jugendstil. Die ortsgeschichtliche Sammlung, die seit 1922 bestand, führte Ausstellungen durch.
Wirtschaft: Leinen- und Baumwollweberei, Wäscheerzeugung, Korbflechterei, Holzbearbeitung. Luftkurort, Wintersport.
1930 (mit Franzenthal, Gränzdorf, Kaltenberg, Nieder- und Oberrochlitz, Sahlenbach und Siehdichfür): 5046 Einw. (4289 Deutsche, 722 Tschechen, 30 Ausl.).
Umgebung: Kesselkoppe, Kesselgraben, Pantschefall, Wosseckerbaude, Wachstein, Hüttenbachfall, Elbfall, Schneegruben, Neuwelt, Mummelfall.

Röchlitz *(Rochlice)*, Bez. Reichenberg. Die Stadt an der Neiße hatte ihren Ursprung im 14. Jh. 1352 als Rochlicz, 1360 als Rechlicz genannt, es bestand damals schon eine Pfarrei. Die Kirche St. Nikolaus wird durch Hussiten zerstört. Die zuständige Herrschaft war Friedland, später Reichenberg. Um 1600 bis 1624 amtierte ein protestantischer Pfarrer. 1625 wurde die Kirche eine Filiale von Reichenberg, 1652 zog wieder ein katholischer Pfarrer ein. Röchlitz wurde 1903 Markt und 1909 Stadt. 1939 erfolgte die Eingemeindung in Reichenberg. Das Wappen: Ein dreigeteilter Schild. Oben die Gerechtigkeit mit Schwert und Waage, in der Mitte rechts ein Zahnrad, links ein Pflug, im Schildfuß die Jahreszahl 1903.
Pfarrkirche Johannes der Täufer, 1352. Umbau 1686 und 1800. Zur Pfarrei gehörten Dörfel mit Dreifaltigkeitskapelle (1708), Eichicht, Heinersdorf mit Laurentiuskapelle, Münkendorf mit Kapelle Johannes von Nepomuk und Nieder Hanichen mit Filialkirche Bonifatius.
Wirtschaft: Wollwarenfabriken, mechanische Weberei, Färberei, Schlosserwarenerzeugung, Farbenfabrik, Holzindustrie, Essigfabrik, Wurstfabrik.
1930: 6087 Einw. (3999 Deutsche, 1955 Tschechen, 131 Ausl.) (4435 röm.-kath., 266 evang.).

Rodisfort *(Radošov)*, Bez. Karlsbad. 352 m. Gemeinde am rechten Ufer der Eger. An der Eisenbahnstrecke Wickwitz – Gießhübl Sauerbrunn. Im 12. Jh. im Besitz des Prämonstratenserinnenklosters Doxan. Im 15. Jh. Graf Schlick, dann König Georg von Böhmen und später die Herren von Hasenburg. Hier war ein wichtiger Übergang über die Eger an der Straße von Saaz nach Schlackenwerth und über das Erzgebirge. Die ursprünglich aus dem 14. Jh. stammende Holzbrücke auf gemauerten Pfeilern ist in ihrer ganzen Länge mit Schindeln eingedeckt; sie wurde in der 2. Hälfte des 17. Jh.s erneuert und steht unter Denkmalschutz. Wenzelskirche, erst gotisch 1384, barock erste Hälfte 18. und 19. Jh. Matriken seit 1693. Die Pfarrei wurde ein Bergarbeiterheim. Zur Pfarrei gehörten Teile von Gießhübl Sauerbrunn, Unter Lomnitz und Zwetbau.
Wirtschaft: Versendung von Gießhübler Sauerbrunn (Elisabethquelle).
1930: 1089 Einw. (1059 Deutsche, 11 Tschechen).

Röhrsdorf *(Svor)*, Bez. Deutsch Gabel. 448 m. An den Eisenbahnlinien Vsetaty – Georgswalde – Ebersbach und Röhrsdorf – Zwickau. Man nimmt an, daß Holzarbeiter die ersten Siedler waren. Im 16. Jh. hieß die Gemeinde Rygrstorf (Rügersdorf). Sie gehörte zum Dominium Reichstadt. Seit 1873 bestand eine Glashütte. Kapelle.
Wirtschaft: Glasveredelungsindustrie, Holzwollerzeugung. Bleicherei. Landwirtschaft. Seit 1951 ist Röhrsdorf dem Nordböhmischen Glashüttenbetrieb angeschlossen; es werden haupt-

Rodisfort, Holzbrücke über die Eger

sächlich Brillengläser erzeugt. Sommerfrische. Gustav Lerch (1891 - 1975), Leiter der Hans-Kudlich-Bauernhochschule in Geltschbad-Lewin. Erzähler.
1930 (mit Morgenthau): 1763 Einw. (1175 Deutsche, 571 Tschechen, 13 Ausl.).
Umgebg.: Falkenberg, 496 m. Kleisberg, 755 m.

Rokitnitz *(Rokytnice v Orlických horách)*, Bez. Senftenberg. 580 m. Stadt im Adlergebirge an der Bahnstrecke Daudleb - Rokitnitz. Ausgangspunkt für Wanderungen in das Adlergebirge. 1263 erste Erwähnung. Durchzug der Hussiten bei ihrem Heerzug nach Habelschwerdt und Glatz. Ab 1547 die Herren von Riesenburg, die ein Schloß errichten. 1627 an die Nostitz. 1661 verheerender Band. 1671 Gründung mehrerer Ortschaften in der Umgebung durch den Herrschaftsbesitzer Nostitz. Rokitnitz, seit Mitte des 16. Jh. Markt, wird 1852 Stadt. Wappen: Zwei Männer bedrängen mit Spießen einen Bären, der auf eine Linde zu klettern versucht.
Pfarrkirche Allerheiligen, 1354. Neubau 1679 - 1684, 1735 - 1736 erweitert, 1868 Umbau. Schloß, 1535 Renaissance, später barock. Schloßkapelle, 1600 - 1605, zeitweise protestantisch. Judentempel, 1721. Rathaus, der erste Holzbau beim Brand von 1661 zerstört, 1665 neuer Holzbau, 1851 Steinbau. Viele alte Häuser mit Laubengängen, Webereischule.
Wirtschaft: Holzindustrie, Baumwollwaren, Hausweberei. Sommerfrische, Wintersportort.
Persönlichkeiten: Moritz Reich (1831 - 1857), Erzähler; Eduard Langer (1852 - 1914), Textilgroßindustrieller in Braunau, Landtagsabgeordneter, Volkskundler, Wohltäter, Gründer des Bundes der Deutschen in Ostböhmen (1894); Josef Rotter (1892 - 1976), Heimatkundler, Verfasser von Theaterstücken.
1930: 969 Einw. (633 Deutsche, 318 Tschechen, 15 Ausl.).
Umgebung: Ernestinenberg, 994 m, mit Anna-Wallfahrt.

Rollberg *(Ralsko)*, 696 m. Der Kegelberg vulkanischen Ursprungs ist ein südlicher Ausläufer des Lausitzer Gebirges im Nordosten von Niemes. Auf ihm die Ruine einer gleichnamigen Burg, auf der Raubritter saßen; sie wurde deswegen von den Zittauern zerstört. Sie gehörte zum Grundbesitz der Grafen Hartig. 1937 begann die Gruppe Niemes des Deutschen Gebirgsvereins mit Erhaltungsarbeiten an der Ruine.

Römerstadt *(Rýmařov)*. Nordmährische Bezirksstadt. 602 m. An der Bahnlinie Kriegsdorf - Römerstadt. Im Tal des Podolskybaches, eines Quellbaches der Mohra. Die Region war bekannt wegen ihres Erzreichtums (Gold, Silber, Eisen, Blei, Zink, Kupfer); es kamen deutsche Bergleute aus dem Erzgebirge, später deutsche Weber aus dem nordböhmischen Niederland (Gegend von Schluckenau). 1350 Reymarstat. Im 14. Jh. landesherrschaftliche Stadt, spätere Besitzer Tunkel, Zierotin, Hoffmann von Grünbüchl. 1406 Verleihung des Magdeburger Stadtrechts, 1528 einer Bergordnung. Im 17. Jh. Erzeugung von Waffen. 1680 Pestepidemie; die Stadt kommt in Quarantäne; am 25. Oktober

Römerstadt, Wappen

Rathaus zu Römerstadt

erwählt sie den Hl. Michael als Schutzpatron. 1721 an die Harrach. 1805 Stadtbrand. 1878 Anschluß an das Eisenbahnnetz, was eine rasche Entwicklung der Industrie bringt. Wappen: Ein von einem Pfeil durchbohrter springender Wolf. Bis 1960 Bezirksstadt, dann an den Bezirk Freudenthal angeschlossen.

Kirche St. Michael, gotisch, zeitweise lutherisch. Nach dem Brand zu Anfang des 17. Jh.s Umbau (Renaissance), im 19. Jh. renoviert. Ein Kunstwerk ist das Lindenkirchel (Maria Heimsuchung) in der Vorstadt mit elliptischer Kuppel, die auf vier Säulen ruht, erbaut 1710 - 1715 von Friedrich Rösler, Fresken von Johann Chr. Handke aus dem nahen Johnsdorf, der sich mit einem Selbstbildnis verewigte. Pfarrhaus mit Turm, 16. Jh., das ehemalige Münzmeisteramt. Matriken seit 1615. Kloster der Barmherzigen Schwestern mit Lourdeskapelle. Rathaus, 1669 - 1670, Umbau in der 2. Hälfte des 18. Jh.s und Mitte 19. Jh. Städtisches Museum. Im Rathaus der Pranger von 1680. Mariensäule am Marktplatz, 1683. Stifterin Maria Elisabeth von Dietrichstein. Josef von Golitschek nennt sie die erste Pestsäule des Barocks, der später hunderte in anderen Städten folgten.

Webereifachschule, Landwirtschaftliche Winterschule. Deutsche Landes-Oberrealschule. Deutscher Lehrerverein Römerstadt, 1868 gegründet. Krankenhaus. 1923 Errichtung einer tschechischen Minderheitenschule. Viele alte Bräuche waren noch lebendig: Saatreiten, Osterschießen, Schmeckostern, Maisingen u. a.

Wirtschaft: Nach dem Aufhören des Bergbaus im 18. Jh. Textilindustrie, bedeutendste Seidenindustrie im Staat, Krawattenstoffe, Eisenfabriken, Maschinen, Holzarbeiten, Möbel, Staniolerzeugung. Sommerfrische. Wintersport (drei Sprungschanzen).

Persönlichkeiten: Johann Christoph Handke (Johnsdorf 1694 - 1774), Barockmaler; Josef Schmid-Braunfels (Braunseifen 1871 - 1911), Dramatiker (Volksstücke); Otto Marburg (1874 - 1948), Neurologe, Professor (Columbia University New York).

1930 (mit Harrachsdorf): 6108 Einw. (5790 Deutsche, 177 Tschechen, 134 Ausl.) (5695 röm.-kath., 183 altkath., 109 evang., 26 israel.).

Umgebung: Schloß Janowitz, erst Burg aus dem 12. Jh., Schloß, Renaissance, dann Barock (1662), mit Kapelle Hl. Hilarius, 1656,; es diente 1945 als Internierungs- und Aussiedlungslager. Ruine Rabenstein. Reschener Wasserfälle. Altvater. Eulenburg.

Seit 1947 setzen die vertriebenen Römerstädter ihre Gelöbniswallfahrt, die sie in ihrer Heimat aus Dank für die Errettung vor der Pest abhielten, im Käppele in Zeil am Main fort. Zeil ist seit 1972 Patenstadt der Römerstädter. Eine Heimatstube des Heimatkreises Römerstadt ist seit 1981 im Heimatmuseum Lahntal (6335 Lahnau-Waldgirmes) untergebracht.

Ronsperg *(Ronšperk,* früher *Poběžovice),* Bez. Bischofteinitz. 435 m. Von der Eisenbahnstrecke Taus - Plan geht hier eine Zweigbahn nach Stankau ab. 1359 erste Erwähnung. 1424 Markt, damaliger Name Pobieschitz. 1459 an Dobro-

Ronsperg

host von Ronsperg (Ramsberg), den Besitzer von Bischofteinitz. Damals befestigt. Bau einer Wasserburg und einer Kirche. 1502 Stadt und Mieser Stadtrecht. Wappen: Zwei silberne Türme mit roten Dächern, die Türme sind durch eine Mauer mit Zinnen und offenem Tor verbunden, über der Mauer eine goldene Krone mit einem Widder herauswachsend. 1596: Vor dem Tor jetzt ein silberner Schwan, das Wappen der Schwanberg, die Ronsperg 1542 durch Kauf erworben hatten. 1805 an die Grafen Thun-Hohenstein, 1864 an die Grafen Coudenhove. Kirche Mariä Himmelfahrt mit zwei Türmen, um 1500. 1650 Umbau barock. Barocke Inneneinrichtung, alte Epitaphe. 1902 wurde ein Turm abgetragen. Pfarrei frühbarock Mitte 17. Jh. Judentempel Empire 1806 mit Judenfriedhof. Spätgotische Burg um 1500. Umbau barock 1682–1695, um 1846 Teile neugotisch. Schloßpark Mitte 19. Jh. mit barockem Gewächshaus. Schule barock 1772. Kloster-Bürgerschule, deutsche staatliche Spitzenschule. Barocksäule Johannes von Nepomuk von Johann Brokoff, 1682.
Wirtschaft: Holzwaren, Spitzen, Weberei, Bleicherei, Glasschleiferei. Feldspat- und Quarzwerke, Kunststeinfabrik.
Persönlichkeiten: Richard Graf von Coudenhove-Kalergi (1894–1972), Schöpfer der Paneuropa-Bewegung, Inhaber des Internationalen Karlspreises der Stadt Aachen; Ida Friederike Görres, geb. Gräfin Coudenhove-Kalergi (1901–1971), Schriftstellerin. In Ronsperg arbeitete von 1680 bis 1682 der Barockbildhauer Johann Brokoff, u. a. am Modell der Statue des Johannes von Nepomuk für die Prager Karlsbrücke, und zwar im Auftrag des Freiherrn von Wunschwitz. 1682 trat Brokoff zum katholischen Glauben über.
1930: 1989 Einw. (1798 Deutsche, 151 Tschechen, 26 Ausl., 11 Juden).
Umgebung: Feldspat- und Quarzlager. Münchsdorf, eine Gründung von Kloster Stockau, mit Dreifaltigkeitskirche.

Rosenberg an der Moldau *(Rožmberk nad Vltavou)*, Bez. Kaplitz. 528 m. Im südlichsten Böhmen an einer Flußschlinge der Moldau, 18

Rosenberg an der Moldau

km südlich von Krummau. 1150 bereits eine Pfarrei. Rosenberg breitete sich unterhalb einer Burg aus. 1250–1611 Stammburg des mächtigen Witigonengeschlechts der Herren von Rosenberg. Wok von Rosenberg stiftete das Zisterzienserkloster Hohenfurt (1259). Ulrich von Rosenberg bekämpfte die Hussiten. 1362 Erhebung zur Stadt; sie erhält von Peter, Jost, Ulrich und Johann von Rosenberg das Recht der Prager Altstadt, bzw. das Piseker Stadtrecht. Wappen: Die rote Rose der Herren von Rosenberg.
Seit dem 15. Jh. war der Älteste des Hauses der Erste nach dem böhmischen König. Peter von Rosenberg, gestorben 1347, war höchster Landeskämmerer. Peter Wok von Rosenberg, 1539–1611, war das letzte männliche Glied der Familie; mit ihm starb das Geschlecht aus. 1612 kam Rosenberg an die Schwanberg, die sich 1618 am böhmischen Aufstand beteiligten. Nach der Schlacht am Weißen Berg kam die Stadt an die Grafen Buquoy. 1938 zum Gau Oberdonau. Adalbert Stifter empfing von Rosenberg viele Eindrücke, der Stadt verdankte er die Anregungen zu seinem großen Roman „Witiko".
Nikolauskirche, gotisch, 2. Hälfte 13. Jh., 15. und 16. Jh. spätgotischer Umbau. An der Kirche hatten die Werkleute der Krummauer Bauhütte gebaut. In ihr ist beigesetzt Carl Bonaventura Graf von Buquoy, Sieger in der Schlacht am Weißen Berg. Pfarre seit 1150; das Gebäude ist gotisch. Häuser im Stil der Renaissance und des Barock. 1932 Bau der neuen Brücke über die Moldau. Obere Burg vor 1250 durch Wok, den

Witigonen, die von hier ausgingen, gebaut, die sich dann nach der Burg Rosenberger nannten. 1522 brannte sie aus. Erhalten der walzenförmige sog. Jakobinerturm. Umbau der Unteren Burg aus dem 14. Jh. 1556 und 1600 - 1612. 1840 - 1857 teilweise neugotisch. Gemäldegalerie, Möbel- und Waffensammlung. Berühmt ist das Gemälde von Berta, der Tochter Ulrichs von Rosenberg, die als Weiße Frau in die Sagenwelt einging. Das Neue Schloß aus dem 19. Jh. Alter jüdischer Friedhof außerhalb der ehem. Ringmauern; Grabsteine aus dem 13. Jh.
Wirtschaft: Spinnerei, Papierfabrik, Holzindustrie, Floßschifferei. Sommerfrische.
Persönlichkeiten: Zawisch von Falkenstein (gest. 1290), mächtigster der böhmischen Herren, heiratete die verwitwete Königin Kunigunde und übte ab 1283 die Regierungsgewalt für den jugendlichen Wenzel II. aus. Hingerichtet, weil er angeblich den König absetzen wollte. Otto Tumlirz (1890 - 1957), Pädagoge und Psychologe, Professor der Universität Graz.
1930: 973 Einw. (873 Deutsche, 65 Tschechen, 29 Ausl.). 1947: 348 Einw.
Umgebung: Zisterzienserstift Hohenfurt, einst ein Kulturzentrum Südböhmens. Thomasberg, Gabrielenau, Bamberger Höhe, Herrnlesbrunn mit einer Wallfahrtskapelle, Galgenberg, eine ehemalige Richtstätte.

Rosenberger Teich, der größte künstliche Teich der Wittingauer Teichlandschaft im Bezirk Neuhaus. 720 ha. Der von der Lainsitz durchflossene See wurde 1584 - 1589 durch Wilhelm von Rosenberg angelegt.

Rosendorf *(Růžová)*, Bez. Tetschen. 300 m. Das alte Waldhufendorf wurde 1352 urkundlich erwähnt. 1562 - 1632 setzte sich die Reformation durch. Auf Ersuchen des Kreishauptmanns Karl Libin in Tschaslau 1789 Auswanderung von 20 Familien aus Rosendorf und Umgebung, die sich auf dem Kameralgut Karlshof ansiedelten und so die deutsche Sprachinsel Libinsdorf begründeten; sie erhielt sich bis 1929.
Die Kirche Peter und Paul, 1384, Neubau 1710 - 1711. Apostelbilder von Peter Brandl. Evangelische Kirche 1864 der Herrnhuter Brüdergemeine. Walter Buhe veröffentlichte 1936 in Berlin das Buch „Die Leute von Rosendorf. Holzschnittbildnisse mit Lebensbildern und Handschriften", das 1937 auf der Weltausstellung in Paris mit einer Goldmedaille ausgezeichnet wurde (Neuauflage 1981). Eine Besonderheit Rosendorfs war die fünfflügelige Windmühle, bis zur Vertreibung der Einwohner in Betrieb.

Windmühle in Rosendorf

Josef Bendel (1846 - 1915), Lyriker, Dramatiker, Reichsratsabgeordneter.
1930: 1335 Einw. (1313 Deutsche, 4 Tschechen, 18 Ausl.) (1016 röm.-kath., 166 konf.-los, 153 evang.).
Umgebung: Rosenberg, 620 m. Basaltkegel, der sich ca. 300 m über der Sandsteinfläche des Zappenlandes erhebt. Zwischen den Steinblöcken Mischwald und seltene Pflanzen. Aussichtsturm. Erschließung durch Fürst Edmund Clary-Aldringen, den Besitzer der Herrschaft Binsdorf; diese und der Rosenberg wurden 1931 durch das Prager Bodenamt enteignet.

Rosenthal im Böhmerwald *(Rožmitál na Šumavě)*, Bez. Kaplitz. 623 m. Gründung im 13. Jh. 1259 kommt die Kirche an das Stift Hohenfurt. Markterhebung im dritten Viertel des 14. Jh. Weitere Privilegien durch die Herren von Rosenberg. Wappen: Goldene Rose in Blau, darüber rechts sechsstrahliger goldener Stern, links Sichel des zunehmenden Mondes. Ortsname und Wappen hängen zusammen. Pfarrkirche Hl.

Rosenthal im Böhmerwald

Simon und Juda, gotisch 13. Jh., 1909 neugotischer Umbau. Patronat übten die Zisterzienser von Hohenfurt seit Gründung 1259 aus. Rathaus. Altertümlicher Charakter des Ortes.
Wirtschaft: Mühlen. Sommerfrische, von Hügeln umschlossen.
Valentin Schmidt (1863 - 1927), Historiker des Böhmerwaldes, der sich für die Wiederbelebung der Höritzer Passionsspiele einsetzte. 1928 Enthüllung einer Gedenktafel an seinem Geburtshaus.
1930: 577 Einw. (562 Deutsche, 8 Tschechen, 7 Ausl.), 1970: 259 Einw.
Umgebung: Wallfahrtskirche Maria Hilf oder Maria Brünnel, achteckiger Grundriß. Tal der Moldau. Schwedenfriedhof. Schischkaberg.

Rosenthal I. *(Růžodol),* Bez. Reichenberg. Industriereicher Markt an der Neiße, durch elektrische Bahn mit Reichenberg verbunden. 1542 erwähnt als zur Bibersteiner Herrschaft gehörend. Spätere Besitzer Redern, Wallenstein, Gallas und Clam-Gallas. 1612 Teilung der Gemeinde in Rosenthal I und Rosenthal II, das spätere Oberrosenthal. 1911 Marktgemeinde. 1937 errichtet Reichenberg bei der Gemeinde einen Zivilflugplatz. 1938 Eingemeindung in die Stadt Reichenberg.
Wirtschaft: Wirkwaren- und Teppicherzeugung, Möbel, Maschinen, Klavierbestandteile, Glas, Perlen, Fischkonserven.
Persönlichkeiten: Josef Herrmann (1829 - 1883), Gymnasiallehrer, Heimatforscher; Josef Gahler (1821 - 1898), Bezirksobmann und Landtagsabgeordneter; Josef Hannich (1843 - 1934), Reichsratsabgeordneter. Schriftsteller; Berthold Löffler (1874 - 1960), Maler, Graphiker.

Roßbach *(Hranice u Aše),* Bez. Asch. 602 m. Gewerbereicher Markt im Ascher Ländchen nahe der sächsischen Grenze. An der Lokalbahn Asch - Roßbach (Grenzstation). Roßbach war seit 1331 als Lehen mit Böhmen verbunden. 1332 wurde bereits Bier gebraut (Privileg König Johanns). Wegen seiner politischen Sonderstellung wurde in Roßbach keine Gegenreformation durchgeführt; dieses blieb evangelisch. 1881 Erhebung zur Marktgemeinde. Evangelische Kirche, barock 1682, Umbau 1719. Barocke Orgel, wertvolle Einrichtung. Katholische Kirche Mariä Heimsuchung.
Wirtschaft: Bedeutende Textilindustrie. Teppicherzeugung, Tuche, Strumpfwirkerei, Stoffe, Vorhänge, Decken, Strickwaren, Färbereien, Eisenwaren. Flachsanbau. Sommerfrische in waldreicher Umgebung.
Persönlichkeiten: Gustav Hoier (1880 - 1956), Lehrer und Heimatforscher. Herbert Hofmann (1900 - 1983), Autor des Roßbacher Heimatbuches; Rudolf Krauß (1900 - 1930), Graphiker.
1930: 4283 Einw. (3866 Deutsche, 106 Tschechen, 311 Ausl.), (3365 evang., 538 röm.-kath., 369 konf.-los).
Seit 1984 besitzt die Heimatgemeinschaft der Vertriebenen des Marktes Roßbach und seiner Nachbargemeinden Friedersreuth, Gottmannsgrün und Thonbrunn in Rehau eine museale Einrichtung, die Roßbacher Weberstuben.

Roßhaupt *(Rozvadov),* Bez. Tachau. Der Ort nahe der bayerischen Grenze geht auf eine Gründung durch die Herren von Schwanberg im 16. Jh. zurück. 1591 Erwähnung im Chodenurbar von Weißensulz. Seit Ende des 16. Jh.s war eine Glashütte in Betrieb, die bis zum Anfang des Dreißigjährigen Krieges bestand. Seit 1613 Grenzzollamt. Im nahen Zirk wurde 1716 - 1872 Eisenerzbergbau betrieben. Kirche St. Wenzel, 1816. Sie wurde nach Vertreibung der Deutschen als Kino verwendet. Pfarre.
Wirtschaft: Anbau und Verarbeitung von Flachs.
1930 (mit Zirk und Ströll): 1324 Einw. (1283 Deutsche, 30 Tschechen, 11 Ausl.).

Roßbach bei Asch

Roßwald *(Slezské Rudoltice)*, Bez. Jägerndorf. 275 m. Der 1255 erwähnte Ort war einst Lehen der Olmützer Bischöfe. Schloß aus dem Ende des 16. Jh. (Renaissance), barocker Umbau um 1700. Mit großer Schloßkapelle. Unter dem Grafen Albert Joseph Polzer-Hoditz (1706 - 1778), der Unsummen für sein Schloß verschwendete, war dieses ein kultureller Mittelpunkt; im Schloßtheater wurden Opern, Schauspiele und Konzerte gegeben; auch Karl Ditters von Dittersdorf konzertierte hier. Im Park zahlreiche Plastiken, Grotten, Pagoden, Brunnen, Wasserspiele u. a. Seit 1791 war Roßwald Besitz des Grafen Badenfeld.

1930 Roßwald Markt: 276 Einw. (270 Deutsche, 3 Tschechen, 3 Ausl.) Roßwald Dorf (mit Amalienfeld): 413 Einw. (405 Deutsche, 2 Tschechen, 6 Ausl.).

Rothau *(Rotava)*, Bez. Graslitz. 568 m. Der Ort am gleichnamigen Fluß entwickelte sich seit dem 16. Jh. Seit 1643 arbeitete ein Eisenwerk, dem Eisenhämmer im Rothautal folgten. Von den Besitzern sind die Schlick und Nostitz zu nennen. 1967 Erhebung zur Stadt. Die Kirche St. Peter und Paul, 1914 - 1925 erbaut, ist neoromanisch.

Wirtschaft: Das bedeutendste Unternehmen waren die Eisenwerke A.-G. Rothau-Neudek, bei denen 2700 Arbeiter beschäftigt waren. Nach dem Abtransport der Einrichtung nach 1945 begann man 1957 mit dem Wiederaufbau des Unternehmens, das nun zu den Škodawerken in Pilsen gehört. Es entstanden im Zusammenhang damit neue Siedlungen. Walzblecherzeugung (1927: 7700 Waggons Blech), Basaltwerke, Herstellung von Musikinstrumenten, Handschuhen, Klöppelspitzen, Stickereien, Perlmutterknöpfen.

1930: 3711 Einw. (3610 Deutsche, 68 Ausl., 30 Tschechen), 1968: 7000 Einw.

Umgebung: Schlößchen Favorit.

Rothenbaum *(Červené Dřevo)*, Bez. Klattau. Dorf an der bayerischen Grenze, das ehedem Mittelpunkt der zehn deutschen Dörfer im Chodengau war. Pfarr- und Wallfahrtskirche zur Schmerzhaften Muttergottes, 1676 - 1680 barock. 1953 wurde die Kirche in Brand gesteckt und zerstört; die Ortschaft wurde eingeebnet.

Persönlichkeiten: Leopold Klima (1882 - 1952), Erzdechant von Bischofteinitz, Schriftsteller, der das Pseudonym Wolfgang Baumroth benützte; Martin Wierer (1900 - 1974) aus Prennet, der 1939 - 1946 hier als Pfarrer wirkte; nach der Vertreibung Schriftleiter der Zeitschrift „Glaube und Heimat", Verfasser von Heimatromanen.

Rothenbaum gehörte mit Sternhof zur Gemeinde Flecken; diese hatte 1930: 506 Einw. (480 Deutsche, 21 Ausl., 5 Tschechen). Rothenbaum: 57 Einw. (55 Deutsche, 2 Tschechen).

Rothenhaus *(Červený Hrádek)*, Schloß bei Görkau, Bez. Komotau. An Stelle einer gotischen Burg (14. Jh.) ein barockes Schloß mit vier Flügeln, 1673 - 1697, Umbau 1766 - 1768. Beteiligt am Bau J. B. Mathey und Ant. della Porta. Doppelläufige Freitreppe, 1697. Schloßkapelle Johannes der Täufer. Besitzer von Burg und Schloß Rothenhaus: die Herren vom See, Alt-

Schloß Rothenhaus

hoff, Weitmühl, Lobkowitz, Harras, Liechtenstein, Auersperg, Rothenhan, Buquoy und Hohenlohe-Langenburg. Barockfiguren von Johann Brokoff. 1813 hielt sich hier Freiherr vom Stein auf, als er vor Napoleon flüchten mußte. Im Herbst 1938 fand hier die Unterredung des britischen Lord Runciman mit politischen Vertretern der Sudetendeutschen statt. In Rothenhaus kam der Barockbildhauer Ferdinand Maximilian Brokoff zur Welt (1677-1731).

Rudelsdorf *(Rudoltice)*, Bez. Landskron in Ostböhmen. 370 m. 1304 als Rudolfsdorf in einer Schenkungsurkunde. 1683 Erwähnung eines Lehrers. 1767 Wiedererrichtung der Pfarrei. Seit 1929 eine tschechische Minderheitenschule. Kirche Hll. Apostel Petrus und Paulus, schon 1350 bestehend, im Empirestil 1804-1807, erbaut von Josef Hartmuth, Baudirektor des Fürsten Liechtenstein, auch Erfinder eines Bleistifts und Begründer des großen Bleistiftunternehmens in Budweis. Glockenturmbau 1808-1809. Dreifaltigkeitsstatue, 1807. Barocke Mariensäule, 1775 vom damaligen Lehrer errichtet, 1965 zerstört.
Wirtschaft: Landwirtschaft, Obstbau. Sommerfrische.
1930: 1053 Einw. (990 Deutsche, 60 Tschechen, 3 Ausl.).
Umgebung: Schloßberg, 435 m, mit Resten eines ehem. Barockschlosses, 1700-1712 erbaut von Domenico Martinelli, das bis 1756 stand. Besitzer waren die Fürsten Liechtenstein. Steinberg, 594 m, mit Schiefertongewinnung.

Rudig *(Vroutek)*, Bez. Podersam. 332 m. Am Rande des Duppauer Gebirges. Staatsstraße Karlsbad - Lubenz - Saaz. An der Eisenbahnstrecke Pilsen - Dux - Eisenstein. Wrutek war 1227-1395 im Besitz des Klosters Zderas, dann bis 1410 des Benediktinerklosters Postelberg, das von den Hussiten vernichtet wurde. 1413-1414 Pest. 1441 von den Saazern verwüstet. Besitzer im 16. Jh.: Weitmühl, Audritzky, Lobkowitz u. a. 1631 erwirbt Graf Czernin von Chudenitz Rudig, das dieser mit seiner Herrschaft Petersburg vereinigt. Wappen von Rudig, das 1436 als Markt genannt und 1412 zur Stadt erhoben wurde: Eine Kapelle in gotischem Stil, davor der Hl. Jakobus als Pilger, nach anderen ein Kardinal.

Mariensäule in Rudig

Jakobskirche, romanisch, vor Mitte des 13. Jh.s Reste von Fresken, alte Jakobsstatue, 1960 renoviert, ist sie jetzt eine orthodoxe Kirche. Pfarrkirche Johannes der Täufer, 1726. Rathaus 1828. Pestsäule auf dem Ringplatz, 1714, mit den vier Pestpatronen Fabian, Sebastian, Rochus und Rosalia. Stadtmuseum.
Wirtschaft: Landwirtschaft und Hopfenanbau, Getreide- und Holzhandel, Zementwarenerzeugung. Erholungsort.
1930: 2148 Einw. (1826 Deutsche, 270 Tschechen, 38 Ausl.), 1947: 1223 Einw.
Umgebung: Eichberg. Schloß Petersburg.

Rudolfstadt *(Rudolfov)*, Bez. Budweis. 480 m. Der Markt in Südböhmen, der früher auch Bergstadtl genannt wurde, liegt 4 km nordöstlich von Budweis. Den Silberbergbau intensivierten im 16. Jh. deutsche Bergleute, die vor allem aus St. Joachimsthal, Schlaggenwald und Schwaz gekommen waren. Sie waren zumeist lutherisch und bestellten einen Pfarrer. Der Ort wurde 1575 zur Bergstadt erhoben und nach Kaiser Rudolf II. benannt. Anfang des 17. Jh. kam erneut Zuzug von Protestanten, diesmal aus Österreich. Im Dreißigjährigen Krieg Niedergang des Bergbaus. 1619 wurde Rudolfstadt in Brand gesteckt und der evangelische Pfarrer getötet.
Kirche St. Veit, 1556-1583, nach Brand Umbau 1765-1766. Kopie der Madonna von Rudolfstadt, nach 1320. Das Original in der Galerie der

Burg Frauenberg. Schloß, Mitte 16. Jh. Vor Mitte 17. Jh. Umbau durch Balthasar de Marradas. 1880: 712 Deutsche, 541 Tschechen. 1930: 1528 Einw. (1205 Tschechen, 318 Deutsche, 5 Ausl.). Umgebung: Zwischen Rudolfstadt und Lischau eine Granitpyramide, die im Volksmund „Mittelpunkt Europas“ genannt wurde.

Rumburg *(Rumburk)*, Bezirksstadt nahe der sächsischen Grenze. 386 m. Die Stadt im Mandautal ist Station der Eisenbahnstrecken Vsetany – Georgswalde – Ebersbach, Rumburg – Schluckenau und Rumburg – Nieder Nixdorf. 1298 Roneberch. Flämische Tuchmacher legten im 14. Jh. den Grund für die aufblühende Industrie. 1423 besiegten die Hussiten den Herrenbund. Leinenweberei seit dem Anfang des 16. Jh. Schon früh bildeten sich Zünfte mit eigenen Statuten. 1587 an Georg Mehl von Strehlitz, dem späteren Vizekanzler des Königreichs Böhmen. In diesem Jahr Stadterhebung durch Rudolf II. Im Dreißigjährigen Krieg wiederholt schwere Schäden an Menschen und Gut. 1680 Pestepidemie. Im Mai 1918 eine Soldatenmeuterei, nach deren Niederschlagung Hinrichtung einiger Beteiligter. Wappen: In rotem Schild eine silberne Stadtmauer mit zwei Türmen, unter deren Dächern rechts und links je ein Jagdhorn, in der Stadtmauer ein offenes Tor mit zwei offenen blauen Flügeln, über dem Tor je drei Lilien auf beiden Seiten. Vor dem Tor ein Geharnischter mit Helm und Hellebarde. Oben auf der Mauer ein silberner Schwan mit einem goldenen Pfeil im Schnabel.

Bartholomäuskirche, 1515, 1744 barock, wiederholt umgebaut. Einrichtung pseudoromanisch 19. Jh. Johannes von Nepomuk geweihter Rokokoaltar, 18. Jh. Alte Grabmäler 1681, 1682 und 1695. Kapuzinerkloster mit Laurentiuskirche, barock, 1683 – 1690, Einrichtung barock. Neben der Kirche die große Loretokapelle, 1704 – 1707, nach Plänen des Johann Lukas von Hildebrandt. Bildhauerarbeiten von Franz Binnert. Rokokoaltar des Prager Jesuleins. Heilige Stiege und Pietá, 16. Jh. Bild der Schwarzen Madonna. Kapelle Johannes der Täufer, barock, 1722 – 1725, 1787 profaniert; wieder hergerichtet. Heute orthodoxe Kirche. Kapelle Hl. Johannes von Nepomuk, 1775 – 1777, heute evangelische Kirche. Schloß, 2. Hälfte 16. Jh., Renaissance, 1724 ausgebrannt, barocker Neubau. Alte Häuser spätbarock und klassizistisch. Laubenhäuser. Rathaus 1807. Auf dem Marktplatz Dreifaltigkeits-(Pest-) säule, 1681; die Figuren von Laurentius, Josef, Johannes von Nepomuk, Florian, Maria und Johannes dem Täufer stammen aus dem 18. Jh. und sind ein Werk A. E. Haynes, Antonius und Bartholomäus sind in unserem Jh. entstanden. Stadtmuseum, seit 1912, mit Exponaten aus der Stadt-, Handwerks- und Kunstgeschichte, ferner zum Maler August Frind (1852 – 1924) aus Schönlinde und zum Komponisten August Stradal (1860 – 1930) aus Schönlinde, dem letzten Schüler Franz Liszts. Im Stadtarchiv wurden Akten seit 1769 aufbewahrt. Realgymnasium seit 1908. Webereifachschule. Krankenhaus, das größte im Niederland (seit 1927). In Rumburg wurde wie in anderen Orten des Niederlands die Kunst des Krippenbaues gepflegt.

Wappen von Rumburg

Rumburg, Laubenhäuser

Wirtschaft: Bedeutende Textilindustrie. Leinwandhandel. Die „Rumburger Leinwand" war ein Begriff; sie wurde jedoch in Georgswalde und seiner Umgebung hergestellt. Holzindustrie, Horndrechslerei (Pfeifenerzeugung), Pianos, Eisen- und Glasindustrie. Druckerei Heinrich Pfeifer.
Persönlichkeiten: Anton Schönbach (1848-1911), Germanistikprofessor der Universität Graz; Wilhelm Ressel (1852-1938), Schriftsteller, Vorkämpfer der Lebenserneuerung; Eduard Pfeifer (1855-1925), Schriftsteller, Chefredakteur des „Tagesboten aus Mähren und Schlesien" in Brünn; Heinrich Jahne (Unter Kratzau 1865-1946), Lehrer und Schriftsteller in Rumburg; Anton Alois Weber (Wolfsberg bei Rumburg 1877-1948), 16. (und letzter deutscher) Bischof der Diözese Leitmeritz; Otto Wolfgang Arnold (1900-1946), Dramaturg, Schriftleiter, Dichter, Leiter eines Filmverleihs („Sing-Film") in Rumburg; Hans Schütz (Hemmehübel bei Rumburg 1901-1982), Abgeordneter der Christlich-sozialen Volkspartei im Prager Parlament, Jungaktivist; ab 1949 Mitglied des Deutschen Bundestages, ab 1964 bayerischer Staatsminister für Arbeit und Fürsorge. Mitbegründer und Vorsitzender der Ackermann-Gemeinde.
1930: 10 466 Einw. (9286 Deutsche, 799 Tschechen, 296 Ausl., 62 Ungarn).
Umgebung: Rauchberg, 511 m, mit Aussichtsturm. Hutberg, 421 m, mit Wallfahrtskapelle. Frankenstein Nervensanatorium.

Runarz *(Runářov)*, Bez. Littau. Das Dorf auf der nordöstlichen Abdachung der Innermährischen Platte erscheint 1351 als Runarzow. Verwüstungen im Dreißigjährigen Krieg. Pest 1680 und 1683. Neubesiedlung mit Deutschen aus dem Gesenke. Runarz gehörte mit Deutsch Brodek, Wachtl, Döschna und Öhlhütten zur Sprachinsel Deutsch Brodek - Wachtl. 1919 wurde im beschlagnahmten deutschen Kindergarten eine tschechische Minderheitenschule eingerichtet.
1930: 627 Einw. (547 Deutsche, 79 Tschechen).

Ruppersdorf *(Ruprechtice)*, Bez. Braunau. Gemeinde am Fuße des Spitzberges. Das Waldhufendorf besteht seit 1256; seine Geschichte ist eng mit der des Stiftes Braunau verbunden. Pfarrkirche Jakobus d. Ältere, erst ein Holzbau, 1721 barocker Zentralbau nach den Plänen Kilian Ignaz Dientzenhofers, des Baumeisters des Braunauer Abtes Othmar Zinke. Barocke Kanzel um 1700, barocker Taufstein aus Sandstein, Madonna mit Kind 2. Hälfte 18. Jh. Freistehender Glockenturm, prismatisch, 2. Hälfte 16. Jh., erneuert 1826. Pfarrei: 1838, über dem Eingang Wappen des Braunauer Abtes. Auf der Brücke Statue Johannes von Nepomuk, 2. Hälfte 18. Jh.
Wirtschaft: Keramische Industrie (Schamottewaren).
Persönlichkeit: Benedikt Schroll (1790-1876), Begründer des großen Textilunternehmens in Braunau.
1930: 1271 Einw. (1077 Deutsche, 180 Tschechen, 14 Ausl.).

Ruppersdorf *(Ruprechtice)*, Bez. Reichenberg. Markt nördlich von der Bezirksstadt. Nach J. G. Sommer von den Herren von Redern begründet und nach deren Stammsitz in Schlesien benannt. R. Gränzer gibt als erstes historisches Datum 1545 an (Machendorfer Grenzstreit). Seit dem zweiten Viertel des 19. Jh.s gewann die Textilindustrie immer mehr an Bedeutung, in kurzer Zeit entstanden 10 Fabriken. Anwachsen der Bevölkerung damit verbunden. 1939 in Reichenberg eingemeindet.

Ruppersdorf bei Reichenberg, Pfarrkirche

Grüner Berg bei Saar, Wallfahrtskirche

Pfarrkirche Hl. Anton von Padua, 1909 - 1910, Pfarrei seit 1911. Eingepfarrt war Katharinberg mit Kapelle Maria Hilf, 1770, 1900. Wallfahrtskapelle „Zum Bilde", 1768, mit Quelle. Tschechische Minderheitenschule mit zwei Klassen (seit 1926) und tschechischer Kindergarten (seit 1928). Früher Militärübungsplatz der Reichenberger Garnison. Militärfriedhof mit ukrainischem Denkmal.
Wirtschaft: Spinnereien, Webereien, Tuchfabrik, Wirkwaren, Kleiderfabrik. Granitgruben.
Persönlichkeiten: Ferdinand Augsten (1843 - 1906), Buchhändler, Reichsratsabgeordneter; Anton Ulbrich (1867 - 1939), Kunsthistoriker, Direktor des Kunstgewerbemuseums des Gewerblichen Zentralvereins für die Provinz Preußen in Königsberg.
1930: 4511 Einw. (3911 Deutsche, 413 Tschechen, 134 Ausl., 37 Russen).

Saar an der Sasau *(Žd'ár nad Sazavou)*. 580 m. Zuerst eine Mönchszelle (1240) nordöstlich Iglau, die von Kloster Ossegg aus besetzt wurde. Seit 1251 Zisterzienserkloster. Markt und Kloster wurden im Hussitenkrieg 1422 zerstört. Wiederaufbau während der Regierungszeit König Georgs von Podiebrad. 1607 Stadterhebung. Nach dem Niedergang des Klosterlebens sorgte Welehrad 1638 für eine Wiederbesiedlung. In der Barockzeit prächtiger Ausbau des Stiftes, das aber 1784 aufgehoben wurde. Die Stiftsgebäude dienten fortan als Schloß.
Klosterkirche Mariä Himmelfahrt, 2. Hälfte 13. Jh., Teile blieben aus dieser Zeit erhalten. Nach 1706 Aufbau durch Giovanni Santini in gotischbarockem Mischstil. Gegenwärtig dient das ehem. Kloster als Dependance des Prager Nationalmuseums und enthält ein Museum des Buches, ein heimatkundliches und wirtschaftshistorisches Museum, eine Galerie und ein Gedenkmuseum Santinis. Pfarrkirche Hl. Prokop, 13. Jh., wiederholt umgebaut. Barbarakapelle. Friedhofskapelle Hl. Dreifaltigkeit, 17. Jh. Rathaus, Renaissance, später Empire.
Nahe Saar der Grüne Berg (Zelená Hora) mit einer Wallfahrtskapelle zum Hl. Johannes von Nepomuk mit fünfeckigem Grundriß, der den Sternenkranz des Heiligen versinnbildlicht. Der Bau, 1719 - 1722, von Giovanni Santini ist von Zahlensymbolik bestimmt: 10 : 5 : 3. Zentralbau mit Kuppel. Hochaltar mit Aufnahme des Heiligen in den Himmel, 1725 - 1727, von J. P. Zechbauer.
Wirtschaft: Weberei. Erzeugung von Dachpappe, Stärke und Bier. In der Umgebung Flachsbau. Seit 1951 Maschinenfabrik und Eisengießerei.
Otto von Leixner (1847 - 1907), Schriftsteller, Verfasser einer Literaturgeschichte.
1930: Stadt Saar: 3426 Einw. (3391 Tschechen, 14 Deutsche, 14 Ausl.), Schloß Saar: 751 Einw. (637 Tschechen, 94 Russen, 14 Ausl., 6 Deutsche).

Saaz *(Žatec)* an der Eger. Bezirksstadt. 240 m. An den Eisenbahnen Ladowitz - Pilsen - Eisenstein und Prag - Komotau - Eger. Die ehemalige königliche Kreisstadt im Mittelpunkt des Saazer Beckens ist Zentrum des weltberühmten Hopfenanbaugebietes.
Das fruchtbare Gebiet wurde früh besiedelt. Wertvolle vor- und frühgeschichtliche Funde. Im 8./9. Jh. saß hier der slawische Stamm der Lutschanen, dann Fürstensitz der Przemysliden und Mittelpunkt des Saazer Gaues. Mitte des 13. Jh. königliche Stadt von großer Bedeutung. Karl IV. war ein großer Förderer des Hopfenanbaus.

Um 1400 war Johannes von Schüttwa Stadtschreiber und Notar in Saaz; er ist der Verfasser des „Ackermann aus Böhmen“, eines der frühen Zeugnisse der neuhochdeutschen Literatur. Die spätgotische Burg entstand Ende des 15. Jh. Saaz wurde zu einem Bollwerk des Hussitentums und widerstand sechsmal dem angreifenden Kreuzheer. Ferdinand I. bestrafte die Saazer, weil sie ihm keine Hilfsdienste während des Schmalkaldischen Krieges (1546/1547) leisteten. Beim Böhmischen Aufstand standen die Saazer auf der Seite der Stände. Nach der Schlacht am Weißen Berg (1620) wanderten viele aus, die sich nicht wieder zum katholischen Glauben bekehren wollten. 1620 Verleihung des Stadtrechts. Wappen: Eine gebogene Stadtmauer mit offenem Tor und Torturm; hinter der Mauer zwei Türme mit Satteldächern und Fenstern. Zwischen den Türmen ein Schild mit dem böhmischen Löwen.

Pfarrkirche Mariä Himmelfahrt, an Stelle der Przemyslidenburg, 11. Jh. romanisch, 14. Jh. gotisch, 18. Jh. barock, 1890 - 1891 neogotisch. Hochaltarbild von A. Steinfels. Maria auf einem Tafelbild 2. Hälfte 16. Jh. Angebaut eine Johannes-von-Nepomuk-Kapelle, 1724 - 1728, mit Fresken. Kapuzinerkloster mit Kreuzgang und Kirche Mariä Krönung, 1676 - 1683, frühbarock. In einer Seitenkapelle Bilder von J. G. Heintsch, 1705 - 1710. Wenzelskirche, frühbarock, 2. Hälfte 17. Jh. mit einem Wenzelsbild von 1688 und einem Seitenaltar des Prager Jesuleins. Jakobskirche, jetzt orthodox, gotisch Ende 15. Jh., Umbau 2. Hälfte 16. Jh., erneuert 1904. Im

Das Saazer Wappen

Rathaus in Saaz

Innern Ikonostase aus dem 17. Jh. Vier Grabmale aus dem 16. und 17. Jh.

Von den gotischen Stadtbefestigungen sind noch Teile sichtbar, erhalten sind auch das Priester- und das Libotschaner Tor. Evangelische Christuskirche, 1890. Tempel der israelitischen Kultusgemeinde, 1872. Stadttheater, 1849, Neubau 1911. Staatsobergymnasium. Vor dem Rathaus (1559) mitten am Ringplatz Dreifaltigkeitssäule, 1707 - 1713, von F. Tollinger mit acht Heiligenstatuen: Johannes von Nepomuk, Karl Borromäus, Prokop, Antonius von Padua, Joseph, Wenzel, Sigismund und Florian. Marienstatue, 1736, von Johann Karl Vetter.

Hopfenbauerdenkmal mit drei Bildplastiken von Wilhelm Srb-Schloßbauer aus Karlsbad. Denkmal der Roten Armee, 1955. Museum für Heimatkunde, Vor- und Frühgeschichte des Saazer Landes. Madonna letztes Viertel des 15. Jh.s. Die vorgeschichtliche Sammlung des Museums wurde 1927 gegründet. Im Stadtarchiv, dessen Leiter Rudolf Wenisch war, wurden Urkunden (seit 1331) und Amtsbücher (seit 1383) aufbewahrt. Im Kreisarchiv wurden Archivalien der gesamten Region zusammengetragen. Dechantei mit Fresken aus dem Leben des Hl. Johannes von Nepomuk, 1712 vom Prämonstratenser Siard Nosecky geschaffen. das Stadttheater,

1848/49, ab 1887 unter städtischer Verwaltung. Realgymnasium ab 1878. Deutsche Handelsschule. Die 1826 errichtete Kettenbrücke über die Eger war eine der ersten Österreichs.
Saaz war bekannt als Zeitungsstadt. Es erschienen: „Allgemeiner Anzeiger für die Bezirkshauptmannschaften Komotau, Saaz und Kaaden", 1869 ff., ab 1877 als „Deutsches Volksblatt", 1887 mit dem Untertitel „Deutschnationales Organ für Nordwestböhmen", 1907 als „Komotauer Volksblatt" und später wieder als „Deutsches Volksblatt". „Saazer Brauerei-Fachblatt", 1880 ff., seit 1884 als „Saazer Hopfenzeitung und Brauerei -Fachblatt": Offizielles Organ der Direktion der Hopfensignierhalle der kgl. Stadt Saaz. Saaz war Erscheinungsort der Blätter: „Brüxer Zeitung", „Saazer Zeitung für Stadt und Land", „Saazer Tagblatt", „Nationale Zeitung," „Podersamer Zeitung", „Postelberger Zeitung", „Saazer Zeitung".
Wirtschaft: Hopfenanbau und Hopfenhandel; größter Hopfenspeicher überhaupt. Brauereien, Gemüseanbau, bekannt waren die Saazer Gurken (jährliches Volksfest mit Wahl eines Gurkenkönigs); Nahrungsmittelindustrie, Bekleidungsindustrie, Schuhwarenfabriken, Metallindustrie.
Persönlichkeiten: Laurenz Span von Spanow (1539 - 1575), lateinischer Dichter, Leibarzt des Olmützer Erzbischofs, Verfasser einer Schrift über die Pest; Karl R. Ungar (1743 - 1807), Prämonstratenser in Strahow, Begründer der Universitätsbibliothek in Prag; Anton von Banhans (Michelob 1825 - 1902), Minister für Ackerbau und Handelsminister, Förderer des Eisenbahnwesens; Emanuel Zoufal (1837 - 1910), Universitätsprofessor in Prag, Begründer der Ohrenklinik; Eugen Gura (Pressern 1842 - 1906), Sänger, der für Richard Wagner eintrat; Gabriel Anton (1858 - 1933), Psychiater, Professor in Innsbruck, Graz und Halle; Theodor Veidl (Wissotschan 1865 - 1946), Musikwissenschaftler und Komponist, der im tschechischen Konzentrationslager in Theresienstadt ums Leben kam; Anton Gnirs (1873 - 1933), Archäologe und Kunstwissenschaftler; Gustav Schöffl-Borstendorfer (1874 - 1961), Verleger und Herausgeber von Zeitungen; Carl Tutte (Lobositz 1875 - 1925), Lehrer in Satkau bei Saaz, Verfasser einer Monographie über den politischen Bezirk Saaz; Ferdinand Bernt (Miltschowes 1876 - 1915), Lyriker und Erzähler; Wilhelm Wostry (1877 - 1951), Historiker, Prager Universitätsprofessor; Hans Karl von Zessner-Spitzenberg (Dobritschan 1885 - 1938), Jurist, Professor an der Universität Wien, der an der Spitze einer österreichischen Widerstandsgruppe stand. Sein Leben endete im Konzentrationslager Dachau. Walther Koerting (1887 - 1971), Gynäkologe. In München, wo er den Verband der sudetendeutschen Ärzte gründete, erreichte er als Vorsitzender der Sektion Prag des Deutschen Alpenvereins die Rückgabe der sudetendeutschen Alpenvereinshäuser. Er schrieb ein Buch über die Medizinische Fakultät der Deutschen Universität Prag; Wilhelm Dießl (1888 - 1957), Theologe, letzter Dekan der Theologischen Fakultät der Deutschen Universität Prag; Rudolf Quoika (1897 - 1972), Musikwissenschaftler, Komponist, Organist; Franz Rabas (1901 - 1969), Theologieprofessor in Leitmeritz. Nach dem Krieg Zwangsarbeiter im Uranbergbau in St. Joachimsthal; Josef Heinrich von Zessner-Spitzenberg (Dobritschan 1919 - 1983), Generaldirektor der Österreichischen Nationalbibliothek in Wien.

Saaz, Priestertor

1930: 18 100 Einw. (14 422 Deutsche, 3156 Tschechen, 361 Ausl., 161 andere), (15 856 röm.-kath.,

760 israel., 707 evang., 514 konf.-los, 231 tschechosl. Kirche, 20 orthodox).
Archiv und Heimatstube der Stadt Saaz und des Saazer Landes in Roth bei Nürnberg; der Landkreis Roth übernahm 1955 die Patenschaft über den Heimatkreis Saaz. 1987 Enthüllung eines Gedenksteins in Roth.

Sablat *(Záblatí)*, Bez. Prachatitz. 593 m. Markt in einem Tal der Flanitz. Dorf an einer Abzweigung des Goldenen Steiges, auf dem Salz von Bayern nach Böhmen transportiert wurde. 1359 Markt und Pfarre. 1400 Verleihung des Piseker Stadtrechts und des Privilegs, Mauern und Türme zu errichten. Wappen: Eine mit einer Axt gekreuzte Fackel. 14. – 16. Jh. Goldbergbau. 1337 versetzte König Johann die Goldgruben an Peter von Rosenberg. Gold wurde noch 1561 geschürft.
Pfarrkirche Johannes Enthauptung, 1359 erwähnt. 1360 Pfarre. Spätgotisches Presbyterium mit Netzgewölbe. 1972 Entdeckung alter Fresken. Eine Johannes-von-Nepomuk-Kapelle entstand 1729 – 1733 als Anbau der Kirche. Pfarrei gotisch. Matriken seit 1647. Wallfahrtskirchlein Maria vom Berge Karmel.
Persönlichkeit: Franz Stumpf (1876 – 1935), Pro-

Der „Alte Saazer Kreis", 1769 (Ausschnitt)

fessor der Physik in Wien, Mitglied des Reichsrats und des Tiroler Landtags.
1930: 402 Einw. (385 Deutsche, 15 Tschechen).

Saidschitz *(Zaječice)*, Bez. Brüx. Dorf zu Hochpetsch (Bečov) gehörig, im Kessel zwischen Erzgebirge und Böhmischem Mittelgebirge. Bekannt durch das Mineral-(Bitter-)Wasser, das versendet wurde. Erste chemische Untersuchung des Wassers 1717. 1870 Fassung der Quellen. Ebenfalls Gewinnung von Saidschitzer Salz (Magnesiumsulfat). 1944 Eingemeindung nach Hochpetsch. Kapelle Hl. Ferdinand, 1780. Altarbild von Palko.
1930: 170 Einw. (144 Deutsche, 26 Tschechen). Hochpetsch: 889 Einw. (628 Deutsche, 261 Tschechen).

Saitz *(Zaječí)*, Bez. Auspitz. An den Eisenbahnlinien Lundenburg – Brünn und Saitz – Göding. Seit der ersten Hälfte des 13. Jh.s bestehend, kam Saitz im 15. Jh. an die Herren von Pernstein. Mitte des 16. Jh. ließen sich Wiedertäufer nieder, deren Gemeinschaft 1622 von hier verschwand. Befestigte Kirche Hl. Johannes der Täufer. Seit 1396 übte das Kloster Saar das Patronatsrecht über die Kirche aus. 1508 Neubau der gotischen Kirche. Matriken seit 1690. Floriansund Dreifaltigkeitskapellen.
Wirtschaft: Landwirtschaft und Weinbau.
Rudolf Kassner (Großpawlowitz 1873 – 1959), Kulturphilosoph.
1930: 1506 Einw. (1282 Deutsche, 202 Tschechen, 19 Ausl.).

Sandau *(Žandov)*, Bez. Böhmisch Leipa. 263 m. An der Mündung des Weidenbaches in die Polzen. Eisenbahnlinie Bodenbach – Böhmisch Leipa. Wann das Städtchen in landschaftlich schöner Lage angelegt wurde, ist unbekannt. 1282 Verpfändung an Markgraf Otto von Brandenburg. Spätere Besitzer waren die Herren von Klingstein, später die Berka und Kolowrat. 1444 Zerstörung von Dorf und Kirche, als die Lausitzer gegen die Herrschaftsbesitzer zu Felde zogen. Stadterhebung und Wappenverleihung erfolgten auf Fürsprache Sigmunds von Wartenberg. Wappen: Ein Turm mit Tor, zwei Fenstern und rotem Walmdach. Unter dem linken Fenster eine Leiter, an den Turm gelehnt. Zu Beginn des

Wappen von Sandau

16. Jh. folgten den Wartenbergern die Salhausen, später andere Familien. Als Sandau durch Kauf an Maria Anna Großherzogin von Toskana kam, wurde es mit der Herrschaft Politz verbunden. Sandau spielt in den Schwänken um den Erzdechanten Wenzel Hocke (Hockewanzel) eine Rolle.
Kirche Hl. Bartholomäus, 1341 vorhussitisch, 16. Jh., 1796. Vor der Reformation bestand eine Pfarrei, im 16. Jh. zur Pfarrei Politz gehörig. Am Marktplatz erinnert eine Sebastiansstatue an eine Epidemie von 1740; am 20. Januar wurde das Gelöbnisfest abgehalten. Bei der Kirche eine barocke Statue des Hl. Antonius von Padua.
Wirtschaft: Eisenwerk, Zementwaren, chemische Fabrik. Sommerfrische.
Persönlichkeiten: Wenzel Dressler (1832 – 1868), Arzt, Landtagsabgeordneter, Mitbegründer des Vereins für Geschichte der Deutschen in Böhmen. Fachschriftsteller; Willy Lang (1892 – 1972), Maler und Dichter.
1930: 1247 Einw. (1181 Deutsche, 34 Tschechen, 32 Ausl.). 1947: 992 Einw.

Sandau *(Žandov)*, Bez. Marienbad. 538 m. Bahnstation Bad Königswart. 1197 erwähnt. 1213 ging der Ort als Geschenk des Königs an das Stift Tepl. Anfang des 14. Jh.s Pfarre. Besitzer im 14. Jh. Boresch von Ossegg, im 15. Jh. die Herren von Plauen. Sandau hatte eine ähnliche Geschichte wie Königswart, zu dem es lange gehörte. Das Stadtrichteramt Sandaus war der Herrschaft Königswart unterstellt. Wappen: Zwei silberne Türme mit schwarzen Dächern und je einem Fenster. Zwischen den Türmen ein

Sangerberg, Leonhardskirche

blauer Schild. 1942 wurde aus Unter Sandau (Dolní Žandov), Ober Sandau (Horní Žandov) und Zeidlweid (Brtná) die Gemeinde Sandau gebildet. Zeidlweid war von Zeidlern (Bienenzüchtern) angelegt und kam 1345 an das Klarissenkloster in Eger. Kirche St. Michael, 1352, 1682 vergrößert.
Wirtschaft: Sandauer Dosen. Diese wurden um 1800 von dem Drechsler Johann Geiger in Unter Sandau erfunden; ihre Herstellung beschrieb Josef Köhler (1905): „Die aus feinem Pappendeckel geschnittenen und mit einem eigenen Kleister zusammengehaltenen Formen werden erstlich in Öl ganz durchtränkt, hierauf abgedreht, gefeilt und geschliffen, sodann mit einem Lack, dessen Bereitung bis auf den heutigen Tag das Geheimnis zweier Meister geblieben ist, überzogen und endlich in einem besonderen Ofen förmlich gebacken. Der abermalige Schliff und die Politur sind die letzten Arbeiten."
Persönlichkeiten: Peregrin Pögel (1711–1788), Benediktiner in Neustadt bei Lohr, Organist und Komponist; Josef Urban (1844–1907), Professor an der Theresianischen Militärakademie in Wiener Neustadt, medizinischer Schriftsteller; Michael Urban (1847–1936), Heimatforscher, Mundartdichter; Josef Pichl (1852–1920), Professor der Landwirtschaft an der Deutschen Technischen Hochschule Prag; Josef Urban (1891–1961), Lehrer und Mundartdichter; Rudolf Zuber (1909–1955), Maler und Graphiker.
1930: Unter Sandau: 1594 Einw. (1503 Deutsche, 69 Tschechen, 21 Ausl.); Ober Sandau: 346 Einw. (341 Deutsche, 5 Ausl.); Zeidlweid: 130 Einw. (129 Deutsche, 1 Ausl.).

Sandauer Paß. Die durch eine Senkung sichtbare Abgrenzung des Kaiserwaldes vom Tillenberg (939 m), dem nordöstlichsten Gipfel des Böhmerwaldes.

Sandhübel *(Písečná, früher Sandhýbl)*, Bez. Freiwaldau. 403 m. Das Dorf im Bieletal liegt an der Eisenbahnstrecke Blauda – Ziegenhals – Jägerndorf; Station Sandhübel-Saubsdorf. Geologisch interessante Landschaft mit vielen Hinweisen auf die diluviale Eiszeit. Im Mittelalter hieß der Ort Wüstekirch. Pfarrkirche Hl. Johannes der Täufer, erst eine Kapelle, 1513 erweitert zur Kirche, 1753 Barockbau. Pfarrei seit 1782, vorher in Freiwaldau eingepfarrt.
Wirtschaft: Papierfabrik, Steinbearbeitung (mehrere Betriebe), Tonwaren, Ziegeleien.
Josef Werdecker (1907–1979), Geograph, Professor an der Technischen Hochschule Darmstadt, Verfasser einer Landeskunde der Sudetenländer.
1930 (mit Hollunder und Kaltseifen): 1639 Einw. (1576 Deutsche, 37 Tschechen, 25 Ausl.).
Umgebung: Tropfsteinhöhlen.

Sangerberg *(Prameny)*, Bez. Marienbad. 723 m. Gründung Anfang des 14. Jh.s 1320 eine Kirche, betreut von den Tepler Prämonstratensern. Silber- und Zinnförderung. 1357 als Zanberg genannt. 1380 Luditzer Stadtrecht verliehen durch Borso von Riesenburg, was nach A. Zelenka einer Markterhebung gleichzusetzen wäre. 1434 im Hussitenkrieg zerstört und niedergebrannt. Im 15. und 16. Jh. blühte der Bergbau (Silber, Zinn, Eisen), im 19. Jh. wurde er nochmals für kurze Zeit aufgenommen. 1882 werden die Gemeinden Groß-, Klein- und Neu-Sangerberg vereinigt und zur Stadt erhoben.
Wappen: Im blauen Schild ein silberner Anker, der von grünem Hopfen umschlungen wird.
Viele Bürger hatten im Musizieren eine Erwerbsmöglichkeit.
Kirche Hl. Leonhard, gotisch aus vorhussitischer Zeit, Umbau 17. Jh. Der barocke Bau wurde nach 1950 abgerissen. Häuser in Fachwerkbau. Von der ursprünglichen Stadt steht heute nur noch wenig. Sangerberg war Kurort mit Eisen-

Sankt Joachimsthal

säuerlingen und schwefelhaltigen Glaubersalzquellen, Anwendungen bei Nervenerkrankungen und Blutarmut. In der Stadt stand das Genesungsheim des Wirtschaftsverbandes der tschechoslowakischen Porzellanindustriellen in Karlsbad.
Rudolf Sabathil (1875 – 1942), Mundartdichter und Komponist.
1930: 1527 Einw. (1501 Deutsche, 16 Tschechen, 10 Ausl.), 1947: 242 Einw.
Umgebung: Wolfstein, 880 m, Fürst Schönburgsches Jagdschloß, 813 m, Bad Königswart.

Sankt Joachimsthal *(Jáchymov)*, 672 m. Bezirksstadt am Bache Weseritz unterhalb des Keilberges. Im 15. Jh. wurden Silber und Blei gewonnen. Es entstand die Siedlung Konradsgrün. Die Stadt besteht seit Anfang des 16. Jh.s. Der Gründer war Stephan Schlick (1516), der sächsische Bergleute berief. Die Stadt entwikkelte sich so schnell, daß dieses bedeutende Bergbauzentrum bald an die 20 000 Einwohner hatte. Der Ort hieß zunächst nur Thal, dann St. Joachimsthal. 1518 erteilte Graf Stephan Schlick eine Bergwerksordnung. 1520 folgte die Erhebung zur freien Bergstadt durch König Ludwig. In dieser Zeit erfolgte die Vollendung der Burg Freudenstein durch Stephan Schlick. Im 16. Jh. herrschte reges kulturelles Leben, vor allem auch auf literarischem Gebiet. 1550 wurde Mathes Enderlein Amtsverwalter des Bergamtes. Während seiner Tätigkeit konnten große Gewinne aus den Bergwerken erzielt werden. Es wurden damals vier Gänge fündig; die Ausbeute betrug über eine Million Taler. Seit 1519 wurden die Joachimsthaler geprägt; sie wurden kurz Taler genannt und spielten in der Münzgeschichte eine große Rolle. Auch der Dollar wird auf Taler zurückgeführt. St. Joachimsthal war damals nach Prag zweitbedeutendste Stadt in Böhmen. Als Folge des Schmalkaldischen Krieges (1546/1547) kam die königliche Bergstadt (seit 1545) an die königliche Kammer.
Der Dreißigjährige Krieg fügte der Stadt schweren Schaden zu, im Bergbauwesen und überhaupt auf wirtschaftlichem Gebiet, ebenso auf dem kulturellen Sektor. Die zumeist protestantischen Bürger verließen diese in Scharen und zogen in das benachbarte Sachsen. 1639 war bei der Belagerung durch die Schweden die Burg in Brand geschossen worden; seitdem steht sie als Ruine da, erhalten sind noch zwei Rundtürme und einiges Mauerwerk. Im 18. Jh. erfolgte eine neue Blüte; es wurde nach Wismut, Arsen, Blei und Kobalt gegraben. Im Jahre 1716 wurde in der Stadt die erste Bergbauschule der Welt eröffnet.
Wappen: Ein gevierteter Schild, im ersten und vierten Feld ein doppelschwänziger böhmischer Löwe, im zweiten und dritten Feld zwischen Bergen eine goldene Kaue (Berghütte). Im Mittelschild in Rot mit silbernem Querbalken Schlägel und Bergeisen gekreuzt. Das Wappen wurde am 6. Januar 1520 verliehen. Der Magistrat siegelte bereits 1552 mit rotem Wachs.
Im 19. Jh. wurden die reichen Uranvorkommen entdeckt. 1850 wurde eine Uranfarbenfabrik begründet. Auf der Grundlage der Entdeckung Becquerels isolierte das Ehepaar Curie aus Rückständen der Erzlauge das Radium; dafür erhielt es 1903 den Nobelpreis für Physik. Nachdem man die heilende Wirkung des Radiums erkannt hatte, wurde 1901 das erste Radiumkurbad in der Stadt eingerichtet. 1910 – 1912 Bau des Radiumpalastes (später Sanatorium Marie Curie-Sklodowska). Indikation: Arteriosklerose, Arthrosen, rheumatische und Nervenkrankheiten. Nach 1945 wurden beim Abbau von Uran für die Sowjets viele Sudetendeutsche und politische Gefangene ohne die nötigen Schutzmaßnahmen eingesetzt, viele kamen um oder erlitten bleibende Schäden.

Pfarrkirche St. Joachim, 1534 - 1540 von H. Kopp und Wolf Müller. Nach Brand 1874 - 1875 neugotischer Neubau durch Josef Mocker und K. Richter. Begräbnisstätte der Katharina Schlick. Dechantei um 1540. Barock 1750. Matriken seit 1531. Spitalkirche um 1516, 1782 renoviert. Das mit Schindeln gedeckte Bauwerk hat wertvolle Innenausstattung. Hochaltarbild Hl. Christophorus aus der Schule des Lukas Cranach um 1540. Rathaus spätgotisch 1540 - 1544 (H. Kopp), Umbau 1783 - 1784 und 1901 - 1902. Alte Häuser im Stil der Gotik und Renaissance. Annakapelle, 1642 brannte der Holzbau nieder, 1779 Neubau, ebenfalls 1873. Johanneskapelle, 1734, Barbarakapelle, 1770, Prokopkapelle, Verfall im 18. Jh. Alte Münzstätte, 1534 - 1536, später Amtshaus der Bergverwaltung und Museum. Dreifaltigkeitsstatue, 1703, mit Heiligenfiguren. Ehemalige Lateinschule mit der von Mathesius begründeten Bibliothek; viele wertvolle Bücher waren mit Ketten befestigt. Die Handschriften und alten Drucke wurden 1968 aus dem ehem. Zisterzienserkloster Saar wieder zurückgebracht. Gabelsberger-Denkmal. Erhalten blieben mehrere alte Bergwerkstollen.
Wirtschaft: ehem. staatliche Tabakfabrik, Handschuherzeugung, Hausindustrie.
Persönlichkeiten: Nikolaus Herman (um 1480 - 1561), Kantor und Liederdichter; Georg Agricola (1494 - 1555), Mineraloge, Geologe; Johannes Mathesius (1504 - 1565), Prediger und Schulrektor. Schüler Luthers; Isaak Haßler (um 1530 - 1591), Musiker, Vater des Komponisten Hans Leo Haßler (1564 - 1612); Johannes Praetorius (1537 - 1616), Mathematiker und Astronom, Professor in Altdorf; Wenzel Linck (1736-nach 1790), Jesuitenmissionar, Erforscher des Golfes von Kalifornien und des Rio Colorado; Gustav Peschka (1830 - 1903), Professor für Mechanik an den TH Brünn und Wien; Johann Steiner (1832 - 1876), Universitätsprofessor für Kinderheilkunde in Prag; Karl Siegl (1851 - 1943), Historiker, Stadtarchivar von Eger; Oskar Grimm (1855 - 1920), Lehrer und Mundartdichter; Arpad Schmidhammer (1857-1921), Zeichner und Maler, Mitarbeiter der Münchener „Jugend"; Maximilian Hüttisch

Ruine Schloß Freudenstein

(1911 - 1988), Maler und Graphiker, der eine Mappe und viele Zeichnungen über seine Vaterstadt schuf.
1930 (mit Dürnberg, Elbecken, Mariasorg, Neustadt, Werlsberg und Werlsgrün): 7316 Einw. (6790 Deutsche, 445 Tschechen, 73 Ausl., 8 andere).
Umgebung: Keilberg, Fichtelberg, Gottesgab, Pleßberg, Plattnerberg, Wiesental, Kapuzinerkloster Mariasorg.

Saras *(Zahnužany)*, Dorf zu Brüx gehörig. Seit 1283 Kirche und Kloster, das König Wenzel II. den Schwestern vom Orden der Heiligen Maria Magdalena schenkte. Das Kloster zerstörten 1421 die Hussiten, die Schwestern ermordeten sie. Das Kloster, das in der Folge in Brüx bestand, erlitt in der Reformationszeit Schäden. Der Besitz kam an Brüx und an Oberpriesen. Nach der Schlacht am Weißen Berg änderten sich die Verhältnisse und die Nonnen lebten nun wieder in Brüx, wo sie ihr Haus wieder aufbauten. 1782 kam das Ende der Ordensgemeinschaft, als das Kloster vom Staat aufgehoben wurde. In der Kunstgeschichte ist das Kloster bekannt durch die sog. Saraser Madonna (84 cm hoch), die in den siebziger Jahren des 14. Jh.s entstand und zu den Madonnendarstellungen des Schönen Stils gehört. Von 1785 bis 1969 stand sie in der Brüxer Dekanalkirche, seitdem in der Prager Nationalgalerie. Die Marienkapelle in Saras war das Ziel vieler Wallfahrer; sie kamen vor allem am ersten Sonntag im Juli hierher.

Saubsdorf *(Supíkovice),* Bez. Freiwaldau. 407 m. Eisenbahnstation Sandhübel – Saubsdorf. Der 1284 genannte Ort war Besitz des Breslauer Bischofs; er erlitt schwere Schäden in den Hussitenkriegen. Im 16. Jh. saßen hier die Ritter Bavor von Holofus. Die Pfarrkirche zur Hl. Hedwig ist ein Renaissancebau aus dem 16. Jh. In Geislerfeld eine ehemalige Wasserburg. Bekannt waren die Granit- und Marmorbrüche („das schlesische Carrara"). Für die Ausbildung des Nachwuchses für die vielen Steinbearbeitungsfirmen sorgte die Staatliche Fachschule für Steinbearbeitung. Von der Schule kam auch der Bildhauer Engelbert Kaps (1888 – 1975), der in Saubsdorf eine Steinbildhauerwerkstatt hatte und in Freiwaldau als Kunsterzieher wirkte.
Wirtschaft: Viele Stein-(Marmor-)Bearbeitungsbetriebe. Leinenindustrie.
1930 (mit Geislersfeld): 1734 Einw. (1679 Deutsche, 31 Ausl., 24 Tschechen).
Umgebung: Großer Spitzstein, 460 m, mit Tropfsteinhöhlen, die seit 1430 bekannt waren; hier befand sich eine der größten Höhlen des Sudetenlandes.

Schaffa *(Šafov),* Bez. Znaim. 443 m. 1323 Schephor. 1516 als Markt erwähnt. 1540 Wappenverleihung: In rotem Schild eine silberne Mauer mit Zinnen und offenem Tor; über der Mauer zwei bezinnte Türme, zwischen diesen ein Bär. Schaffa war der Herrschaft Frain unterstellt. Die Reformation hielt auch hier Einzug; erst im Dreißigjährigen Krieg wurden die Bürger zum alten Glauben zurückgeführt. Kirche Hl. Bartholomäus, 1735, vorher eine Kapelle. Chorstühle Ende 17. Jh., Rokokokanzel Mitte 18. Jh. Synagoge, Mitte 18. Jh., nach Brand Neubau 1822. Jüdische Schule.
Wirtschaft: Waagenerzeugung, zwei Ziegeleien. Sommerfrische.
Ludwig Winder (1889 – 1946), Journalist in Prag. Romancier.
1930: 772 Einw. (441 Deutsche, 234 Tschechen, 59 Ausl., 38 Juden).

Schatzlar *(Žacléř),* Bez. Trautenau. 612 m. Stadt im Rehorngebirge nahe der Grenze. 1334 ein castrum Scheczler erwähnt; das war die Burg, die als Schutz eines Weges und als Zollstätte angelegt worden war; sie war von Johann von Luxemburg verpfändet. Wegen der in der Burg lebenden Raubritter wurde sie 1523 zerstört; im 16. Jh. wieder aufgebaut. Der Berghauptmann Christoph von Gendorf war seit 1538 der neue Besitzer. Seit dem 16. Jh. arbeitete eine Glashütte. 1637 erhielten die Jesuiten Stadt und Schloß, das sie 1750 umbauen ließen; es erhielt die heutige Gestalt. Nach der Aufhebung des Ordens 1773 kamen die Güter an den Staat. Schatzlar führte in den früheren Jahrhunderten verschiedene Namen; es hieß Barnstadt, Bärenstadtl und auch Bergstadtl. Seit 1800 hieß die Stadt unter dem Schloß wie dieses Schatzlar. 1882 Eröffnung der Lokaleisenbahn Königshan – Schatzlar. Das Wappen: Ein Bär zwischen zwei Tannen. Dreifaltigkeitskirche, gotisch, 1732 barock mit altem Glockenturm. Hauptaltar von G. F. Patzak. Nach 1750 Anbau einer Loretokapelle. Rathaus um 1800. Lauben- und Umgebindehäuser.
Wirtschaft: Steinkohlenrevier. Glashütte, Porzellanfabrik, Flachsgarnspinnerei. Sommerfrische, Wintersport.
Persönlichkeiten: Franz Grundmann (Brettgrund 1863 – 1921), Erzähler und Mundartdichter, Herausgeber der Zeitschrift „Rübezahl"; Karl Illner (1877 – 1935), Mitarbeiter Igo Etrichs, dessen „Taube" er erstmals flog; er stellte mehrere Rekorde auf.
1930 (mit Quintenthal): 3611 Einw. (2810 Deutsche, 724 Tschechen, 77 Ausl.).
Umgebung: Boberquelle. Schanzenberg, 596 m, bei Königshan.

Schildberg *(Štíty,* früher *Šilperk),* Bez. Hohenstadt. 450 m. Endstation der Bahnstrecke Niederlipka – Schildberg. Die zwischen Bergen und Wäldern liegende Stadt im Friesetal wurde im 14. Jh. als Bergstadt angelegt. Die Burg des Geschlechtes der Sternberg, die schon vor 1300 bestand, war seit 1574 als öde bezeichnet. Schwere Schäden richteten die Brände der Jahre 1577, 1742 und 1802 an. 1899 Eröffnung der Eisenbahnstrecke Grulich – Schildberg. Das Wappen entspricht dem der Herren von Sternberg: ein Stern mit acht Strahlen, dazwischen wieder acht achtstrahlige kleinere Sterne.

Schatzlar

Pfarrkirche Hl. Johannes von Nepomuk, 1755, an Stelle eines älteren Baues. Bilder von Umlauf. Zwei in Stein gehauene Wappen mit Inschriften ehemaliger Besitzer von Schildberg im Pfarrhof. Rathaus (Renaissance) mit Barockfassade, 1734. Auf dem Marktplatz Pestsäule, 1716. Statue des Hl. Johannes, 1732.
Wirtschaft: Holzverarbeitung, Weberei. Nur geringe Landwirtschaft. Sommerfrische.
1930: 1567 Einw. (1057 Deutsche, 489 Tschechen, 20 Ausl.).

Schiltern *(Štítary)*, Bez. Znaim. 404 m. 1349 Schyltorn und Štítary genannt, 1365 Sczythary. Das Waldhufendorf entwickelte sich bei einem Herrenhof. Im 14. und 15. Jh. von den Rittern der Burg Vöttau bedrängt. Markterhebung 1346. Besitzer waren u. a. die Lichtenburg, die Stadt Frain und die Lemnitz. Bereits 1657 wurde deutscher Schulunterricht erteilt. 1706 und 1835 große Brände, die verheerende Schäden anrichteten. 1899 Gründung einer Landesfachschule. 1938 kam Schiltern an das Land Niederösterreich.
Pfarrkirche St. Georg, Saalkirche aus dem 17. Jh., im 18. Jh. vergrößert. Rokokoturm um 1750. Ein Seitenaltarbild mit der Darstellung des Hl. Johannes von Nepomuk stammt von Josef Winterhalter. Taufstein 17. Jh., Kanzel und Barbara-Altar um 1780. Grabstein mit Wappen, 1803.
1930: 1153 Einw. (999 Deutsche, 125 Tschechen, 29 Ausl.).
Umgebung: Schweizertal, Libellteich, Thayatal, Frain, Eduardswand, Helenenhof. Sommerfrische, rings von Wäldern umgeben.

Schlackenwerth *(Ostrov)*, Bez. Karlsbad. 400 m. Um 1200 ein Dorf. Es bestanden enge Beziehungen zum Kloster Ossegg. 1269 amtierte ein Pfarrer. 1331 Erhebung zur königlichen Stadt durch König Johann. Egerer Stadtrecht und das Meilenrecht erteilte 1387 König Wenzel IV. Von Schlackenwerth aus, das 1421 an die Ilburg gekommen war, starteten 1428 die Hussiten ihre kriegerischen Unternehmungen. Durch Verpfändung der Elbogener Region an Kaspar Schlick (1434) wurde Schlackenwerth zum Zentrum dieser Herrschaft. Im 15. Jh. Beginn des Silberbergbaus. 1603 Freikauf der Stadt. Im folgenden Jahr Wappenverleihung durch Rudolf II. Es zeigt (in vereinfachter Beschreibung): Fünf silberne Türme mit Toren. Am linken und rechten Turm klettert je ein Eichhörnchen in die Höhe. Im Tor des mittleren Turmes ein doppelschwänziger Löwe mit einer goldenen Krone. Über diesem ein Helm mit schwarzem Adlerflug. 1623 überließ Kaiser Ferdinand II. die Stadt Herzog Julius Heinrich von Sachsen-Lauenburg. Dessen Tochter Franziska Sibylla Augusta heiratete 1690 den Markgrafen Ludwig Wilhelm von Baden, den „Türkenlouis". 1789 kam die Herrschaft an das kaiserliche Haus und an die Linie von Toskana (1811–1918). Von 1938 bis 1945 leitete von Schlackenwerth aus Prälat Karl Bock als Generalvikar die Geschicke des sudetendeutschen Anteils der Erzdiözese Prag. Das Barockschloß, 1685–1696, wurde nach einem Brand wieder aufgebaut. Es dient jetzt als Schule. Der Schloßpark (1648) wurde ein Wunder der Gartenkunst genannt; erhalten blieb nur das Lusthaus (1673) von Abraham Leuthner, das heute eine Kunstgalerie enthält. Das Renaissance-Jagdschloß im „Tiergarten" wurde zur Ruine. Eine erste Kirche war dem Hl. Nikolaus geweiht. Die Pfarrkirche zum Erzengel Michael stammt aus der 2. Hälfte des 14. Jh.s, 16. Jh. spätgotisch, 17. Jh. Umbau. Die Kirche birgt jetzt das Gnadenbild, das 1654 durch Anna Magdalena Herzogin von Sachsen-Lauenburg, geb. Fürstin von Lobkowitz, nach Schlackenwerth gekommen war, und zwar in die Piaristenkirche Mariä Verkündigung, 1666–1673 durch Domenico Orsi erbaut, wo sich die Wallfahrt Maria Treu

entwickelte. Das Piaristenkolleg war von der genannten Herzogin 1666 gegründet worden. In der Bibliothek wurde lange Zeit der berühmte Hedwigs-Codex von 1353 verwahrt (Faksimiledruck 1972). Die Patres leiteten ein Gymnasium, das 1780 nur noch Hauptschule war. Später kamen Schwestern in das Kolleg.
Rathaus, gotisch, 1569 Renaissance, Umbau zuletzt 1795. An der Turmwand Sandsteinreliefs mit Wappen der Grafen Schlick, zwei Szenen aus dem Alten Testament und darüber das Stadtwappen. Am Marktplatz Pest-(Marien-)säule, 1685, Dank der Bürger für Verschonung vor der Seuche. Friedhofskapelle Hl. Apostel Jakobus d. Ä., romanisch, 1226 geweiht. Florianikapelle, 1691 „im edelsten Barockstil", 1788 gesperrt, seit 1933 Kriegergedenkhalle. Gruftkapelle der Herzöge Sachsen-Lauenburg, 1666. Kapelle Maria Einsiedeln von Michael L. Rohrer, 1710; 1715 ließ Franziska Sibylla Augusta von Baden in Rastatt eine ähnliche Kapelle bauen. Zwischen Rastatt, 1705 bis 1771 Residenz der Markgrafen von Baden, und Schlackenwerth bestanden bis in unsere Zeit enge Beziehungen. Schlackenwerther Madonna (Pietà), Holzfigur kurz nach 1500 (Renaissance), ehemals bemalte Fassung, im Museum. Sandsteinfigur Hl. Johannes von Nepomuk auf der Brücke zum Kloster, 1757, gestiftet von den „pii clientes", den Schülern der Lateinschule im Kolleg.
Wirtschaft: Porzellanfabrik Pfeifer und Löwenstein, 1873 gegründet. Maschinen, Leder-, Feilen- und Pappefabrik. Sommerfrische.
Persönlichkeiten: Johann von Schlackenwerth (um 1270 - 1324), Bischof von Brixen und Freising; Johann Kaspar Ferdinand Fischer (um 1650 - 1746), Komponist, markgräflich-badischer Hofkapellmeister in Rastatt; die Brüder Konrad Max und Jeremias Süßner, Bildhauer in der 2. Hälfte des 17. Jh.; Ludwig Pfleger (1726 - 1795), Maler, ebenso sein Vater Franz (gest. 1730); Johann Michael Ludwig Rohrer (Tissau 1683 - 1732), markgräflich badischer Hofbaumeister, arbeitete zuerst in Schlackenwerth, dann in Rastatt, wo auch sein Bruder Johann Peter Ernst (1687 - 1762), Architekt und Baumeister war; Rudolf Keller (1875 - 1964), Journalist und Verleger in Prag, Herausgeber von Zeitungen; Alfred Wolf (1898 - 1970), Heimatforscher, Erzähler, Dramatiker. Begründer von Stadtmuseum und Archiv in Schlackenwerth.
1930: 2958 Einw. (2721 Deutsche, 191 Tschechen, 46 Ausl.).
Umgebung: Egertal. Krondorf-Sauerbrunn, Gießhübl-Sauerbrunn. Karlsbad, Gottesgab (1027 m), St. Joachimsthal. Keilberg, Fichtelberg, Wölfling, Spitzberg, Pleßberg.
1966 Übernahme der Patenschaft durch die Stadt Rastatt. Im Städtischen Museum ein Schlackenwerther Zimmer, in dem besonders die Beziehungen zwischen den beiden Städten hervorgehoben werden.

Schlaggenwald *(Horní Slavkov)*, Bez. Elbogen. 558 m. An der Bahnlinie Schönwehr - Elbogen. Die Bedeutung der Stadt fußte vor allem auf dem reichen Zinnvorkommen, später auf der Porzellanherstellung. 1202 erwähnt. Die Gründung erfolgte durch Slavko von Ossegg und Riesenburg, der Schlaggenwald bis in das 14. Jh. besaß. 1333 königliche Bergstadt. 1335 Verleihung des Bergrechts und der Zinnwaage durch Karl IV., der auch das Privilegium erteilte, während 12 Jahren Gold, Silber und Zinn zu schürfen. Es wurde aber mehrere Jahrhunderte Bergbau betrieben, auch Wolfram wurde gewonnen. Berühmt waren die Zinngießereien der Stadt.

Schlaggenwald

Große Blüte des Bergbaus, der zuerst von den zugewanderten deutschen Bergleuten aus dem sächsischen Erzgebirge betrieben worden war, unter den Pflug von Rabenstein (seit 1496), die den Grafen von Gleichen und Heinrich Plauen als Besitzer gefolgt waren. Kaspar Pflug verlor wegen der Teilnahme am Aufstand im Schmalkaldischen Krieg 1547 seine Güter, die an die königliche Kammer kamen. Noch in diesem Jahre wurde Schlaggenwald kaiserliche Bergstadt. Bis 1627 war die Bevölkerung, die sich zum Protestantismus bekannt hatte, wieder katholisch. Durch den Dreißigjährigen Krieg Rückgang des Bergbaus und teilweise Verödung der Stadt. Goethe besuchte die Stadt und interessierte sich vor allem für die Bergwerke und für Mineralien. Nach 1945 wurde Uran abgebaut. Das Wappen aus dem 16. Jh.: Im viergeteilten Schild oben rechts silberner böhmischer Löwe mit goldener Krone, links rotes Feld, in der Mitte ein Streifen (silber, rot, silber), unten rechts ein goldener Löwe mit Krone, links in grünem Feld gekreuzte Berghämmer, darüber ein Rechen.

Pfarrkirche St. Georg, gotisch, Neubau 1520; Einrichtung aus dieser Zeit und aus dem 18. Jh. Glockenturm spätgotisch. In der Kirche, die 1964 durch Brand schwer beschädigt wurde, befand sich eine Kreuzigung aus der Zeit um 1520. Anna-Spitalkirche um 1500. Nach Zerstörung durch Feuer 1728 Neubau. Fresken von Elias Dollhopf. Marktplatz mit Rathaus, 1583-86. Renaissance Bürgerhäuser. Haus des Pflug von Rabenstein, 1510, mit Außenschmuck. Stadtmuseum mit reichem Archiv, gegründet 1901, erweitert 1927. In der Kulturgeschichte nahm Schlaggenwald einen hohen Rang ein, vornehmlich durch die berühmte Lateinschule in der Reformationszeit, an der auch Latein, Griechisch und Hebräisch gelehrt wurden.

Wirtschaft: Porzellanfabriken, Kaolinabbau, Maschinenbau, chemische Industrie, Zinnwaren, Spinnerei, Knopffabriken.

Persönlichkeiten: Kaspar Bruschius (1518 - 1559), Verfasser geographischer und historischer Werke, poeta laureatus; Christoph Crinesius (1584 - 1629), Theologe, Orientalist, Professor in Altdorf; Zacharias Theobald (1584 - 1627), Theologe, Geschichtsschreiber der Hussitenkriege; Elias Dollhopf (Tachau 1703 - 1773), Maler, Bürgermeister in Schlaggenwald; Anton Kohl (1837 - 1862), Historiker, Mitbegründer des Vereins für Geschichte der Deutschen in Böhmen; Johann Hahn (Elbogen 1863 - 1933), Bürgerschuldirektor in Schlaggenwald, Erzähler, „Rosegger des Kaiserwaldes“ genannt; Albert Marterer (1881 - 1933), Komponist.

Schlesiens Wappen

1930: 3288 Einw. (3182 Deutsche, 67 Ausl., 38 Tschechen).

1956 übernahm die Stadt Auerbach in der Oberpfalz die Patenschaft über die Schlaggenwalder.

Schlesien (Österreichisch-Schlesien, Sudetenschlesien). Das Gebiet der oberen Oder mit den Nebenflüssen Oppa, Ostrawitza und Olsa. Gebirge: Altvater, Gesenke und Westbeskiden. Hauptstadt Troppau. Ehemaliges österreichisches Kronland, bestehend aus den Fürstentümern Troppau, Jägerndorf, Teschen und Bielitz sowie einem Teil des Fürstentums Neiße. Es war der Rest Gesamtschlesiens, das 1742 geteilt worden war. Der kleinere Teil blieb bei Österreich. Nach dem Ersten Weltkrieg wurde er der neuen Tschechoslowakei einverleibt. Das Teschener Gebiet wurde zwischen Polen und der Tschechoslowakei aufgeteilt (Grenzvertrag von Sèvres 1920). Auch das Hultschiner Ländchen kam an den neuen Staat. Im Zuge der Organisation der politischen Verwaltung wurde 1927 die rechtliche Selbständigkeit Schlesiens aufgelöst. Am 1. Dezember 1928 erfolgte die Vereinigung von Mähren und Schlesien. Die schlesischen Landes-

gesetze behielten aber weiterhin ihre Gültigkeit. 1938 kam die Teschener Region an Polen.
Nach der deutschen Besetzung (1938) wurde Schlesien Ostsudetengau genannt. Von 1938 bis 1945 bestand der Regierungsbezirk Troppau, zu dem das ehemalige Österreichisch-Schlesien mit Nordmähren und einigen Gebieten Ostböhmens gehörte.
Deutsche Schulen: 3 Gymnasien, 1 Realgymnasium, 2 Reform-Realgymnasien, 2 Realschulen, 1 Mädchen-Lyzeum, 1 Lehrerbildungsanstalt, 2 Lehrerinnenbildungsanstalten, 3 Fachschulen für Weberei, 2 Fachschulen für Steinbearbeitung und andere Fachlehranstalten; außerdem 251 Volksschulen und 36 deutsche Bürgerschulen (Stand 1920/1921).
Bevölkerung 1930 (nach Brockhaus): 712 067 Einw. (374 498 Tschechen, 255 872 Deutsche, 77 917 Polen, 3780 andere).
(596 738 röm.-kath., 72 625 evang., 35 546 tschechosl. Kirche).
Schlesien war wirtschaftlich hoch entwickelt. Der Reichtum an Steinkohle bildete die Grundlage für die Eisenindustrie u.ä. Außerdem bedeutende Textil- und Glasindustrie. Marmor- und Schieferverarbeitung.

Schluckenau *(Šluknov)*, Bezirksstadt im nördlichsten Böhmen. 347 m. Nördlichste Bezirksstadt Böhmens nahe der Staatsgrenze. Straßenkreuzungspunkt. Station der Bahn Nixdorf – Rumburg. Das Dorf gehörte zuerst zu Sachsen. 1281 Erwähnung. 1359 eine Pfarrkirche. Besitzer waren u. a. die Berka von Duba, Wartenberg, Herzöge von Sachsen, Schleinitz und Harrach. Bei Schluckenau, das 1414 erstmals als Stadt bezeichnet wurde, besiegten 1423 die Hussiten das Heer der Lausitzer Städte. Die Gründung der spätgotischen Stadt erfolgte Anfang 15. Jh. Im Dreißigjährigen Krieg wiederholt Bedrängung durch Schweden, auch in anderen Kriegen litt die Bevölkerung schwer unter feindlichen Truppen. Das Wappen von 1415 (bestätigt 1900): Eine Stadtmauer mit Zinnen und offenem Tor, hinter der Mauer zwei Türme, zwischen diesen in kleinem Schild zwei gekreuzte Birkenäste.
Schloß, 2. Hälfte 16. Jh., im 18. Jh. Umbau im Barockstil. Im Park zwei barocke Kapellen. 1986

Schloß Schluckenau

brannte es aus. Am rechteckigen Marktplatz alte Häuser aus der Zeit der Renaissance, des Barock und Klassizismus. Kirche St. Wenzel, 1346 erbaut, wiederholt abgebrannt und neu errichtet, zuletzt 1711 – 1714. Turm 1722. Hochaltarbild von Johann Georg Schmidt aus Plan. In der Kirche Statuen der Hll. Veit, Ludmilla, Prokop und Adalbert. Kanzel Ende des 18. Jh. mit Bildhauerarbeiten. Grabdenkmal des Dompropstes von Schleinitz. Dreifaltigkeitssäule, 1752, an Stelle des früheren Prangers, mit Figuren der Hll. Wenzel, Florian und Johannes von Nepomuk. Statuen in der Stadt von den Heiligen Johannes von Nepomuk, Antonius, Wenzel und Johannes d. Täufer. Im Stadtmuseum, gegründet 1895, befanden sich das Stadtbuch von 1492 und andere ortsgeschichtliche Materialien.
Auf dem Kreuzberg, 397 m, Kreuzweg und eine Kreuzigungsgruppe, 1756; das Kreuzbergfest wurde jährlich im Juli begangen. Auf dem Kreuzberg auffallende Basaltsäulen. In Schluckenau, wo 1868 ein Musikverein gegründet wurde, der u. a. Konzerte gab, hatte das musikalische Leben stets einen hervorragenden Platz inne. In vielen Häusern gab es selbst hergestellte kunstreiche Krippen, die in der Weihnachtszeit besichtigt werden konnten.
Wirtschaft: Webwarenindustrie, Samtfabriken, Spinnerei, Kunstblumen, Steinindustrie.
Persönlichkeiten: Ferd. Kindermann (Königswalde 1740 – 1801), Schulreformer, Bischof von Leitmeritz, geadelt als Ritter von Schulstein; Friedrich Egermann (1777 – 1864), Glasmaler

Schmiedeberg

und Glaserzeuger, Erfinder von Überfanggläsern und Rubingläsern; Ambros Opitz (Schönau 1846 - 1907), Gründer eines Verlages und einer Druckerei in Warnsdorf, außerdem von Periodika, u. a. der „Reichspost" in Wien; Reinhold Kühnel (1859 - 1922), Organist, Komponist und Schriftsteller; Josef Nadler (Neudörfel 1884 - 1963), Professor an der Universität Wien. Verfasser wichtiger literarhistorischer Arbeiten, u. a. einer vierbändigen deutschen Literaturgeschichte; Friedrich Lehmann (1889 - 1957), Architekt, Begründer der monolithen Bauweise. Professor an der Deutschen Technischen Hochschule in Prag; Adolf Kindermann (Neugrafenwalde 1899 - 1974), Professor an der Deutschen Universität Prag, nach der Vertreibung Schöpfer der Königsteiner Anstalten. Bischof der Vertriebenen; Kurt Oberdorffer (1900 - 1980), Historiker, Archivar und Museumsdirektor in Brüx und Ludwigshafen.
1930: 5578 Einw. (5214 Deutsche, 255 Tschechen, 136 Ausl.).
Die Patenschaft über den Heimatkreis Schluckenau übernahm 1967 die Stadt Weißenhorn in Schwaben. Hier bestehen seit 1975 eine Heimatstube und ein Archiv. Wilhelm Pfeifer verfaßte ein vorbildliches Heimatbuch über Schluckenau und die Umgebung (1977), zu dem Erhard Marschner einen umfangreichen biographischen Teil beisteuerte.

Schmiedeberg *(Šmídeberk,* jetzt *Kovářská).* Bez. Preßnitz. 851 m. Langgestreckter Marktflecken am Schwarzwasserbach im Erzgebirge. Seit dem 16. Jh. entwickelte sich ein Dorf, in dem 1599 bereits ein Hochofen in Betrieb war. In den Bergwerken wurde Eisen gefördert, Grundlage für die frühe Industrie. Der Name kommt von den Eisenhämmern (Schmieden), die nach einem vorübergehenden Rückgang nach dem Dreißigjährigen Krieg und in den Befreiungskriegen gegen Napoleon wieder intensiver arbeiten mußten. 1641 versank nach einem Treffen zwischen Kaiserlichen und Schweden eine Abteilung der Letzteren auf der Flucht im Moor, in der Totenheide. Ein Denkmal erinnert daran (1928). 1832 kam Schmiedeberg mit der Herrschaft Preßnitz an die Buquoy. 1872 Anschluß an die Eisenbahn, Strecke Komotau - Weipert. 1883 Markterhebung. Wappen (1885): Mauern mit Zinnen, in deren Mitte ein goldener Schild mit gekreuzten Bergeisen, ein qualmender Hochofen zwischen zwei Fichten. Kirche St. Michael, an Stelle einer Kapelle, 1709 - 1710. Markuskapelle, 1872. Mariensäule vor der Schule, 1706.
Wirtschaft: Durch den Rückgang der Eisenindustrie bedingt, verlegten sich die Bewohner auf Heimarbeit, Klöppeln, Posamentennähen u. ä. Eine Aufwärtsentwicklung erfolgte durch die beiden Fischkonservenfabriken Kalla (1888) und Lienert (1905), die beide Weltruf hatten.
1930: 4297 Einw. (4211 Deutsche, 55 Tschechen, 29 Ausl.).
Umgebung: Kupferberg und Kupferhübl, Weipert, Preßnitzer Talsperre, der die Stadt Preßnitz weichen mußte.

Schneegruben *(Sněžné jámy)* im Riesengebirge. Zwei durch einen Felsgrat voneinander getrennte Gruben (Kleine Grube 350 m, Große Grube 500 m breit). Das durch Gletscher geformte Gebiet birgt für Geologen und Botaniker interessante Vorkommen.

Schneekoppe *(Sněžka).* Mit 1603 m höchster Berg des Riesengebirges, der Sudeten und des Sudetenlandes. Der Name ist seit dem ersten Viertel des 19. Jh.s in Gebrauch. Granitkegel mit Schieferhaube, die Gneis- und Glimmerschieferblöcke bedecken. Über den Berg verläuft die Landesgrenze. Die erste Besteigung der Koppe erfolgte 1456. Auf der schlesischen Seite die Laurentiuskapelle, 2. Hälfte 17. Jh., und die

Wetterstation auf der Schneekoppe

Schlesische Baude, 1850. Auf böhmischer Seite die Böhmische Baude, 1868, und eine meteorologische Station. Die Sicht beträgt über 200 km. 1946 – 1949 wurde eine Sesselbahn gebaut.

Schnella *(Střela).* Linker Nebenfluß der Beraun, der bei Theusing im Tepler Hochland entspringt, nach Osten durch den Bezirk Luditz bis Chiesch durchfließt, sich dann nach Süden wendet und nach 80 km Lauf bei Liblin in die Beraun einmündet. Deutung des Namens nach dem altgermanischen Namen Snel-ahwa, der schnellende Fluß (Ache).

Schöllschitz *(Želešice),* Bez. Brünn Umgebung. 230 m. Die Gemeinde im Obratal gehört zur deutschen Sprachinsel von Brünn. Über die vorgeschichtlichen Hockergräber berichtete der Forscher Karl Schirmeisen. 1230 urkundliche Erwähnung. Die alten Flurnamen weisen auf deutsche Besiedlung hin. 1785 Errichtung von Schule und Pfarrei. Die Schöllschitzer trugen eine spezielle kleidsame Tracht. Aus einer alten Kapelle (1480 – 1483) entstand durch Erweiterung eine Barockkirche (1723), die 1795 vergrößert wurde. Eine Besonderheit war das Sprachinselmuseum.
Wirtschaft: Dörrgemüse- und Konservenfabrik, Obstbaumschule, Pomologische Institute.
Persönlichkeiten: Georg von Ogilog, 1651 als Sohn eines Schotten geboren, der während der Schwedenbelagerung die Verteidiger auf dem Brünner Spielberg befehligte. Der Sohn war im Nordischen Krieg Kommandant des russischen Heeres; Franz von Felbinger (Hainburg 1844 – 1906), Maler und Besitzer der Viktoria-Baumschulen in Schöllschitz; Karl von Felbinger (Wien 1877 – 1936), Sohn des oben Genannten, Besitzer der Viktoria-Baumschulen und einer Konservenfabrik in Schöllschitz.
1930: 1115 Einw. (981 Deutsche, 123 Tschechen, 10 Ausl.).
Schöllschitz ist im Museum der Brünner Sprachinsel auf Schloß Erbach vertreten.

Schönau *(Šenov),* Bez. Neutitschein. Markt an beiden Seiten der Titsch mit Station der Eisenbahnlinie Neutitschein-Zauchtel. Die Gegend war schon in der Steinzeit besiedelt. Der Ort im Kuhländchen entwickelte sich aus einer deutschen Kolonistengründung. 1383 als Schena erwähnt. „Die Lage des Dorfes mit dichtem Gebüsch und Baumpflanzungen längs der Titschufer gibt die Erklärung zu dessen Benennung ‚zur schönen Au'" (Robert Schünke). Schönau wurde 1760 und 1779 von großen Überschwemmungen, 1805 und 1806 von Epidemien heimgesucht.
Kirche Hl. Martin, 1383, Neubau 16. Jh., 1811 erneuert. Fresken von Josef Sattler, dem Schwager Handkes, 1758: Darstellungen aus dem Leben des Kirchenpatrons. Altarbild von Georg Frömmel. Pfarrei, 1383 erwähnt. Der Ort war von 1581 bis 1630 häretisch. Die im 17. Jh. eingegangene Pfarrei wurde 1699 wieder errichtet. Schönau war zeitweise bei Botenwald eingepfarrt. Schule seit 1814.
Wirtschaft: Hutfabrik, Herstellung von Laternen, Spiritus, Pottasche und Holzstiften.
Franz Barwig (1868 – 1931), einer der besten Bildhauer Wiens.
1930: 3218 Einw. (2129 Deutsche, 999 Tschechen, 76 Ausl.), (2993 röm.-kath., 111 evang., 69 konf.-los, 25 tschechosl. Kirche, 15 israel.).
Umgebung: Kriegshübel, 357 m; Banerbrünnlein (Kalksinterablagerungen). Brünnleinsage von Johann Gabriel Seidl bearbeitet.

Schönau *(Šanov),* Bez. Znaim. 191 m. An der

Eisenbahnlinie Lundenburg – Znaim. Im 10. Jh. bereits Siedler aus Bayern. Deutsche Siedler kamen bis ins 13. Jh. Schönau wurde 1052 genannt, die Nachbargemeinde Grafendorf 1414. Lehnsherren waren die österreichischen Grafen Hardegg. Schönau, von den Hussiten vernichtet, bestand längere Zeit (bis um 1600) nicht mehr. 1939 Zusammenlegung Schönau und Grafendorf zur Gemeinde Schöngrafenau.

Pfarrkirche St. Antonius von Padua in Schöngrafenau. 1464, 1698, 1868 vergrößert. Pfarre seit 1859. In Schönau Kapelle. Schloß Emmahof, 1885 durch Graf Khuen-Belassi errichtet.

Wirtschaft: Landwirtschaft auf ertragreichem Boden. Wein- und Gemüsebau (Znaimer Gurken).

1930: 1672 Einw. (1257 Deutsche, 393 Tschechen, 17 Ausl.).

Die vertriebenen Grafendorfer und Schönauer treffen sich seit 1948 jährlich in Kornwestheim am Fest des Hl. Antonius. 1958 Patenschaftsübernahme durch die Große Kreisstadt Kornwestheim, wo 1987 im Rathaus eine Erinnerungstafel enthüllt wurde.

Schönbach *(Krásná)*, Bez. Asch. 660 m. Reihendorf an der Bahnstrecke Asch – Adorf im Vogtland. Nahe der bayerischen Grenze (2 km). Der Ort im Ascher Ländchen erscheint 1395 als Schonpuch. In der neueren Zeit war er Allodialgut mit Schloß und Gutshof der Grafen von Zedtwitz. 1885 Bau der Eisenbahnstrecke Asch – Roßbach. Schönbach gehörte zur Pfarrei Niklasberg. Obrigkeitliches Schloß. Turnhalle, errichtet vom Deutschen Turnverein „Jahn" (1912 – 1914). Die Knallhütte (1841) an der Straße nach Hof in Bayern war beliebter Ausflugsort.

Wirtschaft: Färberei, Appretur, Wirkwarenerzeugung.

1930: 2174 Einw. (2018 Deutsche, 140 Ausl., 16 Tschechen), (1676 evang., 448 röm.-kath., 47 konf.-los).

Schönbach *(Luby)*, Bez. Eger. 540 m. Station der Strecke Tirschnitz - Schönbach. 1158 erscheint der Name Schonnpach. 1265 Erwähnung einer Kirche. 1319 Schönbach erhält Egerer Recht. Mitte des 14. Jh.s kam es als Lehen an Rüdiger von Sparneck. Unter den Grafen

Schönbach, Geigenbauerdenkmal

Schlick (seit 1434) wurde der Bergbau intensiviert. Mitte 16. Jh. kam die Stadt an die Herrschaft Elbogen, dann zur Herrschaft Hartenberg, seit 1739 war sie selbständig.

Nach dem Rückgang des Bergbaus widmeten sich die Bürger seit Mitte 16. Jh. der Herstellung von Musikinstrumenten. Die Bewohner, die in der Reformationszeit protestantisch geworden waren, erhielten 1647 wieder einen katholischen Pfarrer. 1739 vernichtete ein Brand einen Großteil der Stadt. 1873 begründete Ritter von Dotzauer die Musikschule. 1884 Gründung einer Genossenschaft der Instrumentenhersteller und -händler. 1898 Eröffnung der Knaben- und Mädchenbürgerschule. 1900 Anschluß an das Eisenbahnnetz. 1904 Bildung einer Produktivgenossenschaft zum wirtschaftlichen Nutzen und Schutz der Hersteller von Instrumenten. Wappen: Ein doppelschwänziger böhmischer Löwe in rotem Schild.

Pfarrkirche Hl. Andreas, romanisch, gotisch, barock 1697 und 1734. Renaissanceturm. Pfarrhaus 1866. Matriken seit 1647. Kapelle Heilig Kreuz, 1409 („Frühmeßkirche"). Spitalkapelle Mariä Heimsuchung, ehemals Spital, 1716 gebaut durch Graf Julius Heinrich von Pisnitz für 12 Pfründler. Renaissanceschloß, 1989 abgetragen. Reste der ehem. Stadtbefestigung. Rat-

haus an der Stelle der ehem. Vogtei. Geigenbauerdenkmal.
Wirtschaft: Die Stadt der Geigenmacher wurde das „österreichische Cremona" genannt. In der Hauptsache wurden Holzmusikinstrumente und Saiten erzeugt, Blechinstrumente nur in wenigen Betrieben. Deren Zahl betrug rund 65, daneben gab es noch die Heimindustrie. Auch in der Umgebung Herstellung von Instrumenten, auch jenseits der Grenze, vor allem in Markneukirchen. Etuierzeugung. Weberei. Buchdruckerei. Bierbrauerei.
Rudolf Niedermayer (1891 – 1970), Organist und Chorleiter in Semlin, Musikprofessor der Lehrerbildungsanstalt in Esseg/Jugoslawien und in Mies. Komponist.
1930: 4770 Einw. (4573 Deutsche, 110 Ausl., 87 Tschechen).
1956 übernahmen die Stadt Heppenheim/Bergstraße und die Gemeinde Bubenreuth die Patenschaft über die Schönbacher. Ein Teil der vertriebenen Schönbacher setzt in Bubenreuth bei Erlangen die Arbeit fort. Sie nahmen die Tradition des Schönbacher Spitalfestes wieder auf und feierten 1969 die 650. Wiederkehr der Stadterhebung; gleichzeitig wurde das Geigenbauerdenkmal enthüllt. Andere Schönbacher gingen nach Burgau, Nauheim und Eschwege/Hessen. Im Jahre 1979 wurde zum 25jährigen Bestehen der Streich- und Zupfinstrumentenmacherinnung im Bubenreuther Rathaus das Schönbacher Geigenbauermuseum eröffnet.

Schönbach, *(Zdislava)*, Bez. Deutsch Gabel. 404 m. Sommerfrische am Schönbach. Station der Eisenbahnstrecke Reichenberg – Böhm. Leipa – Leitmeritz – Teplitz. Der Markt im Südwesten des Jeschkengebirges war schon im 14. Jh. bekannt; damals wurde ein Pfarrer von hier in Ringelshain eingestellt. Die Grafen von Dohna waren im 16. Jh. Besitzer. Während der Reformationszeit wurde Schönbach zeitweilig protestantisch. 1906 Markt. Wappen: Eine schwimmende Ente, am Ufer eine Gans (ein Schwan?), den Kopf zur Ente gerichtet. Die Filialkirche Hl. Johannes der Täufer gehörte im 15. Jh. zur Pfarre Seifersdorf, später zu Deutsch Pankraz. Der Kirchenbau stammt aus den Jahren

Absroth bei Schönbach an der Eger

1725 – 1730. Zinntaufbecken 1650, Madonnenstatue 17. Jh. Das Gnadenbild, zu dem im 18. Jh. viele Pilger kamen, wurde 1783 nach Prag gebracht; damit war die Wallfahrt unterbunden. Mariensäule auf dem Marktplatz, 17. Jh.
Wirtschaft: Weberei, Kalkbrennerei, Landwirtschaft, Gutshof.
1930: 739 Einw. (693 Deutsche, 40 Tschechen, 6 Ausl.).
Umgebung: Kalkberg, 689 m, Spitzberg, 686 m.

Schönbrunn *(Jedlová)*, Bez. Politschka. 590 m. Als der Ort 1349 an das Bistum Leitomischl abgetreten wurde Erwähnung als Pulcher fons. Kirche Mariä Heimsuchung, frühgotisch Ende 13. Jh., im Presbyterium noch die ursprüngliche Wölbung. Später Zu- und Umbauten. Rokokokanzel. Marienstatue Ende 16. Jh., Taufstein, 17. Jh. Hölzerner Glockenturm (17. Jh.). Kapellen Ecce homo, Johannes von Nepomuk, Dreifaltigkeit und Hl. Anna. Holzhäuser.
Wirtschaft: Seidenfabrik.
1930 (mit Goldbrunn): 1967 Einw. (1794 Deutsche, 98 Russen, 63 Tschechen, 12 Ausl.), (1868 röm.-kath., 97 griechisch-kath., 1 evang.).
Umgebung: Das ehem. Bad Waldel (Goldbrunn) mit kohlesäurehaltigen Quellen erhielt Ende des 17. Jh. zwei Badehäuser.

Schönfeld *(Tuchomyšl)*, Bez. Aussig. 153 m. Station der Eisenbahnlinie Aussig – Komotau. An der Vereinigung des Modlaner Baches mit dem Senselnbach. 1203 bestand ein Dorf. 1207 unter den Gütern des Stiftes Ossegg aufgeführt.

1334 kam es an das Augustinerkloster Raudnitz/ Elbe, 1337 an den Bischof Johannes IV. 1647 Anlage eines Teiches. Filialkirche Hl. Martin 14. Jh. gotisch, 1718 nach Brand umgebaut im Barockstil. Renaissancegrabmäler aus dem 16. Jh. Gotisches Taufbecken nach 1400.
Wirtschaft: Braunkohlenbergbau (Albrecht- und Adolf-Ernst Schacht), Knopffabrik. Sommerfrische.
1930: 1510 Einw. (873 Deutsche, 620 Tschechen, 17 Ausl.) (1005 röm.-kath., 434 konf.-los, 43 evang., 20 tschechosl. Kirche).
Umgebung: Jedowiner Berg mit Johanneskapelle, Bihanaflur, wo am 16. Juni 1426 die Schlacht zwischen Hussiten und dem Heer der Meißner geschlagen wurde; inmitten des Schlachtfeldes die alte Laurentiuskapelle.

Schönfeld bei Schlaggenwald *(Krásno,* früher *Šynfelt),* Bez. Elbogen. 688 m. Im 12. Jh. sollen Nürnberger Bergleute Zinn gefördert haben. Das eigentliche Gründungsjahr war 1355, als Borso und Slawko von Ossegg und Riesenburg (auf Petschau) Privilegien erteilten. Damals auch Verleihung der Gerichtsbarkeit und Bewilligung der Zinnwaage. In Schönfeld bestand das erste Bergamt, das für alle Gewerke zuständig war, bis das oberste Bergamt in St. Joachimsthal errichtet wurde. 1380 erhielt Schönfeld das Luditzer (Egerer) Stadtrecht, das später wiederholt bestätigt wurde, auch durch Kaspar Pflug von Rabenstein. 1547 wurde die durch Silber- und Zinnförderung wohlhabende Bergstadt durch Ferdinand I. zur königlichen Bergstadt erhoben. Rudolf II. erhob sie 1578 zur Freien Bergstadt. Als im 19. Jh. der Bergbau aufhörte, verlor sie an Bedeutung. 1848 ein großer Brand. Seit 1. Januar 1976 ist Schönfeld ein Ortsteil von Schlaggenwald.
Wappen von 1547: Ein Schild zweigeteilt, im unteren Teil zwei Männerarme gekreuzt, in den Händen Bergeisen und Schlägel gekreuzt, dazwischen ein Rechen in Gold. Der obere Teil zweigeteilt, im rechten Teil ein Löwe, der oben weiß auf rotem Hintergrund und unten rot auf weißem Hintergrund ist. Der linke Teil ein silber - rot - silber gespaltener Balken.
Schönfeld war kirchlich seit 1404 Filialkirche von Schlaggenwald und wurde im 16. Jh. eigene Pfarrei. Die Kirche Hl. Katharina mit Resten alter Bausubstanz aus der gotischen und Renaissancezeit wurde nach dem Brand von 1848 durch Josef Scherbaum aus Elbogen wieder errichtet, Weihe 1858. Früher Marienwallfahrtsort zur wundertätigen Madonna. Statue Anna Selbdritt, spätgotisch, Anfang 16. Jh. Zinnernes Taufbecken. Rathaus mit erhaltenem gotischem Portal, nach dem Brand Neubau 1852. Dreifaltigkeitssäule, 1806, mit Figuren von Heiligen. Sie schuf der Bildhauer J. Wildt. Statue Ecce homo, 1743.
Wirtschaft: Porzellanfabrik (seit 1888), die Gebrauchsgeschirre erzeugte. Zinngießerei, Spitzenerzeugung.
Josef Labitzky (1802 – 1881), berühmter Walzerkomponist („Egerländer Walzerkönig").
1930: 2132 Einw. (2079 Deutsche, 37 Ausl., 16 Tschechen). 1947: 1171 Einw.
Umgebung: Aussichtsturm Dr.-Kempf-Warte, die heute Denkmal der Arbeiterbewegung genannt wird.

Schönhengstgau. Der Politiker Karl Giskra soll 1848 als erster den Namen Schönhengstgau gebraucht haben. Das Land an der böhmisch-mährischen Grenze ist altes Durchgangsland. Deswegen wurde es schon in Zeiten, da hier dichte Grenzwälder standen, besiedelt. Den Namen hat die Landschaft von einem Höhenzug, dem Schönhengst (660 m) aus Kreidesandstein. Die Entstehung des Namens, in einer Urkunde a. d. J. 1398 Sintenhengst, (wohl „Schind' den Hengst") erklärt eine Sage.
Das Dorf Schönhengst (Hřebečov) gehört zu Ketzelsdorf im Bezirk Leitomischl. Die Besiedlung erfolgte im 12. und 13. Jh. durch Bayern, Franken, Schwaben, Mainfranken und Schlesier, sie schufen eine Kulturlandschaft. Aus dieser Stammesverschiedenheit ist die Vielgestaltigkeit in der Tracht, in Mundart und Hausbau zu erklären. Bis in unser Jh. entwickelten sich wertvolle volkskundliche Äußerungen. An Stelle vieler Beispiele sei nur die große deutsche Singbewegung Walther Hensels genannt, die von der Waldsiedlung Finkenstein bei Mährisch Trübau ihren Ausgang nahm.

Schloß Schönhof

Im Gebiet um Müglitz findet man schon am Ende des 13. Jh.s 14 Dörfer. Um 1250 werden die Städte Zwittau, Mährisch Trübau, Landskron und Hohenstadt gegründet. Die deutsche Besiedlung wurde hauptsächlich durch Klöster und durch den Olmützer Bischof Bruno von Schaumburg (1243 bis 1281) gefördert. Die Hauptorte waren Mährisch Trübau, Zwittau, Landskron, Brüsau, Müglitz und Hohenstadt, in dem die Deutschen nur noch eine Minderheit waren. 1930 gab es im Schönhengstgau mit 1180 qkm 6 Städte und 142 Gemeinden mit über 126 000 Deutschen und 5300 Tschechen.

Die große deutsche Sprachinsel mit ihrem größeren Teil in Mähren und einem kleineren in Böhmen ist nur durch einen schmalen Streifen von den geschlossenen deutschen Siedlungsgebieten im Adlergebirge und im nordmährisch-schlesischen Raum getrennt.

Die Patenschaft über den Schönhengstgau übernahm 1955 die Stadt Göppingen, seit 1958 Schönhengster Archiv mit Heimatstube.

Schönhof *(Krásný Dvůr)*, Bez. Podersam. 387 m. Erste Erwähnung 1295. Im 14. Jh. ein kleines Rittergut. Zeitweise zwei Burgen. Aus einer entstand das Schloß des Grafen Kolowrat im Renaissancestil (um 1570). Seit 1649 saßen hier die Grafen Czernin; diese ließen durch F. M. Kaňka den Bau barockisieren. In dem ansehnlichen Schloß sind jetzt Ausstellungen von Möbeln, Kunstwerken und Porzellan untergebracht. Ein Anziehungspunkt war der vom Gärtner Födisch geschaffene Schloßpark (vor 1788) mit chinesischem Pavillon, neugotischen und Empire-Bauten. Goethe, Theodor Körner, Alexander von Humboldt u. a. Persönlichkeiten besuchten ihn („Eine Kunst im Naturgewande"). Das Denkmal des Feldmarschalls Karl Fürst zu Schwarzenberg (1771 – 1820) schuf Emanuel Max im Auftrag des Schloßbesitzers Czernin. Schönhof war nach Puschwitz eingepfarrt. Die vom Grafen Czernin eingerichtete Zuckerfabrik arbeitete bis 1926.

1930: 721 Einw. (595 Deutsche, 116 Tschechen, 8 Ausl.).

Schöninger. 1084 m. Der Granitgipfel ist die höchste Erhebung des Krummauer Gebirges. Den Namen erhielt der Berg, der als schönster Aussichtspunkt des Böhmerwaldes gilt, von einem Heger Schöninger, der in Schwarzenbergischen Diensten stand. 1825 ließ Fürst Schwarzenberg den 23 m hohen steinernen Aussichtsturm erbauen, der, höchstgelegenes Bauwerk Böhmens, nach seinem Erbauer Josefsturm hieß. Johann von Schwarzenberg ließ 1925 auch ein Unterkunftshaus errichten. In den siebziger Jahren wurde eine Sternwarte installiert. Heute fährt eine Sesselbahn auf den Berg.

Schönlinde *(Krásná Lípa)*, Bez. Rumburg. 444 m. Station der Bahn Bakov – Georgswalde mit der Lokalabzweigung nach Herrnwalde und weiter nach Sachsen. An der Kirnitzsch. Zwischen Elbsandstein- und Lausitzer Gebirge.

Schönlinde, Maria-Magdalenen-Kirche

Der Ort entwickelte sich aus der Siedlung um eine Burg Schönbüchl, die 1339 vernichtet wurde. 1361 ein Ort mit Pfarrkirche. 1404 erscheint der Name Pulchra tilia alias Schonlind. Der Ort befand sich unter der Herrschaft der Besitzer der Burg Tollenstein und kam 1573 an die Schleinitz, dann an die Wartenberg und später an die Kinsky. Im 16. Jh. wurde Schönlinde protestantisch. Im 17. Jh., damals mit 800 Einwohnern, hatte es Bedeutung durch die Leinwanderzeugung vor allem auch in Hausindustrie. 1731 erfolgte die Erhebung zum Markt, in dem jede Woche Leinwandmärkte abgehalten wurden. Um 1740 bestanden 11 Zünfte von Handwerkern. Ein großer Förderer der Leinweber und anderer Handwerker war zu Beginn des 18. Jh. Graf Kinsky. Damals entwickelte sich auch die Zwirnerzeugung. Die industrielle Entwicklung ging noch schneller voran, seitdem Schönlinde, auch Zentrum der Strumpferzeugung, 1869 an das Eisenbahnnetz angeschlossen worden war. 1870 wurde Schönlinde Stadt.

Das Wappen von 1893, entworfen vom heimischen Maler August Frind: Ein schräg geteilter Schild, in dessen oberer Hälfte eine Linde, in der unteren Hälfte eine Frauengestalt, auf einer Treppe sitzend (Sinnbild der Gerechtigkeit), in der linken Hand eine Waage, in der rechten ein silbernes Schwert.

Kirche Hl. Maria Magdalena, zuerst 1632 errichtet, dann 1754 durch den hiesigen Baumeister P. Hoffmann; Hauptaltarbild von Dominik Kindermann. Figuren von Anton Max aus Bürgstein. Auf einem Seitenaltar Madonnenbild Joseph von Führichs. Glasfenster von Wenzel Frind. Barockkanzel und Marmortaufstein von 1650. 1816 – 1818 entstand der breite Treppenaufgang vor der Kirche oberhalb des Marktplatzes. Pfarrei, spätbarock. Im Garten Barbarastatue, 1812. Matriken seit 1677. Friedhofskapelle, Empire, 1844 – 1846. Altkatholische Erlöserkirche, 1901, mit eigener Pfarrei seit 1908. Häuser aus der 1. Hälfte des 19. Jh.s Deutsches Haus, 1884, mit zwei Sälen für Theater- und Konzertaufführungen. In der Stadt herrschte eine reges kulturelles, vor allem musikalisches Leben. Es bestanden mehrere Gesang- und Musikvereine.

Schönlinde

Neben Kammermusik fanden häufig auch Konzert- und Opernaufführungen statt. Staatsfachschule für Wirkerei.

Wirtschaft: Strumpfindustrie. Leinen- und Baumwollzwirnerei, Färbereien, Eisen- und Holzwarenerzeugung. Porzellanpfeifen. Kunstschlossereien. Buchdruckerei. Sommerfrische.

Persönlichkeiten: Anton Philipp Heinrich (Schönbüchel 1781 – 1861), Musiker und Komponist in Amerika; Franz Bendel (1833 – 1874), Klaviervirtuose und Komponist; Robert J. Lahmer (Hohenelbe 1846 – 1899), Ortschronist von Schönlinde; August Frind (1852 – 1924), Maler; seine Werke fanden in einem eigenen Museum in Schönlinde eine würdige Stätte; Heinrich Lumpe (Daubitz 1859 – 1936), Großkaufmann in Aussig. Der Vogelschützer schuf 1908 in Schönpriesen bei Aussig den berühmten Vogelschutzpark, der seinen Namen trug. Lumpe erhielt den Ehrendoktor; August Stradal (Teplitz 1860 – 1930), der Schüler Franz Liszts lebte als Komponist und Klavierpädagoge in Schönlinde; Anna Theresia Waldhauser geb. Michel (1860 – 1946), Mundartdichterin des Böhmischen Niederlandes.

1930: 6600 Einw. (6303 Deutsche, 182 Tschechen, 109 Ausl.) (4910 röm.-kath., 856 altkath., 622 konf.-los., 167 evang., 19 israel., 17 tschechosl. Kirche). 1968: ca. 5000 Einw.

Umgebung: Das romantische Khaatal. Wolfsberg, 588 m, bei der gleichnamigen Gemeinde (Sommerfrische, Touristenort und Ausgangspunkt für Wanderungen in die Böhmische Schweiz). Jagdschloß Sternberg. Langes Horn.

Schönpriesen *(Krásné Březno)*, Bez. Aussig. Funde aus dem 10. – 12. Jh. weisen auf eine alte Siedlung hin. Erste Erwähnung Mitte 11. Jh. 1335 ein Meierhof. Frühere Namen Kleinbriesen, Briesen, Prießnitz und Priessten. 1580 verlegte Rudolf von Bünau seinen Herrschaftssitz von der Burg Blankenstein hierher. 1628 veräußert an die Grafen Thun, später an andere Adelige. In der 2. Hälfte des 19. Jh.s Eisenbahnanschluß; dadurch bedeutender wirtschaftlicher Aufschwung. Der Name Schönpriesen wurde seit 1875 geführt. Seit 1899 Stadtteil von Aussig, von diesem ist Schönpriesen durch den Marienberg getrennt.

Schloßkirche, 1597 – 1603, erbaut von Hans Boge aus Pirna, kunstvoller Hauptaltar von T. Lindner aus Freiberg mit Alabasterreliefs. Schloß, Renaissancebau des 16. Jh.s durch Ritter von Bünau. 1730 Umbau. Statue Johannes von Nepomuk, Mitte 18. Jh. Ecce homo beim Kirchenportal, um 1760. Barockkruzifix, 1722.

Wirtschaft: Spiritus-, Preßhefe- und Likörfabrik. Zuckerraffinerie, Bürgerliches Brauhaus. Buchdruckerei.

Der Großkaufmann Heinrich Lumpe aus Daubitz bei Schönlinde (1859 – 1936) schuf 1908 aus eigenen Mitteln den Natur- und Vogelschutzpark am Abhange des Marienberges, der nach ihm Lumpepark genannt wurde.

Umgebung: Blankenstein.

Schönthal *(Krásné Údolí)*, Bez. Tepl. 645 m. Ehem. verkehrsferne ländliche Kleinstadt am linken Ufer der Tepl. Das Gründungsjahr der kleinsten Stadt des Egerlandes ist 1488. Damals entstand mit Genehmigung von König Wladislaw aus zwei Dörfern ein Markt mit Buchauer (Egerer) Stadtrecht, der zum Herrschaftsbereich des Burggrafen von Plauen gehörte. Wappen: In rotem Feld auf grünem Rasen ein geharnischter Ritter mit Lanze und Fähnchen auf weißem Pferd; auf seinem Schild das Andreaskreuz, auf seiner Helmzier ein goldener Löwe.

Aus Schönthal kamen viele gute Musiker, die als Orchestermusiker oder auch als Wandermusikanten auch im Ausland anzutreffen waren. Kirche Hl. Laurentius, 15. Jh., Neubau 1532. Die Pfarrei (1498 oder früher) war zeitweise aufgehoben (1774 – 1856) und gehörte zu Uittwa. Rathaus mit Barocktürmchen, 1608. Holzblock- und Fachwerkbauten.

Schönpriesen, Hauptaltar der Schloßkirche

Maurus Pfannerer (1818 – 1892), Prämonstratenser des Stiftes Tepl, Philosophieprofessor in Prag, Landesschulinspektor für Böhmen, Landtagsabgeordneter, Fachschriftsteller.

1910: 574 Deutsche. 1930: 488 Einw. (487 Deutsche, 1 Ausl.), 1947: 198 Einw.

Schönwald *(Krásný Les)*, Bez. Aussig. 586 m. Langgestrecktes Dorf im Erzgebirge. 1437 erstmals erwähnt, jedoch früher entstanden. Schönwald war seit 1580 ein selbständiges Gut, später wurde es mit der Herrschaft Kulm vereinigt. Kirche Mariä Himmelfahrt, 1497, 1639 von Schweden zerstört, 1790 – 1795 neu errichtet. Kapelle Peter und Paul, 1840. Statue Hl. Johannes von Nepomuk, 1720. Schloß der Reichsgrafen von Westphal, 1708. Herrschaftliches Spital, 1706 durch Graf Josef R. von Schönfeld errichtet.

Wirtschaft: Braunkohle, Mühlen, Baumwollwarenerzeugung, Metallknopffabrik, Schraubenfabrik.

1930 (mit Jungferndorf): 1145 Einw. (1111 Deutsche, 18 Tschechen, 13 Ausl.).

Umgebung: Der basaltische Spitz- oder Sattelberg, 719 m, Tyssaer Wände (Felsenstadt aus Sandstein).

Schönwald (nach 1945 *Krásný Les*), Bez. Friedland. Die Gemeinde an beiden Seiten einer Straße fand erstmals 1381 Erwähnung. Kirche Hl. Helena, gotische Pfarrkirche (14. Jh.), 1769 - 1771 barockisiert durch Baumeister J. Thun nach dem Entwurf von J. J. Kuntze. Rokokokanzel. Steinernes Taufbecken, 1824. Ehem. Friedhofskapelle, Ende 18. Jh. klassizistisch. Pfarre, 2. Hälfte 18. Jh. Kreuzigung mit Statue der Hl. Maria Magdalena, 1822, vor dem Friedhof. Johannes-von-Nepomuk-Statue, 1804.
Wirtschaft: Drei Mühlen, Erzeugung von Baumwolle und Wollstoffen.
Gottfried Menzel (1798 - 1879), Priester, Heimat- und Naturforscher, Dichter.
1930: 1040 Einw. (1013 Deutsche, 19 Ausl., 8 Tschechen).

Schreckenstein *(Střekov)*. Stadtteil von Aussig. 205 m. Anfang 14. Jh. entstand auf dem rechten Elbeufer die zum Schutz des Wasserweges und der Stadt Aussig bestimmte Burg. Die Hussiten konnten sie nicht einnehmen; doch konnte sie im Dreißigjährigen Krieg den Schweden nicht standhalten. Seit dem 17. Jh. war die Burg, die 1536 in den Besitz der Lobkowitz gekommen war, verlassen. Renovierungen der Burg erfolgten am Ende des 19. Jh.s durch Friedrich Ohmann und 1953. Wiederholt hielten sie große Maler im Bilde fest, auch Ludwig Richter („Überfahrt am Schreckenstein", 1837, in der Dresdner Galerie) und der Aussiger Maler Doerell. Richard Wagner hörte am Fuße des nahen Wostrey von einem Hirten die Melodie des Pilgerchor-Motivs aus dem „Tannhäuser". An den Aufenthalt Wagners erinnert eine Tafel. Eine andere erinnert an den Dichter Theodor Körner, der 1811 in der Burg auf dem hohen Phonolithfelsen weilte.
Die ehem. Gemeinde Schreckenstein, seit 1936 Stadt und seit 1940 in Aussig eingemeindet, besitzt eine neobarocke Dreifaltigkeitskirche, 1901 - 1903. Unterhalb der Burg entstand in den zwanziger Jahren in der Elbe eine Stauanlage mit einem Kraftwerk, seinerzeit das größte im Staate. Durch die nach Masaryk benannte Schleuse konnte eine für Schiffe gefährliche Strecke gut befahrbar gemacht werden.
1930: 9919 Einw. (8412 Deutsche, 1280 Tschechen, 208 Ausl.), (7728 röm.-kath., 1053 konf.-los, 960 evang., 104 tschechosl. Kirche, 28 israel., 12 griechisch-kath.).

Schumburg an der Desse *(Šumburk nad Desou)*, Bez. Gablonz. 466 m. Stadt am linken Ufer der Desse. Station der Bahnlinie Reichenberg - Gablonz - Tannwald - Grünthal. Die Siedlung, deren Name wohl von Schönberg abgeleitet war, bestand seit Anfang 17. Jh. 1850 selbständige Gemeinde. 1906 Erhebung zum Markt und Verleihung des Wappens: In blauem Schild über grünen Bergen eine aufgehende Sonne. 1942 Zusammenlegung mit Tannwald zu einer Stadtgemeinde. Nach A. Zelenka wurde von 1820 bis 1876 in der Schule je ein halber Tag in deutscher und dann in tschechischer Sprache unterrichtet. Pfarrkirche Hl. Franz Seraphicus, 1900 - 1903, neogotisch. Turm 54 m. Pfarrei seit 1903, vorher zu Stefansruh gehörend. Josefstatue am Weg nach Stefansruh, 1777.
Wirtschaft: Bedeutende Textilindustrie; hier arbeitete die größte mechanische Weberei Österreichs; Glasschmuck, Hausindustrie.
Sommerfrische; für Touristen Ausgangspunkt für Wanderungen ins Iser- und Riesengebirge.
1930: 3562 Einw. (2145 Tschechen, 1361 Deutsche, 51 Ausl.), (1860 röm.-kath., 1226 konf.-los, 222 tschechosl. Kirche, 151 altkath., 73 evang.).
Umgebung: Jiru-Koppe, 745 m. Swarow mit den ehem. großen Liebieg-Fabriken (Textilwerke). Nawarow mit Barockschlößchen, 1664

Schreckenstein, Burg bei Aussig

bis 1666, nach Brand 1827 Neubau. Im Dorf Rest einer gotischen Brücke über die Kamnitz.

Schumburg-Gistei *(Šumburk – Jistebsko)*, Bez. Gablonz, 510-679 m. 1904 wurde das Gemeindegebiet, bestehend aus Schumburg, Gistei, Unter Schwarzbrunn und einem Teil von Tschischkowitz, von Marschowitz abgetrennt und selbständig. Schumburg ist im 17. Jh. belegt, Gistei schon im 16. Jh. Von 1704 bis 1783 lebte in Schumburg Johann Josef Kittel, ein volkstümlicher Arzt und Wohltäter; seine sagenumwobene Gestalt erhielt den Beinamen „Faust des 18. Jh.s". Er wohnte in einem größeren Haus, die „Burg" genannt. Gustav Leutelt hat seine Gestalt literarisch behandelt. 1771 Bau der ersten Schule; 1829 Erhebung zur Musterschule. Seit 1868 Glaswarenerzeugung.
Kirche St. Josef, 1756–1760 durch J. J. Kittel errichtet, Turm 1773–1776; Wallfahrtskirche mit Heiliger Stiege (1761). Nach Errichtung der Pfarrei 1782 wurde Kittels Sohn erster Pfarrer. Dreifaltigkeitssäule mit Statuen der Hl. Maria, Sebastian, Johann von Nepomuk, Adalbert, Rochus, Wenzel und der Hl. Drei Könige, 1772 vom Bildhauer Josef Leder errichtet.
Wirtschaft: Glasschmuck-Hausindustrie.
1930 (mit Tschischkowitz, Gistei und Unter Schwarzbrunn II): 1194 Einw. (887 Deutsche, 303 Tschechen) (906 röm.-kath., 242 konf.-los, 21 tschechosl. Kirche, 20 evang.).

Schurz *(Žireč)*, Bez. Königinhof. 280 m. 1448 wurde ein Budiss z Zirce erwähnt, davon abgeleitet Zirec (1482), Zyrecz (1542) und Schurtz (1580). Von 1635 bis 1773 war Schurz im Besitz der Jesuiten, die ein großes Kolleg errichten und Schurz mit vielen Kunstwerken ausstatten ließen. 1698 Markterhebung und Verleihung des Wappens: Eine silberne Mauer mit geöffnetem Tor, in diesem ein Lorbeerkranz von zwei Engeln gehalten; über dem Tor ein Turm mit zwei Fenstern und rotem Dach, darüber drei sechsstrahlige goldene Sterne. Nach Aufhebung des Jesuitenordens 1773 kam Schurz zum Religionsfonds, das Kolleg wurde Schloß und schließlich Rentnerheim. Schurz wurde 1825 durch einen Brand verheert. Heute ist Schurz ein Teil von Königinhof.
St. Annakirche, barock 1688–1698, nach Brand von 1825 erneuert. Wertvolle Einrichtung. Kapelle St. Odilo, 1656. Kapelle Johannes von Nepomuk, 1723. Dreifaltigkeitskapelle, 1726. Kalvarienberg mit Kreuzauffindungskapelle, 1726.
1930 Markt Schurz: 509 Einw. (276 Deutsche, 226 Tschechen, 7 Ausl.), Dorf Schurz: 255 Einw. (196 Deutsche, 53 Tschechen, 6 Ausl.).
Umgebung: Bethlehem mit den berühmten Barockplastiken des Bildhauers Matthias Bernhard Braun im Wald.

Schüttarschen, auch Schittarschen *(Štítary)*, Bez. Bischofteinitz. 413 m. Dorf an der Radbusa im südlichen Egerland, östlich Hostau. Eine befestigte Wallburg in der Nähe läßt auf frühe Besiedlung schließen. Nach E. Schwarz war im 13. Jh. bei den Deutschen die Übersetzung Schilter „Schildermacher" üblich, die zugunsten der tschechischen Form Štítary aufgegeben wurde. Eine Pfarrei bestand schon im 14. Jh. Matriken seit 1636.
Pfarrkirche Hl. Laurentius auf dem Laurenziberg (481 m), gotisch, barocker Umbau. Filialkirche Hl. Judas Thaddäus aus dem 18. Jh. Zur Pfarrei gehörten Amplatz, Hachowa, Schlattin, Taschlowitz, Wirtana und Zwingau (Johannes-Nepomuk-Kapelle).
Ottokar Schubert aus Bischofteinitz (1867–1945), war Schuldirektor in Schüttarschen. Experte auf dem Gebiete des Teich- und Fischereiwesens, Fachschriftsteller, auch auf politischem und historischem Gebiet. Landeskulturrat. Abgeordneter im Prager Parlament.
1930: 179 Einw. (158 Deutsche, 21 Tschechen).

Schüttenhofen *(Sušice)*, Bezirksstadt. 469 m. Am linken Ufer der Ottau und am Fuße des Swatobor (845 m) im Vorland des Böhmerwaldes. An der Eisenbahnstrecke Horaschdowitz–Klattau. Erst an Bayern, an die Grafen von Bogen, verpfändet, kam das Gebiet 1625 zu Böhmen. Seit 1356 Stadt und unter Johann von Luxemburg mit Befestigungsanlagen umgeben, hatte sie vor allem durch den Goldbergbau Bedeutung. 1421 kam Žižka in die Stadt; die Deutschen, die nicht fliehen konnten, wurden ermordet. Die Stadt wurde utraquistisch und hatte nun eine tschechische Mehrheit. Wegen der Beteiligung am Böhmischen Aufstand 1618 erfolgte nach der Schlacht am Weißen Berg die Konfiszierung der Güter. In der Zeit der Gegenreformation gingen viele Bewohner in die Emigration. Das Deutschtum erstarkte wieder und bis in das letzte Viertel des 19. Jh.s war die Stadtvertretung deutsch. Wappen: Offenes Stadttor mit einem Turm, später drei Türmen. Im Tor ein liegender Löwe, dessen Vorderpfoten auf einer Kugel liegen, über dem Dach des mittleren Turmes der kaiserliche Doppeladler.

Dekanatskirche St. Wenzel, 2. Viertel 14. Jh., barockisiert nach 1707. Friedhofskirche zur Hl. Maria, Ende 14. Jh., Umbau 1591. Kapuzinerkloster, 1651 von Kaiser Ferdinand III. gestiftet, mit Kirche Hl. Felix, 1654 - 1655. Dechantei, Renaissance, mit Wappen um 1600, jetzt Stadtmuseum. Marktplatz mit schönen alten Häusern. Rathaus, Renaissance, Umbau 1707 und 1850. Stadtbrunnen, Empire, Anfang 18. Jh. Alter Judenfriedhof. Ruine einer Burg. Über der Stadt die Schutzengelkapelle, 1682 - 1683, mit Ambitus aus d. J. 1735.

Wirtschaft: Streichholzerzeugung in zwei großen Fabriken, begründet 1838 durch einen deutschen Tischler. Schuhfabriken, Lederfabrik, Gerberei.

Persönlichkeiten: Magister Heinrich von Schüttenhofen, von Karl IV. zum Professor des bürgerlichen und geistlichen Rechts an die Universität in Prag bestellt; Karl Klostermann (1848 - 1923), ein Schriftsteller, der seine Bücher in deutscher und in tschechischer Sprache veröffentlichte, lebte viele Jahre in der Stadt.

Schüttenhofen, Rathaus am Marktplatz

Statue beim Schloß in Schüttenitz

1930 (mit Rothehof, Brabschow und Zalusch): 7163 Einw. (6954 Tschechen, 166 Deutsche, 35 Ausl.) (6337 röm.-kath., 500 konf.-los, 131 tschechosl. Kirche, 112 israel., 8 evang.). Im Bezirk waren 1930 noch 40,2 % Deutsche.

Umgebung: Burgruine Rabi, einst eine der mächtigsten Burgen des Landes; erhalten die 1498 erbaute gotische Dreifaltigkeitskapelle.

Schüttenitz *(Žitenice)*, Bez. Leitmeritz. 227 m. Dorf an der Elbe. Im Böhmischen Mittelgebirge. 3 km nordöstlich Leitmeritz. Schüttenitz, gegen Norden durch Hügel geschützt, ist der wärmste Ort Böhmens. Seit Mitte des 19. Jh.s beliebte Sommerfrische. Sehr früh besiedelt, wurde Sitinichi als Weinbauort erwähnt. 1068 kam das Gut durch Wratislaw II. als Geschenk an das Wyschehrader Kapitel.

Kirche Hll. Peter und Paul, frühbarock, 1680 geweiht. Steinerne Apostelfiguren Anfang 13. Jh. Barocke Marienstatue. Sandsteintaufstein, 1700. Barocke Pfarrei, um 1654. Erst mittelalterliche Burg, dann Renaissanceschloß. Nach Brand 1806 renoviert, Umbau. Wirtschaftsgebäude 2. Hälfte 17. Jh. Statuen Florian, Rochus, Wenzel und Maria, 1. Hälfte 18. Jh. Johannes von Nepomuk bei der Kirche, 1748. Donatus, Laurentius und Karl Borromäus, 1748, Wenzel, 1739.

1930: 1306 Einw. (1153 Deutsche, 147 Tschechen, 6 Ausl.).
Umgebung: Schloß Ploschkowitz.

Schwaden *(Švádov)*, Bez. Aussig. 149 m. Das Dorf am rechten Ufer der Elbe liegt im Böhmischen Mittelgebirge. Station der Eisenbahnstrecke Lissa - Tetschen. Funde, auch auf dem Schwadener Berg, 270 m, weisen auf vorgeschichtliche Besiedlung hin. 1178 kam Schwaden an den Johanniterorden. 1283 Verpfändung der hiesigen Burg an den Markgrafen von Brandenburg. 1319 - 1532 im Besitze der Wartenberg, 1548 - 1675 der Salhausen, bis es schließlich an die Herrschaft Ploschkowitz kam.
Erbauer des Schlosses waren die Herren von Salhausen, 1591 - 1619; um 1670 Umbau, 1814 abgebrannt. Ende 19. Jh. Ruinen zu einer Villa ausgebaut, die erst Villa Habsburg, nach 1919 Villa Wartburg hieß. Pfarrkirche Hl. Jakobus d. Ä., 15. Jh. spätgotisch, Presbyterium 1477, Kirchenschiff 2. Hälfte 16. Jh., Renaissancealtar (Sandstein) um 1600 von J. Hörnig. Taufbecken, 1620. Krypta, Anfang 17. Jh. Epitaphe von Herrschaftsbesitzern. Friedhof mit zwei Renaissanceportalen, 1606. Pfarrei, 1731, mit Fresken im Gewölbe der Treppe. Matriken seit 1757. Zur Pfarrei gehörten Budowe, Großpriesen, Kleinpriesen, Neuwald, Presei, Waldschnitz, Waltirsche mit Wenzelskirche, Welchen, Wittal und Wolfschlinge. Dreikönigsstatue, 1731, bei der ehem. Überfuhr über die Elbe, gestiftet von der Großherzogin Anna Franziska von Toskana, Grundherrin von Schwaden.

Schwaden, Friedhofsportal

Bleibachwarte bei Schwaderbach

Wirtschaft: Chemische Fabrik. Ausgedehnte Obstanlagen.
1930 (mit Wolfschlinge): 1857 Einw. (1584 Deutsche, 239 Tschechen, 32 Ausl.) (1588 röm.-kath., 182 konf.-los, 66 evang., 14 tschechosl. Kirche).

Schwaderbach *(Bublava)*, Bez. Graslitz. 720 m. Dicht an der sächsischen Grenze und am Dorf Sachsenberg im Vogtland. Die Gemeinde im westlichen Erzgebirge ist weit verstreut. Die nächsten Eisenbahnstationen: Graslitz, Oberer Bahnhof, und Klingenthal in Sachsen. Zuerst Köhler- und Bergmannssiedlung, Mitte des 16. Jh.s. Zur Herrschaft Graslitz gehörend. 1601 erscheint Suedera, 1602 Schwederbach. Nach Aufgabe des Bergbaus (Eisenförderung), Landwirtschaft, Viehzucht, Heimarbeit. Viele Bewohner gingen als Arbeiter nach Rothau, Graslitz und über die Grenze nach Sachsen. 1872 Gründung eines Musikvereins, 1892 eines christlich-sozialen Arbeiter-Bildungs-Vereins.
Das ausgeprägte musikalische Talent der Erzgebirgler war besonders auch in Schwaderbach anzutreffen. Viele Bewohner musizierten zu Hause und in der Fremde, auch in großen Orchestern. Bekannt war die Erzgebirgische Kinderblaskapelle Schwaderbach, geleitet von Ernst Lausmann, dem späteren Gewerbeoberlehrer an der 1934 gegründeten Graslitzer Staatli-

chen Musikfachschule. Er bereiste mit seiner Kapelle viele Städte in Böhmen.
Kapelle, 1883 geweiht, Expositur errichtet 1885, Kirche Mariä Himmelfahrt, 1868–1887. Seit 1908 Pfarrei. Matriken seit 1793, vorher war Graslitz zuständig, Denkmal des Erzgebirgsliederdichters Anton Günther aus Gottesgab.
Wirtschaft: Weberei, Wirkwaren, Klöppelei, Tüll- und Mullnähen, Gardinenfabrik, Stickerei, Raketterzeugung. Herstellung von Musikinstrumenten in Fabriken und in Heimarbeit, vor allem Blechinstrumente und Harmonikas. Wintersportort mit Sprungschanze. Aus Schwaderbach kamen viele Skisportler.
1930: 4106 Einw. (4011 Deutsche, 65 Ausl., 30 Tschechen) (3837 röm.-kath., 147 konf.-los, 120 evang.).
Umgebung: Bleibergwarte, 1933 errichtet, mit 16 m hohem Aussichtsturm. Aschberg, 936 m, der Name rührt vom ehem. reichen Eschenbestand her. Fritschberg, auf dem 1730 ein Bär und 1732 ein Wolf erlegt wurde.

Schwadowitz. Groß Schwadowitz *(Velké Svatonovice)* und Klein Schwadowitz *(Malé Svatonovice)*, Bez. Trautenau. 441 m. Eisenbahnstation Schwadowitz Eipel. Die Kohlenbergbauorte im Riesengebirgsvorland sind ein Teil des niederschlesisch-böhmischen Steinkohlebekkens, das 1731 erschlossen wurde. Gefördert wurde auf 22 Flözen mit einer jährlichen Abbaumenge von 1.500 000 q (Meterzentner). Beschäftigt waren über 1000 Arbeiter.
Klein Schwadowitz war ein Wallfahrtsort. Das Ziel der Pilger, es waren im Jahr bis zu 25 000, war der Marienbrunnen; neben dem Brunnenhaus wurde 1837 die Barockkirche zu den sieben Freuden Mariens errichtet. Mariensäule, 1771. Badeanstalt (Eisenbäder, Kneippkuren).
Wirtschaft: Steinkohlebergbau. Porzellanfabrik. Baumwollspinnerei. Sommerfrische.
Karel Čapek (1890–1938), tschechischer Schriftsteller. In seinem Geburtshaus ein Museum der Gebrüder Čapek.
1930 Klein Schwadowitz: 1073 Einw. (1020 Tschechen, 48 Deutsche). Groß Schwadowitz: 1455 Einw. (1388 Tschechen, 65 Deutsche).
Umgebung: Im Norden Hexenstein, 738 m, mit dem Versteinerten Wald von Radowenz. Eipel, bekannt aus dem Krieg von 1866.

Schwarzach, Schwarza(wa), *(Svratka)*. Fluß in Mähren, der aus der Plateaulandschaft von Saar kommt und sich südlich von Brünn mit der Zwittach, Zwitta(wa), vereinigt. 1936–1940 wurde die Schwarzach bei Brünn reguliert und die Brünner Talsperre angelegt. Kurz vor der Einmündung der Schwarzach in die Thaya südwestlich Nikolsburg nimmt sie noch die Igel, Iglawa, (Jihlava) auf, die aus den Sumpfgebieten der Iglauer Berge kommt. Schwarzach 173 km, Zwittach 97 km, Igel 185 km Länge.

Schwarzbach *(Černá)*. Bez. Krummau. 700 m. Station der Strecke Budweis – Salnau. Erste Erwähnung als Dorf am Schwarzen Bach. Hirzo von Klingenberg, dem auch Schwarzbach und Mugrau gehörten, schenkte seine Besitzungen 1268 dem Kloster Goldenkron. 1420 an die Rosenberg. Statt einer Kapelle im Holzbau wurde 1799 die Kirche Zur unbefleckten Empfängnis errichtet. Gleichzeitig mit dem Kapellenbau war Schwarzbach Lokalie geworden. Seitdem wurden die Matriken geführt. 1858 Pfarrei.
Wirtschaft: Die Graphitgewinnung (seit dem 18. Jh.) war die Grundlage für die Hardtmuth-Bleistiftwerke in Budweis. Im Weltkrieg Ende des Bergbaus. Auch im nahen Mugrau Graphitabbau. Große Torfstiche.
1930: 533 Einw. (477 Deutsche, 40 Tschechen, 16 Ausl.).
Umgebung: Ruine Wittinghausen. Große Moore. Der seit 1958 angelegte Moldaustausee von Lippen, dessen Breite hier 16 km beträgt.

Schwarzenthal *(Černý důl)*, Bez. Hohenelbe. 684 m. Markt im Riesengebirge. Im 14. Jh. Gold- und Silberbergbau. Der ursprüngliche Name war Gotteshilf, nach einer Kapelle, schließlich kam Schwarzenthal nach der Lage im Tal unterhalb des Schwarzen Berges in Gebrauch. 1552 erwirkte Christoph von Genndorf die Erhebung zum Markt durch Kaiser Ferdinand I. Wappen: Im silbernen Schild Hammer und Schlägel gekreuzt, umwunden von einem grünen Lorbeerkranz. Nach dem Versiegen des Bergreichtums nach dem Dreißigjährigen Krieg trat Verarmung der Bevölkerung ein und die Menschen

Schwarzenthal, Michaelskirche

mußten sich nach anderen Erwerbszweigen umsehen (Handwerke, Webereien, Viehzucht). Pfarrkirche Hl. Michael, Renaissance 1556, Umbau 1607, 1830–1832. Barockstatue Johannes von Nepomuk. Anfang 18. Jh., steinerner Renaissance-Taufstein, 1563, in Kelchform. Friedhofskapelle, neugotisch 1902. Pfarrei, um 1830, klassizistisch. Spätbarockes Gebäude, 18. Jh., mit Lauben, das spätere Hotel Post. Statue Hl. Michael auf dem Marktplatz, 1713, und steinernes Kreuz bei der Kirche, 1810.
Zu Schwarzenthal gehören die Wald- und die Buchenbergbaude, die Bohnwies-, Bönisch-, Töpfer- und Fuchsbergbaude (1233 m, nach 1945 abgebrannt), ferner die Spiegelbauden und Berghaus.
Wirtschaft: Kalkofen, Kalksteinbrüche, Wollweberei. Sommerfrische, Wintersport.
1930: 1105 Einw. (1059 Deutsche, 12 Tschechen).

Schwarzer See *(Černé jezero)*, 1008 m. Bei Markt Eisenstein. 19 ha Wasserfläche, bis 90 m tief. Gletschersee unterhalb der steilen Seewand (Jezerní stěna), 1343 m. Naturschutzgebiet mit alpinen und arktischen Pflanzen. Über den größten und schönsten Böhmerwaldsee schrieb der Böhmerwalddichter Hans Watzlik: „In ein feierlich weites Bergkar, das von blauem Glast erfüllt war, gebreitet, atmete der See, den Spiegel gefärbt von Fels, Wald, Himmel und Schatten, lauschenden Ureinsamkeiten hingegeben."
Umgebung: Spitzberg (Spičák), 835 m, Teufelssee (Čertovo jezero), 1030 m, 11 ha Wasserfläche, bis 35 m tief, ebenfalls ein Gletschersee. Panzer (Pancíř), 1214 m, Aussichtsberg.

Schwarzwasser *(Černá Voda)*, Bez. Freiwaldau. 330 m. Dorf vier km östlich von Friedeberg. Pfarrkirche Maria Namen. 1787. Seit 1785 Lokalie, seit 1843 Pfarrei. Schloß, Ende 16. Jh. Renaissance. Barocke Zubauten (Wirtschaftsflügel) 1. Hälfte 18. Jh. Barockportal. Neuerdings als Schule benutzt.
Wirtschaft: Steinbearbeitung in mehreren Betrieben. Weberei, zwei Lohgerbereien.
1930 (mit Alt Kaltenstein, Neu Kaltenstein und Schroppengrund): 2182 Einw. (2152 Deutsche, 20 Ausl., 10 Tschechen).
Umgebg.: Fischzucht; Fasanengehege. Burgruine.

Schwaz *(Světec)*, Bez. Dux. 210 m. An den Eisenbahnlinien Türmitz – Bilin und Dux – Schwaz – Kottowitz. Um 1200 entstand die Schwesterngemeinschaft der Wächterinnen des Hl. Grabes. Das einzige Kloster in Böhmen wurde 1421 von den Hussiten zerstört, konnte aber wiederhergestellt werden. Das Ende kam 1571, als die letzten Nonnen von Schwaz in das Prager Stift Zderas gingen; hier starb der Orden aus. Seit 1580 war Schwaz Mensalgut des Prager Erzbistums. Anfang des 19. Jh. ließ der Prager Erzbischof Johann Graf Breuner an Stelle des Klosters ein Barockschloß errichten.
Kirche Hl. Jakobus d. Ä., spätromanisch um 1200, im 15. Jh. und 1731 Umbau. Tafelbild mit Madonna, 16. Jh. Altkatholische Kirche, neoromanisch, 19. Jh. Statue: Johannes von Nepomuk, 1772, und Pietà, 1710.
Wirtschaft: Braunkohlenbergwerke. Kalkbrennerei.
1930 (mit Aupor, Krupei, Kottowenka, Kottowitz, Liskowitz, Poratsch und Stirbitz): 3380 Einw. (1816 Deutsche, 1528 Tschechen, 26 Ausl.).

Schweissing *(Svojšín)*, Bez. Mies. 406 m. An den Eisenbahnlinien Schweissing – Tschernoschin – Haid und Gmünd – Eger. 1156 schon eine Pfarrei genannt. 1177 Odolricus de Suaysin, 1197 Swessingen. 1782 Erhebung der Pfarre zur

Dechantei. Burg aus dem 12. Jh. ist verschwunden; eigener Adel 1175 - 1565. Barockschloß mit Besitzern Bigotto, Juncker und Podewils. Dekanalkirche Hl. Petrus und Paulus, romanisch, im 17. Jh. barock. Romanischer Turm, barocke Haube. Statuen: Hl. Sebastian, gotisch; Johannes von Nepomuk, 1722. Friedhofskapelle, 1. Hälfte 19. Jh. Pfarrei, 1. Hälfte 18. Jh. Als Seelsorger wirkten in Schweissing Dr. Karel Kašpar (1893 - 1896), später Kardinalerzbischof von Prag, und Dr. Anton Eltschner (1905 - 1908), später Weihbischof von Prag.
1930 (mit Hollin und Linkau): 709 Einw. (642 Deutsche, 64 Tschechen, 3 Ausl.).

Schwoika *(Svojkov).* Bez. Böhm. Leipa. 400 m. Zerstreut liegendes Dorf im basaltischen Schwoikaer Gebirge. Gründung 1371. 1778 Hauptquartier der preußischen Armee. Altes Schloß und Park, 2. Hälfte 17. Jh. Kapelle Hl. Wenzel 1726, 1868, 1902. Das Schloß des Grafen Kinsky war in der Zeit nach dem Ersten Weltkrieg Zentrum der katholischen Jugendbewegung; nach 1945 Altersheim, brannte 1958 aus. Heute ist hier ein Pionierlager. Die alte Felsburg aus der 2. Hälfte des 14. Jh.s liegt in Trümmern. Betgraben mit einer in Stein gehauenen Waldkapelle (1881). Sommerfrische.
1930 (mit Klein Haida, Neuhäusel u. Plesse): 435 Einw. (429 Deutsche, 4 Ausl., 2 Tschechen).

Sebastiansberg *(Hora svatého Šebestiána),* Bez. Komotau. 843 m. Stadt am Kamme des Erzgebirges. An der Straße Prag - Leipzig. Eisenbahnstation der Strecke Komotau - Chemnitz. Die Stadt nahe der Grenze zu Sachsen, in alten

Schwoika, Schloß

Sebastiansberg

Urkunden Mons sancti Sebastiani genannt, geht zurück auf das Jahr 1515. Gründer war Sebastian von Weitmühl, Herr von Komotau, der den Bergbau auf Silber, Kupfer, Zinn und Blei förderte. Bald zur Stadt erhoben, bestätigte Ferdinand I. am 1. April 1563 die Stadtprivilegien. Seit 1571 war Sebastiansberg im Besitz der Lobkowitz auf Hassenstein. Als deren Güter konfisziert wurden, kam es 1594 an den königlichen Fiskus. Unter Rudolf II. erfolgte 1597 die Erhebung zur königlichen freien Bergstadt. Während des Dreißigjährigen Krieges hatten die Bewohner infolge der exponierten Lage der Stadt viel zu erdulden. Es erfolgte gleichzeitig der Rückgang des Bergbaus, der dann im 18. Jh. ganz aufhörte. 1854 vernichtete eine Feuersbrunst den Großteil der Stadt. Das Wappen aus dem Jahre 1563: Gespaltener Schild, rechts geteilt, unten Schlägel mit Bergeisen gekreuzt, darüber drei Balken rot - weiß - rot übereinander. Links der Heilige Sebastian an einen Baum gefesselt und von fünf Pfeilen durchbohrt. Über dem Schild ein Herzogshut bzw. eine Krone.
Der Grundriß der Stadt ist quadratisch. Rathausneubau aus dem 19. Jh. Über dem Portal das Stadtwappen aus dem 17. Jh. Pfarrkirche Hl. Sebastian, pseudoromanisch 1873 - 1876. Pietà von J. Wertschitzky aus dem 19. Jh., Altarbild der 14 Nothelfer von A. Hendlich, 1860. Taufbekken, 1730. Fenster mit Glasmalereien, 1931. Die Kirche wurde nach der Vertreibung der deutschen Bevölkerung gesprengt. Nördlich der Kirche Mariensäule, 2. Viertel 18. Jh. Dreifaltigkeits-

säule, 1901. Moorversuchsanstalt (seit 1899) und Moormuseum, beide begründet von Hans Schreiber (1859 – 1936) aus Wallern, der auch die internationalen Moorlehrgänge einführte. Nördlich der Stadt das ausgedehnt Hochmoor mit dem einst größten Torflager Böhmens.
Wirtschaft: Heimarbeit, vor allem Spitzenklöppelei, Korbflechterei mit einer Korbflechtschule und einer Produktivgenossenschaft, Spielwarenerzeugung.
Hermann Ehm (1883 – 1961), Professor der Mathematik und Physik, Konzert- und Oratoriensänger, Gründer des Dr.-Hermann-Ehm-Quartetts.
1930: 1322 Einw. (1277 Deutsche, 41 Tschechen, 4 Ausl.).
Umgebung: Hirtstein, 889 m; Reizenhain an der Landesgrenze, Kallich mit ehem. Eisenhammer; Grundtal (Assigbachtal) mit den drei Grundmühlen, dem romantischen Wasserfall (Hölle) und einem Alpinum. Otterstein, 816 m, und die Felsengebilde der Sieben Nasen. Krima mit alter Kirche und die ehem. freie Bergstadt Sonnenberg, 784 m. Hassenstein, die schönste Burgruine des Erzgebirges, unter Bohuslaus Lobkowitz auf Hassenstein (1461 – 1510) einst ein Ort der Wissenschaft; hier soll Goethe Anregungen zu seiner „Novelle" empfangen haben.

Sedlnitz *(Sedlnice)*, Bez. Neutitschein. 254 m. An der Eisenbahnlinie Stauding – Stramberg. 5 km nordwestl. von Freiberg im Kuhländchen. Auf dem Gut Sedlnitz saßen seit 1655 die Vorfahren des schlesischen Dichters Joseph von Eichendorff. Das Wappen dieser Familie ist noch auf einem Scheunentor zu sehen. Aus einer alten Burg, vom 15. bis 17. Jh. im Besitz der Krawarn und der Sedlnitz, entstand im 17. Jh. ein frühbarockes Schloß, das Eichendorffs Lieblingsaufenthalt war. 1890 durch Kauf an die Grafen Vetter von Lilie. Umbau nach einem Brand im Ersten Weltkrieg. Heute zum Teil zerstört. Vor dem Schloß das Eichendorff-Denkmal vom Bildhauer Ernst Kubiena aus Ostrau, 1932 enthüllt. Im Park die Josephs-Fichte. Auf dem Friedhof das Grab von Helene von Eichendorff, der Enkelin des Dichters. Auf alte Tradition ging das Sedlnitzer Weihnachtsspiel zurück, noch in

Sedlnitz

unserem Jh. gespielt; den Text hat uns Anna Bönisch überliefert. Kirche Hl. Michael, klassizistisch, 1826 – 1828.
1930: 1750 Einw. (1580 Deutsche, 146 Tschechen, 22 Ausl.).

Seeberg *(Ostroh)*, Bez. Eger. 503 m. Seeberg, 8 km nordwestlich von Eger, wurde in der Egerland-Verpfändungsurkunde von 1322 genannt. Die romanische Burg (um 1200) steht auf einem steilen Felsen. Umbau im 15. und 16. Jh. Anfang des 20. Jh.s umfangreiche Restaurierungsarbeiten. Gegenwärtig nicht zugänglich. Karl IV. schenkte Seeberg der Stadt Eger, die dort einen Vogt einsetzte. 1434 an die Schlick, später an die Juncker u. a. 1648 Eroberung durch die Schweden. 1703 kam Seeberg an Eger zurück.
Im Tal kleinere Wasserfälle des Seebaches. Von der Burg aus erreicht man über eine Brücke auf dem jenseitigen Ufer die Kirche der Hll. Wolfgang und Jakobus, spätgotisch 1470 – 1475. 1722 – 1724 barockisiert. Kirchenschiff mit Balkendecke, in der Sakristei Kreuzrippengewölbe. Der geschnitzte Flügelaltar aus dem 15. Jh. kam in das Museum in Eger. Die Kirche mit Grabmälern der ehemaligen Herrschaftsbesitzer ist heute geschlossen. Seeberg, früher ein Ausflugsziel der Franzensbader Kurgäste und der Egerer, war nach Haslau eingepfarrt.
1930 mit Trogau: 400 Einw. (313 Deutsche, 10 Ausl., 7 Tschechen).
Umgebung: Liebenstein, Haslau, Wildstein, Kammerbühl, 497 m, ein erloschener Vulkan,

der das geologische Interesse Goethes erweckte. Dieser besuchte 1809, 1820 und 1822 den basaltischen Berg und machte mit einer Beschreibung die Fachwelt auf diesen Berg aufmerksam.

Seelau *(Želiv)*, Bez. Humpoletz/Mittelböhmen. 406 m. 1139 gründete Herzog Sobieslav am Seelaufluß ein Kloster, in das er Benediktiner aus Sasau (Sázava) bei Beneschau holte. 1149 folgen Prämonstratenser aus dem Kloster Steinfeld bei Köln. Seelau, von dem aus die Klöster Geras und Mühlhausen besiedelt wurden, wurde 1422 von Hussiten zerstört. Die Mönche flohen nach Iglau. Die Klostergüter kamen in weltliche Hände; erst nach der Schlacht am Weißen Berg kam das Gut Seelau durch Kaiser Ferdinand II. an das Stift Strahow, wo das Ende des Konvents kam. 1643 wurde Seelau wieder selbständige Abtei. Schließlich dienten Teile des Klosters als Heilanstalt für Nervenkranke, als Ämter und Wohnungen. 1941 Aufhebung des Klosters durch die deutsche Besatzung, 1950 durch die tschechoslowakische Regierung. In der Folge wurde ein Konzentrationslager eingerichtet.
Die Klostergebäude von 1688 wurden nach der Feuersbrunst ab 1713 durch Santin Aichel in barocker Gotik neu errichtet. In der Kirche Mariä Geburt findet man beachtliche Schnitzarbeiten vom Iglauer W. Hebbel und Bilder von A. Maulpertsch. Auch das Konventgebäude enthält wertvolle Inneneinrichtung. Ein Chronographus Siloensis, anonymer Geschichtsschreiber in Seelau, überlieferte wertvolle Quellen.
Friedhofskirche Hl. Peter und Paul, romanisch, barocke Ausstattung. Frühbarocke Marienkapelle, achteckiger Zentralbau. Barocke Kalvarienkapelle.
1930: 923 Einw. (916 Tschechen, 5 Ausl., 2 andere).

Seestadtl *(Ervěnice)*, Bez. Komotau. 240 m. Die Stadt am Fuße des Erzgebirges lag am rechten Ufer der Biela mitten im Braunkohlerevier. Station der Bahnstrecke Komotau – Aussig. Seestadtl existiert heute nicht mehr. 1300 aus einer Fischersiedlung am ehemaligen Kommerner See entstanden. Die hiesige Kirche gehörte zum Spital des Hl. Franziskus in Prag. 1278 als Markt bezeichnet, 1352 Lacus, 1371 Erwenicz, 1500 Sehe(stetel), 1715 See oder Wayda (Weide). 1516 Erhebung zur Stadt, die später wiederholt Freiheiten erhielt. Besitzer waren die Herren von See (de Lacu), die Hasenburg, Glatz von Altenhof auf Rothenhaus, die Weitmühl (16. Jh.) und ab 1621 die Lobkowitz. In den Jahren von 1831 bis 1835 wurde der Kommerner See, dem die Stadt ihren Namen verdankte, trockengelegt. In den Jahren 1923 – 1926 Bau des großen Elektrizitätswerkes mit einem Gesamtaufwand von ca. 190 Millionen Kronen. Es war das größte und modernste Werk des Staates und für 120 000 kW eingerichtet. Es belieferte Prag und Mittelböhmen mit Strom. Das Wappen zeigt eine Weide auf grünem Hügel.
Kirche Hl. Jakobus d. Ältere, erst romanisch vor 1357, 1560 – 1623 lutherisch. Renaissance- und Barockumbau. Nach dem Brand 1899 wieder errichtet, 1901 eingeweiht. Inneneinrichtung neugotisch. Barockmadonna um 1720. Hölzerner Taufstein Mitte 18. Jh. Kapelle 1768, renoviert 1870. Statuen der Heiligen Johannes von Nepomuk, 1730, Florian, 1717, Donatus, Antonius von Padua, Ende 18. Jh. Verschwundene Burg, seit dem 15. Jh. verfallen.
Wirtschaft: Braunkohlenbergbau (Elly-, Hedwig-, Robertschacht). Keramische Fabrik. Herstellung von Orgeln.

Burg Seeberg

George Saiko (1892 - 1962), Kunsthistoriker. Er war Leiter der Graphischen Sammlung Albertina in Wien und ein vielfach ausgezeichneter Schriftsteller.
1857: 995 Deutsche. 1930: 5121 Einw. (2770 Deutsche, 2276 Tschechen, 61 Ausl.), (3254 röm.-kath., 1603 konf.-los, 112 evang., 105 tschechosl. Kirche, 21 israel.).
Umgebung: Schloß Eisenberg. Lobkowitzscher Fasanengarten (13 ha). Schloß Rothenhaus.
Im alten Rathaus der Stadt Friedberg/Hessen, das 1960 die Patenschaft über die deutschen Seestadtler übernommen hatte, ist die Heimatstube Seestadtl untergebracht.

Seewand, Böhmerwaldberg, 1343 m, nordwestlich von Eisenstein. Die höchste Erhebung im Künischen Gebirge bildet die Wasserscheide zwischen Elbe und Donau. Der spärlich bewaldete Berg ist nach der Schneekoppe die zweithöchste Erhebung Böhmens.

Seewiesen *(Zejbiš,* jetzt *Javorna na Šumavě).* Bez. Schüttenhofen. Aus vielen Ortsteilen bestehende Gemeinde in gebirgiger Gegend. Der Ortsteil Brückl ist mit 1000 m der höchstgelegene Teil. Dieses Gebiet gehörte zum königlichen Wald (Waldhwozd); die Bewohner hießen königliche (künische) Freibauern. Die Region war zuerst Besitz der königlichen Kammer, durch Verpfändung oder Verkauf wurden Teile in Privateigentum überführt. Die Untertanen blieben auch dann noch im Besitz ihrer Rechte und Freiheiten, als die Region verpfändet und nicht wieder eingelöst worden war. Die Privilegien wurden wiederholt von den Herrschern bestätigt. 1612 erwähnt, war Seewiesen einst Sitz eines künischen Freibauerngerichts, später eines Obergerichts, das dann nach Haidl verlegt wurde.
Kapelle St. Anna, 1698 - 1701, zur Kirche erweitert, Weihe 1721. Zweitürmig. Hochaltarbild St. Anna und Dreifaligkeit von A. Stoiber, 1870, Taufe Christi aus der Werkstatt Peter Brandls. Plastiken und die Engel an der Orgel aus der Mitte des 18. Jh.s Vor der Kirche Statue Hl. Johannes von Nepomuk, 1733.
Wirtschaft: Spiegelpoliererei, Schindelerzeugung, drei Sägewerke. Sommerfrische.
1930: 904 Einw. (781 Deutsche, 102 Tschechen, 21 Ausl.).

Seidenschwanz *(Vrkoslavice),* Bez. Gablonz. Anfang des 17. Jh. erwähnt. Besitzer waren die Schürer von Waldheim, seit 1771 die Grafen Desfours (Herrschaft Kleinskal). 1850 waren Kukan und Seidenschwanz eine Gemeinde. 1898 wurde Seidenschwanz selbständige Gemeinde. Kapelle Johannes von Nepomuk, 1735, 1811 und 1870 Umbau. Zuständige Pfarrei war Gablonz, wo auch die Matriken seit 1733 geführt wurden.
Wirtschaft: Glasschmuck-Hausindustrie, Gold- und Silberwaren, Metalldreherei.
Hugo Simm aus Dessendorf (1890 - 1966), war während vieler Jahre Lehrer in Seidenschwanz, außerdem Abgeordneter im ehemaligen Prager Parlament.
1930: 2734 Einw. (2232 Deutsche, 459 Tschechen, 36 Ausl.) (2168 röm.-kath., 247 konf.-los, 186 evang., 63 altkath., 57 tschechosl. Kirche).
Umgebung: Seidenschwanzer Schnuppstein und Teufelsstein, zwei mit Sagen verbundene Naturdenkmäler. Nickelkoppe, 614 m.

Seifen *(Sejfy),* Bez. St. Joachimsthal. 970 m. Verstreut liegendes Dorf am Kamm des Erzgebirges. Schon im 16. Jh. wurde hier wie in anderen Siedlungen des Erzgebirges Bergbau betrieben. Förderung von Silber, Wismut und Uran. Kirche St. Wenzel, vor 1750. Nach der Vertreibung der Deutschen Ruine und zerstört. Pfarrei seit 1856. Ehemals deutsche staatliche Spitzenklöppelschule.
Jovita Richter (1871 - 1958), Direktor der Preßnitzer Musikschule und ein Komponist, in des-

Seidenschwanz

sen Werk Volksweisen aus dem Erzgebirge anklingen.
1930 (mit Försterhäuser, Goldenhöhe, Halbmeil, Spitzberg und Steinhöhe): 866 Einw. (813 Deutsche, 31 Tschechen, 22 Ausl.).

Seifersdorf *(Žibřidice)*, Bez. Deutsch Gabel. 357 m. Lang hingezogenes Dorf im Jeschkenbachtal. Erwähnt 1115. Name wohl von einem Lokator Siegfried. Pfarre vor 1350. Im Hussitenkrieg fast ganz zerstört. Während der Reformationszeit Einzug der neuen Lehre. 1662 wieder katholische Pfarre. Im 16. Jh. arbeitete ein Hammerwerk. Besitzer waren die Biberstein, Ronow, Lämberg und die Berka von Duba, schließlich die Clam-Gallas. 1670 Erwähnung eines Schulmeisters. Kirche im 14. Jh. Pfarrkirche. Erst ein Holzbau. Barocker Bau 1672, geweiht den Hll. Simon und Juda. 1737 erweitert. Bemalter Chor aus der Mitte des 18. Jh.s Rokoko-Ausstattung. Marienbild von Josef Quaiser.
Wirtschaft: Weberei (Heimarbeit), Knochenstampfe, zwei Mühlen.
Persönlichkeiten: Josef Quaiser (1776 – 1850), Porträtmaler; P. Franz X. Habenicht (gest. 1894), Mathematiklehrer des Sohnes Napoleons III., Rektor des Priesterseminars in Jassy.
1930: 966 Einw. (934 Deutsche, 28 Tschechen, 4 Ausl.).
Umgebung: Silberstein, ein 508 m hoher Basaltkegel mit einer Baude. Lodeberg, 461 m.

Seifersdorf *(Zátor)*, Bez. Jägerndorf. 396 m. Dorf am rechten Ufer der Oppa. An der Eisenbahnlinie Olmütz – Jägerndorf – Troppau. Das Dorf hatte einst den Namen Seyfridsdorf. Verschwundene Burg (560 m). Burg genannt 1377, aber schon im 12. Jh. begründet. Bestand im 15. Jh., nach Tillmann war sie noch 1522 in wehrhaftem Zustand. Letzte Reste wurden 1935 entfernt. Kirche, Hl. Dreifaltigkeit, 15. Jh., 1753. Pfarrei 1483 erwähnt. In der Reformationszeit war das Dorf fast ganz evangelisch (1560 – 1618). Matriken wurden seit 1668 geführt. Sommerfrische. Sauerbrunn (Heilquelle).
1930: 785 Einw. (760 Deutsche, 16 Tschechen, 4 Ausl.).

Seifersdorf (Deutsch Gabel)

Seitendorf *(Životice)*, Bez. Neutitschein. 332 m. Dorf im Tal des Titschbaches. An der Eisenbahnlinie Lundenburg – Krakau. Ortsbezeichnung nach einem deutschen Personennamen Sibot. 1411 Zyboticz, 1611 Seittendorf. 1448 Bau einer Holzkirche. Die Wandmalereien, Ende des 18. Jh.s verdeckt, wurden bei der Renovierung 1881 wieder freigelegt. Nach dem Brand von 1898 entstand der jetzige Bau der Pfarrkirche Johannes d. Täufer. Der Kunsthistoriker Julius Leisching bezeichnete das alte Gotteshaus als eine der schönsten Kirchen Mährens; in der Kirche stand der spätgotische Altar mit geschnitzten Schreingestalten und bemalten Flügeln; dieser kam in das Kunstgewerbemuseum in Brünn. Pfarrhaus 1760.
1930: 837 Einw. (634 Deutsche, 193 Tschechen, 9 Ausl.), (767 röm.-kath., 65 evang.).
Umgebung: Tannenberg, Wachberg, Großer Jawornik, 919 m, Blauendorf, Senftleben, Bad Stramberg.

Seitendorf bei Zauchtel *(Životice)*, Bez. Neutitschein. 281 m. Längendorf mit Bauernhöfen fränkischer Art. Durchflossen vom Stein- bzw. Gansbach. Name nach einem Sibot. 1337 erwähnt eine Sibotini villa, damals bereits eine Pfarre. 1398 Seibotindorf, 1435 Ziboticze, 1637 Seittendorf. 1590 – 1629 war das Dorf lutherisch. Auch die Mährischen Brüder waren vertreten und bauten ein Bethaus. Seit 1923 bestand eine tschechische Minderheitenschule. Kirche St. Nikolaus, in der ersten Hälfte des 14. Jh.s erwähnt. Erst ein Holz-, seit 1686 ein Steinbau. Das Altarbild schuf der Fulneker Maler Frömel. Seit der Reformationszeit bis 1784 war Seitendorf nach Klantendorf eingepfarrt, dann wurde

Seitendorf bei Zauchtel

es kirchlich selbständig. Fünf Kapellen. Das Hans-Kudlich-Denkmal ist nach 1945 zerstört worden.

Persönlichkeiten: Wilhelm Liebscher (1867–1948), Sektionschef im Bundesministerium für Land- und Forstwirtschaft in Wien. Nach dem Ersten Weltkrieg erwarb er sich Verdienste um den Wiederaufbau der Tierzucht in Österreich, ebenso durch sein Eintreten für die Erhaltung des Lipizzanergestüts und der Spanischen Hofreitschule. Ferdinand Liewehr (1896–1985), Slawist. Universitätsprofessor in Prag, Wien und Greifswald. Er untersuchte auch „Die Ortsnamen des Kuhländchens".

1930: 1107 Einw. (878 Deutsche, 200 Tschechen, 28 Ausl.). (1028 röm.-kath., 42 evang., 18 konf.-los, 16 tschechosl. Kirche).

Semil *(Semily)*. Bezirksstadt in Nordböhmen. 332 m. Am rechten Ufer der Iser, in die hier der Woleschkabach einmündet. Station der Eisenbahnstrecke Pardubitz – Josefstadt – Jaromier – Reichenberg. Erste Nachrichten im 14. Jh. Im 15. Jh. Stadt. Die alte Feste wurde zum Schloß umgebaut. Nach dem Brand von 1691 unweit Errichtung des neuen Schlosses durch den Grafen Desfours. Im 20. Jh. erweitert um ein 2. und 3. Stockwerk. Das Schloß mit Park diente später als Amtsgebäude. Barockkirche Hl. Peter und Paul, 1702, 1908 neuromanisch. Friedhofskirche Johannes der Täufer, barock 1723. Mariensäule 1737.

Wirtschaft: Bedeutende Textilindustrie. Holzindustrie.

Persönlichkeiten: František A. Petřina (1799–1855), Physiker, Erfinder, Professor an der noch ungeteilten Prager Universtität; František Ladislav Rieger (1818–1903), tschechischer Politiker; Maria Kwaysser (1849–1913), Lyrikerin und Übersetzerin; Mirko Jelusich (1886–1969), Schriftsteller, biographischen Romane.

1930: 3545 Einw. (3454 Tschechen, 73 Deutsche).

1960 wurde ein Museum der Arbeiterbewegung eingerichtet. Besondere Beachtung erfährt der tschechische Schriftsteller Ivan Olbracht.

Senftenberg *(Žamberk)*. Bezirksstadt in Ostböhmen. 421 m. Stadt an der Wilden Adler. Station der Strecke Mittelwalde – Königgrätz – Groß Wossek. Die Stadt, deren Ursprünge auf das 13. Jh. zurückgehen, war im 16. Jh. ein Zentrum der Böhmischen Brüder. Die Kirche St. Wenzel, zuerst gotisch, dann barock (1729–1738) besitzt ein Bild von Peter Brandl. Das Schloß, aus einer gotischen Anlage entstanden, brannte im Dreißigjährigen Krieg aus, wurde in barockem Stil wiedererrichtet zweite Hälfte 17. Jh. Die gotische Schloßkapelle Mariä Himmelfahrt wurde 1691 und 1810–1814 umgebaut. Im Schloßpark (Englischer Garten 1810–1814) ließ Baron Richard Parish für den Dänen Theodor Brosen, der astronomische Studien betrieb und mehrere Sterne entdeckte, eine Sternwarte installieren. Schloßtheater.

Wirtschaft: Schafwoll- und Baumwollwebereien, Dachpappefabrik.

Persönlichkeiten: P. Prokop Diwisch (1696–1765), Prämonstratenser der Kanonie Klosterbruck und Pfarrer in Brenditz bei Znaim. Naturwissenschaftler, Erfinder des Blitzableiters; Eduard Albert (1841–1900), Chirurg und Universitätsprofessor in Wien. Übersetzer. Er wird im Stadtmuseum besonders gewürdigt.

1930: 4323 Einw. (4097 Tschechen, 104 Ausl., 92 Deutsche). Im Bezirk 43,3 % Deutsche.

Über der Stadt Rosalienberg mit Rochuskapelle (1682).

Senftleben *(Ženklava)*, Bez. Neutitschein. 336 m. Längendorf zu beiden Seiten des Sedlnitzbaches. Der Ort gehörte im 15. Jh. zu Stramberg, 1588 kam er an die Stadt Neutitschein.

Senftenberg, barocke Kreuzigungsgruppe

1592 wurde ein Mann als Hexer verbrannt. Kirchlich unterstand Senftleben der Pfarrei Stramberg (1626 - 1784). 1642 Verwüstungen durch durchziehende Polen. Seit 1784 vom Religionsfonds als Lokalie errichtet, 1864 als Pfarrei ausgestattet. Seit Oktober 1938 lag Senftleben an der Grenze zum Protektorat Böhmen und Mähren. Kirche Mariä Heimsuchung (früher Allerheiligen), 1594 erneuert, 1857 - 1859 renoviert. Von 1590 bis 1626 lebten hier Akatholiken. Barocke Kreuzigungsgruppe.
Wirtschaft: Zementfabrik. Landwirtschaft.
Persönlichkeiten: Christian David (1690 - 1751), Begründer von Herrnhut, Missionar in Grönland und Nordamerika. Verfasser geistlicher Lieder. Tafel an seinem Geburtshaus wurde 1945 beseitigt. Andreas Graßmann (1703 - 1783), Missionar der Herrnhuter Brüderunität in Lappland, Bischof der Brüdergemeine in Berlin.
1930: 1154 Einw. (953 Deutsche, 189 Tschechen, 12 Ausl.).
1988 übernahm die Gemeinde Uhingen die Patenschaft über Senftleben.

Settenz *(Řetenice)*, Bez. Teplitz-Schönau. Markt zwischen Erzgebirge und Böhmischem Mittelgebirge, am Westrand der Bezirksstadt. Am Ende des 15. Jh.s existierte ein Zinsregister für Settenz, das 1654 verdeutscht wurde (E. Schwarz). 1512 vermachte König Wladislaw Settenz an die Herren von Waldstein und auf Graupen. Settenz war nach Teplitz, bzw. Teplitz Schönau eingepfarrt. Ein Reisehandbuch von 1882 vermerkt, daß die rauchenden Kamine der vielen Grubenhäuser der Schächte, die man hier antrifft, leider nicht in die Nähe der Badestadt Teplitz passen. Heute hat sich diese Situation um ein Vielfaches verschlimmert. Settenz war Ausgangspunkt der zweiten Aussig-Teplitzer Eisenbahnstrecke über Lobositz - Leitmeritz nach Böhmisch Leipa und Reichenberg.
Wirtschaft: Braunkohlenbergbau, Tafelglasfabrik, Hohlglasfabrik, Zinkhüttenwerke, Mühlenbau, Zuckerwarenfabrik, chemische Erzeugnisse (Bleiweiß), Essenzen, Strickwaren.
1857 nur 232 deutsche Einwohner. Durch Bergbau und Industrialisierung rasches Anwachsen.
1930: 3285 Einw. (2286 Deutsche, 860 Tschechen, 138 Ausl.) (2555 röm.-kath., 509 konf.-los, 128 evang., 57 tschechosl. Kirche).

Setzdorf *(Zighartice*, später *Vápenice* oder *Vápenná)*. Bez. Freiwaldau. 411 m. Die 10 km nordwestlich von Freiwaldau gelegene langgestreckte Gemeinde an der Straße Nieder Lindewiese - Friedberg ist bekannt durch die großen Kalklager und Marmorbrüche. Von großem geologischen Interesse sind die ausgedehnten Tropfsteinhöhlen, die für Besucher zugänglich sind. Bemerkenswert sind die Funde aus der Eiszeit. Die dortigen Kalköfen wurden bereits 1629 betrieben. Das Allodialgut mit Kalköfen war im Besitze der Latzelschen Erben. Pfarrkirche Hl. Philippus, barock, 1780/1781. Vorher bestand eine Kapelle. 1781 wurde die Lokalie eingerichtet, 1845 die Pfarre.

Siegel der Gemeinde Setzdorf

Wirtschaft: Kalkwerke, Granitsteinbrüche, Holzindustrie. Sommerfrische.
1930 (mit Niesnersdorf und Polke): 3240 Einw. (3168 Deutsche, 38 Tschechen, 30 Ausl.).
Umgebung: Gotteshausberg bei Friedeberg, 515 m, mit Marienwallfahrtskirche (1877 neu erbaut) und Georgs-Schutzhaus (1905), Nesselkoppe mit Aussichtsturm, das Schlippengefälle, Schwarzberg, Nieder Lindewiese, 505 m, mit den Schrothschen Kuranstalten, Gräfenberg, 632 m, mit den Prießnitzschen Kuranstalten, Freiwaldau.

Sichrow *(Sychrov)*, Bez. Turnau. 384 m. An der Mohelka, nordwestlich von der Bezirksstadt. Der Ort hieß vom 14. bis 17. Jh. Svojkov. Im Mittelalter stand hier eine Feste, 1603 Bau eines Schlosses. Erst im Besitz der Waldstein, kam es 1820 an die aus Frankreich geflohene Familie Rohan, die es Mitte des 19. Jh.s in englisch-gotischem Stil erweiterte. Am Bau war auch Bernhard Grueber beteiligt, ebenso T. Bayer. Schloßkapelle Mariä Himmelfahrt. Statuen von Emanuel Max. Bildergalerie (Französische Porträts), Holzschnitzarbeiten. Heute reiche Bilder- und Porzellansammlungen. Nach dem Krieg Sammelstelle von Kunstgegenständen aus beschlagnahmten Schlössern.
Seit 1820 entstand ein Naturpark mit Gewächsen aus fernen Ländern, um dessen Ausgestaltung sich besonders Fürst Camille Rohan, Botaniker und vor allem Dendrologe, verdient machte. Im Park auch Gloriette und Artusburg. An wiederholte Aufenthalte Antonín Dvořáks (in Sichrow Dvořáksaal) erinnern jährlich stattfindende Dvořákfestspiele. Im Schloß ist ein Museum der Arbeiterbewegung im Gebiet von Reichenberg untergebracht. Karl Anton Prinz Rohan, 1898–1975, wuchs in Sichrow auf. Der Publizist und Zeitschriftenherausgeber war Vorkämpfer der Einheit Europas.

Siebengründe *(Sedmidolí)*. Sieben romantische Schluchten (Quertäler) des Riesengebirgskammes; es sind von Westen nach Osten: Pudelgrund, Martinsgrund, Bärengrund, Mädelgrund, Sturmgrabengrund, Teufelsgrund und Silberwassergrund. Durch die Schluchten fließen Wasser der Elbe zu.
Umgebg.: Spindlerpaß (Špindlerovka), 1208 m.

Siechhübel (Sichhübel, Sieghübel), 1121 m hoher Berg des Isergebirges am Welschen Kamm. Nahe das einsam gelegene Forsthaus Wittighaus, 841 m.

Silberbach *(Stříbrná)*, Bez. Graslitz. 592 m. Die Erzgebirgsgemeinde dehnt sich verstreut im Tal und auf den umliegenden Höhen aus. 1458 wurde ein Silberbach, ein Nebenfluß der Zwodau, genannt. Erste urkundliche Erwähnung 1642. Die frühe Geschichte ist eng mit der von Graslitz verknüpft. Die Bewohner waren Bergleute, Köhler, Holzarbeiter, Pechschaber (Pecher) und Bauern. In der Reformationszeit wurden sie evangelisch; die sich nicht wieder bekehren wollten, wanderten nach Sachsen aus. Kirche Herz Jesu, 1910, pseudogotisch. Seit 1912 selbständige Pfarrei. Matriken seit 1793, vorher in Graslitz. Bürgerschule. Erzgebirgsbauernstuben. In fast allen Häusern selbstgeschnitzte Weihnachtskrippen.
Wirtschaft: Stickerei und Klöppelei, Perlmuttwarenerzeugung, Musikinstrumentenherstellung. Holzwaren, vor allem Spielwaren. Früher Bergbau (Bleierz), Messingfabrik (bis 1817), Blau- und Farbwerk (bis 1840), Glashütte. Sommerfrische, Wintersportort mit Sprungschanze. In der Nähe lebte der Maler und Graphiker Franz Gruß (1891–1979).
1930: 4112 Einw. (4070 Deutsche, 22 Ausl., 20 Tschechen). 1987: 460 Einw.
Umgebung: Hochmoor Kranichsee mit seltener Flora. Eibenberg, 802 m; Pröchelsberg, 840 m; Aschberg mit der Felsgruppe Die Wiege, 935 m; Nancy, „Das Ende der Welt".

Silberbach

1987 erhielt Silberbach den Titel „Vorbildliche Grenzgemeinde".

Silberkamm, auch Mittagskamm, im Riesengebirge, 1489 m. Nach Süden abfallendes Bergmassiv nahe der schlesischen Grenze.

Sirb *(Srby),* Bez. Bischofteinitz. Pfarrort an der Radbusa. Post Metzling. Kirche Hl. Johannes der Täufer, 1774 erbaut. 1785 Lokalie, 1857 Pfarrei. Matriken seit 1798. Zur Pfarrei gehören Melden (Kapelle Hl. Johannes von Nepomuk), Pollschitz (Kapellen Hl. Petrus und Paulus, 1860, und Hl. Maria), Rauden (Dreifaltigkeitskapelle) und Sadl.

Persönlichkeiten: Johann Paul Wartha (1714 - 1793), Benediktiner, bedeutender Orientalist in Kremsmünster; Wenzel Feierfeil (1868 - 1941), Prälat, Vertreter der Deutschen christlichsoz. Volkspartei im Prager Parlament, Senator.

1930 (mit Rauden): 502 Einw. (480 Deutsche, 13 Ausl., 9 Tschechen).

Sitzgras *(Cizkrajov),* Bez. Datschitz. 481 m. Vier km nördlich vom südmährischen Zlabings. Von der ehemaligen Burg auf einer Anhöhe, 1301 erwähnt und seit dem Dreißigjährigen Krieg öde, sind Reste vorhanden. Die 1819 gegründete Grünspan- und Schwefelsäurefabrik ging wegen der schlechten Verkehrsverbindung wieder ein. Kirche St. Peter und Paulus, Ende 15. Jh., später Umbau. Mehrere alte Grabsteine. Turm, 1503, von J. Österreicher. Pfarrhof 1818.

Eine halbe Stunde entfernt die Wallfahrtskirche Montserrat zur Schmerzhaften Muttergottes, 541 m; das Gnadenbild ist dem berühmten spanischen Bild nachgebildet. 1650 erst eine Kapelle, die bald vergrößert wurde. 1712 - 1716 Kirchenbau. 1785 säkularisiert und abgetragen. Wiedererrichtung der Wallfahrtskirche 1858 - 1865. Entwurf von Michael Angelo von Picchioni, ehemaliger Professor der Baukunde an der Genie-Akademie. Statue Johannes von Nepomuk. Mehrere Kreuze und Gedenksteine.

1930: 342 Einw. (223 Deutsche, 113 Tschechen, 6 Ausl.).

Umgebung: Schlössel bei Wölking, Felixmühle.

Slawikowitz *(Slavikovice)* in Mittelmähren. Bez. Wischau. Bei einer Reise Kaiser Josephs II. von Brünn nach Olmütz brach am 19. August

Gasthaus in Sirb

1769 unweit Rausnitz an seinem Wagen eine Achse. Während dieses unfreiwilligen Aufenthalts pflügte ein Bauer aus Slawikowitz sein Feld. Der Kaiser nahm ihm den Pflug aus der Hand und ackerte selbst. Er bezeigte damit seine Achtung vor dem Bauernstand. 1770 wurde an dieser Stelle ein Denkmal errichtet, das den ackernden Kaiser zeigte. Als es verfallen war, wurde 1811 ein neues enthüllt. Der Pflug kam nach Brünn und wurde im Mährischen Landtag aufgestellt. Ein „aktenmäßiger Bericht" darüber verfaßt von Bertold Bretholz („Zeitschrift für Geschichte Mährens und Schlesiens", 1930).

Sloup, Bez. Boskowitz. 465 m. Sloup im Mährischen Karst ist bekannt durch die Slouper Höhlen, eine Gruppe von 1880 entdeckten Tropfsteinhöhlen neun km nordöstlich von Blansko, in denen Funde aus der älteren Steinzeit gemacht wurden. Sloup wurde 1356 erwähnt. 1862 Erhebung zum Markt. Doppeltürmige Wallfahrtskirche zur Schmerzhaften Muttergottes, 1751 - 1754, vermutlich ein Werk von Canevale. Bildhauerarbeiten von Andreas Schweigel. Friedhof im klassizistischen Stil mit Epitaphien und Eisenkreuzen aus den Eisenhütten der Grafen Salm-Reifferscheidt in Blansko. Begräbnisstätte dieser Familie.

Umgebung: Mazocha und andere Höhlen.

Smilau *(Smilov),* Bez. Deutsch Brod. Name von einem Adeligen Smil von Lichtenberg (14. Jh.). 1308 Erwähnung als Smilau. 1316 an das Stift Frauenthal. Im Gemeindesiegel von 1398 eine Taube mit einem Zweig im Schnabel, die auf einem Dach sitzt. Im 19. Jh. war Smilau im

Gemeindesiegel von Smilau

Besitz der Fürsten Hohenzollern-Sigmaringen (seit 1853). Smilau war nach Schlappenz (Diözese Königgrätz) eingepfarrt.
Anton Altrichter (1882 – 1954), Pädagoge, Heimat- und Volkskundler, Schriftsteller, der auch Lehrbücher der Geschichte verfaßte.

Sobochleben *(Soběchleby)*, Bez. Aussig. Ursprünglich eine Feste, diese wurde zu einem Schloß umgebaut, das 1646 von Schweden zerstört wurde. 1633 hatten bereits kaiserliche Truppen in Sobochleben Verwüstungen angerichtet. Dieses kam 1665 durch Erbschaft an die Jesuiten in Mariaschein, nach der Auflösung dieses Ordens an die Mariascheiner Kirche. Das Gut Sobochleben kaufte 1902 die Brüxer Kohlebergbaugesellschaft. Kapelle Hl. Franz, spätgotisch. Eingepfarrt war Sobochleben nach Mariaschein.
Kamill Heller (1823 – 1917), Universitätsprofessor in Innsbruck, Zoologe, der die Tierwelt des Adriatischen Meeres und der Tiroler Alpen erforschte.
1930: 1110 Einw. (717 Deutsche, 380 Tschechen, 3 Ausl.) (860 röm.-kath., 182 konf.-los, 62 evang.). Umgebung: Burgruine Geiersberg.

Soborten *(Sobědruhy)*, Bez. Teplitz Schönau. Gründung um 1100. Zuerst im Besitze des Teplitzer Klosters, seit 1334 der Augustiner in Raudnitz; kam schließlich an die Herrschaft Geiersberg, 1584 an die Hrzan auf Skalken. Kapelle Herz Jesu. Eingepfarrt war Soborten nach Graupen. Früher bestand eine jüdische Gemeinde mit einer Synagoge und einem jüdischen Friedhof mit Grabmälern aus der 2. Hälfte des 17. Jh.
Wirtschaft: Braunkohlenbergbau, Maschinenerzeugung, Webereien, Färbereien, Posamentenfabrik, Emaillierwerk, Kaffeemühlen- und Papierhülsenerzeugung.
1930: 2189 Einw. (1221 Deutsche, 909 Tschechen, 49 Ausl.) (1437 röm.-kath., 611 konf.-los, 81 evang., 51 israel.).
Umgebung: Prokopi- oder Bettelmannskirche, erbaut 1335, 1884 gesperrt. Sie wurde durch ein Gemälde Ludwig Richters bekannt.

Sobrusan *(Zabružany)*, Bez. Dux. Am Riesenbach. Das Dorf lag auf einem Braunkohlenlager und wurde daher schon in früherer Zeit an anderer Stelle wieder aufgebaut. Durch den sich ausweitenden Bergbau kamen viele tschechische Arbeiter in die Gegend; die nationalen Verhältnisse änderten sich erheblich. 1368 wurde die Pfarrei errichtet; diese erlosch jedoch im 17. Jh. Dann Filialkirche von Dux, bis Sobrusan 1916 wieder selbständige Pfarrei wurde.
Kirche zu den Aposteln Simon und Juda und Hl. Antonius. 1723 – 1725 an Stelle einer früheren Kapelle errichtet, Barockbau. Das Patronat hatten die Grafen von Waldstein-Wartenberg. Eingepfarrt waren Schellenken, Wschechlab, Sterbina und Straka. Schwedenschanze mit vorgeschichtlichen Gräbern. In der sog. „Stänkerquelle“ floß heilkräftiges Wasser. In Wschechlab ehem. gräflich Waldsteinscher Meierhof.

Kapelle in Sodau (Halmgrün)

Wirtschaft: Braunkohle. Drei Ziegeleien.
1930 (mit Wschechlab, Straka und Sterbine): 1993 Einw. (1456 Deutsche, 518 Tschechen, 19 Ausl.) (1560 röm.-kath., 368 konf.-los, 48 evang.).

Sodau *(Sadov)*, Bez. Karlsbad. Ortschaft zu Halmgrün gehörig. Station der Bahn Karlsbad – Merkelsgrün. Sodau gehörte früher zur Herrschaft Schlackenwerth. Kapelle, 1788, mit hölzernem Glockenturm. In der Kapelle einige geschnitzte Barockstatuen aus dem 18. Jh. Großenteich und Halmgrün gehören zur Pfarrei Lichtenstadt, Sodau und ein Teil von Halmgrün zu Zettlitz. Seit Ende des 19. Jh. bestand die Karlsbader Caolin-Industrie-Gesellschaft, deren Eigentum waren Kohle- und Kaolinwerke, ferner die Dampfziegelei.
1930 (mit Halmgrün und Großenteich): 1155 Einw. (1134 Deutsche, 17 Tschechen, 4 Ausl.) (1024 röm.-kath., 124 konf.-los, 5 israel., 2 evang.).

Söhle *(Žilina)*, Bez. Neutitschein. 298 m. Am Titschbach. 1399 genannt. Im 15. Jh. Pfarrei, aber 1437 nach Neutitschein eingepfarrt, um 1500 Pfarrei wiedererrichtet, 1580 eingegangen. In der Reformationszeit viele Evangelische. 1779 eine gewaltige Überschwemmung mit großen Schäden; sogar Särge aus dem Friedhof werden weggeschwemmt. Anfang des 19. Jh.s schrieb Georg

Söhle bei Neutitschein

Sonnenberg, „Dom des Erzgebirges“

Felix Jaschke aus Fulnek die Geschichte von Söhle und anderen Orten des Kuhländchens nieder. Die frühere Ackerbauschule wurde 1875 eine landwirtschaftliche Mittelschule. Söhle ist seit 1966 Ortsteil von Neutitschein.
Kirche St. Nikolaus, Ende 15. Jh., jetziger Bau von 1612. Presbyterium 1728. Lazarettkapelle auf dem Lehmberg, 1733 aus Dankbarkeit für Errettung vor der Pest (1715 – 1716) errichtet.
Persönlichkeiten: Michael Jaschke (1700 – 1783), Mitbegründer von Herrnhut, Missionar, Verfasser eines deutsch-tibetanischen Wörterbuches und einer Grammatik. Übersetzte das Neue Testament ins Tibetanische; Karl Schwarz (1817 – 1885), ein führender Brücken-, Eisenbahn- und Tunnelbauer; Jakob Julius David verbrachte oft seine Sommerferien im Bräuhaus in Söhle, das sein Onkel gepachtet hatte.
1930: 2253 Einw. (1847 Deutsche, 383 Tschechen, 21 Ausl.) (2108 röm.-kath., 69 evang., 65 konf.-los).

Sonnberg *(Žumberk)*, Bez. Kaplitz. 541 m. 1259 als zur Herrschaft Gratzen gehörig genannt. Besitzer waren u. a. Theobald Hock von Zwaybruck (1573-um 1620), ein bedeutender Dichter, die Herren von Schwanberg und die Grafen Buquoy. Eine frühere Kirche von Hussiten 1422 zerstört, 1455 Wiederaufbau, spätgotisch. 1837 abgebrannt und Wiederaufbau. In der Kirche, Johannes dem Täufer geweiht, alte Grabsteine. Inneneinrichtung zumeist neugotisch. Matriken seit 1631. Spätgotische Feste aus dem 15. Jh., Umbau Anfang 17. Jh. (Renaissance).

Die Burg kam 1817 an die Bürger von Sonnberg. Reste der ehemaligen Befestigungsanlagen des Dorfes noch sichtbar. In der ehemaligen Burg Museum des Landvolks mit volkskundlichen und bäuerlichen Exponaten. Martersäule, Anfang 16. Jh.
1930 (mit Buschendorf, Dörfles, Tritschmersch und Wieden): 571 Einw. (544 Deutsche, 20 Tschechen, 7 Ausl.).

Sonnenberg *(Suniperk,* später *Výsluní),* Bez. Komotau. 797 m. Stadt im Erzgebirge. Eisenbahnstation der Strecke Komotau – Weipert. Erste schriftliche Erwähnung im 13. Jh. Erste Besitzer waren ein Heinrich von Sunniberge und das Kloster Waldsassen. Vom ergiebigen Bergbau (Kupfer, Silber, Zinn, Blei, Eisenerz) zeugen noch viele Halden. Nach den Grafen Schlick kam Sonnenberg an die Herrschaft Preßnitz und an die Hassensteiner. 1565 Erteilung der Bergfreiheit, 1584 Erhebung zur königlichen freien Bergstadt, 1597 Erteilung neuer Privilegien durch Rudolf II. Im Dreißigjährigen Krieg Leistung von Kontributionen; 1640 von Schweden eingeäschert, auch die Kirche. Seit 1674 gehörte Sonnenberg als Filiale zu Sebastiansberg, 1726 wieder selbständige Pfarrei. Wie die „Neue Chronik von Böhmen" 1781 vermerkt, sammelten die Bewohner Heilkräuter und Wurzeln, mit denen sie auch in auswärtigen Ländern Handel betrieben. Nach dem Aufhören des Bergbaus vor allem Heimarbeit. Wappen, verliehen 1615 durch Kaiser Matthias: Geteilter Schild, oben in Silber ein roter gegen den Betrachter gewandter Löwe mit Bergeisen in der rechten und Schlägel in der linken Pranke, unten ein Dreiberg in Silber, darüber in Blau eine goldene Sonne. Bekannt waren die Sonnenberger Musikanten, die in die weite Welt hinauszogen.
Erste Kirche 1574, 1640 abgebrannt, 1657/1658 Wiederaufbau. 1843 durch Blitzschlag eingeäschert. Der Neubau im neoromanischen Stil (1851 – 1857), dreischiffig, wurde der „Dom des Erzgebirges" genannt. Die Kirche St. Wenzel war im Verhältnis zur Größe der Stadt außergewöhnlich groß und faßte 3000 Personen. Heute verfallen. Gotische Holzmadonna; holzgeschnitzte Pietà 1. Hälfte 18. Jh. Eingepfarrt war Wohlau mit der Filialkirche St. Peter und Paul. Statuen Johannes von Nepomuk, 1765, Hl. Anna, 1695, Marienstatue am Marktplatz mit Ritterwappen, 1705.

Kirchlein in Soor

Wirtschaft: Spitzenklöppelei, Samtweberei, Erzeugung von Trauerwaren. Sommerfrische.
1930: 1337 Einw. (1295 Deutsche, 29 Tschechen, 12 Ausl.). 1947: 309 Einw.
Umgebung: Ruine der Burg Hassenstein, auf der einst der Humanist Bohuslaus von Lobkowitz (1461 – 1510) lebte. Grundtal. Ausgedehnte Moore.

Soor *(Žd'ár),* Bez. Trautenau. Die Dörfer Ober- und Nieder-Soor gingen in die Geschichte ein. Am 30. September 1745 besiegte hier Friedrich II. die Armee der Österreicher und Sachsen. Am 28. Juni 1866 unterlagen die Österreicher dem preußischen Heer.

Soos *(Hájek).* Naturschutzgebiet nördlich Franzensbad mit einem Mineralmoorlager, (ca. 2 mal 1 km), zwischen den Dörfern Rohr, Katharinendorf und Fonsau. Aus Spalten treten Mineralwasser- und Gasquellen aus. Vorkommen seltener Pflanzen (Meerstrands-Milchkraut u. a.). Die an die Oberfläche gelangende freigesetzte Kohlensäure bildet sogenannte Sumpfgeysire. Früher wurden Mattonis Moorextrakte und Salze gewonnen und versandt.

Spachendorf *(Leskovec),* Bez. Freudenthal. Eine Pfarrkirche Hl. Laurentius 1302 erwähnt, später eingegangen. 1550 – 1627 evangelisch, 1688 neu besetzt. Wirtschaft: Stickerei.

Wintersportort Spindlermühle

Persönlichkeiten: Karl Josef Jurende, 1780–1842, Volksschriftsteller, Heimatforscher, Herausgeber von Kalendern; Rudolf Saliger, 1873–1958, Professor an der TH Wien, Fachmann auf dem Gebiet des Stahlbetonbaues.
1930: 1368 Einw. (1339 Deutsche, 19 Tschechen, 9 Ausl., 2 andere).
Umgebung: Großer (780 m) und Kleiner (775 m) Rautenberg, diese und auch der Venusberg (656 m) bestehen aus Basalt. Der bei Raase gewonnene Basalttuff wurde in vergangenen Jahrhunderten als Baumaterial abgebaut.

Sperlingstein *(Vrabinec)*, Bez. Tetschen. Burgruine auf steilem Basaltfelsen oberhalb der Gemeinde Tichlowitz. Ehemalige Burg aus dem Beginn des 15. Jh. bereits 1444 von Söldnern des Lausitzer Sechsstädtebundes zerstört. Seitdem als öde bezeichnet. Naturschutzgebiet.

Spieglitzer (auch Glatzer, Grulicher oder **Großer) Schneeberg** *(Sněžník)*, mit 1422 m Höhe die höchste Erhebung des Schneegebirges, auf der Grenze zwischen Böhmen, Mähren und Preußisch-Schlesien. 33 m hoher Aussichtsturm (heute zerstört) und meteorologische Station. Am Schneeberg entspringt in einer Höhe von 1380 m die March. Wichtige Wasserscheide zwischen Schwarzem Meer (March) und Ostsee (Wölfelsbach und Glatzer Neiße).

Spindlermühle (auch Spindelmühle) *(Špindlerův Mlýn)*, Bez. Hohenelbe. 714-850 m. Dorf im oberen Elbtal, an der Mündung des Peterseifen (Klausenwasser) in die Elbe. Zuerst entwikkelte sich eine Siedlung von Bergleuten, die nach Silber und Kupfer gruben, im Ortsteil St. Peter. Um 1600 eine St. Petrus geweihte Kapelle. Der Name rührt von einer Mühle des Franz Spindler, in der Mitte des 18. Jh. entstanden, her. Es entwickelte sich ein respektabler Erholungsort; der Mittelpunkt des Fremdenverkehrs wurde zum bekanntesten Wintersportort des Riesengebirges. Erste Sprungschanze 1906, 1935 folgte eine größere. Für die Touristen wurden viele große Hotels und Gästehäuser gebaut. Die Spindlerbaude in 1208 m Höhe liegt an der Straße Spindlermühle nach Hain, die als bequemster Übergang des Riesengebirgskammes gilt.
Wirtschaft: Fremdenverkehr, Wintersportplatz, heilklimatischer Luftkurort, Papier- und Holzstofferzeugung.
1930 (m. Ortstl. St. Peter und Friedrichstal): 1386 Einw. (1268 Deutsche, 69 Tschechen, 29 Ausl.).
Umgebung: Goldhöhe, 1333 m, Kesselkoppe, 1435 m, Hohes Rad, die höchste Erhebung des westlichen Riesengebirges, 1506 m, Mannstein, 1416 m, Heuschober, 1315 m, Tannenstein, 850 m. Zahlreiche Bauden.

Spitzberg. Mehrere Berge dieses Namens sind bei Pfohl (s. Literaturverzeichnis) aufgeführt, hier nach der Meereshöhe:
1199 m, nördlich Eisenstein im Kunischen Gebirge (Böhmerwald), östlich der Seewand.
1188 m, nördlich Kuschwarda (südliches Stubenbacher Gebirge, Böhmerwald).

Spieglitzer Schneeberg

1111 m, Basaltkegel inmitten Schieferformation bei Gottesgab im Erzgebirge.
993 m, nordöstlich Graslitz im Erzgebirge.
963 m, bei Preßnitz im Erzgebirge.
920 m, westlich Hermannstadt, Bez. Freiwaldau, im Altvatergebirge.
879 m, höchster Punkt des Rabengebirges an der Nordgrenze des Braunauer Bezirkes.
825 m, bei Schönfeld, Bez. Falkenau, im Kaiserwald.
809 m, zwischen Tannwald und Albrechtsdorf, Bez. Gablonz, im Isergebirge.
783 m, im südlichsten Teil des Falkengebirges, nahe der ehem. preußischen Grenze.
777 m, bei Bergstadt, Bez. Römerstadt, im Altvatergebirge.
732 m, nordöstlich Triesch, böhmisch-mährische Rumpffläche.
721 m, westlich Philippsgrund, Bez. Friedland, im westlichen Isergebirge.
686 m, nordöstlich Schönbach, Bez. Deutsch Gabel, im nördlichsten Jeschkengebirge.
649 m, westlich Braunau, im nördlichsten Falkengebirge.
610 m, bei Pürstein im Erzgebirge.
539 m, Phonolithkegel nahe Warnsdorf im Lausitzer Gebirge.
491 m, bei Adamsthal nördlich von Brünn.
476 m, östlich Hainspach, Bez. Schluckenau, an der Grenze.
454 m, nördlich Einsiedel, Bez. Schluckenau.
445 m, nördlich Böhmisch Leipa. Namensgeber für die Lyrikanthologie „Spitzberg-Album".
368 m, Basaltberg östlich Weißkirchen, Bez. Reichenberg. Jeschkengebirge.
280 m, (Daubaer Platte), bei Wegstädtl, östlich Raudnitz an der Elbe.

Spitzberg-Tunnel im Böhmerwald, Strecke Pilsen-Eisenstein, vor letzterer Station, 831 m hoch, 1748 m lang, vier Minuten Bahnfahrt, drei Jahre Bau, Kosten 3 600 000 K. Glimmerschieferberg, Wasserscheide Donau – Elbe (Pfohl).

Sporitz *(Spořice)*, Bez. Komotau. Eisenbahnstation Komotau und Tschernowitz. 1252 schenkte Friedrich von Komotau das Gebiet gemeinsam mit Komotau dem Deutschen Orden. Der Ort ist 1281 als Sporicz belegt. Zweite Erwähnung 1469. Später kam der Ort an die Jesuitenniederlassung in Komotau und dann an Rothenhaus. 1683 fielen dem Schwarzen Tod die meisten Einwohner zum Opfer. Die Filialkirche St. Bartholomäus (Pfarrei Komotau) auf einer durch zwei Brücken zugänglichen kleinen Insel war zuerst spätgotisch, wurde um 1600 umgebaut, dann 1830, 1866, 1885 und 1898 renoviert. Der hölzerne Glockenturm 1690 durch einen steinernen ersetzt. Taufstein aus dem 17. Jh. Kirche verfallen, der Friedhof ist aufgelöst. Im Ort eine Marter (1730) und eine Johannes-von-Nepomuk-Statue (1762), 1843 renoviert.
Wirtschaft: Möbelfabrik, Braunkohlenbergbau, Meierhof.
1930: 2748 Einw. (2317 Deutsche, 398 Tschechen, 33 Ausl.) (2385 röm.-kath., 251 konf.-los, 66 evang., 43 tschechosl. Kirche).

Spornhau *(Ostružná)*, Bez. Mährisch-Schönberg, 706 m. Langgestrecktes Gebirgsdorf im Ramsauer Sattel, auch Mährisch-Schlesischer Semmering genannt, am Fuße der Hochschar im Altvater. Eisenbahnstation. Gründung 1561 als Holzhauersiedlung. Im 16. Jh. Erteilung von Privilegien. Kirche Hl. drei Könige bestand bereits vor 1600. 1630 als verlassen bezeichnet. Die im 16. Jh. erwähnte Pfarre kam später zu Goldenstein und wurde 1784 wieder selbständig. In der barocken Kirche aus d. J. 1784 mit guten kunsthandwerklichen Arbeiten auch Altarbilder von Handke, die aus einer aufgehobenen Olmützer Kirche hierher übertragen wurden.
Sommerfrische. Wintersport. Der „Guten Quelle", deren Wasser in einem verfallenen Bergwerkschacht, dem sog. Pinnloch, verschwand, wurden Heilkräfte zugeschrieben. Aus dem Gebiet von Spornhau sollen die ersten Exemplare der veredelten süßen Eberesche (orbus moravica) stammen. Im eingemeindeten Peterswald Schwefelkiesbergwerk.
1930 (mit Peterswald): 708 Einw. (656 Deutsche, 51 Tschechen).
Umgebung: Hochschar, 1351 m, Ramsau, 742 m, Fichtlich, 1109 m, Friedeberg, Goldenstein, Spieglitzer Schneeberg, Mährisch-Altstadt. Fundstätten schöner Mineralien und eigenartiger Kalkgebilde.

Staab *(Stod)*, Bez. Mies. 357 m. Stadt an der Böhmischen Westbahn (Pilsen – Nürschan – Stankau), nahe der deutsch-tschechischen Sprachgrenze. Sitz eines Bezirksgerichts. Das Dorf Staab schenkte Wenzel I. 1235 dem Kloster Chotieschau, in dessen Besitz es bis 1453 blieb. Unter König Johann 1315 Markterhebung. 1425 Verpfändung durch König Sigismund an den Burggrafen Johann Drzschka von Bischofteinitz und 1453 an Johann Rausengrün von Grünlaß. Schließlich Freikauf durch das Kloster Chotieschau. 1618 Belagerung durch Mansfeld. Im Dreißigjährigen Krieg fast ausgestorben. 1850 Stadterhebung. Wappen: Eine Schüssel mit dem Haupt des Johannes, darunter das Hroznata-Wappen, in silbernem Schild drei Hirschgeweihe. Rechts und links je ein Engel. Auf einem Siegel des 19. Jh.s auch Gestalt der Justitia mit Waage und Schwert.
Pfarrkirche Maria Magdalena, 1567 erbaut. 1693 Turmbau. 1718 Anbau der Adalbert-Kapelle, 1841 – 1843 Neubau der Kirche durch A. Turner aus Tepl. Zuerst Filialkirche von Chotieschau, 1690 selbständige Pfarrei. Synagoge. Schone alte Häuser. Altes Rathaus 1665. Dreigiebeliges altes Postgasthaus 1747 (ehem. Poststation). Heimatmuseum für das ehem. Chotieschauer Klostergebiet; auch vorgeschichtliche Sammlung. Landwirtschaftliche Winterschule seit 1895. Musikschule.
Wirtschaft: Bierbrauerei, Malzfabrik, landwirtschaftliche Maschinen, Ringofenziegeleien, Steinkohlenschächte, Kaolin- und Lehmlager, Hausindustrie (Korbflechterei), Betonwaren, landwirtschaftlicher Markt.
Persönlichkeiten: Johann Florian Hammerschmid (1652 – 1735), Historiker, Pfarrer an der Teynkirche in Prag; P. Justin Adalbert Möhler (1893 – 1966), Prämonstratenser des Stiftes Tepl, Heimatforscher und religiöser Schriftsteller.
1930: 3298 Einw. (2362 Deutsche, 862 Tschechen, 46 andere, 28 Ausl.) (2831 röm.-kath., 213 evang.).
Umgebung: Kreuzberg, 487 m, an Stelle einer ehem. Burg eine Wallfahrtskirche.

Wappen von Staab

Stachau *(Stachy)*, Bez. Schüttenhofen. 738 m. Erwähnung 1572. Anfang 17. Jh. Eröffnung einer Glashütte. Pfarreigründung 1785. Pfarrkirche, Empire, 1842 – 1849. Pietà 2. Hälfte 17. Jh. Friedhofskirche Sieben Schmerzen Mariä, 1781. Zwei Bischofsstatuen 17. Jh. Stachau war Sitz eines Gerichts der königlichen Freisassen.
Wirtschaft: Glasfabrik, Mühlen, Holzindustrie. Über die Stachauer, die als Musikanten, Saisonarbeiter und Händler in die Welt zogen, schrieb Karl Klostermann.
1930: 2050 Einw. (1859 Tschechen, 191 Deutsche).

Stadln *(Stodůlky)*, Bez. Schüttenhofen. Langgezogenes Dorf am Fuße des Kiesleitenberges (1121 m). 1614 erwähnt. Früher Sitz eines Gerichts der königlichen Freisassen. Sebastianskapelle 1725 infolge eines Pestgelöbnisses errichtet. Sebastianskirchlein, 1784 errichtet, 1790 geweiht. Im eingemeindeten Hurkenthal Pfarrkirche St. Vinzenz Ferrerius, 1789. Pfarre seit 1857. Kreuzkapelle. Früher Glashütte. Heute ist Stadln zerstört (Sperrgebiet).
1930 (mit Hurkenthal): 2018 Einw. (1984 Deutsche, 28 Tschechen, 6 Ausl.).
Umgebung: Wallfahrtsort Gutwasser, 887 m, mit Gunthersteig und Guntherfelsen (1006 m).

Staditz *(Stadice)*, Bez. Aussig. 157 m. Dorf an der Biela im Böhmischen Mittelgebirge. Nach der Chronik des Kosmas soll der sagenhafte Przemysl, „der Pflüger", der Begründer des Geschlechtes der Przemysliden, in Staditz geboren worden sein. Seit dem 10. Jh. Herzöge von Böhmen, erlangten 1198 die Königswürde (seit 1212 erblich), starben 1306 im Mannesstamm

aus. In der Nähe das sogenannte Königsfeld mit einem Denkmal Przemysls (mit Reliefs und Bronzepflug) von Josef Max (1841), das Erwein Graf von Nostitz-Rienek, der Besitzer von Staditz, errichten ließ. Seit 1962 Kulturdenkmal.
1930 (mit Hlinai): 353 Einw. (302 Deutsche, 47 Tschechen, 4 Ausl.).

Stadt Liebau *(Město Libavá)*, Bez. Bärn. 527m. Stadt im Niederen Gesenke. Sitz eines Bezirksgerichts. Entstehung wohl in der 2. Hälfte des 13. Jh.s im Zuge der Besiedlung Mährens durch Bischof Bruno von Schaumburg. 1301 als Lubavia erwähnt, das damals schon deutsch war und Leobschützer Stadtrecht besaß. Grundherr war das Bistum Olmütz. Die Hussitenkriege brachten großes Elend über die gesamte Region. 1504 erneute Bestätigung der Stadtrechte für Stadt Liebau. Wegen des Übertritts zum Protestantismus (1619) verloren die Bürger ihre Vorrechte. Im Zuge der Gegenreformation kehrten sie wieder zum alten Glauben zurück und erlangten 1629 Vergebung. In diesem Jahr Erteilung eines verbesserten Wappens durch Kardinal Dietrichstein: Ein Schild mit zwei in der Länge geteilten Feldern. Im rechten in Gelb ein halber schwarzer Adler, auf dem Haupt eine königliche Krone. Im linken Feld oben zwei Messer (aus dem Dietrichsteinschen Wappen entnommen) und darüber eine königliche Krone. Unten fünf Kegel aus dem Wappen „unserer Kirche zu Olmütz".
Von April bis Oktober 1946 Vertreibung der Deutschen in zehn Transporten aus der Heimat. Die Stadt und viele Nachbargemeinden wurden aufgelassen; es entstand ein Truppenübungsplatz.
Pfarrkirche Kreuzerhöhung aus dem 16. Jh. Neubau 1662 - 1669 und nach dem Brand von 1817. Turm (wohl vor 1528), nach Blitzeinschlag (1781) wieder errichtet, 66 m. Rathaus, seit 1657, 1854 Neubau; später als Bezirksgericht genutzt. Landwirtschaftliche Fachschule seit 1920.
Wirtschaft: Seidenbandwebereien, Flachsbrecherei, Bierbrauerei, Mühlen, Spielwarenfabrik, mehrere Genossenschaften, früher bedeutende Leinenweberei und Dachschiefererzeugung. Sommerfrische.

Stadt Liebau, Wappen

Ignaz Freiherr von Czapka von Windstetten (1791 - 1881), Bürgermeister (1838 -1848) und Polizeidirektor (1856 - 1859) von Wien.
1930 (mit Drömsdorf): 2113 Einw. (2055 Deutsche, 37 Tschechen, 17 Ausl.).
Umgebung: Galgenberg, 590 m, Hansmannberg, 576 m, Hartfeldberg, 617 m, Mittelberg, 614 m. Dachschieferbrüche (Fundort von Petrefakten aus der Kulmformation). Eingepfarrt waren die Orte Herlsdorf (Kapelle St. Isidor, 1770), Oelstadtl (Kapelle St. Johannes von Nepomuk, 1831), Geppertsau (Kapelle St. Georg), Nürnberg (Kapelle St. Anton von Padua, 1695, erweitert 1717) und Reisendorf (Kapelle Mariä Geburt, 1770).

Stankau Markt und Dorf *(Staňkov)*, Bez. Bischofteinitz. 361 m. An der Radbusa; am rechten Ufer Dorf und am linken Markt Stankau. Der ältere Teil ist Dorf Stankau, 1233 erwähnt. 1271 verkauft ein Herr von Stankau das Dorf dem Kloster Chotieschau. 1576 an die Herrschaft Bischofteinitz, bei der es bis 1850 blieb. Gründung des Marktes im 14. Jh. 1367 als Markt erwähnt. 1623 - 1782 beim Kloster Chotieschau.
Wappen: Im Schild Stadtmauern mit Zinnen, auf der Mauer ein kleiner goldener Schild mit drei schwarzen Geweihen, über der Mauer ein Pilger (Jakobus mit Pilgerstab und Hut). 1938 Vereinigung von Markt und Dorf und Verleihung der Stadtrechte. Matriken wurden seit 1649 geführt.
Pfarrkirche St. Jakobus d. Ä. im Dorf Stankau, Anfang 14. Jh. gotisch, 1736 barockisiert, Einrichtung barock. Hauptaltar 1685. Pfarrhaus

Weberei in Starkstadt

1718 barock; Führung der Matriken seit 1649. Neuromanische Kapelle, 1892, auf einem Hügel über der Stadt. Rathaus spätbarock umgebaut 1794.
Wirtschaft: Alte Blei- und Zinkgruben, Kohlenschächte, Spiegelglaserzeugung.
1930 Dorf Stankau: 2148 Einw. (1714 Tschechen, 416 Deutsche, 15 Ausl.), Markt Stankau: 1684 Einw. (1551 Tschechen, 97 Deutsche, 34 Ausl.).
Umgebung: Zetschowitz mit Schloß der Fürsten Trautmannsdorf, Nikolauskirche, Mitte 15. Jh., errichtet durch Bohuslav von Lobkowitz; Merklin mit Schloß der Grafen Pálffy.

Stannern *(Stonařov)*, Bez. Iglau, 580 m. Der zur Iglauer Sprachinsel gehörende Markt liegt im Tal der Igel. Im 12. Jh. kommt das Freigut an das Olmützer Bistum, das es dem Kloster Seelau vermacht. 1365 als Markt Stonarzow erwähnt. 1530 kommt Stannern an die Stadt Iglau. Im Gemeindesiegel von 1626 erscheint ein Landsknecht mit Schwert und Fahne. Die Obrigkeit gewährt 1656 freien Weinschank. 1662 Bau eines Brauhauses. Die Bauernaufstände 1718 - 1722 werden durch Militäreinsatz unterdrückt. 1808 fallen viele Meteorsteine zur Erde; ein Teil kommt in das Mineralienkabinett in Wien. Kirche Hl. Wenzel, romanisch, gotischer Umbau, Turm Renaissance 1598. Taufbrunnen, ein Werk des Iglauer Zinngießerhandwerks. Bei der Kirche Beinhaus, Mitte 13. Jh. Friedhofskapelle St. Barbara war die ursprüngliche Pfarrkirche.
Wirtschaft: Strick-, Spinnerei- und Schuhwaren. Schindelerzeugung.

Josef Hoffmann (Pirnitz 1870 - 1956), Architekt, Vertreter des Jugendstils in Wien.
1930: 1215 Einw. (806 Deutsche, 397 Tschechen, 7 Ausl.).
Umgebung: Pirnitz, Schloß barock, Architekt G. B. Pieroni, ehem. Paulanerkloster. Mitteldorf mit altem Speicherhaus, Mitte 16. Jh.

Starkstadt *(Starkov)*, Bez. Braunau. 451 m. Weberstädtchen im Erlitztal. 1250 eine Burg. 1547 als Städtchen und Besitz des Burggrafen von Königgrätz erwähnt. 1573 Stadt. Wappen: In Rot vor einer Kiefer ein schreitender Bär, im Schildfuß grüner Rasen. Seit 1673 im Besitz der Freiherren von Kaiserstein. Pfarrkirche St. Joseph, 1250 erwähnt, 1622 beim Brand der Stadt zerstört. 1654 - 1662 Neubau mit sechseckigem Chor. Gruft. Turm 1779. Taufbecken 1765. Marienstatue 1726, Johannes-von-Nepomuk-Statue 18. Jh. Kapelle Vierzehn Nothelfer 1737, Kreuzweg 1737. Das Pfarrhaus, 1581, gehört zu den ältesten Holzgebäuden des Landes. Rathaus 17. Jh., 19. Jh. erneuert. Fachwerkhäuser mit Lauben (Weberhäuser). Mariensäule auf dem Marktplatz 1726. Schloß der Familie Kaiserstein, Renaissance, barock Ende 17. Jh. Nach dem letzten Krieg Altersheim. Fachschule für Weberei von 1880 bis in die dreißiger Jahre des 20. Jh.s.
Wirtschaft: Webwarenerzeugung, z. T. Hausweberei, Erzeugung von Rollvorhängen, Mühlen, Brauerei. Sommerfrische.
1930 (mit Wapenka): 892 Einw. (777 Deutsche, 108 Tschechen).
Umgebung: Der sagenumwobene Hohe Stein.

Stauding *(Studénka)*, Bez. Wagstadt. 239 m. Dorf an der Bahnstrecke Prag - Oderberg. Kreuzungspunkt. An der Wende vom 14. zum 15. Jh. Erwähnung einer Feste. 1431 Stauding erwähnt. 1620 niedergebrannt durch polnische Truppen. 1766 Aufstand der Bauern. 1890 Eröffnung der Eisenbahnstrecke Stauding - Wagstadt, einer Flügelbahn der Kaiser-Ferdinand-Nordbahn. Als die alte hölzerne Kirche baufällig geworden war, Neubau einer neuen Kirche 1874 - 1880. Renaissanceschloß 1567, Umbau im 17. Jh., dann 1749 - 1750. Neugotisch im 19. Jh. durch die Familie Blücher. Ausgedehnter Park. Im Schloß seit 1959 ein Eisenbahnmuseum.

Stauding, Schloß

Im Jahre 1900 gründete Adolf Schustala eine Waggonfabrik, diese ging 1928 an die Firma Ringhoffer-Tatra; später Mährisch-Schlesische Fahrzeugwerke. Die Fabrik, die Fahrzeuge aller Art herstellte, beschäftigte ca. 1000 Arbeiter.
Dr. Dr.h.c. Peter Klaudy (1903 – 1985), Professor der TH Graz (Elektrotechnik), Erfinder.
1930: 3383 Einw. (3075 Tschechen, 260 Deutsche, 42 Ausl.).
Umgebung: Mehrere Fischteiche mit insgesamt 115 ha.

Stecken *(Štoky)*, Bez. Deutsch Brod. 518 m. Hauptort der Iglauer Sprachinsel auf der böhmischen Seite. Der Markt auf der Böhmisch-Mährischen Höhe liegt an der Staatsstraße zwischen Wien und Prag. Station der Eisenbahnstrecke Polna – Stecken. Sitz eines Bezirksgerichts. Das Gründungsjahr ist unbekannt. Erwähnung 1352. Zu den Besitzern gehörten Johann Leskowitz (1411) und die Trczka (Ende 15. Jh.), bis Stecken 1596 an Iglau und 1625 an Hans Heidler Freiherrn von Bukau und schließlich an Hohenzollern-Sigmaringen kam. Diese hatten hier ihre Domänenverwaltung. Die Markterhebung erfolgte 1788 auf Fürsprache von Karl Josef Reichsgraf von Palm durch Kaiser Joseph II. Wappen: Im roten Schild ein Querbalken in Silber. Kirche St. Jakob, 14. Jh. gotisch. 17. und 18. Jh. erneuert, Umbau nach Brand von 1816 und 1845. Schloß spätbarock, erbaut 1760 durch Karl Josef Reichsgraf von Palm.
Wirtschaft: Stärkeerzeugung, zwei Mühlen. Sommerfrische von Wäldern umgeben.
Gottlieb Adler (1860 – 1893), Physiker, Professor der Universität Wien.
1930: 1168 Einw. (613 Tschechen, 531 Deutsche, 24 Ausl.). Der Gerichtsbezirk hatte 13 846 Einw. (51 % Tschechen, 49 % Deutsche).
Umgebung: Steinberg, 655 m; Antonienthal mit 1851 gegründeter Glashütte; Wonau, das schon 1454 zu Schrittenz gehörte; Schloß Lipnitz.

Steinschönau *(Kamenický Šenov)*, Bez. Tetschen. 524 m. Station der Eisenbahnstrecken Steinschönau – Böhm. Kamnitz und Rumburg – Nixdorf. Entstehung einer Siedlung im 13. Jh. 1352 erwähnt. 1362 und 1364 Nennungen als Schenow und Schonaw, 1630 als Stein Schöna. Vom 14. Jh. bis 1850 bei der Herrschaft Kamnitz. 1530 gründet Paul Schürer im nahen Falkenau die erste Glashütte der Gegend; daraus entwikkelte sich die berühmte Glasveredelungsindustrie. 1694 entsteht durch den Herrschaftsbesitzer Wenzel Graf Kinsky eine Glasmacherinnung. Große Verdienste erwarb sich der Glashändler Georg Franz Kreybich (1662 – um 1721), der auf 31 Reisen ganz Europa durchzog und interessante Aufzeichnungen hinterließ. Mitte des 16. Jh. Eingang der Reformation, die sich fast 100 Jahre halten konnte. 1723 Wiederherstellung der Pfarre. Matriken seit 1715. Im 18. Jh. großer Aufschwung. Seit 1724 Herstellung der Kristall-Lüster; Rußland wurde zum größten Abnehmer. Lieferungen u. a. an die Mailänder Scala, die königliche Oper in Rom und das Waldorf-Astoria-Hotel in New York. 1849 Erhebung zum Markt; das seitdem geführte Siegel zeigt den böhmischen Löwen. Vorübergehend im Wappen die Figur der Justitia mit Schwert und Waage, dann der auf grünem Feld schreitende doppelschwänzige gekrönte Löwe mit einem Pokal in den Pranken. 1900 Stadterhebung. In die deutsche Stadt mit reichem kulturellen Leben wanderten nach 1920 zahlreiche tschechische Fabrikarbeiter ein.
Kirche Johannes der Täufer, erst Holzbau aus

dem 14. Jh., 1715 - 1718 Bau der Barockkirche, an der das Wappen der Kinsky angebracht ist. Einrichtung aus dem Ende des 18. Jh.s, u. a. das Relief Johann von Nepomuk vor König Wenzel (Rokoko). Friedhofskirche aus der Empirezeit. Bemerkenswerte Grabdenkmäler, auch von Emanuel und Josef Max (Mitte des 19. Jh.s). Statuen Hl. Anna, barock 1735, Hl. Florian (Rokoko), Johannes von Nepomuk 2. Hälfte 18. Jh., eine zweite Statue des Heiligen 1809. Mehrere ansehnliche Häuser der ehem. Glashandelsherren. Holzbohlenhäuser aus dem 18. und der 1. Hälfte des 19. Jh. K.k. Fachschule für Glas- und Metallindustrie, seit 1856, 1882 verstaatlicht, ab 1893 Deutsche Staatsfachschule für Glasindustrie. Diese hatte große Bedeutung für die Glasveredelung in Steinschönau und Haida und war mit Erfolg auf vielen internationalen Ausstellungen vertreten. Ständige Ausstellung kunstvoller Glaserzeugnisse. Die Steinschönauer Tradition setzt seit 1948 die Staatliche Glasfachschule in Rheinbach bei Bonn fort. Stadtmuseum (seit 1919) auf dem Marktplatz; bedeutendste Glassammlung des Sudetenlandes. Im Museum Tagebücher und Reisebeschreibungen Georg F. Kreybichs.

Presse: „Steinschönauer Zeitung", 1907 - 1945. „Mitteilungen des Gremiums" (des Glasindustrieverbandes).

Wirtschaft: Bedeutende Glaserzeugung und -veredelung, Kuglereien, Glasmaler, Graveure, auch Heimarbeit. Viele große Firmen von internationalem Rang. Kunsthandwerker arbeiteten auch für die Firma Lobmeyr in Wien, vor allem auch Jugendstilobjekte. Große Exporthäuser. Erzeugung von Metallwaren, Chromleder, Beleuchtungskörpern, Holzwaren. Berühmte Glaslüster.

Persönlichkeiten: Ignaz Samuel Georg Pallme (1806 - 1877), Glashändler in Ägypten, Afrikaforscher, Reiseschriftsteller; Daniel Weidlich (1807 - 1883), Glaskünstler und Glashändler in Neapel; Elias Palme (1827 - 1893), Schöpfer der größten Glaslüster- und -kronleuchterfabrik in der Monarchie; Ignaz Krause (1829 - 1900), Inhaber einer Glashandelsfirma, Bürgermeister und Landtagsabgeordneter; Josef Hannich

Herrnhausfelsen bei Steinschönau

(Rosenthal bei Reichenberg 1843 - 1934), Redakteur in Steinschönau, Reichsratsabgeordneter; Franz Friedrich Palme (1858 - 1929), in seiner Fabrik stellte er Bronze- und Kristallglas-Kronleuchter her, die vor allem auch im Ausland sehr gefragt waren. Inhaber verschiedener Patente, Stifter des Steinschönauer Glasmuseums; Egidio Conrath (1876 - 1966), Fachschriftsteller, Sektionschef im österreichischen Bundesministerium für Land- und Forstwirtschaft; Willibald F. J. Kammel (1879 - 1953), Psychologe und Pädagoge, Universitätsprofessor in Wien.

1900: 4803 Deutsche und 214 Tschechen. 1930: 5340 Einw. (4436 Deutsche, 820 Tschechen, 83 Ausl.) (4293 röm.-kath., 786 konf.-los, 127 altkath., 112 evang., 9 tschechosl. Kirche, 7 israelit.).

Umgebung: Steinschönauer Berg, 642 m, Herrnhausberg, 597 m, mit Herrnhausfelsen, mit bis 14 m hohen Basaltsäulen (Basaltorgel), seit 1910 unter Naturschutz. Oberwald, 586 m. Sonnenberg, 634 m. Sustrich, 580 m, (Olivinfundstätte). Forstberg, 591 m.

Stephansruh *(Příchovice)*, Bez. Gablonz. 804-966 m. Station der Eisenbahnstrecke Reichenberg - Polaun. Marktgemeinde, auf drei Seiten eingerahmt, vom Isergebirgskamm im Norden, vom Riesengebirge im Osten und vom Jeschken und dem Schwarzbrunnkamm im Westen. Entstanden um 1500. Zuerst standen nur einige Hütten für Bergleute. 1577 erste Erwähnung mit dem benachbarten Reiditz. Im Dreißigjährigen Krieg zerstört. Im 18. Jh. beginnt neben der bereits bestehenden Glasindustrie intensive Leinenweberei. 1897 Erhebung zum Markt. Der Ort hieß bis 1910 Przichowitz, dann Stephansruh.

An Stelle einer hölzernen Friedhofskirche entstand die Kirche St. Veit (1690), die 1859–1862 romanisiert wurde. Inneneinrichtung barock und Rokoko. Erhebung zur Pfarrkirche 1738. Im Ortsteil Schenkenhahn eine evangelische Kirche, 20. Jh. Marienstatue (in Richtung Tannwald) Anfang 19. Jh. Josefsstatue, 1820, mit einem Relief des Johannes von Nepomuk auf dem Sockel, Johannes-von-Nepomuk-Statue, 1880, Immakulata, 1880. Spätbarocke Kapelle. 1827 Errichtung des Fürst-Rohanschen Forsthauses Stephansruh.

Wirtschaft: Glaserzeugung, Glasschmuckindustrie, mechanische Weberei, Webschützenerzeugung, Holz-, Textil- und Porzellanindustrie. Sommerfrische. Wintersportort.

1930: 2845 Einw. (2294 Deutsche, 511 Tschechen, 38 Ausl.) (1888 röm.-kath., 587 altkathol., 276 konf.-los, 68 evang., 16 tschechosl. Kirche, 10 israelit.).

Umgebung: Stephanshöhe, 958 m, Schwarzbrunnrücken, Rößlerbaude, Haidsteine, Tiefenbach (Glasindustrie) mit Gruftkapelle der Familie Riedel, 1889/1890 neugotisch, Heilbad Wurzelsdorf.

Stern *(Hvězda)* im Stern-(Falten-)Gebirge. 674 m. Zu Weckersdorf (Krinice), Bez. Braunau, gehörig. Auf dem Kamme des Sterngebirges das

Steinschönau, Kirche Johannes der Täufer

Sternkirchlein „Maria Stern“ (auch „Der Morgenstern“). Wallfahrtskapelle, 1732/1733 gebaut von Kilian Ignaz Dientzenhofer; Bauherr der Braunauer Abt Otmar Zinke. Zentralbau. Grundriß fünfzackiger Stern.

Umgebung: Forsthaus, ehem. Pilger-Einkehrstätte. Eingang in Weckersdorfer Felsenstadt.

Sternberg *(Šternberk)*, Bezirksstadt am Fuße des Niederen Gesenkes. 238 m. An den Staatsbahnlinien Olmütz – Sternberg und Sternberg – Hannsdorf – Ziegenhals. Wenzel I. schenkt das Gebiet um Sternberg Zdislav, der Olmütz von dem ungarischen König Bela befreit hatte. Zdislav errichtet eine Burg, in deren Umkreis die Siedlung entsteht, die bereits 1296 als Stadt genannt wird. Ende des 14. Jh.s ist Peter von Krawarn Herr auf Sternberg, das im Hussitenkrieg zwei Jahre besetzt ist. 1466 werden die Berka von Duba und Leipa Herren. König Georg von Podiebrad und Matthias schließen hier 1469 einen Vergleich. Im 16. Jh. wird die Stadt ein Zentrum der Brüderunion. Im Dreißigjährigen Krieg wiederholt besetzt. Von 1695 bis 1945 zur Herrschaft Liechtenstein gehörig. Im 18. und 19. Jh. viele Weber. 1805 treffen sich hier Kaiser Franz I. und Zar Alexander I. Bei einer Demonstration für das Selbstbestimmungsrecht 1919 werden 15 Deutsche erschossen und viele verwundet. Wappen: In blauem Feld ein grüner Berg, über diesem ein goldener achtstrahliger Stern.

Die Burg, 1886 baulich erneuert, mit Kapelle und Bergfried, Reste von Wandmalereien. Sammlungen: Malerei, Möbel, historische Öfen, Ledertapeten. In der Kapelle Skulpturen, auch die Sternberger Madonna (um 1400; ein Beispiel des Weichen Stils). Uhrenmuseum mit historischen Werken und modernen Zeitmessern. Hier werden auch die Reste der abgebauten Olmützer Kunstuhr verwahrt. Kirche Mariä Verkündigung, Neubau 1775–1783 durch Nikolaus Thalherr (Pläne F. A. Grimm), Malereien von Sebastini; zuerst Kirche der Propstei des Augustiner-Ordens, gegründet 1371 durch Albert von Sternberg, begraben in der Gruft unter Hochaltar. Propstei 1784 aufgehoben. Kanonie der Augustiner, gotischer Kreuzgang. 1720–1748 barocki-

Die Burg in Sternberg

siert; Bilder von J. Chr. Handke und Leopold Kuppelwieser. Spitalkirche, 1827 erneuert. Kreuzschwesternkloster seit 1852. Vor der Kirche Mariensäule 1719. Statue Mariä Himmelfahrt am Nußberg, 1699. Biedermeierhäuser. Fachschule für Weberei seit 1872. Museum seit 1907 (heimatkundliche und vorgeschichtliche Sammlungen). Drei-Tannen-Verlag. Presse: „Deutsches Volksblatt für Mähren und Schlesien." „Nordmährische Volkstribüne".

Wirtschaft: Weberei und Tuchherstellung („Mährisches Manchester"); 1790 erste Fabrik in Mähren zur Erzeugung von Wollstoffen; staatliche Tabakfabrik; Uhrenindustrie, Marmorschleiferei; Möbelfabrik; Färberei; Essigfabrik. Malzhaus; Lederverarbeitung. Obstbau; Handel; Märkte.

Persönlichkeiten: Josef Kinsky (1789 - 1858), Kapellmeister und Komponist; Hugo Bilimek von Waissolm (1838 - 1896), Feldmarschalleutnant; Konrad Ettel (1847 - 1924), Lyriker, Dramatiker; Bernhard Herzmansky (1852 - 1921), Musikalienhändler und -verleger in Wien, ebenso sein gleichnamiger Sohn (1888 - 1954); Adolf Bachrach (1853 - 1932), Rechtsanwalt, Fachschriftsteller, Mitbegründer und Präsident der Wiener akademischen Lesehalle; Franz Lehár (1870 - 1948), Lehár, dessen Vater aus Schönwald bei Mährisch Neustadt stammte, ging in Sternberg zur Schule. Im Kurorchester von Bad Ullersdorf verdiente er sich die Mittel zum Besuch des Konservatoriums in Prag; Ernst Beutel (1877 - 1944), Techniker, Professor an der Hochschule für Welthandel in Wien; Franz X. Gebauer (1878 - 1966), Brückenbauer, Dozent an der Hochschule für Bodenkultur in Wien; Arnold Berger (Deutsch Lodenitz 1886 - 1931), Landschaftsmaler; Josef Schmidt (1893 - 1967), Verleger, Schriftleiter der „Sternberger Heimatpost"; Wilhelm Schwarz (1902 - 1942), Tschechischer Verleger und Übersetzer, deutscher Abstammung, der deutsch-tschechische Kulturbeziehungen förderte, 1942 hingerichtet; Ernst Tittel (1910 - 1968), Komponist, Musikwissenschaftler und -pädagoge.

1930 (mit Allhütten 2. Teil): 12 760 Einw. (11 178 Deutsche, 1346 Tschechen, 202 Ausl.) (11 832 röm.-kath., 545 konf.-los, 158 evang., 62 israelit., 20 altkathol.).

Umgebung: Ecce-homo-Statue (erst ein Kreuz, 1623, dann barocke Christus-Figur, 1710) am Spitzhübel bei Sternberg, am höchsten Punkt der Troppauer Straße. An der Straße mit vielen Kurven wurden internationale Rennen (Auto und Motorräder) ausgetragen. Eulenburg, ehem. dem Deutschen Orden gehörende Burg. 1955 übernahm die Stadt Günzburg die Patenschaft über die vertriebenen Sternberger, die hier im selben Jahr eine Heimatstube anlegten.

Stiebnig/Oder *(Jistebník nad Odrou)*, Bez. Wagstadt. 255 m. Dorf im Kuhländchen. An der Eisenbahnstrecke Lundenburg - Oderberg -

Sternberger Wappen

Petrowitz (Kaiser-Ferdinand-Nordbahn). 13. Jh. Gründung unter Bruno von Schaumburg. 1424 als Gistebnik mit einer deutschen Mehrheit erwähnt. Besitzer u. a. die Krawarn, die Praschma, die als Anhänger des Böhmischen Aufstands ihren Besitz verloren, Larisch-Mönich und die Blücher von Wahlstatt. In der Reformationszeit wirkten einige Pastoren in Stiebnig, das 1586 - 1634 lutherisch war, dann 1634 zur Pfarre Wagstadt kam und 1783 Kuratie wurde. Kirche Hl. Apostel Petrus und Paulus. Alte Kirche wohl 14. Jh., 1576 erwähnt. Neue Kirche 1808 - 1812 durch den Religionsfonds errichtet; Entwurf und Bau durch Nikolaus Thalherr aus Fulnek. 30 m hoher Glockenturm. Denkmal des Bauernbefreiers Hans Kudlich.
1930: 2222 Einw. (1873 Deutsche, 316 Tschechen, 29 Ausl.).

Strakonitz *(Strakonice)*, Bezirksstadt an den Ausläufern des Böhmerwaldes. 393 m. Hier mündet die Wolinka in die Wottawa, an deren beiden Ufern die Stadt liegt. Station der Linien Gmünd - Eger, Strakonitz - Winterberg - Wallern und Strakonitz - Březnitz. 1243 vermachte der Gaugraf Bawor I. von Strakonitz seine Burg dem Johanniterorden. Stadtgründung vor 1308. Wappen: In blauem Feld ein runder Turm, unter diesem ein geöffnetes Tor. Auf jeder Seite des Turmes ein schräg gestellter Schild, im rechten ein Malteserkreuz, im linken eine weiße fünfblättrige Rose, das Zeichen der Rosenberger. Strakonitz war von 1243 an Konvent und Kommende des Johanniterordens, von 1260 bis 1730 auf der Burg, die man mit der Wartburg verglich, Residenz des Großpriors dieses Ordens. Nachher Ordensdechantei der Malteser.
Die Burg, deren Befestigungen 1220 bis 1230 errichtet wurden, eine rechteckige Anlage mit Wassergraben, die älteste Wasserburg des Landes, mit Bergfried. Die Prokopikirche ist romanisch und gotisch, sie wurde teilweise barockisiert (Anfang 18. Jh.); gotischer Kreuzgang (um 1280); Kapitelsaal mit Fresken (14. Jh.); Umbau der Burg im 15. Jh. 1618 und 1648 Plünderungen. 1936 Rekonstruktion der mittelalterlichen Burg. Seit 1930 ist im Neuen Palas, 1260 - 1280 erbaut, ein Museum untergebracht; Sammlungen: Kunst, Industrie, Vorgeschichte u. a. Stadtkirche Hl. Margarete, 1583 Renaissance; im 18. Jh. barockisiert. In der Nähe des Bahnhofs die Kirche St. Wenzel, Ende 13. Jh., barock 1720 - 1730. Synagoge. Jüdischer Friedhof. Rathaus 1820, 1899 Umbau. Renaissancehäuser. Ein volkstümliches Ereignis ist das jährlich stattfindende Fest der Dudelsackpfeifer, zu dem auch viele Gruppen aus dem Ausland kommen.
Wirtschaft: Fezfabriken (i. J. 1887 wurden 400 000 Dutzend Feze exportiert), Wirkwaren, Motorräder, Zementwaren, Waffenfabrik. Viehhandel.
Persönlichkeiten: Josef Fürth (1822 - 1891), 1880 als Ritter nobilitiert. Mitbesitzer einer Fezfabrik. Abgeordneter im Böhmischen Landtag und im österreichischen Reichsrat; seine Söhne: Emil von Fürth (1863 - 1911), Jurist und Sozialreformer, und Otto Fürth (1867 - 1938), Arzt und Biochemiker, der sich vor allem Hormon- und Adrenalinforschungen widmete; Josef Rosenauer (1830 - 1868), Gelehrter und Journalist in Prag.
1930 (mit Neu-Strakonitz): 9883 Einw. (9599 Tschechen, 124 Deutsche, 140 Ausl.).

Stramberg *(Štramberk)*, Bezirk Neutitschein. 418 m. Die Stadt im Kuhländchen, 9 km östlich von Neutitschein, breitet sich unterhalb des mächtigen gotischen Turmes der ehem. Burg aus. Lokalbahn Stauding - Stramberg. 1359 als Siedlung unterhalb der Burg erwähnt. Als Stadt der mährischen Markgrafen erhielt Stramberg Magdeburger Recht. Wappen gespalten, rechts der Pfeil des Geschlechtes der Krawarn, links die Hälfte eines Adlers. In der Reformationszeit

Stramberg

breitete sich der neue Glaube rasch aus. Die Pfarre war von 1560 bis 1624 lutherisch. Wegen Teilnahme am Böhmischen Aufstand 1620 Entzug der Stadtrechte. Jesuiten führten die Bevölkerung wieder zum alten Glauben zurück. In den zwanziger Jahren des 18. Jh. wanderten viele Stramberger nach Herrnhut aus.
Von der Burg, der ehem. gotischen Strahlenburg aus der 1. Hälfte des 14. Jh., die im Dreißigjährigen Krieg zerstört wurde, stehen nur noch der mächtige Turm und Reste der Befestigungsanlagen. Besitzer der von Markgraf Johann Heinrich erbauten Feste waren die Krawarn, Zierotin, die Stadt Neutitschein, die Jesuitenresidenz zu Olmütz und schließlich die Ritterakademie in Wiener Neustadt. Die Kirche, ursprünglich ein gotischer Bau aus dem 14. Jh., ist ein Neubau aus den Jahren 1722 – 1723 und dem Hl. Johannes von Nepomuk geweiht. Rechteckiger Marktplatz. Barocke Häuser aus dem 18. Jh. Stadtmuseum mit stadtgeschichtlichen Sammlungen.
Wirtschaft: Samtbandfabrikation, Zementwerke, Kalkbrennereien, Baumwollweberei. Sommerfrische. Kräuter- und Moorbäder, Kaltwasserkuren. Kurhaus und Kursaal.
1930: 3591 Einw. (3497 Tschechen, 46 Deutsche, 45 Ausl.).
Umgebung: Kotoutsch, 539 m, Jurakalkberg mit Höhlen, u. a. die Schipkahöhle, in der vorgeschichtliche Funde gemacht wurden, auch der Kiefer eines Steinzeitmenschen. Sawersdorf mit Filialkirche, die den Hll. Cyrill und Method, ferner der Hl. Katharina geweiht ist.

Strassnitz *(Strážnice)*, Stadt im Bez. Göding in Südostmähren. 177 m. 1302 Erwähnung als Strasnincz. Nach der Mitte des 14. Jh.s im Besitz der Krawarn. 1400 als Städtchen bezeichnet. 1458 übergaben im Schloß (errichtet 1453, umgebaut 1850) die böhmischen Herren den Matthias Corvinus, den Georg von Podiebrad aus dem Kerker in Prag entlassen hatte, an die ungarischen Magnaten. Im 16. Jh. eine große Gemeinde der Brüderunion; deren Schule besuchte auch Comenius (1604 – 1605). Vor dem Dreißigjährigen Krieg hatte Strassnitz an die 4500 Einwohner und war damit die drittgrößte Stadt Mährens. Das Handwerk der Tuchmacher blühte, es wanderten auch viele aus Iglau zu. 1620 kam es hier zu einem Gefecht zwischen den kaiserlichen Truppen und denen Bethlen Gabors. 1633 gründete Franz Reichsgraf a Magnis das Kollegium Mariä Himmelfahrt, das ein Gymnasium unterhielt; dieses besuchte auch Johann Ev. Purkynje. Ehemalige Piaristenkirche Mariä Himmelfahrt, 1742 – 1745. Rochus-Kapelle, 1680, 1752 Neubau. Reste der alten Befestigungen aus dem 16. Jh. Heute Freilichtmuseum mit Volksarchitektur. Israelitengemeinde mit Synagoge und Friedhof aus dem 17. Jahrhundert.
Wirtschaft: Malzfabrik, Seifenfabrik, Zementwarenerzeugung. Weinanbaugebiet.
1930: 5225 Einw. (5006 Tschechen, 151 Juden, 41 Ausl., 26 Deutsche).

Strobnitz *(Stropnice)*, Bez. Kaplitz. 558 m. Eisenbahnstation Gratzen. Siedlung aus dem 12. Jh. Nach der Mitte des 13. Jh.s an die Herren von Rosenberg; spätere Besitzer waren die Herren von Landstein, die Herrschaft Gratzen und die Grafen Buquoy. Anfang des 14. Jh.s Erhebung zum Markt. Die seit der 2. Hälfte des 13. Jh.s bestehende Burg wurde im 14. Jh. niedergebrannt und ist seitdem verödet. Wappen: Im silbernen Schild die rote fünfblättrige Rose der Rosenberger.
Die Pfarrkirche Hl. Nikolaus, ein romanischer Bau, gehörte über 100 Jahre zum Stift Hohenfurt. 1483 Umbau mit schönem Netzgewölbe. Später Einrichtung z. T. barockisiert. Erhalten ist ein schönes gotisches Portal in der ehem. Katharinenkapelle (14. Jh.). Spätgotisches Taufbecken. Rokokokanzel 1777. Matriken seit 1631. Rathaus, Neubau 1851. In diesem das sog. Schulmuseum mit kunstgewerblichen Objekten. Mariensäule (1764) aus Sandstein, an den Ecken die Heiligen Joseph, Johannes von Nepomuk, Florian und Sebastian.
Wirtschaft: Landwirtschaftliche Maschinenfabrik. Sommerfrische am Fuße des Hochwaldes.
Persönlichkeiten: Dr. Willibald Ladenbauer (1847 – 1926), Zisterzienserprior in Hohenfurt, Ehrenabt, Fachschriftsteller; Franz Steinko (1850 – 1943), Lehrer, Heimatforscher, Schöpfer des hiesigen Museums.

1930: 839 Einw. (713 Deutsche, 82 Tschechen, 44 Ausl.).
Umgebung: Wallfahrtsort Brünnl mit eisenhaltiger Quelle. Kirche seit 1715. Burg Zuckenstein mit sechseckigem Turm. Mandelstein, 859 m.

Stubenbach *(Prášily)*, Bez. Schüttenhofen. 879 m. Ehem. Pfarrdorf am linken Ufer des Stubenbaches, nahe der bayerischen Grenze. 1739 kaufte Laurenz Gattermeyer von Heinrich von Mansfeld Stubenbach und errichtete hier zwei Glashütten; das war der Ursprung des Dorfes. Nach Gattermeyers Tod ging dessen Besitz an Graf Josef Kinsky über. Dessen Neffe erwarb Gutwasser dazu. Dieses und Stubenbach kamen 1798 an Josef Fürst Schwarzenberg; der Kaufpreis betrug 400 000 Gulden. 1856 wurde Stubenbach selbständige Pfarrei. Matrikenführung seit 1786. 1756 Errichtung einer Kapelle; seit 1786 Lokalie. Kirche Hl. Prokop, 1803 geweiht.
Wirtschaft: Papierfabrik, Holzverarbeitung. Ehem. Schwarzenbergisches Brauhaus und Forstamt. Sommerfrische.
1930 (mit Gsenget, Neubrunn, Seckerberg und Unter Steindlberg): 1018 Einw. (954 Deutsche, 61 Tschechen, 3 Ausl.).
Umgebung: Stubenbacher oder Lackagebirge, d.i. der mittlere Teil des Grenzkammes im südlichen Böhmerwald. Stubenbacher See, 1079 m, 15,6 ha. Sommerfrische Rehberg, 850 m. Das Dorf Gutwasser mit Pfarrkirche Hl. Gunther; dieser lebte hier als Einsiedler und starb 1045. Mittagsberg, 1314 m; Steindlberg, 1307 m. Die Dörfer ringsum gehörten zu den künischen Freibauerngerichten Stadln und Stachau. Nach Vertreibung der Deutschen militärisches Sperrgebiet; die meisten Dörfer wurden eingeebnet; die Stubenbacher Kirche wurde gesprengt.

Suchenthal *(Suchdol nad Lužnicí)*, Bez. Wittingau. 454 m. Die Marktgemeinde an der Luschnitz liegt an der Eisenbahnstrecke Prag – Gmünd. Seit 17. Jh. Erzbergbau und Schmelzhütte (Silber). Anfang des 20. Jh.s Markterhebung. Pfarrkirche Hl. Nikolaus, 1364 von den Brüdern Rosenberg errichtet. Nach 1440 Umbau, 1696 ausgebrannt und 1820 erweitert. Die dreischiffige Hallenkirche besitzt ein bemerkenswertes Kreuzrippengewölbe. Die dem Weichen Stil zuzurechnende Madonna (nach 1410) kam in die Galerie in Schloß Frauenberg. Matriken seit 1670. Barockes Pfarrgebäude, 1721/1722. Kapelle Hl. Johannes von Nepomuk, 18. Jh.
Wirtschaft: früher Glasfabrik. Holzverarbeitung, Holzpappefabrik. Sommerfrische.
1930: 2394 Einw. (1835 Tschechen, 331 Deutsche, 227 Ausl.).

Sudeten. Ein 300 km langer und teilweise bis 60 km breiter, aus einzelnen Schollen bestehender Mittelgebirgszug, der sich zwischen Böhmen und Schlesien im Westen von der Zittauer Bucht im nördlichen Böhmen bis zur Mährischen Pforte im Osten erstreckt. In der Schneekoppe erreicht er eine Höhe von 1602 m. Westsudeten: Isergebirge, Riesengebirge, Bober-Katzbach-Gebirge; Innersudetische Senke mit Heuscheuer-, Adler-, Glatzer-, Reichensteiner- und Eulengebirge; Ostsudeten mit Altvatergebirge und Mährisches Gesenke. Die höchsten Erhebungen sind die Tafelfichte im Isergebirge (1122 m), die Schneekoppe im Riesengebirge (1602 m) und der Altvater (1490 m). Die ehemals dicht bewaldeten Sudeten bestehen aus Granit und Schiefer, eingelagert sind alte Schichtgesteine, Porphyre und Kreidesandsteine.
In den von deutschen Bauern und Bergleuten erschlossenen Regionen betreibt die Bevölkerung neben Landwirtschaft auch Textil-, Glas- und Porzellanindustrie. Einen hohen Stellenwert hatte der Fremdenverkehr. Besonders im Ostteil sprudelten Mineralquellen. Internationalen Ruf als Kurorte hatten Gräfenberg bei Freiwaldau mit der Prießnitz-Kur und Lindewiese mit der Schroth-Kur, ebenso Karlsbrunn (Stahlbrunnen) und Groß Ullersdorf (Schwefelbad). Vom Gebirgszug der Sudeten stammt der Name für die von Deutschen bewohnten Gebiete der böhmischen (auch Sudeten-) Länder. Die Begriffe Sudetendeutsch und Sudetenland fanden nach dem Ersten Weltkrieg Eingang in den Sprachgebrauch, da es keine umspannende Bezeichnung für diese aus verschiedenen deutschen Stämmen bestehende Bevölkerung gab.

Sudetenland. Hilfsbezeichnung für die von Deutschen bewohnten Gebiete der historischen Länder der Böhmischen Krone (Königreich

53 Der Riesengrund im Riesengebirge

54 *Riesenbaude mit Schneekoppe*

55 *Winter im Riesengebirge*

56 Das über 20 m hohe Prebischtor im Elbsandsteingebirge

Böhmen, Markgrafschaft Mähren und Herzogtum Schlesien – auch Böhmische Länder), die geographisch Sudetenländer genannt werden. Der Name kommt vom Gebirgszug der Sudeten, im Nordosten Böhmens liegend. Die Sudetendeutschen waren kein einheitlicher Stamm, gehörten sie doch vielmehr den deutschen Stämmen jenseits der Landesgrenzen an (Bayern, Oberpfälzer, Thüringer, Obersachsen und Schlesier).

Ursprünglich waren die Sudetenländer von germanischen Markomannen und Quaden bewohnt. Nach deren (teilweisem?) Abzug kamen um die Mitte des 6. Jh.s slawische Stämme in das Land. Die Frage, ob Germanen zurückblieben oder ob Deutsche erst während der Besiedlungsepoche (12. – 14. Jh.), von böhmischen Herrschern gerufen und mit besonderen Vorrechten ausgestattet, kamen, löste einen bis heute nicht geklärten wissenschaftlichen Streit aus (Germanen- und Kolonisationstheorie). Der Geograph Fritz Machatschek äußerte sich einmal, daß die Wahrheit wohl in der Mitte beider Theorien liegen dürfte. Auch die Namenforschung konnte noch keinen endgültigen Beweis antreten.

Zumeist lebten Tschechen und Deutsche Jahrhunderte hindurch friedlich nebeneinander. Der aufkeimende Nationalismus im 19. Jh. führte zu Spannungen und Auseinandersetzungen zwischen beiden Völkern. Bei der Gründung eines tschechoslowakischen Staates bildeten die Sudetendeutschen am 28. Oktober 1918 eine Deutschböhmische Landesregierung (für Nord- und Nordwestböhmen) und eine Sudetenländische Regierung (für Nordmähren und Österreichisch Schlesien). Am 22. November Festsetzung von „Umfang, Grenzen und Beziehungen des Staatsgebietes von Deutschösterreich" durch die Regierung in Wien. Darin enthalten waren die deutschen Gebiete von Nord- und Nordwestböhmen, Nordmähren und Österreichisch-Schlesien, der Böhmerwaldgau Böhmerwald und Südmähren und als „Einschlußgebiete" die Sprachinseln Brünn, Iglau und Olmütz. Diese und ähnliche Versuche blieben erfolglos.

Entgegen dem in den Vierzehn Punkten Wilsons verkündeten Selbstbestimmungsrecht kamen die Sudetendeutschen in den neuen tschechoslowakischen Staat, eine Volksabstimmung wurde abgelehnt und tschechisches Militär besetzte gewaltsam deutsche Städte und Gemeinden. Am 3. und 4. März 1919 kam es in mehreren Städten zu friedlichen Demonstrationen der Sudetendeutschen für das Selbstbestimmungsrecht; es gab 54 Todesopfer und 112 Schwerverletzte. In der Folge strebten die Sudetendeutschen Autonomie an; diese wurde nicht erreicht, obwohl seit 1926 deutsche Minister in der Regierung saßen. Schließlich nutzte Hitler die Situation aus. Es kam zum Münchner Abkommen (29.9.1938) und zum Anschluß des Sudetenlandes an das Deutsche Reich. Große Teile des Sudetenlandes wurden abgetrennt: der Böhmerwald kam zum Gau Bayerische Ostmark, Südböhmen zum Gau Oberdonau und Südmähren zum Gau Niederdonau. 1938 – 1945 Reichsgau Sudetenland mit Reichenberg als Verwaltungssitz. 1939 wurde die Rest-Tschechoslowakei besetzt und das Protektorat Böhmen und Mähren gebildet.

1930 betrug die Zahl der Deutschen in Böhmen 2 270 943 (32,38 %), in Mähren 544 123 (19,51 %) und in Schlesien 255 872 (35,93 %). Zahl der Sudetendeutschen im Protektorat (1940): 261 524.

Ab 1945 Abschiebung der Sudetendeutschen aus ihrer Heimat, zuerst in wilden Austreibungen, dann in „ordnungsgemäßer und humaner Weise"; in Wirklichkeit war es eine unmenschlich grausame Aktion, bei der sich die niedrigsten Triebe menschlicher Perversion austoben konnten. Viele Deutsche wurden willkürlich gequält und ermordet, andere vor ihrer Vertreibung in das Landesinnere gebracht, wo sie als kostenlose Arbeitskräfte eingesetzt wurden. Facharbeiter wurden im Lande zurückbehalten, um die vielfältige Industrie der Sudetendeutschen, deren Steueraufkommen in der Tschechoslowakei über 60 % lag, weiterführen zu können. Die einst blühende Wirtschaft wurde nun unter tschechischer Leitung weitergeführt, allerdings wurden nicht mehr die Erträge von früher

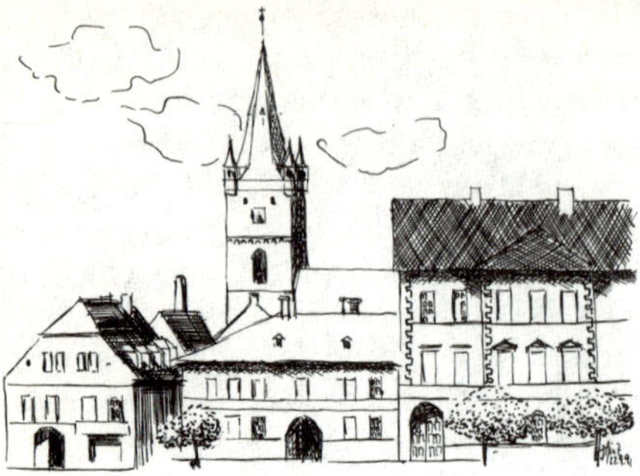

Tachau

erreicht, ja viele Unternehmen erloschen vollkommen.
Die Vertriebenen bauten in Deutschland und Österreich wieder Firmen auf; durch Können und Fleiß überflügelten sie dann bald die Erzeugnisse in der Tschechoslowakei. Hier sind vor allem zu nennen die Gablonzer Industrie, u. a. in Neugablonz bei Kaufbeuren, und die Graslitzer und Schönbacher Musikinstrumentenindustrie in Nauheim bei Groß-Gerau und Bubenreuth bei Erlangen. In den Vertriebenensiedlungen wie Waldkraiburg, Geretsried u. a. entstanden bedeutende Wirtschaftsunternehmen mit hohem Steueraufkommen.

Tachau *(Tachov)*, Bezirksstadt in Westböhmen. 504 m. An der Mies. Eine landesfürstliche Burg an der Straße Prag – Nürnberg war Grenzschutz und Zollstätte. Bei der Burg eine erste Ansiedlung. Durch Przemysl Ottokar II. planmäßige Anlage der Stadt (nach 1257). 1285 Bezeichnung Tachaus als königliche Stadt, die im 2. Viertel des 14. Jh.s Befestigungen erhielt. Im Wappen ein gekrönter doppelschwänziger Löwe. Stadtrecht nach der Altstadt Prag. 1329 Übergabe der Pfarrkirche durch König Johann an den Kreuzherrenorden. Tachau erlebte während der Regierungszeit Kaiser Karls IV. eine Blütezeit. In den Hussitenwirren folgte bald ein steiler Niedergang. Als das deutsche Kreuzheer 1427 vor den Hussiten floh, kam es bei Tachau zur Schlacht. Die Hussiten nahmen Burg und Stadt Tachau ein. An den tschechischen Sieg erinnert ein Denkmal. Für die deutschen Bewohner war der Ölberg das Wahrzeichen der Hussitenzeit. 1623 wurden die Bürger Untertanen des Tachauer Schlosses. Zu den Herrschaftsbesitzern gehörten u. a. die Gutenstein, Pflug, Lobkowitz, Hussmann und die Losimthal. 1781 erwarben die Fürsten Windischgrätz die Herrschaft. Zum politischen Bezirk Tachau mit den Gerichtsbezirken Tachau und Pfraumberg kam 1938 noch der Gerichtsbezirk Plan hinzu; so wurde der Bezirk Tachau der ausgedehnteste im damaligen Sudetenland.
Das Schloß steht auf den Fundamenten der mittelalterlichen Burg, in der in den letzten Jahrzehnten Grabungen vorgenommen wurden. Das ansehnliche Barockschloß kam 1781 an die Windischgrätz, die es 1937 an den Staat veräußerten. Dekanatskirche Mariä Himmelfahrt ist ein gotischer Bau des 14. Jh., der nach verschiedenen Umbauten nach 1883 regotisiert wurde. Statue des Hl. Veit, vor 1692, von Johann Brokoff. Kloster der Franziskaner, die von 1466 bis 1950 in Tachau ansässig waren. Klosterbau 1686 – 1690. Zweimal niedergebrannt und wieder errichtet. Das Kloster besaß eine spätgotische Kreuzigungsgruppe (um 1520), die dem nordböhmischen Künstler Ulrich Creutz zugeschrieben wird. Sie wurde in die Nationalgalerie in Prag gebracht. Heute ist das Kloster Kreismuseum mit heimatkundlichen Sammlungen. Die Franziskaner-Klosterkirche Maria Magdalena, 1749/1750 gebaut, hatte gute Rokoko-Ausstattung. Die Bilder des Hochaltars und des Seitenaltars (Hl. Anna) stammen von Franz Rumpler.

Wappen von Tachau

Die Johannes-von-Nepomuk-Figur angeblich ein Werk Johannes Brokoffs. Die Kirche wurde 1863 profaniert. Dominikanerkloster, 1351 gegründet, von den Hussiten zerstört und wieder aufgebaut. 1616 zerstörte es ein Brand. Das älteste Gotteshaus war die Friedhofskirche St. Wenzel aus dem 13. Jh. 1561 Umbau und 1802 aufgelöst. Sie kam dann in den Besitz des Fürsten Windischgrätz; nach Umbau 1821 diente sie als Gruftkapelle dieser Familie. Die ehemalige Wolfgangskirche aus dem Anfang des 17. Jh.s wurde 1786 säkularisiert und verkauft. Jüdischer Friedhof, Anfang 17. Jh. angelegt; der älteste Grabstein stammt aus dem 17. Jh. Bürgerhäuser aus verschiedenen Stilepochen. Stadtbefestigungen sind teilweise erhalten. Barocke Mariensäule auf dem Marktplatz aus d. J. 1733 mit Statuen der Hll. Wenzel, Josef und Florian.
Wirtschaft: Akkumulatorenfabrik, Glasfabrik, Kartonagenerzeugung, Bierbrauerei, Drechslerwarenerzeugung, Erzeugung von Perlmutter- und Kunsthornknöpfen. Holzformendrechslerei. In der seit 1897 bestehenden Tabakfabrik waren über 500 Arbeiter beschäftigt.
Persönlichkeiten: Elias Dollhopf (1703 - 1773), Maler, berühmter Freskant; Benedikt Steinhauser (1778 - 1832), Chorherr des Stiftes Tepl und Gymnasiallehrer in Pilsen, Freund Goethes; Heinrich Swoboda (1837 - 1910), Apotheker, Bürgermeister , Landtags- und Reichsratsabgeordneter, Dramatiker; Franz Rumpler (1848 - 1922), Maler, Professor der Wiener Kunstakademie; Ernst Swoboda (1879 - 1950), Professor für Bürgerliches Recht an der Deutschen Universität Prag; Rudolf Böttger (1887 - 1973), Landschafts- und Porträtmaler; Andreas Blaha (Großgropitzreith 1892 - 1984), Priester, Dichter, Heimatforscher; Josef Kugler (1896 - 1958), Kapellmeister, Chordirektor an der Staatsoper München; Josef Dobner (1898 - 1972), Bildhauer, Leiter der Fachschule für Holz- und Steinbildhauerei in Villach; Franz Standfest (1898 - 1972), Bildhauer; Josef (Ehrenbert) Schächer OSB (1900 - 1974), Philosophieprofessor an der Universität Innsbruck; Franz Schuster (Petlarnbrand 1902 - 1977), Priester und Heimatforscher.
1857: 3533 Einw. (nur Deutsche). 1930: 6825 Einw. (6251 Deutsche, 448 Tschechen, 97 Ausl.).
Umgebung: Heiligen mit den Ruinen des säkularisierten Paulanerklosters zu den Vierzehn Nothelfern (1639 - 1787).
1956 übernahm die Stadt Weiden Oberpfalz die Patenschaft über die Deutschen aus Tachau. Eine Tachauer Heimatstube mit Bildarchiv, Bibliothek und musealen Beständen wurde im Kulturzentrum Weidens eingerichtet.

Tafelfichte *(Smrk)*. 1122 m. Aus Gneis bestehender Berg im Nordwesten des Hohen Iserkammes. Höchste Erhebung des Isergebirges in Böhmen. Bis 1815 verlief hier die Grenze zwischen Böhmen, Sachsen und Schlesien. Zwischen Graf Schaffgotsch und Wallenstein gab es 1628 Grenzstreitigkeit um diese Region. Letzterer ließ sein Eigentumsrecht auf einer Tafel, die er an eine Fichte anschlagen ließ, vermerken. Diese „Tafelfichte" stand bis zum Ende des 18. Jh., dann wurde ein Grenzstein gesetzt.
Lohnende Aussicht nach Westen und Südwesten. Schutzhütte (1946 abgebrannt) und 18 m hoher Aussichtsturm, heute verfallen. 1790 bestieg Goethe die Tafelfichte, 1809 der Dichter Theodor Körner, der damals in Freiberg Bergwissenschaft studierte. An diesen Dichter erinnert eine Felsenpyramide.

Tannaberg *(Svatá Anna)*, Bez. Taus. 512 m. Luftkurort in Westböhmen. Wallfahrtsort St. Anna. 1704 Bau einer hölzernen Kapelle. 1712 - 1717 neue Kirche (barock) von M. A. Gilmetti mit elliptischer Kuppel. In der Kirche Familiengruft der Grafen Stadion. Tannaberg war einmal der kleinste Pfarrsprengel in Böhmen (7 Einw.). Der Ort gehört zur Gemeinde Donau. 187 Einw. (179 Deutsche).

Tannenberg. 770 m. Östlichste Erhebung des Elbsandsteingebirges, südlich von St. Georgenthal, im Bez. Warnsdorf. Er besteht aus Klingstein und Sandstein. Zwischen Phonolithplatten wachsen seltene Pflanzen. Seit 1891 23 m hoher Aussichtsturm, Gastwirtschaft.

Tannendorf *(Jedlová)*, zu Tollenstein gehörende Ortschaft. Bez. Warnsdorf. 541 m. Am nördlichen Abfall des Tannenberges. Entstehung in der 2. Hälfte des 18. Jh.

Persönlichkeiten: Hermann Wagner (1880-1927), fruchtbarer Schriftsteller, Satiriker; Josef Erwin Ganzmüller (1904-1971), Chemiker und Familienforscher.
1930: 162 Einw. (113 Deutsche, 46 Tschechen, 3 Ausl.).

Tannwald *(Tanvald)*, Bez. Gablonz. 455 m. Im Tal der Kamnitz und der Desse, die hier zusammenfließen. Im östlichen Teil des Isergebirges, an den Ausläufern des Riesengebirges. Eisenbahnstation Tannwald-Schumburg. Weit verstreut liegende Industriestadt. Sitz eines Bezirksgerichtes. Viele landschaftliche Schönheiten. Am Beginn des 17. Jh.s auf der Herrschaft Semil angelegt. Nach dem Dreißigjährigen Krieg gehörte der Ort, Thonwald genannt, zur Herrschaft Morchenstern. Im 18. Jh. Entwicklung der Glasindustrie. 1895 Markt- und 1905 Stadterhebung. Wappen: Drei grüne Berge, auf jedem eine grüne Tanne. 1875 Eröffnung der Eisenbahnstrecke Tannwald - Eisenbrod, 1894 der Strecke Gablonz - Tannwald und 1902 der Zahnradbahn Tannwald - Grünthal.
Pfarrkirche Hl. Petrus und Paulus. Der Barockbau wurde von dem ehem. Richter Friedrich auf eigene Kosten errichtet und auch dotiert. Barock 1787/88, renov. 1889/90. Fresken von Dominik Brosick. Tannwald hatte eines der schönsten Krankenhäuser Böhmens. Lungenheilanstalt. Hauptsitz des Hauptverbandes Deutscher Wintersportvereine in der Tschechoslowakei.
Wirtschaft: Bedeutende Textilindustrie und Glaserzeugung (Heimindustrie). Webstuhlbau. Maschinenbau. Sommerfrische.
Persönlichkeiten: Robert Priebsch (1866-1935), Germanist; Hugo Jurisch (1887-1965), Konzert- und Oratoriensänger, Musiklehrer, Komponist; Arnold Hartig (Brand 1878-1972), Medailleur und Bildhauer; Egon Schwarz (1907-1980), Jurist, Präsident der Bundesversammlung der SL. Vorsitzender des Heimatkreises Reichenberg und anderer Vereinigungen der Vertriebenen, große Verdienste um deren Eingliederung. Mit seinem Namen verbunden ist der von seiner Witwe gestiftete Preis für Publizistik.
1930 (mit Brand): 4423 Einw. (2649 Deutsche, 1728 Tschechen, 40 Ausl.) (2676 röm.-kath., 971 konf.-los, 478 altkath., 146 tschechosl. Kirche, 140 evang.).

Tannwald, „Glöckl" im Ortsteil Brand

Umgebung: Theresienhöhe, 623 m, mit Aussichtswarte, Buchsteinhöhe, 958 m, Tannwalder Spitzberg, 809 m, mit Spitzbergbaude und Aussichtsturm. Dessefälle, Bad Wurzelsdorf, Wittighaus, Tafelfichte, Bad Schlag, Gablonz. Ruine Burg Nawarow, 14. Jh., 1639 von Schweden eingenommen, die die Umgebung verwüsteten. Nach dem Dreißigjährigen Krieg zerstört. Über der Ruine 1664-1666 Barockschloß errichtet. Nach Brand 1827 renoviert, 1924/25 modernisiert.

Tanzplan *(Tanečnice)*. 599 m. Die zur Herrschaft Hainspach gehörende, von Wald bewachsene Granitkuppe westlich Nixdorf (Bez. Schluckenau) wurde nach dem Wald der Umgebung meist Thomaswald genannt. 1885 Bau einer Hütte, dann einer Gastwirtschaft „Onkel Toms Hütte", 1886 eines 26 m hohen Aussichtsturmes, 1905 eines neuen. Dieser verfiel, die Wirtschaft brannte 1946 ab. Der Berg, 1 km von der Grenze entfernt, war bis 1968 Sperrgebiet.

Taßwitz *(Tasovice)*, Bez. Znaim. 217 m. Gemeinde am linken Thaya-Ufer. 1231 in einer Urkunde erwähnt. Kirche Mariä Himmelfahrt. 1234 erwähnt. Patronatsrechte übten die Patres von Klosterbruck aus. 1583-1620 akatholisch. Ab 1659 Neubau. Die jetzige Kirche wurde 1767 eingeweiht. Grabsteine aus d. J. 1589. Kanzel um 1755. Pfarrhof um 1780, klassizistisch.
Wirtschaft: Obst-, Wein- und Gemüsebau. Sommerfrische.

Persönlichkeiten: Johann Jahn (Ordensname Martin) (1750–1816), Prämonstratenser in Klosterbruck, Orientologe; Clemens Maria Hofbauer (1751–1820), Redemptorist, die markanteste Gestalt des österreichischen Katholizismus, 1888 selig- und 1909 heiliggesprochen, Patron Wiens und Mährens, 1933 baute Klemens Holzmeister die Clemens-M.-Hofbauer-Kirche in Taßwitz.
1930: 1493 Einw. (1465 Deutsche, 16 Tschechen, 12 Ausl.).

Tattenitz *(Tatenice)*, Bez. Hohenstadt. 344 m. Dorfgemeinde an der Sasau. Mitte 13. Jh. urkundliche Erwähnung. Ende 13. Jh. an die Herren von Sternberg. Ende 16. Jh. an die Zierotin. 1640 Erwähnung einer Schule. 1351 Erwähnung einer Holzkirche. 1447 Neubau. 1571–1620 evangelische Pfarrer in Tattenitz. Kirche Johannes d. Täufer, 1716–1723. Fresken 1763–1765 von Judas Thaddäus Supper. Pfarre bestand schon 1350. Friedhofskapelle Mariä Schutz, Deckenfresko von Supper. Schlößl, erbaut 1606, Renaissancebau mit Arkaden an drei Seiten, diese wurden bei Brand 1798 zerstört; nur Reste erhalten.
Wirtschaft: Landwirtschaft, Schindelerzeugung, Genossenschaftsmolkerei.
1930: 1364 Einw. (1279 Deutsche, 68 Tschechen, 16 Ausl.).
Umgebg.: Budigsdorf m. Schutzengelkap., 1725; Schönwald mit Filialkirche St. Isidor; Mariakron, Augustiner-Eremitenkloster 1237–1550.

Taubenhaus, 1069 m, im westlichen Isergebirge. Zusammenhängend mit der Schönen Marie (904 m) und dem Haindorfer Kamm. 8 m hoher Granitfelsen. Südöstlich des Berges der Taubenhaus-Sattel, 1009 m, der von der Stolpichstraße nach Süden ins Kamnitztal (Christiansthaler Steig) führt.

Taus *(Domažlice)*. Hauptstadt des Chodenlandes. Bezirksstadt im Vorland des Böhmerwaldes und an einem alten Landessteig nach Bayern gelegen. 430 m. An beiden Seiten des Bistritzbaches. Die Geschichte weist bereits in das 10. Jh. Grenzfestung. Im 11. und 12. Jh. Ansiedlung der Choden als Grenzwächter. 1262 durch Ottokar II. Stadtgründung, nach E. Schwarz mit Hilfe von Deutschen aus dem benachbarten Bayern. Deutsch war nach ihm im 14. Jh. die Sprache der führenden Schicht. Im 16. Jh. neuer Zuzug von Deutschen, die aber bald von der tschechischen Mehrheit überlagert wurden. Bei Taus reichte das Gebiet der tschechischen Nation bis an die Landesgrenze, was in Böhmen nur noch bei Nachod der Fall ist. Sitz des Oberrichters der Choden, die besondere Privilegien hatten. Diese wurden wiederholt verpfändet. 1431 bei Taus Niederlage des Kreuzheeres. Wappen (14. Jh.): Silberne Mauer mit zwei silbernen Türmen, zwischen diesen ein Engel mit weißem Gewand und goldenen Flügeln, auf der Brust gekreuzt eine Stola, auf dem Haupt ein Diadem mit Krone, in der linken Hand hält er ein gezogenes Schwert.
Langgestreckter Marktplatz, umgeben von Laubenhäusern (gotisch, Renaissance, Barock, Empire). Unterer Turm (13. Jh.) und andere Teile der Stadtbefestigung. Rathaus 1891. Ein Wahrzeichen der Stadt ist der runde Turm mit Galerie des Chodenschlosses, ursprünglich Sitz des Chodenrichters, später von Verwaltungsstellen. In der Chodenburg auf dem Stadtplatz heimatkundliches Museum. Dechanteikirche Mariä Geburt mit zylindrischem Turm (56 m), Ende 13. Jh., später umgebaut. Innen Fresken von F. Lux (Mitte 18. Jh.). Augustinerkirche mit Kirche Mariä Himmelfahrt, 13. Jh., von Hussiten zerstört, Neubau 1672–1690. Im Kreuzgang Fresken von Lux (1752). Friedhofskapelle in der Vorstadt, 1699, sechseckig, barock. Hauptaltar 1773 Rokoko. Engelsfigur von F. Ringelhahn 1773, Grabmal 1781.
1930: 9068 Einw. (8685 Tschechen, 292 Deutsche, 44 Russen, 43 Ausl.). Im Gerichtsbezirk Taus hatten die Gemeinden Vollmau, Haselbach, Wassersuppen, Prennet und Tannawa eine deutsche Mehrheit.
Umgebung: Baldowerkapelle, 518 m; Laurentiusberg, 582 m, mit Kirche, Spitzberg, 590 m.

Teichstatt *(Rybniště)*, Bez. Warnsdorf. 466 m. Kreuzungspunkt der Böhmischen Nordbahn mit der Strecke Bodenbach–Warnsdorf, ebenso kreuzen hier mehrere Straßen. Hauptwasserscheide zwischen Oder und Elbe. Im 16. Jh. eine

Teltsch

Glashütte, eine der ältesten Böhmens. Der Ortsteil Neudörfel ist seit 1415 bekannt; Teichstatt entstand um 1715 auf der Fläche des ehem. Stockteiches (Name!). Filialkirche Hl. Josef, 1912/1914, Sezessionsstil. Nach Renovierung am 21. Juli 1990 durch den Leitmeritzer Bischof neu eingeweiht. Pfarre Kreibitz.
Wirtschaft: Webereien, Zwirn- und Baumwollwarenfabriken, Knopferzeugung, Glasfabrik, Holzwaren, Landwirtschaft, Fremdenverkehr.
Erhard Michel (1899 - 1967), Komponist.
1930 (mit Kreibitzer Neudörfel): 1896 Einw. (1411 Deutsche, 459 Tschechen, 25 Ausl.) (1484 röm.-kath., 246 konf.-los, 82 altkath., 45 tschechosl. Kirche, 31 evang.).
Umgebung: Tannenberg, 779 m, Plissenberg, 577 m, Klein Semmering mit Kurhaus, Talsperre Oberkreibitz.

Teltsch *(Telč),* Bez. Datschitz. 514 m. Nahe am Ursprung der Thaya. Stadtgründung im 14. Jh. 1339 an die Herren von Neuhaus. Blüte im 16. Jh.; damals viele Renaissancebauten. Anlage von Teichen in den ehem. Sümpfen. Nach Rokyta ist Teltsch „nächst Krummau die reizvollste städtische Denkmalreservation in den böhmischen Ländern". Wappen: Auf rotem Schild unten ein „W", darüber eine weiße Lilie. Über dem Schild eine goldene Königskrone, über dieser eine von zwei Engeln gehaltene fünfblättrige weiße Rose.
Regelmäßiger Burgbau am Ende des 14. Jh.s, Umbau durch Zacharias von Neuhaus 1553 bis 1570 zu einem Schloß, in dem er große Kunstsammlungen unterbrachte. Schloßkapelle (1580), Fresken und Sammlungen. Verknüpft mit dem Schloß ist die Gestalt der Weißen Frau (Berta von Rosenberg). Grillparzer soll durch das Schloß, wo Bertas und ihres Gemahls Bilder hängen, zur „Ahnfrau" angeregt worden sein. Schloßpark aus der Barockzeit. Spätgotische Festungsanlagen und Tore, alte Häuser aus der Gotik, Renaissance und Barockzeit. Kirche St. Jakob d. Ä., 3. Viertel 14. Jh. Kirche Namen Jesu beim Jesuitenkolleg (1666). Kirche Mariä Himmelfahrt, 3. Viertel 14. Jh., genannt „Zur Mutter Gottes" in der Altstadt. Barockkirche Hl. Johannes von Nepomuk, 1726; Wiederaufbau nach Brand 1934 (Blitzeinschlag). Auf dem von schönen Häusern gesäumten Marktplatz eine barocke Mariensäule, 1716 - 1717.
Wirtschaft: Tuchmacherei, Flachsbau, Bierbrauerei, Metallwarenerzeugung.
Persönlichkeiten: Ludwig Grande (1865 - 1940), Komponist; Siegfried Taub (1876 - 1946), Zentralsekretär der DSAP, Mitglied des Prager Parlaments.
1930: 4270 Einw. (4182 Tschechen, 40 Ausl., 29 Deutsche).
Umgebung: Mehrere große Teiche.

Tepl *(Teplá),* 64,2 km langer Fluß in Westböhmen. Quelle nordöstlich von Marienbad (784 m), Mündung bei Karlsbad in die Eger (370 m). Wiederholt richtete der Fluß bei Überschwemmungen schwere Schäden an (so 1821 und 1890). 1935 Errichtung einer Talsperre bei Pirkenhammer.

Tepler Hochland *(Tepelské vrchy).* Ostteil der Südscholle des Erzgebirges. Kristallines Gestein, hauptsächlich Glimmer- und Hornblendeschiefer. Das Hochland wird im Norden von der Tepl zerschnitten. Höchste Erhebungen Podhorn, 847 m, und Tschebon, 821 m. Ersterer bietet geologische Besonderheiten, die bereits den Naturforscher Goethe interessierten.

Tepl *(Teplá).* Bezirksstadt in Westböhmen. 657 m. Eine der ältesten Siedlungen im Egerland, gelegen an einem Landestor und einer Zollstation der Straße nach Eger. Die Siedlung, die unter dem Einfluß und der Förderung des Stiftes stand, war bereits vor 1300 Stadt. Das Jahr der

Verleihung des Wappens ist unbekannt. 1503 wurde das Privileg, mit rotem Wachs zu siegeln erteilt. Das Wappen geht auf das Hroznatas zurück: Auf goldenem Schild drei schwarze Geweihe. Die Stadt wurde wiederholt durch Kriegsgeschehen geschädigt, auch im Dreißigjährigen Krieg.
Dekanatskirche Hl. Ägidius, erst gotisch, barokker Neubau 1762-1765. Deckenfresken von Elias Dollhopf (1765) und Plastiken aus der Werkstatt von M. Jäckel. Die ehem. Renaissancekirche Hl. Dreifaltigkeit wurde 1692-1699 im Barockstil umgebaut: achteckiger Zentralbau mit acht Kapellen; am Bau beteiligt Christoph Dientzenhofer. Dreifaltigkeitssäule, 1721, von Oswald J. Wenda. Altes Rathaus. Alte Schule, 1573, Neubau 1819. Barocke Bürgerhäuser.
Persönlichkeiten: Johann Michael L. Rohrer (Tissau 1683-1732), Hofbaumeister des Großherzogtums Baden; Johann Peter E. Rohrer (Tissau 1687-1762), Bruder des vorigen, mit dem er als Hofbaumeister kunstvolle Bauten errichtete; Hieronymus Trötscher (1742-1808), Dominikaner in Eger, Orgelbauer, Erfinder der sog. Federbilder; Petrus Egerer (1820-1897), Benediktiner in St. Peter in Salzburg, Subprior, theologischer Schriftsteller; Gislar Egerer (1844-1911), Benediktiner in St. Peter in Salzburg, Subprior, theologischer Schriftsteller; Anton Waßmuth (1844-1927), Hofrat, Professor der mathematischen Physik an der Universität Graz; Johann Fritsch (1849-1910), Psychiater, Universitätsprofessor in Wien; Anton Barthlmé (1867-1943), Cellist, Professor an der Musikakademie in Wien.

Tepl, Wappen

Stift Tepl

1930: 2474 Einw. (2366 Deutsche, 82 Tschechen, 24 Ausl.).
Umgebung: Spielberg mit Kapelle Hl. Kreuz und Schmerzhafte Mutter, 1768/1769, Entwurf Kilian Ignaz Dientzenhofer.

Stift Tepl. 683 m. Die von Hroznata, einem Adeligen, 1193 gegründete Prämonstratenserabtei wurde von Strahow (Prag) aus besiedelt. Die Kolonisation des Egerlandes durch Deutsche ist zum großen Teil der Abtei zu verdanken, die bald ein Zentrum der Kultur und der wirtschaftlichen Entfaltung wurde. Wiederholt große Schäden durch Kriegsgeschehen; aber immer erstanden die Gebäude neu und schöner. Im Zeitalter der Reformation war Tepl eine wesentliche Stütze des Katholizismus. Betreut wurden viele Dörfer und die Wallfahrtsorte Kreuzberg und Maria Stock. In der Tradition der seit 1550 bestehenden Lateinschule, die 1783 aufgelöst wurde, übernahmen die Prämonstratenser das deutsche Gymnasium in Pilsen (1804-1928). Unter Abt Karl Kaspar Reitenberger (1779-1860) Gründung des Kurortes Marienbad, das dank der Prämonstratenser bald Weltgeltung erlangte. Es kam 1921 unter staatliche Verwaltung und wurde schließlich während der deutschen Besetzung verkauft.
Lang ist die Liste bedeutender Persönlichkeiten, die das Stift besuchten, u. a. auch Goethe, der

wiederholt nach Tepl und Marienbad kam. Die Angehörigen des Stiftes, dem das Land viel zu verdanken hatte, wurden wie alle anderen Deutschen aus ihrer Heimat vertrieben. Das Stift fiel 1950 der Auflösung der Orden in der ČSR zum Opfer. Die Äbte Petrus Möhler und Wolfgang Böhm, sein Nachfolger, versuchten wieder eine Klostergemeinschaft zu gründen (Schönau bei St. Goar, dann Villingen im Schwarzwald).
Kirche Mariä Verkündigung, romanische Pfeilerbasilika, 1193 – 1197, eines der ältesten Baudenkmäler in Böhmen. Im 17. Jh. barockisiert. An der Neugestaltung war Kilian Ignaz Dientzenhofer beteiligt. Hochaltargemälde von Johann Molitor, Fresken von Elias Dollhopf. Im linken Seitenschiff der Kirche, an deren Ausgestaltung noch viele andere Künstler beteiligt waren, der Reliquienschrein des Stifters Hroznata.
Unter den Stiftsgebäuden nimmt die zweigeschossige Bibliothek mit Deckengemälden von Karl Krattner einen besonderen Rang ein. Sie enthielt 80 000 Bände, zahlreiche Handschriften und Inkunabeln, vor allem den berühmten Codex Teplensis, eine deutsche Bibelübersetzung aus dem 14. Jh. Das Stift besaß zahlreiche wertvolle Sammlungen, und zwar mineralogischer, zoologischer und kunstgeschichtlicher Art. Diese kamen nach der Aufhebung nach Prag, ein Teil nach Eger. Goethe, von diesen musealen Werten sehr angetan, schenkte den Patres eine Steinsammlung.
Persönlichkeiten: Mauritius Zacharias Bandhauer (1585 – 1657), Prior in Tepl, der vor allem während der Gegenreformation eine große Rolle spielte. Er war auch Propst des Chorfrauenstiftes Chotieschau; Matthias Reichl (1730 – 1804), Chronist von Tepl; Johann Josef Nehr (1752 – 1820), Stiftsarzt, der viel für die Entwicklung Marienbads tat; Martin Alois David (1757 – 1836), Vorstand der Prager Sternwarte und Professor der Astronomie in Prag; Benedikt Steinhauser (1778 – 1832), Lehrer am Pilsener Stiftsgymnasium, Freund Goethes; Robert Köpl (1796 – 1878), Lehrer an der theologischen Hauslehranstalt, Fachschriftsteller; Philipp Matthias Klimesch (1809 – 1886), Stiftsbibliothekar, Bearbeiter der Handschriften, Herausgeber des Codex Teplensis (1886); Gilbert Helmer (1864 – 1944), Abt, Mitglied des Böhmischen Landtags und des Österreichischen Herrenhauses, Verfechter der Rechte der Sudetendeutschen.
1930: 435 Einw. (422 Deutsche, 6 Tschechen, 7 Ausl.).

Teplitz-Schönau *(Teplice-Šanov)*, 230 m. Bezirksstadt im Bielatal zwischen Erzgebirge und Böhmischem Mittelgebirge, 230 m. An den Eisenbahnlinien Komotau – Aussig, Bodenbach – Komotau, Tepl.-Schönau – Reichenberg. Elektrische Straßenbahn Settenz – Teplitz-Schönau – Eichwald. Ehem. Bezirksgericht und Bergamt. Schon Kelten und Römer kannten die heißen Quellen, die Heilkraft besaßen. Königin Judith, Gemahlin König Wladislaws, gründete 1156 ein von St. Georg in Prag besiedeltes Benediktinerinnenkloster; Kloster und Kirche (Grablege Judiths) wurden 1421 und 1526 von Hussiten zerstört. Auf den Kirchenpatron, Johannes den Täufer, weist das Wappen der Stadt (seit 13. oder 14. Jh.) hin: In blauem Schild eine goldene Schüssel mit dem Haupt des Johannes. Ende des 16. Jh.s kam Teplitz an die Kinsky. Wilhelm Kinsky wurde 1634 mit Wallenstein ermordet, seine Besitzungen kamen an die Aldringen, ab 1637 Clary-Aldringen. Die Stadtbücher wurden seit 1664 ausschließlich deutsch geführt. Während des Erdbebens von Lissabon (1. November 1755) versiegte die Hauptquelle für kurze Zeit. 1742 Beginn der Braunkohlenförderung in der Umgebung. 1813, nach der Schlacht bei Leipzig, in Teplitz Bündnisvertrag der Herrscher von Österreich, Rußland und Preußen gegen Napoleon (Heilige Allianz). 1819 Teplitzer Punktation zwischen Österreich und Preußen (Vorbereitung der sog. Karlsbader Beschlüsse). 1848 tagt in Teplitz die erste deutschböhmische Nationalversammlung. 1860 erscheint die erste gedruckte Kurliste Böhmens. Bei der Grubenkatastrophe in Ossegg 1879 teilweises Versiegen der Quellen. 1895 Vereinigung mit dem Stadtteil Schönau, 1942 Eingemeindung von Turn, 1963 von Settenz, Neudörfel und Prosetitz.
Das Heilbad Teplitz-Schönau, der älteste Kurort der Böhmischen Länder, besitzt mehrere radioaktive (92 Mach-Einheiten und alkalisch-salini-

Kaiserbad in Teplitz-Schönau

sche) Quellen (29 - 46 °C). Der Urquelle aus dem Porphyrfelsen entströmen täglich 26 000 Hektoliter. Heilwirkungen bei Rheumatismen jeder Art, Gicht, Neuralgien, Ischias, Exsudatbildungen, Lähmungen, Krankheiten der Bewegungsorgane u. a. Die Kranken waren in modernen Kuranstalten untergebracht. Das älteste der Bäder war das Stadtbad aus dem 16. Jh. Andere waren das Sand- und Stephansbad, das Kaiserbad, Fürstenbad, Herrenhausbad, Sophienbad, Schlangenbad usw. Diese erhielten teilweise neue Namen, ebenso die Hospitäler, Hotels und Unterhaltungseinrichtungen aller Art. Lang ist die Liste großer Persönlichkeiten, die in Teplitz Heilung oder auch nur Erholung suchten, u. a. Goethe, Beethoven, Richard Wagner, Liszt, Palacky, Schopenhauer, Chopin, Humboldt, aber auch Könige und Fürsten. Teplitz-Schönau war Sitz vieler sudetendeutscher Institutionen, auch des Bundes der Deutschen in Böhmen und des Sekretariats der Deutschen Sozialdemokratie (Josef Seliger).

Das Clarysche Schloß am Schloßplatz entstand 1751 an Stelle eines älteren Baues (1585 - 1634). Graf Franz Wenzel Clary-Aldringen ließ 1751 ein Schloßtheater einrichten. In der gotischen Schloßkapelle (Hl. Kreuz), 1568 gebaut, 1790 umgebaut, früher ein Altarbild des Hl. Kajetan von Skreta. Schloßpark 1790 bis 1810 durch den Fürsten Carl von Clary-Aldringen eingerichtet. Der älteste Bau der Stadt ist die Stadtkirche mit Überresten der alten Klosteranlage (12. Jh.). Im barockisierten Bau Bilder von Karel Skreta und Peter Brandl. Elisabethkirche, 1864 - 1877, ein neugotischer dreischiffiger Ziegelbau des Wiener Baumeisters H. Ferstel. Evangel. Kirche, 1861 - 1864, im Basilikastil, ein Werk der Teplitzer Baumeister Rudolf und Ferber. Jetzt Kirche „Prokop der Kahle" der tschechoslowakischen Kirche. Evangelische Christuskirche in Turn, sog. jungdeutscher Stil, 1900 - 1905, nach Plänen der Dresdner Architekten Schilling und Gräbner. Synagoge, 1882, maurischer Renaissancestil. Alter jüdischer Friedhof (1480).

Marktplatz mit Rathaus (1545), Mozartdenkmal von Franz Metzner, 1915 aufgestellt, ursprünglich für das Prager Deutsche Theater bestimmt. Dreifaltigkeitsstatue, 1718, entworfen von F. Kanka, ausgeführt von Matthias Braun. Sie ist „die großartigste Skulptur des böhmischen Barock auf dem Lande" (Emanuel Poche). Das ehem. deutsche Theater, 1874, 1919 abgebrannt, 1919 - 1924 Neubau durch R. Bitzan. Es trägt heute den Namen der Gebrüder Čapek. Bahnhofsgebäude, 1871 durch Johann Kraus gebaut, mit neuromanischer Fassade. Die meisten Kurhäuser sind im letzten Jahrhundert im Stil der Zeit errichtet. In der Stadt zahlreiche Statuen und Brunnen, von denen manche von großem kunsthistorischen Wert sind. Museum (seit 1894) mit prähistorischen, mineralogischen und zoologischen Sammlungen, Gemäldegalerie, Möbel, Porzellan. Spätgotische Skulpturen, auch eine Schmerzhafte Muttergottes des Ulrich Creutz. Seit 1863 gab es in Teplitz einen deutschen Stenographenverein. Zur 50-Jahr-Feier setzte man Gabelsberger einen Denkstein. Ein Denkmal erhielten u. a. auch Johann Gottfried Seume, der „Wanderer nach Syracus" (1895), der in Teplitz begraben ist, und Goethe (1932), dieses von Hugo Lederer geschaffen, ferner eine Gedenktafel des in Schönau geborenen Julius von Payer (1842 - 1915), bekannt als Alpinist, Nordpolfahrer, Entdecker des Franz-Joseph-Landes und Landschaftsmaler.

Als Teplitz noch eine deutsche Stadt war, erschienen dort die Presseorgane: „Freiheit", „Teplitzer Zeitung", „Teplitz-Schönauer Anzeiger", „Volkssport", „Der Bund", „Bundesmitteilungen des Bundes der Deutschen in Böhmen",

Teplitz-Schönauer Schloß

„Deutsche Jagd-Zeitung", „Mitteilungen der Gewerkschaft deutscher Beamter", „Mitteilungen der Reichsgewerkschaft deutscher Richter" und „Erzgebirgszeitung". Ehem. deutsche Schulen: Staats-Oberrealgymnasium, Mädchen-Reformrealgymnasium, Staatsrealschule, Städtische Handelsakademie, Städtisches Elektrotechnikum, Staats-Fachschule für Keramik und verwandte Kunstgewerbe, Familienschule und gewerbliche Fachschule für Mädchen.

Wirtschaft: Braunkohlenbergbau (Umgebung), Eisenindustrie, Posamenten und Knöpfe. Glashütte, Keramische Werke, Porzellanfabrik.

Persönlichkeiten: Josef M. Wolfram (1789-1839), Bürgermeister, dem die Kurstadt viel zu danken hatte, Opernkomponist; Alfred von Meißner (1822-1885), Romanschriftsteller, Lyriker, 1848 Mitglied des revolutionären Nationalausschusses in Prag; Hermann Hallwich (1838-1913), Historiker, Wallensteinforscher; Gustav Laube (1839-1923), Geologe, Forschungsreisender, Universtitätsprofessor in Prag. Für das Wiederfinden der heißen Quellen nach der Bergwerkskatastrophe von 1879 mit dem Ehrenbürgerrecht ausgezeichnet; Otto Perutz (1847-1922), Chemiker, Erfinder, Gründer einer Fotoplattenfabrik in München; Robert Weinzierl (1855-1909), Vorgeschichtsforscher, Leiter des Teplitzer Museums und Inspektor für die prähistorische Durchforschung der deutschen Landesteile Böhmens; August Stradal (1860-1930), der letzte Schüler von Franz Liszt war Klavierpädagoge und Komponist; Gustav Brecher (Eichwald 1879-1940), Opernkapellmeister in Olmütz, Köln, Frankfurt/M. und Berlin. Generalmusikdirektor in Leipzig. Komponist, Musikschriftsteller; Emil Lehmann (Turn 1880-1964), Pädagoge, Volkskundler, Heimatforscher, Dichter; Hermann Ullmann (1884-1958), Historiker, Publizist; Max Struppe (1894-1957), Maler, Kunsterzieher, Mitbegründer des Metzner-Bundes; Melchior Vischer (1895-1975), Dramatiker, Romanschriftsteller; Karl Rudolph (1881-1931), Botaniker, Erforscher der Moore des Böhmerwaldes, des Erz- und Riesengebirges; Anton Franz Dietzenschmidt (1893-1955), Dramatiker; Hugo Hantsch OSB (1895-1972), Historiker und Universitätsprofessor in Wien; Herbert Zitterbart (1903-1948), Komponist; Hubert Türmer (1913-1986), Staatsschauspieler des Badischen Staatstheaters in Karlsruhe; Max Böhm (1916-1982), Schauspieler und Kabarettist; Alfred Focke SJ (1916-1982), Essayist, Literaturwissenschaftler und Philosoph.

1930 Teplitz-Schönau: 30 799 Einw. (23 127 Deutsche, 5232 Tschechen, 1736 Ausl., 704 andere) (22 942 röm.-kath., 2089 evang., 2013 konf.-los, 3213 israel., 414 tschechosl. Kirche, 33 altkath., 30 griech.-kath.). 1930 Turn: 16 551 Einw. (11 349 Deutsche, 4191 Tschechen, 800 Ausl., 211 andere) (11 603 röm.-kath., 2483 konf.-los, 1567 evang., 731 israel., 123 tschechosl. Kirche, 22 altkath.). 1976 hatte Teplitz durch Eingemeindungen ca. 53 000 Einw.

Umgebung: Schloßberg, 392 m, mit Ruine der Daubersburg (12. Jh., 1655 geschleift).

Teschen *(Český Těšín)*, Bezirksstadt in Ostschlesien. 270 m. Stadt am linken Ufer der Olsa. Wichtiger Verkehrsknotenpunkt. Das Zentrum des Teschener Gebiets wurde nach dem Ersten Weltkrieg zwischen dem tschechischen und polnischen Staat aufgeteilt. Erste Erwähnung im 12. Jh. Die Besiedlung war durch die Fürsten von Oppeln erfolgt; bei einer Burg am linken Ufer des Flusses entstand 1292 die Stadt nach Löwenberger Recht. Als Lehen der böhmischen Krone gehörte sie zum Bereich der Piasten. 1625 kam das Herzogtum Teschen an Böhmen, 1722 an Leopold von Lothringen, dann an Franz, den Gemahl Maria Theresias, 1766 an deren Tochter Maria Christine und deren Gatten Albrecht von Sachsen, den Gründer der Albertina in Wien,

1822 an Erzherzog Karl, 1847 an dessen Sohn Albrecht und schließlich 1895 an dessen Neffen Erzherzog Friedrich.
Der Friede von Teschen (13. Mai 1779) beendete den Bayerischen Erbfolgekrieg zwischen Österreich und Preußen. Bei der Teilung der Stadt im Jahre 1920 bildete der Fluß Olsa die neue Grenze zwischen ČSR und Polen; der historisch bedeutsame Teil der Stadt fiel an Polen. Der Bahnhof mit einer Vorstadt kam zur ČSR. Es wurde der Gau Teschen gebildet (1269 qkm mit [1921]) 286 000 Einw. [113 000 Tschechen, 30 000 Deutsche, 137 000 Polen]).
Nach dem Münchner Abkommen 1938 besetzten die Polen die Stadt (mit Karwin, Orlau, Oderberg und Peterswald), im September 1939 kam sie zur preußischen Provinz Oberschlesien, ausgenommen der Teil, der dem Protektorat Böhmen und Mähren zugeteilt wurde. 1945 wurde die Stadt abermals geteilt. Das Olsaland wurde in industrieller und kultureller Hinsicht von Deutschen geprägt; zuletzt waren diese nur noch eine Minderheit.
Wirtschaft: Zementwaren, Bauunternehmen, Eisenwerk, Kohlengruben, Möbelfabrik, Druckerei. In Teschen war das Druck- und Verlagshaus Karl Prochaska ansässig (gegründet 1806).
Persönlichkeiten: Theodor Kotschy (1813 - 1866), Botaniker und Forschungsreisender; Sidonia Kohen (1830 - 1900), Frauenrechtlerin in Wien; Rudolf Ramek (1881 - 1941), österreichischer Bundeskanzler; Hans Demel-Elswehr (1886 - 1951), Direktor der Ägyptisch-Orientalischen Sammlung des Kunsthistorischen Museums in Wien, Univ.-Professor; Alfred Grimm (1895 - 1964), Pädagoge, führend in der sudetendeutschen Jugendbewegung, Gründer der „Jungschar"; Hedwig Steiner (1898 - 1969), Lyrikerin, Erzählerin, Biographin Anton Hanaks; Erwin Bartussek (1913 - 1986), Maler und Bildhauer; Traude Teodorescu-Klein (1921 - 1986), Grafikerin, Vorstandsmitglied der Hans-Thoma-Gesellschaft, Leiterin der Fachgruppe Bildende Kunst der Künstlergilde.
1930: 10 554 Einw. (4420 Tschechen, 3269 Deutsche, 1466 Polen, 808 Ausl., 560 Juden, 20 Russen) (6293 röm.-kath., 2568 evang., 1148 israel., 303 konf.-los, 163 tschechosl. Kirche).

Das Wappen von Teschen

Teß und **Teßtal.** Die Teß entspringt im Altvatergebirge in einer Höhe von 1310 m und mündet bei Großheilendorf nördlich Hohenstadt in 275 m in die March. Ihre Länge: 43,6 km. Im romantischen Teßtal liegen Orte wie Wiesenberg (mit Schloß, Flachsspinnerei), Groß Ullersdorf (Schloß, Bad mit warmen Schwefelquellen) und Mährisch Schönberg (Mittelpunkt der mährischen Leinenindustrie). Seit 1904 gab es die Lokalbahnstrecke Petersdorf - Winkelsdorf.

Tetschen-Bodenbach *(Děčín),* Bezirksstadt. 132 m. Die Doppelstadt am Zusammenfluß von Elbe, Polzen und Eulaubach liegt in landschaftlich schönster Umgebung von Elbsandsteingebirge, Erzgebirge und Böhmischem Mittelgebirge. Tetschen liegt rechts und Bodenbach links der Elbe. Zollstation. Verkehrsknotenpunkt (2 Bahnhöfe) und Station der Sächsisch-Böhmischen Dampfschiffahrtsgesellschaft (seit 1837). Der 1880 erbaute und später bedeutend erweiterte Umschlagplatz Laube an der Elbe konnte täglich 150 - 180 Eisenbahnwagen, vor allem mit nordböhmischer Braunkohle, bewältigen. Laube war zur österreichischen Zeit größter Hafen auf dem böhmischen Teil der Elbe. Verbindung von Tetschen und Bodenbach seit 1855 durch eine Kettenbrücke, die 1933/1934 durch eine Stahlbogenbrücke ersetzt wurde. Bis 1917 Brückengeld.
Vorgeschichtliche Funde weisen auf frühe Besiedlung hin. Bald entstand an der Zollstätte eine Burg der Landesherren mit einer darunter sich ausbreitenden Siedlung. Erste Erwähnung

1128. Vor dem Jahre 1283 Stadt. Anlage von Befestigungen. Das Wappen zeigt auf blauem Grund einen doppelschwänzigen gekrönten böhmischen Löwen, der einen Hecht in den Pranken hält. Herren waren von 1305 bis 1511 die Wartenberger, dann die Salhausen und die Bünauer, die nach der Schlacht am Weißen Berg das Land Böhmen verlassen mußten. 1628 folgten die Freiherren von Thun, später Grafen und Fürsten Thun-Hohenstein. Große Stadtbrände 1682, 1714 und 1749. Wegen seiner verkehrsgünstigen Lage an der Schnittstelle zweier Machtbereiche kam es wiederholt zu Belagerungen, Besetzungen und Zerstörungen. 1778 überzeugte sich Kaiser Joseph II. davon, daß Tetschen als Festung keinen ausreichenden Zweck mehr erfülle. Er ließ an ihrer Stelle die Festung Theresienstadt anlegen. Ein Medaillon an einem Haus in der ehem. Kaisertorgasse erinnerte an diesen Besuch des Monarchen. Im ersten Viertel des 19. Jh. Abbruch der Befestigungsanlagen, von denen sich nur Reste erhielten. Eine starke wirtschaftliche Aufwärtsentwicklung erfolgte seit der Mitte des 19. Jh.s Nach der Besetzung durch tschechische Soldaten am 13. Dezember 1918 gehörte Tetschen zur tschechoslowakischen Republik. 1942 kamen Bodenbach und Altstadt zu Tetschen-Bodenbach.

Auf einem 50 m hohen Felsen über der Elbe erhebt sich das Schloß, das auf den Grundfesten der Burg 1667–1673 und 1790 erbaut wurde. Zugang durch die sogenannte Lange Fahrt (ca. 300 m) aus den 70er Jahren des 17. Jh.s; Portal

Tetschener Wappen

1672. Im Schloß Kunstschätze und Sammlungen. Schloßkapelle St. Georg, für die das Bild „Kreuz im Gebirge" von Caspar David Friedrich bestimmt war (1809), das aber in die Gemäldegalerie in Dresden kam. Im Rosengarten des Schlosses Gloriette und Barockplastiken. Sala terrena um 1700 mit Freskenschmuck, G. B. Santini zugesprochen. Das Schloß, 1931 an den Staat verkauft, diente fortan als Kaserne. Vom Schloß gelangt man durch einen gedeckten Gang in die Kirche Kreuzerhöhung, an Stelle einer 1530 erwähnten älteren Kirche 1687–1691 erbaut. Josef Kramolin schuf die Fresken (1792). Die dreischiffige Kirche St. Wenzel und Blasius, zuerst gotisch, wurde nach 1749 nach dem großen Stadtbrand neu errichtet. Das spätbarocke Gotteshaus war zeitweise profaniert.

Inmitten des Marktplatzes mit alten Häusern aus der Zeit der Renaissance stand bis 1885 die Loreto-Kapelle (1670), nach dem Vorbild der Casa santa von Loreto errichtet, in der sich die Gruft der Familie Thun befand. Diese wurde später in die Johanneskirche in Kröglitz/Bodenbach verlegt. Die Johannes von Nepomuk geweihte Kirche, bei der sich in den 20er Jahren unseres Jahrhunderts Jesuiten aus Mariaschein niederließen, wurde im neugotischen Stil erneuert (1869–1872): Entwurf Friedrich Schmidt, Dombaumeister in Wien, Ausführung Josef Mocker, Dombaumeister in Prag. Die Stadt Tetschen besaß mehrere bemerkenswerte Barockstatuen (Marienstatue 1724) und Brunnen. 1934/1936 entstand die altkatholische Christuskirche. Bemerkenswert ist die durch Hochwasser 1561 zerstörte und 1564 – 1569 erbaute steinerne Brücke über den Polzenfluß, an der das Stadtwappen von Tetschen angebracht ist und die Figuren (die Heiligen Johannes von Nepomuk, Veit und Wenzel) von Michael Johann Brokoff schmücken (1714).

Auffallend war das reiche deutsche kulturelle Leben in der Stadt. Eine rege Tätigkeit entfaltete der Verein der Kunstfreunde. Das Stadtmuseum bestand seit 1908. Landwirtschaftliche Hochschule Tetschen-Liebwerd, 1844 entstanden aus einer Landwirtschaftlichen Lehranstalt, ab 1850 Ackerbauschule, 1856/1857 Höhere landwirt-

Schloß Tetschen

schaftliche Lehranstalt, 1900 Landwirtschaftliche Landesakademie, 1920 Akademie für Landwirtschaft in Tetschen-Liebwerd der Deutschen Technischen Hochschule Prag, 1939 bis 1945 Landwirtschaftliche Hochschule Tetschen-Liebwerd. Schulen: Oberrealgymnasium (seit 1899); Handelsakademie (in Bodenbach, seit 1931); Höhere Staatsgewerbeschule (1893 errichtet als Staats-Handwerkerschule); Töchterpensionat (seit 1900), geleitet von Schwestern der Christlichen Liebe. Presse: „Nordböhmisches Tagblatt"; „Alt-Tätschner Gemeindebote"; „Die Elbebrücke" (Wirtschaftsblatt); „Beiträge zur Heimatkunde des Elbetales". Zeitschriften: „Blätter für Pflanzenbau und Pflanzenzüchtung"; „Landwirtschaftliche Fachpresse für die Tschechoslowakei"; „Deutsche Landbauzeitung".

Wirtschaft: Wesentlich für die Wirtschaft waren der große Elbehafen, die Unterhaltung von Lagerhäusern, Speditionen und der Handel. Textilindustrie, Eisenwerke, Blechwarenerzeugung, Kohlenhandel, Gold- und Silberwaren, Glashandel, Gravieranstalt, Erzeugung ätherischer Öle, Seifenfabrik, Fischkonservenerzeugung, Knopffabrik.

Persönlichkeiten: Anton Kern (1709 - 1747), Hofmaler in Dresden; Benedikt Kern (1713 - 1777), Hofmaler in Dresden; Franz Anton von Thun-Hohenstein (1786 - 1873), Wirtschaftsförderer, mit Komers Begründer der Ackerbauschule Liebwerd, Bürgermeister von Tetschen; Johann Ludwig Jordan (1791 - 1879), Industrieller, für den Wahlkreis Tetschen Abgeordneter zur Frankfurter Nationalversammlung; Franz Hochelber (1792 - 1853), Maler; Friedrich von Thun-Hohenstein (1810 - 1881), Staatsmann; Leo von Thun-Hohenstein (1811 - 1888), als Unterrichtsminister Schöpfer des modernen Unterrichtswesens in Österreich-Ungarn; Anton Emanuel von Komers (1814 - 1893), Begründer der landwirtschaftlichen Lehranstalt in Liebwerd; Miroslav Tyrš, eigentlich Friedrich Emanuel Tirsch (1832 - 1884), mit Heinrich Füger Gründer des tschechischen Turnvereins Sokol (1862); Amand Paudler (Kamnitz Neudörfel 1844 - 1905), Augustiner, Heimatforscher und Dichter; Franz Anton von Thun-Hohenstein (1847 - 1916), österreichischer Ministerpräsident, Statthalter von Böhmen; Franz Eichert (Schneeberg 1857 - 1926), Lyriker, Herausgeber der Zeitschrift „Gral"; Franz Endler (1858 - 1937), Theologe, Univ.-Professor in Prag; Eduard Lebiedzki (1862 - 1915), Maler; Franz Storch (Mertendorf 1866 - 1976), Komponist; Emil Neder (1867 - 1939), Heimatforscher, Denkmalpfleger für die Kreise Tetschen und Aussig. Seit 1962 Verleihung der Emil-Neder-Plakette; Robert Manzer (1877 - 1942), Kurmusikdirektor in Karlsbad, Bundeschorleiter des Sudetendeutschen Sängerbundes; Johann Radon (1887 - 1956), Mathematikprofessor u. a. in Innsbruck und Wien; Zdenka Anna Fassbender (1879 - 1954), Kammersängerin am Münchner Hoftheater; Helmut Preidel (Rosawitz 1900 - 1980), Vorgeschichtsforscher; Olaf Jordan (1902 - 1968), Maler und Grafiker; Maria Paudler (1903 - 1990), Bühnen- und Filmschauspielerin; Erhard Josef Knobloch (1923 - 1987), Erzähler, Lyriker, Begründer des Marburger Kreises.

1930 (mit Laube): 12 855 Einw. (9944 Deutsche, 2135 Tschechen, 734 Ausl., 42 andere) (10 321 röm.-kath., 1031 evang., 1025 konf.-los, 184 tschechosl. Kirche, 161 israel., 111 altkath.).

Umgebung: Quaderberg, 295 m; Schäferwand, 282 m; Rosawitz mit Wenzelskirche (um 1785); Bünau mit ehem. Schloß; Biela mit Franziskuskirche (1786/1787, barock).

1951 übernahm die Stadt Nördlingen die Patenschaft über die Vertriebenen aus dem Raum Tetschen-Bodenbach, deren Heimatverband seinen Sitz in Nördlingen hat; dort wurde seit 1959 das Tetschen-Bodenbacher Heimatmuseum aufgebaut.

Teufel. Mit Teufel verbundene topographische Bezeichnungen gibt es allein bei Pfohl (siehe Literaturverz.) acht. Es sind:
Teufelsberg, 1007 m, einer der westlichsten Berge des Riesengebirges, südlich von Harrachsdorf.
Teufelsbrücke, natürlicher Felsenbogen im Dürren Tal unweit Blansko in Mähren, den Resten einer gewaltigen Felsenburg gleichend.
Teufelsgärtchen ist der südlichere Teil des Westabfalles des Brunnberges im Riesengebirge. Eine steile, schwer zugängliche Halde, die der Fundort zahlreicher botanischer Seltenheiten ist.
Teufelsloch, Höhle am Kotouc (539 m, aus reinstem Jurakalk) bei Stramberg in Mähren; prähistorische Funde.
Teufelsmauer, interessanter Basaltgang von Světlá (Bezirk Turnau in Nordböhmen) 25 km nach Süden streichend, durchschnittlich 2 m breit und bis 10 m hoch; die Teufelsmauer bildet auch die Sprachgrenze.
Teufelsmauer, der unschiffbare Teil der Moldau oberhalb Hohenfurt, etwa 1000 m lang; das Wasser wälzt sich mit einem Gefälle von 13 m über große Granitblöcke.
Teufelsplan, Höhenrücken im westlichen Riesengebirge südlich des Grenzkammes, der von der Kesselkoppe bzw. vom Kahlen Berg nach Westen zieht.
Teufels-See, östlich der Seewand im Böhmerwald, 1030 m hoch, 9,7 ha groß, bis 24 m tief. Um den See, der eine dreieckige Form hat, ranken sich viele Sagen.
In den Bereich des Wintersports gehört die *Teufelsschanze,* die 1920 am Nordabhang des Teufelsberges in Harrachsdorf erbaute Skisprungschanze, eine der größten Schanzen des Riesengebirges. Die Anregung für den Bau ging von dem deutschen und österreichischen Skimeister und Baudenwirt Kurt Endler und vom Hotelier Lambert Erlebach aus.

Thaya *(Dyje).* 305 km langer Zufluß der March, dessen Quellbäche auf der Böhmisch-Mährischen Höhe (630 m) liegen. Sie besteht

Burg im Thayatal

aus der Mährischen und Österreichischen Thaya, die sich bei Raabs/Nö. (410 m) verbinden; Mündung bei Hohenau/Nö. (148 m). Er durchfließt, oft mäanderförmig, die fruchtbare südmährische Ebene und umfließt die Pollauer Berge. Hier münden die Igel mit Rokytna und Oslawa und die Schwarza, die bei Brünn die Zwitta aufnimmt. Aus der Thaya kommt das Wasser für mehrere Wasserspeicher, auch für die Talsperren von Frain und Znaim.
Die Thaya und die March wurden beim Vertrag von St. Germain (1919) und durch die Donauschiffahrtsakte (1921) völkerrechtlich als gemeinsamer österreichisch-tschechoslowakischer Grenzfluß zum internationalen Fluß erklärt. Die Flüsse unterstanden der Gerichtsbarkeit der internationalen Donaukommission. Seit 1948 haben sich die Südmährer in Wien in einer Landsmannschaft „Thaya" gesammelt.

Theresienstadt *(Terezín),* Bez. Leitmeritz. 150 m. Nahe der Einmündung der Eger in die Elbe ließ Kaiser Joseph II. 1780 eine große barocke Festungsanlage und eine Stadt erbauen, die er nach seiner Mutter benannte. Bis 1888 Festung, nachher nur noch Garnison und Staatsgefängnis. Auch Gavrilo Princip, der Mörder von Sarajewo (1914), war hier eingekerkert. 1942–1945 in der Kleinen Festung Konzentrationslager für Juden. Kaum waren die überlebenden Opfer am 8. Mai 1945 befreit, wurden von Tschechen Sudetendeutsche interniert und ebenso wie vorher die Juden mißhandelt. H. G. Adler, der Chronist von Theresienstadt, weist

auf die Opfer vor und nach 1945 hin. An die jüdischen Opfer erinnern Gedenkstätte und Ehrenfriedhof. Die toten Sudetendeutschen werden verschwiegen.
In der Stadt Kirche Auferstehung des Herrn, 1805 - 1810, klassizistisch, Plan Julius d'Andreis und Heinrich Hatzinger. Hauptaltarbild von Josef Bergler (1811). Zweistöckiges Rathaus, 1839. Ehem. Militärkommando, 1780 - 1784, und ehem. Offizierskasino, nach 1780, beides Entwürfe von Georg d'Anthon.
Persönlichkeiten: Anton Ohorn (1846 - 1924), fruchtbarer Schriftsteller (ca. 100 Bücher); Maria Müller (1889 - 1958), weltberühmte Sopransängerin an den großen Bühnen der Welt, auch bei den Salzburger und Bayreuther Festspielen; Helmut von Zborowski (1905 - 1969), Konstrukteur von Flugkörpern, auch des Ringflügelflugzeugs, und von Hochleistungsmotoren; er besaß über 300 Patente.
1930: 7181 Einw. (5693 Tschechen, 673 Deutsche, 613 Ungarn, 73 Russen, 56 Ausl., 29 Polen, 10 Serben).

Theusing *(Toužim)*, Bez. Tepl. 600 m. Stadt im Tepler Hochland, an der Straße Karlsbad - Pilsen und an der Bahn Rakonitz - Petschau. Um 1200 entstand eine Propstei des Prämonstratenserklosters Mühlhausen, nach 1437 eine Burg. Kirche seit Mitte 14. Jh. 1469 Stadt und Erlaubnis zu Befestigungsanlagen durch König Georg von Podiebrad. 1469 erhielten die Bewohner von Uitwa, das von Empörern zerstört worden war, von diesem die Erlaubnis, sich unterhalb des Johannes-Schlosses in Theusing anzusiedeln. 1478 Wappenverleihung durch König Wladislaw II.: Über goldenem Grund ein Arm, der ein rotes Herz in der Hand hält; (seit 1500) darüber ein goldener Löwe mit roter Krone. 1481 und 1485 Bestätigung von Privilegien. 1485 kam die Stadt in den Besitz der Herren von Meißen und Plauen, 1623 an Julius Heinrich von Sachsen-Lauenburg, 1690 an den Markgrafen von Baden und schließlich 1837 an den Herzog Beaufort-Spontini, der die Herrschaft Theusing und Petschau zusammenlegte. Kirche Mariä Geburt, 1384 erwähnt. Neubau 1652, 1738 – 1742 und 1778 (nach Brand). Spätgotischer Turm.

Theusing

Inneneinrichtung Rokoko. Malereien von Josef Kramolin. Im Innern das Wappen der Markgrafen von Baden und der Herzöge von Beaufort-Spontini. Matriken seit 1652. Martinskirche auf dem Friedhof, 16. Jh., 18. Jh. Neubau. Kreuzkapelle im Schloßhof, Gewölbe 2. Hälfte 18. Jh. Annakapelle, 18. Jh., 1922 Neubau. In der ehem. Marienkapelle stand eine gotische hölzerne Madonna (Anfang 14. Jh.). Neben der Mariensäule (1705) auf dem Marktplatz waren u. a. Statuen von Johannes von Nepomuk und Johannes d. Täufer vorhanden. Alte Häuser (Renaissance und Barock). Rathaus aus dem 19. Jh., mit Relief des Stadtwappens. Das Schloß besteht aus einem spätgotischen Bau und einem Renaissanceteil (um 1620).
Wirtschaft: Schuhindustrie; Holzverarbeitung. Land- und Forstwirtschaft.
Persönlichkeiten: Joseph Anton Sehling (1710 - 1756), Chordirektor in Prag, Komponist; Johann von Zoph (1740 - 1812), Generalinspektor der Infanterie, Kommandant in Prag; Albert Bäuml (1855 - 1929), Leiter der kgl. Porzellanmanufaktur in Nymphenburg; Friedrich von Tischer (1874 - 1939), im I. Weltkrieg hochdekorierter Offizier, Senator im Prager Parlament; Franz Albrecht (1882 - 1957), Pädagoge und Historiker; Alfred Zerlik (1914 - 1986), Historiker und Biograph.
1930: 1933 Einw. (1896 Deutsche, 31 Tschechen, 5 Ausl.).
Umgebung: Tschebon, 821 m, die höchste Erhebung des Tepler Hochlandes.

Tillenberg *(Dyleň)*, 939 m hoher Berg im südlichen Egerland nahe der bayerischen Grenze. Unter dem Gipfel dieser höchsten Erhebung des Tillengebirges wurde in 812 m Höhe 1926 von der Sektion Eger des Deutschen Alpenvereins ein Schutzhaus gebaut; dieses wurde vor einigen Jahren abgebaut und nach Pilsen transportiert. Auf Grund der Vermessung durch Friedrich von Zezschwitz i. Jahre 1865 soll der Tillenberg der geographische Mittelpunkt Europas sein. Daran erinnert auch ein großer Granitstein, den die Gemeinde Neualbenreuth 1985 aufstellen ließ.

Geographischer Mittelpunkt Europas: Der Tillenberg

Tischnowitz, frühgotisches Portal

An diesen Berg, wo einst auch Bergbau betrieben wurde, sind mehrere Sagen geknüpft, von denen manche literarisch behandelt wurden, z. B. durch Hans Sommert („Tillenwunder") und Hans Watzlik („Im Tillenberg").

Tischnowitz *(Tišnov)*, Bezirksstadt nahe Brünn. In der Kunstgeschichte bekannt ist das Zisterzienserinnenkloster Porta coeli (Himmelspforte) in der Gemeinde Vorkloster, jetzt Stadtteil von Tischnowitz. Klostergründung 1233 durch Constantia, Tochter des ungarischen Königs Béla und Witwe König Ottokars I. († 1230).

Kirche Mariä Himmelfahrt aus der Gründerzeit; Westportal um 1250 ist frühgotisch, zeigt aber noch romanische Elemente. Portal und Kreuzgang (1. Hälfte 13. Jh.) sind frühgotische Kostbarkeiten. Neben dem Kreuzgang der Kapitelsaal mit Kreuzrippengewölbe, das auf zwei achteckigen Säulen ruht. Die Kirche, deren Inneres in der Barockzeit von bedeutenden Künstlern ausgeschmückt wurde, z. B. Franz Anton Maulpertsch und Andreas Schweigl, wurde bei der Profanierung des Klosters 1782 zuerst Lokalie, dann ab 1859 Pfarrkirche von Vorkloster.

Kloster und Kirche 1428 durch Hussiten zerstört, bis 1454 und dann 1618 – 1625 verlassen. 1782 erfolgte die Säkularisierung des Klosters. Es kam an die Familie Mundy, dann als Schloß an die Familie Wittinghof-Schell. Das Konventgebäude diente als Fabrik. Im Jahre 1861 erwarb das sächsische Kloster Mariental den gesamten Klosterkomplex und führte ihn wieder seiner früheren Bestimmung zu. Die Wiederbesiedlung durch Zisterzienserinnen wurde ab 1901 durch Mariental vorgenommen.

1930 Stadt Tischnowitz: 4212 Einw. (4126 Tschechen, 40 Deutsche, 43 Ausl.). Vorkloster (Předklášteří): 1286 Einw. (1231 Tschechen, 38 Deutsche, 9 Ausl.).

Tollenstein *(Tolštejn)*. 667 m hoher Berg am Kammweg Jeschken – Lausche – Rosenberg. Bei St. Georgenthal. Den Phonolithfelsen krönt eine der schönsten und größten Ruinen Nordböhmens. Besitzer der Gegend waren im 12. Jh. die Berka von Dauba, denen im 14. Jh. die Wartenberger folgten. Unter ihnen erfolgte der Bau der gotischen Burg, deren Zweck der Schutz des Handelsweges in die Lausitz war. Als sich Raubritter festgesetzt hatten, wurde die Burg 1337 eingenommen und zerstört, aber bald wieder hergestellt. Als Besitzer folgten nun die Schleinitz, die Mehl von Strehlitz, Starkenfels und schließlich ab 1607 die Kinsky. Deren Güter wurden im Dreißigjährigen Krieg eingezogen. Die Schweden nahmen die Burg 1642 ein und zerstörten sie.

Im Gasthaus inmitten des Burghofes hatte der Wirt Johann Münzberg 1865 ein Museum mit vor- und frühgeschichtlichen Funden begründet. Im Jahre 1892 besuchte Rainer Maria Rilke den Tollenstein und schrieb ins Gästebuch:

„Wie liegt ihr da – ihr alten hohen Mauern
auf schroffem Stein vor alter Zeit erhöht –
wie liegt ihr da, noch von den bösen Schauern
entschwundener Vergangenheit umweht..."

Unterhalb des Tollenstein und des nahen Tannenbergs (779 m) das Dorf Tollenstein, Bez. Warnsdorf. Die ehem. Sommerfrische im Tal des Weißbachs war früher von Bergleuten bewohnt. Bemerkenswert in dem weit verstreuten Weberdorf ist das ehem. Salomonsche Haus, Altes Gericht genannt, früher ein Vorwerk der Burg. 1930 (mit Innozenzidorf und Tanndorf): 783 Einw. (698 Deutsche, 68 Tschechen, 17 Ausl.).

Trautenau *(Trutnov)*, Bezirksstadt im Riesengebirgsvorland, an der Aupa, die bei Königgrätz in die Elbe mündet. 414 m. Am alten Landessteig nahe der Grenze Ansiedlung Deutscher unter Ottokar II. 1301 wird der Name Trautenau erwähnt, das 1348 als Stadt bezeichnet wird. Das

Johanniskapelle in Trautenau

Wappen: Vor einer von zwei Burgtürmen begrenzten Stadtmauer ein Lindwurm, zwischen den Türmen ein Rabe mit einem goldenen Ring im Schnabel. Seit dem Mittelalter wird Leinwandhandel betrieben, dessen eigentliche Blüte erst in der 2. Hälfte des 19. Jh.s beginnt. 1421 Zerstörung durch Hussiten. 1436 bis 1590 königliche Leibgedingestadt, was von der Wohlhabenheit Trautenaus zeugt. Von der Reformationsbewegung erfaßt, sind die Bewohner bis in den Dreißigjährigen Krieg hinein evangelisch. In diesem Krieg schwere Schäden durch schwedische Truppen. Auch in den späteren Kriegen wird Trautenau in Mitleidenschaft gezogen (Schlesische Kriege, Bayerischer Erbfolgekrieg, Koalitionskriege, 1866). Der Chronist vermerkt für 1775 einen Bauernaufstand, für 1861 den Brand fast der gesamten Stadt. 1871 Eröffnung der Bahn Trautenau – Freiheit – Johannisbad und 1908 der Strecke Wekelsdorf – Trautenau. 1890: Bei der Enthüllung des Denkmals zur Erinnerung an die Aufhebung der Robot ist Hans Kudlich, der Bauernbefreier, anwesend. 1939 wird Trautenau Sitz des Generalvikars für die deutschen Gebiete der Diözese Königgrätz.

Der Grundriß der Stadt ist quadratisch angelegt. Die Burg existiert nicht mehr, an der Stelle ein Empirehaus (Museum). Erzdekanalkirche, Mariä Geburt, ursprünglich 13. Jh., 1755 – 1782. Bei der Kirche Reste der spätgotischen Befestigungsanlagen. Ehemal. Spitalkirche, seit 1503, fand seit 1785 als Wohnhaus Verwendung. Evangelische Erlöserkirche 1900. Marktplatz mit Rathaus, erst Renaissance, 1866 neugotisch mit Turm. Laubenhäuser (Renaissance und Barockzeit). Dreifaltigkeitssäule, 1704, barock, vielleicht das Werk eines Schülers von Matthias Braun. An Stelle des Stadtbrunnens (1792) mit der Darstellung des Lindwurms das Wahrzeichen von Trautenau, der Rübezahlbrunnen (1892) von F. X. Pöninger. Statue Johannes von Nepomuk, 1728. Uffo-Horn-Denkmal (Büste von V. O. Tilgner, 1889).

Stadtmuseum, seit 1890, mit Sammlungen über Geologie, Ortsgeschichte, Handwerk und Industrie. An Schulen bestanden ein Staatsrealreformgymnasium, 1854 als Unterrealschule entstanden und 1876 verstaatlicht, eine Lehrerbildungsanstalt, 1870, 1925/1926 aufgelöst, eine Ackerbauschule, seit 1888 als Deutsche Ackerbau- und Flachsbauschule entstanden, eine Handelsschule, die 1938 Handelsakademie wurde.

Presse: „Trautenauer Tagblatt“, „Ostböhmische Arbeiterzeitung“, „Trautenauer Echo“, „Volksbote“, „Ostböhmische Presse“, „Ostböhmische Heimat“, „Der Tabakgegner“.

Wirtschaft: Flachsanbau, Leinen- und Baumwollspinnereien und -webereien, Eisenwarenindustrie, Musikinstrumente, Holzverarbeitung.

Persönlichkeiten: Simon Hüttl (1530 – 1601), Schreiber der Stadtchronik für die Jahre 1484 – 1601; Uffo Daniel Horn (1817 – 1860), Dichter, der sich an der Revolution von 1848 beteiligte; Vinzenz Czerny (1842 – 1916), Chirurg, Krebsforscher, Professor an der Univ. Heidelberg, wo die Czerny-Klinik noch an ihn erinnert; Ignaz (Igo) Etrich (1879 – 1967), Pionier der Luftfahrt, vor allem bekannt durch die Konstruktion der Etrich-Taube; Friedrich Hopfner (1881 – 1949), Astronom, Geodät, Professor an der TH Wien; Theodor Hopfner (1886 – 1946), bedeutender Altphilologe an der Deutschen Universität Prag, gestorben im tschechischen KZ Rusin bei Prag; Hans Halm (1887 – 1975), Slawist und Historiker an der Universität Innsbruck; Evelyn Faltis

(1887 - 1937), erste weibliche Solokorrepetitorin bei den Bayreuther Festspielen, Komponistin; Rudolf Schneider (1888 - 1980), Verleger in Reichenau/Sachsen und München, der u. a. Werke Stifters sowie des Graphikers und Dichters Ernst von Dombrowski herausbrachte; Emil Schwantner (1890 - 1956), Bildhauer; Josef Mühlberger (1903 - 1985), Lyriker, Erzähler, Dramatiker, Literarhistoriker.
1930 (mit Hohenbruck und Nieder Altstadt): 15 923 Einw. (11 619 Deutsche, 3879 Tschechen, 338 Ausl., 87 andere).
Umgebung: In der Umgebung viele Denkmäler, die an die Gefallenen der Schlacht vom 26. Juni 1866 mahnen. Auf der Gablenzhöhe, 505 m, ist der österreichische General Ludwig von Gablenz, der Sieger der für die Österreicher äußerst verlustreichen Schlacht, begraben.

Trebitsch *(Třebíč)*, Bezirksstadt im Tal der Igel. Südwestmähren. 406 m. Ulrich und Leutold, Söhne des Brünner Herzogs, stifteten 1101 ein Benediktinerkloster. Klosterkirche Hl. Prokop (um 1260), 1725 - 1737 durch F. M. Kanka im Barockstil umgebaut. Die Krypta und romanisches Portal erinnern an den ursprünglichen Bau. Die Klosterbauten wurden zu einem Schloß (Renaissance) umgestaltet und im 17. Jh. erneuert. Heute ist es Museum, in dem vor allem auch zahlreiche Weihnachtskrippen, deren Herstellung in dieser Region eine alte Tradition hat, zu besichtigen sind. Von Trebitsch aus, wo seit 1525 keine Benediktiner mehr lebten, entstand ein Kloster in Kumrowiz bei Brünn. Die Stadt entstand 1277 im Schutze des Klosters. Zweimal wurde sie von Hussiten bedrängt und 1468 von Matthias Corvinus belagert und eingenommen. Pfarrkirche St. Martin mit Kreuzrippengewölbe (2. Hälfte 13. Jh., erweitert 1643, barockisiert 1715 - 1730). Von den ausführenden Künstlern seien Paul Troger und J. Winterhalter genannt. Turm, 14. Jh., war in die Stadtbefestigung integriert. Ehem. Kapuzinerkirche Erscheinung des Herrn, 1686 - 1693. Friedhofskirche Hl. Dreifaltigkeit, frühgotisch, Umbau 1564 - 1573. Turm barock. Schon im Mittelalter große jüdische Gemeinde. Synagoge, frühes 17. Jh., jüdischer Friedhof geht auf das 16. Jh. zurück. In Trebitsch bestand eine große Gemeinde der Mährischen Brüder. Marktplatz mit alten Häusern verschiedener Stilepochen.
Wirtschaft: Gold- und Silberwaren, Fruchtsäfte- und Spirituosenerzeugung, Instrumenten- und Maschinenerzeugung, Glas- und Eisenhandel, Lederindustrie, Schuhfabrik, Holzverarbeitung.
Persönlichkeiten: Alois Pokorny von Fürstenschild (1811 - 1876), Kommandant von Pavia (1859), Intendant der Nordarmee (1866), Feldzeugmeister ehrenhalber, 1867 nobilitiert; Matthias Zdarsky (1856 - 1940), Begründer der alpinen Ski-Lauftechnik; Ferdinand Staeger (1880 - 1976), Maler und Graphiker, der auch den Jugendstil mit beeinflußte.
1930: 14 358 Einw. (13 922 Tschechen, 140 Deutsche, 115 Ausl.).

Trebnitz *(Třebenice)*, Bez. Leitmeritz. 228 m. Im Modeltal inmitten von Vulkankegeln des Böhmischen Mittelgebirges. An der Nebenbahn Brüx - Lobositz. Nahe der tschechischen Sprachgrenze. Trebnitz war im 13. Jh. im Besitz des Prager Georgsklosters. Seit 1299 Markt. Stadterhebung 1423. Wappen: Goldener Schild, darin Bild des Heiligen Georg mit Schwert in der Hand und über einem Drachen stehend. 1426 durch Hussiten unter Prokop dem Kahlen eingenommen. Stadtbücher wurden ab 1433 tschechisch geführt. Später waren die Deutschen zumeist in der Minderheit, außer um die Mitte des 19. Jh.s. Von Trebnitz aus verbreitete sich die Vereinigung des Deutschen Volksrates in Böhmen, eine Gründung (1903) des Arztes Dr. Josef W. Titta (1863 - 1923). Diesem gelang es auch, mit Hilfe des Gustav-Adolf-Werkes 1902 die evangelische Christuskirche zu errichten. Sie wurde zu einem Museum umgestaltet mit einer Sammlung böhmischer Granate; diese Halbedelsteine wurden im Böhmischen Mittelgebirge gefunden. In der Sammlung auch Schmuck der Ulrike von Levetzow (1804 - 1899), Goethes jugendlicher Freundin, der aus der Zeit um 1820 stammt. Nach Trebnitz kam auch das Sterbezimmer der Baronin aus ihrem Schloß Trschiblitz, das zu einer Schule wurde.
Pfarrkirche Mariä Geburt, aus der vorhussitischen Zeit (1394). Umbau in der 2. Hälfte des

16. Jh., 1689 erneuert. Turm 1551. Gräber adeliger Familien. Alabasterschnitzereien. Friedhofskapelle barock, 1682 – 1696. In der barocken Pfarrei befand sich früher das berühmte 37 kg schwere illuminierte Kanzionale der Kalixtiner (um 1574), das jetzt zu den Schätzen des Museums gehört. 1893 Eröffnung eines Deutschen Vereinshauses.
Wirtschaft: Obstbau, Konserven- und Marmeladefabrik, Fruchtsäfte- Sommerfrische.
Franz J. Pettrich (1770 – 1844), sächsischer Hofbildhauer.
1930: 2035 Einw. (1719 Tschechen, 301 Deutsche, 14 Ausl.).
Umgebung: Kostial, 488 m, mit der Ruine einer Burg aus dem 14. Jh., die von den Hussiten vergeblich belagert, aber im 16. Jh. zerstört wurde.

Treskowitz *(Troskotovice)*, Bez. Nikolsburg. Markt. 198 m. 1252 Erwähnung. Seit 1260 hatte der Schwesternkonvent von Oslawan das Patronat über die Wenzelskirche. 1536 Markterhebung durch Ferdinand I. Das damals verliehene Siegel: Ein Schild in Silber, in der oberen Hälfte drei schwarze Querbalken. 1538 kam Treskowitz an Sigmund Waleczky von Mürau, 1570 an Berthold von Lippa, später an die Zierotin und schließlich an die Herrschaft Dürnholz. Es wird berichtet, daß schon 1638 mit dem Schulunterricht begonnen wurde. 1796 brannte der Markt fast vollständig ab. 1936 400-Jahr-Jubiläum der Erhebung zum Markt. 1937 erschien in Brünn eine Ortsgeschichte von Franz Flassak.
Pfarrkirche Hl. Wenzel. Der sehr alte Bau erhielt 1840/1841 klassizistische Formen. Hochaltarblatt von Leopold Kuppelwieser. Die Pfarre bestand bereits 1250. Im 16. Jh. war sie im Besitz der Protestanten. Erst seit 1649 war wieder ein katholischer Pfarrer tätig. Dehio-Ginhart erwähnt einen zweigeschossigen Herrenhof mit Lauben und Eckquadern aus dem 17. Jh., ferner ein altes Badhaus aus dieser Zeit und strohgedeckte Hauerhäuser.
Wirtschaft: Landwirtschaft, Obstbau.
1930: 1359 Einw. (1332 Deutsche, 15 Ausl., 12 Tschechen).

Triebendorf *(Trebařov)*, Marktgemeinde, Bez. Mährisch Trübau. Erste Erwähnung im 13. Jh. im Zusammenhang mit dem Augustinerkloster Mariakron, 1267 gestiftet, in den Hussitenkriegen zerstört und bis um 1550 bestehend. Triebendorf im Schönhengstgau, ein deutsches Waldhufendorf mit einem Erbrichter, bestand ursprünglich aus den beiden Gemeindeteilen Klein- und Großtriebendorf. Die Vereinigung erfolgte i. J. 1884, die Erhebung zur Marktgemeinde 1907. Kirche Hl. Dreifaltigkeit. Ein erster Kirchenbau wurde 1470 zerstört, später wieder errichtet und vergrößert. 1769 Einweihung. Zwei Altarblätter des Wiener Malers Dominik Kindermann. Eine Glocke stammt aus d. J. 1533. Lokalie seit 1770. Pfarrei seit 1843.
Wirtschaft: Baumwollbuntweberei (seit 1883), Mühle, Sägewerk, Kistenerzeugung.
1930: 1823 Einw. (1767 Deutsche, 47 Tschechen, 9 Ausl.).
Umgebung: Petersdorf (Petersgrund) mit Kapelle Petrus und Paulus.

Troppau *(Opava)*. Bezirksstadt. Früher Landeshauptstadt Österreichisch Schlesiens, Sitz der Landesregierung und Landesvertretung, des Landesgerichts, der Bezirkshauptmannschaft, Finanzdirektion, Handels- und Gewerbekammer. Mit eigenem Statut. 260 m. An der Oppa, in die bei Troppau die Mohra einmündet. Bahnknotenpunkt. Wichtiges Handelszentrum.
Ursprung Troppaus war eine Siedlung an einem alten Handelsweg von Mähren nach Schlesien und bei einer Burg (Grätz). Erste Erwähnung als Zollstätte 1195, 1224 als Stadt (mit deutschem Recht, Meilenrecht und Zollfreiheit) genannt. 1228 bestand bereits ein Kloster und die Kirche der Minoriten, 1307 entstand das Kloster St. Klara und 1336 ein Kloster der Dominikaner, ebenso eine Kommende der Johanniter. Erstes Wappen 1289; 1579 ein neues, verbessertes Wappen durch Rudolf II: Schild senkrecht in zwei Hälften geteilt, die rechte Hälfte enthält einen halben Adler in Silber auf rotem Untergrund, die linke Hälfte ist senkrecht zweigeteilt, im inneren Teil drei abwärts gerichtete Sparren, der äußere Teil ist in Silber gehalten.
Anfang des 13. Jh. Besitz des Deutschen Ordens, Lehen des böhmischen Königs. 1256 Hauptstadt der Provinz Troppau. 1318 wird das Trop-

Jesuitenkirche in Troppau

pauer Gebiet unabhängiges Herzogtum. 1417 eine Schule bei der Pfarrkirche. 1428 und 1431 von Hussiten bedrängt. 1433 Erlaubnis zur Prägung von Troppauer Münzen. 1460 an König Georg von Podiebrad, der 1461 und 1464 die Privilegien Troppaus bestätigte, dann an seinen Sohn Viktorin, 1485 an Matthias Corvinus, 1501 an Wladislaus von Böhmen und Ungarn. 1511 in die Krone Böhmens einverleibt und 1526 von Erzherzog Ferdinand von Österreich als König von Böhmen in Besitz genommen. Die Reformation setzt sich ab Mitte des 16. Jh.s durch und behauptet sich bis in die Zeit des Dreißigjährigen Krieges hinein. 1613 kommt das Herzogtum Troppau als Lehen an Karl von Liechtenstein.

Die Stadt wird 1627 von Wallenstein, dann noch dreimal von Schweden, im 18. Jh. fünfmal von preußischen Truppen besetzt. Seit 1716 betrieb Johann Wenzel Schindler eine Druckerei, in der er tschechische und deutsche Schriften herstellte. Eine andere Druckerei war die Johann Georg Trasslers, der 1779 begann und ein großes Unternehmen begründete. Nach der Teilung Schlesiens 1742 wird Troppau Hauptstadt Österreichisch-Schlesiens und Sitz der Landesämter. 1820 Troppauer Fürstenkongreß unter Leitung Metternichs: die Monarchen von Österreich, Preußen und Rußland verpflichten sich zur Aufrechterhaltung des Zustandes von 1815 in Europa. 1855 Anschluß an das Eisenbahnnetz. 29. Oktober 1918 Ausrufung der Deutsch-österreichischen Provinz Sudetenland durch die Provisorische Landesversammlung mit Sitz in Troppau. Eingeschlossen waren die Gebiete von Sudeten-Schlesien, Nordmähren und die deutschen Teile Ostböhmens mit zusammen 678 880 Einwohnern, davon 643 804 Deutschen. Am 18. Dezember 1918 besetzen tschechische Soldaten die Stadt Troppau. 11. August 1924: die Stadt verliert ihr eigenes Statut. 1928: Schlesien und Mähren werden eine Verwaltungseinheit. 1938 – 1945 Hauptstadt des Regierungsbezirks Troppau im Reichsgau Sudetenland. 1945 schwere Schäden durch Bombenangriffe.

Kirchlicher Mittelpunkt war die Propsteikirche Mariä Himmelfahrt, Anfang des 14. Jh., gotisch, teils barockisiert. 1634 – 1945 war sie die Kirche des Deutschen Ordens, dessen Kommende neben der Kirche stand. Im Kircheninneren Bilder von Ivo Leicher, Ignaz Günther und Ignaz Raab, Epitaph Carl von Liechtenstein. Zur Kommende des Deutschen Ordens, der vom Anfang des 13. Jh.s bis zur Reformation Wesentliches für Stadt und Umgebung geleistet hatte, dann 1634 wieder Fuß fassen konnte, gehörten u. a. auch die Niederlassungen des Ordens in Freudenthal, Karlsbrunn und Busau. Er erlitt große materielle Verluste durch die Bodenreform in der Tschechoslowakei und wurde am 27. Februar 1939 von der Reichsregierung aufgehoben. Im Zuge der Deutschenvertreibung 1945/1946 wurden auch alle Ordensmitglieder ihrer Heimat beraubt. Die Deutschordensschwestern, 1840 wieder eingeführt, hatten Niederlassungen in Troppau, Engelsberg, Freudenthal, Braunseifen, Langendorf und Würbenthal. Sie leisteten Großes im Dienste der Kranken, der Armen und der Jugend; ihr Elisabeth-Krankenhaus in Troppau war das modernste des gesamten Staates; nach der Auflösung 1939 konnten sie noch caritativ weiterarbeiten, bis auch sie nach 1945 vertrieben wurden. Ein neues Mutterhaus erhielten sie in Passau.

Die St.-Georgs-Kirche erhielten die seit 1625 in Troppau ansässigen Jesuiten, die sie barock

Stadtwappen von Troppau

umbauten. Sie kam nach Aufhebung des Ordens (1773) an die Minoriten. Das Kollegium der Jesuiten wurde Sitz des Landtags und anderer staatlicher Einrichtungen. Die Jesuiten kamen 1897 wieder nach Troppau. Ihre Kirche mit vielen Kunstwerken wurde am 30. März 1945 von Bomben zerstört. Nach dem Wiederaufbau 1947 hieß sie St.-Adalbert-Kirche. Ehem. Kloster der Minoriten (13. Jh.) mit der ursprünglich gotischen Kirche Hl. Geist, Ende 17. und 18. Jh. barockisiert, Bilder von J. Handke, Andreas Groll und Ignaz Günther. Sie war Grablege der schlesischen Przemysliden. 1811 soll Beethoven bei der Aufführung seiner Messe C-Dur op.86 teilgenommen haben. Der Fürstenkongreß benutzte dieses ehrwürdige Gebäude für seine profanen Zwecke. In neuerer Zeit waren im Kloster das Schlesische Landesarchiv und die Gymnasialbibliothek, deren Bestände 1945 ein Opfer der Bomben wurden, untergebracht.

Dominikanerkloster mit Kreuzgang aus der gotischen Zeit, barockisiert, aufgehoben 1786. Heute Haus der Kunst. Auch die zum Kloster gehörende gotische Kirche St. Wenzel, ebenfalls barockisiert, wurde unter Joseph II. aufgehoben und fand als Magazin Verwendung; Fragmente von Fresken sind noch sichtbar. Andere Kirchen des Dekanats Troppau sind in Gilschwitz (Hl. Johannes von Nepomuk), Glomnitz (Hl. Dreifaltigkeit), Groß Herrlitz (Unbefleckte Empfängnis Mariä), Jaktar (Hl. Petrus und Paulus), Katharein (Hl. Katharina), Komorau (Hl. Prokop), Neplachowitz (Hl. Johannes d. T.), Radun (Hl. Dreifaltigkeit), Schlackau (Hl. Anna), Stablowitz (Hl. Laurentius) und Stiebrowitz (Mariä Geburt). Die Hedwigskirche, 1932–1938 nach dem Entwurf Leopold Bauers gebaut, hat Plastiken von Helene Zelezny-Scholz und Fresken; sie blieb unvollendet und diente zeitweise als Magazin. Von den kirchlichen Bauten verdient die Hl.-Kreuz-Kapelle in Katharein (heute Vorstadt) Erwähnung. Dieser achteckige Bau aus dem 14. Jh. wurde unter Joseph II. profaniert, 1907 wieder renoviert und für kirchliche Zwecke verwendet. Es wurden wertvolle Fresken aus dem 15. Jh. freigelegt. Evangelische Kirche, 1898–1899, im neugotischen Stil. Synagoge, 1895–1896, im maurischen Stil. 1938 niedergebrannt (Reichskristallnacht).

Auf dem Oberring das Schmetterhaus, altes Kaufhaus im Mittelalter, dann auch Rathaus, mit dem 72 m hohen Stadtturm (1615). Gegenüber das neue Rathaus (1873), auf der Westseite des Platzes das Stadttheater, errichtet 1882/1883, bez. 1909 (nach einem Brand). Die Tradition der Theateraufführungen ging in Troppau bis auf d. J. 1522 zurück, seit 1750 bestand ein fester Theaterbau. Es wurde in deutscher Sprache gespielt. Die Rangstellung des Theaters entsprach der einer Landeshauptstadt. Schon während des Troppauer Kongresses 1820 konnte man den anwesenden Herrschern und Diplomaten das Vergnügen von Aufführungen bieten, das diese als Ausgleich für ihre politischen Geschäfte erwarteten. In der Zeit von 1919 bis 1938 fanden viermal im Monat tschechische Aufführungen statt. In Troppau begannen viele später berühmte Künstler ihre Theaterlaufbahn, beispielsweise die Schauspieler Rudolf Forster, Fritz Imhoff und Viktor Staal, die Sänger Hans Hotter und Erich Kunz, ferner der Dirigent Leopold Ludwig. Bis 1944 wurden alle drei Spielgattungen gepflegt, auch Wagner-Opern kamen zur Aufführung, besonders 1926–1932.

Von den Barock-Häusern und -Palais sei nur das ansehnliche Palais Blücher, früher im Besitz der Larisch-Mönnich, an der Herrengasse erwähnt. Es wurde schließlich tschechoslowakisches Staatseigentum. Schulen: Staatsgymnasium, 1630 als Jesuitengymnasium begründet, 1773 verstaatlicht. Diese Schule besuchte auch Gregor Mendel. Mädchen-Reformrealgymnasium, 1894 eröffnet. Deutsche Realschule seit 1851. Staatslehrerbildungsanstalt, seit 1870. Staatshandelsschule, seit 1894. Von 1874 bis 1905 bestand eine Hebräisch-Deutsche Volksschule. Schlesisches Landesmuseum, 1881 von der Handels- und Gewerbekammer begründet; Bau 1893-1895. Sammlungsgebiete der einmaligen Einrichtung waren u. a. Kunst und Kunstgewerbe Schlesiens. 1945 ausgebrannt. Letzter Direktor vor 1945 war Prof. Dr. Edmund Braun. Nach dem Aufbau als Slezské museum wiedereröffnet. Troppaus Denkmäler sind zahlreich; sie zählt Paul Buhl (s. Literaturverzeichnis) auf.

Presse: In Troppau erschienen zeitweise oder länger: „Deutsche Post" (später „Neues Tagblatt für Schlesien und Nordmähren"), „Deutsches Volksblatt", „Deutsche Woche", „Deutsche Zeitung", „Neueste Nachrichten", „Neue Zeit", „Sudetenrundschau", „Tagblatt neuester Nachrichten", „Troppauer Zeitung", „Volkspresse", „Wahrheit". Die Mundart in Troppau wurde vom Chronisten Erasmus Kreuzinger († 1879) so charakterisiert: „In der Stadt wird ein reines Deutsch, in den Vorstädten aber deutsch und slawisch, jedoch etwas ins Polnische übergehend, gesprochen."

Wirtschaft: Bauunternehmen, Malzfabrik, Zukkerfabrik, Fruchsaft- und Likörerzeugung, Zündwaren-, Jute-, Tuch- und Nähmaschinenfabrik, Holzindustrie (Möbelfabrik, Rahmenfertigung), Gerberei, chemische und pharmazeutische Industrie, Buchdruckereien.

Persönlichkeiten: Martin von Troppau († 1278), Verfasser einer Chronik der Päpste und Kaiser, Erzbischof von Gnesen; Hieronymus Hirnhaym (1637-1679), Prämonstratenser, Professor in Prag, theologischer Schriftsteller; Johann Senckenberg (1610-1674), sein Enkel Johann Christian stiftete die nach ihm benannten Anstalten in Frankfurt/M.; Eleonora Maria Rosalia von Liechtenstein (1658-1703), die Tochter von Karl Eusebius von Liechtenstein, Herzog von Troppau und Jägerndorf, schrieb das Koch- und Heilmittelbuch „Freiwillig aufgesprungener Granatapfel des christlichen Samariters" (Leipzig 1709), das wiederholt aufgelegt

Troppau, Landesmuseum

wurde; Franz Joseph Schwoy (1742-1806), Verfasser einer Topographie Mährens; Johann Nestroy (Komorau 1763-1834), Advokat in Wien, Vater des gleichnamigen Schauspielers und Dramatikers (1801-1862); Joseph Georg Traßler (1759-1816), Buchdruckereibesitzer und Verleger; Faustin Ens (Rothweil 1782-1858), Mitbegründer des Troppauer Gymnasialmuseums, Heimatforscher, Ehrenbürger; Gustav Graf Belrupt-Tissac (1818-1895), Weihbischof in Olmütz; Karl Dorasil (1829-1897), Präsident der Handelskammer Troppau, Mitglied des Schlesischen Landtags; Amalie Bleibtreu (1835-1917), Schauspielerin, Mutter der Schauspielerinnen Hedwig und Maximiliane Bleibtreu; Rudolf Chrobak (1843-1910), Univ.-Prof. in Wien, Gynäkologe; Hubert Janitschek (1846-1893), Kunsthistoriker, Univ.-Professor; Johann Palisa (1848-1925), Astronom, Entdecker vieler Planeten; Anton Schlossar (1849-1942), Bibliothekar, Kultur- und Literarhistoriker, Volkskundler; Moritz von Auffenberg-Komarow (1852-1928), Kriegsminister Österreich-Ungarns; Joseph Maria Stowasser (1855-1910), Altphilologe, Lexikograph, Dichter; Walter Kudlich (1857-1930), schlesischer Landtagsabgeordneter, Bürgermeister und Ehrenbürger Troppaus; Felix Woyrsch (1860-1944), Direktor der Singakademie und Leiter der Symphoniekonzerte in Altona, Mitglied der Preußischen Akademie der Künste; Maria Stona, eigentlich M. Stonawski, verm. Scholz (1861-1944), Lyrikerin, Erzählerin; Franz von Weidlich, Statthaltereirat in Troppau; dessen Tochter Wilhelmine (1836-1902) war die Mutter des Dichters Hermann Bahr (1863 - 1934); Josef Maria Olbrich (1867 - 1908), Architekt, Maler, Grafiker. Mitbegründer der Wiener Sezession, seit 1899 Professor in Darmstadt; Robert Freißler (1877 - 1950), Politiker, Landeshauptmann der Provinz Sudetenland, Mitglied der Deutsch-österreichischen Friedensdelegation 1918/1919; Otto Wenzelides (1877 - 1958), Obmann des Bundes der Deutschen Schlesiens, Heimatforscher; Gabriele Proft (1879 - 1971), Mitglied des Wiener Gemeinderates und Österreichischen Nationalrates. Setzte sich für das Frauenwahlrecht ein; Bruno Hanns Wittek (1895 - 1935), Redakteur und Schriftsteller; Lothar Foltinek (1899 - 1969), Redakteur in Troppau („Deutsche Post") und Chefredakteur in München („Sudetendeutsche Zeitung"); Gottfried Rothacker (eigentl. Bruno Nowak) (1901 - 1940), Wanderlehrer, Schriftsteller; Rudolf Mader (1901 - 1962), Begründer der „Troppauer Heimat-Chronik", Hrsg. von „Unser Troppau", Fotograf, Stadtrat in Bamberg; Wolfgang Wann (1903 - 1976), Archivleiter in Troppau, Historiker; Max Geyer (1904 - 1958), Maler, Grafiker, Buchillustrator; Franz Pilhatsch (1904 - 1978), Prälat, Professor, Missionswissenschaftler; Walter Seidl (1905 - 1937), Redakteur, („Prager Tagblatt"), Erzähler, Dramatiker; Joy Adamson, geb. Friederike Gessner (1910 - 1980), Schriftstellerin u. Tierschützerin in Kenia; Ernst Demetrius Brabec (1912 - 1943), Komponist; P. Bernhard Tonko OSA (1912 - 1982), Generalsekretär der österr. Caritas; sein Leben war Dienst an den Armen; Kay Krasnitzky (1914 - 1978), Architekt, Maler, Grafiker, Bildhauer.

1930: 36 030 Einw. (21 987 Deutsche, 11 627 Tschechen, 1484 Ausl., 502 Juden, 295 Polen, 92 Russen, 28 Ungarn) (31 805 röm.-kath., 1643 evang., 971 israel., 741 konf.-los, 597 tschechosl. Kirche, 96 griech.-kath., 94 altkath., 39 orthodox.).

Umgebung: Schloß Grätz an der Mohra, zuerst Burg und Zollstätte. Residenz der Herzöge von Troppau. 1777 - 1945 Besitzer Fürsten Lichnowsky, 1806 und 1811 hielt sich hier Beethoven auf, 1846 auch Franz Liszt. Schloß Krawarn,

Kirche St. Wenzel in Tschachwitz

1721 an Stelle eines älteren Baues errichtet, Pläne von Johann Lukas Hildebrandt oder Johann Bernhard Fischer von Erlach. Nach der Feuersbrunst von 1936 wiederhergestellt.

Die Patenschaft über die Troppauer übernahm 1958 die Stadt Bamberg, die Schirmherrschaft 1962 Franz Joseph II. von Liechtenstein. In Bamberg Heimatarchiv und -stube der Troppauer sowie ein Gedenkstein, ein Werk des Bildhauers Engelbert Kaps.

Tschachwitz, *(Čachovice),* Bez. Kaaden. 271 m. Ehem. Kurort am Mittellauf der Eger, unweit des Erzgebirgsabhanges. Eisenbahnstation Priesen. Früher Alaunbergbau. Als Bade- und Trinkkurort schon 1720 auf Christian Müllers Böhmenkarte verzeichnet. Stahlquelle, eisenhaltige Therme von 19,3 °C. Gegen Gicht, Rheuma, Lähmungen, Neuralgie. Beim Bau der neuen Talsperre Negranitz wurde in falscher Abschätzung der Ausdehnung des künftigen Sees der Ort eingeebnet. 1968 stand die baufällige Kirche noch 200 m vom Wasser des Sees entfernt. 1358 Errichtung einer Pfarre. Matriken seit 1660. Kirche St. Wenzel, barock 1716 - 1720. Wertvolle Fresken (aus dem Wenzelsleben, von A. Müller, einem Schüler Reiners, 1751) kamen in das ehem. Kloster Ossegg. Bei der Kirche einige Grabstätten der Adelsfamilie von Stampach.

1930 mit Kudenitz und Weschitz: 599 Einw. (582 Deutsche, 13 Tschechen, 4 Ausl.).

Umgebung: Schloß Luschitz; Burgruine Hassenstein.

Tschausch

Tschausch *(Souš)*, Bez. Brüx. An der Biela. Station an der Strecke Aussig – Komotau. Eine Ansiedlung bestand schon im 14. Jh. 1363 Erwähnung als Pfarrdorf. Im 19. Jh. Bauerndorf, im 20. Jh. starke Zunahme der tschechischen Arbeiterbevölkerung (Bergbau!). 1825 Entdekkung des Sauerbrunnens. 1834, ein Brand verheert den Ort. 1957 Fund des versteinerten Abdrucks des Panzers einer tertiären Riesenschildkröte. Pfarrkirche St. Martin, gotisch 15. Jh., 1680 abgebrannt. Wiederaufbau. 1831 und 1891 Umbau. Altäre frühbarock. Kanzel 1. Viertel 18. Jh. Bild Hl. Leonhard um 1700. Einige Steinfiguren und Epitaphe 16. und 18. Jh. Rathaus 1911. Statue Hl. Prokop 1726.
Wirtschaft: drei Braunkohletagebaue.
1930: 4751 Einw. (4029 Tschechen, 697 Deutsche, 22 Ausl.) (3124 konf.-los, 1491 röm.-kath., 85 tschechosl. Kirche, 43 evang.).
Dem Braunkohlebergbau geopferter Ort.

Tschenkowitz *(Čenkovice)*, Bez. Landskron. 750 m. Am Abhang des Adlergebirges, an der böhmisch-mährischen Grenze. 1304 erwähnt. 1350 Plebanie des Bistums Leitomischl, später Filialkirche. 1782 Pfarrei. Seit 1735 bestand eine evangelisch-reformierte Gemeinde. Der Sprachgrenzort ist das höchstgelegene Dorf des Bezirkes Landskron. Kirche St. Laurentius, 1667, 1780 – 1782 von Fürst Liechtenstein spätbarock errichtet. Altarbild von Karel Skreta. Evangelische Kirche, 1828 anstelle eines hölzernen Bethauses errichtet. Statue Johannes von Nepomuk, 1736. Holzhäuser, sog. Volksarchitektur.
Wirtschaft: Weberei, Schindelerzeugung. Flachsanbau und -handel. Sommerfrische, Wintersport.
1930: 714 Einw. (538 Deutsche, 172 Tschechen, 4 Ausl.), (519 röm.-kath., 187 evang., 7 tschechosl. Kirche).
Umgebung: Adlergebirge, Buchberg, 958 m; Ebereschenberg, 893 m.

Tschermna *(Čermná)*, Bez. Hohenelbe. 450 m. Eisenbahnstation Arnau. Langgestrecktes Dorf, ca. 3 km. 13. Jh. Gründung, Pfarrei um 1400, Kirche vor 1500. In der Reformationszeit evangelisch, aber rekatholisiert. Bis 1860 nach Arnau eingepfarrt, dann selbständige Pfarrei. 1639 bestand bereits eine Schule. Während des 30jährigen Krieges wurde das Gut Tschirn an Albrecht von Waldstein, den Herzog von Friedland, verpfändet, später an die Herrschaft Neuschloß. Alte Kirche Hl. Wenzel, 1510 mit Relief 1506/1521, 1910 wegen Baufälligkeit geschlossen. Neue Kirche Grundsteinlegung 1914, 1917 konsekriert. Steinkreuz am Friedhof 1798.
Wirtschaft: Landwirtschaft. Viele Männer arbeiteten in der Arnauer Papierfabrik.
1930: 1038 Einw. (1020 Deutsche, 14 Tschechen, 4 Ausl.).
Umgebung: Perschelberg, Schinska, Rote Höhe, Rückerberg, Schneeberg, Sandberg.

Tschernhausen *(Černousy)*, Bez. Friedland. Station der Linie Pardubitz – Josefstadt – Reichenberg – Seidenberg. 1385 Erwähnung. Seit 15. Jh. im Besitz der Gersdorf. 1661 in den Besitz

Alte Kirche St. Wenzel in Tschermna

Tschernoschin, Wappen

des Grafen Gallas. Bau des Schlosses mit einer Kapelle Hl. Johannes von Nepomuk (1797). 1983 Zerstörung des Schlosses. Ferienheim des Deutschen Gebirgsvereins für das Jeschken- und Isergebirge (seit 1886), das die Grafen Clam-Gallas zur Verfügung gestellt hatten.
Wirtschaft: Fruchtsafterzeugung. Holzindustrie.
Karl Czoernig von Czernhausen (1804 - 1889), Statistiker, Mitglied der Frankfurter Nationalversammlung, Leiter der Zentralkommission zur Erhaltung der Kunst- und historischen Denkmale.
1930: 268 Einw. (244 Deutsche, 12 Tschechen, 12 Ausl.).

Tschernoschin *(Černošín)*, Bez. Mies. 501 m. Stadt am Fuße des Wolfsbergs (701 m), an der Straße Pilsen - Mies. 1290 erste Erwähnung. Tschernoschin gehörte zur Herrschaft Triebl und war 1501 - 1659 Bestandteil des Besitztums der Schwanberger, deren Wappen war auch das von Tschernoschin: Auf grünem Dreiberg ein nach rechts gewandter silberner Schwan, Schnabel und Füße golden. In der Reformationszeit zog die neue Lehre ein. Nach der Schlacht am Weißen Berg muß der evangelische Pfarrer den Ort wieder verlassen. 1541 Markterhebung. Im 30jährigen Krieg wiederholt schwere Drangsale. 1804 großer Brand, 84 Häuser vernichtet. 1873 Stadterhebung; neues Wappen: Stadtmauer mit offenen Torflügeln und zwei Türmen, in der Öffnung des Tores ein Schwan. 1944 mehrere Bombenabwürfe. Schon im Mittelalter eine Pfarrkirche St. Georg. Pfarre nach der Reformation neu errichtet. Anfang 18. Jh. Bau einer neuen Kirche. Matriken seit 1624. Eingepfarrt waren Wieschka (mit Dreifaltigkeitskapelle), Wolfersdorf (mit Marienkapelle), Elhotten, Schönthal, Wikau, Triebl, Hangendorf, Sahorsch, Saduba. Statue des Hl. Florian, 1784.
Wirtschaft: Schuherzeugung (Stadt der Schuhmacher!). Obstbau. Sommerfrische.
1930 mit Elhotten: 1602 Einw. (1549 Deutsche, 43 Tschechen, 9 Ausl.).
Umgebung: Wolfsberg (mit Burgruine, 13. Jh.), den Goethe 1823 besuchte.

Tupadl *(Tupadly)*, Bez. Dauba. 185 m. Am Libocher Bach. Nächste Eisenbahnstation Liboch. Altes Bauerndorf im Bereich der Daubaer Schweiz. Anton Wenzel Veith (1793 - 1853), von der romantischen Bewegung seiner Zeit angeregt, wollte hier an Stelle einer Ruine und eines Hofes auf dem Kosteletzer Berg eine böhmische Ruhmeshalle anlegen. Vorbild war die Walhalla bei Regensburg. Baubeginn 1840. Ludwig Schwanthaler in München war beauftragt, die Modelle für 21 Standbilder von Persönlichkeiten aus der böhmischen Geschichte und Sage zu schaffen. Der Tod Veiths bedeutete das Ende dieses Vorhabens. Damals waren acht Büsten fertiggestellt; diese kamen in das Nationalmuseum in Prag. Einer der vier geplanten Ecktürme (59 m) der Ruhmeshalle wurde vollendet und diente dann als Aussichtsturm.
1930 mit Neu-Tupadl: 381 Einw. (338 Deutsche, 43 Tschechen).
Umgebung: Schelesen, wo der Prager Dichter Franz Kafka zur Sommerfrische weilte.

Türmitz *(Trmice)*, Bez. Aussig, 156 m. Stadt im Tal der Biela. Durch Straßenbahn mit Aussig verbunden. An den Eisenbahnstrecken Aussig - Komotau und Türmitz - Bilin. Urkundlich 1264 erwähnt. 1393 kam es an die Herren von Melin, 1662 an Johann Hartwig Grafen Nostitz. 1664 Markterhebung und Wappenverleihung: Eine silberne bezinnte Mauer mit offenem Tor; hinter der Mauer zwei Türme mit Schießscharten, Hauben und Fahnen. Zwischen den Türmen das Wappen der Nostitz mit Anker, Halbmond, Keilerzähnen und Adlerflug. Reichsgraf Franz Anton von Nostitz-Rieneck (1725 - 1794), För-

derer von Kunst und Literatur, ließ 1781 – 1783 in Prag das Nostitzsche Nationaltheater, das spätere Deutsche Landestheater, erbauen.
Aus der Ackerbaustadt wurde im 19. Jh. ein bedeutender Industrieort. Türmitz war bis 1939 selbständige Stadt, dann wurde es nach Aussig eingemeindet.
Pfarrkirche Maria Geburt 1590 – 1629 lutherisch. Die Kirche wurde mehrmals umgebaut, jetziger Bau 1898/99. 1953 Schäden durch Brandstiftung. Kloster der Kongregation der Armen Dienstmägde Christi mit Marienkapelle. Altes Schloß, erbaut um 1690. Vierflügeliger Bau um Arkadenhof. Vor der Schlacht bei Lobositz (1756) hatte hier Friedrich II. sein Quartier. Schloß bestand bis in die 60er Jahre des 20. Jh.s, Neues Schloß, 1856 – 1863 durch den Wiener Architekten Heinrich Ferstel im Stil englischer Gotik errichtet, steht in der Nähe der Kirche. Ausgedehnter englischer Park. Das Schloß wurde 1919 von der Familie Wolfrum der Stadt Aussig geschenkt und enthält in 50 Räumen das Museum mit großen Sammlungen, u. a. mit der geologisch-mineralogischen Abteilung, von J. E. Hibsch und Georg Bruder zusammengetragen, und dem Levetzow-Zimmer mit Erinnerungsstücken an Ulrike von Levetzow, der Freundin Goethes.
Wirtschaft: Chemische Werke, Zuckerfabrik, Baumwollspinnerei, Wattefabrik, großes Elektrizitätswerk, das einen Teil Nordböhmens mit Strom versorgt. Flaschen- und Tafelglasfabrik. Braunkohlebergbau (Kohlevorkommen seit dem 18. Jh. bekannt). Weit bekannt war der Mohnmuschelmarkt, der jeweils am Osterdienstag stattfand.
Persönlichkeiten: 1623 wurde ein Rilke in Türmitz genannt, im 18. Jh. war hier ein Rilke Bürgermeister. Es wird angenommen, daß der Dichter aus dieser Familie stammt. Hermann Burghart (1834 – 1901), Hoftheatermaler.
1930: 7593 Einw. (5052 Deutsche, 2318 Tschechen, 214 Ausl., 9 andere), (5342 röm.-kath., 1563 konf.-los, 570 evang., 66 tschechosl. Kirche, 36 israel.).
Umgebung: Hottowies mit Kapelle, Augiessl, Kosten, Schönfeld mit Filialkirche (St. Martin), Lochtschitz mit Kapelle (Kreuzauffindung, 1817), Raudnig mit Filialkirche St. Wenzel, 1384, Wicklitz mit Johannes-von-Nepomuk-Kapelle.

Türmitz

Turn *(Trnovany)*, Bez. Teplitz-Schönau. Ternovaz wird im 12. Jh. als ältere Siedlung bezeichnet. 1370 wird Trnowan zum Teplitzer Kloster zugeteilt. Von diesem kam es im 16. Jh. an die Wrschowitz. 1664 als Turnau und 1787 als Turn genannt. 1794 lebten hier nur 319 Menschen. Erst in der 2. Hälfte des 19. Jh.s erfolgte, bedingt durch die Industrie, ein schneller Aufschwung. 1842 werden vier Kalkwerke und ein „Kohlenbruch" bei Daubrawitz erwähnt. Für den Transport von Kohle wurde 1862 eine Eisenbahnverbindung zur Teplitz-Aussiger Linie gebaut. Im größten Dorf Österreich-Ungarns nahm 1876 die Porzellanfabrik des Friedrich Stellmacher den Betrieb auf; das war der Beginn einer bedeutenden keramischen Industrie. Zehn weitere Unternehmen entstanden in der Umgebung. Stadterhebung am 24. Mai 1910. Das Wappen: ein blauer durch einen silbernen Balken quergeteilter Schild; im oberen Teil ein Kornfeld mit Pflug und zwei Bäumen, dahinter der Schloßberg von Teplitz; im unteren Teil zwei Vasen, dazwischen ein Merkurstab.
1942 Eingemeindung nach Teplitz-Schönau, 1945 wieder selbständige Stadt, 1947 abermalige Eingemeindung. Der große Park stand früher den Badegästen von Teplitz-Schönau zur Verfügung. Kirche Herz Jesu, 1907. Die evangelische Christuskirche mit dem 70 m hohen Turm entstand zu Beginn unseres Jh. Der Goethe-Stein

mit dem Bronzerelief des Dichters ist eine Schöpfung von Johannes Watzal.
Wirtschaft: Glas- und keramische Fabriken, Maschinen-, Textil- und Faßfabriken, Likör- und Sodawassererzeugung, Gravieranstalt, Bergbau, Maschinenhandel, Gaswerke. Spielwaren-, Wachstuch- und Schuhfabriken, Holzbearbeitung, Kunstlederfabrik, zwei Buchdruckereien, Nahrungsmittelindustrie.
Emil Lehmann (1880 - 1964), Heimatforscher und Volkskundler, Begründer der Zeitschrift „Heimatbildung".
1930: 16 551 Einw. (11 349 Deutsche, 4191 Tschechen, 800 Ausl., 211 andere) (11 603 röm.-kath., 2483 konf.-los, 1567 evang., 731 israel., 123 tschechosl. Kirche, 22 altkath.).

Türnau, Markt *(Trnávka)*, Bez. Mährisch Trübau. An der Eisenbahnstrecke Proßnitz - Triebitz. Im Triebetal am Fuße der Zimburg. Erwähnung im 13. Jh.; 14. Jh. Besitzer Herren von Zimburg (Zinnenburg), später an die Landesherren, die Herren von Boskowitz und 1622 an die Liechtenstein. Um 1550 - 1622 evangelische Pfarrer. Wappen seit 16. Jh.: Mauer mit Zinnen, rechts und links vom Tor je zwei Fenster, hinter der Mauer ein Turm mit zwei Fenstern und einem spitzen Dach, rechts und links eine Kuppel. Diese und der Turm tragen Fähnchen. Pfarrkirche Hl. Jakob, jetziger Zustand aus d. J. 1752. Hochaltarbild von Thaddäus Supper.
Persönlichkeiten: Wenzel Müller (1759 - 1835), Komponist (Musik zu Bühnenstücken Ferdinand Raimunds); Franz Spina (1868 - 1938), Slawist, Univ.-Professor an der Deutschen Universität in Prag, Politiker (Bund der Landwirte), 1926 - 1938 Minister. In T. begraben; Mauritz Blazarek (1872 - 1945), Architekt, Direktor der Bundeslehranstalt für Maschinenbau in Linz.
1930 mit Kieferdörfl, Mezihor, Alt Türnau: 958 Einw. (773 Tschechen, 179 Deutsche, 5 Ausl.).
Umgebung: Ruine Zimburg, 412 m, Schauplatz des Romans „Durana" von Rudolf von Eichthal.

Tuschkau Stadt *(Město Touškov)*, Bez. Mies. 333 m. Am linken Ufer der Mies. Station Tuschkau - Kosolup an der Eisenbahn Gmünd - Eger. 7 km nordwestl. von Pilsen. Im 12. Jh. kommt das Dorf in den Besitz des Abtes Reiner vom

Tuschkau Stadt

Kloster Kladrau, der in Tuschkau eine Propstei gründet (1370). 1355 Erwähnung als Markt. 1422 Verpfändung durch das Kloster an Wilhelm von Littitz. 1424 verwüstet das Heer Žižkas Tuschkau und vernichtet die Propstei. Spätere Pfandherren: die Herren von Luditz, Guttenstein, Schwihau, Pflug von Rabenstein, Ruppau u. a. Seit 1543 Stadt. Wappen: Rot-gold gespaltenes Wappen, rechts die Hälfte eines schwarzen Adlers, links Turm mit offenem Tor, mit Fenstern und Spitzdach.
1630 Beginn der Kirchenbücher. 1670 zum Gut Tschemin, das dem Kladrauer Kloster unterstand; es wurde 1785 aufgelöst. Pfarrkirche Johannes der Täufer, 1288, 1777/1778 Barockbau von A. Hafenecker. Ringplatz mit Statuengruppe, 1723 von Legat. An der Brücke über die Mies Johannes-von-Nepomuk-Statue. Einige Häuser aus der Renaissance- und Barockzeit.
Wirtschaft: Landwirtschaftsmaschinenfabrik. Mühlsteinerzeugung. Handschuhmacherei. Gemüseanbau. In der Umgebung Steinkohlelager.
Persönlichkeiten: Simon Lämmel (1766 - 1845), Großhändler in Wien, Fabrikant, Mäzen; Karl Elbl (1836 - 1909), Prof. der Pastoraltheologie an der Deutschen Universität Prag.
1930: 1914 Einw. (1455 Deutsche, 421 Tschechen, 35 Ausl.).

Tusset *(Stožec)*, Bez. Krummau. 1065 m. Gemeinde im Tal der Kalten Moldau, nahe dem Goldenen Steig. Dorfgründung 1769; Name nach dem gleichnamigen Berg. Unter dem Tussetfelsen Wallfahrtskapelle (Holzbau, Presbyterium aus Stein). Erste Nachricht vom Gnaden-

(Marien-)Bild 1791. Neben der Kapelle eine Quelle, der heilkräftige Wirkung zugeschrieben wird. Nach der Vertreibung verfiel die Kapelle; sie wurde von Deutschen wiederaufgebaut.
Wirtschaft: Resonanzholzerzeugung (1854 erste Fabrik von F. Bienert), Forellenzucht.
Adolf Pascher (1881 - 1945), Botanikprofessor an der Deutschen Universtität Prag.
1930 mit Grasfurth, Neuthal und Pechofen: 683 Einw. (632 Deutsche, 30 Tschechen, 21 Ausl.).

Tyssa *(Tisá)*, Bez. Tetschen, 544 - 620 m. Das weit verstreute und reizvoll gelegene Grenzdorf bildet die Grenze zwischen Erzgebirge und Elbsandsteingebirge. Wohl schon im 12. Jh. entstanden, 1340 erste urkundliche Erwähnung. Beliebt als Sommerfrische. Kirche Hl. Mutter Anna, 1787 errichtet auf Kosten des Religionsfonds. Einrichtung Rokoko. 1848 Erhebung zur Pfarrei. Eingepfarrt Eiland, Raiza, Antonsthal. Schloß Schönstein, 1557, Renaissance, seit 1653 unbewohnt. Nur Ruinenreste.
Wirtschaft: Knopfindustrie (seit 1783 bezeugt), Blitzableiterspitzen, Türgriffe, Schirm- und Stockbeschläge, Schlittenglocken, Metallwaren.
Josef Hiebsch (1854 - 1897), Musiklehrer an der Lehrerbildungsanstalt in Wien, Verfasser von Musikunterrichtswerken.
1930 mit Raiza: 2146 Einw. (2081 Deutsche, 37 Ausl., 25 Tschechen, 3 andere) (1749 röm.-kath., 388 konf.-los, 43 evang.).

Tyssaer Wände *(Tišské Stěny)*. Bez. Tetschen. 615 m. Romantische, zerklüftete Sandsteinfelsen, Höhlen und Grotten mit vielen Felsgebilden, bis 70 m hohen Wänden und Aussichtspunkten. Die Felsen gehören dem Quadersandstein der Kreidezeit an und sind Reste eines ehemals kompakten Sandsteinplateaus, das durch die Kräfte der Natur in pittoreske Felsgebilde (mit Namen wie Kleiner Kuhstall, Wolfsschlucht, Ritterhöhle, Königswand, Rudolfstor, Nonnen, Kamel, Apotheker, Elefantenbeine, Januskopf, Bürgermeister, Muschelhalle) verwandelt wurde. Wildgehege für Wildschweine.

Udwitz *(Otvice)*, Bez. Komotau. Station an der Eisenbahnstrecke Aussig - Komotau. 1295 kam das Dorf durch die Brüder Friedrich und Theoderich von Schönburg an den Deutschen Orden in Komotau. 1685 an die Herrschaft Rothenhaus, später an die Stadt Görkau. 1869 selbständige Gemeinde. Filialkirche Hl. Barbara, 1655 erbaut. Im 14. Jh. Pfarrkirche.
Wirtschaft: Landwirtschaft. Obstbau.
Persönlichkeiten: Eduard Pokorny (1818 - 1855), Schriftsteller, Abgeordneter (1848); Josef Reyzl (1874 - 1938), Politiker, Senator der Deutschen Sozialdemokratischen Arbeiterpartei im Prager Parlament.
1930: 1405 Einw. (1325 Deutsche, 66 Tschechen, 1 Ausl.) (1310 röm.-kath., 59 konf.-los, 24 evang., 4 tschechosl. Kirche, 3 israel.).

Unterhaid *(Dolní Dvořiště)*, Bez. Kaplitz. 618 m. Marktgemeinde am linken Ufer der Maltsch. Entstehung im 12. Jh. an einem Handelsweg von Böhmen nach Österreich. Eine Gründung der Herren von Rosenberg. 1279 mit einer Kirche genannt. 1346 Philipps-Haid. Ab 1598 Unterhaid. 1369 Markt. Privilegien durch die Herren von Rosenberg, später durch die Schwanberg und die Grafen Buquoy. 1500 erteilt Peter von Rosenberg ein Siegel, aus dem das Wappen entstand: Silberne bezinnte Mauer mit zwei silbernen Türmen, zwischen diesen die goldene Rose der Familie Rosenberg.
Pfarrkirche Hl. Agidius, 1488 gebaut, 1507 konsekriert. Rippengewölbe. Dreischiffige Halle.

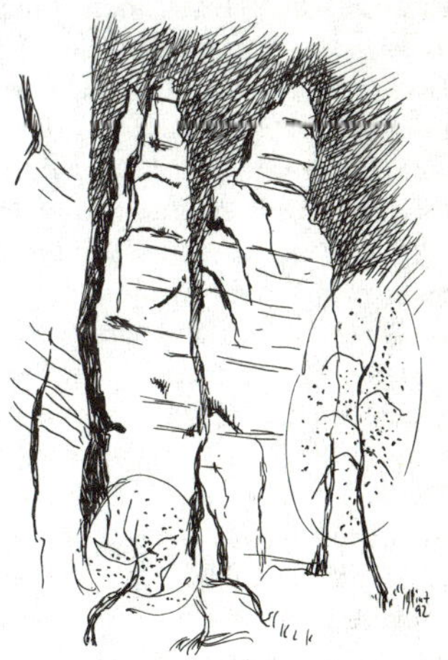

Tyssaer Wände

Ägidiuskirche in Unterhaid

Spätgotische Kanzel aus Stein. Taufbecken mit Rosenberg-Wappen. Einrichtung gotisch, barock und neugotisch. Ab 1641 Seelsorge durch die Zisterzienser in Hohenfurt. Ab 1638 Matrikenführung. Während der Reformationszeit vorübergehend evangelisch. Ringplatz mit Statue des Hl. Johannes von Nepomuk. Spuren der ersten Pferdeeisenbahn von Budweis nach Linz sind noch sichtbar.
Hans Watzlik (1879 - 1948), Sohn des Unterhaider Postmeisters. Schriftsteller.
1930: 654 Einw. (505 Deutsche, 120 Tschechen, 27 Ausl.).

Unter Langendorf *(Dolní Dlouhá Loučka)*, Bez. Sternberg. 256 m. Reihendorf mit Vierkanthöfen am Südrand des Altvatergebirges. Eisenbahnstation Mährisch Neustadt. Im 14. Jh. als Luczka (1307) und Longavilla (1371) genannt. 1658 wohnten hier 80 Bauern, 38 Gärtner und 15 Häusler, insgesamt 536 Einwohner. 1736 Markterhebung. Seit 1889 Deutschordens-Krankenhaus. 1919 Einrichtung einer tschechischen Minderheitenschule für 18 Schüler im Gebäude der deutschen Klosterschule.
Pfarrkirche St. Bartholomäus, erst gotischer Bau (im Presbyterium noch sichtbar). 1796 erneuert. Seelsorge durch Deutschordens-Priester. Angebaute Dreifaltigkeitskapelle. Kirche 1617 - 1628 lutherisch. Kapelle Maria Heimsuchung im Gebäude der Deutschordens-Schwestern, die eine Mädchenschule unterhielten. Schloß in Unter Langendorf, Renaissancebau, Barockumbau. 1707 bis 1938 Eigentum des Deutschen Ordens (für Wohnungen und für Verwaltungszwecke). Schloß in Ober Langendorf, barock, Filialkirche Hl. Elisabeth, 1839 geweiht. 1848 Neubau. Eingepfarrt waren auch Pinkaute mit Kapelle Hl. Johannes von Nepomuk, und Pudelsdorf mit Kapelle Hl. Florian.
Johann Schön (Ober Langendorf, 1802 - 1839), Professor der Staatswissenschaften an der Universität Breslau.
1930: 1766 Einw. (1541 Deutsche, 209 Tschechen, 16 Ausl.).

Unter Maxdorf *(Dolní Maxov)*, Bez. Gablonz. 600-700 m. Im Kamnitztal. Eisenbahnstation Josefsthal - Maxdorf an der Strecke Gablonz - Reichenberg. Gründung im 17. Jh. Der Ortsname stammt von Graf Albrecht Maximilian Desfours, dem Gründer (zwischen 1670 und 1680). Seit 1765 Schleifmühlen. Elias Zenker baute die erste Glashütte. 1899 Teilung der Ortschaft in Ober und Unter Maxdorf. 1862 Papierfabrik, die später zur Flachsgarnspinnerei umfunktioniert wurde. Seit 1878 große Glasfabrik, ab 1904 eine zweite. Seit 1907 Heimatmuseum (auch Erzeugnisse der Glasindustrie in der Region).
Wirtschaft: Zwei große Glashütten, große Baumwollweberei. Glasschmuck-Hausindustrie (ca. 50 Betriebe).
Der Isergebirgsdichter Gustav Leutelt (1860 - 1947) lebte zeitweise als Lehrer in Unter Maxdorf. Hier entstand u. a. sein Roman „Die Königshäuser"; Leutelt wurde Ehrenbürger der Gemeinde.
1930: 1334 Einw. (1156 Deutsche, 175 Tschechen, 3 Ausl.) (830 röm.-kath., 220 altkath., 177 konf.-los, 101 evang.).
Umgebung: Buchberg, 820 m, Scholzeberg, 771 m.

Unter Reichenstein - Klostermühle *(Dolní Rejštejn)*. Bez. Schüttenhofen, 568 m. 11 km südlich Schüttenhofen (Bahnhof). Im südwestlichen

Böhmerwald am Zusammenfluß der Losnitz mit der Wottawa, die ab hier für Flöße schiffbar ist. In geschützter Lage. Alter Bergbauort (Goldförderung) aus dem 14. Jh. (unter Johann von Luxemburg). Ende des Jh. wohl schon Markt. 1570 Erwähnung einer Pfarrei, 1620 erloschen und 1686 wiedererrichtet. 1584 durch Rudolf II. Erhebung zur Freien Bergstadt. Wappen (nach Zelenka): In Rot ein Arm mit schwarzem Ärmel, einen silbernen Hammer haltend, rechts unten von einem silbernen Bergeisen und links oben von einem silbernen Schlägel begleitet. 1584 Trennung von Bergreichenstein, mit dem Unter Reichenstein vorher verbunden war. Nach dem Ende der Goldförderung Glaserzeugung. Pfarrkirche St. Bartholomäus, bestand schon 1396. Umbau 1570. Barockumbau 18. Jh.
Wirtschaft: In Klostermühle seit 1840 Joh. Lötz Witwe, Glasfabrik, Erzeugung von Kunst- und Luxusgläsern in allen Farben, gemalt, geätzt, geschliffen, irisiert; kunstgeschichtliche Bedeutung vor allem in der Zeit des Jugendstils.
1930 mit Klostermühle: 1021 Einw. (943 Deutsche, 53 Tschechen, 25 Ausl.).
Umgebung: Bergreichenstein, alte Bergbaustadt (Gold), 739 m, Ruine der Burg Reichenstein. Tal der Widra, eines Quellflusses der Wottawa.

Unter Sandau *(Dolní Žandov)*, Bez. Marienbad. 556 m. In hügeligem Gelände zwischen den Nordausläufern des Oberpfälzer Waldes und dem Kaiserwald. An einem ehem. Landestor an der ehem. Handelsstraße Eger – Pilsen, gegründet durch die Herren von Hartenberg und von Nothaft. Das zum Stift Tepl gehörende Gebiet war seit dem 12. Jahrhundert von Deutschen besiedelt und hatte schon im 14. Jh. eine Pfarre. Zeit der Stadterhebung ist unbekannt. Wappen: In rotem Schild zwei Türme, zwischen diesen ein blauer Schild, dieser mit Wappen eines Herrschaftsbesitzers.
Pfarrkirche St. Michael, 1384 in den Errichtungsbüchern, Umbau 1682, renov. 1804 und 1928. Barocke Altäre. Zur Pfarrei gehörten Amonsgrün mit Kreuzkapelle (15. Jh.), Markusgrün mit Dreifaltigkeitskapelle, Kneipelbach mit Kapelle, 1730, Neu Mügel, Kreuzbühel (Kapelle, Statuen St. Anna und Johannes von Nepomuk), Ober

Weinkeller in Unter Tannowitz

Sandau (Johannes-von-Nepomuk-Statue), Zeidlweit. Pfarrei seit d. 14. Jh. Rathaus. Fachwerkbauten. Obwohl wiederholt von Bränden heimgesucht, hatten sich etliche schmucke Häuser erhalten.
Wirtschaft: Durch die Sandauer Dosen wurde der Name der Stadt weit bekannt.
1930: 1594 Einw. (1503 Deutsche, 69 Tschechen, 21 Ausl.).
Umgebung: Tillenberg, Burgruine Borschengrün, Schloß Königswart (Fürst Metternich).

Unter Tannowitz *(Dolní Dunajovice)*, Bez. Nikolsburg. 189 m. Eisenbahnstation Bratelsbrunn. Vorgeschichtliche Siedlungsstätte. Seit 1245 nachweisbarer Ort. Im 16. Jh. lebten hier viele Wiedertäufer. 1580 Marktrechtverleihung durch Rudolf II. Wappen: Eine Tanne auf einem grünen Hügel, auf beiden Seiten je ein roter Turm. Auf dem grünen Hügel ein Winzermesser. 1630: Rudolf von Teuffenbach auf Dürnholz lokkert die Robot, bald darauf beseitigt er durch ein Patent den Frondienst. 1936 wurde diesem Bauernfreund hier ein Denkmal errichtet.
Pfarrkirche St. Ägidius, Empire 1804. Pfarre 1270 urkundlich erwähnt. Gotisches Langhaus und Chor im 17. Jh. erweitert. Mehrere spätbarocke Häuser. Bei der Kirche steinerner Pranger (18. Jh.). Von der ehem. Burg ist nichts mehr vorhanden.
Wirtschaft: Zementwarenerzeugung, Glashandel, Kalkbrennerei, bedeutender Wein- und Gemüsebau.
Persönlichkeiten: Karl Renner (1870 – 1950), 1945 erster Bundespräsident der Zweiten Repu-

blik Österreich; Hans Dworschak (1885 - 1957), Direktor der Deutschen Gartenbauschule in Brünn.
1930: 2778 Einw. (2677 Deutsche, 65 Tschechen, 36 Ausl.).
Umgebung: Unter Wisternitz.

Unter Themenau *(Poštorná)*, Bez. Göding. An der Grenze zu Österreich gelegen. Vorgeschichtliche Fundstätte. Der Ort gehörte früher zur Herrschaft Feldsberg. Bis 1920 Bestandteil von Niederösterreich, aufgrund des Vertrages von St. Germain zur neugegründeten Tschechoslowakei. Der Markt beherbergte viele Kroaten. Wie der Südmährische Reiseführer berichtet, hielt sich hier altes Volks- und Brauchtum bis zum Ende des Zweiten Weltkrieges. Pfarrkirche Mariä Heimsuchung, neugotischer Zentralbau 1894 - 1898 von Karl Weinbrenner, achteckige Kuppel. Einrichtung neugotisch, Bilder von Josef Beyer. Mehrere Jugendstilhäuser.
Wirtschaft: Große keramische Unternehmungen, Ziegelerzeugung, landwirtschaftliche Maschinen. Landwirtschaft.
1930: 3853 Einw. (3617 Tschechen, 189 Deutsche, 39 Ausl.).
Umgebung: Ober Themenau, Straßendorf mit vielen kroatischen Einwohnern, deren typische Häuser mit blauen, gelben, grünen und roten Farben auffallen. Die alten Bauernhäuser sind teils noch mit Stroh gedeckt. Freistehender Glockenturm (18. Jh.).

Unter Wisternitz *(Dolní Věstonice)*, Bez. Nikolsburg. 174 m. Straßensiedlung nördlich der Pollauer Berge, an der Thaya. Steinzeitliche Siedlung. In den 20er Jahren wurde unter dem Maidenberg im Löß eine Mammutjägerstation des Spät-Aurignacien entdeckt. Ausgrabungen bis in die jüngste Zeit. Besonderes Aufsehen erregte eine Plastik, die sog. Venus von Unter Wisternitz, die in das Landesmuseum in Brünn kam. Andere Ausgrabungen brachten auch archäologische Zeugnisse aus späterer Zeit hervor. Der Ort an einem Übergang über die Thaya wurde 1312 als Wistanicz genannt. 1334 kam dieses an die Herrschaft Nikolsburg, zu der es bis 1848 gehörte. 1460 Erhebung zum Markt durch König Georg, 1490 wiederum durch König Matthias Corvinus. Das Wappen nach Zelenka: Eine seitlich von je zwei Pfählen getragene, offensichtlich hölzerne Brücke mit Sprossengeländer, über dem zwei abgewendete Rebentrauben mit gekreuzten Stielen ruhen, unter der Brücke ein linksgewendeter Fisch.

Unter Wisternitz, in der Michaelskirche

8. August 1619: Schlacht bei Unter Wisternitz. Sieg des Obersten Friedrich von Teuffenbach über die kaiserlichen Truppen unter Dampierre. Kirche St. Michael, spätgotisch um 1400, später mehrmals Umbau. Im Schiff Rippengewölbe von 1530. Turm 1582. Barockeinrichtung von Ignaz Lengelacher. Pfarre urkundlich 1400 erwähnt. Rathaus Anfang 17. Jh., jetzt archäologisches Museum. Mehrere Barockhäuser.
Wirtschaft: Weinbau, Obstbau. Sommerfrische.
1930: 688 Einw. (642 Deutsche, 36 Tschechen, 10 Ausl.).

Urbau *(Vrbovec)*, Bez. Znaim. 217 m. 1222 urkundlich erwähnt. Das Klosterbrucker Wappen auf dem Kirchentor wies auf die Bindung an dieses Kloster. Seit Ende des 15. Jh.s Gerichtsbarkeit. Die Dorfbewohner genossen seit dem Mittelalter besondere Privilegien; diese setzte Kaiser Leopold 1704 außer Kraft. Eine Delegation aus Urbau erinnerte beim Kaiserhof an die Wiedereinsetzung der Vorrechte. Die fünf Abgesandten aber wurden festgesetzt und auf den

Urbau

Brünner Spielberg gebracht. Dieses Geschehen war Vorlage für Dramen von Ludwig Goldhann und Karl Bacher. 1938 kam Urbau wie viele Orte Südmährens vorübergehend an den sog. Gau Niederdonau. Kirche Johannes Enthauptung, 1. Hälfte 17. Jh., 1747 Umbau. Mit einem Bild Joseph Winterhalters (Mitte 18. Jh.).
1930: 1138 Einw. (1114 Deutsche, 15 Tschechen, 9 Ausl.).

Vierzighuben *(Čtyřicet Lánů)*, Bez. Mährisch Trübau. Im Mittelalter war die Gegend Landbesitz der Stadt Zwittau und bestand aus 40 Hufen. 1354: „In loco quadraginta laneis". Es entwickelte sich ein Dorf. 1392 wurde erwähnt, daß die Gemeinde von der Anfallsverpflichtung entbunden wird; dieses Privileg fand 1523 eine Erneuerung. Bis 1848 wurde der Ort als Vorstadt von Zwittau geführt, dann wurde das Reihendorf zum Markt erhoben. Kirche St. Josef, 1896 Ziegelbau. Neben der Kirche Kolleg der Redemptoristen, die hier einen ihrer ersten Sitze in Mähren hatten. Schloß war Eigentum der Schutzobrigkeit und Sitz des Oberamtes der Herrschaft Zwittau.
Wirtschaft: Große Baumwoll- und Leinenweberei.
1930: 2882 Einw. (2744 Deutsche, 106 Tschechen, 27 Ausl.).

Vogel. Mit Vogel zusammengesetzte Namen von Erhebungen zählt Pfohl insgesamt sechs auf. Es sind:

Vogelherd *(Čihadlo)*, 1200 m, die höchste Erhebung des Koschelkammes, südlich der Kesselkoppe im Riesengebirge.

Vogelherd, 660 m, im westlichsten Teil des Lausitzer Gebirges, an der Grenze der Bezirke Warnsdorf und Deutsch Gabel und gegen Sachsen zu gelegen.

Vogelherd *(Kohoutí kopec)*, 582 m, östlich Nachod, an der Landesgrenze gelegen.

Vogelkoppen auch **Vogelkoppe** genannt *(Ptačí kupa)*, 1017 m hohe Erhebung des Isergebirges, nordwestlicher Nachbar des Taubenhauses, südlich Haindorf, Bez. Friedland, gelegen.

Vogelstein *(Ptačí Kámen)*, 1221 m hoher Berg im westlichen Riesengebirgszug, nördlich von Spindelmühle, am Kamme des Riesengebirges gelegen.

Vogelstein *(Ptačínec)*, 940 m, im Riesengebirge, südlich des westlichen Grenzkammes und östlich von Harrachsdorf gelegen.

Voitelsbrunn *(Sedlec)*, Bez. Nikolsburg. 179 m. Straßendorf an der Straße Nikolsburg – Eisgrub und an der Eisenbahnstrecke Lundenburg – Znaim. Nach Wolny bestanden schon 1362 ein Bad und ein Gericht, 1596 und 1601 auch Wein- und Obstgärten. Das Badhaus hatte 14 Badekammern und 12 Gastzimmer. Auch in neuerer Zeit wurde die Heilanstalt mit den Schwefelquellen von Kranken mit Gicht, Rheuma und Hautkrankheiten aufgesucht. Der Bau des Schwefelbades stammt aus dem 17. Jh. und wurde 1780 umgebaut. Zwischen Voitelsbrunn und Nikolsburg wurden in einem Steinbruch zahlreiche Versteinerungen gefunden. Pfarrkirche St. Veit, gotisch (um 1300), 1. Hälfte 15. Jh., Langhaus eingeweiht 1582. Alte Preßhäuser aus der Mitte des 18. Jh.s.
Wirtschaft: Weinbau, Landwirtschaft. Sommerfrische in geschützter Lage.
1930: 1151 Einw. (895 Deutsche, 221 Tschechen, 34 Ausl.).
Umgebung: Steindammteich.

Vollmau *(Folmava)*, Bez. Taus. 480 m. An der Bahnstrecke Zditz – Pilsen – Furth i. W., 500 m von der bayerischen Grenze entfernt. Zollamt. Die Vollmauer hatten im Mittelalter Freiheiten wie die königlichen Freibauern. 1707 wurde Vollmau von Bayern an Böhmen abgetreten. Lokalkirche Hl. Antonius von Padua, 1797. Vollmau war seit 1837 Pfarrei.

Wagstadter Wappen

Wirtschaft: Schindelerzeugung. Sommerfrische. 1930 mit Ober-, Unter-Vollmau und Fichtenbach: 1141 Einw. (915 Deutsche, 191 Tschechen, 35 Ausl.).
Umgebung: Schwarzkoppe (Čerkov), 1039 m, der höchste Punkt im Pfälzer Wald, mit Aussichtsturm.

Vorder Heuraffl. *(Přední Výtoň),* Bez. Kaplitz. An der rechten Seite der Moldau. Zuerst eine Eremitensiedlung; 1384 Gründung einer Kapelle Hl. Philipp und Jakob. Die geplante Kirche und das Kloster blieben unvollendet. Die Paulanereremiten blieben hier bis 1565, dann verödet. 1592 von Hohenfurt übernommen. 1785 Pfarrei. Kirche erneuert 1883 – 1886. Kreuzrippengewölbe. Dehio stellte fest, daß das Westtor und das Maßwerk Nachbildungen der ursprünglich spätgotischen Chorstühle vor 1487 aus dem Mönchschor in Hohenfurt sind, und zwar mit außerordentlich abwechslungsreich behandeltem Maßwerk der Stuhlwangen. Barocke Orgel, 1751, mit Wappen des Hohenfurter Abtes Quirin Mickl. Am ehem. Klostergebäude südlich der Kirche spätgotische Torgewände.
Wirtschaft: Landwirtschaft und Handel.
1930 mit Kappelner Waldhäuser, Lindner Waldhäuser und Hinter Heuraffl: 1004 Einw. (965 Deutsche, 32 Ausl., 7 Tschechen).

Vöttau *(Bítov),* Bez. Znaim. 428 m. Vöttau entwickelte sich unterhalb einer Burg, die im 11. Jh. landesherrlich war, im Tal der Thaya. 1498 Markt. Damals auch bereits Pfarre. 1790 wurde der gesamte Ort mit Kirche und Pfarrei durch eine Feuersbrunst vernichtet. Der Ort wurde 1932 bei der Fertigstellung der Frainer Talsperre überschwemmt. In den 30er Jahren entstand eine neue Siedlung 2 km östlich der Burg. Die wichtige Grenzburg, 1052 urkundlich erwähnt, liegt auf einem Granitfelsen über dem Stausee und kann nur von Osten aus erreicht werden. 1735 kam die Burg in den Besitz des Grafen Leopold Daun, der Friedrich II. bei Kolin geschlagen hatte. Spätere Besitzer waren die Haugwitz, Zamoyski und Haas von Haasenfeld. In der Burg die gotische Kapelle (1334) sowie Sammlungen (Waffen, Kunsthandwerk und Naturkundliches, besonders zoologische Exponate).

Wachtl *(Skřípov),* Bez. Littau. 584 m. Wachtl, Deutsch Brodek, Döschna, Öhlütten und Runarz bildeten eine Sprachinsel in Mähren. 1250 als Dorf angelegt, 1424 von Hussiten zerstört, wurde der Ort Mitte des 16. Jh.s als Schönhengster Kolonie vom Prämonstratenserkloster Hradisch wieder besiedelt. Seit 1850 kamen Tschechen in das Dorf, in dem die Deutschen jedoch ihre Zahl halten konnten. Um 1850 gab es 300 Webstühle in Wachtl. Die wachsende Industrialisierung brachte das Ende der Hausindustrie. Zu Beginn unseres Jh.s wurde die Toledostickerei eingeführt. Pfarrkirche Christi Himmelfahrt, 1785 – 1792, 1834 erweitert.
Wirtschaft: Strohhüte, Toledostickerei.
Johann Jorda, Teilnehmer am Wiener Aufstand 1848, erwies sich als Notar in Tischnowitz bei Brünn als Wohltäter seiner Heimat; u. a. setzte er eine Studienstiftung für junge Wachtler aus.

Nikolauskirche in Wagstadt

1930: 1566 Einw. (1508 Deutsche, 42 Tschechen, 12 Ausl., 4 andere).

Wagstadt *(Bílovec)*, Bezirksstadt in Mittelschlesien. 294 m. Eisenbahnstation der Strecke Stauding – Wagstadt. Früher Verwaltungsbehörden. An den letzten Ausläufern der Sudeten gelegen. 1323 Stadterhebung durch Wok von Krawarn, daher Wokinstat (Wockenstadt). Es erhielt Leobschützer Recht. Rechteckiger Grundriß. Um 1380 Mauerbefestigungen angelegt. Privilegien durch die böhmischen Könige. Mitte des 15. Jh.s war Georg von Sternberg Herr auf Wagstadt, später folgten ab 1515 die Fulstein, ab 1543 die Praschma, die Förderer des evangelischen Glaubens waren, und schließlich die Sedlnitzky. Im 16. Jh. viele Brände. Wappen, nach Zelenka erst ab 1622: Im roten Schild der Pfeil der Herren von Krawarn. 1627 verwüstet. Um 1670 entstanden einige Zünfte. Im 17. Jh. gehörten zur Herrschaft Wagstadt die Dörfer Groß Olbersdorf, Radnitz, Laubias, Bittau, Blaschdorf und Brawin. 1890 Eröffnung der Bahnstrecke Wagstadt – Stauding. Ende April 1945 schwere Schäden durch Bomben, wobei auch das Schloß ausbrannte. Am 5. März 1946 fuhr der erste Vertriebenentransport (1200 Personen, je 30 mit je 50 kg Gepäck in einem Viehwaggon) aus Wagstadt; nach zwei Tagen kam der Transport in Mellrichstadt an, wo während der Fahrt Verstorbene beigesetzt werden konnten.
Kirche St. Nikolaus. Dreischiffig. Um 1500. Turm 1615. Barock 2. Hälfte 18. Jh., nach 1546 bis 1620 lutherisch. Altarbild von Felix Leicher. Barbarakirchlein mit gotischer Kreuzigung. Schloß,

Alte Kirche auf dem Wakow

Wallern

Renaissancebau, 1729 abgebrannt, dann 1736 Wiederaufbau und barockisiert. Städtisches Museum, gegründet 1907, eröffnet 1926, mit heimatkundlichen und vorgeschichtlichen Sammlungen. Große Verdienste erwarben sich die Leiter Heinrich Zedtitschka und Emil Jelonek. In Bad Neustadt in der Rhön fanden die Wagstädter eine Patenstadt (1958) und Räume für die Heimatstube (1977 eröffnet).
Wirtschaft: Knopffabrik und Metallwerke M. Salcher & Söhne (über 600 Arbeiter), Maschinenfabrik, Herstellung landwirtschaftlicher Maschinen, Schuhfabrik, Tonofenerzeugung. Buchdruckerei. Marmelade- u. Stärkefabriken.
Persönlichkeiten: Felix Ivo Leicher (1727–1812), bedeutender Kirchenmaler. Mitarbeiter von A. F. Maulbertsch; Karl Raimund Kristinus (1843–1904), Liederkomponist; Rudolf Sokol (Altstadt 1887–1974), Maler und Grafiker.
1930: 4960 Einw. (3608 Deutsche, 1198 Tschechen, 122 Ausl., 32 andere) (4675 röm.-kath., 117 konf.-los, 80 evang., 65 israel., 19 tschechosl. Kirche).

Wakow, 581 m hohe Erhebung südlich der alten Reichsstraße von Prag nach Karlsbad und in der Nähe von Luditz, zu deren Pfarrei das alte Kirchlein zu Allerheiligen auf dem Wakow gehörte; es ist sehr alt und wurde 1403 erwähnt. Das Dorf, das rings um das Kirchlein lag, ist verschwunden; ob es aufgegeben oder zerstört wurde, ist nicht nachweisbar. Möglicherweise zerstörten es die Hussiten. Vom Wakow wurden viele Sagen erzählt.

Wallern *(Volary)*, Bez. Prachatitz. 760 m. An der Warmen Moldau. 1359 wurde Wallern, die Gründung am Goldenen Steig (von Passau nach Prachatitz), urkundlich genannt. 1373 eine Pfarrei. 1420 Markt mit eigener Gerichtsbarkeit. Bis 1424, als Wallern von den Hussiten eingenommen wurde, gehörte der Markt zum Wyschehrader Kapitel in Prag, später auch zur Herrschaft der Rosenberg, zu Prachatitz und zur Herrschaft der Schwarzenberg. Wappen (vielleicht schon aus d. J. 1444): Auf grünem Grund vier Tannen. 1871 Stadterhebung. 1899 Eröffnung der Eisenbahn nach Prachatitz, 1900 nach Winterberg, 1910 nach Salnau und Haidmühle. Dadurch beträchtlicher Aufschwung. Am 2. November 1945 ziehen sich die seit Mai anwesenden amerikanischen Truppen zurück und übergeben Wallern den Tschechen.
Eine Besonderheit sind die altertümlichen, mit Schindeln gedeckten Holzhäuser in Alpenbauweise, deren breite, stumpfwinkelige Dächer mit Steinen beschwert sind. Zur Straßenseite hin tragen die Häuser malerische Galerien. Ernst Schwarz schließt von der Bauart der niedrigen ebenerdigen Holzhäuser auf die Herkunft der Wallinger, so nannten sich die Wallerer, aus dem Alpenvorland. Pfarrkirche Hl. Katharina, Barockbau 1688 an Stelle einer älteren Kirche (15. Jh.). Friedhofskirche Hl. Florian 1709. Kirche Hl. Magdalena (1754) auf einer Anhöhe zwischen Wallern und Unterhaid.
Wirtschaft: Staatliche Fachschule für Holzbearbeitung. Zentrum des Holzhandels und der Holzbearbeitung. Eine ständige Möbelausstellung zeigte das handwerkliche Können. Viehzucht und Molkereibetriebe. In der nahen Stögerhütte Glaserzeugung seit dem 16. Jh., im 20. Jh. eingegangen. Rahmenfabrikation und Goldzierleistenherstellung bis 1914. Metallwarenfabrik.

Alpenländische Häuser in Wallern

Persönlichkeiten: Anton Hall (1750 - 1813), Lehrer, Mitarbeiter des Schulreformers Ferdinand Kindermann; Peregrin (Engelbert) Ritter (1838 - 1920), Zisterzienser des Stiftes Hohenfurt, Bildhauer; Richard Kralik Ritter von Meyrswalden (Eleonorenhain 1852 - 1934), Polyhistor, Philosoph, Dichter; Leopold Hafner (1859 - 1925), Bildhauer, Lehrer an der Staatsgewerbeschule in Bozen; Hans Schreiber (1859 - 1936), Schriftsteller und Moorforscher, Gründer der Moorkulturstation in Sebastiansberg; Gustav Ferdinand M. Herglotz (1881 - 1953), Mathematiker und Astronom, Professor in Wien, Leipzig und Göttingen; Rudolf Kubitschek (Böhmisch Röhren 1895 - 1945), Volkskundler.
1930: 3905 Einw. (3633 Deutsche, 195 Tschechen, 76 Ausl.).
Umgebung: Die Wallerer Au und die Tote Au, die größte Moorlandschaft des Böhmerwaldes, von Hans Schreiber erforscht.

Waltsch *(Valeč)*, Bez. Luditz. 544 m. Stadt am Fuße des Duppauer Gebirges. 1358 wurde der Ort als Plebanie aufgeführt. Damals im Besitz des Ctibor von Walcz. Diese Familie saß auf einer Burg, die von Hussiten erobert, im 16. Jh. umgebaut und im 30jährigen Krieg geplündert und zerstört wurde. 1511 Markterhebung durch König Wladislaw. 1526 kam Waltsch an die Grafen Leißnig, dann an Lobkowitz auf Hassenstein, an die Stampach, Limburg-Styrum und Korb von Weidenheim. Letzter Besitzer der Herrschaft war Reichsfürst Thurn-Valsassina. Heribert Sturm erwähnte, daß Waltsch in der Privilegienbestätigung von Kaiser Franz um 1820 Stadt genannt wird. Wappen: Im roten Schild über grünem Rasen ein Stadtturm mit Zinnen.
Pfarrkirche Johannes der Täufer, gotisch, Umbau 1614, Ende 17. Jh. barock von F. Barelli. Nordturm 1708. Grablege der Stampach. Spätbarocke Friedhofskapelle Mater dolorosa, 1751. Vierflügeliges Schloß, erst Renaissancebau,

Schloßkirche in Waltsch

dann barock. 1976 ausgebrannt, Wiederaufbau in Angriff genommen. Beim Schloß und im großen Park mit Kaskaden und einem Theatron Plastiken von Schülern des Matthias Braun, auch eine Apotheose des Grafen F. A. Sporck. Nach dem Krieg kamen Statuen in das Lapidarium des ehem. Klosters Kladrau, einige Kopien zieren die Metrostation auf der Prager Kleinseite. Schloßkirche Hl. Dreifaltigkeit, 1718-1728 gebaut vom Italiener Johann P. Rosa, mit zwei Türmen. Dreifaltigkeitsstatue, 1727-1730, mit den Figuren der Landespatrone aus der Werkstatt Brauns.
Wirtschaft: Obstbau, bes. Kirschen. Jedes Jahr wurde ein Blütenfest gefeiert. Sommerfrische.
1930: 807 Einw. (759 Deutsche, 31 Tschechen, 15 Ausl.).
Umgebung: Fundort schöner Hyalite (Glasopale). Petersburg und Schonhof mit Schlössern und prächtigen Parkanlagen.

Warnsdorf *(Varnsdorf)*, nordböhmische Bezirksstadt. 332 m. Eisenbahnstrecke Warnsdorf - Zittau - Reichenberg. Nahe der sächsischen Grenze. Am Abfall des Lausitzer Gebirges, im ausgedehnten Tal der Mandau. Ursprünglich ein Waldhufendorf aus dem 13. Jh. 1352 „Wernoldi villa" genannt. 1570 wurde Warnsdorf selbständige Herrschaft, und zwar im Besitz der Herren von Schleinitz. Luthers Lehre fand hier bereitwillige Aufnahme; im Zuge der Gegenreformation verlassen im 17. Jh. viele Bewohner ihr Dorf und gründen jenseits der Landesgrenze Neusalza, Neugersdorf und Walddorf. Bereits um 1700 gab es in Warnsdorf eine Musikschule.
Mit der Erzeugung von Baumwollwaren nach englischem Muster (1786) begann eine starke wirtschaftliche Entwicklung; das Dorf, Zentrum der böhmischen Textilindustrie, hieß bald „nordböhmisches Manchester". Durch die Vereinigung von Alt- und Neu-Warnsdorf sowie einigen umliegenden Ortschaften (1849) entstand eine große Gemeinde, größtes Dorf Böhmens, das 1868 Stadt wurde und sich als deutsche Industriestadt mächtig entwickelte. Wappen seit 1888: Auf blauem Grund ein silberner Halbmond, darüber sechsstrahliger silberner Stern. Eisenbahnanbindung 1870.
Pfarrkirche Peter und Paul; einem älteren folgte 1774 ein spätbarocker Bau von J. V. Kosch. Altkatholische Kirche, neuromanisch, 1874/1875. Sitz eines altkatholischen Bischofs. Bürgerhäuser Anfang 19. Jh. (Lausitzer Typ).
In der Stadt entwickelte sich ein reiches kulturelles Leben. Im Jahre 1830 erfolgte in der Pfarrkirche die Uraufführung der vollständigen „Missa solemnis" von Beethoven unter Leitung von Johann Vinzenz Richter. Die Stenographie hielt früh Einzug, und bald gab es drei Stenographenvereine, den ersten seit 1882. Seit 1886 bestand ein Richard-Wagner-Verein, seit 1921 ein Sinfonieorchester. Im Stadtarchiv befanden sich das Ratsarchiv und Teile des Rumburger Herrschaftsarchivs. Leiter war Fachlehrer Karl Richter. Die Deutsche Stadtbücherei wurde 1921 gegründet, Leiter war Dr. Arthur Herr. Das Stadtmuseum bestand seit 1925. Sammlungen:

Wappen von Warnsdorf

Warnsdorf, Pfarrkirche Peter und Paul

Heimatkunde, Volkskunde, heimische Kunst. In der Heimatkundlichen Bücherei wurde das Schrifttum über das Böhmische Niederland gesammelt. Warnsdorf hatte seit 1904 eine Staats-Realschule, seit 1893 eine Handelsschule und eine Staatsfachschule für Weberei.
Wirtschaft: Mehrere Banken. Bedeutende Baumwoll-, Leinen- und Schafwollwarenerzeugung, größte Strumpffabrik Europas. Maschinen- und Metallwarenherstellung, Lederfabrik, Glasfabrik, Pianofabrik, chemische Industrie, Zementwaren, Glashandel, Eisenhandel, Gravurenerzeugung, Buchdruckereien und Verlage (Ambros Opitz, Eduard Strache, Thum, Anton Wenzel).
Persönlichkeiten: Vinzenz Pilz (1816 – 1896), Bildhauer, Schöpfer der Quadriga auf dem Wiener Parlament; Amand Paudler (Kamnitzer Neudörfl 1844 – 1905), Augustiner, bedeutender Heimatforscher und Zeitschriftengründer und -herausgeber; Ambros Opitz (1846 – 1907), Verlagsgründer, Zeitschriftenherausgeber, Schriftsteller, Politiker; Josef Gürtler (1862 – 1947), Chefredakteur, Schriftsteller, Politiker; Marie Günther (1879 – 1961), Operettensängerin; Reinhold Klaus (1881 – 1963), Maler; Ernst Otto Berger (1886 – 1958), Sektionschef des Internationalen Arbeitsamtes beim Völkerbund in Genf; Horst Kliemann (1896 – 1965), Verleger in München, Schriftsteller; Karl Richter (1925 – 1980), Historiker, der Werke zur böhmischen und bayerischen Geschichte schrieb.

1930: 22 621 Einw. (19 963 Deutsche, 1617 Tschechen, 988 Ausl., 53 andere) (15 972 röm.-kath., 3644 altkath., 1358 konf.-los, 1300 evang., 226 israel., 42 tschechosl. Kirche, 22 griech.-kath.).
Umgebung: Burgberg, 437 m, mit Aussichtsturm über der Stadt; Spitzberg, 545 m; Burg Tollenstein; sächsisch-böhmische Grenze.

Wartenberg *(Stráž pod Ralskem)*, Bez. Böhmisch Leipa. 310 m. Zwischen Rollberg und Jeschkengebirge am Fuße des Roll und an der Mündung des Jeschkenbaches in den Polzen. Der bei einer Burg (13. Jh., gotisch) auf dem Schloßberg angelegte Ort, 1281 als Wartenberg genannt, war lange im Besitz der mächtigen Wartenberg. Er wurde mit Stadtrecht (Mitte 15. Jh.) und Wappen (eine fünfblättrige Rose) begabt. Bereits damals wurde die Leinenweberei betrieben. 1596 bestand eine Weberzunft. Zeitweise gehörte Wartenberg zur Herrschaft Wallensteins, dann kam es an die Liechtenstein-Kastelkorn und schließlich an die Hartig. In der Geschichte spielten die Bauernaufstände von 1680 und 1775 eine Rolle. 1854 vernichtete eine Feuersbrunst 103 Wohnhäuser und 34 Scheuern. Pfarrkirche Hl. Sigismund, 1384 erwähnt, gotisch, 1772 – 1779 Umbau im spätbarocken Stil durch Johann J. Kunz. Die Kirche besaß drei Gemälde des Malers Joseph von Führich aus Kratzau. Barockes Pfarrhaus. Pestsäule nach 1680. Kapelle Hl. Josef 1722. Gotische Burg aus dem 13. Jh., angelegt zum Schutze der Straße Zittau – Jungbunzlau. Unterhalb der Burg Renaissanceschloß 1563. 1645 von Schweden in Brand gesteckt.
Wirtschaft: Textil- und Maschinenfabrik. Sommerfrische.
Persönlichkeiten: Heinrich Ignaz Franz Biber von Bibern (1644 – 1704), berühmter Violinist, Komponist, Hofkapellmeister. 1690 nobilitiert; Daniel Joseph Mayer von Mayern (1656 – 1733), Erzbischof von Prag; Anton Franz Mosig (1757 – 1813), Lyzeumsrektor in Olmütz, theologischer Schriftsteller; Anton Jaksch Ritter von Wartenhorst (1810 – 1887), Kliniker und Univ.-Professor in Prag; Rudolf Bitzan (1872 – 1938), Architekt in Dresden; auch in Teplitz Schönau, Gablonz, Eger, Brünn u.a. führte er Bauten aus.

1930: 1061 Einw. (898 Deutsche, 138 Tschechen, 25 Ausl.).
Umgebung: Stausee am Polzen, Roll, 694 m, vulkanischer Berg mit Burgruine. Badeorte Hammer am See und Bad Kunnersdorf.

Weckersdorf *(Křinice)*, Bez. Braunau. Am Fuße des Sterngebirges gelegen. Gründung 1255 durch den Braunauer Benediktinerabt Martin. Name von Wicker oder Weyker, einem der beiden ersten Siedler, Wickersdorf. Am 14. Juli 1847 ging auf das Dorf ein 17,5 kg schwerer Meteorit nieder, der in ein Haus einschlug. Weckersdorf hatte mehrere Quellen, die vorzügliches Wasser lieferten, das nach Braunau weitergeleitet wurde. Försterei des Stiftes Braunau. Zur Gemeinde zählten auch die Ortsteile Amerika, Schlegelhof, Waldhäuser, Krims und Ziegelhäuser.
Maria-Schnee-Kirchlein, 1709. Am Kamme des Gebirges die Sternkapelle, ein Werk Kilian Ignaz Dientzenhofers (1733), das Abt Othmar Zinke erbauen ließ. Die auf sternförmigem Grundriß gebaute Barockkapelle Maria Schnee wurde 1787 aufgehoben und profaniert, 1855 wieder für kirchliche Zwecke verwendet. Beliebter Wallfahrtsort bis 1945. Hauptfest 5. August (Maria Schnee).
Wirtschaft: Glasschleiferei und Glasbilderherstellung.
Persönlichkeiten: Oskar Teuber (1851–1901), Schriftsteller; Anton Kahler (1868–1934), Mundartdichter.
1930: 1132 Einw. (1087 Deutsche, 35 Tschechen, 10 Ausl.).
Umgebung: Weckersdorfer Felsenstadt am Schmiedegrund mit bizarren Felsbildungen, Höhlen und Schluchten, einem „Felsentheater".

Wegstädtl *(Štětí)*, Bez. Dauba. 155 m. Stadt in fruchtbarer Landschaft am rechten Ufer der Elbe; 8 km nordöstlich von Raudnitz. In der Nähe verlief die Sprachgrenze. 1312 erste Erwähnung; Wegstädtl gehörte damals zu Melnik, das Besitztum der böhmischen Königinnen war; diese verliehen dem Markt wiederholt Privilegien. Stadt seit 1549. Wappen: Auf blauem Grund ein Turm mit Zinnen und offenem Tor, gequert von einem schwarzen Ast, der auf das Wappen der Berka von Duba hinweist. Die Lage

Wartenberg am Roll

der Stadt an einem günstigen Elbeübergang brachte es mit sich, daß feindliche Truppen den Fluß überquerten und die Stadt in Mitleidenschaft zogen. Große Schäden richteten die Überschwemmungen von 1784 und 1845 an; um solche Katastrophen zu verhindern, legte man eine Staustufe an. Früher gab es viele Weinberge.
Pfarrkirche Hl. Simon und Juda, um 1530, 1785 im Barockstil. Marmorhochaltar. Fresken von Josef Kramolin. Kapelle mit geschnitztem Triptychon nach einem Stich von Albrecht Dürer. Eingepfarrt waren Podscheplitz (Kapelle Johannes d. T.) und Ratschitz. Rathaus und Brauerei, Renaissancebauten aus dem 16. Jh.
Wirtschaft: Zuckerfabrik, Lederfabriken, Zementwaren- und Fahrradbestandteilherstellung, Hopfen-, Zuckerrüben- und Obstanbau.
Persönlichkeiten: Johann Joseph Abert (1832–1915), Komponist, Hofkapellmeister in Stuttgart. Sein Sohn Hermann und seine Enkelin Anna Amalia waren angesehene Musikwissenschaftler.
1930: 1950 Einw. (1057 Deutsche, 869 Tschechen, 17 Ausl., 7 andere).

Weheditz *(Vehedice)*, Bez. Karlsbad. Besiedlung wohl schon Ende des 12. Jh.s Im 16. Jh. gehörte Weheditz zum Gericht Elbogen. 1615 durch Kauf an Karlsbad. Seit 1554 evangelisch; im 30jährigen Krieg Rekatholisierung. Seit Ende 19. Jh. Erschließung der großen Kaolinlager. 1939 Anschluß an Karlsbad. Während seiner Kuraufenthalte in Karlsbad besuchte Goethe mit Vorliebe auch Weheditz. Das schrieb er auch in seinen „Tag- und Jahresheften" nieder.

Wirtschaft: Dachpappefabrik, keramische Fabrik, zwei Ziegeleien, chemische Fabrik.
1930: 2878 Einw. (2592 Deutsche, 195 Tschechen, 89 Ausl.) (2600 röm.-kath., 132 konf.-los, 97 evang., 32 tschechosl. Kirche, 12 israel.).

Weidenau *(Vidnava),* Bez. Freiwaldau. 233 m. Stadt im Weidenbachtal, am Fuße des Altvatergebirges, nahe der Grenze zu Schlesien. 1291 Gründungsurkunde Vogtei und Stadt Weidenau. Der regelmäßige Grundriß weist auf Kolonisationsgründung hin. Die Bischöfe von Breslau, deren Vögte auf der Feste in Weidenau saßen, erwiesen sich stets als Förderer. Sie erhoben Weidenau zur Stadt (zwischen 1266 und 1268). Wappen: Eine grüne Weide mit Wurzeln und Blättern. In gotischer Zeit wurden Befestigungen angelegt, von denen noch Reste vorhanden sind. Nachdem die Hussiten den Ort 1428 zerstört hatten, bauten ihn die Bischöfe wieder auf; sie unterstützten Handel und Gewerbe. In der Reformationszeit zog die neue Lehre vorübergehend auch in Weidenau ein. 1924 Eingemeindung der Kolonien Vogtei-Weidenau, Stachlowitz und Neu Kleinkrosse. 1897 Eröffnung der Bahnstrecke Weidenau – Haugsdorf. Kirche Hl. Katharina, gotisch, Mitte 13. Jh. (1285 schon als Pfarrkirche erwähnt), 1714 dann barock und schließlich 1883 umgebaut. Westportal noch in der gotischen Form. Renaissance-Epitaphe. Erzbischöfliches Priesterseminar, 1899. Fürstbischöfliches Knabenkonvikt, 1902. Kloster der Barmherzigen Borromäus-Schwestern (seit 1868). Häuser aus Renaissancezeit und Barock. Schloß, 1512, spätgotisch, später umgebaut. Sitz der Vögte. Rathaus 1551, Neubau 1867 (neugotisch) nach Abbruch. Staats-Gymnasium, 1871 gegründet, 1927 vom Staat aufgehoben. Städtisches Museum, Gründung 1895. Heimatkundliche und vorgeschichtliche Sammlungen. Industrieschule. Krankenhaus.
Wirtschaft: Baumwollindustrie. Stein- und Kaolinwerk. Handschuhfabrik, Färberei, Korbflechtwaren, Kunstblumen, Bandweberei, Druckerei, Baumwoll- u. Wollstoff-Erzeugung.
Persönlichkeiten: Adolf Lorenz (1854–1946), Begründer der modernen Orthopädie; Alfred Bayer (1888–1942), akademischer Maler; Rudolf Fitz (1905–1975), Archivar und Historiker, der vor allem über die Siedlungsgeschichte Schlesiens arbeitete.

Weidenau

1930 mit Weidenau-Vogtei, Neu Kleinkrosse und Stachlowitz: 2186 Einw. (1910 Deutsche, 156 Ausl., 98 Tschechen, 20 Polen).
Umgebung: Wallfahrtskirchen Zum Brünnel im Walde und auf dem Gotteshausberg bei Friedeberg. Ruine Kaltenstein bei Schwarzwasser. Tropfsteinhöhlen von Saubsdorf. Kesselsteine (Sagen) am Kienberg, 401 m.
Die Patenstadt der Weidenauer ist seit 1955 die Stadt Neuburg/Donau. Dort wurde die Heimatsammlung Weidenau-Großkrosse aufgebaut.

Weikersdorf *(Vykýřovice),* Bez. Mährisch Schönberg. 335 m. Dorf am linken Ufer der Teß. Endstation der Petersdorf – Winkelsdorfer Eisenbahn. 4 km nordöstlich der Bezirksstadt. Entstehung im 14. Jh. Der Ort geht auf einen Weiker als Begründer oder Lokator zurück. 1391: Der Besitzer der Erbrichterei erhält von Markgraf Jodok das Vererbrecht. 1617 gab es zwei obrigkeitliche Meierhöfe in Weikersdorf. Das Dorf war eingepfarrt nach Reitendorf.
Wirtschaft: Holzindustrie, Leinenweberei, Obstverwertungsgenossenschaft.
1930: 1997 Einw. (1570 Deutsche, 379 Tschechen, 47 Ausl.) (1604 röm.-kath., 193 altkath., 146 evang., 51 konf.-los, 2 tschechosl. Kirche).

Weipert *(Vejprty),* Bez. Preßnitz. 725 m. Weit auseinandergezogene Erzgebirgsstadt am rechten Ufer des Pöhlbaches nahe der Grenze zu

Weipert

Sachsen. In alter Zeit führte hier ein Weg über das Gebirge. Bekannt ist, daß 1506 (angeblich von einem Weypert) ein Hammer betrieben wurde, der zur Herrschaft Hassenstein gehörte. Das damals entstandene Dorf kam 1518 durch Kauf an Preßnitz. Kurz danach soll Weipert Markt gewesen sein. Wie auch in anderen Städten des Erzgebirges kam es durch den Silber- und Kupferbergbau zu einem gewaltigen Aufschwung. 1607 erfolgte durch Rudolf II. die Erhebung Weiperts zur Bergstadt, 1617 durch dessen Nachfolger Matthias zur Freien Bergstadt. Wappen (von 1607) zweigeteilt: Unten auf grünem Boden eine umgestürzte grüne Tanne, deren Wurzeln einen Klumpen Silber und eine Silberader freigeben. Oben zwei Bergknappen in ihren schwarzen Trachten, die eine goldene Weintraube an einer Stange tragen. Im 30jährigen Krieg von den Schweden niedergebrannt. Ende des Bergbaues. Viele Bürger, die sich der neuen lutherischen Lehre angeschlossen hatten, gingen in das Exil nach Sachsen. 1653 Errichtung einer Pfarrei. Ohne Bergbau schien der Niedergang besiegelt, zumal auch die Landwirtschaft in dieser klimatisch ungünstigen Region auf dem Gebirgskamm keine nennenswerten Erträge lieferte. Die erfindungsreichen Erzgebirgler ließen sich nicht entmutigen. Mit viel Erfindungsgabe und Fleiß wurde aus Weipert die größte Industriestadt des Erzgebirges. Seit dem 18. Jh. wurde die Büchsenmacherei betrieben.

Pfarrkirche Allerheiligen, Renaissancebau, dann 1783–1786 als Barockbau, der wiederholte Umbauten erfuhr. Kalvarienberg vor der Kirche, 1717. Friedhofskirche Hl. Martin, spätgotisch, Umbau 1594. Museum, gegründet 1914. Stadtarchiv. Fachschule für Posamentierarbeiten.

Wirtschaft: Herstellung von Jagdgewehren (vier Betriebe), Posamentenherstellung, Spitzenklöppeln in Heimindustrie (seit dem Versiegen des Bergsegens). Stickereiwaren, Strick- und Wirkwaren, Handschuh-, Schuh- und Maschinenfabriken.

Persönlichkeiten: Franz Konrad Bartl (1750–1813), Mathematikprofessor in Prag und Olmütz, Erfinder der Tastenharmonika; Theodor Innitzer (Neugeschrei 1875–1955), Erzbischof von Wien, Kardinal. In sein Bischofswappen nahm er die untere Hälfte des Weiperter Wappens auf.

1930: 11751 Einw. (11103 Deutsche, 407 Ausl., 238 Tschechen) (10701 röm.-kath., 565 evang., 427 konf.-los, 41 israel.).

Umgebung: Keilberg, Kupferhübel, Böhmisch Hammer, Staubecken von Preßnitz.

1955 übernahm die Stadt Gunzenhausen/Mfr. die Patenschaft über die vertriebenen Weiperter.

Weiß. Mit „Weiß" zusammengesetzte geographische Namen finden wir bei Ernst Pohl u. a.:

Weiße Desse, Nebenfluß der Kamnitz, der zum Flußgebiet der Elbe gehört. Entspringt am Sieghübel im Isergebirge, fließt südöstlich und biegt bei Aufnahme der Schwarzen Desse bei Tiefenbach nach Süden ab. Nach etwa 12 km Lauf bei Unter-Tannwald (Bezirk Gablonz) Mündung in die Kamnitz. Im Flußgebiet befindet sich eine Talsperre.

Weiße Neiße, auch Friedrichswalder Neiße genannt, ist der bedeutendste der drei Quellflüsse der Neiße. Sie entspringt auf der Moosbeerheide im Isergebirge nördlich Friedrichswald (Bezirk Reichenberg), fließt nach Süden, mündet westlich Gablonz in die Gablonzer Neiße und heißt nun Neiße.

Weiße Oppa, auch Kleine Oppa, südlicher Quellfluß der Oppa. Entspringt zwischen Altvater und Hoher Heide, fließt östlich und nordöstlich. Nahe der Quelle ein Wasserfall. Das ca. 15 km lange Gewässer, stets in steilem Tal flie-

Nikolauskirche in Weißkirchen

ßend, berührt Karlsbrunn und mündet westlich von Würbenthal in die Mittlere Oppa.

Weißer Bach, in Erdlöchern und Höhlen zeitweise verschwindendes Gewässer bei Holstein im Gebiet der Slouper Höhlen in Mähren.

Weißer Berg *(Bílá Hora)*, 380 m, westlich von Prag. Bekannt durch die Schlacht im Jahre 1620.

Weißer Riegel, 1076 m, (Künisches Gebirge), nördlich des Osserberges.

Weiße Wiese im Riesengebirge. Eine sumpfige Hochfläche, Ursprung der Aupa. Sie streicht vom Koppenplan, dessen südwestliche Abdachung sie bildet, in 1470 – 1350 m Höhe westlich sanft abfallend zum Silberkamm.

Weißwassergrund, Schlucht des von der Schneekoppe kommenden Quellflusses der Elbe, zwischen Riesengebirgshauptkamm und Ziegenrücken. Dieses echte Hochgebirgstal dehnt sich von Westen nach Osten aus.

Weißkirchen an der Neiße *(Bílý Kostel nad Nisou)*, Bez. Reichenberg. 288 m. Bogenbrücke über die Lausitzer Neiße (Oder-Neiße-Grenze!). Station der Eisenbahnstrecke Zittau – Reichenberg. Früherer Name Heinrichsdorf nach dem Gründer. 1352 als Bergbauort erwähnt; Gewinnung von Silber und Blei. Das Zechenhaus war das spätere Gasthaus „Zur Pyramide". Ende des Bergbaus im 30jährigen Krieg. Besitzer des Dorfes waren u. a. die Burggrafen von Dohna. Die Bewohner waren ab 1530 über 100 Jahre lang evangelisch. 1640 forderte die Pest viele Opfer. 1786 erhielten sie einen eigenen katholischen Seelsorger, vorher gehörten sie zu Kratzau. 1858 große Hochwasserschäden. 1866 von preußischen Truppen besetzt.
Kirche Hl. Nikolaus, 1352, erweitert 1399 und im 17. Jh., Turm 1679. Das Hochaltarbild mit dem Kirchenpatron war ein Geschenk des kaiserlichen Gesandten und späteren Vizekönigs von Neapel Johann Wenzel Graf von Gallas. Dreifaltigkeitskapelle in Frauenberg. Barockes Jagdhaus, 1796, von J. Kunz.
Wirtschaft: Spinnereien, Papier-, Pappen- und Holzstoff-Fabrik, Zement- und Gummiwaren. 1930 mit Bäckenhain und Frauenberg: 1652 Einw. (1507 Deutsche, 98 Tschechen, 47 Ausl.) (1308 röm.-kath., 227 konf.-los, 90 evang., 13 altkath., 4 israel.).
Umgebung: Ruine der Burg Roynungen (14. Jh., von Hussiten zerstört), Schloß Grafenstein.

Weißkirchlitz *(Novosedlice)*, Bez. Teplitz-Schönau. Station Turn-Weißkirchlitz an der Strecke Bodenbach – Komotau. Gründung vermutlich schon im 12. Jh. 1352 eine Pfarrei urkundlich nachweisbar. Matriken seit 1594. 1590 bis 1630 lutherisch. Zerstörung im 30jährigen Krieg. 1706 bis 1786 in Teplitz eingepfarrt. 1787 wieder selbständige Pfarrei. Zu dieser gehören Dreihunken, Jüdendorf, Propstau (Kapelle Hl. Antonius von Padua), Pyhanken, Tischau (Kapelle Hl. Johannes d. Täufer), Wistritz (Kapelle Hl. Anna) und Zuckmantel (Kapelle

Weißkirchlitz

Hl. Johannes von Nepomuk). Pfarrkirche Hl. Valentin, urkundlich 1384. 1710/1711 barockisiert durch K. Lagler. Altarbild von Josef Meindl, 1893. Martersäule, 1746.
Wirtschaft: Braunkohlenbergbau, drei Metallwarenfabriken, Glashütte, Steingutfabrik, Papierfabrik.
1930: 4556 Einw. (3503 Deutsche, 879 Tschechen, 159 Ausl., 15 andere) (3411 röm.-kath., 782 konf.-los, 231 evang., 94 tschechosl. Kirche, 33 israel.).

Weißwasser *(Bělá pod Bezdězem)*, Bez. Münchengrätz. 301 m. An der Straße Jungbunzlau – Hirschberg – Böhmisch Leipa. Die Stadt unter dem Bösig erhielt am Anfang des 14. Jh. Befestigungen, von denen sich Teile erhalten haben, u. a. auch das Böhmische Tor. 1337 Stadterhebung. Wappen: 2 runde Türme und 1 viereckiger mit einem kleinen Schild in der Mitte, darin ein böhmischer Löwe. 1426 Zerstörung durch die Hussiten. Die böhmischen Brüder hatten hier ein Zentrum und unterhielten 1514 bis 1521 eine Druckerei. Die Tucherzeugung Weißwassers geht bis in das 16. Jh. zurück.
Seit 1853 bestand hier die Höhere Forstlehranstalt; sie wurde 1903 nach Reichstadt verlegt. B. Smetanas Opfer „Das Geheimnis" spielt auf Schloß Weißwasser. Pfarrkirche Kreuzerhöhung, Anfang 14. Jh., Umbau 1650 – 1655. Kloster der Augustinereremiten, Gründung 1340. Von Hussiten 1421 niedergebrannt. Wiederherstellung 1631 durch Wallenstein. Klosterbau barock 1650 – 1697. Klosterkirche Hl. Wenzel,

Weißwasser bei Jauernig

Felsenstadt von Wekelsdorf

barocker Neubau 1708 – 1712 durch C. Abondio. Mariensäule 1681. Denkmal des tschechischen Dichters K. H. Mácha, 1936. Großes Schloß, Umbau Ende 16. Jh., 1698 durch B. Canevale. Im Schloß Museum (Geologie und Geschichte).
Wirtschaft: Baumwollweberei, Papierfabrik.
1930 mit Leimgruben und Podol: 4723 Einw. (4394 Tschechen, 296 Deutsche, 29 Ausl.) (3081 röm.-kath., 1254 konf.-los, 212 tschechosl. Kirche, 142 evang., 24 israel.).

Weißwasser *(Bílá Voda)*, Bez. Freiwaldau. 305 m. 9 km nordwestlich von Jauernig, an der Staatsgrenze. 1742 wurde hier das Protokoll über die neue Grenze zwischen Preußen und Österreich unterschrieben. 1746 Markterhebung. Piaristen Kolleg, 1727 gegründet durch Jakob von Liechtenstein. Großer vierflügeliger Barockbau, 1724 – 1733, erbaut von dem italienischen Architekten Johann P. Tencalli. Das für seine ausgezeichnete Musikpflege bekannte Haus dient jetzt als psychiatrische Klinik. Neben dem Kolleg die Kirche Mariä Heimsuchung, 1755 – 1777 errichtet nach dem Entwurf von Felix A. Hammerschmidt. Kloster der Armen Schulschwestern, seit 1876. Herzogliches Schloß mit Park.
1930 mit Kamitz Überschar, Rosenkranz und Weißwasser Dorf: 1104 Einw. (941 Deutsche, 129 Ausl., 31 Tschechen).

Wekelsdorf *(Teplice nad Metují)*, Bez. Braunau. 468 m. Im Tal der Mettau. Station der Bahnen Nachod – Halbstadt und Trautenau – Wekelsdorf. Sitz eines Amtsgerichtes. Im frühen 14. Jh. erwähnt. Der tschechische Name wird

abgeleitet von den zwei hier sprudelnden Quellen. Seit dem 16. Jh. war der Ort in Ober- und Unter Wekelsdorf geteilt. Seit 1825 Marktgemeinde. 1972 Stadterhebung.
Ober Wekelsdorf: Oberes Schloß, Renaissancebau, 1599. Kirche Hl. Laurentius, 1363 erwähnt, 1724 - 1727 im Barockstil erbaut. Unter Wekelsdorf: Unteres Schloß, 1664, frühbarock, erbaut von Johann Wenzel Schmiedl, mit Rokokoplastiken. Am Hügel von Stegreifen Wallfahrtskirche Maria Hilf, 1754 von B. Kühn erbaut, mit Fresko und Deckenmalereien. Neben der Kirche war ursprünglich eine Einsiedelei der Iwaniten. Dreifaltigkeitsstatue, 1743. Floriansstatue, 1893.
Wirtschaft: Leinenweberei und -bleiche, Zementwarenerzeugung, Schuhwarenerzeugung, Flachsanbau (Flachsförderungsverein), Eisenhandel. Luftkurort, radioaktives Bad.
Persönlichkeiten: Josef Tichatschek (1807-1886), berühmter Wagner-Sänger; Franz Roser (1808 - 1906), Arzt und Politiker.
1930 mit Buchwaldsdorf, Neuhof und Stegreifen: 1205 Einw. (1088 Deutsche, 97 Tschechen, 17 Ausl.).
Umgebung: Felsenstadt von Wekelsdorf, ein beeindruckendes Naturdenkmal, bestehend aus Quadersandsteinen mit bizarren Formen. Die vor 80 bis 50 Millionen Jahren im Mesozoikum entstandenen Felsengebilde tragen Namen, z. B. Liebespaar, Domplatz, Totengasse, Gemsjäger, Beethoven am Klavier, Madonna, Franziskanermönch, Totenmaske Kaiser Friedrichs. Im Jahre 1790 besuchte Goethe das Felsenlabyrinth. An den Dichter erinnert ein Denkmal. Für die eigentliche Touristik erschlossen wurden die Felsenstädte von Adersbach und Wekelsdorf erst nach dem großen Waldbrand von 1824).

Welehrad *(Velehrad)*, Bez. Ungarisch Hradisch. 219 m. 7 km nordwestlich der Bezirksstadt. Bereits im 11. Jh. war hier eine Benediktinerzelle zum Hl. Johannes d. Täufer. Auf Veranlassung des mährischen Markgrafen Wladislaw Heinrich siedelten hier seit ungefähr 1205 Zisterzienser, die aus dem böhmischen Plass gekommen waren. Die Weihe der Stiftskirche Mariä Himmelfahrt erfolgte 1228. Während der Hussitenkriege mußten die Mönche nach Ungarisch

Wernstadt

Hradisch flüchten. 1650 wurde Welehrad wieder selbständige Abtei. 1784 erfolgte die Aufhebung des Klosters, es wurde vom Religionsfonds eingezogen. 1891 übernahmen Mitglieder des Jesuitenordens die Pfarr- und Wallfahrtskirche.
Die ehem. romanische Klosterkirche wurde 1681 bis 1710 nach dem Plan von G. P. Tencalla barokkisiert; Fresken von Fr. Ignaz Eckstein und J. G. Etgens (1730 - 1740). Auch Kloster und Prälatur wurden umgebaut, ebenso eine frühgotische Kapelle zum Hl. Cyrill aus dem 13. Jh. Sichtbar sind noch die Reste der romanischen ersten Kirche. Vor dem Kloster Statuen von Andreas Schweigl; Mariensäule von Michael Zürn, 1681. Der Wallfahrtsort Welehrad, wo die mährischen Landspatrone Cyrill und Method verehrt werden, rückte seit dem Papstbesuch 1990 wieder ins Öffentlichkeitsinteresse.

Welscher Kamm. Neben dem Hohen Iserkamm und dem Mittleren Iserkamm einer der drei Hauptkämme des Isergebirges. Dieser südlichste Höhenzug erstreckt sich vom Siechhübel (1120 m) 13 km weit nach Südosten. Die durchschnittliche Höhe beträgt 900 bis 1000 m. In diesem bewaldeten Höhenzug ist der Fundort des schwarzen Titaneisens (Iserine), eines Leitminerals für Edelsteine. Diese und Gold wurden im 15. und 16. Jh. von italienischen oder welschen Bergleuten gesucht. Der Welsche Kamm bildet die Wasserscheide zwischen Wittig und Iser, d. h. zwischen Oder und Elbe.

Wernstadt *(Verneřice)*, Bez. Tetschen. 493 m. Stadt am Bieberbach im Böhmischen Mittelge-

Weseritz

birge. Eisenbahn Loschowitz - Wernstadt. 1352 wurde eine „Wernheri villa" erwähnt, die bereits eine Pfarrei besaß. Im 15. und 16. Jh. im Besitz der Berka und der Wartenberg. Verleihung des Stadtrechtes 1497 und des Wappens 1522: Goldschwarz gespaltener Schild (Wappen der Wartenberger), links silberner runder Turm mit drei Fenstern und Tor. Privilegien durch die Wartenberger, König Ludwig von Böhmen und Ungarn und Kaiser Ferdinand I. Im Jahre 1775 errichtete Johann Joseph Leitenberger hier die erste Kattunfabrik Österreichs. Sie bestand bis 1922 und war ein bedeutender Wirtschaftszweig.
Pfarrkirche St. Anna, 14. Jh., Renaissance 1563, nach Brand 1709 - 1711 Neu- und Umbau. Spätgotisches Presbyterium, 1563, mit Kreuzrippengewölbe. Turm 1597. Rathaus, 1617, Spätrenaissance, 1765 spätbarock. Stadtmuseum, 16. Jh., Renaissance. Auf dem großen Ringplatz Laubengänge und Brunnen mit Hl. Florian. Pfarrhaus mit dem Kaiserzimmer (Übernachtung Josephs II. 1778 und 1779).
Wirtschaft: Schuhwarenerzeugung, Webereien, Maschinenfabrik, Eisenhandel. Sommerfrische.
Persönlichkeiten: Anton Raphael Mengs, der berühmte Maler des Klassizismus aus Aussig (1728 - 1779), kam wiederholt nach Wernstadt, als er Motive des Böhmischen Mittelgebirges malte; Friedrich Mattausch (1800 - 1866), Großindustrieller; Joseph Strobach (1852 - 1905), Bürgermeister von Wien.
1930: 1587 Einw. (1513 Deutsche, 63 Tschechen, 11 Ausl.).

Umgebung: Gottesberg, 554 m, mit Wallfahrtskapelle Hl. Dreifaltigkeit, erbaut 1732 - 1733 als Zentralbau.

Weseritz *(Bezdružice)*, Bez. Plan. 576 m. Mittelpunkt des Weseritzer Ländchens. Im Süden des Tepler Hochlandes, 18 km nördlich von Mies. 1227 anläßlich einer Schenkung erwähnt. 1459 durch Georg von Podiebrad Erhebung zum Städtchen und Gewährung von Privilegien, auch der Gerichtsbarkeit. Das aus einem Siegel (16. Jh.) entstandene Wappen: Auf dem grünen Schildfuß rechts ein Turm in Silber mit Tor und Fenstern, links ein Ritter (Hl. Wenzel) mit Helm und Feder, in der Hand ein blaues Banner mit einem Adler. Weseritz stand unter der Grundherrschaft der Harant von Pollschitz und Bezdruschitz, der Kolowrat, der Elbogner von Unterschönfeld, der Schwanberg, Heißenstein, schließlich 1712 an die Fürsten Löwenstein-Wertheim; bei diesen verblieb es bis zum Ende der grundherrlichen Verhältnisse i. J. 1848.
Pfarrkirche Mariä Himmelfahrt, gotisch, umgebaut 1710 - 1711 und nach dem Stadtbrand von 1838. Kanzel frühbarock (3. Viertel 17. Jh.). Steinernes Taufbecken Renaissance 16. Jh., zwei Epitaphe der Kolowrat 1525. Statue des Hl. Florian, barock, 1732. Unterhalb der Reste einer mittelalterlichen Burg (vor 1330) das Schloß, spätbarock, 1772 - 1776, wurde zu Anfang des 19. Jh.s Sitz des Bezirksgerichtes. Kapelle mit Fresken aus der Barockzeit. Der Roman „Ein Schloß in Böhmen" von Bruno Brehm spielt teilweise auf dem Schloß und in Weseritz.
Wirtschaft: Ziegeleien, Maschinenwerkstatt, Mühlen.
Persönlichkeiten: Aus Weseritz stammt das Geschlecht der Schill, aus dem der berühmte Freiheitskämpfer Ferdinand von Schill (1776 - 1809) hervorging; Josef Urzidil (1854 - 1927), der Vater des Prager Dichters Johannes Urzidil, der auch seine Heimat in seinem Werk behandelte; Alois Weinert (1875 - 1945), der unter dem Pseudonym Louis Weinert-Wilton zahlreiche Kriminalromane schrieb, die auch verfilmt wurden. Dieser Klassiker des deutschen Kriminalromans starb am 5. September 1945 in einem tschechischen Lager.

1930: 1066 Einw. (971 Deutsche, 79 Tschechen, 16 Ausl.).
Umgebung: Am Schafberg bei der Burgruine Schwanberg, 695 m, 1696 Errichtung einer Sühnekapelle für die während der Bauernrebellion 1680 Gefallenen. Die 1787 profanierte Kapelle baute 1903 Konstantin von Löwenstein wieder auf.
Die vertriebenen Weseritzer feierten 1959 in ihrer Patenstadt Tirschenreuth das Fest der 500. Wiederkehr der Stadterhebung. Seit 1976 besteht in Tirschenreuth die Plan-Weseritzer Heimatstube mit Archiv. Neben dem musealen Bestand und einer Bücherei ist vor allem die Mineraliensammlung aus dem Heimatkreisgebiet hervorzuheben.

Wiese (Wiesa), *(Louka)*, Bez. Brüx. 302 m. Eisenbahnknotenpunkt der Strecken Prag – Moldau und Komotau – Bodenbach. Am Ratschitzer oder Einsiedler Bach. Südöstlich von Oberleutensdorf. Das Dorf gehörte erst zum Kloster Ossegg, dann zum Besitz der Stadt Oberleutensdorf. Aus der Geschichte ist nicht viel überliefert. 1350 brach die Pest aus, 1866 forderte die Cholera Todesopfer. Seit 1879 systematischer Abbau der Braunkohlenlager. Dadurch bedingt wächst die Einwohnerzahl beträchtlich, vor allem durch den Zuzug tschechischer Arbeiter. 1893 Eröffnung der Eisenbahnstation der Strecke Wiese – Oberleutensdorf. Alte Kirche mit Friedhof von Hussiten zerstört. Knochenreste aus dem Friedhof wurden im vorigen Jahrhundert gefunden. Wiese war nach Oberleutensdorf eingepfarrt. Kapelle des Hl. Antonius von Padua. Ecce-homo-Statue und Sühnekreuz.
Wirtschaft: Kohlebergbau.
1845: 400 Einw., 1930: 2105 Einw. (1088 Deutsche, 998 Tschechen, 18 Ausl.).

Wiesenberg *(Loučná nad Desnou, früher Vizmberk)*, Bez. Mährisch Schönberg. 488 m. Markt im Teßtal, nordöstlich der Bezirksstadt. Sitz eines Bezirksgerichtes. Bereits im 15. Jh. verarbeiteten Eisenhütten das in den Bergwerken geförderte Eisenerz. Im 30jährigen Krieg zerstörten die Feinde das Dorf am Südfuß des Gesenkes und vor allem die Eisenwerke. Diese konnten aber schon 15 Jahre nach dem Friedensschluß die kaiserliche Rüstkammer in Wien wieder beliefern. Zu den Besitzern der Herrschaft Wiesenberg gehörten die Zierotin und das Kloster Welehrad (1770 – 1784). Nach der Auflösung des Klosters i. J. 1784 unterstand die Herrschaft Wiesenberg bis 1834 dem Religionsfonds. In diesem Jahre erwarb sie Graf Anton Friedrich von Mitrowsky. 1844 kam sie an die Gebrüder Klein, die 1853 mit dem Prädikat von Wisenberg (!) nobilitiert wurden und als große Unternehmerfamilie Bedeutung gewannen. Sie taten sich vor allem im Straßen- und Eisenbahnbau hervor und waren auch politisch tätig. Die Familie Klein wurde 1945 enteignet und vertrieben.
Das doppeltürmige Schloß mit prächtigem Park errichteten die Grafen Zierotin am Anfang des 17. Jh.s im Renaissancestil. In den 70er Jahren des 18. Jh.s umgebaut (barock). Die wertvollen Sammlungen (Bibliothek u. a.) des Schlosses, das nach 1945 als Heim für Kinder und Jugendliche, ebenso für Wohnungen und Ämter genutzt wurde, kamen in das Schloß von Groß Ullersdorf. An das Schloß angebaut ist die Kirche Hl. Cyrill und Method, 1774 als Schloßkapelle errichtet und 1785 nach Neubau zur Pfarrkirche erhoben. Bilder von Ignaz Raab, Jesuitenbruder aus dem Kloster Welehrad.
Wirtschaft: Flachsspinnerei, Schindelerzeugung, Betonwarenerzeugung, Eisenwerke, Maschinenhandel, Fahrradherstellung, Erzeugung von Melk- und Buttermaschinen, Milchseparatoren (Firma Westfalia Separator, Alfred Brendel).
1930 mit Philippsthal, Kozianau und Reutenhau: 2154 Einw. (2067 Deutsche, 75 Tschechen, 11 Ausl.).

Schloß in Wiesenberg

Umgebung: Winkelsdorf im obersten Teßtal, am Fuße des Hohen Gesenkes; Ausgangsort für Wanderungen in das Altvatergebirge. Am Rothen Berg (1333 m) die Wallfahrtskapelle Heidebrünnel, 14. Jh., 1787 - 1800 gesperrt, Neubau 1844 - 1850. 1946 abgebrannt. Reutenhau (Marienkapelle, 1780). Zöptau mit Schloß.

Wiesengrund, bis 1938 **Dobrzan** *(Dobřany)*, Bez. Mies. 352 m. Stadt an der Radbusa, im Pilsener Becken. Station der Strecke Pilsen - Eisenstein. Die Herren von Dobrzan besaßen im 13. Jh. den Ort, der 1260 Stadt genannt wurde. 1270 kam er zu den Prämonstratenserinnen in Chotieschau, im 15. Jh. als Pfand an die Czernin und an Johann von Roupow. Die Hussiten überrannten die befestigte Stadt; damals wurden auch das Augustiner- und ein Frauenkloster zerstört. Die von Rudolf II. verliehenen Privilegien bestätigte 1652 Ferdinand III. Weitere Rechte, auch die Führung zweier Siegel, räumten die Chotieschauer Chorfrauen ein. Das Wappen wurde dem Siegel nachgebildet: Auf grünem Boden drei Türme in Silber mit Spitzdächern und goldenen Knäufen, der mittlere Turm mit offenem Tor, über diesem drei schwarze Hirschgeweihe, d. i. das Wappen Hroznatas, des Stifters von Chotieschau. Der 30jährige Krieg hatte große Bevölkerungsverluste verursacht; 1650 führte der Chotieschauer Propst Mauritius Zacharias Bandhauer O. Praem (1585 - 1657) mit Sachsen und Bayern eine Neubesiedlung durch. Die deutsche Sprache wurde nun vorherrschend, und die Eintragungen in den Stadtbüchern wurden in deutscher Sprache geschrieben. Seit dem Ende des 17. Jh.s war Dobrzan Garnisonsstadt. Großen Aufschwung nahm Dobrzan durch den Anschluß an das Eisenbahnnetz und durch den Steinkohlenbergbau. Die Heil- und Pflegeanstalt für Nervenkranke wurde 1876 - 1883 errichtet. Seit dem Ende des 19. Jhs. verschoben sich die nationalen Verhältnisse zu Gunsten des tschechischen Bevölkerungsanteils. 1857 war die Einwohnerzahl noch mit 1093 Deutschen ausgewiesen. Am 27. April 1943 erlitt die Stadt durch einen Luftangriff, der eigentlich den Škoda-Werken in Pilsen hätte gelten sollen, große Schäden. Es waren 311 Tote zu beklagen.

Wiesengrund

Pfarrkirche St. Nikolaus, gotisch, 1259 vom Stift Tepl gegründet. Barockumbau 1757 - 1758. Turm 1694 - 1700. Filialkirche St. Veit, Zentralbau, 1727 - 1734. Martinskapelle, neugotisch, 1881. Die über die Radbusa führende gotische Steinbrücke ist als technisches Denkmal ausgewiesen. Ehem. Heimatmuseum mit der vorgeschichtlichen Sammlung des Bürgerschuldirektors Andress.
Wirtschaft: Steinkohlenbergbau, Mühlen, Bürgerliches Brauhaus, Kaolinindustrie.
Persönlichkeiten: Josef Langl (1843 - 1916), Maler und Erzähler, Ehrenbürger der Stadt Wien; Franz Andress (1870 - 1944), Bürgerschuldirektor, Heimatforscher.
1930: 6429 Einw. (3676 Tschechen, 2699 Deutsche, 32 Ausl., 15 Russen) (5187 röm.-kath., 784 konf.-los, 233 evang., 173 tschechosl. Kirche, 31 israel., 13 griech.-kath.).

Wiesenthal an der Neiße *(Lučany nad Nisou)*, Bez. Gablonz. 600 m. Stadt im Isergebirge. An den Bahnen Reichenberg - Grünthal und Wiesenthal - Unter Wiesenthal. Die erste Nachricht aus d. J. 1623 steht im Zusammenhang mit den Glasmachern Schürer von Waldheim (1665 nobilitiert). 1634 „Wüsenthal" genannt. Die Ortschaft war lange Zeit mit der Herrschaft Morchenstern verbunden. Großer Aufschwung brachte der Bau der Staatsstraße Reichenberg - Trautenau (Mitte des 19. Jh.), ebenso durch den Anschluß an das Eisenbahnnetz der Strecke Gablonz - Tannwald. Seit 1889 war Wiesenthal eine Pfarrei, vorher war es eine

Filiale von Morchenstern. 1892 Erhebung zum Markt und 1913 zur Stadt. Wappen: Ein Pelikan mit ausgebreiteten Flügeln, der seine drei Jungen mit seinem Blut nährt. Kirche Mariä Heimsuchung, 1886 – 1887.
Wirtschaft: Glasperlen, bedeutende Glasindustrie, Beleuchtungskörper aller Art, Kartonagenerzeugung.
Persönlichkeiten: Paul Distelbarth (1879 – 1963), Publizist; Rudolf Karl Posselt (1885 – 1985), Professor für Bergmaschinenkunde an der Montanistischen Hochschule Leoben.
1930: 3677 Einw. (3262 Deutsche, 351 Tschechen, 61 Ausl.). 1973 hatte Wiesenthal noch rund 200 Deutsche, die als Facharbeiter zurückgehalten wurden.
Umgebung: Bramberg, 791 m, mit 25 m hohem Aussichtsturm. Auf dem Bramberg und in der Umgebung Bauden (Unterkunftshäuser).

Wigstadtl *(Vítkov)*, Bez. Troppau. 460 m. Stadt im mährischen Gesenke, zwischen Mohra und Oder. Station der Bahn Zauchtel – Bautsch. Erste Erwähnung 1301, als Wigstadtl, das Leobschützer Recht besaß und wo Bergbau auf Gold und Silber betrieben wurde, in den Besitz der Herzöge von Troppau kam. Spätere Besitzer waren die Freiherren von Oderski und von Wipplar. Unter letzteren wurde Wigstadtl Herrschaftssitz. Seit dem 16. Jh. Tuchmacherei und Strickerei. 1523 wurde der Stadt das Recht auf einen Wochenmarkt gewährt. 1648, beim Heranrücken der Schweden, Sprengung der Burg Wigstein, die seitdem Ruine ist. Ende 18. Jh. konnten

Wiesenthal an der Neiße

Bürgerhäuser in Wigstadtl

sich die Bürger der Stadt vom Frondienst freikaufen. 1860 zerstörte ein Feuer die Kirche. 1863 Beginn der Seidenweberei. 1875 Eingemeindung von Niederdorf, 1919 von Oberdorf. 1890 Anschluß an das Eisenbahnnetz. Wappen (vielleicht schon aus dem 14. Jh.): Blau-silber gespalten; rechts ein schwarzes Jagdhorn mit roter Schnur, links zwei rote Sparren.
Pfarrkirche Mariä Himmelfahrt, vor 16. Jh., in der Reformationszeit bis 1635 lutherisch, 1860 Neubau. Friedhofskirche, 1625, erneuert im 19. Jh. In Oberdorf Schloß, 1713 durch Freiherrn von Wipplar errichtet. Sitz der Grafen Razumowsky, Verwendung als Krankenhaus. Pestalozzi-Denkmal von Josef Obeth, 1930. Schöner Stadtpark, 1901 – 1903 angelegt.
Wirtschaft: Textilindustrie, Erzeugung von Seidenstoffen, pharmazeutischen Präparaten, Likören, Zementwaren, Bürsten und Schuhen; Pappenfabrik, Mühlenbau. Zweigstelle der Kreditanstalt der Sudetendeutschen. Sommerfrische.
Persönlichkeiten: Ferdinand Hanusch (1866 – 1923), sozialdemokratischer Politiker, Vater der Sozialpolitik Österreichs, Arbeiterdichter. An der Wiener Ringstraße wird Hanusch gemeinsam mit Victor Adler und Jakob Reumann mit einem Denkmal geehrt; Emma Grüner (1877 – 1953), Schriftstellerin.
1930 mit Mittelhof, Scheibenhof und Schneckenhof: 4818 Einw. (4432 Deutsche, 321 Tschechen, 59 Ausl., 6 andere) (4558 röm.-kath., 199 konf.-los, 37 evang., 12 israel., 5 tschechosl. Kirche).
Umgebung: Schieferbrüche.

Wilde Adler *(Divoká Orlice)*, nördlicher Quellfluß der Adler, Quellen bei Mittelwalde. Zusammenfluß mit der Tinischt. Teilweise Grenzfluß. Der Böhmische Kamm und das Habelschwerdter Gebirge werden durch den Fluß getrennt. Er hat eine Länge von ca. 70 km. Am Fluß liegt **Pottenstein** *(Potštejn)*, 320 m, eine Sommerfrische, mit einem Schloß, 1749 im Barockstil errichtet, und einer Burgruine (13. Jh., seit 17. Jh. öde).

Wildenschwert *(Ústí nad Orlicí)*, Bez. Landskron. 330 m. Im Tal der stillen Adler, in die die Triebe mündet. An der Eisenbahn Prag – Abtsdorf – Brünn und Geiersberg (Kyšperk) – Wildenschwert. Sitz eines Gerichtsbezirkes. Als Stadt gegen Ende des 13. Jh.s angelegt. Nach E. Schwarz herrscht seit 1393 der tschechische Name der Stadt in Urkunden vor. Tuchmacher- und Weberzünfte entstehen im 16. Jh. und genießen besondere Privilegien. Damals war Wildenschwert ein Zufluchtsort der Böhmischen Brüdergemeine. 1874 Anschluß an die österreichische Nordwestbahn. Dadurch entwickelte sich die Industrie sprunghaft. Pfarrkirche, 1770–1776, ein Barockbau von Jakob Panek. Eine sehenswerte Krippe. Großer rechteckiger Marktplatz, in der Mitte eine Mariensäule. Laubenhäuser. Webschule. Heute befindet sich ein Forschungsinstitut für Baumwollverarbeitung in der Stadt.
Wirtschaft: Baumwollwebereien, Seidenwarenfabriken, Appretur, Likörfabrik.
Persönlichkeiten: Fritz Löhner (1883–1942), schrieb unter dem Pseudonym Beda Löhner Satiren, Kabarettistisches und Libretti. Vizepräsident des Österreichischen Schriftstellerverbandes. In Auschwitz ermordet; Karl Hübl (Dreihöf 1892–1968), Bauer, Erzähler, Volkskundler.
1930 mit Hilbetten: 8391 Einw. (7351 Tschechen, 950 Deutsche, 79 Ausl.) (6161 röm.-kath., 1287 konf.-los, 513 tschechosl. Kirche, 345 evang., 54 israel., 11 orthod.).
Umgebung: Nordöstlich der Stadt die Sommerfrische Geiersberg (Kyšperk, heute Letohrad), 360 m, mit Schloß (17. Jh.). Die Stadt war von deutschen Dörfern umgeben, u. a. Hilbetten, Nieder Lichwe, Dreihöf, Seibersdorf, Knappendorf, Hertersdorf und Tschernowier. Burgruine Landsberg. Brandeis an der Adler, 304 m, mit Barockkirche und -schloß sowie Resten einer Burg aus dem 13. Jh.

Wildschütz *(Vlčice)*, Bez. Trautenau. 367 m. Dorf 6 km westlich der Bezirksstadt. Auf der Burg Silberstein saßen die Silber von Silberstein. Einer aus diesem Geschlecht, Adam, beteiligte sich am Böhmischen Aufstand; deswegen wurde sein Besitz konfisziert und kam an die Böhmische Kammer, von dieser dann 1623 durch Verkauf an Albrecht von Waldstein; es folgten Daniel Hebron, die Grafen von Weiher, die Fürsten Schwarzenberg und die Familie Theer. 1775 Bauernaufstand. Am 14. Dezember 1778 hielt sich König Friedrich II. in Wildschütz auf. Kirche Hl. Adalbert, 14. Jh. gotisch, frühgotisches Portal. Gruftkapellen der Familien Silberstein und Waldstein. Allodialgut mit Schloß, barock.
Wirtschaft: Hausweberei. Schindeln. Kalkofen.
Wendelin Foerster (1844–1915), Romanist, Universitätsprofessor in Prag und Bonn.
1930 mit Silberstein: 957 Einw. (920 Deutsche, 24 Tschechen, 13 Ausl.).
Umgebung: Dorf und Burg Silberstein, 511 m. Diese wurde im 30jährigen Krieg zerstört. Kurort Johannisbad.

Wildschütz

Wildschütz *(Vlčice)*, Bez. Freiwaldau. 346 m. Das schlesische Dorf liegt 6 km nordwestlich von Friedeberg. Wildschütz, 1310 genannt, war ein Lehengut mit Schloß, Gut und Mühle der Grafen Schaffgotsch. Kirchlich gehörte Wildschütz zur Erzdiözese Breslau. Pfarrkirche Hl. Bartholomäus Apostel, bestand bereits im Mittelalter. Im 17. Jh. längere Zeit lutherisch. Früher war das Dorf nach Gurschdorf eingepfarrt. Am Friedhof eine Ölbergdarstellung des schlesischen Bildschnitzers Bernhard Kutzer. Daneben eine Kapelle, 1882. Schloß mit großem englischem Park (Anfang 19. Jh.). Das Schloß, klassizistisch, wurde um 1610 von der Familie von Maltitz erbaut.
Wirtschaft: Hausweberei, Erzeugung von Küchengeräten.
Willibald Müller (1845 - 1919), Kustos der Studienbibliothek in Olmütz, Heimatforscher, Erzähler, Volkskundler.
1930 mit Bergau, Niederwald, Pilzberg, Neudörfel und Woitzdorf: 1661 Einw. (1629 Deutsche, 17 Tschechen, 15 Ausl.).
Umgebung: Jägerberg mit Forsthaus und Schäferei, Hühnerkoppe, Fiebichberg. Niederwald (Marienkap.), Pilzberg (Marienkap.), Woitzdorf (Kapelle Hl. Ignatius von Loyola, 1843).

Wildstein *(Vildštejn,* jetzt *Skalná)*, Bez. Eger, 465 m. 6 km nördlich von Franzensbad. Alte Siedlung, deren Geschichte eng mit der des Reichslandes Eger zusammenhing. Frühe Besitzer waren die Nothaft, die auch die Burg errichteten. Es folgten 1298 die Rabe von Mechelsgrün, die Frankengrüner, Gumerauer und Wirsperger. Unter diesen erfolgte die Teilung in Ober- und Unter Wildstein. In Ober Wildstein saßen dann ab 1615 die Trautenberger, ab 1799 die Wilhelm (Besitzer von Altenteich). Schließlich kam es wieder zum Zusammenschluß. 1884 kam Wildstein an den Grafen Wolkenstein-Trostburg. Die Pfarre Wildstein wurde schon 1320 genannt. Die Seelsorge übten bis zur Gegenreformation Angehörige des Deutschen Ordens in Eger aus, von 1645 bis 1782 waren Dominikaner tätig, nachher Weltgeistliche. In der Zeit von 1564 bis 1628 waren die Bewohner lutherisch. Im 30jährigen Krieg wurde der Ort fast ganz zerstört. 1743 kam es zu einem Kampf zwischen ungarischen und französischen Reitertruppen. 1810 vernichtete ein Brand die schönsten Gebäude auf dem Marktplatz. 1816 erfolgte die Erhebung zum Markt, 1905 zur Stadt.
Pfarrkirche Hl. Johannes der Täufer, barock (1705 - 1709) von W. Braunbock und A. Sandner. Nach einem Brand 1810 erneuert. Friedhofskapelle Hl. Sebastian, gotisch, später Umbau. Gruftplatten der Wirsperg und Trautenberg. Dreifaltigkeitskapelle, 1716, in Unter Wildstein, 1843 profaniert. Burg, romanisch, mit erhaltenem Turm und Kapelle (um 1200); erbaut von den Nothaft. Die Burg diente Wohnzwecken, seit Mitte 19. Jh. war das Amtsgericht des Gerichtsbezirkes Wildstein hier untergebracht. Neues Schloß, 2. Hälfte 18. Jh., Rokoko.
Wirtschaft: Tongruben, Ton- und Schamottewerke, Wirkwaren- und Stickereierzeugung, Zelluloidwaren-, Spielwaren-, Musikinstrumenten- und Taschenlampenbatterienherstellung. Eine Zunft der Töpfer gab es bereits 1588.
Persönlichkeiten: Sigmund von Birken (Betulius) (1626 - 1681), Barockdichter, Mitglied des Pegnesischen Blumenordens in Nürnberg, wo er zu hohen Ehren kam; von Kaiser Ferdinand III. geadelt; Adam Kraft (1898 - 1976), Maler und Grafiker, Gründer des Adam Kraft Verlages in Karlsbad-Drahowitz, später in Augsburg, Mannheim und Würzburg; Martin Rössler (1898 - 1974), Holzschneider.
1930 mit Grün: 2573 Einw. (2435 Deutsche, 99 Tschechen, 38 Ausl.) (2408 röm.-kath., 89 evang., 59 konf.-los, 8 tschechosl. Kirche, 6 israel.).

Romanische Burg in Wildstein

Umgebung: Matteltal. Voitersreuth. Franzensbad. Soos (Hájek), Mineralmoorlager, ausblühende Moorsalze, austretende Mineralwasser- und Gasquellen, seltene Flora.

Willomitz *(Vilémov)*, Bez. Kaaden. 297 m. An der Straße Pilsen – Kaaden – Karlsbad – Eger. Eisenbahnstation. Besiedlung in der Mitte 13. Jh. durch Deutsche, die die Herren von Egerberg ins Land gerufen hatten. Der Name vom Gründer Wilhelm von Egerberg: zuerst Wilhelmitz, dann Willomitz. 1437 Gewährung des Heimfallrechtes. 1522 an die Herren von Duppau. 1584 Erlaubnis zur Bildung von Zünften. 1586 Kaiser Rudolf II. verleiht das Wappen: Eine silberne Stadtmauer mit geöffnetem Tor und goldenem Gatter, darüber zwei silberne Türme mit roten Hauben und je fünf Fenstern, zwischen den Türmen das Wappen der Herren von Duppau: auf rotem Feld drei silberne Querbalken. Von Wilhelm Adalbert von Duppau, der sich 1618 am Böhmischen Aufstand beteiligte, kam die Stadt an die Böhmische Kammer, dann 1623 durch Kauf an die Mitrowitz, später an die Goltz, unter diesen wurde sie der Herrschaft Maschau zugeteilt, und schließlich an die Czernin von Chudenitz.

Pfarrkirche Hl. Nikolaus, vor 1384, 1612 Neubau. Einrichtung frühbarock nach Umbau im 18. Jh. Vom heimischen Künstler Ulrich Creutz stammen drei Heiligenstatuen (Maria, Nikolaus und Wenzel) Anfang 16. Jh., Pietà nach 1700. Taufbecken, 1598. Epitaph der Ursula von Duppau, 1579. Barockbilder: Johannes von Nepomuk (1727) und Mariä Verkündigung (Anfang 18. Jh.). Die Pfarre war von 1597 bis 1625 lutherisch besetzt.

Vor dem Pfarrgebäude Pietà, Anfang 18. Jh., barock. Friedhofskapelle, 2. Hälfte 16. Jh., Renaissance; Grabmal des Wilhelm von Duppau, 1568. Rathaus, Ende 18. Jh., spätbarock.

Wirtschaft: Bergbau, Asbestfabrik, Ziegelei.

Alois Bernt (1871 – 1945), Germanist und Historiker. Er machte sich vor allem verdient um die Erforschung der alten deutschen Literatur in Böhmen.

1930: 983 Einw. (878 Deutsche, 94 Tschechen, 6 Ausl.).

Windischkamnitz *(Srbská Kamenice)*, Bez. Tetschen, 204-240 m. Nordwestlich von Böhmisch Kamnitz und am östlichen Fuße des Rosenberges liegend, gehört der Ort zur erdkundlich interessanten und romantischen Böhmischen Schweiz. Er war eine sehr beliebte Sommerfrische im Wiesental des Kamnitzbaches. Viele Touristen unternahmen von hier aus ihre Wanderungen oder Kahnfahrten auf der Kamnitz durch die Ferdinandsklamm. Windischkamnitz, 1352 urkundlich erwähnt, soll schon im 12. Jh. gegründet worden sein. Ernst Schwarz bezeichnete es als möglich, „daß in das bewaldete und zerklüftete Elbesandsteingebirge in Wettbewerb mit den vom Polzenfluß kommenden Tschechen Sorben gelangt sind, bis beide vom deutschen Landesausbau aufgesogen worden sind“. Das Dorf war ein alter Kirchsprengel. Die Bewohner waren nach der Reformation – 1570 bis 1630 waren sie lutherisch – in Böhmisch Kamnitz eingepfarrt. Erst 1856 wurde die Pfarrei wieder selbständig. 1901/1902 wurde bei Windischkamnitz beim Eingang in die Ferdinandsklamm über den Kamnitzbach die erste Stahlbetonbrücke Böhmens gebaut. Kirche Hl. Wenzel, 1772 – 1775 erbaut. Der Hochaltar stammt aus der Kirche des aufgehobenen Paulanerklosters in Prag.

Wirtschaft: Landwirtschaft, Holzindustrie, früher Leinenweberei und ausgedehnte Garnbleichen.

1930: 932 Einw. (895 Deutsche, 21 Ausl., 16 Tschechen).

Winkelsdorf *(Kouty nad Desnou)*, Bez. Mährisch Schönberg. 573 m. In einem engen Tal der Teß. 18 km nordöstlich von der Bezirksstadt. Endstation der Bahn Hohenstadt – Mährisch Schönberg – Winkelsdorf. Winkelsdorf entstand im 18. Jh. als Siedlung von Holzfällern und Köhlern. Es gehörte zur Allodialherrschaft Ullersdorf (Fürst Liechtenstein). 1904 Eröffnung der Touristenbahn Petersdorf an der Teß – Winkelsdorf. Das Dorf war eingepfarrt nach Wiesenberg. Im Gedenken an die Hexenprozesse, die vor allem in Groß Ullersdorf viele unschuldige Opfer gefordert hatten, ließ ein Förster eine Säule aufstellen.

Wirtschaft: Bürstenholzerzeugung. Sommerfrische, Wintersportort (Natur-Rodelbahn).
1930 mit Annaberg, Engelsthal und Primiswald: 685 Einw. (669 Deutsche, 12 Tschechen, 4 Ausl.) (589 röm.-kath., 94 altkath.).
Umgebung: Wiesenberg mit Schloß und Park. Ameisenhübel, 1343 m. Kapellenberg, 710 m. Roter Berg, 1011 m, mit Wirts- und Unterkunftshaus (1910 eröffnet). Wallfahrtskapelle, Anfang 14. Jh., 1946 abgebrannt. Von Winkelsdorf am Fuß des Hohen Gesenkes aus Wanderungen in das Altvatergebirge.

Winterberg *(Vimperk)*, Bez. Prachatitz. 696 m. Stadt über dem Tal der Wolinka. Am Goldenen Steig, auf dem früher Salz nach Böhmen geführt wurde. An der Bahn Strakonitz – Wallern. Nach A. Zelenka war der Erbauer der Burg Albrecht III. Graf von Bogen (1195). Sie war bis 1252 bayerisch. 1341 ein Städtchen genannt, das 1369 an den Bürger Rothlöw in Prag überging, 1395 an Kaplirz von Sulewicz. 1424 Erteilung des Privilegs der Handelsfreiheit und des Heimfallrechtes. 1479 Stadterhebung mit Piseker Stadtrecht und Erlaubnis zur Anlage von Befestigungswerken. 1484 entstand hier eine Druckerei, zweitälteste des Landes; Johannes Alagraw druckte den ersten Kalender Böhmens und andere Werke. Seit dem 16. Jh. Glaserzeugung. 1554 kam Winterberg an Joachim von Neuhaus, dann an Wilhelm von Rosenberg, an die Kolowrat-Nowohradsky (1601), Eggenberg (1630) und Schwarzenberg (1798). Matriken wurden seit 1646 geführt. Im Jahre 1680 erfolgte der Einfall der Truppen des Passauer Bischofs, die die Stadt eroberten, ebenfalls wütete die Pest. Seit 1814 Kristallglasherstellung. 1855 Gründung der Druckerei und des Verlages Steinbrener, der außer Kalendern vor allem in Millionenauflagen Gebetbücher aller Religionen in vielen Sprachen herstellte. Wappen (wahrscheinlich aus dem 15. Jh.): In rotem Feld auf grünem Rasen ein silberner Turm mit schwarzem Dach, zwei Fenstern und geöffnetem Tor; im Tor ein Hund (oder Löwe) in Silber.
Pfarrkirche Mariä Heimsuchung, 14. Jh., 1500 umgebaut, gotischer Hallenbau mit zwei Schiffen und Netzgewölbe. Wandmalereien 15. Jh.,

Winterberg

Barockumbau und -einrichtung. Die Schöne Madonna (um 1400) kam in das Nationalmuseum in Prag. Der Turm, 1500, steht abgesondert von der Kirche. Stadtbefestigungen, Reste erhalten, auch der Schwarze Torturm, 15. Jh. Evangelische Kapelle, 1611. Friedhofskapelle Hl. Bartolomäus, zuerst Pfarrkirche, frühgotisch, Umbau 14. Jh., 1709. Friedhofskapelle Vierzehn Nothelfer, 1714. Barockes Rathaus. Alte Häuser am Marktplatz, auch im Blockhausbau. Die gotische Burg (13. Jh., frühgotisch), durch den Grafen Mansfeld 1619 zerstört, wurde 1622 – 1624 neu errichtet und durch den Fürsten Schwarzenberg barock umgebaut (1728 – 1734). 1857 Schloß mit Theater und Kapelle infolge Blitzschlags ausgebrannt und wieder aufgebaut. Im Schloß ist das Stadtmuseum untergebracht. Nahe dem Schloß die Haselburg (16. Jh.), von der ein Turm als Ruine erhalten ist.
Wirtschaft: Kristallglasfabrik, Druckerei Steinbrener, Textilindustrie, Holzindustrie. Sommerfrische, Wintersportort.
Persönlichkeiten: Maximilian Max (1769 – 1835), Prämonstratenser, Musiker, Komponist; Alexander Wilhelm Drechsel (1830 – 1883), Seelsorger u. theologischer Schriftsteller; Johann Steinbrener (1835 – 1909), Gründer einer Buchdruckerei und eines Großverlages; Franz Igler (1858 – 1951), Bildhauer und Holzschnitzer; Rudolf Nowak (1870 – 1929), Glasgraveur; Karl Bergmann (1873 – 1953), Präsident des Österreichischen Patentamtes; Karl Hoschna (1876 – 1911), Komponist; Susanna Jicha (1889 – 1932), Opernsängerin in Prag; Josef Schramek

(1891 - 1976), Facharzt und Philanthrop; Theodor Müller (1892 - 1964), Geiger, Musikschriftsteller, Lehrer am Salzburger Konservatorium; Franz Eduard Hrabe (1898 - 1938), Lyriker, Journalist; Felix Bibus (1899 - 1971), Maler und Grafiker.

1930: 4939 Einw. (3638 Deutsche, 1185 Tschechen, 84 Ausl., 32 andere) (4701 röm.-kath., 65 konf.-los, 62 tschechosl. Kirche, 57 israel., 37 evang., 10 griech.-kath.).

Umgebung: Obermoldau, 813 m. Ausgangspunkt für Wanderungen in das südlich gelegene Urwaldgebiet am Kubany, 1362 m, mit Naturschutzgebiet, vom Fürsten Schwarzenberg 1858 angelegt. Kubohütten, 960 m, höchstgelegene Eisenbahnstation in Böhmen. Kuschwarda und Ruine Kunzwarte.

Die Patenschaft über die vertriebenen Winterberger übernahm 1977 Freyung; hier besteht seit 1982 die Heimatsammlung von Winterberg.

Winteritz *(Vintířov)*, Bez. Kaaden. 337 m. 8 km von der Bezirksstadt. 1295 Erwähnung als alter Adelssitz. Mittelpunkt einer Herrschaft: 16. - 18. Jh., 1384 bestand bereits eine Pfarrei. Filialkirche Hl. Margarete, der alte Bau wurde 1730 barock erneuert. Einrichtung wurde teilweise weggebracht. Altes Schloß, Renaissance, Mitte 16. Jh., Besitz der Grafen Schlick. Neues Schloß, Empire, 1817 - 1823, Besitzer Alfred von Windischgrätz, teilweise neugotischer Umbau 1867. Auf einem Hügel, 384 m, die Bergkapelle, eine Wallfahrtsstätte (Maria Hilf). Um 1685 von Maria Polyxena Gräfin von Losimthal auf Schloß Winteritz begründet, 1694 eingeweiht. Da sich die Kapelle für die zahlreichen Wallfahrer als zu klein erwies, wurde 1725 - 1727 ein neuer Bau erstellt. 1786 wurde die Kapelle gesperrt und das Vermögen dem Religionsfonds zugewiesen. Die zwei Glocken kamen nach Christofhammer und Meretitz. Wiederherstellung und Wiedereröffnung der Bergkapelle 1833. 1930 mit Sehrles: 406 Einw. (359 Deutsche, 45 Tschechen).

Wischau *(Vyškov)*, 254 m. Bezirksstadt an beiden Ufern der Hanna. Wischau war der Mittelpunkt einer ehemaligen deutschen Sprachinsel 33 km nordöstlich von Brünn. 1131 als im Besitz der Landesherren befindlich erwähnt. Unter Bischof Bruno von Schaumburg kam Wischau 1248 als Schenkung zum Besitz der Olmützer Bischöfe. Im 13. Jh. hatte die Stadt bereits eine Pfarre. Während der Hussitenkriege wurde sie vergeblich belagert, erlitt aber große Schäden. 1515 empfing Bischof Stanislaus Thurzo in Wischau den polnischen König Sigismund, als er aus Wien zurückkehrte. 1600 tagte hier der Mährische Landtag. 1616 erfolgte die Errichtung des Kapuzinerklosters; aus dem Klostergarten wurde ein Friedhof, die Gebäude trug man ab. Wiederholt erlitt Wischau Schäden durch feindliche Heere, 1643 durch Schweden, 1742 und 1758 durch Preußen, 1805 und 1809 durch Franzosen. 1803 trafen sich hier vor der Schlacht bei Austerlitz Alexander I. und Franz I. Die Sprachinsel bei Wischau war die kleinste im böhmisch-mährischen Raum. Nach Ernst Schwarz wurde von 1671 bis 1900 in der Gemeindeverwaltung in deutscher Sprache amtiert; neun Zehntel aller Aufschriften auf den älteren Grabsteinen trugen deutsche Texte. Das Deutschtum wurde immer mehr zurückgedrängt, nach 1945 war es vollkommen beseitigt. Es erhielten sich jedoch noch deutsche Flurnamen. Es gab ein reich gegliedertes volkskundliches Leben, das sich vor allem im Hausbau, in Trachten und in Bräuchen manifestierte.

Pfarrkirche Mariä Himmelfahrt, spätgotisch, barocker Umbau 1. Hälfte 18. Jh. Aus der Burg (spätgotisch, 15. Jh.) entstand das Schloß, 1664 bis 1695 Barockumbau. Wiederholt residierten

Wischauer Stadtturm

Olmützer Bischöfe im Schloß. Kardinal von Schrattenbach ließ ein Theater einbauen. Seit 1945 ist das Schloß Museum und enthält Sammlungen, Keramikerzeugnisse aus der Wischauer Region. Im Schloßpark ein Tor von 1673. Rathaus am Marktplatz, Renaissance, 1569. 1613 renoviert. 1730 Umbau im Barockstil. Pestsäule, 1719. Barocker Brunnen, 1730.
Wirtschaft: Malzerzeugung, Bierbrauereien, Zuckerfabrik, Holzwaren-, Schuhwaren- und Wollwarenerzeugung, Likörfabrik.
Persönlichkeiten: Bertold von Wischau, Geheimschreiber Kaiser Friedrichs II.; Josef Dalbert SJ (1683 - 1740), philosophischer und theologischer Schriftsteller; Alois Musil (Richtersdorf 1868 - 1924), Theologe, Orientalist, Forschungsreisender; Fritz Machatschek (1876 - 1957), Geograph, Universitätsprofessor. Auch der Schriftsteller Robert Musil (1880 - 1942) ist durch seine Vorfahren mit Richtersdorf bei Wischau verbunden.
Den Rückgang der deutschen Sprache verdeutlichen folgende Zahlen: 1880: 3042 Tschechen, 2150 Deutsche. 1910: 5878 Tschechen, 337 Deutsche. 1921: 5357 Tschechen, 91 Deutsche. 1930: 5400 Einw. (5296 Tschechen, 83 Deutsche, 12 Ausl.). Das Verhältnis von Deutschen und Tschechen war in den Sprachinseldörfern folgendes: Gundrum 395 : 262; Hobitschau 514 : 233; Kutscherau 728 : 105; Lissowitz 445 : 32; Rosternitz 420 : 25; Swonowitz 261 : 17.
Die Stadt Aalen übernahm i. J. 1980 die Patenschaft über die vertriebenen Deutschen aus der Wischauer Sprachinsel. Eine Wischauer Heimatstube wurde 1979 im Schubart-Museum in Aalen/Württemberg eröffnet.

Wisterschan *(Bystřany)*, Bez. Teplitz-Schönau. Station der Bahn Reichenberg - Böhmisch Leipa - Leitmeritz - Teplitz-Schönau. 1238 erwähnt als im Besitz des Klosters Zderaz befindlich. Später im Besitz des Wolf von Wrschowitz. Kapelle, 1811, renoviert 1844 und 1924. Eingepfarrt nach Teplitz-Schönau. Evangelische Kirche, Ende des 19. Jh.s, neoromanisch. In einem Hof ein alter Speicher, Mitte 19. Jh.
Wirtschaft: Baumwollspinnerei, Färberei, Eisengießerei, Ziegelei, Lederwaren.
1930 mit Auperschin, Nechwalitz, Neuhof, Prasetitz und Zwettnitz: 4487 Einw. (3316 Deutsche, 1123 Tschechen, 47 Ausl.) (3466 röm.-kath., 771 konf.-los, 181 evang., 37 tschechosl. Kirche, 6 israel.).
Umgebung: Schloßberg, 392 m, mit Ruine einer Burg aus dem 15. Jh. Tal der Biela. Schallan.

Witkowitz *(Vítkovice)*, Bez. Starkenbach in Böhmen, 665 m. Weitverzweigte Riesengebirgsgemeinde im Tal der Kleinen Iser. Erste Erwähnung 1606. Das Dorf entwickelte sich bei den ehemaligen Glashütten, die von 1654 bis 1792 bestanden. Es soll bereits in der Mitte des 14. Jh.s eine Plebanie bestanden haben. Wiedererrichtung der Pfarrei 1783. Kirchlich gehört Witkowitz zur Diözese Königgrätz und zum Vikariat Hohenelbe. Ortsteile: Witkowitz, Dreihäuser, Glashütten, Vorder-, Mittel- und Hinter-Schlüsselbauden. Kirche Hl. Petrus und Paulus, zuerst eine Kapelle, 1690 Barockbau, Umbau 1784. Prismatischer Turm an der Westfassade. Im Kirchenschiff Deckenmalerei von K. Meisner, 1936. Inneneinrichtung Neorenaissance, Johannes-von-Nepomuk-Statue 2. Hälfte, 18. Jh. Vor dem Eingang in den Friedhof Kreuz, 1816. Auf dem Wege nach Stromkowitz Statue des Hl. Johannes von Nepomuk mit Inschrift „F. A. P. 1741".
Wirtschaft: Baumwollweber, Holzschleiferei, Glasperlenerzeugung, Mühlen. Sommerfrische, Wintersportort. Fremdenverkehr.
1845: 2000 Deutsche. 1930: 1290 Einw. (1162 Deutsche, 128 Tschechen).
Umgebung: Kesselkoppe, 1434 m, und Kesselgruben mit alpiner Flora und Vergletscherungen aus der Eiszeit. Reste eines Kupferbergwerkes. Heidelberg, Goldenhöhe, 1412 m. Harrachfelsen, 1081 m.

Witkowitz *(Vítkovice)*, Bez. Mährisch Ostrau. 220 m. Station der Bahnen Mährisch Ostrau - Witkowitz, Schönbrunn - Witkowitz - Königsberg, Mährisch Ostrau - Friedland a. d. Ostrawitza, Schönbrunn - Witkowitz - Troppau, Lundenburg - Oderberg - Petrowitz. Im 14. Jh. erwähnt. 1835 noch ein unbedeutendes Dorf (199 Einw. und 36 Häuser). Die schnelle Entwicklung setzte mit den Eisenwerken ein, die aus der vom Olmützer Fürsterzbischof

Erzherzog Rudolf gegründeten Rudolfhütte (1829) entstanden. Erster Kokshochofen Österreichs. 1836 Verpachtung durch dessen Nachfolger Graf Chotek. 1843 gingen die Werke vom Erzbistum durch Kauf an Salomon Meyer Rothschild über. Witkowitz hatte 1900 ca. 18000 und 1910 ca. 23000 Einwohner. Witkowitz mit seinen Werken und Bergwerken war Grundlage für die Bildung des großen Industriezentrums von Mährisch Ostrau, des wichtigsten im Staate. Die Eisenerze wurden aus der Slowakei und aus Nord-Schweden bezogen. 1974 verarbeitete die Eisenhütte jährlich über 2 Millionen Tonnen Eisenerz, hergestellt wurden 1,5 Millionen Tonnen Roheisen und 700000 Tonnen Stahl. Damals wurde der Vertrag über die Lieferung einer Walzstraße an die Sowjetunion abgeschlossen (Jahrhundertauftrag). Im gesamten Industriezentrum Luftverschmutzung und Umweltschäden. Kirche, 1885 nach Plänen von A. Kirstein erbaut. Neugotischer Ziegelbau.
Wirtschaft: Koks-Hochöfen, Walzwerke und Puddelhütten, Stahlwerk, Maschinenfabrik und Eisengießerei, Brückenbauanstalt und Kesselfabrik, Schamottefabrik, Leuchtgas-Anstalt, Wassergas-Anstalt, Rohrwalzwerk, Ziegel- und Kalkringofen, Werkseisenbahn mit vielen Kilometern Schienen, zahlreichen Lokomotiven und Wagen. Neben diesen zum Eisenwerk gehörenden Unternehmen viele andere Firmen, auch eine Metallwarenfabrik, Armaturenerzeugung, Zementfabrik, Dachpappenfabrik u. a.
Persönlichkeiten: Hildegard Ranczak (1895–1987), Kammersängerin, die 60 Jahre auf der Bühne stand; Leopold Ludwig (1908–1979), Generalmusikdirektor in Oldenburg und Hamburg.
1930: 25820 Einw. (16385 Tschechen, 7249 Deutsche, 1776 Ausl., 410 andere).

Wittig *(Smědá)*, Nebenfluß der Neiße, der aus den Hochmooren des Isergebirges aus der Schwarzen, Weißen und Braunen Wittig entsteht und nach 50 km Lauf bei Radmeritz in der Oberlausitz in die Neiße mündet. Reißendes Gebirgswasser, oft Überschwemmungen.

Wittigberg *(Smědovský vrch)*. 1058 m hohe Erhebung im Isergebirge, nordwestlich vom Wittighaus und südöstlich von Haindorf gelegen.

Wittighaus *(Horská chata na Smědávě)*, Einschicht von Weißbach auf dem Kamme des Isergebirges in 841 m Höhe. Nahe der Berggaststätte hatte Graf Clam-Gallas ein Jagdschlößchen errichtet, das dann in Staatsbesitz überging und 1969 abbrannte. In der Nähe der Siechhübel oder Sieghübel (Na Vyhlídce, später Jizera), mit 1120 m höchster Berg des südlichen Isergebirgskammes zwischen Haindorf und Josefsthal. Touristenzentrum.

Wittingau *(Třeboň)*, südböhmische Bezirksstadt. 433 m. Mittelpunkt einer Landschaft mit vielen Teichen und Wäldern. Gegen Ende des 12. Jh.s kam die gesamte Region um Wittingau an das österreichische Stift Zwettl, von diesem 1256 an die Witigonen. Gründung von Wittingau im 13. Jh. 1240–1250 als Witkouw genannt, das Ernst Schwarz mit Witigenouwe gleichsetzt, wie es 1261 vorkommt. Ursprung der berühmten Witigonenfamilie. 1369 kommt Witignaw alias Trziebon vor. Vor 1341 als Stadt erwähnt. In der Zeit von 1366 bis 1611 im Besitz der Herren von Rosenberg. 1376 Stadtrechte durch die Brüder Johann und Peter von Rosenberg. Seit dem 15. Jh. ist eine Mehrheit der Tschechen deutlich. 1880 pflegten (neben 5392 Tschechen) 412 Einwohner die deutsche Sprache.
In der Kunstgeschichte ist der Meister von Wittingau (2. Hälfte des 14. Jh.s) eine herausragende Persönlichkeit. Er ist in die Nähe des Meisters von Hohenfurth einzuordnen. Sein heute in der Prager Nationalgalerie aufbewahrter Bilderzyklus, ursprünglich am Altar der Ägidienkirche, wurde bei der Barockisierung der Kirche in Einzelteilen in Kirchen der Umgebung gebracht. Kirche des Hl. Ägidius, 14. Jh., nach einer Feuersbrunst 1781 wieder instandgesetzt. Ebenso alt wie die Kirche sind die Gebäude des Augustinerklosters, mit gotischem Kreuzgang und Fresken (nach 1360), Barockumbau im 18. Jh. Im seinerzeit leerstehenden Klostergebäude experimentierten Alchimisten für die Rosenberger. Die Bücher des Klosters kamen 1647 nach Prag, wurden dort das Jahr darauf von schwedischen Truppen geraubt, nach Stockholm gebracht und von

Wittingau, historische Häuser am Markt

Königin Christine dem Vatikan in Rom geschenkt. Die gotische Burg wurde zu einem Schloß umgebaut (Renaissance und Barock). Dort sind viele wertvolle Archivalien untergebracht. Marktplatz mit alten Häusern. Rathaus, 1566, auf dem Turm Arkadenumgang. Brunnen, 1569. Barocke Mariensäule, 1780. Große Teile der alten Befestigungen sind noch erhalten, auch das Schweinitzer und das Gratzener Tor, ebenso die Wasser-Bastei. Im Park beim zwei Kilometer langen Welt-Teich die Gruftkirche der Fürsten Schwarzenberg, 1874 – 1877, neugotisch. Die Stadt ist von zahlreichen, teils großen, der Fischzucht dienenden Teichen umgeben. Der größte ist der Rosenberger Teich.

Wirtschaft: Strohhülsenerzeugung, Ziegel- und Zementwarenfabrik, Maschinenherstellung, Moorbad.

1930: 4838 Einw. (4682 Tschechen, 97 Deutsche, 27 Ausl., 32 andere).

Wittinghausen auch **Wittigstein** *(Vítkův Hradek* oder *Vítkův Kámen),* über dem Dorf St. Thomas, Bez. Kaplitz. Stammburg der Witikonen, der späteren Rosenberger. Ruine einer Burg auf dem St.-Thomas-Berg, 1053 m, nahe Friedberg. Gründung in der 2. Hälfte des 13. Jh.s durch Witiko von Krummau (1220 – 1277); von diesem ging die Burg an Heinrich von Rosenberg. 1427 kamen Burg und Herrschaft Wittinghausen von Ulrich von Rosenberg an Reinprecht von Wallsee. Im 17. Jh. nochmals Befestigungsausbau. Beginn des Verfalls nach dem 30jährigen Krieg. Spätere Besitzer (die Fürsten Schwarzenberg) retteten durch Konservierungen einige Gebäudeteile und den beeindruckenden Turm. Mit der Burg hängt die Sage vom überlisteten Schatzgräber zusammen.

Adalbert Stifter nahm Wittinghausen als Vorlage für seinen Roman „Witiko" und für die Erzählung „Hochwald". Stifters eindrucksvolles Gemälde der Ruine Wittinghausen befindet sich im Oberösterreichischen Landesmuseum in Linz. „Ein grauer viereckiger Turm steht auf grünem Weidegrunde, von schweigendem, zerfallenem Außenwerke umgeben..." (Stifter). Auch der Roman „Die Söhne des Herrn von Budiwoj" von August Sperl behandelt die Burg und die Geschichte der Witikonen. Westlich der Ruine Wittinghausen ein Jagdschlößchen. Mitte 19. Jh.

Wladarz *(Vladař)*, 692 m hoher Vulkankegel im Südosten von Luditz. In der Hallstatt-La-Tène-Zeit waren hier Bergwälle angelegt worden, die in zwei Ringen den Berg, einen Ausläufer des Tepler Hochlandes, umgaben. Žižka legte auf der Berghöhe Befestigungsanlagen an; 1421 fand hier eine Schlacht zwischen den Hussiten und einem Egerer Kreuzheer statt. Im Museum in Luditz befindet sich ein Modell des hussitischen Lagers. 1639 hatten schwedische Truppen auf dem Wladarz ein Lager, von dem aus sie die Umgebung brandschatzten. Der Berg wurde zum Naturschutzgebiet erklärt. Einige Forscher vermuteten, daß auf dem Wladarz die Wogastisburg gestanden haben könnte, bei der im Jahre 630 Samo den Ansturm des fränkischen Königs

Ruinen der Burg Wittinghausen

Dagobert zurückschlug. Im Süden des Berges das gleichnamige Dorf; im 15. Jh. wurde ein Simon von Wladarz erwähnt. Im 16. und 17. Jh. war der Ort Besitz der Gemeinde Luditz.

Wolfersdorf *(Volfartice)*, Bez. Böhmisch Leipa. 315 m. Gründung wahrscheinlich durch einen Wolfhard im 13. Jh. Ende des 14. Jhs. war der Ort Rittersitz. Einer der Besitzer war Sigmund von Weissenbach, erwähnt 1502 und 1515. Johann von Luttitz ging wegen seiner Teilnahme am Böhmischen Aufstand nach der Schlacht am Weißen Berg seiner Güter verlustig. 1623 kam Wolfersdorf durch Kauf an den Großprior der Malteser. Herrschaftliche Bindungen bestanden zu Oberliebich und Politz. 1850 entstand aus Ober- und Niederwolfersdorf die Gemeinde Wolfersdorf. Pfarrkirche Hl. Petrus und Paulus, 14. Jh., 1506, 1717. Der jetzige Barockbau stammt aus dem Jahre 1783. Erhebung zur Pfarrkirche 1756. Zur Pfarrei gehören Neudörfel und Meistersdorf mit einer Filialkirche zum Hl. Kreuz. Altkatholische Kirche.

Wirtschaft: Gürtlerei, Drechslereien, Drahtweberei, Siebwaren und Glasperlen, Meierhof.

1930: 1367 Einw. (1318 Deutsche, 48 Tschechen, 1 Ausl.).

Umgebung: Beim Dorf der Steinberg, 378 m, mit mehreren Schichten senkrechter Basaltsäulen.

Wölmsdorf *(Vilémov)*, Bez. Schluckenau. 352 m. Dorf an den Ausläufern des Tanzplanberges. Westlich von Groß Schönau am Sebnitzbach. 1410 wurde bei Hainspach ein Willemesdorf erwähnt. Der Name soll von einem Einsiedler Wilm herrühren. Eine Wallfahrt entstand am Ende des 30jährigen Krieges und stand mit dem heilkräftigen Wasser eines Brunnens, der 1646 entdeckt wurde, in Zusammenhang. Das Wasser gebrauchte auch die Familie Slawata; Graf Joachim von Slawata ließ 1713 über dem Brunnen eine Kapelle erbauen. Den Slawata gehörte die Herrschaft Hainspach, die ab 1718 an die Grafen Salm-Reifferscheidt kam. Altgraf Leopold aus diesem Geschlecht ließ in Wölmsdorf ein hochbarockes Wallfahrtskirchlein (Mariä Himmelfahrt) erbauen (1726 – 1731). Unter der Kapelle Gruft der gräflichen Familie. Jährlich im August kamen viele Pilger in den Wallfahrtsort, darunter auch zahlreiche Sorben aus der Lausitz. 1892 kam Wölmsdorf an die Grafen Thun von Klösterle an der Eger.

Wolfersdorf

Wallfahrtskirche in Wölmsdorf

Wirtschaft: Eisen- und Stahlwarenindustrie, Textilwaren- und Kunstblumenerzeugung, Mühlenbau, Zementwarenerzeugung, Kartonagenfabriken, Teigwarenfabrik.

Theresia Hentschel (1813 – 1888), Bühnenschriftstellerin.

1930 mit Franzthal: 1471 Einw. (1343 Deutsche, 74 Tschechen, 54 Ausl.) (1394 röm.-kath., 36 evang., 12 konf.-los, 8 tschechosl. Kirche, 1 israel., 20 andere).

Workotsch *(Vrkoč)*, auch Humboldtfelsen. 379 m. Mächtiger Basaltfelsen 2 km südlich der Stadt Aussig und gegenüber der Burg Schreckenstein über der Elbe. Der Berg besteht aus Basaltsäulen, die fächer- und strahlenförmig angeordnet sind; die Felsprismen in der Mitte des Felsens sind radial gelagert, ähnlich einem Zopf (=Vrkoč, tschechisch). Eine Darstellung dieser geologischen Merkwürdigkeit hielt E. von Lichtenfels in einem Wandgemälde fest, das im Wiener Naturhistorischen Museum besichtigt werden kann. Alexander von Humboldts Interesse an der Geologie führte ihn öfter auf diesen Berg. In der Nähe fällt nach Regengüssen ein Wasserfall 12 Meter tief herab; er ist der größte des Böhmischen Mittelgebirges.

Wostitz *(Vlasatice)*, Bez. Nikolsburg. 190 m. Eisenbahnstation Pohrlitz. Erste urkundliche Erwähnung 1276. Ende des 13. Jh.s bereits Pfarre. Das Patronatsrecht lag beim Frauenkloster Kanitz. Gegen Ende des 14. Jh.s eine Burg, aus der in der 2. Hälfte des 16. Jh.s ein Schloß entstand. Im 16. Jh. Verbreitung des Protestantismus. Das Schloß kam 1622 an Franz Kardinal von Dietrichstein, Fürstbischof von Olmütz; unter diesem wurde Wostitz Bestandteil der Herrschaft Kanitz. Wostitz war von 1421 bis 1428 von Hussiten besetzt. 1538 Erhebung zum Markt, ebenso Verleihung eines Wappens durch Ferdinand I. Es zeigt einen silbernen Turm mit Zinnen und rotem Dach, der Hintergrund ist blau. Noch am Anfang des 19. Jhs. waren die Güter Wostitz, Urspitz und Teusch-Branitz Bestandteil der Fideikommiß-Herrschaft Kanitz. Im letzten Krieg Beschädigungen.
Pfarrkirche Johannes der Täufer, jetzige Gestalt aus d. J. 1610, teilweise umgebaut um 1810. An der Empore Wappenschilde der Grafen Thurn, seit 1573 Besitzer der Herrschaft Wostitz. Taufbecken 17. Jh. Altarbild von G. Herbert, 1720.
Wirtschaft: Spargelanbau. Ziegelei.
1930: 1926 Einw. (1813 Deutsche, 108 Tschechen, 5 Ausl.).

Wostrey *(Ostrý)*, 553 m. Basaltberg im Böhmischen Mittelgebirge, 3 km südöstlich von Milleschau. Erste Erwähnung der Burg 1433. 1565 kam sie durch Kauf an die Czernin von Chudenitz; unter diesen wurde sie zur Ruine. Von hier aus schöne Aussicht auf die Kegel des Böhmischen Mittelgebirges und auf mehrere Ruinen.

Workotsch oder Humboldtfelsen

Wottawa *(Otava)*, 133,6 km langer linker Nebenfluß der Moldau, der aus mehreren Quellbächen am Rachelberg im Böhmerwald entspringt und über Schüttenhofen, Strakonitz und Pisek fließt. Mündung bei Klingenberg. Der Fluß berührt auch das Gebiet der ehemaligen Künischen Freibauern; ihnen und deren Nachkommen widmete Karl Haas sein Buch „Schicksale im Wottawagebiet“ (1974).

Wranau *(Vranov)*, Bez. Brünn. 465 m. Marienwallfahrtsort. 3 km nordwestlich von Adamsthal. Erwähnung im 14. Jh. 1633 Stiftung eines Paulanerklosters durch Fürst Max von Liechtenstein. 1784 aufgehoben. Klostergebäude wurden als Pfarrhaus genutzt. Im Kloster lebte der berühmte Slawist und Orientalist Wenzel Fortunat Durych (1738 – 1802). Kirche Mariä Geburt, 1622 – 1624. 2. Hälfte des 17. Jh.s Umbau. Bilder von Troger, Etgens, Maulbertsch und Kremser-Schmidt. Skulpturen von Andreas Schweigel. Unter der Kirche wurde 1819 – 1822 die Liechtensteinsche Familiengruft errichtet.

Wscherau *(Všeruby)*, Bez. Mies. 424 m. 13 km nordwestlich von Pilsen. Im 13. Jh. wurde der Ort erwähnt, 1376 als oppidum; bis 1378 im Besitz der Familie eines Hirdebot de Userob, dann der Herren von Rabenstein und Guttenstein. Unter diesen war Wscherau schon als Markt genannt (1460) und mit Rechten ausgestattet. Zu Anfang 16. Jh. folgte Peter von Kokorzow

als Besitzer, 1605 Markwart von Hradek und 1659 die Familie Wrzesowicz. Das Wappen: Auf rotem Feld ein silberner Balken; über dem Schild ein Hirschgeweih, das von den Guttensteinern als Besitzern von Wscherau (1406–1520) stammt.
Pfarrkirche Hl. Geist, spätgotisch, Umbau 1712–1717 und 1. Hälfte des 19. Jh.s. Die Pfarrei betreuten Zisterzienser aus Plass seit dem 16. Jh. bis zur Aufhebung ihres Klosters. Nordwestlich der Stadt Friedhofskirche, Ende 17. Jh., mit Akanthusaltar. Ringplatz mit Statue des Hl. Johannes von Nepomuk. An der Straße nach Neberschum Kapelle Hl. Johannes von Nepomuk. Im Nordwesten der Stadt stand die Burg Frumstein, 14. Jh.; sie wurde im 15. Jh. zerstört.
Wirtschaft: Obstbau. Rosenzucht.
Persönlichkeiten: Franz Metzner (1870–1919), Bildhauer, Schöpfer der Monumentalfiguren am Völkerschlachtdenkmal bei Leipzig und der Figur des Rüdiger in Gablonz, heute in Neugablonz; Augustin Popp (1873–1943), Priester, Lyriker, bekannt unter seinem Pseudonym Heinrich Suso Waldeck.
1930: 1058 Einw. (839 Deutsche, 207 Tschechen, 12 Ausl.). 1947: 626 Einw.

Würbenthal *(Vrbno pod Pradědem)*, Bez. Freudenthal. 559 m. Am Zusammenfluß der Weißen (Kleinen), Mittleren und Schwarzen Oppa und am Abhang des 1023 m hohen Hohenberges. An der Bahnlinie Ebersdorf–Milkendorf – Würbenthal (Endstation). Zuerst stand hier eine Landesburg der Troppauer Przemysliden. Im 13. Jh. eine Bergbausiedlung; in der Umgebung wurde Gold, Blei und Kupfer gefördert; davon zeugen noch alte Stollen. 1348 wird eine landesfürstliche Burg Fürstenwalde genannt, darunter ein oppidum Gesenke, das 1474 beim Einfall des Königs Matthias Corvinus von Ungarn zerstört worden sein soll. Die eigentliche Entstehung von Würbenthal geht auf die zweite Bergbau-Siedlungswelle zurück. 1608 Gründung der „Neuen Stadt“ an der alten Handelsstraße Olmütz–Breslau. 1611 Erhebung zur Stadt durch Heinrich von Würben. Wappen: Durch einen waagrechten Balken geteilter Schild; im oberen Teil ein laufender roter Fuchs, unten ein Schachteingang, aus dem ein Bergmann Erz herausführt. Die Einwohner hingen dem evangelischen Glauben an und errichteten ein Bethaus. 1621 kam Würbenthal, nachdem es von Würben durch Konfiskation verloren hatte, an Erzherzog Karl, Bischof von Breslau und Hochmeister des Deutschen Ordens. Dieser vererbte die Stadt 1624 dem Deutschen Orden, der sich über 300 Jahre lang um die Anhebung der wirtschaftlichen Verhältnisse sehr bemühte und ein Krankenhaus unterhielt.
Der Grundriß der Stadt zeigt die typische Kolonisationsanlage mit großem rechteckigem Marktplatz. Pfarrkirche St. Michael, erste Kirche 1637, 1837–1844 im Empirestil errichtet. Kreuzwegbilder von Joseph von Führich. 2 Figuren (Petrus und Paulus) vom Bildschnitzer Bernhard Kutzer. Elisabeth-Kapelle im Haus der Deutschordensschwestern. Marienkapelle, 1793, im nahen Ludwigsthal. Deutschordens-Mädchenschule. Schloß aus dem 17. Jh., Umbau im 18. und 19. Jh. Englischer Park. Museum.
Wirtschaft: Bedeutende Textilindustrie (die Firma Grohmann, 1800 gegründet, beschäftigte um 1930 800 Arbeiter), Metallwarenerzeugung, Glas- und Korbindustrie, Kartonfabriken.
Persönlichkeiten: Karl Brandhuber (1846–1934), Mitglied des Mährischen Landtags, Bürgermeister von Olmütz und Gründer der Jute-Weberei und -Spinnerei in Würbenthal; Josef Lowag (Einsiedel 1849–1911), Montangeologe, Dichter, Heimatschriftsteller, der in Würbenthal starb; Adolf Fitz (1895–1913), Schauspieler, Regisseur, Schriftsteller.
1930 mit Neu Karlsthal: 3984 Einw. (3842 Deutsche, 83 Ausl., 50 Tschechen, 9 andere), (3565

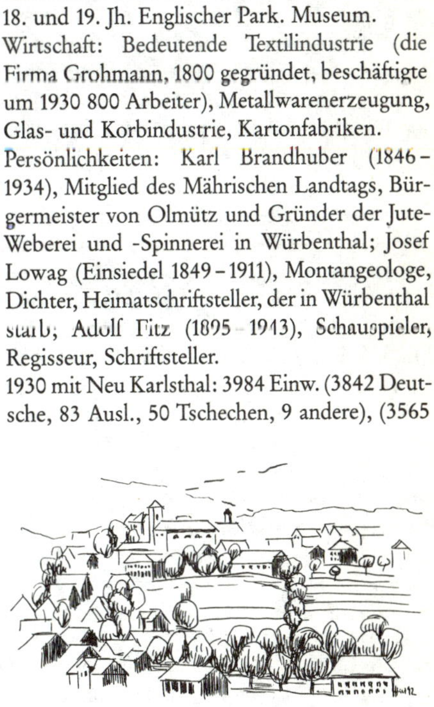

Würbenthal

Martinsbaude in Wurzelsdorf

röm.-kath., 360 evang., 42 konf.-los, 14 altkath.).
Umgebung: Annaberg, 850 m. Bad Karlsbrunn, 775 m, und Einsiedel, die bedeutendsten Fremdenverkehrsorte in Schlesien, mit Kurhäusern und Kaltwasser-Heilanstalten.
1954 übernahm die Stadt Sindelfingen die Patenschaft über die vertriebenen Deutschen aus Würbenthal. Im Salzhaus in Sindelfingen ist die Würbenthaler Heimatstube untergebracht.

Wurzelsdorf *(Kořenov)*, Ortsteil von Polaun im Bez. Gablonz, 598 m. Im Tal der Iser, 9 km nordöstlich von Tannwald. Bei Wurzelsdorf Grenze zwischen Iser- und Riesengebirge, zwischen Schlesien und Böhmen, dem Kreis Hirschberg (Schlesien) und Gablonz und zwischen den ehemaligen Herrschaftsgebieten Schaffgotsch, Rohan und Harrach. Der Ort geht zurück auf Mitte des 18. Jh.s. Ende dieses Jh.s wurden die schwefelhaltigen Quellen entdeckt, die zu Heilzwecken Verwendung fanden. Es entstand ein Bad für Rheumakranke, in dem auch Moorbäder gebraucht wurden. Badehotel. Wurzelsdorf liegt an der Zahnradbahn Tannwald – Harrachsdorf, 12 km lang. Die seit Juni 1902 in Betrieb befindliche Bahn mit einem fast 1 km langen Tunnel war eine einzigartige Einrichtung in Österreich.
Wirtschaft: Baumwollspinnerei. Sommerfrische, Wintersportort.
1930: 906 Einw.
Umgebung: Stephanshöhe, 958 m, mit Rodelbahn und Aussichtswarte. Wasserfälle im Tal der Schwarzen Desse, Dessetalsperre und verschiedene Bauden als beliebte Ausflugsziele.

Zappenland, ein Landstrich im Bez. Tetschen, ca. 300 m. Das Wahrzeichen dieses Gebietes auf der Binsdorfer Hochfläche in der Nähe des Lausitzer Gebirges ist der Rosenberg, 620 m. Wie der Name entstand, ist ungeklärt. Nach Alfred Herr ist es wahrscheinlich, daß er von der Häufigkeit der Koniferen-Zapfen (volkstümlich „Zappen") herrührt. Andere Deutungen sind weniger überzeugend. Zum Zappenland gehören neun Gemeinden: Arnsdorf, Binsdorf, Elbleiten, Hohenleipa, Jonsdorf, Kamnitzleiten, Rosendorf, Stimmersdorf und Herrnskretschen.
Die Bewohner werden als fleißig, ruhig, besonnen und als musikalisch veranlagt charakterisiert. Ihre große künstlerische Handfertigkeit zeigen sie in den selbst angefertigten Weihnachtskrippen, ferner in Wind- und Wasserspielen in den Vorgärten. Als künstlerischer Entdekker des Zappenlandes galt der Leipziger Maler Professor Walter Buhe. Im Zappenland liegt auch der imposanteste natürliche Felsenbau Europas, das Prebischtor, das von oben betrachtet wie eine Brücke und von unten wie ein riesiges Tor erscheint. Es ist 15 m lang, 3 m tief und 20 m hoch.
Wirtschaft: Sommerfrische, Fremdenverkehr, Landwirtschaft, Viehzucht, Waldwirtschaft und Holzhandel.

Zauchtel *(Suchdol nad Odrou)*, Bez. Neutitschein. 272 m. Markt an der Oder. Eisenbahnstation der Strecken Lundenburg – Krakau, Zauchtel – Budišov und Zauchtel – Fulnek. Es wurde angenommen, daß die erste Ansiedlung zerstört und dann neu als Waldhufendorf kolonisiert wurde. Erste Erwähnung 1337 als Cuchental, dann 1430 als Zauchenthal, 1457 und 1475 Suchdol, 1563, 1783 und 1799 Zauchtental. Es bestanden alte Bergwerksbetriebe (Silber und Blei), 1337 eine Pfarre. Zauchtel gehörte zur Herrschaft Fulnek; unter deren Besitzer Johann von Zierotin setzten sich in Zauchtel die Mährischen Brüder fest. 1584 kam Zauchtel zum Dominium Kunewald. Von 1724 bis 1727 verließen viele der Brüder um ihres

Glaubens willen die Heimat und zogen in die Lausitz; in Herrnhut, wo Kuhländler mit Hilfe des Grafen Zinzendorff eine neue Gemeinschaft aufbauten, schlossen sie sich den dortigen Gläubigen an. Die Herrnhuter nahmen 1727 die Verfassung der Zauchtler Brüdergemeine an. Nach dem Toleranzpatent bauten die Zauchtler ein Bethaus und eine Schule (1782) und unterhielten einen eigenen Seelsorger.

Pfarrkirche Hl. Dreifaltigkeit. Nachdem eine ältere Kapelle durch Blitzschlag eingeäschert worden war, ließ die Kunewalder Obrigkeit eine Kirche errichten. Hochaltarbild von Handke. Eingepfarrt war Klötten mit einer Dreifaltigkeitskapelle (1825). Das Pfarrhaus ließ Graf Harrach erbauen, und zwar nach Plänen des Johann Lucas von Hildebrandt.

Wirtschaft: Maschinenfabrik, Fischkonservenfabrik, Käsefabrik, Likörfabrik, Mühle. Landwirtschaftliche Winterschule.

Persönlichkeiten: Johann Teltschik (1703 – 1764), Mitbegründer der Herrnhuter Brüdergemeine, Missionar in England und Irland; David Zeisberger (1720 – 1808), Mitglied der Herrnhuter Brüdergemeine, Indianermissionar.

1930: 2496 Einw. (1966 Deutsche, 444 Tschechen, 79 Ausl., 7 andere) (1235 röm.-kath., 1184 evang., 35 tschechosl. Kirche, 24 konf.-los, 5 israel., 13 andere.)

Zdislawitz *(Zdislavice)*, Bez. Kremsier. 318 m. 12 km südwestlich der Bezirksstadt. Der Ort, der früher dem Kloster Welehrad gehörte, weist als bemerkenswerten Bau ein aus einer Veste (seit 1397) entstandenes Schloß des Spätbarocks auf (um 1780 erbaut von Nationalökonom Anton Kaschnitz). Klassizistische Ausbauten nahmen die Grafen Dubsky vor, die das Schloß bis 1945 besaßen. Im schönen Schloßpark sind Plastiken aufgestellt. Heute dient die Anlage als Pflegeanstalt für Nervenkranke.

Aus der Familie Dubsky stammte die berühmte deutsche Schriftstellerin Marie von Ebner-Eschenbach (1830 – 1916), die sich während der Sommermonate gerne in ihrem Geburtsort aufhielt. Für ihre Werke empfing sie viele Eindrücke aus ihrer Heimat und aus dem tschechischen und deutschen Volksleben. Die Dichterin ist in Zdislawitz in der Familiengruft begraben.

Zauchtel

Schloß Zdislawitz

Zeidler *(Brtníky)*, Bez. Schluckenau. 387 m. Gemeinde am Zeidelbach im Böhmischen Niederland. Etwas östlich befindet sich die Wasserscheide zwischen Elbe und Oder bzw. zwischen Nord- und Ostsee. 8 km westlich von Rumburg. Das um 1346 erwähnte Zeidler verdankt seinen Namen vielleicht Imkern, die auch Zeidler genannt wurden. 1346 gehörte es als Plebanie kirchlich zu Bautzen. Die Bevölkerung war von 1534 bis 1630 lutherisch, 1716 wurde die Pfarrei wiedererrichtet. 1850 wurden Zeidler und Hemmehübel zu einer Gemeinde zusammengeschlossen. Letzteres bekannt durch eine im 18. Jh. bestehende Glockengießerei. In Zeidler herrschte reges Musikleben. Schon in der Reformationszeit gab es eine Vereinigung von Ostersängern. 1902 Anbindung an die Eisenbahnstrecke Rumburg – Nixdorf. 1941 kam Zeidler zum Kreis Rumburg.

Kirche Hl. Martin, 1709 - 1716 von einem Baumeister Hoffmann errichtet. Turm 1717. Inneneinrichtung um 1800: Hauptaltarbild von Dominikus Kindermann (1795), Statuen von Petrus und Paulus. Das Altarbild (Hl. Johannes von Nepomuk) ist mit J. Birnbaum gezeichnet (1840). Großer Kristallglaslüster. Dreifaltigkeitssäule, 1744; Statue der Schmerzhaften Muttergottes, 1717. Friedhofskapelle, 1850. Ein Kreuzweg führt auf den Kreuzberg mit einer Dreifaltigkeitskapelle, 1768, erneuert 1842 - 1858, und einer Grabkapelle. Diese sind nach der Vertreibung der Deutschen zerstört worden; die Pfarrkirche wurde 1975 gesprengt, die Reste wurden eingeebnet. Eingepfarrt waren Hemmehübel mit Marienkapelle, Herrnwalde, Kunnersdorf, Fürstenwalde und Wolfsberg mit Marienkapelle. Umgebindehäuser.
Wirtschaft: Wirkwarenindustrie. Stickereien.
Persönlichkeiten: Diettrich (Hemmehübel um 1680 - 1744), Glockengießer in der Prager Neustadt; Franz Pohl (1761 - 1838), Textilfabrikant; Anton Klinger (1815 - 1891), Textilfabrikant; Heinrich Pfeiffer (1862 - 1936), Verleger, Abgeordneter im Böhmischen Landtag; Anton Alois Weber (1877 - 1948), Bischof von Leitmeritz; Hans Schütz (Hemmehübel 1901 - 1982), Bayerischer Staatsminister.
1930 mit Hemmehübel: 1513 Einw. (1451 Deutsche, 41 Tschechen, 20 Ausl.).
Umgebung: Inmitten eines Tierparks ließ Graf Salm (von Hainspach) 1771 das Jagdschloß Sternberg, das er nach seiner Frau benannte, errichten. Wolfsberg, 588 m, Plissenberg mit Kraterloch, Fundort von Olivin und Hornblende, im Basalt eingesprengt. Taufstein, Raubschloß.

Zettlitz *(Sedlec)*, Bez. Karlsbad, 420 m. Der Ort entstand an der wichtigen Straße Prag - Saaz - Eger. Bereits im 10. Jh. wurde er in den Errichtungsbüchern der Prager Bischöfe erwähnt und 973 als Pfarrei angegeben. Im 12. Jh. Dekanat und Mittelpunkt eines Gaues, wurde aber im 13. Jh. von Elbogen abgelöst. 1293 übernahm der Orden der Kreuzherren vom Roten Stern das Zettlitzer Kirchenwesen. An der Wende vom 18. zum 19. Jh. wurden ausgedehnte Kaolinlager,

Zeidler mit Martinskirche

die besten in Europa, entdeckt. Diese Porzellanerde war Grundlage für eine spezifische industrielle Entwicklung. Es entstanden die Zettlitzer Kaolin-Werke; letzter deutscher Bergdirektor Dr. jur. Dipl.-Ing. Otto Michler († 1965). Die Kaolingewinnung ermöglichte die rasche Entwicklung der Porzellanfabriken in Dallwitz, Altrohlau, Pirkenhammer, Elbogen, Fischern u. a.
Pfarrkirche Hl. Anna. Eine der ältesten Kirchen des ehemaligen Elbogener Kreises. Nach Sommer wurde sie 1293 vom Prager Bischof Tobias geweiht. Barockbau 1738 - 1740. Der Baumeister war Johann Schmid aus Uittwa. Gemälde von Elias Dollhopf. Auftraggeber war der Markgraf von Baden. Die romanische Holzfigur der Hl. Anna selbdritt stammt aus dem 11. Jh. Das Marienbild ist eine Kopie von Lukas Cranach (Original in Innsbruck). Kostbare vergoldete Silbermonstranz, „die schönste des Bezirkes". Kelchförmiger Taufstein aus Sandstein. Berühmte Krippe mit 40 cm hohen Holzfiguren. Wallfahrtskirche seit 1694. Von 1571 bis 1624 verwalteten evangelische Pfarrer die Kirche. 1630 waren Zettlitz und die umliegenden Gemeinden noch lutherisch. Ab 1652 sind wieder Matrikeneintragungen eines katholischen Pfarrers feststellbar. Schloß, zweigeschossiger Bau mit Mansardendach, der Grundriß hat die Form eines L.

2. Hälfte 17. Jh., Umbau 1920. Zuletzt war im Schloß die Direktion der Kaolinunternehmungen untergebracht. Der Meierhof Premlowitz war früher ein Gut, auf dem im 15. Jh. ein Niklas von Premlowitz saß.
Wirtschaft: Braunkohlenbergwerk, Kaolingruben, Schlämmerei, Grubenlampenerzeugung.
Persönlichkeiten: Rudolf Hacker (1895–1959), letzter deutscher Pfarrer in Zettlitz (1929–1945), Gründer des „Karlsbader Kirchenblattes", Diözesanseelsorger für Heimatvertriebene in der Diözese Augsburg. Mitbegründer der Ackermann-Gemeinde; Viktor Karell (1898–1979), Professor an der Handelsakademie in Karlsbad, wo er auch Leiter des Archivs und des Museums war. Als Heimatforscher verfaßte er zahlreiche Schriften, auch ein Stadtlexikon von Karlsbad. Die Stadt Landau an der Isar, sein letzter Wirkungsort, ernannte ihn zum Ehrenbürger.
1930 mit Roßnitz und Schankau: 1718 Einw. (1660 Deutsche, 31 Tschechen, 26 Ausl.) (1614 röm.-kath., 74 konf.-los, 19 evang., 9 tschechosl. Kirche).
Umgebung: Altrohlau mit Porzellanindustrie, Fischern (1939 nach Karlsbad eingemeindet) mit Porzellanindustrie und Porzellanfachschule, Pfarrkirche Kreuzerhöhung, Drahowitz, erster Verlagsort des Adam-Kraft-Verlages, dessen Gründer (1898–1976) sein Werk nach der Vertreibung in Augsburg weiterführte. Nach seinem Tode übernahm Dr. Johannes Schneider in Mannheim den Verlag; gegenwärtig gehört er zur Stürtz Gruppe in Würzburg.

Ziegenrücken *(Kozí Hřbety)*, bis 1424 m hoher, von Ost nach West verlaufender schmaler Felskamm, ca. 3,5 km lang, der mit dem Planur (Plán) den Langen Grund begrenzt. In diesem der Kurort St. Peter (Svatý Petr), bekannt durch den bis in die Mitte des 17. Jh.s betriebenen Bergbau auf Silber und Kupfer. Wintersportgelände. Der Ziegenrücken, nur von Spindlermühle aus erreichbar, fällt nach Norden steil zum Tal der Weißen Elbe ab. Vom Ziegenrücken gelangt man zur Renner-, Riesen- und Wiesenbaude, außerdem zur Schneekoppe.

Zinkenstein, 684 m hoher Basaltfelsen am rechten Elbeufer im Südwesten der Gemeinde Reichen, Bez. Tetschen. Seltene Flora. Die „Eislöcher" genannten Höhlen in den Basaltblockhalden zeigen infolge der Eigenart des Basalts auch im Sommer Eisbildung. Naturschutzgebiet. Berühmte Aussicht in das Elbsandsteingebirge, das Böhmische Mittelgebirge und vor allem das Elbetal. 1837 besuchte der Naturforscher Alexander von Humboldt den Zinkenstein und rühmte die großartige Aussicht; an diesen Besuch erinnert eine Gedenktafel, die vom Gebirgsverein 1929 angebracht wurde. Der Gebirgsverein errichtete auch ein Blockhaus, die sogenannte Tetschner Baude.

Zinnwald *(Cinvald,* später *Cínovec)*, Bez. Teplitz-Schönau, 816 m. Aus Vorder- und Hinterzinnwald bestehender Markt am Kamme des Erzgebirges und an der sächsischen Grenze. 11 km nördlich von Teplitz-Schönau. Nächste Eisenbahnstation ist Eichwald. Bei Zinnwald überquert die Straße von Prag nach Dresden die böhmisch-sächsische Grenze. Bergleute aus Graupen begannen im 16. Jh. nach Zinn zu graben, das dem Ort den Namen gab. Damals wurden hier und auch jenseits der Grenze auf kursächsischem Gebiet Streusiedlungen angelegt. Seit dem 16. Jh. auch Förderung von Silber, seit dem 19. Jh. auch von Wolfram, Wismut und anderen Erzen. Das Graupner Bergbuch von 1530 enthält Angaben über den Bergbau in Zinnwald. Dieses wurde 1584 als Dorf, 1664 als Bergstädtel und 1885 als Stadt bezeichnet. 1554 war Zinnwald eine freie Bergstadt. Im 30jährigen Krieg hatte der Ort viel zu leiden, denn wiederholt zogen schwedische und kaiserliche

Tetschener Baude auf dem Zinkenstein

Ziergiebel in Zlabings

Truppen über den Zinnwalder Paß; die Bewohner versteckten sich in den Wäldern; man nannte sie daher die „Strauchhähne". Als nach der Schlacht am Weißen Berg (1620) die Gegenreformation einsetzte, blieb Zinnwald bis nach 1720 verschont; damals wanderten die Lutherischen über die Grenze nach Sachsen aus; sie ließen sich im sächsischen Zinnwald nieder, das um 1750 60 Häuser hatte. Auch im Jahre 1813 wurde Zinnwald wiederum in Mitleidenschaft gezogen. Vom 29. bis 31. August 1813 kam es zu Gefechten zwischen russischen und französischen Truppen. Am Zechenberg erinnert der Franzosenstein an diese Ereignisse. Verstreute Halden sind Zeugen des alten Bergbaues. Das nach Zinnwald benannte Zinnwaldit ist ein Lithioneisenglimmer.
Pfarrkirche Mariä Himmelfahrt, früher Kapelle, bis nach 1720 lutherisch, Bau der Kirche 1729–1733 durch den Fürsten Lobkowitz. Wandmalereien von A. Roitha aus Kaaden, 1792. „Mückentürmchen", Glockenturm, dessen „Anläutglocke" den ein- und ausfahrenden Bergleuten das Zeichen gab. Spätgotische Wolfgangskapelle. Sie bestand schon im Mittelalter, 1692–1700 erneuert. Hier wurden die sogenannten „Quartalmessen" gefeiert, bei denen alte Bergmannslieder gesungen wurden. Beim „Mückentürmchen" wurde im Sommer immer das Heidelbeerfest begangen.
Wirtschaft: Strohwarenherstellung und Spitzenklöppeln in Heimarbeit. Bergbau. 1929 waren im Zinn- und Wolfram-Erzbergbau des Fürsten Lobkowitz 90 Bergleute beschäftigt. Wintersportort, Sommerfrische.
Max Tandler (1895–1982), Lehrer, volkstümlicher Mundartdichter.
1930: 1310 Einw. (1267 Deutsche, 26 Tschechen, 13 Ausl., 4 andere).
Umgebung: Jagdhaus Seegrundmühle, Forsthaus Siebengiebel, Bergstadt Graupen, Kurort Eichwald. Lugsteine, 864 m hohe Felsengruppe, gute Fernsicht.

Zlabings *(Slavonice)*, Bez. Datschitz. 516 m. Nahe der Böhmisch-Mährischen Höhe und der Grenze zu Österreich. Eisenbahnstation. 1260 erwähnt, 1278 Anlage von Befestigungen auf Geheiß Ottokars II., der das Stadtrecht nach dem Vorbild von Jamnitz verliehen hatte. Mitte 14. Jh. als Stadt bezeichnet. Damals wurde auch schon von einer Schule berichtet. Die Zunft der Tuchmacher erhielt 1401 eine Ordnung verliehen. Die Hussiten fielen 1423 in Zlabings ein und brandschatzten. Albrecht von Österreich bestätigte 1436 die Stadtprivilegien. Großen Nutzen hatte die Stadt durch die wichtige Straßenverbindung (seit 1560) zwischen Wien und Prag. Nach der Schlacht am Weißen Berg (1620) erfuhr Zlabings wesentliche Einschränkungen seiner Vorrechte. Durch die im 30jährigen Krieg erlittenen Schäden, vor allem bei der Besetzung durch schwedische Truppen i. J. 1645, war die Stadt, die um 1490 der wohlhabendste Ort Südmährens genannt wurde, für längere Zeit ohne größere Bedeutung. 1651 verlieh Ferdinand III. auf Bitten Wilhelm Slawatas von Chlum und

Wappen von Znaim

62 *Rosenberg an der oberen Moldau mit der Stammburg der Witigonen*

63 *Saaz, berühmt durch Hopfen, Gurken und die erste neuhochdeutsche Dichtung »Der Ackermann aus Böhmen« (um 1400)*

64 *Teufelsmauer bei Hohenfurth*

65 *Troppau, die einstige Landeshauptstadt Sudeten-Schlesiens*

66 *Trebnitz mit der Hasenburg*

67 *Wagstadt im Kuhländchen*

68 Weckelsdorfer Felsen in der Nähe von Adersbach

69 Zlabings, eine alte Grenzfeste im Südwesten Mährens

70 Znaim, auf einem Berg gelegen und auf drei Seiten von Wasser umflossen

Koschumberg ein verbessertes Wappen; dieses beschreibt Zelenka: Blauer Schild durch goldene Fäden quartiert; im ersten und vierten Feld eine goldene, rotbebutzte Rose, im zweiten ein an zwei goldenen Ketten hängendes goldenes Gatter mit Eisenspitzen und im dritten eine goldene Palisade. Auf dem gekrönten Turnierhelm mit gold-blauen Helmdecken und einem schwarzen „W" (Wilhelm Slawata) auf dem Halsring ein wachsender, weißgekleideter Engel mit über der Brust gekreuzten goldenen Stolen, roter Binde und goldenem Kreuz auf dem Kopfe, der in der Rechten einen grünen Palmzweig und in der Linken eine brennende Fackel hält.

Pfarrkirche Mariä Himmelfahrt, im 13. Jh. erwähnt, im 16., 17. und 18. Jh. umgebaut. Turm 1549 fertiggestellt. Fronleichnamskapelle, 1296 erwähnt, von Hussiten 1423 zerstört. Wiederaufbau durch Heinrich IV. von Neuhaus. Spitalkirche Johannes d. Täufer 13. Jh., 15. Jh., Neubau 1848. Sgraffito an der Fassade. Friedhofskapelle Hl. Kreuz 1580, 1702 barock, mit Renaissancetor, 1586. Rathaus, 1556, 1911 Neubau. Synagoge, 1895. Floriansbrunnen, 1784. „Das Stadtbild mit seinen meist noch in geschlossenen Reihen erhaltenen Laubenhäusern, Ziergiebeln und Zinnen vom Übergang der Gotik zur Renaissance ist von hohem malerischen Reiz". (Ginhart). Erhalten sind auch Befestigungsanlagen und Tore. Das Stadtmuseum birgt in seiner vorgeschichtlichen Sammlung viele Funde der Jungstein- und der großmährischen Zeit.

Wirtschaft: Textilindustrie, Likör- und Wurstwarenfabrik. Sommerfrische.

Persönlichkeiten: Gaudentius Andreas Dunkler (Piesling 1746–1829), Augustiner-Chorherr, Theol.-Professor in Wien, Propst in Klosterneuburg; Franz Josef Pabisch (1825–1879), Theologieprofessor in Baltimore/USA; Michael Holzmann (Slawathen 1860–1930), Bibliothekar der Univ.-Bibliothek in Wien, Verfasser von Lexika; Ferdinand Netouschek (1861–1922), Bürgerschullehrer in Zlabings, Schriftsteller; Theodor Deimel (1866–1952), Theologe, Schriftsteller.

1930 mit Kadolz, Lexnitz u. Rubaschhof: 2288 Einw. (1837 Deutsche, 323 Tschechen, 127 Ausl.).

Znaim, Nikolauskirche und Wenzelskapelle

Znaim *(Znojmo)*, Bezirksstadt in Südmähren. 210 – 310 m. Prähistorische Funde deuten auf alte Ansiedlungen an der Thaya hin. Früh entstand eine Burgstätte. Hier saßen 1054 bis 1191 die mährischen Teilfürsten der Przemysliden. Znaim kam als Zentrum einer Provinz und auch durch seine Lage an der Grenze zu Österreich besondere Bedeutung zu. Wie Ernst Schwarz feststellte, waren schon im 12. Jh. Deutsche seßhaft. Für das Jahr 1131 sind Schenkungen durch Herzog Konrad an die Kirche belegt. 1190 gründete Konrad Otto das nahe Prämonstratenserkloster Klosterbruck. 1226 erhielt das auf einem Berg bei der Burg, 75 m über der Thaya und von drei Seiten vom Fluß umflossene Znaim das älteste Stadtrecht Mährens. Nach der Schlacht auf dem Marchfeld 1278 wurde König Przemysl Ottokar II. in Znaim beigesetzt; die Leiche blieb hier bis 1296. Johann von Luxemburg erteilte 1326 besondere Privilegien, die mit dem Weinbau in Zusammenhang standen; Karl IV. vermehrte 1375 diese Rechte, die sich besonders auf die Ausfuhr des Weines in andere Länder bezogen. Im 14. Jh. Niederschrift des Znaimer Stadtrechts in deutscher Sprache; es wurde im Stadtarchiv verwahrt. In der Zeit von 1348 bis 1351 wütete die Pest. Die in der Folge einwandernden Bürger erhielten besondere Vorteile bei der Zahlung von Steuern. Während der Hussitenkriege, in denen die Stadt nicht eingenommen wurde, waren die Znaimer Anhänger König Sigmunds, der hier am 9. Dezember 1437 starb. Vom Ende des 15. Jh.s bis zum Anfang des 17.

Jh.s war das Tschechische als Amtssprache vorgeschrieben. Vom 15. bis 17. Jh. wurden unter der Stadt große Keller angelegt. Aus dem Jahre 1523 stammt der Znaimer Stadtrechtskodex, eine Sammlung aller wichtigen Urkunden seit der Stadtgründung, aufgezeichnet durch den Notar Stephan von Wischau und illuminiert durch Wolfgang Fröhlich aus Olmütz. Unter den Bildern sind auch Darstellungen von Znaimer Häusern. Der mit wertvollen Miniaturen geschmückte Band wurde vom Znaimer Silberschmied Georg Teuffel kunstvoll eingebunden. In dem genannten Kodex ist das Znaimer Wappen abgebildet: ein gold-rot geschachter Adler; später erhielt der Adler einen blauen Brustschild mit einem „Z" in der Mitte. Seit dem 16. Jh. sind Zünfte der Handwerker nachweisbar, auch der Gold- und Silberschmiede, der Glokkengießer, Zinngießer, Schwertfeger u. a. In der Zeit um 1600 war auch in Znaim der neue Glaube vorherrschend. 1628 tagte der Landtag in Znaim. Wiederholt beunruhigten kriegerische Ereignisse die Bewohner, so 1645 bei der Besetzung durch die Schweden, dann 1742 durch Preußen, ferner 1805 und 1809 durch französische Truppen. Am 12. Juli 1809 kam es nach der Schlacht bei Wagram zwischen Erzherzog Karl und Napoleon zum Waffenstillstand von Znaim. Diesem folgten die Friedensverhandlungen in Ungarisch Altenburg und schließlich der Frieden von Schönbrunn. Die wirtschaftliche Bedeutung Znaims stieg beim Anschluß an das Eisenbahnnetz durch den Bau der Strecken nach Wien, Brünn und Iglau-Prag in den Jahren 1870/1871. Eine technische Bauleistung war die 220 m lange in 45 m Höhe über die Thaya führende Eisenbahnbrücke.

Kulturelle Mittelpunkte waren das Deutsche Haus, 1882 von Baumeister Josef Schweighofer erbaut, und die seit 1869 bestehende Volksbibliothek. Das Stadttheater ist ein nach Entwürfen der Architektengemeinschaft Helmer & Fellner 1899/1900 errichteter Bau des Wiener Architekten Franz Graf. Große Künstler spielten in ihren Anfangsjahren in Znaim, so Max Pallenberg, Hansi Niese, Willi Forst, Kurt von Lessen, Leo Slezak, Maria Jeritza u. a. In den Chroniken der Stadt waren Theateraufführungen bereits seit 1576 vermerkt; seit 1780 gab es ein eigenes Theatergebäude. Dort wurde schon 1789 Schillers „Verschwörung des Fiesko zu Genua" aufgeführt.

Das Verhältnis der deutschen zur tschechischen Bevölkerung zeigt sich in folgenden Zahlen: 1880 : 10636 : 1389; 1890 : 12719 : 1797; 1910 : 16090 : 2366. Im Jahre 1919 entstand durch Eingemeindungen Groß-Znaim; dadurch wurde eine tschechische Mehrheit geschaffen.

Die ehemalige Herzogsburg, im 17. Jh. zum Schloß ausgebaut und im 18. Jh. barock gestaltet. In der Rotunde der Burgkapelle, dem „Heidentempel", Wandfresken aus dem 12. Jh., neben biblischen Szenen sind auch przemyslidische Herrscher dargestellt. In der Schloßkapelle, 1720 konsekriert, Fresken von Johann Michael Fisée, historische Szenen und Herrscher Böhmens und Mährens darstellend. Im Schloß das 1878 gegründete Stadtmuseum bzw. Südmährische Landesmuseum, mit vielen Kunstwerken sowie vorgeschichtlichen, kulturellen und naturgeschichtlichen Sammlungen, ebenso mit Beispielen der heimischen Keramikerzeugung. Eine besondere Sehenswürdigkeit im Znaimer Museum war eine frühgotische Madonna eines unbekannten süddeutschen Meisters. Die Holzplastik stammte aus dem nahen Gnadlersdorf. Im Burghof fand der von Pfarrer Prokop Diwisch erfundene erste Blitzableiter Aufstellung. Stadtpfarrkirche Hl. Nikolaus, 1338–1420, 1460 und 1500. Dreischiffige Hallenkirche mit Netzrippengewölbe. Sakramentshäuschen 1500. Kunstvolles Schmiedeeisengitter. Taufbekken mit Maßwerk 15. Jh. Fresken aus dem 15. Jh. Altarbilder von Josef S. Daysinger, 1754. In einer Kapelle Fresken von Maulbertsch. Kirche Hl. Kreuz, 1653–1677, jetzige Form 1735–1759. Mit Dominikanerkloster. In der Kirche Bilder von Maulbertsch, Johann Lukas Kracker und Josef Winterhalter. Epitaphien. Kloster mit gotischem Kreuzgang. Kirche Hl. Michael, 1226. Bei Turmeinsturz 1642 Beschädigungen. Altarblätter und Fresken von Johann Michael Fisée aus Antwerpen. Bei der Kirche stand das Kolleg der Jesuiten, die von 1624 bis 1773, dem Jahr ihrer

Burg Znaim, Rotunde

Auflösung, hier wirkten. Eine gemeinsame Kirche hatten die Klöster der Minoriten (seit 1235 in Znaim, 1784 aufgehoben) und der Klarissen (1274 von Ottokar II. hier angesiedelt, Kloster 1782 säkularisiert). Hospitalkirche Hl. Elisabeth, ein gotischer Bau, der im 17. Jh. umgebaut wurde. Stichkappentonnengewölbe. Die geschnitzten Bänke (um 1700) stammen aus dem Stift Klosterbruck. Kapuzinerkirche Johannes d. Täufer, 1628 - 1632. Altarbilder von Johann Lukas Krakker. Wenzelskapelle, nach Ginhart als Wehrbau, vielleicht nach 1260 im Zuge der Stadtbefestigung erbaute Doppelkapelle (Hl. Martin und Hl. Anna), deren Netzrippengewölbe an das des Wladislawsaales in Prag und der Barbarakirche in Kuttenberg erinnert. Pöltenberg, westlich der Altstadt und gegenüber der Burg gelegen, mit einer alten Kirche, die vielleicht schon im 11. Jh. bestand. 1240 wurde hier die Propstei mit Angehörigen des Kreuzherrenordens mit dem Roten Stern besetzt. Die Kirche des Hl. Hippolytus ist ein kuppelbekrönter Zentralbau, 1765 - 1768, mit einem Fresko und Bildern von Maulbertsch, von Josef Winterhalter und von Ignaz Raab; Plastiken schuf Andreas Schweigel. Filialkirche Hl. Antonius von Padua, am Rande der Granitzschlucht, erbaut 1662. Ovaler Bau mit Kuppel, Fresken von Raab. In Klosterbruck steht die mit vielen Kunstwerken ausgestattete Wenzelskirche, die zum Stift der Prämonstratenser, die hier von 1198 bis 1784 wirkten, gehörte. Der Neubau des Stiftsgebäudes, das Franz Anton Maulbertsch ausschmückte, erfolgte nach Entwürfen des Lukas von Hildebrandt. Im 19. Jh. war im säkularisierten Kloster die Genie-Akademie untergebracht. Später Kaserne.

Rathaus mit dem auf Nikolaus von Edelspitz zurückgehenden, auffallenden 80 m hohen Turm, 1445 - 1448. Er hat zwei Laufgänge und 9 Spitzen. Rathaustor, reich geschmückt, Mitte 16. Jh. In Znaim haben sich alte Bürgerhäuser erhalten, und zwar aus dem Zeitraum zwischen Spätgotik und Barock. Die Stadt besitzt auch noch alte Kapellen und eine Pestsäule, 1682, eine Dreifaltigkeitssäule, 1767, einen Wenzelsbrunnen, Anfang 18. Jh., u. a. Deutsches Gymnasium, 1624 von Jesuiten begründet, tschechisches Realgymnasium, Ackerbau- und Weinbauschule. Aus der Staatsfachschule für Tonindustrie, 1872 gegründet, gingen einige große Künstler hervor, auch der Bildhauer Hugo Lederer.

Wirtschaft: Metall-, Papier-, Holzwaren-, Leder-, Fettwaren- und Nahrungsmittelindustrie. Gravieranstalt, Buchdruckereien. Gemüse-, Wein- und Obstanbau und -handel. Berühmt sind die Znaimer Gurken. Die Erzeugung von Tonwaren hatte Tradition. Die einheimischen Hafner erhielten Anregungen und lernten handwerkliche Verfeinerungen durch die im 16. Jh. nach Mähren gekommenen Wiedertäufer, die hier eine Zufluchtsstätte fanden.

Persönlichkeiten: Johann Lukas Kracker (1717 - 1779), Maler; Franz Fritz Maier (1844 - 1926), Konstrukteur, Erfinder einer neuen Schiffsform; Eduard Charlemont (1848 - 1906), Maler; Theodor Charlemont (1859 - 1938), Bildhauer; Karl Albrecht (1859 - 1927), Porzellanmaler und Heraldiker; Marie Krämer-Widl (1860 - 1926), Opernsängerin; Ferdinand Burschofsky (1868 - 1946), Verleger und Schriftleiter, Politiker; Adalbert Fuchs OSB (1868 - 1930), Abt des Stiftes Göttweig, Kirchenhistoriker; Alexander Pock (1871 - 1950), Maler; Hugo Lederer (1871 - 1940), Bildhauer; Sigmund Strauß (1875 - 1942), Erfinder (Elektrotechnik); Richard Meister (1881 - 1964), Philologe, Präsident der Aka-

Zöptau, Schloß

demie der Wissenschaften in Wien; Erich Spengler (1886 - 1962), Geologieprofessor an der Deutschen Universität Prag; Felix Bornemann (1894 - 1990), Schriftleiter, Landschaftsbetreuer für Südmähren, Gründer der Charles-Sealsfield-Gesellschaft (1964), Schriftsteller; Rudolf Adolph (1900 - 1984), Schriftsteller; Stephan Erdös (1906 - 1956), Keramikkünstler, Direktor der Staatsfachschule für Glasindustrie in Zwiesel; Franz Kießling (1918 - 1979), Dichter. 1930: 28 855 Einw. (16 139 Tschechen, 8347 Deutsche, 753 Ausl., 616 andere) (21 562 röm.-kath., 1736 tschechosl. Kirche, 1014 konf.-los, 675 israel., 647 evang., 118 griech.-kath., 58 orthodox). Umgebung: Taßwitz, Geburtsort des Hl. Clemens Maria Hofbauer (1751 - 1820), Redemptorist, der großen Einfluß auf die Romantiker hatte. Stadtpatron Wiens; Poppitz, Geburtsort des Schriftstellers Charles Sealsfield, eigentlich Karl Postl, 1793 - 1864. Klassiker der Amerika-Romane; Frain im Thayatal. Schloß, erbaut durch Fischer von Erlach (Vater und Sohn); Brenditz. Hier erfand der Pfarrer Prokop Diwisch (1696 - 1765) den ersten Blitzableiter (1754); Jaispitz, Renaissanceschloß, Neues Schloß 1879. Gnadlersdorf, spätgotische Kirche. Die Patenschaft über Südmähren, dessen Mittelpunkt Znaim war, übernahm 1953 die Stadt Geislingen/Steige. Dort befinden sich die Südmährischen Heimatsammlungen. 1982 eröffnete der Dachverband der Südmährer in Österreich das Südmährische Heimatmuseum im Südmährischen Hof in Niedersulz/Niederösterreich.

Zöptau *(Sobotín)*, Bez. Mährisch Schönberg. 422 m. Langgestreckte Gemeinde in windgeschützter Lage. Endstation der Bahnlinie Hohenstadt - Zöptau. Im 14. Jh. Eisengewinnung. 1350 Erwähnung einer Pfarre, die zum Bistum Leitomischl gehörte. 1419 findet man die Namensform Czobetey, 1452 Zobten, 1472 Czöptau. Von 1550 bis 1625 waren die Einwohner evangelisch. Ein Pastor Matthäus Göppert wurde 1607 erwähnt. Die katholische Pfarre 1625 wurde Reitendorf angegliedert, später Ullersdorf. Mit Matthias Leander Schmied kam 1675 wieder ein katholischer Pfarrer. Beginn der Matrikenführung. Die Hexenprozesse forderten in Zöptau viele unschuldige Opfer. Wir wissen, daß auch der Erbrichter Hanns Axmann (1682) und seine Frau Dorothea (1683) verbrannt wurden. 1815 begann ein Waffenschmied Eisenbach Büchsen (Vorderlader) herzustellen. 1834 kam die Herrschaft an den Grafen Mitrovsky, Statthalter von Mähren, 1844 an die Gebrüder Klein. Franz Klein hatte Wiesenberg erworben, damit auch Zöptau und Reutenhau, 1849 auch Stefanau. Sie wurden zu den größten Unternehmern im Straßen- und Eisenbahnbau. Albert Klein wurde 1858 geadelt (als Klein von Wisenberg) und 1872 in den Freiherrenstand erhoben. Kirche Hl. Laurentius, Barockbau 2. Hälfte 18. Jh., Hochaltarbild von Ferdinand Licht aus Brünn. Neubau des Turmes 1792. Eingepfarrt waren Kleppel, Rudelsdorf und Stettenhof. Im 15. Jh. eine Veste, die 1560 als öde bezeichnet wurde. Reste noch um 1800 sichtbar. Schloß der Gebrüder Klein von Wisenberg, erbaut in den 40er Jahren des 19. Jhs. Nach der Enteignung der Freiherren 1945 Erholungsheim und Lehrlingsschule. Park und Mausoleum der Familie Klein von Wisenberg, mit einem Bild von F. Löbst.
Wirtschaft: Zöptauer und Stefanauer Bergbau- und Eisenhütten-AG. 1929: 1000 Arbeiter. Erzeugt wurden Kessel, Transmissionen, Zentrifugalpumpen, Motoren, Flaschenzüge und Maschinen aller Art. Holzbearbeitung. Fremdenverkehr. Sommerfrische.

1930 mit Stettenhof: 1457 Einw. (1327 Deutsche, 88 Tschechen, 42 Ausl.) (1325 röm.-kath., 73 evang., 39 altkath., 17 tschechosl. Kirche, 3 konf.-los).
Umgebung: Bad Groß Ullersdorf mit Schloß, Ruine Rabenstein, Wiesenberg, Winkelsdorf, Annaquelle, Rauchbeerstein, 790 m, Mittelstein, 726 m, Schwarzer Stein, 954 m, Schieferheide, Altvater.

Zornstein *(Cornštejn)*, Bez. Znaim, 428 m. Ruine einer Burg bei Vöttau, am rechten Ufer der Thaya, die tief unten das alte Gemäuer der Veste umfließt. Entstanden am Anfang des 14. Jh.s, war die Burg im Besitz der Herren von Lichtenburg (1342). Hynek von Lichtenburg konnte sich zehn Monate lang gegen Georg von Podiebrad verteidigen, bis dieser die Burg 1465 einnahm. Um 1500 erfolgte die Vereinigung der Herrschaft Zornstein mit Vöttau. Die Chroniken melden, daß die Burg am Ende des 16. Jh. verfiel. Unterhalb der Burg stand die Dreifaltigkeitskapelle, einst ein Wallfahrtsort. Die erste Erwähnung der Kapelle 1403. 1784 wurde sie profaniert. Das Gnadenbild kam in die Vöttauer Pfarrkirche, wo sich wieder Pilger einfanden. Die Kapelle unter dem Zornstein wurde bei der Errichtung des Frainer Thaya-Stausees überflutet.

Zuckmantel *(Cukmantl,* seit 1949 *Zlaté Hory)*, Bez. Freiwaldau. 416 m. Am Fuße der Bischofskoppe, an der Grenze zum ehem. preußischen Schlesien. Eisenbahnstation der Strecke Ziegenhals – Zuckmantel. Anfang 13. Jh. Gründung an einem alten Handelsweg durch die Breslauer Bischöfe. 1224 erstmals erwähnt. Nach der Burg Edelstein, unter deren Schutz sich die Siedlung entwickelte, hieß sie auch Edelstadt. Herzog Nikolau I. von Troppau verpfändete Edelstadt an den Breslauer Bischof (1281), Loslösung von ihm 1305 und Erteilung einiger Privilegien. 1339 an Johann von Luxemburg, den böhmischen König. Unter Karl IV. wieder an das Troppauer Fürstentum. 1455 Bestätigung der Stadtrechte. Das Wappen: Ein Bergknappe mit Eisen und Schlägel an einem Felsen arbeitend; links grüner Baum mit braunem Stamm. Zeitweise war am Wappen auch das Zeichen des Breslauer

Zuckmantel, Pfarrkirche Mariä Himmelfahrt

Fürstbischofs. Zu dessen Bistum war Zuckmantel 1474 gekommen; es gehörte dann dem Fürstentum Neisse an. In der Mitte des 17. Jh.s breitete sich auch hier der Hexenwahn aus. Das Hexengericht verurteilte mehrere Personen zum Tod in den Flammen. Die Plünderung 1740 durch preußische Truppen verursachte große Not. Damals wurde der Bergbau eingestellt, der besonders im 16. Jh. in hoher Blüte stand; vor allem war Gold gefördert worden. In Zuckmantel hatte das Bergrecht von St. Joachimsthal Geltung. Die Bedeutung der Stadt zeigte der Umstand, daß Kaiser Maximilian im Jahre 1505 das Recht erteilte, Goldmünzen zu prägen; in der damaligen Münze war später die Pfarrei untergebracht. 1742 verblieb Zuckmantel beim Kronland Österreichisch Schlesien. 1753 ging Zuckmantel alter Privilegien und Freiheiten verlustig. Während des Krieges von 1866 fand am 21. Juni in der Nähe der Stadt ein Gefecht zwischen Preußen und Österreichern statt. Im Jahre 1879 Errichtung einer Wasserheilanstalt. In unserem Jh. waren die Prießnitzkuren in der Kaltwasserheilanstalt von Dr. Schweinburg sehr bekannt. Hier hatte auch der Prager Dichter Franz Kafka 1905 und 1906 zwei Kuraufenthalte. Kirche Mariä Himmelfahrt, als Pfarrkirche 1339 erwähnt; der gotische Bau erhielt 1699 – 1702 barocke Formen. Tonnengewölbe. Erhalten blieben einige barocke Häuser. Alte Post Anfang 18. Jh. Barockes Rathaus Ende 18. Jh.

Wirtschaft: Holzindustrie, Steinindustrie, Leinenweberei, Zwirnfabrik, Schlosserwaren- und Glasfabrik, Buchdruckerei. Sommerfrische.
Persönlichkeiten: Eduard Leuchert (1823-1883), Schauspieler, 1864-1881 am Hofburgtheater; Karl Groß (1837-1906), Professor des Kirchenrechts an der Universität Wien; Viktor Heeger (1858-1935), Schriftsteller, auch Mundartdichter; Viktor Franke (1866-1936), Kolonialoffizier und Kommandant der Schutztruppe in Deutsch-Südwestafrika. Er unterzeichnete 1915 das Kapitulationsprotokoll der Schutztruppe; Alois Kunz (1877-1950), Bürgermeister von Zuckmantel, 1925-1935 christlich-sozialer Abgeordneter im Prager Parlament; Emil Brendel (1879-1950), Kirchenmaler, Betreuer der Wallfahrtskirche Mariahilf; Leopold Rochowanski (1885-1961), Dichter und Kunsthistoriker; aus Zuckmantel stammten die Mütter der Komponisten Franz Schubert und Franz Lehár.
1930 mit Lerchenfeld und Rosenthal: 4473 Einw. (4117 Deutsche, 219 Ausl., 126 Tschechen, 11 andere).
Umgebung: Am Quer- oder Althackelsberg südlich von Zuckmantel stand die alte Wallfahrtskirche Mariahilf, von deren Ursprung nur Sagen erzählten. 1805 wurde eine neue Kapelle errichtet, der Steinbau der Kirche entstand 1835-1841. Nach der Vertreibung der Deutschen verfiel das Gotteshaus immer mehr, bis nur noch Trümmer vorhanden waren. Im November 1973 Sprengung. Bischofskoppe, 889 m, mit Aussichtsturm. An der Westseite die Ruine der Burg Leuchtenstein. Auf dem Rochusberg die im Gedenken an die Pestjahre 1632 und 1633 erbaute Rochuskapelle (1634), 1759 in Brand gesteckt, 1765 bis 1768 wiederaufgebaut und erweitert. Der Weg zur Kapelle war mit Kreuzwegstationen versehen.
Minnichfelsen (Mönchstein), 570 m. Silberkoppe, 785 m. Burgruine Edelstein, 695 m. Als 1377 Herzog Nikolaus II. das Herzogtum Troppau auf seine vier Söhne aufteilte, erhielt Nikolaus die Burg Edelstein. Sie gehörte später zum Besitz des Bistums Breslau. Nahe Edelstein der Taborfelsen, 939 m, mit einer ehemaligen Wallfahrtskapelle, die frühere Segengottesgrube mit

Zulb, Wassermühle

einem über 200 m tiefen Schacht und Pingen als Zeugen früheren Bergbaues.
Im Jahre 1974 feierten die Vertriebenen aus Zuckmantel in ihrer Patenstadt Bietigheim/Württemberg die 750. Wiederkehr der Gründung ihrer Stadt. Die Patenschaft besteht seit 1965. In Bietigheim-Bissingen wird in einer Heimatstube Heimatkundliches gezeigt.

Zulb *(Čule,* später *Slup),* Bez. Znaim. 191 m. An der Bezirksstraße Joslowitz – Znaim nahe der Grenze zu Österreich. Bahnhof Hödnitz. Das Angerdorf am rechten Thayaufer, das früher auch Zelub hieß, war bereits 1228 Sitz einer Pfarre. Seit dieser Zeit gehörte es zu den Gütern der Nonnenabtei Oslawan (bis 1508). Im Jahre 1548 kam Zulb zur Joslowitzer Herrschaft. In der 2. Hälfte des 16. Jh.s breitete sich die Reformation aus, wurde aber wieder unterdrückt. 1860 erfolgte die Erhebung zum Markt. Das Wappen von Zulb zeigt einen Hügel, aus dem drei Lilien wachsen. Pfarrkirche Maria Namen, auch Maria unter den Weiden. Zuerst ein gotischer Bau (13. Jh.), Umbau im 15. und 17. Jh. 1845 Renovierung. Aus alter Zeit sind erhalten: ein romanischer Rundbogen und gotische Ornamente, ferner Gurtengewölbe im Presbyterium. 1512 stiftete der Vorsteher der Müllerzunft vier Heiligenbilder, die auf Kupfer gemalt sind, sie hängen in der Kreuzkapelle. Der Hochaltar aus d. J. 1860 wurde nach dem Entwurf des Wiener Architekten Heinrich von Ferstel hergestellt. Statuen des Pestheiligen Sebastian, 1680, und des Hl. Johannes von Nepomuk, 1. Hälfte 18. Jh. Ehem. herrschaftliche Mühle, ein Renaissance-

Pfarrkirche Hl. Elisabeth in Zwickau

bau aus der 1. Hälfte 17. Jh., ist jetzt als technisches Denkmal ausgewiesen.

1930 mit Gnast: 1367 Einw. (1277 Deutsche, 73 Tschechen, 17 Ausl.).

Zwickau *(Cvíkov)*, Bez. Deutsch Gabel. 359 m. Stadt am Boberbach. Nahe am Lausitzer Gebirge. Station der Linie Röhrsdorf – Deutsch Gabel.

Vor 1352 erwähnt als Czwykauia. Damals stand hier bereits eine Kirche. Eine alte Handelsstraße aus Zittau führte durch das Dorf, das zur Herrschaft Mühlstein gehörte. 1346 wurde von einer Brücke an der Straße nach Leipa berichtet. 1349 schlug Karl IV., als er den Oybin belagerte, in Zwickau sein Hauptquartier auf. 1391 wurde das Marktdorf Czwikow genannt, das zur Herrschaft der Berka von Duba (bis zum 16. Jh.) gehörte. 1518 Vereinigung Zwickaus mit der Herrschaft Reichstadt. Ferdinand I. (1526 – 1564) erhob auf Veranlassung des Zdislaw Berka von Duba den Ort zum Markt, als solcher wurde er 1545 genannt. Verleihung des Wappens der Familie Berka: In goldenem Feld zwei schwarze übers Kreuz gelegte Äste. 1560 Verleihung des Braurechts. In den Jahren 1680 und 1775 waren Bauernunruhen ausgebrochen. Für das Jahr 1729 ist die erste dramatische Aufführung des Zwickauer Karfreitagsspiels nachweisbar, das seinen Ausgang am Marktplatz nahm und bis auf den nördlich der Stadt liegenden Kalvarienberg führte. Zum letzten Mal fand das Passionsspiel 1766 statt. 1772 Erwähnung einer Schule. Immer wieder hatte Zwickau während der Kriege zu leiden, so u. a. auch im 30jährigen Krieg, dann 1745 – 1763, 1778 und 1866. Mehrmals verheerten es Feuersbrünste; 1820 wurde fast die gesamte Stadt vernichtet. Die Kirche blieb erhalten. Krankenhaus seit 1845. Im Jahre 1905 wurde die Lokalbahn Zwickau - Deutsch Gabel eröffnet.

Kirche Hl. Elisabeth von Thüringen, 14. Jh., in den Errichtungsbüchern 1384 genannt. 1553 – 1558 errichtet vom italienischen Baumeister Benedikt Ferri. Barocker Umbau im 2. Drittel des 18. Jh.s. Altarbilder Hl. Elisabeth (19. Jh.), Hl. Johannes von Nepomuk (1. Hälfte 18. Jh.). Kanzel um 1800, Orgel im Rokokostil mit Figuren musizierender Engel, 2. Hälfte 18. Jh. Auf dem rechteckigen Marktplatz das Anfang des 19. Jh.s wiederaufgebaute Rathaus, Empire, ebenso einige alte Häuser (um 1800). Statuen Hl. Prokop, 18. Jh., Hl. Johannes von Nepomuk, 1. Hälfte 18. Jh., Mariensäule mit Statue der Hll. Wenzel, Johannes Evangelista und Sebastian, 1697, frühbarock. Landesheilanstalt für Kinder.

Wirtschaft: Webereien, Fabrik für Webereibedarf, Färbereien, Bleicherei, Essigfabrik, Gießerei, Ziegeleien, Mühlen, Glasschleifereien. Sommerfrische. Fremdenverkehr.

Persönlichkeiten: Augustin Zippe (1747 – 1816), berühmter Prediger, unter Joseph II. Leiter des theologischen Unterrichtswesens in Österreich, maßgebend in der katholischen Aufklärung; Wilhelmine Wiechowski (1834 – 1925), Schriftstellerin, führend in der deutschen Frauenbewegung in den Böhmischen Ländern; Theodor Knaute (1852 – 1915), Fachlehrer in Olmütz, Mitglied des mährischen Landesschulrates, Schriftsteller, Lyriker; Adalbert Gattermann (Kunnersdorf 1866 – 1945), Musikerzieher; Anton Konrad Zippe (1889 – 1964), Abgeordneter im Niederösterreichischen Landtag. Schriftleiter. Maler und Grafiker; Alfred Würfel (1893 – 1987), Bankfachmann, verdient um das sudetendeutsche Genossenschaftsbankwesen. Ihm war es zu danken, daß das gerettete Restgeld der sudetendeut-

schen Volksbanken als Grundstock für die Sudetendeutsche Stiftung verwendet werden konnte; Karl Prokop (1914 - 1973), Maler und Grafiker. 1930: 4946 Einw. (4542 Deutsche, 331 Tschechen, 70 Ausl.).
Umgebung: Kalvarienberg, 437 m, mit Kreuzweganlage, 1729, und Kapelle, 1736, 1847, mit einer Einsiedelei, 1740 - 1782. Kleißberg, 760 m, Krombach, Dorf an der Wasserscheide, Pfarrkirche 1784, alte Eiben; Grünberg, 584 m, Klingsteinfelsen im Sandstein; Glasert, altes Weberdorf, und Glasertberg, 568 m; Lausche, 782 m; Ruine der Burg Mühlstein (Milstein), erbaut 1343. In der Umgebung Erosionstäler mit vielgestaltigen Sandsteinwänden.

Zwitta *(Svitava),* linker Nebenfluß der Schwarza in Mähren. Der 97,3 km lange Fluß entspringt in 465 m Höhe nordwestlich Zwittau auf der Böhmisch-Mährischen Höhe, fließt zumeist in südlicher Richtung und bildet an manchen Stellen die Grenze zwischen Böhmen und Mähren. Von links nimmt er die Punkwa auf, fließt über Blansko, dann durch Brünn und mündet südlich bei Priesenitz.

Zwittau *(Svitavy),* Bez. Mährisch Trübau. 445 m. Die alte Tuchmacherstadt auf der Böhmisch-Mährischen Höhe liegt am Oberlauf der Zwitta. Als Gründungsjahr wird 1250 angegeben; damals legte der Olmützer Bischof Bruno von Schaumburg an der Straße Prag - Olmütz eine neue Siedlung an. Er kolonisierte das gesamte Gebiet und brachte viele Bauern und Handwerker aus seiner Heimat Westfalen hierher. In seinem Testament von 1274 empfiehlt er Zwittau seinem Nachfolger besonders. 1256 Markt, 1349 als Stadt bezeichnet. Wappen: Eine bezinnte Mauer mit Tor und offenem Gatter; hinter der Mauer zwei Türme, dazwischen ein nach rechts gewendeter Kopf eines Ochsen. 1424 nahmen die Hussiten Zwittau ein, zerstörten und plünderten es. 1468 Besetzung durch ungarische Soldaten unter Matthias Corvinus. 1512 wurde die Zunft der Tuchmacher und Leinenweber ins Leben gerufen, es folgte 1514 die der Wagner und Schmiede, 1558 die der Schuhmacher, Schneider, Fleischer, Kürschner und Töpfer. 1554 Ende des Klosters der Prämonstratenser, das seit 1256 die Pfarrseelsorge versah und 1425 die Mönche aus dem zerstörten Leitomischl aufgenommen hatte. 1587 Verleihung des Maut- und Brückenzollrechtes. Zwittau hatte schon 1643 durch die Schweden viel zu leiden; von den 803 Anwesen der Herrschaft Zwittau waren 123 durch die Schweden ruiniert worden. Später folgten preußische Truppen (1742 und 1758), russische (1799), französische (1805), noch einmal russische (1815) und preußische (1866). Wiederholt suchten Feuersbrünste die Bevölkerung heim, vor allem 1590, 1781 und 1818. In der 2. Hälfte des 19. Jh.s erfolgte die Verbindung mit den Eisenbahnlinien der Monarchie (1845 und 1851 mit Brünn und Böhmisch Trübau, 1847 mit Politschka und Skutsch). Die Eisenbahn förderte die industrielle Weiterentwicklung stark, die durch das Textilgewerbe und andere Wirtschaftszweige bestimmt war. Im Jahre 1914 hatte Zwittau 48 Textilfirmen, darunter 19 mechanische Webereien, sechs Färbereien und eine Baumwollspinnerei. 1874 wurde die Tabakfabrik gegründet. Am 10. Dezember 1918 besetzten tschechische Soldaten die deutsche Stadt. Bereits 1919 wurde eine tschechische Volksschule und 1920 eine tschechische Bürgerschule eröffnet.
Pfarrkirche Mariä Heimsuchung, 1250, nach dem Brand von 1781 umgebaut, 1781 - 1796, spätbarock. Sie war die frühere Klosterkirche der Prämonstratenser (bis 1554). Orgel von Ignaz Staudinger, 1798, Altarblatt von Hubert Maurer, Direktor der Wiener Malerakademie, 1795. Friedhofskirche Hl. Ägidius, die frühere Pfarrkirche, 1256, romanisch, Renaissance um 1600, Umbau 1679 - 1683, frühbarock, mit Kapelle der Schmerzhaften Muttergottes, 1664 - 1679, und Statue Anna selbdritt, um 1520. Neugotische Kirche Hl. Josef. Türme 1894. Spitalkirche Hl. Florian, 1731 - 1733, 2 Altarblätter von Thaddäus Supper. Die Kirche wurde 1976 beseitigt. Synagoge, 1900. Reste der ehemaligen Befestigungsanlagen. Rechteckiger Marktplatz mit Renaissancehäusern mit breitgewölbten Laubengängen. Rathaus 16. Jh., Neubau 1787. Pfarrei 1626 - 1635, frühbarock. Krankenhaus. Pestsäule, 1703, mit den Landes- und Pestheiligen.

Brunnen mit Figur des Hl. Florian, 1783. Statue des sel. Johannes Sarkander von Johann Georg Heinz, 1725. Ottendorfersche freie Volksbibliothek, mit Vortragssaal, Lesezimmer, Sitzungszimmer usw., gestiftet von Oswald Ottendorfer und 1892 eröffnet. Vor dem Büchereigebäude ließ der Stifter in Erinnerung an seine Mutter das Denkmal „Mutterliebe" aufstellen; es stammt vom Bildhauer Donndorf aus Stuttgart (1893). Im Stadtarchiv wurden zehn Stadtprivilegien und die ab 1515 erhaltenen Stadtbücher verwahrt. Deutsche Realschule seit 1895, Fachschule für Frauenberufe, seit 1911, Fachschule für Weberei, seit 1873.

Wirtschaft: Tabakfabrik, Lederfabriken, über sechzig größere Textilunternehmen, Landwirtschaftliche Maschinenfabrik, Möbelfabrik, Likörfabrik, Bierbrauerei, zwei Buchdruckereien.

Persönlichkeiten: Stephanus Taurinus († 1519), Schriftsteller, Humanist am Olmützer Bischofshof; Jakob Christelli (1721 - 1806), Theologe, Dekan der Universität Olmütz, wo er eine Druckerei errichtete; Maurus Joseph Haberhauer OSB (1746 - 1799), theologischer Schriftsteller, Kirchenmusiker im Stift Raigern; Oswald Ottendorfer (1826 - 1900), Chefredakteur der New Yorker Staatszeitung. Mäzen seiner Geburtsstadt, stiftete eine Bibliothek, ebenso Einrichtungen für Kranke, Arme und Waisen. Ehrenbürger von Zwittau; Johann Budig (1832 - 1915), Großindustrieller, Reichsratsabgeordneter, Bürgermeister und Ehrenbürger von Zwittau; Alexander Makowsky (1833 - 1908), Professor der Mineralogie und Geologie an der Technischen Hochschule in Brünn; Carl Lick (1859 - 1935), Heimatforscher, Bürgermeister, Ehrenbürger; Franz Jesser (1869 - 1954), Reichsratsabgeordneter, Publizist. Dr. h. c.; Karl Fritscher (1875 - 1945), Seelsorger in Zwittau, Senator im Prager Parlament. Verdient um die christliche Arbeiterbewegung; Rudolf Kunerth (Hermersdorf 1883 - 1945), Komponist; Ernst Siegel (1886-?), Professor der Elektrotechnik an der deutschen TH Prag; Josef Dittrich (Vierzighuben 1890 - 1972), Botaniker, Leiter der Moorversuchsstation Sebastiansberg im Erzgebirge;

Zwittauer Friedhofskirche

Fritz Brosch (1903 - 1981), Professor der Chirurgie des Kiefers; Hermann Hönig (1904 - 1959), Journalist und Publizist. Mitbegründer der Wochenzeitung „Christ und Welt"; Otto Neudert (1906 - 1975), Maler und Kunsterzieher; Oswald Schindler (1908 - 1974), Industrieller, der zahlreichen Juden das Leben rettete. Geehrt in der Gedenkstätte Yad Vashem in Jerusalem als Gerechter der Völker; Elisabeth Lichtenecker (1919 - 1984), Kunsthistorikerin, Journalistin, Lyrikerin.

1834: 3699 deutsche Einw., 1930: 10446 Einw. (9090 Deutsche, 1176 Tschechen, 159 Ausl., 21 andere) (9762 röm.-kath., 326 konf.-los, 168 israel., 146 evang., 37 tschechosl. Kirche)

Umgebung: Stangendorf mit Andreaskirche, 1693. Greifendorf mit Katharinenkirche, 1710. Vierzighuben mit ehem. Redemptoristenkloster.

Zwodau *(Svatava)*, Bez. Falkenau, 407 m. Zwodau liegt am gleichnamigen Bach, der aus Sachsen kommt und hier in die Eger mündet. Zwodau, 4 km nordwestlich von Falkenau und von der früheren Bezirksstadt durch die Eger getrennt, ist heute mit dieser vereinigt. Eisenbahnstation Zwodau-Davidsthal. Zwodau wurde 1553 als Dorf bezeichnet. Es gehörte zur Herrschaft Elbogen. 1847 hatte es 27 Häuser und 181 deutsche Einwohner, 1860 45 Häuser und 365 deutsche Einwohner.

Egerbrücke in Zwodau

Geschichtliche Ereignisse sind nur wenige überliefert. Einige Bedeutung erlangte die Marktgemeinde dadurch, daß sich Goethe hier aufhielt. 1785 übernachtete er im alten Posthaus, einem Barockbau, ein zweites Mal 1786, als er seine Reise nach Italien antrat. 1786 fertigte er die Zeichnung „Posthaus Zwotau" an; am 19. Mai 1810 entstand eine zweite Zeichnung mit dem Titel „Anseres Christicolae", das Postgebäude mit einem Kruzifix und eine Schar Gänse darstellend. Eine geologische Anmerkung über Zwodau machte Goethe in seinen naturwissenschaftlichen Schriften. Zwodau hatte die Ortsteile Davidsthal, Am Löwen, Riesel und Steinberg. Pfarrkirche Maria Immaculata, 1924. Pfarrei seit 1931. Eingepfarrt sind Lauterbach und Spitz. Matriken seit 1890, vorher wurden sie in Falkenau geführt.

Wirtschaft: Kammgarnspinnerei Schmieger (1929: 1500 Arbeiter); Mariahilf- und Matthias-Kohlenwerke AG, Maschinenfabrik, Beton- und Zementwarenerzeugung.

Persönlichkeiten: Ignaz Schmieger (1812 - 1887), gründete 1865 die Spinnerei in Zwodau; Hans Fleissner (1881 - 1928), Professor in Leoben, Erfinder der tönenden Grubenlampe; Maria Günzl (1896 - 1983), sozialdemokrat. Abgeordnete im Bayer. Landtag, Lyrikerin, Erzählerin.

1930: 4411 Einw. (3816 Deutsche, 525 Tschechen, 70 Ausl.); (4025 röm.-kath., 246 konf.-los, 126 evang., 11 tschechosl. Kirche, 3 andere).

LITERATURAUSWAHL

Aschenbrenner, V.: Sudetendeutsche Kulturleistungen. München 1978.
–: Sudetenland. Ein Überblick über seine Geschichte. Bad Reichenhall 1959.
Bachmann, H.(Hrsg.): Deutsche Arbeit in Böhmen. München 1969.
Beer, K.: Geschichte Böhmens. Reichenberg 1921.
Berger, K.: Die Besiedlung des deutschen Nordmährens und Schlesiens im 13. und 14. Jh. Brünn 1933.
Biographisches Lexikon zur Geschichte der böhmischen Länder. München 1974 ff.
Blau, J.: Landes- und Volkskunde der Tschechoslowakischen Republik. 2. Aufl. Reichenberg 1927.
Bohmann, A.: Bevölkerungsbewegungen in Böhmen 1847–1947. München 1958.
–: Das Sudetendeutschtum in Zahlen. München 1959.
Bosl, K. (Hrsg.) Handbuch der Geschichte der böhmischen Länder. Bd. 1–4. Stuttgart 1966 ff.
Bretholz, B.: Geschichte Böhmens und Mährens. Bd. 1–4. Reichenberg 1921–1924.
–: Lese- und Quellenbuch zur böhmisch-mährischen Geschichte. Brünn 1927.
Brousek, K. M.: Die Großindustrie Böhmens. 1848–1918. München 1987.
Československo A – Z. Průvodce na cesty. Praha 1983.
Die deutschen Vertreibungsverluste. Stuttgart 1958.
Dokumente zur Austreibung der Sudetendeutschen. München 1951.
Donat, H. (Hrsg.): Die deutschen Katholiken in der Tschechoslowakischen Republik. Warnsdorf 1934.
Ermacora, F.: Die sudetendeutschen Fragen. München 1992.
Fochler-Hauke, G.: Deutscher Volksboden und deutsches Volkstum in der Tschechoslowakei. Heidelberg 1937.
Franzel, Emil: Sudetendeutsche Geschichte. Mannheim 1983.
Golitschek, J. von: Heimat Mähren und Schlesien. Mannheim 1980.
Günther, O.: Kirchen, Kapellen und Andachtsorte des Sudetenlandes. Bd. 1–6. München 1958.
Hassinger, H.: Tschechoslowakei. Wien 1925.
Hemmerle, R.: Heimat im Buch. München 1970.
–: Heimat Nordböhmen. 2. Aufl. Würzburg 1989.
–: Sudetenland-Lexikon. 4. Aufl. Würzburg 1992.
Herzogenberg, J. von: Traumstraßen durch Böhmen, Mähren und die Slowakei. München 1989.
Hoensch, J. K.: Geschichte der Tschechoslowakei. 3. Aufl. Stuttgart 1992.
Hrady a zámky na Moravě. Praha 1987.
Hrady a zámky v Čechách. Praha 1986.
Jungbauer, G.: Deutsche Volkskunde mit besonderer Berücksichtigung der Sudetendeutschen. Reichenberg 1936.
Knobloch, E. J.: Kleines Handlexikon. Deutsche Literatur in Böhmen, Mähren, Schlesien. München 1976.
Kuhn, H.: Sudetendeutsche Heimatsammlungen. 2. Aufl. München 1985.
–: Sudetenland. Mannheim 1986.
–: Tschechoslowakei. Nürnberg 1965.
Lehmann, E.: Handbuch der sudetendeutschen Volksbildung. Reichenberg 1931.
–: Sudetendeutsche Volkskunde. Leipzig 1926.
–: Wir Sudetendeutsche. Dortmund 1952.

Lehmann, Ernst: Um Glaube und Heimat. Evangelische Bausteine zum sudetendeutschen Geschichtsbild. Melsungen 1957.
Lemberg, E.: Geschichte des Nationalismus in Europa. Stuttgart 1950.
Machatschek, F.: Landeskunde der Sudeten- und Westkarpatenländer. Stuttgart 1927.
Maier, E.: Nordböhmen in Farbe. Mannheim 1980.
Münch, H.: Böhmische Tragödie. Braunschweig 1949.
Neuwirth, J.: Geschichte der deutschen Kunst und des Kunstgewerbes in den Sudetenländern. Augsburg 1926.
Nitsch, R.: Heimat Westböhmen. Mannheim 1981.
–: Westböhmen in Farbe. Mannheim 1979.
Orth, J.: Topogr.-statist. slovník Čech. Praha 1870.
Ortslexikon der böhmischen Länder. Lfg. 1–10. München 1977–1982.
Peterka, O.: Rechtsgeschichte der böhmischen Länder. Prag 1933.
Pfeifer, W.: Städtewappen und Städtesiegel in Böhmen und Mähren. München 1952.
Pfohl, E.: Orientierungslexikon der Tschechoslowakischen Republik. 3. Aufl. Reichenberg 1931. Nachdruck m. d. T.: Ortslexikon Sudetenland. Nürnberg 1987.
Poche, E.: Böhmen und Mähren. (Kunstdenkmäler). München 1986.
Preidel, H. (Hrsg.): Die Deutschen in Böhmen und Mähren. Gräfelfing 1950.
Proschwitzer, E.: Heimatkundliches Handbuch der Tschechoslowakei. Teil 1 u. 2. Prag 1921.
Quoika, R.: Die Musik der Deutschen in Böhmen und Mähren. Berlin 1956.
Raschhofer, H.: Die Sudetenfrage. München 1953.
Rauchberg, H.: Der nationale Besitzstand in Böhmen. Leipzig 1905.
Raupach, H.: Der tschechische Frühnationalismus. Essen 1939.
Rokyta, H.: Die böhmischen Länder. Salzburg 1970.
Schacherl, L.: Böhmen. München 1966.
–: Mähren. München 1968.
Schaller, J.: Topographie des Königreichs Böhmen. Bd. 1–16. Prag 1785–1791.
Schlesinger, L.: Geschichte Böhmens. Prag 1870.
Schreiber, R.: Prag, die vielgestaltige Stadt. Kitzingen 1952.
Schremmer, E.: Reiseleiter. Böhmische Länder. Würzburg 1989.
–: Sudetenland in Farbe. Mannheim 1985.
Schwarz, E.: Die Ortsnamen der Sudetenländer als Geschichtsquelle. München 1961.
–: Sudetendeutsches Schicksal im Laufe der Jahrhunderte. Augsburg 1951.
–: Sudetendeutsche Sprachräume. München 1961.
–: Volkstumsgeschichte der Sudetenländer. Bd. 1–2. München 1965.
Schwarz, W.: Mähren und Schlesien in Farbe - mit Adlergebirge. Mannheim 1980.
Schwoy, F. J.: Topogaphie von Mähren. Bd. 1–3. Wien 1793/1794.
Sedlmeyer, K.: Landeskunde der Tschecho-Slowakei. Frankfurt 1973.
Seibt, F. (Hrsg.): Bohemia Sacra. Düsseldorf 1974.
–: Hussitenstudien. München 1987.
–: Karl IV. München 1978.
Sommer, J. G.: Das Königreich Böhmen. Bd. 1–16. Prag 1833–1849.
Städte im Sudetenland. Augsburg 1969.
Sudetendeutscher Atlas. München 1954.
Sudetendeutsches Ortsnamenverzeichnis. 2. Aufl. München 1987.
Sudetenland. Kitzingen 1954.
Südmährischer Reiseführer. Geislingen 1985.

Tschechoslowakei. Baedekers Autoreiseführer. Stuttgart 1968/1969.
Weizsäcker, W.: Geschichte der Deutschen in Böhmen und Mähren. Kitzingen o. J.
Wegener, W.: Böhmen und das Reich im Hochmittelalter. Köln 1959.
–: Die Přemysliden. Stammtafel. Göttingen 1952.
Wenzelides, O.: Das Altvater-Beskidenland und seine geistige Leistung. Troppau 1941.
–: Heimatgeschichte. Troppau 1922.
Werdecker, J.: Die Sudetenländer. Abriß einer Landeskunde. Würzburg o. J.
Winkler, W.: Statistisches Handbuch der europäischen Nationalitäten. Wien 1931.
–: Die Tschechoslowakei im Spiegel der Statistik. Karlsbad 1937.
Winter, E.: Tausend Jahre Geisteskampf im Sudetenraum. Salzburg 1938.
Witt, K.: Wirtschaftskräfte und Wirtschaftspolitik der Tschechoslowakei. Leipzig 1938.
Wolkan, R.: Geschichte der deutschen Literatur in Böhmen und in den Sudetenländern. Augsburg 1925.
Wolny, G.: Die Markgrafschaft Mähren. Bd. 1-6. Brünn 1835–1842.
Zelenka, A.: Sudetendeutsches Wappenlexikon. Passau 1985.

GEOGRAPHISCHES VERZEICHNIS

Tschechisch	*Deutsch*	*Bezirk*
Abertamy	Abertham	Neudeck
Adamov	Adamsthal	Brünn
Adršpašské skály	Adersbacher Felsen	
Albrechtice	Albrechtsdorf	Gablonz
Andělská Hora	Engelhaus	Karlsbad
Andělská Hora	Engelsberg	Freudenthal
Antonínov	Antoniwald	Gablonz
Aš	Asch	Asch
Bartošovice	Partschendorf	Neutitschein
Bečov	Petschau	Tepl
Bečva	Betschwa, Fluß	
Bedřichov	Friedrichswald	Reichenberg
Bělá pod Bezdězem	Weißwasser	Münchengrätz
Bělotín	Bölten	Mährisch Weißkirchen
Benátky nad Jizerou	Alt Benatek	Jungbunzlau
Benešov nad Černou	Deutsch Beneschau	Kaplitz
Bernartice	Barzdorf	Freiwaldau
Berounka	Beraun, Fluß	
Beskydy	Beskiden	
Bezděz	Bösig	Dauba
Bezdružice	Weseritz	Plan
Bílá Voda	Weißwasser	Freiwaldau
Bílina	Biela, Fluß	
Bílina	Bilin	Dux
Bílovec	Wagstadt	Wagstadt
Bílý Kostel nad Nisou	Weißkirchen	Reichenberg
Bítov	Vöttau	Znaim
Biskupská Kupa	Bischofskoppe, Berg	
Blanský les	Plansker Wald	
Blatno	Platten	Komotau
Blíževedly	Bleiswedel	Leitmeritz
Blšany	Flöhau	Podersam
Bochov	Buchau	Luditz
Bohusodov	Mariaschein	Aussig
Boletice nad Labem	Politz a. d. Elbe	Teschen
Bor	Haid	Tachau
Bořeň	Borschen, Berg	
Boubín	Kubani, Berg	
Bouzov	Busau	Littau
Božanov	Barzdorf	Braunau
Božičany	Poschetzau	Elbogen
Boží Dar	Gottesgab	St. Joachimsthal
Brána Čech	Böhmische Pforte, Porta Bohemica	
Brandov	Brandau	Brüx
Břeclav	Lundenburg	Göding

Březí (Pratelsbrun)	Bratelsbrunn	Nikolsburg
Březno	Priesen	Komotau
Březová	Brüsau	Mährisch Trübau
Březová	Pirkenhammer	Karlsbad
Břidličná	Friedland a. d. Mohra	Römerstadt
Brněnské Ivanovice	Nennowitz	Brünn Umgebung
Brno	Brünn	Brünn
Brodek	Deutsch Brodek	Littau
Broumov	Braunau	Braunau
Brtníky	Zeidler	Schluckenau
Bruntál	Freudenthal	Freudenthal
Bublava	Schwaderbach	Graslitz
Buchberkstál	Buchbergsthal	Freudenthal
Buchlovice	Buchlowitz	Ungarisch Hradisch
Bučina	Buchwald	Prachatitz
Bučovice	Butschowitz	Wischau
Budišov	Bautsch	Bärn
Bukovany	Bukwa	Falkenau
Bukovice	Buchelsdorf	Freiwaldau
Bukovská hora	Zinkenstein, Berg	
Buškovice	Puschwitz	Podersam
Buštěhrad	Buschtiehrad	Kladno
Butovice	Botenwald	Neutitschein
Bylany	Püllna	Brüx
Bynov	Bünau, Burg	Neutitschein
Bystřany	Wisterschan	Teplitz Schönau
Bystřice nad Úhlavou	Bistritz a. d. Angel	Klattau
Bystřice pod Hostýnem	Bistritz am Hostein	Holleschau
Čachovice	Tschachwitz	Kaaden
Čenkovice	Tschenkowitz	Landskron
Čechy	Böhmen	
Čermná	Tschermna	Hohenelbe
Černá	Schwarzbach	Krummau
Černá Voda	Schwarzwasser	Freiwaldau
Černé jezero	Schwarzer See	
Černošín	Tschernoschin	Mies
Černousy	Tschernhausen	Friedland
Černý Důl	Schwarzenthal	Hohenelbe
Červená Voda	Mährisch Rothwasser	Hohenstadt
Červené Dřevo	Rothenbaum	Klattau
Červený Hrádek	Rothenhaus	Komotau
Česká Lípa	Böhmisch Leipa	Böhmisch Leipa
Česká Třebová	Böhmisch Trübau	Landskron
Česká Ves	Böhmischdorf	Freiwaldau
Česká Budějovice	Budweis	Budweis
České středohoří	Böhmisches Mittelgebirge	
České Švýcarsko	Böhmische Schweiz (Elbsandsteingebirge)	
České Žleby	Böhmisch Röhren	Prachatitz
Českomoravská vrchovina	Böhmisch-mährische Höhe	
Český Krumlov	Krummau	Krummau
Český ráj	Böhmisches Paradies	

Český Těšín	Teschen	Teschen
Chabařovice	Karbitz	Aussig
Cheb	Eger	Eger
Chebsko	Egerland	
Chlum	Kolmen	Teschen
Chlumec	Kulm	Aussig
Chlum Svaté Maří	Maria Kulm	Falkenau
Chodov	Chodau	Elbogen
Chodová Planá	Kuttenplan	Plan
Chomutov	Komotau	Komotau
Chornice	Kornitz	Mährisch Trübau
Chotěšov	Chotieschau	Mies
Chotěvice	Kottwitz	Hohenelbe
Chotušice	Chotusitz	Tschaslau
Chotyně	Ketten	Reichenberg
Choustníkovo Hradiště	Gradlitz	Königinhof
Chrastava	Kratzau	Reichenberg
Chříbská	Kreibitz	Kreibitz
Chvaleč	Qualisch	Trautenau
Chvalšiny	Kalsching	Krummau
Chýše	Chiesch	Luditz
Cínovec	Zinnwald	Teplitz Schönau
Císařsky	Kaiserswalde	Schluckenau
Císařský les	Kaiserwald, Gebirge	
Čistá	Lauterbach	Elbogen
Cizkrajov	Sitzgras	Datschitz
Cornštejn	Zornstein	Znaim
Čtyřicet Lánů	Vierzighuben	Mährisch Trübau
Cvíkov	Zwickau	Deutsch Gabel
Dačice	Datschitz	Datschitz
Dalovice	Dallwitz	Karlsbad
Děčín	Tetschen	Tetschen
Děčinský Sněžník	Hoher Schneeberg	
Desná	Dessendorf	Gablonz
Desná	Desse, Fluß	
Desná	Teß, Fluß	
Dívčí hora	Maidenberg, Berg	
Divoká Orlice	Wilde Adler, Fluß	
Dlouhá Ves	Langendorf	Schüttenhofen
Dlouhý Most	Langenbruck	Reichenberg
Dobřany	Wiesengrund	Mies
Doksy	Hirschberg	Dauba
Dolní Dlouhá Loučka	Unter Langendorf	Sternberg
Dolní Dunajovice	Unter Tannowitz	Nikolsburg
Dolní Dvořiště	Unterhaid	Kaplitz
Dolní Křečany	Unterehrenberg	Rumburg
Dolní Hanychov	Niederhanichen	Reichenberg
Dolní Holčovice	Niederhillersdorf	Stadt Olbersdorf
Dolní Jiřetín	Nieder Georgenthal	Brüx
Dolní Lánov	Unter Langenau	Hohenelbe
Dolní Lipová	Niederlindewiese	Freiwaldau
Dolní Litvinov	Niederleutensdorf	Brüx

Dolní Maxov	Unter Maxdorf	Gablonz
Dolní Podluží	Niedergrund	Warnsdorf
Dolní Poustevna	Nieder Einsiedel	Schluckenau
Dolní Rejštejn	Unter Reichenstein-Klostermühle	Schüttenhofen
Dolní Věstonice	Unter Wisternitz	Nikolsburg
Dolní Žandov	Unter Sandau	Marienbad
Domažlice	Taus	Taus
Domašov nad Bystřicí	Domstadtl	Sternberg
Doubí	Aich	Karlsbad
Doupov	Duppau	Kaaden
Doupovské hory	Duppauer Gebirge	
Drahovice	Drahowitz	Karlsbad
Drmy	Drum	Böhmisch Leipa
Drnholec	Dürnholz	Nikolsburg
Dubá	Dauba	Dauba
Dubí	Eichwald	Teplitz Schönau
Dubice	Dubitz	Aussig
Duchcov	Dux	Dux
Dvorce	Hof	Bärn
Dvořiště Horní	Oberhaid	Kaplitz
Dvory	Meierhöfen	Karlsbad
Dvůr Králové	Königinhof	Königinhof
Dyjakovičky	Klein Tajax	Znaim
Dyje	Thaya, Fluß	
Dyleň	Tillenberg	
Ervěnice	Seestadtl	Komotau
Falknov-Kytlice	Falkenau-Kittlitz	Böhmisch Leipa
Filipov	Philippsdorf	Schluckenau
Fláje	Fleyh	Dux
Folmava	Vollmau	Taus
Franštát	Frankstadt	Mährisch Schönberg
Františkovy Lázně	Franzensbad	Eger
Frélichov	Fröllersdorf	Nikolsburg
Frišava	Frischau	Znaim
Frýdberk	Friedeberg	Freiwaldau
Frýdek	Friedek	Friedek
Frýdlant	Friedland	Friedland
Frymburk	Friedberg	Kaplitz
Fryštát	Freistadt a. d. Olsa	Freistadt a. d. Olsa
Fukov	Fugau	Schluckenau
Fulnek	Fulnek	Neutitschein
Habartov	Haberspirk	Falkenau
Háj	Hainberg, Berg bei Asch	
Hájek	Soos, Naturschutzgebiet bei Franzensbad	
Hamry	Hammern	Klattau
Hanšpach	Hainspach	Schluckenau
Hanušovice	Hannsdorf	Mährisch Schönberg
Harrachov	Harrachsdorf	Starkenbach
Hartmanice	Hartmanitz	Schüttenhofen
Hasištejn	Hassenstein, Burg bei Platz	

Havličkův Brod	Deutsch Brod	Deutsch Brod
Hazlov	Haslau	Asch
Hejnice	Haindorf	Friedland
Heřmanice nad Labem	Hermanitz	Königinhof
Heřmankovice	Hermsdorf	Braunau
Heřmanovice	Hermannstadt	Freiwaldau
Heřmanovy Sejfy	Hermannseifen	Hohenelbe
Hevlín	Höflein	Znaim
Hlubočky	Hombok	Olmütz
Hluboká nad Vltavou	Frauenberg	Budweis
Hlučín	Hultschin	Hultschin
Hlučínsko	Hultschiner Ländchen	
Hněvotín	Nebotein	Olmütz
Hodkovice	Liebenau	Reichenberg
Hodolany-Rolsberk	Hodolein Rolsberg	Olmütz
Hojsova Stráž	Eisenstraß	Klattau
Holčovice	Hillersdorf	Jägerndorf
Holešov	Holleschau	Holleschau
Holubník	Taubenhaus, Berg	
Honsberk	Johannesberg	Gablonz
Hora Svatého Šebestiána	Sebastiansberg	Komotau
Hora Svaté Kateřiny	Katharinaberg	Brüx
Hořejší Staré Město	Oberaltstadt	Trautenau
Hořejší Vrchlabí	Ober Hohenelbe	Hohenelbe
Hořice nad Šumavě	Höritz	Krummau
Horní Blatna	Bergstadt Platten	Neudek
Horní Benešov	Bennisch	Freudenthal
Horní Chřibská	Oberkreibitz	Warnsdorf
Horní Jindřichov	Oberhennersdorf	Rumburg
Horní Jiřetín	Obergeorgenthal	Brüx
Horní Litvinov	Oberleutensdorf	Brüx
Horní Lomany	Oberlohma	Eger
Horní Maxov	Ober Maxdorf	Gablonz
Horní Město	Bergstadt	Römerstadt
Horní Planá	Oberplan	Krummau
Horní Police	Ober Politz	Böhmisch Leipa
Horní Poustevna	Obereinsiedel	Schluckenau
Horní Prysk	Oberpreschkau	Tetschen
Horní Růžodol	Ober Rosenthal	Reichenberg
Horní Slavkov	Schlaggenwald	Elbogen
Horní Vltavice	Obermoldau	Prachatitz
Horšovský Týn	Bischofteinitz	Bischofteinitz
Hostinné	Arnau a. d. Elbe	Hohenelbe
Hošťka	Gastorf	Dauba
Hostouň	Hostau	Bischofteinitz
Hrabětice	Grafendorf	Znaim
Hradec	Grätz a. d. Mohra	Troppau
Hradec Králové	Königgrätz	Königgrätz
Hrádek	Erdberg	Znaim
Hrádek nad Nisou	Grottau	Reichenberg
Hrančná	Markhausen	Graslitz
Hranice u Aše	Roßbach	Asch

Hranice	Mährisch Weißkirchen	Mährisch Weißkirchen
Hřebečsko	Schönhengstgau	
Hřebeny	Hartenberg	Falkenau
Hřensko	Herrnskretschen	Tetschen
Hrob	Klostergrab	Dux
Hroznětín	Lichtenstadt	Karlsbad
Hrubý Jeseník	Altvatergebirge	
Hrušovany nad Jevišovkou	Grusbach	Znaim
Hukvaldy	Hochwald	Mistek
Hůrky	Adamsfreiheit	Neuhaus
Hustopeče	Auspitz	Auspitz
Hut'	Labau	Gablonz
Hvězda	Stern	Braunau
Jablonec nad Nisou	Gablonz	Gablonz
Jablunkov	Jablunkau	Teschen
Jablunky oder Jablunkovské hory	Jablunka-Gebirge oder Mährisch-schlesische Beskiden	
Jablunkovský průsmyk	Jablunkapaß	
Jáchymov	St. Joachimsthal	St. Joachimsthal
Janov	Johnsdorf	Brüx
Janov	Johannesthal	Jägerndorf
Janské Koupele	Johannisbrunn	Troppau
Janské Lázně	Johannisbad	Trautenau
Jaroměř	Jaromer (früher Germer)	Königinhof
Jaroslavice	Joslowitz	Znaim
Janušov	Johnsdorf	Römerstadt
Javorna na Šumavě	Seewiesen	Schüttenhofen
Javorník	Ahornberg	
Javornik	Jaberlich	Reichenberg
Javorník	Jauernig	Freiwaldau
Jedlová	Schönbrunn	Politschka
Jedlová	Tannenberg	
Jedlová	Tannendorf	Warnsdorf
Jeníkov	Janegg	Dux
Jenišov	Janessen	Karlsbad
Jesenice	Jechnitz	Podersam
Jeseník	Freiwaldau	Freiwaldau
Ještěd	Jeschken, Berg	
Ještědské pohoří	Jeschkengebirge	
Jevišovka	Fröllersdorf	Nikolsburg
Jezeří	Eisenberg	Komotau
Jezerní hora	Osser, Berg	
Jezerní stěna	Seewand	
Jezvé	Neustadtl	Böhmisch Leipa
Jičín	Jitschin	Jitschin
Jihlava	Iglau	Iglau
Jihlava	Igel oder Iglawa, Fluß	
Jindřichov	Hennersdorf	Jägerndorf
Jindřichovice	Heinrichsgrün	Graslitz
Jindřichovice pod Smrkem	Heinersdorf	Friedland
Jindřichův Hradec	Neuhaus	Neuhaus
Jiříkov	Georgswalde	Schluckenau

Jirkov	Görkau	Komotau
Jistebník nad Odrou	Stiebnig	Wagstadt
Jivová	Giebau	Sternberg
Jizera	Iser, Fluß	
Jizerské hory	Isergebirge	
Josefodol	Josefsthal	Gablonz
Josefov	Josefstadt	Königinhof
Kadaň	Kaaden	Kaaden
Kájov	Gojau	Krummau
Kalek	Kallich	Komotau
Kamýk	Kamaik	Leitmeritz
Kaplice	Kaplitz	Kaplitz
Karlov	Libinsdorf	Chotěboř
Karlova Studánka	Bad Karlsbrunn	Freudenthal
Karlovice	Karlsthal	Freudenthal
Karlovy Vary	Karlsbad	Karlsbad
Karlštejn oder Karlův Týn	Karlstein, Burg	
Kartouzy-Valdice	Karthaus-Walditz	Jitschin
Karviná	Karwin	Freistadt
Kašperské Hory	Bergreichenstein X	Schüttenhofen
Kateřinky	Katharein	Troppau
Kateřinky	Katharinberg	Reichenberg
Kdyně	Neugedein	Taus
Kladno	Kladno	Kladno
Kladruby	Kladrau	Mies
Klášter I	Konrads	Neubistritz
Klášterec nad Ohří	Klösterle	Kaaden
Klatovy	Klattau	Klattau
Klentnice	Klentnitz	Nikolsburg
Klet'	Schöninger, Berg	
Klíč	Kleiß, Berg	
Klimkovice	Königsberg	Wagstadt
Klínovec	Keilberg	
Knížečí	Königswalde	Schluckenau
Kobylá nad Vidnavkou	Jungferndorf	Freiwaldau
Kocléřov	Ketzelsdorf	Königinhof
Koclířov	Ketzelsdorf	Leitomischl
Kojetín	Kojetein	Prerau
Kokonín	Kukan	Gablonz
Kokašice	Kokaschitz	Plan
Kolešovice	Kolleschowitz	Podersam
Kolín nad Labem	Kolin	Kolin
Kolštejn	Goldenstein	Mährisch Schönberg
Komáří hůrka	Mückentürmchen	
Komárov	Kumrowitz	Brünn
Komořany	Kommern	Brüx
Komorní hůrka	Kammerbühl, Berg	
Konopiště	Konopischt	Beneschau
Konstantinovy Lázně	Konstantinsbad	Plan
Kopisty	Kopitz	Brüx
Kopřivna	Geppersdorf	Mährisch Schönberg
Kopřivnice	Nesselsdorf	Neutitschein

Kořenov	Wurzelsdorf	Gablonz
Kostomlaty	Kostenblatt	Dux
Kotel oder Kokrháč	Kesselkoppe, Berg	
Kounov	Kaunowa	Saaz
Kouty nad Desnou	Winkelsdorf	Mährisch Schönberg
Kovářská	Schmiedeberg	Preßnitz
Kozí hřběty	Ziegenrücken, Berg	
Krajková	Gossengrün	Falkenau
Králíky	Grulich	Senftenberg
Královo Pole	Königsfeld	Brünn
Královské Poříčí	Königswerth	Falkenau
Královský hvozd	Künisches Gebirge	
Krásná	Schönbach	Asch
Krásná Lípa	Schönlinde	Rumburg
Krásné Březno	Schönpriesen	Aussig
Krásné Údolí	Schönthal	Tepl
Krásno	Schönfeld	Elbogen
Krásný Dvůr	Schönhof	Podersam
Krásný Les	Schönwald	Friedland
Krásný Les	Schönwald	Aussig
Kravaře	Krawarn	Hultschin
Kravařsko	Kuhländchen	
Křemyž	Kschemusch	Dux
Křinice	Weckersdorf	Trautenau
Kvinov	Quinau	Komotau
Kristiánov	Christiansthal	Reichenberg
Křivoklát	Pürglitz	Rakonitz
Křižany	Kriesdorf	Deutsch Gabel
Krkonoš	Korkonosch	Böhmischer Kamm
Krnov	Jägerndorf	Jägerndorf
Krondorf	Krondorf Sauerbrunn	Kaaden
Kroměříž	Kremsier	Kremsier
Krompach	Krombach	Deutsch Gabel
Křtiny	Kiritein	Brünn
Krupka	Graupen	Teplitz Schönau
Krušné hory	Erzgebirge	
Kryry	Kriegern	Podersam
Krystofovo Údolí	Christophsgrund	Reichenberg
Kubova Hut'	Kubohütten	Prachatitz
Kuks	Kukus	Königinhof
Kundratice	Kunnersdorf	Komotau
Kunratice	Kunnersdorf	Deutsch Gabel
Kunvald	Kunewald	Neutitschein
Kunžvart	Kuschwarda	Prachatitz
Kuřívody	Hühnerwasser	Böhmisch Leipa
Kutná Hora	Kuttenberg	Kuttenberg
Kvilda	Außergefild	Prachatitz
Kynšperk nad Ohří	Königsberg a. d. Eger	Falkenau
Kysibl Kyselká	Gießhübl Sauerbrunn	Karlsbad
Labe	Elbe, Fluß	
Lahošt	Loosch	Dux
Lampertice	Lampersdorf	Trautenau

Lančov	Landschau	Znaim
Lanškroun	Landskron	Landskron
Lázně Kynžvart	Bad Königswart	Marienbad
Lázně Libverda	Bad Liebwerda	Friedland
Lechovice	Lechwitz	Znaim
Lednice	Eisgrub	Nikolsburg
Ledvice	Ladowitz	Dux
Lenora	Eleonorenhain	Prachatitz
Leskovec	Spachendorf	Freudenthal
Lestkov	Leskau	Plan
Levín	Lewin	Leitmeritz
Libá	Liebenstein	Eger
Liběchov	Liboch	Dauba
Liběšice	Liebeschitz	Leitmeritz
Libočany	Libotschan	Saaz
Libouchec	Königswald	Tetschen
Liberec	Reichenberg	Reichenberg
Libverda	Liebwerd	Tetschen
Lichnov	Lichten	Freudenthal
Lichtvard	Lichtewerden	Freudenthal
Líčkov	Litschkau	Saaz
Limberk	Laubendorf	Politschka
Lindava	Lindenau	Böhmisch Leipa
Lipník nad Bečvou	Leipnik	Mährisch Weißkirchen
Lipno	Lippen	Kaplitz
Lipenská přehradní nádrž	Lippener Stausee	
Lipová	Hainspach	Schluckenau
Litobratřice	Leipertitz	Nikolsburg
Litoměřice	Leitmeritz	Leitmeritz
Litomyšl	Leitomischl	Leitomischl
Litovel	Littau	Littau
Lobendava	Lobendau	Schluckenau
Lobzy	Lobs	Falkenau
Loket	Elbogen	Elbogen
Lom	Bruch	Brüx
Lomnice	Lobnig	Römerstadt
Loučná	Böhmisch Wiesenthal	St. Joachimsthal
Loučná nad Desnou	Wiesenberg	Mährisch Schönberg
Loučovice	Kienberg	Kaplitz
Louka	Wiese (Wiesa)	Brüx
Louka	Klosterbruck	Znaim
Lovoš	Lobosch, Berg	
Lovosice	Lobositz	Leitmeritz
Lubenec	Lubenz	Luditz
Luby	Schönbach	Eger
Lučany nad Nisou	Wiesenthal a. d. Neiße	Gablonz
Ludvíkov	Ludwigsthal	Freudenthal
Ludvíkov pod Smrken	Lusdorf a. d. Tafelfichte	Friedland
Ludvíkovice	Loosdorf	Tetschen
Lukov	Luggau	Znaim
Lužické hory	Lausitzer Gebirge	
Lužnice	Lainsitz, Fluß	

Lužný	Lusen, Berg	
Lvovo	Lämberg	Deutsch Gabel
Machnín	Machendorf	Reichenberg
Malá Moravka	Klein Mohrau	Freudenthal
Malá Skála	Klein Skal	Semil
Malé Diakovice	Klein Tajax	Znaim
Malonty	Meinetschlag	Kaplitz
Malše	Maltsch, Fluß	
Malšín	Malsching	Kaplitz
Malý Újezd	Klein Augezd	Teplitz Schönau
Manětín	Manetin	Kralowitz
Mariánská	Maria Sorg	St. Joachimsthal
Mariánské Lázně	Marienbad	Marienbad
Mariánské Radčice	Maria Ratschitz	Dux
Markvartice	Markersdorf	Deutsch Gabel
Markvartice	Markersdorf	Tetschen
Maršov	Marschendorf	Trautenau
Martinkovice	Märzdorf	Braunau
Mašt'óv	Maschau	Podersam
Měděnec	Kupferberg	Preßnitz
Medlov	Meedl	Sternberg
Medlov	Mödlau	Nikolsburg
Mělník	Melnik	Melnik
Merboltice	Mertendorf	Tetschen
Město Albrechtice	Olbersdorf Stadt	Jägerndorf
Město Libavá	Stadt Liebau	Bärn
Město Litrbachy	Lauterbach	Elbogen
Město Touškov	Tuschkau Stadt	Mies
Metuje	Mettau, Fluß	
Meziměstí	Halbstadt	Braunau
Michalovy Hory	Michelsberg	Plan
Micmanice	Miezmanns	Znaim
Mikolov	Niklasberg	Teplitz Schönau
Mikulášovice	Nixdorf	Schluckenau
Mikulov	Nikolsburg	Nikolsburg
Mikulovice	Niklasdorf	Freiwaldau
Mildenava	Mildenau	Friedland
Milešov	Milleschau	Leitmeritz
Milešovka	Milleschauer, Berg	
Milfron	Mühlfraun	Znaim
Mimoň	Niemes	Böhmisch Leipa
Miroslav	Mißlitz	Mährisch Kromau
Mírov	Mürau	Hohenstadt
Místek	Mistek	Mistek
Místo	Platz	Komotau
Mistrovice	Meistersdorf	Tetschen
Mladá Boleslav	Jungbunzlau	Jungbunzlau
Mladé Buky	Jungbuch	Trautenau
Mladeč	Lautsch	Littau
Mnichov	Einsiedl	Marienbad
Modlany	Modlan	Aussig
Modrava	Mader	Schüttenhofen

Modřice	Mödritz	Brünn
Mohelnice	Müglitz	Hohenstadt
Mokřiny	Nassengrub	Asch
Morava	Mähren	
Morava	March, Fluß	
Moravice	Mohra, Fluß	
Moravská brána	Mährische Pforte	
Moravská Ostrava	Mährisch Ostrau	Mährisch Ostrau
Moravská Radiměř	Mährisch Rothmühl	Mährisch Trübau
Moravská Třebova	Mährisch Trübau	Mährisch Trübau
Moravské Budějovice	Mährisch Budwitz	Mährisch Budwitz
Moravský Beroun	Bärn	Bärn
Moravský kras	Mährischer Karst	
Moravský Krumlov	Mährisch Kromau	Mährisch Kromau
Moravský Lačnov	Mährisch Lotschnau	Mährisch Trübau
Most	Brüx	Brüx
Mržovka	Morchenstern	Gablonz
Mšeno nad Nisou	Grünwald	Gablonz
Mumlava	Mummel, Fluß	
Mušov	Muschau	Nikolsburg
Mutěnín	Muttersdorf	Bischofteinitz
Mže	Mies, Fluß	
Náchod	Nachod	Nachod
Nákleřov	Nollendorf	Aussig
Nebočady	Neschwitz	Tetschen
Nečtiny	Netschetin	Kralowitz
Nejdek	Neudek	Neudek
Německá Hůzová	Deutsch Hause	Sternberg
Německá Libina	Deutsch Liebau	Mährisch Schönberg
Německé Jablonné	Deutsch Gabel	Deutsch Gabel
Německé Králupy	Deutsch Kralup	Komotau
Německý Brod	Deutsch Brod	Deutsch Brod
Německý Jeseník	Deutsch Jaßnik	Neutitschein
Nepomyšl	Pomeisl	Podersam
Neštěmice	Nestomitz	Aussig
Netolice	Netolitz	Prachatitz
Nísa	Neiße, Fluß	
Nová Bystřice	Neubistritz	Neuhaus
Nová Paka	Neupaka	Neupaka
Nová Pec	Neuofen	Krummau
Nová Role	Neurohlau	Elbogen
Nová Ves	Neudorf	Mährisch Schönau
Nová Ves	Neudorf	Tepl
Nová Ves	Neudorf	Komotau
Nová Ves	Neudorf	Gablonz
Nová Ves	Neudorf	Tachau
Nová Ves	Neundorf	Reichenberg
Nová Ves v Horách	Gebirgsneudorf	Brüx
Nové Hamry	Neuhammer	Neudek
Nové Hrady	Gratzen	Kaplitz
Nové Hutě	Kaltenbach	Prachatitz
Nové Město pod Smrkem	Neustadt a. d. Tafelfichte	Friedland

Nové Pavlovice	Neupaulsdorf	Reichenberg
Nové Sedlo	Neu Sattl	Elbogen
Nové Sedlo nad Bílinou	Neudorf a. d. Biela	Komotau
Novosedlice	Obersedlitz	Aussig
Novosedlice	Weißkirchlitz	Teplitz Schönau
Novosedlo	Neusiedl	Nikolsburg
Novosvětský průsmyk	Neuwelter Paß oder Sattel	
Nový Bor	Haida	Böhmisch Leipa
Nový Ehrenberk	Neuehrenberg	Schluckenau
Nový Jičín	Neutitschein	Neutitschein
Nový Svět	Neuwelt	Starkenbach
Nový Svět	Neugebäu	Prachatitz
Nýřany	Nürschan	Mies
Oderské vrchy	Odergebirge	
Odra	Oder, Fluß	
Odrava	Kulsam	Eger
Odry	Odrau	Troppau
Ohře	Eger, Fluß	
Oldřichov v Hájich	Buschullersdorf	Reichenberg
Oleksovice	Großolkowitz	Znaim
Olomouc	Olmütz	Olmütz
Oloví	Bleistadt	Falkenau
Ondrášov	Andersdorf	Sternberg
Opatov	Absroth	Eger
Opatov	Abtsdorf	Leitomischl
Opava	Troppau	Troppau
Opava	Oppa, Fluß	
Orlice	Adler, Fluß	
Orlické hory	Adlergebirge	
Orlová	Orlau	Freistadt
Osečna	Oschitz	Böhmisch Leipa
Osek	Ossegg	Dux
Oskava	Oskawa, Fluß	
Osoblaha	Hotzenplotz	Jägerndorf
Ostravsko-Karvínská pánev	Ostrau Karwiner Kohlerevier	
Ostroh	Seeberg	Eger
Ostrov	Michelsdorf	Landskron
Ostrov	Schlackenwerth	Karlsbad
Ostružná	Spornhau	Mährisch Schönberg
Ostrý	Wostrey, Berg	
Otava	Wottawa, Fluß	
Otovice	Ottendorf	Braunau
Otovice	Udwitz	Komotau
Panská skála	Herrnhausfelsen	
Paseka	Passek	Sternberg
Pavlov	Pollau	Nikolsburg
Pavlovské vrchy	Pollauer Berge	
Pavlův Studenec	Paulusbrunn	Tachau
Pajrek	Bayreck, Burg	
Pec	Petzer	Trautenau
Pernink	Bärringen	Neudek
Perštejn	Pürstein	Kaaden

Petrohrad	Petersburg	Podersam
Petrovice	Peterswald	Aussig
Petrovice nad Desnou	Petersdorf	Mährisch Schönberg
Pilníkov	Pilnikau	Trautenau
Písečná	Sandhübel	Freiwaldau
Planá	Plan	Plan
Plechy	Plöckenstein, Berg	
Plesná	Fleißen	Eger
Plesná	Lakaberg	
Ploškovice	Ploschkowitz	Leitmeritz
Ploučnice	Polzen, Fluß	
Plzeň	Pilsen	Pilsen
Podbořany	Podersam	Podersam
Podhradí	Neuberg	Asch
Podštát	Bodenstadt	Mährisch Weißkirchen
Pohořelice	Pohrlitz	Nikolsburg
Pohoří na Šumavě	Buchers	Kaplitz
Polevsko	Blottendorf	Böhmisch Leipa
Polička	Politschka	Politschka
Polubny	Polaun	Gablonz
Pomezí	Laubendorf	Politschka
Popice	Poppitz	Znaim
Poříčí	Parschnitz	Trautenau
Postoloprty	Porstelberg	Saaz
Poštorná	Unter Themenau	Göding
Potůčky	Breitenbach	Neudek
Pouzdřany	Pausram	Nikolsburg
Povrly	Pömmerle	Aussig
Prachatice	Prachatitz	Prachatitz
Prachovské skály	Prachower Felsen	
Praha	Prag	Prag
Prameny	Sangerberg	Marienbad
Prášily	Stubenbach	Schüttenhofen
Pravčická brána	Prebischtor, Felsen	
Přebus	Frühbuß	Neudek
Předlice	Prödlitz	Aussig
Přední Výtoň	Vorder Heuraffl	Kaplitz
Přerov	Prerau	Prerau
Příbor	Freiberg	Neutitschein
Příbram	Přibram	Přibram
Přichovice	Stephansruh	Gablonz
Přimda	Pfraumberg	Tachau
Přísečnice	Preßnitz	Preßnitz
Přívoz	Oderfurt	Mährisch Ostrau
Proseč nad Nisou	Proschwitz	Gablonz
Prostějov	Proßnitz	Proßnitz
Prostřední Grunt	Mittelgrund	Tetschen
Prostřední Lánov	Mittel Langenau	Hohenelbe
Prunéřov	Brunnersdorf	Kaaden
Rabštejn	Rabenstein a. d. Schnella	Kralowitz
Radobyl	Radebeule, Berg	
Radhošt	Radhoscht, Berg	

Radonice	Radonitz	Kaaden
Radošov	Rodisfort	Karlsbad
Radvanice	Radowenz	Trautenau
Rájec	Raitz	Boskowitz
Rajhrad	Raigern	Auspitz
Ralsko	Rollberg	
Ramzová	Ramsau	Freiwaldau
Raná	Rannay	Laun
Rapotín	Reitendorf a. d. Teß	Mährisch Schönberg
Raspenava	Raspenau	Friedland
Razova	Raase	Freudenthal
Rejvíz	Reihwiesen	Freiwaldau
Rešov	Reschen	Römerstadt
Řetenice	Settenz	Teplitz Schönau
Rochlice	Röchlitz	Reichenberg
Rokytnice nad Jizerou	Rochlitz a. d. Iser	Starkenbach
Rokytnice v Orlických horách	Rokitnitz	Senftenberg
Ronšperk	Ronsperg	Bischofteinitz
Rotava	Rothau	Graslitz
Roudnice nad Labem	Raudnitz a. d. Elbe	Raudnitz
Rožmberk nad Vltavou	Rosenberg a. d. Moldau	Kaplitz
Rožmberský rybník	Rosenberger Teich	
Rožmitál na Šumavě	Rosenthal im Böhmerwald	Kaplitz
Rožvadov	Roßhaupt	Tachau
Rudolfov	Rudolfstadt	Budweis
Rudoltice	Rudelsdorf	Landskron
Rumburk	Rumburg	Rumburg
Runářov	Runarz	Littau
Ruprechtice	Ruppersdorf	Reichenberg
Ruprechtice	Ruppersdorf	Braunau
Rusová	Reischdorf	Preßnitz
Růžodol	Rosenthal I	Reichenberg
Růžová	Rosendorf	Tetschen
Rybáře	Fischern	Karlsbad
Rybniště	Teichstatt	Warnsdorf
Rychnov	Reichenau	Gablonz
Rychnov nad Kněžnou	Reichenau a. d. Knieschna	Reichenau
Rychnov nad Malší	Reichenau a. d. Maltsch	Kaplitz
Rýmařov	Römerstadt	Römerstadt
Rýnovice	Reinowitz	Gablonz
Ryžoviště	Braunseifen	Römerstadt
Sadov	Sodau	Karlsbad
Šafov	Schaffa	Znaim
Šanov	Schönau	Znaim
Sedlec	Zettlitz	Karlsbad
Sedlec	Voitelsbrunn	Nikolsburg
Sedlnice	Sedlnitz	Neutitschein
Sedmidolí	Siebengründe	
Sejfy	Seifen	St. Joachimsthal
Semily	Semil	Semil
Šenov	Schönau	Neutitschein
Severní	Hilgersdorf	Schluckenau

Skalice	Langenau	Böhmisch Leipa
Skalná	Wildstein	Eger
Skoky	Maria Stock	Luditz
Skorotice	Gartitz	Aussig
Skřípov	Wachtl	Littau
Slavikovice	Slawikowitz	Wischau
Slavkov u Brna	Austerlitz	Wischau
Slavonice	Zlabings	Datschitz
Slezsko	Schlesien	
Slezské Rudoltice	Roßwald	Jägerndorf
Sloup	Bürgstein	Böhmisch Leipa
Sloup	Einsiedlerstein	Bürgstein
Sloup	Sloup	Boskowitz
Šluknov	Schluckenau	Schluckenau
Slup	Zulb	Znaim
Smědá	Wittig, Fluß	
Smědovský vrch	Wittigberg	
Smilov	Smilau	Deutsch Brod
Smrk	Tafelfichte, Berg	
Sněžka	Schneekoppe, Berg	
Sněžné jámy	Schneegruben	
Sněžník	Spieglitzer	Schneeberg
Soběchleby	Sobochleben	Aussig
Sobědruhy	Soborten	Teplitz Schönau
Sobotín	Zöptau	Mährisch Schönberg
Sokolov	Falkenau	Falkenau
Souš	Tschausch	Brüx
Sovinec	Eulenberg	Römerstadt
Spičák	Spitzberg	
Špindlerův Mlýn	Spindlermühle	Hohenelbe
Spořice	Sporitz	Komotau
Srbská Kamenice	Windischkamnitz	Tetschen
Srby	Sirb	Bischofteinitz
Stachy	Stachau	Schüttenhofen
Stadice	Staditz	Aussig
Staňkov	Stankau	Bischofteinitz
Stanovice	Donawitz	Karlsbad
Stará Červená Voda	Alt Rothwasser	Freiwaldau
Stará Role	Altrohlau	Karlsbad
Stará Ves	Altendorf	Römerstadt
Stará Voda	Altwasser	Bärn
Staré Buky	Altenbuch	Trautenau
Staré Město	Altstadt	Neuhaus
Staré Město	Altstadt	Tetschen
Staré Město	Mährisch Altstadt	Mährisch Schönberg
Staré Sedliště	Alt Zedlisch	Tachau
Staré Sedlo	Altsattl a. d. Eger	Elbogen
Starkov	Starkstadt	Braunau
Starý Hroznatov	Altkinsberg	Eger
Starý Křečany	Altehrenberg	Schluckenau
Šternberk	Sternberg	Sternberg
Štětí	Wegstädtl	Dauba

Štítary	Schüttarschen	Bischofteinitz
Štítary	Schiltern	Znaim
Štíty	Schildberg	Hohenstadt
Stod	Staab	Mies
Stodůlky	Stadln	Schüttenhofen
Štoky	Stecken	Deutsch Brod
Stonařov	Stannern	Iglau
Stožec	Tusset	Krummau
Strachotice	Rausenbruck	Znaim
Strakonice	Rakonitz	Rakonitz
Štramberk	Stramberg	Neutitschein
Stráž	Neustadtl	Tachau
Stráž nad Nisou	Alt Habendorf	Reichenberg
Stráž pod Ralskem	Wartenberg	Böhmisch Leipa
Strážnice	Strassnitz	Göding
Strážny	Kuschwarda	Prachatitz
Střekov	Schreckenstein	Aussig
Střela	Schnella, Fluß	
Stříbrná	Silberbach	Graslitz
Stříbro	Mies	Mies
Stropnice	Strobnitz	Kaplitz
Studénka	Stauding	Wagstadt
Studničká hora	Brunnberg	
Stvolínky	Drum	Böhmisch Leipa
Suchdol	Suchenthal	Wittingau
Suchdol nad Odrou	Zauchtel	Neutitschein
Sudety	Sudeten	
Šumava	Böhmerwald	
Šumburk nad Desnou	Schumburg a. d. Desse	Gablonz
Šumburk Jistebsko	Schumburg Gistei	Gablonz
Šumperk	Mährisch Schönberg	Mährisch Schönberg
Supíkovice	Saubsdorf	Freiwaldau
Sušice	Schüttenhofen	Schüttenhofen
Švádov	Schwaden	Aussig
Svatá Anna	Tannenberg	Taus
Svatava	Zwodau	Falkenau
Svatonovice	Schwadowitz	Trautenau
Světec	Schwaz	Dux
Světla	Lichtewerden	Freudenthal
Světlík	Kirchschlag	Krummau
Svitava	Zwitta, Fluß	
Svitavy	Zwittau	Mährisch Trübau
Svoboda nad Úpou	Freiheit	Trautenau
Svojkov	Schwoika	Böhmisch Leipa
Svojšín	Schweissing	Mies
Svor	Röhrsdorf	Deutsch Gabel
Svratka	Schwarzach, Fluß	
Sychrov	Sichrow	Turnau
Tachov	Tachau	Tachau
Tanečnice	Tanzplan, Berg	
Tanvald	Tannwald	Gablonz
Tasovice	Taßwitz	Znaim

Tatenice	Tattenitz	Hohenstadt
Telč	Teltsch	Datschitz
Tepelské vrchy	Tepler Hochland	
Teplá	Tepl, Fluß	
Teplá	Tepl	Tepl
Teplice nad Metují	Wekelsdorf	Braunau
Teplice Šanov	Teplitz Schönau	Teplitz Schönau
Terezín	Theresienstadt	Leitmeritz
Tisá	Tyssa	Tetschen
Tišnov	Tischnowitz	Tischnowitz
Tišské stěny	Tyssaer Wände	
Tolštejn	Tollenstein	Warnsdorf
Toužim	Theusing	Tepl
Trebařov	Triebendorf	Mährisch Trübau
Třebenice	Trebnitz	Leitmeritz
Trebič	Trebitsch	Trebitsch
Třeboň	Wittingau	Wittingau
Tři Sekery u Kynžvartu	Dreihacken	Marienbad
Trmice	Türmitz	Aussig
Trnávka	Türnau Markt	Mährisch Trübau
Trnovany	Turn	Teplitz Schönau
Troskotovice	Treskowitz	Nikolsburg
Trutnov	Trautenau	Trautenau
Tuchomyšl	Schönfeld	Aussig
Tupadly	Tupadl	Dauba
Údlice	Eidlitz	Komotau
Úhlava	Angel, Fluß	
Úhošt'	Burberg	
Uničov	Mährisch Neustadt	Mährisch Neustadt
Úpa	Aupa, Fluß	
Úsov	Mährisch Aussee	Hohenstadt
Úštěk	Auscha	Leitmeritz
Ústí nad Labem	Aussig a. d. Elbe	Aussig
Ústí nad Orlicí	Wildenschwert	Landskron
Úterý	Neumarkt	Plan
Uvalno	Lobenstein	Jägerndorf
Vakov	Wakow, Berg	
Valeč	Waltsch	Luditz
Vápenice	Setzdorf	Freiwaldau
Valkeřice	Algersdorf	Tetschen
Valtice	Feldsberg	Nikolsburg
Varnsdorf	Warnsdorf	Warnsdorf
Varvažov	Arbesau	Aussig
Vehedice	Weheditz	Karlsbad
Vejprty	Weipert	Preßnitz
Velehrad	Welehrad	Ungarisch Hradisch
Velká Deštná	Deschneyer Großkoppe	
Velká Dyjakovice	Groß Tajax	Znaim
Velké jeřábí jezero	Großer Kranichsee	
Velké Žernoseky	Groß Tschernosek	Leitmeritz
Velký Losin	Groß Ullersdorf	Mährisch Schönberg
Velký Šenov	Groß Schönau	Schluckenau

Verneřice	Wernstadt	Tetschen
Vernéřovice	Deutsch Wernersdorf	Braunau
Vesec	Dörfel	Reichenberg
Vidnava	Weidenau	Freiwaldau
Vilémov	Willomitz	Kaaden
Vilémov	Wölmsdorf	Schluckenau
Vimperk	Winterberg	Prachatitz
Vintířov	Winteritz	Kaaden
Vítkov	Wigstadtl	Troppau
Vítkovice	Witkowitz	Starkenbach
Vítkovice	Witkowitz	Mährisch Ostrau
Vítkův Hrádek	Wittinghausen	Kaplitz
Vladař	Wladarz, Berg	
Vlasatice	Wostitz	Nikolsburg
Vlčice	Wildschütz	Freiwaldau
Vlčice	Wildschütz	Trautenau
Vltava	Moldau, Fluß	
Volary	Wallern	Prachatitz
Volfartice	Wolfersdorf	Böhmisch Leipa
Vrabinec	Sperlingstein, Berg	
Vraclavek	Kleinbressel	Jägerndorf
Vranov	Frain	Znaim
Vranov	Wranau	Brünn
Vratislavice nad Nisou	Maffersdorf	Reichenberg
Vrbno pod Pradědem	Würbenthal	Freudenthal
Vrbovec	Urbau	Znaim
Vrchlabí	Hohenelbe	Hohenelbe
Vřesová Studánka	Heidebrünnel	
Vrkoč	Workotsch, Berg	
Vrkoslavice	Seidenschwanz	Gablonz
Vroutek	Rudig	Podersam
Všeruby	Wscherau	Mies
Vykýřovice	Weikersdorf	Mährisch Schönberg
Vyškov	Wischau	Wischau
Výsluní	Sonnenberg	Komotau
Vyšší Brod	Hohenfurt	Kaplitz
Záblatí	Sablat	Prachatitz
Zábřeh	Hohenstadt	Hohenstadt
Zabružany	Sobrusan	Dux
Žacléř	Schatzlar	Trautenau
Zahražany	Saras	Brüx
Zahrádky	Neugarten	Böhmisch Leipa
Zaječí	Saitz	Auspitz
Zaječice	Saidschitz	Brüx
Zákupy	Reichstadt	Böhmisch Leipa
Záluží	Maltheuern	Brüx
Žamberk	Senftenberg	Senftenberg
Žandov	Sandau	Marienbad
Žandov	Sandau	Böhmisch Leipa
Žatec	Saaz	Saaz
Zátor	Seifersdorf	Jägerndorf
Zbraslav	Königsaal	Smichow - Prag Land

Žd'ár	Soor	Trautenau
Žd'ár nad Sazavou	Saar a. d. Sasau	Neustadtl/Mähren
Zdislava	Schönbach	Deutsch Gabel
Zdislavice	Zdislawitz	Kremsier
Zdoňov	Merkelsdorf	Braunau
Zejbis	Seewiesen	Schüttenhofen
Želešice	Schöllschitz	Brünn/Umgebung
Železná	Eisendorf	Bischofteinitz
Želiv	Seelau	Humpoletz
Ženklava	Senftleben	Neutitschein
Žibřidice	Seifersdorf	Deutsch Gabel
Židlochovice	Groß Seelowitz	Auspitz
Žilina	Söhle	Neutitschein
Žireč	Schurz	Königinhof
Žitenice	Schüttenitz	Leitmeritz
Životice	Seitendorf b. Zauchtel	Neutitschein
Životice	Seitendorf	Neutitschein
Zlatá Opavice	Goldoppa, Fluß	
Zlaté Hory	Zuckmantel	Freiwaldau
Žlutice	Luditz	Luditz
Znojmo	Znaim	Znaim
Žulová	Friedeberg	Freiwaldau
Žumberk	Sonnberg	Kaplitz

Abbildungsregister:

Böhmisches Nieder-land
Rumburg
Friedland
ISERGEBIRGE
ELBSANDSTEINGEB.
LAUSITZER und JESCHKENGEB.
Reichenberger Senke
REICHENBERG
Gablonz
Böhm. Leipaer Becken
Jeschkenvorland
AUSSIG
ERZGEBIRGE
Nordböhmische Braunkohlebecken
Teplitz
Biela
BÖHMISCHES MITTELGEB.
Leitmeritz
Daubaer Platte
Hirschberger Teichlandschaft
Böhm. Paradies
Jungbunzlau
Komotau
Saazer Becken
Eger
Egerniederung
Elbe
Iser
Elbniederung
Nordböhm. Kr
FICHTELGEB.
Asch
Falkenauer Becken
DUPPAUER GEBIRGE
KRUGWALD
Kladno-Schlaner Ebene
Moldau
Nimburg
Cidlina
Egerer Becken
KAISERWALD
TEPLER HOCHLAND
RAKONITZER BERGLAND
KLADNO
PRAG
Prager Hochfläche
Kolin
Tepl
Střela
Pürglitzer Hochfläche
BÖHMISCHER KARST
Beraun
OBERPFÄLZER WALD
Tachauer Furche
Mies
Pilsner Becken
Pilsen
MITTELBÖHMISCHES WALDGEBIRGE
Přibram
Innerböhmische Rumpflandschaft
Sasau
Radbusa
Vorland d. Oberpf. Waldes
Uslawa
Angel
Vorland des Böhmerwaldes
Further und Neumarker Senke
Klattau
Tabor
Ostböhmische Rumpfland
Pisek
Moldau
MOLDAUTHEINER BERGLAND
Wottawa
Wittingauer Senke
IGLAUER BERGLAND
Neuhaus
BÖHMERWALD
Blanitz
Budweiser Becken
Lainsitz
Prachatitz
BUDWEIS
Wittingau
Maltsch
Krummau
Vorland des Gratzner Berglд.
GRATZNER BERGLAND